D. Martin Luther · Die gantze Heilige Schrifft
Band 1

D. Martin Luther:
Biblia
Das ist die gantze Heilige Schrifft
Deudsch auffs new zugericht

Wittenberg 1545

Herausgegeben von Hans Volz
unter Mitarbeit von Heinz Blanke
Textredaktion Friedrich Kur

Band 1

Deutscher
Taschenbuch
Verlag

dtv

Oktober 1974

Umschlaggestaltung: Celestino Piatti
Gesamtherstellung: Passavia Druckerei AG Passau
Printed in Germany · ISBN 3-423-06031-X

Biblia: das ist:

Die gantze Heilige
Schrifft: Deudsch
Auffs new zugericht.

D. Mart. Luth.

Begnadet mit Kur-
fürstlicher zu Sachsen Freiheit.

Gedruckt zu Wittem-
berg/ Durch Hans Lufft.

M.D.XLV.

VORWORT.

Wer heutzutage eine moderne, durch verschiedene kirchenamtliche »Revisionen« stark verfremdete Edition der Lutherbibel zur Hand nimmt, kann auch nicht im entferntesten ermessen, welche breite Kluft eine derartige, auch in ihrer ganzen Ausstattung so überaus nüchterne Edition in jeder Hinsicht von den schön gestalteten Ausgaben trennt, wie sie in der Reformationszeit in Wittenberg erschienen sind. Um aber nun breiteren interessierten Kreisen den Eindruck wie auch den Inhalt einer solchen, meist nur noch in großen wissenschaftlichen Bibliotheken befindlichen und daher den meisten Menschen unzugänglichen Ausgabe zu vermitteln, wird hier der vollständige Text der Lutherbibel im ursprünglichen Sprachgewand und mit allen einstigen ergänzenden Zutaten – des Reformators Vorreden zu den einzelnen biblischen Büchern und seinen erklärenden Randglossen nebst dem gesamten, von dem unbekannten Monogrammisten MS geschaffenen (in den Einzelheiten und Textbezügen im Anhang erläuterten) Bildschmuck – dargeboten. Als Vorlage für die Reproduktion diente aus technischen Gründen die letzte zu Luthers Lebzeiten erschienene Wittenberger Ausgabe von 1545. Da jedoch die damals benutzte deutsche Schrift jetzt bei der Lektüre vielfach sehr erhebliche Schwierigkeiten bereitet, ist auf die Herstellung einer Faksimile-Ausgabe verzichtet und statt dessen der Weg eines völligen Neusatzes bei diplomatisch getreuer Textwiedergabe in jetzt allgemein üblichen Antiqualettern beschritten. Um jedem Leser auch noch die allerletzten von Luther im Zusammenwirken mit seinen Mitarbeitern im Bereich des Römer- und des ersten sowie den Kapiteln 1–3 des zweiten Korintherbriefes im Spätherbst 1544 vorgenommenen Übersetzungskorrekturen, die erst in der postum erschienenen Wittenberger Bibel von 1546 Aufnahme fanden, zugänglich zu machen, sind in unserem Anhang – unter Beigabe einer Tabelle, in der die damals geänderten rund hundert Stellen (nach Kapitel- und Verszahl) verzeichnet sind, – jene Textstücke in der neuen Fassung zum Vergleich mit deren Wortlaut in der vorangegangenen Bibel von 1545 abgedruckt.

Die ausführliche, dem derzeitigen Forschungsstand entsprechende Einführung (s. Anhang S. 33*-144*) die zum Teil auf der länger als ein Jahrzehnt (1950/61) währenden wissenschaftlichen Arbeit des Verfassers an der Edition des Alten Testamentes im Rahmen der großen kritischen Weimarer Lutherausgabe (Abt. Deutsche Bibel Bd. 8-12) basiert, soll dem Benutzer unter Einbeziehung eines Überblickes über die vorlutherische Bibelübersetzung den Zugang zur Kenntnis der Entstehungsgeschichte von Luthers Verdeutschung und der mit ihr verknüpften verschiedenartigen Probleme eröffnen.

Die von Herrn Heinz Blanke gelieferten, am Schluß des Anhanges zusammengestellten Worterklärungen dienen – im Verein mit einer kurzgefaßten Einführung in die Besonderheiten der Luthersprache – der Überwindung sprachlicher Schwierigkeiten, während ein vom gleichen Verfasser beigesteuertes biblisches Schlagwortregister dem der Heiligen Schrift weniger kundigen Laien die Auffindung wichtigerer Stellen und Erzählungen erleichtern soll.

Im Gegensatz zu allen sonstigen seit der Reformationszeit entstandenen deutschen und auch fremdsprachigen Bibelübersetzungen besitzt ausschließlich der Luthertext – abgesehen von seiner kirchlich-theologischen Bedeutung – einen eigenständigen Wert als sprachliches Kunstwerk. Mehrfach hat sich der Reformator über die bei seiner Verdeutschung verfolgten Grundsätze ausgesprochen – sei es innerhalb einiger (1534 bei Drucklegung der ersten Vollbibel von ihm getilgter) Abschnitte seiner Vorreden, sei es in selbständigen Schriften (»Sendbrief vom Dolmetschen« [1530] und »Summarien über die Psalmen und Ursachen des Dolmetschens« [1533]) –, und so erschien es zweckmäßig, alle diese theoretischen Darlegungen ebenfalls in den Anhang mitaufzunehmen. Wie weit man in damaliger Zeit ebenso von einer allgemeinverständlichen Schriftsprache im deutschen Sprachgebiet wie von einer einheitlichen Orthographie entfernt war, zeigen in aller Deutlichkeit die an gleicher Stelle abgedruckten beiden Baseler Glossare Adam Petris und Thomas Wolffs von 1523 und die einschlägigen Ausführungen des Wittenberger Korrektors Christoph Walther, der aus eigener Kenntnis über Luthers orthographische Bemühungen bei dem Bibeldruck berichtet.

Zum Schluß möchte ich meinem langjährigen Mitarbeiter Herrn Heinz Blanke, Göttingen, sehr herzlich für die mannigfache Hilfe danken, die er mir sowohl bei der Manuskriptherstellung wie auch bei den Korrekturarbeiten hat zuteil werden lassen.

Zusätzlich danken der Herausgeber und der Verlag Herrn Karl Gebhardt und Herrn Karlheinz Wehner, Passau, für die typographische Gestaltung, Besorgung des Satzes und die Drucküberwachung des Werkes und Herrn Friedrich Kur, München, für die Textredaktion.

Göttingen, 22. September 1972.

D. Dr. Hans Volz

INHALTSVERZEICHNIS.

Biblia:

Das ist : Die

gantze Heilige Schrifft / Deudsch / Auffs new zugericht.

D. Mart. Luth.

Begnadet mit Kurfürstlicher zu Sachsen Freiheit.

Gedruckt zu Wittemberg / Durch Hans Lufft.

M. D. XLV.

VERBVM DOMINI MANET IN ÆTERNVM.

Das wort Gottes bleibt ewiglich.

Von Gottes gnaden Johannes Friedrich: Hertzog zu Sachssen: Des heiligen Romischen Reichs Ertzmarschalh vnd Churfürst: Landgraff in Doringen: Marggraff zu Meissen: vnd Burggraff zu Magdeburg.

c ij

VON GOTTES GNADEN
JOHANS FRIDRICH:
HERTZOG ZU SACHSEN
VND CHURFÜRST ETC.

ALLEN VND JGLICHEN VNSERN PRELATEN / GRAuen / Herrn / denen von der Ritterschafft vnd Adel / Landuögten / Heubtleuten / Amptleuten / Amptsuerwesern / Schössern / Gleitsleuten / Reten der Stedte / vnd sonst allen andern / vnsern Vnterthanen vnd Verwandten / Entbieten wir vnsern grus / gnad / vnd alles guts / zuuor.

Ehrwirdige / wolgeborne vnd Edle / lieben Getrewen / Wir geben euch zu erkennen / Das wir auff beschehens ansuchen / auch anzeigung bewegender Vrsachen / bewilliget / vnd den dreien Buchhendelern zu Wittemberg / Moritzen Goltz / Barteln Vogel / vnd Christoffeln Schrammen / solche Befreihung / gegeben / Das sie / vnd niemands mehr / die nachbenante Bücher / nemlich die gantze Biblia Deudsch / den Psalter mit den Summarien / New Testament klein / Jesus Syrach / Auch D. Martini Luthers Postillen / in vnsern Fürstenthumen vnd Landen / mügen drücken / feilhaben /vnd verkeuffen lassen.

Vnd ob die selben Bücher / an andern Orten nachgedrückt würden / So sollen sie doch in vnsern Fürstenthumen vnd Landen / weder heimlich noch öffentlich verkaufft / oder feil gehabt werden / Bey Peen hundert gülden / Halb den Gerichtsheldern jedes Orts / da die Vbertretter befunden / Vnd die andere helffte jnen den bemelten dreien Buchhendlern / verfallen zu sein.

Begern demnach an euch alle / vnd einen jeden in sonderheit darob zu sein / Damit in ewer jedes zustendigen auch vnsern Ampts vnd Stadgerichten / obbemelte Bücher / zu drücken / noch andern feil zu haben / oder zu verkeuffen / Der oder die selben theten es denn / mit benanter Dreier wissen / willen vnd scheinliche zulassung / nicht verstattet. Sonderlich so jemands dawider gethan hette / oder thete / gegen dem oder den selbigen / wollet euch auff benanter dreier Buchverkeuffer / oder jrer Befelhaber ansuchen / mit einbringung vorberürter straffe ernstlich vnd vnnachleslich erzeigen / Wolten wir euch nicht vnuermeldet lassen / Vnd geschicht daran / bey vermeidung vnser selbs ernsten straffe / vnsere gentzliche meinung. Zu Vrkund mit vnserm zu rugk auffgedrucktem Secret besiegelt / Vnd gegeben zu Torgaw / Donnerstags nach || IIIa Petri Kettenfeier / Anno. M.D. XXXiiij. ||

S. Paulus spricht: Der Geitz ist ein wurtzel alles Vbels. Solchen Spruch erfaren wir in dieser vnser schendlichen bösen zeit so gewaltig / als man nicht wol des gleichen in allen Historien findet.

DEnn sihe allein das grewliche / schreckliche / wesen vnd vbel an / das der Geitz durch den leidigen Wucher treibt / Das auch etliche feine / vernünfftige / dapffere Leute mit diesem Geitzteufel vnd Wucherteufel also besessen sind / das sie wissentlich vnd wolbedachtes verstands / den erkandten Wucher treiben / vnd also williglich vnd bey guter vernunfft den Abgott Mammon / mit grosser grewlicher verachtung göttlicher Gnaden vnd Zorns / anbeten / vnd drüber ins Hellische fewr vnd ewiges Verdamnis sehend vnd hörend gleich lauffen vnd rennen.

DEr selbige verfluchte Geitz / hat vnter allen andern Vbeln / so er treibt / sich auch an vnsere Erbeit gemacht / darin seine bosheit vnd schaden zu vben. Denn nach dem vns allhie zu Wittemberg / der barmhertzige Gott seine vnaussprechliche gnade gegeben hat / Das wir sein heiliges Wort / vnd die heilige Biblia hell vnd lauter in die deudsche Sprache bracht haben / Daran wir (wie das ein jglicher Vernünfftiger wol dencken kan) treffliche grosse Erbeit (doch alles durch Gottes gnaden) gethan.

SO feret der Geitz zu / vnd thut vnsern Buchdrückern diese schalckheit vnd büberey / Das andere flugs balde hernach drücken / Vnd also der unsern Erbeit vnd Vnkost berauben zu jrem Gewin / Welchs eine rechte grosse öffentliche Reuberey ist / die Gott auch wol straffen wird / vnd keinem ehrlichen Christlichen Menschen wol anstehet. Wiewol meinet halben daran nichts gelegen / Denn ich habs vmb sonst empfangen / vmb sonst hab ichs gegeben / vnd begere auch dafur nichts / Christus mein HErr hat mirs viel hundert tausentfeltig vergolten.

ABer das mus ich klagen vber den Geitz / Das die geitzigen Wenste vnd reubische Nachdrücker mit vnser Erbeit vntrewlich vmbgehen. Denn weil sie allein jren Geitz suchen / fragen sie wenig darnach / wie recht oder falsch sie es hin nachdrücken / Vnd ist mir offt widerfaren / das ich der Nachdrücker druck gelesen / also verfelschet gefunden /

das ich meine eigen Erbeit / an vielen Orten nicht gekennet / auffs newe habe müssen bessern. Sie machens hin rips raps / Es gilt gelt. So doch (wo sie anders rechte Drücker weren) wol wissen vnd erfaren solten haben / Das kein vleis gnugsam sein kan in solcher Erbeit / als die Drückerey ist / Des wird mir Zeugnis geben / wer jemals versucht hat / was vleisses hie zugehöret.

DERhalben / ob jemand diese vnser newe gebesserte Biblia fur sich selbs / oder auff eine Librarey begert zu haben / der sey von mir hiemit trewlich gewarnet / das er zusehe / was vnd wo er keuffe / vnd sich anneme vmb diesen Druck der von den vnsern corrigirt wird / vnd hie ausgehet Denn ich gedencke nicht so lange zu leben / das ich die Biblia noch ein mal müge vberlauffen. Auch ob ich so lange leben müste / bin ich doch nu mehr zu schwach zu solcher Erbeit.

VND wündsche das ein jglicher bedencken wolt / das nicht leichtlich jemand anders solcher ernst sey an der Biblia / als vns allhie zu Wittemberg / als denen zum ersten die gnade gegeben ist / Gottes wort wider an den tag vngefelscht / vnd wol geleutert / zubringen. Hoffen auch / vnser Nachkomen werden in jrem nachdrücken / eben den selben vleis dran wenden / Da mit vnser Erbeit rein vnd völlig erhalten werde.

SO haben wirs auch / on allen Geitz / nutz vnd genies (das können wir rhümen in Christo) trewlich vnd reichlich / allen Christen dar gethan vnd mitgeteilet. Vnd was wir darüber gelidden / gethan / vnd dran gewand / das sol niemand erkennen / denn des die Gaben sind / vnd der durch vns vnwirdige / elende / arme Werckgezeug solchs gewirckt hat. Dem sey allein die Ehre / Lob vnd Danck in ewigkeit / A M E N. || || IIIb

VORREDE AUFF DAS ALTE TESTAMENT

WIE ETLICHE vom alten Testament vrteilen.

DAS ALTE TESTAMENT HALTEN ETLICHE GERINGE / Als das dem Jüdischen volck alleine gegeben / vnd nu fort aus sey / vnd nur von vergangenen Geschichten schreibe / Meinen / sie haben gnug am newen Testament / vnd geben fur eitel geistliche sinn im alten Testament zu suchen / Wie auch Origenes / Hieronymus vnd viel hoher Leute mehr gehalten haben. Aber Christus spricht Joh. v. Forschet in der Schrifft / denn dieselbige gibt zeugnis von mir. Vnd S. Paulus gebeut Timotheo / Er solle anhalten mit lesen der Schrifft. Vnd rhümet Rom. j. wie das Euangelium sey von Gott in der Schrifft verheissen. Vnd j. Cor. xv. sagt er / Christus sey nach laut der Schrifft von Dauids geblüte komen / gestorben vnd vom Tod aufferstanden. So weiset vns auch S. Petrus mehr denn ein mal enhinder in die Schrifft.

CHRISTUS VND die Apostel Petrus vnd Paulus weisen vns in das alte Testament.

Joh. 5. 1. Tim. 4. Rom. 1. 1. Cor. 15.

DAS ALTE Testament sol man nicht verachten / sondern vleissig lesen.

NEWE Testament.

DA mit sie vns je leren / die Schrifft des alten Testaments nicht zu verachten sondern mit allem vleis zu lesen / weil sie selbs das newe Testament so mechtiglich gründen vnd beweren / durchs alte Testament / vnd sich drauff beruffen. Wie auch S. Lucas Act. xvij. schreibt / Das die zu Thessalonich teglich forscheten die Schrifft / Ob sichs so hielte / wie Paulus lerete. So wenig nu des newen Testaments grund vnd beweisung zu verachten ist / So thewr ist auch das alte Testament zu achten. Vnd was ist das newe Testament anders / denn ein öffentliche predigt vnd verkündigung von Christo / durch die Sprüche im alten Testament gesetzt / vnd durch Christum erfüllet.

Act. 17.

NIEMAND SOL sich ergern an der einfeltigen rede der Schrifft.

DIE SCHRIFFT macht die weisen zu Narren / vnd stehet den Albern offen.

DAs aber die jenigen / so es nicht besser wissen / ein anleitung vnd vnterricht haben / nützlich drinnen zu lesen / Habe ich diese Vorrede nach meinem vermügen / so viel mir Gott gegeben gestellet. Bitte vnd warne trewlich einen jglichen fromen Christen / Das er sich nicht stosse an der einfeltigen Rede vnd Geschicht / so jm offt begegnen wird / Sondern zweiuele nicht dran / wie schlecht es jmer sich ansehen lesst / es seien eitel Wort / Werck / Gericht vnd Geschicht der hohen göttlichen Maiestet / macht vnd weisheit. Denn dis ist die Schrifft / die alle Weisen vnd Klugen zu Narren macht / Vnd allein den Kleinen vnd Albern offen stehet / wie Christus sagt Matth. xj. Darumb

Matt. 11.

las dein dünckel vnd fülen faren / vnd halte von dieser Schrifft / als von dem allerhöhesten / edlesten Heiligthum / als von der allerreichsten Fundgruben / die nimer mehr gnug ausgegründet werden mag. Auff das du die Göttliche weisheit finden mügest / welche Gott hie so alber vnd schlecht furlegt / das er allen hohmut dempffe. Hie wirstu die Windeln vnd die Krippen finden / da Christus innen ligt / Da hin auch der Engel die Hirten weiset. Schlecht vnd geringe Windel sind es / Aber

Luc. 2. thewr ist der schatz Christus / der drinnen ligt.

ALTE TESTAment ist ein Gesetzbuch.

SO WISSE NU / DAS DIS BUCH EIN GESETZBUCH IST / das da leret / was man thun vnd lassen sol. Vnd da neben anzeigt Exempel vnd Geschichte / wie solch Gesetze gehalten oder vbertretten sind. Gleich wie das newe Testament / ein Euangelium oder Gnadenbuch ist / vnd leret / wo mans nemen sol / das das Gesetz erfüllet werde. Aber gleich wie im newen Testament / neben der Gnadenlere / auch viel andere Lere gegeben werden / die da Gesetz vnd Gebot sind / das Fleisch zu regieren / sintemal in diesem leben der Geist nicht volkomen wird / noch eitel gnade regieren kan. Also sind auch im alten Testament / neben den Gesetzen / etliche Verheissung vnd Gnadensprüche da mit die heiligen Veter vnd Propheten vnter dem Gesetz im glauben Christi / wie wir / erhalten sind. Doch wie des newen Testaments eigentliche Heubtlere ist / gnade vnd friede durch vergebung der sünden in Christo verkündigen / Also ist des alten Testaments eigentliche Heubtlere / Gesetze leren vnd Sünde anzeigen / vnd guts foddern. Solches wisse im alten Testament zu warten.

NEW TESTAment ist ein Gnadebuch.

Gesetz vnd Gebot im newen Testament Verheissunge im alten Testament.

I.
WAS MOSES in seinem ersten Buch lere.

VND DAS WIR ZU ERST AUFF MOSES BÜCHER KOmen / Der leret in seinem ersten Buch / wie alle Creatur geschaffen sind / Vnd (das seines schrei-

|| IVa bens meiste || vrsach ist) Wo die Sünde vnd der Tod her komen sey / nemlich / durch Adams fall / aus des Teufels bosheit. Aber bald darauff / ehe denn Moses gesetz kompt / leret er / Wo her die Hülffe wider komen solt / die Sünde vnd Tod zu vertreiben. nemlich / nicht durch Gesetz noch eigen werck / weil noch kein Gesetz war / Sondern durch des Weibes samen / Christum / Adam vnd Abraham verheissen. Auff das also der glaube von anfang der Schrifft durch vnd durch gepreiset werde / vber alle werck / Gesetz vnd verdienst. Also hat das

Wo Sünde vnd Tod herkomen.

Hülffe wider Sünde vnd Tod.

Verheissung ist vor dem Gesetze.

erste buch Mose fast eitel exempel des glaubens vnd vnglaubens / vnd was glaube vnd vnglaube fur früchte tragen / vnd ist fast ein Euangelisch buch.

II. DARNACH IM ANDERN BUCH / DA DIE WELT NU vol vnd in der blindheit versuncken war / das man schier nicht mehr wuste / was Sünde war / oder wo Tod her komen sey / bringet Gott Mosen erfur mit dem Gesetz / Vnd nimpt ein besonders Volck an / die Welt an jnen wider zu erleuchten / vnd durchs Gesetz die sunde wider zu eröffenen. Vnd verfasset also das Volck mit allerley Gesetzen / vnd sondert sie von allen andern Völckern. Lesst sie eine Hütten bawen / vnd richtet einen Gottesdienst an / Bestellet Fürsten vnd Amptleute / vnd versorget also sein Volck beide mit Gesetzen vnd Leuten auffs allerfeinest / wie sie / beide leiblich fur der welt / vnd geistlich fur Gott / sollen regiert werden.

JÜDEN GOTTES Volck.

III. JM DRITTEN BUCH / WIRD IN SONDERHEIT DAS PRIESTERTHUM verordnet mit seinen Gesetzen vnd Rechten / dar nach die Priester thun / vnd das Volck leren sollen. Da sihet man / wie ein Priesterlichampt nur vmb der Sünde willen wird eingesetzt / das es dieselbige sol dem Volck kund machen vnd fur Gott versünen. Also / das alle sein werck ist / mit sunden vnd Sündern vmbgehen. Derhalben auch den Priestern kein zeitlich Gut gegeben / noch leiblich zu regieren befolhen oder zugelassen wird / Sondern allein des Volcks zu pflegen in den sünden jnen zugeeigent wird.

BRAUCH DES Priesterlichen Ampts.

IIII. JM VIERDEN / DA NU DIE GESETZE GEGEBEN / PRIESTER vnd Fürsten eingesetzt sind / die Hütten vnd Gottesdienst angericht sind / vnd alles bereit ist / was zum volck Gottes gehöret / Hebt sich das werck vnd vbung an / vnd wird versucht / wie solche Ordnung gehen vnd sich schicken wil. Darumb schreibt das selb Buch von so viel vngehorsam vnd plagen des Volcks. Vnd werden etliche Gesetz verkleret vnd gemehret. Denn also findet sichs alle zeit / das Gesetze bald zu geben sind / Aber wenn sie sollen angehen vnd in den schwang komen / da begegent nicht mehr denn eitel hindernis / vnd wil nirgend fort / wie das Gesetz foddert. Das dis Buch ein mercklich Exempel ist / wie gar es nichts ist / mit Gesetzen die Leute from machen / Sondern wie S. Paulus sagt / Das Gesetze nur sünde vnd zorn anrichte.

GESETZ IST bald geben / Aber mit dem halten wils nirgend fort.

Leute mit Gesetzen wollen from machen etc.

V.

JM FÜNFFTEN / DA NU DAS VOLK VMB SEINEN VNGEhorsam gestrafft ist / vnd Gott sie mit gnaden ein wenig gelockt hatte / das sie aus wolthat / da er jnen die zwey Königreich gab / bewegt wurden sein Gesetz mit lust vnd liebe zuhalten / widerholet Mose das gantz Gesetz mit allen Geschichten / so jnen begegent war (on was das Priesterthum betrifft) vnd verkleret also von newen an alles / was beide zum leiblichen vnd geistlichen Regiment eines Volcks gehört. Das also Mose / wie ein volkomener Gesetzlerer allenthalben seinem Ampt gnug thet / vnd das Gesetz nicht alleine gebe / sondern auch da bey were / da mans thun solt / vnd wo es feilet / verkleret vnd wider anrichtet. Aber diese verklerung im fünfften Buch / helt eigentlich nichts anders innen / denn den glauben zu Gott / vnd die liebe zum Nehesten / Denn da hin langen alle gesetze Gottes. Darumb wehret Mose mit seinem verkleren / alle dem / das den glauben an Gott verderben mag / bis hin an in das xx. Cap. Vnd alle dem / das die Liebe hindert / bis an des Buches ende.

Das gantze Gesetz wird widerholet im 5. Buch Mose.

INHALT DER verklerung des Gesetzes. Wo hin alle Gesetz gelangen.

HJE BEY IST NU ZU MERCKEN AUFFS ERSTE / DAS Mose das Volck so genaw mit Gesetzen verfasset / das er keinen raum lesst der Vernunfft jrgend ein werck zu erwelen oder eigen Gottesdienst erfinden. Denn er leret nicht allein Gott fürchten / trawen vnd lieben / Sondern gibt auch so mancherley weise eusserlichs Gottesdiensts / mit opffern / geloben / fasten / casteien etc / Das niemand not sey / etwas anders zu erwelen. Jtem er leret auch pflantzen / bawen / freien / streitten / Kinder / Gesind vnd Haus regieren / keuffen vnd verkeuffen / borgen vnd lösen / vnd alles was eusserlich vnd innerlich zu thun sey / So gar / das etliche Satzungen gleich
|| IVb nerrisch vnd vergeblich an zusehen sind. ||

Warumb Moses das Jüdische Volck so genaw mit Gesetzen verfasset hat.

LJeber / warumb thut Gott dass? Endlich darumb / Er hat sich des Volcks vnterwunden / das es sein eigen sein solt / vnd er wolt jr Gott sein / darumb wolt er sie also regieren / das alle jr Thun gewis were / das es fur jm recht were. Denn wo jemand etwas thut / da Gottes wort nicht zuuor auff gegeben ist / das gilt fur Gott nicht vnd ist verlorn. Denn er verbeut auch am iiij. vnd xiij. Cap. im v. Buch / das sie nichts sollen zuthun zu seinen Gesetzen. Vnd im xij. spricht er / Sie sollen nicht thun was sie recht dünckt. Auch der Psalter vnd alle Propheten drob schreien / Das das Volck gute

Selberwelete werck gefallen Gott nicht.

werck thet / die sie selbs erweleten / vnd von Gott nicht geboten waren. Denn er wil vnd kans nicht leiden / das die seinen etwas furnemen zu thun / das er nicht befolhen hat / es sey wie gut es jmer sein kan / Denn gehorsam ist aller werck adel vnd güte / der an Gottes worten hanget.

Dis Leben kan nicht on eusserlichen Gottesdienst sein.

WEil denn nu dis Leben nicht kan on eusserlich Gottesdienst vnd Weise sein / hat er jnen furgelegt solch mancherley Weise / vnd mit seinem Gebot verfasset. Auff das / ob sie ja müsten oder auch wolten Gott jrgend einen eusserlichen Dienst thun / das sie dieser einen angriffen / vnd nicht ein eigen erdechten / Da mit sie gewis vnd sicher weren das solch jr werck in Gottes wort vnd gehorsam gienge. Also ist jnen allenthalben gewehret / eigener Vernunfft vnd Freiem willen zu folgen / guts zu thun vnd wol zu leben / Vnd doch vbrig gnug / raum / stete / zeit / Person / werck vnd weise bestimpt vnd furgelegt / das sie nicht klagen dürffen / noch frembder Gottesdienst Exempel nachfolgen müssen.

Gesetze dreierley art.

Gesetze von zeitlichen Gütern. Wehrgesetz.

AVFFS ANDER IST ZU MERCKEN / DAS DIE GESETZ dreierley art sind. Etliche die nur von zeitlichen gütern sagen / Wie bey vns die Keiserlichen gesetze thun. Diese sind von Gott allermeist vmb der Bösen willen gesetzt / das sie nichts ergers theten. Darumb sind solche Gesetze nur Wehrgesetz / mehr denn Leregesetz. Als da Mose gebeut ein Weib mit einem Scheidebrieff von sich zu lassen. Jtem / das ein Man sein Weib mit einem Eiueropffer treiben / vnd ander Weiber mehr nemen mag / Solchs sind alles weltliche Gesetze.

Von eusserlichen Gottesdienst.

ETliche aber sind / die von eusserlichen Gottesdienst leren / wie droben gesagt ist.

Von Glaube vnd Liebe.

VBer diese beide gehen nu die Gesetze vom glauben vnd von der Liebe / also / das alle ander Gesetz müssen vnd sollen jr mas haben vom Glauben vnd von der Liebe / das sie gehen sollen / wo jre werck also geraten / das sie nicht wider den glauben vnd die Liebe gehen / Wo sie aber wider den Glauben vnd Liebe geraten / sollen sie schlecht ab sein.

DA her lesen wir / das Dauid den mörder Joab nicht tödtet / so er doch zwey mal den tod verdienet hatte. Vnd ij. Reg. xiiij. gelobt er dem weibe von Thekoa / jr Son solle nicht sterben / ob er wol seinen Bruder erwürget hatte. Jtem / Absalom tödtet er auch nicht. Jtem / er selbs Dauid ass von dem heiligen Brot der Priester j. Reg. xxj. Jtem Thamar meinet / der König möchte sie geben Amnon jrem Stieffbruder zur Ehe. Aus dieser vnd der gleichen Geschichten / sihet man wol / das die Könige / Priester vnd Obersten haben offt frisch ins Gesetze gegriffen / wo es der Glaube vnd die Liebe haben gefoddert. Das also der Glaube vnd die Liebe sol aller Gesetz Meisterin sein / vnd sie alle in jrer macht haben. Denn sintemal alle Gesetz auff den Glauben vnd Liebe treiben / sol keins nicht mehr gelten noch ein Gesetze sein / wo es dem Glauben oder der Liebe wil zu wider geraten.

Glaube vnd Liebe meistern alle Gesetze.

DErhalben jrren die Jüden noch heutiges tags fast seer / das sie so strenge vnd hart vber etlichen gesetzen Mose halten / vnd viel ehe Liebe vnd Friede liessen vntergehen / ehe sie mit vns essen oder trüncken / oder der gleichen theten / Vnd sehen des Gesetzes meinung nicht recht an / Denn dieser verstand ist von nöten allen die vnter Gesetzen leben / nicht allein den Jüden. Denn also sagt auch Christus Matth. xij. Das man den Sabbath brechen möcht / wo ein Ochs in eine gruben gefallen war / vnd jm er aushelffen / Welchs doch nur ein zeitliche not vnd schaden war. Wie viel mehr sol man frisch allerley Gesetz brechen / wo es Leibs not foddert / so anders dem Glauben vnd der Liebe nichts zu wider geschicht. Wie Christus sagt / Das Dauid gethan hat / da er die heiligen Brot ass / Mar. iij.

Jüden verstehen des Gesetzs meinung nicht.

WAS IST ABER / DAS MOSE DIE GESETZE SO VNORdig vnternander wirfft? Warumb setzt er nicht die Weltlichen auff einen hauffen / die Geistlichen auch auff einen hauffen / vnd den Glauben vnd Liebe auch auff einen? Da zu widerholet er zu weilen ein Gesetz so offt / vnd treibt einerley wort so viel mal / das || gleich verdrossen ist zu lesen vnd zu hören? Antwort Mose schreibt / wie sichs treibt / Das sein Buch ein bild vnd Exempel ist des Regiments vnd Lebens. Denn also gehet es zu / wenn es im schwang gehet / das jtzt dis werck / jtzt jenes gethan sein mus. Vnd kein Mensch sein Leben also fassen mag (so es anders Göttlich sein sol) das er diesen tag eitel geistlich / den andern eitel weltlich Gesetze vbe / Sondern Gott regiert also alle Gesetze vnternander / wie die Stern am Himel / vnd die Blumen auff dem Felde stehen / Das der Mensch mus alle stunde zum jglichen bereit sein / vnd thun welchs jm am ersten fur die hand kompt / Also ist Mose Buch auch vnternander gemenget.

|| Va

Moses Gesetze sind vnördig vnternander geworffen.

Bilde eins Regiments so im schwang gehet.

Warumb Moses einerley Gesetz so offt widerholet.

DAs er aber so fast treibt vnd offt einerley widerholet / Da ist auch seines Ampts art angezeiget. Denn wer ein Gesetzuolck regieren sol / der mus jmer anhalten / jmer treiben / vnd sich mit dem Volck / wie mit Eseln / blewen / Denn kein Gesetzwerck gehet mit lust vnd liebe abe / es ist alles erzwungen vnd abgenötiget. Weil nu Mose ein Gesetzlerer ist / mus er mit seinem treiben anzeigen / wie Gesetzwerck gezwungen werck sind / vnd das Volck müde machen / Bis es durch solch treiben erkenne seine kranckheit vnd vnlust zu Gottes gesetz / vnd nach der Gnade trachte / wie folget.

Gesetz werck sind gezwungen werck.

Gesetz offenbart die sünde.

Moses ampt.

Gal. 2.

2. Corin. 3

Rom. 3.7.

AVFFS DRITTE / JST DAS DIE RECHTE MEINUNG Mose / Das er durchs Gesetz die sünde offenbare vnd alle vermessenheit menschlichs vermügens zuschanden mache. Denn da her nennet in S. Paulus Gal. ij. einen Amptman der sünde vnd sein Ampt ein ampt des Tods ij. Cor. iij. Vnd Rom. iij. vnd vij. spricht er / Durchs Gesetze kome nicht mehr denn erkentnis der sünde. Vnd Rom. iij. Durchs Gesetzs werck wird niemand from fur Gott. Denn Mose kan durchs Gesetz nicht mehr thun / weder anzeigen was man thun vnd lassen sol. Aber krafft vnd vermügen solches zu thun vnd zu lassen / gibt er nicht / vnd lesst vns also in der sünde stecken.

1. Cor. 15.

WEnn wir denn in der sünde stecken / so dringet der Tod also bald auff vns / als eine rache vnd straffe vber die sunde. Da her nennet S. Paulus die Sünde / des Tods stachel / Das der Tod durch die sunde alle sein Recht vnd macht an vns hat. Aber wo das Gesetze nicht were / so were auch keine sünde. Darumb ists alles Mose ampts schuld / der reget vnd rüget die sunde durchs Gesetze / so folget der Tod auff die sünde mit gewalt. Das Mose ampt billich vnd recht ein ampt der sunde vnd des todes von S. Paulo genennet wird / Denn er bringet nichts auff vns durch sein Gesetz geben / denn sunde vnd tod.

Sündeampt Mose ist nütz vnd gut. Verstockte Blindheit menschlicher vernunfft etc.

ABer doch ist solch Sündeampt vnd Todampt gut / vnd fast von nöten / Denn wo Gottes gesetz nicht ist / da ist alle menschliche Vernunfft so blind / das sie die sunde nicht mag erkennen. Denn kein menschlich Vernunfft weis / das vnglaube vnd an Gott verzweiueln sünde sey / Ja sie weis nichts dauon / das man Gott gleuben vnd trawen sol / Gehet also da hin in jrer blindheit verstockt / vnd fület solche sunde nimer mehr. Thut dieweil sonst etwa gute werck / vnd füret ein eusserlich erbars

Leben. Da meinet sie denn / sie stehe wol / vnd sey der sachen gnung geschehen. Wie wir sehen in den Heiden vnd Heuchlern / wenn sie auff jr bestes leben. Jtem / so weis sie auch nicht / das böse neigung des Fleischs / vnd hass wider die Feinde / sünde sey / sondern weil sie sihet vnd fület / das alle Menschen so geschickt sind / achtet sie solchs fur natürlich vnd recht gut ding / Vnd meinet / es sey gnug / wenn man nur eusserlich den wercken wehret. Also gehet sie da hin / vnd achtet jre kranckheit fur stercke / jre sünde fur recht / jr böses fur gut / vnd kan nicht weiter.

Moses ampt ist not vnd nütz etc.

Lere des Gesetzes.

SJhe / diese blindheit vnd verstockte vermessenheit zu vertreiben / ist Mose ampt not. Nu kan er sie nicht vertreiben / er mus sie offenbaren vnd zu erkennen geben. Das thut er durchs Gesetz / da er leret / Man solle Gott fürchten / trawen / gleuben vnd lieben. Dazu keine böse lust noch hass zu einigem Menschen tragen oder haben. Wenn nu die Natur solchs recht höret / so mus sie erschrecken / Denn sie befindet gewis / weder trawen noch glauben / weder furcht noch liebe zu Gott. Jtem weder liebe noch reinigkeit gegen dem Nehesten / Sondern eitel vnglauben / zweiueln / verachtung vnd hass zu Gott / vnd eitel bösen willen vnd lust zum Nehesten. Wenn sie aber solchs findet / so ist der Tod also bald fur augen / der solchen Sünder fressen / vnd in die Helle wil verschlingen.

Sünde des Tods stachel / Gesetz der sünd krafft.

SJhe / Das heisst den Tod durch die Sünde auff vns dringen / vnd durch die sunde vns tödten. Das heisst durch das Gesetz die sunde regen / vnd fur die augen setzen / vnd alle vnser vermessenheit in
|| Vb ein verzagen / vnd zittern vnd verzwei||ueln treiben. Das der Mensch nicht mehr kan thun / denn mit den Propheten schreien / Jch bin von Gott verworffen / Oder / wie man auff Deudsch sagt / Jch bin des Teufels / Jch kan nimer mehr selig werden. Das heisst recht in die Helle gefurt. Das meinet S. Paulus mit kurtzen worten. j. Corin. xv. Der stachel des Tods ist die sünde / Aber das Gesetz ist der sünden krafft. Als solt er sagen / Das der Tod sticht vnd vns erwürget / macht die Sünde / die an vns gefunden wird / des tods schüldig. Das aber die Sünde an vns funden wird / vnd so mechtig vns dem Tod gibt / macht das Gesetz / welchs vns die Sünde offenbart vnd erkennen leret / die wir zuuor nicht kandten / vnd sicher waren.

1. Cor. 15.

Etliche Gesetz im Mose machen sünde / die sonst von art nicht sünde sind.

Zehen Gebot mügen nicht absein.

NV SIHE / MIT WELCHER GEWALT MOSE SOLCHS sein Ampt treibet vnd ausrichtet / Denn das er ja die Natur auffs allerhöhest schende / gibt er nicht allein solche Gesetz / die von natürlichen vnd warhafftigen Sünden sagen / als da sind die zehen Gebot / Sondern macht auch sünde / da von natur sonst keine sünde ist / vnd dringet vnd drücket auff sie mit hauffen sünden. Denn vnglaube vnd böse lust ist von art sunde vnd des todes werd. Aber das man nicht sol gesewert Brot essen auff Ostern / vnd kein vnrein Thier essen / kein Zeichen an dem Leib machen / vnd alles was das Leuitisch Priesterthum mit sünden schaffet / das ist nicht von art sünde vnd böse / sondern wird allein darumb sunde / das durchs Gesetz verboten ist / welchs Gesetz wol kan absein. Aber die zehen Gebot mügen nicht also absein / Denn da ist sunde / ob schon die Gebot nicht weren / oder nicht erkennet weren. Gleich wie der Heiden vnglaube sunde ist / ob sie es wol nicht wissen noch achten / das sunde sey.

Warumb so mancherley Gesetz geben seien.

Gottes Gesetz ist recht vnd gut.

Natur vermag nicht Gottes Gesetz zu halten.

ALso sehen wir / das solche vnd so mancherley gesetze Mose / nicht allein darumb gegeben sind / das niemand etwas eigens dürffte erwelen guts zuthun / vnd wol zu leben / wie droben gesagt ist. Sondern viel mehr darumb / das der sunden nur viel würden / vnd sich vber die mass heufften / das gewissen zu beschweren. Auff das die verstockte blindheit sich erkennen müste / vnd jr eigen vnuermügen vnd nichtigkeit zum guten müste fülen / Vnd also durchs Gesetz genötiget vnd gedrungen würde etwas weiters zu suchen / denn das Gesetz vnd eigen vermügen / nemlich / Gottes gnade in künfftigen Christum verheissen. Denn es ist je alles gesetz Gottes gut vnd recht / wenn er auch gleich hiesse nur Mist tragen / oder Strohalm auffheben. So mus aber der ja nicht from noch gutes hertzen sein / der solch gut Gesetz nicht helt / oder vngerne helt. So vermag alle Natur nicht anders / denn vngerne halten / Darumb mus sie hie am guten gesetz Gottes / jre bosheit erkennen vnd fülen / vnd nach der hülff göttlicher gnaden seufftzen vnd trachten in Christo.

Wenn Christus kompt / höret Moses Ampt auff.

DARUMB / WO NU CHRISTUS KOMPT / DA HÖRET DAS Gesetz auff / sonderlich das Leuitische / welchs sunde macht / da sonst von art keine sunde ist / wie gesagt ist. So hören auch die zehen Gebot auff / Nicht also / das man sie nicht halten noch erfüllen

Wie die Zehen Gebot auffhören.

solt / sondern Moses ampt höret drinnen auff / das es nicht mehr durch die zehen Gebot die sünde starck macht / vnd die sünde nicht mehr des tods stachel ist. Denn durch Christum ist die sünde vergeben / Gott versünet / vnd das hertz hat angefangen dem Gesetz hold zu sein / das es Moses ampt nicht mehr kan straffen vnd zu sunden machen / als hette es die Gebot nicht gehalten / vnd were des tods schüldig / Wie es thet vor der gnade / vnd ehe denn Christus da war.

2. Cor. 3.

Christi klarheit vertreibet Mose klarheit.

DAs leret S. Paulus ij. Corin. iij. da er spricht / Das die klarheit im angesicht Mose auffhöret / vmb der klarheit willen im angesichte Jhesu Christi. Das ist / das ampt Mose / das vns zu sunden vnd schanden macht / mit dem glantz der erkentnis vnser bosheit vnd nichtigkeit / Thut vns nicht mehr weh / schrecket vns auch nicht mehr mit dem tod. Denn wir haben nu die klarheit im angesicht Christi. Das ist / das Ampt der gnaden / dadurch wir Christum erkennen / mit welches Gerechtigkeit / Leben vnd Stercke / wir das Gesetze erfüllen / Tod vnd Helle vberwinden. Wie auch die drey Apostel auff dem berge Thabor / Mosen vnd Eliam sahen / vnd doch nicht fur jnen erschracken / vmb der lieblichen klarheit willen im angesichte Christi. Aber Exod. xxxiiij. da Christus nicht gegenwertig war / kundten die kinder Jsrael die klarheit vnd glentzen in Mose angesicht nicht erleiden / drumb muste er eine Decke dafur thun.

Apostel auff dem Berg Thabor.

Matt. 17.
Luc. 9.

Exod. 34.

Dreierley Schüler des Gesetzes.

DEnn es sind dreierley Schüler des gesetzes / Die ersten / die das Gesetz hören vnd verachten / füren ein ruchlos Leben on furcht / Zu diesen kompt das Ge‖setz nicht. Vnd sind bedeut / durch die Kalbdiener in der wüsten / vmb welcher willen Mose die Tafeln entzwey warff / vnd das Gesetz nicht zu jnen bracht.

‖ VI a

II.

DJe andern / die es angreiffen mit eigener krafft zu erfüllen on gnade. Die sind bedeut durch die / so Mose andlitz nicht sehen kundten / da er zum andern mal die Tafeln bracht. Zu diesen kompt das Gesetz / aber sie leidens nicht. Darumb machen sie eine Decke drüber / vnd füren ein heuchlisch Leben mit eusserlichen wercken des Gesetzes / welchs doch das Gesetz alles zu sünden macht / wo die Decke abgethan wird / Denn das Gesetz erweiset / das vnser vermügen nichts sey / on Christus gnade.

III.

DJe dritten sind / die Mosen klar on Decke sehen. Das sind sie / die des Gesetzes meinung verstehen / wie es vmmüglich ding foddere. Da gehet die sünde in der krafft / da ist der Tod mechtig / da ist des Goliaths spies wie ein Weberbawm / vnd sein stachel hat sechs hundert sekel Ertz / das alle kinder Jsrael fur jm fliehen / On der einige Dauid Christus vnser HErr erlöset vns von dem allen. Denn wo nicht Christus klarheit neben solcher klarheit Mose keme / kündte niemand solche glentze des Gesetzes der Sünd vnd des Tods schrecken ertragen. Diese fallen abe von allen wercken vnd vermessenheit / vnd lernen am Gesetze nicht mehr / denn allein sünde erkennen / vnd nach Christo zu seufftzen / Welchs auch das eigentlich ampt Mose vnd des Gesetzs art ist.

Goliaths spies.

Eigentlich Ampt des Gesetzes.

Moses ampt waret bis auff Christum.

ALso hat Mose auch selbs angezeigt / das sein Ampt vnd Lere solt wehren bis auff Christum / vnd als denn auffhören / da er spricht / Deut. xviij. Einen Propheten wird dir der HERR dein Gott erwecken / aus deinen Brüdern / wie mich / Den soltu hören etc. Dis ist der edlest Spruch vnd freilich der kern im gantzen Mose / welchen auch die Apostel hoch gefurt vnd starck gebraucht haben / das Euangelium zu bekrefftigen / vnd das Gesetz abzuthun / vnd alle Propheten / gar viel draus gezogen. Denn weil Gott hie einen andern Mose verheisset / den sie hören sollen / zwinget sichs / das er etwas anders leren würde / denn Mose / vnd Mose seine macht jm vbergibt vnd weicht / das man jenen hören solle. So kan je der selb Prophet nicht Gesetz leren / denn das hat Mose auffs allerhöhest ausgericht / vnd were kein not vmbs Gesetzs willen einen andern Propheten zu erwecken / Darumb ists gewis von der Gnadenlere vnd Christo gesagt.

Deut. 18.

Gesetz ist das alt Testament.

DArumb nennet auch S. Paulus Mose gesetz / das alte Testament / Christus auch / da er das newe Testament einsetzet. Vnd ist darumb ein Testament / das Gott darinnen verhies vnd beschied dem volck Jsrael das land Canaan / wo sie es halten würden. Vnd gabs auch jnen / vnd ward bestetiget durch Scheps vnd Bocks tod vnd blut. Aber weil solch Testament nicht auff Gottes gnaden / sondern auff Menschen wercken stund / must es alt werden vnd auffhören / vnd das verheissen Land wider verloren werden / darumb / das durch wercke das

Alte Testament must auffhören.

Gesetze nicht kan erfüllet werden. Vnd must ein ander Testament komen / das nicht alt würde / auch nicht auff vnserm thun / sondern auff Gottes wort vnd wercke stünde / auff das es ewiglich wehret. Darumb ists auch durch einer ewigen Person tod vnd blut bestetiget / vnd ein ewiges Land verheissen vnd gegeben. Das sey nu von Mose Bücher vnd Ampt geredt.

Newe Testament wehret ewiglich.

WAS SIND ABER NU DIE ANDER BÜCHER DER PROpheten vnd der Geschichten? Antwort / nichts anders / denn was Mose ist / Denn sie treiben alle sampt Moses ampt / vnd wehren den falschen Propheten / das sie das Volck nicht nicht auff die werck füren / sondern in dem rechten ampt Mose vnd erkentnis des Gesetzes bleiben lassen. Vnd halten fest drob das sie durch des Gesetzes rechten verstand / die Leute in jrer eigen vntüchtigkeit behalten vnd auff Christum treiben / wie Mose thut. Darumb streichen sie auch weiter aus / was Mose von Christo gesagt hat / Vnd zeigen an beiderley Exempel / dere / die Mose recht haben / vnd dere / die jn nicht recht haben / vnd aller beider straff vnd lohn. Also / das die Propheten nichts anders sind / denn handhaber vnd zeugen Mose vnd seines Ampts / das sie durchs Gesetze jederman zu Christo bringen.

Was in den Propheten vnd andern des alten Testaments Büchern in Summa geleret wird.

AVFFS LETZT / SOLT ICH AUCH WOL DIE GEISTliche Deutung anzeigen / so durch das Leuitisch Gesetz vnd Priesterthumb Mose furgelegt. Aber es ist sein zu viel zu schreiben / es wil raum vnd zeit haben / vnd mit lebendiger stimme ausgelegt sein. Denn freilich Mose ein Brun ist aller weisheit vnd verstands / dar aus gequollen ist alles / was alle Propheten gewust vnd gesagt haben. Dazu auch ‖ VIb das ‖ newe Testament er aus fleusst vnd drein gegründet ist / wie wir gehört haben. Aber doch ein kleins kurtzes Grifflin zu geben / den jenigen / so gnade vnd verstand haben / weiter darnach zu trachten / sey das mein Dienst.

Geistliche deutung etc.

Moses ein Brun aller weisheit etc.

WEnn du wilt wol vnd sicher deuten / So nim Christum fur dich / Denn das ist der Man / dem es alles vnd gantz vnd gar gilt. So mache nu aus dem Hohenpriester Aaron niemand denn Christum alleine / wie die Epistel an die Ebreer thut / welche fast alleine gnugsam ist / alle figurn Mose zu deuten. Also ists auch gewis / das Christus selbs das Opffer ist / ja auch der Altar / der sich

Christus ist der rechte Hohepriester / Opffer / Altar etc.

selbs mit seinem eigen Blut geopffert hat / Wie auch die selb Epistel meldet. Wie nu der Leuitische Hohepriester / durch solch Opffer nur die gemachten sunde wegnam / die von natur nicht sunde waren / Also hat vnser Hohepriester Christus / durch sein selbs Opffer vnd Blut / die rechte sunde / die von natur sunde ist / weggenomen. Vnd ist ein mal durch den Vorhang gegangen zu Gott / das er vns versüne. Also / das du alles / was vom Hohenpriester geschrieben ist / auff Christum persönlich / vnd sonst auff niemand deutest.

Söne des Hohenpriesters.

ABer des Hohenpriesters Söne / die mit dem teglichen Opffer vmbgehen / soltu auff vns Christen deuten / die wir fur vnserm Vater Christo im Himel sitzend hie auff Erden mit dem leibe wonen / vnd nicht hin durch sind bey jm / on mit dem glauben geistlich. Derselben Ampt / wie sie schlachten vnd opffern / bedeut nichts anders / denn das Euangelium predigen / Durch welchs der alte Mensch getödtet vnd Gott geopffert / durchs fewr der liebe / im heiligen Geist verbrand vnd verzeret wird / Welchs gar wol reucht fur Gott / das ist / es macht ein gut / rein / sicher Gewissen fur Gott. Diese deutung trifft S. Paulus Rom. xij. da er leret / wie wir vnsere Leibe sollen opffern Gott zum lebendigen / heiligen / angenemen Opffer. Welchs wir thun (wie gesagt) durch stettige vbung des Euangelium beide mit predigen vnd gleuben. Das sey dis mal gnug zur kurtzen anleitung / Christum vnd das Euangelium zu suchen im alten Testament. || || VIIa

Deutung des schlachtens vnd opffers im alten Testament.

BÜCHER DES ALTEN TESTAMENTS.

XXIIII.

I.	Das erste Buch Mose.	Genesis.
II.	Das ander buch Mose.	Exodus.
III.	Das dritte buch Mose.	Leuiticus.
IIII.	Das vierde buch Mose.	Numeri.
V.	Das fünffte buch Mose.	Deuteronomium.
VI.	Josua.	
VII.	Der Richter.	Judicum.
VIII.	Ruth.	
IX.	Samuel.	Regum. j. ij.
X.	Der König.	Regum. iij. iiij.
XI.	Chronica.	Paralipomenon. j. ij.
XII.	Esra.	
XIII.	Nehemia.	
XIIII.	Esther.	
XV.	Hiob.	
XVI.	Psalter.	
XVII.	Sprüche Salomonis.	Prouerbiorum.
XVIII.	Prediger Salomonis.	Ecclesiastes.
XIX.	Hohelied Salomonis.	Canticum Canticorum.
XX.	Jesaia.	
XXI.	Jeremia.	
XXII.	Hesekiel.	
XXIII.	Daniel.	
XXIIII.	Zwelff kleine Propheten / mit namen.	
j.	Hosea.	
ij.	Joel.	
iij.	Amos.	
iiij.	ObadJa.	
v.	Jona.	
vj.	Micha.	
vij.	Nahum.	
viij.	Habacuc.	
ix.	Zephanja.	
x.	Haggai.	
xj.	Sacharja.	
xij.	Maleachi.	

Apocrypha.

Judith.
Das Buch der Weisheit.
Tobia.
Jesus Syrach.
Baruch.
Maccabeorum.
Stücke in Esther vnd Daniel. || || VIIb

DAS ERSTE BUCH MOSE.

I.

Joh. 1. Col. 1. Ebre. 11. Psal. 33.

AM ANFANG SCHUFF GOTT HIMEL VND ERDEN.
[2]Vnd die Erde war wüst vnd leer / vnd es war
finster auff der Tieffe / Vnd der Geist Gottes schwe-
bet auff dem Wasser.

(Geist) Wind ist da zumal noch nicht gewest / darumb mus es den heiligen Geist deuten.

LIECHT.

VND Gott sprach / Es werde Liecht / Vnd es
ward Liecht. [4]Vnd Gott sahe / das das Liecht
gut war / Da scheidet Gott das Liecht vom Finster-
nis / [5]vnd nennet das liecht / Tag / vnd die finster-
nis / Nacht. Da ward aus abend vnd morgen der
I. erste Tag.

(Gut) Das ist / nütz / fein / köstlich.

FESTE.

VND Gott sprach / Es werde eine Feste zwischen
den Wassern / vnd die sey ein Vnterscheid zwi-
schen den Wassern. [7]Da machet Gott die Feste /
vnd scheidet das wasser vnter der Festen / von dem
wasser vber der Festen / Vnd es geschach also.
[8]Vnd Gott nennet die Festen / Himel. Da ward aus
II. abend vnd morgen der ander Tag.

HIMEL.

VND Gott sprach / Es samle sich das Wasser vn-
ter dem Himel / an sondere Orter / das man das
Trocken sehe / Vnd es geschach also. [10]Vnd Gott
nennet das trocken / Erde / vnd die samlung der
Wasser nennet er / Meer. Vnd Gott sahe das es
gut war.

ERDE. MEER.

[11]VND Gott sprach / Es lasse die Erde auffgehen
Gras vnd Kraut / das sich besame / vnd fruchtbare
Bewme / da ein jglicher nach seiner art Frucht
trage / vnd habe seinen eigen Samen bey jm selbs /
auff Erden / Vnd es geschach also. [12]Vnd die Erde
lies auffgehen / Gras vnd Kraut / das sich besamet /
ein jglichs nach seiner art / vnd Bewme die da
Frucht trugen / vnd jren eigen Samen bey sich
selbs hatten / ein jglicher nach seiner art. Vnd Gott
sahe das es gut war. [13]Da ward aus abend vnd
III. morgen der dritte Tag.

GRAS. KRAUT. BEWME.

VND Gott sprach / Es werden Liechter an der
Feste des Himels / vnd scheiden tag vnd nacht /
vnd geben / Zeichen / Zeiten / Tage vnd Jare /
[15]vnd seien Liechter an der Feste des Himels / das
sie scheinen auff Erden / Vnd es geschach also.
[16]Vnd Gott machet zwey grosse Liechter / ein gros
Liecht / das den Tag regiere / vnd ein klein Liecht /
das die Nacht regiere / dazu auch Sternen. [17]Vnd
Gott setzt sie an die Feste des Himels / das sie schie-
nen auff die Erde [18]vnd den Tag vnd die Nacht

SONN. MOND. STERNE.

(Zeiten) Lentz. Sommer. Herbst. Winter.

regierten / vnd scheideten Liecht vnd Finsternis.
Vnd Gott sahe das es gut war. 19Da ward aus
IIII. abend vnd morgen der vierde Tag.

VND Gott sprach / Es errege sich das Wasser mit
FISCH. webenden vnd lebendigen Thieren / vnd mit
VOGEL. Geuogel / das auff Erden vnter der Feste des Hi-
mels fleuget. 21Vnd Gott schuff grosse Walfische
vnd allerley Thier / das da lebt vnd webt / vnd vom
Wasser erreget ward / ein jglichs nach seiner art /
vnd allerley gefidderts Geuogel / ein jglichs nach
seiner art / Vnd Gott sahe das es gut war. 22Vnd
Gott segenet sie / vnd sprach / Seid fruchtbar vnd
mehret euch vnd erfüllet das Wasser im Meer /
Vnd das Geuogel mehre sich auff Erden. 23Da
V. ward aus abend vnd morgen der fünffte Tag.

24VND Gott sprach / Die Erde bringe erfür
VIEH. GEWÜRM. lebendige Thier / ein jglichs nach seiner art / Vieh /
THIER auff Erden. Gewürm vnd Thier auff Erden / ein jglichs nach
seiner art / Vnd es geschach also. 25Vnd Gott
machet die Thier auff Erden / ein jglichs || nach sei- || 1b
ner art / vnd das Vieh nach seiner art / vnd allerley
Gewürm auff Erden / nach seiner art. Vnd Gott
sahe das es gut war.

MENSCH. VND GOTT SPRACH / LASST VNS MENSCHEN
MACHEN / EIN BILD / DAS VNS GLEICH SEY /
Die da herrschen vber die Fisch im Meer / vnd vber
die Vogel vnter dem Himel / vnd vber das Vieh /
vnd vber die gantzen Erde / vnd vber alles Ge-
würm das auff Erden kreucht.

27VND GOTT SCHUFF DEN MENSCHEN JM ZUM
BILDE / ZUM BILDE GOTTES SCHUFF ER JN / VND
SCHUFF SIE EIN MENLIN VND FREWLIN. 28Vnd Gott Matt. 19.
segenet sie / vnd sprach zu jnen / SEID FRUCHTBAR
VND MEHRET EUCH VND FÜLLET DIE ERDEN / vnd
macht sie euch vnterthan. Vnd herrschet vber
Fisch im Meer / vnd vber Vogel vnter dem Himel /
vnd vber alles Thier das auff Erden kreucht.

(Vnterthan) Was jr bawet vnd erbeitet auff dem Lande / das sol ewr eigen sein / vnd die Erde sol euch hierin dienen / tragen vnd geben.

29VND Gott sprach / Sehet da / Jch hab euch SPEISE fur den Menschen vnd Thier etc.
gegeben allerley Kraut / das sich besamet auff der
gantzen Erden / vnd allerley fruchtbare Bewme / vnd
Bewme die sich besamen / zu ewr Speise / 30vnd
aller Thiere auff Erden / vnd allen Vogeln vnter
dem Himel / vnd allem Gewürm das das Leben hat
auff Erden / das sie allerley grün Kraut essen / Vnd
es geschach also. 31Vnd Gott sahe an alles was er
gemacht hatte / Vnd sihe da / es war seer gut. Da
VI. ward aus abend vnd morgen der sechste Tag.

II.

ALso ward volendet Himel vnd Erden mit
jrem gantzen Heer. [2]Vnd also volendet Gott
am siebenden tage seine Werck die er machet / vnd
SABBATH. rugete am siebenden tage / von allen seinen Wercken
Ebre. 4. die er machet. [3]Vnd segnete den siebenden Tag
vnd heiliget jn / darumb / das er an dem selben
geruget hatte von allen seinen Wercken / die Gott
schuff vnd machet.

[4]ALso ist Himel vnd Erden worden / da sie ge-
schaffen sind / Zu der zeit / da Gott der HERR
Erden vnd Himel machte / [5]vnd alerley Bewme
auff dem Felde / die zuuor nie gewest waren auff
Erden / Vnd allerley Kraut auff dem Felde / das
zuuor nie gewachsen war. Denn Gott der HERR
hatte noch nicht regenen lassen auff Erden / vnd
war kein Mensch der das Land bawete / [6]Aber ein
Nebel gieng auff von der Erden / vnd feuchtet
alles Land.

ADAM. VND gott der HERR machet den menschen
aus dem Erdenklos / vnd er blies jm ein den
1.Cor. 15. lebendigen Odem in seine Nasen / Vnd also ward
der Mensch eine lebendige Seele.

PARADIS. VND Gott der HERR pflantzet einen Garten in
Eden / gegen dem morgen / vnd setzet den
Menschen drein / den er gemacht hatte. [9]Vnd Gott
der HERR lies auffwachsen aus der Erden allerley
Bewme / lüstig an zusehen / vnd gut zu essen / Vnd
den Bawm des Lebens mitten im Garten / vnd den
Bawm des Erkentnis gutes vnd böses.

[10]VND es gieng aus von Eden ein Strom zu wes-
sern den Garten / vnd teilet sich da selbs in vier
Heubtwasser. [11]Das erst heisst [a]Pison / das fleusset
vmb das gantze Land Heuila / Vnd daselbs findet
man gold / [12]vnd das gold des Lands ist köstlich /
vnd da findet man Bedellion vnd den eddelstein
Onix. [13]Das ander wasser heisst [b]Gihon / das fleusst
vmb das gantze Morenland. [14]Das dritte wasser
heisst [c]Hidekel / das fleusst fur Assyrien. Das vierde
wasser ist der [d]Phrath.

VND Gott der HERR nam den Menschen vnd
satzt jn in den garten Eden / das er jn bawet
Gebot Gottes vnd bewaret. [16]Vnd Gott der HERR gebot dem
Adam gegeben. Menschen / vnd sprach / Du solt essen von aller-
‖ 2a ley Bewme im Garten. [17] Aber ‖ von dem Bawm
des Erkentnis gutes vnd böses soltu nicht

a (PISON) Jst das grosse wasser in Jndia / das man Ganges heisset / denn Heuila ist Jndienland.

b (GIHON) Jst das wasser in Egypten / das man Nilus heisst.

c (HIDEKEL) Jst das wasser in Assyria / das man Tygris heisst.

d (PHRATH) Aber ist das nehest wasser in Syria / das man Euphrates heisst.

essen Denn welches tages du da von issest /
wirstu des Todes sterben.
VND Gott der HERR sprach / Es ist nicht
gut das der Mensch allein sey / Jch wil jm
ein Gehülffen machen / die vmb jn sey [19]Denn
als Gott der HERR gemacht hatte von der Erden
allerley Thier auff dem Felde / vnd allerley Vogel
vnter dem Himel / bracht er sie zu dem Menschen /
das er sehe / wie er sie nennet / Denn wie der
Mensch allerley lebendige Thier nennen würde /
so solten sie heissen. [20]Vnd der Mensch gab einem
jglichen Vieh / vnd Vogel vnter dem Himel / vnd
Thier auff dem felde / seinen namen / Aber fur den
Menschen ward kein Gehülffe funden / die vmb
jn were.

(Vmb jn sey) Das ist / Kein Thier nam sich des Menschen an vmb jn zu sein / das jm hülffe sich mehren vnd neeren etc.

[21]DA lies Gott der HERR einen tieffen Schlaff
fallen auff den Menschen / vnd er entschlieff. Vnd
nam seiner Rieben eine / vnd schlos die stet zu mit
Fleisch. [22]Vnd Gott der HERR bawet ein Weib HEUA.
aus der Riebe / die er von dem Menschen nam / vnd 1. Tim. 2.
bracht sie zu jm. [23]Da sprach der Mensch / Das ist
doch Bein von meinen Beinen / vnd Fleisch von
meinem fleisch / Man wird sie Mennin heissen /
darumb / das sie vom Manne genomen ist. [24]Dar- EHESTAND.
umb / wird ein Man seinen Vater vnd seine Matt. 19.
Mutter verlassen / vnd an seinem Weibe han- Ephe. 5. 1. Cor. 6.
gen vnd sie werden sein ein Fleisch. [25]Vnd sie
waren beide nacket / der Mensch vnd sein Weib /
vnd [a]schemeten sich nicht.

a Jd est / Dürfften sich nicht schemen.

III.

VND die Schlange war listiger denn alle 2. Cor. 11.
Thier auff dem felde / die Gott der HERR ge-
macht hatte / vnd sprach zu dem Weibe / Ja / solt
Gott gesagt haben / Jr solt nicht essen von allerley
Bewme im Garten?

[2]DA sprach das Weib zu der Schlangen / Wir
essen von den früchten der bewme im Garten.
[3]Aber von den früchten des Bawms mitten im Gar-
ten hat Gott gesagt / Esset nicht da von / rürets
auch nicht an / Das jr nicht sterbet. [4]Da sprach die
Schlang zum Weibe / Jr werdet mit nicht des tods Schlange verfüret Heuam
sterben / [5]Sondern Gott weis / das / welchs tags 2. Cor. 11.
jr da von esset / so werden ewre augen auff gethan /
vnd werdet sein wie Gott / vnd wissen was gut vnd
böse ist.‖ ‖ 2b

Fall Heue vnd Ade. 1. Tim. 2.

[6]VND das Weib schawet an / das von dem Bawm
gut zu essen were / vnd lieblich anzusehen / das ein
lüstiger Bawm were / weil er klug mechte / Vnd
nam von der Frucht / vnd ass / vnd gab jrem Man
auch da von / Vnd er ass. [7]Da wurden jr beider
Augen auffgethan / vnd wurden gewar / das sie
nacket waren / Vnd flochten Feigenbletter zusa-
men / vnd machten jnen Schürtze.

Adam vnd Heua fliehen fur Gott etc.

VND sie höreten die stimme Gottes des HERRN /
der im Garten gieng / da der [a]tag küle worden
war. Vnd [b]Adam versteckt sich mit seinem Weibe /
fur dem angesicht Gottes des HERRN vnter die
bewme im Garten. [9]Vnd Gott der HERR rieff
Adam / vnd sprach zu jm / Wo bistu? Vnd er
sprach / [10]Jch hörete deine stimme im Garten /
vnd furchte mich / Denn ich bin nacket / darumb
verstecket ich mich. [11]Vnd er sprach / Wer hat
dirs gesagt / das du nacket bist? Hastu nicht gessen
von dem Bawm / da von ich dir gebot / Du soltest
nicht da von essen? [12]Da sprach Adam / Das Weib /
das du mir zugesellet hast / gab mir von dem Bawm /
vnd ich ass. [13]Da sprach Gott der HERR zum
Weibe / warumb hastu das gethan? Das Weib
sprach / Die Schlange betrog mich also / das ich ass.

Gen. 2.

Schlange wird verflucht.

DA sprach Gott der HERR zu der Schlangen /
Weil du solches gethan hast / Seistu verflucht
fur allem Vieh vnd fur allen Thieren auff dem felde /
Auff deinem Bauch soltu gehen / vnd erden essen
dein leben lang / [15]VND JCH WILL FEINDSCHAFT
SETZEN ZWISCHEN DIR VND DEM WEIBE / VND
ZWISCHEN DEINEM SAMEN VND JREM SAMEN / [c]DER

Christus verheissen.

a (Tag küle war) Das war vmb den abend / wenn die hitze vergangen ist. Bedeut / das nach gethaner Sünde / das Gewissen angst leidet. Bis das Gottes gnedige stim kome vnd wider küle vnd erquicke das hertze. Wie wol sich auch die blöde Natur entsetzt vnd fleucht fur dem Euangelio / weil es das creutz vnd sterben leret.

b (Adam) Adam heisst auf Ebreisch Mensch / darumb mag man mensch sagen / wo Adam stehet / vnd widerumb.

c (Der selb) Dis ist das erst Euangelium vnd Verheissung von Christo geschehen auff Erden / Das er solt / Sünd / Tod vnd Helle vberwinden vnd vns von der Schlangen gewalt selig machen. Daran Adam gleubet mit allen seinen Nachkomen / Dauon er Christen vnd selig worden ist von seinem Fall.

selb sol dir den Kopff zutretten / Vnd Du
wirst Jn in die Verschen [d]stechen.

d (Stechen) Plagen creutzigen vnd martern. Denn so gehets auch Christus zutritt dem Teufel seinen Kopff (das ist / sein Reich des Todes / Sünd vnd Helle) So sticht jn der Teufel in die Verschen (das ist / er tödtet vnd martert jn vnd die seinen leiblich.)

VND zum Weibe sprach er / Jch wil dir viel
schmertzen schaffen wenn du schwanger wirst /
Du solt mit schmertzen Kinder geberen / Vnd dein
wille sol deinem Man vnterworffen sein / Vnd Er
sol dein Herr sein.

Straffe vnd Creutz vber Heua vnd Adam.

VND zu Adam sprach er / Die weil du hast gehorchet
der stimme deines Weibes / Vnd gessen
von dem Bawm da von ich dir gebot / vnd sprach /
Du solt nicht da von essen / Verflucht sey der Acker
vmb deinen willen / mit kummer soltu dich drauff
neeren dein Leben lang / [18]Dorn vnd Disteln sol
er dir tragen / vnd solt das Kraut auff dem felde
essen. [19]Jm schweis deines Angesichts soltu dein
Brot essen / Bis das du wider zu Erden werdest /
da von du genomen bist / Denn du bist Erden / vnd
solt zu Erden werden.

e (Heua) Hai / heisst Leben / Da her kompt Heua oder Haua / leben oder lebendige.

VND Adam hies sein Weib [e]Heua / darumb / das
sie eine Mutter ist aller Lebendigen. [21]Vnd
Gott der HERR machet Adam vnd seinem weibe
Röcke von Fellen / vnd zog sie an.

VND Gott der HERR sprach / Sihe / Adam ist
worden als vnser einer / vnd weis was gut vnd
böse ist / Nu aber / das er nicht ausstrecke seine
hand / vnd breche auch von dem Bawm des Lebens
/ vnd esse vnd lebe ewiglich.

[23]DA lies jn Gott der HERR aus dem garten
Eden / das er das Feld bawet / da von er genomen
ist / [24]Vnd treib Adam aus / vnd lagert fur den
garten Eden den Cherubim mit einem blossen
hawenden Schwert / zu bewaren den weg zu dem
Bawm des Lebens.

Adam vnd Heua aus dem Paradis getrieben.

IIII.

VND Adam erkandte sein Weib Heua / Vnd
sie ward schwanger / vnd gebar den Kain / vnd Kain.
sprach. Jch habe [f]den Man des HERRN. [2]Vnd
sie fur fort / vnd gebar Habel seinen bruder / Vnd Habel
Habel ward ein Schefer / Kain aber ward ein
Ackerman.

f Ey Gott sey gelobt / Da hab ich den HERRN den Man / den Samen / der dem Satan oder Schlangen den Kopff zutretten sol / Der wirds thun.

ES begab sich aber nach etlichen tagen / das Kain
dem HERRN Opffer bracht von den Früchten
des feldes / [4]Vnd Habel bracht auch von den Erstlingen
seiner Herde vnd von jrem fetten. Vnd der Ebre. 11.
HERR sahe gne‖diglich an Habel vnd sein Opffer / ‖ 3a
[5]Aber Kain vnd sein Opffer sahe er nicht gnedig-

lich an / Da ergrimmet Kain seer vnd sein geberde
verstellet sich. [6]Da sprach der HERR zu Kain /
Warumb ergrimmestu? vnd warumb verstellet sich
dein Geberde? [7]Jsts nicht also? Wenn du from
bist / so bistu angeneme / Bistu aber nicht from /
So ruget die Sünde fur der thür / Aber las du jr
nicht jren willen / sondern herrsche vber sie. [8]Da
[a]redet Kain mit seinem bruder Habel.

KAIN schlegt Habel tod.
1. Joh. 3.

VND es begab sich / da sie auff dem Felde waren /
erhub sich Kain wider seinen bruder Habel /
vnd schlug jn tod. [9]Da sprach der HERR zu
Kain / Wo ist dein bruder Habel? Er aber sprach /
Jch weis nicht / Sol ich meines bruders Hüter sein?
[10]Er aber sprach / Was hastu gethan? Die stim dei-
nes Bruders blut schreiet zu mir von der Erden /
[11]Vnd nu verflucht seistu auff der Erden / die jr
maul hat auffgethan / vnd deines Bruders blut von
deinen henden empfangen. [12]Wenn du den Acker
bawen wirst / sol er dir fort sein vermügen nicht
geben / Vnstet vnd flüchtig soltu sein auff Erden.
[13]KAin aber sprach zu dem HERRN / Meine
Sünde ist grösser / denn das sie mir vergeben wer-
den müge. [14]Sihe / Du treibest mich heute aus dem
Lande / vnd mus mich fur deinem Angesicht ver-
bergen / vnd mus vnstet vnd flüchtig sein auff Er-
den / So wird mirs gehen / das mich todschlage
wer mich findet. [15]Aber der HERR sprach zu jm /
Nein / Sondern wer Kain todschlegt / das sol sie-
benfeltig gerochen werden. Vnd der HERR macht
ein Zeichen an Kain / das jn niemand erschlüge /
wer jn fünde. [16]Also gieng Kain von dem Ange-

(Thür) Ebreisch lautet Thür / so viel als das offenstehet / oder auffgethan wird / Mar. vij. Hephethah / thu dich auff etc / vnd ist die meinung / Die sünde ligt vnd ruget / wie ein Ochslin ligt vnd ruget. Aber sie ligt in der Thür / das ist / Sie wird offen stehen / oder offenbar werden / ob der Sünder wol eine zeit lang sicher da hin gehet als schlaffe die sünde oder sey tode.

a (Redet mit Habel) Das ist / Scham halben must er sich eusserlich stellen vnd reden mit seinem Bruder / weil er gestrafft ward / Ob er wol im hertzen jn zu tödten gedacht. Also ist Kain aller Heuchler vnd falscher Heiligen vater.

sicht des HERRN / vnd wonet im Lande Nod /
jenseid Eden gegen dem morgen.

KAINS Geschlecht.

VND Kain erkandte sein Weib / die ward schwan-
ger vnd gebar den Hanoch. Vnd er bawete eine
Stad / die nennet er nach seins Sons namen / Ha-
noch. [18]Hanoch aber zeugete Jrad. Jrad zeugete
Mahuiael. Mahuiael zeugete Methusael. Methusael
zeugete Lamech.

LAMECH.

LAmech aber nam zwey Weiber / eine hies Ada /
die ander Zilla. [20]Vnd Ada gebar Jabal / Von
dem sind her komen die in Hütten woneten vnd
vieh zogen / [21]Vnd sein Bruder hies Jubal / Von
dem sind herkomen die Geiger vnd Pfeiffer. Die
Zilla aber gebar auch / nemlich / den Thubalkain
den Meister in al‖lerley ertz vnd eisenwerck / Vnd ‖ 3b
die Schwester des Thubalkain / war Naema.

[23]VND Lamech sprach zu seinen weibern Ada
vnd Zilla / Jr weiber Lamech höret meine rede /
vnd merckt was ich sage. Jch hab einen Man er-
schlagen mir zur wunden / vnd einen Jüngling mir
zur beulen. [24]Kain sol sieben mal gerochen wer-
den / Aber Lamech sieben vnd siebenzig mal.

ADAM ERKANDTE ABER MAL SEIN WEIB / VND SIE GE-
bar einen Son den hies sie Seth / Denn Gott
hat mir (sprach sie) einen andern samen gesetzt fur
SETH. Habel den Kain erwürget hat. [26]Vnd Seth zeuget
ENOS. auch einen Son / vnd hies jn Enos / Zu derselbigen
zeit fieng man an zu predigen von des HERRN
Namen.

(Fieng man an) Nicht das zuuor nicht auch Gottes Name were geprediget / Sondern nach dem durch Kains bosheit der Gottesdienst gefallen war / ward er dazu mal wider auffgericht / vnd jrgend ein Altarlin gebawet / dahin sie sich versamleten / das Gotteswort zuhören vnd zubeten.

V.

DJS IST DAS BUCH VON DES MENSCHEN GE-
schlecht / Da Gott den Menschen schuff /
machet er jn nach dem gleichnis Gottes / [2]Vnd
schuff sie ein Menlin vnd Frewlin / vnd segenet
sie / vnd hies jren namen Mensch / zur zeit da sie
geschaffen wurden.

VND Adam war hundert vnd dreissig jar alt / LINEA
vnd zeuget einen Son / der seinem Bild ehnlich Christi.
war / vnd hies jn Seth. [4]Vnd lebet darnach acht Luc. 3.
hundert jar / vnd zeuget Söne vnd Töchtere / [5]Das ADAM
sein gantzes Alter ward neunhundert vnd dreissig hat gelebet
jar / Vnd starb. 930. jar. 1. Par. 1.

SEth war hundert vnd funff jar alt / vnd zeuget
Enos. [7]Vnd lebet darnach acht hundert vnd sie-
ben jar / vnd zeuget Söne vnd Töchtere / [8]Das sein

SETH 912. gantzes Alter ward neunhundert vnd zwelff jar / Vnd starb.

ENos war neunzig jar alt / vnd zeuget Kenan. [10]Vnd lebet darnach acht hundert vnd funffzehen jar / vnd zeuget Söne vnd Töchtere / [11]Das sein gantzes Alter ward neun hundert vnd funff jar / Vnd starb.

ENOS 905.

KEnan war siebenzig jar alt / vnd zeuget Mahalaleel. [13]Vnd lebet darnach acht hundert vnd vierzig jar / vnd zeuget Söne vnd Töchtere / [14]Das sein gantzes Alter ward / neunhundert vnd zehen jar / Vnd starb.

KENAN 910.

MAhalaleel war funff vnd sechzig jar alt / vnd zeuget Jared. [16]Vnd lebet darnach acht hundert vnd dreissig jar / vnd zeuget Söne vnd Töchtere / [17]Das sein gantzes Alter ward / acht hundert funff vnd neunzig jar / Vnd starb.

MAHA. 895.

JAred war hundert vnd zwey vnd sechzig jar alt / vnd zeuget Henoch. [19]Vnd lebet darnach acht hundert jar / vnd zeuget Söne vnd Töchtere / [20]Das sein gantzes Alter ward / neunhundert zwey vnd sechzig jar / Vnd starb.

JARED 962.

HENOCH NAM Gott hinweg da er.365. jar alt war.

HEnoch war funff vnd sechzig jar alt / vnd zeuget Methusalah. [22]Vnd nach dem er Methusalah gezeuget hatte / bleib er in eim göttlichen Leben drey hundert jar / vnd zeuget Söne vnd Töchtere / [23]Das sein gantzes Alter ward / drey hundert funff vnd sechzig jar. [24]VND DIE WEIL ER EIN GÖTTLICH LEBEN FÜRET / NAM JN GOTT HIN WEG / VND WARD NICHT MEHR GESEHEN.

Ebre. 11.

(Göttlichen leben) Das ist / Er wird mit Gottes wort fur andern vleissig vmbgangen / vnd ein Prophet gewest sein / der allenthalben den leuten Gottes furcht gepredigt / vnd die straffe (so die Sindflut hernach thet) verkündigt / vnd viel drüber gelidden vnd gethan hat.

MEthusalah war hundert sieben vnd achzig jar alt / vnd zeuget Lamech. [26]Vnd lebet darnach sieben hundert zwey vnd achzig jar / vnd zeuget Söne vnd Töchtere / [27]Das sein gantzes Alter ward / neunhundert neun vnd sechzig jar / Vnd starb.

METHU. 969.

LAmech war hundert zwey vnd achzig jar alt / vnd zeuget einen Son / [29]vnd hies jn Noah / vnd sprach / Der wird vns trösten in vnser mühe vnd erbeit auff Erden / die der HERR verflucht hat. [30]Darnach lebet er funffhundert funff vnd neunzig jar / vnd zeuget Söne vnd Töchtere / [31]Das sein gantzes Alter ward / sieben hundert sieben vnd siebenzig jar / Vnd starb.

LAMECH 777.

NOah war funff hundert jar alt / vnd zeuget Sem / Ham vnd Japheth. ||

|| 4a

VI.

DA SICH ABER DIE MENSCHEN BEGUNDEN ZU mehren auff Erden / vnd zeugeten jnen Töchtere / [2]Da sahen die kinder Gottes nach den töchtern der Menschen / wie sie schön waren / vnd namen zu Weibern / welche sie wolten. [3]Da sprach der HERR / Die Menschen wöllen sich [a]meinen Geist nicht mehr straffen lassen / denn sie sind Fleisch / Jch wil jnen noch frist geben hundert vnd zwenzig jar.

(Kinder Gottes) Das waren der heiligen Veter kinder / die in Gottes furcht aufferzogen darnach erger denn die andern worden / vnter dem namen Gottes. Wie alle zeit der Heiligen Nachkomen / die ergesten Tyrannen vnd verkertesten zu letzt worden sind.

a (Meinen Geist) Das ist / Es ist vmb sonst / was ich durch meinen Geist / jnen predigen / sagen / vnd straffen lasse / Sie sind zu gar fleischlich worden / verachten vnd lestern meines Geistes wort. Darumb sol er auff hören / vnd ich wil sie lassen faren / vnd nicht mehr mich mit jnen zancken vnd straffen.

[4]ES waren auch zu den zeiten Tyrannen auff Erden / Denn da die kinder Gottes die töchter der Menschen beschlieffen vnd jnen Kinder zeugeten / wurden dar aus gewaltige in der Welt vnd berhümbte Leute.

DA ABER DER HERR SAHE / DAS DER MENSCHEN BOSHEIT GROS WAR AUFF ERDEN / VND ALLES TICHTEN VND TRACHTEN JRES HERTZEN NUR BÖSE WAR JMER DAR / [6]Da rewet es jn / das er die Menschen gemacht hatte auff Erden / vnd es bekümert jn in seinem Hertzen / [7]vnd sprach / Jch wil die Menschen / die ich geschaffen habe vertilgen / von der Erden / von den Menschen an bis auff das Vieh / vnd bis auff das Gewürme / vnd bis auff die Vogel vnter dem Himel / Denn es rewet mich / das ich sie gemacht habe. [8]Aber Noah fand Gnade fur dem HERRN.

Gen. 8.

NOAH Söne.

DIS ist das Geschlecht Noah. Noah war ein from Man vnd on wandel / vnd füret ein göttlich Leben zu seinen zeiten. [10]Vnd zeuget drey Söne / Sem / Ham / Japheth. [11]Aber die Erde war verderbet fur Gottes augen / vnd vol freuels. [12]Da sahe Gott auff Erden / vnd sihe / sie war verderbet / Denn alles Fleisch hatte seinen weg verderbet auff Erden. [13]DA sprach Gott zu Noah / Alles Fleisches ende ist fur mich komen / Denn die Erde ist vol freuels von jnen / Vnd sihe da / Jch wil sie verderben mit der Erden.

NOAH Kasten.

MAche dir einen Kasten von tennen Holtz / vnd mache Kammern drinnen / vnd verpiche sie mit Bech inwendig vnd auswendig / [15]Vnd mache jn also. Drey hundert Ellen sey die lenge / funffzig ellen die weite / vnd dreissig ellen die höhe. [16]Ein Fenster soltu dran machen oben an / einer ellen gros. Die Thür soltu mitten in seine seiten setzen. Vnd sol drey Boden haben / Einen vnten / den an-

dern in der mitte / den dritten in der höhe. [17]Denn
sihe / Jch wil eine Sindflut mit wasser komen lassen
auff Erden / zu verderben alles Fleisch / darin ein
lebendiger Odem ist / vnter dem Himel / Alles was
auff Erden ist / sol vntergehen.

[18]ABer mit dir wil ich einen Bund auffrichten /
Vnd du solt in den Kasten gehen / mit deinen Sö-
nen / mit deinem Weibe / vnd mit deiner söne Wei-
bern. [19]Vnd du solt in den Kasten thun allerley
Thier von allem Fleisch / ja ein par / Menlin vnd
Frewlin / das sie lebendig bleiben bey dir. [20]Von
den Vogeln nach jrer art / von dem Vieh nach sei-
ner art / vnd von allerley Gewürm auff erden nach
seiner art. Von den allen sol je ein Par zu dir hinein
gehen / das sie leben bleiben. [21]Vnd du solt aller-
ley Speise zu dir nemen / die man isset / vnd solt
sie bey dir samlen / das sie dir vnd jnen zur Narung
da seien. [22]Vnd Noah thet alles was jm Gott gebot.

VII.

VND DER HERR SPRACH ZU NOAH / GEHE IN DEN
Kasten / du vnd dein gantz Haus / Denn dich
hab ich Gerecht ersehen fur mir zu dieser zeit
[2]Aus allerley reinem Vieh nim zu dir / ja sieben
vnd sieben / das Menlin vnd sein Frewlin. Von
dem vnreinen Vieh aber je ein Par / das Menlin
vnd sein Frewlin. [3]Des selben gleichen von den
Vogeln vnter dem Himel / ja sieben vnd sieben /
das Menlin vnd sein Frewlin / Auff das same leben-
dig bleibe auff dem gantzen Erdboden. [4]Denn
noch vber sieben tage wil ich regen lassen auff
|| 4b Erden / vierzig tag vnd vierzig nacht / || vnd ver-
tilgen von dem Erdboden alles was das wesen hat /
das ich gemacht habe.

VND Noah thet alles was jm der HERR gebot.
[6]Er war aber sechshundert jar alt / da das was-
Mat. 24. ser der Sindflut auff Erden kam. [7]Vnd er gieng in
Luc. 17. den Kasten mit seinen Sönen / Weibe / vnd seiner
1. Pet. 3. Söne Weibern / fur dem gewesser der Sindflut.
[8]Von dem reinen Vieh vnd von dem vnreinen /
von den Vogeln / vnd von allem Gewürm auff
erden / [9]giengen zu jm in den Kasten bey paren /
ja ein Menlin vnd Frewlin / wie jm der HERR ge-
boten hatte. [10]Vnd da die sieben tage vergangen
waren / kam das gewesser der Sindflut auff Erden.

JN dem sechshunderten jar des alters Noah / am
siebenzehenden tag des andern Monden / das ist

der tag / da auffbrachen alle Brünne der grossen
Tieffen / vnd theten sich auff die Fenster des Hi-
mels / [12]vnd kam ein Regen auff Erden vierzig tag
vnd vierzig nacht.

NOAH GEHET in den Kasten etc.

[13]EBen am selben tage gieng Noah in den Kasten
mit Sem / Ham vnd Japheth seinen Sönen / vnd
mit seinem Weibe vnd seiner Söne dreien Weibern.
[14]Da zu allerley Thier nach seiner art / allerley Vieh
nach seiner art / allerley Gewürm das auff Erden
kreucht / nach seiner art / vnd allerley Vogel nach
jrer art / Alles was fliegen kund / vnd alles was
fittich hatte / [15]das gieng alles zu Noah in den
Kasten bey Paren / von allem Fleisch / da ein leben-
diger Geist innen war / [16]vnd das waren Menlin
vnd Frewlin von allerley Fleisch / vnd giengen hin
ein / wie denn Gott jm geboten hatte. Vnd der
HERR schlos hinder jm zu.

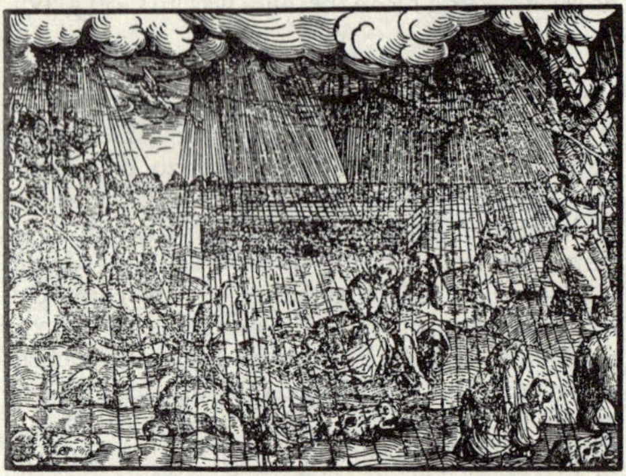

DA kam die Sindflut vierzig tage auff Erden / vnd
die Wasser wuchsen / vnd huben den Kasten
auff / vnd trugen jn empor vber der Erden. [18]Also
nam das Gewesser vberhand / vnd wuchs seer auff
Erden / das der Kaste auff dem gewesser fuhr.
[19]Vnd das gewesser nam vberhand vnd wuchs so
seer auff Erden / das alle hohe Berge vnter dem
gantzen Himel bedeckt wurden / [20]funffzehen El-
len hoch gieng das gewesser vber die Berge / die
bedeckt wurden.

[21]DA gieng alles Fleisch vnter / das auff Erden Mat. 24.
kreucht / an Vogeln / an Vieh / an Thieren / vnd 2. Pet. 3.
an allem das sich reget auff Erden / vnd an allen
Menschen / [22]Alles was einen lebendigen Odem

|| 5a hatte im Trocken / das starb. 23Also || ward vertilget
alles was auff dem Erdboden war / vom Menschen
an bis auff das Vieh / vnd auff das Gewürm / vnd
auff die Vogel vnter dem Himel / das ward alles von
1. Pet. 3. der Erden vertilget / Allein Noah bleib vber / vnd
Gewesser ist gestandten. 150. tage. was mit jm in dem Kasten war. 24Vnd das Gewes-
ser stund auff Erden hundert vnd funffzig tage.

VIII.

DA GEDACHTE GOTT AN NOAH / VND AN ALLE
Thier / vnd an alles Vieh / das mit jm in dem
Kasten war / Vnd lies Wind auff Erden komen /
Vnd die Wasser fielen / 2vnd die Brünne der tieffen
wurden verstopffet sampt den Fenstern des Hi-
mels / vnd dem Regen vom Himel ward gewehret /
3Vnd das Gewesser verlieff sich von der Erden
jmer hin / vnd nam abe / nach hundert vnd funffzig
tagen.

AM siebenzehenden tag des siebenden Monden /
lies sich der Kaste nider auff das gebirge Ararat. ARARAT.
5Es verlieff aber das Gewesser fort an vnd nam abe /
bis auff den zehenden Mond / Am ersten tag des
zehenden Monds / sahen der Berge spitzen erfür.

NAch vierzig tagen / thet Noah das Fenster auff
an dem Kasten / das er gemacht hatte / 7vnd
lies einen Raben ausfliegen / Der flog jmer hin vnd RABE.
wider her / Bis das Gewisser vertrocket auff Erden.

DARnach lies er eine Tauben von sich ausflie- TAUBE.
gen / Auff das er erfüre / ob das Gewesser ge-
fallen were auff Erden. 9Da aber die Taube nicht
fand / da jr fuss rugen kund / kam sie wider zu jm
in den Kasten / Denn das Gewesser war noch auff
dem gantzen Erdboden / Da thet er die hand er aus /
vnd nam sie zu sich in den Kasten.

DA harret er noch ander sieben tage / vnd lies
aber mal eine Taube fliegen aus dem Kasten /
11Die kam zu jm vmb Vesperzeit / Vnd sihe / ein
Oleblat hatte sie abgebrochen / vnd trugs in jrem
Munde / Da vernam Noah / das das Gewesser ge-
fallen were auff Erden. 12Aber er harret noch ander
sieben tage / vnd lies eine Taube ausfliegen / die
kam nicht wider zu jm.

(Oleblat) Das blat bedeut das Euangelium / das der heilige Geist in die Christenheit hat predigen lassen / Denn Ole bedeut barmhertzigkeit vnd friede / dauon das Euangelium leret.

JM sechshundersten vnd einem jar des alters Noah /
am ersten tage des ersten Monden / vertrockte
das Gewesser auff Erden. Da thet Noah das dach
von dem Kasten / vnd sahe / das der Erdboden
trocken war. 14Also ward die Erde gantz trocken

am sieben vnd zwentzigsten Tage des andern Mon-
den.

DA REDET GOTT MIT NOAH / VND SPRACH / [16]GEHE
aus dem Kasten du vnd dein weib / deine Söne
vnd deiner söne weiber mit dir. [17]Allerley Thier
das bey dir ist / von allerley Fleisch / an Vogeln /
an Vieh / vnd an allerley Gewürm / das auff erden
kreucht / das gehe er aus mit dir / Vnd reget euch
auff Erden / vnd seid fruchtbar vnd mehret euch
auff Erden. [18]Also gieng Noah er aus mit seinen
Sönen vnd mit seinem Weib vnd seiner sönen Wei-
bern. [19]Da zu allerley Thier / allerley Gewürm /
allerley Vogel / vnd alles was auff erden kreucht /
das gieng aus dem Kasten / ein jglichs zu seines
Gleichen.

NOah aber bawet dem HERRN einen Altar /
vnd nam von allerley reinem Vieh / vnd von
allerley reinem Geuogel / vnd opffert Brandopffer
auff dem Altar. [21]Vnd der HERR roch den lieb-
lichen Geruch / vnd sprach in seinem hertzen /
JCH WIL HIN FURT NICHT MEHR DIE ERDE VER-
FLUCHEN VMB DER MENSCHEN WILLEN / DENN DAS
TICHTEN DES MENSCHLICHEN HERTZEN IST BÖSE
VON JUGENT AUFF / Vnd ich wil hinfurt nicht mehr Jesa. 54.
schlahen alles was da lebet / wie ich gethan habe.
[22]So lange die Erden stehet / sol nicht auffhören / Gen. 1.
Samen vnd Ernd / Frost vnd Hitz / Sommer vnd
Winter / Tag vnd Nacht. || || 5b

IX.

VND GOTT SEGENET NOAH VND SEINE SÖNE /
vnd sprach / Seid fruchtbar vnd mehret euch /
vnd erfüllet die Erde. [2]Ewerfurcht vnd schrecken
sey vber alle Thier auff Erden / vber alle Vogel
vnter dem Himel / vnd vber alles was auff dem Erd-
boden kreucht / vnd alle Fisch im Meer seien in
ewer hende gegeben. [3]Alles was sich reget vnd
lebet / das sey ewre Speise / wie das grüne Kraut /
hab ichs euch alles gegeben.

[4]ALleine esset das Fleisch nicht / das noch lebt
in seinem Blut / [5]Denn ich wil auch ewrs Leibs
blut rechen / vnd wils an allen Thieren rechen /
vnd wil des Menschen leben rechen an einem
jglichen Menschen / als der sein Bruder ist.

[6]WER MENSCHEN BLUT VERGEUSSET / DES BLUT
SOL AUCH DURCH MENSCHEN VERGOSSEN WERDEN /
Denn Gott hat den Menschen zu seinem Bilde ge-

(Durch Menschen) Hie ist das weltlich Schwert eingesetzt / Das man die Mörder tödten sol.

Weltlich Schwert Matt. 26.

macht. [7]Seid fruchtbar vnd mehret euch / vnd reget
euch auff Erden / das ewer viel drauff werden.

VND Gott sagt zu Noah vnd seinen Sönen mit
jm / [9]Sihe / Jch richte mit euch einen Bund
auff / vnd mit ewrem Samen nach euch / [10]vnd mit
allem lebendigen Thier bey euch / an Vogel / an
Vieh / vnd an allen Thieren auff Erden bey euch /
von allem das aus dem Kasten gegangen ist / waser-
ley Thier es sind auff Erden. [11]Vnd richte meinen
Bund also mit euch auff / Das hinfurt nicht mehr
alles Fleisch verderbet sol werden / mit dem wasser
der Sindflut / vnd sol hinfurt keine Sindflut mehr
komen / die die Erde verderbe.

Gottes Bunde nach der Sindflut mit Noah etc.

[12]VND Gott sprach / Das ist das Zeichen des
Bunds / den ich gemacht habe zwischen mir vnd
euch / vnd allem lebendigen Thier bey euch hin furt
ewiglich. [13]Meinen Bogen hab ich gesetzt in die
wolcken / der sol das Zeichen sein des Bunds /
zwischen Mir vnd der Erden. [14]Vnd wenn es
kompt / das ich wolcken vber die Erden füre / So
sol man meinen Bogen sehen / in den wolcken /
[15] Als denn wil ich gedencken an meinen Bund /
zwischen Mir vnd euch / vnd allem lebendigen
Thier / in allerley Fleisch / Das nicht mehr hin furt
|| 6a eine Sind||flut kome / die alles Fleisch verderbe.
[16]Darumb sol mein Bogen in den wolcken sein /
das ich jn ansehe / vnd gedencke an den ewigen
Bund zwischen Gott vnd allem lebendigen Thier
in allem Fleisch / das auff Erden ist. [17]Daselb saget
Gott auch zu Noah / Dis sey das Zeichen des

REGENBOGEN.

Bunds / den ich auffgerichtet habe zwischen Mir
vnd allem Fleisch auff Erden.

NOAH Söne.

DJE söne Noah / die aus dem Kasten giengen /
sind diese / Sem / Ham / Japheth / Ham aber
ist der Vater Canaan. 19Das sind die drey söne
Noah / von denen ist alles Land besetzt.

NOah aber fieng an vnd ward ein Ackerman /
vnd pflantzte Weinberge. 21Vnd da er des
Weins tranck / ward er truncken / vnd lag in der
Hütten auffgedeckt. 22Da nu Ham / Canaans vater /
sahe seines Vaters scham / saget ers seinen beiden
Brüdern draussen. 23Da nam Sem vnd Japheth
ein Kleid / vnd legten es auff jre beide Schulder /
vnd giengen rücklings hin zu / vnd deckten jres
Vaters scham zu / Vnd jr angesicht war abgewand /
das sie jres Vaters scham nicht sahen.

NOAH truncken.

24ALS nu Noah erwacht von seinem Wein / vnd
erfur / was jm sein kleiner Son gethan hatte /
25sprach er / Verflucht sey Canaan / vnd sey ein
Knecht aller knecht vnter seinen Brüdern. 26Vnd
sprach weiter / Gelobet sey Gott der HERR des
Sems / Vnd Canaan sey sein Knecht. 27Gott breite
Japheth aus / vnd las jn wonen in den Hütten des
Sems / Vnd Canaan sey sein Knecht.

FLUCH vber Canaan.

NOah aber lebet nach der Sindflut drey hundert
vnd funffzig jar / 29Das sein gantz Alter ward /
neunhundert vnd funffzig jar / Vnd starb.

NOAH ALTER. 950. jar.

X.

DJS IST DAS GESCHLECHT DER KINDER NOAH / 1. Par. 1.
Sem / Ham / Japheth / Vnd sie zeugeten Kinder
nach der Sindflut. 2Die kinder Japheth sind diese /
Gomer / Magog / Madai / Jauan / Thubal / Mesech /
vnd Thiras. 3Aber die kinder von Gomer sind
diese / Ascenas / Riphath / vnd Thogarma. 4Die
kinder von Jauan sind diese / Elisa / Tharsis /
Kithim / vnd Dodanim. 5Von diesen sind ausge-
breitet die Jnsulen der Heiden in jren Lendern /
jgliche nach jrer Sprach / Geschlecht vnd Leuten.

JAPHETHS Geschlecht.

DJe kinder von Ham sind diese / Chus / Mizraim /
Put / vnd Canaan. 7Aber die kinder von Chus /
sind diese / Seba / Heuila / Sabtha / Raema / vnd
Sabtecha. Aber die kinder von Raema sind diese /
Scheba vnd Dedan. 8Chus aber zeuget den Nim-
rod / Der fieng an ein gewaltiger Herr zu sein auff
Erden. 9Vnd war ein gewaltiger Jeger fur dem
HERRN / Da her spricht man / Das ist ein gewalti-

HAMS Geschlecht.

NIMROD.

ger Jeger fur dem HERRN / wie Nimrod. [10]Vnd
der anfang seins Reichs war / Babel / Erech / Acad BABEL.
vnd Chalne im land Sinear. [11]Von dem Land ist
darnach komen der Assur / vnd bawete Niniue vnd ASSUR.
Rehoboth Jr vnd Calah / [12]da zu Ressen zwischen NINIUE.
Niniue vnd Calah / Dis ist eine grosse Stad. [13]Miz-
raim zeuget Ludim / Anamim / Leabim / Naphtu-
him / [14]Pathrusim / vnd Casluhim / Von dannen
sind komen die Philistim vnd Caphthorim.

[15]CAnaan aber zeuget Zidon seinen ersten son /
vnd Heth / [16]Jebusi / Emori / Girgosi / [17]Hiui /
Arki / Sini / [18]Aruadi / Zemari / vnd Hamathi. Da
her sind ausgebreitet die Geschlecht der Cananiter. CANANITER.
[19]Vnd jre Grentze waren von Zidon an / durch
Gerar / bis gen Gasa / bis man kompt gen Sodoma /
Gomorra / Adama / Zeboim / vnd bis gen Lasa.
[20]Das sind die kinder Ham in jren Geschlechten /
Sprachen / Lendern / vnd Leuten.

SEM ABER / JAPHETHS DES GRÖSSERN BRUDER / SEMS
zeuget auch Kinder / der ein Vater ist aller kin- Geschlecht.
der von Eber. [22]Vnd dis sind seine Kinder / Elam /
Assur / Arphachsad / Lud vnd Aram. [23]Die kin-
‖ 6 b der aber von Aram sind diese / Vz / ‖ Hul / Gether
vnd Mas. [24]Arphachsad aber zeuget Salah. Salah
zeuget Eber. [25]Eber zeuget zween Söne / einer
hies Peleg / darumb / das zu seiner zeit / die Welt (PELEG)
zurteilet ward / des Bruder hies Jaketan. [26]Vnd Auff Deudsch /
Jaketan zeuget Almodad / Saleph / Hazarmaueth / Ein zurteilung.
Jarah / [27]Hadoram / Vsal / Dikela / [28]Obal / Abi-
mael / Seba / [29]Ophir / Heuila / vnd Jobab / Das
sind alle Kinder von Jaketan. [30]Vnd jr Wonung
war von Mesa an / bis man kompt gen Sephar / an
den Berg gegen dem morgen. [31]Das sind die Kin-
der von Sem / in jren Geschlechten / Sprachen /
Lendern vnd Leuten. [32]Das sind nu die Nach-
komen der Kinder Noah / in jren Gschlechten vnd
Leuten / Von denen sind ausgebreittet die Leute
auff Erden nach der Sindflut.

XI.

ES HATTE ABER ALLE WELT EINERLEY ZUNGEN VND
sprache. [2]Da sie nu zogen gen Morgen / funden
sie ein eben Land / im lande Sinear / vnd woneten SINEAR.
daselbs. [3]Vnd sprachen vnternander / Wolauff /
lasst vns Ziegel streichen vnd brennen / Vnd namen
ziegel zu stein / vnd thon zu kalck / [4]vnd sprachen / THURN
Wolauff / Lasst vns eine Stad vnd Thurn bawen / zu Babel.

des spitze bis an den Himel reiche / das wir vns
einen namen machen / Denn wir werden vieleicht
zerstrewet in alle Lender.
5DA fur der HERR ernider / das er sehe die Stad
vnd Thurn / die die Menschenkinder baweten.
6Vnd der HERR sprach / Sihe / Es ist einerley
Volck vnd einerley Sprach vnter jnen allen / vnd
haben das angefangen zu thun / sie werden nicht
ablassen von allem das sie furgenomen haben zu
thun. 7Wolauff / lasst vns ernider faren / vnd jre
Sprache da selbs verwirren / das keiner des andern
sprache verneme. 8Also zerstrewet sie der HERR
von dannen in alle Lender / das sie musten auff-
hören die Stad zu bawen / 9Da her heisst jr name
Babel / das der HERR daselbs verwirret hatte aller
Lender sprache / vnd sie zerstrewet von dannen in
alle Lender.

Verwirrung der sprachen.

(BABEL) Auff Deudsch / Ein vermischung oder verwirrung.

DJS SIND DIE GESCHLECHT SEM / SEM WAR HUN-
dert jar alt / vnd zeuget Arphachsad / zwey jar
nach der Sindflut / 11Vnd lebet darnach funffhun-
dert jar / vnd zeuget Söne vnd Töchter.

SEMS Geschlecht / der. 600. jar gelebt hat. LINEA Christi. 1. Par. 1.

ARphachsad ward funff vnd dreissig jar alt / vnd
zeugete Salah / 13Vnd lebet darnach vierhun-
dert vnd drey jar / vnd zeuget Söne vnd Töchter.

ARPHACHSAD 438.

SAlah war dreissig jar alt / vnd zeuget Eber /
15Vnd lebet darnach vier hundert vnd drey jar /
vnd zeugete Söne vnd Töchter.

SALAH 433.

EBer war vier vnd dreissig jar alt / vnd zeuget
Peleg / 17Vnd lebet darnach vier hundert vnd
dreissig jar / vnd zeuget Söne vnd Töchter.

EBER 464.

PEleg war dreissig jar alt / vnd zeuget Regu /
19Vnd lebet darnach zwey hundert vnd neun jar /
vnd zeuget Söne vnd Töchter.

PELEG 239.

REgu war zwey vnd dreissig jar alt / vnd zeuget
Serug / 21Vnd lebet darnach zwey hundert vnd
sieben jar / vnd zeuget Söne vnd Töchter.

REGU 239.

SErug war dreissig jar alt / vnd zeuget Nahor /
23Vnd lebet darnach zwey hundert jar / vnd zeu-
get Söne vnd Töchter.

SERUG 230.

NAhor war neun vnd zwenzig jar alt / vnd zeuget
Tharah / 25Vnd lebet darnach hundert vnd
neunzehen jar / vnd zeuget Söne vnd Töchter.

NAHOR 148.

THArah war siebenzig jar alt / vnd zeuget /
Abram / Nahor / vnd Haran.

THARAH.

DJS SIND DIE GESCHLECHT THARAH / THARAH
zeuget Abram / Nahor / vnd Haran / Aber
Haran zeuget Lot. 28Haran aber starb vor seinem

THARAH Geschlecht.

Vater Tharah in seinem Vaterland zu Vr in Chal-
dea. 29Da namen Abram vnd Nahor weiber / ABRAM.
Abrams weib hies Sarai / vnd Nahors weib Milca SARAI.
|| 7a Harans || tochter / der ein Vater war der Milca / vnd
der Jisca / 30Aber Sarai war vnfruchtbar / vnd hatte
kein Kind.

31DA nam Tharah seinen son Abram / vnd Lot
seines sons Harans son / vnd seine schnur Sarai /
seines sons Abrams weib / vnd füret sie von Vr aus
Chaldea / das er ins land Canaan zöge / Vnd sie
kamen gen Haran / vnd woneten daselbs. 32Vnd THARAH
Tharah ward zwey hundert vnd funff jar alt / vnd alter 205.
starb in Haran.

XII.

Acto. 7. Ebre. 11. VND DER HERR SPRACH ZU ABRAM / GEHE AUS ABRAM
deinem Vaterland / vnd von deiner Freund-
schafft / vnd aus deines Vatershause / Jn ein Land /
das ich dir zeigen wil. 2Vnd ich wil dich zum gros-
sen Volck machen / vnd wil dich segenen / vnd dir
einen grossen Namen machen / vnd solt ein Segen
sein / 3Jch wil segenen die dich segenen / Vnd ver-
Gal. 3. fluchen die dich verfluchen. VND IN DIR SOLLEN
GESEGENET WERDEN ALLE GESCHLECHT AUFF
ERDEN.

DA zoch Abram aus / wie der HERR zu jm ge-
sagt hatte / vnd Lot zoch mit jm / Abram aber
war funff vnd siebenzig jar alt / da er aus Haran
zoch. 5Also nam Abram sein weib Sarai / vnd Lot
seines Bruders son / mit aller jrer Habe / die sie ge-
wonnen hatten / vnd Seelen die sie gezeuget hatten
in Haran / vnd zogen aus zu reisen in das land
Canaan. Vnd als sie komen waren in dasselbige
Land / 6zog Abram durch / bis an die stet Sichem /
vnd an den hayn More / Denn es woneten zu der
zeit die Cananiter im Lande. CANANITER.

7DA erschein der HERR Abram / vnd sprach /
Deinem Samen wil ich dis Land geben. Vnd er ABRAM
bawet daselbs dem HERRN einen Altar / der jm wird das Land
erschienen war. 8Darnach brach er auff von dan- Canaan hie erst-
nen an einen Berg / der lag gegen dem Morgen der lich verheissen.
stad BethEl / vnd richtet seine Hütten auff / das er
BethEl gegen abend / vnd Ai gegen dem morgen
hatte. Vnd bawet daselbs dem HERRN einen
Altar / vnd predigte von dem Namen des HERRN.
9Darnach weich Abram ferner / vnd zoch aus gegen
dem mittag.

THEWRUNG ZU Abrams zeiten.

ES kam aber eine Thewrung in das Land. Da zoch
Abram hin ab in Egypten / das er sich daselbs /
als ein Frembdling / enthielte / Denn die Thewrung
war gros im Lande. 11Vnd da er nahe bey Egypten
kam / sprach er zu seinem weibe Sarai / Sihe / Jch
weis / das du ein schön Weib von angesicht bist /
12Wenn dich nu die Egypter sehen werden / so
werden sie sagen / Das ist sein Weib / Vnd werden
mich erwürgen vnd dich behalten. 13Lieber so sage
doch / Du seist meine Schwester / Auff das mirs
deste bas gehe vmb deinen willen / vnd meine Seele
bey dem Leben bleibe vmb deinen willen.

14ALs nu Abram in Egypten kam / sahen die
Egypter das Weib / das sie fast schön war. 15Vnd
die Fürsten des Pharao sahen sie / vnd preiseten sie
fur jm. Da ward sie in des Pharao haus bracht /
16Vnd er thet Abram guts / vmb jren willen / vnd
er hatte schafe / rinder / esel / Knecht vnd Megde /
eselin vnd kameel. 17Aber der HERR plaget den
Pharao mit grossen Plagen vnd sein Haus / vmb
Sarai Abrams weibs willen.

18DA rieff Pharao Abram zu sich / vnd sprach zu
jm / Warumb hastu mir das gethan? Warumb
sagestu mirs nicht / das dein Weib were? 19Warumb
sprachstu denn / sie were deine Schwester? Der-
halben ich sie mir zum Weibe nemen wolt. Vnd nu
sihe / Da hastu dein weib / nim sie vnd zeuch hin.
20Vnd Pharao befalh seinen Leuten vber jm / das
sie jn geleiten vnd sein Weib vnd alles was er hatte.

XIII. ‖ 7b

ABRAM ZICHET wider aus Egypten in Canaan.

ALSO ZOCH ABRAM ER AUFF AUS EGYPTEN MIT SEI-
nem Weibe vnd mit allem das er hatte / vnd Lot
auch mit jm / gegen dem Mittag. 2Abram aber war
seer Reich von vieh / silber / vnd gold. 3Vnd er
zoch jmer fort von Mittag / bis gen BethEl / an die
stet / da am ersten seine Hütten war / zwischen
BethEl vnd Ai / 4eben an den Ort / da er vorhin Gen. 12.
den Altar gemacht hatte / Vnd er predigt alda den
Namen des HERRN.

LOT.

LOt aber der mit Abram zoch / der hatte auch
schaf vnd rinder vnd Hütten / 6Vnd das Land
mochts nicht ertragen / das sie bey einander wone-
ten / Denn jr Habe war gros / vnd kundten nicht
bey ein ander wonen. 7Vnd war jmer zanck zwi-
schen den Hirten vber Abrams vieh / vnd zwischen

den Hirten vber Lots vieh / So woneten auch zu CANANITER.
der zeit die Cananiter vnd Pheresiter im Lande. PHERESITER.
8DA sprach Abram zu Lot / Lieber las nicht
zanck sein zwischen mir vnd dir / vnd zwischen
meinen vnd deinen Hirten / denn wir sind Gebrü-
der. 9Stehet dir nicht alles Land offen? Lieber
scheide dich von mir / Wiltu zur Lincken / so wil
ich zur rechten / Oder wiltu zur rechten / so wil ich
zur lincken. 10Da hub Lot seine augen auff / vnd
besahe die gantze Gegend am Jordan / Denn ehe Gegend am
der HERR Sodoma vnd Gomorra verderbet / war Jordan.
sie wasserreich / bis man gen Zoar kompt / als ein
Garten des HERRN / gleich wie Egyptenland.
11DA erwelet jm Lot / die gantze Gegend am
Jordan / vnd zoch gegen Morgen. Also scheidet
sich ein Bruder von dem andern / 12das Abram
wonet im lande Canaan / vnd Lot in den stedten
der selben Gegend / vnd setzt seine Hütten gen
SODOMITER. Sodom / 13Aber die Leute zu Sodom waren böse /
Ezech. 16. vnd sundigeten seer wider den HERRN.

DA nu Lot sich von Abram gescheiden hatte /
sprach der HERR zu Abram / Heb deine Augen
auff / vnd sihe von der stet an da du wonest / gegen
Mitternacht / gegen dem Mittag / gegen dem Mor-
gen / vnd gegen dem Abend / 15Denn alle das
Land / das du sihest / wil ich dir geben vnd deinem
Gen. 12. Samen ewiglich. 16Vnd wil deinen Samen machen
wie den staub auff erden / Kan ein Mensch den
staub auff erden zelen / der wird auch deinen Samen
zelen. 17Darumb so mach dich auff / vnd zeuch
durch das Land / in die lenge vnd breite / denn dir
wil ichs geben. 18Also erhub Abram seine Hütten /
kam vnd wonet im Hayn Mamre / der zu Hebron HAIN MAMRE.
ist / Vnd bawet daselbs dem HERRN einen Altar.

XIIII.

VND ES BEGAB SICH ZU DER ZEIT DES KÖNIGES
Amraphel von Sinear Arioch des königes von
Elassar / KedorLaomor des königes von Elam /
vnd Thideal des königes der Heiden / 2Das sie
kriegten mit Bera dem könige von Sodom / vnd
mit Birsa dem könige von Gomorra / vnd mit
Sineab dem könige von Adama / vnd mit Semeber
dem könige von Zeboim / vnd mit dem könige von
Bela / die heisst Zoar.
3DJese kamen alle zusamen in das tal Siddim / da
nu das Saltzmeer ist / 4Denn sie waren zwelff jar

vnter dem könige KedorLaomor gewesen / vnd im
dreizehenden jar waren sie von jm abgefallen.
[5]Darumb kam KedorLaomor vnd die Könige die
mit jm waren / im vierzehenden jar / vnd schlugen
RISEN. die Risen zu AstarothKarnaim / vnd die Susim zu
SVSIM. Ham / vnd die Emim in dem felde Kiriathaim /
EMIM. HORITER. [6]vnd die Horiter auff jrem gebirge Seir / bis an die
breite Pharan / welche an die wüsten stösst. [7]Dar-
nach wandten sie vmb / vnd kamen an den born
Mispat / das ist Kades / vnd schlugen das gantze
Land der Amalekiter / dazu die Amoriter / die zu
HazezonThamar woneten. ‖ ‖ 8a

DA zogen aus der könig von Sodom / der könig
von Gomorra / der könig von Adama / der
könig von Zeboim / vnd der könig von Bela / die
Zoar heisst / vnd rüsten sich zu streiten / im tal
Siddim / [9]mit KedorLaomor / dem könige von
Elam / vnd mit Thideal dem könige der Heiden /
vnd mit Amraphel dem könige von Sinear / vnd
mit Arioch dem könige von Elassar / vier Könige
mit fünffen / [10]Vnd das tal Siddim hatte viel Thon-
gruben.

ABer der König von Sodom vnd Gomorra wur-
den daselbs in die Flucht geschlagen vnd niderge-
legt / vnd was vberbleib / flohe auff das Gebirge.
[11]Da namen sie alle habe zu Sodom vnd Gomorra
vnd alle speise / vnd zogen da von. [12]Sie namen
LOT gefangen. auch mit sich Lot Abrams bruder son vnd seine
habe / Denn er wonete zu Sodom / vnd zogen da
von.

DA kam einer der entrunnen war / vnd sagets
Abram an dem auslender / der da wonet im
MAMRE hayn Mamre des Amoriter / welcher ein Bruder
ESCOL. war Escol vnd Aner / Diese waren mit Abram im
ANER. Bund. [14]Als nu Abram höret / das sein Bruder ge-
fangen war / wapnet er seine Knechte / drey hun-
dert vnd achzehen / in seinem Hause geborn / vnd
jaget jnen nach bis gen Dan / [15]Vnd teilet sich /
Fiel des nachts vber sie mit seinen Knechten / vnd
ABRAM schlegt vier Könige. schlug sie / vnd jaget sie bis gen Hoba / die zur
lincken der stad Damascus ligt. [16]Vnd bracht alle
Habe wider / dazu auch Lot seinen Bruder mit sei-
ner Habe / auch die Weiber vnd das Volck.

[17]ALs er nu widerkam von der schlacht des
KedorLaomor vnd der Könige mit jm / giengen
jm entgegen der könig von Sodom / in das feld das
Königstal heisst.

MELCHISEDECH. EBRE. 7. ABer Melchisedech der König von Salem / trug
brot vnd wein erfur. Vnd er war ein Priester
Gottes des höhesten / [19]Vnd segnet jn / vnd sprach /
Gesegnet seistu Abram dem höhesten Gott / der
Himel vnd Erden besitzt / [20]Vnd gelobet sey Gott
der höhest / der deine Feinde in deine hand be-
schlossen hat. Vnd dem selben gab Abram den
Zehenden von allerley.

(Trug brot) Nicht das ers opfferte / sondern das er die Geste speiset vnd ehret / Dadurch Christus bedeut ist / der die Welt mit dem Euangelio speiset.

[21]DA sprach der könig von Sodom zu Abram /
Gib mir die Leute / die Güter behalt dir. [22]Aber
Abram sprach zu dem könige von Sodom / Jch hebe
meine hende auff zu dem HERRN / dem höhesten
Gott / der Himel vnd Erden besitzt / [23]Das ich von
allem das dein ist / nicht einen faden noch einen
schuchrimen nemen wil / Das du nicht sagest / du
habest Abram reich gemacht. [24]Ausgenomen was
die Jünglinge verzehret haben / vnd die menner
Aner / Escol vnd Mamre / die mit mir gezogen sind /
die las jr Teil nemen.

XV.

NACH DIESEN GESCHICHTEN BEGAB SICHS / DAS
zu Abram geschach das wort des HERRN im
Gesicht / vnd sprach / Fürchte dich nicht Abram /
Jch bin dein Schilt / vnd dein seer grosser Lohn.
[2]Abram sprach aber / HErr HERR / Was wiltu mir
geben? Jch gehe dahin on Kinder / vnd mein Haus-
uogt hat einen Son / dieser Elieser von Damasco.
[3]Vnd Abram sprach weiter / Mir hastu keinen
Samen gegeben / Vnd sihe / der Son meines ge-
sinds / sol mein Erbe sein.

[4]VND sihe / der HERR sprach zu jm / Er sol
Gen. 17. nicht dein Erbe sein / Sondern der von deinem
Leibe komen wird / der sol dein Erbe sein. [5]Vnd
er hies jn hin aus gehen / vnd sprach / Sihe gen
Himel / vnd zele die sterne / Kanstu sie zelen? Vnd
Rom. 4. sprach zu jm / ALSO SOL DEIN SAME WERDEN /
Gal. 3. [6]ABRAM GLEUBTE DEM HERRN / VND DAS RECHENT
Ebre. 11. ER JM ZUR GERECHTIGKEIT.

ABRAM WIRD ein Son verheissen etc. Gen. 17.

VND er sprach zu jm / Jch bin der HERR / der
dich von Vr aus Chaldea gefurt hat / das ich dir
|| 8b dis Land zu besitzen gebe. [8]Abram aber sprach ||
HErr HERR / Wo bey sol ichs mercken / das ichs
besitzen werde? [9]Vnd er sprach zu jm / Bringe
mir eine dreyierige Kue / vnd ein dreyierige Zigen /
vnd ein dreyierigen Wider / vnd eine Dordeltau-
ben / vnd eine Jungetauben. [10]Vnd er bracht jm

solchs alles / vnd zurteilet es mitten von ander / vnd
leget ein teil gegen das ander vber / aber die Vogel
zurteilet er nicht. [11]Vnd das Geuogel fiel auff die
ass / Aber Abram scheuchet sie dauon.

(Geuogel) Das geuogel / vnd der rauchend ofen vnd der fewrige brand / bedeuten die Egypter / die Abrahams kinder verfolgen solten. Aber Abram scheucht sie dauon das ist / Gott erlöset sie vmb der verheissung willen / Abram versprochen. Das aber er nach der Sonnen vntergang erschrickt / bedeut / Das Gott seinen Samen eine zeit verlassen wolt / das sie verfolget würden / wie der HERR selbs hie deutet. Also gehet es auch allen Gleubigen / das sie verlassen / vnd doch erlöset werden.

[12]DA nu die Sonne vnter gegangen war / fiel ein
tieffer Schlaff auff Abram / Vnd sihe / schrecken
vnd grosse finsternis vberfiel jn. [13]Da sprach er zu
Abram / Das soltu wissen / Das dein Same wird Act. 7.
frembd sein in einem Lande das nicht sein ist / vnd
da wird man sie zu dienen zwingen vnd plagen Exod. 12.
vier hundert jar. [14]Aber ich wil richten das Volck /
dem sie dienen müssen. Darnach sollen sie ausziehen mit grossem Gut. [15]Vnd du solt faren zu
deinen Vetern mit frieden / vnd in gutem Alter begraben werden / [16]Sie aber sollen nach vier Mansleben wider hieher komen / Denn die missethat der
Amoriter ist noch nicht alle. [17]Als nu die Sonne
vntergegangen / vnd finster worden war / Sihe /
da rauchete ein Ofen / vnd ein Fewerflammen fuhr
zwisschen den stücken hin.

AN dem tage machte der HERR einen Bund mit
Abram / vnd sprach / Deinem Samen wil ich
dis Land geben / von dem wasser Egypti an / bis
an das grosse wasser Phrat / [19]die Keniter / die
Kinisiter / die Kadmoniter / [20]die Hithiter / die
Pheresiter / die Risen / [21]die Amoriter / die Cananiter / die Gergesiter / die Jebusiter. Einwoner Canaan.

XVI.

SARAI GIBT Abram Hagar zum weibe etc.

HAGAR.

SARAI ABRAMS WEIB GEBAR JM NICHTS / SIE HATTE
aber eine Egyptische magd / die hies Hagar.
[2]Vnd sie sprach zu Abram / Sihe / der HERR hat
mich verschlossen / das ich nichts geberen kan /
Lieber / lege dich zu meiner Magd / ob ich doch
vieleicht aus jr mich bawen müge. Abram der gehorcht der stimme Sarai. [3]Da nam Sarai Abrams
weib jr Egyptische magd Hagar / vnd gab sie
Abram jrem Man zum Weibe / nach dem sie zehen
jar im lande Canaan gewonet hatten.

(Bawen) Das ist / kinder kriegen. Psal. 127. Exo. 2.

[4]VND er legt sich zu Hagar / die ward schwanger.
Als sie nu sahe / das sie schwanger war / achtet sie
jr Frawen geringe gegen sich. [5]Da sprach Sarai zu
Abram / Du thust vnrecht an mir / Jch hab meine
Magd dir beygelegt / Nu sie aber sihet / das sie
schwanger worden ist / mus ich geringe geachtet
sein gegen jr / Der HERR sey Richter zwischen
mir vnd dir. [6]Abram aber sprach zu Sarai / Sihe /

Deine Magd ist vnter deiner gewalt / thue mit jr
wie dirs gefelt.

DA sie nu Sarai wolt demütigen flohe sie von jr.
7Aber der Engel des HERRN fand sie bey
einem Wasserbrun in der wüsten / nemlich / bey
dem Brun am wege zu Sur / 8der sprach zu jr /
Hagar Sarai magd / wo komstu her? vnd wo wiltu
hin? Sie sprach / Jch bin von meiner Frawen Sarai
geflohen. 9Vnd der Engel des HERRN sprach zu
jr / Kere vmb wider zu deiner Frawen / vnd de-
mütige dich vnter jre hand.

HAGAR fliehet von Sarai.

10VND der Engel des HERRN sprach zu jr /
Jch wil deinen Samen also mehren / das er fur
grosser menge nicht sol gezelet werden. 11Weiter
sprach der Engel des HERRN zu jr / Sihe / Du bist
schwanger worden / vnd wirst einen Son geberen /
des namen soltu Jsmael heissen / Darumb / das der
HERR dein elend erhöret hat. 12Er wird ein wilder
Mensch sein / Seine hand wider jderman / vnd
jedermans hand wider jn / vnd wird gegen allen sei-
nen Brüdern wonen.

(ISMAEL) Heist Gott erhöret.

13VND sie hies den Namen des HERRN / der
|| 9a mit jr redet / Du Gott || sihest mich / denn sie
sprach / Gewislich hie hab ich gesehen den / der
mich hernach angesehen hat / 14Darumb hies sie
den Brunnen / ein brunnen des Lebendigen / der
mich angesehen hat / welcher Brun ist zwischen
Kades vnd Bared.

VND Hagar gebar Abram einen son / vnd Abram
hies den Son / den jm Hagar gebar / Jsmael.
16Vnd Abram war sechs vnd achzig jar alt / da jm
Hagar den Ismael gebar.

ISMAEL geborn im. 86. jar Abrams.

XVII.

ALS NU ABRAM NEUN VND NEUNZIG JAR ALT WAR /
erschein jm der HERR / vnd sprach zu jm / Jch
bin der allmechtige Gott / wandele fur mir / vnd sey
from. 2Vnd ich wil meinen Bund zwischen mir
vnd dir machen / vnd wil dich fast seer mehren.
3Da fiel Abram auff sein angesicht.

VND Gott redet weiter mit jm / vnd sprach /
4Sihe / Jch bins / vnd hab meinen Bund mit dir /
Vnd du solt ein Vater vieler Völcker werden /
5Darumb soltu nicht mehr aAbram heissen / son-
Rom. 4. dern Abraham sol dein name sein / DENN JCH HABE
DICH GEMACHT / VIELER VÖLCKER VATER. 6Vnd wil
dich fast seer fruchtbar machen / vnd wil von dir

a ABRAM HEISST hoher Vater ABRAHAM aber der Hauffen Vater wiewol die selben hauffen nur mit einem Buchstaben angezeigt werden in seinem namen / nicht on vrsach.

Völcker machen / vnd sollen auch Könige von dir
komen.

Bund Gottes mit Abraham auffgericht. (Nachkomen) Ledorotham / das ist so lang jr ding wehren wird / Denn Mose hie mit deutet / das jr ding solle endlich auffhören / vnd ein anders komen.

7VND ich wil auffrichten meinen Bund / zwi-
schen mir vnd dir / vnd deinem Samen nach dir /
bey jren Nachkomen / das es ein ewiger Bund sey /
Also das ich dein Gott sey / vnd deines Samens nach
dir. 8Vnd wil dir vnd deinem Samen nach dir
geben das Land da du ein Frembdling innen bist /
nemlich / das gantze land Canaan / zu ewiger be-
sitzung / Vnd wil jr Gott sein.

VND Gott sprach zu Abraham / So halt nu mei-
nen Bund / du vnd dein Same nach dir / bey
jren Nachkomen. 10Das ist aber mein Bund den jr
halten solt zwischen mir vnd euch / vnd deinem
Samen nach dir / Alles was Menlich ist vnter euch /
sol beschnitten werden. 11Jr solt aber die vorhaut Beschneitung.
an ewrem Fleisch beschneiten / Dasselb sol ein Act. 7.
Zeichen sein / des Bunds / zwischen mir vnd euch.
12Ein jglichs Kneblin wens acht tag alt ist / solt jr Luc. 2.
beschneiten bey ewern Nachkomen. Desselben
gleichen auch alles was Gesinds da heim geborn /
oder erkaufft ist von allerley frembden / die nicht
ewrs Samens sind / 13Also sol mein Bund an ew-
rem Fleisch sein zum ewigen bund. 14Vnd wo ein
Kneblin nicht wird beschnitten / an der vorhaut
seines Fleischs / Des Seele sol ausgerottet werden
aus seinem Volck / darumb / das es meinen Bund
vnterlassen hat.

VND Gott sprach abermal zu Abraham / Du solt
dein weib Sarai / nicht mehr Sarai heissen /
Sara. sondern Sara sol jr namen sein / 16Denn ich wil sie
segenen. Vnd von jr wil ich dir einen Son geben / Gen. 18.21.
Denn ich wil sie segenen / vnd Völcker sollen aus
jr werden / vnd Könige vber viel Völcker. 17Da
fiel Abraham auff sein angesicht vnd lachet / vnd
sprach in seinem hertzen / sol mir hundert jar alt
ein Kind geboren werden / vnd Sara neunzig jar
alt geberen?

VND Abraham sprach zu Gott / Ah das Jsmael
leben solt fur dir. 19Da sprach Gott / Ja / Sara
dein Weib sol dir einen Son geberen / den soltu
Jsaac. Jsaac heissen / Denn mit jm wil ich meinen
ewigen Bund auffrichten / vnd mit seinem
ISMAEL. Samen nach jm. 20Dazu vmb Jsmael habe ich dich
auch erhöret / Sihe / Jch habe jn gesegnet / vnd
wil jn fruchtbar machen / vnd mehren fast seer /
Zwelff Fürsten wird er zeugen / vnd wil jn zum

Rom. 9. grossen Volck machen. [21]ABER MEINEN BUND WIL
ICH AUFFRICHTEN MIT JSAAC / DEN DIR SARA GE-
BEREN SOL / VMB DIESE ZEIT IM ANDERN JAR. [22]Vnd
er höret auff mit jm zu reden / vnd Gott fuhr auff
|| 9b von Abraham. ||

DA nam Abraham seinen son Jsmael / vnd alle
Knechte die da heim geboren / vnd alle die
erkaufft / vnd alles was Mans namen war in seinem
Hause / vnd beschneit die vorhaut an jrem Fleisch
eben desselbigen tages / wie jm Gott gesagt hatte.
[24]Vnd Abraham war neun vnd neunzig jar alt / da
er die Vorhaut an seinem Fleisch beschneit.
[25]Jsmael aber sein Son war dreizehen jar alt / da
seines Fleischs vorhaut beschnitten ward. [26]Eben
auff einen tag / worden sie alle beschnitten / Abra-
ham / sein son Jsmael / [27]vnd was Mans namen in
seinem Hause war / daheim geborn / vnd erkaufft
von frembden / Es ward alles mit jm beschnitten.

XVIII.

VND DER HERR ERSCHEIN JM IM HAYN MAMRE /
Ebre. 13. da er sas an der thür seiner Hütten / da der tag
am heissesten war. [2]Vnd als er seine augen auffhub /
vnd sahe / da stunden drey Menner gegen jm. Vnd
da er sie sahe / lieff er jnen entgegen / von der thür
seiner Hütten / vnd bücket sich nider auff die (Nider)
Erden / [3]vnd sprach / HErr Hab ich gnade funden Fur einem felt
fur deinen Augen / So gehe nicht fur deinem Knecht er nider / vnd
vber. [4]Man sol euch wenig Wassers bringen / vnd redet auch als
ewre Füsse wasschen / vnd lehnet euch vnter den mit einem / vnd
Bawm. [5]Vnd ich wil euch ein bissen Brots brin- doch mit
gen / das jr ewr Hertz labet / darnach solt jr fort dreien. Da ist
gehen / Denn darumb seid jr zu ewrem Knecht die Dreifaltig-
komen. Sie sprachen / Thu / wie du gesagt hast. keit in Gott
angezeigt.

[6]ABraham eilet in die hütten zu Sara / vnd
Math. 13. sprach / Eile vnd menge drey mas Semelmelh /
knete / vnd backe Kuchen. [7]Er aber lieff zu den
Rindern / vnd holet ein zart gut Kalb / vnd gabs
dem Knaben / Der eilet vnd bereitets zu. [8]Vnd er
trug auff Butter vnd Milch / vnd von dem Kalbe
das er zubereit hatte / vnd satzts jnen fur / vnd trat
fur sie vnter dem Bawm / vnd sie assen.

DA sprachen sie zu jm / Wo ist dein weib Sara?
Er antwortet / Drinnen in der Hütten. [10]Da
sprach er / Jch wil wider zu dir komen / so ich lebe /
Sihe / so sol Sara dein weib einen Son haben. Das
höret Sara / hinder jm / hinder der thür der Hütten.

[11]Vnd sie waren beide / Abraham vnd Sara alt vnd
wol betaget / Also das es Sara nicht mehr gieng /
nach der Weiber weise. [12]Darumb lachet sie bey
sich selbs / vnd sprach / Nu ich alt bin / sol ich noch
wollust pflegen / vnd mein Herr auch alt ist. 1. Pet. 3.

[13]DA sprach der HERR zu Abraham / Warumb
lachet des Sara / vnd spricht / Meinstu das war sey /
das ich noch geberen werde / so ich doch alt bin?
[14]Solt dem HERRN etwas vnmüglich sein? VMB
DIESE ZEIT WIL ICH WIDER ZU DIR KOMEN [a]SO ICH 4. Reg. 4.
LEBE / SO SOL SARA EINEN SON HABEN. [15]Da leug- Rom. 9.
nete Sara / vnd sprach / Jch habe nicht gelachet /
Denn sie furcht sich / Aber er sprach / Es ist nicht
also / du hast gelacht.

DA STUNDEN DIE MENNER AUFF VON DANNEN /
vnd wandten sich gegen Sodom / Vnd Abraham
gieng mit jnen / das er sie geleitet. [17]Da sprach der
HERR / Wie kan ich Abraham verbergen / was ich
thu? [18]Sintemal er ein gros vnd mechtiges Volck
sol werden / vnd alle Völcker auff Erden in jm ge-
segnet werden sollen. [19]Denn ich weis / er wird
befelhen seinen Kindern / vnd seinem Hause nach
jm / das sie des HERRN wege halten / vnd thun
was recht vnd gut ist / Auff das der HERR auff
Abraham komen lasse / was er jm verheissen hat.

[20]VND der HERR sprach / Es ist ein geschrey
zu Sodom vnd Gomorra / das ist gros / vnd jre Ezech. 16.
Sünde sind fast schwere. [21]Darumb wil ich hin
abfaren / vnd sehen / Ob sie alles gethan haben /
nach dem geschrey das fur mich komen ist / Oder
obs nicht also sey / das ichs wisse. [22]Vnd die Men-
ner wandten jr angesicht / vnd giengen gen
Sodom. || || 10a

ABer Abraham bleib stehen fur dem HERrn /
[23]vnd trat zu jm / vnd sprach / Wiltu denn den
Gerechten mit den Gottlosen vmbbringen? [24]Es
möchten vieleicht funffzig Gerechten in der stad
sein / Woltestu die vmbbringen / vnd dem Ort
nicht vergeben vmb funffzig Gerechter willen / die
drinnen weren? [25]Das sey ferne von dir / das du
das thust / vnd tödtest den Gerechten mit den Gott-
losen / das der Gerechte sey gleich wie der Gottlose /
Das sey ferne von dir / der du aller welt Richter
bist / Du wirst so nicht richten. [26]Der HERR
sprach / Finde ich funffzig Gerechten zu Sodom in
der stad / so wil ich vmb jrer willen alle den Orten
vergeben.

a
(So ich lebe) Gott redet als ein Mensch / Gene. 3. Adam / Wo bistu? Jtem Gen. xj. Jch wil hin ab fahren vnd sehen. Gen. 19. Jch wil sehen / obs so sey. Denn dis wort (So ich lebe) setze es wo du wilt so lauts doch nicht. Als wenn er von der Frucht / oder Eltern wolt sagen / Du solt einen Son haben / so er lebet / oder / so jr lebet. Meinstu er wisse nicht ob der Son oder die Eltern leben werden Ja wo sie nicht gewis leben würden was were die verheissung?

[27]ABraham antwortet / vnd sprach / Ah sihe /
Jch hab mich vnterwunden / zu reden mit dem
HErrn / wiewol ich Erde vnd Asschen bin / [28]Es
möchten vieleicht fünff weniger / denn funffzig
Gerechten drinnen sein / Woltestu denn die
gantze Stad verderben vmb der funffe willen? Er
sprach / Finde ich drinnen fünff vnd vierzig / So
wil ich sie nicht verderben. [29]Vnd er fuhr weiter
mit jm zu reden / vnd sprach / Man möcht vieleicht
vierzig drinnen finden. Er aber sprach / Jch wil
jnen nichts thun / vmb vierziger willen.
[30]ABraham sprach / Zürne nicht HErr / das
ich noch mehr rede / Man möcht vieleicht dreissig
drinnen finden. Er aber sprach / Finde ich dreissig
drinnen / So wil ich jnen nichts thun. [31]Vnd er
sprach / Ah sihe / Jch habe mich vnterwunden mit
dem HErrn zu reden / Man möcht vieleicht zwen-
zig drinnen finden. Er antwortet / Jch wil sie
nicht verderben vmb der zwenzig willen. [32]Vnd
er sprach / Ah zürne nicht HErr / das ich nur noch
ein mal rede / Man möchte vieleicht zehen drinnen
finden. Er aber sprach / Jch wil sie nicht verderben /
vmb der zehen willen.
[33]VND der HERR gieng hin / da er mit Abra-
ham ausgeredt hatte / Vnd Abraham keret wider
hin an seinen Ort.

XIX.

Ebre. 13. DJe zween Engel kamen gen Sodom des
abends. Lot aber sas zu Sodom vnter dem thor / Lot.
Vnd da er sie sahe / stund er auff jnen entgegen /
vnd bücket sich mit seinem angesicht auff die erden.
[2]Vnd sprach / Sihe / HErr / Keret doch ein zum
hause ewers Knechts / vnd bleibet vber nacht /
Lasset ewr Füsse wasschen / So stehet jr morgens
früe auff / vnd ziehet ewr strasse. Aber sie sprachen /
Nein / Sondern wir wollen vber nacht auff der gas-
sen bleiben. [3]Da nötiget er sie fast / Vnd sie kereten
zu jm ein / vnd kamen in sein Haus. Vnd er macht
jnen ein Mal / vnd buch vngeseurte Kuchen / vnd
sie assen.

ABer ehe sie sich legten / kamen die Leute der
stad Sodom / vnd vmbgaben das Haus / jung
vnd alt / das gantze Volck aus allen enden. [5]Vnd
fodderten Lot / vnd sprachen zu jm / Wo sind die
Menner / die zu dir komen sind diese nacht?
Füre sie eraus zu vns / das wir sie erkennen.

[6]LOt gieng eraus zu jnen fur die thür / vnd schlos
die thür hinder jm zu / [7]vnd sprach / Ah lieben
Brüder / Thut nicht so vbel. [8]Sihe / ich habe zwo
Töchter / die haben noch keinen Man erkennet /
die wil ich eraus geben vnter euch / vnd thut mit
jnen / was euch gefellet / Alleine diesen Mennern
thut nichts / Denn darumb sind sie vnter die schat-
ten meines dachs eingegangen. [9]Sie aber sprachen /
Kom hie her / Da sprachen sie / Du bist der einiger
Frembdling hie / vnd wilt regieren / Wolan / wir
wollen dich bas plagen denn jene.

VND sie drungen hart auff den man Lot / Vnd 2. Pet. 2.
da sie hinzu lieffen / vnd wolten die thür auffbre-
chen / [10]griffen die Menner hinaus / vnd zogen
Lot hin ein zu jnen ins Haus / vnd schlossen die
thür zu. [11]Vnd die Menner fur der thür am
Hause / worden mit Blindheit geschlagen / beide
klein vnd gros / bis sie müde wurden / vnd die thür
nicht finden kundten. || || 10b

VND die Menner sprachen zu Lot / Hastu noch
jrgend hie einen Eidam vnd Söne vnd Töchter /
vnd wer dich angehöret in der Stad / den füre aus
dieser stet / [13]Denn wir werden diese stet verder-
ben / Darumb das jr geschrey gros ist fur dem
HERRN / der hat vns gesand sie zuuerderben.
[14]Da gieng Lot hinaus / vnd redet mit seinen
Eidam / die seine Töchter nemen solten / Machet
euch auff / vnd gehet aus diesem Ort / Denn der
HERR wird diese Stad verderben / Aber es war
jnen lecherlich.

DA nu die Morgenröte auffgieng / hiessen die
Engel den Lot eilen / vnd sprachen / Mach

dich auff / nim dein Weib vnd deine zwo Töchter /
die furhanden sind / Das du nicht auch vmbkomest
in der missethat dieser Stad. [16]Da er aber verzog /
ergriffen die Menner jn / vnd sein Weib / vnd seine
zwo Töchter bey der hand / darumb das der HERR
sein verschonet / vnd füreten jn hin aus vnd liessen
jn aussen fur der Stad.

[17]VND als er jn hatte hin aus gebracht / sprach er /
Errette deine Seele / vnd sihe nicht hinder dich /
auch stehe nicht in dieser gantzen gegend / Auff
dem Berge errette dich / das du nicht vmbkomest.
[18]Aber Lot sprach zu jnen / Ah nein HErr /
[19]Sihe / die weil dein Knecht gnade funden hat fur
deinen Augen / So woltestu deine Barmhertzig-
keit gros machen / die du an mir gethan hast / das
du meine Seele bey dem leben erhieltest / Jch kan
mich nicht auff dem Berge erretten / es möcht
mich ein vnfal ankomen / das ich stürbe. [20]Sihe / da
ist eine Stad / nahe / dar ein ich fliehen mag / vnd
ist klein / daselbs wil ich mich erretten / Jst sie
doch klein / das meine Seele lebendig bleibe.

[21]DA sprach er zu jm / Sihe / Jch hab auch in
diesem stück dich angesehen / das ich die Stad
nicht vmbkere / da von du geredt hast. [22]Eile vnd
errette dich daselbs / Denn ich kan nichts thun / bis
das du hin ein komest / Da her ist diese stad ge-
nennet / Zoar. [23]Vnd die Sonne war auffgegangen (Zoar)
auff erden / da Lot gen Zoar einkam. Heisst klein.

Luc. 17. [24]DA lies der HERR Schwebel vnd Fewr regenen
2. Pet. 2. von dem HERRN vom Himel erab / auff Sodom
vnd Gomorra / [25]vnd keret die Stedte vmb / die
gantze gegend / vnd alle Einwoner der stedte / vnd
was auff dem Lande gewachsen war. [26]Vnd sein
|| 11a Weib sahe hinder sich / vnd ward zur Saltzseule. || LOTS

ABraham aber macht sich des morgens früe auff weib wird zur
an den Ort / da er gestanden war / fur dem Saltzseulen.
HERRN / [28]Vnd wand sein angesicht gegen So-
dom vnd Gomorra / vnd alles Land der gegend /
vnd schawet / Vnd sihe / da gieng ein Rauch auff
vom Lande / wie ein rauch vom ofen. [29]Denn da
Gott die Stedte in der gegend verderbet / gedachte
er an Abraham / vnd geleitet Lot aus den stedten
die er vmbkeret / darin Lot wonete.

VND LOT ZOCH AUS ZOAR / UND BLEIB AUFF DEM Lot.
Berge mit seinen beiden Töchtern / Denn er
furchte sich zu Zoar zu bleiben / vnd bleib also in
einer Höle mit seinen beiden Töchtern. [31]Da

sprach die Elteste zu der Jüngsten / Vnser Vater
ist alt / vnd ist kein Man mehr auff erden / der vns
beschlaffen müge / nach aller Welt weise. [32]So
kom / las vns vnserm Vater wein zu trincken geben /
vnd bey jm schlaffen / das wir Samen von vnserm
Vater erhalten. [33]Also gaben sie jrem Vater wein
zu trincken in der selben nacht. Vnd die Erste
gieng hin ein / vnd legt sich zu jrem Vater / vnd er
wards nicht gewar / da sie sich leget / noch da sie
auffstund.

[34]DES morgens sprach die Elteste zu der Jüng-
sten / Sihe / ich hab gestern bey meinem Vater ge-
legen / Las vns jm diese nacht auch Wein zu
trincken geben / das du hin eingehest / vnd legest
dich zu jm / das wir Samen von vnserm Vater er-
halten. [35]Also gaben sie jrem Vater die nacht auch
Wein zu trincken. Vnd die Jüngest macht sich auch
auff / vnd leget sich zu jm / Vnd er wards nicht ge-
war / da sie sich leget noch da sie auffstund.

[36]ALso wurden die beide töchter Lots schwan-
ger von jrem Vater / [37]Vnd die Elteste gebar einen
MOAB. Son / den hies sie Moab / Von dem komen her die
Moabiter / bis auff diesen heutigen tag. [38]Vnd die
Jüngste gebar auch einen Son / den hies sie / das
BENAMMI. kind Ammi / Von dem komen die kinder Ammon
bis auff den heutigen tag.

XX.

Abraham ein Frembdling zu Gerar.

ABRAHAM ABER ZOCH VON DANNEN INS LAND
gegen Mittag / vnd wonete zwischen Kades
vnd Sur / vnd ward ein Frembdling zu Gerar.
[2]Vnd sprach von seinem weibe Sara / Es ist meine
Schwester. Da sandte Abimelech der König zu
GERAR. Gerar nach jr / vnd lies sie holen.
ABIMELECH. [3]ABer Gott kam zu Abimelech des nachts im
Trawm / vnd sprach zu jm / Sihe da / du bist des
tods / vmb des Weibs willen / das du genomen
hast / Denn sie ist eines Mannes eheweib. [4]Abi-
melech aber hatte sie nicht berüret / vnd sprach /
HErr / Wiltu denn auch ein gerecht Volck er-
würgen? [5]Hat er nicht zu mir gesagt / sie ist meine
Schwester? Vnd sie hat auch gesagt / er ist mein
Bruder? Hab ich doch das gethan mit einfeltigem
hertzen vnd vnschüldigen henden.

[6]VND Gott sprach zu jm im traum / Jch weis
auch / das du mit einfeltigem hertzen das gethan
hast / Darumb hab ich dich auch behut / das du

nicht wider mich sündigetest / vnd habs dir nicht
zugegeben / das du sie berürtest. 7So gib nu dem
Psal. 105 Man sein Weib wider / denn er ist ein Prophet /
Vnd las jn fur dich bitten / so wirstu lebendig blei-
ben. Wo du aber sie nicht wider gibst / so wisse /
Das du des tods sterben must / vnd alles was dein ist.

DA stund Abimelech des morgens früe auff /
vnd rieff allen seinen Knechten / vnd saget
jnen dieses alles fur jren ohren / Vnd die Leute
furchten sich seer. 9Vnd Abimelech rieff Abraham
auch / vnd sprach zu jm / Warumb hastu vns das
gethan? Vnd was habe ich an dir gesundiget / das
du so eine grosse sunde woltest auff mich vnd mein
Reich bringen? Du hast mit mir gehandelt / nicht
wie man handeln sol. 10Vnd Abimelech sprach
weiter zu Abraham / Was hastu [a]gesehen / das du
|| 11b solchs gethan hast? ||

a (Gesehen) Weil du ein Prophet bist / magstu was gesehen haben / das ichs verdienet habe / mit meinen sunden.

11ABraham sprach / Jch dacht / Vieleicht ist kein
Gottes furcht an diesen Orten / vnd werden mich
vmb meines Weibs willen erwürgen. 12Auch ist sie
warhafftig meine Schwester / denn sie ist meines
Gen. 12. Vaters tochter / aber nicht meiner Mutter tochter /
vnd ist mein Weib worden. 13Da mich aber Gott
ausser meines Vaters hause wandern hies / sprach
ich zu jr / Die barmhertzigkeit thu an mir / das / wo
wir hin komen / du von mir sagest / Jch sey dein
Bruder.

(Wandern) Gott hiessen mich in die jrre ziehen / als werens viel / vnd doch ein Gott.

14DA nam Abimelech schafe vnd rinder / Knecht
vnd Megde / vnd gab sie Abraham / vnd gab jm
wider sein weib Sara / 15Vnd sprach / Sihe da /
mein Land stehet dir offen / wone wo dirs wolge-
fellet. 16Vnd sprach zu Sara / Sihe da / Jch habe
deinem Bruder tausent silberlinge gegeben / Sihe /
das sol dir eine Decke der augen sein / fur allen die
bey dir sind / vnd allenthalben / Vnd das war jre
straffe.

17ABraham aber betet zu Gott / Da heilete Gott
Abimelech vnd sein Weib vnd seine megde / das
sie Kinder gebaren / 18Denn der HERR hatte
zuuor hart verschlossen alle Mütter des hauses
Abimelech / vmb Sara Abrahams weibs willen.

(Jre straffe) Die Heiligen werden seuberlich vnd mit gewinst gestrafft. Als hie Sara wird gestrafft / das sie Abraham hatte Bruder genennet / vnd kriegt grosse wolthat.

XXI.

VND DER HERR SUCHT HEIM SARA / WIE ER
geredt hatte / vnd thet mir jr / wie er geredt
Ebre. 11. hatte. 2Vnd Sara ward schwanger / vnd gebar
Abraham einen Son in seinem Alter / vmb die zeit /

die jm Gott geredt hatte. [3]Vnd Abraham hies Gen. 18.
JSAAC geborn. seinen Son / der jm geborn war / Jsaac / den jm Math. 1.
Sara gebar. [4]Vnd beschneit jn am achten tage / wie Luc. 3.
jm Gott geboten hatte / [5]Hundert jar war Abraham Gen. 17.
alt / da jm sein son Jsaac geborn ward.

[6]VND Sara sprach / Gott hat mir ein lachen zu-
gericht / Denn wer es hören wird / der wird mein
lachen. [7]Vnd sprach / Wer dürfft von Abraham
sagen / das Sara kinder seuget / vnd hette jm einen
Son geborn in seinem alter? Vnd das Kind wuchs
vnd ward entwenet / Vnd Abraham macht ein gros
Mal am tage / da Jsaac entwenet ward.

VND Sara sahe den son Hagar der Egyptischen /
ISMAEL ein Spötter. den sie Abraham geborn hatte / das er ein Spöt-
ter war / [10]Vnd sprach zu Abraham / Treibe diese
Magd aus mit jrem Son / Denn dieser magd Son Gal. 4.
sol nicht erben mit meinem son Jsaac. [11]Das wort
gefiel Abraham seer vbel / vmb seines sons willen.
[12]Aber Gott sprach zu jm / Las dirs nicht vbel ge-
fallen des Knaben vnd der Magd halben / Alles
was Sara dir gesagt hat / dem gehorche. DENN IN
JSAAC SOL DIR DER SAME GENENNET WERDEN. Rom. 9.
[13]Auch wil ich der magd Son zum Volck machen / Gen. 16.
Darumb das er deines Samens ist.

DA stund Abraham des morgens früe auff / vnd
nam Brot vnd eine Flassche mit wasser / vnd
legts Hagar auff jre schulder / vnd den Knaben
mit / vnd lies sie aus. Da zog sie hin / vnd gieng in
der wüsten jrre bey Bersaba. [15]Da nu das Wasser
in der Flasschen aus war / warff sie den Knaben
vnter einen Bawm / [16]vnd gieng hin vnd satzte
sich gegen vber von ferns eins Bogenschos weit /
Denn sie sprach / Jch kan nicht zusehen / des Kna-
bens sterben. Vnd sie satzte sich gegen vber / vnd
hub jre stimme auff vnd weinet.

[17]DA erhöret Gott die stimme des Knabens.
Vnd der Engel Gottes rieff vom Himel der [a]Hagar /
vnd sprach zu jr / Was ist dir Hagar? Fürchte dich
nicht / denn Gott hat erhöret die stim des Kna-
bens / da er ligt. [18]Stehe auff / nim den Knaben /
vnd füre jn an deiner hand / Denn ich wil jn zum
grossen Volck machen. [19]Vnd Gott thet jr die
augen auff / das sie einen Wasserbrun sahe / Da
gieng sie hin / vnd füllet die Flassche mit wasser /
vnd trenckt den knaben. [20]Vnd Gott war mit dem
Knaben / der wuchs vnd wonet in der wüsten / ‖ ‖ 12a
vnd ward ein guter Schütze / [21]vnd wonet in der

a (HAGAR) Mercke hie auff Hagar / wie die des Gesetzes vnd glaubloser werk Figur ist / Gal. 4. vnd dennoch sie Gott zeitlich belohnet vnd gros macht auff erden.

wüsten Pharan. Vnd seine Mutter nam jm ein Weib
aus Egyptenland.

Gen. 26. ZV der selbigen zeit redet Abimelech vnd Phichol
sein Feldheubtman mit Abraham / vnd sprach /
Gott ist mit dir in allem das du thust / 23So schwere
mir nu bey Gott / Das du mir / noch meinen Kindern
/ noch meinen Neffen / kein vntrewe erzeigen
wollest / Sondern die Barmhertzigkeit / die ich an
dir gethan habe / an mir auch thust / vnd an dem
Lande / da du ein Frembdling innen bist. 24Da
sprach Abraham / Jch wil schweren.

25VND Abraham strafft Abimelech vmb des
Wassersbrunnen willen / den Abimelechs knechte
hatten mit gewalt genomen. 26Da antwortet Abimelech
/ Jch habs nicht gewust / wer das gethan
hat / auch hastu mirs nicht angesagt / Dazu hab ichs
nicht gehöret / denn heute.

27DA nam Abraham schafe vnd rinder / vnd gab
sie Abimelech / vnd machten beide einen Bund mit
einander / 28Vnd Abraham stellet dar sieben Lemmer
besonders. 29Da sprach Abimelech zu Abraham
/ Was sollen die sieben Lemmer die du besonders
dar gestellet hast? 30Er antwortet / Sieben
lemmer soltu von meiner hand nemen / das sie mir
zum Zeugnis seien / das ich diesen Brun gegraben
habe. 31Da her heisst die stet BerSaba / das sie
beide miteinander da geschworen haben / 32Vnd
also machten sie den Bund zu BerSaba.

Bund zwischen Abraham vnd Abimelech.

DA machten sich auff Abimelech vnd Phichol
sein Feldheubtman / vnd zogen wider in der
Philisterland. 33Abraham aber pflantzt bewme zu
BerSaba / vnd predigt daselbs von dem Namen des
HERRN des ewigen Gottes / 34Vnd war ein
Frembdling in der Philisterlande eine lange zeit.

(bersaba) Heisst auff Deudsch / Schwerbrun oder Eidbrun / Möcht auch wol siebenbrun heissen.

XXII.

NACH DIESEN GESCHICHTEN / VERSUCHTE GOTT
Abraham / vnd sprach zu jm / Abraham / Vnd
er antwortet / Hie bin ich. 2Vnd er sprach / Nim
Judit. 8. Jsaac deinen einigen Son / den du lieb hast / vnd
Ebre. 11. gehe hin in das land [a]Morija / vnd opffere jn da
selbs zum Brandopffer auff einem Berge / den ich
dir sagen werde.

3DA stund Abraham des morgens früe auff / vnd
|| 12b gürtet seinen Esel / vnd || nam mit sich zween Knaben
/ vnd seinen son Jsaac / vnd spaltet holtz zum
Brandopffer / Macht sich auff / vnd gieng hin an

a (morija) Morija heisst Gottes furcht / reuerentia Dei / cultus Dei Denn die Altueter / Adam / Noah /

Sem / auff demselben Berge Gott geehret / gefurcht / gedienet / haben / Wir Deudschen hiessen es vieleicht den heiligen Berg oder da man Gott dienet mit loben / beten vnd dancken.

den Ort / da von jm Gott gesagt hatte. [4]Am drit-
ten tage hub Abraham seine augen auff / vnd sahe
die stet von ferne / [5]Vnd sprach zu seinen Knaben /
Bleibt jr hie mit dem Esel / Jch vnd der Knabe
wollen dort hin gehen / Vnd wenn wir angebetet
haben / wollen wir wider zu euch komen.
[6]VND Abraham nam das holtz zum Brandopffer /
vnd legets auff seinen son Jsaac / Er aber nam das
Fewr vnd Messer in seine hand / Vnd giengen die
beide miteinander. [7]Da sprach Jsaac zu seinem
Vater Abraham / Mein vater. Abraham antwortet /
Hie bin ich / mein Son. Vnd er sprach / Sihe / Hie
ist fewr vnd holtz / Wo ist aber das schaf zum
Brandopffer? [8]Abraham antwortet / mein Son /
Gott wird jm ersehen ein schaf zum Brandopffer.
Vnd giengen die beide miteinander.

(Ersehen) Gott sihet vnd weis wol wo das Schaf sey / las jn da fur sorgen / er sihets besser denn wir.

VND als sie kamen an die stet / die jm Gott
saget / bawet Abraham daselbs einen Altar /
vnd legt das holtz drauff / Vnd band seinen son Ebre. 11.
Jsaac / legt jn auff den Altar oben auff das holtz /
[10]Vnd recket seine Hand aus / vnd fasset das Mes-
ser / das er seinen Son schlachtet.
[11]DA rieff jm der Engel des HERRN vom Himel /
vnd sprach / Abraham / Abraham / Er antwortet /
Hie bin ich. [12]Er sprach / Lege deine hand nicht an
den Knaben / vnd thu jm nichts / Denn nu weis
ich / das du Gott fürchtest vnd hast deines einigen
Sons nicht verschonet / vmb meinen willen. [13]Da
hub Abraham seine augen auff / vnd sahe einen Wi-
der hinder jm / in der Hecken mit seinen Hörnern
hangen / Vnd gieng hin / vnd nam den Wider / vnd
opffert jn zum Brandopffer an seines Sons stat.

14 Vnd Abraham hies die stet / Der HERR [a]sihet /
Da her man noch heutiges tages sagt / Auff dem
Berge / da der HERR sihet.
15 VND der Engel des HERRN rieff Abraham
abermal vom Himel / 16 vnd sprach / Jch habe bey
Ebre. 6. mir selbs geschworen / spricht der HERR / Die
weil du solchs gethan hast / vnd hast deines einigen
Sons nicht verschonet / 17 Das ich deinen Samen
segenen vnd mehren wil / wie die Stern am Himel /
vnd wie den Sand am vfer des Meers / Vnd dein
Same sol besitzen die Thor seiner Feinde / 18 VND
Gen. 12. DURCH DEINEN SAMEN SOLLEN ALLE VÖLCKER AUFF
Act. 3. ERDEN GESEGENET WERDEN / Darumb / das du mei-
Gal. 3. ner stimme [b]gehorcht hast. 19 Also keret Abraham
wider zu seinen Knaben / Vnd machten sich auff /
vnd zogen miteinander gen BerSaba / vnd wonet
daselbs.

NAch diesen Geschichten begab sichs / das Abra-
ham angesagt ward / Sihe / Milca hat auch
NAHORS Geschlecht. Kinder geborn deinem bruder Nahor / 21 nemlich /
Hiob. 1. 32 Vz den erstgebornen / vnd Bus seinen Bruder / vnd
Kemuel / von dem die Syrer komen / 22 vnd Che-
sed / vnd Haso / vnd Pildas / vnd Jedlaph / vnd
REBECA. Bethuel. 23 Bethuel aber zeuget Rebeca. Diese acht
gebar Milca dem Nahor Abrahams bruder. 24 Vnd
sein Kebsweib mit namen Rehuma gebar auch /
nemlich den Thebah / Gaham / Thahas vnd Maacha.

XXIII.

SARA alter 127. jar. SARA WARD HUNDERT SIEBEN VND ZWENZIG JAR
alt / 2 vnd starb in der Heubtstad die heisst [c]He-
bron im lande Canaan. Da kam Abraham / das er
sie klaget vnd beweinet.
3 DArnach stund er auff von seiner Leich / vnd
Gen. 10. redet mit den kindern Heth / vnd sprach / 4 Jch bin
ein Frembder vnd einwoner bey euch / gebt mir
ein Erbbegrebnis bey euch / das ich meinen Todten
begrabe der fur mir ligt. 5 Da antworten Abraham
die kinder Heth / vnd sprachen zu jm / 6 Höre vns /
lieber Herr / du bist ein fürst Gottes vnter vns /
|| 13a Begrabe deinen || Todten in vnser ehrlichsten Gre-
bern / Kein Mensch sol dir vnter vns wehren / das
du in seinem Grabe nicht begrabest deinen Todten.

DA stund Abraham auff vnd bücket sich fur dem
volck des Lands / nemlich / fur den kindern
Heth / 8 Vnd er redet mit jnen / vnd sprach / Ge-
fellet es euch / das ich meinen Todten / der fur mir

a (Sihet) Ebrei dicunt / Dominus videbitur / Sed nos Hieronymum secuti / Rabinos Grammaticos cum suis punctis et Cammetz hoc loco negligimus / et sine punctis dicimus. Der HERR sihet / das ist / Gott sorget fur alles vnd wachet. Etiamsi sensus ille / Dominus videbitur / sit plus valde / quod Deus apparet / vbi verbum eius docetur / quod Rabini Grammatici non intelligunt.

b (Gehorcht) Hie wird Abraham nicht gerecht durch seinen glauben fur sich / sondern verdienet solche herrligkeit seines Samens / denn er zuuor gerecht ist. vt supra.

c (HEBRON) Hebron ist KiriathArba (spricht Mose) das ist / Die Vierstad / Denn die hohen Heubtstedte waren vor zeiten / alle Arba / das ist in vier teil geteilet / wie Rom / Jerusalem / vnd Babylon auch.

ligt / begrabe / So höret mich / vnd bittet fur mich
gegen Ephron dem son Zohar / [9]Das er mir gebe
seine zwifache Höle / die er hat am ende seines
Ackers / Er gebe mir sie vmb geld / so viel sie werd
EPHRON. ist / vnter euch zum Erbbegrebnis / [10]Denn Eph-
ron wonete vnter den kindern Heth.

DA antwortet Ephron der Hethiter Abraham /
das zuhöreten die kinder Heth / fur allen die zu
seiner Stadthor aus vnd eingiengen / vnd sprach /
[11]Nein / mein Herr / sondern höre mir zu / Jch
schencke dir den Acker / vnd die Höle drinnen da-
zu / vnd vbergebe dirs fur den augen der Kinder
meines Volcks / zu begraben deinen Todten.

[12]DA bückt sich Abraham fur dem volck des
Lands / [13]vnd redet mit Ephron / das zuhörete das
volck des Lands / vnd sprach / Wiltu mir jn lassen /
so bitte ich / Nim von mir das geld fur den Acker /
das ich dir gebe / so wil ich meinen Todten daselbs
begraben. [14]Ephron antwortet Abraham vnd sprach
zu jm / [15]Mein Herr / höre doch mich / Das feld ist
vierhundert Sekel silbers werd / Was ist das aber
zwischen mir vnd dir? Begrab nur deinen Todten.

(Sekel) Sekel ist ein gewichte / an der müntze / ein ortes gülden / Denn vor zeiten man das geld so wug / wie man jtzt mit gold thut.

[16]Abraham gehorcht Ephron / vnd wug jm das
Geld dar / das er gesagt hatte / das zuhöreten die
kinder Heth / nemlich / vierhundert Sekel silbers /
das im kauff geng vnd gebe war. [17]Also ward
Ephrons acker / darin die zwifache Höle ist gegen Act. 7.
Mamre vber / Abraham zum eigen Gut bestetiget /
mit der Höle darinnen / vnd mit allen bewmen auff
dem Acker vmb her / [18]das die kinder Heth zu-
sahen / vnd alle die zu seiner Stadthor aus vnd ein
giengen.

SARA begraben etc.

DARnach begrub Abraham Sara sein weib / in
der Höle des ackers / die zwifach ist / gegen
Mamre vber / das ist Hebron / im lande Canaan.
[20]Also ward bestetiget der Acker vnd die Höle
darinnen / Abraham zum Erbbegrebnis von den
kindern Heth.

XXIIII.

ABRAHAM schickt sein eltesten Knecht aus seinem son zu freien.

ABRAHAM WAR ALT VND WOL BETAGET / VND DER
HERR hatte jn gesegnet allenthalben. [2]Vnd
sprach zu seinem eltesten Knecht seines Hauses /
der allen seinen gütern furstund / Lege deine Hand
vnter meine Hüffte / [3]vnd schwere mir bey dem
HERRN dem Gott des Himels vnd der Erden /
Das du meinem son kein Weib nemest von den

Töchtern der Cananiter / vnter welchen ich wone /
[4]Sondern das du ziehest in mein Vaterland / vnd
zu meiner Freundschafft / vnd nemest meinem son
Jsaac ein Weib.
[5]DEr Knecht sprach / Wie / wenn das Weib mir
nicht wolt folgen in dis Land / Sol ich denn deinen
Son widerbringen in jenes Land / daraus du ge-
zogen bist? [6]Abraham sprach zu jm / Da hüt dich
Gen. 12. 15 fur / das du meinen son nicht wider dahin bringest.
[7]Der HERR der Gott des Himels / der mich von
meines Vaters hause genomen hat / vnd von mei-
ner heimat / Der mir geredt hat vnd mir auch ge-
schworen hat / vnd gesagt / Dis Land wil ich
deinem Samen geben / Der wird seinen Engel fur
dir her senden / das du meinem son daselbst ein
Weib nemest. [8]So aber das Weib dir nicht folgen ENGEL
wil / so bistu dieses Eides quit / Alleine bringe helffen auch
meinen Son nicht wider dorthin. [9]Da legt der Ehestifften.
Knecht seine hand vnter die hüffte Abraham seines Tob. 7.
Herrn / vnd schwur jm solchs.

ALso nam der Knecht zehen Kamel / von den
kamelen seines Herrn / vnd zoch hin / vnd hatte
mit sich allerley Güter / seines Herrn / vnd macht
sich auff vnd zoch gen Mesopotamian zu der stad
|| 13 b Nahor. [11]Da lies er die Ka||mel sich lagern / aussen
fur der Stad / bey einem Wasserbrun / des abends
vmb die zeit / wenn die Weiber pflegten eraus zu
gehen / vnd wasser zuschepffen / [12]vnd sprach.

HERR du Gott meines herrn Abrahams / bege- GEBET
gen mir heute / vnd thu Barmhertzigkeit an des Knechts
meinem herrn Abraham. [13]Sihe / Jch stehe hie bey Abrahe.
dem Wasserbrun / vnd der Leute töchter in dieser
Stad werden er aus komen wasser zu schepffen.
[14]Wenn nu eine Dirne kompt / zu der ich spreche /
Neige deinen Krug / vnd las mich trincken / Vnd
sie sprechen wird / Trincke / Jch wil deine Kamel
auch trencken / Das sie die sey / die du deinem diener
Jsaac bescheret habst / Vnd ich daran erkenne / das
du Barmhertzigkeit an meinem Herrn gethan hast.

VND ehe er aus geredt hatte / Sihe / da kam eraus
Gen. 22. Rebeca Bethuels tochter / der ein Son der Milka REBECA
war / welche Nahors Abrahams bruder Weib war / Bethuels
vnd trug einen Krug auff jrer achseln / [16]Vnd sie Tochter.
war ein seer schöne Dirne von angesicht / noch
eine Jungfraw / vnd kein Man hatte sie erkand /
Die steig hin ab zum Brunnen vnd füllet den Krug /
vnd steig er auff. [17]Da lieff jr der Knecht entgegen /

vnd sprach / Las mich ein wenig wassers aus dei-
nem Kruge trincken. 18Vnd sie sprach / Trinck
mein Herr / Vnd eilend lies sie den Krug ernider
auff jre hand / vnd gab jm zu trincken / 19Vnd da
sie jm zu trincken gegeben hatte / sprach sie / Jch
wil deinen Kamelen auch schepffen / bis sie alle
getrincken / 20Vnd eilet vnd goss den Krug aus
in die trencke / vnd lieff aber zum Brun zu schep-
ffen / vnd schepffete allen seinen Kamelen.

21DEr Man aber wundert sich jr / vnd schweig
stille / bis er erkennete / Ob der HERR zu seiner
reise gnad gegeben hette / oder nicht. 22Da nu die
Kamel alle getruncken hatten / nam er eine gülden
Spangen eins halben sekels schweer / vnd zween
Armringe an jre Hende / zehen sekel golds schweer /
23vnd sprach / Meine tochter / Wem gehörestu an?
das sage mir doch / Haben wir auch raum in deines
Vaters hause zu herbergen? 24Sie sprach zu jm /
Jch bin Bethuels tochter / des sons Milca / den sie
dem Nahor geborn hat / 25Vnd sagt weiter zu jm /
Es ist auch viel stro vnd futter bey vns / vnd raums
gnug zu herbergen.

ABRAHAMS knecht dancket Gott etc.

26DA neiget sich der Man vnd betet den HERRN
an / 27vnd sprach / Gelobet sey der HERR der
Gott meines herrn Abraham / der seine Barm-
hertzigkeit vnd seine Warheit nicht verlassen hat
an meinem Herrn / Denn der HERR hat mich den
weg gefüret zu meines Herrn Bruders haus. 28Vnd
die Dirne lieff vnd saget solchs alles an in jrer Mut-
ter hause.

LABAN Rebeca Bruder.

VND Rebeca hatte einen Bruder der hies Laban /
vnd Laban lieff zu dem Man draussen bey dem
Brun. 30Vnd als er sahe die spangen und armringe
an seiner schwester hende / vnd höret die wort
Rebeca seiner Schwester / das sie sprach / Also hat
mir der Man gesagt / kam er zu dem Man / vnd sihe /
Er stund bey den Kamelen am Brun. 31Vnd sprach /
Kom er ein du gesegneter des HERRN / Warumb
stehestu draussen? Jch habe das haus gereumet /
vnd für die Kamel auch raum gemacht. 32Also
füret er den Man ins haus vnd zeumet die Kamel
ab / vnd gab jnen stro vnd futter / Vnd wasser zu
wasschen seine füsse vnd der Menner die mit jm
waren / 33vnd satzte jm essen fur.

ER sprach aber / Jch wil nicht essen / bis das ich
zuuor meine Sache geworben habe. Sie antwor-
ten / sage her. 34Er sprach / Jch bin Abrahams

knecht / [35]vnd der HERR hat meinen herrn reich-
lich gesegnet / vnd ist gros worden / vnd hat jm
schaf vnd ochsen / silber vnd gold / Knecht vnd
Megde / kamel vnd esel gegeben / [36]Dazu hat
Gen. 21 Sara meines Herrn weib einen Son geborn meinem
Herrn in seinem alter / dem hat er alles gegeben
was er hat.

[37]VND mein Herr hat einen Eid von mir ge-
nomen / vnd gesagt / Du solt meinem Son kein
Weib nemen von den töchtern der Cananiter / in
der Land ich wone. [38]Sondern zeuch hin zu meines
|| 14a Vaters hause vnd zu meinem Ge||schlecht / daselbs
nim meinem son ein Weib. [39]Jch sprach aber zu
meinem herrn / Wie / Wenn mir das weib nicht
folgen wil? [40]Da sprach er zu mir / Der HERR
fur dem ich wandele / wird seinen Engel mit dir
senden / vnd gnad zu deiner reise geben / das du
meinem Son ein Weib nemest / von meiner Freund-
schafft vnd meines Vaters hause. [41]Als denn soltu
meines Eides quit sein / wenn du zu meiner Freund-
schafft komst / Geben sie dir nicht / so bistu mei-
nes Eides quit.

[42]ALso kam ich heute zum Brun / vnd sprach /
HERR Gott meines herrn Abraham / Hastu gnad
zu meiner Reise gegeben / daher ich gereiset bin /
[43]Sihe / so stehe ich hie bey dem wasserbrun / Wenn
nu ein Jungfraw eraus kompt zu schepffen / vnd
ich zu jr spreche / Gib mir ein wenig wasser zu
trincken aus deinem Krug / [44]vnd sie wird sagen /
Trincke du / Jch wil deinen Kamelen auch schep-
ffen / Das die sey das Weib / das der HERR meines
Herrn Son bescheret hat.

[45]EHe ich nu solche wort ausgeredt hatte in mei-
nem hertzen / Sihe / da kompt Rebeca eraus mit
einem Krug auff jrer achseln / vnd gehet hinab zum
Brun vnd schepffet. Da sprach ich zu jr / Gib mir
zu trincken. [46]Vnd sie nam eilend den Krug von
jrer achseln / vnd sprach / Trincke / vnd deine Ka-
mel wil ich auch trencken / Also tranck ich / vnd
sie trencket die Kamel auch.

[47]VND ich fraget sie / vnd sprach / Wes tochter
bistu? Sie antwortet / Jch bin Bethuels tochter des
sons Nahor / den jm Milca geborn hat. Da henget
ich ein [a]Spangen an jre stirn / vnd Armringe an jre
hende. [48]Vnd neiget mich vnd betet den HERRN
an / vnd lobet den HERRN den Gott meines herrn
Abraham / der mich den rechten weg gefüret hat /

a (Spangen) Diese gülden Spange ist gewest ein halber Cirkel auff der Stirn / bis zu beiden Ohren / darumb heisst ers jtzt Ohrenring / jtzt Stirnspangen. Vnd sihet / als habens beide Man vnd Weibsbilde getragen zum schmuck. vt Jnfra cap. 35. Prouer 11. Circulus aureus in naribus suis. Das sagen wir Deudschen / Die Saw gekrönet. Jnde diadema Regum et lamina summi Sacerdotis in fronte etc.

das ich seinem Son / meines Herrn bruder tochter
neme.

SEid jr nu die / so an meinem Herrn freundschafft
vnd trewe beweisen wolt / So [b]sage mirs. Wo
nicht / so sagt mirs aber / Das ich mich wende zur
rechten oder zur lincken.

b (Sagt mirs) Er handelt zuuor mit Mutter vnd Brüdern vmb die Braut. Darans man sihet / das heimliche verlöbnis on vorwissen der Eltern nicht recht ist.

50DA antwortet Laban vnd Bethuel / vnd spra-
chen / Das kompt vom HERRN / darumb können
wir nichts wider dich reden / weder böses noch
guts. 51Da ist Rebeca fur dir / nim sie vnd zeuch
hin / das sie deines Herrn Son weib sey / wie der
HERR geredt hat.

52DA diese wort höret Abrahams knecht / bücket
er sich dem HERRN zu der erden / 53Vnd zoch
erfur silber vnd gülden Kleinod vnd Kleider / vnd
gab sie Rebeca / Aber jrem Bruder vnd der Mutter
gab er [c]Würtze. 54Da ass vnd tranck er / sampt den
Mennern die mit jm waren / vnd bleib vber nacht
alda.

c (Würtze) Köstliche früchte.

DEs morgens aber stund er auff / vnd sprach /
Lasst mich ziehen zu meinem Herrn. 55Aber
jr Bruder vnd Mutter sprachen / Las doch die
Dirne einen tag oder zehen bey vns bleiben / dar-
nach soltu ziehen. 56Da sprach er zu jnen / Haltet
mich nicht auff / Denn der HERR hat gnade zu
meiner reise gegeben / Lasst mich / das ich zu mei-
nem Herrn ziehe.

57DA sprachen sie / Lasst vns die [d]Dirne ruffen /
vnd fragen / Was sie da zu sagt. 58Vnd rieffen der
Rebeca / vnd sprachen zu jr / Wiltu mit diesem
Man ziehen? Sie antwortet / Ja / ich wil mit jm.
59Also liessen sie Rebeca jre Schwester ziehen mit
jrer Ammen sampt Abrahams knecht / vnd seinen
Leuten. 60Vnd sie segneten Rebeca / vnd sprachen
zu jr / Du bis vnser Schwester / Wachse in viel
tausent mal tausent / vnd dein Same besitze die
Thor seiner Feinde. 61Also macht sich Rebeca auff
mit jren Dirnen / vnd setzt sich auff die Kamel /
vnd zogen dem Manne nach. Vnd der Knecht nam
Rebeca an vnd zoch hin.

d (Dirne) Die Braut sol vngezwungen zur Ehe gegeben sein von den Eltern / da zu auch gefragt werden vmb jren willen.

JSaac aber kam vom brunnen des Lebendigen vnd
Sehenden / Denn er wonete im Lande / gegen
mittag / 63vnd war ausgegangen zu beten auff dem
Felde vmb den abend. Vnd hub seine augen auff /
vnd sahe das Kamel daher kamen. 64Vnd Rebeca
hub jre augen auff / vnd sahe Jsaac / da fiel sie vom
Kamel. 65Vnd sprach zu dem Knecht / Wer ist der

|| 14b Man / der vns ent||gegen kompt auff dem felde?
Der Knecht sprach / Das ist mein Herr / Da nam
sie den Mantel vnd verhüllet sich. [66]Vnd der
Knecht erzelet Jsaac alle sache die er ausgerichtet
hatte. [67]Da füret sie Jsaac in die hütten seiner
mutter Sara / Vnd nam die Rebeca / vnd sie ward
sein weib / vnd gewan sie lieb / Also ward Jsaac
getröstet vber seiner Mutter.

XXV.

ABRAHAM NAM WIDER EIN WEIB / DIE HIES ABRAHAMS kinder von der Ketura.
KETURA. 1. Par. 1. Ketura / [2]Die gebar jm Simron vnd Jaksan /
Medan vnd Midian / Jesbak vnd Suah. [3]Jaksan
aber zeuget Seba vnd Dedan. Die Kinder aber von
Dedan waren / Assurim / Latusim vnd Leumim.
[4]Die kinder Midian waren / Epha / Epher / Hanoch /
Abida / vnd Eldaa. Diese sind alle kinder der Ketura.

[5]VNd Abraham gab alle sein gut Jsaac / [6]Aber
den Kindern / die er von den kebsweibern hatte /
gab er Geschencke / vnd lies sie von seinem son
Jsaac ziehen / weil er noch lebet / gegen dem auffgang in das Morgenland.

DAS ist aber Abrahams alter / das er gelebet hat / ABRAHAMS Alter 175. jar.
hundert vnd fünff vnd siebentzg jar / [8]vnd nam
ab / vnd starb / in einem rügigem alter / da er alt
vnd lebens sat war / Vnd ward zu seinem Volck
gesamlet. [9]Vnd es begruben jn seine söne Jsaac
Gen. 23. vnd Jsmael / in der zwifachen höle auff dem acker
Ephron / des sons Zohar des Hethiters / die da ligt
gegen Mamre / [10]in dem felde / das Abraham von
den kindern Heth gekaufft hatte / Da ist Abraham
begraben mit Sara seinem Weibe.

Gen. 16. VND nach dem tod Abraham segnete Gott Jsaac
seinen Son / Vnd er wonete bey dem brun des
Lebendigen vnd Sehenden.

DJs ist das geschlecht Jsmaels Abrahams son / ISMAELS Geschlecht.
den jm Hagar gebar / die magd Sara aus Egypten / [13]vnd das sind die namen der kinder Jsmael /
dauon jre geschlecht genennet sind. Der Erstegeborn son Jsmaels / Nebaioth / Kedar / Adbeel /
Mibsam / [14]Misina / Duma / Masa / [15]Hadar /
Thema / Jetur / Naphis vnd Kedma. [16]Dis sind
die kinder Jsmael mit jren namen in jren Höfen
vnd stedten / zwelff Fürsten vber jre Leute. [17]Vnd
das ist das alter Jsmaels / hundert vnd sieben vnd JSMAELS
dreissig jar / vnd nam ab / vnd starb / vnd ward Alter / 137 jar.

gesamlet zu seinem Volck / [18]Vnd sie woneten
von Heuila an / bis gen Sur gegen Egypten / wenn
man gen Assyria gehet / [a]Er fiel aber fur allen seinen
Brüdern.

a (Er fiel) Mancherley deutung kan hie sein. Meine ist diese / Das Jsmael ein herrlich Mann gewest sey / das zu seinem Ende komen sind alle seine Brüder vnd Freunde / vnd ist fur den selben ehrlich vnd löblich gestorben.

DJS IST DAS GESCHLECHTE JSAACS ABRAHAMS SON / 1. Par. 1.
Abraham zeuget Jsaac. [20]Jsaac aber war vierzig
jar alt / da er Rebeca zum weibe nam / die tochter
Bethuel des Syrers von Mesopotamia / Labans des
Syrers schwester.

JSaac aber bat den HERRN fur sein Weib / denn JSAACS
sie war vnfruchtbar / Vnd der HERR lies sich er- Geschlecht.
bitten / vnd Rebeca sein weib ward schwanger /
[22]Vnd die kinder stiessen sich miteinander in jrem
Leib. Da sprach sie / Da mirs also solt gehen / War-
umb bin ich schwanger worden? Vnd sie gieng
hin den HERRN zu fragen. [23]Vnd der HERR
sprach zu jr / Zwey Volck sind in deinem Leibe /
vnd zweierley Leute werden sich scheiden aus dei-
nem Leibe / vnd ein Volck wird dem andern vber-
legen sein / VND DER GRÖSSER WIRD DEM KLEINEN Mal. 1.
DIENEN. Rom. 9.

[24]DA nu die zeit kam / das sie geberen solt / sihe /
da waren zwilling in jrem Leibe. [25]Der erst der
eraus kam / war rötlicht / gantz rauch wie ein fell /
ESAV. Vnd sie nenneten jn Esau. [26]Zu hand darnach
kam er aus sein Bruder / der hielt mit seiner Hand
JACOB. die fersen des Esau / Vnd hiessen jn Jacob. Sechzig
jar alt war Jsaac da sie geborn wurden. [27]Vnd da
nu die Knaben gros wurden / Ward Esau ein Jeger
vnd ein Ackerman / Jacob aber ein from Man /
vnd bleib in den Hütten. [28]Vnd Jsaac hatte Esau
lieb / vnd ass gerne von seinem Weidwerg / Rebeca
aber hatte Jacob lieb. ‖ ‖ 15a

VND Jacob kocht ein gerichte / Da kam Esau
vom feld / vnd war müde / [30]vnd sprach zu
Jacob / Las mich kosten das rote gericht / denn ich
(EDOM) Heisst Rötlicht. bin müde / Daher heisst er Edom. [31]Aber Jacob
sprach / Verkeuffe mir heute deine Erstgeburt.
[32]Esau antwortet / Sihe / Jch mus doch sterben /
was sol mir denn die Erstgeburt? [33]Jacob sprach /
So schwere mir heute / Vnd er schwur jm / vnd Ebre. 12.
ESAV verkaufft seine Erstgeburt. verkaufft also Jacob seine Erstgeburt. [34]Da gab
jm Jacob brot vnd das Linsengericht / Vnd er ass
vnd tranck / vnd stund auff vnd gieng dauon / Also
verachtet Esau seine Erstgeburt.

XXVI.

ES KAM ABER EIN THEWRUNG INS LAND / VBER *Thewrung zu Jsaacs zeiten.*
die vorige / so zu Abrahams zeiten war. Vnd
Jsaac zoch zu Abimelech der Philister könig gen
Gerar.
[2]DA erschein jm der HERR / vnd sprach / Zeuch
nicht hin ab in Egypten / sondern bleibe in dem
Lande / das ich dir sage / [3]Sey ein Frembdling in
diesem Lande / vnd ich wil mit dir sein / vnd dich
segenen / Denn dir vnd deinem Samen wil ich alle
diese Lender geben / [4]vnd wil meinen Eid beste-
tigen / den ich deinem vater Abraham geschworen
habe. Vnd wil deinen Samen mehren / wie die
Sterne am Himel / vnd wil deinem Samen alle
Gen. 12. 13. 15. diese lender geben / VND DURCH DEINEN SAMEN *Christus Jsaac verheissen.*
SOLLEN ALLE VÖLCKER AUFF ERDEN GESEGNET WER-
DEN. [5]Darumb / das Abraham meiner stimme ge-
horsam gewesen ist / vnd hat gehalten meine
Rechte / meine Gebot / meine weise vnd mein
gesetz.
[6]ALso wonet Jsaac zu Gerar. [7]Vnd wenn die
Leute am selben ort fragten von seinem Weibe /
so sprach er / Sie ist meine Schwester / Denn er
furchtet sich zu sagen / sie ist mein weib / Sie
möchten mich erwürgen / vmb Rebeca willen /
Denn sie war schön von angesicht.

ALS er nu eine zeitlang da war / sahe Abimelech
der Philister König durchs fenster / vnd ward
gewar / das Jsaac schertzet mit seinem weibe Re-
beca. [9]Da rieff Abimelech dem Jsaac / vnd sprach /
Sihe / es ist dein weib / Wie hastu denn gesagt / sie
ist meine Schwester? Jsaac antwortet jm / Jch
gedacht / Jch möchte vieleicht sterben müssen vmb
jren willen. [10]Abimelech sprach / Warumb hastu
denn vns das gethan? Es were leicht geschehen /
das jemand vom Volck sich zu deinem Weibe ge-
legt hette / vnd hettest also eine schuld auff vns
bracht. [11]Da gebot Abimelech allem Volck / vnd
sprach / Wer diesen Man oder sein Weib antastet
der sol des tods sterben.

VND Jsaac seete in dem Lande / vnd kriegt des-
selben jars hundertfeltig / Denn der HERR
segenet jn. [13]Vnd er ward ein grosser Man / gieng
vnd nam zu / bis er fast gros ward / [14]das er viel
guts hatte an kleinem vnd grossem vieh / vnd ein
gros Gesinde. Darumb neideten jn die Philister /

15vnd verstopfften alle Brünne die seines Vaters
knechte gegraben hatten / zur zeit Abraham seines
Vaters / vnd fülleten sie mit erden / 16Das auch
Abimelech zu jm sprach / Zeuch von vns / Denn
du bist vns zu mechtig worden.

DA zoch Jsaac von dannen / vnd schlug sein
Gezelt auff im grunde Gerar / vnd wonet alda.
18Vnd lies die Wasserbrünne wider auffgraben / die
sie zu Abrahams zeiten seines Vaters gegraben hat-
ten / welche die Philister verstopffet hatten nach
Abrahams tod / Vnd nennet sie mit den selben
namen da sie sein Vater mit genant hatte. 19Auch
gruben Jsaacs knechte im grunde / vnd funden
daselbs einen Brun lebendiges wassers. 20Aber die
Hirten von Gerar zanckten mit den hirten Jsaacs /
vnd sprachen / Das wasser ist vnser / Da hies er
den brun / [a]Eseck / Darumb / das sie jm da vnrecht
gethan hatten. 21Da gruben sie einen andern Brun /
Da zanckten sie auch vber / darumb hies er jn
[b]Sitna. 22Da macht er sich von dannen / vnd grub
einen andern Brun / da zanck||ten sie sich nicht
vber / darumb hies er jn / Rehoboth / vnd sprach /
Nu hat vns der HERR raum gemacht / vnd vns
wachsen lassen im Lande.

a (ESECK) Heisst vnrecht / wenn man jemand gewalt vnd vnrecht thut.

b (SITNA) Heisst widerstand. Daher der Teufel Satan heisst / ein Widerwertiger.

|| 15 b (REHOBOTH) heisst raum oder breite / das nicht enge ist.

DARnach zoch er von dannen gen BerSaba.
24Vnd der HERR erschein jm in der selben
nacht / vnd sprach / Jch bin deines vaters Abra-
ham Gott Fürcht dich nicht / Denn ich bin mit
dir / vnd wil dich segenen / vnd deinen Samen
mehren vmb meines knechts Abrahams willen.
25Da bawet er einen Altar daselbs / vnd prediget
von dem Namen des HERRN / Vnd richtet da-
selbs seine Hütten auff / vnd seine Knecht gruben
daselbs einen Brun.

VND Abimelech gieng zu jm von Gerar / vnd Gen. 21.
Ahusath sein freund / vnd Phichol sein Feld-
heubtman. 27Aber Jsaac sprach zu jnen / Warumb
kompt jr zu mir? Hasset jr mich doch / vnd habt
mich von euch getrieben. 28Sie sprachen / Wir
sehen mit sehenden augen / das der HERR mit dir
ist / darumb sprachen wir / Es sol ein Eid zwischen
vns vnd dir sein / vnd wollen einen Bund mit dir
machen / 29das du vns keinen schaden thust /
Gleich wie wir dich nicht angetastet haben / vnd
wie wir dir nichts denn alles guts gethan haben /
vnd dich mit frieden ziehen lassen / Du aber bist
nu der gesegnete des HERRN. 30Da macht er

BUND zwischen Jsaac vnd Abimelech.

jnen ein Mal / vnd sie assen vnd truncken. [31]Vnd
des morgens früe stunden sie auff / vnd schwur
einer dem andern / Vnd Jsaac lies sie gehen / vnd
sie zogen von jm mit frieden.

[32]DEsselben tages kamen Jsaacs knechte / vnd
sagten jm an von dem brun / den sie gegraben hat-
ten / vnd sprachen zu jm / Wir haben wasser fun-
den. [33]Vnd er nant jn / Saba / Da her heisst die
stad BerSaba / bis auff den heutigen tag.

(SEBA) Heisst ein Eid / oder schwur / oder die fülle. (BER) Aber heisst ein Brun.

DA Esau vierzig jar alt war / nam er zum Weibe /
Judith / die tochter Beri des Hethiters / vnd
Basmath die tochter Elon des Hethiters / [35]Die
machten beide Jsaac vnd Rebeca eitel hertzeleid.

ESAV nimpt zwey Heidnische Weiber.

XXVII.

VND ES BEGAB SICH / DA JSAAC ALT WAR WORDEN /
das seine augen tunckel worden zu sehen / rieff
er Esau seinem grössern Son / vnd sprach zu jm /
Mein son / Er aber antwortet jm / Hie bin ich.
[2]Vnd er sprach / Sihe / Jch bin alt worden / vnd
weis nicht wenn ich sterben sol. [3]So nim nu dei-
nen zeug / köcher vnd bogen / vnd gehe auffs feld /
vnd fahe mir ein Wildbret / [4]vnd mach mir ein
essen / wie ichs gern habe / vnd bring mirs erein
das ich esse / Das dich meine Seele segene / ehe ich
sterbe. [5]Rebeca aber höret solche wort / die Jsaac
zu seinem son Esau sagt / Vnd Esau gieng hin
auffs feld / das er ein Wildbret jaget vnd heim
brechte.

DA sprach Rebeca zu Jacob jrem son / Sihe / Jch
hab gehöret deinen Vater reden mit Esau dei-
nem Bruder / vnd sagen / [7]Bringe mir ein Wild-
bret / vnd mach mir essen / das ich esse / vnd dich
segene fur dem HERRN ehe ich sterbe / [8]So höre
nu mein Son meine stimme / was ich dich heisse.
[9]Gehe hin zu der Herd / vnd hole mir zwey gute
Böcklin / das ich deinem Vater ein essen dauon
mache / wie ers gerne hat / [10]das soltu deinem Va-
ter hin ein tragen / das er esse / Auff das er dich
segene fur seinem tod.

[11]JAcob aber sprach zu seiner mutter Rebeca /
Sihe / Mein bruder Esau ist rauch / vnd ich glat /
[12]So möchte vieleicht mein Vater mich begreiffen /
vnd würde fur jm geacht / als ich jn betriegen wolt /
vnd brechte vber mich einen Fluch / vnd nicht

einen Segen. 13 Da sprach seine Mutter zu jm / Der
Fluch sey auff mir / mein Son / Gehorche nur mei-
ner Stimme / gehe vnd hole mir.

14 DA gieng er hin vnd holet / vnd bracht seiner
Mutter / Da machet seine Mutter ein essen / wie
sein Vater gerne hatte. 15 Vnd nam Esaus jres grös-
sern Sons köstliche Kleider / die sie bey sich im
Hause hatte / vnd zoch sie Jacob an / jrem kleinern
Son. 16 Aber die fell von den Böcklin thet sie jm
vmb seine Hende / || vnd wo er glat war am halse / || 16a
17 Vnd gab also das essen mit brot / wie sie es ge-
macht hatte / in Jacobs hand jres Sons.

18 VND er gieng hinein zu seinem Vater / vnd
sprach / Mein vater / Er antwortet / Hie bin ich.
Wer bistu mein son? 19 Jacob sprach zu seinem va-
ter / Jch bin Esau dein erstgeborner Son / Jch hab
gethan / wie du mir gesagt hast / Stehe auff / setze
dich / vnd iss von meinem Wildbret / auff das mich
deine seele segene. 20 Jsaac aber sprach zu seinem
Son / Mein son / wie hastu so bald funden? Er
antwortet / Der HERR dein Gott bescheret mirs.
21 Da sprach Jsaac zu Jacob / Trit er zu / mein Son /
das ich dich begreiffe / ob du seiest mein son Esau
oder nicht. 22 Also trat Jacob zu seinem vater
Jsaac / vnd da er jn begriffen hatte / sprach er / Die
stim ist Jacobs stim / Aber die hende sind Esaus
JSAAC segenet Jacob an Esaus stat etc.
hende. 23 Vnd erkand jn nicht / denn seine hende
waren rauch / wie Esaus seins Bruders hende / Vnd
segenet jn.

24 VND sprach zu jm / Bistu mein son Esau? Er
antwortet / Ja ich bins. 25 Da sprach er / So bringe
mir her / mein son / zu essen von deinem Wildbret /
das dich meine seele segene / Da bracht ers jm / vnd
er ass / Vnd trug jm auch Wein hin ein / vnd er
tranck. 26 Vnd Jsaac sein Vater sprach zu jm / Kom
her vnd küsse mich / mein Son. 27 Er trat hin zu
vnd küsset jn / Da roch er den geruch seiner Klei-
der / Vnd segnet jn / vnd sprach.

SJhe / der geruch meins Sons ist wie ein geruch
des Feldes / das der HERR gesegnet hat. 28 Gott Ebre. 11.
gebe dir vom taw des Himels / vnd von der fertig-
keit der Erden / vnd Korn vnd Weins die fülle.
29 Völcker müssen dir dienen / vnd Leute müssen
dir zu fusse fallen. Sey ein Herr vber deine Brüder /
vnd deiner Mutterkinder müssen dir zu fusse fal-
len. Verflucht sey / wer dir flucht / Gesegnet sey /
wer dich segnet.

ALS nu Jsaac volendet hatte den Segen vber
Jacob / vnd Jacob kaum hin aus gegangen war
von seinem vater Jsaac / Da kam Esau sein Bruder
von seiner jaget / [31]vnd macht auch ein essen / vnd
trugs hin ein zu seinem vater / vnd sprach zu jm /
Stehe auff mein Vater / vnd iss von dem Wildbret
deines Sons / das mich deine Seele segene. [32]Da
antwortet jm Jsaac sein vater / Wer bistu? Er
sprach / Jch bin Esau dein Erstgeborner Son. [33]Da
entsatzt sich Jsaac vber die mas seer / vnd sprach /
Wer? Wo ist denn der Jeger / der mir bracht
hat / vnd ich hab von allem gessen / ehe du
kamest / vnd hab jn gesegnet? Er wird auch ge-
segnet bleiben.

[34]ALS Esau diese Rede seines Vaters höret /
schrey er laut / vnd ward vber die mas seer betrübt /
vnd sprach zu seinem vater / Segene mich auch
mein vater. [35]Er aber sprach / Dein Bruder ist
komen mit list / vnd hat deinen Segen hinweg.
[36]Da sprach er / Er heisst wol Jacob / denn er hat
mich nu zwey mal [a]vntertretten / Meine Erstgeburt
hat er da hin / Vnd sihe / nu nimpt er auch meinen
Segen. Vnd sprach / Hastu mir denn keinen Segen
vorbehalten?

[37]JSaac antwortet / vnd sprach zu jm / Jch habe
jn zum Herrn vber dich gesetzt / vnd alle seine Brü-
der hab ich jm zu Knechte gemacht / Mit korn vnd
wein hab ich jn versehen / Was sol ich doch dir nu
thun / mein Son? [38]Esau sprach zu seinem vater /
Hastu denn nur einen Segen mein vater? Segene
mich auch / mein vater / Vnd hub auff seine stimme /
vnd weinet. [39]Da antwortet Jsaac sein vater / vnd
sprach zu jm. Sihe da / Du wirst eine fette Wonung
haben auff Erden / vnd vom taw des Himels von
oben her. [40]Deins Schwerts wirstu du dich neeren /
vnd deinem Bruder dienen. Vnd es wird gesche-
hen / das du auch ein Herr / vnd sein Joch von dei-
nem halse reissen wirst.

a (Vntertretten) (EKEB) Ekeb heisst ein Fussol / daher komet Jakob oder Jacob / ein vntertretter / oder der mit Füssen tritt. Vnd bedeut alle Gleubigen / die durch das Euangelium die Welt / das Fleisch / vnd den Teufel mit sünde vnd Tod vnter sich tretten / durch Christum etc.

VND Esau war Jacob gram vmb des Segens
willen / da mit jn sein Vater gesegnet hatte /
Vnd sprach in seinem hertzen / Es wird die zeit
bald komen / das mein Vater leide tragen mus /
Denn ich wil meinen bruder Jacob erwürgen. [42]Da
wurden Rebeca angesagt diese wort jres grössern
|| 16b sons Esau / || Vnd schickt hin / vnd lies Jacob jrem
kleinern Son ruffen / vnd sprach zu jm / Sihe / Dein
bruder Esau drewet dir / das er dich erwürgen wil.

[43]VND nu höre meine stim / mein Son / Mach
dich auff vnd fleuch zu meinem bruder Laban in
Haran / [44]vnd bleib eine weile bey jm / Bis sich der
grim deines Bruders wende / [45]vnd bis sich sein
zorn wider dich von dir wende / vnd vergesse was
du an jm gethan hast / So wil ich darnach schicken /
vnd dich von dannen holen lassen / Warumb solt
ich ewr beider beraubt werden einen tag?

VND Rebeca sprach zu Jsaac / Mich verdreusst
zu leben fur den Töchtern Heth / Wo Jacob ein
Weib nimpt von den töchtern Heth / die da sind
wie die Töchter dieses Lands / was sol mir das
leben?

XXVIII.

DA RIEFF JSAAC SEINEM SON JACOB / VND SEGENET
jn / vnd gebot jm / vnd sprach zu jm / Nim
nicht ein Weib von den töchtern Canaan / [2]sondern
mach dich auff / vnd zeuch in Mesopotamian zu
Bethuel / deiner mutter Vater haus / vnd nim dir
ein Weib daselbs von den töchtern Laban deiner
mutter Bruder. [3]Aber der Allmechtige Gott segene
dich / vnd mache dich fruchtbar / vnd mehre sich /
das du werdest ein hauffen völcker / [4]Vnd gebe dir
den segen Abraham / dir vnd deinem samen mit
dir / Das du besitzest das Land da du frembdling
innen bist / das Gott Abraham gegeben hat. [5]Also
fertiget Jsaac den Jacob / das er in Mesopotamian Osee. 12.
zog zu Laban Bethuels son in Syrien / dem bruder
Rebeca seiner vnd Esau mutter.

ALS nu Esau sahe / das Jsaac Jacob gesegnet
hatte / vnd abgefertiget in Mesopotamian / das
er daselbs ein Weib neme / Vnd das / in dem er jn
gesegnet / jm gebot / vnd sprach / Du solt nicht ein
Weib nemen von den töchtern Canaan / [7]Vnd das
Jacob seinem Vater vnd seiner Mutter gehorchet /
vnd in Mesopotamian zoch / [8]Sahe auch / das Jsaac
sein Vater nicht gern sahe die töchter Canaan /
[9]Gieng er hin zu Jsmael / vnd nam vber die Weiber /
MAHALATH Esaus weib. die er zu uor hatte / Mahalath / die tochter Jsmael /
des sons Abrahams / die schwester Nebaioth / zum
weibe. || || 17a

ABer Jacob zoch aus von BerSaba / vnd reiset
gen Haran. [10]Vnd kam an einen Ort / da bleib
er vber nacht / denn die Sonne war vntergegangen /
Vnd er nam einen Stein des orts / vnd legt jn zu
seinen Heubten / vnd leget sich an dem selbigen

Ort schlaffen. [12]Vnd jm trewmet / Vnd sihe / eine
Joh. 1. Leiter stund auff erden / die rüret mit der spitzen
an den Himel / Vnd sihe / die Engel Gottes stiegen
dran auff vnd nider.

[13]VND der HERR stund oben drauff / vnd
sprach / Jch bin der HERR / Abrahams deines
vaters Gott / vnd Jsaacs Gott / Das Land da du
auff ligest / wil ich dir / vnd deinem Samen geben.
[14]Vnd dein Same sol werden wie der staub auff
Erden / Vnd du solt ausgebreitet werden / gegen
dem Abend / Morgen / Mitternacht vnd Mittag.
CHRISTUS Jacob verheissen. VND DURCH DICH VND DEINEN SAMEN SOLLEN ALLE
GESCHLECHT AUFF ERDEN GESEGNET WERDEN.
[15]Vnd sihe / Jch bin mit dir / vnd wil dich behüten /
wo du hin zeuchst / vnd wil dich wider her bringen
in dis Land / Denn ich wil dich nicht lassen / bis
das ich thu / alles was ich dir geredt habe.

[16]DA nu Jacob von seinem Schlaff auffwachte /
sprach er / Gewislich ist der HERR an diesem Ort /
vnd ich wusts nicht. [17]Vnd furchte sich / vnd
sprach Wie [a]heilig ist diese Stet / Hie ist nichts
anders denn Gotteshause / Vnd hie ist die Pforte
des Himels. [18]Vnd Jacob stund des morgens früe
auff / vnd nam den Stein / den er zu seinen Heubten
gelegt hatte / vnd richtet jn auff zu einem Mal / vnd
BETHEL gos öle oben drauff / [19]Vnd hies die stet BethEl /
LUS. Gen. 35. vorhin hies sonst die stad Lus.

VND Jacob thet ein Gelübd / vnd sprach / So
Gott wird mit mir sein / vnd mich behüten auff
dem wege / den ich reise / vnd Brot zu essen geben /
vnd Kleider an zu ziehen / [21]vnd mich mit frieden
wider heim zu meinem Vater bringen / So sol der

(Deinem samen) Hie wird dem dritten Patriarchen / Christus verheissen / der Heiland aller Welt / vnd das künfftige Euangelium von Christo in allen Landen zu predigen / durch die Engel auff der Leiter furgebildet.

a (Heilig) Heilig heisst hie metuendus / terribilis / Nota / da man Gott fürchten vnd ehren solle / als der daselbs wil gefürchtet vnd geehret sein. Daher auch der selbberg Morija / timor / reuerentia / cultus Dei heisst. Sup. cap. 22. Denn Gottes furcht ist der höchste Gottesdienst. Vnd ist hie angezeigt / Wo Gottes wort ist / (wie Jacob hie höret) da ist Gottes Hause / da stehet der Himel offen mit allen gnaden etc.

b (Mein Gott sein) Nicht das er vor hin nicht sein Gott gewesen sei / Sondern er gelobt ein Gottesdienst auff zurichten / da man predigen vnd beten solt / Da wil er den Zehenden zugeben / den Predigern. Wie Abraham dem Melchisedeck den Zehenden gab.

HERR [b]mein Gott sein. 22Vnd dieser Stein / den
ich auff gerichtet habe zu einem Mal / sol ein Gottes haus werden / Vnd alles was du mir gibst / des wil ich dir den Zehenden geben.

XXIX.

DA HUB JACOB SEINE FÜSSE AUFF / VND GIENG IN das Land das gegen Morgen ligt. 2Vnd sahe
sich vmb / vnd sihe / da war ein Brun auff dem felde / vnd sihe / drey Herde schafe lagen da bey / Denn von dem Brunne pflegten sie die herde zu trencken / vnd lag ein grosser Stein fur dem loch des Bruns. 3Vnd sie pflegten die Herd alle daselbs
zuuersamlen / vnd den stein von dem Brunloch zu weltzen / vnd die schafe trencken / vnd thaten als denn den stein wider fur das loch an seine stet.

4VND Jacob sprach zu jnen / Lieben brüder / Wo seid jr her? Sie antworten / Wir sind von Haran. 5Er sprach zu jnen / Kennet jr auch Laban
den son Nahor? Sie antworten / Wir kennen jn wol. 6Er sprach / Gehet es jm auch wol? Sie antworten / Es gehet jm wol / Vnd sihe / da kompt seine tochter Rahel mit den Schafen. 7Er sprach /
Es ist noch hoch tag / vnd ist noch nicht zeit das Vieh ein zutreiben / Trencket die schafe / vnd gehet hin vnd weidet sie. 8Sie antworten / Wir können
nicht / bis das alle Herde zusamen gebracht werden / vnd wir den stein von des Brunnenloch waltzen / vnd also die schafe trencken.

9ALs er noch mit jnen redet / kam Rahel mit den schafen jres Vaters / denn sie hütet der schafe.
10Da aber Jacob sahe Rahel die tochter Labans seiner mutter Bruder / vnd die schafe Labans seiner mutter bruder / trat er hinzu / vnd waltzet den stein von dem loch des Brunnen / vnd trencket die schafe Labans seiner muter Bruder / 11Vnd küsset
Rahel vnd weinet laut / 12vnd saget jr an / das er
jres Vaters bruder were / vnd Rebeca son / Da lieff sie / vnd sagets jrem Vater an.

13DA aber Laban höret von Jacob seiner schwester Son / lieff er jm entge||gen / vnd hertzet vnd küsset jn / vnd füret jn in sein Haus / Da erzelet er dem Laban alle diese sache. 14Da sprach Laban
zu jm / Wolan / du bist mein bein vnd fleisch. Vnd da er nu ein Mond lang bey jm gewest war /
15sprach Laban zu Jacob / Wiewol du mein Bruder

|| 17b

bist / soltestu mir darumb vmb sonst dienen?
Sage an / Was sol dein lohn sein?
LAban aber hatte zwo Töchter die elteste hies
Lea / vnd die jüngeste Rahel / [17]Aber Lea hatte — Lea.
ein Blöde gesicht / Rahel war hubsch vnd schön. — Rahel
[18]Vnd Jacob gewan die Rahel lieb / vnd sprach / — Labans Tochter.
Jch wil dir siben jar vmb Rahel deine jüngeste
Tochter dienen. [19]Laban antwortet / Es ist besser /
ich gebe dir sie / denn einem andern / Bleib bey mir.
[20]ALso dienete Jacob vmb Rahel sieben jar /
vnd dauchten jn als werens einzele tage / so lieb
hatte er sie. [21]Vnd Jacob sprach zu Laban / Gib
mir nu mein Weib / denn die zeit ist hie / das ich
beylige. [22]Da lud Laban alle Leute des orts / vnd
machte ein Hochzeit mal. [23]Des abends aber nam
er seine tochter Lea / vnd brachte sie zu jm hin ein / — Lea Jacobs
Vnd er lag bey jr. [24]Vnd Laban gab seiner tochter — weib.
Lea seine magd Silpa zur magd.
[25]DEs morgens aber / Sihe / da war es Lea / Vnd
er sprach zu Laban / Warumb hastu mir das gethan?
Habe ich dir nicht vmb Rahel gedienet? warumb
hastu mich denn betrogen? [26]Laban antwortet /
Es ist nicht sitte in vnserm Lande / das man die
Jüngste ausgebe vor der Eltesten. [27]Halte mit
dieser die wochen aus / so wil ich dir diese auch
geben / vmb den Dienst / den du bey mir noch
ander sieben jar dienen solt. [28]Jacob thet also / vnd
hielt die wochen aus / Da gab jm Laban Rahel seine — Rahel
tochter zum Weibe. [29]Vnd gab seiner tochter — Jacobs weib.
Rahel seine magd Bilha zur magd. [30]Also lag er
auch bey mit Rahel / Vnd hatte Rahel lieber denn
Lea / Vnd dienet bey jm fürder die andern sieben
jar.
DA aber der HERR sahe / das Lea vnwerd war /
macht er sie fruchtbar vnd Rahel vnfruchtbar.
[32]Vnd Lea ward schwantzer / vnd gebar einen
Son / den hies sie Ruben / vnd sprach / Der HERR — (Ruben)
hat angesehen mein elende / Nu wird mich mein — Heisst ein
Man lieb haben. [33]Vnd ward abermal schwanger / — Schawkind.
vnd gebar einen Son / vnd sprach / Der HERR hat
gehöret / das ich vnwerd bin / vnd hat mir diesen
auch gegeben / vnd hies jn Simeon. [34]Aber mal — (Simeon)
ward sie schwanger / vnd gebar einen Son / vnd — Heisst ein
sprach / Nu wird sich mein Man wider zu mir thun / — Hörer.
denn ich hab jm drey Söne geborn / Darumb hies — (Leui)
sie jn Leui. [35]Zum vierden ward sie schwanger / — Heisst zugethan.
vnd gebar einen Son / vnd sprach / Nu wil ich dem

(JUDA)
Heisst ein Bekenner oder Dancksager.

HERRN dancken / darumb hies sie jn Juda / Vnd
höret auff Kinder zugeberen.

XXX.

DA RAHEL SAHE / DAS SIE DEM JACOB NICHTS
gebar / neidet sie jre schwester / vnd sprach zu
Jacob / Schaffe mir Kinder / Wo nicht / so sterbe
ich. [2]Jacob aber ward seer zornig auff Rahel / vnd
sprach / Bin ich doch nicht Gott / der dir deines
Leibes früchte nicht geben wil. [3]Sie aber sprach /
sihe / Da ist meine magd Bilha / Lege dich zu jr /
das sie auff meinen Schos gebere / vnd ich doch
durch sie erbawet werde. [4]Vnd sie gab jm also
Bilha jre magd zum Weibe.

RAHEL gibt Bilha jre magd Jacob zum weib. Gen. 16.

VND Jacob leget sich zu jr / [5]Also ward Bilha
schwanger / vnd gebar Jacob einen Son. [6]Da
sprach Rahel / Gott hat meine sache gerichtet / vnd
meine stim erhöret / vnd mir einen Son gegeben /
Darumb hies sie jn [a]Dan. [7]Abermal ward Bilha
Rahels magd schwanger / vnd gebar Jacob den
andern son. [8]Da sprach Rahel / Gott hat es gewand
mit mir vnd meiner Schwester / vnd ich werds jr
zuuor thun / Vnd hies jn [b]Naphthali.

a (DAN) Heisst gericht.

b (NAPHTHALI) Heisst verwechselt vmbgewand / vmbgekeret / wenn man das widerspiel thut / Psal. 18. Mit den verkerten verkerestu dich.

DA nu Lea sahe / das sie auff gehöret hatte zu
geberen / nam sie jre magd Silpa / vnd gab sie
Jacob zum weibe. [10]Also gebar Silpa Lea magd /
Ja||cob einen Son. [11]Da sprach Lea / Rüstig / Vnd
hies jn Gad. [12]Darnach gebar Silpa Lea magd /
Jacob den andern Son. [13]Da sprach Lea / Wol mir /
Denn mich werden selig preisen die Töchter / Vnd
hies jn Asser.

LEA GIBT SILPA jre magd Jacob zum weib.

|| 18a

(GAD) Heisst rüstig zum streit.

(ASSER) Heisst selig.

RVben gieng aus zur zeit der Weitzenernd / vnd
fand [a]Dudaim auff dem felde / vnd bracht sie
heim seiner mutter Lea. Da sprach Rahel zu Lea /
Gib mir der Dudaim deines Sons ein teil. [15]Sie ant-
wortet / Hastu nicht gnug / das du mir meinen Man
genomen hast / vnd wilt auch die Dudaim meines
Sons nemen? Rahel sprach / Wolan / las jn diese
nacht bey dir schlaffen vmb die Dudaim deines
Sons.

a (DUDAIM) Frage du selbs was Dudaim sind. Es sollen Lilien / Es sollen Beer sein / vnd niemand weis / was es sein sollen. Es heissens etliche Jüden Kirschen / die in der Weitzenernd reiff sind etc.

[16]DA nu Jacob des abends vom felde kam /
gieng jm Lea hinaus entgegen vnd sprach / Bey
mir soltu ligen / Denn ich habe dich erkaufft vmb
die Dudaim meines Sons. Vnd er schlieff die nacht
bey jr / [17]Vnd Gott erhöret Lea / vnd sie ward
schwanger / vnd gebar Jacob den fünfften Son /
[18]vnd sprach / Gott hat mir gelohnet / das ich meine

magd meinem Manne gegeben habe / Vnd hies jn
[b]Jsaschar. 19 Abermal ward Lea schwanger / vnd
gebar Jacob den sechsten Son / 20 vnd sprach / Gott
hat mich wol beraten / Nu wird mein Man wider
bey mir wonen / Denn ich habe jm sechs Söne ge-
boren / Vnd hies jn [c]Sebulon. 21 Darnach gebar sie
eine Tochter / die hies sie [d]Dina.

DEr HERR gedacht aber an Rahel / vnd erhöret
sie / vnd macht sie fruchtbar. 23 Da ward sie
schwanger / vnd gebar einen Son / vnd sprach /
Gott hat meine schmach von mir genomen / 24 Vnd
hies jn [e]Joseph / Vnd sprach / Der HERR wolte
mir noch einen Son dazu geben.

DA NU RAHEL DEN JOSEPH GEBORN HATTE / SPRACH
Jacob zu Laban / Las mich ziehen vnd reisen
an meinen Ort vnd in mein Land / 26 Gib mir
meine Weiber vnd meine Kinder / darumb ich dir
gedienet habe / das ich ziehe / Denn du weissest /
wie ich dir gedienet habe. 27 Laban sprach zu jm /
Las mich gnade fur deinen augen finden / Jch
spüre / das mich der HERR segenet vmb deinen
willen / 28 Stimme das Lohn das ich dir geben sol.

29 ER aber sprach zu jm / Du weissest / wie ich
dir gedienet habe / vnd was du fur Vieh hast vnter
mir. 30 Du hattest wenig ehe ich her kam / Nu aber
ists ausgebreitet in die menge / vnd der HERR hat
dich gesegenet durch [f]meinen fus / Vnd nu / Wenn
sol ich auch mein Haus versorgen? 31 Er aber
sprach / Was sol ich dir denn geben? Jacob sprach /
Du solt mir nichts vberal geben / Sondern so du
mir thun wilt / das ich sage / So wil ich widerumb
weiden vnd hüten deiner Schafe.

JCH wil heute durch alle deine Herde gehen / vnd
aussondern alle fleckete vnd bundte schafe / vnd
alle schwartze schafe vnter den lemmern / vnd die
bundten vnd [g]flecketen ziegen / Was nu bund vnd
flecket fallen wird / das sol mein Lohn sein. 33 So
wird mir mein gerechtigkeit zeugen heute oder
morgen / wenn es kompt / das ich meinen Lohn
von dir nemen sol / Also / das / was nicht flecket
oder bund / oder nicht schwartz sein wird vnter
den lemmern / vnd ziegen / das sey ein Diebstal bey
mir.

34 DA sprach Laban / Sihe da / es sey wie du ge-
sagt hast. 35 Vnd sonderte des tages die sprenck-
liche vnd bundte böcke / vnd alle fleckete vnd
bundte ziegen / Wo nur was weisses daran war /

b (JSASCHAR) Heisst Lohn.

c (SEBULON) Heisst bey wonung.

d (DINA) Heisst eine sache oder gericht.

e (JOSEPH) Heisst zunemung.

f (Meinen fus) Das ist / Jch hab müssen lauffen vnd rennen durch dünne vnd dicke / das du so Reich würdest / Mein Fus hats müssen thun. Jnde pedes Euangelisantium pacem / et cursus verbi seu ministerij.

g Du must hie dich nicht jrren / das Moses / das kleine vieh / jtzt ziegen / jtzt lemmer / jtzt böcke heisset / wie dieser sprache art ist / Denn er wil so viel sagen / Das Jacob habe alles weis vieh behalten /

vnd alles bundte vnd schwartze Laban gethan. Was nu bund von dem einferbigen vieh keme / das solte sein lohn sein. Des ward Laban fro / vnd hatte die natur fur sich / das von einferbigen nicht viel bundte natürlich komen. Aber Jacob halff der natur mit kunst / das die einferbigen viel bundte trugen.

vnd alles was schwartz war vnter den lemmern / vnd thats vnter die hand seiner Kinder / 36vnd
macht raum dreier Tagereise weit zwisschen jm vnd Jacob / Also weidet Jacob die vbrigen herde Laban.

37JAcob aber nam stebe von grünen Papelnbawm / Haseln / vnd Castaneen / vnd schelet weisse streiffe daran / das an den steben das weisse blos ward vnd legt die stebe / die er geschelet hatte / in die Trenckrinnen / fur die Herde / die da komen musten zu trincken / das sie empfangen solten / wenn sie zu trinck||en kemen. 39Also empfiengen || 18b
die Herde vber den steben / vnd brachten sprenckliche / fleckete vnd bundte. 40Da scheidet Jacob
die lemmer / vnd thet die abgesonderte Herde zu den flecketen vnd schwartzen in der Herde Labans / vnd macht jm ein eigen Herde / die thet er nicht zu der herde Labans. 41Wenn aber der
Laufft der früelinge Herde war / legte er diese stebe in die Rinnen fur die augen der Herde / das sie vber den steben empfiengen / 42Aber in der Spetlinger
laufft / leget er sie nicht hinein. Also wurden die Spetlinge des Labans / aber die Früelinge des Jacobs / 43Da her ward der Man vber die mas reich /
das er viel schafe / megde vnd knechte / kamel vnd esel hatte.

XXXI.

VND ES KAMEN FUR JN DIE REDEN DER KINDER Laban / das sie sprachen / Jacob hat alle vnsers vaters gut zu sich gebracht. Vnd von vnsers Vaters gut / hat er solche Reichthum zu wegen gebracht.

[2]Vnd Jacob sahe an das angesicht Laban / Vnd sihe /
es war nicht gegen jm / wie gestern vnd ehegestern.
VND der HERR sprach zu Jacob / Zeuch wider
in deiner Veter land / vnd zu deiner Freund-
schafft / Jch wil mit dir sein. [4]Da sandte Jacob
hm / vnd lies ruffen Rahel vnd Lea auffs feld bey
seine Herde / [5]vnd sprach zu jnen / Jch sehe ewrs
Vaters angesicht / das es nicht gegen mir ist / wie
gestern vnd ehegestern / Aber der Gott meines
Vaters ist mit mir gewesen.

[6]VND jr wisset / das ich aus allen meinen krefften
ewrem Vater gedienet habe / [7]Vnd er hat mich ge-
teuscht / vnd nu zehen mal mein lohn verendert /
Aber Gott hat jm nicht gestattet / das er mir
schaden thet. [8]Wenn er sprach / die bundten sollen
dein Lohn sein / so trug die gantze Herd bundte /
Wenn er aber sprach / Die sprenckliche sollen dein
Lohn sein / so trug die gantze Herd sprenckliche.
[9]Also hat Gott die güter ewers Vaters jm entwand /
vnd mir gegeben.

[10]DEnn wenn die zeit des Lauffs kam / hub ich
meine Augen auff / vnd sahe im trawm / vnd sihe /
die Böcke sprungen auff die sprenckliche / fleckete /
vnd bundte Herde. [11]Vnd der Engel Gottes
sprach zu mir im traum / Jacob / Vnd ich antwortet /
Hie bin ich. [12]Er aber sprach / heb auff deine augen /
|| 19a vnd siehe / || Die Böcke springen auff die sprenck-
liche / fleckete vnd bundte Herde / Denn ich habe
alles gesehen / was dir Laban thut. [13]Jch bin der
Gen. 28. Gott zu BethEl / da du den stein gesalbet hast / vnd
mir daselbs ein Gelübde gethan. Nu mach dich
auff / vnd zeuch aus diesem Lande / vnd zeuch
wider in das Land deiner freundschafft.

[14]DA antwortet Rahel vnd Lea / vnd sprachen
zu jm / Wir haben doch kein Teil noch Erbe mehr
in vnsers Vaters hause / [15]Hat er vns doch gehal-
ten als die frembden / Denn er hat vns verkaufft /
vnd vnser Lohn verzehret. [16]Darumb hat Gott
vnserm Vater entwand seinen Reichthum zu vns
vnd vnsern Kindern / Alles nu was Gott dir ge-
sagt hat / das thu.

ALso machet sich Jacob auff / vnd lud seine
Kinder vnd Weiber auff Kamelen / [18]vnd
füret weg alle sein Vieh / vnd alle seine Habe / die
er zu Mesopotamia erworben hatte / das er keme Jacob
zu Jsaac seinem Vater ins land Canaan [19](Laban zeucht wider-
aber war gangen seine Herde zu scheren) Vnd umb in Canaan etc.

(Stal das hertz) Hertz stelen ist Ebreisch geredt / so viel / als etwas thun hinder eines andern wissen.

Rahel stal jres Vaters Götzen. [20]Also stal Jacob dem Laban zu Syrien das hertz / da mit / das er jm nicht ansaget / das er flohe. [21]Also flohe er vnd alles was sein war / machte sich auff / vnd fuhr vber das wasser / vnd richt sich nach dem berge Gilead.

LABAN jaget Jacob nach.

AM dritten tage wards Laban angesagt / das Jacob flöhe / [23]Vnd er nam seine Brüder zu sich / vnd jaget jm nach sieben Tagereise / vnd ereilet jn auff dem berge Gilead. [24]Aber Gott kam zu Laban dem Syrer im traum des nachts / vnd sprach zu jm / Hüte dich / das du mit Jacob nicht anders redest denn freundlich. [25]Vnd Laban nahet zu Jacob / Jacob aber hatte seine Hütten auffgeschlagen auff dem Berge / Vnd Laban mit seinen Brüdern schlug seine hütten auch auff / auff dem berge Gilead.

[26]DA sprach Laban zu Jacob / Was hastu gethan / das du mein hertz gestolen hast / vnd hast meine Töchter entfüret / als die durchs Schwert gefangen weren? [27]Warumb hastu heimlich geflohen / vnd hast dich weggestolen / vnd hast mirs nicht angesagt / das ich dich hette geleitet mit freuden / mit singen / mit Paucken vnd Harffen? [28]vnd hast mich nicht lassen meine Kinder vnd Töchter küssen / Nu du hast thörlich gethan. [29]Vnd ich hette / mit Gottes hülffe / wol so viel macht / das ich euch künd vbels thun / Aber ewrs vaters Gott hat gestern zu mir gesagt / Hüte dich / das du mit Jacob nicht anders denn freundlich redest.

VND weil du denn ja woltest ziehen / vnd sehnetest dich so fast nach deines vaters hause / Warumb hastu mir meine Götter gestolen? [31]Jacob antwortet / vnd sprach zu Laban / Jch furchte mich vnd dachte / du würdest deine Töchter von mir reissen. [32]Bey welchem aber du deine Götter findest / der sterbe hie fur vnsern Brüdern / Süche das deine bey mir / vnd nims hin (Jacob wuste aber nicht / das sie Rahel gestolen hatte) [33]Da gieng Laban in die hütten Jacob / vnd Lea / vnd der beide Megde / vnd fand nichts. Vnd gieng aus der hütten Lea in die hütten Rahel / [34]Da nam Rahel die Götzen vnd legt sie vnter die strew der Kamel / vnd satzte sich drauff. Laban aber betastet die gantze Hütte / vnd fand nichts. [35]Da sprach sie zu jrem Vater / Mein Herr / zürne nicht / Denn ich kan nicht auffstehen gegen dir / Denn es gehet mir

nach der Frawen weise. Also fand er die Götzen
nicht / wie fast er sucht.

VND Jacob ward zornig / vnd schalt Laban /
vnd sprach zu jm / Was hab ich misgehandelt
oder gesundiget / das du so auff mich erhitzt bist?
37Du hast alle mein Hausrat betastet / Was hastu
deines hausrats funden? Lege das dar / fur meinen
vnd deinen Brüdern / das sie zwischen vns beiden
richten. 38Diese zwenzig jar bin ich bey dir ge-
wesen / deine schafe vnd ziegen sind nicht vn-
fruchtbar gewesen / die wider deiner Herde hab
ich nie gessen. 39Was die Thier zurissen / bracht
ich dir nicht / ich must es bezalen / du fodderst es
von meiner hand / es were mir des tages oder des
|| 19b nachts gestolen. 40Des tages ver||schmacht ich fur
hitze / vnd des nachts fur frost / vnd kam kein
Schlaff in meine augen.

41ALso habe ich diese zwenzig jar in deinem
Hause gedienet / vierzehen vmb deine Töchter /
vnd sechs vmb deine Herde / vnd hast mir mein
Lohn zehen mal verendert. 42Wo nicht der Gott
meines Vaters / der Gott Abraham / vnd die
Furcht Jsaac / auff meiner seiten gewesen were /
du hettest mich leer lassen ziehen. Aber Gott hat
mein elend vnd mühe angesehen / vnd hat dich
gestern gestrafft.

(Furcht) Jacob nennet hie Gott Jsaacs furcht / darumb / das Jsaac Gottfürchtig war vnd Gottes Diener.

LAban antwortet / vnd sprach zu Jacob / Die
Töchter sind meine töchter / vnd die Kinder
sind meine kinder / vnd die Herde sind meine
herde / vnd alles was du sihest / ist mein / Was kan
ich meinen Töchtern heut / oder jren Kindern thun /
die sie geboren haben? 44So kome nu / vnd las vns
einen Bund machen / ich vnd du / der ein Zeugnis
sey zwischen mir vnd dir. 45Da nam Jacob einen
stein / vnd richtet jn auff zu einem Mal / 46vnd
sprach zu seinen Brüdern / Leset steine auff. Vnd
sie namen steine / vnd machten einen hauffen / vnd
assen auff dem selben hauffen / 47Vnd Laban hies
jn Jegar Sahadutha / Jacob aber hies jn Gilead.

BUND zwischen Jacob vnd Laban etc.

Acceruus Testimonij.

48DA sprach Laban / Der hauffe sey heute Zeuge
zwischen mir vnd dir (Daher heisst man jn Gilead)
49vnd sey eine Warte / Denn er sprach / Der HERR
sehe dar ein zwischen mir vnd dir / wenn wir von
einander komen / 50wo du meine Töchter beleidi-
gest / oder andere Weiber dazu nimpst vber meine
Töchter. Es ist hi kein Mensch mit vns / sihe aber /
Gott ist der Zeuge / zwischen mir vnd dir. 51Vnd

(GILEAD) Gilead heisst ein Zeugehauffe / Vnd bedeut die Schrifft da viel zeugnis von Gott heuffig innen sind.

Laban sprach weiter zu Jacob / Sihe / das ist der
Hauff / vnd das ist das Mal / das ich auffgerichtet
hab zwischen mir vnd dir. [52]Der selb hauff sey
zeuge / vnd das mal sey auch zeuge / wo ich her-
über fare zu dir / oder du herüber ferest zu mir vber
diesen hauffen vnd mal zu bescheidigen. [53]Der
Gott Abraham / vnd der Gott Nahor / vnd der
Gott jrer veter sey Richter zwischen vns.

[54]VND Jacob schwur jm bey der Furcht seines
vaters Jsaac. Vnd Jacob opfferte auff dem Berge /
vnd lud seine Brüder zum essen / Vnd da sie gessen
hatten / blieben sie auff dem Berge vber nacht.
[55]Des morgens aber stund Laban früe auff / küsset
seine Kinder vnd Töchter / vnd segenete sie / vnd
zoch hin / vnd kam wider an seinen ort.

JAcob aber zoch seinen weg / Vnd es begegneten
jm die Engel Gottes. [2]Vnd da er sie sahe / sprach
er / Es sind Gottes Heere / Vnd hies die selbige Psal. 34.
MAHANAIM Heisst Heerlager. stet / Mahanaim.

XXXII.

JACOB ABER SCHICKET BOTEN FUR JM HER / ZU
seinem Bruder Esau ins land Seir / in der gegend
Edom / [4]vnd befalh jnen / vnd sprach / Also sagt
meinem herrn Esau / Dein knecht Jacob lesst dir
sagen / Jch bin bis daher bey Laban lange aussen
gewest / [5]vnd habe rinder vnd esel / schafe /
Knecht vnd Megde / Vnd habe ausgesand dir mei-
nem Herrn an zusagen / das ich gnade fur deinen
augen fünde.

DJe Boten kamen wider zu Jacob / vnd sprachen /
Wir kamen zu deinem bruder Esau / vnd er
zeucht dir auch entgegen mit vier hundert Man.
Da furcht sich Jacob seer / vnd jm ward bange /
Vnd teilet das Volck das bey jm war / vnd die
schafe / vnd die rinder / vnd die kamel / in zwey
Heere / [8]vnd sprach / So Esau kompt auff das eine
Heer / vnd schlegt es / so wird das vbrige entrin-
nen. [9]Weiter sprach Jacob.

JACOB betet zu Gott in seiner angst etc.

GOtt meines vaters Abraham / vnd Gott meines
vaters Jsaac / HERR / der du zu mir gesagt
hast / Zeuch wider in dein Land / vnd zu deiner
Freundschafft / Jch wil dir wolthun / [10]Jch bin zu
geringe aller barmhertzigkeit || vnd aller trewe / || 20a
die du an deinem Knechte gethan hast (Denn ich
hatte nicht mehr weder diesen Stab / da ich vber
diesen Jordan gieng / vnd nu bin ich zwey Heere

worden) [11]Errette mich von der hand meines
Bruders / von der hand Esau / Denn ich fürchte
mich fur jm / das er nicht kome / vnd schlage mich /
die Mütter sampt den Kindern. [12]Du hast gesagt /
Gen. 31. Jch wil dir wolthun / vnd deinen Samen machen /
wie den sand am meer / den man nicht zelen kan
fur der menge.

VND er bleib die nacht da / Vnd nam von dem
das er fur handen hatte / Geschenck seinem
bruder Esau / [14]zwey hundert ziegen / zwenzig
böcke / zweyhundert schafe / zwenzig wider /
[15]vnd dreissig seugende kamel mit jren füllen /
vierzig küe / vnd zehen farren / zwenzig eselin mit
zehen füllen. [16]Vnd thet sie vnter die hand seiner
Knechte / ja eine Herde sonderlich / vnd sprach zu
jnen / Gehet vor mir hin / vnd lasset raum zwischen
einer Herde nach der andern / [17]Vnd gebot dem
Ersten / vnd sprach.

WEnn dir mein bruder Esau begegnet vnd dich
fraget / Wen gehörestu an / vnd wo wiltu hin / vnd
wes ists / das du fur dir treibest? [18]Soltu sagen /
Es gehöret deinem knechte Jacob zu / der sendet
Geschenck seinem herrn Esau / vnd zeucht hinder
vns hernach. [19]Also gebot er auch dem Andern /
vnd dem Dritten / vnd allen die den Herden nach
giengen / vnd sprach / Wie ich euch gesagt habe /
so saget zu Esau / wenn jr jm begegnet. [20]Vnd
saget ja auch / sihe / Dein knecht Jacob ist hinder
vns / Denn er gedacht / Jch wil jn versünen mit
dem Geschenck / das vor mir her gehet / darnach
wil ich jn sehen / vieleicht wird er mich annemen.

[21]ALso gieng das Geschenck vor jm her / Aber
er bleib die selbe nacht beim Heer. [22]Vnd stund
auff in der nacht / vnd nam seine zwey Weiber / vnd
die zwo Megde / vnd seine eilff Kinder / vnd zoch
an den furt Jacob / [23]nam sie vnd füret sie vber das
Wasser / das hinüber kam was er hatte / [24]Vnd
bleib allein.

DA [a]rang ein Man mit jm bis die morgenröte
anbrach. [25]Vnd da er sahe / das er jn nicht
vbermocht / rüret er das Gelenck seiner hüfft an /
Vnd das gelenck seiner hüfft ward vber dem ringen
mit jm / verrenckt. [26]Vnd er sprach / Las mich
gehen / denn die morgenröte bricht an / Aber er
antwortet / Jch las dich nicht / du segenest mich
|| 20b denn. [27]Er sprach / Wie heissestu? Er antwor||tet /
Jacob. [28]Er sprach / Du solt nicht mehr Jacob

a (Rang) Jm Ebreischen kompt ringen vom staub her / Als wenn Zween miteinander ringen / das der staub sich erhebt vnd dicke vmb sie wird. Vnd lautet so viel / Es steubet ein Man mit jm / das ist / Ein hefftiger Kampff war es / das sol niemand verstehen / denn die Erfarung.

(JSRAEL) Jsrael kompt von Sara / das heisset kempffen oder vberweldigen / Da her auch Sar ein Fürst oder Herr / vnd Sara ein Fürstin oder Fraw heisst / vnd Jsrael ein Fürst oder Kempffer Gottes / das ist / der mit Gott ringet vnd angewinnet. Welchs geschicht durch den glauben der so fest an Gottes wort helt / bis er Gottes zorn vberwindet / vnd Gott zu eigen erlanget zum gnedigen Vater.

heissen / sondern JsraEl / Denn du hast mit Gott
vnd mit Menschen gekempfft / vnd bist obgelegen.
29 VND Jacob fraget jn / vnd sprach / Sage doch /
wie heissestu? Er aber sprach / Warumb fragestu /
wie ich heisse? Vnd er segenete jn daselbs. 30 Vnd
Jacob hies die stet [a] Pniel / Denn ich habe Gott von
angesicht gesehen / vnd meine Seele ist genesen.
31 Vnd als er fur Pnuel vber kam / gieng jm die Sonne
auff / Vnd er hincket an seiner Hüfft / 32 daher
essen die kinder Jsrael keine spanader auff dem
gelenck der hüfft / bis auff den heutigen tag /
Darumb / das die spanader an dem gelenck der
hüfft Jacob gerüret ward.

JSRAEL. Gen. 35.

a (PNIEL) Pniel oder Pnuel / heisst Gottes angesicht oder erkentnis. Denn durch den glauben im streit des Creutzes lernet man Gott recht erkennen vnd erfaren / So hats denn keine Not mehr, so gehet die Sonne auff.

XXXIII.

JACOB HUB SEINE AUGEN AUFF / VND SAHE SEINEN
bruder Esau komen mit vierhundert Man. Vnd
teilet seine Kinder zu Lea / vnd zu Rahel / vnd zu
beiden Megden / 2 Vnd stellet die megde mit jren
Kindern forne an / vnd Lea mit jren Kindern her-
nach / vnd Rahel mit Joseph zu letzt. 3 Vnd er
gieng fur jnen her / vnd neigete sich sieben mal
auff die Erden / bis er zu seinem Bruder kam.
4 ESau aber lieff jm entgegen / vnd hertzet jn /
vnd fiel jm vmb den hals / vnd küsset jn / Vnd sie
weineten. 5 Vnd hub seine augen auff / vnd sahe
die Weiber mit den Kindern / vnd sprach / Wer
sind diese bey dir? Er antwortet / Es sind Kinder /
die Gott deinem Knecht bescheret hat. 6 Vnd die
Megde traten erzu mit jren Kindern / vnd neigten
sich fur jm. 7 Lea trat auch erzu mit jren Kindern /

ESAV begegnet Jacob etc.

vnd neigeten sich fur jm. Darnach trat Joseph vnd
Rahel erzu / vnd neigeten sich auch fur jm.
[8]VNd er sprach / Was wiltu mit alle dem Heere /
dem ich begegnet bin? Er antwortet / Das ich
gnade fünde fur meinem Herrn. [9]Esau sprach /
Jch habe gnug / mein Bruder / behalt was du hast.
[10]Jacob antwortet / Ah nicht / Hab ich gnade fun-
den fur dir / so nim mein Geschencke von meiner
hand / Denn ich sahe dein angesicht / als sehe ich
Gottes angesicht / vnd las dirs wolgefallen von
mir / [11]Nim doch den Segen von mir an / den ich
dir zubracht habe / Denn Gott hat mirs bescheret /
vnd ich habe alles gnug / Also nötiget er jn / das
ers nam.

VND er sprach / Las vns fort ziehen vnd reisen /
ich wil mit dir ziehen. [13]Er aber sprach zu jm /
Mein Herr / du erkennest / das ich zarte Kinder bey
mir habe / dazu vieh vnd seugende küe / Wenn sie
einen tag vbertrieben würden / würde mir die
gantze Herde sterben. [14]Mein Herr ziehe vor sei-
nem Knechte hin / Jch wil [b]meilich hanach trei-
ben / darnach das vieh vnd die Kinder gehen kön-
nen / bis das ich kome zu meinem Herrn / in Seir.
[15]ESau sprach / So wil ich doch bey dir lassen
etliche vom Volck / das mit mir ist. Er antwortet /
Was ists von nöten? Las mich nur gnade für mei-
nem Herrn finden. [16]Also zoch des tages Esau
widerumb seines wegs gen Seir. [17]Vnd Jacob zoch
gen Suchoth / vnd bawet jm ein Haus / vnd machet
SUCHOTH. seinem Vieh hütten / Da her heisst die stet Suchoth.
SALEM Sichems stad. [18]DArnach zoch Jacob gegen Salem / zu der
stad des Sichem / die im lande Canaan ligt / nach
dem er aus Mesopotamia komen war / vnd machet
sein Lager fur der stad. [19]Vnd kaufft ein stück
Ackers / von den kindern Hemor des vaters Si-
chem / vmb hundert [c]grosschen / Daselbs richtet
er seine Hütten auff. [20]Vnd richtet daselbs einen
Altar zu / vnd rieff an den Namen des starcken
Gottes Jsrael.

b (Meilich) Merck / das recht Gleubigen vnd werckheiligen nicht können mit einander wandeln. Denn die Gleubigen faren seuberlich mit stillem geist / Aber die Werckheiligen faren starck mit vermessenheit jrer werck in Gottes Gesetzen.

c Oder schafe.

XXXIIII.

DJNA ABER LEA TOCHTER / DIE SIE JACOB GEBORN
hatte / gieng heraus / die Töchter des Landes
zu sehen. [2]Da die sahe Sichem Hemors son des
Heuiters / der des landes Herr war / nam er sie /
vnd beschlieff sie / vnd schwechet sie. [3]Vnd sein
|| 21a hertz hieng an jr / vnd hatte die || Dirne lieb / vnd

DINA Jacobs Tochter wird geschendet.

redet freundlich mit jr. [4]Vnd Sichem sprach zu
seinem vater Hemor / Nim mir das Meidlin zum
weibe.

[5]VNd Jacob erfur / das seine tochter Dina ge-
schendet war / Vnd seine Söne waren mit dem vieh
auff dem felde / vnd Jacob schweig bis das sie
kamen. [6]Da gieng Hemor Sichems vater heraus
zu Jacob / mit jm zu reden / [7]Jn des kamen die
söne Jacob vom felde / vnd da sie es höreten / ver-
dros die Menner / vnd wurden seer zornig / das er
ein narrheit an Jsrael begangen / vnd Jacobs toch-
ter beschlaffen hatte / denn so solts nicht sein.

DA redet Hemor mit jnen / vnd sprach / Meines
sons Sichems hertz sehnet sich nach ewer Toch-
ter / Lieber / gebt sie jm zum Weibe. [9]Befreundet
euch mit vns / Gebt vns ewre Töchter / vnd nemet
jr vnsere Töchter / [10]vnd wonet bey vns / das
Land sol euch offen sein / wonet vnd werbet vnd
gewinnet drinnen. [11]Vnd Sichem sprach zu jrem
Vater vnd Brüdern / Lasst mich gnade bey euch
finden / Was jr mir sagt / das wil ich geben / [12]for-
dert nur getrost von mir Morgengabe vnd Ge-
schenck / ich wils geben / wie jr heisschet / Gebt
mir nur die Dirne zum weibe.

DA antworten Jacobs söne dem Sichem vnd sei-
nem vater Hemor betrieglich / Darumb / das
jre schwester Dina geschendet war / [14]vnd spra-
chen zu jnen / Wir können das nicht thun / das wir
vnser Schwester einem vnbeschnitten Man geben /
Denn das were vns eine schande. [15]Doch denn
wöllen wir euch zu willen sein / so jr vns gleich
werdet / vnd alles was menlich vnter euch ist / be-
schnitten werde / [16]Denn wollen wir vnser Töch-
ter euch geben / vnd ewer Töchter vns nemen /
vnd bey euch wonen vnd ein Volck sein. [17]Wo
jr aber nicht willigen wollet euch zubeschneiten /
So wöllen wir vnsere Töchter nemen vnd davon
ziehen.

[18]DJe Rede gefiel Hemor vnd seinem Son wol /
[19]Vnd der Jüngling verzoch nicht solchs zu thun /
denn er hatte lust zu der tochter Jacob / Vnd er
war herrlich gehalten vber allen in seines Vaters
hause.

DA kamen sie nu / Hemor vnd sein son Sichem
vnter der Stadthor / vnd redten mit den Bür-
gern der stad / vnd sprachen / [21]Diese Leute sind
friedsam bey vns / vnd wöllen im Lande wonen

vnd werben / So ist nu das Land weit gnug für sie /
wir wollen vns jre Töchter zu weiber nemen / vnd
jnen vnser Töchter geben. 22Aber denn wöllen sie
vns zu willen sein / das sie bey vns wonen / vnd ein
Volck mit vns werden / wo wir alles was menlich
vnter vns ist / beschneiten / gleich wie sie beschnit-
ten sind. 23Jr Vieh vnd Güter vnd alles was sie
haben / wird vnser sein / So wir nur jnen zu willen
werden / das sie bey vns wonen.
24VND sie gehorchten dem Hemor vnd Sichem
seinem son / alle die zu seiner Stadthor aus vnd ein-
giengen / vnd beschnitten alles was menlich war /
das zu seiner Stad aus vnd eingieng.
VND am dritten tage / da sie es schmertzet /
namen die zween söne Jacob / Simeon vnd Leui / SIMEON
der Dina brüder / ein jglicher sein schwert / vnd vnd Leui
giengen in die Stad thürstiglich / vnd erwürgeten thürstige That
alles was menlich war / 26vnd erwürgeten auch etc.
Hemor vnd seinen son Sichem mit der scherffe des
schwerts. Vnd namen jre schwester Dina aus dem
hause Sichem / vnd giengen dauon.
27DA kamen die söne Jacob vber die Erschla-
gene / vnd plünderten die Stad / Darumb / das sie
hatten jre Schwester geschendet. 28Vnd namen
jre schafe / rinder / esel vnd was in der Stad vnd
auff dem Felde war / 29Vnd alle jre Habe / alle
Kinder vnd Weiber namen sie gefangen / vnd plün-
derten alles was in den Heusern war.
30VNd Jacob sprach zu Simeon vnd Leui / Jr
habt mir vnglück zugericht / das ich stincke fur den
Einwonern dieses Lands / den Cananitern vnd
Pheresitern / vnd ich bin ein geringer Hauffe /
Wenn sie sich nu versamlen vber mich / so werden
sie mich schlahen / Also werde ich vertilget sampt
|| 21 b meinem Hause. 31Sie || antworteten aber / Solten
sie denn mit vnser Schwester / als mit einer Huren /
handeln?

XXXV.

VND GOTT SPRACH ZU JACOB / MACH DICH AUFF /
vnd zeuch gen BethEl / vnd wone daselbs / vnd BETHEL
mache daselbs einen Altar dem Gott / der dir er- Gen. 28.
schein / da du flohest fur deinem bruder Esau.
DA sprach Jacob zu seinem Hause vnd zu allen
die mit jm waren / Thut von euch die frembden
Götter / so vnter euch sind / vnd reiniget euch / vnd
endert ewre Kleider / 3Vnd lasst vns auff sein /

vnd gen BethEl ziehen / Das ich daselbs einen
Altar mache dem Gott / der mich erhöret hat / zur
zeit meines trübsals / vnd ist mit mir gewesen auff
dem wege / den ich gezogen bin.
4DA gaben sie jm alle frembde Götter / die vnter
jren henden waren / vnd jre Ohrenspangen / Vnd
er vergrub sie vnter eine Eiche / die neben Sichem
stund / 5vnd sie zogen aus. Vnd es kam die furcht
Gottes vber die Stedte die vmb sie her lagen / das
sie den sönen Jacob nicht nachiageten. 6Also kam
Jacob gen Lus im lande Canaan / die da BethEl
heisst / sampt alle dem Volck / das mit jm war /
7Vnd bawet daselbs einen Altar / vnd hies die stet
[a]ElBethEl / Darumb / das jm daselbs Gott offenbart
war / da er flohe fur seinem Bruder.

(Ohrenspangen) Lunulas / das man heisst gülden Harband. Nu sinds Perlenporten worden. Prou. xj. Circulus aureus in naribus suis / vt Sup. cap. xxiiij.

a (ELBETHEL) Das ist / Gott zu BethEl.

DA starb Debora der Rebeca amme / vnd ward
begraben vnter BethEl / vnter der Eichen / vnd
ward genennet die Klageiche.

DEBORA

VND Gott erschein Jacob aber mal / nach dem
er aus Mesopotamia komen war / vnd segenet
jn / 10vnd sprach zu jm / Du heissest Jacob / Aber
du solt nicht mehr Jacob heissen / sondern Jsrael
soltu heissen / Vnd also heisset man jn Jsrael. 11Vnd
Gott sprach zu jm / Jch bin der allmechtige Gott /
Sey fruchtbar vnd mehre dich / Völcker vnd völ-
cker hauffen sollen von dir komen / vnd Könige
sollen aus deinen Lenden komen. 12Vnd das Land /
das ich Abraham vnd Jsaac gegeben habe / wil ich
dir geben / vnd wils deinem Samen nach dir geben.
13Also fuhr Gott auff von jm / von dem Ort / da
er mit jm geredt hatte. 14Jacob aber richtet ein
steinern Mal auff an dem ort / da er mit jm geredt
hatte / vnd gos Tranckopffer drauff / vnd begos jn
mit öle / 15Vnd Jacob hies den ort / da Gott mit
jm geredt hatte / BethEl.

JSRAEL.

Gen. 32.

(Tranckopffer) Das war wein wie das in den folgenden Büchern gnugsam gesehen wird.

VND sie zogen von BethEl / Vnd da noch ein
Feldwegs war von Ephrath / da gebar Rahel /
17Vnd es kam sie hart an vber der geburt. Da es jr
aber so sawr ward in der geburt / sprach die Weh-
mutter zu jr / Fürchte dich nicht / denn diesen Son
wirstu auch haben. 18Da jr aber die Seele aus-
gieng / das sie sterben muste / hies sie jn BenOni /
Aber sein Vater hies jn BenJamin. 19Also starb
Rahel / vnd ward begraben an dem wege gen
Ephrath / die nu heisst BethLehem. 20Vnd Jacob
richtet ein Mal auff vber jrem Grab / dasselb ist
das grabmal Rahel bis auff diesen tag.

RAHEL stirbt.

(BENJAMIN) Heisst der rechten Son.

(BENONI) Heisset meines schmertzen Son.

VNd Jsrael zoch aus / vnd richtet eine Hütten auff
jenseid dem thurn Eder. [22]Vnd es begab sich /
das Jsrael im lande wonet / Gieng Ruben hin / vnd
schlieff bey Bilha seines vaters Kebsweibs / Vnd
das kam fur Jsrael.

RUBEN schlieff bey Bilha etc.

ES hatte aber Jacob zwelff Söne. [23]Die söne Lea
waren diese / Ruben der erstgeboren son Jacob /
Simeon / Leui / Juda / Jsaschar / vnd Sebulon.
[24]Die Söne Rahel waren / Joseph vnd BenJamin
[25]Die söne Bilha Rahels magd / Dan vnd Naph-
thali. [26]Die söne Silpa Lea magd / Gad vnd Asser.
Das sind die söne Jacob / die jm geboren sind in
Mesopotamia.

XII. sone Jacobs.

VND Jacob kam zu seinem vater Jsaac gen
Mamre in die Heubtstad / die da heisst Hebron /
da Abraham vnd Jsaac frembdlinge innen gewesen
sind. [28]Vnd Jsaac ward hundert vnd achzig jar
alt / [29]vnd nam ab / vnd starb / Vnd ward versamlet
zu seinem Volck / alt vnd des lebens sat / Vnd
|| 22a seine söne Esau vnd Jacob begruben jn. ||

JSAACS alter. 180. jar.

XXXVI.

DJS IST DAS GESCHLECHT ESAU / DER DA HEISST
Edom. [2]Esau nam Weiber von den töchtern
Canaan / Ada die tochter Elon des Hethiters / vnd
Ahalibama die tochter des Ana / die neffe Zibeons
des Heuiters / [3]Vnd Basmath Jsmaels tochter /
Nebaioths schwester. [4]Vnd Ada gebar dem Esau /
Eliphas / Aber Basmath gebar Reguel. [5]Ahali-
bama gebar Jehus / Jaelam vnd Korah / Das sind
Esau kinder / die jm geboren sind im lande
Canaan.

ESAVS Weiber.

VND Esau nam seine Weiber / Söne vnd Töch-
ter / vnd alle Seelen seines hauses / seine Habe
vnd alles vieh mit allen gütern / so er im lande Ca-
naan erworben hatte / vnd zoch in ein Land von
Gen. 13. seinem bruder Jacob / [7]Denn jre Habe war zu
gros / das sie nicht kundten bey einander wonen /
vnd das Land / darin sie Frembdlinge waren /
mocht sie nicht ertragen fur der menge jres Viehs.
[8]Also wonet Esau auff dem gebirge Seir / Vnd
Esau ist der Edom.

1. Par. 1. DJS ist das geschlechte Esau / von dem die Edo-
miter her komen auff dem gebirge Seir / [10]vnd
so heissen die kinder Esau. Eliphas der son Ada
Esaus weib. Reguel der son Basmath Esaus weib.

ESAVS Geschlecht.

[11]Eliphas söne aber waren diese / Theman / Omar /
Zepho / Gaetham vnd Kenas. [12]Vnd Thimna war
ein kebsweib Eliphas Esaus son / die gebar jm
Amalek. Das sind die kinder von Ada Esaus weib.
[13]Die kinder aber Reguel sind diese / Nahath /
Serah / Samma / Misa. Das sind die kinder von
Basmath Esaus weib. [14]Die kinder aber von Aha-
libama Esaus weib / der tochter des Ana der neffe
Zibeons / sind diese / die sie dem Esau gebar /
Jeus / Jaelam / vnd Korah.

[15]DAS sind die Fürsten vnter den kindern Esau /
Die kinder Eliphas / des ersten sons Esau waren
diese / der fürst Theman / der fürst Omar / der fürst
Zepho / der fürst Kenas / [16]der fürst Korah / der
fürst Gaetham / der fürst Amalek. Das sind die
Fürsten von Eliphas im lande Edom / vnd sind
kinder von der Ada. [17]Vnd das sind die kinder
Reguel Esaus son / Der fürst Nahath / der fürst
Serah / der fürst Samma / der fürst Misa. Das sind
die Fürsten von Reguel im lande der Edomiter /
vnd sind kinder von der Basmath Esaus weib.
[18]Das sind die kinder Ahalibama Esaus weib / Der
fürst Jeus / der fürst Jaelam / der fürst Korah. Das
sind die Fürsten von Ahalibama der tochter des
Ana Esaus weib. [19]Das sind die kinder / vnd jre
Fürsten / Er ist der Edom.

KINDER von Seir des Horiten.

DJE Kinder aber von Seir des Horiten / der im 1. Par. 1.
Lande wonete / sind diese / Lothan / Sobal /
Zibeon / Ana / Dison / Ezer vnd Disan / [21]Das
sind die Fürsten der Horiten / kinder des Seir im
lande Edom. [22]Aber des Lothans kinder waren
diese / Hori vnd Heman / Vnd Lothans schwester
hies Thimna. [23]Die kinder von Sobal waren diese /
Alwan / Manahath / Ebal / Sepho vnd Onam. [24]Die
kinder von Zibeon waren / Aia / vnd Ana / Das ist
der Ana / der in der wüsten Maulpferde erfand / da
er seines vaters Zibeon esel hütet. [25]Die kinder
aber Ana waren / Dison vnd Ahalibama / das ist
die tochter Ana. [26]Die kinder Dison waren / Hem-
dan / Esban / Jethran / vnd Charan. [27]Die kinder
Ezer waren / Bilhan / Sawan / vnd Akan. [28]Die
kinder Disan waren / Vz vnd Aran.

[29]DJS sind die Fürsten der Horiten / Der fürst
Lothan / der fürst Sobal / der fürst Zibeon / der
fürst Ana / [30]der fürst Dison / der fürst Ezer / der
fürst Disan / Das sind die Fürsten der Horiten / die
regiert haben im lande Seir.

1. Par. 1. DJE Könige aber / die im lande Edom regiert KONIGE
haben / ehe denn die kinder Jsrael Könige hat- in Edom etc.
ten / sind diese. 32Bela war könig in Edom ein son
Beor vnd seine Stad hies Dinhaba. 33Vnd da Bela
starb / ward König an seine stat Jobab ein son
Serah von Bazra. 34Da Jobab starb / ward an seine
stat könig Husam / aus der Themaniter lande. 35Da
|| 22b Husam starb / ward König || an seine stat Hadad /
ein son Bedad / der die Midianiter schlug auff der
Moabiter felde / vnd seine Stad hies Awith. 36Da
Hadad starb / regiert Samla von Masrek. 37Da
Samla starb / ward Saul könig von Rehoboth am
wasser. 38Da Saul starb / ward an seine stat könig
Baal Hanan / der son Achbor. 39Da Baal Hanan
Achbors son starb / ward an seine stat könig Hadar /
vnd seine Stad hies Pagu / vnd sein Weib hies Me-
hetabeel eine tochter Matred die Mesahab tochter
war.

ALso heissen die Fürsten von Esau / in jren Ge-
schlechten / Ortern vnd Namen / Der fürst
Thimna / der fürst Alwa / der fürst Jetheth / 41der
fürst Ahalibama / der fürst Ela / der fürst Pinon /
42der fürst Kenas / der fürst Theman / der fürst
Mibzar / 43der fürst Magdiel / der fürst Jram / Das
sind die Fürsten in Edom / wie sie gewonet haben
in jrem Erblande / Vnd Esau ist der Vater der
Edomiter.

XXXVII.

JACOB ABER WONET IM LANDE / DA SEIN VATER
ein Frembdling innen gewest war / nemlich / im
lande Canaan. 2Vnd das sind die Geschlechte Ja-
cob. Joseph war siebenzehen jar alt / da er ein JOSEPH.
Hirte des viehs ward mit seinen Brüdern / Vnd der
Knabe war bey den kindern Bilha vnd Silpa seines
Vaters weibern / vnd bracht fur jren Vater / wo ein
böse Geschrey wider sie war.

JSrael aber hatte Joseph lieber denn alle seine Kin-
der / darumb das er jn im Alter gezeuget hatte /
Act. 7. Vnd machet jm einen bundten Rock. 4Da nu seine
Brüder sahen / das jn jr Vater lieber hatte denn alle
seine Brüder / waren sie jm feind / vnd kundten jm
kein freundlich wort zusprechen.

DA zu hatte Joseph ein mal einen Traum / vnd JOSEPHS
saget seinen Brüdern dauon / Da wurden sie ij. Treume.
jm noch feinder. 6Denn er sprach zu jnen / Höret /
lieber / was mir dòch getreumet hat / 7Mich

dauchte / wir bunden Garben auff dem Felde / vnd
meine Garbe richtet sich auff vnd stund / vnd ewre
Garben vmbher neigeten sich gegen meiner Gar-
ben. [8]Da sprachen seine Brüder zu jm / Soltestu
vnser König werden / vnd vber vns herrschen?
Vnd wurden jm noch feinder vmb seines Traums
vnd seiner Rede willen.

VND er hatte noch einen andern Traum / den
erzelet er seinen Brüdern / vnd sprach / Sihe /
Jch habe noch einen Traum gehabt / Mich dauchte /
die Sonne vnd der Mond vnd eilff Sternen neigten
sich fur mir. [10]Vnd da das seinem Vater vnd sei-
nen Brüdern gesagt ward / straffet jn sein Vater /
vnd sprach zu jm / Was ist das fur ein Traum / der
dir getreumet hat? Sol ich vnd deine Mutter vnd
deine Brüder komen / vnd dich anbeten? [11]Vnd
seine Brüder neideten jn / Aber sein Vater behielt
diese wort.

DA nu seine Brüder hin giengen zu weiden das
vieh jres Vaters in Sichem / [13]sprach Jsrael zu
Joseph / Hüten nicht deine Brüder des viehs in
Sichem? Kom / ich wil dich zu jnen senden / Er
aber sprach / Hie bin ich. [14]Vnd er sprach / Gehe
hin vnd sihe / obs wol stehe vmb deine Brüder /
vnd vmb das vieh / vnd sage mir wider / wie sichs
helt / Vnd er sandte jn aus dem tal Hebron / das er
gen Sichem gienge.

[15]DA fand jn ein Man / das er jrre gieng auff dem
Felde / der fraget jn / vnd sprach / Wen suchestu?
[16]Er antwortet / Jch suche meine Brüder / Lieber
sage mir an / wo sie hüten. [17]Der Man sprach /
Sie sind von dannen gezogen / Denn ich hörte / das
sie sagten / Lasst vns gen Dothan gehen / Da fol-
get Joseph seinen Brüdern nach / vnd fand sie zu
Dothan.

JOSEPH wollen seine Brüder tödten.

ALs sie jn nu sahen von ferne / ehe denn er nahe
bey sie kam / schlugen sie an / das sie jn tödten /
[19]vnd sprachen vnternander / Sehet / der Treumer
kompt daher / [20]So kompt nu / vnd lasset vns jn
erwürgen / vnd in eine gruben werffen / Vnd sagen /
Ein böses Thier habe jn gefressen / So wird man
sehen / was seine Treume sind. || || 23a

RUBEN errettet Joseph etc.

[21]DA das Ruben höret / wolt er jn aus jren hen- Gen. 42.
den erretten / vnd sprach / Lasset vns jn nicht
tödten. [22]Vnd weiter sprach Ruben zu jnen / Ver-
giesset nicht Blut / sondern werffet jn in die Gru-
ben / die in der wüsten ist / vnd legt die hand nicht

an jn / Er wolt jn aber aus jrer hand erretten / das
er jn seinem Vater widerbrechte.
[23]ALs nu Joseph zu seinen Brüdern kam / zogen
sie jm seinen Rock mit dem Bundtenrock aus / den
er an hatte / [24]vnd namen jn / vnd worffen jn in
eine Gruben / Aber die selbige grube war leer vnd
kein wasser drinnen / [25]Vnd satzten sich nider zu
essen. Jn des huben sie jre augen auff / vnd sahen
einen hauffen Jsmaeliter komen von Gilead / mit
jren Kamelen / die trugen Würtz / Balsam / vnd
Myrrhen / vnd zogen hin ab in Egypten.

DA sprach Juda zu seinen Brüdern / Was hilffts
vns / das wir vnsern Bruder erwürgen vnd sein
Blut verbergen? [27]Kompt / lasset vns jn den Jsma-
eliten verkeuffen / das sich vnser hende nicht an jm
vergreiffen / denn er ist vnser Bruder / vnser
fleisch vnd blut / Vnd sie gehorchten jm. [28]Vnd
da die Midianiter die Kauffleute fur vber reiseten /
zogen sie jn heraus aus der Gruben / vnd ver-
Act. 7. kaufften jn den Jsmaeliten vmb zwenzig Silberling /
die brachten jn in Egypten.

JOSEPH von seinen Brüdern verkaufft etc.

ALS nu Ruben wider zur gruben kam / vnd fand
Joseph nicht dar innen / zureis er sein Kleid /
[30]vnd kam wider zu seinen Brüdern / vnd sprach /
Der Knabe ist nicht da / Wo sol ich hin? [31]Da
namen sie Josephs rock / vnd schlachten ein Ziegen-
bock / vnd tunckten den Rock im blut / [32]vnd
schickten den Bundten rock hin / vnd liessen jn
jrem Vater bringen / vnd sagen / Diesen haben wir
funden / Sihe / Obs deines Sons rock sey oder nicht?
[33]ER kennet jn aber / vnd sprach / Es ist meines
Sons rock / Ein böses Thier hat jn gefressen / Ein
reissend Thier hat Joseph zurissen. [34]Vnd Jacob
zureis seine Kleider / vnd leget einen Sack vmb
seine Lenden / vnd trug leide vmb seinen Son lange
zeit. [35]Vnd alle seine Söne vnd Töchter traten auff /
das sie jn trösten / Aber er wolt sich nicht trösten
lassen / Vnd sprach / Jch werde mit leide hinunter
faren in die gruben / zu meinem Son / Vnd sein
Vater beweinet jn.

(Vater) Das war Jsaac.

Psal. 105. [36]ABer die Midianiter verkaufften jn in Egypten
dem Potiphar / des Pharao kemerer vnd hofe-
meister.

JOSEPH Potiphar verkaufft etc.

XXXVIII.

ES BEGAB SICH VMB DIE SELBIGE ZEIT / DAS JUDA
hinab zoch von seinen Brüdern / vnd thet sich
zu einem Man / von Odollam / der hies Hira. [2]Vnd
Juda sahe daselbs eines Cananiters mans Tochter / 1. Par. 2.
der hies Suha / vnd nam sie. Vnd da er sie beschlieff /
[3]ward sie schwanger / vnd gebar einen Son den
JUDA SÖNE. hies er Ger. [4]Vnd sie ward aber schwanger vnd
gebar einen Son / den hies sie Onan. [5]Sie gebar
abermal einen Son / den hies sie Sela / vnd sie war
zu Chesib / da sie jn gebar.

VND Juda gab seinem ersten Son / Ger / ein weib / Num. 26.
THAMAR. die hies Thamar. [7]Aber er war böse fur dem
HERRN / darumb tödtet jn der HERR. [8]Da
sprach Juda zu Onan / Lege dich zu deines Bruders
weib / vnd nim sie zur Ehe / das du deinem Bruder Deu. 25.
samen erweckest. [9]Aber da Onan wuste / das der Mat. 22.
Same nicht sein eigen sein solt / wenn er sich zu
seines Bruders weib leget / lies ers auff die erden
fallen / vnd verderbts / auff das er seinem Bruder
nicht samen gebe. [10]Da gefiel dem HERRN vbel /
das er thet / vnd tödtet jn auch.

[11]DA sprach Juda zu seiner schnur Thamar /
Bleibe eine Widwen in deines Vaters hause / bis
mein son Sela gros wird / Denn er gedachte / Vie-
leicht möcht er auch sterben / wie seine Brüder /
Also gieng Thamar hin / vnd bleib in jres Vaters
hause.

DA nu viel tage verlauffen waren / starb des Suha
tochter Juda weib. Vnd nach dem Juda aus-
getrauret hatte / gieng er hinauff seine schafe || zu || 23b
scheren gen Thimnath / mit seinem hirten Hira von
Odollam. [13]Da ward der Thamar angesagt / Sihe /
dein Schweher gehet hinauff gen Thimnath seine
schafe zu scheren. [13]Da leget sie die Widwen-
kleider von sich / die sie trug / decket sich mit
einem Mantel vnd verhüllet sich / vnd satzte sich
für die thür heraus an dem wege gen Thimnath /
Denn sie sahe / das Sela war gros worden / vnd sie
war jm nicht zum Weibe gegeben.

[15]DA sie nu Juda sahe / meinet er / es were eine
Hure / Denn sie hatte jr angesicht verdecket / [16]vnd
macht sich zu jr am wege / vnd sprach / Lieber /
las mich bey dir ligen / denn er wuste nicht / das
seine Schnur were. Sie antwortet / Was wiltu mir
geben / das du bey mir ligest? [17]Er sprach / Jch

(Hirten) Mag auch heissen (Freund) darnach die Puncta im Ebreischen sich setzen lassen / Denn Judas hat ja müssen weide haben / vielleicht auch eines Freundes nicht geraten mügen. Puncta künnen so wol feilen als treffen / vt Jesa. vij. et sepe alias etc.

wil dir einen Ziegenbock von der herde senden.
Sie antwortet / So gib mir ein Pfand / bis das du
mirs sendest. [18]Er sprach / Was wiltu fur ein
Pfand / das ich dir gebe? Sie antwortet / Deinen
Ring / vnd deine Schnur / vnd deinen Stab / den
du in den henden hast. Da gab ers jr / vnd lag bey
jr / Vnd sie ward von jm schwanger. [19]Vnd sie
macht sich auff vnd gieng hin / vnd legt den Mantel
ab / vnd zoch jre Widwenkleider wider an.

[20]JVda aber sandte den Ziegenbock durch seinen
[b]Hirten von Odollam / das er das Pfand widerholet
von dem Weibe / vnd er fand sie nicht. [21]Da fraget
er die Leute desselbigen orts / vnd sprach / Wo ist
die Hure / die aussen am wege sas? Sie antworten /
Es ist keine Hure da gewesen. [22]Vnd er kam wider
zu Juda / vnd sprach / Jch habe sie nicht funden /
Dazu sagen die Leute desselben orts / es sey keine
Hure da gewesen. [23]Juda sprach / Sie habs jr / Sie
kan vns doch ja nicht schande nachsagen / Denn
ich hab den Bock gesand / so hastu sie nicht
funden.

b Oder / Freunde / welchs du wilt.

VBer drey monden ward Juda angesagt / Deine
schnur Thamar hat gehuret / Dazu sihe / sie ist
von Hurerey schwanger worden. Juda sprach /
Bringet sie herfur / das sie verbrand werde. [25]Vnd
da man sie herfur bracht / schicket sie zu jrem
Schweher / vnd sprach / Von dem Man bin ich
schwanger / des dis ist. Vnd sprach / Kennestu
auch / wes dieser Ring / vnd diese Schnur / vnd
dieser Stab ist? [26]Juda erkands / vnd sprach / Sie
ist gerechter denn ich / denn ich habe sie nicht ge-
geben meinem son Sela / Doch beschlieff er sie
nicht mehr.

1. Par. 2. Matt. 1. VND da sie geberen solt / worden Zwilling in
jrem Leibe erfunden. [28]Vnd als sie jtzt gebar /
that sich eine Hand heraus / Da nam die Wehmut-
ter vnd band einen roten Faden darumb / vnd
sprach / Der wird der erste heraus komen. [29]Da
aber der seine hand wider hinein zoch / kam sein
Bruder heraus / Vnd sie sprach / Warumb hastu
vmb deinen willen solchen Riss gerissen? Vnd man
hies jn Perez. [30]Darnach kam sein Bruder heraus /
der den roten Faden vmb seine Hand hatte / Vnd
man hies jn Serah.

PEREZ Perez ein Zureisser.
SERAH Heisst Auffgang.

XXXIX.

Joseph verkaufft dem Potiphar / von den Jsmaeliten etc.

JOSEPH WARD HIN AB IN EGYPTEN GEFÜRET / VND
Potiphar ein Egyptischer man / des Pharao ka- Psal. 105.
merer vnd hofemeister / kaufft jn von den Jsmaeli-
ten / die jn hinab brachten. [2]Vnd der HERR war
mit Joseph / das er ein glückseliger Man ward / vnd
war in seines Herrn des Egypters hause. [3]Vnd sein
Herr sahe / das der HERR mit jm war / denn alles
was er thet / da gab der HERR glück zu durch jn.
[4]Also / das er gnade fand fur seinem Herrn / vnd
sein Diener ward / der setzt jn vber sein Haus / vnd
alles was er hatte / thet er vnter seine hende. [5]Vnd
von der zeit an / da er jn vber sein Haus vnd alle
seine Güter gesetzt hatte / segenete der HERR des
Egypters haus / vmb Josephs willen / vnd war eitel
Segen des HERRN in allem / was er hatte zu Hause
vnd zu Felde. [6]Darumb lies ers alles vnter Josephs
henden / was er hatte / Vnd er nam sich keins || dings || 24a
an / weil er jn hatte / denn das er ass vnd tranck.
Vnd Joseph war schön vnd hübsch von angesicht.

VND es begab sich nach diesem geschicht / das
seines Herrn weib jre augen auff Joseph warff /
vnd sprach / Schlaffe bey mir. [8]Er wegert sichs
aber / vnd sprach zu jr / Sihe / Mein Herr nimpt
sich nichts an fur mir / was im Hause ist / vnd alles
was er hat / das hat er vnter meine hende gethan /
[9]Vnd hat nichts so gros in dem Hause / das er fur
mir verholen habe / On dich / in dem du sein Weib
bist. Wie solt ich denn nu ein solch gros vbel thun /
vnd wider Gott sündigen? [10]Vnd sie treibe solche
wort gegen Joseph teglich / Aber er gehorcht jr
nicht / das er nahe bey jr schlieff / noch vmb sie
were.

(Jn dem du) Sonst must er auch die Frawen versorgen / eben so wol als das gantze Hause / On das er nicht bey jr schlaffen solt.

ES begab sich der tage einen / das Joseph in das
Haus gieng / sein Geschefft zu thun / vnd war
kein Mensch vom gesinde des hauses dabey / [12]Vnd
sie erwischt jn bey seinem Kleid / vnd sprach /
Schlaffe bey mir. Aber er lies das Kleid in jrer
Hand / vnd flohe / vnd lieff zum hause heraus. [13]Da
sie nu sahe / das er sein Kleid in jrer hand lies / vnd
hin aus entflohe / [14]rieff sie dem Gesinde im hause /
vnd sprach zu jnen / Sehet / Er hat vns den
ebreischen Man herein gebracht / das er vns zu-
schanden mache. Er kam zu mir herein / vnd wolt
bey mir schlaffen. Jch rieff aber mit lauter stim /
[15]Vnd da er höret / das ich ein geschrey machte vnd

rieff / da lies er sein Kleid bey mir / vnd flohe / vnd
lieff hinaus.
16VND sie leget sein Kleid neben sich / bis sein
Herr heim kam / 17vnd saget zu jm eben die selben
wort / vnd sprach / Der Ebreische knecht / den du
vns herein gebracht hast / kam zu mir herein / vnd
wolt mich zuschanden machen. 18Da ich aber ein
geschrey machte / vnd rieff / da lies er sein Kleid
bey mir / vnd flohe hin aus. 19Als sein Herr höret
die rede seines Weibes / die sie jm saget / vnd
sprach / Also hat mir dein Knecht gethan / ward
er seer zornig.

DA nam jn sein Herr / vnd legt jn ins Gefengnis / Joseph ins Gefengnis gelegt.
da des Königs gefangene inne lagen / Vnd er
Psal. 105. Sap. 10. lag alda im gefengnis. 21Aber der HERR war mit
jm vnd neiget sein Hulde zu jm / vnd lies jn gnade
finden fur dem Amptman vber das Gefengnis /
22Das er jm vnter seine hand befalh alle Gefangenen
im gefengnis / auff das alles was da geschach / durch
jn geschehen muste. 23Denn der Amptman vber
das Gefengnis / nam sich keines dings an / denn der
HERR war mit Joseph / Vnd was er thet / da gab
|| 24b der HERR glück zu. ||

XL.

VND ES BEGAB SICH DARNACH / DAS SICH DER
Schenck des Königes in Egypten vnd der Becker
versündigten an jrem Herrn / dem könige in Egyp-
ten. 2Vnd Pharao ward zornig vber seine beide
Kemerer / vber den Amptman vber die Schencken /
vnd vber den Amptman vber die Becker / 3vnd

lies sie setzen in des Hofemeisters haus ins Gefeng-
nis / da Joseph gefangen lag. 4Vnd der Hofe-
meister setzet Joseph vber sie / das er jnen dienete /
Vnd sassen etliche tage im Gefengnis.

VND es treumet jnen beiden / dem Schencken
vnd Becker des königs zu Egypten / in einer
nacht / einem jglichen ein eigen Traum / vnd eines
jglichen Traum hatte seine bedeutung. 6Da nu
des morgens Joseph zu jnen hinein kam / vnd sahe /
das sie traurig waren / 7Fraget er sie / vnd sprach /
Warumb seid jr heute so traurig? 8Sie antworten /
Es hat vns getreumet / vnd haben niemand / der
es vns auslege. Joseph sprach / Auslegen gehöret
Gott zu / doch erzelet mirs.

9DA erzelet der öberst Schenck seinen traum
Joseph / vnd sprach zu jm / Mir hat getreumet /
Das ein Weinstock fur mir were / 10der hatte drey
Reben / vnd er grünete / wuchs vnd blüete / vnd
seine Drauben worden reiff / 11Vnd ich hatte den
becher Pharao in meiner hand / vnd nam die Beer
vnd zudruckt sie in den Becher / vnd gab den be-
cher Pharao in die hand.

JOSEPH deutet dem öbersten Schencken vnd Becker des Pharao jre Treume.

12JOseph sprach zu jm / Das ist seine deutung.
Drey Reben / sind drey tage / 13Vber drey tage
wird Pharao dein Heubt erheben / vnd dich wider
an dein Ampt stellen / das du jm den Becher in die
hand gebest / nach der vorigen weise / da du sein
Schenck warest. 14Aber gedenck meiner / wenn
dirs wol gehet / vnd thu Barmhertzigkeit an mir /
das du Pharao erinnerst / das er mich aus diesem
hause füre / 15Denn ich bin aus dem Lande der
Ebreer heimlich gestolen / Dazu hab ich auch all-
hie nichts gethan / das sie mich eingesetzt haben.

DA der öberst Becker sahe / das die deutung gut
war / sprach er zu Joseph / Mir hat auch ge-
treumet / Jch trüge drey weisse Körbe auff meinem
Heubt / 17vnd im öbersten korbe allerley gebacken
Speise dem Pharao / Vnd die Vogel assen aus dem
korbe auff meinem Heubt. 18Joseph antwortet /
vnd sprach / Das ist seine deutung. Drey Körbe /
sind drey tage / 19Vnd nach dreien tagen wird dir
Pharao dein Heubt erheben / vnd dich an Galgen
hengen / vnd die Vogel werden dein Fleisch von
dir essen.

20VND es geschach des dritten tages / da be-
gieng Pharao seinen Jartag / vnd er macht eine
Malzeit allen seinen Knechten. Vnd erhub das

Heubt des öbersten Schencken / vnd das Heubt
des öbersten Beckers vnter seinen Knechten /
21Vnd setzet den öbersten Schencken wider zu sei-
nem Schenckampt / das er den Becher reichet in
Pharao hand / 22Aber den öbersten Becker lies er
hencken / wie jnen Joseph gedeutet hatte. 23Aber
der öberste Schenck gedacht nicht an Joseph / son-
dern vergas sein.

A.

XLI.

VND NACH ZWEIEN JAREN HATTE PHARAO EINEN
Trawm / Wie er stünde am wasser / 2vnd sehe
aus dem wasser steigen sieben schöne fette Küe /
vnd giengen an der weide im grase. 3Nach diesen /
sahe er ander sieben küe aus dem wasser auffstei-
gen / die waren heslich vnd mager / vnd traten
neben die Küe an das vfer am wasser / 4Vnd die
heslichen vnd magere frassen die sieben schönen
fette Küe / Da erwacht Pharao.

TREUME Pharao.

A.

5VND er schlieff wider ein / vnd jm treumet
abermal / vnd sahe / Das sieben Ehern wuchsen
aus einem Halm vol vnd dicke. 6Darnach sahe er
|| 25a sieben || dünne vnd versengete Ehern auffgehen /
7Vnd die sieben mager Ehern verschlungen die
sieben dicke vnd volle Ehern. Da erwachet Pharao /
vnd merckt / das ein Traum war. 8Vnd da es mor-
gen ward / war sein Geist bekümmert / vnd
schicket aus / vnd lies ruffen alle Warsager in Egyp-
ten vnd alle Weisen / vnd erzelet jnen seine Treume /
Aber da war keiner / der sie dem Pharao deuten
kundte.

DA redet der öberste Schencke zu Pharao / vnd
sprach / Jch gedencke heute an meine sünde /
10Da Pharao zornig ward vber seine Knechte / vnd
mich mit dem öbersten Becker ins Gefengnis legt /
ins Hofemeisters hause / 11Da treumet vns beiden
in einer nacht einem jglichen sein Traum / des deu-
tung jn betraff. 12Da war bey vns ein ebreischer
Jüngling / des Hofemeisters knecht / dem erzeleten
wirs / Vnd er deutet vns vnsere Treume / einem
jglichen nach seinem Traum. 13Vnd wie er vns
deutet / so ists ergangen / Denn ich bin wider an
mein Ampt gesetzt / vnd jener ist gehenckt.

JOSEPH wird aus dem Gefengnis los.

DA sandte Pharao hin / vnd lies Joseph ruffen / Psal. 105.
Vnd liessen jn eilend aus dem Loch / Vnd er
lies sich bescheren / vnd zoch andere Kleider an /
vnd kam hin ein zu Pharao. 15Da sprach Pharao
zu jm / Mir hat ein Traum getreumet / vnd ist nie-
mand / der jn deuten kan / Jch hab aber gehöret
von dir sagen / wenn du einen Traum hörest / so
kanstu jn deuten. 16Joseph antwortet Pharao /
vnd sprach / Das stehet bey mir nicht / Gott wird
doch Pharao gutes weissagen.

(Bey mir nicht) Wil sagen / Jch bins nicht / der die Treume gedeutet hat / oder könne / Gott ists / der es durch mich gethan hat / kan dirs auch thun. Dat gloriam Deo / nec tamen negat ministerium suum.

Treume des Pharao.

17PHArao saget an zu Joseph / Mir treumete /
Jch stunde am vfer bey dem Wasser / 18vnd sahe
aus dem wasser steigen sieben schöne fette Küe /
vnd giengen an der weide im grase. 19Vnd nach
jnen / sahe ich andere sieben dürre / seer hesliche
vnd magere Kühe her aus steigen / Jch hab in
gantz Egyptenland nicht so hesliche gesehen.
20Vnd die sieben magere vnd hesliche Küe / frassen
auff die sieben ersten fette Küe. 21Vnd da sie die
hinein gefressen hatten / mercket mans nicht an
jnen / das sie die gefressen hatten / vnd waren hes-
lich gleich wie vorhin / Da wachet ich auff.

22VND sahe aber mal in meinem Traum / sieben
Ehern auff einem Halm wachsen / vol vnd dicke.
23Darnach giengen auff sieben dürre Ehern / dünne
vnd versenget / 24Vnd die sieben dünne Ehern
verschlungen die sieben dicke Ehren / || Vnd ich || 25 b
habs den Warsagern gesagt / Aber die können mir
nicht deuten.

JOSEPH deutet Pharao sein Treume.

JOseph antwortet Pharao / Beide treume Pharao
sind einerley / Denn Gott verkündiget Pharao /
was er fur hat. 26Die sieben schöne Küe / sind
sieben jar / Vnd die sieben gute Ehern / sind auch
die sieben jar / Es ist einerley Traum. 27Die sieben
magere vnd hesliche Küe / die nach jenen auffge-

stigen sind / das sind sieben jar / Vnd die sieben
magere vnd versengete Ehren / sind sieben jar
Thewre zeit. [28]Das ist nu / das ich gesagt habe zu
Pharao / Das Gott Pharao zeiget / was er fur hat.

[29]SJhe / sieben reiche jar werden komen in gantz
Egyptenlande. [30]Vnd nach den selben werden
sieben jar Thewrezeit komen / das man vergessen
wird aller solcher fülle in Egyptenlande / Vnd die
Thewrezeit wird das Land verzehren / [31]das man
nichts wissen wird von der fülle im Lande / fur der
Thewrenzeit / die her nach kompt / denn sie wird
fast schweer sein. [32]Das aber dem Pharao zum
andern mal getreumet hat / bedeut / Das solchs
Gott gewislich vnd eilend thun wird.

NV sehe Pharao nach einem verstendigen vnd
weisen Man / den er vber Egyptenland setze /
[34]vnd schaffe / das er Amptleute verordne im Lande /
vnd neme den Fünfften in Egyptenlande / in den
sieben reichen jaren / [35]vnd samle alle Speise der
guten Jare / die komen werden / Das sie Getreide
auffschütten in Pharao kornheuser zum Vorrat in
den Stedten / vnd verwarens / [36]Auff das man
Speise verordnet finde dem Lande in den sieben
thewren Jaren / die vber Egyptenland komen wer-
den / das nicht das Land fur Hunger verderbe.

DJE REDE GEFIEL PHARAO VND ALLEN SEINEN
Knechten wol. [38]Vnd Pharao sprach zu seinen
knechten / Wie kündten wir einen solchen Man
finden / in dem der geist Gottes sey? [39]Vnd sprach
zu Joseph / Weil dir Gott solches alles hat kund
gethan / ist keiner so verstendig vnd weise als du.
[40]Du solt vber mein Haus sein / vnd deinem wort
sol alle mein Volck gehorsam sein / Alleine des
königlichen Stuels wil ich höher sein denn du.

[41]VND weiter sprach Pharao zu Joseph / Sihe / — JOSEPH wird hoch erhaben vnd geehret / nach seinem grossen vnglück vnd leide.
Jch habe dich vber gantz Egyptenland gesetzt.
[42]Vnd that seinen Ring von seiner Hand / vnd gab
jn Joseph an seine Hand / vnd kleidet jn mit weisser
Seiden / vnd hieng jm ein gülden Keten an seinen
(ABRECH) Was Abrech heisse / lassen wir die Zencker suchen bis an den Jüngstentage / wollens die weil verstehen / wie es gedeudscht ist. — Hals. [43]Vnd lies jn auff seinem andern Wagen
fahren / vnd lies vor jm her ausruffen / Der ist des
Landesuater. Vnd setzt jn vber gantz Egyptenland.
[44]Vnd Pharao sprach zu Joseph / Jch bin Pharao /
on dein willen sol niemand seine Hand oder seinen
Fus regen in gantz Egyptenland. [45]Vnd nennet
jn / den heimlichen Rat / Vnd gab jm ein weib
Asnath die tochter Potiphera des Priesters zu On. — ASNATH Josephs weib.

Also zog Joseph aus / das land Egypten zu be-
sehen / [46]Vnd er war dreissig jar alt / da er fur
Pharao stund / dem könige in Egypten / Vnd fuhr
aus von Pharao / vnd zoch durch gantz Egypten-
land. [47]Vnd das Land thet also die sieben reichen
Jar / [48]vnd samleten alle Speise der sieben jar / so
im lande Egypten waren / vnd theten sie in die
Stedte. Was fur Speise auff dem felde einer jglichen
Stad vmbher wuchs / das theten sie hinein / [49]Also
schüttet Joseph das Getreide auff / vber die mas
viel / wie sand am meer / also / das er auffhöret zu
zelen / denn man kunds nicht zelen.

VND Joseph wurden zween Söne geboren / ehe
denn die Thewrezeit kam / welche gebar jm
Asnath / Potiphera des Priesters zu On tochter.
[51]Vnd hies den ersten Manasse / Denn Gott (sprach
er) hat mich lassen vergessen alles meines vnglücks /
vnd alle meines Vaters hauses. [52]Den andern hies
er / Ephraim / Denn Gott (sprach er) hat mich
lassen wachsen in dem lande meines elends.

(MANASSE) Heisst vergessen.

(EPHRAIM) Heisst gewachsen.

DA nu die sieben reiche Jar vmb waren im lande
Egypten / [54]Da fiengen an die sieben thewre
Jar zu komen / da Joseph von gesagt hatte. Vnd ‖ ‖ 26a
es ward eine Thewrung in allen Landen / Aber in
gantz Egyptenland war Brot. [55]Da nu das gantze
Egyptenland auch hunger leid / schrey das volck zu
Pharao vmb brot. Aber Pharao sprach zu allen
Egyptern / Gehet hin zu Joseph / Was euch der
saget / das thut. [56]Als nu im gantzen lande Thew-
rung war / thet Joseph allenthalben Kornheuser
auff / vnd verkauffte den Egyptern / Denn die
Thewrung ward je lenger je grösser im Lande.
[57]Vnd alle Land kamen in Egypten zu keuffen bey
Joseph / Denn die Thewrung war gros in allen
Landen.

THEWRUNG 7. jar lang zu Jacobs zeiten.

XLII.

DA ABER JACOB SAHE / DAS GETREIDE IN EGYPTEN
veil war / sprach er zu seinen Sönen / Was sehet
jr euch lang vmb? [2]Sihe / Jch höre / es sey in
Egypten getreide veil / Zihet hinab / vnd keufft
vns getreid / das wir leben vnd nicht sterben.
[3]Also zogen hinab zehen Brüder Joseph / das sie in
Egypten getreide keufften. [4]Aber BenJamin Jo-
sephs bruder lies Jacob nicht mit seinen Brüdern
ziehen / Denn er sprach / Es möchte jm ein vnfal
begegnen.

JACOBS 10. Söne ziehen in Egypten getreide zu keuffen. Act. 7.

[5]Also kamen die kinder Jsrael getreide zu keuffen / sampt andern / die mit jnen zogen / Denn es war im lande Canaan auch thewr.

ABER JOSEPH WAR DER REGENT IM LANDE / VND
verkeufft getreide allem Volck im Lande. Da
nu seine Brüder zu jm kamen / fielen sie fur jm
nider zur Erden auff jr andlitz. [7]Vnd er sahe sie an /
vnd kandte sie / vnd stellet sich frembd gegen sie /
vnd redet hart mit jnen / vnd sprach zu jnen / Woher kompt jr? Sie sprachen / Aus dem lande
Canaan / speise zu keuffen. [8]Aber wiewol er sie
kennet / kandten sie jn doch nicht.

Gen. 37. [9]VND Joseph gedacht an die Treume / die jm
von jnen getreumet hatten / vnd sprach zu jnen /
Jr seid Kundschaffer / vnd seid komen zu sehen /
wo das Land offen ist. [10]Sie antworten jm / Nein /
mein Herr / Deine knechte sind komen Speise zu
keuffen. [11]Wir sind alle eins Mans söne / wir sind
redlich / vnd deine knechte sind nie Kundschaffer
gewesen. [12]Er sprach zu jnen / Nein / Sondern jr
seid komen zu besehen / wo das Land offen ist.
[13]Sie antworten jm / Wir deine knechte sind zwelff
Brüder eins mans Söne im lande Canaan / vnd der
Jüngste ist noch bey vnserm Vater / Aber der eine
ist nicht mehr furhanden.

[14]JOseph sprach zu jnen / Das ists / das ich euch
gesagt habe / Kundschaffer seid jr. [15]Daran wil
ich euch prüfen / bey dem leben Pharaonis / Jr solt
nicht von dannen komen / es kome denn her ewer
jüngster Bruder. [16]Sendet einen vnter euch hin /
der ewrn Bruder hole / Jr aber solt gefangen sein.
Also wil ich prüfen ewer rede / ob jr mit warheit
vmbgehet oder nicht / Denn wo nicht / so seid jr /
bey dem leben Pharaonis / Kundschaffer. [17]Vnd
lies sie bey samen verwaren drey tage lang.

[18]AM dritten tage aber sprach er zu jnen / Wolt jr
leben / so thut also / denn ich fürchte Gott. [19]Seid
jr redlich / so lasst ewer Brüder einen gebunden
liegen in ewrem Gefengnis / Jr aber ziehet hin / vnd
bringet heim was jr gekaufft habt fur den Hunger /
[20]Vnd bringet ewren jüngsten Bruder zu mir / So
wil ich ewren worten gleuben / das jr nicht sterben
müsset / Vnd sie theten also.

SJE aber sprachen vnternander / Das haben wir
an vnserm Bruder verschuldet / das wir sahen
die angst seiner Seelen / da er vns flehet / vnd wir
wolten jn nicht erhören / Darumb kompt nu diese

trübsal vber vns. 22 Ruben antwortet jnen / vnd
sprach / Sagt ich euchs nicht / da ich sprach / Ver- Gen. 37.
sündiget euch nicht an dem Knaben / vnd jr woltet
nicht hören? Nu wird sein Blut gefoddert. 23 Sie
wusten aber nicht das Joseph verstund / Denn er
redet mit jnen durch einen Dolmetscher / 24 Vnd
er wand sich von jnen / vnd weinet. Da er nu sich
wider zu jnen wand / vnd mit jnen redet / Nam er
aus jnen Simeon / vnd band jn fur jren augen. || || 26b

VND Joseph thet befelh / das man jre Secke mit
getreide füllet / vnd jr Geld widergebe / einem
jglichen in seinen sack / Dazu auch Zerung auff den
weg / Vnd man thet jnen also. 26 Vnd sie luden jre
Wahr auff jre Esel / vnd zogen von dannen. 27 Da
aber einer seinen Sack auffthet / das er seinem Esel
futter gebe in der Herberge / ward er gewar seines
Gelds / das oben im sack lag / 28 vnd sprach zu
seinen Brüdern / Mein geld ist mir wider worden /
sihe / in meinem sack ist es. Da entfiel jnen jr hertz /
vnd erschrocken vnternander / vnd sprachen /
Warumb hat vns Gott das gethan?

Jacob. DA SIE NU HEIM KAMEN ZU JREM VATER JACOB INS
land Canaan / sagten sie jm alles / was jnen be-
gegnet war / vnd sprachen / 30 Der Man / der im
lande Herr ist / redet hart mit vns / vnd hielt vns
fur Kundschaffer des Lands. 31 Vnd da wir jm ant-
worten / Wir sind redlich / vnd nie Kundschaffer
gewesen / 32 sondern zwelff Brüder vnsers Vaters
söne / Einer ist nicht mehr fur handen / vnd der
Jüngst ist noch bey vnserm Vater im lande Canaan /
33 Sprach der Herr im Lande zu vns / Daran wil ich
mercken ob jr redlich seid / Einen ewer Brüder
lasset bey mir / vnd nemet die Notdurfft fur ewer
Haus / vnd ziehet hin / 34 vnd bringet ewern jüng-
sten Bruder zu mir / So mercke ich / das jr nicht
Kundschaffer / sondern redlich seid / So wil ich
euch auch ewren Bruder geben / vnd mügt im
Lande werben.

35 VND da sie die Secke ausschutten / fand ein
jglicher sein Bündlin gelds in seinem sack. Vnd da
sie sahen / das es Bündlin jres gelds waren / sampt
jrem Vater erschracken sie.

DA sprach Jacob jr Vater zu jnen / Jr beraubt
mich meiner Kinder. Joseph ist nicht mehr fur
handen / Simeon ist nicht mehr fur handen / Ben-
Jamin wolt jr hin nemen / Es gehet alles vber mich.
37 Ruben antwortet seinem Vater / vnd sprach /

Wenn ich dir jn nicht wider bringe / so erwürge
meine zween Söne / Gib jn nur in meine Hand / ich
wil jn dir wider bringen. Er sprach / [38]Mein Son
sol nicht mit euch hinabziehen / denn sein Bruder
ist tod / vnd er ist allein vberblieben / Wenn jm ein
vnfal auff dem wege begegnete / da jr auff reiset /
würdet jr meine grawe Har mit hertzeleide in die
Gruben bringen.

XLIII.

DJe Thewrung aber druckte das Land.
[2]Vnd da es verzeret war / was sie fur Getreide
aus Egypten gebracht hatten / sprach jr Vater zu
jnen / Ziehet wider hin / vnd keufft vns ein wenig
speise. [3]Da antwortet jm Juda / vnd sprach / Der
Man band vns das hart ein / vnd sprach / Jr solt
mein angesicht nicht sehen / es sey denn ewr Bruder
mit euch. [4]Jsts nu / das du vnsern Bruder mit vns
sendest / So wöllen wir hinab ziehen / vnd dir zu
essen keuffen. [5]Jsts aber / das du jn nicht sendest /
So ziehen wir nicht hinab / Denn der Man hat gesagt zu vns / Jr solt mein angesicht nicht sehen /
ewer Bruder sey denn mit euch.

[6]JSrael sprach / Warumb habt jr so vbel an mir
gethan / das jr dem Man ansaget / wie jr noch einen
Bruder habt? [7]Sie antworten / Der Man forschet
so genaw nach vns vnd vnser Freundschafft / vnd
sprach / Lebt ewr Vater noch? Habt jr auch noch
einen Bruder? Da sagten wir jm / wie er vns fraget.
Wie kundten wir so eben wissen / das er sagen
würde / Bringet ewren Bruder mit hernider?

DA sprach Juda zu Jsrael seinem Vater / Las den
Knaben mit mir ziehen / das wir vns auffmachen vnd reisen / vnd leben / vnd nicht sterben /
beide wir vnd du vnd vnser Kindlin / [9]Jch wil
Bürge für jn sein / von meinen henden soltu jn
foddern. Wenn ich dir jn nicht wider bringe vnd
fur deine augen stelle / So wil ich mein leben lang
die schuld tragen / [10]Denn wo wir nicht hetten
verzogen / weren wir schon wol zwey mal wider
|| 27a komen. ||

[11]DA sprach Jsrael jr Vater zu jnen / Mus es denn
ja also sein / so thuts. Vnd nemet von des Landes
besten Früchten in ewer secke / vnd bringet dem
Manne geschencke hinab / ein wenig Balsam / vnd
Honig / vnd Würtz / vnd Myrrhen / vnd Datteln /
vnd Mandeln. [12]Nemet auch andere Geld mit euch /

Diese namen der Früchte sind noch bis her vngewis / auch bey den Jüden selbs.

Vnd das geld / das euch oben in ewern secken
wider worden ist / bringet auch wider mit euch /
Vieleicht ist ein jrthum da geschehen. [13]Da zu
nemet ewren Bruder / macht euch auff / vnd komet
wider zu dem Manne. [14]Aber der allmechtige Gott /
gebe euch barmhertzigkeit fur dem Manne / das er
euch lasse ewern andern Bruder vnd BenJamin /
Jch aber mus sein / wie einer / der seiner Kinder
gar beraubt ist.

Jacobs Söne ziehen zum andern mal in Egypten etc.

DA NAMEN SIE DIESE GESCHENKE / VND DAS GELD
zwifeltig mit sich / vnd BenJamin / machten
sich auff / zogen in Egypten / vnd traten fur Joseph.
[16]Da sahe sie Joseph mit BenJamin / vnd sprach zu
seinem Haushalter / Füre diese Menner zu hause /
vnd schlachte vnd richte zu / Denn sie sollen zu
mittag mit mir essen. [17]Vnd der Man thet / wie jm
Joseph gesaget hatte / Vnd füret die Menner in
Josephs haus.

SJe furchten sich aber / das sie in Josephs haus
gefurt wurden / vnd sprachen / Wir sind her ein
gefurt vmb des Gelds willen / das wir in vnsern
secken vor hin wider funden haben / das ers auff
vns bringe / vnd felle ein Vrteil vber vns / da mit er
vns neme zu eigen Knechten / sampt vnsern eseln.
[19]Darumb tratten sie zu Josephs haushalter / vnd
redten mit jm fur der Hausthür / [20]vnd sprachen /
Mein Herr / Wir sind vorhin herab gezogen speise Gen. 42.
zukeuffen / [21]Vnd da wir in die Herberge kamen /
vnd vnsere Secke aufftheten / sihe / da war eines
jglichen Geld oben in seinem sack mit volligem ge-
wicht / Darumb haben wirs wider mit vns bracht.
[22]Haben auch ander Geld mir vns herab bracht /
speise zu keuffen / Wir wissen aber nicht, wer vns
vnser Geld in vnser secke gesteckt hat.

[23]ER aber sprach / Gehabt euch wol / fürcht euch
nicht / ewer Gott vnd ewers vaters Gott hat euch
einen Schatz gegeben in ewer secke / Ewer geld ist
mir worden. Vnd er füret Simeon zu jnen heraus /
[24]vnd füret sie in Josephs haus / gab jnen wasser /
das sie jre Füsse wusschen / vnd gab jren eseln
futter. [25]Sie aber bereiten das Geschencke zu / bis
das Joseph kam auff den mittag / Denn sie hatten
gehöret / das sie daselbs das Brot essen solten.

DA nu Joseph zum Hause eingieng / brachten
sie jm zu hause das Geschencke in jren henden /
vnd fielen fur jm nider zur Erden. [27]Er aber
grüsset sie freundlich / vnd sprach / Gehet es ewrem

Vater dem alten wol / von dem jr mir sagetet? Lebet
er noch? [28]Sie antworten / Es gehet deinem
Knechte vnserm Vater wol / vnd lebet noch / vnd
neigeten sich / vnd fielen fur jm nider.
[29]VND er hub seine augen auff / vnd sahe seinen
bruder BenJamin seiner mutter Son / vnd sprach /
Jst das ewer jüngster Bruder / da jr mir von sagetet?
Vnd sprach weiter / Gott sey dir gnedig mein Son.
[30]Vnd Joseph eilete / denn sein hertz entbrand jm
gegen seinem Bruder / vnd sucht / wo er weinete /
vnd gieng in seine Kammer / vnd weinete daselbs.
[31]Vnd da er sein angesicht gewasschen hatte /
gieng er heraus / vnd hielt sich fest / vnd sprach /
Legt brot auff.
[32]VND man trug jm besonders auff / vnd jenen
auch besonders / vnd den Egyptern die mit jm
assen / auch besonders / Denn die Egypter thüren
nicht brot essen mit den Ebreern / Denn es ist ein
grewel fur jnen. [33]Vnd man satzt sie gegen jm /
den Erstgebornen nach seiner Erstengeburt / vnd
den Jüngsten nach seiner jugent / Des verwunder-
ten sie sich vnternander. [34]Vnd man trug jnen
essen fur / von seinem tisch / Aber dem BenJamin
ward fünff mal mehr denn den andern / Vnd sie
truncken / vnd wurden truncken mit jm.

XLIIII.

|| 27b VND JOSEPH BEFALH SEINEM HAUSHALTER / VND
sprach / Fülle den Mennern jre secke mit speise /
so viel sie füren mügen / vnd lege jglichem sein
Geld oben in seinen sack. [2]Vnd meinen silbern
Becher lege oben in des Jüngsten sack / mit dem
gelde fur das getreide / Der thet / wie jm Joseph
hatte gesagt.
DES morgens / da es liecht ward / liessen sie die
Menner ziehen mit jren eseln. [4]Da sie aber zur
Stad hin aus waren / vnd nicht ferne komen /
sprach Joseph zu seinem Haushalter / Auff / vnd
jage den Mennern nach / Vnd wenn du sie ergrei-
ffest / so sprich zu jnen / Warumb habt jr gutes mit
bösem vergolten? [5]Jsts nicht das / da mein Herr
aus trincket / vnd da mit er weissaget? Jr habt vbel
gethan. [6]Vnd als er sie ergreiff / redet er mit jnen
solche wort.
[7]SJE antworten jm / Warumb redet mein Herr
solche wort? Es sey ferne von deinen Knechten
ein solchs zu thun. [8]Sihe / Das geld / das wir fun-

den oben in vnsern secken / haben wir wider-
bracht zu dir aus dem lande Canaan / Vnd wie solten
wir denn aus deines Herrn hause gestolen haben
silber oder gold? [9]Bey welchem er funden wird
vnter deinen Knechten / der sey des tods / Dazu
wöllen auch wir meines Herrn Knechte sein. [10]Er
sprach / Ja / es sey / wie jr geredt habt / Bey wel-
chem er funden wird / der sey mein Knecht / Jr
aber solt ledig sein.

[11]VND sie eileten / vnd legt ein jglicher seinen
Sack abe / auff die erden / vnd ein jglicher thet
seinen sack auff. [12]Vnd er suchte / vnd hub am
Grössesten an bis auff den Jüngsten / da fand sich
der Becher in BenJamins sack. [13]Da zu rissen sie
jre Kleider / vnd lud ein jglicher auff seinen Esel /
vnd zogen wider in die Stad.

VND Juda gieng mit seinen Brüdern in Josephs
haus / denn er war noch daselbs / Vnd sie fielen
fur jm nider auff die erden. [15]Joseph aber sprach
zu jnen / Wie habt jr das thun dürffen? Wisset jr
nicht das ein solcher Man / wie ich bin / erraten
künde? [16]Juda sprach / Was sollen wir sagen
meinem Herrn / oder wie sollen wir reden? Vnd
was können wir vns rechtfertigen? Gott hat die
missethat deiner Knechte funden. Sihe da / Wir
vnd der / bey dem der Becher funden ist / sind
meines Herrn knechte. [17]Er aber sprach / Das sey
ferne von mir solchs zu thun / Der Man bey dem
der Becher funden ist / sol mein Knecht sein / Jr
aber ziehet hinauff mit frieden zu ewrem Vater.

DA trat Juda zu jm / vnd sprach / Mein Herr /
las deinen Knecht ein wort reden fur deinen
ohren / mein Herr / vnd dein zorn ergrimme nicht
vber deinen knecht / denn du bist wie Pharao.
[19]Mein Herr fraget seine Knechte / vnd sprach /
Habt jr auch einen Vater oder Bruder? [20]Da ant-
worten wir / Wir haben einen Vater der ist alt / vnd
einen jungen Knaben in seinem alter geborn / vnd
sein Bruder ist tod / vnd er ist allein vberblieben
von seiner Mutter / vnd sein Vater hat jn lieb. [21]Da
sprachstu zu deinen Knechten / Bringet jn herab zu
mir / ich wil jm gnade erzeigen. [22]Wir aber ant-
worten meinem Herrn / Der Knab kan nicht von
seinem Vater komen / Wo er von jm keme / würde
er sterben. [23]Da sprachstu zu deinen Knechten /
Wo ewr jüngster Bruder nicht mit euch her kompt /
solt jr mein angesicht nicht mehr sehen.

24Da zogen wir hinauff zu deinem Knecht /
meinem Vater / vnd sagten jm an meins Herrn rede.
25Da sprach vnser Vater / Ziehet wider hin / vnd
keufft vns ein wenig speise. 26Wir aber sprachen /
Wir können nicht hinab ziehen / Es sey denn vnser
jüngster Bruder mit vns / so wöllen wir hinab
ziehen / Denn wir können des Mans angesicht
nicht sehen / wo vnser jüngster Bruder nicht mit
vns ist. 27Da sprach dein Knecht / mein Vater / zu
vns / Jr wisset / das mir mein Weib zween geboren
hat / 28Einer gieng hin aus von mir / vnd man
Gen. 37. saget / Er ist zurissen / vnd hab jn nicht gesehen
|| 28a bis her. 29Werdet jr diesen auch von || mir nemen /
vnd jm ein Vnfal widerferet / So werdet jr meine
grawe Har / mit jamer hinunter in die Gruben
bringen.

30NV so ich heim keme zu deinem Knecht /
meinem Vater / vnd der Knabe were nicht mit vns /
weil seine Seele an dieses seele hanget / 31So wirds
geschehen / wenn er sihet / das der Knabe nicht da
ist / das er stirbt / So würden wir deine Knechte /
die grawen har deines Knechts / vnsers Vaters /
Gene. 43. mit hertzenleide in die Gruben bringen. 32Denn
ich / dein Knecht / bin Bürge worden fur den Kna-
ben gegen meinem Vater / vnd sprach / Bringe ich
jn dir nicht wider / So wil ich mein lebenlang die
schuld tragen. 33Darumb las deinen Knecht hie
bleiben / an des Knaben stat / zum Knecht meines
Herrn / vnd den Knaben mit seinen Brüdern hin
auff ziehen. 34Denn wie sol ich hin auff ziehen zu
meinem Vater / wenn der Knabe nicht mit mir ist?
Jch würde den jamer sehen müssen / der meinem
Vater begegnen würde.

XLV.

Act. 7. DA KUND SICH JOSEPH NICHT LENGER ENTHAL- Joseph
ten / fur allen die vmb jn her stunden / vnd er bekennet sich
rieff / Lasst jederman von mir hin aus gehen / Vnd mit seinen
stund kein Mensch bey jm / da sich Joseph mit Brüdern.
seinen Brüdern bekennete. 2Vnd er weinet laut /
das es die Egypter vnd das gesinde Pharao höre-
ten / 3Vnd sprach zu seinen Brüdern / Jch bin
Joseph / Lebet mein Vater noch? Vnd seine Brü-
der kundten jm nicht antworten / so erschracken
sie fur seinem angesicht.

4ER sprach aber zu seinen Brüdern / Trett doch
her zu mir / Vnd sie traten erzu / vnd er sprach /

Jch bin Joseph ewr Bruder / den jr in Egypten
verkaufft habt. 5 Vnd nu bekümmert euch nicht /
vnd denckt nicht / das ich darümb zürne / das jr
mich hie her verkaufft habt / Denn vmb ewrs
Lebens willen / hat mich Gott für euch her gesand.
6 Denn dis sind zwey jar / das thewr im Lande ist /
vnd sind noch fünff jar / das kein pflügen noch kein
Erndten sein wird. 7 Aber Gott hat mich fur euch
her gesand / das er euch vberig behalte auff Erden /
vnd ewr Leben errette durch eine grosse Errettunge.
8 Vnd nu / jr habt mich nicht her gesand / sondern
Gott / der hat mich Pharao zum Vater gesetzt / vnd
zum Herrn vber alle sein Haus / vnd einen Fürsten in
gantz Egyptenland.

EJlet nu vnd ziehet hinauff zu meinem Vater / vnd
sagt jm / Das lesst dir Joseph dein Son sagen /
Gott hat mich zum Herrn in gantz Egypten gesetzt /
Kom herab zu mir / seume dich nicht / 10 Du solt im
lande Gosen wonen / vnd nahe bey mir sein / du vnd
deine Kinder / vnd deine Kindskinder / dein klein
vnd gros Vieh / vnd alles was du hast / 11 Jch wil dich
daselbs versorgen. Denn es sind noch fünff jar der
Thewrung / Auff das du nicht verderbest mit deinem
Hause / vnd allem das du hast. 12 Sihe / Ewer augen
sehen / vnd die augen meines Bruders Ben Jamin / das
ich mündlich mit euch rede. 13 Verkündiget meinem
Vater alle meine herrligkeit in Egypten / vnd alles
was jr gesehen habt / Eilet vnd kompt hernider mit
meinem Vater hie her.

14 VND er fiel seinem bruder Ben Jamin vmb den
Hals / vnd weinet / Vnd Ben Jamin weinet auch an
seinem halse. 15 Vnd küsset alle seine Brüder / vnd
weinet vber sie. Darnach redten seine Brüder mit
jm.

VND da das geschrey kam in Pharao haus / das Act. 7.
Josephs brüder komen weren / gefiel es Pharao
wol / vnd allen seinen Knechten. 17 Vnd Pharao
sprach zu Joseph / Sage deinen brüdern / Thut jm
also / beladet ewr thiere / ziehet hin / 18 Vnd wenn jr
komet ins land Canaan / so nemet ewrn Vater / vnd
ewr Gesinde / vnd kompt zu mir / Jch wil euch Güter
geben in Egypten|| land / das jr essen solt das marck || 28 b
im Lande. 19 Vnd gebeut jnen / Thut jm also / Nemet
zu euch aus Egyptenland / wagen zu ewrn Kindern
vnd Weibern / vnd füret ewrn Vater / vnd kompt.
20 Vnd sehet ewrn Hausrat nicht an / Denn die güter
des gantzen landes Egypten sollen ewr sein.

Lasst euch ewren Hausrat nicht hindern / Was jr nicht verkeuffen künd / in solcher thewerzeit / das lasst hinder euch.

21 DJE kinder Jsrael theten also. Vnd Joseph gab
jnen Wagen / nach dem befelh Pharao / vnd Zerung
auff den weg / 22 Vnd gab jnen allen / einem jglichen
ein Feierkleid / Aber BenJamin gab er drey hundert
Silberling vnd fünff Feierkleider. 23 Vnd seinem
Vater sandte er da bey zehen Esel mit Gut aus
Egypten beladen / vnd zehen Eselin mit Getreide /
vnd brot vnd speise seinem Vater auff den weg.
24 Also lies er seine Brüder / vnd sie zogen hin / Vnd
sprach zu jnen / Zancket nicht auff dem wege.

ALSO ZOGEN SIE HIN AUFF VON EGYPTEN / VND
kamen ins Land Canaan zu jrem vater Jacob /
26 vnd verkündigeten jm / vnd sprachen / Joseph
lebet noch / vnd ist ein Herr im gantzen Egypten-
lande. Aber sein [a] hertz dacht gar viel anders / denn er
gleubet jnen nicht. 27 Da sagten sie jm alle wort
Joseph / die er zu jnen gesagt hatte. Vnd da er sahe
die Wagen / die jm Joseph gesand hatte jn zu füren /
ward der geist Jacob jres Vaters lebendig. 28 Vnd
Jsrael sprach / Jch hab gnug das mein son Joseph
noch lebet / Jch wil hin vnd jn sehen / ehe ich sterbe.

a וַיָּפָג לִבּוֹ Heisst eigentlich / anders thun / anders werden / Threno. 2. vnd 3. Jch kan nicht anders / Fleto et non despugath tibi / neque quiescat pupilla oculi tui. Weine vnd las deine augen nichts anders thun. Lex Tapug / Haba. 1. Es gehet anders denn recht / Recht gehet anders / gilt nichts. Sic Jacob longe aliud sentit / quam illi narrant.

XLVI.

JSRAEL ZOCH HIN MIT ALLEM DAS ER HATTE. VND DA
er gen BerSeba kam / opfferte er Opffer dem Gott
seines vaters Jsaac. 2 Vnd Gott sprach zu jm des
nachts im gesicht / Jacob / Jacob. Er sprach / Hie bin
ich. 3 Vnd er sprach / Jch bin Gott / der Gott deines
vaters / Fürcht dich nicht in Egypten hinab zu ziehen /
Denn daselbs wil ich dich zum grossen Volck machen.
4 Jch wil mit dir hinab in Egypten ziehen / vnd wil
auch dich erauff füren / Vnd Joseph sol seine hende
auff deine augen legen.

5 DA macht sich Jacob auff von BerSaba / vnd die
kinder Jsrael füreten Jacob jren Vater mit jren Kind-
lin vnd Weibern auff den wagen die Pharao gesand
hatte jn zufüren. 6 Vnd namen jr Vieh vnd habe / die
sie im lande Canaan erworben hatten / vnd kamen
also in Egypten / Jacob vnd alle sein Same mit jm /
7 seine Kinder vnd seine Kindskinder mit jm / seine
Töchter vnd seiner Kinds töchter / vnd alle sein
Same / die bracht er mit sich in Egypten.

DJS SIND DIE NAMEN DER KINDER JSRAEL DIE IN
Egypten kamen. Jacob vnd seine Söne. Der erst-
geborne Jacobs son / Ruben. 9 Die kinder Ruben /
Hanoch / Pallu / Hezron vnd Charmi. 10 Die kinder

JACOBS Geschlecht.

Simeon / Jemuel / Jamin / Ohad / Jachin / Zohar / vnd
Saul der son von dem Cananischen weibe. [11]Die
kinder Leui / Gerson / Cahath vnd Merari. [12]Die
kinder Juda / Ger / Onan / Sela / Perez vnd Serah.
Aber Ger vnd Onan waren gestorben im lande Gen. 38.
Canaan. Die kinder aber Perez / Hezron vnd Hamul.
[13]Die kinder Jsaschar / Thola / Phua / Job vnd Sem-
rom. [14]Die kinder Sebulon / Sered / Elon vnd
KINDER Jahleel. [15]Das sind die kinder von Lea / die sie Jacob
von Lea. 33. gebar in Mesopotamia / mit seiner tochter Dina / die
machen allesampt mit Sönen vnd Töchtern / drey
vnd dreissig Seelen.

[16]DJE kinder Gad / Ziphion / Haggi / Suni /
Ezbon / Eri / Arodi vnd Areli. Die kinder Asser /
Jemna / Jesua / Jesui / Bria / vnd Serah jre Schwe-
ster. Aber die kinder Bria / Heber vnd Malchiel.
KINDER [18]Das sind die kinder von Silpa / die Laban gab
von Silpa. 16. Lea seiner Tochter / vnd gebar Jacob diese sech-
zehen Seelen.

[19]DJe kinder Rahel Jacobs weib / Joseph vnd
BenJamin. [20]Vnd Joseph wurden geboren in
Egyptenland / Manasse vnd Ephraim / die jm gebar
Asnath die tochter Potiphera / des Priesters zu On.
[21]Die kinder BenJamin / ‖ Bela / Becher / Asbel / ‖ 29a
Gera / Naaman / Ehi / Ros / Mupim / Hupim vnd
KINDER Ard. [22]Das sind kinder von Rahel / die Jacob ge-
von Rahel. 14. boren sind / allesampt vierzehen Seelen.

[23]DJe kinder Dan / Husim. [24]Die kinder
Naphthali / Jahzeel / Guni / Jezer vnd Sillem.
KINDER [25]Das sind die kinder Bilha die Laban seiner tochter
Bilha. 7. Rahel gab / vnd gebar Jacob die sieben seelen.
[26]Alle seelen die mit Jacob in Egypten kamen / die
aus seinen Lenden komen waren (ausgenomen die
weiber seiner Kinder) sind alle zusamen sechs vnd
sechzig seelen. [27]Vnd die kinder Joseph die in
Egypten geboren sind / waren zwo Seelen / Also
das alle seelen des hauses Jacob / die in Egypten
kamen / waren siebenzig.

VND ER SANDTE JUDA FUR JM HIN ZU JOSEPH / DAS
er jn anweiset zu Gosen / vnd kamen in das land
Gosen. [29]Da spannet Joseph seinen Wagen an /
vnd zoch hin auff seinem vater Jsrael entgegen gen
Gosen / Vnd da er jn sahe / fiel er vmb seinen Hals /
vnd weinet lange an seinem halse. [30]Da sprach
Jsrael zu Joseph / Jch wil nu gerne sterben / nach
dem ich dein angesicht gesehen habe / das du noch
lebest.

31 JOseph sprach zu seinen Brüdern vnd seines
Vaters hause / Jch wil hin auff ziehen / vnd Pharao
ansagen vnd zu jm sprechen / Meine brüder vnd
meines Vaters haus ist zu mir komen aus dem lande
Canaan / 32 vnd sind Viehhirten / Denn es sind
Leute die mit vieh vmbgehen / Jre klein vnd gros
Vieh / vnd alles was sie haben / haben sie mit
bracht. 33 Wenn euch nu Pharao wird ruffen / vnd
sagen / Was ist ewr narung? 34 So solt jr sagen /
Deine knechte sind Leute die mit Vieh vmbgehen /
von vnser Jugent auff bisher / beide wir vnd vnsere
Veter / Auff das jr wonen mügt im lande Gosen /
Denn was Viehhirten sind / das ist den Egyptern
ein grewel.

XLVII.

Act. 7.

DA KAM JOSEPH VND SAGETS PHARAO AN / VND
sprach / Mein Vater / vnd meine Brüder / jr
klein vnd gros Vieh / vnd alles was sie haben / sind
komen aus dem lande Canaan / Vnd sihe / sie sind
im lande Gosen. 2 Vnd er nam seiner jüngsten
Brüder fünff / vnd stellet sie fur Pharao. 3 Da sprach
Pharao zu seinen Brüdern / Was ist ewr narung?
Sie antworten / Deine knechte sind Viehhirten /
wir vnd vnsere Veter.

4 VND sagten weiter zu Pharao / Wir sind komen
bey euch zu wonen im Lande / Denn deine Knechte
haben nicht weide fur jr Vieh / so hart drückt die
Thewrung das land Canaan / So las doch nu deine
knechte im land Gosen wonen. 6 Pharao sprach zu
Joseph / Es ist dein Vater / vnd sind deine Brüder /
die sind zu dir komen / Das land Egypten stehet dir
offen / Las sie am besten ort des Lands wonen / las
sie im lande Gosen wonen. Vnd so du weissest / das
Leute vnter jnen sind / die tüchtig sind / So setze
sie vber mein Vieh.

(Wonen) Zur herberge / Gast sein / frembdling sein / Non ciues aut domestici huius mundi.

JOSEPH BRACHT AUCH SEINEN VATER JACOB HIN EIN /
vnd stellet jn fur Pharao. Vnd Jacob segenet den
Pharao. 8 Pharao aber fraget Jacob / Wie alt bistu?
9 Jacob sprach zu Pharao / Die zeit meiner Walfart
ist hundert vnd dreissig jar / wenig vnd böse ist die
zeit meines Lebens / vnd langet nicht an die zeit
meiner Veter in jrer walfart / 10 Vnd Jacob segenet
den Pharao / vnd gieng eraus von jm.

11 ABer Joseph schafft seinem Vater vnd seinen
Brüdern wonung / vnd gab jnen ein Gut in
Egyptenlande / am besten ort des Lands / nemlich /

im lande Raemses / wie Pharao geboten hatte.
12 Vnd er versorget seinen Vater vnd seine Brüder /
vnd das gantze haus seines Vaters / einem jglichen
nach dem er [a]Kinder hatte. ‖ ‖ 29b

ES WAR ABER KEIN BROT IN ALLEN LANDEN / DENN
die Thewrung war fast schweer / das das land
Egypten vnd Canaan verschmachten fur der Thew-
rung. 14 Vnd Joseph bracht alles Geld zusamen / das
in Egypten vnd Canaan funden ward / vmb das
Getreide das sie kaufften / Vnd er thet alles geld in
das haus Pharao.

15 DA nu geld gebrach im lande Egypten vnd
Canaan / kamen alle Egypter zu Joseph / vnd spra-
chen / Schaff vns brot / Warumb lessestu vns fur
dir sterben / darumb / das wir on geld sind? 16 Jo-
seph sprach / Schafft ewr Vieh her so wil ich euch
vmb das vieh geben / weil jr on geld seid. 17 Da
brachten sie Joseph jr vieh / Vnd er gab jnen brot
vmb jre pferd / schafe / rinder vnd esel. Also er-
neeret er sie mit Brot das jar vmb alle jre Vieh.

18 DA das jar vmb war / kamen sie zu jm andern
jar / vnd sprachen zu jm / Wir wöllen vnserm Herrn
nicht verbergen / das nicht allein das Geld / son-
dern auch alles Vieh dahin ist / zu vnserm Herrn /
vnd ist nichts mehr vberigs fur vnserm Herrn /
denn nur vnser Leibe / vnd vnser Feld. 19 Warumb
lessestu vns fur dir sterben vnd vnser Feld? Keuffe
vns vnd vnser Land vmbs Brot / das wir vnd vnser
land Leibeigen seien dem Pharao / Gib vns Samen
das wir leben vnd nicht sterben / vnd das Feld nicht
verwüste.

20 ALso kaufft Joseph dem Pharao das gantz
Egypten / Denn die Egypter verkaufften / ein jg-
licher seinen Acker / Denn die Thewrung war zu
starck vber sie / Vnd ward also das land Pharao
eigen. 21 Vnd er teilet das Volck aus in die Stedte /
von einem ort Egypten bis ans ander. 22 Ausge-
nomen der Priester feld / das kaufft er nicht / Denn
es war von Pharao fur die Priester verordnet / das
sie sich neeren solten / von dem benanten / das er
jnen gegeben hatte / darumb durfften sie jr Feld
nicht verkeuffen.

23 DA sprach Joseph zu dem volck / Sihe / ich
hab heut gekaufft / euch vnd ewr feld dem Pharao /
Sihe / da habt jr samen vnd beseet das feld / 24 Vnd
von dem getreide solt jr den Fünfften Pharao geben /
Vier teil sollen ewr sein / zu beseen das Feld / zu

a (Kinder) Quia nos senes mali propter pueros omnibus bonis fruimur. Wir alten Narren essen mit den Kindern / nicht sie mit vns. Jpsi Domini / nos procuratores.

ewr speise / vnd fur ewr haus vnd Kinder. [25]Sie sprachen / Las vns nur leben vnd gnade fur dir vnserm Herrn finden / wir wöllen gerne Pharao Leibeigen sein. [26]Also macht Joseph jnen ein Gesetz bis auff disen tag / vber der Egypter feld / den Fünfften Pharao zu geben / Ausgenomen der Priester feld / das ward nicht eigen Pharao.

Gesetz vom Fünfften.

ALSO WONETE JSRAEL IN EGYPTEN / IM LANDE Gosen / vnd hattens innen / vnd wuchsen vnd mehreten sich seer. [28]Vnd Jacob lebet siebenzehen jar in Egyptenland / Das sein gantz alter ward hundert vnd sieben vnd vierzig jar.

JACOBS Alter 147. jar.

DA nu die zeit erbey kam / das Jsrael sterben solt / rieff er seinem son Joseph / vnd sprach zu jm / Hab ich gnade fur dir funden / So lege deine Hand vnter meine Hüfften / das du die liebe vnd trew an mir thust / vnd begrabest mich nicht in Egypten / [30]Sondern ich wil ligen bey meinen Vetern / Vnd du solt mich aus Egypten füren / vnd in jrem Begrebnis begraben. [31]Er sprach / Jch wil thun / wie du gesagt hast. Er aber sprach / So schwere mir / Vnd er schwur jm / Da neiget sich Jsrael auff dem bette zun Heubten.

Gene. 24.

Ebre. 11.

(Neiget) Er lag im bette kranck / richtet sich doch auff / neiget sich zun heubten / betet vnd dancket Gott / dieweil thet Joseph den Eid.

XLVIII.

DARNACH WARD JOSEPH GESAGT / SIHE / DEIN Vater ist kranck / Vnd er nam mit sich seine beide Söne / Manasse vnd Ephraim. [2]Da wards Jacob angesagt / Sihe / dein son Joseph kompt zu dir / Vnd Jsrael macht sich starck / vnd satzte sich im Bette / [3]vnd sprach zu Joseph.

DER allmechtige Gott erschein mir zu Lus im lande Canaan / vnd segenet mich / [4]vnd sprach zu mir / Sihe / Jch wil dich wachsen lassen vnd mehren / || vnd wil dich zum hauffen Volcks machen / vnd wil dis Land zu eigen geben / deinem Samen nach dir ewiglich. [5]So sollen nu deine zween Söne Ephraim vnd Manasse / die dir geborn sind in Egyptenland / ehe ich her ein komen bin zu dir / mein sein / gleich wie Ruben vnd Simeon. [6]Welche du aber nach jnen zeugest / sollen dein sein vnd genent werden / wie jre Brüder in jrem Erbteil.

Gene. 35.

|| 30a

[7]VND da ich aus Mesopotamia kam / starb mir Rahel im land Canaan / auff dem weg / da noch ein Feldwegs war gen Ephrath / Vnd ich begrub sie daselbs an dem wege Ephrath / die nu Bethlehem heisst.

RAHEL. Gene. 35.

VND Jsrael sahe die söne Joseph / vnd sprach /
Wer sind die? 9Joseph antwort seinem Vater /
Es sind meine Söne / die mir Gott hie gegeben hat.
Er sprach / Bringe sie her zu mir / das ich sie segene /
10Denn die augen Jsrael waren tunckel worden fur
alter / vnd kund nicht wol sehen / Vnd er bracht
sie zu jm. Er aber küsset sie vnd hertzet sie / 11vnd
sprach zu Joseph / Sihe / Jch hab dein Angesicht
gesehen / des ich nicht gedacht hette / vnd sihe /
Gott hat mich auch deinen Samen sehen lassen.
12Vnd Joseph nam sie von seinem schos / vnd nei-
get sich zur erden / gegen sein angesicht.

13Da nam sie Joseph beide / Ephraim in seine
rechte hand / gegen Jsraels lincke hand / vnd Ma-
nasse in seine lincke hand / gegen Jsraels rechte
hand / vnd bracht sie zu jm. 14Aber Jsrael streckt
seine rechte hand aus / vnd legte sie auff Ephraims
des Jüngsten heubt / vnd seine lincke auff Manasses
heubt / vnd thet wissend also mit seinen henden /
denn Manasse war der Erstgeborne. 15Vnd er sege- Ebre. 11.
net Joseph / vnd sprach / Gott / fur dem meine
veter Abraham vnd Jsaac / gewandelt haben / Gott /
der mich mein lebenlang erneeret hat / bis auff disen
Christus mittendus Deus esse/ hic significatur. tag / 16DER ENGEL DER MICH ERLÖSET HAT VON
ALLEM VBEL / Der segene die Knaben / das sie nach
meinem / vnd nach meiner veter / Abraham vnd
Jsaac / namen genennet werden / das sie wachsen /
vnd viel werden auff Erden.

DA aber Joseph sahe / das sein Vater die rechte
hand auff Ephraim heubt legt / gefiel es jm
vbel / vnd fasset seines Vaters hand / das er sie von
Ephraims heubt auff Manasses heubt wendet.
18Vnd sprach zu jm / Nicht so / mein Vater / Dieser
ist der Erstgeborner / Lege deine rechte hand auff
sein heubt. 19Aber sein Vater wegert sich / vnd
sprach / Jch weis wol / mein Son / ich weis wol.
Dieser sol auch ein Volck werden / vnd wird gros
sein / Aber sein jüngster Bruder wird grösser denn
er werden / vnd sein Same wird ein gros Volck
werden. 20Also segenet er sie des tages / vnd
sprach / Wer in Jsrael wil jemand segenen / der
sage / Gott setze dich wie Ephraim vnd Manasse /
Vnd setze also Ephraim Manasse vor.

VND Jsrael sprach zu Joseph / Sihe / Jch sterbe /
vnd Gott wird mit euch sein / vnd wird euch
wider bringen in das Land ewr Veter. 22Jch habe Johan. 4.
dir ein [a]stück Landes gegeben ausser deinen Brü- Gene. 34.

a (Stück) Heisst im Ebreischen / Sichem / Vnd die selbe Stad meinet er hie.

dern / das ich mit meinem Schwert vnd Bogen aus
der hand der Amoriter genomen habe.

XLIX.

VND JACOB BERIEFF SEINE SÖNE / VND SPRACH /
Versamlet euch das ich euch verkündige / was
euch begegnen wird in künfftigen zeiten. 2Kompt
Gene. 29. zu hauff / vnd höret zu jr Kinder Jacob / vnd höret
ewren Vater Jsrael.

3bRVben mein erster Son / Du bist meine krafft /
vnd meine erste macht / der öberst im Opffer / vnd
der öberst im Reich. 4Er fuhr leichtfertig da hin /
Gene. 35. wie wasser / Du solt nicht der Oberst sein / Denn
du bist auff deines Vaters lager gestiegen / daselbs
hastu mein Bette besudelt mit dem auffsteigen.

Gene. 34. 5DJe brüder Simeon vnd Leui / Jre Schwerter
sind mordische woffen. 6Meine Seele kome nicht
in jren Rat / vnd meine Ehre sey nicht in jrer Kir-
|| 30b chen / || Denn in jrem zorn haben sie den Man
erwürget / vnd in jrem mutwillen / haben sie den
Ochsen verderbet. 7Verflucht sey jr zorn / das er
so hefftig ist / vnd jr grim das er so störrig ist / Jch
wil sie zurteilen in Jacob / vnd zerstrewen in Jsrael.

JVda / Du bists / Dich werden deine Brüder loben /
Deine hand wird deinen Feinden auff dem halse
sein / Fur dir werden deines Vaterskinder sich
neigen. 9Juda ist ein junger Lewe / Du bist hoch
komen / mein Son / durch grosse Sieg / Er hat
nider gekniet / vnd sich gelagert wie ein Lewe /
vnd wie ein Lewin / Wer wil sich wider jn auff
lehnen?

10ES WIRD DAS aSCEPTER VON JUDA NICHT ENT-
WENDET WERDEN / NOCH EIN MEISTER VON SEINEN
FÜSSEN / BIS DAS DER HELT KOME / VND DEM SEL-
BEN WERDEN DIE VÖLCKER ANHANGEN. 11ER WIRD
SEIN FÜLLEN AN DEN WEINSTOCK BINDEN / VND
SEINER ESELIN SON AN DEN EDLEN REBEN / ER
WIRD SEIN KLEID IM WEIN WASSCHEN / VND SEINEN
MANTEL IN WEINBEER BLUT. 12SEINE AUGEN SIND
RÖTLICHER DENN WEIN / VND SEINE ZEENE WEISSER
DENN MILCH.

13SEbulon wird am anfurt des Meers wonen /
vnd am anfurt der Schiffe / vnd reichen an Sidon.

14JSaschar wird ein beinern Esel sein / vnd sich
lagern zwischen die Grentzen. 15Vnd er sahe die
ruge / das sie gut ist / vnd das Land / das es lüstig

b (RUBEN) Solt der Erste geburt wirde haben nemlich das Priesterthum vnd Königreich. Nu aber wird beides von jm genomen / vnd Leui das Priesterthum / vnd Juda das Königreich geben. Hie ist bedeut die Synagoga / die das Bette Jacob / das ist / die Schrifft besudelt mit falscher lere / darüber sie verloren hat Priesterthum vnd Königreich.

a Hie fehet an der Segen von Christo / der von Juda geborn solt werden. Vnd heisst jn Silo / das ist / der Glückselig sein / vnd frisch durchdringen solt / mit geist vnd glauben das zuuor durch werck saur vnd vnselig ding war. Darumb nennen wir Silo / ein Helt. Denn das vorige teil dis Segens / betrifft den König Dauid / Vnd ist sonst in allen segen nichts mehr von Christo / Sondern alles ander

ist / Er hat aber seine Schuldern geneigt zu tragen /
vnd ist ein zinsbar Knecht worden.
16 [b]DAN wird Richter sein in seinem Volck / wie
ein ander Geschlecht in Jsrael. 17 Dan wird eine
Schlange werden auff dem wege / vnd ein Otter
auff dem steige / vnd das Pferd in die ferssen
beissen / das sein Reuter zu rücke falle. 18 HERR
ich warte auff dein Heil.
19 [c]GAD / Gerüst / wird das Heer füren / vnd
wider herumb füren.
20 VON [d]Asser kompt sein fett Brot / Vnd er
wird den Königen zugefallen thun.
21 [e]NAphthali ist ein schneller Hirs / Vnd gibt
schöne rede.
JOseph wird wachsen / Er wird wachsen / wie an
einer quelle / Die Töchter tretten ein her im Regi-
ment. 23 Vnd wiewol jn die schützen erzürnen / vnd
wider jn kriegen / vnd verfolgen / 24 so bleibt doch
sein Boge fest / vnd die Arm seiner hende starck /
durch die hende des mechtigen in Jacob / Aus
jnen sind komen Hirten / vnd Steine in Jsrael.
25 Von deines vaters Gott / ist dir geholffen / vnd
von dem Allmechtigen bistu gesegnet / mit segen
oben von Himel erab / mit segen von der tieffe die
unden ligt / mit segen an brüsten vnd beuchen.
26 Die Segen deines Vaters gehen stercker denn die
segen meiner Voreltern (nach wundsch der Hohen
in der welt) vnd sollen kommen auff das heubt
Joseph / vnd auff die scheitel des Nasir vnter sei-
nen Brüdern.
27 [g]BEn Jamin / ist ein reissender Wolff / Des
morgens wird er Raub fressen / Aber des abends
wird er den Raub austeilen.

DAS SIND DIE ZWELFF STEMME JSRAEL ALLE / VND
das ists das jr Vater mit jnen geredt hat / da er
sie segenet / einen jglichen mit einem sondern
Segen.
29 VND er gebot jnen / vnd sprach zu jnen / Jch
werde versamlet zu meinem volck / Begrabt mich
bey meine Veter / in der Höle auff dem acker
Ephron des Hethiters / 30 in der zwifachen höle die
gegen Mamre ligt / im lande Canaan / die Abraham
kauffte sampt dem acker / von Ephron dem Hethi-
ter zum Erbbegrebnis. 31 Daselbs haben sie Abra-
ham begraben / vnd Sara sein Weib. Daselbs haben
sie auch Jsaac begraben / vnd Rebeca sein Weib.
Daselbs hab ich auch Lea begraben / 32 in dem

ist von zeitlichem heil / das den kindern Jsrael gegeben ist. Als das Sebulon solt am meer wonen bis gen Sidon. Vnd Jsaschar mitten im Land vom meer wonen / vnd doch zinsbar gewesen ist / den Königen von Assyrien.

b
Den Segen Dan hat Simson erfüllet / Jud. 12.

c
Gad hat seinen Segen ausgericht da sie fur Jsrael her zogen / Josu. 1.

d
Asser hat gut getreide Land innen gehabt.

e
Naphthali Segen ist erfüllet durch Debora vnd Barac / Jud. 5.

f
Der segen Joseph gehet auff das Königreich Jsrael / vnd ist gantz von leiblichem Regiment gesagt / Das die Töchter (das ist / die Stedte im Lande) wol regieret worden zeitlich vnd viel Propheten vnd grosse Leute zu Ecksteinen hatten. Vnd wiewol sie offt angefochten worden / gewonnen sie doch. Vnd dis Königreich war im geschlecht Ephraim. Also bleibt der geistlich Segen vnd Reich auff Juda / vnd das leibliche Reich auff Ephraim.

g
Ben Jamin segen hat erfüllet / der könig Saul vnd die bürger zu Gaba / Jud. 20.

Gen. 23.

Acker vnd der Höle / die von den kindern Heth
gekaufft ist.
[33]VND da Jacob volendet hatte die gebot an
seine Kinder / thet er seine Füsse zu samen auffs
bette / vnd verschied / vnd ward versamlet zu sei-
nem Volck. [1]Da fiel Joseph auff seines Vaters an-
|| 31a gesicht / vnd weinet vber jm / vnd küsset jn. ||

L.

VND Joseph befalh seinen Knechten den Ertz-
ten / das sie seinen Vater salbeten / Vnd die
Ertzte salbeten Jsrael / [3]bis das vierzig tage vmb
waren / Denn so lange weren die Salbetage / Vnd
die Egypter beweineten jn siebenzig tage.

DA nu die Leidetage auswaren / redet Joseph
mit Pharao gesinde / vnd sprach / hab ich
gnade fur euch funden / so redet mit Pharao / vnd
sprecht [5]Mein Vater hat einen Eid von mir ge-
nomen / vnd gesagt / Sihe / ich sterbe / Begrabe
mich in meinem Grabe / das ich mir im lande Ca-
naan gegraben habe. So wil ich nu hin auff ziehen /
vnd meinen Vater begraben / vnd widerkomen.
[6]Pharao sprach / Zeuch hin auff / vnd begrabe
deinen Vater / wie du jm geschworen hast.

[7]ALso zoch Joseph hinauff / seinen Vater zu
begraben / vnd es zogen mit jm alle knechte Pha-
rao / die Eltesten seines Hauses / vnd alle Eltesten
des lands Egypten. [8]Dazu das gantze gesinde
Josephs / vnd seine brüder / vnd das gesinde seines
Vaters / Alleine jre Kinder / schafe vnd ochsen
liessen sie im Lande Gosen. [9]Vnd zogen auch mit
jm hin auff Wagen vnd Reisigen / vnd war ein fast
grosses Heer.

[10]DA sie nu an die tennen Atad kamen / die jen-
seid dem Jordan ligt / da hielten sie ein seer grosse
vnd bittere Klage / Vnd er trug vber seinem Vater
leide sieben tage. [11]Vnd da die Leute im lande /
die Cananiter / die Klage bey der tennen Atad
sahen / sprachen sie / Die Egypter halten da grosse
Klage / Daher heisst man den Ort / der Egypter
klage / welcher ligt jenseid dem Jordan.

[12]VND seine Kinder theten wie er jnen befolhen
hatte / [13]vnd füreten jn ins land Canaan / vnd be- Jacob im Land Canaan begraben etc.
gruben jn in der zwifachen Höle des ackers / die
Abraham erkaufft hatte / mit dem acker / zum Erb-
begrebnis / von Ephron dem Hethiter gegen

Mamre. 14Als sie jn nu begraben hatten / zoch
Joseph wider in Egypten mit seinen Brüdern / vnd
mit allen die mit jm hinauff gezogen waren / seinen
Vater zu begraben.

DJe Brüder aber Joseph furchten sich / da jr
Vater gestorben war / vnd sprachen / Joseph
möcht vns gram sein / vnd vergelten alle bosheit
die wir an jm gethan haben. 16Darumb liessen sie
jm sagen / Dein Vater befalh fur seinem tod / vnd
sprach / 17Also solt jr Joseph sagen / Lieber / ver-
gib deinen Brüdern die missethat vnd jre sünde /
das sie so vbel an dir gethan haben. Lieber / So
vergib nu diese missethat vns den Dienern des
Gottes deines Vaters / Aber Joseph weinet / da
sie solchs mit jm redten. 18Vnd seine Brüder gien-
gen hin / vnd fielen fur jm nider / vnd sprachen /
Sihe / Wir sind deine Knechte. 19Joseph sprach
zu jnen / Fürchtet euch nicht / Denn ich bin vnter
Gott. 20Jr gedachtets böse mit mir zumachen /
Aber Gott gedachts gut zu machen / das er thet /
wie es jtzt am tage ist / zu erhalten viel volcks. 21So
fürchtet euch nu nicht / Jch wil euch versorgen
vnd ewre Kinder / Vnd er tröstet sie / vnd redet
freundlich mit jnen.

ALso wonet Joseph in Egypten mit seines Va-
JOSEPH Alter 110. jar. ters hause / Vnd lebete hundert vnd zehen jar.
23Vnd sahe Ephraims kinder bis ins dritte Gelied.
Desselbigen gleichen die kinder Machir / Manasses
son / zeugeten auch Kinder auff Josephs schos.

24VND Joseph sprach zu seinen Brüdern / Jch
sterbe / vnd Gott wird euch heimsuchen / vnd aus
diesem Lande füren / in das Land das er Abraham /
Jsaac vnd Jacob geschworen hat. 25Darumb nam
er einen Eid von den kindern Jsrael / vnd sprach /
Wenn euch Gott heimsuchen wird / So füret mein Ebre. 11.
Gebeine von dannen. 26Also starb Joseph / da er
war hundert vnd zehen jar alt / Vnd sie salbeten jn /
vnd legten jn in eine Lade in Egypten.

Ende des Ersten Buchs Mose. || || 31b

Jacobs Söne / so in Egypten gezogen sind.

DAS II. BUCH MOSE.

I.

Gen. 46. DJS SIND DIE NAMEN DER KINDER JSRAEL / DIE
mit Jacob in Egypten kamen / Ein jglicher kam
mit seinem Hause hinein. 2Ruben / Simeon / Leui /
Juda / 3Jsaschar / Sebulon / BenJamin / 4Dan /
Naphthali / Gad / Asser. 5Vnd aller Seelen die aus
den lenden Jacob komen waren / der waren sieben-
zig. Joseph aber war zuuor in Egypten. 6Da nu
Act. 7. Joseph gestorben war / vnd alle seine Brüder / vnd
alle die zu der zeit gelebt hatten / 7wuchsen die
kinder Jsrael / vnd zeugeten Kinder / vnd mehreten
sich / vnd worden jr seer viel / das jr das Land vol
ward.

DA kam ein newer König auff in Egypten / der NEW KÖNIG in Egypten / ist den Kindern Jsrael gram / vnd gedenckt sie mit list vnter zu drucken.
wuste nichts von Joseph. 9Vnd sprach zu sei-
nem volck / Sihe / des Volcks der kinder Jsrael ist
Act. 7. viel vnd mehr denn wir / 10Wolan / wir wollen sie
mit listen dempffen / das jr nicht so viel werden /
Denn wo sich ein Krieg erhübe / möchten sie sich
auch zu vnsern Feinden schlahen / vnd wider vns
streiten / vnd zum Lande ausziehen.
Psal. 105. Act. 7. 11VND man setzte Fronuögte vber sie / die sie
mit schweren Diensten drucken solten / Denn man
bawete dem Pharao die stedte Pithon vnd Raemses
zu Schatzheusern. 12Aber je mehr sie das Volck
druckten / je mehr sich es mehret vnd ausbreitet /
Vnd sie hielten die kinder Jsrael wie ein Grewel.
13Vnd die Egypter zwungen die kinder Jsrael zu
dienst mit vnbarmhertzigkeit / 14vnd machten
jnen jr Leben saur / mit schwerer erbeit im Thon
vnd Zigeln / vnd mit allerley frönen auff dem Felde /
vnd mit allerley erbeit / die sie jnen aufflegten mit
vnbarmhertzigkeit.

Sap. 18. VND der König in Egypten sprach zu den Ebre- PHARAO gebeut / Das man alle Menlin der Ebreer tödten sol.
ischen Wehmüttern / der eine hies Siphra / vnd
die ander Pua / 16Wenn jr den Ebreischen weibern
helfft / vnd auff dem stuel sehet / das ein Son ist /
so tödtet jn / Jsts aber eine Tochter / so lasst sie
leben. 17Aber die Wehmütter furchten Gott / vnd
theten nicht / wie der König zu Egypten jnen ge-
sagt hatte / sondern liessen die Kinder leben.
18DA rieff der König in Egypten den Wehmüt-
tern / vnd sprach zu jnen / Warumb thut jr das / das
jr die Kinder leben lasset? 19Die Wehmütter ant-
worten Pharao / Die Ebreischen weiber sind nicht

wie die Egyptischen / denn sie sind harte weiber / ehe die Wehmutter zu jnen kompt / haben sie geborn. [20]Darumb thet Gott den Wehmüttern guts / Vnd das Volck mehret sich / vnd ward seer viel. [21]Vnd weil die Wehmütter Gott furchten / bawet er jnen Heuser.

[22]DA gebot Pharao alle seinem Volck / vnd sprach / Alle Söne die geborn werden / werfft ins wasser / vnd alle Töchter lasst leben.

II.

VND ES GIENG HIN EIN MAN VOM HAUSE LEUI / Exod. 6.
vnd nam eine tochter Leui / [2]Vnd das Weib Sap. 18.
ward schwanger / vnd gebar einen Son / Vnd da Act. 7.
sie sahe / das ein fein Kind war / verbarg sie jn Ebre. 11.
drey monden. [3]Vnd da sie jn nicht lenger verbergen kund / macht sie ein kestlin von rhor / vnd verkleibets mit thon vnd pech / vnd legt das Kind drein / vnd legt jn in den schilff am vfer des wassers. [4]Aber seine schwester stund von ferne / das sie erfaren wolt / wie es jm gehen würde.

Mose wird geborn.

[5]VND die tochter Pharao gieng ernider / vnd wolt baden im wasser / vnd || jre Jungfrawen giengen an dem rande des wassers. Vnd da sie das || 32a
Kestlin im schilff sahe / sand sie jre Magd hin / vnd Act. 7.
lies es holen / [6]Vnd da sie es auffthet sahe sie das Ebre. 11.
Kind / vnd sihe das Kneblin weinet / Da jamert es sie / vnd sprach / Es ist der Ebreischen kindlin eins.

[7]DA sprach seine Schwester zu der tochter Pharao / Sol ich hin gehen / vnd der Ebreischen weiber eine ruffen die da seuget / das sie dir das Kindlin seuge? [8]Die tochter Pharao sprach zu jr / Gehe hin. Die Jungfraw gieng hin / vnd rieff des Kindes mutter. [9]Da sprach Pharao tochter zu jr / Nim hin das Kindlin / vnd seuge mirs / ich wil dir lohnen. Das weib nam das Kind vnd seuget es. [10]Vnd da das Kind gros ward / bracht sie es der tochter Pharao / vnd es ward jr Son / vnd hies jn Mose / Denn sie sprach / Jch habe jn aus dem wasser gezogen.

(MASA) Heisst ziehen / daher heisst Mose gezogen / nemlich aus dem wasser.

ZV DEN ZEITEN / DA MOSE WAR GROS WORDEN / Act. 7.
gieng er aus zu seinen Brüdern / vnd sahe jre Last / Vnd ward gewar / das ein Egypter schlug seiner Brüder der Ebreischen einen. [12]Vnd er wand sich hin vnd her / vnd da er sahe / das kein

Mensch da war / erschlug er den Egypter / vnd be-
scharret jn in den sand. 13Auff einen andern tag
gieng er auch aus / vnd sahe zween Ebreische men-
ner sich mit einander zancken / vnd sprach zu dem
vngerechten / Warumb schlehestu deinen Nehe-
sten? 14Er aber sprach / Wer hat dich zum Obersten
oder Richter vber vns gesetzt? Wiltu mich auch
erwürgen / wie du den Egypter erwürget hast?
Da furcht sich Mose / vnd sprach / Wie ist das laut
worden? 15Vnd es kam fur Pharao / der trachtet
nach Mose / das er jn erwürget. Aber Mose floh
fur Pharao / vnd hielt sich im lande Midian / vnd
wonete bey einem Brunnen.

MOSE FLEUHET fur Pharao etc.

DER Priester aber in Midian hatte sieben Töch-
ter / die kamen wasser zu schepffen / vnd fülle-
ten die Rinnen / das sie jres Vaters schafe trencke-
ten. 17Da kamen die Hirten vnd stiessen sie dauon.
Aber Mose macht sich auff vnd halff jnen / vnd
trencket jre Schafe. 18Vnd da sie zu jrem vater
Reguel kamen / sprach er / Wie seid jr heute so bald
komen? 19Sie sprachen / Ein Egyptischer man
errettet vns von den Hirten / vnd schepffete vns /
vnd trencket die schafe. 20Er sprach zu seinen töch-
tern / Wo ist er? Warumb habt jr den Man gelassen /
das jr jn nicht ludet mit vns zu essen?

21VND Mose bewilliget bey dem Man zu blei-
ben / Vnd er gab Mose seine tochter Zipora / 22Die
gebar einen Son / vnd er hies jn Gersom / Denn er
sprach / Jch bin ein Frembdling worden im fremb-
den Lande. [a](Vnd sie gebar noch einen Son / den
hies er Elieser / vnd sprach / Der Gott meins Vaters
ist mein Helffer / vnd hat mich von der hand
Pharao errettet.)

(GERSOM) Heisst ein Frembder oder Auslender.

(ELIESER) Heisst Gott mein Helffer.

ZIPORA Mose weib.

a Non est in Ebreo.

LAnge zeit aber darnach starb der König in
Egypten. Vnd die kinder Jsrael suffzeten vber
jre erbeit / vnd schrien / vnd jr schreien vber jre
erbeit kam fur Gott. 24Vnd Gott erhöret jr weh-
klagen / vnd gedacht an seinen Bund mit Abra-
ham / Jsaac vnd Jacob / 25Vnd er sahe drein / vnd
nam sich jrer an.

III.

MOSE ABER HÜTET DER SCHAFE JETHRO SEINS
Schwehers / des Priesters in Midian / vnd treib
die Schafe enhinder in die wüsten / vnd kam an den
berg Gottes Horeb.

Beruff.

VND der Engel des HERRN erschein jm in einer Act. 7.
fewrigen Flammen aus dem Pusch / Vnd er
sahe / das der Pusch mit fewr brandte / vnd ward
doch nicht verzeret / [3]Vnd sprach / Jch wil dahin /
vnd besehen dis gros Gesicht / warumb der Pusch
nicht verbrennet. [4]Da aber der HERR sahe / das
er hin gieng zu sehen / rieff jm Gott aus dem Pusch /
vnd sprach / Mose / Mose. Er antwortet hie bin ich.
[5]Er sprach / Trit nicht herzu / zeuch deine schuch
aus von deinen Füssen / Denn der Ort / da du auff-
stehest / || ist ein heilig land. [6]Vnd sprach weiter / || 32b
JCH BIN DER GOTT DEINES VATERS / DER GOTT Mat. 22.
ABRAHAM / DER GOTT JSAAC / VND DER GOTT Mar. 12.
JACOB. Vnd Mose verhüllet sein angesicht / Denn Luc. 20.
er furchte sich Gott an zu schawen. Ebre. 11.

VND der HERR sprach / Jch hab gesehen das
Elend meins Volcks in Egypten / vnd habe jr
geschrey gehöret vber die / so sie treiben / Jch hab
jr Leid erkand / [8]vnd bin ernider gefahren / das
ich sie errette von der Egypter hand / vnd sie aus-
füre aus diesem Lande / in ein gut vnd weit Land /
Jn ein land / darinnen milch vnd honig fleusst /
nemlich / an den ort der Cananiter / Hethiter /
Amoriter / Pheresiter / Heuiter / vnd Jebusiter.
[9]Weil denn nu das geschrey der kinder Jsrael fur Act. 7.
mich komen ist / vnd hab auch dazu gesehen jr
angst / wie sie die Egypter engsten / [10]So gehe nu
hin / Jch wil dich zu Pharao senden / das du mein
Volck / die kinder Jsrael aus Egypten fürest.

[11]MOse sprach zu Gott / Wer bin ich / das ich
zu Pharao gehe / vnd füre die kinder Jsrael aus
Egypten? [12]Er sprach / Jch wil mit dir sein. Vnd
das sol dir das Zeichen sein / das ich dich gesand
habe / Wenn du mein Volck aus Egypten gefüret
hast / werdet jr Gott opffern auff diesem Berge.
[13]Mose sprach zu Gott / Sihe / wenn ich zu den
kindern Jsrael kome / vnd spreche zu jnen / Der
Gott ewer Veter hat mich zu euch gesand / Vnd
sie mir sagen werden / wie heisst sein Name? Was
sol ich jnen sagen? [14]Gott sprach zu Mose / JCH
WERDE SEIN DER ICH SEIN WERDE. Vnd sprach /
Also soltu zu den kindern Jsrael sagen / JCH WERDS
SEIN / DER HAT MICH ZU EUCH GESAND.

(Jch werds sein) Wenn jr dahin kompt / so wil ich bey euch sein / vnd mich so erzeigen / Das jr erkennen solt / das ichs sey.

[15]VND Gott sprach weiter zu Mose / Also soltu
zu den kindern Jsrael sagen / Der HERR ewr veter
Gott / der Gott Abraham / der Gott Jsaac / der
Gott Jacob / hat mich zu euch gesand / Das ist

Beruff.

mein Name ewiglich / da bey man mich nennen sol
fur vnd fur. [16]Darumb so gehe hin / vnd versamle
die Eltesten in Jsrael / vnd sprich zu jnen / Der
HERR ewr veter Gott ist mir erschienen / der Gott
Abraham / der Gott Jsaac / der Gott Jacob / vnd
hat gesagt / Jch hab euch heimgesucht / vnd ge-
sehen was euch in Egypten widerfaren ist / [17]vnd
hab gesagt / Jch wil euch aus dem elende Egypti
füren / in das land der Cananiter / Hethiter / Amo-
riter / Pheresiter / Heuiter / vnd Jebusiter / Jn das
Land darinne milch vnd honig fleusst.

[18]VND wenn sie deine stimme hören / so solt
du / vnd die Eltesten in Jsrael hin ein gehen / zum
Könige in Egypten / vnd zu jm sagen / Der HERR
der Ebreer Gott / hat vns geruffen / So las vns nu
gehen drey Tagereise in die wüsten das wir opffern
dem HERRN / vnserm Gott. [19]Aber ich weis /
Das euch der könig in Egypten nicht wird ziehen
lassen / On durch eine starcke Hand. [20]Denn ich
werde meine Hand ausstrecken / vnd Egypten
schlahen mit allerley Wunder / die ich drinnen
thun werde / Darnach wird er euch ziehen las-
sen.

[21]VND ich wil diesem Volck gnade geben fur
den Egyptern / das / wenn jr ausziehet / nicht leer
Exo. 11. 12. ausziehet / [22]Sondern ein jglich Weib / sol von
jrer Nachbarin vnd Hausgenossen fordern / sil-
bern vnd gülden Gefess / vnd kleider / die solt jr
auff ewr Söne vnd Töchter legen / vnd den Egyp-
tern entwenden.

IIII.

MOSE ANTWORTET / VND SPRACH / SIHE / SIE
werden mir nicht gleuben / noch meine stimme
hören / sondern werden sagen / Der HERR ist dir
nicht erschienen. [2]Der HERR sprach zu jm / Was
ist / das du in deiner Hand hast? Er sprach / Ein
Stab. [3]Er sprach / wirff jn von dir auff die erden /
Vnd er warff jn von sich / Da ward er zur Schlan-
gen / vnd Mose floh fur jr. [4]Aber der HERR
sprach zu jm / Strecke deine hand aus / vnd er-
hassche sie bey dem schwantz / Da strecket er aus /
vnd hielt sie / vnd sie ward zum Stab in seiner hand.
‖ 33a [5]Darumb werden ‖ sie gleuben / das dir erschienen
sey der HERR / der Gott jrer Veter / der Gott
Abraham / der Gott Jsaac / der Gott Jacob.

VND der HERR sprach weiter zu jm / Stecke
deine hand in deinen bosen. Vnd er steckt sie
in seinen bosen / vnd zoch sie eraus / Sihe / da war
sie aussetzig wie schnee. 7Vnd er sprach / Thu
sie wider in den bosen / Vnd er thet sie wider in
den bosen / vnd zoch sie eraus / Sihe / da ward sie
wider wie sein ander fleisch. 8Wenn sie dir nu
nicht werden gleuben / noch deine stim hören bey
einem Zeichen / So werden sie doch gleuben deiner
stim bey dem andern zeichen.

WEnn sie aber diesen zweien Zeichen nicht gleu-
ben werden / noch deine stimme hören / So
nim des Wassers aus dem Strom / vnd geuss es
auff das trocken land / So wird dasselb wasser / das
du aus dem strom genomen hast / Blut werden /
auff dem trocken land.

MOse aber sprach zu dem HERRN / Ah mein
HErr / Jch bin je vnd je nicht wol beredt
gewest / sint der zeit / du mit deinem Knecht ge-
Mose redt hast / Denn ich hab eine schwere Sprache / vnd
Sprache vnd eine schwere Zungen. 11Der HERR sprach zu jm /
Zunge etc. Wer hat dem Menschen den mund geschaffen?
Oder wer hat den Stummen / oder Tauben / oder
Sehenden / oder Blinden gemacht? Hab ichs nicht
gethan / der HERR? 12So gehe nu hin / Jch wil
mit deinem Mund sein / vnd dich leren / was du
sagen solt.

13MOse sprach aber / Mein HErr / sende wel-
chen du senden wilt. 14Da ward der HERR seer
zornig vber Mose / vnd sprach / Weis ich denn
nicht / das dein bruder Aaron / aus dem stam Leui /
beredt ist? Vnd sihe / er wird eraus gehen dir ent-
gegen / vnd wenn er dich sihet / wird er sich von
hertzen frewen. 15Du solt zu jm reden / vnd die
wort in seinen mund legen / Vnd ich wil mit dei- Act. 7.
nem vnd seinem Munde sein / vnd euch leren was
jr thun solt / 16vnd er sol fur dich zum Volck reden /
Er sol dein mund sein / vnd du solt sein Gott sein.
17Vnd diesen Stab nim in deine hand / damit du
Zeichen thun solt.

MOse gieng hin / vnd kam wider zu Jethro /
seinem schweher / vnd sprach zu jm / Lieber
las mich gehen / das ich wider zu meinen Brüdern
kome / die in Egypten sind / vnd sehe / ob sie noch
leben. Jethro sprach zu jm / Gehe hin mit frieden.
19Auch sprach der HERR zu jm in Midian / Gehe
hin / vnd zeuch wider in Egypten / Denn die Leute

Mose Beruff.

sind tod / die nach deinem Leben stunden. [20]Also
nam Mose sein Weib / vnd seine Söne / vnd füret
sie auff einem Esel / vnd zoch wider in Egypten-
land / vnd nam den stab Gottes in seine hand.

[21]VND der HERR sprach zu Mose / Sihe zu /
wenn du wider in Egypten kompst / das du alle
die Wunder thust fur Pharao / die ich dir in deine
hand gegeben habe / Jch aber wil sein hertz ver-
stocken / das er das Volck nicht lassen wird. [22]Vnd
solt zu jm sagen / So saget der HERR / Jsrael ist
mein erstgeborner Son / [23]Vnd ich gebiete dir /
das du meinen Son ziehen lassest / das er mir diene /
Wirstu dich des wegen / So wil ich deinen erst-
gebornen Son erwürgen.

VND als er vnter wegen in der Herberge war /
kam jm der HERR entgegen / vnd wolt jn
tödten. [24]Da nam Zipora einen stein / vnd be-
schneit jrem Son die vorhaut / Vnd rüret jm seine
füsse an / vnd sprach / Du bist mir ein [a]Blutbreu-
tigam / Da lies er von jm ab / Sie sprach aber Blut-
breutgam / vmb der Beschneidung willen.

a (Blutbreutgam) Das ist / Sie ward zornig / vnd sprach / Es kost blut / das du mein Man bist / vnd mus mein Kind beschneiten / welches sie vngerne thet / als das ein schand war vnter den Heiden. Bedeut aber des Gesetzs volck / welchs gern wolt Gott haben / Aber es wil das Creutze nicht leiden noch den alten Adam beschneiten lassen bis es thun mus.

VND der HERR sprach zu Aaron / Gehe hin
Mose entgegen in die wüsten. Vnd er gieng hin /
vnd begegnet jm am berge Gottes / vnd küsset jn.
[28]Vnd Mose sagt Aaron alle wort des HERRN /
der jn gesand hatte / vnd alle Zeichen die er jm
befolhen hatte. [29]Vnd sie giengen hin / vnd ver-
samleten alle Eltesten von den kindern Jsrael.
[30]Vnd Aaron redet alle wort /die der HERR mit
Mose geredt hatte / vnd thet die Zeichen fur dem
|| 33 b Volck. [31]Vnd das volck || gleubete / Vnd da sie
höreten / das der HERR die kinder Jsrael heimge-
sucht / vnd jr Elend angesehen hette / neigeten
sie sich / vnd beten an.

V.

DARNACH GIENG MOSE VND AARON HIN EIN /
vnd sprachen zu Pharao So sagt der HERR /
der Gott Jsrael / Las mein Volck ziehen / das mirs
ein Fest halte in der wüsten. [2]Pharao antwortet /
Wer ist der HERR des stimme ich hören müsse /
vnd Jsrael ziehen lassen? Jch weis nichts von dem
HERRN / wil auch Jsrael nicht lassen ziehen.

[3]SJe sprachen / Der Ebreer Gott hat vns ge-
ruffen / So las vns nu hin ziehen drey Tagereise in
die wüsten / vnd dem HERRN vnserm Gott
opffern / das vns nicht widerfare Pestilentz oder

wegert sich das Volck Jsrael zu lassen

Schwert. [4]Da sprach der König in Egypten zu
jnen / Du Mose vnd Aaron / Warumb wolt jr das
Volck von seiner erbeit frey machen? Gehet hin
an ewre Dienst. [5]Weiter sprach Pharao / Sihe / des
Volcks ist schon zu viel im Lande / vnd jr wolt sie
noch feiren heissen / von jrem Dienst.

DArumb befalh Pharao desselben tages den Vögten des Volcks / vnd jren Amptleuten / vnd
sprach / [7]Jr solt dem Volck nicht mehr Stro samlen
vnd geben / das sie Ziegel brennen / wie bis anher /
Lasst sie selbs hin gehen / vnd stro zusamen lesen.
[8]Vnd die zal der Ziegel / die sie bisher gemacht
haben / solt jr jnen gleichwol aufflegen / vnd nichts
mindern / Denn sie gehen müssig / drümb schreien
sie vnd sprechen / Wir wollen hin ziehen / vnd vnserm Gott opffern.
[9]Man drücke die Leute mit
arbeit / das sie zuschaffen haben / vnd sich nicht
keren an falsche rede. [10]Da giengen die Vögte des
Volcks / vnd jre Amptleute aus / vnd sprachen zum
volck / So spricht Pharao / Man wird euch kein
stro geben / [11]Gehet jr selbs hin / vnd samlet euch
stro / wo jrs findet / Aber von ewr erbeit sol nichts
gemindert werden.

[12]DA zustrewet sich das Volck ins gantze land
Egypten / das es stoppeln samlet / da mit sie stro
hetten. [13]Vnd die Vögte trieben sie / vnd sprachen /
Erfüllet ewr Tagwerck gleich als da jr stro hattet.
[14]Vnd die Amptleute der kinder Jsrael / welche die
Vögte Pharao vber sie gesetzt hatten / wurden geschlagen / vnd ward zu jnen gesagt / Warumb
habt jr weder heute noch gestern ewr gesatzt Tagwerck gethan / wie vor hin?

DA giengen hin ein die Amptleute der kinder
Jsrael / vnd schrien zu Pharao Warumb wiltu
mit deinen Knechten also faren? Man gibt deinen
Knechten kein stro / vnd sollen die Zigel machen /
die vns bestimpt sind / Vnd sihe / deine Knechte
werden geschlagen / vnd dein Volck mus [a]Sünder
sein. [17]Pharao sprach / Jr seid müssig / müssig
seid jr / Darumb sprecht jr / Wir wollen hin ziehen /
vnd dem HERRN opffern. [18]So gehet nu hin
vnd frönet / Stro sol man euch nicht geben / Aber
die anzal Ziegel solt jr reichen.

[19]DA sahen die Amptleute der kinder Jsrael /
das erger ward / weil man sagt / Jr solt nichts mindern von dem Tagwerck an den Ziegeln / [20]Vnd
da sie von Pharao giengen / begegneten sie Mose

a Das ist / Dein arme Leute müssen vnrecht haben vnd Sünder sein / Man süchet schulde zu deinem Volck.

wegert sich das Volck Jsrael zu lassen.

vnd Aaron / vnd tratten gegen sie / [21]vnd sprachen
zu jnen / Der HERR sehe auff euch / vnd richte es /
das jr vnsern Geruch habt stincken gemacht fur
Pharao / vnd seinen knechten / vnd habt jnen das
Schwert in jre hende gegeben / vns zu tödten.
MOse aber kam wider zu dem HERRN / vnd
sprach / HERR / Warumb thustu so vbel an
diesem Volck? Warumb hastu mich her gesand?
[23]Denn sint dem / das ich hin ein bin gangen zu
Pharao / mit jm zu reden in deinem Namen / hat
er das Volck noch herter geplagt / vnd du hast dein
Volck nicht errettet. [1]Der HERR sprach zu Mose /
Exod. 12. Nu soltu sehen / was ich Pharao thun werde / Denn
durch eine starcke Hand / mus er sie lassen ziehen /
|| 34a Er mus || sie noch durch eine starcke Hand aus
seinem Lande von sich treiben.

VI.

VND GOTT REDET MIT MOSE / VND SPRACH ZU
jm / Jch bin der HERR [3]vnd bin erschienen
Abraham / Jsaac / vnd Jacob / das ich jr allmechti-
ger Gott sein wolt / Aber mein Name / HERR / ist
jnen nicht offenbart worden. [4]Auch hab ich meinen
Bund mit jnen auffgericht / das ich jnen geben wil
das land Canaan / das Land jrer Walfart / darinnen
sie Frembdling gewesen sind. [5]Auch hab ich gehö-
ret die Wehklage der kinder Jsrael / welche die
Egypter mit frönen beschweren / vnd hab an mei-
nen Bund gedacht.

(Nicht offenbart) Die Patriarchen haben Gott wol erkand / Aber ein solch öffentlich gemeine Predigte war zu der zeit von Gott noch nicht auffgangen / wie durch Mose vnd Christum geschehen ist.

[6]DARumb sage den kindern Jsrael / Jch bin der
HERR / vnd wil euch ausfüren von ewrn lasten in
Egypten / vnd wil euch erretten von ewrem frönen /
vnd wil euch erlösen durch einen ausgereckten
Arm vnd grosse Gerichte. [7]Vnd wil euch annemen
zum Volck / vnd wil ewr Gott sein / Das jrs erfaren
solt / das ich der HERR bin ewr Gott / der euch
ausgefüret hab von der last Egypti / [8]Vnd euch
bracht in das Land / darüber ich habe meine Hand
gehaben / das ichs gebe Abraham / Jsaac vnd Jacob /
das wil ich euch geben zu eigen / Jch der HERR.
[9]Mose sagt solchs den kindern Jsrael / Aber sie
höreten jn nicht fur seufftzen vnd angst vnd harter
erbeit.

(Meine Hand gehaben) Das ist / geschworen / vt supra / Gen. 22.

[10]DA redet der HERR mit Mose / vnd sprach /
[11]Gehe hin ein vnd rede mit Pharao dem Könige
in Egypten / das er die kinder Jsrael aus seinem
Lande lasse. [12]Mose aber redet fur dem HERRN /

vnd sprach / Sihe / Die kinder Jsrael hören mich
nicht / Wie solt mich denn Pharao hören? Dazu bin
ich von vnbeschnitten Lippen. 13Also redet der
HERR mit Mose vnd Aaron / vnd thet jnen befelh Exod. 4.
an die kinder Jsrael vnd Pharao den könig in Egyp-
ten / das sie die kinder Jsrael aus Egypten füreten.
DJS sind die Heubter in jglichem geschlecht der Gen. 46.
Veter. Die kinder Ruben des ersten sons Jsrael / Num. 26.
sind diese / Hanoch / Pallu / Hezron / Charmi / Das 1. Par. 5.
sind die geschlechte von Ruben. 15Die kinder
Simeon sind diese / Jemuel / Jamin / Ohad / Jachin /
Zohar vnd Saul / der Son des Cananischen weibs /
Das sind Simeons geschlechte.
Leui Geschlecht. DJS sind die namen der kinder Leui / in jren ge- Gen. 46.
schlechten / Gerson / Kahath / Merari / Aber Nu. 3. 26.
LEUI ALTER 137. jar. Leui ward hundert vnd sieben vnd dreissig jar alt. 1. Par. 6.
17Die kinder Gerson sind diese / Libni vnd Simei 23.
in jren geschlechten. 18Die kinder Kahath sind
diese / Amram / JeZear / Hebron / Vsiel / Kahath
aber ward hundert vnd drey vnd dreissig jar alt.
19Die kinder Merari sind diese / Maheli vnd Musi /
Das sind die geschlechte Leui in jren Stemmen.
AMRAM Aaron vnd Mose vater lebt 137. jar. 20VND Amram nam seine Mume Jochebed zum Num. 26.
weibe / Die gebar jm Aaron vnd Mose / Aber Am-
ram ward hundert vnd sieben vnd dreissig jar alt.
21Die kinder JeZear sind diese / Korah / Nepheg /
Sichri. 22Die kinder Vsiel sind diese / Misael /
Elzaphan / Sithri.
ELISEBA / Aarons weib. 23AAron nam zum weibe Eliseba die tochter
Amminadab / Nahassons Schwester / die gebar jm
ELEASAR Nadab / Abihu / Eleasar / Jthamar. 24Die kinder
Korah sind diese / Assir / Elkana / Abiassaph / Das
sind die geschlechte der Koriter. 25Eleasar aber
Aarons Son / der nam von den töchtern Putiel ein
PINEHAS. Weib / die gebar jm den Pinehas / Das sind die Act. 7.
Heubter vnter den Vetern der Leuiter geschlechten.
26DAs ist der Aaron vnd Mose / zu den der
HERR sprach / Füret die kinder Jsrael aus Egyp-
tenland mit jrem Heer. 27Sie sinds die mit Pharao
dem könige in Egypten redten / das sie die kinder
Jsrael aus Egypten furten / nemlich Mose vnd
Aaron. 28Vnd des tages redet der HERR mit Mose
in Egyptenland / 29vnd sprach zu jm / Jch bin der
HERR / Rede mit Pharao dem könige in ‖ Egypten / ‖ 34b
alles was ich mit dir rede. 30Vnd er antwortet fur
dem HERRN / Sihe / ich bin von vnbeschnitten
Lippen / Wie wird mich denn Pharao hören.

I. Plage
Wasser in blut verwandelt.

VII.

Exod. 4.
DER HERR SPRACH ZU MOSE / SIHE / JCH HAB
dich einen Gott gesetzt vber Pharao / vnd
Aaron dein bruder sol dein Prophet sein. [2]Du solt
reden alles was ich dir gebieten werde / Aber Aaron
dein bruder sols fur Pharao reden / Das er die kin-
der Jsrael aus seinem Lande lasse. [3]Aber ich wil
Pharao hertz verherten / das ich meiner Zeichen
vnd Wunder viel thu in Egyptenland. [4]Vnd Pharao
wird euch nicht hören / Auff das ich meine Hand in
Egypten beweise / vnd füre mein Heer / mein
Volck / die kinder Jsrael / aus Egyptenland durch
grosse Gerichte. [5]Vnd die Egypter sollens innen
werden / das ich der HERR bin / wenn ich nu meine
Hand ausstrecken vber Egypten / vnd die kinder
Jsrael von jnen wegfüren werde.

MOse vnd Aaron thaten / wie jnen der HERR
geboten hatte. [7]Vnd Mose war achzig jar alt /
vnd Aaron drey vnd achzig jar alt / da sie mit
Pharao redten. [8]Vnd der HERR sprach zu Mose
vnd Aaron / [9]Wenn Pharao zu euch sagen wird /
Beweiset ewre Wunder / So soltu zu Aaron sagen /
Nim deinen Stab / vnd wirff jn fur Pharao / das er
zur Schlangen werde.

DA giengen Mose vnd Aaron hin ein zu Pharao /
vnd theten / wie jnen der HERR geboten hatte.
2. Tim. 3. Vnd Aaron warff seinen Stab fur Pharao vnd fur
seinen Knechten / vnd er ward zur Schlangen. MOSE STAB wird zur Schlangen.
[11]Da foddert Pharao die Weisen vnd Zeuberer /
Vnd die egyptischen Zeuberer theten auch also mit
jrem beschweren. [12]Ein jglicher warff seinen Stab
von sich / da wurden Schlangen draus / Aber
Aarons stab verschlang jre stebe. [13]Also ward das
hertz pharao verstockt / vnd höret sie nicht / wie
denn der HERR geredt hatte.

VND der HERR sprach zu Mose / Das hertz
Pharao ist hart / er wegert sich das Volck zu
lassen. [15]Gehe hin zu Pharao morgen / Sihe / er
wird ans Wasser gehen / So trit gegen jm an das
vfer des wassers / vnd nim den Stab in deine Hand /
der zur Schlangen ward / [16]vnd sprich zu jm / Der
HERR der Ebreer Gott / hat mich zu dir gesand /
vnd lassen sagen / Las mein Volck / das mirs diene
in der wüste / Aber du hast bisher nicht wollen
hören. [17]Darumb spricht der HERR also / Daran
soltu erfaren / das ich der HERR bin / Sihe / Jch

wil mit dem Stabe / den ich in meiner hand habe /
das Wasser schlahen / das in dem strom ist / Vnd
es sol in Blut verwandelt werden / 18das die Fisch
im strom sterben sollen / vnd der strom stincken /
Vnd den Egyptern wird ekeln zu trincken des Was-
sers aus dem strom.

19VND der HERR sprach zu Mose / Sage Aaron /
Nim deinen Stab / vnd recke deine hand aus vber
die Wasser in Egypten / vber jre beche vnd ströme
I. PLAGE vnd see / vnd vber alle wassersümpffe / das sie Blut
Wasser in Blut werden / vnd sey blut in gantz Egyptenland / beide
verwandelt. in hültzern vnd steinern gefessen. 20Mose vnd
Aaron thaten wie jnen der HERR geboten hatte /
vnd hub den stab auff / vnd schlug ins Wasser / das
im strom war / fur Pharao vnd seinen knechten /
Vnd alles wasser im strom war in Blut verwandelt. Psal. 78.
21Vnd die fische im strom storben / vnd der strom
ward stinckend / das die Egypter nicht trincken
kundten des wassers aus dem strom / Vnd ward
Blut in gantz Egyptenland.

22VND die Egyptischen Zeuberer theten auch Sap. 17.
also mit jrem beschweren. Also ward das hertz
Pharao verstockt / vnd höret sie nicht / wie denn
der HERR geredt hatte. 23Vnd Pharao wand sich /
vnd gieng heim / vnd nams nicht zu hertzen.
24Aber alle Egypter gruben nach wasser vmb den
strom her / zu trincken / Denn des wassers aus
dem strom kundten sie nicht trincken / 25Vnd das
weret sieben tage lang / das der HERR den strom
schlug. || || 35 a

VIII.

DER HERR SPRACH ZU MOSE / GEHE HIN EIN ZU
Pharao / vnd sprich zu jm / So sagt der HERR /
Las mein volck / das mirs diene. 2Wo du dich des
wegerst / Sihe / so wil ich alle deine Grentze mit
(Frösche) Fröschen plagen / 3das der strom sol von Fröschen
Oder Kröten. wimmeln / Die sollen erauff kriechen / vnd komen
in dein haus / in deine kamer / auff dein lager / auff
dein bette / Auch in die heuser deiner Knechte /
vnter dein Volck / in deine backöfen / vnd in deine
teige / 4Vnd sollen die Frösche auff dich / vnd
auff dein Volck / vnd auff alle deine Knechte krie-
chen.

5VND der HERR sprach zu Mose / sage Aaron /
Recke dein hand aus mit deinem Stabe vber die

Psal. 78. 105. beche / vnd ströme / vnd see / vnd las Frösche vber
Egyptenland komen. 6Vnd Aaron recket sein
hand vber die Wasser in Egypten / vnd kamen
Frösche erauff / das Egyptenland bedeckt ward.
Sap. 17. 7Da theten die Zeuberer auch also / mit jrem be-
schweren / vnd liessen Frösche vber Egyptenland
komen.

DA fodert Pharao Mose vnd Aaron / vnd sprach /
Bittet den HERRN fur mich / das er die Frösche
von mir / vnd von meinem Volck neme / so wil ich
das volck lassen / das es dem HERRN opffere.
9Mose sprach / Hab du die ehre fur mir / vnd
stimme mir / wenn ich fur dich / fur deine Knechte /
vnd fur dein volck bitten sol / das die Frösche von
mir / vnd von deinem Haus vertrieben werden /
vnd allein im strom bleiben. 10Er sprach / Morgen /
Er sprach / Wie du gesagt hast / Auff das du er-
farest / das niemand ist / wie der HERR vnser
Gott / 11So sollen die Frösche von dir / von deinem
hause / von deinen knechten / vnd von deinem
volck genomen werden / vnd allein im strom
bleiben.

12ALso gieng Mose vnd Aaron von Pharao / vnd
Mose schrey zu dem HERRN / der Frösche halben /
wie er Pharao hatte zugesaget. 13Vnd der HERR
that wie Mose gesagt hatte / Vnd die Frösche stor-
ben in den heusern / in den höfen / vnd auff dem
felde. 14Vnd sie heuffeten sie zusamen / hie einen
hauffen / vnd da einen hauffen / Vnd das Land
stanck dauon. 15Da aber Pharao sahe / das er lufft
kriegt hatte / ward sein hertz verhertet / vnd höret
sie nicht wie denn der HERR geredt hatte.

VND der HERR sprach zu Mose / Sage Aaron /
Recke deinen Stabe aus / vnd schlag in den Staub
auff erden / das Leuse werden in gantz Egypten- III. PLAGE /
land. 17Sie theten also / Vnd Aaron recket seine Leuse.
hand aus mit seinem Stabe / vnd schlug in den
staub auff erden / Vnd es worden Leuse an den
Menschen vnd an dem Vieh / Aller staub des Lands
ward Leuse in gantz Egyptenlande. 18Die Zeuberer
theten auch also mit jrem beschweren / das sie
Leuse eraus brechten / Aber sie kundten nicht.
Vnd die Leuse waren beide an Menschen vnd an
Luc. 11. Vieh. 19Da sprachen die Zeuberer zu Pharao / Das
ist Gottes finger. Aber das hertz Pharao ward ver-
stockt vnd höret sie nicht / wie denn der HERR
gesagt hatte.

vnzifer.

VND der HERR sprach zu Mose / Mach dich
morgen früe auff / vnd trit fur Pharao / Sihe / er
wird ans wasser gehen / vnd sprich zu jm / So sagt
der HERR / Las mein Volck / das mir es diene.
[21]Wo nicht / Sihe / so wil ich allerley [a]Vnzifer las-
sen komen vber dich / deine knechte / dein volck /
vnd dein haus / Das aller Egypter heuser / vnd das
feld / vnd was drauff ist / vol Vnzifer werden sollen.
[22]Vnd wil des tages ein sonders thun mit dem lande
Gosen / da sich mein Volck enthelt / das kein Vn-
zifer da sey / Auff das du innen werdest / das ich der
HERR bin auff Erden allenthalben. [23]Vnd wil
eine Erlösung setzen zwisschen meinem vnd dei-
nem Volck / Morgen sol das Zeichen geschehen.
[24]VND der HERR that also / Vnd es kam viel Sap. 16.
Vnzifers in Pharao haus / || in seiner knechte heu- || 35 b
ser / vnd vber gantz Egyptenland / Vnd das Land
ward verderbet von dem Vnzifer. [25]Da foddert
Pharao Mose vnd Aaron / vnd sprach / Gehet hin
opffert ewrem Gotte / hie im Land. [26]Mose sprach /
Das taug nicht / das wir also thun / Denn wir wür-
den der Egypter grewel opffern / vnserm Gotte
dem HERRN / Sihe / wenn wir denn der Egypter
grewel fur jren augen opfferten / würden sie vns
nicht steinigen? [27]Drey Tagereise wöllen wir ge-
hen in die wüsten / vnd dem HERRN vnserm Gott
opffern / wie er vns gesagt hat.
[28]PHarao sprach / Jch wil euch lassen / das jr
dem HERRN ewrem Gott opffert in der wüsten /
Allein das jr nicht ferner ziehet / vnd bittet fur
mich. [29]Mose sprach / Sihe / wenn ich hinaus von
dir kome / so wil ich den HERRN bitten / das dis
Vnzifer von Pharao / vnd seinen knechten / vnd
seinem volck genomen werde / morgen des tages /
Allein teusche mich nicht mehr / das du das Volck
nicht lassest dem HERRN zu opffern. [30]Vnd Mose
gieng hin aus von Pharao / vnd bat den HERRN /
[31]Vnd der HERR that wie Mose gesagt hatte / vnd
schaffte das Vnzifer weg von Pharao / von seinen
knechten / vnd von seinem volck / das nicht eines
vberbleib. [32]Aber Pharao verhertet sein hertz
auch dasselbe mal vnd lies das Volck nicht.

a (Vnzifer) Das die Griechen heissen / Kynomyia / ist alle böse würm / so da schaden thun im felde / Raupen / Fliegen / Zwifalter / Emmeisse / Kefer / Brenner / Vnd der gleichen Geschmeis / das Beume vnd Gewechse verderbet.

IX.

DER HERR SPRACH ZU MOSE / GEHE HIN EIN ZU
Pharao / vnd sprich zu jm / Also sagt der HERR /
der Gott der Ebreer / Las mein Volck / das sie mir
dienen. [2]Wo du dich des wegerst / vnd sie weiter
auffheltest / [3]Sihe / so wird die Hand des HERRN
sein / vber dein Vieh auff dem felde / vber pferde /
vber esel / vber kamel / vber ochsen / vber schafe /
mit einer fast schweren Pestilentz. [4]Vnd der V. PLAGE /
HERR wird ein besonders thun / zwisschen dem Pestilentz.
Vieh der Jsraeliter / vnd der Egypter / das nichts
sterbe aus allem / das die kinder Jsrael haben.
[5]Vnd der HERR bestimpt eine zeit / vnd sprach /
Morgen wird der HERR solchs auff Erden thun.
[6]VND der HERR that solchs des morgens /
Vnd starb allerley vieh der Egypter / Aber des Viehs
der kinder Jsrael starb nicht eins. [7]Vnd Pharao
sandte darnach / vnd sihe / es war des viehs Jsrael
nicht eins gestorben. Aber das hertz Pharao ward
verstockt / vnd lies das Volck nicht.

DA sprach der HERR zu Mose vnd Aaron /
Nemet ewre feuste vol Russ aus dem ofen / vnd
Mose sprenge jn gegen Himel fur Pharao / [9]das
vber gantz Egyptenland steube / vnd böse schwartze VI. PLAGE /
blattern auffaren / beide an Menschen vnd an Vieh / Böse schwartze
in gantz Egyptenland. [10]Vnd sie namen Russ aus blattern.
dem ofen / vnd tratten fur Pharao / vnd Mose
spränget jn gen Himel. Da furen auff böse schwartze
Blattern / beide an Menschen vnd an Vieh / [11]Also /
das die Zeuberer nicht kundten fur Mose stehen /
fur den bösen blattern / Denn es waren an den
Zeuberern eben so wol böse blattern als an allen
Egyptern. [12]Aber der HERR verstocket das hertz
Pharao / das er sie nicht höret / wie denn der HERR
zu Mose gesagt hatte.

DA sprach der HERR zu Mose / Mach dich
morgen früe auff / vnd trit fur Pharao / vnd
sprich zu jm / So sagt der HERR der Ebreer Gott /
Las mein Volck / das mirs diene / [14]Jch wil anders
dis mal alle meine Plage vber dich selbs senden /
vber deine knechte / vnd vber dein volck / Das du
innen werden solt / das meins gleichen nicht ist in
allen Landen. [15]Denn ich wil jtzt meine Hand aus-
recken / vnd dich vnd dein volck mit Pestilentz
schlahen / das du von der erden solt vertilget wer-
Rom. 9. den. [16]VND ZWAR DARUMB HAB ICH DICH ERWECKT

DAS MEINE KRAFFT AN DIR ERSCHEINE / VND MEIN
NAME VERKÜNDIGT WERDE IN ALLEN LANDEN. || || 36a
17DV trittest mein Volck noch vnter dich / vnd
wilts nicht lassen / 18Sihe / Jch wil morgen vmb
VII. PLAGE / Hagel etc. diese zeit / einen seer grossen Hagel regen lassen /
des gleich in Egypten nicht gewesen ist / sint der
zeit sie gegründet ist / bis her. 19Vnd nu sende hin /
vnd verware dein Vieh / vnd alles was du auff dem
Felde hast / Denn alle Menschen vnd Vieh / das
auff dem felde funden wird / vnd nicht in die Heuser
versamlet ist / so der Hagel auff sie fellet / werden
sterben. 20Wer nu vnter den knechten Pharao des
HERRN wort fürchtet / der lies seine Knechte vnd
Vieh in die heuser fliehen / 21Welcher hertz aber
sich nicht keret an des HERRN wort / liessen jre
knechte vnd vieh auff dem felde.

22DA sprach der HERR zu Mose / Recke deine
Hand auff gen Himel / das es hagele vber gantz
Egyptenland / vber Menschen / vber Vieh / vnd
vber alles kraut auff dem felde in Egyptenland.
23Also recket Mose seinen Stab gen Himel / Vnd
der HERR lies donnern vnd hageln / das das fewr
auff die erden schos. Also lies der HERR hagel
regen vber Egyptenland / 24das Hagel vnd Fewr
vnternander furen so grausam / das des gleichen in
gantz Egyptenland nie gewesen war / sint der zeit
Leute drinnen gewesen sind. 25Vnd der Hagel
schlug in gantz Egyptenland / alles was auff dem
felde war / beide Menschen vnd Vieh / vnd schlug
alles kraut auff dem felde / vnd zubrach alle bewme
auff dem felde. 26On allein im lande Gosen / da
die kinder Jsrael waren / da hagelts nicht.

DA schickt Pharao hin / vnd lies Mose vnd Aaron
ruffen / vnd sprach zu jnen / Jch hab das mal
mich versundiget / Der HERR ist gerecht / Jch
aber vnd mein volck sind Gottlosen. 28Bittet
aber den HERRN / das auffhöre solch donnern
vnd hageln Gottes / So wil ich euch lassen / das jr
nicht lenger hie bleibet. 29Mose sprach zu jm /
Wenn ich zur Stad hin aus kome / wil ich meine
Hende ausbreiten gegen dem HERRN / so wird
der Donner auffhören / vnd kein Hagel mehr sein /
Auff das du innen werdest / das die Erde des
HERRN sey. 30Jch weis aber / Das du vnd deine
knechte euch noch nicht fürchtet fur Gott dem
HERRN. 31Also ward geschlagen der Flachs vnd
die Gersten / Denn die gersten hatte geschosset /

Hagel.

vnd der flachs knoten gewonnen. 32Aber der weitze
vnd rocken ward nicht geschlagen / denn es war
spat Getreide.
33SO gieng nu Mose vnd Pharao zur Stad hin
aus / vnd breitet seine Hende gegen dem HERRN /
Vnd der Donner vnd Hagel höreten auff / vnd der
regen troff nicht mehr auff Erden. 34Da aber Pharao
sahe / das der regen vnd donner vnd hagel auff
höret / versündiget er sich weiter / vnd verhertet
sein hertz / er vnd seine knechte. 35Also ward des
Pharao hertz verstockt / das er die kinder Jsrael
nicht lies / Wie denn der HERR geredt hatte durch
Mose.

X.

VND DER HERR SPRACH ZU MOSE / GEHE HINEIN
zu Pharao / Denn ich hab sein / vnd seiner
knechte / hertz verhertet / auff das ich diese meine
Zeichen vnter jnen thu. 2Vnd das du verkündigst
fur den ohren deiner Kinder vnd deiner Kinds-
kinder / was ich in Egypten ausgericht habe / vnd
wie ich meine Zeichen vnter jnen beweiset habe /
Das jr wisset / Jch bin der HERR.
3ALso giengen Mose vnd Aaron hin ein zu
Pharao / vnd sprachen zu jm / So spricht der
HERR / der Ebreer Gott / Wie lange wegerstu dich
fur mir zu demütigen / das du mein Volck lassest
mir zu dienen? 4Wegerstu dich mein Volck zu
Sap. 16. lassen / Sihe / so wil ich morgen Heuschrecken
komen lassen an allen örten / 5das sie das Land
bedecken / Also das man das Land nicht sehen
könne / Vnd sollen fressen was euch vberig vnd
errettet ist fur dem Hagel / vnd sollen alle ewre
grünende Bewme fressen auff dem felde. 6Vnd
sollen erfüllen dein haus / aller deiner knechte
heuser / vnd aller Egypten heuser / Des gleichen
|| 36b nicht || gesehen haben deine Veter vnd deiner
veter veter / sint der zeit sie auff Erden gewesen /
bis auff diesen tag / Vnd er wand sich / vnd gieng
von Pharao hinaus.
7DA sprachen die knechte Pharao zu jm / Wie
lange sollen wir da mit geplagt sein? Las die Leute
ziehen / das sie dem HERRN jrem Gott dienen /
Wiltu zuuor erfahren / das Egypten vntergangen
sey? 8Mose vnd Aaron worden wider zu Pharao
bracht / der sprach zu jnen / Gehet hin vnd dienet
dem HERRN ewrem Gott. Welche sind sie aber /
die hin ziehen sollen? 9Mose sprach / Wir wollen

ziehen mit jung vnd alt / mit Sönen vnd Töchtern /
mit schafen vnd rindern / Denn wir haben ein Fest
des HERRN. Er sprach zu jnen / [10]Awe ja / der
HERR sey mit euch / Solt ich euch vnd ewre Kin-
der dazu ziehen lassen? Sehet da / ob jr nicht böses
furhabt? [11]Nicht also / Sondern jr Menner ziehet
hin / vnd dienet dem HERRN / denn das habt jr
auch gesucht. Vnd man sties sie heraus von
Pharao.

VIII. PLAGE Hewschrecken.

Die Hewschrecken heissen hie nicht Hagab auff Ebreisch / wie an etlichen orten / sondern Arbe. Es sind aber vierfüssige / fliegende Thier / vnd rein zu essen / wie Hagab Leui. 11. Aber vns vnbekand / On das sie Heuschrecken gleich sind.

[12]DA sprach der HERR zu Mose / Recke deine
hand vber Egyptenland / vmb die Heuschrecken /
das sie auff Egyptenland komen / vnd fressen alles
Kraut im Lande auff / sampt alle dem / das dem
Hagel vberblieben ist. [13]Mose recket seinen Stab
vber Egyptenland / Vnd der HERR treib einen
Ostwind ins Land den gantzen tag vnd die gantze
nacht / Vnd des morgens füret der Ostwind die
Heuschrecken her. [14]Vnd sie kamen vber gantz
Egyptenland / vnd liessen sich nider an allen örten
in Egypten / so seer viel / das zuuor des gleichen
nie gewesen ist / noch hinfurt sein wird / [15]Denn
sie bedeckten das Land vnd verfinstertens. Vnd sie
frassen alles Kraut im Lande auff / vnd alle früchte
auff den Bewmen / die dem Hagel waren vber-
blieben / vnd liessen nichts grünes vbrig an den
bewmen / vnd am kraut auff dem felde in gantz
Egyptenland.

[16]DA foddert Pharao eilend Mose vnd Aaron /
vnd sprach / Jch habe mich versundigt an dem
HERRN ewerm Gott / vnd an euch / [17]Vergebt
mir meine sunde dis mal auch / vnd bittet den Rom. 7.
HERRN ewrn Gott / das er doch nur diesen Tod
von mir wegneme / [18]Vnd er gieng aus von
Pharao / vnd bat den HERRN. [19]Da wendet der
HERR ein seer starcken Westwind / vnd hub die
Heuschrecken auff / vnd warff sie ins Schilffmeer /
das nicht eine vberig bleib / an allen örten Egypti.
[20]Aber der HERR verstockt Pharao hertz / das er
die kinder Jsrael nicht lies.

IX. PLAGE / Finsternis.

DER HERR sprach zu Mose / Recke deine hand Sap. 17. 18.
gen Himel / das so finster werde in Egypten-
land / das mans greiffen mag. [22]Vnd Mose recket
seine hand gen Himel / Da ward ein dick Finsternis
in gantz Egyptenland drey tage / [23]das niemand den
andern sahe / noch auffstund von dem Ort da er
war / in dreien tagen. Aber bey allen kindern
Jsrael / war es liecht in jren Wonungen.

24DA foddert Pharao Mosen / vnd sprach / Ziehet
hin vnd dienet dem HERRN / Allein ewr schafe
vnd rinder lasst hie / Lasst auch ewre Kindlin mit
euch ziehen. 25Mose sprach / Du must vns auch
Opffer vnd Brandopffer geben / das wir vnserm
Gott dem HERRN thun mügen. 26Vnser Vieh
sol mit vns gehen / vnd nicht eine Klawe da hinden
bleiben / Denn von dem Vnsern werden wir
nemen zum Dienst vnsers Gottes des HERRN /
Denn wir wissen nicht womit wir dem HERRN
dienen sollen / bis das wir dahin komen. 27Aber
der HERR verstockt das hertz Pharao / das er sie
nicht lassen wolt.

28VND Pharao sprach zu jm / Gehe von mir /
vnd hüte dich / das du nicht mehr fur meine augen
kompst / Denn welchs tages du fur meine augen
kompst soltu sterben. 29Mose antwortet / Wie du
gesagt hast / Jch wil nicht mehr fur deine augen
|| 37a komen. ||

XI.

VND DER HERR SPRACH ZU MOSE / JCH WIL
noch eine Plage vber Pharao vnd Egypten
komen lassen / Darnach wird er euch lassen von
hinnen / vnd wird nicht allein alles lassen euch auch
Exo. 3. 12. von hinnen treiben. 2So sage nu fur dem Volck /
Das ein jglicher von seinem Nehesten / vnd eine
jgliche von jrer Nehestin silbern vnd gülden Ge-
fess fordere / 3Denn der HERR wird dem Volck
gnade geben fur den Egyptern. Vnd Mose war seer
ein grosser Mann in Egyptenland / fur den knechten
Pharao / vnd fur dem volck.

VND Mose sprach / So sagt der HERR / Jch wil
zu Mitternacht ausgehen in Egyptenland / 5vnd
alle Erstegeburt in Egyptenland sol sterben / von
dem ersten son Pharao an / der auff seinem Stuel
sitzt / bis an den ersten Son der magd / die hinder
der Müle ist / vnd alle Erstegeburt vnter dem Vieh.
6Vnd wird em gros geschrey sein in gantz Egypten-
land / des gleichen nie gewesen ist / noch werden
wird. 7Aber bey allen kindern Jsrael sol nicht ein
Hund mucken / beide vnter Menschen vnd Vieh /
Auff das jr erfaret / wie der HERR Egypten vnd
Jsrael scheide. 8Denn werden zu mir erab komen
alle diese deine Knechte / vnd mir zu fussen fallen /
vnd sagen / Zeuch aus du vnd alles Volck das vnter
dir ist / Darnach wil ich ausziehen. Vnd er gieng
von Pharao mit grimmigem zorn.

(Grosser man) Das sagt er darumb / das es wunder ist / wie er nicht getödtet ist von den Egyptern. Sie haben sich müssen eines ergern vnd Auffrhurs fürchten.

9 DER HERR aber sprach zu Mose / Pharao
höret euch nicht / auff das viel Wunder geschehen
in Egyptenland. 10 Vnd Mose vnd Aaron haben
diese Wunder alle gethan fur Pharao / Aber der
HERR verstockt jm sein hertz / das er die kinder
Jsrael nicht lassen wolt aus seinem Lande.

XII.

DER HERR ABER SPRACH ZU MOSE VND AARON
in Egyptenland / 2 Dieser Mond sol bey euch
der erst mond sein / vnd von jm solt jr die mond
des jars anheben. 3 Sagt der gantzen gemeine
Jsrael / vnd sprecht / Am zehenden tag dieses mon-
den / neme ein jglicher ein Lamb / wo ein Haus-
uater ist / ja ein Lamb zu einem haus. 4 Wo jr aber
in einem Hause zum Lamb zu wenig sind / So
neme ers / vnd sein Nehester Nachbar an seinem
hause / bis jr so viel wird / das sie das Lamb auff-
essen mögen.

OSTERLAMB der Jüden.

5 JR solt aber ein solch Lamb nemen / da kein feil
an ist / ein Menlin / vnd eins jars alt / Von den lem-
mern vnd zigen solt jrs nemen. 6 Vnd solts behalten
bis auff den vierzehenden tag des monden / Vnd
ein jglichs Heufflin im gantzen Jsrael sols schlach-
ten zwisschen abends. 7 Vnd solt seins Bluts
nemen / vnd beide Pfosten an der Thür / vnd die
öberste Schwelle da mit bestreichen / an den Heu-
sern / da sie es innen essen. 8 Vnd solt also Fleisch
essen in der selben Nacht / am fewr gebraten / vnd
vngesewrt Brot / vnd solt es mit bitter Salsen essen.
9 Jr solts nicht roh essen / noch mit wasser gesotten /
sondern am fewr gebraten / sein Heubt / mit seinen
Schenckeln vnd Eingeweide. 10 Vnd solt nichts
dauon vberlassen bis morgen / Wo aber etwas
vberbleibt bis morgen / solt jrs mit fewr verbren-
nen.

Was das Osterlamb bedeut / leret S. Paulus. 1. Cor. 5. da er spricht / Vnser Osterlamb ist Christus / der für vns geopffert ist.

11 ALso solt jrs aber essen / Vmb ewr Lenden solt
jr gegürtet sein / vnd ewre schuch an ewren Füssen
haben / vnd stebe in ewren Henden / vnd solts
essen / als die hinweg eilen / Denn es ist des
HERRN Passah. 12 Denn ich wil in der selbigen Psal. 136.
Nacht durch Egyptenland gehen / vnd alle Erste-
geburt schlahen in Egyptenland / beide vnter Men-
schen vnd Vieh / Vnd wil meine straffe beweisen
an allen Göttern der Egypter / Jch der HERR.
13 Vnd das Blut sol ewr Zeichen sein / an den Heusern Ebre. 11.
darin jr seid / das / wenn ich das Blut sehe / fur euch

Tage der Süssenbrot etc.

|| 37b

vbergehe / vnd euch nicht die Plage widerfare die
euch verderbe / wenn ich Egyptenland schlahe. ||

Ex. 23. 34.

VND solt diesen Tag haben zum gedechtnis / vnd
solt jn feiren dem HERRN zum Fest / jr vnd
alle ewre Nachkomen / zur ewigen weise. [15]Sieben
tage solt jr vngesewrt Brot essen / nemlich / Am
ersten tag / solt jr auffhören mit gesewrtem Brot in
ewrn heusern. Wer gesewrt Brot isset / vom
ersten tag an / bis auff den siebenden / des Seele sol
ausgerottet werden von Jsrael. [16]Der erste Tag
sol heilig sein / das jr zusamen kompt / vnd der
siebend sol auch heilig sein / das jr zusamen kompt /
Kein erbeit solt jr drinnen thun / On was zur
Speise gehöret fur allerley Seelen / das selb allein
mügt jr fur euch thun.

(Zusamen kompt) Das ist / Sie sollen predigen / das Benedicite vnd Gratias beten fur das Passah vnd Erlösung aus Egypten. Darumb braucht er des wörtlins / kara / welches heisst predigen / lesen in der versamlung.

Leuit. 23. Num. 28.

[17]VND haltet ob dem vngesewrten Brot / Denn
eben an dem selben tage / hab ich ewr Heer aus
Egyptenlande gefüret / Darumb solt jr diesen Tag
halten / vnd alle ewr Nachkomen zur ewigen weise.
[18]Am vierzehenden tage des monden / des abends
solt jr vngesewrt Brot essen / bis an den ein vnd
zwenzigsten tag des monden an den abend / [19]Das
man sieben tage kein gesewrt Brot finde in ewrn
Heusern. Denn wer gesewrt Brot isset / des Seele
sol ausgerottet werden von der gemeine Jsrael / es
sey ein Frembdlinger oder Einheimischer im
Lande. [20]Darumb so esset kein gesewrt Brot /
sondern eitel vngesewrt Brot / in allen ewrn
Wonungen.

VND Mose foddert alle Eltesten in Jsrael / vnd
sprach zu jnen / Leset aus / vnd nemet Schafe /
jederman für sein Gesinde / vnd schlachtet das
Passah. [22]Vnd nemet ein püsschel Jsopen / vnd
tuncket in das Blut in dem becken / vnd berüret da
mit die Vberschwelle / vnd die zween Pfosten /
Vnd gehe kein Mensch zu seiner Hausthür eraus /
bis an den morgen / [23]Denn der HERR wird vmb-
her gehen / vnd die Egypter plagen. Vnd wenn er
das Blut sehen wird an der Vberschwelle / vnd an
den zween Pfosten / wird er fur der Thür vber-
gehen / vnd den Verderber nicht in ewr Heuser
komen lassen zu plagen. [24]Darumb so halt diese
Weise fur dich vnd deine Kinder ewiglich.

PASSAHOPFFER.

[25]VND wenn jr ins Land komet / das euch der
HERR geben wird / wie er geredt hat / so haltet
diesen Dienst. [26]Vnd wenn ewr Kinder werden
zu euch sagen / Was habt jr da fur einen Dienst?

kinder Jsrael / so aus Egypten gezogen sind. Num. 31.

[27]Solt jr sagen / Es ist das Passahopffer des
HERRN / der für den kindern Jsrael vbergieng in
Egypten / da er die Egypter plaget / vnd vnser
Heuser errettet. Da neiget sich das Volck vnd
bücket sich. [28]Vnd die kinder Jsrael giengen hin /
vnd theten / wie der HERR Mose vnd Aaron ge-
boten hatte.

X. PLAGE.

VND zur Mitternacht schlug der HERR alle Erstgeburt in Egyptenland / von dem ersten son Pharao an / der auff seinem Stuel sass / bis auff den ersten Son des Gefangenen im gefengnis / vnd alle Erstgeburt des viehs.

Psal. 78. 135. Sap. 18.

DA stund Pharao auff / vnd alle seine knechte in
der selben nacht / vnd alle Egypter / vnd ward
ein gros geschrey in Egypten / Denn es war kein
Haus da nicht ein Todter innen were. [31]Vnd er
foddert Mose vnd Aaron in der nacht / vnd sprach /
Macht euch auff / vnd ziehet aus von meinem
Volck / jr vnd die kinder Jsrael / Gehet hin / vnd
dienet dem HERRN / wie jr gesagt habt. [32]Nemet
auch mit euch ewr schaf vnd rinder / wie jr gesagt
habt / Gehet hin vnd segenet mich auch. [33]Vnd
die Egypter drungen das Volck / das sie es eilend
aus dem Lande trieben / Denn sie sprachen / Wir
sind alle des tods.

[34]VND das Volck trug den rohen Teig / ehe denn
er versewret war / zu jrer Speise / gebunden in jren
Kleidern / auff jren achseln. [35]Vnd die kinder
Jsrael hatten gethan / wie Moses gesagt hatte / vnd Exo. 3. 11.
von den Egyptern gefordert silbern vnd gülden
Gerete / vnd Kleider. [36]Dazu hatte der HERR
dem Volck gnad gegeben fur den Egyptern / das sie
jnen leiheten / vnd entwandtens den Egyptern. ‖ ‖ 38a

ALso zogen aus die kinder Jsrael von Raemses Num. 31.
gen Suchoth / sechs hundert tausent Man zu
fuss / on die Kinder. [38]Vnd zoch auch mit jnen viel
Pöbeluolck / vnd schaf / vnd rinder / vnd fast viel
Viehs. [39]Vnd sie buchen aus dem rohen teig / den
sie aus Egypten brachten / vngesewrte Kuchen /
Denn es war nicht gesewrt / weil sie aus Egypten
gestossen wurden / vnd kundten nicht verziehen /
vnd hatten jnen sonst keine Zerung zubereitet.

[40]DJE zeit aber / die die kinder Jsrael in Egypten
gewonet haben / ist vier hundert vnd dreissig jar /
[41]Da die selben vmb waren / gieng das gantze Heer
des HERRN auff einen tag aus Egyptenland.
[42]Darumb wird diese Nacht dem HERRN gehal-

der kinder Jsrael aus Egypten.

ten / das er sie aus Egyptenland gefüret hat / Vnd
die kinder Jsrael sollen sie dem HERRN halten /
sie vnd jre Nachkomen.

VND der HERR sprach zu Mose vnd Aaron /
Dis ist die weise Passah zu halten / Kein Frembder
sol dauon essen. 44Aber wer ein erkaufter
Knecht ist / den beschneite man / vnd denn esse er
dauon. 45Ein Hausgenos vnd Miedling sollen
nicht dauon essen. 46Jn einem Hause sol mans
essen / Jr solt nichts von seinem Fleisch hinaus fur
das Haus tragen / Vnd solt kein Bein an jm zubrechen.
47Die gantze gemeine Jsrael sol solchs
thun.

48SO aber ein Frembdling bey dir wonet / vnd
dem HERRN das Passah halten wil / der beschneite
alles was menlich ist / Als denn mache er
sich erzu / das er solchs thu / vnd sey wie ein einheimischer
des lands / Denn kein Vnbeschnitter
sol dauon essen. 49Einerley Gesetz sey dem Einheimischen
/ vnd dem Frembdlingen der vnter
euch wonet. 50Vnd alle kinder Jsrael theten / wie
der HERR Mose vnd Aaron hatte geboten. 51Also
füret der HERR auff einen tag die kinder Jsrael aus
Egyptenland mit jrem Heer.

Johan. 19.

WEISE DAS Passah zu halten.

(PASSAH) Passah heisset eingang / Darumb / das der HERR durch Egyptenland des nachts gieng / vnd schlug alle Erstegeburt tod. Bedeut aber Christus sterben vnd aufferstehen / da mit er von dieser welt gangen ist vnd in dem selben Sünde / Tod / vnd Teufel geschlagen vnd vns aus dem rechten Egypten gefürt hat zum Vater / Das ist vnser Passah oder Ostern.

XIII.

VND DER HERR REDET MIT MOSE / VND SPRACH /
2Heilige mir alle Erstegeburt / die allerley Mutter
bricht bey den kindern Jsrael / beide vnter den
Menschen vnd dem Vieh / denn sie sind mein.

DA sprach Mose zum volck / Gedencket an diesen
tag / an dem jr aus Egypten / aus dem
Diensthause gegangen seid / das der HERR euch
mit mechtiger Hand von hinnen hat ausgefüret /
Darumb soltu nicht Sawrteig essen. 4Heute seid
jr ausgangen in dem mond [a]Abib. 5Wenn dich
nu der HERR bringen wird in das Land der
Cananiter / Hethiter / Amoriter / Heuiter vnd
Jebusiter / das er deinen Vetern geschworen hat /
dir zu geben / ein Land / da milch vnd honig innen
fleusst / So soltu diesen Dienst halten in diesem
mond. 6Sieben tage soltu [b]vngesewrt Brot essen /
vnd am siebenden tage ist des HERRN Fest /
7Darumb soltu sieben tage vngesewrt Brot essen /
das bey dir kein Sawrteig noch gesewrt Brot gesehen
werde / an allen deinen Orten.

GESETZ von allerley Erstegeburt. Exo. 22. 34. Num. 8. Luce 2.

Exo. 12. 34.

1. Corin. 5.

a (ABIB) Abib ist der mond den wir April heissen / denn die Ebreer heben jr New jar an nach der natur / wenn alle ding wider new grünet / vnd wechset / vnd sich zichtiget. Darumb heisset er auch Mensis nouorum / das denn alles new wird.

b (Vngesewrt brot) So hart wird der Sawrteig verboten / das man ja das lauter Euangelium vnd Gottes gnade / nicht vnser

der kinder Jsrael aus Egypten.

8VND solt ewren Sönen sagen / an dem selbigen
tage (Solchs halten wir) vmb des willen / das vns
der HERR gethan hat / da wir aus Egypten zogen.
9Darumb sol dirs sein ein Zeichen in deiner Hand /
vnd ein Denckmal fur deinen augen / Auff das des
HERRN Gesetz sey in deinem munde / das der
HERR dich mit mechtiger Hand aus Egypten ge-
füret hat / 10Darumb halt diese Weise zu seiner zeit
jerlich.

werck vnd Gesetz sol predigen / nach der aufferstehung Christi. Wie S. Paulus. j. Cor. 5. auch zeigt / Vnd ist solch essen nichts anders / denn gleuben an Christum.

WEnn dich nu der HERR ins Land der Cana-
niter bracht hat / wie er dir vnd deinen Vetern
geschworen hat / vnd dirs gegeben / 12So soltu
aussondern dem HERRN / alles was die mutter
bricht / vnd Erstegeburt vnter dem Vieh / das ein
menlin ist. 13Die Erste geburt vom Esel soltu
lösen mit einem schaf / Wo du es aber nicht lösest /
so brich jm das genick / Aber alle erste Menschen
geburt vnter deinen Kindern soltu lösen.

Alle Erstegeburt dem HERRN heilig.

14VND wenn dich heute oder morgen dein Kind
wird fragen / Was ist ‖ das? Soltu jm sagen / Der ‖ 38b
HERR hat vns mit mechtiger Hand aus Egypten /
von dem Diensthause gefüret. 15Denn da Pharao
hart war vns los zu lassen / Erschlug der HERR
alle Erstegeburt in Egyptenland / von der Menschen
erstegeburt an / bis an die erstegeburt des Viehs.
Darumb opffer ich dem HERRN alles was die
mutter bricht / das ein menlin ist / Vnd die erstege-
burt meiner Kinder löse ich. 16Vnd das sol dir ein
Zeichen in deiner Hand sein / vnd ein Denckmal
fur deinen augen / das vns der HERR hat mit
mechtiger Hand aus Egypten gefüret.

a (Schilffmeer) Die Griechen heissen es das Rotemeer / von dem roten sand vnd boden. Aber die Ebreer heissen es Schilffmeer / von dem schilff.

WOLCK vnd Fewrseulen.

DA NU PHARAO DAS VOLCK GELASSEN HATTE /
füret sie Gott nicht auff der strasse / durch der
Philister land / die am nehesten war / Denn Gott
gedacht / Es möcht das Volck gerewen / wenn sie
den streit sehen / vnd wider in Egypten vmbkeren.
18Darumb füret er das Volck vmb auff die strasse
durch die wüste am aSchilffmeer / Vnd die kinder
Jsrael zogen bgerüstet aus Egyptenland. 19Vnd
Moses nam mit sich das gebeine Joseph / Denn er
hatte einen Eid von den kindern Jsrael genomen /
vnd gesprochen / Gott wird euch heimsuchen / So
füret meine Gebeine mit euch von hinnen.

JOSEPHS gebeine. Gen. 50. Josu. 24.

20ALso zogen sie aus von Suchoth / vnd lagerten Num. 33.
sich in Etham / forn an der wüsten. 21Vnd der
HERR zoch fur jnen her / Des tages in einer Wolck- Num. 14.
seulen / das er sie den rechten weg füret / Vnd des 1. Cor. 10.

b (Gerüstet) Ebreisch gefünfftet. Was das sey / lassen wir andere suchen / Obs sey / das sie bey fünff hauffen gezogen / oder bey fünffen neben ander gangen sind / oder was solch fünffe sey. Denn von der fünfften Rieben / so das Harnisch erreicht am Leibe (wie die Jüden hie klügeln) verstehen wir nichts.

Jsrael gehen durchs Rote meer.

nachts in einer Fewrseulen / das er jnen leuchtet /
zu reisen tag vnd nacht / 22Die Wolckseule weich
nimer von dem Volck des tages / noch die Fewr-
seule des nachts.

XIIII.

VND DER HERR REDET MIT MOSE / VND SPRACH /
2Rede mit den kindern Jsrael / vnd sprich / das
sie sich rumb lencken / vnd sich lagern gegen dem
tal Hiroth / zwisschen Migdol vnd dem Meer /
gegen Baal Zephon / vnd daselbs gegen vber sich
lagern ans meer. 3Denn Pharao wird sagen von
den kindern Jsrael / Sie sind verirret im Lande / die
wüste hat sie beschlossen. 4Vnd ich wil sein hertz
verstocken / das er jnen nachiage / vnd wil an Pha-
rao / vnd an alle seiner Macht ehre einlegen / Vnd
die Egypter sollen innen werden / das ich der
HERR bin / Vnd sie theten also.

VND da es dem könige in Egypten ward ange-
sagt / das das Volck war geflohen / ward sein
hertz verwandelt vnd seiner knechte gegen dem
Volck / vnd sprachen / Warumb haben wir das
gethan / das wir Jsrael haben gelassen / das sie vns
nicht dieneten? 6Vnd er spannet seinen Wagen
an / vnd nam sein Volck mit jm / 7vnd nam sechs
hundert ausserlesen Wagen / vnd was sonst von
wagen in Egypten war / vnd die Heubtleute vber
alle sein Heer. 8Denn der HERR verstockt das
hertz Pharao des königes in Egypten / das er den
kindern Jsrael nachiaget. Aber die kinder Jsrael
waren durch eine hohe Hand ausgegangen. 9Vnd
1. Mac. 4. die Egypter jagten jnen nach / vnd ereileten sie
(da sie sich gelagert hatten am meer) mit Rossen
vnd Wagen vnd Reutern vnd allem Heer des Pha-
rao / im tal Hiroth gegen BaalZephon.

VND da Pharao nahe zu jnen kam / huben die
kinder Jsrael jre augen auff / Vnd sihe / die
Egypter zogen hinder jnen her / Vnd sie furchten
sich seer / vnd schrien zu dem HERRN. 11Vnd
sprachen zu Mose / Waren nicht Greber in Egyp- JSRAEL MURRET
ten / das du vns mustest wegfüren / das wir in der wider Mose etc.
wüsten sterben? Warumb hastu vns das gethan /
das du vns aus Egypten gefüret hast? 12Jst nicht
das / das wir dir sagten in Egypten / Höre auff /
vnd las vns den Egyptern dienen? Denn es were
vns je besser den Egyptern dienen / den in der
wüsten sterben. 13Mose sprach zum Volck /

Jsrael gehen durchs Rote meer.

FÜRCHTET EUCH NICHT / STEHET FEST / VND SEHET
ZU / WAS FUR EIN cHEIL DER HERR HEUTE AN
EUCH THUN WIRD / DENN DIESE EGYPTER ‖ DIE JR ‖40a
HEUTE SEHET / WERDET JR NIMERMEHR SEHEN EWIG-
LICH / 14DER HERR WIRD FUR EUCH STREITEN /
VND JR WERDET STILL SEIN.

c Hülffe.

15DEr HERR sprach zu Mose / Was schreiestu
zu mir? Sage den kindern Jsrael / das sie ziehen. Sap. 19.
16Du aber heb deinen Stab auff / vnd recke deine
Hand vber das Meer / vnd teile es von einander /
das die kinder Jsrael hinein gehen / mitten hin
durch auff dem trocken. 17Sihe / Jch wil das hertz
der Egypter verstocken / das sie euch nachfolgen /
So wil ich Ehre einlegen an dem Pharao / vnd an
aller seiner Macht / an seinen Wagen vnd Reutern.
18Vnd die Egypter sollens innen werden / das ich
der HERR bin / wenn ich Ehre eingelegt habe an
Pharao / vnd an seinen Wagen vnd Reutern.

(Was schreiestu) Mercke hie ein trefflich Exempel wie der Glaube kempffet / zappelt vnd schreiet in nöten vnd ferligkeit / Vnd wie er sich an Gottes wort blos helt / vnd von Gott Trost empfehet / vnd vberwindet.

DA erhub sich der Engel Gottes / der fur dem ENGEL
Heer Jsrael her zoch / vnd macht sich hinder Psal. 78. 105.
sie / Vnd die Wolckseule macht sich auch von jrem
angesicht / vnd trat hinder sie / 20vnd kam zwi-
sschen das Heer der Egypter vnd das Heer Jsrael.
Es war aber ein finster Wolcken / vnd erleuchtet
die nacht / das sie die gantze nacht / diese vnd jene /
nicht zusamen komen kundten.

(Erleuchtet) Das ist / Es war ein wetterleuchten in der dicken wolcken.

21DA nu Mose seine Hand recket vber das meer /
lies es der HERR hin weg faren / durch einen
starcken Ostwind die gantze nacht / vnd macht
das meer trocken / Vnd die Wasser teileten sich
von einander. 22Vnd die kinder Jsrael giengen hin Psal. 78. 106.

KINDER JSRAEL gehen durchs Rote Meer.

erseufft mit seinem Volck im Roten meer.

ein / mitten ins Meer auffm trucken / vnd das Was-
sar war jnen fur Mauren / zur rechten vnd zur
lincken. 23Vnd die Egypter folgeten / vnd giengen
Ebre. 11. hin ein jnen nach alle ross Pharao / vnd wagen vnd
Reuter mitten ins meer.

ALS nu die Morgenwache kam / schawet der
HERR auff der Egypter Heer / aus der Fewr-
seulen vnd Wolcken / Vnd macht ein schrecken
in jrem Heer / 25vnd sties die reder von jren wa-
gen / stürtzet sie mit vngestüm. Da sprachen die
Egypter / Lasst vns fliehen von Jsrael / Der HERR
streitet fur sie wider die Egypter. 26Aber der
HERR sprach zu Mose / Recke deine hand aus
vber das Meer / das das wasser wider her falle vber
die Egypter / vber jre wagen vnd Reuter. 27Da
recket Mose seine Hand aus vber das Meer / Vnd
das meer kam wider fur morgens in seinen strom /
vnd die Egypter flohen jm entgegen. Also stürtzet
der HERR mitten ins meer / 28das das wasser wi-
||40b der kam / || vnd bedecket Wagen vnd Reuter / vnd
alle Macht des Pharao / die jnen nachgefolget
waren ins Meer / das nicht einer aus jnen vberbleib.

Psal. 106. 29ABer die kinder Jsrael giengen trocken durchs
Meer / vnd das Wasser war jnen fur Mauren zur
rechten vnd zur lincken. 30Also halff der HERR
Jsrael an dem tage / von der Egypter hand. Vnd
sie sahen die Egypter tod am vfer des Meers / 31vnd
die grosse Hand / die der HERR an den Egyptern
erzeigt hatte. Vnd das Volck fürchtet den HERRN /
vnd gleubten jm / vnd seinem knecht Mose.

XV.

DA SANG MOSE VND DIE KINDER JSRAEL DIS LIED Mose
dem HERRN / vnd sprachen. Liede.

JCh wil dem HERRN singen / Denn er hat ein
herrliche That gethan / Ross vnd wagen hat er
ins Meer gestürtzt.

Psal. 118. 2DER HERR ist mein stercke vnd Lobsang /
Jesa. 12. Vnd ist mein Heil.
Sap. 18.

DAs ist mein Gott / Jch wil jn preisen / Er ist
meines vaters Gott / Jch wil jn erheben.

3DEr HERR ist der rechte Kriegsman / HERR
ist sein Namen / 4Die wagen Pharao vnd seine
Macht warff er ins Meer.

SEine ausserweleten Heubtleute versuncken im
Schilffmeer / 5Die tieffe hat sie bedeckt / Sie fielen
zu grund wie die steine.

Lied.

6HERR deine rechte Hand thut grosse Wunder /
HERR deine rechte Hand hat die Feinde zuschla-
gen.
7VND mit deiner grossen Herrligkeit hastu
deine Widerwertigen gestürtzet / Denn da du
deinen grim ausliessest / verzeret er sie wie stop-
peln.
8DVrch dein Blasen theten sich die Wasser auff /
vnd die Flut stunden auff hauffen / Die Tieffe wal-
let von einander mitten im Meer.
9DEr Feind gedacht / Jch wil jnen nachiagen
vnd erhasschen / Vnd den Raub austeilen / Vnd
meinen mut an jnen külen.

JCh wil mein Schwert ausziehen / Vnd mein
Hand sol sie verderben.
10DA liessestu deinen Wind blasen / Vnd das
Meer bedecket sie / vnd suncken vnter wie bley
im mechtigen Wasser.
11HERR / Wer ist dir gleich vnter den Göttern?
Wer ist dir gleich / der so mechtig / heilig / schreck-
lich / löblich vnd wunderthetig sey?
12DA du deine rechte Hand ausrecktest / Ver-
schlang sie die Erde.
13DV hast geleitet durch deine Barmhertzigkeit
dein Volck / das du erlöset hast / Vnd hast sie ge-
füret durch deine Stercke zu deiner heiligen Wo-
nung.
14DA das die Völcker höreten / erbebeten sie /
Angst kam die Philister an.
15DA erschracken die Fürsten Edom / Zittern Josu. 2.
kam die gewaltigen Moab an / Alle einwoner Ca-
naan wurden feig.
16LAs vber sie fallen erschrecken / vnd furcht
durch deinen grossen Arm / das sie erstarren wie
die steine / Bis dein Volck HERR hin durch kome /
Bis das volck hin durch kome / das du erworben
hast.
17BRinge sie hin ein vnd pflantze sie auff dem
Berge deines Erbteils / den du HERR dir zur Wo-
nung gemacht hast / Zu deinem Heiligthumb
HERR / das deine Hand bereitet hat.
18DEr HERR wird König sein jmer vnd ewig /
19Denn Pharao zoch hin ein ins Meer mit rossen
vnd wagen vnd Reutern / Vnd der HERR lies das
Meer wider vber sie fallen.

ABer die kinder Jsrael giengen trocken mitten
durchs Meer.

VNd Mir Jam die Prophetin / Aarons schwester /
nam eine Paucken in jre hand / vnd alle Weiber
||41a folgeten jr nach hin aus mit paucken am Reigen. ||
[21]Vnd Mir Jam sang jnen fur / Lasst vns dem HERRN
singen / Denn er hat eine herrliche That gethan /
Man vnd Ross hat er ins Meer gestürtzt.

Num. 33. MOSE LIES DIE KINDER JSRAEL ZIEHEN VOM
Schilffmeer hinaus zu der Wüsten Sur / vnd SUR.
sie wanderten drey tage in der wüsten / das sie
kein wasser funden. [23]Da kamen sie gen Mara /
Aber sie kundten des wassers zu Mara nicht trin-
cken / denn es war fast bitter / Da her hies man den
ort Mara. [24]Da murret das Volck wider Mose /
vnd sprach / Was sollen wir trincken? [25]Er schrey
zu dem HERRN / vnd der HERR weiset jm einen
Bawm / den thet er ins wasser / da ward es süss.

(MARA) Heisst bitter / Vnd bedeut leiden vnd anfechtung / welche durch das creutz Christi im glauben auch süsse werden / Matth. 11. Mein Joch ist süs.

MARA. Hie gehet bereit auff solche grosse herrliche vnd wunderbarliche Erlösung das murren an.

DAselbs stellet er jnen ein Gesetze vnd ein Recht /
vnd versucht sie / [26]vnd sprach / Wirstu der
stim des HERRN deines Gottes gehorchen / vnd
thun was recht ist fur jm / vnd zu ohren fassen
seine Gebot / vnd halten alle seine Gesetz / So wil
ich der Kranckheit keine auff dich legen / die ich
auff Egypten gelegt habe / Denn ich bin der HERR
dein Artzt.

XVI.

Num. 33. VND SIE KAMEN IN ELIM / DA WAREN ZWELFF ELIM.
Wasserbrunnen / vnd siebenzig Palmbewme /
vnd lagerten sich daselbs ans wasser. [1]Von Elim
zogen sie / vnd kam die gantze gemeine der kinder
Jsrael in die wüsten Sin / die da ligt zwisschen SIN.
Elim vnd Sinai / am funffzehenden tage des andern
monden / nach dem sie aus Egypten gezogen waren.

VND es murret die gantze gemeine der kinder Murren des Volcks.
Jsrael wider Mosen vnd Aaron in der wüsten /
[3]vnd sprachen / Wolt Gott / wir weren in Egypten
gestorben / durch des HERRN Hand / da wir bey
den Fleischtöpffen sassen / vnd hatten die fülle
Brot zu essen / Denn jr habt vns darumb ausgefürt
in diese wüsten / das jr diese gantze Gemeine hun-
gers sterben lasset.

[4]DA sprach der HERR zu Mose / Sihe / Jch wil
euch Brot vom Himel regenen lassen / vnd das
Volck sol hin aus gehen / vnd samlen teglich was
es des tages darff / das ichs versuche / obs in meinem
||41b Gesetze wandele oder || nicht. [5]Des sechsten tags
aber sollen sie sich schicken / das sie zwifeltig ein-
tragen / weder sie sonst teglich samlen.

[6]MOse vnd Aaron sprachen zu allen kindern
Jsrael / Am abend solt jr innen werden / das euch
der HERR aus Egyptenland gefüret hat / [7]vnd
des morgens werdet jr des HERRN Herrligkeit Num. 11.
sehen / Denn er hat ewr murren wider den HERRN
gehöret. Was sind wir / das jr wider vns murret?
[8]Weiter sprach Mose / Der HERR wird euch am
abend Fleisch zu essen geben / vnd am morgen
Brots die fülle / Darumb das der HERR ewr mur-
ren gehöret hat / das jr wider jn gemurret habt /
Denn was sind wir? Ewer murren ist nicht wider
vns / sondern wider den HERRN.
[9]VND Mose sprach zu Aaron / Sage der gantzen
gemeine der kinder Jsrael / Kompt er bey fur den
HERRN / denn er hat ewr murren gehöret. [10]Vnd
da Aaron also redet zu der gantzen Gemeine der
kinder Jsrael / wandten sie sich gegen der wüsten /
Vnd sihe / die Herrligkeit des HERRN erschien
in einer wolcken. [11]Vnd der HERR sprach zu
Mose / [12]Jch hab der kinder Jsrael murren gehöret /
Sage jnen / Zwisschen abend solt jr Fleisch zu
essen haben / vnd am morgen Brots sat werden /
vnd innen werden / das ich der HERR ewr Gott
bin.

(MAN) Heisst auff Ebreisch eine gabe. Bedeut das vns das Euangelium / on vnser verdienst vnd gedancken / aus lauter gnaden vom Himel gegeben wird / wie dis Man auch gegeben ward.

VND am abend kamen Wachteln erauff / vnd be-
deckten das Heer. Vnd am morgen lag der taw
vmb das Heer her / [14]vnd als der taw weg war /
Sihe / da lags in der wüsten rund vnd klein / wie
der Reiffe auff dem lande. [15]Vnd da es die kinder
Jsrael sahen / sprachen sie vnternander / Das ist
Man / Denn sie wusten nicht was es war. Mose
aber sprach zu jnen / Es ist das Brot / das euch der

MAN Num. 11. Psal. 78. Sap. 16. Johan. 6. 1. Cor. 10.

HERR zu essen gegeben hat. 16Das ists aber das
der HERR geboten hat / Ein jglicher samle des /
so viel er fur sich essen mag / vnd neme ein Gomor
auff ein jglich heubt / nach der zal der Seelen in
seiner Hütten.

17VND die kinder Jsrael theten also / vnd sam-
leten / einer viel der ander wenig. 18Aber da mans
2. Cor. 8. mit dem Gomor mas / fand er nicht drüber der viel
gesamlet hatte / vnd der nicht drunter der wenig
gesamlet hatte / Sondern ein jglicher hatte gesam-
let / so viel er fur sich essen mocht. 19Vnd Mose
sprach zu jnen / Niemand lasse etwas dauon vber
bis morgen 20Aber sie gehorchten Mose nicht /
Vnd etliche liessen dauon vber bis morgen / da
wuchsen Würme drinnen vnd ward stinckend /
Vnd Mose ward zornig auff sie. 21Sie samleten aber
desselben alle morgen / so viel ein jglicher fur sich
essen mocht / Wenn aber die Sonne heis schien /
verschmeltzt es.

VND des sechsten tags samleten sie des Brots
zwifeltig / ja zwey Gomor fur einen / Vnd alle
Obersten der Gemeine kamen hinein vnd verkün-
digetens Mose. 23Vnd er sprach zu jnen / Das ists /
das der HERR gesagt hat / Morgen ist der Sabbath SABBATH.
der heiligen ruge des HERRN / Was jr backen wolt
das backet / vnd was jr kochen wolt das kochet /
Was aber vbrig ist / das lasset bleiben / das es be-
halten werde bis morgen. 24Vnd sie liessens blei-
ben bis morgen / wie Mose geboten hatte / da wards
nicht stinckend / vnd war auch kein wurm drinnen.
25Da sprach Mose / Esset das heute / denn es ist
heute der Sabbath des HERRN / jr werdets heute
nicht finden auff dem felde. 26Sechs tage solt jr
samlen / Aber der siebend tag ist der Sabbath /
darinnen wirds nicht sein.

27ABer am siebenden tage giengen etliche vom
Volck hin aus zusamlen / vnd funden nichts. 28Da
sprach der HERR zu Mose / Wie lange wegert jr
euch / zu halten mein Gebot vnd Gesetz? 29Sehet /
der HERR hat euch den Sabbath gegeben / darumb
gibt er euch am sechsten tage zweier tage brot / So
bleibe nu ein jglicher in dem seinen / vnd niemand
gehe er aus von seinem ort des siebenden tages.
30Also feierete das Volck des siebenden tags. 31Vnd
das haus Jsrael hies es Man / Vnd es war wie Co- MAN.
riander samen vnd weis / vnd hatte einen schmack /
|| 41c wie semel mit honig. ||

behalten etc.

VND Mose sprach / Das ists / das der HERR
geboten hat / Fülle ein Gomor dauon / zu be-
halten auff ewr Nachkomen / Auff das man sehe
das Brot / da mit ich euch gespeiset habe in der
wüsten / da ich euch aus Egyptenlande fürete.
33Vnd Mose sprach zu Aaron / Nim ein Krüglin /
vnd thu ein Gomor vol Man drein / vnd las es fur
dem HERRN zu behalten auff ewre Nachkomen /
34wie der HERR Mose geboten hat / Also lies es
Aaron daselbs fur dem Zeugnis zu behalten.

(Zeugnis) Das ist / An dem ort / da man opffert vnd betet / vnd der Predigstuel war / ehe die Hütten waren gemacht.

35VND die kinder Jsrael assen Man vierzig jar /
bis das sie zu dem Lande kamen / da sie wonen
solten / Bis an die grentze des lands Canaan assen
sie Man. 36Ein Gomor aber / ist das zehende teil
eins Epha.

JSRAEL hat 40. jar Man gessen. Josu. 5.

GOMOR.

XVII.

VND DIE GANTZE GEMEINE DER KINDER JSRAEL /
zoch aus der wüsten Sin / jre Tagereise / wie
jnen der HERR befalh / vnd lagerten sich in Raphi-
dim / Da hatte das Volck kein wasser zu trincken.
2Vnd sie zanckten mit Mose / vnd sprachen / Gebt
vns wasser / das wir trincken. Mose sprach zu jnen / Num. 20.
Was zancket jr mit mir? Warumb versucht jr den
HERRN? 3Da aber das volck daselbs dürstet
nach wasser / murreten sie wider Mose / vnd spra-
chen / Warumb hastu vns lassen aus Egypten zie-
hen / das du vns / vnser Kinder / vnd vieh / durst
sterben liessest?

RAPHIDIM.

Jsrael murret das nicht wasser hat etc.

MOse schrey zum HERRN / vnd sprach / Wie
sol ich mit dem Volck thun? Es feilet nicht
weit / sie werden mich noch steinigen. 5Der HERR
sprach zu jm / Gehe vorhin fur dem volck / vnd
nim etliche Eltesten von Jsrael mit dir / vnd nim
deinen Stab in deine hand / da mit du das wasser
schlugest / vnd gehe hin / 6Sihe / Jch wil daselbs
stehen fur dir auff einem Fels in Horeb / da soltu
den Fels schlahen / so wird wasser er aus lauffen / Num. 20.
das das Volck trincke. Mose thet also fur den Psal. 78. 95.
Eltesten von Jsrael / 7Da hies man den ort / Massa 1. Cor. 10.
vnd Meriba / vmb des Zancks willen der kinder
Jsrael / Vnd das sie den HERRN versucht vnd ge-
sagt hatten / Jst der HERR vnter vns oder nicht.

(MASSA) Heisst versuchung.

(MERIBA) Heisst zanck.

DA KAM AMALEK / VND STREIT WIDER JSRAEL IN
Raphidim. 9Vnd Mose sprach zu Josua / Er-
wele vns Menner / zeuch aus vnd streit wider Ama-
lek / Morgen wil ich auff des hügels spitzen stehen /

AMALEK streit wider Jsrael / vnd wird geschlagen etc.

Mose
Schweher.

vnd den stab Gottes in meiner hand haben. [10]Vnd
Josua thet wie Mose jm saget / das er wider Ama-
lek stritte. Mose aber vnd Aaron vnd Hur giengen
auff die spitzen des Hügels / [11]Vnd die weil Mose
seine hende empor hielt / siegte Jsrael / Wenn er
aber seine hende nider lies / siegte Amalek. [12]Aber
die hende Mose waren schweer / darumb namen MOSE HENDE
sie einen Stein / vnd legten jn vnter jn / das er sich schweer.
drauff satzt. Aaron aber vnd Hur vnterhielten jm
seine hende / auff jglicher seiten einer / Also blieben
seine hende steiff / bis die Sonne vntergieng. [13]Vnd
Josua dempffet den Amalek vnd sein volck / durch
des schwerts scherpffe.

Num. 24. [14]VND der HERR sprach zu Mose / Schreibe
3. Reg. 15. das zum gedechtnis in ein Buch / vnd befilhs in die
ohren Josua / Denn ich wil den Amalek vnter den
Himel austilgen / das man sein nicht mehr ge-
dencke. [15]Vnd Mose bawet einen Altar / vnd hies
jn / der HERR / Nissi / [16]Denn er sprach / Es ist (NISSI)
ein Malzeichen bey dem Stuel des HERRN / das Das heisst /
der HERR streiten wird wider Amalek von Kind mein Panir.
|| 41d zu Kindskind. ||

XVIII.

VND DA JETHRO DER PRIESTER IN MIDIAN MOSES
Schweher höret alles was Gott gethan hatte mit
Mose / vnd seinem volck Jsrael / das der HERR
Jsrael hette aus Egypten gefürt / [2]Nam er Zipora
Moses Weib / die er hatte zu rück gesand / [3]sampt
Exod. 2. jren zween Sönen / Der einer hies Gersom / denn
er sprach / Jch bin ein Gast worden in frembden
Lande / [4]Vnd der ander Elieser / denn er sprach /
Gott meines vaters ist mein Hülffe gewesen / vnd
hat mich errettet von dem schwert Pharao.

DA nu Jethro Moses schweher vnd seine Söne
vnd sein Weib zu jm kamen in die wüsten / an
den berg Gottes / da er sich gelagert hatte / [6]lies
er Mose sagen / Jch Jethro dein Schweher bin zu
dir komen / vnd dein Weib / vnd jre beide Söne
mit jr. [7]Da gieng jm Mose entgegen hinaus / vnd
neigt sich fur jm / vnd küsset jn. Vnd da sie sich
vnternander gegrüsset hatten / giengen sie in die
Hütten. [8]Da erzelet Mose seinem Schweher alles
was der HERR Pharao vnd den Egyptern gethan
hatte Jsraels halben / vnd alle die mühe / die jnen
auff dem wege begegnet war / vnd das sie der
HERR errettet hette.

Jethro Mose Schweher.

[9]JEthro aber frewet sich alle des Guten / das der
HERR Jsrael gethan hatte / das er sie errettet hatte
von der Egypter hand. [10]Vnd Jethro sprach / Ge-
lobt sey der HERR / der euch errettet hat von der
Egypter vnd Pharao hand / der weis sein Volck von
Egypten hand zu erretten. [11]Nu weis ich / das der
HERR grösser ist denn alle Götter / darumb das sie
hohmut an jnen geübt haben. [12]Vnd Jethro Moses
schweher nam Brandopffer / vnd opfferte Gott /
Da kam Aaron vnd alle Eltesten in Jsrael mit
Moses schweher das Brot zu essen fur Gott.

DES ANDERN MORGENS SATZT SICH MOSE / DAS
Volck zu richten / Vnd das volck stund vmb
Mose her / von morgen an bis zu abend. [14]Da
aber sein Schweher sahe alles was er mit dem Volck
thet / sprach er / Was ist das du thust mit dem volck?
Warumb sitzest du allein / vnd alles Volck stehet
vmb dich her von morgen an bis zu abend? [15]Mose
antwortet jm / Das volck kompt zu mir / vnd fragen
Gott vmb rat / [16]Denn wo sie was zu schaffen
haben / komen sie zu mir / das ich richte zwisschen
einem jglichen vnd seinem Nehesten / vnd zeige
jnen Gottes Recht vnd seine Gesetz.

[17]SEin Schweher sprach zu jm / Es ist nicht gut
das du thust / [18]du machest dich zu müde / da zu
das Volck auch das mit dir ist / Das gescheffte ist
dir zu schweer / du kansts allein nicht ausrichten.
[19]Aber gehorche meiner stim / ich wil dir raten /
vnd Gott wird mit dir sein. Pflege du des volcks
fur Gott / vnd bringe die gescheffte fur Gott / Vnd
stelle jnen Rechte vnd Gesetze / das du sie lerest
den weg darin zu wandeln / vnd die werck die sie
thun sollen.

JETHRO RAT.

[21]SJhe dich aber vmb vnter allem Volck nach Deut. 1.
redlichen Leuten / die Gott fürchten / warhafftig /
vnd dem Geitz feind sind / die setze vber sie / Et-
liche vber tausent / vber hundert / vber funffzig /
vnd vber zehen / [22]das sie das Volck allezeit rich-
ten. Wo aber eine grosse Sache ist / das sie die selb
an dich bringen / vnd sie alle geringe sachen rich-
ten / So wird dirs leichter werden / vnd sie mit dir
tragen. [23]Wirstu das thun / so kanstu ausrichten
was dir Gott gebeut / vnd alle dis Volck kan mit
frieden an seinen Ort komen.

[24]MOse gehorcht seines Schwehers wort / vnd
thet alles was er saget / [25]Vnd erwelet redliche
Leute aus gantzem Jsrael / vnd macht sie zu Heub-

Jsrael kompt in die wüsten Sinai.

ter vber das volck / Etliche vber tausent / vber
hundert / vber funffzig / vnd vber zehen / 26das
sie das volck alle zeit richten / Was aber schwere
Sachen weren / zu Mose brechten / vnd die kleinen
sachen sie richten. 27Also lies Mose seinen Schwe-
|| 42a her in sein Land ziehen. ||

XIX.

JM DRITTEN MOND NACH DEM AUSGANG DER KIN-
der Jsrael aus Egyptenland / kamen sie dieses
Num. 33. tages in die wüsten Sinai / 2Denn sie waren aus- SINAI.
gezogen von Raphidim / vnd wolten in die wüsten
Sinai / vnd lagerten sich in der wüsten daselbs /
gegen dem Berg / 3Vnd Mose steig hin auff zu
Gott.

VND der HERR rieff jm vom Berge / vnd sprach /
So soltu sagen zu dem hause Jacob / vnd ver-
kündigen den kindern Jsrael. 4Jr habt gesehen /
was ich den Egyptern gethan habe / vnd wie ich
euch getragen habe auff Adeler flügeln / vnd hab
euch zu mir bracht. 5Werdet jr nu meiner stimme
gehorchen / vnd meinen Bund halten / So solt jr
mein Eigenthum sein fur allen Völckern / denn die
1. Pet. 2. gantze Erde ist mein / 6Vnd jr solt mir ein priester-
lich Königreich / vnd ein heiliges Volck sein. Das
sind die wort / die du den kindern Jsrael sagen solt.

7MOse kam / vnd foddert die Eltesten im volck /
vnd legt jnen alle diese wort fur / die der HERR
geboten hatte. 8Vnd alles volck antwortet zu
gleich / vnd sprachen / Alles was der HERR geredt
hat / wöllen wir thun / Vnd Mose sagt die rede des
Volcks dem HERRN wider. 9Vnd der HERR
sprach zu Mose / Sihe / Jch wil zu dir komen in
einer dicken wolcken / Auff das dis volck meine
wort höre / die ich mit dir rede / vnd gleube dir
ewigklich / Vnd Mose verkündigt dem HERRN
die rede des volcks.

DER HERR sprach zu Mose / Gehe hin zum
volck / Vnd heilige sie heute vnd morgen / das
sie jre Kleider wasschen / 11vnd bereit seien auff
den dritten tag / Denn am dritten tage wird der
HERR fur allem Volck erab fahren auff den berg
Sinai. 12Vnd mache dem volck ein Gehege vmb-
her / vnd sprich zu jnen / Hütet euch / das jr nicht
auff den Berg steiget noch sein ende anrüret / Denn
Ebre. 12. wer den Berg anrüret / sol des tods sterben. 13Keine

hand sol jn anrüren / sondern er sol gesteinigt oder
mit Geschos erschossen werden / es sey ein Thier
oder Mensch / so sol er nicht leben / Wenn es aber
lange dohnen wird / denn sollen sie an den Berg
gehen. [14]Mose steig vom Berge zum Volck / vnd
heiliget sie / vnd sie wusschen jre Kleider. [15]Vnd
er sprach zu jnen / Seid bereit auff den dritten tag /
vnd keiner nahe sich zum Weibe.

ALS nu der dritte tag kam / vnd morgen war /
Da hub sich ein donnern vnd blitzen / vnd ein
dicke wolcken auff dem Berge / vnd ein dohn einer
seer starcken Posaunen / Das gantz Volck aber das
im Lager war / erschrack. [17]Vnd Mose füret das
Volck aus dem Lager / Gott entgegen / Vnd sie
traten vnten an den Berg. [18]Der gantz berg aber Deut. 4.
Sinai rauchet / darumb das der HERR erab auff
den Berge fure mit fewr / Vnd sein Rauch gieng
auff / wie ein rauch vom ofen / das der gantze Berg
seer bebete / [19]Vnd der Posaunen dohn ward jmer
stercker. Mose redet / vnd Gott antwortet jm laut.

[20]ALS nu der HERR ernider komen war auff den
berg Sinai / oben auff seine spitzen / foddert er
Mose / oben auff die spitze des Bergs / Vnd Mose
steig hin auff. [21]Da sprach der HERR zu jm / Steig
hin ab / vnd zeuge dem Volck / das sie nicht erzu
brechen zum HERRN / das sie jn sehen / vnd viel
aus jnen fallen. [22]Dazu die Priester die zum
HERRN nahen / sollen sich heiligen / das sie der
HERR nicht zuschmettere.

[23]MOse aber sprach zum HERRN / Das volck
kan nicht auff den berg Sinai steigen / Denn du
hast vns bezeuget / vnd gesagt / Mache ein gehege
vmb den Berg / vnd heilige jn. [24]Vnd der HERR
sprach zu jm / Gehe hin / steige hinab / Du vnd
Aaron mit dir / solt herauff steigen / Aber die
Priester vnd das Volck sollen nicht her zu brechen /
das sie hinauff steigen zu dem HERRN / das er
sie nicht zuschmettere. [25]Vnd Mose steig hervnter
zum Volck / vnd sagts jnen. || || 42 b

XX.

VND GOTT REDETE ALLE DIESE WORT. [2]JCH BIN Deut. 5.
DER HERR / DEIN GOTT / der ich dich aus Egyp- Psal. 81.
tenland / aus dem Diensthause gefürt habe. [3]DV
SOLT KEIN ANDERE GÖTTER NEBEN MIR HABEN. [4]Du
solt dir kein Bildnis noch jrgend ein Gleichnis
machen / weder des das oben im Himel / noch des

das vnten auff Erden / oder des das im Wasser
vnter der erden ist. [5]Bete sie nicht an / vnd diene
jnen nicht / Denn ich der HERR dein Gott / bin
ein eiueriger Gott / Der da heimsucht der
Veter missethat an den Kindern / bis in das
dritte vnd vierde Glied / die mich hassen.
[6]Vnd thu Barmhertzigkeit an vielen Tause-
ten / die mich lieb haben / vnd meine Gebot
halten.
[7]DV solt den Namen des HERRN deines
Gottes nicht misbrauchen / Denn der HERR
wird den nicht vngestrafft lassen / der seinen
Namen misbraucht.
Exo. 23. 34. 35. [8]GEdencke des Sabbaths tags / das du jn
Ezech. 20. heiligest. [9]Sechs tage soltu erbeiten / vnd alle
[a]dein ding beschicken. [10]Aber am siebenden tage — a
ist der Sabbath des HERRN deines Gottes / Da — Das ist / was du
soltu kein werck thun / noch dein Son / noch dein — zu thun hast.
Tochter / noch dein Knecht / noch dein Magd /
noch dein Vieh / noch dein Frembdlinger / der in
deinen thoren ist. [11]Denn sechs tage hat der HERR
Himel vnd Erden gemacht / vnd das Meer / vnd
alles was drinnen ist / vnd rugete am siebenden
tage / Darumb segenet der HERR den Sabbath tag /
vnd heiliget jn.
Ephe. 6. DV solt deinen Vater vnd deine Mutter
Matt. 15. ehren / Auff das du lang lebest im Lande /
das dir der HERR dein Gott gibt.
Mat. 5. 19. [13]DV solt nicht tödten.
[14]DV solt nicht ehebrechen.
[15]DV solt nicht stelen.
[16]DV solt kein falsch Zeugnis reden wider
deinen Nehesten.
[17]LAS dich nicht gelüsten deines Nehesten
Haus.
LAs dich nicht gelüsten deines Nehesten
Weibs / noch seines Knechts / noch seiner
Magd / noch seines Ochsen / noch seines Esels /
noch alles das dein Nehester hat.
VND alles Volck sahe den donner vnd blitz / — Werck vnd
vnd den dohn der Posaunen vnd den Berg — Ampt des Ge-
rauchen. Da sie aber solches sahen / flohen sie vnd — setzes.
Rom. 3. 4. 5. 7. traten von ferne / [19]vnd sprachen zu Mose / Rede
etc. du mit vns / wir wöllen gehorchen / vnd las Gott
nicht mit vns reden / wir möchten sonst sterben.
[20]Mose aber sprach zum volck / Fürchtet euch
nicht / Denn Gott ist komen / das er euch ver-

suchte / vnd das seine furcht euch fur augen
were / das jr nicht sündiget. 21Also trat das
volck von ferne / Aber Mose macht sich hinzu ins
tunckel / da Gott innen war.

22VND der HERR sprach zu jm / Also soltu den
kindern Jsrael sagen / Jr habt gesehen / das ich
mit euch vom Himel geredt habe / 23darumb solt
jr nichts neben mir machen / silbern vnd güldene
ALTAR von Erden.
Götter solt jr nicht machen. 24Einen Altar von
Erden mache mir / darauff du dein Brandopffer
vnd Danckopffer / deine schaf vnd rinder opfferst.
Denn an welchem Ort ich meines Namens gedechtnis stifften werde / Da wil ich zu dir
komen / vnd dich segenen / 25Vnd so du mir
einen steinern Altar wilt machen / soltu jn nicht
von gehawen steinen bawen / Denn wo du mit
deinem Messer drüber ferest / so wirstu jn entweihen. 26Du || solt auch nicht auff stuffen zu meinem Altar steigen / das nicht deine Schame auffgedeckt werde fur jm. || 43 a

XXI.

DJS sind die Rechte die du jnen solt furlegen. Leu. 25. Deut. 15. Jer. 34.

SO du einen ebreischen Knecht keuffest / der sol
dir sechs jar dienen / Jm siebenden jar sol er frey
ledig ausgehen. 3Jst er on weib komen / so sol er
auch on weib ausgehen / Jst er aber mit weib komen / so sol sein Weib mit jm ausgehen. 4Hat jm
aber sein Herr ein Weib gegeben / vnd hat Söne
oder Töchter gezeuget / So sol das weib vnd die
kinder seines Herrn sein / er aber sol on weib ausgehen. 5Spricht aber der Knecht / Jch hab meinen
Herrn lieb / vnd mein weib vnd kind / ich wil nicht
frey werden / 6So bring jn sein Herr fur die Götter /
vnd halt jn an die thür oder pfosten / vnd bore jm
mit einer Pfrimen durch seine ohre / vnd er sey
sein Knecht ewig.

VERkeufft jemand seine Tochter zur magd / So
sol sie nicht ausgehen wie die Knechte. 8Gefellet sie aber jrem Herrn nicht / vnd wil jr nicht
zur Ehe helffen / so sol er sie zu lösen geben / Aber
vnter ein frembd Volck sie zuuerkeuffen hat er
nicht macht / weil er sie verschmehet hat. 9Vertrawet er sie aber seinem Son / so sol er Tochterrecht an jr thun. 10Gibt er jm aber ein andere / so
sol er jr an jrem Futter / Decke vnd Eheschuld

nicht abbrechen. [11]Thut er diese drey nicht / so
sol sie frey ausgehen / on Lösegeld.

Gen. 9. WEr einen Menschen schlegt das er stirbt / Der
sol des tods sterben. [13]Hat er jm aber nicht
nachgestellet / sondern Gott hat jn lassen on ge-
Leui. 24. fehr in seine hende fallen / So wil ich dir einen Ort
Num. 35. bestimmen / da hin er fliehen sol. [14]Wo aber je-
Deut. 19. mand an seinem Nehesten freuelt / vnd jn mit list
erwürget / So soltu den selben von meinem Altar
nemen / das man jn tödte.

WEr seinen Vater oder Mutter schlegt / Der
sol des Tods sterben.

Deut. 24. [16]WEr einen Menschen stilet vnd verkeufft / das
man jn bey jm findet / Der sol des tods sterben.

Leu. 20. WEr Vater vnd Mutter flucht / Der sol des Tods
Deut. 21. 27. sterben.
Math. 15.
Mar. 7. [18]WEnn sich Menner mit einander haddern /
vnd einer schlegt den andern mit einem stein oder
mit einer faust / das er nicht stirbt / sondern zu
bette ligt / [19]Kompt er auff / das er ausgehet an
seinem stabe / So sol der jn schlug / vnschüldig
sein / On das er jm bezale / was er verseumet hat /
vnd das Artztgeld gebe.

WEr seinen Knecht oder Magd schlegt mit
einem stabe / das er stirbt vnter seinen henden /
Der sol darumb gestrafft werden. [21]Bleibt er aber
einen oder zween tage / so sol er nicht darumb
gestrafft werden / denn es ist sein geld.

WEnn sich Menner haddern vnd verletzen ein
schwanger Weib / das jr die Frucht abgehet /
vnd jr kein schade widerferet / So sol man jn vmb
geld straffen / wie viel des weibs Man jm auff legt /
vnd sols geben nach der Teidingsleute erkennen.
Leu. 24. [23]Kompt jr aber ein schaden draus / So sol er las-
Deut. 19. sen / Seele vmb seele / [24]Auge vmb auge / Zan vmb
Math. 5. zan / Hand vmb hand / Fus vmb fus / [25]Brand vmb
brand / Wund vmb wunde / Beule vmb beule.

WEnn jemand seinen Knecht oder seine Magd
in ein Auge schlegt vnd verderbts / der sol sie
frey los lassen / vmb das auge. [27]Desselbigen
gleichen / wenn er seinem Knecht oder Magd ein
Zan ausschlegt / sol er sie frey los lassen vmb den
zan.

WEnn ein Ochse einen Man oder Weib stösset /
das er stirbt / So sol man den Ochsen steini-
gen / vnd sein fleisch nicht essen / so ist der Herr
des ochsen vnschüldig. [29]Jst aber der Ochs vorhin

stössig gewesen / vnd seinem Herrn ists angesagt /
vnd er jn nicht verwaret hat / vnd tödtet darüber
einen || man oder weib / So sol man den ochsen || 43 b
steinigen / vnd sein Herr sol sterben. [30]Wird man
aber ein Geld auff jn legen / So sol er geben sein
Leben zu lösen / was man jm auff legt. [31]Desselbi-
gen gleichen sol man mit jm handeln / wenn er
Son oder Tochter stösset. [32]Stösset er aber einen
Knecht oder Magd / so sol er jrem Herrn dreissig
silbern Sekel geben / vnd den Ochsen sol man
steinigen.

SO jemand eine Gruben auffthut / oder grebt eine
grube / vnd decket sie nicht zu / vnd fellet
darüber ein Ochs oder Esel hin ein / [34]So sols der
Herr der gruben mit geld dem andern wider be-
zalen / Das Ass aber sol sein sein.

WEnn jemands Ochse eins andern ochsen stös-
set das er stirbt / So sollen sie den lebendigen
ochsen verkeuffen / vnd das geld teilen / vnd das
Ass auch teilen. [36]Jsts aber kund gewesen / das
der ochs stössig vorhin gewesen ist / vnd sein Herr
hat jn nicht verwaret / So sol er einen ochsen vmb
den andern vergelten / vnd das Ass haben.

XXII.

WEnn jemand einen Ochsen oder Schaf
stilet / vnd schlachts oder verkeuffts / Der sol
fünff ochsen fur einen ochsen wider geben / vnd
vier schaf fur ein schaf.

WEnn ein Dieb ergrieffen wird / das er einbricht
vnd wird drob geschlagen / das er stirbt / So
sol man kein Blutgericht vber jenen lassen gehen.
[3]Jst aber die Sonne vber jn auffgangen / So sol man
das Blutgericht gehen lassen.

ES sol aber ein Dieb widerstatten / Hat er nichts /
so verkeuff man jn vmb seinen Diebstal. [4]Findet
man aber bey jm den Diebstal lebendig / es sey
ochse / esel oder schaf / so sol ers zwifeltig wider
geben.

WEnn jemand einen Acker oder Weinberg be-
schedigt / das er sein Vieh lesset schaden thun /
in eines andern Acker / Der sol von dem besten
auff seinem acker vnd weinberge widerstatten.

WEnn ein Fewr auskompt / vnd ergreifft die
dornen / vnd verbrend die garben oder Ge-
treide das noch stehet / oder den Acker / Sol der
widerstatten / der das fewr angezündet hat.

WEnn jemand seinem Nehesten gelt oder gerete
zu behalten thut / vnd wird dem selbigen aus
seinem Hause gestolen / Findet man den Dieb /
So sol ers zwifeltig wider geben. [8]Findet man aber
den Dieb nicht / So sol man den Hauswirt fur die
Götter bringen / ob er nicht seine hand hab an
seines Nehesten habe gelegt.

WO einer den andern schüldigt vmb einicherley
vnrecht / es sey vmb ochsen oder esel / oder
schaf / oder kleider / oder allerley das verloren ist /
So sollen beider sache fur die Götter komen / Wel-
chen die Götter verdamnen / Der sols zwifeltig sei-
nem Nehesten widergeben.

(GÖTTER) Heissen die Richter / darumb das sie an Gottes stat / nach Gottes Gesetz vnd wort / nicht nach eigen dünckel richten vnd regirn musten / wie Christus zeuget / Joh. 10.

WEnn jemand seinem Nehesten ein esel oder
ochsen / oder schaf oder jrgend ein Vieh zu
behalten thut / vnd stirbt jm / oder wird be-
schedigt / oder wird jm weggetrieben / das nie-
mand sihet / [11]So sol mans vnter jnen auff einen
Eid bey dem HERRN komen lassen / ob er nicht
Joh. 10. habe seine hand / an seines Nehesten habe gelegt /
Vnd des guts Herr sols annemen / das jener nicht
bezalen müsse. [12]Stilets jm aber ein Dieb / so sol
ers seinem Herrn bezalen. [13]Wird es aber zuris-
sen / sol er zeugnis dauon bringen / vnd nicht be-
zalen.

WEnn jemand von seinem Nehesten entlehnet /
vnd wird beschedigt oder stirbt / das sein
Herr nicht da bey ist / so sol ers bezalen. [15]Jst aber
sein Herr da bey / sol ers nicht bezalen / weil ers
vmb sein gelt gedingt hat.

Deut. 22. WEnn jemand eine Jungfraw beredt / die noch
nicht vertrawet ist / vnd beschlefft sie / Der
sol jr geben jre Morgengab / vnd sie zum weibe
haben. [17]Wegert sich aber jr Vater sie jm zu geben /
Sol er gelt dar wegen / wie viel einer Jungfrawen
|| 44a zur Morgengabe gebürt. ||

Leui. 20. DJE Zeuberinnen soltu nicht leben lassen. [19]Wer
Deut. 27. ein Vieh beschlefft / der sol des tods sterben.
[20]Wer den Göttern opffert / on dem HERRN
allein / der sey verbannet.

Le. 19. 29. DJE frembdlingen soltu nicht schinden / noch
Zach. 7. vnterdrücken / Denn jr seid auch frembdlinge
Deut. 24. in Egyptenlande gewesen.

JR solt kein Widwen vnd Waisen beleidigen /
[23]Wirstu sie beleidigen / so werden sie zu mir
schreien / vnd ich werde jr schreien erhören. [24]So
wird mein zorn ergrimmen / das ich euch mit dem

schwert tödte / vnd ewre weiber widwen / vnd
ewre kinder Waisen werden.

WEnn du Geld leihest meinem Volck das arm Leui. 25.
ist bey dir / Soltu jn nicht zu schaden [a]drin- Deut. 23.
gen / vnd keinen Wucher auff jn treiben. Deut. 24.

WEnn du von deinem Nehesten ein Kleid zum
pfande nimpst / Soltu es jm widergeben / ehe
die Sonne vntergehet / [27]Denn sein Kleid ist sein
einige decke seiner haut / darin er schlefft. Wird er
aber zu mir schreien / So werde ich jn erhören /
Denn ich bin gnedig.

DEn Göttern soltu nicht fluchen / Vnd den
Obersten in deinem Volck soltu nicht lestern. Act. 23.
[29]Deine fülle [b]vnd [c]Threnen soltu nicht verziehen.

DEinen ersten Son soltu mir geben. [30]So soltu Exod. 13.
auch thun mit deinem Ochsen vnd schafe /
Sieben tag las es bey seiner Mutter sein / Am achten
tage / soltu mirs geben.

JR solt heilige Leute fur mir sein / Darumb solt jr
kein fleisch essen / das auff dem felde von Thieren Leui. 22.
zurissen ist / sondern fur die Hunde werffen. Eze. 44.

XXIII.

DV SOLT FALSCHER ANKLAGE NICHT GLEUBEN /
Das du einem Gottlosen bey stand thust / vnd
ein falscher Zeuge seiest.

[2]DV solt nicht folgen der Menge zum bösen /
vnd nicht antworten fur Gericht / das du der
Menge nach / vom Rechten weichest. [3]DV solt Leui. 19.
den geringen nicht schmücken in seiner Sache.

WEnn du deines feindes ochsen oder esel be-
gegnest / das er jrret / So soltu jm denselben
wider zufüren. [5]Wenn du des / der dich hasset / Deut. 22.
esel sihest vnter seiner last ligen / Hüt dich vnd las
jn nicht / sondern verseume gern das deine vmb
seinen willen.

DV solt das Recht deines Armen nicht beugen in
seiner Sache. [7]Sey ferne von falschen Sachen.
Den Vnschüldigen vnd Gerechten soltu nicht er-
würgen / Denn ich las den Gottlosen nicht recht
haben.

DV solt nicht geschencke nemen / Denn ge- Deut. 16.
schencke machen die sehenden blind / vnd ver-
keren die sachen der Gerechten.

DJE Frembdlingen solt jr nicht vnterdrücken / Exod. 22.
Denn jr wisset vmb der Frembdlingen hertz / Leui. 20.
die weil jr auch seid Frembdlinge in Egyptenland
gewesen.

a (Dringen) Dringen vnd wuchern sind zweierley. Dringen ist wenn du deinen Nehesten zwingest zu bezalen mit deinem vorteil vnd seinem nachteil Wuchern weis man wol was sey

b (FÜLLE) Heisset er alle harte Früchte / Als da sind / korn / gersten / epffel / birn / da man speise von machet.

c (THRENEN) Heisst er alle weiche Früchte / da man safft vnd tranck von machet / Als da sind / weindrauben / öle.

Leui. 25.

SEchs jar soltu dein Land beseen / vnd seine
Früchte einsamlen / 11 Jm siebenden jar soltu es
rugen vnd ligen lassen / das die Armen vnter dei-
nem Volck dauon essen / Vnd was vberbleibt / las
das Wild auff dem felde essen. Also soltu auch thun
mit deinem Weinberge vnd Oleberge.

KIRCHEN Rechte. Exod. 20. 34. 35. Deut. 5.

SEchs tage soltu deine erbeit thun / Aber des
siebenden tags soltu feiren / Auff das dein ochs
vnd esel rugen / vnd deiner Magd son vnd Frembd-
ling sich erquicken. 13 Alles was ich euch gesagt
habe / das haltet. Vnd anderer Götter namen solt
jr nicht [d] gedencken / Vnd aus ewrem munde sollen
sie nicht gehöret werden.

Leui. 23. Deu. 16. Ex. 12. 13.

DRey [e] mal solt jr mir Fest halten im jar / nemlich /
15 das Fest der vngesewrten Brot soltu halten /
Das du sieben tage vngesewrt brot essest (wie ich ‖
dir geboten habe) vmb die zeit des monden Abib /
Denn in demselbigen bistu aus Egypten gezogen /
Erscheinet aber nicht leer fur mir. 16 Vnd das Fest
der ersten Erndten / der Frücht die du auff dem
felde geseet hast / Vnd das Fest der einsamlung im
ausgang [a] des jars / wenn du deine erbeit einsamlet
hast vom felde.

‖ 44b

Exo. 34. Deut. 16.

DRey mal im jar sollen erscheinen fur dem
HERRN dem Herrscher / alle deine Mans-
bilde. 18 Du solt [b] das blut meines Opffers nicht
neben dem Sawerteig opffern / Vnd das fette von
meinem Fest / sol nicht bleiben bis auff morgen.

Exo. 34. Deut. 26.

DAs erstling / von der ersten Frucht auff deinem
felde / soltu bringen in das Haus des HERRN
deines Gottes / Vnd solt das Böcklin nicht kochen /
dieweil es an seiner mutter milch ist.

ENGEL fur den kindern Jsrael her gesand. Exod. 13. 32. 33.

SJhe / Jch sende einen Engel fur dir her / der dich
behüte auff dem wege / vnd bringe dich an den
Ort den ich bereit habe. 21 Darumb hüte dich fur
seinem Angesicht / vnd gehorche seiner stimme /
vnd erbittere jn nicht / Denn er wird ewer vber-
treten nicht vergeben / vnd mein Name ist in jm.
22 Wirstu aber seine stimme hören / vnd thun alles
was ich dir sagen werde / So wil ich deiner feinde
Feind / vnd deiner widerwertigen Widerwertiger
sein.

23 WEnn nu mein Engel fur dir hergehet / vnd
dich bringet an die Amoriter / Hethiter / Pheresiter /
Cananiter / Heuiter vnd Jebusiter / vnd ich sie ver-
tilge / 24 So soltu jre Götter nicht anbeten / noch
jnen dienen / vnd nicht thun / wie sie thun / Son-

d (Gedencken) Jr solt von keinen Heiligen predigen als von Göttern die euch helffen / noch da fur dancken / sondern Gott allein. Denn gedencken heisst hie so viel als predigen / rhümen / dancken / Gottesdienst pflegen / vt / Hoc facite in mei commemorationem.

e (Drey mal) Das ist / das Osterfest im April. Pfingsten im Brachmond / vnd das Lauberhütten fest im Weinmond / Dauon lise am 23. Ca. des 3. Buchs.

a Des jars ausgang heisst er den Weinmond / Das als denn aus ist mit frucht wachsen vnd samlen.

b Das blut etc. Das ist / Du solt das Osterlamb nicht opffern / ehe denn alles gesewrt brot aus deinem hause kompt.

dern du solt jre Götzen vmbreissen vnd zubrechen.
[25]Aber dem HERRN ewrm Gott solt jr dienen / So Deu. 7. 31.
wird er dein Brot vnd dein Wasser segenen / Vnd
ich wil alle Kranckheit von dir wenden. [26]Vnd sol
nichts vntrechtig noch vnfruchtbars sein in deinem
Lande / vnd wil dich lassen alt werden.

JCh wil mein schrecken fur dir her senden / vnd
alles Volck verzagt machen / dahin du kompst /
vnd wil dir geben alle deine Feinde in die flucht.
[28]Jch wil Hornissen fur dir her senden / die fur dir Deut. 7.
eraus jagen die Heniter / Cananiter / vnd Hethiter.
[29]Jch wil se nicht auff ein jar ausstossen fur dir /
auff das nicht das Land wüst werde / vnd sich wilde
Thier wider dich mehren / [30]Einzelen nach ein
ander / wil ich sie fur dir er aus stossen / bis das du
wechsest / vnd das Land besitzest.

GRENTZE DES gelobten Landes.

VND wil deine Grentze setzen / das Schilffmeer /
vnd das Philister meer / vnd die wüsten bis an
das Wasser / Denn ich wil dir in deine hand geben
die Einwoner des Lands / das du sie solt ausstossen
fur dir her. [32]Du solt mit jnen oder mit jren Göt- Exo. 34.
tern keinen Bund machen / [33]Sondern las sie nicht Deut. 7.
wonen in deinem Lande / das sie dich nicht ver-
füren wider mich / Denn wo du jren Göttern die-
nest / wird dirs zum ergernis geraten.

XXIIII.

VND ZU MOSE SPRACH ER / STEIG ERAUFF ZUM
HERRN / du vnd Aaron / Nadab vnd Abihu /
vnd die siebenzig Eltesten Jsrael / vnd betet an von
ferne / [2]Aber Mose alleine nahe sich zum HERRN /
vnd las jene sich nicht erzu nahen / vnd das Volck
kome auch nicht mit jm erauff.

MOse kam vnd erzelet dem Volck alle wort des Exo. 19.
HERRN / vnd alle Rechte / Da antwortet alles
Volck mit einer stim / vnd sprachen / Alle wort /
die der HERR gesagt hat / wollen wir thun. [4]Da
schreib Mose alle wort des HERRN / vnd macht
sich des morgens früe auff / vnd bawet einen Altar
vnten am Berge / mit zwelff Seulen / nach den
zwelff stemmen Jsrael. [5]Vnd sandte hin Jüngling
aus den kindern Jsrael / das sie Brandopffer drauff
opfferten / vnd Danckopffer dem HERRN von
Farren.

[6]VND Mose nam die helffte des Bluts / vnd thets
in ein becken / Die an||der helfft sprenget er auff || 45 a
den Altar. [7]Vnd nam das buch des Bunds / vnd las

es fur den ohren des volcks / Vnd da sie sprachen /
Alles was der HERR gesagt hat / wollen wir thun
vnd gehorchen / 8Da nam Mose das Blut vnd
sprenget das Volck damit / vnd sprach / Sehet /
Das ist blut des Bunds / den der HERR mit euch
macht / vber allen diesen worten.

DA stiegen Mose / Aaron / Nadab vnd Abihu /
vnd die siebenzig Eltesten Jsrael hin auff /
10vnd sahen den Gott Jsrael. Vnter seinen Füssen
war es / wie ein schöner Saphir / vnd wie die gestalt
des Himels / wens klar ist. 11Vnd er lies seine Hand
nicht vber die selben Obersten in Jsrael / Vnd da sie
Gott geschawet hatten assen vnd truncken sie.

(Seine Hand) Er schrecket sie nicht / mit donner vnd blitz / wie zuuor das Volck erschrekket ward / Cap. 20.

12VND der HERR sprach zu Mose / Kom er auff
zu mir auff den Berg / vnd bleib da selbs / das ich
dir gebe steinern Taffeln / vnd Gesetz / vnd Gebot /
die ich geschrieben habe / die du sie leren solt. 13Da
macht sich Mose auff / vnd sein diener Josua / vnd
steig auff den berg Gottes / 14vnd sprach zu den
Eltesten / Bleibt hie / bis wir wider zu euch komen /
Sihe / Aaron vnd Hur sind bey euch / Hat jemand
eine Sache der kome fur die selben.

15DA nu Mose auff den Berg kam / bedeckt eine
wolcke den berg / 16Vnd die Herligckeit des
HERRN wonete auff dem berge Sinai / vnd decket
jn mit der wolcken sechs tage / vnd rieff Mose am
siebenden tage aus der wolcken. 17Vnd das an-
sehen der herrligkeit des HERRN war wie ein ver-
zerend fewr / auff der spitze des Bergs / fur den
kindern Jsrael. 18vnd Mose gieng mitten in die
wolcken / vnd steig auff den Berg / vnd bleib auff
dem berge viertzig tage vnd vierzig nacht.

MOSES bleibt auffm Berge 40. tage. Ex. 34. 35.

XXV.

VND DER HERR REDET MIT MOSE / VND SPRACH /
2Sage den Kindern Jsrael / das sie mir ein Heb-
opffer geben / Vnd nemet die selben von jederman /
der es williglich gibt. 3Das ist aber das Hebopffer /
das jr von jnen nemen solt / Gold / silber / ertz /
4gele seiden / scharlacken / rosinrot / weisse seiden /
zigenhar / 5rötlicht widerfel / dachsfel / foernholtz /
6öle zur lampen / specerey zur Salben vnd gutem
Reuchwerg / 7Onychstein vnd eingefaste steine
|| 45 b zum Leibrock / vnd zum Schiltlin. ||

HEBOPFFER.

8VND sie sollen mir ein Heiligthum machen /
Das ich vnter jnen wone. 9WIE ICH DIR EIN FUR-

sampt jrem Gerete.

(Furbilde). Dis ist der Heubtsprüch einer / darin Mose zeuget / das sein Regiment solle auffhören / vnd nicht das rechte endlich wesen / sondern ein Fürbilde vnd Furspiel sein des Reichs Christi. Vnd on allen zweiuel hat hie von Christus mit den zween Jüngern zu Emaus geredt / Luc. xxiiij.

BILDE DER WONUNGE / VND ALLES SEINES GERETES
ZEIGEN WERDE / SO SOLT JRS MACHEN.
MAchet eine Lade von foern holtz / Drithalb LADE.
ellen sol die lenge sein / anderthalb ellen die Exod. 37.
breite / vnd anderhalb ellen die höhe. 11Vnd solt
sie mit feinem gold vberziehen / inwendig vnd
auswendig / Vnd mache einen gülden Krantz oben
vmbher. 12Vnd geus vier gülden Rincken / vnd
mache sie an jre vier Ecken / also / das zween rin-
cken seien auff einer seiten / vnd zween auff der
ander seiten. 13Vnd mache Stangen von foern Exod. 40.
holtz / vnd vberzeuch sie mit golde / 14vnd steck
sie in die rincken an der Laden seiten / das man sie
da bey trage / 15Vnd sollen in den rincken bleiben /
vnd nicht heraus gethan werden. 16Vnd solt in die
Lade das Zeugnis legen / das ich dir geben werde.

GNADENSTUEL.

DV solt auch einen Gnadenstuel machen von
feinem golde / Drithalb ellen sol seine lenge
sein / vnd anderthalb ellen seine breite. 18Vnd solt
zween Cherubim machen von tichtem golde / zu
beiden enden des Gnadenstuels / 19das ein Cherub
sey an diesem ende / der ander an dem andern ende /
Vnd also zween Cherubim seien an des Gnaden-
stuels enden. 20Vnd die Cherubim sollen jre Flügel
ausbreiten oben vber her / das sie mit jren flügeln
den Gnadenstuel bedecken / vnd eins jglichen And-
litz gegen dem andern stehe / Vnd jre Andlitz
sollen auff den Gnadenstuel sehen. 21Vnd solt den
Gnadenstuel oben auff die Lade thun / Vnd in die
Lade das Zeugnis legen / das ich dir geben werde.
22VON DEM ORT WIL ICH DIR ZEUGEN VND MIT DIR Exod. 29.

(Dir zeugen) Das ist / Da bey als bey eim gewissen Zeichen vnd Zeugnis / wil ich dich wissen lassen das ich da bin gegenwertig / das ich daselbs reden werde etc.

sampt jrem Gerete.

REDEN / NEMLICH / VON DEM GNADENSTUEL ZWISSCHEN DEN ZWEEN CHERUBIM / DER AUFF DER LADEN DES ZEUGNIS IST / ALLES WAS ICH DIR GEBIETEN WIL AN DIE KINDER JSRAEL.

DV solt auch einen Tisch machen von foern TISCH.
holtz / Zwo ellen sol seine lenge sein / vnd ein
elle seine breite / vnd anderthalb ellen seine höhe.
24Vnd solt jn vberziehen mit feinem golde / Vnd
einen gülden Krantz vmb her machen / 25vnd eine
Leisten vmb her / einer handbreit hoch / vnd
einen gülden Krantz vmb die leisten her. 26Vnd
solt vier gülden Ringe dran machen / an die vier
ort an seinen vier füssen / 27hart vnter der leisten
|| 46a sollen die ringe sein / das man Stan||gen drein thu /
vnd den Tisch trage / 28Vnd solt die stangen von
foernholtz machen / vnd sie mit golde vberziehen /
das der Tisch da mit getragen werde. 29Du solt
auch seine Schüsseln / Becher / Kannen Schalen /
aus feinem golde machen / da mit man aus vnd einschencke. 30Vnd solt auff den Tisch allezeit
Schawbrot legen fur mir.

Exo. 37. DV solt auch einen Leuchter von feinem tichten LEUCHTER.
golde machen / daran sol der schafft mit röhren /
schalen / kneuffen / vnd blumen sein. 32Sechs
röhren sollen aus dem Leuchter zun seiten ausgehen / aus jglicher seiten drey röhren / 33ein jgliche röhre sol drey offen schalen / kneuffe vnd
blumen haben / Das sollen sein die sechs röhren
aus dem Leuchter. 34Aber der schafft am Leuchter /
sol vier offen schalen mit kneuffen vnd blumen
haben / 35Vnd ja einen knauff vnter zwo röhren /

sampt jrem Gerete.

welcher sechs aus dem Leuchter gehen. 36Denn
beide jre kneuffe vnd röhren sollen aus jm gehen /
alles ein ticht lauter gold.

7. Lampen.

37VND solt sieben Lampen machen oben auff /
das sie gegen ander leuchten / 38vnd Leucht-
schneutzen vnd Lesschnepffe von feinem golde /
39aus einem [a]Centner feines golds soltu das machen /
mit allem diesem Geret. 40Vnd sihe zu / Das du es Ebre. 8.
machest nach jrem Bilde / das du auff dem Berge Act. 7.
gesehen hast.

a (Centner) xxx. pfund golds.

Er widerholets hie zum andern mal / das er droben in diesem Cap. sagt / Es solle alles eitel Furbilde vnd Figur sein mit Mose / Auff das es zwey mal gesagt / ja gewislich gegleubt werde.

XXVI.

DJE WONUNG SOLTU MACHEN VON ZEHEN TEPPI- WONUNG.
chen / von weisser gezwirnter seiden / von Exod. 36.
geler seiden / von scharlacken vnd rosinrot /
Cherubim soltu dran machen künstlich. 2Die lenge
eins Teppichs sol acht vnd zwenzig ellen sein / die
breite vier ellen / vnd sollen alle zehen gleich sein /
3vnd sollen ja funff zusamen gefüget sein / eine an
die andern. 4Vnd solt Schleufflin machen von
geler seiden an jglichs teppichs orten / da sie sollen
zusamen gefugt sein / das ja zween vnd zween an
jren orten zusamen geheft werden / 5funffzig
schleufflin an jglichem teppich / das einer den an-
dern zusamen fasse. 6Vnd solt funffzig güldene
Heffte machen damit man die teppich zusamen
heffte / einen an den andern / auff das es eine
Wonung werde.

DECKE VON 11. Teppichen.

DV solt auch eine Decke aus zigenhar machen /
zur Hütten vber die Wo||nunge / von eilff teppi- || 46b
chen. 8Die lenge eins teppichs sol dreissig ellen

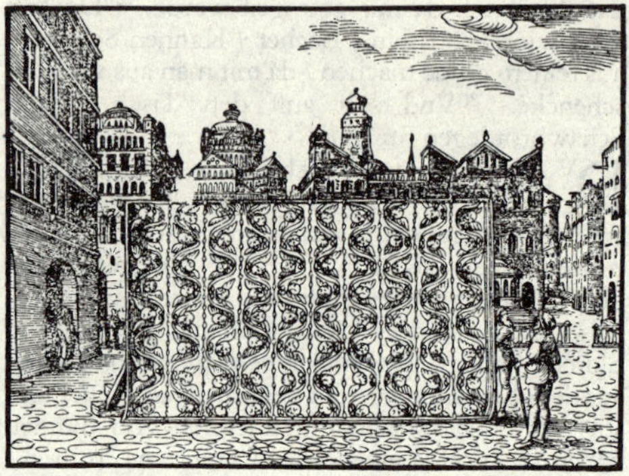

der Wonung
etc.

sein / die breite aber vier ellen / vnd sollen alle
eilffe gleich gros sein. 9Fünffe soltu an einander
fügen / vnd sechse auch an einander / das du den
sechsten teppich zwifeltig machest forn an der
Hütten. 10Vnd solt an einem jglichen teppich
funffzig Schleufflin machen an jren orten / das sie
aneinander bey den enden gefüget werden. 11Vnd
solt funffzig eherne Heffte machen / vnd die heffte
in die Schleufflin thun / das die Hütte zusamen ge-
füget / vnd eine hütte werde. 12Aber das vberlenge
an den teppichen der Hütten / soltu die helfft lassen
vberhangen an der Hütten / 13auff beiden seiten
eine ellen lang / das das vbrige sey an der hütten
seiten / vnd auff beiden seiten sie bedecke. 14Vber
diese Decke soltu eine decke machen / von röt-
lichen Widerfellen / Dazu vber sie / eine decke von
Dachsfellen.

Exod. 36. DV solt auch Bretter machen zu der Wonung BRETER.
von foern holtz die stehen sollen / 16Zehen
ellen lang sol ein Bret sein / vnd anderhalb ellen
breit. 17Zween Zapffen sol ein bret haben / das
eins an das ander müge gesetzt werden / Also soltu
alle bretter der Wonunge machen. 18Zwenzig
sollen jr stehen gegen dem mittag / 19die sollen
vierzig silbern Füsse vnten haben / ja zween füsse
vnter jglichem bret / an seine zween zapffen. 20Also
auff der andern seiten / gegen mitternacht / sollen
auch zwenzig bret stehen / 21vnd vierzig silbern
füsse / ja zween füsse vnter jglichem bret. 22Aber
hinden an der Wonung / gegen dem Abend soltu
sechs bret machen / 23dazu zwey bret hinden an die

zwo ecken der Wonung / [24]das ein jglichs der beider sich mit seinem ortbret von vnten auff geselle / vnd oben am heubt gleich zusamen kome mit einem klammer / [25]Das acht breter seien mit jren silbern füssen / der sechzehen sein / ja zween vnter einem bret.

RIEGEL.

VND solt Riegel machen von foern holtz / funffe zu den breten auff einer seiten der Wonunge / [27]vnd funffe zu den breten auff der ander seiten der wonunge / vnd funff zu den breten / hinden an der wonunge gegen dem abend. [28]Vnd solt die Riegel mitten an den breten durch hin stossen / vnd alles zusamen fassen / von einem ort zu dem andern. [29]Vnd solt die Bret mit golde vberziehen / vnd jre Rincken von gold machen / das man die Riegel drein thu / [30]Vnd die riegel soltu mit gold vberziehen. Vnd also soltu denn die Wonung auffrichten / nach der weise / wie du gesehen hast auff dem Berge. ‖ ‖ 47a

FURHANG.

VND solt einen Furhang machen von geler seiden / scharlacken vnd rosinrot / vnd gezwirnter weisser seiden / vnd solt Cherubim dran machen künstlich / [32]Vnd solt jn hengen an vier Seulen von foern holtz / die mit gold vberzogen sind / vnd güldene Kneuffe / vnd vier silberne Füsse haben. [33]Vnd solt den Furhang mit Hefften anhefften / vnd die Lade des Zeugnis inwendig des Furhangs setzen / das er euch ein vnterscheid sey zwisschen dem Heiligen vnd dem Allerheiligsten.

LADE.

GNADENSTUEL. TISCH. LEUCHTER.

[34]VND solt den Gnadenstuel thun auff die Lade des Zeugnis in dem Allerheiligsten. [35]Den Tisch aber setze ausser dem Furhang / vnd den Leuchter gegen dem Tisch vber / zu mittag werts der Wonunge / das der Tisch stehe gegen mitternacht.

[36]VND solt ein Tuch machen in die Thür der Hütten / gewirckt von geler seiden / rosinrot / scharlacken vnd gezwirnter weisser seiden. [37]Vnd solt dem selben Tuch funff Seulen machen von foern holtz mit gold vberzogen / mit gülden kneuffen / vnd solt jnen funff ehrnen füsse giessen.

XXVII.

(Hörner) Das ist / Auffgerichte kleine Seulen / oben mit kneuffen oder blumen.

BRANDOPFFERS Altar. Exod. 38.

VND SOLT EINEN ALTAR MACHEN VON FOERN holtz / funff ellen lang vnd breit / das er gleich vierecket sey / vnd drey ellen hoch / [2]Hörner soltu auff seinen vier Ecken machen / vnd solt jn mit ertz vberziehen. [3]Mache auch Asschentöpffe /

Schauffeln / Becken / Krewel / Kolpfannen / alle sein
Gerete soltu von ertz machen. 4Du solt auch ein
ehern Gitter machen / wie ein Netz / vnd vier
eherne Ringe an seine vier ort / 5Du solts aber von
vnten auff vmb den Altar machen / das das Gitter
reiche bis mitten an den Altar. 6Vnd solt auch
Stangen machen zu dem Altar von foern holtz / mit
ertz vberzogen / 7vnd solt die Stangen in die ringe
thun / das die Stangen seien an beiden seiten des
Altars / da mit man jn tragen möge. 8Vnd solt jn
also von Brettern machen / das er inwendig hol sey /
Wie dir auff dem Berge gezeigt ist.

Exod. 38. DV solt auch der Wonung einen Hof machen / HOFE
deinen Vmbhang / von gezwirnter weisser sei- mit seinen
den / Auff einer seiten hundert ellen lang / gegen vmbhengen.
dem Mittag / 10vnd zwenzig Seulen / auff zwenzig
|| 47b ehern füssen / vnd ehrne || kneuffe mit jren reiffen

von silber. 11Also auch gegen Mitternacht sol sein
ein Vmbhang / hundert ellen lang / zwenzig Seulen
auff zwenzig eheren füssen / vnd jre Kneuffe mit
jren reiffen von silber. 12Aber gegen dem Abend
sol die breite des Hofs haben einen Vmbhang /
funffzig ellen lang / zehen Seulen auff zehen Füssen.
13Gegen dem Morgen aber sol die breite des Hofs
haben funffzig ellen. 14Also / das der vmbhang
habe auff einer seiten funffzehen ellen / dazu drey
Seulen auff dreien Füssen / 15Vnd aber funffzehen
ellen auff der andern seiten / dazu drey Seulen auff
dreien Füssen.

ABer in dem thor des Hofs / sol ein Tuch sein
zwenzig ellen breit / gewircket von geler sei-
den / scharlacken / rosinrot / vnd gezwirnter wei-
sser seiden / Dazu vier Seulen auff jren vier Füssen.
17Alle seulen vmb den Hof her / sollen silbern
reiffe vnd silbern kneuffe vnd eherne füsse haben.
18Vnd die lenge des Hofs sol hundert ellen sein / die
breite funffzig ellen / die höhe funff ellen / von
gezwirnter weisser seiden / vnd seine füsse sollen
ehern sein. 19Auch alle Gerete der Wonung zu
allerley Ampt / vnd alle seine Negel / vnd alle
Negel des Hofs sollen ehern sein.

GEbeut den kindern Jsrael / das sie zu dir bringen
das allerreinest lauter öle von Olebawmen ge- OLE ZUR Leuchten.
stossen zur Leuchten / das man allezeit oben in die
Lampen thue / 21in der Hütten des [a]Stiffts / ausser
dem Vorhang / der fur dem Zeugnis hangt. Vnd
Aaron vnd seine Söne / sollen sie zurichten / beide
des morgens vnd des abends fur dem HERRN /
Das sol euch ein ewige Weise sein auff ewre Nach-
komen / vnter den kindern Jsrael.

a (MOED) Das Ebreisch wort Moed / haben wir nicht anders wissen noch wollen deudschen. Es sol aber so viel heissen / als ein gewisser ort oder stete / wie eine Pfarrkirche oder Stifft / Dahin das Volck Jsrael komen vnd Gottes wort hören solten / Da mit sie nicht jrer eigen andacht nach / hin vnd wider lieffen / auff Bergen / in Gründen vnd andern Orten / Gott zu opffern.

XXVIII.

VND SOLT AARON DEINEN BRUDER VND SEINE Exod. 39.
Söne zu dir nemen / aus den kindern Jsrael /
das er mein Priester sey / nemlich / Aaron vnd seine
söne / Nadab / Abihu / Eleasar / vnd Jthamar.
2Vnd solt Aaron deinem Bruder heilige Kleider
machen / die herrlich vnd schön seien. 3Vnd solt
reden mit allen die eins weisen hertzen sind / die ich
mit dem Geist der weisheit erfüllet habe / das sie
Aaron kleider machen zu seiner Weihe / das er
mein Priester sey.

4DAS sind aber die Kleider die sie machen sol- Exod. 39.
len / Das Schiltlin / Leib||rock / Seidenrock / || 48 a

Engenrock / Hut vnd Gürtel. Also sollen sie heilige
Kleider machen deinen bruder Aaron / vnd seinen
Sönen / das er mein Priester sey. [5]Dazu sollen sie
nemen gold / gele seiden / scharlacken / rosinrot /
vnd weisse seiden.

Exod. 39. LEIBROCK.

DEN Leibrock sollen sie machen von gold /
geler seiden / scharlacken / rosinrot / vnd
gezwirnter weisser seiden / künstlich / [7]Das er
auff beiden achseln zusamen gefügt / vnd an beiden
seiten zusamen gebunden werde. [8]Vnd seine Gurt
drauff / sol derselben kunst vnd wercks sein / von
gold / geler seiden / scharlacken / rosinrot / vnd
gezwirnter weisser seiden.

[9]VND solt zween Onicherstein nemen / vnd
drauff graben die Namen der kinder Jsrael / [10]auff
jglichen sechs namen / nach dem orden jrs Alters.
[11]Das soltu thun durch die Steinschneiter / die da
Siegel graben / also / das sie mit gold vmbher ge-
fasset werden. [12]Vnd solt sie auff die schultern
des Leibrocks hefften / das es Steine seien zum
Gedechtnis fur die kinder Jsrael / Das Aaron jre
namen auff seinen beiden schultern trage fur dem
HERRN zum Gedechtnis.

[13]VND solt güldene Spangen machen / [14]vnd
zwo Keten von feinem golde mit zwey enden / aber
die gelied in einander hengend / vnd solt sie an die
Spangen thun.

Exod. 39. AMPTSCHILTLIN.

DAS Amptschiltlin soltu machen nach der kunst /
wie den Leibrock / von gold / geler seiden /
scharlacken / rosinrot vnd gezwirnter weisser sei-
den. [16]Vier ecket sol es sein vnd zwifach / eine
hand breit sol seine lenge sein / vnd eine handbreit
seine breite. [17]Vnd solts füllen mit vier rigen vol
Stein / Die erste rige sey / ein Sarder / Topaser /
Smaragd. [18]Die ander / ein Rubin / Saphir / De-
mand. [19]Die dritte / ein Lyncurer / Achat / Ame-
thist. [20]Die vierde / ein Türkis / Onich / Jaspis. Jn
gold sollen sie gefasset sein in allen rigen / [21]vnd
sollen nach den zwelff Namen der kinder Jsrael
stehen / gegraben vom Steinschneiter / ein jglicher
seines namens nach den zwelff Stemmen.

[22]VND solt Keten zu dem Schiltlin machen / mit
zwey enden / Aber die gelied in einander hengend /
von feinem golde / [23]vnd zween gülden Ringe an
das Schiltlin / Also / das du die selben zween ringe
hefftest an zwo ecken des Schiltlins / [24]vnd die
zwo gülden Keten / in die selben zween ringe an

vnd seiner söne kleider vnd schmuck.

den beiden ecken des Schiltlins thust. [25]Aber die zwey ende der zwo keten / soltu in zwo Spangen thun / vnd sie hefften auff die schultern am Leibrock gegenander vber.

[26]VND solt zween ander gülden Ringe machen / vnd an die zwo ander ecken des Schiltlins hefften an seinem ort / inwendig gegen dem Leibrock. [27]Vnd solt aber zween gülden Ringe machen / vnd an die zwo ecken vnten am Leibrock gegen ander hefften / da der Leibrock zusamen gehet oben an den Leibrock künstlich. [28]Vnd man sol das Schiltlin mit seinen Ringen / mit einer gelen Schnur an die ringe des Leibrocks knüpffen / das es auff dem künstlich gemachtem Leibrock hart anlige / vnd das Schiltlin sich nicht von dem Leibrock los mache.

[29]ALso sol Aaron die Namen der kinder Jsrael tragen in dem Amptschiltlin / auff seinem hertzen / wenn er in das Heilige gehet / zum gedechtnis fur dem HERRN allezeit. [30]Vnd solt in das Amptschiltlin thun Liecht vnd Recht / das sie auff dem hertzen Aarons seien / wenn er eingehet fur den HERRN / vnd trage das Ampt der kinder Jsrael auff seinem hertzen / fur dem HERRN alle wege.

(Liecht) Was das gewesen sey / weis man jtzt nicht mehr / Ebreisch heissts / Vrim vnd Thumim.

VRIM. THUMIM. Num. 27.

SEIDENROCK.

DV solt auch den Seidenrock vnter den Leibrock machen / gantz von geler seiden. [32]Vnd oben mitten in / sol ein Loch sein / vnd ein borte vmb das loch her zusamen gefalten / das nicht zureisse. [33]Vnd vnten an seinem Saum / soltu Granatepffel machen von geler seiden / scharlacken / rosinrot / vmb vnd vmb / Vnd zwisschen die selben / güldene Schellen / auch vmb vnd vmb / [34]das || ein gülden Schelle sey / darnach ein Granatapffel / vnd aber ein gülden schelle / vnd wider ein Granatapffel / vmb vnd vmb / an dem saum desselben Seidenrocks. [35]Vnd Aaron sol jn anhaben wenn er dient / das man seinen klang höre / wenn er aus vnd ein gehet in das Heilige fur dem HERRN / auff das er nicht sterbe.

|| 48 b

Eccl. 45.

STIRNBLAT.

DV solt auch ein Stirnblat machen von feinem golde / vnd ausgraben / wie man die Siegel ausgrebt / die Heiligkeit des HERRN. [37]Vnd solts hefften an eine gele Schnur / fornen an den Hut [38]auff der stirn Aaron / Das also Aaron trage die missethat des Heiligen / das die kinder Jsrael heiligen in allen Gaben jrer heiligung / Vnd es sol

vnd seiner söne kleider.

alle weg an seiner Stirn sein / das er sie versüne
fur dem HERRN.
DV solt auch den Engenrock machen von weisser ENGEROCK.
seiden / vnd einen Hut von weisser seiden
machen / vnd einen gestickten Gürtel.
VND den Sönen Aaron soltu Röcke / Gürtel vnd
Hauben machen / die herrlich vnd schön seien.
41Vnd solt sie deinem bruder Aaron sampt seinen
Leui. 8. Sönen anziehen / Vnd solt sie salben / vnd jre hende
füllen / vnd sie weihen / das sie meine Priester
seien. 42Vnd solt jnen leinen Niderkleid machen /
zu bedecken das fleisch der scham / von den lenden
bis an die hüfften. 43Vnd Aaron vnd seine Söne
sollen sie anhaben / wenn sie in die Hütten des
Stiffts gehen / oder hin zu tretten zum Altar / das
sie dienen in dem Heiligthum / das sie nicht jre
missethat tragen / vnd sterben müssen / Das sol
jm vnd seinem Samen nach jm ein ewige Weise sein.

(Füllen) Dis füllen ist ein Ebreische sprach / der man mus gewonen. Vnd war das / wie im folgenden Capitel stehet / Das in der weihe den Priestern die hende mit Opffer gefüllet wurden fur dem HERRN.

XXIX.

DAS ISTS AUCH / DAS DU JNEN THUN SOLT / DAS
sie mir zu Priester geweihet werden. Nim einen
jungen Farren / vnd zween Wider on wandel /
2vngesewrt Brot vnd vngesewrte Kuchen mit öle
gemenget / vnd vngesewrte Fladen mit öle gesal-
bet / Von weitzen melh soltu solchs alles machen /
3Vnd solts in einen Korb legen / vnd in dem korbe
erzu bringen / sampt dem Farren vnd den zween
Widern.
4VND solt Aaron vnd seine Söne fur die thür
der Hütten des Stiffts füren / vnd mit wasser

Rechte.

wasschen / [5]Vnd die Kleider nemen / vnd Aaron
anziehen || den Engenrock / vnd den Seidenrock / || 49a
vnd den Leibrock / vnd das Schiltlin zu dem Leib-
rock. Vnd solt jn gürten aussen auff den Leibrock /
[6]vnd den Hut auff sein Heubt setzen / vnd die hei-
lige Kron an den Hut. [7]Vnd solt nemen das
Salböle / vnd auff sein heubt schütten / vnd jn
salben. [8]Vnd seine Söne soltu auch erzu füren / vnd
den Engenrock jnen anziehen / [9]vnd beide Aaron
vnd auch sie mit Gürteln gürten / vnd jnen die
Hauben auffbinden / das sie das Priesterthum haben
zu ewiger weise.

VND solt Aaron vnd seinen Sönen die hende
füllen / [10]vnd den Farren erzu füren / für die Hütte Leui. 1.
des Stiffts / Vnd Aaron sampt seinen Sönen sollen
jr hende auff des Farren heubt legen. [11]Vnd solt
den Farren schlachten fur dem HERRN / fur der
thür der Hütten des Stiffts / [12]Vnd solt seines
Bluts nemen / vnd auff des Altars hörner thun /
mit deinem finger / vnd alles ander blut an des Al-
tars boden schütten. [13]Vnd solt alles fett nemen Leui. 3.
am eingeweide / vnd das netze vber der lebber /
vnd die zwo nieren / mit dem fett das drüber ligt /
vnd solts auff dem Altar anzünden. [14]Aber des
Farren fleisch / fell vnd mist soltu aussen fur dem
Lager mit Fewr verbrennen / denn es jst ein
Sündopffer.

(Ein fewr des HERRN) Das wort (Ein fewr des HERRN) braucht Mose seer viel / Vnd wir sollens gewonen / das es so viel heisse / als ein Opffer des HERRN. Als wenn du von fernen ein fewr sehest vnd fragtest / Was ist das? So spreche man / Es ist Gottes fewr / das ist / man opffert daselbs Gott. Per Synecdochen / vel aliam figuram.

ABer den einen Wider soltu nemen / vnd Aaron Leui. 8.
sampt seinen Sönen sollen jre hende auff sein
heubt legen. [16]Denn soltu jn schlachten / vnd sei-
nes Bluts nemen / vnd auff den Altar sprengen
rings rumb. [17]Aber den Wider soltu zulegen in
stück / vnd sein eingeweide wasschen vnd schen-
ckel / vnd solts auff seine stück vnd heubt legen /
[18]vnd den gantzen Wider anzünden auff dem Altar /
Denn es ist dem HERRN ein Brandopffer / ein
süsser geruch / ein fewr des HERRN.

DEn andern Wider aber soltu nemen / vnd Aaron
sampt seinen Sönen / sollen jre hende auff sein
Heubt legen / [20]vnd solt jn schlachten / vnd sein
Bluts nemen / vnd Aaron vnd seinen Sönen auff
den rechten Ohrknorbel thun / vnd auff den Dau-
men jrer rechten hand / vnd auff den grossen Zehe
jres rechten fusses / Vnd solt das blut auff den
Altar sprengen rings rumb. [21]Vnd solt das blut
auff dem Altar nemen vnd Salböle / vnd Aaron
vnd seine kleider / seine Söne vnd jre kleider be-

Rechte.

sprengen / So wird er vnd seine kleider / seine
Söne vnd jre kleider geweihet.

[22]DArnach soltu nemen das fett von dem Wider /
den schwantz / vnd das fett am eingeweide / das
netz vber der lebber / vnd die zwo nieren mit dem
fett drüber / vnd die rechte schulder (denn es ist
ein Wider der fülle) [23]vnd ein brot / vnd ein öle-
kuchen / vnd einen fladen aus dem korbe des vn-
gesewrten brots / der fur dem HERRN stehet /
[24]Vnd legs alles auff die hende Aaron vnd seiner
Söne / vnd webe es dem HERRN. [25]Darnach
nims von jren Henden / vnd zünde es an auff dem
Altar zum Brandopffer / zum süssen geruch fur
dem HERRN / Denn das ist ein fewr des HERRN.

[26]VNd solt die brust nemen vom Wider der fülle
Aarons / vnd solts fur dem HERRN weben / das
sol dein Teil sein. [27]Vnd solt also heiligen die
Webebrust / vnd die Hebeschulder / die gewebet
vnd gehebet sind von dem Wider der fülle Aarons
vnd seiner Söne / [28]Vnd sol Aarons vnd seiner
Söne sein / ewiger weise / von den kindern Jsrael /
Denn es ist ein Hebopffer / vnd die Hebopffer sol-
len des HERRN sein / von den kindern Jsrael an
jren Danckopffern vnd Hebopffern.

ABer die heiligen kleider Aaron sollen seine
Söne haben nach jm / das sie darinnen gesalbet /
vnd jre hende gefüllet werden. [30]Welcher vnter
seinen Sönen / an seine stat Priester wird / der sol
sie sieben tage anziehen / das er gehe in die Hütten
des Stiffts / zu dienen im Heiligen.

Leui. 8. DV solt aber nemen den Wider der Füllung / vnd
sein fleisch an eim heiligen ort kochen. [32]Vnd
Aaron mit seinen Sönen / sol des selben Widers
|| 49b fleisch || essen / sampt dem Brot im korbe / fur der
thür der Hütten des Stiffts / [33]Denn es ist ver-
sünung da mit geschehen / zu füllen jre hende / das
sie geweihet werden / Kein ander sol es essen /
Denn es ist heilig. [34]Wo aber etwas vberbleibt von
dem Fleisch der füllung / vnd von dem Brot / bis
an den morgen / das soltu mit fewr verbrennen /
vnd nicht essen lassen / Denn es ist heilig.

[35]VND solt also mit Aaron vnd seinen Sönen
thun alles was ich dir geboten habe / Sieben tage
soltu jre hende füllen / [36]vnd teglich einen Farren
zum Sündopffer schlachten zur versünunge. Vnd
solt den Altar entsündigen / wenn du jn versünest /
vnd solt jn salben das er geweihet werde. [37]Sieben

(Entsündigen) Das ist / Absoluiren vnd los sprechen / wie Psalm. 51. Asperges me Jsopo / das ist / Entsündige vnd absoluire mich mit Jsopen.

tage soltu den Altar versünen / vnd jn weihen / das
er sey ein Altar das Allerheiligste / Wer den Altar
anrüren wil / der sol geweihet sein.
VND das soltu mit dem Altar thun / zweyierige Num. 28.
TEGLICH Brandopffer. Lemmer soltu alle wege des tages drauff opffern /
39Ein lamb des morgens / das ander zwisschen
abends. 40Vnd zu einem Lamb ein zehenden semel-
mels gemenget mit eim vierteil von eim Hin ge-
stossen öles / vnd ein vierteil vom Hin weins / zum
Tranckopffer. 41Mit dem andern Lamb zwisschen
abends soltu thun / wie mit dem Speisopffer vnd
Tranckopffer des morgens / zu süssem geruch / ein
fewr dem HERRN. 42Das ist das tegliche Brand-
opffer bey ewren Nachkomen fur der thür der
Hütten des Stiffts fur dem HERRN / DA ICH EUCH
ZEUGEN / VND MIT DIR REDEN WIL / 43DASELBS
WIL ICH DEN KINDERN JSRAEL ERKANDT VND GE-
HEILIGET WERDEN IN MEINER HERRLIGKEIT / 44Vnd
wil die Hütten des Stiffts mit dem Altar heiligen /
vnd Aaron vnd seine Söne mir zu Priester weihen.
45Vnd wil vnter den kindern Jsrael wonen / vnd
jr Gott sein / 46Das sie wissen sollen / Jch sey der
HERR jr Gott / der sie aus Egyptenland füret / Leui. 26.
das ich vnter jnen wone / Jch der HERR jr Gott. 2. Cor. 6.

XXX.

REUCHALTAR. Dieser Altar ist haussen fur dem Furhang im Heiligen / vnd nicht hinder dem Furhang im Allerheiligsten gestanden.

DV SOLT AUCH EINEN REUCHALTAR MACHEN ZU Exod. 27.
reuchern von foern holtz / 2einer ellen lang
vnd breit / gleich vierecket / vnd zwo ellen hoch /
mit seinen Hörnern. 3Vnd solt jn mit feinem golde
vberziehen / sein Dach vnd seine Wende ringes
vmbher / vnd seine Hörner. Vnd solt einen Krantz
von gold vmbher machen / 4vnd zween gülden
Ringe vnter dem krantz zu beiden seiten / das man
Stangen drein thue / vnd jn da mit trage. 5Die
stangen soltu auch von foern holtz machen / vnd
mit gold vberziehen. 6Vnd solt jn setzen fur den
Furhang / der fur der Laden des Zeugnis hangt /
vnd fur dem Gnadenstuel der auff dem Zeugnis
ist / Von dannen ich dir werde zeugen.
7VND Aaron sol drauff reuchern gut Reuch-
werg / alle morgen / wenn er die Lampen zuricht /
8Desselben gleichen wenn er die Lampen anzün-
det zwisschen abends / sol er solch geruch auch
TEGLICH Gereuch. reuchern / Das sol das teglich Gereuch sein fur
dem HERRN bey ewrn Nachkomen. 9Jr solt kein
frembd Gereuch drauff thun / auch kein Brand-

opffer / noch Speisopffer / vnd kein Tranckopffer
Leui. 16. drauff opffern. [10]Vnd Aaron sol auff seinen Hör-
Ebre. 9. nern versünen ein mal im jar / mit dem blut des
Sündopffers zur versünung / Solch versünung sol
jerlich ein mal geschehen bey ewrn Nachkomen /
Denn das ist dem HERRN das allerheiligst.

VND der HERR redet mit Mose vnd sprach /
Num. 1. 2. [12]Wenn du die Heubt der kinder Jsrael zelest /
so sol ein jglicher dem HERRN geben die ver-
sünung seiner Seele auff das jnen nicht eine Plage
widerfare / wenn sie gezelet werden. [13]Es sol aber
Leui. 27. ein jglicher der mit in der zal ist / ein halben Sekel SEKEL.
Num. 3. geben / nach dem sekel des Heiligthums / Ein sekel
Ezech. 45. gilt zwenzig [a]Gera / Solcher halber sekel sol das
Hebopffer des HERRN sein. [14]Wer in der zal ist /
|| 50a von zwenzig || jaren vnd drüber / der sol solch
Hebopffer dem HERRN geben. [15]Der Reiche sol
nicht mehr geben / vnd der Arme nicht weniger
an dem halben sekel / den man dem HERRN zur
Hebe gibt / fur die versünung jrer Seelen. [16]Vnd
du solt solch Geld der versünung nemen von den
kindern Jsrael / vnd an den Gottesdienst der Hüt-
ten des Stiffts legen / das es sey den kindern Jsrael
ein Gedechtnis fur dem HERRN / das er sich vber
jre Seele versünen lasse.

a (GERA) Gilt bey vns drey Lewen pfennige / oder ein drey grösschlin.

VND der HERR redet mit Mose / vnd sprach /
Exo. 38. 40. [18]Du solt auch ein ehrn Handfas machen mit HANDFAS.
eim ehrn fus / zu wasschen. Vnd solts setzen zwi-
sschen der Hütten des Stiffts vnd dem Altar / vnd
wasser drein thun / [19]das Aaron vnd seine Söne
jre hende vnd füsse draus wasschen / [20]wenn sie
in die Hütten des Stiffts gehen oder zum Altar /
das sie dienen mit reuchen / einem fewr des
HERRN / [21]auff das sie nicht sterben. Das sol
ein ewige Weise sein jm vnd seinem Samen bey
jren Nachkomen.

VND der HERR redet mit Mose / vnd sprach /
[23]Nim zu dir die besten Specerey / die edlesten
Myrrhen / funffhundert (sekel) vnd Cynnamet die
helfft so viel / zwey hundert vnd funffzig / vnd
Kalmes auch zwey hundert vnd funffzig / [24]vnd
Casien funff hundert / nach dem sekel des Heilig-
thums / vnd Ole von ölebawm ein Hin / [25]vnd
mache ein heiliges Salböle / nach der Apoteker SALBÖLE.
kunst.

[26]VND solt da mit salben die Hütten des Stiffts /
vnd die Laden des Zeugnis / [27]den Tisch mit alle

seinem gerete / den Leuchter mit seinem gerete /
den Reuchaltar / [28]den Brandopffersaltar mit alle
seinem gerete / vnd das Handfas mit seinem fus.
[29]Vnd solt sie also weihen / das sie das Allerheiligst
seien / Denn wer sie anrüren wil / der sol geweihet
sein. [30]Aaron vnd seine Söne soltu auch salben /
vnd sie mir zu Priester weihen. [31]Vnd solt mit
den kindern Jsrael reden / vnd sprechen / Dis Ole
sol mir eine heilige Salbe sein bey ewren Nach-
komen. [32]Auff Menschenleib sols nicht gegossen
werden / Solt auch seines gleichen nicht machen /
denn es ist heilig / darumb sols euch heilig sein.
[33]Wer ein solchs macht / oder einem andern dauon
gibt / Der sol von seinem Volck ausgerottet wer-
den.

VND der HERR sprach zu Mose / Nim zu dir
REUCHWERG. Specerey / Balsam / Stacten / Galben vnd reinen
Weyrauch / eins so viel als des andern / [35]vnd
mache Reuchwerg draus / nach Apoteker kunst / ge-
mengt / das es rein vnd heilig sey. [36]Vnd solts zu
puluer stossen / vnd solt desselben thun fur das
Zeugnis in der Hütten des Stiffts / Von dannen ich
dir zeugen werde / Das sol euch das Allerheiligst
sein. [37]Vnd dis gleichen Reuchwerg solt jr auch
nicht machen / sondern es sol dir heilig sein dem
HERRN. [38]Wer ein solchs machen wird / das er
da mit reuche / Der wird ausgerottet werden von
seinem Volck.

XXXI.

VND DER HERR REDET MIT MOSE VND SPRACH /
BEZALEEL. [2]Sihe / Jch hab mit namen beruffen Bezaleel /
den son Vri / des sons Hur / vom stam Juda / [3]vnd
hab jn erfüllet mit dem geist Gottes / mit weisheit
vnd verstand vnd erkentnis / vnd mit allerley
werck [4]künstlich zu erbeiten am gold / silber / ertz /
[5]künstlich stein zu schneiten / vnd einzusetzen /
vnd künstlich zimmern am holtz / zu machen aller-
ley werck. [6]Vnd sihe / Jch hab jm zugegeben
AHALIAB. Ahaliab den son Ahisamach / vom stam Dan / Vnd
hab allerley Weisen die weisheit ins hertz gegeben /
das sie machen sollen alles was ich dir geboten
habe. [7]Die Hütte des Stiffts / die Lade des Zeug- Exo. 35. 39.
nis / den Gnadenstuel drauff / vnd alle gerete der
Hütten. [8]Den Tisch vnd seine gerete / den feinen
Leuchter vnd alle sein gerete. Den Reuchaltar /
[9]den Brandopffersaltar / mit alle seinem gerete / das
Handfas mit seinem fus. [10]Die Amptskleider / vnd

die heiligen Kleider des Priesters Aarons / vnd die
|| 50b kleider seiner Söne zum || Priesterthum. 11Das
Salböle / vnd das Reuchwerg von specerey zum
Heilthum. Alles was ich dir geboten habe / werden
sie machen.

VND der HERR redet mit Mose / vnd sprach /
Exod. 20. 13Sage den kindern Jsrael / vnd sprich / Haltet
meinen Sabbath / Denn derselb ist ein Zeichen
zwisschen mir vnd euch / auff ewre Nachkomen /
das jr wisset / das ich der HERR bin / der euch
heiliget. 14Darumb so haltet meinen Sabbath /
denn er sol euch heilig sein. Wer jn entheiliget /
Der sol des tods sterben / Denn wer ein erbeit drin-
nen thut / des Seel sol ausgerottet werden von sei-
nem Volck. 15Sechs tage sol man erbeiten / Aber
am siebenden tag ist Sabbath / die heilige Ruge des
HERRN / Wer ein erbeit thut am Sabbath tage /
Sol des tods sterben. 16Darumb sollen die kinder
Jsrael den Sabbath halten / das sie jn auch bey jren
Nachkomen halten zum ewigen Bund. 17Er ist ein
ewig Zeichen zwisschen mir vnd den kindern
Exo. 20. Jsrael. Denn sechs tage machte der HERR Himel
Gen. 2. vnd Erden / Aber am siebenden tage ruget er / vnd
erquicket sich.

Deut. 9. VND da der HERR ausgeredt hatte mit Mose
II. Tafeln. auff dem berge Sinai / Gab er jm zwo Tafeln
des Zeugnis / die waren steinern / vnd geschrieben
mit dem finger Gottes.

XXXII.

Act. 7. DA ABER DAS VOLCK SAHE / DAS MOSE VERZOG /
Psal. 106. von dem Berge zu komen / samlet sichs wider
Aaron / vnd sprach zu jm / Auff / vnd mach vns
Götter / die fur vns her gehen / Denn wir wissen
nicht was diesem Man Mose widerfaren ist / der
AARONS FALL. vns aus Egyptenland gefüret hat. 2Aaron sprach
zu jnen / Reisset ab die gülden Ohrenringe an den
ohren ewr Weiber / ewr Sönen vnd ewr Töchtern /
vnd bringt sie zu mir. 3Da reiss alles Volck seine
gülden Ohrenringe von jren ohren / vnd brachten
sie zu Aaron. 4Vnd er nam sie von jren henden /
vnd aentwarffs mit eim griffel / Vnd machte ein
KALB. gegossen Kalb / vnd sie sprachen / Das sind deine
Psal. 106. Götter Jsrael / die dich aus Egyptenlande gefüret
haben.
5DA das Aaron sahe / bawet er einen Altar fur
jm / vnd lies ausruffen vnd sprach / Morgen ist

(Verzog) Das redet Moses mit einem wort also / als hab er das Volck verlassen mit schanden / vnd sey geflohen / das sie nicht wissen / wie sie nu thun sollen. Gleich als wenn vns Gott eine kleine zeit verlesst / dencken wir / Er lasse vns in schanden stecken / müssen anderswo hülffe suchen / Da wird denn solch Kalb vnser Gott.

a (Entwarff) Das ist / Er

malet es jnen fur / was sie fur ein Bilde machen solten. Das bedeut / das menschen lere dem volck furbilden / was sie fur werck thun sollen / da mit sie Gott dienen. Denn hie sihestu das die in diesem Kalbe vermeinet haben / dem rechten Gott zu dienen weil Aaron ruffen lesst / Es sey des HERRN Fest / vnd bawet jm einen Altar.

des HERRN Fest. 6Vnd stunden des morgens
früe auff / vnd opfferten Brandopffer / vnd brach-
ten dazu Danckopffer / Darnach satzt sich das 1. Cor. 10.
Volck zu essen vnd zu trincken / vnd stunden auff
zu spielen. || || 51a

DER HERR SPRACH ABER ZU MOSE / GEHE / STEIG
hinab / Denn dein Volck / das du aus Egypten-
land gefüret hast / hats verderbt. 8Sie sind schnel
von dem wege getretten / den ich jnen geboten
habe / Sie haben jnen ein gegossen Kalb gemacht /

vnd habens angebetet / vnd jm geopffert / vnd ge-
sagt / Das sind deine Götter Jsrael / die dich aus 3. Reg. 12.
Egyptenland gefüret haben. 9Vnd der HERR Exo. 33.
sprach zu Mose / Jch sehe das ein halsstarrig Volck
ist / 10Vnd nu las mich / Das mein zorn vber sie
ergrimme / vnd sie auffresse / So wil ich dich zum
grossen Volck machen.

MOSE Gebet fur das Volck.

11Mose aber flehet fur dem HERRN seinem
Gott / vnd sprach / Ah HERR / Warumb wil dein
zorn ergrimmen vber dein Volck / das du mit
grosser Krafft vnd starcker Hand hast aus Egypten-
land gefüret? 12Warumb sollen die Egypter sagen /
vnd sprechen / Er hat sie zu jrem vnglück ausge-
fürt / Das er sie erwürget im Gebirge / vnd vertilget
sie von dem Erdboden. Kere dich von dem grim
deines zorns / vnd sey gnedig vber die bosheit
deines Volcks. 13Gedenck an deine diener Abra- Gen. 15. 22.
ham / Jsaac / vnd Jsrael / denen du bey dir selbs
geschworen / vnd jnen verheissen hast / Jch wil
ewrn Samen mehren / wie die Stern am Himel /

vnd alles Land das ich verheissen habe / wil ich
ewrem Samen geben / vnd sollens besitzen ewig-
lich. [14]Also gerewet den HERRN das vbel / das
er drewete seinem Volck zu thun.

MOse wand sich / vnd steig vom Berge / vnd
hatte zwo Tafeln des Zeugnis in seiner hand /
die waren geschrieben auff beiden seiten / [16]Vnd
Gott hatte sie selbs gemacht / vnd selber die
schrifft drein gegraben. [17]Da nu Josua höret des
Volcks geschrey / das sie jauchzeten / sprach er zu
Mose / Es ist ein geschrey im Lager wie im streit.
[18]Er antwortet / Es ist nicht ein geschrey gegen-
ander / dere die obligen vnd vnterligen / sondern
ich höre ein geschrey eins Singentantzs.

[19]ALs er aber nahe zum Lager kam / vnd das
Kalb vnd den Reigen sahe / ergrimmet er mit zorn /
vnd warff die Tafeln aus seiner hand / vnd zubrach
sie vnten am berge. [20]Vnd nam das Kalb / das sie
gemacht hatten / vnd verbrands mit fewr / vnd zu-
malmets zu puluer / Vnd steubts auffs wasser / vnd
gabs den kindern Jsrael zu trincken.

MOSE zubricht die 2. Tafeln.

VNd sprach zu Aaron / Was hat dir das Volck
gethan / das du so eine grosse sünde vber sie
bracht hast? [22]Aaron sprach / Mein Herr las seinen
zorn nicht ergrimmen / Du weisst das dis Volck
böse ist. [23]Sie sprachen zu mir / Mache vns Götter /
die fur vns her gehen / Denn wir wissen nicht / wie
es diesem Man Mose gehet / der vns aus Egypten-
land gefüret hat. [24]Jch sprach zu jnen / Wer hat
gold / der reiss es abe vnd gebs mir / Vnd ich warffs
ins fewr / daraus ist das Kalb worden.

[25]DA nu Mose sahe / das das Volck [a]los worden
war (Denn Aaron hatte sie los gemacht / durch ein
Geschwetz / da mit er sie fein wolt anrichten) [26]trat
er in das thor des Lagers / vnd sprach / Her zu mir
wer den HERRN angehört / Da samleten sich zu
jm alle kinder Leui. [27]Vnd er sprach zu jnen / So
spricht der HERR der Gott Jsrael / Gürte ein
jglicher sein Schwert auff seine Lenden / vnd durch-
gehet hin vnd wider / von einem thor zum andern
im Lager / Vnd erwürge ein jglicher seinen Bru-
der / Freund vnd Nehesten. [28]Die kinder Leui
theten wie jnen Mose gesagt hatte / Vnd fiel des
tages vom volck drey tausent Man. [29]Da sprach
Mose / Füllet heute ewre hende dem HERRN / ein
jglicher an seinem Son vnd Bruder / das heute vber
euch der Segen gegeben werde.

a Das wort Phrea / lautet vnd heisst schier dem Deudschen gleich / Frey / Wil so sagen / Aaron hatte das Volck frey / blos / ledig gemacht von Gottes wort vnd gehorsam / Wie die Menschen lere thut / macht das Volck wilde / frey / los vnd bereit zu aller Abgötterey. Vnd thuts noch der meinung / als wolt sie den Leuten auff helffen vnd besser machen. Vnd ist doch ein Schemetz a schama / ein Gehör oder Geschwetz / da nichts hinder ist.

DEs morgens sprach Mose zum volck / Jr habt
eine grosse sünde gethan / Nu wil ich hin auff
steigen zu dem HERRN / ob ich vieleicht ewre
sünde versünen müge. 31 Als nu Mose wider zum
HERRN kam / sprach er / Ah / das Volck hat eine
grosse sünde gethan / vnd haben jnen güldene
Götter gemacht. 32 Nu vergib jnen jre sünde / Wo
nicht / so tilge mich auch aus deinem Buch / das
du geschrieben hast. || || 51b

33 DER HERR sprach zu Mose / Was? Jch wil
den aus meinem Buch tilgen / der an mir sündiget.
34 So gehe nu hin / vnd füre das Volck / da hin ich
ENGEL. dir gesagt habe / Sihe / mein Engel sol fur dir her Ex. 13. 23.
gehen. a Jch werde jre sünde wol heimsuchen /
wenn mein zeit kompt heim zu suchen. 35 Also
straffte der HERR das Volck / das sie das Kalb
hatten gemacht / welchs Aaron gemacht hatte.

a Nemo euadet poenam peccati sui.

XXXIII.

DER HERR SPRACH ZU MOSE / GEHE / ZEUCH
von dannen du vnd das Volck / das du aus
Egyptenland gefüret hast / ins Land / das ich
Abraham / Jsaac vnd Jacob geschworen habe / vnd
gesagt / Deinem Samen wil ichs geben. 2 Vnd wil
ENGEL. fur dir her senden einen Engel / vnd Ausstossen Ex. 23. 32.
die Cananiter / Amoriter / Hethiter / Pheresiter / Deut. 7.
Heuiter vnd Jebusiter / 3 Jns land da milch vnd Josu. 24.
honig innen fleusst. Jch wil nicht mit dir hin auff
ziehen / Denn du bist ein halsstarrig Volck / Jch
möcht dich vnter wegen auffressen. 4 Da das Volck
diese böse Rede höret / trugen sie leide / vnd niemand trug seinen Schmuck an jm.

5 VND der HERR sprach zu Mose / Sage zu den
kindern Jsrael / Jr seid ein halsstarrig Volck / Jch
werde ein mal plötzlich vber dich komen / vnd
dich vertilgen / Vnd nu lege deinen Schmuck von
dir / das ich wisse was ich dir thun sol. 6 Also theten
die kinder Jsrael jren schmuck von sich fur dem
Berge Horeb.

MOse aber nam die Hütten / vnd schlug sie auff /
aussen ferne fur dem Lager / vnd hies sie eine
HÜTTEN des Stiffts. Hütten des Stiffts / vnd wer den HERRN fragen
wolt / muste er aus gehen zur Hütten des Stiffts
fur das Lager. 8 Vnd wenn Mose ausgieng zur
Hütten / so stund alles Volck auff / vnd trat ein
jglicher in seiner hütten thür / vnd sahen jm nach /
bis er in die Hütte kam. 9 Vnd wenn Mose in die

Hütten kam / so kam die Wolckenseule ernider /
vnd stund in der Hütten thür / vnd redet mit Mose.
10Vnd alles volck sahe die Wolckenseule in der
Hütten thür stehen / vnd stunden auff / vnd neigten
sich ein jglicher in seiner Hütten thür. 11Der
HERR aber redet mit Mose / von angesicht zu angesicht / wie ein Man mit seinem Freunde redet /
Vnd wenn er widerkeret zum Lager / so weich sein
diener Josua / der son Nun / der Jüngling nicht
aus der Hütten.

Den rucken Mose sehen alle Werckheiligen / die das Gesetz nicht verstehen / noch vnter augen komen.

Num. 12.

VND Mose sprach zu dem HERRN / Sihe / du
sprichst zu mir / Füre das Volck hin auff / vnd
lesst mich nicht wissen / wen du mit mir senden
wilt / So du doch gesagt hast / Jch kenne dich mit
namen / vnd hast Gnade fur meinen augen funden.
13Hab ich denn gnade fur deinen augen funden /
So las mich deinen weg wissen / da mit ich dich
kenne / vnd gnade fur deinen Augen finde / Vnd
sihe doch / das dis volck dein Volck ist.

14ER sprach / Mein Angesicht sol gehen / da mit
wil ich dich leiten. 15Er aber sprach zu jm / Wo
nicht dein Angesicht gehet / so füre vns nicht von
dannen hin auff / 16Denn wo bey sol doch erkandt
werden / das ich vnd dein Volck fur deinen Augen
gnade funden haben / On wenn du mit vns
gehest? Auff das ich vnd dein Volck gerhümet
werden fur allem volck das auff dem Erdboden ist.
17Der HERR sprach zu Mose / Was du jtzt geredt
hast / wil ich auch thun / Denn du hast gnade fur
meinen Augen funden / vnd ich kenne dich mit
namen.

(Angesicht) Heisst hie die Wolcken vnd Fewrige seulen / darin Gott gegenwertig war.

18ER aber sprach / So las mich deine Herrligkeit
sehen. 19Vnd er sprach / JCH WIL FUR DEINEM ANGESICHT HER ALLE MEINE GÜTE GEHEN LASSEN /
VND WIL LASSEN PREDIGEN DES HERRN NAMEN
FUR DIR / WEM ICH ABER GNEDIG BIN / DEM BIN
ICH GNEDIG / VND WES ICH MICH ERBARME / DES
ERBARME ICH MICH. 20Vnd sprach weiter / ‖ Mein
Angesicht kanstu nicht sehen / Denn kein Mensch
wird leben / der mich sihet. 21Vnd der HERR
sprach weiter / Sihe / Es ist ein raum bey mir / da
soltu auff dem Fels stehen / 22Wenn denn nu mein
Herrligkeit fur vbergehet / wil ich dich in der
Felsklufft lassen stehen / Vnd meine Hand sol ob
dir halten / bis ich fur vbergehe. 23Vnd wenn ich
meine Hand von dir thue / wirstu mir hinden nach
sehen / Aber mein Angesicht kan man nicht sehen.

Rom. 9.

‖ 52a

(Mein angesicht) Hie heisst Gottes angesicht / nicht die Wolcken noch Seule / sondern er selber / Wie er spricht / Der Mensch wird nicht leben / so mich sihet. Aber es ist alles

XXXIIII.

von Christo gesaget / welcher solt erscheinen in der Menschheit / hernach wenn Moses Reich ein ende hette. Jn des sol Mose im Fels stehen / vnd den verheissen Christum sehen vnd predigen / bis er kome / Das also Jsrael Gottes wort jmer habe / bis auff Christum etc.

(Prediget) Mose beschreibet hie das Geheimnis / Das Christus der HERR sey / der fur jm (das ist fur dem Volck des Gesetzes) werde vbergehen / vnd predigen / das alle Welt sündig / allein aus gnaden selig müsse werden / wie er droben Ca. 33. sagt / Wem ich gnedig bin / dem bin ich gnedig / das ist / Es sol mir keiner mit wercken abuerdienen / Es sol gnade sein vnd kein anders etc. Wie denn des Euangelij prediget gleich also leret.

VND DER HERR SPRACH ZU MOSE / HAWE DIR Deut. 10.
zwo steinern Tafeln / wie die ersten waren / das II. STEINERN
ich die wort darauff schreibe / die in den ersten Tafeln.
Tafeln waren / welche du zubrochen hast. 2Vnd
sey morgen bereit / das du frūe auff den berg Sinai
steigest / vnd daselbs zu mir tretest auff des Berges
spitzen. 3Vnd las niemand mit dir hin auff steigen /
das niemand gesehen werde vmb den gantzen Berg
her / Auch kein schaf noch rind las weiden gegen
diesem Berg.

4VND Mose hieb zwo steinern Tafeln / wie die
ersten waren. Vnd stund des morgens frūe auff /
vnd steig auff den berg Sinai / wie jm der HERR
geboten hatte / vnd nam die zwo steinern Tafeln
in seine hand. 5Da kam der HERR ernider in
einer Wolcken / vnd trat daselbs bey jn / vnd prediget von des HERRN Namen. 6Vnd da der
HERR fur seinem angesicht vbergieng / rieff er / MOSE GEBET.
HERR / HERR / Gott barmhertzig vnd gnedig / Psal. 86.
vnd gedültig / vnd von grosser gnad vnd trew / 103. 145.
7Der du beweisest gnade in tausent Gelied / vnd Psal. 143.
vergibst missethat / vbertretung vnd sünde. Vnd
fur welchem niemand vnschüldig ist / Der du die
missethat der Veter heimsuchest auff Kinder vnd
Kinds kinder / bis ins dritte vnd vierde Gelied.

8VND Mose neiget sich eilend zu der erden / vnd
betet jn an / 9vnd sprach / Hab ich HERR gnade
fur deinen augen funden / So gehe der HERR mit
vns / Denn es ist ein halsstarrig Volck / Das du
vnser missethat vnd sünden gnedig seiest / vnd
lassest vns dein Erbe sein.

10VND er sprach / Sihe / Jch wil einen Bund
machen fur alle deinem Volck / vnd wil Wunder thun / der gleichen nicht geschaffen sind in
allen Landen / vnd vnter allen Völckern / vnd alles
Volck / dar vnter du bist / sol sehen des HERRN
werck / Denn wunderbarlich sols sein / das ich bey
dir thun werde.

11HAlt / was ich dir heute gebiete / Sihe / Jch wil Exo. 23.
fur dir her ausstossen die Amoriter / Cananiter / Hethiter / Pheresiter / Heuiter / vnd Jebusiter. Deut. 7. KIRCHEN
12Hüt dich / das du nicht einen Bund machest mit Rechte.
den Einwonern des Lands / da du ein kompst / das
sie dir nicht ein Ergernis vnter dir werden. 13Sondern jre Altar soltu vmbstürtzen / vnd jre Götzen

Rechte.

zubrechen / vnd jre Haine ausrotten. [14]Denn du
solt kein andern Gott anbeten / Denn der HERR
heisst ein Eiuerer / darumb das er ein eiueriger
Num. 25. Gott ist / [15]Auff das / wo du ein Bund mit des
landes Einwonern machest / vnd wenn sie huren
jren Göttern nach / vnd opffern jren Göttern / das
sie dich nicht laden / vnd du von jrem Opffer essest /
[16]vnd nemest deinen Sönen jre Töchter zu Weibern
/ vnd dieselben denn huren jren Göttern nach /
vnd machen deine Söne auch jren Göttern nachhuren.

Ex. 21. 23. DV solt dir keine gegossen Götter machen. [18]Das
Fest der vngesewrten Brot soltu halten / Sieben
tage soltu vngesewrt Brot essen / wie ich dir geboten
habe / vmb die zeit des monds Abib / Denn
in dem mond Abib / bistu aus Egypten gezogen.

Ex. 13. 22. Num. 18. ALles was seine Mutter am ersten bricht / ist
mein / Was menlich sein wird / in deinem Vieh
das seine mutter bricht / es sey Ochsen oder Schaf.
[20]Aber den Erstling des esels / soltu mit eim schaf
lösen / Wo du es aber nicht lösest / so brich jm das
genick. Alle Erstegeburt deiner Söne soltu lösen /
|| 52b Vnd das niemand fur mir lehr erscheine. ||

Exo. 20. 23. 35. SEchs tage soltu erbeiten / am siebenden tage
soltu feiren / beide mit pflügen vnd mit erndten.
[22]Das Fest der wochen soltu halten mit den Erstlingen
der Weitzenerndte / Vnd das Fest der Einsamlung
/ wenn das jar vmb ist.

DRey mal im jar sol alle Mansnamen erscheinen
fur dem Herrscher / dem HERRN vnd Gott
Jsrael. [24]Wenn ich die Heiden fur dir ausstossen /
vnd deine Grentze weitern werde / sol niemand
deines Landes begeren / die weil du hin auff gehest
drey mal im jar zu erscheinen fur dem HERRN
deinem Gott.

Exo. 23. DV solt das blut meines Opffers nicht opffern auff
dem gesewrten brot / Vnd das opffer des Osterfests
/ sol nicht vber nacht bleiben bis an den
morgen.

Exo. 23. Deut. 14. 26. DAs Erstling von den ersten Früchten deines
Ackers soltu in das Haus des HERRN deines
Gottes bringen. Du solt das Böcklin nicht kochen /
wens noch an seiner mutter milch ist.

Exo. 24. VND der HERR sprach zu Mose / Schreib diese
wort / Denn nach diesen worten / hab ich mit
dir vnd mit Jsrael einen Bund gemacht. [28]Vnd er
war alda bey dem HERRN vierzig tage vnd vierzig

Mose angesicht glentzet.

nacht / vnd ass kein brot / vnd tranck kein wasser.
Vnd er schreib auff die Tafeln solchen Bund / die
zehen wort.

Da nu Mose vom berge Sinai gieng / hatte
er die zwo Tafeln des Zeugnis in seiner hand /
vnd wuste nicht das die haut seines Angesichts
glentzet / dauon das er mit jm geredt hatte. [30]Vnd
da Aaron vnd alle kinder Jsrael sahen / das die
haut seines Angesichts glentzet / furchten sie sich
zu jm zu nahen. [31]Da rieff jnen Mose / Vnd sie
wandten sich zu jm / beide Aaron vnd alle Obersten
der gemeine / vnd er redte mit jnen. [32]Darnach
naheten alle kinder Jsrael zu jm / Vnd er gebot
jnen alles / was der HERR mit jm geredt hatte auff
dem berge Sinai. [33]Vnd wenn er solchs alles mit 2. Cor. 3.
jnen redte / legt er eine Decke auff sein angesicht.
[34]Vnd wenn er hin ein gieng fur den HERRN / mit
jm zu reden / thet er die Decke abe / bis er wider
eraus gieng / Vnd wenn er eraus kam / vnd redet
mit den kindern Jsrael was jm geboten war / [35]so
sahen denn die kinder Jsrael sein angesicht an / wie
das die haut seines Angesichts glentzet / So thet
er die Decke wider auff sein angesicht / bis er wider
hin ein gieng / mit jm zu reden.

XXXV.

Was Gott droben vom 25. Cap. an / bis auffs 32. Mose befolhen hat / von der Wonung vnd alle jrem Gerete zu machen / das helt Mose in diesem Capitel dem Volck fur etc.

Vnd Mose versamlet die gantze Gemeine
der kinder Jsrael / vnd sprach zu jnen / Das ists
das der HERR geboten hat / das jr thun solt.
[2]Sechs tage solt jr erbeiten / den siebenden tag SABBATH.
aber solt jr heilig halten / ein Sabbath der ruge des Exo. 20. 23. 34.
HERRN / Wer drinnen erbeit / Sol sterben. [3]Jr
solt kein Fewr anzünden am Sabbath tag / in allen
ewren Wonungen.

Vnd Mose sprach zu der gantzen Gemeine der Exo. 25.
kinder Jsrael / Das ists / das der HERR geboten
hat. [5]Gebt vnter euch Hebeopffer dem HERRN /
also / das das Hebeopffer des HERRN ein jglicher
williglich bringe / gold / silber / ertz / [6]Gele sei-
den / scharlacken / rosinrot / weisse seiden / vnd
zigenhar / [7]Rötlich widderfell / dachsfell / vnd
foern holtz / [8]Ole zur Lampen / vnd specerey
zur Salben / vnd zu gutem Reuchwerg / [9]Onich
vnd eingefasste Steine zum Leibrock / vnd zum
Schiltlin.

[10]Vnd wer vnter euch verstendig ist / der kom
vnd mache / was der HERR geboten hat / [11]nem-

sampt jrem Gerete.

lich / die Wonung mit jrer Hütten / vnd decken /
rincken / bretter / rigel / seulen vnd füssen. [12]Die
Lade mit jren stangen / den Gnadenstuel vnd Fur-
hang. [13]Den Tisch mit seinen stangen / vnd alle
|| 53a seinem gerete / || vnd die Schaubrot. [14]Den Leuch-
ter zu leuchten / vnd sein gerete / vnd seine Lam-
pen / vnd das Ole zum liecht. [15]Den Reuchaltar
mit seinen stangen / Die Salbe vnd specerey zum
Reuchwerg / Das tuch fur der Wonunge thür.
[16]Den Brandopffersaltar mit seinem ehrne gitter /
stangen vnd alle seinem gerete / Das Handfas mit
seinem fusse. [17]Den vmbhang des Vorhofs / mit
seinen seulen vnd füssen / vnd das Tuch des thors
am Vorhof. [18]Die negel der Wonung vnd des
Vorhofs mit jren seulen. [19]Die Kleider des Ampts
zum dienst im Heiligen / die heiligen kleider Aarons
des Priesters / mit den kleidern seiner Söne zum
Priesterthum.

DA gieng die gantze Gemeine der kinder Jsrael
aus von Mose. [21]Vnd alle die es gerne vnd
willigich gaben / kamen vnd brachten das Heb-
opffer dem HERRN / zum werck der Hütten des
Stiffts / vnd zu alle seinem dienst / vnd zu den hei-
ligen Kleidern. [22]Es brachten aber beide Man vnd
Weib wers williglich thet / heffte / ohrrincken /
ringe vnd spangen / vnd allerley gülden gerete /
Dazu bracht jederman gold zur [a]Webe dem
HERRN. [23]Vnd wer bey jm fand gele seiden /
scharlacken / rosinrot / weisse seiden / zigenhar /
rötlicht widderfell / vnd dachsfell / der bracht es.
[24]Vnd wer silber vnd ertz hub / der brachts zur
Hebe dem HERRN / Vnd wer foern holtz bey jm
fand / der brachts zu allerley werck des Gottes-
diensts.

[25]VNd welche verstendige Weiber waren / die
wirckten mit jren henden vnd brachten jr werck
von geler seiden / scharlacken / rosinrot / vnd
weisser seiden / [26]vnd welche Weiber solche erbeit
kundten / vnd willig dazu waren / die wirckten
zigenhar. [27]Die Fürsten aber brachten Onych /
vnd eingefasste Steine zum Leibrock vnd zum
Schiltlin / [28]Vnd Specerey vnd Ole zun Liechtern
vnd zur Salbe / vnd zu gutem Reuchwerg. [29]Also
brachten die kinder Jsrael williglich / beide Man
vnd Weib / zu allerley werck / das der HERR
geboten hatte durch Mose / das mans machen
solt.

[a] HEBEN / WEBEN. Diese zwey wort / Heben vnd Weben / müssen wir lernen brauchen vnd verstehen / Denn ein Opffer oder gabe zu Gottesdienst / heisst darumb ein Hebe oder Hebeopffer / das man es dem HERRN stracke empor hub. Webe aber heisst es / das mans hin vnd her zoch in vier örter / gegen morgen / abend / mittag / vnd mitternacht.

Wonung sampt jrem Gerete.

VND Mose sprach zu den kindern Jsrael / Sehet / Exo. 31.
BEZALEEL. der HERR hat mit namen beruffen den Bezaleel /
den son Vri / des sons Hur / vom stam Juda / 31vnd
hat jn erfüllet mit dem geist Gottes / das er weise /
verstendig / geschickt sey zu allerley Werck /
32künstlich zu erbeiten am gold / silber vnd ertz /
33eddelstein schneiten vnd einsetzen / holtz zim-
mern / zu machen allerley künstlich erbeit. 34Vnd
AHALIAB. hat jm sein hertz vnterweiset / sampt Ahaliab dem
son Ahisamach vom stam Dan. 35Er hat jr hertz
mit weisheit erfüllet / zu machen allerley werck
zu schneiten / wircken vnd zu sticken / mit geler
seiden / scharlacken / rosinrot / vnd weisser seiden /
vnd mit weben / das sie machen allerley werck /
vnd künstliche erbeit erfinden.

XXXVI.

Hie gehet nu das Werck an.

DA ERBEITEN BEZALEEL VND AHALIAB VND ALLE
weise Menner / denen der HERR weisheit vnd
verstand gegeben hatte zu wissen / wie sie allerley
werck machen solten zum dienst des Heiligthums /
nach allem das der HERR geboten hatte. 2Vnd
Mose rieff dem Bezaleel vnd Ahaliab vnd alle wei-
sen Mennern / denen der HERR weisheit gegeben
hatte in jr hertz / nemlich / alle die sich willig dar
erboten vnd hinzu traten / zu erbeiten an dem
wercke. 3Vnd sie namen zu sich von Mose alle
Hebe / die die kinder Jsrael brachten zu dem
wercke des diensts des Heiligthums / das es ge-
macht würde / Denn sie brachten alle morgen jre
willige Gabe zu jm.

4DA kamen alle Weisen die am werck des Heilig-
thums erbeiten / ein jglicher seines wercks / das
sie machten / 5vnd sprachen zu Mose / Das Volck
bringt zu viel / mehr denn zum werck dieses
Diensts not ist / das der HERR zu machen geboten
hat. 6Da gebot Mose / das man ruffen lies durchs
Lager / Niemand thu || mehr zur Hebe des Heilig- || 53b
thums. Da höret das Volck auff zu bringen / 7Denn
des dings war gnug zu allerley werck das zu machen
war / vnd noch vbrig.

ALso machten alle weise Menner vnter den Er-
X. Teppiche. beitern am werck / die Wonung / zehen Tep- Exo. 26.
piche von gezwirnter weisser seiden / geler seiden /
scharlacken / rosinrot / Cherubim künstlich. 9Die
lenge eines Teppichs war acht vnd zwenzig ellen /
vnd die breit vier ellen / Vnd waren alle in einer

Wonung sampt jrem Gerete.

mas. [10]Vnd er hefftet ja funff Teppich zusamen /
einen an den andern. [11]Vnd machet gele Schleuff-
lin an eines jglichen Teppichs ort / da sie zusamen
gefügt werden / [12]ja funffzig schleufflin an einem
Teppich / da mit einer den andern fasset. [13]Vnd
machet funffzig gülden Hecklin / vnd füget die
Teppich mit den Hecklin einen an den andern zu-
samen / das eine Wonung würde.

VND er machet eilff Teppich von zigenharen / XI. Teppiche.
zur Hütten vber die Wonung. [15]Dreissig ellen
lang / vnd vier ellen breit / alle in einer mas. [16]Vnd
füget jr funff zusamen auff ein teil / vnd sechs zu-
samen auffs ander teil. [17]Vnd macht ja funffzig
Schleufflin an jglichen Teppich am ort / da mit sie
zusamen gehefftet würden / [18]vnd machet ja funff-
zig ehrne Hecklin / da mit die Hütte zusamen in eins
gefüget würde. [19]Vnd macht eine Decke vber die
Hütten von rötlichten widderfellen / Vnd vber die /
noch eine Decke von dachsfellen.

VND machet Bretter zur Wonung von foern BRETTER.
holtz / die stehen sollen. [21]Ein jglichs zehen
ellen lang / vnd anderhalb ellen breit. [22]Vnd an
jglichem zween Zapffen / da mit eins an das ander
gesetzt würde. Also macht er alle Bretter zur Wo-
nung / [23]das der selben bretter / zwenzig gegen
Mittag stunden. [24]Vnd macht vierzig silbern Füsse
drunter / vnter jglich bret zween füsse / an seine
zween Zapffen. [25]Also zur andern seiten der Wo-
nung / gegen Mitternacht / macht er auch zwenzig
bretter [26]mit vierzig silbern füssen / vnter jglich
bret zween füsse. [27]Aber hinden an der Wonung
gegen dem Abend / macht er sechs bretter / [28]vnd
zwey ander hinden an den zwo ecken der Wonung /
[29]das ein jglichs der beider / sich mit seinem ortbret
von vnten auff gesellet / vnd oben am heubt zu-
samen keme mit einer klamer / [30]Das der bret
acht würden / vnd sechzehen silbern füsse / vnter
jglichem zween füsse.

VND er machet Riegel von foern holtz / funffe
zu den Brettern auff der einen seiten der Wo-
nung / [32]vnd funffe auff der andern seiten / vnd
funff hinden an gegen dem Abend. [33]Vnd machet
die Riegel / das sie mitten an den bretten durch
hin gestossen würden / von einem ende zum andern.
[34]Vnd vberzog die bretter mit golde / Aber jre
Rincken macht er von gold zu den Riegeln / vnd
vberzog die Riegel mit golde.

VND machet den Furhang mit den Cherubim
dran / künstlich mit geler seiden / scharlacken /
rosinrot / vnd gezwirnter weisser seiden. 36Vnd
machte zu dem selben vier Seulen von foern holtz /
vnd vberzog sie mit gold / vnd jre köpffe von golde /
vnd gos dazu vier silbern füsse. 37Vnd machet ein
Tuch in der thür der Hütten von geler seiden /
scharlacken / rosinrot vnd gezwirnter weisser sei-
den gestickt / 38vnd funff seulen dazu mit jren
köpffen / Vnd vberzog jre köpffe vnd reiffe mit
golde / vnd funff ehrne füsse dran.

XXXVII.

LADE.

VND BEZALEEL MACHET DIE LADE VON FOERN Exo. 25.
holtz / drithalb ellen lang / anderhalb ellen
breit vnd hoch. 2Vnd vberzog sie mit feinem
golde / inwendig vnd auswendig / Vnd macht jr
einen gülden Krantz vmbher. 3Vnd gos vier gül-
den Rincken an jre vier Ecken / auff jglicher seiten
zween. 4Vnd machet Stangen von foern holtz /
vnd vberzog sie mit golde / 5vnd thet sie in die
Rincken an der Laden seiten / das man sie tragen
kund. || || 54a

VND machet den Gnadenstuel von feinem golde /
drithalb ellen lang / vnd anderhalb ellen breit /
7Vnd machet zween Cherubim / von tichtem golde /
GNADENSTUEL. an die zwey ende des Gnadenstuels / 8Einen Cherub
an diesem ende / den andern an jenem ende. 9Vnd
die Cherubim breiten jre Flügel aus / von oben her /
vnd deckten da mit den Gnadenstuel. Vnd jre
Andlitz stunden gegen ander / vnd sahen auff den
Gnadenstuel.

TISCH.

VND er macht den Tisch von foern holtz / zwo
ellen lang / eine elle breit / vnd anderhalb ellen
hoch / 11vnd vberzog jn mit feinem golde / Vnd
macht jm einen gülden Krantz vmbher. 12Vnd
macht jm eine Leisten vmbher einer hand breit
hoch / vnd macht einen gülden Krantz vmb die
Leisten her. 13Vnd gos dazu vier gülden Rincken /
vnd thet sie an die vier Ort / an seinen vier Füssen /
14hart an der Leisten / das die Stangen drinnen
weren / da mit man den Tisch trüge. 15Vnd macht
die Stangen von foern holtz / vnd vberzog sie mit
gold / das man den Tisch da mit trüge. 16Vnd
macht auch von feinem golde das gerete auff den
Tisch / Schüsseln / Becher / Kannen vnd Schalen /
da mit man aus vnd einschencket.

sampt jrem Gerete.

VND macht den Leuchter von feinem tichtem LEUCHTER.
golde / Daran waren / der schafft mit rhören /
schalen / kneuffen vnd blumen. [18]Sechs Rhören
giengen zu seinen seiten aus / zu jglicher seiten
drey rhören / [19]drey Schalen waren an jglichem
rhor mit Kneuffen vnd Blumen. [20]An dem Leuch-
ter aber waren vier schalen mit kneuffen vnd blu-
men / [21]ja vnter zwo rhören ein knauff / Das also
sechs rhören aus jm giengen / [22]vnd jre kneuffe
vnd rhören daran / Vnd war alles aus tichtem fei-
nem gold. [23]Vnd macht die sieben Lampen / mit VII. Lampen.
jren Liechtschneutzen / vnd Lesschnepffen von
feinem gold / [24] Aus einem Centner feines golds
macht er jn / vnd alle sein Gerete.

Exo. 30. ER macht auch den Reuchaltar von foern holtz / REUCHALTAR.
ein ellen lang vnd breit / gleich vierecket / vnd
zwo ellen hoch / mit seinen Hörnern. [26]Vnd vber-
zog jn mit feinem golde / sein dach vnd seine
wende rings vmbher / vnd seine Hörner. Vnd
macht jm ein Krantz vmb her von golde / [27]vnd
zween gülden Rincken vnter dem krantz / zu bei-
den seiten / Das man Stangen drein thet / vnd jn
da mit trüge / [28]Aber die stangen macht er von
foern holtz / vnd vberzog sie mit golde. [29]Vnd
macht die heilige Salbe / vnd Reuchwerg von rei-
ner specerey / nach Apoteker kunst.

XXXVIII.

Exo. 27. 2. Para. 1. VND MACHTE DEN BRANDOPFFERSALTAR VON BRANDOPFFERSALTAR.
foern holtz / fünff ellen lang vnd breit / gleich
vierecket / vnd drey ellen hoch. [2]Vnd machte vier
Hörner die aus jm giengen / auff seinen vier ecken /
vnd vberzog jn mit ertz. [3]Vnd macht allerley ge-
rete zu dem Altar / Aschentöpffe / schauffeln /
becken / kreuel / kolpfannen / alles von ertz. [4]Vnd
macht am Altar ein Gitter / wie ein netze / von
ertz vmbher / von vnten auff bis an die helfft des
Altars. [5]Vnd gos vier Rincken / an die vier ort
des ehrnen gitters zu stangen / [6]Die selben macht
er von foern holtz / vnd vberzog sie mit ertz / [7]vnd
thet sie in die rincken an den seiten des Altars /
das man jn da mit trüge. Vnd machet jn inwendig
hol.

HANDFAS. Exo. 30. VND macht das Handfas von ertz / vnd seinen
Fus auch von ertz / gegen den [a]Weibern / die
fur der thür der Hütten des Stiffts dieneten.

a (WEIBERN) Diese Weiber waren die andechtigen Widwen vnd Weiber / die mit fasten vnd beten fur der Hütten Gott dienten / Wie 1. Reg. 2. zeiget. Vnd Paulus 1. Tim. 5. beschreibet. Wie auch S. Lucas die heilige Prophetin Hanna rhümet / Luc. 2.

sampt jrem Gerete.
VORHOF MIT seinen vmbhengen.

VND er machte einen Vorhof gegen Mittag mit Exo. 27.
einem vmbhang / hundert ellen lang / von ge-
zwirnter weisser seiden / 10mit jren zwenzig seu-
len / vnd zwenzig füssen von ertz / aber jre kneuffe
vnd reiffe von silber. 11Des selben gleichen gegen
Mitternacht hundert ellen / mit zwenzig seulen /
vnd zwenzig füssen / von ertz / aber jre kneuffe
vnd reiffe von silber. 12Gegen dem Abend aber
funffzig ellen / mit zehen seulen / vnd zehen füssen /
aber jre kneuffe vnd reiffe von silber. ‖ 13Gegen ‖ 54b
dem Morgen aber funffzig ellen / 14 15Funffzehen
ellen auff jglicher seiten des thors am Vorhof / ja
mit drey seulen / vnd dreien füssen. 16Das alle
vmbheng des Vorhofs waren von gezwirneter
weisser seiden / 17vnd die füsse der seulen von
ertz / vnd jre kneuffe vnd reiffe von silber / also /
das jre köpffe vberzogen waren mit silber / Aber
jre reiffe waren silbern an allen seulen des Vorhofs.

VND das Tuch in dem thor des Vorhofs / macht Exo. 27.
er gestick von geler seiden / scharlacken / rosin-
rot vnd gezwirneter weisser seiden / zwentzig ellen
lang / vnd fünff ellen hoch / nach der mas der
Vmbhenge des Vorhofs. 19Da zu vier seulen / vnd
vier füsse von ertz / vnd jre kneuffe von silber /
vnd jre köpffe vberzogen / vnd jre reiffe silbern.
20Vnd alle negel der Wonung vnd des Vorhofs
rings rumb waren von ertz.

DAS ist nu die summa zu der Wonung des Zeug-
nis / die erzelet ist / wie Mose gesagt hat / zum
Gottesdienst der Leuiten / vnter der hand Jthamar
Aarons des Priesters son. 22Die Bezaleel der son
Vri / des sons Hur / vom stam Juda machte / alles
wie der HERR Mose geboten hatte / 23Vnd mit
jm Ahaliab / der son Ahisamach / vom stam Dan /
ein Meister zu schneiten / zu wircken / vnd zu
sticken mit geler seiden / scharlacken / rosinrot /
vnd weisser seiden.

Summa des golds / silbers / vnd ertz das in diesem werck vererbeitet ist.

24ALes Golde / das vererbeit ist in diesem gantzen
Werck des Heiligthums / das zur Webe gegeben
ward / ist neun vnd zwentzig Centner / sieben
hundert vnd dreissig Sekel / nach dem sekel des
Heiligthums. 25Des Silbers aber / das von der
Gemeine kam / war hundert Centner / tausent sie-
ben hundert fünff vnd sechzig Sekel / nach dem
sekel des Heiligthums. 26So manch Heubt / so
manch halber sekel / nach dem sekel des Heilig-
thums / von allen die gezelet wurden / von zwentzig

jaren an vnd drüber / Sechs hundert mal tausent /
drey tausent / fünff hundert vnd funffzig.
27 AVs den hundert Centnern silbers / gos man
die füsse des Heiligthums / vnd die füsse des Fur-
hangs / hundert füsse aus hundert Centner / ja
einen Centner zum fus. 28 Aber aus den tausent /
sieben hundert / vnd fünff vnd siebenzig Sekel /
wurden gemacht der seulen kneuffe / vnd jre köpffe
vberzogen / vnd jre reiffe.
29 DJe Webe aber des Ertzs war / siebenzig Cent-
ner / zwey tausent vnd vier hundert Sekel. 30 Dar-
aus wurden gemacht die füsse / in der thür der
Hütten des Stiffts. Vnd der ehrne Altar / vnd das
ehrne Gitter dran / vnd alles gerete des Altars.
31 Dazu die füsse des Vorhofs rings rumb / vnd die
füsse des thors am Vorhofe / alle negel der Wo-
nung / vnd alle negel des Vorhofs rings rumb.

XXXIX.

Exo. 28. ABER VON DER GELEN SEIDEN / SCHARLACKEN AARONS kleider.
vnd rosinrot / machten sie Aaron Amptkleider /
zu dienen im Heiligthum / Wie der HERR Mose
geboten hatte.
VND er macht den Leibrock mit Golde / geler LEIBROCK.
seiden / scharlacken / rosinrot / vnd gezwirneter
weisser seiden. 3 Vnd schlug das gold / vnd schneits
zu faden / das mans künstlich wircken kundte /
vnter die gele seiden / scharlacken / rosinrot vnd
weisse seiden / 4 Das mans auff beiden achseln
zusamen fügt / vnd an beiden seiten zusamen
bünde. 5 Vnd seine Gurt war nach der selben kunst
vnd werck / von gold / geler seiden / scharlacken /
rosinrot / vnd gezwirneter weisser seiden / Wie
der HERR Mose geboten hatte. 6 Vnd sie machten
zween Onicherstein / vmbher gefasset mit gold /
gegraben durch die Steinschneiter / mit dem na-
men der kinder Jsrael. 7 Vnd hefftet sie auff die
schultern des Leibrocks / das es steine seien zum
Gedechtnis der kinder Jsrael / Wie der HERR
|| 55a Mose geboten hatte. ||
VND sie machten das Schiltlin nach der kunst / SCHILTLIN.
vnd werck des Leibrocks von gold / geler
seiden / scharlacken / rosinrot / vnd gezwirnter
weisser seiden / 9 das es vierecket vnd zwifach
war / einer hand lang vnd breit. 10 Vnd fülleten es
mit vier riegen steinen / Die erste riege war / ein
Sarder / Topaser vnd Smaragd. 11 Die ander / ein

Rubin / Saphir / vnd Demant. [12]Die dritte / ein
Lyncurer / Achat / vnd Amethist. [13]Die vierde /
ein Türckis / Onicher vnd Jaspis / vmbher ge-
fasset mit gold in allen riegen. [14]Vnd die Steine
stunden nach den Zwelff namen der kinder Jsrael /
gegraben durch die Steinschneiter / ein jglicher
seines namens / nach den zwelff Stemmen.

[15]VNd sie machten am Schiltlin Ketten mit zwey
enden von feinem gold / [16]vnd zwo gülden Span-
gen / vnd zween gülden Ringe / vnd hefften die
zween ringe auff die zwo ecken des Schiltlins /
[17]vnd die zwo gülden ketten theten sie in die zween
ringe auff den ecken des Schiltlins / [18]Aber die
zwey ende der ketten theten sie an die zwo span-
gen / vnd hefften sie auff die ecken des Leibrocks
gegen ander vber.

[19]VND machten zween ander gülden Ringe /
vnd hefften sie an die zwo ander ecken des Schilt-
lins an seinen ort / das es fein anlege auff dem Leib-
rock. [20]Vnd machten zween ander gülden Ringe /
die theten sie an die zwo ecken / vnten am Leib-
rock / gegen ander vber / da der Leibrock vnten
zusamen gehet / [21]das das Schiltlin mit seinen
ringen an die ringe des Leibrocks geknüpfft
würde / mit einer gelen Schnur / das es auff dem
Leibrock hart anlag / vnd nicht von dem Leibrock
los würde / Wie der HERR Mose geboten hatte.

SEIDENROCK. VND er macht den Seidenrock zum Leibrock / Exo. 28.
gewirckt / gantz von geler seiden / [23]vnd sein
Loch oben mitten inne / vnd ein borte vmbs loch
her gefalten / das er nicht zurisse. [24]Vnd sie mach-
ten an seinem Saum Granatepffel von geler seiden /
scharlacken / rosinrot / vnd gezwirnter weisser
seiden / [25]vnd machten Schellen von feinem
golde / die theten sie zwisschen die Granatepffel
rings vmbher am saum des Seidenrocks / [26]ja
ein granatapffel vnd eine schelle vmb vnd vmb
am saum / darin zu dienen / Wie der HERR Mose
geboten hatte.

ENGEROCK. VND machten auch die Engenröck / von weisser Exo. 28.
seiden / gewirckt / Aaron vnd seinen Sönen /
[28]vnd den Hut von weisser seiden / vnd die schö-
nen Hauben von weisser seiden / vnd Niderkleid
von gezwirntem weissem linwad / [29]vnd den ge-
stickten Gürtel von gezwirnter weisser seiden /
geler seiden / scharlacken / rosinrot / Wie der
HERR Mose geboten hatte.

Exod. 28.

SJE machten auch das Stirnblat / nemlich die STIRNBLAT.
heilige Krone von feinem gold / vnd gruben
Schrifft drein / Die heiligkeit des HERRN. [31]Vnd
bunden eine gele Schnur dran / das sie an den Hut
von oben her gehefftet würde / Wie der HERR
Mose geboten hatte.

ALso ward vollendet das gantze werck der Wo-
nung / der Hütten des Stiffts. Vnd die kinder
Jsrael theten alles / was der HERR Mose geboten
hatte. [33]Vnd brachten die Wonung zu Mose / die
Hütten vnd alle jre Gerete / hecklin / bretter /
riegel / seulen / füsse. [34]Die Decke von rötlichten
Widerfellen / die Decke von dachsfellen / vnd den
Furhang. [35]Die Lade des Zeugnis mit jren stan-
gen / den Gnadenstuel. [36]Den Tisch vnd alle
sein gerete / vnd die Schawbrot. [37]Den schönen
Leuchter mit den Lampen zubereit / vnd alle sei-
nem gerete / vnd öle zu liechten. [38]Den gülden
Altar / vnd die Salbe vnd gut Reuchwerg / das
Tuch in der Hütten thür. [39]Den ehrnen Altar / vnd
sein ehrne Gitter mit seinen stangen / vnd alle sei-
nem gerete / Das Handfas mit seinem fuss. [40]Die
vmbhenge des Vorhofs mit seinen seulen vnd füs-
sen / Das Tuch im thor des Vorhofs mit seinen
seilen vnd negel / vnd allem gerete zum dienst der
Wonung der Hütten des Stiffts. [41]Die Amptkleider
des Priesters Aaron / zu dienen im Heiligthum /
vnd die Kleider seiner Söne / das sie Priesterampt
|| 55 b theten. [42]Alles || wie der HERR Mose geboten
hatte / theten die kinder Jsrael / an allem diesem
dienst. [43]Vnd Mose sahe an alle dis Werck / das
sie es gemacht hatten / wie der HERR geboten
hatte / vnd segenet sie.

Nu ist das gantze werck der wonung volendet.

XL.

VND DER HERR REDET MIT MOSE / VND SPRACH /
[2]Du solt die Wonung der Hütten des Stiffts
auffrichten / am ersten tage / des ersten monden.
[3]Vnd solt dar ein setzen die Laden des Zeugnis /
vnd fur die Laden den Furhang hengen. [4]Vnd solt
den Tisch dar bringen / vnd jn zubereiten / vnd den
Leuchter dar stellen / vnd die Lampen drauff
setzen. [5]Vnd solt den gülden Reuchaltar setzen
fur die Lade des Zeugnis / vnd das Tuch in der
thür der Wonung auff hengen. [6]Den Brandopffers-
altar aber soltu setzen her aus fur die thür der Wo-
nung der Hütten des Stiffts. [7]Vnd das Handfas

Hie befilhet nu Gott Mose die Wonung auffzurichten / vnd ein jglichs fein ordenlich an sein ort zu setzen.

auffgerichtet
etc.

zwisschen der Hütten des Stiffts vnd dem Altar /
vnd wasser drein thun. [8]Vnd den Vorhof stellen
vmbher / vnd das Tuch in der thür des Vorhofs
auffhengen.

[9]VND solt die Salbe nemen / vnd die Wonung / Exod. 30.
vnd alles was drinnen ist / salben / vnd solt sie
weihen mit alle jrem Gerete / das sie heilig sey.
[10]Vnd solt den Brandopffersaltar salben mit alle
seinem Gerete / vnd weihen / das er allerheiligst
sey. [11]Solt auch das Handfas vnd seinen fuss salben
vnd weihen.

[12]VND solt Aaron vnd seine Söne fur die thür Exod. 29.
der Hütten des Stiffts füren / vnd mit wasser
wasschen. [13]Vnd Aaron die heilige Kleider an-
ziehen / vnd salben vnd weihen das er mein Priester
sey. [14]Vnd seine Söne auch erzu füren / vnd jnen
die Engeröcke anziehen / [15]vnd sie salben / wie du
jren Vater gesalbet hast / das sie meine Priester
seien / Vnd diese Salbung sollen sie haben zum
ewigen Priesterthum bey jren Nachkomen. [16]Vnd
Mose thet alles wie jm der HERR geboten hatte.

ALso ward die Wonung auffgerichtet im andern
jar am ersten tage des ersten monds. [18]Vnd da
Mose sie auffrichtet / setzet er die Füsse vnd die
Bretter / vnd Rigel / vnd richtet die seulen auff.
[19]Vnd breitet die Hütten aus zur Wonung / vnd
leget die Decken der Hütten oben drauff / Wie der
HERR jm geboten hatte. [20]Vnd nam das Zeugnis / Ebre. 9.
vnd legts in die Laden vnd thet die stangen an die
Laden / vnd thet den Gnadenstuel / oben auff die
Lade. [21]Vnd bracht die Lade in die Wonung / vnd
hieng den Furhang fur die Lade des Zeugnis / Wie
jm der HERR geboten hatte. [22]Vnd setzet den
Tisch in die Hütte des Stiffts / in den winckel der
Wonung gegen Mitternacht / haussen fur dem Fur-
hang. [23]Vnd bereitet Brot drauff fur dem HERRN /
Wie jm der HERR geboten hatte. [24]Vnd setzet den
Leuchter auch hin ein gegen dem Tisch vber / in
den winckel der Wonung gegen Mittag / [25]Vnd
thet Lampen drauff fur den HERRN / Wie jm der
HERR geboten hat.

[26]VND setzt den Güldenaltar hin ein / fur den
Furhang / [27]Vnd reucherte drauff mit gutem
Reuchwerg / Wie jm der HERR geboten hatte.
[28]Vnd hieng das Tuch in die thür der Wonung.
[29]Aber den Brandopffers altar setzet er fur die thür
der Wonung der Hütten des Stiffts / vnd opfferte

drauff Brandopffer vnd Speisopffer / Wie jm der
HERR geboten hatte. 30Vnd das Handfas setzet
er zwisschen der Hütten des Stiffts vnd dem Altar /
vnd thet wasser drein zu wasschen. 31Vnd Mose /
Aaron vnd seine Söne wusschen jre hende vnd
füsse draus / 32Denn sie müssen sich wasschen /
wenn sie in die Hütten des Stiffts gehen / oder hin
zu treten zum Altar / Wie jm der HERR geboten
hatte. 33Vnd er richtet den Vorhof auff / vmb die
Wonung vnd vmb den Altar her / vnd hieng den
Furhang in das thor des Vorhofs / Also volendet
|| 57a Mose das gantze werck. ||

DA bedeckt eine Wolcke die Hütte des Stiffts /
vnd die Herrligkeit des HERRN füllet die Wo-
nung. 35Vnd Mose kund nicht in die Hütten des
Stiffts gehen / weil die Wolcken drauff bleib / vnd
die Herrligkeit des HERRN die Wonung füllet.
36Vnd wenn die Wolcke sich auffhub von der Wo-
nung / so zogen die kinder Jsrael / so offt sie reise-
ten. 37Wenn sich aber die Wolcke nicht auffhub /
so zogen sie nicht / bis an den tag / das sie sich auff-
hub. 38Denn die Wolcke des HERRN war des
tages auff der Wonung / vnd des nachts war sie
fewrig / fur den augen des gantzen haus Jsrael / so
lange sie reiseten.

Ende des Andern Buchs Mose.

DAS DRITTE BUCH MOSE.

I.

VND DER HERR RIEFF MOSE / VND REDET MIT
jm von der Hütten des Stiffts / vnd sprach.
2Rede mit den kindern Jsrael / vnd sprich zu jnen /
Welcher vnter euch dem HERRN ein Opffer thun
wil / der thue es von dem Vieh / von rindern / vnd
schafen.

WJL er ein Brandopffer thun von rindern / So BRANDOPFFER
opffer er ein Menlin das on wandel sey / fur von Rindern.
der thür der Hütten des Stiffts / das es dem HERRN
angeneme sey von jm. 4Vnd lege seine hand auff
des Brandopffers heubt / So wird es angeneme sein /
vnd jn versünen. 5Vnd sol das jung Rind schlach-
ten fur dem HERRN / vnd die Priester / Aarons
söne / sollen das Blut erzu bringen / vnd auff den
Altar vmbher sprengen / der fur der thür der Hüt-
ten des Stiffts ist. 6Vnd man sol dem Brandopffer

die haut abziehen / vnd es sol in stück zuhawen
werden. [7]Vnd die söne Aarons des Priesters sollen
ein fewr auff den Altar machen / vnd holtz oben
drauff legen / [8]vnd sollen die stück / nemlich / den
Kopff vnd das Fett auff das holtz legen / das auff
dem fewr auff dem Altar ligt. [9]Das Eingeweide
aber vnd die Schenckel sol man mit wasser wa-
sschen / vnd der Priester sol das alles anzünden auff
dem Altar zum Brandopffer / Das ist ein Fewr zum
süssen geruch dem HERRN.

Von schafen vnd zigen.

WJL er aber von schafen oder zigen ein Brand-
opffer thun / So opffer er ein Menlin das on
wandel sey. [11]Vnd sol es schlachten zur seiten des
Altars gegen Mitternacht fur dem HERRN / vnd
die Priester / Aarons söne / sollen sein Blut auff
den Altar vmbher sprengen. [12]Vnd man sol es in
stücke zuhawen / vnd der Priester sol den Kopff
vnd das Fett auff das holtz vnd fewr das auff dem
Altar ist / legen. [13]Aber das Eingeweide vnd die
Schenckel sol man mit wasser wasschen / Vnd der
Priester sol es alles opffern vnd anzünden auff dem
Altar zum Brandopffer / Das ist ein Fewr zum
süssen geruch dem HERRN.

Von vogeln.

WJL er aber von Vogeln dem HERRN ein
Brandopffer thun / so thue ers von Dortel-
tauben oder von Jungentauben. [15]Vnd der Priester
sols zum Altar bringen / vnd jm den Kopff abknei-
pen / das es auff dem Altar angezündet werde / vnd
sein Blut ausbluten lassen an der wand des Altars.
[16]Vnd || seinen Kropff mit seinen feddern sol man || 57b
neben dem Altar gegen dem morgen auff den
asschen hauffen werffen / [17]vnd sol seine Flügel
spalten / aber nicht abbrechen / Vnd also sols der
Priester auff dem Altar anzünden auff dem holtz
auffm fewr zum Brandopffer / Das ist ein Fewr zum
süssen geruch dem HERRN.

II.

SPEISOPFFER.

WENN EINE SEELE DEM HERRN EIN SPEIS-
opffer thun wil / So sol es von Semelmelh
sein / vnd sol Ole drauff giessen / vnd Weyrauch
drauff legen / [2]vnd also bringen zu den Priestern
Aarons sönen. Da sol der Priester seine hand vol
nemen von demselben Semelmelh vnd Ole / sampt
dem gantzen Weyrauch / vnd anzünden zum Ge-
dechtnis auff dem Altar / Das ist ein Fewr zum
süssen geruch dem HERRN. [3]Das vbrige aber

vom Speisopffer sol Aarons vnd seiner Söne sein /
Das sol das Allerheiligst sein von den Fewrn des
HERRN.

WJl er aber sein Speisopffer thun vom gebacken
im ofen / So neme er Kuchen von Semelmelh
vngesewrt / mit Ole gemenget / vnd vngesewrte
Fladen mit öle bestrichen. 5Jst aber dein Speisopffer
etwas vom gebacken in der pfannen / So sols von
vngesewrtem Semelmelh / mit öle gemenget sein /
6Vnd solts in stück zuteilen / vnd öle darauff gie-
ssen / so ists ein Speisopffer. 7Jst aber dein Speis-
opffer etwas auff dem rost geröstet / So soltu es
von Semelmelh mit öle machen / 8Vnd solt das
Speisopffer / das du von solcherley machen wilt
dem HERRN / zu dem Priester bringen / der sols
zu dem Altar bringen / 9vnd desselben Speisopffer
Heben zum Gedechtnis / vnd anzünden auff dem
Altar / Das ist ein Fewr zum süssen geruch dem
HERRN. 10Das vbrige aber sol Aarons vnd sei-
ner Söne sein / Das sol das Allerheiligst sein von
den Fewrn des HERRN.

ALle Speisopffer / die jr dem HERRN opffern
wolt / solt jr on sawrteig machen / Denn kein
sawrteig / noch Honig sol drunter dem HERRN
zum Fewr angezündet werden. 12Aber zum Erst-
ling solt jr sie dem HERRN bringen / Aber auff
keinen Altar sollen sie komen zum süssen geruch.
Marc. 9. 13Alle deine Speisopffer soltu saltzen / vnd dein
Speisopffer sol nimer on saltz des Bundes deines
Gottes sein / Denn in alle deinem Opffer soltu
saltz opffern.

WJltu aber ein Speisopffer dem HERRN thun
von den ersten früchten / Soltu die Sangen
am fewr gederret klein zustossen / vnd also das
Speisopffer deiner ersten Früchte opffern / 15vnd
solt Ole drauff thun / vnd Weyrauch drauffiegen /
so ists ein Speisopffer. 16Vnd der Priester sol von
dem zustossen / vnd vom öle mit dem gantzen
weyrauch / anzünden zum Gedechtnis / Das ist
ein Fewr dem HERRN.

III.

JST ABER SEIN OPFFER EIN DANCKOPFFER / VON DANCKOPFFER
Rindern / es sey ein ochs oder kue / Sol ers von Rindern.
opffern fur dem HERRN / das on wandel sey. 2Vnd
sol seine hand auff desselben heubt legen / vnd
schlachten fur der thür der Hütten des Stiffts. Vnd

die Priester / Aarons söne / sollen das Blut auff
den Altar vmb her sprengen. 3Vnd sol von dem
Danckopffer dem HERRN opffern / nemlich / alles
fett am eingeweide / 4vnd die zwo nieren / mit
dem fett das dran ist an den lenden / vnd das netz
vmb die lebber / an den nieren abgerissen. 5Vnd
Aarons söne sollens anzünden auff dem Altar zum
Brandopffer / auff dem holtz das auff dem fewr
ligt / Das ist ein Fewr zum süssen geruch dem
HERRN.

Von kleinem Vieh.

WJl er aber dem HERRN ein Danckopffer von
kleinem Vieh thun / es sey ein scheps oder
schaf / so sols on wandel sein. 7Jsts ein Lemblin /
sol || ers fur den HERRN bringen / 8vnd sol seine || 58a
hand auff desselben heubt legen / vnd schlachten
fur der Hütten des Stiffts / Vnd die söne Aarons
sollen sein Blut auff den Altar vmbher sprengen.
9Vnd sol also von dem Danckopffer dem HERRN
opffern zum fewr / nemlich / sein fett / den gantzen
schwantz / von dem rücken abgerissen / vnd alles
fett am eingeweide / 10die zwo nieren mit dem fett
das dran ist an den lenden / vnd das netz vmb die
lebber / an den nieren abgerissen. 11Vnd der Prie-
ster sols anzünden auff dem Altar / zur speise des
Fewrs dem HERRN.

(Speise) Das vom fewr auffgefressen wird.

JST aber sein Opffer ein Zige / vnd bringts fur
den HERRN / 13Sol er seine hand auff jr heubt
legen / vnd sie schlachten fur der Hütten des
Stiffts / Vnd die söne Aarons sollen das Blut auff
den Altar vmbher sprengen. 14Vnd sol dauon
opffern ein Opffer dem HERRN / nemlich / das
fett am eingeweide / 15die zwo nieren mit dem
fett das dran ist an den lenden / vnd das netz vber
der lebber / an den nieren abgerissen. 16Vnd der
Priester sols anzünden auff dem Altar zur speise
des Fewrs zum süssen geruch.

Fett vnd blut verboten zu essen.

ALles fett ist des HERRN / 17Das sey ein ewiger Leui. 7.
Sitte bey ewren Nachkomen / in allen ewren Gen. 9.
Wonungen / das jr kein Fett noch Blut esset. Le. 17. 19.

IIII.

(Ergert) Das ist / mit leren oder leben ongefehr zur sünd vnd schuld vrsache gebe.

VND DER HERR REDET MIT MOSE / VND SPRACH /
2Rede mit den kindern Jsrael / vnd sprich. Wenn
eine Seele sündigen würde aus versehen / an jrgent
einem Gebot des HERRN / das sie nicht thun solt.
3Nemlich / so ein Priester der gesalbet ist / sündigen
würde / das er das Volck ergert / Der sol fur seine

sünde / die er gethan hat einen jungen Farren brin-
gen der on wandel sey / dem HERRN zum Sünd- SÜNDOPFFER.
opffer. [4]Vnd sol den Farren fur die thür der Hüt-
ten des Stiffts bringen fur den HERRN / vnd seine
hand auff des selben heubt legen / vnd schlachten
fur dem HERRN. [5]Vnd der Priester der gesalbet
ist / sol des Farren bluts nemen / vnd in die Hütten
des Stiffts bringen / [6]Vnd sol seinen finger in das
Blut tuncken / vnd da mit sieben mal sprengen
fur dem HERRN / fur dem Furhang im Heiligen.
[7]Vnd sol des selben bluts thun auff die hörner des
Reuchaltars / der fur dem HERRN in der Hütten
des Stiffts stehet / vnd alles Blut giessen an den
boden des Brandopffersaltars / der fur der hütten
thür des Stiffts stehet. [8]Vnd alles fett des Sünd-
opffers sol er Heben / nemlich / das fett am ein-
geweide / [9]die zwo nieren / mit dem fett das dran
ist an den lenden / vnd das netz vber der lebber /
an den nieren abgerissen / [10]Gleich wie ers Hebt
vom ochsen im Danckopffer / vnd sols anzünden
auff dem Brandopffersaltar. [11]Aber das fell des
Farren / mit allem fleisch sampt dem kopff / vnd
schenckeln / vnd das eingeweide / vnd den mist /
[12]das sol er alles hin aus füren ausser dem Lager /
an eine reine stete / da man die Asschen hin schüt-
tet / vnd sols verbrennen auff dem holtz mit fewr.
Leui. 9. WEns eine gantze Gemeine in Jsrael versehen
Num. 15. würde / vnd die that fur jren augen verborgen
were / das sie jrgent wider ein Gebot des HERRN
gethan hetten / das sie nicht thun solten / vnd sich al-
so verschuldeten / [14]Vnd darnach jrer sunde innen
würden / die sie gethan hetten / Sollen sie einen jun-
gen Farren dar bringen zum Südopffer / vnd fur
die thür der Hütten des Stiffts stellen. [15]Vnd die
Eltesten von der Gemeine sollen jre hende auff sein
heubt legen fur dem HERRN / vnd den Farren
schlachten fur dem HERRN. [16]Vnd der Priester
der gesalbet ist / sol des bluts vom Farren in die
hütten des Stiffts bringen / [17]vnd mit seinem finger
drein tuncken / vnd sieben mal sprengen fur dem
HERRN / fur dem Furhang. [18]Vnd sol des bluts
auff die hörner des Altars thun / der fur dem HERRN
stehet in der Hütten des Stiffts.Vnd alles ander blut
an den boden des Brandopffersaltar giessen / der fur
|| 58b der || thür der Hütten des Stiffts stehet. [19]Alles sein
fett aber sol er Heben / vnd auff dem Altar anzün-
den. [20]Vnd sol mit dem Farren thun / wie er mit

dem farren des Sündopffers gethan hat / Vnd sol
also der Priester sie versünen / so wirds jnen ver-
geben. [21]Vnd sol den Farren ausser dem Lager
füren vnd verbrennen / wie er den vorigen Farren
verbrand hat / das sol das Sündopffer der Gemeine
sein.

WEnn aber ein Fürst sundiget / vnd jrgent wider
des HERRN / seins Gottes gebot thut / das er
nicht thun solt / vnd versihets / das er sich ver-
schuldet / [23]vnd wird seiner sünde innen die er
gethan hat. Der sol zum Opffer bringen / einen
Zigenbock on wandel / [24]vnd seine hand auff des
Bocks heubt legen / vnd jn schlachten an der stat /
da man die Brandopffer schlachtet fur dem HERRN
Das sey sein Sündopffer. [25]Da sol denn der Priester
des bluts von dem Sündopffer nemen mit seinem
finger / vnd auff die hörner des Brandopffersaltar
thun / vnd das ander blut an den boden des Brand-
opffersaltar giessen. [26]Aber alles sein fett sol er
auff dem Altar anzünden / gleich wie das fett des
Danckopffers / Vnd sol also der Priester seine
Sunde versünen / so wirds jm vergeben.

WEns aber eine Seele vom gemeinen Volck ver-
sihet vnd sündiget / das sie jrgent wider der
Gebot des HERRN eines thut / das sie nicht thun
solt / vnd sich also verschuldet / [28]vnd jrer sünde
innen wird / die sie gethan hat / Die sol zum Opffer
eine Zigen bringen on wandel / fur die sünde die
sie gethan hat / [29]Vnd sol jre hand auff des Sünd-
opffers heubt legen / vnd schlachten an der stete des
Brandopffers. [30]Vnd der Priester sol des bluts mit
seinem finger nemen / vnd auff die hörner des Altars
des Brandopffers thun / vnd alles blut an des Altars
boden giessen. [31]Alle sein fett aber sol er abreissen /
wie er das fett des Danckopffers abgerissen hat /
vnd sols anzünden auff dem Altar zum süssen ge-
ruch dem HERRN / Vnd sol also der Priester sie
versünen / so wirds jr vergeben.

WJrd er aber ein schaf zum Sündopffer bringen /
so bringe er das eine Sie ist / on wandel /
[33]Vnd lege seine hand auff des Sündopffers heubt
vnd schlacht es zum Sündopffer / an der stete / da
man die Brandopffer schlachtet. [34]Vnd der Priester
sol des bluts mit seinem finger nemen / vnd auff
die hörner des Brandopffersaltar thun / vnd alles
blut an den boden des Altars giessen. [35]Aber alle
sein fett sol er abreissen / wie er das fett vom Schaf

des Danckopffers abgerissen hat / vnd sols auff dem
Altar anzünden / zum Fewr dem HERRN / vnd
sol also der Priester versünen seine Sünde die er
gethan hat / so wirds jm vergeben.

V.

WENN EINE SEELE SUNDIGEN WÜRDE / DAS ER
einen Fluch höret vnd er des Zeuge ist / oder
gesehen oder erfaren hat / vnd nicht angesagt / der
ist einer missethat schüldig. 2Oder wenn eine
Seele etwas vnreines anrüret / es sey ein Ass eines
vnreinen Thiers oder Viehs / oder Gewürmes / vnd
wüste es nicht / der ist vnrein / vnd hat sich ver-
schuldet. 3Oder wenn er einen vnreinen Menschen
anrüret / in waserley vnreinigkeit / der Mensch vn-
rein werden kan / Vnd wüste es nicht / vnd wirds
innen / der hat sich verschuldet. 4Oder wenn eine
Seele schweret / das jm aus dem mund entferet /
schaden oder guts zu thun / wie denn einem Men-
schen ein Schwur entfaren mag / ehe ers bedecht /
vnd wirds innen / der hat sich an der einem ver-
schuldet.

5WEns nu geschicht / das er sich der eines ver-
schuldet / vnd erkennet sich das er daran gesündiget
hat / 6So sol er fur seine schuld dieser seiner sunde
die er gethan hat / dem HERRN bringen von der
Herd / ein schaf oder zigenmutter / zum Sünd-
opffer / So sol jm der Priester seine sunde ver-
|| 58 c sünen. ||

VErmag er aber nicht ein schaf / So bringe er
dem HERRN fur seine schuld die er gethan hat /
zwo Dordeltauben / oder zwo Jungetauben / Die
erste zum Sündopffer / die ander zum Brandopffer.
8Vnd bringe sie dem Priester / Der sol die erste
zum Sündopffer machen / vnd jr den Kopff ab-
kneipen hinder dem genick / vnd nicht abbrechen /
9Vnd sprenge mit dem blut des Sündopffers / an
die seite des Altars / vnd lasse das vbrige blut aus-
bluten / an des Altars boden / Das ist das Sünd-
opffer. 10Die ander aber sol er zum Brandopffer
machen / nach seinem Recht / Vnd sol also der
Priester jm seine Sunde versünen / die er gethan
hat / so wirds jm vergeben.

11VErmag er aber nicht zwo Dordeltauben / oder
zwo Jungetauben / So bringe er fur seine sunde sein
Opffer / ein zehenden teil Ephi semelmehl zum
Sündopffer / Er sol aber kein öle drauff legen / noch

weyrauch drauff thun / denn es ist ein Sündopffer.
[12]Vnd sols zum Priester bringen / Der Priester aber
sol ein hand vol dauon nemen zum gedechtnis /
vnd anzünden auff dem Altar zum Fewr dem
HERRN / das ist ein Sündopffer. [13]Vnd der Prie-
ster sol also seine sünde die er gethan hat / jm ver-
sünen / so wirds jm vergeben / Vnd sol des Priesters
sein / wie ein Speisopffer.

VND der HERR redet mit Mose / vnd sprach /
[15]Wenn sich eine Seele vergreifft / das sie es ver-
sihet / vnd sich versündigt / an dem / das dem
HERRN geweihet ist / Sol sie jr Schuldopffer dem
HERRN bringen / einen Widder on wandel von der
Herd / der zween sekel silbers werd sey / nach dem
sekel des Heiligthums / zum Schuldopffer. [16]Da
zu was er gesündiget hat an dem geweiheten / sol
er widergeben / vnd das fünffte teil darüber geben /
vnd sols dem Priester geben / Der sol jn versünen /
mit dem Widder des Schuldopffers / so wirds jm
vergeben.

WEnn eine Seele sundigt / vnd thut wider jrgent
ein Gebot des HERRN das sie nicht thun
solt / vnd hats nicht gewust / die hat sich verschul-
det / vnd ist einer missethat schüldig. [18]Vnd sol
bringen einen Widder von der Herd on wandel /
der eines Schuldopffers werd ist / zum Priester /
Der sol jm seine vnwissenheit versünen / die er
gethan hat / vnd wuste es nicht / so wirds jm ver-
geben. [19]Das ist das Schuldopffer / das er dem
HERRN verfallen ist.

VND der HERR redet mit Mose / vnd sprach / Num. 5.
[2]Wenn eine Seele sündigen würde / vnd sich an
dem HERRN vergreiffen / das er seinem neben
Menschen verleugnet / was er jm befolhen hat /
Oder das jm zu trewer hand gethan ist / Oder das
er mit gewalt genomen / Oder mit vnrecht zu sich
bracht / [3]Oder das verloren ist / funden hat / vnd
leugnet solchs mit einem falschen Eid / wie es der
eines ist / darin ein Mensch wider seinen Nehesten
sunde thut. [4]Wens nu geschicht / das er also sundi-
get / vnd sich verschuldet / So sol er wider geben /
was er mit gewalt genomen / oder mit vnrecht zu
sich bracht / oder was jm befolhen ist / oder was er
funden hat / [5]oder wor vber er den falschen Eid
gethan hat / das sol er alles gantz widergeben /
Dazu das fünffte teil drüber geben / dem des ge-
west ist / des tages / wenn er sein Schuldopffer gibt.

6Aber fur seine schuld sol er dem HERRN zu dem
Priester einen Widder / von der Herd on wandel
bringen / der eines Schuldopffers werd ist / 7So sol
jn der Priester versünen fur dem HERRN / so
wirds jm vergeben / alles was er gethan hat / daran
er sich verschuldet hat.

VI.

VND DER HERR REDET MIT MOSE / VND SPRACH / — GESETZ DES Brandopffers.
9Gebeut Aaron vnd seinen Sönen / vnd sprich /
Dis ist das Gesetz des Brandopffers. Das Brand-
opffer sol brennen auff dem Altar / die gantze nacht
|| 58d bis an den morgen / Es sol aber allein des Altars ||
fewr drauff brennen. 10Vnd der Priester sol seinen
leinen Rock anziehen / vnd die leinen Niderwad an
seinen Leib / vnd sol die Asschen auffheben / die
das fewr des Brandopffers auff dem Altar gemacht
hat / vnd solt sie neben den Altar schütten 11Vnd
sol seine Kleider darnach ausziehen / vnd ander
kleider anziehen / vnd die Asschen hin aus tragen /
ausser dem Lager an eine reine stete.

12DAs Fewr auff dem Altar sol brennen / vnd
nimer verlesschen / Der Priester sol alle morgen
Holtz drauff anzünden / vnd oben drauff das Brand-
opffer zurichten / vnd das fette der Danckopffer
drauff anzünden. 13Ewig sol das Fewr auff dem
Altar brennen / vnd nimer verlesschen.

VND das ist das Gesetz des Speisopffers / das — GESETZ DES Speisopffers.
Aarons söne opffern sollen fur dem HERRN
auff dem Altar. 15Es sol einer Heben seine hand
vol semelmelhs vom Speisopffer / vnd des öles /
vnd den gantzen weyrauch der auff dem Speisopffer
ligt / vnd sols anzünden auff dem Altar zum süssen
geruch / ein gedechtnis dem HERRN. 16Das
vbrige aber sollen Aaron vnd seine Söne verzeh-
ren / vnd sols vngesewrt essen / an heiliger stete /
im Vorhof der Hütten des Stiffts. 17Sie sollen nichts
mit sawrteig backen / Denn es ist jr teil / das ich jnen
gegeben habe von meinem Opffer / Es sol jnen das
Allerheiligst sein / gleich wie das Sündopffer vnd
Schuldopffer / 18Was menlich ist vnter den kindern
Aaron / sollens essen. Das sey ein ewiges Recht
ewrn Nachkomen / an den Opffern des HERRN /
Es sol sie niemand anrüren / er sey denn geweihet.

VND der HERR redet mit Mose / vnd sprach / — GESETZ DES Sündopffers.
20Das sol das Opffer sein / Aarons vnd seiner
Söne / das sie dem HERRN opffern sollen am tage

seiner salbunge / Das zehende teil Ephi von semel-
melh des teglichen Speisopffers / eine helfft des
morgens / die ander helfft des abends. 21Jn der
Pfannen mit öle soltu es machen / vnd geröstet dar-
bringen / vnd in stücken gebacken / soltu solchs
opffern / zum süssen geruch dem HERRN / 22Vnd
der Priester / der vnter seinen Sönen an seine stat
gesalbet wird / sol solchs thun. Das ist ein ewiges
Recht dem HERRN / Es sol gantz verbrand wer-
den / 23Denn alle Speisopffer eins Priesters / sol
gantz verbrand / vnd nicht gessen werden.

VND der HERR redet mit Mose / vnd sprach /
25Sage Aaron vnd seinen Sönen / vnd sprich /
Dis ist das Gesetz des Sündopffers. An der stet / da
du das Brandopffer schlachtest / soltu auch das
Sündopffer schlachten fur dem HERRN / das ist
das allerheiligst. 26Der Priester der das Sünd-
opffer thut / sols essen an heiliger stet / im vorhof
der Hütten des Stiffts. 27Niemand sol seines
fleischs anrüren / er sey denn geweihet. Vnd wer
von seinem blut ein Kleid besprenget / der sol das
besprengte stück wasschen an heiliger stet. 28Vnd
das töpffen / darin es gekochet ist / sol man zu-
brechen. Jsts aber ein ehern topff so sol man jn
schewren / vnd mit wasser spülen. 29Was menlich
ist vnter den Priestern / sollen dauon essen / Denn
es ist das allerheiligste. 30aAber alle das Sündopffer /
des blut in die Hütten des Stiffts bracht wird / zu-
uersünen Heiligen / sol man nicht essen / sondern
mit fewr verbrennen.

a (Aber alle das) Hie sihestu / das Moses klerlich zweierley Sündopffer / oder zweierley brauch des Sündopffers setzt. Eins / da man das blut nicht in das Heilige bringet zuuersünen / Solchs mochten sie essen. Das ander / Da man das blut in das Heilige bringt zuuersünen / Solches muste man nicht essen / sondern ausser dem Lager alles verbrennen. Dauon in der Epistel an die Ebre. 13. Quorum animalium sanguis. Et supra Cap. 4.

VII.

GESETZ DES Schuldopffers.

VND DIS IST DAS GESETZ DES SCHULDOPFFERS /
vnd das ist das allerheiligst. 2An der stet / da
man das Brandopffer schlachtet / sol man auch das
Schuldopffer schlachten / vnd seines bluts auff den
Altar vmbher sprengen. 3Vnd alle sein fett sol man
opffern / den schwantz vnd das fett am eingeweide /
4die zwo nieren / mit dem fett das dran ist an den
lenden / vnd das netz vber der lebber an den nieren
abgerissen. 5Vnd der Priester sols auff dem Altar
anzünden zum Fewr dem HERRN / Das ist ein
Schuldopffer. || || 59a
6WAs menlich ist vnter den Priestern sollen das
essen / an heiliger stet / Denn es ist das allerheiligst.
7Wie das Sündopffer / also sol auch das Schuld-

opffer sein / aller beider sol einerley Gesetz sein /
Vnd sol des Priesters sein / der dadurch versünet.
8 Welcher Priester jemands Brandopffer opffert /
des sol des selben Brandopffers fell sein / das er ge-
opffert hat. 9 Vnd alles Speisopffer das im ofen /
oder auff dem rost / oder in der pfannen gebacken
ist / sol des Priesters sein / der es opffert. 10 Vnd alle
Speisopffer das mit öle gemengt oder treuge ist /
sol aller Aarons kinder sein / eines wie des andern.

GESETZ DES danckopffers.

VND dis ist das Gesetz des Danckopffers / das
man dem HERRN opffert. 12 Wollen sie ein
Lobopffer thun / so sollen sie vngesewrte Kuchen
opffern mit öle gemenget / vnd vngesewrte Fladen
mit öle bestrichen / vnd geröstet Semelkuchen mit
öle gemenget. 13 Sie sollen aber solchs Opffer thun /
auff einen Kuchen vom gesewrten brot / zum Lob-
opffer seines Danckopffers. 14 Vnd sol einen von
den allen dem HERRN zur Hebe opffern / vnd sol
des Priesters sein / der das blut des Danckopffers
sprenget. 15 Vnd das fleisch des Lobopffers in sei-
nem Danckopffer / sol desselben tages geessen
werden / da es geopffert ist / vnd nichts vberge-
lassen werden / bis an den morgen.

(Lobopffer / Danckopffer) Diese zwey opffer sind in ein opffer gerechnet / danckopffer heisst wenn sie schaf / ochsen / etc. geschlacht haben. Lobopffer / wenn sie fladen vnd kuchen (wie ein Speisopffer) dazu gethan haben. Vnd nennet also eins das ander / das es heisst Fleisch des Lobopffers das ist (neben dem Lobopffer) Jtem / Lobopffer des Danckopffers.

VND es sey ein Gelübd oder freiwillig Opffer /
So sol es desselben tags / da es geopffert ist /
gessen werden / So aber etwas vberbleibt auff den
andern tag / sol mans doch essen. 17 Aber was von
geopffertem Fleisch vberbleibt am dritten tage /
sol mit fewr verbrennet werden. 18 Vnd wo jemand
am dritten tage wird essen von dem geopfferten
fleisch seines Danckopffers / so wird er nicht ange-
neme sein / der es geopffert hat / Es wird jm auch
nicht zugerechnet werden / sondern es wird ein
Grewel sein / Vnd welche Seele dauon essen wird /
die ist einer missethat schüldig.

VND das Fleisch / das etwas vnreines anrüret /
Sol nicht gessen / sondern mit fewr verbrennet
werden. Wer reines Leibs ist / sol des fleischs essen /
Vnd welche Seele essen wird von dem fleisch des
Danckopffers / das dem HERRN zugehöret / der
selben vnreinigkeit sey auff jr / vnd sie wird ausge-
rottet werden von jrem volck. 21 Vnd wenn eine
Seele etwas vnreines anrüret / es sey vnrein
Mensch / Vieh / oder was sonst grewlich ist / vnd
vom fleisch des Danckopffers isset das dem
HERRN zugehöret / die wird ausgerottet werden
von jrem volck.

Fett vnd Blut sol man nicht essen.

VND der HERR redet mit Mose / vnd sprach /
23Rede mit den kindern Jsrael / vnd sprich / Jr
solt kein Fett essen vom Ochsen / Lemmer vnd Leui. 3.
Zigen. 24Aber das fett vom Ass / vnd was vom
Wild zurissen ist / macht euch zu allerley nutz /
Aber essen solt jrs nicht. 25Denn wer das fett isset
vom Vieh / das dem HERRN zum Opffer gegeben
ist / dieselb Seel sol ausgerottet werden von jrem
Volck. 26Jr solt auch kein Blut essen / weder vom
Vieh noch von Vogeln / wo jr wonet / 27Welche Gen. 9.
Seele würde jrgent ein Blut essen / die sol ausgerot- Leui. 3. 17. 19.
tet werden von jrem Volck. Deut. 12.

VND der HERR redet mit Mose / vnd sprach /
29Rede mit den kindern Jsrael / vnd sprich.
Wer dem HERRN sein Danckopffer thun wil / der
sol auch mit bringen was zum Danckopffer dem
HERRN gehört. 30Er sols aber mit seiner hand
herzu bringen zum Opffer des HERRN / nemlich /
Das fett an der brust sol er bringen / sampt der
Brust / das sie ein Webe werden fur dem HERRN.
31Vnd der Priester sol das Fett anzünden auff dem
Altar / vnd die Brust sol Aaron vnd seiner Söne
sein / 32Vnd die rechte Schuldern sollen sie dem
Priester geben zur Hebe von jren Danckopffern.
33Vnd welcher vnter Aaron sönen das blut der
Danckopffer opffert vnd das fett / des sol die rechte
Schulder sein zu seinem teil. 34Denn die Webe-
brust / vnd die Hebeschuldern / hab ich genomen
vnd den kindern Jsrael von jren Danckopffern /
vnd hab sie dem Priester Aaron vnd seinen Sönen
gegeben / zum ewigem Recht. || || 59b

35DJS ist die salbung Aarons vnd seiner Söne /
vnd den Opffern des HERRN / des tages / da sie
vberantwortet worden Priester zu sein dem
HERRN / 36Da der HERR gebot am tage da er
sie salbet / das jm gegeben werden solt von den
kinder Jsrael / zum ewigen Recht / allen jren Nach-
komen. 37Vnd dis ist das gesetze des Brandopffers /
des Speisopffers / des Sündopffers / des Schuld-
opffers / der Fülleopffer / vnd der Danckopffer /
38das der HERR Mose gebot auff dem berge Sinai /
des tages da er jm gebot an die kinder Jsrael / zu
opffern jr Opffer dem HERRN in der wüsten
Sinai.

VIII.

VND DER HERR REDET MIT MOSE / VND SPRACH / Exod. 28.
2Nim Aaron vnd seine Söne mit jm / sampt jren

Kleidern / vnd das Salböle / vnd einen farren zum
Sündopffer / zween widder vnd einen korb mit
vngesewrtem Brot / [3]vnd versamle die gantze Ge-
meine fur die thür der Hütten des Stiffts. [4]Mose
thet wie jm der HERR gebot / vnd versamlet die
Gemeine fur die thür der Hütten des Stiffts / [5]vnd
sprach zu jnen / Das ists das der HERR geboten
hat zu thun.

Exo. 28. 29.

AARON vnd seiner söne weihe.

VND nam Aaron vnd seine Söne / vnd wussch
sie mit wasser. [7]Vnd legt jm den Leinenrock
an / vnd gürtet jn mit dem Gürtel / vnd zoch jm
den Seidenrock an / vnd thet jm den Leibrock an /
vnd gürtet jn vber den Leibrock her. [8]Vnd thet
jm das Schiltlin an / vnd in das Schiltlin Liecht
vnd Recht. [9]Vnd setzt jm den Hut auff sein Heubt /
vnd setzt an den Hut oben an seiner stirn das gül-
den Blat der heiligen Kron / Wie der HERR Mose
geboten hatte.

Exo. 30.

[10]VND Mose nam das Salböle / vnd salbet die
wonung / vnd alles was drinnen war / vnd weihet
es / [11]Vnd sprenget da mit sieben mal auff den Al-
tar / vnd salbet den altar / mit alle seinem gerete /
das Handfas mit seinem fus / das es geweihet
würde. [12]Vnd gos des Salböles auff Aarons heubt /
vnd salbt jn das er geweihet würde. [13]Vnd bracht
erzu Aarons söne / vnd zoch jnen leinen Röcke an /
vnd gürtet sie mit dem Gürtel / vnd band jnen
Hauben auff / wie jm der HERR geboten hatte.

Exo. 29.

VND lies erzu füren einen Farren zum Sünd-
opffer / vnd Aaron mit seinen Sönen / legten
jre hende auff sein heubt / [15]da schlachtet man es.
Vnd Mose nam des bluts / vnd thets auff die hörner
des Altars vmb her / mit seinem finger / vnd ent-
sündiget den Altar / vnd gos das blut an des Altars
boden / vnd weihet jn / das er jn versünet. [16]Vnd
nam alles fett am eingeweide / das netz vber der
lebber / vnd die zwo nieren mit dem fett daran /
vnd zündets an auff dem Altar. [17]Aber den Farren
mit seinem fell / fleisch vnd mist / verbrand er mit
fewr ausser dem Lager / wie jm der HERR geboten
hatte.

VND bracht er zu einen Widder zum Brand-
opffer / vnd Aaron mit seinen Sönen legten jre
hende auff sein heubt / [19]da schlacht man jn. Vnd
Mose sprenget des bluts auff den Altar vmb her /
[20]zehieb den Widder in stücke / vnd zündet an das
heubt / die stücke vnd den strumpff / [21]vnd wussch

die eingeweide vnd schenckel mit wasser / vnd zündet also den gantzen Widder an auff dem Altar / Das war ein Brandopffer zum süssen geruch / ein Fewr dem HERRN / wie jm der HERR geboten hatte.

ER bracht auch erzu den andern Widder des
Fülleopffers / Vnd Aaron mit seinen Sönen leg- Exo. 29.
ten jre hende auff sein heubt / 23da schlachtet man
jn. Vnd Mose nam seines bluts / vnd thets Aaron
auff den knörbel seines rechten ohrs / vnd auff den
daumen seiner rechten hand / vnd auff den grossen
zehe seines rechten fusses. 24Vnd bracht erzu
Aarons söne / vnd thet des bluts auff den knörbel
jres rechten ohr / vnd auff den daumen jrer rechten
hand / vnd auff den grossen zehe jres rechten
fusses. Vnd spreng̃et das blut auff den Altar vmb
her. ‖ ‖ 60a
25VND nam das fett vnd den schwantz / vnd
alles fett am eingeweide / vnd das netz vber der
lebber / die zwo nieren mit dem fett daran / vnd die
rechte schulder. 26Da zu nam er von dem korb
des vngesewrten Brots fur dem HERRN / einen
vngesewrten Kuchen / vnd ein Kuchen geöltes
brots / vnd ein Fladen / vnd legts auff das fette /
vnd auff die rechten schulder / 27Vnd gab das alle
sampt auff die hende Aaron vnd seiner Söne / vnd
webds zur Webe fur dem HERRN. 28Vnd nams
alles wider von jren henden / vnd zundets an auff
dem Altar / oben auff dem Brandopffer / Denn es
ist ein Fülleopffer zum süssen geruch / ein Fewr
dem HERRN. 29Vnd Mose nam die brust vnd
webd ein Webe fur dem HERRN / von dem widder
des Fülleopffers / die ward Mose zu seinem teil /
wie jm der HERR geboten hatte.

VND Mose nam des Salböles / vnd des bluts auff
dem Altar / vnd spreng̃et auff Aaron vnd seine
kleider / auff seine Söne / vnd auff jre kleider / vnd
weihet also Aaron vnd seine kleider / seine söne
vnd jre kleider mit jm. 31Vnd sprach zu Aaron
vnd seinen Sönen / Kochet das fleisch fur der thür
der Hütten des Stiffts / vnd esset es daselbs. Dazu
auch das brot im korbe des Füllopffers / wie mir
geboten ist / vnd gesagt / das Aaron vnd seine
Söne sollens essen. 32Was aber vberbleibt vom
fleisch vnd brot / das solt jr mit fewr verbrennen.
33VND solt in sieben tagen nicht ausgehen / von
der thür der Hütten des Stiffts / bis an den tag / da

die tage ewrs Fülleopffers aus sind / Denn sieben
tage sind ewr hende gefüllet / 34wie es an diesem
tage geschehen ist / Der HERR hats geboten zu
thun / auff das jr versünet seiet. 35Vnd solt fur der
Hütten des Stiffts tag vnd nacht bleiben sieben tage
lang / Vnd solt auff die hut des HERRN warten /
das jr nicht sterbet / Denn also ist mirs geboten.
36Vnd Aaron mit seinen Sönen theten alles das der
HERR geboten hatte durch Mose.

IX.

VND AM ACHTEN TAGE RIEFF MOSE AARON VND
seinen Sönen vnd den Eltesten in Jsrael / 2vnd
sprach zu Aaron. Nim zu dir ein Jungkalb zum
Sündopffer / vnd einen wider zum Brandopffer /
beide on wandel / vnd bring sie fur den HERRN.
3Vnd rede mit den kindern Jsrael vnd sprich / Ne-
met einen zigenbock zum Sündopffer / vnd ein
kalb vnd ein schaf / beide eines jars alt / vnd on
wandel / zum Brandopffer / 4vnd einen ochsen
vnd einen wider zum Danckopffer / das wir fur
dem HERRN opffern / vnd ein Speisopffer mit öle
gemengt / Denn heute wird euch der HERR er-
scheinen.

5VND sie namen was Mose geboten hatte / fur
der thür der Hütten des Stiffts / vnd trat erzu die
gantze Gemeine / vnd stund fur dem HERRN.
6Da sprach Mose / Das ists / das der HERR gebo-
ten hat / das jr thun solt / So wird euch des HERRN
Herrligkeit erscheinen. 7Vnd Mose sprach zu
Aaron / Trit zum Altar / vnd mache dein Sünd-
opffer vnd dein Brandopffer vnd versüne dich vnd
das volck / Darnach mache des volcks Opffer / vnd
versüne sie auch / wie der HERR geboten hat.

VNd Aaron trat zum Altar / vnd schlachtet das
Kalb zu seinem Sündopffer. 9Vnd seine Söne
brachten das blut zu jm / vnd er tuncket mit seinem
finger ins blut / vnd thets auff die hörner des Al-
tars / vnd gos das blut an des Altars boden. 10Aber
das fett vnd die nieren / vnd das netz von der lebber
am Sündopffer / zündet er an auff dem Altar / wie
der HERR Mose geboten hatte. 11Vnd das Fleisch /
vnd das Fell verbrand er mit fewr ausser dem Lager.

AARONS erste Opffer fur sich vnd das Volck.

12DArnach schlachtet er das Brandopffer / Vnd
Aarons söne brachten das blut zu jm / vnd er
sprenget es auff den Altar vmbher. 13Vnd sie
brachten das Brandopffer zu jm zustücket vnd den

kopff / Vnd er zündets an auff dem Altar / [14]vnd
er wussch das eingeweide vnd die schenckel / vnd
zündets an / oben auff dem Brandopffer auff dem
Altar. || || 60b

[15]DArnach bracht er erzu des volcks Opffer /
vnd nam den bock das Sündopffer des volcks / vnd
schlachtet jn / vnd macht ein Sündopffer draus
wie das vorige / [16]Vnd bracht das Brandopffer
erzu / vnd that jm sein recht. [17]Vnd bracht er zu das
Speisopffer / vnd nam seine hand vol / vnd zündets
an auff dem Altar / ausser des morgens Brand-
opffer.

[18]DArnach schlachtet er den Ochsen vnd Wider
zum Danckopffer des Volcks / Vnd seine Söne
brachten jm das blut / das sprenget er auff den Al-
tar vmb her. [19]Aber das fett vom ochsen / vnd vom
widder den schwantz / vnd das fett am eingeweide /
vnd die nieren / vnd das netze vber der lebber /
[20]alles solchs fett legten sie auff die brust / vnd
zündet das fett an auff dem Altar. [21]Aber die brust /
vnd die rechte schulter webd Aaron zur Webe fur
dem HERRN / wie der HERR Mose geboten
hatte.

VND Aaron hub seine Hand auff zum volck / vnd
segenet sie / vnd steig er ab da er das Sündopffer /
Brandopffer vnd Danckopffer gemacht hatte. [23]Vnd
Mose vnd Aaron giengen in die Hütten des Stiffts /
vnd da sie wider eraus giengen / segeneten sie das
volck. Da erschein die herligkeit des HERRN
allem volck / [24]Denn das fewr kam aus von dem
HERRN / vnd verzeret auff dem Altar das Brand-
opffer vnd das fett / Da das alles volck sahe / fro-
locketen sie / vnd fielen auff jr andlitz.

X.

NADAB VND Abihu verzehret das Fewr.

VND DIE SÖNE AARONS / NADAB VND ABIHU / Leui. 16.
namen ein jglicher seinen Napff / vnd theten Num. 16.
fewr drein / vnd legten Reuchwerg drauff / vnd
brachten das frembd fewr fur den HERRN / das
er jnen nicht geboten hatte. [2]Da fuhr ein fewr aus
von dem HERRN / vnd verzehret sie / das sie
sturben fur dem HERRN. [3]Da sprach Mose zu
Aaron / Das ists / das der HERR gesagt hat / Jch
werde geheiliget werden an denen die zu mir nahen /
vnd fur allem Volck / werde ich herrlich werden /
Vnd Aaron schweig stille.

Kirchen Rechte.

4MOse aber rieff Misael vnd Elzaphan den sönen
Vsiel / Aarons vettern vnd sprach zu jnen / Trett
hinzu / vnd traget ewre Brüder von dem Heilig-
thum hin aus fur das Lager. 5Vnd sie tratten hinzu /
vnd trugen sie hin aus / mit jren leinen röcken fur
das Lager / wie Mose gesagt hatte.
6Da sprach Mose zu Aaron vnd seinen sönen
Eleazar vnd Jthamar / Jr solt ewre Heubter nicht
blössen / noch ewre Kleider zureissen / das jr nicht
sterbet / vnd der zorn vber die gantze Gemeine
kome / Lasst ewre Brüder des gantzen hauses
Jsrael weinen vber diesen Brand / den der HERR
gethan hat. 7Jr aber solt nicht ausgehen von der
thür der Hütten des Stiffts / jr möchtet sterben /
Denn das Salböle des HERRN ist auff euch / Vnd
sie theten / wie Mose sagt.
DER HERR aber redet mit Aaron / vnd sprach /
Eze. 44. 1. Tim. 3. Tit. 1. 9Du vnd deine Söne mit dir / solt keinen Wein
noch starck Getrencke trincken / wenn jr in die
Hütten des Stiffts gehet / auff das jr nicht sterbet /
Das sey ein ewiges Recht / allen ewren Nachko-
men. 10Auff das jr künd vnterscheiden / was heilig
vnd vnheilig / was vnrein vnd rein ist / 11Vnd das jr
die kinder Jsrael leret alle Rechte / die der HERR
zu euch geredt hat durch Mose.
VND Mose redet mit Aaron / vnd mit seinen
vbrigen sönen Eleazar vnd Jthamar. Nemet das
vberblieben ist vom Speisopffer / an den opffern
des HERRN / vnd essets vngesewrt bey dem Al-
tar / denn es ist das allerheiligst. 13Jr solts aber an
heiliger stete essen / Denn das ist dein Recht / vnd
deiner Söne recht / an den opffern des HERRN /
Denn so ist mirs geboten. 14Aber die Webebrust /
vnd die Hebeschulder / soltu vnd deine Söne vnd
deine Töchter mit dir essen an reiner stete / Denn
|| 61 a solch Recht ist dir vnd deinen Kin||dern gegeben /
an den Danckopffern der kinder Jsrael. 15Denn
die Hebeschulter vnd die Webebrust zu den
opffern des fetts / werden gebracht / das sie zur
Webe gewebd werden fur dem HERRN / Darumb
ists dein vnd deiner Kinder zum ewigen Recht /
wie der HERR geboten hat.
VNd Mose suchte den Bock des Sündopffers /
vnd fand jn verbrand / vnd er ward zornig vber
Eleazar vnd Jthamar Aarons söne / die noch vbrig
waren / vnd sprach. 17Warumb habt jr das Sünd-
opffer nicht gessen an heiliger stete / denn es das

(Sein blut) Weil sein blut nicht ins Heilige bracht ist / solt es nicht verbrand / sondern geessen worden sein. Welchs blut aber hinein gebracht ward must man nicht essen / sondern alles verbrennen / Su. 4. et. 6. etc. Jnf. 16.

allerheiligste ist / Vnd er hats euch gegeben / das
jr die missethat der Gemeine tragen solt / das jr
sie versünet fur dem HERRN? [18]Sihe / sein blut
ist nicht komen in das Heilige hinein / jr solts im
Heiligen gessen haben / wie mir geboten ist.
[19]Aaron aber sprach zu Mose / Sihe / Heute haben
sie jr Sündopffer vnd jr Brandopffer fur dem
HERRN geopffert / vnd es ist mir also gangen /
wie du sihest / vnd ich solte essen heute vom Sünd-
opffer / solte das dem HERRN gefallen? [20]Da
das Moses höret / lies ers jm gefallen.

XI.

Deut. 14.

REINE VND vnreine Thier bey den Jüden.

VND DER HERR REDET MIT MOSE VND AARON /
vnd sprach zu jnen / [2]Redet mit den kindern
Jsrael / vnd sprecht / Das sind die Thier die jr essen
solt vnter allen thieren auff Erden. [3]Alles was die
klawen spaltet / vnd wider kewet vnter den Thie-
ren / das solt jr essen. [4]Was aber widerkewet / vnd
hat klawen / vnd spaltet sie doch nicht / als das
Kamel / Das ist euch vnrein / vnd solts nicht essen.
[5]Die Caninichen widerkewen wol / aber sie spalten
die Klawen nicht / Darumb sind sie vnrein. [6]Der
Hase widerkewet auch / aber er spaltet die klawen
nicht / Darumb ist er euch vnrein. [7]Vnd ein
Schwein spaltet wol die klawen / aber es wider-
kewet nicht / Darumb sols euch vnrein sein. [8]Von
dieser fleisch solt jr nicht essen / noch jr Ass an-
rüren / Denn sie sind euch vnrein.

REINE VND vnreine Fisch.

[9]DJS solt jr essen vnter dem das in wassern ist.
Alles was Flosfeddern vnd Schuppen hat in was-
sern / im meer vnd bechen / solt jr essen. [10]Alles
aber was nicht Flosfeddern vnd Schuppen hat / im
meer vnd bechen / vnter allem das sich reget in
wassern / vnd allem was lebt im wasser / sol euch
eine Schew sein / [11]das jr von jrem fleisch nicht
esset / vnd fur jrem Ass euch schewet. [12]Denn
alles was nicht flosfeddern vnd schupen hat in Was-
sern / solt jr schewen.

VNREINE Vogel.

[13]VND dis solt jr schewen vnter den Vogeln /
das jrs nicht esset / Den Adeler / den Habicht / den
Fischar / [14]den Geyer / den Weihe / vnd was seiner
art ist. [15]Vnd alle Raben mit jrer art / [16]den Straus /
die Nachteule / den Kuckuc / den Sperber mit
seiner art. [17]Das Kützlin / den Schwan / den Huhu /
[18]die Fleddermaus / die Rordomel / [19]den Storck /

den Reiger / den Heher mit seiner art / die Widhop /
vnd die Schwalbe. [20]Alles auch was sich reget
vnter den Vogeln / vnd gehet auff vier füssen / das
sol euch eine Schew sein.

REINE VOGEL. [21]DOch das solt jr essen von Vogeln / das sich
reget vnd gehet auff vier Füssen / vnd nicht mit
zweien Beinen auff erden hüpffet / [22]von den sel-
ben müget jr essen / als da ist / Arbe mit seiner art /
vnd Selaam mit seiner art / vnd Hargol mit seiner
art / vnd Hagab mit jrer art. [23]Alles aber was
sonst vier füsse hat vnter den Vogeln / sol euch
eine schew sein / [24]vnd solt sie vnrein achten. Wer
solcher Ass anrüret / der wird vnrein sein / bis
auff den abend. [25]Vnd wer dieser Ass eines tragen
wird / sol seine kleider wasschen / vnd wird vn-
rein sein / bis auff den abend.

Vnreine Thier. DArumb alles Thier das klawen hat / vnd spaltet
sie nicht / vnd widerkewet nicht / das sol euch
vnrein sein / Wer es anrüret wird vnrein sein. [27]Vnd
alles was auff tappen gehet / vnter den Thieren die
auff vier füssen gehen / sol euch vnrein sein / Wer
|| 61 b jr Ass anrüret / wird vnrein sein bis auff || den
abend. [28]Vnd wer jr Ass tregt / sol seine kleider
wasschen / vnd vnrein sein / bis auff den abend /
Denn solche sind euch vnrein.

[29]DJese sollen euch auch vnrein sein vnter den
Thieren / die auff erden kriechen / Die Wisel / die
Maus / die Kröte / ein jglichs mit seiner art. [30]Der
Jgel / der Molch / die Aydex / der Blindschleich /
vnd der Maulworff. [31]Die sind euch vnrein vnter
allem das da kreucht / Wer jr Ass anrüret / der wird
vnrein sein / bis an den abend. [32]Vnd alles worauff
ein solch tod Ass fellet / das wird vnrein / es sey
allerley hültzen gefess / oder kleider / oder fell /
oder sack / vnd alles gerete / da mit man etwas
schaffet / sol man ins wasser thun / vnd ist vnrein /
bis auff den abend / als denn wirds rein.

[33]ALlerley erden gefess / wo solcher Ass eines
drein fellet / wird alles vnrein was drinnen ist / vnd
solts zubrechen. [34]Alle speise die man isset / so
solch wasser drein kompt / ist vnrein. Vnd aller
tranck den man trinckt / in allerley solchem gefess /
ist vnrein. [35]Vnd alles worauff ein solch Ass fellet /
wird vnrein / es sey ofen oder kessel / so sol mans
zubrechen / denn es ist vnrein / vnd sol euch vnrein
sein. [36]Doch die Brünne vnd kolke / vnd teiche
sind rein. Wer aber jr Ass anrüret ist vnrein.

Diese vier Thier sind in vnsern landen nicht / wie wol gemeiniglich Arbe vnd Hagab fur Hewschrecken gehalten werden / die auch vierfüssig vogel sind. Aber es ist gewisser diese Ebreische namen zu brauchen / wie wir mit Haleluia vnd andern frembder sprach namen thun.

[37]VND ob ein solch Ass fiel auff Samen den man geseet hat / so ist er doch rein. [38]Wenn man aber wasser vber den Samen gösse / vnd fiele darnach ein solch Ass drauff / so würde er euch vnrein.

[39]WEnn ein Thier stirbt / das jr essen müget / wer das Ass anrüret / der ist vnrein bis an den abend. [40]Wer von solchem Ass isset / der sol sein kleid wasschen / vnd wird vnrein sein bis an den abend. Also / wer auch tregt ein solch Ass / sol sein kleid wasschen / vnd wird vnrein sein bis an den abend.

[41]WAs auff erden schleicht / das sol euch eine Schew sein / vnd man sols nicht essen. [42]Vnd alles was auff dem Bauch kreucht / vnd alles was auff vier oder mehr füssen gehet / vnter allem das auff erden schleicht / solt jr nicht essen / Denn es sol euch eine schew sein. [43]Macht ewre Seelen nicht zum schewsal / vnd verunreiniget euch nicht an jnen / das jr euch besuddelt.

[44]DEnn ich bin der HERR ewr Gott / Darumb solt jr euch heiligen / das jr heilig seid / denn ich bin Heilig. Vnd solt nicht ewer Seelen verunreinigen an jrgent einem kriechenden Thier / das auff erden schleicht / [45]Denn ich bin der HERR / der euch aus Egyptenland gefüret hat / das ich ewr Gott sey / Darumb solt jr heilig sein / denn ich bin Heilig.

Leui. 19. 1. Pet. 1.

[46]DJs ist das Gesetz von den Thieren vnd Vogeln / vnd allerley kriechenden Thieren im wasser / vnd allerley thieren die auff Erden schleichen / [47]Das jr vnterscheiden kündet / was vnrein vnd rein ist / Vnd welchs Thier man essen / vnd welchs man nicht essen sol.

XII.

GESETZ FUR die / so ein Kneblin oder Meidlin gebirt.

VND DER HERR REDET MIT MOSE / VND SPRACH / [2]Rede mit den kindern Jsrael / vnd sprich / Wenn ein Weib besamet wird / vnd gebirt ein Kneblin / So sol sie sieben tage vnrein sein / so lange sie jre kranckheit leidet. [3]Vnd am achten tage sol man das Fleisch seiner Vorhaut beschneiten. [4]Vnd sie sol da heim bleiben drey vnd dreissig tage / im blut jrer reinigung / Kein heiliges sol sie anrüren / vnd zum Heiligthum sol sie nicht komen / bis das die tage jrer reinigung aus sind. [5]Gebirt sie aber ein Meidlin / So sol sie zwo wochen vnrein sein / so lange sie jre kranckheit leidet / Vnd sol sechs vnd sechzig tage da heim bleiben in dem blut jrer reinigung.

Luc. 2.

VND wenn die tage jrer reinigung aus sind / fur
den Son oder fur die Tochter / Sol sie ein jerig
Lamb bringen zum Brandopffer / vnd eine Junge-
taube / oder Dordeltauben zum Sündopffer / dem
|| 62a Priester fur die thür der || Hütten des Stiffts / 7Der
sol es opffern fur dem HERRN / vnd sie versünen /
so wird sie rein von jrem blutgang / Das ist das
Gesetz fur die / so ein Kneblin oder Meidlin gebirt.
8VErmag aber jre hand nicht ein Schaf / so neme
Luc. 2. sie zwo Dorteltauben oder zwo Jungetauben / eine
zum Brandopffer / die ander zum Sündopffer / So
sol sie der Priester versünen / das sie rein werde.

XIII.

VND DER HERR REDET MIT MOSE VND AARON /
vnd sprach / 2Wenn einem Menschen an der
haut seines fleisches etwas aufferet / oder schebicht — Aussatz der Menschen.
oder eiterweis wird / als wolt ein Aussatz werden /
an der haut seines fleischs / Sol man jn zum Priester
Aaron füren / oder zu seiner Söne einem vnter den
Priestern. 3Vnd wenn der Priester das mal an der
haut des fleischs sihet / das die har in weis verwan-
delt sind / vnd das ansehen an dem ort tieffer ist /
denn die ander haut seines fleischs / So ists gewis
der Aussatz / Darumb sol jn der Priester besehen /
vnd fur vnrein vrteilen.
4WEnn aber etwas eiterweis ist an der haut sei-
nes fleischs / vnd doch das ansehen nicht tieffer /
denn die ander haut des fleischs / vnd die har nicht
in weis verwandelt sind / So sol der Priester den
selben verschliessen sieben tage / 5vnd am sieben-
den tage besehen. Jsts das das mal bleibt wie ers vor
gesehen hat / vnd hat nicht weiter gefressen an der
haut / 6So sol jn der Priester abermal sieben tage
verschliessen. Vnd wenn er jn zum andern mal am
siebenden tage besihet / vnd findet das das mal ver-
schwunden ist / vnd nicht weiter gefressen hat an
der haut / So sol er jn rein vrteilen / denn es ist
grind / Vnd er sol seine Kleider wasschen / so ist er
rein. 7Wenn aber der grind weiter frisst in der
haut / nach dem er vom Priester besehen / vnd rein
gesprochen ist / vnd wird nu zum andern mal vom
Priester besehen / 8Wenn denn da der Priester
sihet / das der grind weiter gefressen hat in der
haut / Sol er jn vnrein vrteilen / denn es ist gewis
Aussatz.

Hie ists offenbar / das Moses Aussatz heisst allerley grind vnd blatern oder mal / da Aussatz aus werden kan / oder dem Aussatz gleich ist.

[9]WEnn ein mal des Aussatzs am Menschen sein
wird / den sol man zum Priester bringen. [10]Wenn
derselb sihet vnd findet / das weis auffgefaren ist
an der haut / vnd die har weis verwandelt / vnd roh
fleisch im geschwür ist / [11]So ists gewis ein alter
Aussatz in der haut seines fleischs. Darumb sol jn
der Priester vnrein vrteilen / vnd nicht verschlies-
sen / denn er ist schon vnrein.

(Die gantze haut) Dieser Aussatz heisset rein / Denn es ist ein gesunder Leib der sich also selbs reiniget / als mit bocken / masern / vnd kretze geschicht / da durch den gantzen Leib / das böse her aus schlegt / Wie wir Deudschen sagen / Es sey gesund etc.

[12]WEnn aber der Aussatz blühet in der haut /
vnd bedeckt die gantze haut / von dem heubt an bis
auff die füsse / alles was dem Priester fur augen sein
mag / [13]Wenn denn der Priester besihet vnd fin-
det / das der Aussatz das gantze fleisch bedeckt
hat / So sol er den selben rein vrteilen / die weil es
alles an jm in weis verwandelt ist / denn er ist rein.
[14]Jst aber roh fleisch da / des tages wenn er besehen
wird / So ist er vnrein. [15]Vnd wenn der Priester
das roh fleisch besihet / sol er jn vnrein vrteilen /
denn er ist vnrein / vnd es ist gewis Aussatz. [16]Ver-
keret sich aber das roh fleisch wider / vnd verwan-
delt sich in weis / So sol er zum Priester komen /
[17]Vnd wenn der Priester besihet vnd findet / das
das mal ist in weis verwandelt / sol er jn rein vr-
teilen / denn er ist rein.

[18]WEnn in jemands fleisch an der haut eine Drüs
wird / vnd wider heilet / [19]Darnach an demselben
ort etwas weis aufferet oder rötlich eiterweis wird /
sol er vom Priester besehen werden. [20]Wenn denn
der Priester sihet / das das ansehen tieffer ist / denn
die ander haut / vnd das har in weis verwandelt /
So sol er jn vnrein vrteilen / denn es ist gewis ein
Aussatzmal aus der Drüs worden. [21]Sihet aber der
Priester vnd findet / das die har nicht weis sind /
vnd ist nicht tieffer / denn die ander haut / vnd
ist verschwunden / So sol er jn sieben tage
verschliessen. [22]Frisset es weiter in der haut /
So sol er jn vnrein vrteilen / denn es ist || gewis || 62b
ein Aussatzmal. [23]Bleibt aber das eiterweis also
stehen / vnd frisset nicht weiter / so ists die narbe
von der drüs / Vnd der Priester sol jn rein vr-
teilen.

[24]WEnn sich jemands an der haut am fewr bren-
net / vnd das Brandmal rötlicht oder weis ist /
[25]Vnd der Priester jn besihet / vnd findet das har
in weis verwandelt / an dem brandmal / vnd das
ansehen tieffer / denn die ander haut / So ists gewis
Aussatz / aus dem brandmal worden / Darumb sol

jn der Priester vnrein vrteilen / denn es ist ein
Aussatzmal. 26 Sihet aber der Priester vnd findet /
das die har am brandmal nicht in weis verwandelt /
vnd nicht tieffer ist denn die ander haut / vnd ist
dazu verschwunden / Sol er jn sieben tage ver-
schliessen / 27 vnd am siebenden tage sol er jn be-
sehen / Hats weiter gefressen an der haut / So sol
er jn vnrein vrteilen / denn es ist Aussatz. 28 Jsts
aber gestanden an dem brandmal / vnd nicht weiter
gefressen an der haut / vnd ist dazu verschwun-
den / so ists ein geschwür des brandmals / Vnd
der Priester sol jn rein vrteilen / denn es ist eine
narbe des brandmals.

29 WEnn ein Man oder Weib auff dem heubt oder
am bart schebicht wird 30 vnd der Priester das mal
besihet / vnd findet das das ansehen tieffer ist denn
die ander haut / vnd das har daselbs gülden vnd
dünne / So sol er jn vnrein vrteilen / denn es ist
aussetziger Grind des heubts oder des barts. 31 Sihet
aber der Priester / das der grind nicht tieffer an zu-
sehen ist denn die haut / vnd das har nicht falb
ist / Sol er denselben sieben tage verschliessen.
32 Vnd wenn er am siebenden tage besihet vnd fin-
det / das der grind nicht weiter gefressen hat / vnd
kein gülden har da ist / vnd das ansehen des grinds
nicht tieffer ist denn die ander haut / 33 Sol er sich
bescheren / doch das er den grind nicht beschere.
Vnd sol jn der Priester abermal sieben tage ver-
schliessen / 34 Vnd wenn er jn am siebenden tage
besihet vnd findet / das der grind nicht weiter ge-
fressen hat in der haut / vnd das ansehen ist nicht
tieffer denn die ander haut / So sol jn der Priester
rein sprechen / vnd er sol seine Kleider wasschen /
denn er ist rein. 35 Frisset aber der grind weiter
an der haut nach dem er rein gesprochen ist /
36 Vnd der Priester besihet vnd findet / das der
grind also weiter gefressen hat an der haut / So
sol er nicht mehr darnach fragen / ob die har gül-
den sind / denn er ist vnrein. 37 Jst aber fur augen
der grind still gestanden / vnd falb har daselbst
auffgangen ist / so ist der grind heil / vnd er rein /
Darumb sol jn der Priester rein sprechen.

38 WEnn einem Man oder Weib an der haut jres
fleischs etwas eiterweis ist / 39 Vnd der Priester
sihet daselbs / das das eiterweis schwindet / das ist
ein weisser grind / in der haut auffgangen / vnd er
ist rein.

Aussatz
der Kleider.

40WEnn einem Man die heubthar ausfallen / das
er kalh wird / der ist rein / 41fallen sie jm fornen
am heubt aus / vnd wird eine glatze / so ist er rein.
42Wird aber an der glatzen oder da er kalh ist / ein
weis oder rötlicht mal / So ist jm Aussatz an der
glatze oder am kalhkopff auffgangen / 43Darumb
sol jn der Priester besehen. Vnd wenn er findet /
das weis oder rötlicht mal auffgelauffen an seiner
glatzen oder kalhkopff / das es siehet wie sonst der
Aussatz an der haut / 44So ist er aussetzig vnd
vnrein / Vnd der Priester sol jn vnrein sprechen /
solchs mals halben auff seinem heubt.

45Wer nu aussetzig ist / des Kleider sollen zu-
rissen sein / vnd das Heubt blos / vnd die Lippen
verhüllet / vnd sol aller ding vnrein genennet
werden. 46Vnd so lange das mal an jm ist / sol er
vnrein sein / alleine wonen / vnd seine Wonung
sol ausser dem Lager sein.

WEnn an einem Kleid eines Aussatzs mal sein
wird / es sey wüllen oder leinen / 48am werfft
oder am eintracht / es sey leinen oder wüllen / oder
an einem fell / oder an allem das aus fellen gemacht
wird / 49Vnd wenn das mal bleich oder rötlicht
ist / am kleid oder am fell / oder am werfft / oder
am eintracht / oder an einigerley ding das von
fellen gemacht ist / das ist gewis ein || mal des aus- || 63 a
satzs. Darumb sols der Priester besehen / 50vnd
wenn er das mal sihet / sol ers einschliessen sieben
tage. 51Vnd wenn er am siebenden tage sihet / das
das mal hat weiter gefressen / am kleid / am werfft /
oder am eintracht / am fell / oder an allem das man
aus fellen macht / So ists ein fressend mal des aus-
satzs / vnd ist vnrein. 52Vnd sol das kleid ver-
brennen / oder den werfft oder den eintracht / es
sey wüllen oder leinen / oder allerley fellwerg /
darin solch mal ist / Dẹnn es ist ein mal des Aus-
satzs / vnd solts mit fewr verbrennen.

53WJrd aber der Priester sehen / das das mal
nicht weiter gefressen hat am kleid / oder am werfft /
oder am eintracht / oder an allerley fellwerg / 54So
sol er gebieten / das mans wassche darin das mal
ist / vnd sols einschliessen ander sieben tage.
55Vnd wenn der Priester sehen wird nach dem das
mal gewasschen ist / das das mal nicht verwandelt
ist fur seinen augen / vnd auch nicht weiter ge-
fressen hat / So ists vnrein / vnd solts mit fewr
verbrennen / denn es ist tieff eingefressen / vnd hats

Gesetz vber den Aussetzigen / wenn er sol gereiniget werden.

beschaben gemacht. [56]Wenn aber der Priester
sihet / das das mal verschwunden ist nach seinem
wasschen / So sol ers abreissen vom kleid / vom
fell / vom werfft / oder vom eintracht. [57]Wirds
aber noch gesehen am kleid / am werfft / am ein-
tracht / oder allerley fellwerg / so ists ein fleck / vnd
solts mit fewr verbrennen darin solch mal ist. [58]Das
kleid aber / oder werfft / oder eintracht / oder aller-
ley fellwerg das gewasschen ist / vnd das mal von
jm gelassen hat / sol man zum andern mal wasschen /
so ists rein. [59]Das ist das Gesetz vber die mal des
Aussatzs an kleidern / sie seien wüllen oder leinen /
am werfft vnd am eintracht vnd allerley fellwerg /
rein oder vnrein zu sprechen.

XIIII.

Math. 8. Mar. 1. Luc. 5. 17.

Reinigung des Aussetzigen.

VND DER HERR REDET MIT MOSE / VND SPRACH /
[2]Das ist das Gesetz vber den Aussetzigen /
wenn er sol gereiniget werden. Er sol zum Priester
komen / [3]Vnd der Priester sol aus dem Lager
gehen / vnd besehen / wie das mal des aussatzs am
Aussetzigen heil worden ist. [4]Vnd sol gebieten /
dem / der zu reinigen ist / das er zween lebendige
Vogel neme / die da rein sind / vnd Cedern holtz /
vnd rosinfarb wolle vnd Jsop. [5]Vnd sol gebieten /
den einen Vogel zu schlachten in einem erden ge-
fess am fliessenden wasser. [6]Vnd sol den lebendi-
gen Vogel nemen mit dem Cedern holtz / rosinfarb
wolle vnd Jsop / vnd in des geschlachten vogels
blut tuncken am fliessenden wasser / [7]vnd be-
sprengen den / der vom aussatz zu reinigen ist /
sieben mal / Vnd reinige jn also / vnd lasse den
lebendigen Vogel ins frey feld fliegen.

[8]DEr Gereinigte aber sol seine Kleider wasschen /
vnd alle seine Har abscheren / vnd sich mit wasser
baden / so ist er rein. Darnach gehe er ins Lager /
Doch sol er ausser seiner Hütten sieben tage blei-
ben. [9]Vnd am siebenden tage sol er alle seine Har
abscheren auff dem heubt / am bart / an den aug-
brunen / das alle har abgeschoren seien / Vnd sol
seine kleider wasschen vnd sein fleisch im wasser
baden / so ist er rein.

VND am achten tag sol er zwey Lemmer nemen
on wandel / vnd ein jerig Schaf on wandel /
vnd drey zehenden semelmelh zum Speisopffer /
mit öle gemenget / vnd ein Log öles. [11]Da sol der
Priester denselben Gereinigten / vnd diese ding

(LOG) Log ist ein klein meslin / auff Ebreisch also genennet Aber noch vngewis wie gros es sey.

Gesetz vber den Aussetzigen / wenn er sol gereiniget werden.

stellen fur den HERRN / fur der thür der Hütten des Stiffts. [12]Vnd sol das eine Lamb nemen / vnd zum Schuldopffer opffern / mit dem Log öle / vnd sol solchs fur dem HERRN Weben / [13]vnd darnach das Lamb schlachten / da man das Sündopffer vnd Brandopffer schlachtet / nemlich / an heiliger stet / Denn wie das Sündopffer / also ist auch das Schuldopffer des Priesters / Denn es ist das allerheiligst.

[14]VND der Priester sol des bluts nemen vom Schuldopffer / vnd dem Gereinigten auff den knörbel des rechten ohrs thun / vnd auff den daumen seiner || rechten hand / vnd auff den grossen zehe || 63b
seines rechten fusses. [15]Darnach sol er des öles aus dem Log nemen / vnd in seine (des Priesters) lincke hand giessen / [16]vnd mit seinem rechten finger in das öle tuncken / das in seiner lincken hand ist / vnd sprengen mit seinem finger das öle sieben mal fur dem HERRN. [17]Das vbrige öle aber in seiner hand sol er dem Gereinigten auff den knörbel des rechten ohrs thun / vnd auff den rechten daumen / vnd auff den grossen zehe seines rechten fusses / oben auff das blut des Schuldopffers. [18]Das vbrige öle aber in seiner hand sol er auff des Gereinigten heubt thun / vnd jn versünen fur dem HERRN. [19]Vnd sol das Sündopffer machen / vnd den Gereinigten versünen seiner vnreinigkeit halben. Vnd sol darnach das Brandopffer schlachten / [20]vnd sol es auff dem Altar opffern / sampt dem Speisopffer vnd jn versünen / so ist er rein.

IST er aber Arm / vnd mit seiner hand nicht so viel erwirbt / So neme er ein Lamb zum Schuldopffer zu Weben / jn zuuersünen / vnd ein zehenden Semelmelh mit öle gemengt zum Speisopffer / vnd ein Log öle / [22]vnd zwo Dordeltauben / oder zwo Jungetauben / die er mit seiner hand erwerben kan / Das eine sey ein Sündopffer / die ander ein Brandopffer. [23]Vnd bring sie am achten tage seiner reinigung zum Priester / fur der thür der Hütten des Stiffts / fur dem HERRN.

[24]DA sol der Priester das Lamb zum Schuldopffer nemen / vnd das Log öle / vnd sols alles Weben fur dem HERRN / [25]vnd das Lamb des Schuldopffers schlachten. Vnd des bluts nemen von dem selben Schuldopffer / vnd dem Gereinigten thun auff den knörbel seines rechten ohrs / vnd auff den daumen seiner rechten hand / vnd auff den

grossen zehe seines rechten fusses / 26Vnd des öles
in seine (des Priesters) lincke hand giessen / 27vnd
mit seinem rechten finger / das öle das in seiner
lincken hand ist / sieben mal sprengen fur dem
HERRN.

28DEs vbrigen aber in seiner hand / sol er dem
Gereinigten auff den knörbel seines rechten ohrs /
vnd auff den daumen seiner rechten hand / vnd auff
den grossen zehe seins rechten Fusses thun / oben
auff das blut des Schuldopffers. 29Das vbrige öle
aber in seiner hand sol er dem Gereinigten auff das
heubt thun / jn zuuersünen fur dem HERRN.
30Vnd darnach aus der einen Dordeltauben oder
Jungentauben / wie seine hand hat mügen erwer-
ben / 31ein Sündopffer / Aus der andern ein Brand-
opffer machen / sampt dem Speisopffer / vnd sol
der Priester den Gereinigten also versünen fur
dem HERRN. 32Das sey das Gesetz fur den Aus-
setzigen / der mit seiner hand nicht erwerben kan /
was zu seiner reinigung gehört.

VND DER HERR REDET MIT MOSE VND AARON / AUSSATZ der heuser.
vnd sprach / 34Wenn jr ins land Canaan kompt /
das ich euch zur Besitzung gebe / vnd werde jrgent
in einem Hause ewr besitzung ein Aussatzmal
geben / 35So sol der komen / des das haus ist / dem
Priester ansagen / vnd sprechen / Es sihet mich an /
als sey ein aussetzig mal an meim hause. 36Da sol
der Priester heissen / das sie das haus ausreumen /
ehe denn der Priester hin ein gehet / das mal zu
besehen / auff das nicht vnrein werde alles was im
hause ist / Darnach sol der Priester hinein gehen /
das haus zu besehen.

37WEnn er nu das mal besihet / vnd findet / das an
der wand des hauses / gele oder rötliche grüblin
sind / vnd jr ansehen tieffer / denn sonst die wand
ist / 38So sol er zum haus zur thür er aus gehen /
vnd das haus sieben tage verschliessen. 39Vnd
wenn er am siebenden tag widerkompt / vnd sihet
das das mal weiter gefressen hat / an des hauses
wand / 40So sol er die steine heissen ausbrechen /
darm das mal ist / vnd hin aus fur die Stad / an einen
vnreinen ort werffen. 41Vnd das haus sol man in-
wendig rings rumb schaben / vnd sollen den ab-
geschabenen leimen hin aus fur die Stad an einen
|| 64a vnreinen ort schütten. 42Vnd || andere steine nemen
vnd an jener stat thun / vnd andern leimen nemen /
vnd das haus bewerffen.

43WEnn denn das mal widerkompt / vnd aus-
bricht am hause / nach dem man die steine ausge-
rissen / vnd das haus anders beworffen hat / 44So
sol der Priester hin ein gehen. Vnd wenn er sihet /
das das mal weiter gefressen hat am hause / so ists
gewis ein fressender Aussatz am hause / vnd ist
vnrein. 45Darumb sol man das haus abbrechen /
stein vnd holtz / vnd allen leimen am hause / vnd
sols hin aus füren fur die Stad an einen vnreinen
ort. 46Vnd wer in das haus gehet / so lang es ver-
schlossen ist / der ist vnrein bis an den abend.
47Vnd wer drinnen ligt oder drinnen isset / der sol
seine Kleider wasschen.

48WO aber der Priester / wenn er hin ein gehet /
sihet / das dis mal nicht weiter am hause gefressen
hat / nach dem das haus beworffen ist / So sol ers
rein sprechen / denn das mal ist heil worden. 49Vnd
sol zum Sündopffer fur das haus nemen zween
Vogel / Cedern holtz / vnd rosinfarbe wolle vnd
Jsop. 50Vnd den einen Vogel schlachten in einem
erden gefess an einem fliessenden wasser. 51Vnd
sol nemen das Cedern holtz / die rosinfarbe wolle /
den Jsop / vnd den lebendigen Vogel / vnd in des
geschlachten Vogels blut tuncken / an dem flies-
senden wasser / vnd das haus sieben mal bespren-
gen. 52Vnd sol also das haus entsündigen mit dem
blut des Vogels / vnd mit fliessendem wasser / mit
dem lebendigen Vogel / mit dem Cedern holtz / mit
Jsopen vnd mit rosinfarbe wolle. 53Vnd sol den
lebendigen Vogel lassen hin aus fur die Stad ins
frey feld fliegen / vnd das haus versünen / so ists
rein.

54DAs ist das Gesetz vber allerley mal des Aus-
satzs vnd Grinds 55vber den Aussatz der kleider /
vnd der heuser / 56vber die beulen / gnetz vnd eiter
weis / 57Auff das man wisse / wenn etwas vnrein
oder rein ist / Das ist das Gesetz vom Aussatz.

XV.

FLUS.

VND DER HERR REDET MIT MOSE VND AARON /
vnd sprach / 2Redet mit den kindern Jsrael /
vnd sprecht zu jnen. Wenn ein Man an seinem FLUS AM
fleisch einen flus hat / der selb ist vnrein / 3Denn fleisch etc.
aber ist er vnrein an diesem flus / wenn sein fleisch
vom flus eitert oder verstopfft ist / 4Alle lager
darauff er ligt / vnd alles darauff er sitzt / wird vn-
rein werden. 5Vnd wer sein lager anrüret / der sol

seine kleider wasschen vnd sich mit wasser baden /
vnd vnrein sein bis auff den abend.
6VND wer sich setzt / da er gesessen ist / der sol
seine kleider wasschen / vnd sich mit wasser baden /
Vnd vnreine sein bis auff den abend. 7Wer sein
fleisch anrüret / der sol seine kleider wasschen / vnd
sich mit wasser baden / vnd vnreine sein bis auff
den abend. 8Wenn er seinen speichel wirfft auff
den der rein ist / der sol seine kleider wasschen /
vnd sich mit wasser baden / vnd vnrein sein bis auff
den abend. 9Vnd der sattel darauff er reitet / wird
vnrein werden. 10Vnd wer anrüret jrgent etwas /
das er vnter sich gehabt hat / Der wird vnrein sein
bis auff den abend. Vnd wer solchs tregt / der sol
seine kleider waschen / vnd sich mit wasser baden /
vnd vnrein sein bis auff den abend. 11Vnd welchen
er anrüret ehe er die hende wesscht / der sol seine
kleider wasschen / vnd sich mit wasser baden / vnd
vnrein sein bis auff den abend. 12Wenn er ein erden
gefess anrüret / das sol man zubrechen / Aber das
hültzen fass sol man mit wasser spülen.

VND wenn er rein wird von seinem flus / So sol
er sieben tage zelen / nach dem er rein worden
ist / vnd seine kleider wasschen / vnd sein fleisch mit
fliessendem wasser baden / so ist er rein. 14Vnd
am achten tage sol er zwo Dordeltauben oder zwo
Jungetauben nemen / vnd fur den HERRN brin-
gen fur der thür der Hütten des Stiffts / vnd dem
Priester geben. 15Vnd der Priester sol aus einer
ein Sündopffer / aus der andern ein Brandopffer
machen / vnd jn versünen fur dem HERRN seines
|| 64b flus halben. ||

16WEnn einem Man im schlaff der Samen ent-
gehet / der sol sein gantzes fleisch mit wasser
baden / vnd vnrein sein bis auff den abend. 17Vnd
alles kleid vnd alles fell / das mit solchem samen
befleckt ist / sol er wasschen mit wasser / vnd vn-
rein sein bis auff den abend. 18Ein Weib / bey
welchem ein solcher ligt / die sollen sich mit wasser
baden / vnd vnrein sein bis auff den abend.

WEnn ein Weib jrs leibs Blutflus hat / die sol BLUTFLUS.
sieben tag bey seit gethan werden / Wer sie
anröret / der wird vnrein sein bis auff den abend.
20Vnd alles worauff sie ligt / so lang sie jre zeit hat /
wird vnrein sein / vnd worauff sie sitzt / wird vn-
rein sein. 21Vnd wer jr lager anrüret / der sol seine
kleider wasschen / vnd sich mit wasser baden / vnd

vnrein sein bis auff den abend. 22 23Vnd wer an-
rüret jrgent was / darauff sie gesessen hat / sol seine
kleider wasschen / vnd sich mit wasser baden / vnd
vnrein sein bis auff den abend. 24Vnd wenn ein
Man bey jr ligt / vnd es kompt sie jre zeit an bey jm /
der wird sieben tage vnrein sein / vnd das Lager
darauff er gelegen ist wird vnrein sein.

25WEnn aber ein Weib jren Blutflus eine lange
zeit hat / nicht allein zur gewönlicher zeit / sondern
auch vber die gewönlichen zeit / So wird sie vnrein
sein / so lange sie fleusst / Wie zur zeit jrer absonde-
rung / So sol sie auch hie vnrein sein. 26Alles lager
darauff sie ligt die gantze zeit jrs flus / sol sein wie
das lager jrer absonderung. Vnd alles worauff sie
sitzt / wird vnrein sein / gleich der vnreinigkeit jrer
absonderung. 27Wer der etwas anrüret / der wird
vnrein sein / Vnd sol seine kleider wasschen / vnd
sich mit wasser baden / vnd vnrein sein bis auff den
abend.

28WJrd sie aber rein von jrem flus / So sol sie
sieben tage zelen / darnach sol sie rein sein. 29Vnd
am achten tage sol sie zwo Dordeltauben oder zwo
Junge tauben nemen / vnd zum Priester bringen /
fur die thür der Hütten des Stiffts. 30Vnd der
Priester sol aus einer machen ein Sündopffer / aus
der andern ein Brandopffer / vnd sie versünen fur
dem HERRN vber dem flus jrer vnreinigkeit. 31So
solt jr die kinder Jsrael warnen fur jrer vnreinigkeit /
das sie nicht sterben in jrer vnreinigkeit / wenn sie
meine Wonunge verunreinigen / die vnter euch ist.

32DAS ist das Gesetz vber den / der einen Flus
hat / vnd dem der Same im schlaff entgehet / das er
vnrein dauon wird. 33Vnd vber die die jren Blut-
flus hat. Vnd wer einen Flus hat / es sey Man oder
Weib / Vnd wenn ein Man bey einer vnreinen ligt.

XVI.

VND DER HERR REDET MIT MOSE (NACH DEM Leui. 10.
die zween söne Aarons gestorben waren / da sie
fur dem HERRN opfferten) 2vnd sprach / Sage
deinem bruder Aaron / Das er nicht allerley zeit
in das inwendige Heiligthum gehe hinder dem
Furhang / fur dem Gnadenstuel der auff der Laden
ist / das er nicht sterbe / Denn ich wil in einer Wol-
cken erscheinen auff dem Gnadenstuel.

3SOndern da mit sol er hin ein gehen / Mit einem
jungen Farren zum Sündopffer / vnd mit einem

Wider zum Brandopffer. 4Vnd sol den heiligen
leinen Rock anlegen / vnd leinen Niderwad an
seinem Fleisch haben / vnd sich mit einem leinen
Gürtel gürten / vnd den leinen Hut auff haben /
Denn das sind die heiligen Kleider / Vnd sol sein
Fleisch mit wasser baden / vnd sie anlegen. 5Vnd
sol von der Gemeine der kinder Jsrael zween Zigen-
böck nemen zum Sündopffer / vnd einen Wider
zum Brandopffer.

6VNd Aaron sol den Farren sein Sündopffer erzu
bringen / vnd sich vnd sein haus versünen. 7Vnd
darnach die zween Böck nemen / vnd fur den
HERRN stellen fur der thür der Hütten des Stiffts.
8Vnd sol das Los werffen vber zween Böck / ein
los dem HERRN / vnd das ander dem ledigen — Ledig bock.
|| 65 a — Bock. 9Vnd || sol den Bock / auff welchen des
HERRN los fellet / opffern zum Sündopffer.
10Aber den Bock / auff welchen das los des ledigen
fellet / sol er lebendig fur den HERRN stellen / das
er jn versüne / vnd lasse den ledigen Bock in die
wüste. 11Vnd also sol er denn den Farren seins
Sündopffers erzu bringen / vnd sich vnd sein haus
versünen / vnd sol jn schlachten.

12VND sol einen Napff vol glut vom Altar
nemen / der fur dem HERRN stehet / vnd die hand
vol zustossens Reuchwergs / vnd hin ein hinder den
Furhang bringen. 13Vnd das Reuchwerg auffs fewr
thun fur dem HERRN / das der nebel vom Reuch-
werg den Gnadenstuel bedecke / der auff dem
Zeugnis ist / das er nicht sterbe. 14Vnd sol des bluts
vom Farren nemen / vnd mit seinem finger gegen
dem Gnadenstuel sprengen fornen an / Sieben mal
sol er also fur dem Gnadenstuel mit seinem finger
vom blut sprengen.

Ebr. 9. 10. — 15DARnach sol er den Bock / des volcks Sünd-
opffer / schlachten / vnd seines Bluts hin ein brin-
gen hinder den Furhang / vnd sol mit seinem blut
thun / wie er mit des Farren blut gethan hat / vnd
da mit auch sprengen forne gegen den Gnaden-
stuel. 16Vnd sol also versünen das Heiligthum von
der vnreinigkeit der kinder Jsrael / vnd von jrer
vbertrettung / in allen jren sünden / Also sol er
thun der Hütten des Stiffts / denn sie sind vnrein
die vmb her ligen.

Luc. 1. Ebre. 9. — 17KEin Mensch sol in der Hütten des Stiffts sein /
wenn er hin ein gehet zu versünen im Heiligthum /
bis er er ausgehe / Vnd sol also versünen sich vnd

(Vnrein) Das ist / gantz Jsrael ist vnrein vnd in sünden vnd Gott wonet doch mitten vnter eitel Sündern / vnd heiliget sie / Das ist / Seiner heiligkeit geniessen sie / vnd heissen heilig vmb seinen willen / Sonst ist alles vnrein vnd sunde mit jnen / Das ist Christus in seinem Volck etc.

sein haus / vnd die gantze gemeine Jsrael. [18]Vnd
wenn er eraus gehet zum Altar der fur dem HERRN
stehet / sol er jn versünen / Vnd sol des bluts vom
Farren vnd des bluts vom Bock nemen / vnd auff
des Altars hörner vmb her thun. [19]Vnd sol mit
seinem finger vom blut drauff sprengen sieben mal /
vnd jn reinigen vnd heiligen von der vnreinigkeit
der kinder Jsrael.

[20]VND wenn er volnbracht hat das versünen des
Heiligthums / vnd der Hütten des Stiffts / vnd des
Altars / so sol er den lebendigen Bock er zu brin-
gen. [21]Da sol denn Aaron seine beide hende auff
sein heubt legen / vnd bekennen auff jn alle misse-
that der kinder Jsrael / vnd alle jre vbertrettung /
in alle jren sunden / vnd sol sie dem Bock auff das
Heubt legen / vnd jn durch einen Man der furhan-
den ist / in die wüsten lauffen lassen / [22]Das also der
Bock alle jre missethat auff jm in eine wildnis trage /
vnd lasse jn in die wüste.

VND Aaron sol in die Hütten des Stiffts gehen /
vnd ausziehen die leinen Kleider / die er anzog /
da er in das Heiligthum gieng / vnd sol sie da selbs
lassen. [24]Vnd sol sein Fleisch mit wasser baden an
heiliger stete / vnd sein eigen Kleider anthun. Vnd
eraus gehen / vnd sein Brandopffer vnd des volcks
Brandopffer machen / vnd beide sich vnd das Volck
versünen / [25]Vnd das fett vom Sündopffer auff
dem Altar anzünden. [26]Der aber den ledigen Bock
hat ausgefürt / sol seine Kleider wasschen / vnd
sein Fleisch mit wasser baden / vnd darnach ins
Lager komen.

[27]DEn Farren des Sündopffers vnd den Bock des
Sündopffers / welcher blut in das Heiligthum zu
versünen gebracht wird / sol man hin aus führen
fur das Lager / vnd mit fewr verbrennen / beide jr
haut / fleisch vnd mist. [28]Vnd der sie verbrennet /
sol seine Kleider wasschen / vnd sein Fleisch mit
wasser baden / vnd darnach ins Lager komen.

FEST DER versünung.

AVch sol euch das ein ewigs Recht sein / Am Leui. 23.
zehenden tage des siebenden monden solt jr Deut. 16.
ewrn Leib casteien / vnd kein werck thun / er sey
Einheimisch oder Frembder vnter euch. [30]Denn
an diesem tage geschicht ewr Versünung / das jr
gereinigt werdet / von allen ewrn sünden werdet jr
gereinigt fur dem HERRN. [31]Darumb sols euch
der grösste Sabbath sein / vnd jr solt ewrn Leib
demütigen / Ein ewig Recht sey das.

Kirchen Rechte.

[32]ES sol aber solche Versünung thun ein Prie-
ster / den man geweihet vnd des hand man gefüllet
hat zum Priester an seins vaters stat. Vnd sol die
|| 65 b leinen || Kleider anthun / nemlich / die heiligen
Kleider / [33]vnd sol also versünen das heilige
Heiligthum / vnd die Hütten des Stiffts / vnd den
Altar / vnd die Priester vnd alles volck der Ge-
Ebre. 9. meine. [34]Das sol euch ein ewigs Recht sein das jr
die kinder Jsrael versünet von allen jren sunden /
im jar ein mal / Vnd Mose thet / wie jm der HERR
geboten hatte.

XVII.

VND DER HERR REDET MIT MOSE / VND SPRACH /
[2]Sage Aaron vnd seinen Sönen / vnd allen kin-
dern Jsrael / vnd sprich zu jnen / Das ists / das der
HERR geboten hat. [3]Welcher aus dem haus Jsrael
ein ochsen oder lamb / oder zigen schlacht in dem
Lager oder aussen fur dem Lager / [4]vnd nicht fur
die thür der Hütten des Stiffts bringet / das dem
HERRN zum Opffer gebracht werde fur der
Wonunge des HERRN / Der sol des bluts schüldig
sein / als der blut vergossen hat / Vnd solcher
Mensch sol ausgerottet werden aus seinem Volck.
[5]DArumb sollen die kinder Jsrael jre Opffer /
die sie auff dem freien feld opffern wollen / fur den
HERRN bringen / fur die thür der Hütten des
Stiffts / zum Priester / vnd alda jre Danckopffer
dem HERRN opffern. [6]Vnd der Priester sol das
blut auff den Altar des HERRN sprengen / fur der
thür der Hütten des Stiffts / vnd das fett anzünden
zum süssen geruch dem HERRN. [7]Vnd mit nicht
jre Opffer hinfort den Feldteufeln opffern / mit den
sie huren / Das sol jnen ein ewiges Recht sein bey
jren Nachkomen. [8]Darumb soltu zu jnen sagen /
Welcher Mensch aus dem hause Jsrael / oder auch
ein Frembdlinger der vnter euch ist / der ein Opffer
oder Brandopffer thut / [9]vnd bringts nicht fur die
thür der Hütten des Stiffts / das ers dem HERR thue
Der sol ausgerottet werden von seinem Volck.

(Schüldig) Da sihestu / das er nicht wil eigen vnd selb erweleten Gottesdienst haben / ausser seinem geordenten Gottesdienst. Darumb nennet er einen solchen Opfferer / einen Mörder wie Jesa. 66. auch thut.
(Priester) Nicht sie selbs aus eigener walh vnd andacht.

Act. 15. VND welcher Mensch / er sey vom haus Jsrael
Leui. 3. oder ein Frembdlinger vnter euch / jrgent Blut
Deut. 12. isset / wider den wil ich mein Andlitz setzen / vnd
wil jn mitten aus seinem volck rotten. [11]Denn des
Leibs leben ist im blut / vnd ich habs euch zum
Altar gegeben / das ewre Seelen damit versünet
werden / Denn das blut ist die versünung furs

leben. [12]Darumb hab ich gesagt den kindern
Jsrael / Keine Seele vnter euch sol blut essen / auch
kein Frembdlinger der vnter euch wonet.
[13]VND welcher Mensch / er sey vom haus Jsrael
oder ein Frembdlinger vnter euch / der ein Thier
oder Vogel fehet auff der jaget / das man isset / der
sol desselben blut vergiessen vnd mit erden zu-
scharren. [14]Denn des Leibs leben ist in seinem blut /
so lang es lebet / Vnd ich hab den kindern Jsrael
gesagt / Jr solt keins leibs blut essen / Denn des
leibs leben ist in seinem blut / Wer es isset / Der sol
ausgerottet werden. [15]Vnd welche Seele ein Ass
oder was vom Wild zürissen ist / isset / er sey ein
Einheimischer oder Frembdlinger / der sol sein
kleid wasschen / vnd sich mit wasser baden / vnd
vnrein sein bis auff den abend / so wird er rein.
[16]Wo er seine kleider nicht wasschen noch sich
baden wird / So sol er seiner missethat schüldig
sein.

XVIII.

VND DER HERR REDET MIT MOSE / VND SPRACH /
[2]Rede mit den kindern Jsrael / vnd sprich zu
jnen / Jch bin der HERR ewr Gott. [3]Jr solt nicht
thun nach den wercken des Lands Egypten / darin-
nen jr gewonet habt / Auch nicht nach den wercken
des Lands Canaan / dar ein ich euch füren wil. Jr
solt auch euch nach jrer weise nicht halten / [4]Son-
dern nach meinen Rechten solt jr thun / vnd meine
Satzung solt jr halten / das jr drinnen wandelt /
Denn ich bin der HERR ewr Gott. [5]Darumb solt
jr meine Satzunge halten vnd meine Rechte / Denn || || 66 a
welcher Mensch dieselben thut / der wird da durch Rom. 10.
leben / Denn ich bin der HERR. Galt. 3.

NJemand sol sich zu seiner nehesten Blutfreun-
din thun / jre Schambd zu blössen / Denn ich
bin der HERR. [7]Du solt deines Vaters vnd deiner
Mutter schambd nicht blössen / Es ist deine Mut-
ter / darumb soltu jre schambd nicht blössen. [8]Du
solt deines Vaters weibes schambd nicht blössen /
denn es ist deines Vaters schambd. [9]Du solt deiner
Schwester schambd / die deines Vaters oder deiner
Mutter tochter ist / da heim oder draussen geborn /
nicht blössen. [10]Du solt deines sons oder deiner
Tochter tochter schambd nicht blössen denn es ist
deine schambd. [11]Du solt der tochter deines Vaters
weibs / die deinem Vater geborn ist / vnd deine

schwester ist / schamd nicht blössen. 12Du solt
deines Vatern schwester schambd nicht blössen /
denn es ist deines Vatern neheste Blutfreundin.
13Du solt deiner Mutter schwester schambd nicht
blössen / denn es ist deiner Mutter neheste Blut-
freundin.

14DV solt deines Vatern bruder schambd nicht
blössen / das du sein Weib nemest / denn sie ist
deine Wase. 15Du solt deiner Schnur schambd nicht
blössen / denn es ist deines Sons weib / darumd
soltu jre schambd nicht blössen. 16Du solt deines
Bruders weibs schambd nicht blössen / Denn sie ist
deines Bruders schambd. 17Du solt deines Weibs
sampt jr Tochter schambd nicht blössen / noch jrs
Sons tochter oder Tochter tochter nemen / jre
schambd zu blössen / denn es ist jre neheste Blut-
freundin / vnd ist ein laster. 18Du solt auch deines
weibes Schwester nicht nemen neben jr jre schambd
zublössen / jr zu wider / weil sie noch lebt.

19DV solt nicht zum Weibe gehen / weil sie jre
Kranckheit hat / in jrer vnreinigkeit / jre schambd
zu blössen.

20DV solt auch nicht bey deines Nehesten weib
ligen / sie zubesamen da mit du dich an jr verun-
reinigst.

Leui. 20. 1. Reg. 18.

21DV solt auch deines samens nicht geben / das
es dem Molech verbrand werde / Das du nicht
entheiligst den Namen deines Gottes / Denn ich
bin der HERR.

Exod. 26.

22DV solt nicht bey Knaben ligen / wie beim
Weibe / Denn es ist ein grewel. 23Du solt auch bey
keinem Thier liegen / das du mit jm verunreinigt
werdest. Vnd kein Weib sol mit eim Thier zu-
schaffen haben / Denn es ist ein grewel.

JR solt euch in dieser keinem verunreinigen /
Denn in diesem allen haben sich verunreiniget die
Heiden / die ich fur euch her wil ausstossen / 25Vnd
das Land da durch verunreinigt ist / Vnd ich wil
jre missethat an jnen heimsuchen / das das Land
seine Einwoner ausspeie. 26Darumb haltet meine
Satzung vnd rechte / vnd thut dieser Grewel keine /
weder der Einheimische noch der Frembdling
vnter euch. 27Denn alle solche grewel haben die
leute dieses lands gethan / die vor euch waren / vnd
haben das Land verunreinigt / 28auff das euch nicht
auch das Land ausspeie / wenn jr es verunreinigt /
gleich wie es die Heiden hat ausgespeiet / die vor

(MOLECH) War ein Abgott / dem sie jre eigen Kinder zu dienst verbranten. Wie Manasse that / der König Juda / vnd meineten Gott damit zu dienen / wie Abraham / da er Jsaac seinen son opffert. Aber weil jnen das Gott nicht befolhen hatte wie Abraham / war es vnrecht. Darumb spricht hie Gott / das sein Name da durch entheiliget werde / Denn es geschach vnter Gottes namen / vnd war doch Teufelisch. Wie auch jtzt Klöster gelübde / vnd andere menschen auffsetze viel Leute verderben / vnter Göttlichem Namen / als sey es Gottesdienst.

euch waren. [29]Denn welche diese Grewel thun
dere Seelen sollen ausgerottet werden von jrem
volck. [30]Darumb haltet meine satzunge / das jr
nicht thut nach den grewlichen sitten / die vor euch
waren / das jr nicht damit verunreinigt werdet /
Denn ich bin der HERR ewr Gott.

XIX.

VND DER HERR REDET MIT MOSE / VND SPRACH / Leui. 11.
[2]Rede mit der gantzen Gemeine der kinder 1. Pet. 1.
Jsrael / vnd sprich zu jnen / Jr solt heilig sein / denn
ich bin heilig / der HERR ewr Gott. [3]Ein jglicher
fürchte seine Mutter vnd seinen Vater. Haltet
meine Feiertage / Denn ich bin der HERR ewr
Gott. [4]Jr solt euch nicht zu den Götzen wenden /
vnd solt euch keine gegossene Götter machen /
Denn ich bin der HERR ewr Gott. || || 66b

[5]VND wenn jr dem HERRN wolt Danckopffer
thun / So solt jr opffern / das jm gefallen künde /
[6]Aber jr solt es desselben tages essen / da jrs opffert /
vnd des andern tages / Was aber auff den dritten
tag vberbleibt / sol man mit fewr verbrennen.
[7]Wird aber jemand am dritten tage da von essen /
So ist er ein grewel / vnd wird nicht angeneme sein /
[8]vnd derselbe Esser wird seine missethat tragen /
das er das Heiligthum des HERRN entheiliget /
vnd solche Seele wird ausgerottet werden von jrem
volck.

(Gefallen künde) Das ist / machts / wie es gebeut / nicht wie es euch dünckt oder gefelt nach eigener andacht. Denn er wil schlecht keine selb erwelete noch eigen erdachte weise haben. Darumb sehet zu / das jr also opffert / das jm gefalle / vnd nicht weiter erzürnet werde / durch ewr eigene weise etc.

WEltlich Rechte. Le. 23. Deut. 24.

WEnn du dein Land einerntest / soltu es nicht
an den enden vmbher abschneiten / auch nicht
alles gnaw auffsamlen. [10]Also auch soltu deinen
Weinberg nicht genaw lesen / noch die abgefallen
Beer auff lesen / Sondern dem Armen vnd Frembd-
lingen soltu es lassen / Denn ich bin der HERR ewr
Gott.

[11]JR solt nicht stelen / noch liegen / noch felsch- Exo. 20.
lich handeln einer mit dem andern. [12]Jr solt nicht 1. The. 4.
falsch schweren bey meinem Namen / vnd entheili- Math. 5.
gen den Namen deines Gottes / Denn ich bin der
HERR.

[13]DV solt deinem Nehesten nicht vnrecht thun /
noch berauben. Es sol des Taglöners lohn nicht Deut. 24.
bey dir bleiben / bis an den morgen.

[14]DV solt dem Tauben nicht fluchen. Du solt
fur dem Blinden kein Anstos setzen / Denn du solt Exod. 23.
dich fur deinem Gott fürchten / Denn ich bin der
HERR.

15 JR solt nicht vnrecht handeln am Gericht / vnd
solt nicht furziehen den Geringen / noch den
Grossen ehren / Sondern du solt deinen Nehesten
recht richten.

16 DV solt kein Verleumbder sein vnter deinem
Volck / Du solt auch nicht stehen wider deines
Nehesten blut / Denn ich bin der HERR.

Math. 18. 17 DV solt deinen Bruder nicht hassen in deinem
hertzen / Sondern du solt deinen Nehesten straffen /
Auff das du nicht seinet halben schuld tragen müs-
sest.

18 DV solt nicht Rachgirig sein / noch zorn halten
gegen die Kinder deines Volcks.

Rom. 13. DU SOLT DEINEN NEHESTEN LIEBEN / WIE DICH
Gal. 5. SELBS / DENN ICH BIN DER HERR.

Deut. 22. 19 MEine Satzung solt jr halten / Das du dein
Vieh nicht lassest mit anderley Thier zu schaffen
haben. Vnd dein Feld nicht beseest mit mancherley
Samen. Vnd kein Kleid an dich kome / das mit
wolle vnd lein gemenget ist.

WEnn ein Man bey einem weibe ligt / vnd sie
beschlefft / die eine Leibeigen magd / vnd von
dem Man verschmecht ist / doch nicht erlöset /
noch Freiheit erlanget hat / das sol gestrafft wer-
den / Aber sie sollen nicht sterben / denn sie ist
nicht frey gewesen. 21 Er sol aber fur seine schuld
dem HERRN fur die thür der Hütten des Stiffts
einen widder zum Schuldopffer bringen. 22 Vnd
der Priester sol jn versünen mit dem Schuldopffer
fur dem HERRN vber der sünden die er gethan
hat / so wird jm Gott gnedig sein vber seine sünde
die er gethan hat.

WEnn jr ins Land kompt / vnd allerley Bewme
pflantzet / da von man isset / Solt jr der selben
vorhaut beschneiten vnd jre früchte. Drey jar solt (Vorhaut)
jr sie vnbeschnitten achten / das jr sie nicht esset. Beschneiten ist
24 Jm vierden jar aber sollen alle jre Früchte heilig hie so viel / als
vnd gepreiset sein dem HERRN. 25 Jm fünfften drey jar harren /
jar aber solt jr die Früchte essen vnd sie einsamlen / wie er selbs
Denn ich bin der HERR ewr Gott. deutet / vnd

Leui. 17. 26 JR solt nichts mit Blut essen. Jr solt nicht auff spricht / Drey
Leui. 24. Vogel geschrey achten / noch tage welen. 27 Jr solt jar solt jr sie
ewr har am Heubt nicht rund vmbher abschneiten / achten fur on-
noch ewrn Bard gar abscheren. beschnitten etc.

28 JR solt kein mal vmb eins Todten willen an
ewrem Leibe reissen / Noch buchstaben an euch
pfetzen / Denn ich bin der HERR.

29 DV solt deine Töchter nicht zur Hurerey hal-
ten / Das nicht das Land hurerey treibe / vnd
werde voll lasters. || || 67a

30 MEine Feire haltet / vnd fürchtet euch fur
meinem Heiligthum / Denn ich bin der HERR.

31 JR solt euch nicht wenden zu den Warsagern / Leui. 20.
vnd forschet nicht von den Zeichendeutern / das jr
nicht an jnen verunreiniget werdet / Denn ich bin
der HERR ewr Gott.

32 FVr eim grawen Heubt soltu auffstehen / vnd
die Alten ehren / Denn du solt dich fürchten fur
deinem Gott / Denn ich bin der HERR.

33 WEnn ein Frembdling bey dir in ewrem Lande Ex. 22. 23.
wonen wird / den solt jr nicht schinden. 34 Er sol
bey euch wonen / wie ein Einheimischer vnter euch/
Vnd solt jn lieben wie dich selbs / Denn jr seid auch
Frembdling gewesen in Egyptenland / Jch bin der
HERR ewer Gott.

35 JR solt nicht vngleich handeln / am Gericht / Deut. 25.
mit der ellen / mit gewicht / mit mas. 36 Rechte
wage / rechte pfund / rechte scheffel / rechte kan-
den sol bey euch sein / Denn ich bin der HERR
ewr Gott / der euch aus Egyptenland gefürt hat /
37 Das jr alle meine Satzung / vnd alle meine Recht
haltet vnd thut / Denn ich bin der HERR.

XX.

VND DER HERR REDET MIT MOSE / VND SPRACH. Leui. 18.
2 Sage den kindern Jsrael / Welcher vnter den Psal. 106.
Molech kindern Jsrael / oder ein Frembdlinger der in
Jsrael wonet / seines [a] samens dem Molech gibt /
Der sol des tods sterben / das volck im Lande sol
jn steinigen. 3 Vnd ich wil mein Andlitz setzen
wider solchen Menschen / vnd wil jn aus seinem
Volck rotten / das er dem Molech seines samens
gegeben / vnd mein Heiligthum verunreinigt / vnd
meinen heiligen Namen entheiliget hat. 4 Vnd wo
das volck im Lande / durch die finger sehen würde /
dem Menschen / der seins samens dem Molech ge-
geben hat / das es jn nicht tödtet / 5 So wil doch ich
mein Andlitz wider den selben Menschen setzen /
vnd wider sein Geschlecht / vnd wil jn vnd alle die
jm nach gehuret haben mit dem Molech / aus jrem
Volck rotten.

a Das ist / seiner kinder.

6 WEnn eine Seele sich zu den Warsagern vnd Leui. 19.
Zeichendeuter wenden wird / das sie jnen nach-
huret / So wil ich mein Andlitz wider dieselben

Seele setzen / vnd wil sie aus jrem Volck rotten.
[7]Darumb heiliget euch vnd seid heilig / Denn ich
bin der HERR ewr Gott / [8]Vnd haltet meine
Satzung / vnd thut sie / Denn ich bin der HERR
der euch heiliget.

Exo. 21. [9]WEr seinem Vater oder seiner Mutter fluchet /
Prou. 10. der sol des tods sterben / Sein blut sey auff jm / das
Matt. 15. er seinem Vater oder Mutter geflucht hat.

Deut. 22. WEr die Ehe bricht mit jemands Weibe / der sol
Matt. 5. des tods sterben / beide Ehebrecher vnd Ehe-
Johan. 8. brecherin / Darumb / das er mit seines Nehesten
weib die Ehe gebrochen hat.

Leui. 18. [11]WEnn jemands bey seines Vaters weib schlefft /
Deut. 27. das er seins Vaters schambd geblösset hat / Die sol-
len beide des tods sterben / Jr blut sey auff jnen.

[12]WEnn jemand bey seiner Schnur schlefft / So
sollen sie beide des tods sterben / denn sie haben
eine schande begangen / Jr blut sey auff jnen.

[13]WEnn jemand beim Knaben schlefft / wie beim
Weibe / die haben einen Grewel gethan / Vnd sol-
len beide des tods sterben / Jr blut sey auff jnen.

[14]WEnn jemand ein Weib nimpt / vnd jre Mutter
dazu / der hat ein laster verwirckt / Man sol jn mit
Fewr verbrennen / vnd sie beide auch / das kein
laster sey vnter euch.

Exo. 22. WEnn jemand beim Vieh ligt / der sol des Tods
sterben / Vnd das Vieh sol man erwürgen.

[16]WEnn ein Weib sich jrgent zu einem Vieh thut /
das sie mit jm zuschaffen hat / Die soltu tödten /
vnd das Vieh auch / Des tods sollen sie sterben /
|| 67b Jr blut sey auff jnen. ||

WEnn jemand seine Schwester nimpt / seins
Vaters tochter oder seiner Mutter tochter /
vnd jre schambd beschawet / vnd sie wider seine
schambd / Das ist ein blutschande / Die sollen aus-
gerottet werden fur den Leuten jres volcks / Denn
er hat seiner Schwester schambd entblösset / er sol
seine missethat tragen.

[18]WEnn ein Man beim Weibe schlefft zur zeit
jrer Kranckheit / vnd entblösset jre schambd / vnd
deckt jren brun auff / vnd sie entblösset den brun jrs
bluts / Die sollen beide aus jrem Volck gerottet
werden.

Leui. 18. DEiner Mutter schwester schambd / vnd deines
Vaters schwester schambd soltu nicht blössen /
Denn ein solcher hat seine neheste Blutfreundin
auffgedeckt / vnd sie sollen jre missethat tragen.

20 WEnn jemand bey seines Vatern bruders weib
schlefft / der hat seines Vettern schambd geblösset /
Sie sollen jre sünde tragen / on Kinder sollen sie
sterben.
21 WEnn jemand seines Bruders weib nimpt / das
ist eine schendliche that / Sie sollen on Kinder sein /
darumb / das er hat seines Bruders schambd ge-
blösset.
SO haltet nu alle meine Satzung vnd meine Rechte/
vnd thut darnach / auff das euch nicht das Land
ausspeie / dar ein ich euch füre / das jr drinnen
wonet. 23 Vnd wandelt nicht in den Satzungen der
Heiden / die ich fur euch her werde ausstossen /
Denn solchs alles haben sie gethan / vnd ich hab
einen Grewel an inen gehabt.
24 EVch aber sage ich / Jr solt jener Land be-
sitzen / Denn ich wil euch ein Land zum Erbe
geben / darin milch vnd honig fleusst. Jch bin der
HERR ewr Gott / der euch von den Völckern ab-
gesondert hat / 25 das jr auch absondern solt / das
reine Vieh / vom vnreinen / vnd vnreine Vogel von Leui. 11.
den reinen / vnd ewre Seelen nicht verunreiniget
am Vieh / an Vogeln / vnd an allem das auff Erden
kreucht / das ich euch abgesondert habe / das es
vnreine sey. 26 Darumb solt jr mir heilig sein / Denn Leu. 11. 19.
ich der HERR bin heilig / der euch abgesondert hat Deut. 14.
von den Völckern / das jr mein weret.
27 WEnn ein Man oder Weib ein Warsager oder Deut. 18.
Zeichendeuter sein wird / Die sollen des tods ster-
ben / man sol sie steinigen / Jr blut sey auff jnen.

XXI.

VND DER HERR SPRACH ZU MOSE / SAGE DEN
Priestern Aarons Sönen / vnd sprich zu jnen.
Ein Priester sol sich an keinem Todten seins Volcks
verunreinigen / 2 on an seinem Blutfreunde / der jn
am nehesten angehört / Als an seiner Mutter / an sei-
nem Vater / an seinem Sone / an seiner Tochter /
an seinem Bruder / 3 vnd an seiner Schwester / die
noch eine Jungfraw / vnd noch bey jm ist / vnd keins
Mans weib gewesen ist / an der mag er sich verun-
reinigen. 4 Sonst sol er sich nicht verunreinigen an
jrgent einem der jm zugehört vnter seinem volck /
das er sich entheilige.
5 ER sol auch keine Platten machen auff seinem
heubt / noch seinen bart abscheren / vnd an jrem
Leibe kein mal pfetzen. 6 Sie sollen jrem Gott

heilig sein / vnd nicht entheiligen den namen jres
Gottes / Denn sie opffern des HERRN opffer / das
brot jres Gottes / Darumb sollen sie heilig sein.
7SJe sollen keine Hure nemen / noch keine Ge-
schwechte / oder die von jrem Man verstossen ist /
denn er ist heilig seinem Gott. 8Darumb soltu jn
helig halten / denn er opffert das brot deines Got-
tes / Er sol dir heilig sein / Denn ich bin Heilig der
HERR der euch heiliget.
9WEnn eines Priesters Tochter anfehet zu huren /
die sol man mit fewr verbrennen / Denn sie hat jren
|| 68 a Vater geschendet. ||
Num. 6. WElcher Hoherpriester ist vnter seinen Brü-
dern / auff des heubt das Salböle gegossen vnd
seine hand gefüllet ist / das er angezogen würde
mit den Kleidern / der sol sein heubt nicht blössen /
vnd seine Kleider nicht zuschneiten. 11Vnd sol zu
keinem Todten komen / vnd sol sich weder vber
Vater noch vber Mutter verunreinigen. 12Aus dem
Heiligthum sol er nicht gehen / das er nicht ent-
heilige das Heiligthum seines Gottes / Denn die
heilige [a]Krone / das salböle seines Gottes ist auff jm /
Jch bin der HERR.
13EJne Jungfraw sol er zum Weibe nemen /
14aber keine Widwe / noch Verstossene / noch ge-
schwechte / noch Hure / sondern eine Jungfraw
seines volcks sol er zum weibe nemen / 15Auff das
er nicht seinen samen entheilige vnter seinem volck/
Denn ich bin der HERR der jn heiliget.
VND der HERR redet mit Mose / vnd sprach /
1. Tim. 3. 17Rede mit Aaron / vnd sprich / Wenn an je-
Tit. 1. mands deines Samens in ewren Geschlechten ein
Feil ist / der sol nicht erzu tretten / das er das brot
seines Gottes opffere. 18Denn keiner an dem ein
Feil ist / sol erzu tretten / er sey blind / lahm / mit
einer seltzamen nasen / mit [b]vngewönlichem gelied /
19oder der an einem fus oder hand gebrechlich ist /
20oder höckericht ist / oder ein fell auff dem auge
hat / oder scheel ist / oder grindicht / oder sche-
bicht / oder der gebrochen ist.
21WElcher nu von Aarons des Priesters samen
einen Feil an jm hat / der sol nicht erzu tretten / zu
opffern die opffer des HERRN / Denn er hat einen
Feil / darumb sol er zu den broten seins Gottes
nicht nahen / das er sie opffere. 22Doch sol er das
brot seins Gottes essen / beide von dem Heiligen
vnd vom Allerheiligsten / 23Aber doch zum Fur-

a (Krone) Auff Ebreisch Nezer / Hie von die Nazarei heissen / das sie sich enthielten vnd sonderten von etlicher speise Nu. 6. Vnd Samson von Mutterleibe ein Nazareus heisset / Jud. 13. Vnd vnser HERR Christus auch daher der rechte Nazareus heisst von Nazareth Mat. 2. Als der von aller sünde rein vnd heilig / vnd kein vnheiliges noch vngeweihets an jm ist. Wiewol die Jüden aus neid vnd bosheit jn nicht Nazri / sondern Notzri / das ist / den Verderbeten oder Verstöreten / wie einen Schecher / nennen / selbs die rechten Notzrim sind / in aller welt zurstrewet vnd verstöret. Vnd mich düncket / das sich S. Paul. Rom. 1. einen Nazareum nenne / da er sich einen Ausgesonderten rhümet zum Euangelio / vom Gesetz etc.

b (Vngewönliche vnd seltzam) Das sind allerley vngestalt /

hang sol er nicht komen / noch zum Altar nahen /
weil der Feil an jm ist / das er nicht entheilige mein
Heiligthum / Denn ich bin der HERR der sie
heiliget. 24 Vnd Mose redet solchs zu Aaron vnd zu
seinen Sönen / vnd zu allen kindern Jsrael.

Als so die Nasen zu gros zu klein / zu krum / breit Jtem / das Maul / krum / schartig / blecket /etc. Das einen fur andern verstellen.

XXII.

VND DER HERR REDET MIT MOSE / VND SPRACH /
2 Sage Aaron vnd seinen Sönen / das sie sich
[c]enthalten von dem Heiligen den kinder Jsrael /
welchs sie mir heiligen / vnd meinen heiligen Namen
nicht entheiligen / Denn ich bin der HERR.
3 So sage nu jnen auff jre Nachkomen / Welcher
ewrs samens erzu tritt zu dem heiligen / das die
kinder Jsrael dem HERRN heiligen / vnd verunreinigt
sich also vber dem selben / des Seele sol
ausgerottet werden fur meinem Andlitz / Denn
ich bin der HERR.

c (Enthalten) Das ist / wie die Nazarei sich heiliglich abhalten vnd meiden / Nasaru etc. Nemlich / das sie nicht essen sollen vom Opffer sie seien denn gantz rein vnd heilig.

4 WElcher des samens Aarons aussetzig ist / oder
einen flus hat / Der sol nicht essen von dem Heiligen
/ bis er rein werde. Wer etwa einen vnreinen
Leib anrüret / Oder welchem der Same entgehet
im schlaff / 5 Vnd welcher jrgent ein Gewürm anrüret
das jm vnrein ist / Oder einen Menschen der
jm vnrein ist / vnd alles was jn verunreinigt / 6 welche
Seele der eins anrüret / die ist vnrein bis auff
den abend. Vnd sol von dem Heiligen nicht essen /
sondern sol zuuor seinen Leib mit wasser baden /
7 Vnd wenn die Sonne vntergangen / vnd er rein
worden ist / denn mag er daruon essen / denn es ist
seine narung. 8 Ein Ass / vnd was von wilden Thieren
zurissen ist / sol er nicht essen / auff das er nicht
vnrein dran werde / Denn ich bin der HERR.
9 Darumb sollen sie meine Satze halten / Das sie
nicht sünde auff sich laden vnd dran sterben / wenn
sie sich entheiligen / Denn ich bin der HERR der
sie heiliget.

10 KEin ander sol von dem Heiligen essen / noch
des Priesters hausgenos / noch taglöner. 11 Wenn
aber der Priester eine Seele vmb sein geld kaufft /
der mag dauon essen / Vnd was jm in seinem Hause
geborn wird / das mag auch von seinem brot essen.
12 Wenn aber des Priesters tochter eins Frembden
weib wird / die sol nicht von der heiligen Hebe
essen. 13 Wird sie aber eine Widwen || oder aus- || 68 b
gestossen / vnd hat keinen Samen / vnd kompt /
wider zu jrs Vaters hause / So sol sie essen von jrs

Vaters brot / als da sie noch eine Magd war. Aber
kein Frembdlinger sol dauon essen.
[14]WErs versihet vnd sonst von dem Heiligen
isset / der sol das fünffte teil dazu thun / vnd dem
Priester geben sampt dem Heiligen / [15]auff das
sie nicht entheiligen das Heilige der kinder Jsrael /
das sie dem HERRN Heben / [16]Auff das sie sich
nicht mit missethat vnd schuld beladen / wenn sie
jr Geheiligtes essen / Denn ich bin der HERR der
sie heiliget.

VND der HERR redet mit Mose / vnd sprach /
[18]Sage Aaron vnd seinen Sönen / vnd allen kin-
dern Jsrael / Welcher Jsraeliter oder Frembdlinger
in Jsrael sein Opffer thun wil / es sey jrgent jr ge-
lübd oder von freiem willen / das sie dem HERRN
ein Brandopffer thun wöllen / das jm von euch an-
geneme sey / [19]Das sol ein Menlin vnd on wandel
sein / von rindern oder lemmern oder zigen. [20]Alles
was einen Feil hat / solt jr nicht opffern / Denn es
wird fur euch nicht angeneme sein.

Deut. 15. 17.
Mala. 1.
Eccl. 35.

(Feil)
Vber dis stück klaget Malach j. seer hart / Denn was nicht taug noch gut ist / das gibt man Gott vnd seinen Dienern / vnd wils alda erkargen. Er aber doch solchs hie / als vnangeneme / verdampt / Denn er hat lieb einen frölichen Geber.

[21]VNd wer ein Danckopffer dem HERRN thun
wil / ein sonderlich gelübd / oder von freiem wil-
len / von rindern oder schafen / das sol on wandel
sein / das es angeneme sey / Es sol keinen feil
haben. [22]Jsts blind oder gebrechlich / oder ge-
schlagen / oder dürre / oder reudicht / oder sche-
bicht / So solt jr solchs dem HERRN nicht opffern /
vnd dauon kein Opffer geben auff den Altar des
HERRN.
[23]EJn ochsen oder schaf / das vngewönlich ge-
lied / oder [a]wandelbar gelied hat / magstu von
freiem willen opffern / Aber angeneme mags nicht
sein zum gelübd. [24]Du solt auch dem HERRN kein
zustossens / oder zuriebens / oder zurissens / oder
das verwund ist / opffern / vnd solt in ewrem Lande
solchs nicht thun. [25]Du solt auch solcher keins
von eines Frembdlingen hand / neben dem brot
ewrs Gottes / opffern / Denn es taug nicht / vnd hat
einen feil / Darumb wirds nicht angeneme sein
fur euch.

a (Wandelbar)
Als das nur ein ohr oder keins / das ein auge oder keins / das eins oder mehr füsse mangelt / oder sonst vngestalt vnd vngeschaffen ist / Es heisst / Wer geben wil / der gebe was guts / oder lasse es anstehen.

[26]VND der HERR redet mit Mose / vnd sprach /
[27]Wenn ein ochs oder lamb oder zige geboren ist /
So sol es sieben tage bey seiner mutter sein / vnd am
achten tage / vnd darnach mag mans dem HERRN
opffern / so ists angeneme. [28]Es sey ein ochs oder
lamb / So sol mans nicht mit seinem Jungen auff
einen tag schlachten.

[29]WEnn jr aber wolt dem HERRN ein Lobopffer thun / das fur euch angeneme sey / [30]So solt jrs desselben tages essen / vnd solt nichts vbrigs bis auff den morgen behalten / Denn ich bin der HERR. [31]Darumb haltet mein Gebot / vnd thut darnach / Denn ich bin der HERR / [32]das jr meinen heiligen Namen nicht entheiliget / vnd ich geheiliget werde vnter den kindern Jsrael / Denn ich bin der HERR der euch heiliget / [33]der euch aus Egyptenland gefürt hat / das ich ewr Gott were / Jch der HERR.

XXIII.

SABBATH.

VND DER HERR REDET MIT MOSE / VND SPRACH / Exo. 23.
[2]Sage den kindern Jsrael / vnd sprich zu jnen. Deut. 5.
Dis sind die Feste des HERRN / die jr heilig vnd
meine Feste heissen solt / da jr zusamen kompt.
[3]Sechs tage soltu erbeiten / Der siebende tag aber
ist der grosse heilige Sabbath / da jr zusamen
kompt / Keine erbeit solt jr drinnen thun / Denn
es ist der Sabbath des HERRN / in allen ewren FESTE DER
Wonungen. JÜDEN.

PASSAH.

DJS sind aber die Feste des HERRN / die jr hei- Exo. 23.
lige Feste heissen solt / da jr zusamen kompt. Num. 28.
[5]Am vierzehenden tage des ersten monden / zwi- Deut. 16.
schen abends ist des HERRN Passah / [6]Vnd am
funffzehenden desselben monden ist das Fest der
vngesewrten Brot des HERRN / Da solt jr sie||ben || 69a
tage vngesewrt Brot essen. [7]Der erste tag sol hei-
lig vnter euch heissen / da jr zusamen kompt / Da
solt jr keine Diensterbeit thun / [8]vnd dem HERRN
opffern sieben tage / Der siebende tag sol auch hei-
lig heissen / da jr zusamen kompt / da solt jr auch
kein Diensterbeit thun.

(Diensterbeit) Das sind die werck / so man an den werckeltagen thut / narung zu suchen / da man Gesinde vnd Vieh zu braucht. Aber hausgeschefft vnd Gottesdienst ist nicht verboten / als kochen / keren / kleiden etc.

VND der HERR redet mit Mose / vnd sprach /
[10]Sage den kindern Jsrael / vnd sprich zu jnen.
Wenn jr ins Land kompt / das ich euch geben
werde / vnd werdets erndten / So solt jr eine Gar-
ben der erstlinge ewr erndten zu dem Priester
bringen. [11]Da sol die garbe Gewebd werden fur
dem HERRN / das von euch angeneme sey / Solchs
sol aber der Priester thun des andern tags nach dem
Sabbath. [12]Vnd solt des tages / da ewr garben Ge-
webd wird / ein Brandopffer dem HERRN thun /
von einem lamb / das on wandel vnd jerig sey /
[13]sampt dem Speisopffer / zwo zehenden Semel-
melh mit öle gemengt / zum opffer dem HERRN

eins süssen geruchs / Dazu das Tranckopffer ein
vierteil Hin weins. 14 Vnd solt kein new brot noch
sangen noch korn zuuor essen / bis auff den tag /
da jr ewrem Gott opffer bringet / Das sol ein
Recht sein ewren Nachkomen / in allen ewren
Wonungen.

PFINGSTEN.

DARnach solt jr zelen vom andern tage des Sab-
baths / da jr die Webegarben brachtet / sieben
gantzer Sabbath / 16 bis an den andern tag des
siebenden Sabbaths / nemlich / funffzig tage solt
jr zelen / vnd new Speisopffer dem HERRN
opffern / 17 Vnd solts aus allen ewren Wonungen
opffern / nemlich / zwey Webebrot von zwo zehen-
den Semelmelh gesewrt vnd gebacken / zu erst-
lingen dem HERRN. 18 Vnd solt erzu bringen
neben ewrem Brot / sieben jerige lemmer on wan-
del / vnd einen jungen farren / vnd zween widder /
Das sol des HERRN Brandopffer / Speisopffer
vnd Tranckopffer sein / Das ist ein Opffer eins
süssen geruchs dem HERRN.

19 DAzu solt jr machen einen zigenbock zum
Sündopffer / vnd zwey jerige lemmer zum Danck-
opffer / 20 Vnd der Priester sols Weben sampt dem
brot der Erstlinge fur dem HERRN vnd den
zweien lemmern / Vnd sol dem HERRN heilig /
vnd des Priesters sein. 21 Vnd solt diesen tag aus-
ruffen / denn er sol vnter euch heilig heissen / da jr
zusamen komet / Keine diensterbeit solt jr thun /
Ein ewigs Recht sol das sein bey ewren Nach-
komen in allen ewren Wonungen.

Leui. 19.
Deut. 24.

22 WEnn jr aber ewr Land erndtet / solt jrs nicht
gar auff dem felde einschneiten / auch nicht alles
gnaw aufflesen / Sondern solts den Armen vnd
Frembdlingen lassen / Jch bin der HERR ewr
Gott.

SABBATH
des blasens.
Num. 29.

VND der HERR redet mit Mose / vnd sprach /
24 Rede mit den kindern Jsrael / vnd sprich /
Am ersten tage des siebenden monden / solt jr den
heiligen Sabbath des blasens zum gedechtnis hal-
ten / da jr zusamen kompt / 25 Da solt jr keine
Diensterbeit thun / vnd solt dem HERRN opffern.

(Blasens zum gedechtnis) Solch blasen mit einem Horn geschach / das man damit Gottes vnd seiner Wunder gedacht / wie er sie erlöset hatte / dauon predigte vnd danckte. Wie bey vns durchs Euangelium / Christi vnd seiner Erlösung gedacht vnd gepredigt wird.

VERSÜNETAG.
Leui. 16.
Num. 29.

VND der HERR redet mit Mose / vnd sprach /
27 Des zehenden tages in diesem siebenden mon-
den / ist der Versünetag / der sol bey euch heilig
heissen / das jr zusamen kompt / da solt jr ewren
Leib casteien / vnd dem HERRN opffern. 28 Vnd
solt keine Erbeit thun an diesem tag / denn es ist

der Versünetag / das jr versünet werdet fur dem
HERRN ewrem Gott. [29]Denn wer seinen Leib
nicht casteiet an diesem tage / Der sol aus seinem
volck gerottet werden. [30]Vnd wer dieses tages
jrgent eine erbeit thut / den wil ich vertilgen aus
seinem volck / [31]Darumb solt jr keine erbeit thun /
Das sol ein ewigs Recht sein ewrn Nachkomen /
in allen ewren Wonungen. [32]Es ist ewr grosser
Sabbath / das jr ewre Leibe casteiet / Am neunden
tage des monden zu abend solt jr diesen Sabbath
halten / von abend an bis wider zu abend.

Laubhütten-feste.

VND der HERR redet mit Mose / vnd sprach / Num. 29.
[34]Rede mit den kindern Jsrael / vnd sprich / Am
funffzehenden tage dieses siebenden mondes ist
das Fest der Laubhütten sieben tage dem HERRN.
[35]Der erste tag sol heilig || heissen / das jr zusamen || 69b
kompt / keine Diensterbeit solt jr thun. [36]Sieben
tage solt jr dem HERRN opffern / Der achte tag sol
auch heilig heissen / das jr zusamen kompt / vnd
solt ewr Opffer dem HERRN thun / denn es ist der
Versammlung tag / keine Diensterbeit solt jr thun.

[37]DAS sind die Feste des HERRN / die jr solt
für heilig halten / das jr zusamen kompt / vnd dem
HERRN opffer thut / Brandopffer / Speisopffer /
Tranckopffer vnd ander Opffer / ein jglichs nach
seinem tage / [38]On was der Sabbath des HERRN /
vnd ewre Gaben / vnd Gelübden vnd freywillige
Gaben sind / die jr dem HERRN gebt.

[39]SO solt jr nu am funffzehenden tage des sieben-
den mondens / wenn jr das einkomen vom Lande
eingebracht habt / das Fest des HERRN halten
sieben tage lang. Am ersten tage ist es Sabbath /
vnd am achten tage ist es auch Sabbath. [40]Vnd
solt am ersten tage Früchte nemen von schönen
Bewmen / Palmenzweige / vnd Meyen von dichten
Bewmen vnd Bachweiden / vnd sieben tage frölich
sein fur dem HERRN ewrem Gott / [41]vnd solt
also dem HERRN / des jars das Fest halten sieben
tage. Das sol ein ewigs Recht sein bey ewrn Nach-
komen / das sie im siebenden monden also feiren.
[42]Sieben tage solt jr in Laubhütten wonen / Wer
einheimisch ist in Jsrael / der sol in Laubhütten
wonen. [43]Das ewre Nachkomen wissen / wie ich
die kinder Jsrael hab lassen in Hütten wonen / da
ich sie aus Egiptenland füret / Jch bin der HERR
ewr Gott. [44]Vnd Mose saget den kindern Jsrael
solche Feste des HERRN.

XXIIII.

VND DER HERR REDET MIT MOSE / VND SPRACH.
Exod. 27. [2]Gebeut den kindern Jsrael / das sie zu dir brin-
gen gestossen lauter Bawmöle zu Liechten / das
oben in die Lampen teglich gethan werde / [3]haus-
sen fur dem furhang des Zeugnis in der Hütten des
Stiffts. Vnd Aaron sols zurichten des abends vnd
des morgens fur dem HERRN teglich / Das sey ein
ewiges Recht ewrn Nachkomen / [4]Er sol aber die
Lampen auff dem feinen Leuchter zurichten fur
dem HERRN teglich.

Exod. 25. VND solt Semelmelh nemen / vnd dauon zwelff SCHAWBROT.
Kuchen backen / zwo zehende sol ein kuche
haben / [6]Vnd solt sie legen ja sechs auff eine
schicht auff den feinen Tisch fur dem HERRN.
[7]Vnd solt auff die selben legen reinen Weyrauch /
das es seien Denckbrot zum [a]Fewr dem HERRN.
[8]Alle Sabbath für vnd für / sol er sie zurichten fur
dem HERRN / von den kindern Jsrael / zum ewi-
gen Bund. [9]Vnd sollen Aarons vnd seiner Söne
sein / die sollen sie essen an heiliger Stete / Denn
das ist sein allerheiligsts von den Opffern des
HERRN zum ewigen Recht.

> a
> Das ist / Opffer.
> (Denckbrot) Das sind die Schauwbrot / welche hie Kuchen heissen / darumb das sie breit waren wie kuchen. Vnd sind Denckbrot / darumb / das sie damit Gottes gedencken vnd von jm predigen sollen / Gleich wie Christus vns befilhet / das wir sein gedencken / Das ist seinen Tod verkündigen vnd predigen sollen.

ES GIENG ABER AUS EINES JSRAELISCHEN WEIBS
Son / der eines Egyptischen mans Kind war
vnter den kindern Jsrael / vnd zancket sich im La-
ger mit einem Jsraelischen man / [11]Vnd lestert
den Namen vnd fluchet. Da brachten sie jn zu
Mose (Seine mutter aber hies Selomith / eine toch-
ter Dibri vom stam Dan) [12]vnd legten jn gefangen /
bis jnen klar antwort würde durch den Mund des
HERRN.

[13]VNd der HERR redet mit Mose / vnd sprach /
[14]Füre den Flucher hin aus fur das Lager / vnd las
alle / die es gehöret haben / jre hende auff sein
Heubt legen / vnd las jn die gantze Gemeine stei-
nigen. [15]Vnd sage den kindern Jsrael / Welcher
seinem Gott fluchet / Der sol seine sünde tragen /
[16]Welcher des HERRN Namen lestert / Der sol
des todes sterben / die gantze Gemeine sol jn stei-
nigen / Wie der Frembdlinge / so sol auch der Ein-
heimische sein / Wenn er den Namen lestert / So
sol er sterben.

Exod. 21. [17]WEr jrgent einen Menschen erschlegt / Der
|| 70a sol des todes sterben / [18]Wer aber || ein Vieh er-
schlegt / Der sols bezalen / Leib vmb leib. [19]Vnd
wer seinen Nehesten verletzt / Dem sol man thun /

wie er gethan hat / [20]Schade vmb schade / Auge Deut. 19.
vmb auge / Zaan vmb zaan / Wie er hat einen Men- Matt. 5.
schen verletzt / So sol man jm wider thun. [21]Also /
das wer ein Vieh erschlegt / der sols bezalen / Wer
aber einen Menschen erschlegt / der sol sterben.
[22]Es sol einerley Recht vnter euch sein / dem
Frembdlingen wie dem Einheimischen / Denn ich
bin der HERR ewer Gott.

[23]MOse aber sagets den kindern Jsrael / Vnd
füreten den Flucher aus fur das Lager / vnd stei-
nigeten jn / Also theten die kinder Jsrael / wie der
HERR Mose geboten hatte.

XXV.

Feiriar des Landes.

VND DER HERR REDET MIT MOSE AUFF DEM
berge Sinai / vnd sprach / [2]Rede mit den kin-
dern Jsrael / vnd sprich zu jnen. Wenn jr ins Land
kompt / das ich euch geben werde / So sol das Land
seine Feire dem HERRN feiren / [3]Das du sechs jar
dein Feld beseest / vnd sechs jar deinen Weinberg
beschneitest / vnd samlest die früchte ein. [4]Aber
im siebenden jar / sol das Land seine grosse Feier
dem HERRN feiren / darin du dein Feld nicht be-
seen / noch deinen Weinberg beschneiten solt.

[5]WAs aber von jm selber nach deiner Erndten
wechst / soltu nicht erndten / vnd die Drauben /
so on deine erbeit wachsen / soltu nicht lesen / die
weil es ein Feiriar ist des Lands. [6]Sondern die
Feir des Lands solt jr darumb halten / das du dauon
essest / dein Knecht / deine Magd / dein Tag-
löhner / dein Hausgenos / dein Frembdlinger bey

dir / 7dein Vieh / vnd die Thier in deinem lande / (Speise) Das ist / Gemeine sein / vnd nicht einsamlen noch auffschütten etc.
Alle früchte sollen speise sein.

VND du solt zelen solcher Feiriar sieben / das
sieben jar sieben mal gezelet werden / vnd die
zeit der sieben Feiriar / mache neun vnd vierzig
jar. 9Da soltu die Posaunen lassen blasen durch
alle ewer Land / am zehenden tage des siebenden
monden / eben am tage der versünunge. 10Vnd
jr solt das Funffzigst jar heiligen / vnd solts ein
Erlasiar heissen im Lande / allen die drinnen wo- ERLASIAR.
Deut. 15. nen / denn es ist ewr Halliar / Da sol ein jglicher
bey euch wider zu seiner Habe / vnd zu seinem
Geschlecht komen / 11Denn das funffzigst jar ist
ewr Halliar. Jr solt nicht seen / auch was von jm
|| 70b selber wechst / nicht erndten / auch || was on erbeit
wechst im Weinberge nicht lesen. 12Denn das
Halliar sol vnter euch heilig sein / Jr solt aber essen
was das Feld tregt. 13Das ist das Halliar / da jederman wider zu dem seinen komen sol.

WEnn du nu etwas deinem Nehesten verkeuffest / oder jm etwas abkeuffest / sol keiner seinen Bruder vberforteilen. 15Sondern nach
der zal vom Halliar an / soltu es von jm keuffen /
vnd was die jare hernach tragen mügen / so hoch
sol er dirs verkeuffen. 16Nach der menge der jar
soltu den Kauff steigern / vnd nach der wenige der
jar soltu den Kauff ringern / denn er sol dirs / nach
dem es tragen mag / verkeuffen. 17So vberforteile
nu keiner seinen Nehesten / sondern fürchte dich
fur deinem Gott / Denn ich bin der HERR ewr
Gott. 18Darumb thut nach meinen Satzungen /
vnd haltet meine Rechte / das jr darnach thut / Auff
das jr im Lande sicher wonen mügt / 19Denn das
Land sol euch seine Früchte geben / das jr zu essen
gnug habt / vnd sicher darinnen wonet.

20VND ob du würdest sagen / Was sollen wir
essen im siebenden jar? Denn wir seen nicht / so
samlen wir auch kein Getreide ein. 21Da wil ich
meinem Segen vber euch im sechsten jar gebieten /
das er sol dreier jar Getreide machen / 22Das jr
seet im achten jar / vnd von dem alten getreide
esset / bis in das neunde jar / das jr vom alten esset /
bis wider new getreide kompt. 23Darumb solt jr
das Land nicht verkeuffen ewigklich / Denn das
Land ist mein / vnd jr seid Frembdlinge vnd Geste
fur mir / 24Vnd solt in alle ewrem Lande / das
land zu lösen geben.

WEnn dein Bruder verarmet / vnd verkeufft dir
seine Habe / vnd sein nehester Freund kompt
zu jm / das ers löse / So sol ers lösen / was sein Bru-
der verkaufft hat. [26]Wenn aber jemand keinen Lö-
ser hat / vnd kan mit seiner hand so viel zuwegen
bringen / das ers ein teil löse / [27]So sol man rechen
von dem jar / da ers hat verkaufft / vnd dem Ver-
keuffer die vbrigen jar wider einreumen / das er
wider zu seiner Habe kome. [28]Kan aber seine hand
nicht so viel finden / das eins teils jm wider werde /
So sol das er verkaufft hat in der hand des keuffers
sein / bis zum Halliar / Jn dem selben sol es aus-
gehen / vnd er wider zu seiner Habe kommen.

WEr ein Wonhaus verkeufft in der Stadtmauren /
der hat ein gantz jar frist / dasselbe wider zu-
lösen / Das sol die zeit sein / darinnen er es lösen
mag. [30]Wo ers aber nicht löset / ehe denn das
gantze jar vmb ist / So sols der Keuffer ewiglich
behalten vnd seine Nachkomen / vnd sol nicht los
ausgehen im Halliar. [31]Jsts aber ein Haus auff dem
Dorffe / da keine maur vmb ist / Das sol man dem
feld des lands gleich rechen / vnd sol los werden /
vnd im Halliar ledig ausgehen.

DJe Stedte der Leuiten vnd die Heuser in den
stedten / da jre Habe innen ist / mügen jmerdar
gelöset werden. [33]Wer etwas von den Leuiten
löset / der sols verlassen im Halliar / es sey haus
oder stad / das er besessen hat / Denn die heuser
in stedten der Leuiten sind jre habe vnter den kin-
dern Jsrael. [34]Aber das Feld vor jren Stedten sol
man nicht verkeuffen / Denn das ist jr Eigenthum
ewiglich.

WEnn dein Bruder verarmet vnd neben dir ab- Exod. 22.
nimpt / So soltu jn auffnemen als einen
Frembdlingen oder Gast / das er lebe neben dir /
[36]Vnd solt nicht wucher von jm nemen noch vber-
satz / sondern solt dich fur deinem Gott fürchten /
Auff das dein Bruder neben dir leben künne.
[37]Denn du solt jm dein geld nicht auff wucher
thun / noch deine speise auff vbersatz austhun /
[38]Denn ich bin der HERR ewr Gott / der euch aus
Egyptenland gefüret hat / das ich euch das land
Canaan gebe vnd ewr Gott were.

(Vbersatz) Wucher heisst er so mit Geld geschicht. Vbersatz wenn der arm man mus keuffen oder annemen die tegliche wahr so thewer der Geitzhals wil / weil ers haben mus zur not.

WEnn dein Bruder verarmet neben dir / vnd
verkeufft sich dir / So soltu jn nicht lassen
dienen als einen Leibeigen / [40]Sondern wie ein Exo. 21.
Taglöhner vnd Gast sol er bey dir sein / vnd bis Deut. 15.

Weltlich Rechte.

|| 71a an das Halliar bey dir dienen. 41 Denn sol er || von
dir los ausgehen / vnd seine Kinder mit jm / vnd
sol wider komen zu seinem Geschlecht vnd zu
seiner Veter habe. 42 Denn sie sind meine Knechte /
die ich aus Egyptenland gefürt habe / Darumb sol
man sie nicht auff Leibeigen weise verkauffen.
43 Vnd solt nicht mit der strenge vber sie herr-
schen / Sondern dich fürchten fur deinem Gott.

44 WJltu aber leibeigen Knechte vnd Megde ha-
ben / So soltu sie keuffen von den Heiden / die
vmb euch her sind / 45 von den gesten / die frembd-
linge vnter euch sind / vnd von jren Nachkomen
die sie bey euch in ewrem Lande zeugen. Die
selben solt jr zu eigen haben / 46 vnd solt sie be-
sitzen vnd ewre Kinder nach euch / zum eigenthum
fur vnd fur / die solt jr leibeigen Knechte sein
lassen. Aber vber ewr Brüder die kinder Jsrael /
sol keiner des andern herrschen mit der strenge.

WEnn jrgend ein Frembdling oder Gast bey
dir zunimpt / vnd dein Bruder neben jm ver-
armet / vnd sich dem Frembdlingen oder Gast bey
dir / oder jemand von seinem stam verkeufft / 48 So
sol er nach seinem verkeuffen recht haben / wider
los zu werden. Vnd es mag jn jemand vnter seinen
Brüdern lösen / 49 oder sein Vetter oder vetters
Son / oder sonst sein nehester Blutfreund seines
Geschlechts / oder so seine selbs hand so viel er-
wirbt / so sol er sich lösen. 50 Vnd sol mit seinem
Keuffer rechen vom jar an / da er sich verkaufft
hatte / bis auffs Halliar / Vnd das geld sol nach der
zal der jar seines verkeuffens gerechnet werden /
vnd sol sein taglohn der gantzen zeit mit ein-
rechen. 51 Sind noch viel jar bis an das Halliar / So
sol er nach den selben deste mehr zu lösen geben /
darnach er gekaufft ist. 52 Sind aber wenig jar vbrig
bis ans Halliar / So sol er auch darnach widergeben
zu seiner lösung / 53 vnd sol sein Taglohn von jar
zu jar mit einrechen / Vnd solt nicht lassen mit der
strenge vber jn herrschen fur deinen augen. 54 Wird
er aber auff diese weise sich nicht lösen / So sol
er im Halliar los ausgehen / vnd seine Kinder mit
jm. 55 Denn die kinder Jsrael sind meine Knechte /
die ich aus Egyptenland gefürt habe / Jch bin der
HERR ewr Gott.

Exod. 20. Deut. 5. Psal. 96.

JR solt euch keinen Götzen machen noch Bilde /
vnd solt euch keine Seulen auff richten / noch
keinen Malstein setzen in ewrem Lande / das jr

dafur anbetet / Denn ich bin der HERR ewr Gott.
2Haltet meine Sabbath / vnd fürchtet euch fur
meinem Heiligthum / Jch bin der HERR.

XXVI.

Verheissung des Gesetzs.

WERDET JR IN MEINEN SATZUNGEN WANDELN / Deut. 28.
vnd meine gebot halten vnd thun / 4So wil
ich euch Regen geben zu seiner zeit / vnd das Land
sol sein gewechs geben / vnd die Bewme auff dem
felde jre früchte bringen. 5Vnd die Dresschezeit
sol reichen bis zur Weinerndten / vnd die wein-
erndte sol reichen bis zur zeit der saat / Vnd sollet
Brots die fülle haben / vnd solt sicher in ewrem
Lande wonen. 6Jch wil Fried geben in ewrem
Lande / das jr schlaffet vnd euch niemand schrecke.
Jch wil die bösen Thier aus ewrem Lande thun /
vnd sol kein Schwert durch ewr Land gehen.

7JR solt ewr Fẹinde jagen / vnd sie sollen fur
euch her ins schwert fallen. 8Ewer fünffe sollen
hundert jagen / vnd ewr hundert sollen zehen tau-
sent jagen / Denn ewre Feinde sollen fur euch her
fallen ins schwert. 9Vnd ich wil mich zu euch wen-
den / vnd wil euch wachsen vnd mehren lassen /
vnd wil meinen Bund euch halten. 10Vnd solt von
dem Firnen essen / vnd wenn das Newe kompt /
das firnen wegthun. 11Jch wil meine Wonung
vnter euch haben / vnd meine Seele sol euch nicht
verwerfen. 12Vnd wil vnter euch wandeln / vnd
wil ewr Gott sein / so solt jr mein Volck sein.
13Denn ich bin der HERR ewr Gott / der euch aus 2. Cor. 6.
Egyptenland gefüret hat / das jr nicht jre Knechte
weret / Vnd hab ewr Joch zubrochen / vnd hab
euch auffgericht wandeln lassen. ‖ ‖ 71 b

Drewung vnd Fluch des Gesetzs etc.

WERDET JR ABER MIR NICHT GEHORCHEN / VND Deut. 28.
nicht thun diese Gebote alle / 15vnd werdet Thre. 2.
meine Satzunge verachten / vnd ewre Seele meine Mal. 2.
Rechte verwerffen / das jr nicht thut alle meine
Gebot / vnd werdet meinen Bund lassen anstehen.
16So wil ich euch auch solchs thun / Jch wil euch
heimsuchen mit schrecken / schwulst vnd fieber /
das euch die Angesicht verfallen / vnd der Leib
verschmachte. Jr solt vmb sonst ewren Samen
seen / vnd ewre Feinde sollen jn fressen. 17Vnd
ich wil mein Andlitz wider euch stellen / vnd solt
geschlagen werden fur ewren Feinden / vnd die
euch hassen / sollen vber euch herrschen / Vnd
Schrecken etc. solt fliehen da euch niemand jagt.

18SO jr aber vber das noch nicht mir gehorchet /
So wil ichs noch sieben mal mehr machen / euch
zu straffen vmb ewre sünde / 19das ich ewrn stoltz
vnd halsstarrigkeit breche. Vnd wil ewrn Himel
wie Eisen / vnd ewre Erden wie Ertz machen /
20Vnd ewr mühe vnd erbeit sol verloren sein / Das
ewr Land sein gewechs nicht gebe / vnd die Bewme
im Lande jre früchte nicht bringen.

21VNd wo jr mir entgegen wandelt vnd mich
nicht hören wolt / So wil ichs noch sieben mal
mehr machen / auff euch zu schlahen vmb ewre
sünde willen. 22Vnd vil wilde Thier vnter euch
senden / die sollen ewr Kinder fressen / vnd ewr
Vieh zureissen / vnd ewr weniger machen / vnd
ewr strassen sollen wüste werden.

23WErdet jr euch aber da mit noch nicht von mir
züchtigen lassen vnd mir entgegen wandeln / 24So
wil ich euch auch entgegen wandeln / vnd wil
euch noch sieben mal mehr schlahen vmb ewr
sünde willen / 25Vnd wil ein Rachschwert vber
euch bringen / das meinen Bund rechen sol. Vnd
ob jr euch in ewre Stedte versamlet / wil ich doch
die Pestilentz vnter euch senden / vnd wil euch in
ewr Feinde hende geben. 26Denn wil ich euch den
vorrat des Brots verderben / Das zehen Weiber
sollen ewr brot in einem ofen backen / vnd ewr
brot sol man mit gewicht auswegen / vnd wenn jr
esset / solt jr nicht sat werden.

27WErdet aber jr da durch mir noch nicht ge-
horchen / vnd mir entgegen wandeln / 28So wil
ich auch euch im grim entgegen wandeln / vnd wil
euch sieben mal mehr straffen vmb ewre sünde /
29Das jr solt ewer Söne vnd Töchter fleisch fressen.
30Vnd wil ewre Höhen vertilgen / vnd ewre Bilder
ausrotten / vnd wil ewre Leichnam auff ewre
Götzen werffen / vnd meine Seele wird an euch
ekel haben / 31Vnd wil ewre Stedte wüste machen /
vnd ewrs Heiligthums kirchen einreissen / vnd wil
ewren süssen Geruch nicht riechen.

ALso wil ich das Land wüste machen / das ewre
Feinde / so drinnen wonen / sich da fur ent-
setzen werden. 33Euch aber wil ich vnter die Hei-
den strewen / vnd das Schwert ausziehen hinder
euch her / das ewr Land sol wüste sein vnd ewre
Stedte verstöret. 34Als denn wird das Land jm seine
Feire gefallen lassen / so lange es wüste ligt / vnd jr
in der Feinde land seid / Ja denn wird das Land

feieren / vnd jm seine Feier gefallen lassen / 35 so
lange es wüste ligt / Darumb / das es nicht feieren
kund / da jrs soltet feieren lassen / da jr drinnen
wonetet.

36 VND denen / die von euch vberbleiben / wil
ich ein feig Hertz machen in jrer Feinde land / das
sie sol ein rausschend Blat jagen / Vnd sollen flie-
hen da fur / als jaget sie ein Schwert / vnd fallen /
da sie niemand jaget. 37 Vnd sol einer [a]vber den
andern hin fallen / gleich als fur dem Schwert /
vnd doch sie niemand jagt. Vnd jr solt euch nicht
aufflehnen thüren wider ewre Feinde / 38 vnd jr
solt vmbkomen vnter den Heiden / vnd ewer feinde
Land sol euch fressen.

a (Vber den andern hin) Wie es geschicht in der flucht / furcht vnd schrecken.

WElche aber von euch vberbleiben / Die sollen
in jrer Missethat verschmachten / in der feinde
Land / auch in jrer Veter missethat sollen sie ver-
schmachten. 40 Da werden sie denn bekennen jre
missethat vnd jrer Veter missethat / da mit sie sich
an mir versündiget / vnd mir entgegen gewandelt
haben. 41 Darumb wil ich auch jnen entgegen
wandeln / vnd wil sie in jrer feinde || Land wegtrei- || 72a
ben / Da wird sich ja jr vnbeschnittens hertz de-
mütigen / Vnd denn werden sie jnen die straffe jrer
missethat [b]gefallen lassen.

42 VND ich werde gedencken an meinen Bund
mit Jacob / vnd an meinen bund mit Jsaac / vnd an
meinen bund mit Abraham / vnd werde an das
Land gedencken / 43 das von jnen verlassen ist /
vnd jm seine Feier gefallen lesst / die weil es wüste
von jnen ligt / vnd sie jnen die straffe jrer missethat
gefallen lassen / Darumb / das sie meine Rechte
verachtet / vnd jre Seele an meinen Satzungen ekel
gehabt hat. 44 Auch wenn sie schon in der feinde
Land sind / habe ich sie gleichwol nicht ver-
worffen / vnd ekelt mich jr nicht also / das mit
jnen aus sein solt / vnd mein Bund mit jnen solt
nicht mehr gelten / Denn ich bin der HERR jr
Gott. 45 Vnd wil vber sie an meinen ersten Bund
gedencken / da ich sie aus Egyptenland füret / fur
den augen der Heiden / das ich jr Gott were / Jch
der HERR.

46 DJS sind die Satzunge vnd Recht vnd Gesetz /
die der HERR zwisschen jm vnd den kindern
Jsrael gestellet hat / auff dem berge Sinai / durch
die hand Mose.

b (Gefallen) Das ist / Gleich wie sie lust an jren sünden / vnd ekel an meinen Rechten hatten / Also werden sie widerumb / lust vnd gefallen haben an der straffe / vnd sagen / Ah / wie recht ist vns geschehen / Danck hab vnser verfluchte sünde / Das haben wir nu dauon / O recht Lieber Gott / O recht. Vnd das sind gedancken vnd wort einer ernsten Rew

XXVII.

GELÜBDE.

VND DER HERR REDET MIT MOSE / VND SPRACH /
2Rede mit den kindern Jsrael / vnd sprich zu
jnen. Wenn jemand dem HERRN ein besonder
Gelübde thut / das er seinen Leib schetzet / 3so sol
das die schetzung sein. Ein Mansbilde zwenzig jar
alt / bis ins sechzigst jar / soltu schetzen auff
funffzig silbern Sekel / nach dem sekel des Heilig-
thums. 4Ein Weibsbilde auff dreissig sekel. 5Von
fünff jaren bis auff zwenzig jar / soltu jn schetzen
auff zwenzig sekel / wens ein Mansbilde ist / ein
Weibsbilde aber auff zehen sekel. 6Von einem
monden an bis auff fünff jar / soltu jn schetzen auff
fünff silbern sekel / wens ein Mansbilde ist / ein
Weibsbilde aber auff drey silbern sekel. 7Jst er
aber sechzig jar alt / vnd drüber / So soltu jn schet-
zen auff funffzehen sekel / wens ein Mansbilde ist /
ein Weibsbilde aber auff zehen sekel. 8Jst er aber zu
arm zu solcher schetzung / So sol er sich fur den
Priester stellen / vnd der Priester sol jn schetzen /
Er sol jn aber schetzen nach dem seine hand / des /
der gelobd hat / erwerben kan.

JSts aber ein Vieh / das man dem HERRN opffern
kan / alles was man des dem HERRN gibt / ist
heilig. 10Man sols nicht wechseln noch wandeln /
ein guts vmb ein böses / oder ein böses vmb ein
guts. Wirds aber jemand wechseln / ein Vieh vmb
das ander / so sollen sie beide dem HERRN heilig
sein. 11Jst aber das Thier vnrein / das mans dem
HERRN nicht opffern thar / So sol mans fur den
Priester stellen / 12vnd der Priester sols schetzen /
obs gut oder böse sey / vnd es sol bey des Priesters
schetzen bleiben. 13Wils aber jemand lösen / der
sol den fünfften vber die schetzung geben.

WEnn jemand sein Haus heiliget / das dem
HERRN heilig sey / das sol der Priester
schetzen / obs gut oder böse sey / vnd darnach es der
Priester schetzet / so sols bleiben. 15So es aber der /
so es geheiliget hat / wil lösen / So sol er den fünff-
ten teil des gelds / vnber das es geschetzt ist / drauff
geben / so sols sein werden.

WEnn jemand ein stück Ackers von seinem
Erbgut dem HERRN heiliget / So sol er ge-
schetzt werden nach dem er tregt / Tregt er ein
Homor gersten / so sol er funffzig sekel silbers
gelten. 17Heiliget er aber seinen Acker vom
Halliar an / so sol er nach seiner werde gelten.

vnd Busse / die sich selbs aus hertzen grund hassen vnd anspeien leret / Pfu dich / was hab ich gethan. Das gefellet denn Gott das er wider gnedig wird. Darumb haben wir das wort (Missethat) verdeudscht die straffe der missethat / solchen verstand zu geben / Sonst lautets / als solten sie gefallen an der missethat haben. Eben so ists auch zuuerstehen / Dem Lande gefellet seine Feire / Das ist / Es spricht / Gott habe recht in der straffe das es wüste ligen mus / vmb des Volcks willen / nach dem es sich sehnet. Solcher weise redet auch Jesa. 40. Dimissa est iniquitas / id est placita et accepta poena pro iniquitate eius / id est / per Christum est satisfactum pro ea.

[18]Hat er jn aber nach dem Halliar geheiliget / So
sol jn der Priester rechen nach den vbrigen jaren
zum Halliar / vnd darnach geringer schetzen.
[19]WJl aber der / so jn geheiliget hat / den Acker
lösen / So sol er den fünfften teil des gelds / vber das
er geschetzt ist / drauff geben / so sol er sein werden.
[20]Wil er || jn aber nicht lösen / sondern verkeufft jn || 72b
einem andern / So sol er jn nicht mehr lösen / [21]son-
dern der selb Acker / wenn er im Halliar los aus-
gehet / sol dem HERRN heilig sein / wie ein ver-
bannet Acker / vnd sol des Priesters Erbgut sein.

[22]WEnn aber jemand einen Acker dem HERRN
heiliget / den er gekaufft hat / vnd nicht sein Erbgut
ist / [23]So sol jn der Priester rechen / was er gilt bis
an das Halliar / vnd er sol desselben tages solche
schetzung geben / das er dem HERRN heilig sey.
[24]Aber im Halliar sol er wider gelangen an den sel-
ben / von dem er jn gekaufft hat / das er sein Erb-
gut im lande sey. [25]Alle wirderung sol geschehen
nach dem sekel des Heiligthums / Ein sekel aber
macht zwentzig Gera.

DJe Erstengeburt vnter dem Vieh / die dem
HERRN sonst gebürt / sol niemand dem
HERRN heiligen / es sey ein ochs oder schaf / denn
es ist des HERRN. [27]Jst aber an dem Vieh etwas
vnreines / so sol mans lösen nach seiner wirde / vnd
drüber geben den fünfften / Wil ers nicht lösen / so
verkeuffe mans nach seiner wirde.

MAn sol kein Verbantes verkauffen / noch lösen /
das jemand dem HERRN verbannet / von
allem das sein ist / es sey Menschen / Vieh / oder
Erbacker / Denn alles verbante ist das allerheiligst
dem HERRN. [29]Man sol auch keinen verbanten
Menschen lösen / sondern er sol des todes sterben.

[30]ALle Zehenden im Lande / beide von samen des
lands vnd früchten der bewme / sind des HERRN /
vnd sollen dem HERRN heilig sein. [31]Wil aber je-
mand seinen Zehenden lösen / der sol den fünfften
drüber geben / [32]Vnd alle Zehenden von rinden
vnd schafen / vnd was vnter der ruten gehet / das ist
ein heiliger Zehende dem HERRN / [33]Man sol
nicht fragen obs gut oder böse sey / man sols auch
nicht wechseln / Wirds aber jemand wechseln / so
sols beides heilig sein / vnd nicht gelöset werden.

[34]DJs sind die Gebot / die der HERR Mose gebot
an die kinder Jsrael / auff dem berge Sinai.

Ende des Dritten Buchs Mose.

DAS VIERDE BUCH MOSE.

I.

VND DER HERR REDET MIT MOSE IN DER SUMMA DER
wüsten Sinai / in der Hütten des Stiffts am ersten kinder Jsrael.
tage des andern monden / im andern jar / da sie aus
Egyptenland gegangen waren / vnd sprach. [2]Ne-
met die Summa der gantzen Gemeine der kinder
Jsrael / nach jren Geschlechten / vnd jrer Veter
heuser vnd namen / Alles was menlich ist von
heubt zu heubt / [3]von zwenzig jaren an vnd drüber /
was ins Heer zu ziehen taug in Jsrael / Vnd solt
sie zelen nach jren Heeren / du vnd Aaron / [4]vnd
solt zu euch nemen ja vom Geschlecht einen Heubt-
man vber seins Vaters haus.

DJS sind aber die namen der Heubtleute / die NAMEN DER
neben euch stehen sollen. Von Ruben sey xij. Fürsten
Elizur der son Zedeur. [6]Von Simeon sey Selumiel Jsrael.
der son ZuriSadai. [7]Von Juda sey Nahesson der
son Amminadab. [8]Von Jsaschar sey Nethaneel
der son Zuar. [9]Von Sebulon sey Eliab der son
‖ 73 a Helon. ‖ [10]Von den kindern Joseph von Ehpraim
sey Elisama der son Amihud. Von Manasse sey
Gamliel der son PedaZur. [11]Von BenJamin sey
Abidan der son Gideoni. [12]Von Dan sey Ahieser
der son AmmiSadai. [13]Von Asser sey Pagiel der
son Ochran. [14]Von Gad sey Elisaph der son
Deguel. [15]Von Naphthali sey Ahira der son Enan.

[16]DAS sind die Fürnemesten der Gemeine / die
Heubtleute vnter den Stemmen jrer Veter / die da
Heubter vnd Fürsten in Jsrael waren. [17]Vnd Mose
vnd Aaron namen sie zu sich / wie sie da mit namen
genennet sind. [18]Vnd sameleten auch die gantzen
Gemeine / am ersten tage des andern monden / vnd
rechneten sie nach jrer Geburt / nach jren Ge-
schlechten / vnd Veter heuser vnd namen / von
zwenzig jaren an vnd drüber / vnd heubt zu heubt /
[19]Wie der HERR Mose geboten hatte / vnd zeleten
sie in der wüsten Sinai.

DER kinder Ruben des ersten sons Jsrael / nach STAM RUBEN.
jrer Geburt / Geschlechte / jrer Veter heuser
vnd namen / vnd heubt zu heubt / alles was men-
lich war / von zwenzig jaren vnd drüber / vnd ins
Heer zu ziehen tuchte / [21]wurden gezelet zum stam
Ruben / sechs vnd vierzig tausent vnd fünff
hundert.

Summma der kinder Jsrael.

SIMEON. [22]DER kinder Simeon nach jrer Geburt / Ge-
schlechte / jrer Veter heuser zal vnd namen / von
heubt zu heubt / alles was menlich war / von zwen-
zig jaren vnd drüber / vnd ins Heer zu ziehen
tuchte / [23]wurden gezelet zum stam Simeon neun
vnd funffzig tausent vnd drey hundert.

GAD. [24]DER kinder Gad nach ihrer Geburt / Ge-
schlechte / jrer Veter heuser vnd namen / von
zwenzig jaren vnd drüber / was ins Heer zu
ziehen tuchte / [25]wurden gezelet zum stam Gad /
fünff vnd vierzig tausent / sechs hundert vnd
funffzig.

JUDA. [26]DER kinder Juda nach jrer Geburt / Ge-
schlechte / jrer Veter heuser vnd namen / von zwen-
zig jaren vnd drüber / was ins Heer zu ziehen
tuchte / [27]worden gezelet zum stam Juda / vier vnd
siebenzig tausent vnd sechs hundert.

JSASCHAR. [28]DER kinder Jsaschar nach jrer Geburt / Ge-
schlechte / jrer Veter heuser vnd namen / von zwen-
zig jaren vnd drüber / was ins Heer zu ziehen
tuchte / [29]wurden gezelet zum stam Jsaschar / vier
vnd funffzig tausent vnd vier hundert.

SEBULON. [30]DER kinder Sebulon nach jrer Geburt / Ge-
schlechte / jrer Veter heuser vnd namen / von zwen-
zig jaren vnd drüber / was ins Heer zu ziehen
tuchte / [31]wurden gezelet zum stam Sebulon /
sieben vnd funffzig tausent vnd vier hundert.

EPHRAIM. [32]DER kinder Joseph von Ephraim nach jrer
Geburt / Geschlechte / jrer Veter heuser vnd na-
men / von zwenzig jaren vnd drüber / was ins Heer
zu ziehen tuchte / [33]wurden gezelet zum stam
Ephraim / vierzig tausent vnd fünffhundert.

MANASSE. [34]DER kinder Manasse nach jrer Geburt / Ge-
schlechte / jrer Veter heuser vnd namen / von
zwenzig jaren vnd drüber / was ins Heer zu ziehen
tuchte / [35]wurden zum stam Manasse gezelet /
zwey vnd dreissig tausent vnd zwey hundert.

BENJAMIN. [36]DER kinder BenJamin nach jrer Geburt /
Geschlechte / jrer Veter heuser vnd namen / von
zwenzig jaren vnd drüber / was ins Heer zu ziehen
tuchte / wurden zum stam BenJamin gezelet /
fünff vnd dreissig tausent vnd vier hundert.

DAN. [38]DER kinder Dan nach jrer Geburt / Ge-
schlechte / jrer Veter heuser vnd namen / von
zwenzig jaren vnd drüber / was ins Heer zu ziehen
tuchte / [39]wurden gezelet zum stam Dan / zwey
vnd sechzig tausent vnd sieben hundert.

Summa der kinder Jsrael.

[40]DER kinder Asser nach jrer Geburt / Ge- Asser.
schlechte / jrer Veter heuser vnd namen / von
zwenzig jaren vnd drüber / was ins Heer zu ziehen
tuchte / [41]wurden zum stam Asser gezelet / ein vnd
vierzig tausent vnd fünff hundert.

[42]DER kinder Naphthali nach jrer Geburt / Naphthali.
|| 73 b Geschlechte / jrer Veter heuser || vnd namen / von
zwenzig jaren vnd drüber / was ins Heer zu ziehen
tuchte / [43]wurden zum stam Naphthali gezelet /
drey vnd funffzig tausent vnd vier hundert.

[44]DJS sind / die Mose vnd Aaron zeleten sampt
den zwelff Fürsten Jsrael / der ja einer vber ein
Exod. 12. Haus jrer Veter war. [45]Vnd die summa der kin-
der Jsrael nach jrer Veter heuser / von zwenzig
jaren vnd drüber / was ins Heer zu ziehen tuchte in
Jsrael / [46]der war sechs mal hundert tausent vnd
drey tausent / funff hundert vnd funffzig. [47]Aber
die Leuiten nach jrer Veter stam wurden nicht
mit vnter gezelet.

VND der HERR redet mit Mose / vnd sprach. Stam Leui.
[49]Den stam Leui soltu nicht zelen / noch jre
summa nemen vnter den kindern Jsrael. [50]Sondern
du solt sie ordenen zur Wonung bey dem Zeugnis /
vnd zu allem Gerete vnd allem was dazu gehöret /
Vnd sie sollen die Wonung tragen vnd alles Gerete /
vnd sollen sein pflegen / vnd vmb die Wonung her
sich lagern. [51]Vnd wenn man reisen sol / So sollen
die Leuiten die Wonung abnemen / Wenn aber das
Heer zu lagern ist / sollen sie die Wonung auff-
schlahen / Vnd wo ein Frembder sich da zu ma-
chet / der sol sterben. [52]Die kinder Jsrael sollen
sich lagern ein jglicher in sein Lager vnd bey das
Panir seiner Schar. [53]Aber die Leuiten sollen sich
vmb die Wonung des Zeugnis her lagern / Auff das
nicht ein zorn vber die Gemeine der kinder Jsrael
kome / Darumb sollen die Leuiten der Hut warten
an der Wonung des Zeugnis. [54]Vnd die kinder
Jsrael theten alles / wie der HERR Mose geboten
hatte.

II.

VND DER HERR REDET MIT MOSE VND AARON / Lager der Stemme Jsrael.
vnd sprach. [2]Die kinder Jsrael sollen für der
Hütten des Stiffts vmb her sich lagern / ein jglicher
vnter seinem Panir vnd Zeichen / nach jrer Veter
haus.

Lager der Stemme Jsrael.

GEgen Morgen sol sich lagern Juda mit seinem
Panir vnd Heer / Jr Heubtman Nahesson der
son Amminadab / 4vnd sein Heer an der summa /
vier vnd siebenzig tausent vnd sechs hundert.
5Neben jm sol sich lagern der stam Jsaschar / Jr
Heubtman Nethaneel der son Zuar / 6vnd sein
Heer an der summa / vier vnd funffzig tausent vnd
vier hundert. 7Da zu der stam Sebulon / Jr Heubt-
man Eliab der son Helon / 8sein Heer an der
summa / sieben vnd funffzig tausent vnd vier
hundert. 9Das alle / die ins lager Juda gehören /
seien an der summa / hundert vnd sechs vnd achzig
tausent / vnd vier hundert / die zu jrem Heer ge-
hören / Vnd sollen forn anziehen.

GEgen Mittag sol ligen das gezelt vnd panir
Ruben mit jrem Heer / Jr Heubtman EliZur
der son Sedeur / 11vnd sein Heer an der summa /
sechs vnd vierzig tausent / fünff hundert. 12Neben
jm sol sich lagern der stam Simeon / Jr Heubtman
Selumiel der son ZuriSadai / 13vnd sein Heer an
der summa / neun vnd funffzig tausent / drey hun-
dert. 14Da zu der stam Gad / Jr Heubtman Eliasaph
der son [a]Reguel / 15vnd sein Heer an der summa /
fünff vnd vierzig tausent / sechs hundert vnd funff-
zig. 16Das alle / die ins lager Ruben gehören / seien
an der summa / hundert vnd ein vnd funffzig tau-
sent / vier hundert vnd funffzig / die zu jrem Heer
gehören / Vnd sollen die andern im ausziehen sein.

a Sup. 1. Deguel.

LAGER der Leuiten.

DARnach sol die Hütten des Stiffts ziehen mit
dem Lager der Leuiten mitten vnter den
Lagern / Vnd wie sie sich lagern / so sollen sie auch
ziehen / ein jglicher an seinem Ort vnter seinem
Panir.

GEgen Abend sol ligen das gezelt vnd panir Psal. 80.
Ehpraim mit jrem Heer / Jr Heubtman sol
sein Elisama der son Amihud / 19vnd sein Heer an
der summa / vierzig tausent vnd fünff hundert.
20Neben jm sol sich lagern der stam || Manasse / Jr || 74a
Heubtman Gamliel der son PedaZur / 21sein Heer
an der summa zwey vnd dreissig tausent vnd zwey
hundert. 22Da zu der stam BenJamin / Jr Heubt-
man Abidan der son Gideoni / 23sein Heer an der
summa / fünff vnd dreissig tausent vnd vier hun-
dert. 24Das alle / die ins lager Ephrahim gehören
seien an der summa / hundert vnd acht tausent vnd
ein hundert / die zu seinem Heer gehören / Vnd
sollen die dritten im ausziehen sein.

GEgen Mitternacht sol ligen das gezelt vnd panir
Dan / mit jrem Heer / Jr Heubtman Ahieser
der son AmmiSadai / 26sein Heer an der summa /
zwey vnd sechzig tausent vnd sieben hundert.
27Neben jm sol sich lagern der stam Asser / Jr
Heubtman Pagiel der son Ochran / 28sein Heer an
der summa / ein vnd vierzig tausent vnd fünff
hundert. 29Da zu der stam Naphthali / Jr Heubt-
man Ahira der son Enan / 30sein Heer an der
summa / drey vnd funffzig tausent vnd vierhun-
dert. 31Das alle / die ins Lager Dan gehören / seien
an der summa hundert sieben vnd funffzig tausent
vnd sechs hundert / Vnd sollen die letzten sein im
ausziehen mit jrem Panir.

32DAS ist die summa der kinder Jsrael nach jrer (Summa der kinder Jsrael.)
Veter heuser vnd Lager mit jren Heeren / Sechs
hundert tausent vnd drey tausent / fünff hundert
vnd funffzig. 33Aber die Leuiten wurden nicht in
die summa vnter die kinder Jsrael gezelet / wie der
HERR Mose geboten hatte. 34Vnd die kinder
Jsrael theten alles / wie der HERR Mose geboten
hatte / vnd lagerten sich vnter jre Panir / vnd zogen
aus / ein jglicher in seinem Geschlecht nach jrer
Veter haus.

III.

(Exod. 6.) DJS IST DAS GESCHLECHT AARON VND MOSE / (AARONS SÖNE.)
zu der zeit / da der HERR mit Mose redet auff
dem berge Sinai / 2vnd dis sind die namen der söne
Aaron. Der Erstgeborne Nadab / darnach Abihu /
Eleazar vnd Jthamar. 3Das sind die namen der
söne Aaron / die zu Priester gesalbet waren vnd
(Leui. 10. 1. Par. 24.) jre hende gefüllet zum Priesterthum. 4Aber Na-
dab vnd Abihu storben fur dem HERRN / da sie
frembd Fewr opfferten fur dem HERRN in der
wüsten Sinai / vnd hatten keine söne. Eleaser aber
vnd Jthamar pflegten des Priesterampts vnter jrem
vater Aaron.

5VNd der HERR redet mit Mose vnd sprach / (Ampt der Leuiten.)
6Bringe den stam Leui erzu / vnd stelle sie fur den
Priester Aaron / das sie jm dienen / 7vnd seiner
vnd der gantzen Gemeine hut warten / für der
Hütten des Stiffts / vnd dienen am dienst der Wo-
nunge / 8vnd warten alles Gerets der Hütten des
Stiffts / vnd der hut der kinder Jsrael / zu dienen
am dienst der Wonunge. 9Vnd solt die Leuiten
Aaron vnd seinen sönen zuordnenen zum ge-

Summa der Leuiten etc.

schenck von den kindern Jsrael. [10]Aaron aber
vnd seine Söne soltu setzen / das sie jres Priester-
thums warten / Wo ein Frembder sich erzu thut /
Der sol sterben.
[11]VND der HERR redet mit Mose / vnd sprach / Num. 8.
[12]Sihe / Jch habe die Leuiten genomen vnter den
kindern Jsrael / fur alle Erstegeburt / die da mutter
brechen vnter den kindern Jsrael / also / das die
Leuiten sollen mein sein. [13]Denn die ersten Geburt Exod. 13.
sind mein sint der zeit ich alle Erstegeburt schlug
in Egyptenland / da heiliget ich mir alle Erste-
geburt in Jsrael / von Menschen an bis auff das
Vieh / das sie mein sein sollen / Jch bin der HERR.

KINDER LEUI.

VND der HERR redet mit Mose in der wüsten
Sinai / vnd sprach / [15]Zele die kinder Leui
nach jrer Veter heuser vnd geschlechten / alles was
menlich ist eins monden alt vnd drüber. [16]Also ze- Exod. 6.
let sie Mose nach dem wort des HERRN / wie er
geboten hatte / [17]Vnd waren dis die kinder Leui
mit namen / Gerson / Kahath / Merari. [18]Die
namen aber der kinder Gerson in jrem Geschlecht
waren / Libni vnd Simei. [19]Die kinder Kahath in
jrem Geschlecht waren / Amram / Jezehar / He-
brom vnd Vsiel. [20]Die kinder Merari in jrem Ge- || || 74b
schlecht waren / Maheli vnd Musi / Dis sind die
geschlecht Leui nach jrer Veter hause.

GERSONITER.

[21]DJS sind die geschlechte von Gerson / Die
Libniter vnd Simeiter / [22]Dere summa war an der
zall funden / sieben tausent vnd fünff hundert / alles
was menlich war / eins monden alt vnd drüber.
[23]Vnd dasselb geschlecht der Gersoniter sollen
sich lagern hinder der Wonunge gegen dem Abend.
[24]Jr Oberster sey Eliasaph der son Lael. [25]Vnd sie
sollen warten an der Hütten des Stiffts / nemlich /
der Wonung vnd der Hütten vnd jrer Decken / vnd
des Tuchs in der thür der Hütten des Stiffts / [26]des
Vmbhangs am Vorhoff / vnd des Tuchs in der thür
des Vorhoffs / welcher vmb die Wonung vnd vmb
den Altar her gehet / vnd seiner Seile / vnd alles
was zu seinem dienst gehöret.

KAHATHITER.

DJS sind die geschlechte von Kahath / Die Am-
ramiten / die Jezehariten die Hebroniten vnd
Vsieliten / [28]was menlich war eins monden alt
vnd drüber / An der zal acht tausent vnd sechs
hundert / die der hut des Heiligthums warten.
[29]Vnd sollen sich lagern an die seiten der Wonung
gegen Mittag. [30]Jr Oberster sey Elizaphan der

son Vsiel. [31]Vnd sie sollen warten der Laden / des
Tischs / des Leuchters / des Altars / vnd alles Ge-
rets des Heiligthums / dar an sie dienen / vnd des
Tuchs vnd was zu seinem dienst gehört. [32]Aber
der Oberst vber alle Obersten der Leuiten sol
Eleasar sein / Aarons son des Priesters / vber die
verordnet sind zu warten der hut des Heiligthums.
DJS sind die geschlechte Merari / die Maheliter MERARITER.
vnd Musiter / [34]Die an der zal waren / sechs
tausent vnd zwey hundert / alles was menlich war /
eins monden alt vnd drüber. [35]Jr Oberster sey
Zuriel der son Abihail. Vnd sollen sich lagern an
die seiten der Wonung gegen Mitternacht. [36]Vnd
jr Ampt sol sein zu warten der bret vnd rigel / vnd
seulen / vnd füsse der Wonung / vnd alles seins
Gerets vnd seins diensts / [37]Da zu der seulen vmb
den Vorhof her / mit den füssen vnd negeln vnd
seilen.
ABer fur der Wonung vnd fur der Hütten des
Stiffts / gegen Morgen sollen sich lagern Mose
vnd Aaron vnd seine Söne / das sie des Heilig-
thums warten / vnd der kinder Jsrael / Wenn sich
ein Frembder erzu thut / Der sol sterben. [39]Alle
Leuiten in der summa / die Mose vnd Aaron zele- Summa
ten / nach jren Geschlechten / nach dem wort des aller Leuiten.
HERRN / eitel Menlin eins monden alt vnd drü-
ber / waren zwey vnd zwenzig tausent.
VND der HERR sprach zu Mose / Zele alle Erst-
geburt / was menlich ist vnter den kindern
Jsrael / eins monden alt vnd drüber / vnd nim die
zal jrer namen. [41]Vnd solt die Leuiten mir / dem
HERRN / aussondern fur alle Erstegeburt der
kinder Jsrael / vnd der Leuiten vieh fur alle Erste-
geburt vnter dem vieh der kinder Jsrael. [42]Vnd
Mose zelet / wie jm der HERR geboten hatte / alle
Erstegeburt vnter den kindern Jsrael / [43]Vnd fand
sich an der zal der namen aller Erstegeburt was
menlich war eins monden alt vnd drüber / in jrer
summa zwey vnd zwenzig tausent / zwey hundert
vnd drey vnd siebenzig.
[44]VND der HERR redet mit Mose / vnd sprach /
[45]Nim die Leuiten fur alle Erstegeburt vnter den
kindern Jsrael / vnd das vieh der Leuiten fur jr
vieh / das die Leuiten / mein / des HERRN seien.
[46]Aber das Lösegeld von den zwey hundert drey
vnd siebenzig vberlengen Erstengeburten der kin-
der Jsrael / vber der Leuiten zal / [47]soltu ja fünff

sekel nemen von heubt zu heubt / nach dem sekel
des Heiligthums (Zwenzig Gera gilt ein sekel) Exo. 30. Leui. 27. Ezech. 45.
48vnd solt das selb geld / das vberleng ist vber jre
zal / geben Aaron vnd seinen Sönen. 49Da nam
Mose das Lösegeld / das vberlenge war vber der
Leuiten zal 50von den Erstengeburten der kinder
Jsrael tausent drey hundert vnd fünff vnd sechzig
sekel / nach dem sekel des Heiligthums / 51vnd
gabs Aaron vnd seinen Sönen / nach dem wort
des HERRN wie der HERR Mose geboten hatte. ‖ ‖ 75 a

IIII.

VND DER HERR REDET MIT MOSE VND AARON /
vnd sprach. 2Nim die summa der kinder Kahath
aus den kindern Leui / nach jrem Geschlecht vnd
Veter heuser / 3von dreissig jar an vnd drüber /
bis ins funffzigst jar / alle die zum Heer tügen / das
sie thun die werck in der Hütten des Stiffts. 4Das
sol aber das Ampt der kinder Kahath in der Hütten
des Stiffts sein / das das Allerheiligst ist.

AARON vnd seine Söne etc.

WEnn das Heer auffbricht / so sol Aaron vnd
seine Söne hin ein gehen vnd den Furhang
abnemen / vnd die Lade des Zeugnis drein winden /
6vnd drauff thun die Decke von dachsfellen / vnd
oben drauff ein gantz geele Decke breiten / vnd
seine stangen dazu legen. 7Vnd vber den Schaw-
tisch auch eine geele decke breiten / vnd dazu
legen die schüssel / leffel / schalen vnd kannen aus
vnd ein zu gissen / vnd das tegliche Brot sol da
bey ligen / 8Vnd sollen drüber breiten ein rosin-
rote Decke / vnd dasselb bedecken mit einer Decke
von dachsfellen / vnd seine stangen da zu legen.

(Geele decke) Hieraus scheinets das die innersten Teppiche sind nicht bund / sondern ein iglicher hat jr eigen farbe alleine gehabt / Welche geel ist / die ist gantz geel gewest / vnd welche weis / gantz weis etc.

9VND sollen eine geele Decke nemen / vnd drein
winden den Leuchter des liechts / vnd seine Lam-
pen mit seinen schneutzen vnd nepffen / vnd alle
öle gefess die zum Ampt gehören / 10vnd sollen
vmb das alles thun eine Decke von dachsfellen /
vnd sollen sie auff stangen legen. 11Also sollen
sie auch vber den gülden Altar eine geele Decke
breiten / vnd die selb bedecken mit der Decke von
dachsfellen / vnd seine stangen dazu thun. 12Alle
Gerete / da mit sie schaffen im Heiligthum / sollen
sie nemen / vnd geele Decke drüber thun / vnd
mit einer Decke von dachsfellen decken / vnd auff
stangen legen. 13Sie sollen auch die asschen vom
Altar fegen / vnd eine scharlacken Decke drüber

Ampt der Leuiten etc.

breiten / 14Vnd alle sein Gerete da zu legen / da
mit sie drauff schaffen / kolpfannen / krewel / schau-
feln / becken / mit allem gerete des Altars / vnd
sollen drüber breiten eine Decke von dachsfellen /
vnd seine stangen dazu thun.

WEnn nu Aaron vnd seine Söne solchs ausge- KAHATHITER.
richt haben / vnd das Heiligthum vnd alle
sein Gerete bedeckt / wenn das Heer auffbricht /
Darnach sollen die kinder Kahath hin ein gehen /
das sie es tragen / vnd sollen das Heiligthum nicht
anrüren / das sie nicht sterben / Dis sind die Last
der kinder Kahath an der Hütten des Stiffts. 16Vnd
Eleaser Aarons des Priesters son / sol das Ampt ELEASAR.
haben / das er ordene das öle zum Liecht / vnd die
specerey zum Reuchwerg / vnd das teglich Speis-
opffer vnd das Salböle / Das er beschicke die gantze
Wonung / vnd alles was drinnen ist / im Heiligthum
vnd seinem gerete.

17VND der HERR redet mit Mose vnd mit
Aaron / vnd sprach / 18Jr solt den stam des ge-
schlechts der Kahathiter nicht lassen sich verder-
ben vnter den Leuiten / 19Sondern das solt jr mit
jnen thun / das sie leben vnd nicht sterben / wo
sie würden anrüren das Allerheiligst. Aaron vnd
seine Söne sollen hinein gehen / vnd ein jglichen
stellen zu seinem Ampt vnd Last / 20Sie aber sollen
nicht hinein gehen zu schawen vnbedackt das Hei-
ligthum / das sie nicht sterben.

VND der HERR redet mit Mose / vnd sprach / GERSONITER.
22Nim die summa der kinder Gerson auch /
nach jrer Veter haus vnd Geschlechte / 23von
dreissig jaren an vnd drüber / bis ins funffzigst jar /
vnd ordne sie alle / die da zum Heer tüchtig sind /
das sie ein Ampt haben in der Hütten des Stiffts.
24Das sol aber des geschlechts der Gersoniter Ampt
sein / das sie schaffen vnd tragen. 25Sie sollen die
Teppich der Wonung vnd der Hütten des Stiffts
tragen / vnd seine Decke vnd die Decke von
dachsfellen / die oben drüber ist / vnd das Tuch
in der thür der Hütten des Stiffts / 26vnd die vmb-
henge des Vorhoffs / vnd das Tuch in der thür des
thors am Vorhoff / welcher vmb die Wonung vnd
Altar her gehet / vnd jre seile vnd alle Gerete jrs
|| 75b ampts / vnd alles was zu jrem Ampt || gehört.
27Nach dem wort Aaron vnd seiner Söne / sol alles
Ampt der kinder Gerson gehen alles was sie tragen
vnd schaffen sollen / vnd jr solt zusehen / das sie

Summa der Leuiten etc.

aller jrer Last warten. [28]Das sol das Ampt des ge-
schlechts der kinder der Gersoniter sein in der Hüt-
ten des Stiffts / Vnd jr hut sol vnter der hand Jtha-
mar sein des sons Aarons des Priesters.

MERARITER.

DJE kinder Merari / nach jrem Geschlecht vnd
Vater hause / soltu auch ordnen / [30]von dreissig
jar an vnd drüber / bis ins funffzigst jar / alle die
zum Heer tügen / das sie ein Ampt haben in der
Hütten des Stiffts. [31]Auff diese Last aber sollen sie
warten nach alle jrem Ampt in der Hütten des
Stiffts / das sie tragen die breter der Wonung vnd
riegel vnd seulen vnd füsse. [32]Da zu die seulen
des Vorhoffs vmb her / vnd füsse vnd negel vnd
seile mit alle jrem gerete / nach alle jrem ampt /
Einem jglichen solt jr sein teil der Last am gerete
zu warten verordenen. [33]Das sey das Ampt der ge-
schlechte der kinder Merari / alles das sie schaffen
sollen in der Hütten des Stiffts / vnter der hand
Jthamar des Priesters Aarons son.

SUMMA der Kahathiter.

VND Mose vnd Aaron sampt den Heubtleuten
der Gemeine zeleten die kinder der Kahathiter
nach jren Geschlechten vnd Veter heuser / [35]von
dreissig jaren vnd drüber bis ins funffzigst / alle die
zum Heer tuchten / das sie Ampt in der Hütten des
Stiffts hetten / [36]vnd die summa war zwey tausent
sieben hundert vnd funffzig. [37]Das ist die summa
der geschlecht der Kahathiter / die alle zuschaffen
hatten in der Hütten des Stiffts die Mose vnd Aaron
zeleten nach dem wort des HERRN durch Mose.

DER Gersoniter.

[38]DJE kinder Gerson wurden auch gezelet in
jren Geschlechten vnd Veter heuser / [39]von dreissig
jaren vnd drüber / bis ins funffzigst / alle die zum
Heer tuchten / das sie Ampt in der Hütten des
Stiffts hetten / [40]vnd die summa war zwey tausent
sechs hundert vnd dreissig. [41]Das ist die summa
der geschlechte der kinder Gerson / die alle zu-
schaffen hatten in der Hütten des Stiffts / welche
Mose vnd Aaron zeleten nach dem wort des
HERRN.

DER Merariter.

[42]DJE kinder Merari wurden auch gezelet nach
jren Geschlechten vnd Veter heuser / [43]von dreissig
jaren vnd drüber / bis ins funffzigst / alle die zum
Heer tuchten / das sie Ampt in der Hütten des
Stiffts hetten / [44]vnd die summa war / drey tausent
vnd zwey hundert. [45]Das ist die summa der ge-
schlechte der kinder Merari / die Mose vnd Aaron
zeleten nach dem wort des HERRN durch Mose.

DJE summma aller Leuiten die Mose vnd Aaron sampt den Heubtleuten Jsrael zeleten / nach jren Geschlechten vnd Veter heuser / 47von dreissig jaren vnd drüber bis ins funffzigst / aller die eingiengen zu schaffen / ein jglicher sein Ampt / zu tragen die last in der Hütten des Stiffts / 48war acht tausent / fünff hundert vnd achzig / 49die gezelet wurden nach dem wort des HERRN durch Mose / ein jglicher zu seinem Ampt vnd Last / wie der HERR Mose geboten hatte.

SUMMA aller Leuiten.

V.

VND DER HERR REDET MIT MOSE / VND SPRACH /
Leui. 13. 2Gebeut den kindern Jsrael / das sie aus dem
Lager thun alle Aussetzigen / vnd alle die Eitter-
flüsse haben / vnd die an den Todten vnrein wor-
den sind / 3beide Man vnd Weib sollen sie hin aus
thun fur das Lager / das sie nicht jre Lager verun-
reinigen / darinnen ich vnter jnen wone. 4Vnd
die kinder Jsrael theten also / vnd theten sie hin
aus fur das Lager / wie der HERR zu Mose geredt
hatte.
VND der HERR redet mit Mose / vnd sprach /
6Sage den kindern Jsrael / vnd sprich zu jnen /
Wenn ein Man oder Weib jrgend eine sünde wider
Leui. 5. einen Menschen thut / vnd sich an dem HERRN
|| 76a da mit versündiget / So hat die || Seele eine schuld
auff jr. 7Vnd sie sollen jre Sünde bekennen / die
sie gethan haben / vnd sollen jre schuld versünen
mit der Heubtsumma / vnd darüber das fünffte
teil da zu thun / vnd dem geben / an dem sie sich
verschuldiget haben. 8Jst aber niemand da / dem
mans bezalen solte / So sol mans dem HERRN
geben fur dem Priester / vber den Widder der ver-
sünung / da mit er versünet wird. 9Desgleichen
sol alle Hebe / von allem das die kinder Jsrael hei-
ligen vnd dem Priester opffern / sein sein / 10Vnd
wer etwas heiliget sol auch sein sein / Vnd wer etwas
dem Priester gibt / das sol auch sein sein.
VND der HERR redet mit Mose / vnd sprach / EIUEROPFFER.
12Sage den kindern Jsrael vnd sprich zu jnen /
Wenn jrgend eins Mans weib sich verlieff / vnd
sich an jm versündigt / 13vnd jemand sie fleischlich
beschlefft / vnd würde doch dem Man verborgen
fur seinen augen / vnd würde verdeckt / das sie
vnrein worden ist / vnd kan sie nicht vberzeugen /
denn sie ist nicht drinne begriffen / 14Vnd der

Eiuergeist entzündet jn / das er vmb sein Weib
eiuert / sie sey vnrein oder nicht vnrein. [15]So sol
er sie zum Priester bringen / vnd ein Opffer vber
sie bringen / den zehenden Epha gersten melhs /
vnd sol kein Ole drauff giessen noch Weyrauch
drauff thun / Denn es ist ein Eiueropffer vnd Rüge-
opffer / das missethat rüget.

[16]DA sol sie der Priester erzu füren vnd für den
HERRN stellen / [17]vnd des heiligen Wassers ne-
men in ein erden Gefess / vnd staub vom boden der
Wonung ins wasser thun. [18]Vnd sol das Weib fur
den HERRN stellen / vnd jr Heubt entblössen /
vnd das Rügeopffer / das ein Eiueropffer ist / auff
jr hand legen. Vnd der Priester sol in seiner Hand
bitter verflucht Wasser haben / [19]vnd sol das Weib
beschweren / vnd zu jr sagen / Hat kein Man dich
beschlaffen / vnd hast dich nicht von deinem Man
verlauffen / das du dich verunreiniget hast / So
sollen dir diese bitter verfluchte Wasser nicht scha-
den.

[20]WO du aber dich von deinem Man verlauffen
hast / das du vnrein bist vnd hat jemand dich be-
schlaffen / ausser deinem Man. [21]So sol der Prie-
ster das Weib beschweren mit solchem Fluche / vnd
sol zu jr sagen / Der HERR setze dich zum Fluch
vnd zum Schwur vnter deinem volck / das der
HERR deine hüffte schwinden / vnd deinen bauch
schwellen lasse. [22]So gehe nu das verfluchte Was-
ser in deinen Leib / das dein bauch schwelle vnd
deine hüffte schwinde / Vnd das Weib sol sagen /
Amen / Amen.

[23]ALso sol der Priester diese Flüche auff einen
Zedel schreiben vnd mit dem bittern Wasser ab-
wasschen / [24]vnd sol dem Weibe von dem bittern
verfluchten Wasser zu trincken geben. Vnd wenn
das verfluchte bitter wasser in sie gegangen ist /
[25]sol der Priester von jrer hand das Eiueropffer
nemen / vnd zum Speisopffer fur dem HERRN
Weben / vnd auff dem Altar opffern / nemlich /
[26]Sol er eine hand vol des Speisopffers nemen zu
jrem Rügeopffer / vnd auff dem Altar anzünden /
vnd darnach dem Weibe das wasser zu trincken
geben. [27]Vnd wenn sie das wasser getruncken hat /
Jst sie vnrein vnd hat sich an jrem Man versündigt /
So wird das verfluchte Wasser in sie gehen / vnd
jr bitter sein / das jr der bauch schwellen vnd
die hüffte schwinden wird / vnd wird das Weib

ein Fluch sein vnter jrem volck. 28Jst aber ein
solch Weib nicht verunreinigt / sondern rein / So
wirds jr nicht schaden / das sie kan schwanger
werden.

29DJS ist das Eiuergesetz / wenn ein Weib sich
von jrem Man verleufft vnd vnreine wird. 30Oder
wenn ein Man der Eiuergeist entzünd / das er vmb
sein Weib eiuert / Das ers stelle fur den HERRN /
vnd der Priester mit jr thu alles nach diesem Ge-
setze. 31Vnd der man sol vnschüldig sein an der
missethat / Aber das Weib sol jr missethat tragen.

VI.

|| 76b VND DER HERR REDET MIT MOSE / VND SPRACH /
2Sage den kindern Jsrael / vnd sprich zu jnen /
Wenn ein Man oder Weib ein sonderlich gelübd
thut dem HERRN sich zu enthalten / 3Der sol
sich Weins vnd starcks Getrencks enthalten / wein-
essig oder starcks getrancks essig sol er auch nicht
trincken / auch nichts das aus Weinbeeren gemacht
wird / Er sol weder frissche noch dürre weinbeer
essen / 4so lange solch sein gelübd weret / Auch
sol er nichts essen / das man vom Weinstock macht /
weder weinkern noch hülsen.

Auff Ebreisch heisset dis Neser / vnd wer sie helt / heisst Nasir / Welchem nach / auch vnser HERR Jhesus Christus Nazarenus heisset / Vnd er der recht Nasir ist.

5SO lange die zeit solchs seines gelübds weret /
sol kein Schermesser vber sein Heubt faren / bis
das die zeit aus sey / die er dem HERRN gelobt
hat / Denn er ist heilig / vnd sol das har auff seinem
Heubt lassen frey wachsen. 6Die gantze zeit vber /
die er dem HERRN gelobt hat / sol er zu keinem
Todten gehen. 7Er sol sich auch nicht verunrei-
nigen an dem tod seines Vaters / seiner Mutter /
seines Bruders oder seiner Schwester / Denn das
gelübd seines Gottes ist auff seinem Heubt / 8vnd
die gantze zeit vber seines gelübds / sol er dem
HERRN heilig sein.

Act. 18. 21. 9VNd wo jemand fur jm vnuersehens plötzlich
stirbt / Da wird das Heubt seines gelübds verun-
reiniget / Darumb sol er sein Heubt bescheren am
tage seiner reinigung / das ist am siebenden tage.
10Vnd am achten tage sol er zwo Dordeltauben
bringen oder zwo Jungetauben zum Priester für
die thür der Hütten des Stiffts. 11Vnd der Priester
sol eine zum Sündopffer / vnd die ander zum
Brandopffer machen / vnd jn versünen / das er
sich an einem Todten versündiget hat / vnd also
sein Heubt desselben tages heiligen 12das er dem

HERRN die zeit seines gelübds aushalte / Vnd sol
ein jerig Lamb bringen zum Schuldopffer. Aber
die vorigen tage sollen vmb sonst sein / Darumb
das sein gelübd verunreiniget ist.

DJS ist das gesetz des Verlobten / Wenn die zeit
seines gelübds aus ist / So sol man jn bringen
für die thür der Hütten des Stiffts. 14Vnd er sol
bringen sein Opffer dem HERRN / ein jerig lamb
on wandel zum Brandopffer / vnd ein jerig schaf
on wandel zum Sündopffer / vnd ein widder on
wandel zum Danckopffer / 15vnd einen korb mit
vngesewrten Kuchen von semelmelh mit öle ge-
menget / vnd vngesewrte Fladen mit öle bestri-
chen / vnd jr Speisopffer vnd Tranckopffer.

16VNd der Priester sols für den HERRN brin-
gen / vnd sol sein Sündopffer vnd sein Brand-
opffer machen. 17Vnd den widder sol er zum
Danckopffer machen dem HERRN / sampt dem
korbe mit dem vngesewrten Brot / Vnd sol auch
sein Speisopffer vnd sein Tranckopffer machen.
18Vnd sol dem Verlobten das heubt seines gelübds Act. 18. 21.
bescheren fur der thür der Hütten des Stiffts vnd
sol das Heubthar seines gelübds nemen vnd auffs
fewr werffen / das vnter dem Danckopffer ist.
19Vnd sol den gekochten bug nemen von dem
widder / vnd einen vngesewrten Kuchen aus dem
korbe / vnd einen vngesewrten Fladen / vnd sols
dem Verlobten auff seine hende legen / nach dem
er sein gelübd abgeschoren hat / 20vnd sols fur
dem HERRN Weben / Das ist heilig dem Priester /
sampt zu der Webebrust vnd der Hebeschuldern /
Darnach mag der Verlobter wein trincken. 21Das
ist das gesetz des Verlobten / der sein Opffer dem
HERRN gelobt / von wegen seines gelübds / ausser
dem / was er sonst vermag / Wie er gelobet hat / sol
er thun nach dem Gesetz seins gelübds.

VND der HERR redet mit Mose / vnd sprach / Eccle. 36.
23Sage Aaron vnd seinen Sönen / vnd sprich /
Also solt jr sagen zu den kindern Jsrael / wenn jr
sie segenet.

24DER HERR segene dich / vnd behüte dich.

25Der HERR lasse sein Angesicht leuchten
vber dir / Vnd sey dir gnedig. ‖ ‖ 77a

26Der HERR hebe sein Angesicht vber dich /
Vnd gebe dir Friede. 27Denn jr solt meinen
Namen auff die kinder Jsrael legen / das ich sie
segene.

VII.

Exod. 36.

Opffer der 12. Fürsten Jsrael.

VND DA MOSE DIE WONUNG AUFFGERICHTET hatte / vnd sie gesalbet vnd geheiliget mit alle jrem Gerete / dazu auch den Altar mit alle seinem gerete gesalbet vnd geheiliget. 2Da opfferten die Fürsten Jsrael / die Heubter waren in jrer Veter heuser / Denn sie waren die Obersten vnter den Stemmen / vnd stunden oben an vnter denen die gezelet waren. 3Vnd sie brachten jre Opffer fur den HERRN / sechs bedeckete wagen vnd zwelff rinder / ja ein wagen fur zween Fürsten / vnd ein Ochsen fur einen / vnd brachten sie fur die Wonung:

4VND der HERR sprach zu Mose / 5Nims von jnen / das es diene zum dienst der Hütten des Stiffts / vnd gibs den Leuiten / einem jglichen nach seinem Ampt. 6Da nam Mose die wagen vnd rinder / vnd gabe sie den Leuiten / 7Zween wagen vnd vier rinder gab er den kindern Gerson nach jrem Ampt / 8Vnd vier wagen vnd acht ochsen gab er den kindern Merari nach jrem Ampt / vnter der hand Jthamar Aarons des Priesters son. 9Den kindern aber Kahath gab er nichts / Darumb / das sie ein heilig Ampt auff jnen hatten / vnd auff jren achseln tragen musten.

10VND die Fürsten opfferten zur einweihung des Altars an dem tage da er geweihet ward / vnd opfferten jre Gabe fur dem Altar. 11Vnd der HERR sprach zu Mose / Las einen jglichen Fürsten an seinem tage sein Opffer bringen zur einweihung des Altars.

Nahesson

AM ersten tage opfferte seine gabe Nahesson der son Amminadab des stams Juda. 13Vnd seine Gabe war / eine silberne Schüssel / hundert vnd dreissig sekel werd / eine silberne Schale / siebenzig sekel werd / nach dem sekel des Heiligthums / beide vol semelmelh mit öle gemenget zum Speisopffer. 14Dazu einen gülden Leffel / zehen sekel golds werd / vol Reuchwergs. 15Einen farren aus den rindern / einen widder / ein jerig lamb zum Brandopffer / 16einen zigenbock zum Sündopffer. 17Vnd zum Danckopffer zwey rinder / fünff widder / fünff böcke / vnd fünff jerige lemmer. Das ist die gabe Nahesson / des sons Amminadab.

Leffel oder ein Köpfflin / oder sonst inwendig rund / wie die Saltzsirichen.

Nethaneel.

18AM andern tage opfferte Nethaneel der son Zuar der Fürst Jsaschar. 19Seine gabe war / eine silberne Schüssel / hundert vnd dreissig sekel werd / eine silberne Schale / siebenzig sekel werd / nach

der 12. Fürsten Jsrael.

dem sekel des Heiligthums / beide vol semelmelh
mit öle gemenget zum Speisopffer. [20]Da zu einen
gülden Leffel / zehen sekel golds werd / vol Reuch-
wergs. [21]Einen farren aus den rindern / einen
widder / ein jerig lamb zum Brandopffer / [22]einen
zigenbock zum Sündopffer. [23]Vnd zum Danck-
opffer zwey rinder / fünff widder / fünff böcke / vnd
fünff jerige lemmer. Das ist die gabe Nethaneel des
sons Zuar.

ELIAB.

[24]AM dritten tage der Fürst der kinder Sebulon /
Eliab der son Helon. [25]Seine gabe war eine silberne
Schüssel / hundert vnd dreissig sekel werd / eine
silberne Schale / siebenzig sekel werd / nach dem
sekel des Heiligthums / beide vol semelmelh mit
öle gemenget zum Speisopffer. [26]Einen gülden
Leffel / zehen sekel golds werd / vol Reuchwergs.
[27]Einen farren aus den rindern / einen widder / ein
jerig lamb zum Brandopffer / [28]einen zigenbock
zum Sündopffer. [29]Vnd zum Danckopffer zwey
rinder / fünff widder / fünff böcke / vnd fünff jerige
lemmer. Das ist die gabe Eliab des sons Helon.

ELIZUR.

[30]AM vierden tage der Fürst der kinder Ruben /
EliZur der son Sedeur. [31]Seine gabe war / eine
silberne Schüssel / hundert vnd dreissig sekel
werd / eine silberne Schale / siebenzig sekel werd /
nach dem sekel des Heiligthums / beide || vol semel- || 77b
melh mit öle gemenget zum Speisopffer. [32]Einen
gülden Leffel / zehen sekel golds werd / vol Reuch-
wergs. [33]Einen farren aus den rindern / einen
widder / ein jerig lamb zum Brandopffer / [34]einen
zigenbock zum Sündopffer. [35]Vnd zum Danck-
opffer zwey rinder / fünff widder / fünff böcke /
vnd fünff jerige lemmer. Das ist die gabe EliZur
des sons Sedeur.

SELUMIEL.

[36]AM fünfften tage der Fürst der kinder Simeon /
Selumiel der son ZuriSadai. [37]Seine gabe war / eine
silberne Schüssel / hundert vnd dreissig sekel
werd / eine silberne Schale / siebenzig sekel werd /
nach dem sekel des Heiligthums / beide vol semel-
melh mit öle gemenget zum Speisopffer. [38]Einen
gülden Leffel zehen sekel golds werd vol Reuch-
wergs. [39]Einen farren aus den rindern / einen wid-
der / ein jerig lamb zum Brandopffer / [40]einen
zigenbock zum Sündopffer. [41]Vnd zum Danck-
opffer zwey rinder / fünff widder / fünff böcke /
vnd fünff jerige lemmer. Das ist die gabe Selumiel
des sons HuriSadai.

42AM sechsten tage der Fürst der kinder Gad / ELIASAPH.
Eliasaph der son [a]Deguel. 43Seine gabe war / eine a
silberne Schüssel / hundert vnd dreissig sekel werd / Sup. 2.
eine silberne Schale / siebenzig sekel werd / nach Reguel.
dem sekel des Heiligthums / beide vol semelmelh
mit öle gemenget zum Speisopffer. 44Einen gülden
Leffel / zehen sekel golds werd vol Reuchwergs.
45Einen farren aus den rindern / einen widder / ein
jerig lamb zum Brandopffer / 46einen zigenbock
zum Sündopffer. 47Vnd zum Danckopffer zwey
rindern / fünff widder / fünff böcke / fünff jerige
lemmer. Das ist die gabe Eliasaph des sons Deguel.

48AM siebenden tage der Fürst der kinder ELISAMA.
Ephraim / Elisama der son Amihud. 49Seine gabe
war / eine silberne Schüssel / hundert vnd dreissig
sekel werd / eine silberne Schale / siebenzig sekel
werd / nach dem sekel des Heiligthums / beide vol
semelmelh mit öle gemenget zum Speisopffer.
50Einen gülden Leffel / zehen sekel golds werd vol
Reuchwergs. 51Einen farren aus den rindern /
einen widder / ein jerig lamb zum Brandopffer /
52einen zigenbock zum Sündopffer. 53Vnd zum
Danckopffer zwey rinder / fünff widder / fünff
böcke / fünff jerige lemmer. Das ist die gabe Eli-
sama des sons Amihud.

54AM achten tage der Fürst der kinder Ma- GAMLIEL.
nasse / Gamliel der son PedaZur. 55Seine gabe
war / eine silberne Schüssel / hundert vnd dreissig
sekel werd / eine silberne Schale / siebenzig sekel
werd / nach dem sekel des Heiligthums / beide vol
semelmelh mit öle gemenget zum Speisopffer.
56Einen gülden Leffel / zehen sekel golds werd vol
Reuchwergs. 57Einen farren aus den rindern /
einen widder / ein jerig lamb zum Brandopffer /
58einen zigenbock zum Sündopffer. 59Vnd zum
Danckopffer zwey rinder / fünff widder / fünff
böcke / fünff jerige lemmer. Das ist die gabe Gam-
liel des sons PedaZur.

60AM neunden tage der Fürst der kinder Ben- ABIDAN.
Jamin / Abidan der son Gideoni. 61Seine gabe
war / eine silberne Schüssel / hundert vnd dreissig
sekel werd / eine silberne Schale / siebenzig sekel
werd nach dem sekel des Heiligthums / beide vol
semelmelh mit öle gemenget zum Speisopffer.
62Einen gülden Leffel / zehen sekel golds werd vol
Reuchwergs. 63Einen farren aus den rindern /
einen widder / ein jerig lamb zum Brandopffer /

[64]einen zigenbock zum Sündopffer. [65]Vnd zum Danckopffer zwey rinder / fünff widder / fünff böcke / fünff jerige lemmer. Das ist die gabe Abidan des sons Gideoni.

AHIESER.

[66]AM zehenden tage der Fürst der kinder Dan / AhiEser der son AmmiSadai. [67]Seine gabe war / eine silberne Schüssel hundert vnd dreissig sekel werd / eine silberne Schale / siebenzig sekel werd / nach dem sekel des Heiligthums / beide vol semelmelh mit öle gemenget zum Speisopffer. [68]Einen gülden Leffel / zehen sekel golds werd vol Reuchwergs. [69]Einen farren aus den rindern / einen widder / ein jerig lamb zum Brandopffer / [70]einen zigenbock zum Sündopffer. [71]Vnd zum Danckopffer zwey rinder / fünff widder / fünff böcke / fünff jerige lemmer. Das ist die gabe AhiEser des sons AmmiSadai. ‖ ‖ 78a

PAGIEL.

[72]AM eilfften tage der Fürst der kinder Asser / Pagiel der son Ochran. [73]Seine gabe war ein silbern Schüssel / hundert vnd dreissig sekel werd / eine silberne Schale / siebenzig sekel werd / nach dem sekel des Heiligthums / beide vol semelmelh mit öle gemengt zum Speisopffer. [74]Einen gülden Leffel / zehen sekel golds werd vol Reuchwergs. [75]Einen farren aus den rindern / einen widder / ein jerig lamb zum Brandopffer / [76]einen zigenbock zum Sündopffer. [77]Vnd zum Danckopffer zwey rinder / fünff widder / fünff böcke / fünff jerige lemmer. Das ist die gabe Pagiel des sons Ochran.

AHIRA.

[78]AM zwelfften tage der Fürst der kinder Naphthali / Ahira der son Enan. [79]Seine gabe war / eine silberne Schüssel / hundert vnd dreissig sekel werd / eine silberne Schale / siebenzig sekel werd / nach dem sekel des Heiligthums / beide vol semelmelh mit öle gemenget / zum Speisopffer. [80]Einen gülden Leffel / zehen sekel goldes werd vol Reuchwergs. [81]Einen farren aus den rindern / einen widder / ein jerig lamb zum Brandopffer / [82]einen zigenbock zum Sündopffer. [83]Vnd zum Danckopffer zwey rinder / fünff widder / fünff böcke / fünff jerige lemmer. Das ist die gabe Ahira des sons Enan.

DAs ist die Einweihung des Altars / zur zeit da er geweihet ward / Da zu die Fürsten Jsrael opfferten / diese zwelff silberne Schüssel / zwelff silberne Schalen / zwelff gülden Leffel. [85]Also das ja eine Schüssel hundert vnd dreissig sekel silbers /

vnd ja eine Schale siebenzig sekel hatte. Das die
summa alles Silbers am gefess trug / zwey tausent /
vier hundert sekel nach dem sekel des Heiligthums.
86 Vnd der zwelff güldene Leffel vol Reuchwergs /
hatte ja einer zehen sekel nach dem sekel des
Heiligthums / Das die summa Golds an den Leffeln
trug / hundert vnd zwenzig sekel.

87 DJE summa der rinder zum Brandopffer war /
zwelff farren / zwelff widder / zwelff jerige lemmer /
sampt jren Speisopffern / vnd zwelff zigenböcke
zum Sündopffer. 88 Vnd die summa der rinder
zum Danckopffer war / vier vnd zwenzig farren /
sechzig widder / sechzig böcke / sechzig jerige
lemmer. Das ist die Einweihung des Altars / da er
geweihet ward.

Exod. 25.

89 VND wenn Mose in die Hütten des Stiffts
gieng / das mit jm geredt würde / So höret er die
stimme mit jm reden von dem Gnadenstuel / der
auff der Laden des Zeugnis war zwisschen den
zweien Cherubim / von dannen ward mit jm geredt.

VIII.

VND DER HERR REDET MIT MOSE / VND SPRACH.
2 Rede mit Aaron / vnd sprich zu jm / Wenn du
die Lampen auffsetzest / soltu sie also setzen / das
sie alle sieben fürwerts dem Leuchter scheinen.
3 Vnd Aaron thet also / vnd setzt die Lampen auff
fürwerts dem Leuchter zu scheinen / wie der HERR
Mose geboten hatte. 4 Der Leuchter aber war
tichte gold / beide sein schafft vnd seine blumen /
nach dem Gesicht / das der HERR Mose gezeigt
hatte / Also macht er den Leuchter.

(Fürwerts) Das ist / Die zedten oder schnaussen an den Lampen sol er gegen den Vorhang richten / das es fur dem Leuchter oder zwischen dem Leuchter vnd Vorhang liecht sey.

REINIGUNG der Leuiten.

VND der HERR redet mit Mose / vnd sprach /
6 Nim die Leuiten aus den kindern Jsrael vnd
reinige sie. 7 Also soltu aber mit jnen thun das du
sie reinigest / Du solt Sündwasser auff sie sprengen /
vnd sollen alle jre Hare rein abscheren / vnd jre
Kleider wasschen / so sind sie rein.

(Sündwasser) Entsündigen ist so viel / als absoluiren oder los sprechen / Daher das wasser / damit sie absoluirt wurden / heisst Sündwasser.

8 DEnn sollen sie nemen einen jungen farren /
vnd sein Speisopffer semelmelh mit öle gemenget /
Vnd einen andern jungen farren soltu zum Sünd-
opffer nemen. 9 Vnd solt die Leuiten für die Hüt-
ten des Stiffts bringen / vnd die gantze Gemeine
der kinder Jsrael versamlen / 10 vnd die Leuiten
fur den HERRN bringen. Vnd die kinder Jsrael
sollen jre hende auff die Leuiten legen / 11 vnd

Aaron sol die Leuiten fur dem HERRN Weben
von den kindern Jsrael / Auff das sie dienen mügen
an dem Ampt des HERRN. ‖ ‖ 78 b
12VND die Leuiten sollen jre hende auffs heubt
der farren legen / vnd einer sol zum Sündopffer /
der ander zum Brandopffer dem HERRN gemacht
werden / die Leuiten zuuersünen. 13Vnd solt die
Leuiten für Aaron vnd seine Söne stellen vnd fur
dem HERRN Weben / 14vnd solt sie also sondern
von den kindern Jsrael / das sie mein seien / 15Dar-
nach sollen sie hin ein gehen / das sie dienen in der
Hütten des Stiffts. Also soltu sie reinigen vnd
Weben / 16denn sie sind mein Geschenck von den
kindern Jsrael / vnd hab sie mir genomen fur alles
das seine Mutter bricht / nemlich / fur die Ersten-
geburt aller kinder Jsrael.
17DEnn alle Erstegeburt vnter den kindern Num. 3.
Jsrael ist mein / beide der Menschen vnd des Vie- Exod. 13.
hes / sint der zeit ich alle Erstegeburt in Egypten-
land schlug vnd heiligete sie mir / 18Vnd nam die
Leuiten an fur alle Erstegeburt vnter den kindern
Jsrael / 19vnd gab sie zum geschencke Aaron vnd
seinen Sönen aus den kindern Jsrael / das sie dienen
am Ampt der kinder Jsrael in der Hütten des
Stiffts / die kinder Jsrael zuuersünen / Auff das
nicht vnter den kindern Jsrael sey eine Plage / so
sie sich nahen wolten zum Heiligthum.
20VND Mose mit Aaron / sampt der gantzen
Gemeine der kinder Jsrael theten mit den Leuiten
alles / wie der HERR Mose geboten hatte. 21Vnd
die Leuiten entsündigeten sich vnd wusschen jre
Kleider / vnd Aaron Webet sie fur dem HERRN /
vnd versünet sie / das sie rein wurden. 22Darnach
giengen sie hin ein / das sie jr Ampt theten in der
Hütten des Stiffts / fur Aaron vnd seinen Sönen /
Wie der HERR Mose geboten hatte vber die
Leuiten / also theten sie mit jnen.
23VND der HERR redet mit Mose / vnd sprach /
24Das ists / das den Leuiten gebürt / Von fünff vnd
zwenzig jaren vnd drüber / tügen sie zum Heer vnd
dienst in der Hütten des Stiffts. 25Aber von dem
funffzigsten jar an sollen sie ledig sein vom Ampt
des diensts / vnd sollen nicht mehr dienen / 26son-
dern auff den dienst jrer Brüder warten in der Hüt-
ten des Stiffts / Des Ampts aber sollen sie nicht
pflegen. Also soltu mit den Leuiten thun / das ein
jglicher seiner Hut warte.

IX.

Num. 28. VND DER HERR REDET MIT MOSE IN DER WÜSTEN Passah.
Exod. 12. Sinai / im andern jar / nach dem sie aus Egypten-
Leui. 23. land gezogen waren / im ersten monden / vnd
Deut. 16. sprach. [2]Las die kinder Jsrael Passah halten zu
seiner zeit / [3]am vierzehenden tage dieses monden
zwisschen abends / Zu seiner zeit sollen sie es hal-
ten / nach aller seiner Satzung vnd Recht. [4]Vnd
Mose redet mit den kindern Jsrael / das sie das
Passah hielten. [5]Vnd sie hielten Passah am vier-
zehenden tage des ersten monden zwisschen
abends / in der wüsten Sinai / Alles wie der HERR
Mose geboten hatte / so theten die kinder Jsrael.

DA waren etliche Menner vnrein vber einem
todten Menschen / das sie nicht kundten
Passah halten des tages / die traten fur Mose vnd
Aaron desselbigen tages / [7]vnd sprachen zu jm /
Wir sind vnrein vber einem todten Menschen /
Warumb sollen wir geringer sein / das wir vnsere
Gabe dem HERRN nicht bringen müssen zu seiner
zeit vnter den kindern Jsrael? [8]Mose sprach zu
jnen / Harret / ich wil hören / was euch der HERR
gebeut. [9]Vnd der HERR redet mit Mose / vnd
sprach / [10]Sage den kindern Jsrael / vnd sprich /
Wenn jemand vnrein vber einem Todten / oder
ferne von euch vber feld ist / oder vnter ewrn
Freunden / der sol dennoch dem HERRN Passah
halten. [11]Aber doch im andern monden am vier-
zehenden tage zwisschen abends / vnd sols neben
vngesewrtem Brot vnd Salsen essen / [12]Vnd sollen
nichts dran vberlassen bis morgen / Auch kein Bein
dran zubrechen / vnd sollens nach aller weise des
Exod. 12. Passah halten.
Joha. 19. [13]WER aber rein vnd nicht vber feld ist / vnd
|| 79a lesst anstehen das Passah zu || halten / Des Seele sol
ausgerottet werden von seinem Volck / darumb
das er seine Gabe dem HERRN nicht gebracht hat
zu seiner zeit / Er sol seine sünde tragen. [14]Vnd
wenn ein Frembdlinger bey euch wonet / der sol
auch dem HERRN Passah halten / vnd sols halten
nach der Satzung vnd Recht des Passah. Diese
Satzung sol euch gleich sein / dem Frembden / wie
des lands Einheimischen.

Exo. 40. VND des tages / da die Wonung auffgerichtet
ward / bedeckt sie seine Wolcken auff der Hüt-
ten des Zeugnis / vnd des abends bis an den mor-
gen / war vber der Wonung eine gestalt des Fewrs.

[16]Also geschachs jmerdar / das die Wolcke sie be-
deckte / vnd des nachts die gestalt des Fewrs.
[17]Vnd nach dem sich die Wolcke auffhub von der
Hütten / so zogen die kinder Jsrael / Vnd an wel-
chem ort die Wolcke bleib / da lagerten sich die
kinder Jsrael. [18]Nach dem wort des HERRN
zogen die kinder Jsrael / vnd nach seinem wort
lagerten sie sich. So lange die Wolcke auff der
Wonung bleib / so lange lagen sie stille / [19]Vnd
wenn die Wolcke viel tage verzoch auff der Wo-
nung / so warten die kinder Jsrael auff die Hut des
HERRN vnd zogen nicht.

[20]VND wens war / das die wolcke auff der Wo-
nunge war / etliche anzal der tage / So lagerten sie
sich nach dem wort des HERRN / vnd zogen nach
dem wort des HERRN. [21]Wenn die wolcke da
war / von abend bis an den morgen / vnd sich denn
erhub / so zogen sie / Oder wenn sie sich des tags
oder des nachts erhub / so zogen sie auch. [22]Wenn
sie aber zween tage / oder einen monden / oder etwa
lange auff der Wonung bleib / so lagen die kinder
Jsrael vnd zogen nicht / Vnd wenn sie sich denn
erhub / so zogen sie. [23]Denn nach des HERRN
Mund lagen sie / vnd nach des HERRN Mund
zogen sie / Das sie auff des HERRN Hut warten /
nach des HERRN wort durch Mose.

X.

VND DER HERR REDET MIT MOSE / VND SPRACH /
II. DROMETEN. [2]Mache dir zwo Drometen von tichtem silber /
das du jr brauchest / die Gemeine zu beruffen / vnd
wenn das Heer auffbrechen sol. [3]Wenn man mit
beiden schlecht bleset / sol sich zu dir versamlen
die gantze Gemeine fur die thür der Hütten des
Stiffts. [4]Wenn man nur mit einer schlecht bleset /
so sollen sich zu dir versamlen die Fürsten vnd die
Obersten vber die tausent in Jsrael. [5]Wenn jr
aber drometet / so sollen die Lager auffbrechen die
gegen Morgen ligen. [6]Vnd wenn jr zum andermal
drometet / so sollen die Lager auffbrechen die gegen
mittag ligen / Denn wenn sie reisen sollen / so solt
jr drometen. [7]Wenn aber die Gemeine zu ver-
samlen ist / solt jr schlecht blasen vnd nicht dro-
meten. [8]Es sollen aber solch blasen mit den Dro-
meten die söne Aarons die Priester thun / Vnd sol
ewr Recht sein ewiglich bey ewrn Nachkomen.

WEnn jr in einen Streit ziehet in ewrem Lande wider ewre Feinde die euch beleidigen / so solt jr drometen mit den Drometen / das ewr gedacht werde fur dem HERRN ewrem Gott / vnd erlöst werdet von ewren Feinden. [10]Desselbigen gleichen / wenn jr frölich seid / an ewren Festen vnd in ewren Newmonden / solt jr mit den Drometen blasen vber ewr Brandopffer vnd Danckopffer / das es sey euch zum gedechtnis fur ewrem Gott / Jch bin der HERR ewr Gott.

AM zwenzigsten tage im andern monden des andern jars / erhub sich die Wolcke von der Wonung des Zeugnis. [12]Vnd die kinder Jsrael brachen auff vnd zogen aus der wüsten Sinai / vnd die Wolcke bleib in der wüsten Paran. [13]Es brachen Paran.
aber auff die ersten / nach dem wort des HERRN durch Mosen / [14]nemlich das panir des Lagers der kinder Juda zoch am ersten mit jrem Heer / vnd vber jr heer war Nahesson der son Amminadab.
|| 79b [15]Vnd || vber das Heer des stams der kinder Jsaschar war Nethaneel der son Zuar. [16]Vnd vber das Heer des stams der kinder Sebulon war Eliab der son Helon. [17]Da zu legt man die Wonung / vnd zogen die kinder Gerson vnd Merari / vnd trugen die Wonung.

[18]DARnach zoch das panir des Lagers Ruben mit jrem Heer / vnd vber jr Heer war Elizur der son Sedeur. [19]Vnd vber das Heer des stams der kinder Simeon war Selumiel der son ZuriSadai. [20]Vnd Eliasaph der son Deguel vber das Heer des stams der kinder Gad. [21]Da zogen auch die Kahathiten vnd trugen das Heiligthum / Vnd jene richteten die Wonung auff / bis diese hernach kamen.

(Richten auff) Jndes die Kahathiten das Heiligthum hernach trugen / waren die weil vor hin die Gersoniter vnd Merariter / vnd richteten die Wonung auff / das die Kahathiten mit der Lade / die Wonung bereit funden.

[22]DArnach zoch das panir des Lagers der kinder Ephraim mit jrem Heer vnd vber jr heer war Elisama der son Ammihud. [23]Vnd Gamliel der son PedaZur vber das Heer des stams der kinder Manasse. [24]Vnd Abidan der son Gideoni vber das Heer des stams der kinder BenJamin.

[25]DArnach zoch das panir des Lagers der kinder Dan / mit jrem Heer vnd so waren die Lager alle auff / vnd AhiEser der son AmmiSadai war vber jr heer. [26]Vnd Pagiel der son Ochran vber das Heer des stams der kinder Asser. [27]Vnd Ahira der son Enan vber das Heer des stams der kinder Naphthali. [28]So zogen die kinder Jsrael mit jrem Heer.

HOBAB. VND Mose sprach zu seinem schwager Hobab
dem son Reguel aus Midian / Wir ziehen da hin
an die Stet / dauon der HERR gesagt hat / Jch wil
sie euch geben / So kom nu mit vns / so wollen wir
das beste bey dir thun / Denn der HERR hat Jsrael
guts zugesagt. 30 Er aber antwortet / Jch wil nicht
mit euch / sondern in mein Land zu meiner
Freundschafft ziehen. 31 Er sprach / Lieber verlas
vns nicht / denn du weissest wo wir in die wüsten
vns lagern sollen / vnd solt vnser Auge sein. 32 Vnd
wenn du mit vns zeuchst / was der HERR guts an
vns thut / das wollen wir an dir thun.

33 ALso zogen sie von dem Berge des HERRN
drey Tagreise / vnd die Lade des Bunds des
HERRN zoch fur jnen her die drey Tagreise / jnen
zu weisen wo sie rugen solten. 34 Vnd die Wolcke
des HERRN war des tages vber jnen / wenn sie aus
dem Lager zogen.

35 VND wenn die Lade zoch / so sprach Mose /
HERR / Stehe auff / Las deine Feinde zurstrewet /
Vnd die dich hassen / flüchtig werden fur dir /
36 Vnd wenn sie ruget / so sprach er / Kom wider Psal. 68.
HERR zu der menge der tausent Jsrael. Psal. 132.

XI.

MVRREN des Volcks. VND DA SICH DAS VOLCK VNGEDÜLTIG MACHT /
gefiel es vbel fur den ohren des HERRN / Vnd
als der HERR hörete / ergrimmet sein zorn vnd
zündet das fewr des HERRN vnter jnen an / das
verzeret die eussersten Lager. 2 Da schrey das volck
zu Mose / vnd Mose bat den HERRN. Da ver-
TABEERE. schwand das fewr. 3 Vnd man hies die stet Tabeera /
darumb / das sich vnter jnen des HERRN fewr
angezündet hatte.

4 DEnn das Pöbeluolck vnter jnen war lüstern
worden / vnd sassen vnd weineten sampt den kin-
FLEISCH. dern Jsrael / vnd sprachen / Wer wil vns Fleisch zu
essen geben? 5 Wir gedencken der Fissche / die wir
in Egypten vmb sonst assen / vnd der körbis /
pfeben / lauch / zwibel vnd knoblauch / 6 Nu aber
ist vnser seele matt / Denn vnser augen sehen
nichts denn das Man.

MAN. 7 ES war aber Man wie Coriander samen / vnd Exod. 16.
anzusehen wie Bedellion. 8 Vnd das volck lieff hin Psal. 78.
vnd her / vnd samlete vnd sties mit mülen / vnd Joh. 6.
zureibs in mörsern vnd kochets in töpffen / vnd
machet jm asschen Kuchen || draus / vnd es hatte || 80a

einen schmack wie ein ölekuche. [9]Vnd wenn des
nachts der thaw vber die Lager fiel / so fiel das Man
mit drauff.

DA nu Mose das volck höret weinen vnter jren MOSE IST IN
Geschlechten einen jglichen in seiner Hütten engsten vnd
thür / da ergrimmet der zorn des HERRN seer / murret etc.
vnd Mose ward auch bange. [11]Vnd Mose sprach
zu dem HERRN / Warumb bekümerstu deinen
Knecht? vnd warumb finde ich nicht gnade fur
deinen Augen / das du die Last dieses gantzen
Volcks auff mich legest? [12]Hab ich nu alles volck
empfangen oder geborn / das du zu mir sagen
magst / Trag es in deinen Armen (wie eine Amme
ein Kind tregt) in das Land / das du jren Vetern
geschworen hast? [13]Wo her sol ich Fleisch nemen /
das ich alle diesem volck gebe? Sie weinen fur mir /
vnd sprechen / Gib vns Fleisch / das wir essen.
[14]Jch vermag das volck nicht allein alles ertragen /
denn es ist mir zu schweer. [15]Vnd wiltu also mit
mir thun / so erwürge mich lieber / habe ich anders
gnade fur deinen Augen funden / das ich nicht
mein vnglück so sehen müsse.

VND der HERR sprach zu Mose / Samle mir
siebenzig Menner vnter den eltesten Jsrael / die
du weist / das die Eltesten im volck vnd seine
Amptleute sind / vnd nim sie fur die Hütten des
Stiffts / vnd stelle sie daselbs fur dich. [17]So wil ich
ernider komen vnd mit dir daselbs reden / vnd dei-
nes Geists / der auff dir ist / nemen / vnd auff sie
legen / das sie mit dir die Last des volcks tragen /
das du nicht allein tragest.

VND zum Volck soltu sagen / Heiliget euch auff
morgen / das jr Fleisch esset / Denn ewr weinen
ist fur die Ohren des HERRN komen / die jr
sprecht / Wer gibt vns Fleisch zu essen / Denn es
gieng vns wol in Egypten? Darumb wird euch der
HERR fleisch geben / das jr esset / [19]nicht einen
tag / nicht zween / nicht fünffe / nicht zehen / nicht
zwenzig tage lang / [20]sondern einen monden lang /
bis das euch zur nasen ausgehe / vnd euch ein ekel
sey / Darumb / das jr den HERRN verworffen
habt / der vnter euch ist / vnd fur jm geweinet / vnd
gesagt / Warumb sind wir aus Egypten gegangen?

[21]VND Mose sprach / Sechs hundert tausent MOSE
Man / fusuolcks ist des dar vnter ich bin / vnd du zweiuelt.
sprichst / Jch wil euch Fleisch geben / das jr esset
einen monden lang. [22]Sol man schaf vnd rinder

schlachten / das jnen gnug sey? Oder wer den sich
alle fische des Meers erzu versamlen / das jnen
gnug sey? [23]Der HERR aber sprach zu Mose /
Jst denn die Hand des HERRN verkürtzet? Aber
du solt jtzt sehen / ob meine wort können dir etwas Jesa. 59.
gelten oder nicht.

VND Mose gieng er aus / vnd saget dem volck
des HERRN wort / Vnd versamlet die siebenzig
Menner vnter den Eltesten des volcks / vnd stellet
sie vmb die Hütten her. [25]Da kam der HERR er-
nider in der Wolcken / vnd redet mit jm. Vnd nam
des Geists der auff jm war / vnd legt jn auff die
seibenzig eltesten Menner / Vnd da der Geist
auff jnen rugete / weissagten sie / vnd höreten
nicht auff.

ES waren aber noch zween Menner im Lager
Eldad. Medad. blieben / der eine hies Eldad / der ander Medad /
vnd der Geist ruget auff jnen / Denn sie waren auch
angeschrieben / vnd doch nicht hin aus gegangen
zu der Hütten / vnd sie weissagten im Lager. [27]Da
lieff ein Knabe hin vnd sagts Mose an / vnd sprach /
Eldad vnd Medad weissagen im Lager. [28]Da ant-
wortet Josua der son Nun / Mose diener / den er
erwelet hatte / vnd sprach / Mein Herr Mose were
jnen. [29]Aber Mose sprach zu jm / Bistu der Eiuerer
fur mich? Wolt Gott / das alle das volck des
HERRN weissaget / vnd der HERR seinen Geist
vber sie gebe. [30]Also samlet sich Mose zum Lager
vnd die Eltesten Jsrael.

DA fuhr aus der wind von dem HERRN / vnd Psal. 78.
Wachteln. lies Wachteln komen vom Meer / vnd strewet Exod. 16.
sie vber das Lager / hie ein Tagereise lang / da eine
Tagreise lang / vmb das Lager her / zwo ellen hoch
vber der erden. [32]Da macht sich das Volck auff /
denselben gantzen tag vnd die gantze nacht /
vnd den andern || gantzen tag / vnd samleten || 80b
Wachteln / vnd welcher am wenigsten samlet der
samlet zehen Homor / vnd hengeten sie auff vmb
das Lager her.

[33]DA aber das Fleisch noch vnter jren zeenen
war / vnd ehe es auff war / da ergrimmet der zorn
des HERRN vnter dem Volck / vnd schlug sie mit
einer seer grossen Plage. [34]Da her die selbige Stete
Lustgreber. heisst / Lustgreber / darumb / das man daselbs
begrub das lüstern Volck. [35]Von den Lustgreben
Hazeroth. aber zoch das Volck aus gen Hazeroth / Vnd blie-
ben zu Hazeroth.

XII.

VND MIRJAM VND AARON REDET WIDER MOSE /
vmb seines Weibes willen der Morinnen die er
genomen hatte / darumb / das er eine Morinne zum
weibe genomen hatte / 2vnd sprachen / Redet denn
der HERR alleine durch Mose? Redet er nicht auch
durch vns? Vnd der HERR hörets. 3Aber Mose
war ein seer geplagter Mensch vber alle Menschen (Geplagter) Elender / der viel leiden muste / Psal. 132. Gedencke Dauids vnd alle seins leidens. Psal. 18. Prouer. 18. Ante gloriam passio.
auff Erden.

VND plötzlich sprach der HERR zu Mose vnd
zu Aaron vnd zu MirJam / Gehet er aus jr drey
zu der Hütten des Stiffts / Vnd sie giengen alle drey
eraus. 5Da kam der HERR ernider in der Wolcken-
seule / vnd trat in der Hütten thür / vnd rieff Aaron
vnd MirJam / Vnd die beide giengen hinaus.
6Vnd er sprach / Höret meine wort / Jst jemand
vnter euch ein Prophet des HERRN / dem wil ich
mich kund machen in einem Gesicht / oder wil mit
Ebre. 3. jm reden in einem Trawm. 7Aber nicht also mein
knecht Mose / der in meinem gantzen Hause trew
ist / 8Mündlich rede ich mit jm / vnd er sihet den
HERRN in seiner gestalt / nicht durch tunckel
wort oder gleichnis. Warumb habt jr euch denn
nicht gefürchtet / wider meinen Knecht Mose zu
reden?

9VND der zorn des HERRN ergrimmet vber
sie / vnd wand sich weg / 10Dazu die Wolcke weich
auch von der Hütten. Vnd sihe / da war MirJam MIRJAM aussetzig.
aussetzig wie der schnee. Vnd Aaron wand sich zu
MirJam vnd wird gewar / das sie aussetzig ist /
11vnd sprach zu Mose / Ah mein Herr / las die sunde
nicht auff vns bleiben / da mit wir nerrisch gethan
vnd vns versündiget haben / 12Das diese nicht sey
wie ein Todes / das von seiner Mutterleibe kompt /
Es hat schon die helfft jrs Fleischs gefressen.

13MOSe aber schrey zu dem HERRN / vnd
sprach / Ah Gott / heile sie. 14Der HERR sprach
zu Mose / Wenn jr Vater jr ins angesicht gespeiet
hette / Solt sie nicht sieben tage sich schemen?
Las sie verschliessen sieben tage ausser dem La-
ger / Darnach las sie wider auffnemen. 15Also
ward MirJam sieben tage verschlossen ausser
dem Lager / Vnd das volck zoch nicht fürder /
bis MirJam auffgenomen ward. 1Darnach zoch
das Volck von Hazeroth / vnd lagert sich in die
wüste Paran. PARAN.

XII. Menner ausgesand das Land zu erkunden.

XIII.

XII. Menner erkunden das Land.

VND DER HERR REDET MIT MOSE / VND SPRACH / Deut. 1.
[3]Sende Menner aus / die das land Canaan er-
kunden / das ich den kindern Jsrael geben wil /
Aus jglichem stam jrer veter einen fürnemlichen
Man. [4]Mose der sandte sie aus der wüste Paran
nach dem wort des HERRN / die alle fürnemliche
Menner waren vnter den kindern Jsrael / [5]vnd
hiessen also.

NAMEN DERE / so das Land erkunden sollen.

SAmmua der son Zacur des stams Ruben. [6]Sa-
phat der son Hori des stams Simeon. [7]Caleb der son
Jephunne des stams Juda. [8]Jgeal der son Joseph
des stams Jsaschar. [9]Hosea der son Nun des stams
Ephraim. [10]Palti der son Raphu des stams Ben-
Jamin. [11]Gadiel der son Sodi des stams Sebulon.
[12]Gaddi der son Susi des stams Joseph von Manasse.
[13]Ammiel der son Gemalli des stams Dan. [14]Sethur
der son Michael des stams Asser. [15]Nahebi der
son || Vaphsi des stams Naphthali. [16]Guel der son || 81 a
Machi des stams Gad. [17]Das sind die namen der
Menner / die Mose aussand zu erkunden das Land /
Aber den Hosea den son Nun nante Mose Josua.

DA sie nu Mose sandte das land Canaan zu er-
kunden / sprach er zu jnen / Ziehet hin auff an
den Mittag / vnd gehet auff das Gebirge [19]vnd be-
sehet das Land / wie es ist / vnd das Volck das drin-
nen wonet / obs starck oder schwach / wenig oder
viel ist. [20]Vnd was fur ein Land ist darinnen sie
wonen / obs gut oder böse sey / vnd was fur Stedte
sind darinnen sie wonen / ob sie in Gezelten oder
Festungen wonen. [21]Vnd was fur Land sey / obs
fett oder mager sey / vnd ob Bewme drinne sind
oder nicht / Seid getrost / vnd nemet der früchten
des lands / Es war aber eben vmb die zeit der ersten
weindrauben.

SJe giengen hin auff vnd erkundeten das Land /
von der wüsten Zin / bis gen Rehob / da man gen
Hamath gehet. [23]Sie giengen auch hin auff gegen
dem Mittag / vnd kamen bis gen Hebron / da war
ENAKS KINDER. Ahiman / Sesai vnd Thalmai / die kinder Enak /
Hebron aber war sieben jar gebawet vor Zoan in
Egypten. [24]Vnd sie kamen bis an bach Escol /
vnd schnitten daselbs eine Reben ab mit einer
Weindrauben / vnd liessen sie Zweene auff einem
stecken tragen / dazu auch Granatepffel vnd Feigen.
[25]Der ort heisst bach Escol / vmb des Draubens
willen / den die kinder Jsrael daselbs abschnitten.

(ESCOL) Heisst eine Drauben / daraus wird der drauben-bach.

XII. Menner ausgesand das Land zu erkunden.

VND sie kereten vmb da sie das Land erkundet
hatten nach vierzig tagen / 27giengen hin / vnd
kamen zu Mose vnd Aaron vnd zu der gantzen
Gemeine der kinder Jsrael in die wüsten Paran gen
Kades / vnd sagten jnen wider vnd der gantzen Gemeine
/ wie es stünde / Vnd liessen sie die Früchte
des Landes sehen. 28Vnd erzeleten jnen / vnd
sprachen / Wir sind ins Land komen / da hin jr vns
sandtet / da milch vnd honig innen fleusst / vnd dis
ist jre Frucht. 29On das starck Volck drinnen wonet
/ vnd seer grosse vnd feste Stedte sind / vnd
sahen auch Enaks kinder daselbs. 30So wonen die
Amalekiter im Lande gegen mittag / die Hethiter
vnd Jebusiter vnd Amoriter wonen auff dem Gebirge
/ die Cananiter aber wonen am Meer vnd
vmb den Jordan.

31CAleb aber stillet das volck gegen Mose / vnd
sprach / Lasst vns hin auff ziehen vnd das Land einnemen
/ denn wir mügen es vberweldigen. 32Aber
die Menner / die mit jm waren hin auff gezogen /
sprachen / Wir vermügen nicht hin auff zu ziehen
gegen das Volck / denn sie sind vns zu starck.
33Vnd machten dem Lande das sie erkundet hatten /
ein böse geschrey vnter den kindern Jsrael / vnd
sprachen / Das Land da durch wir gegangen sind
zu erkunden / frisset seine Einwoner / vnd alles
Volck das wir drinnen sahen sind Leute von grosser
lenge. 34Wir sahen auch Rysen daselbs / Enaks
kinder von den Rysen / vnd wir waren fur vnsern
augen als die Hewschrecken / vnd also waren wir
auch fur jren augen.

XIIII.

Deut. 1. Psal. 106.

DA FUHR DIE GANTZE GEMEINE AUFF VND
schrey / vnd das volck weinete die nacht.
2Vnd alle kinder Jsrael murreten wider Mosen vnd
Aaron / vnd die gantze Gemeine sprach zu jnen /
Ah / das wir in Egyptenland gestorben weren /
oder noch stürben in dieser wüsten / 3Warumb
füret vns der HERR in dis Land / das vnsere Weiber
durchs schwert fallen / vnd vnser Kinder ein
raub werden? Jsts nicht besser / wir ziehen wider
in Egypten? 4Vnd einer sprach zu dem andern /
Last vns einen Heubtman auffwerffen / vnd wider
in Egypten ziehen.

Murren der kinder Jsrael etc.

MOse aber vnd Aaron fielen auff jr angesicht fur
der gantzen versamlung der Gemeine der
kinder Jsrael. 6Vnd Josua der son Nun / vnd Caleb

Josua. Caleb.

Caleb vnd Josua ermanen Jsrael das Land einzunemen etc.

der son Jephunne / die auch das Land erkundet
hatten / zurissen jre Kleider / [7]vnd sprachen zu der
gantzen Gemeine der kinder Jsrael / Das Land /
das wir durch || wandelt haben zu erkunden / ist || 81b
seer gut. [8]Wenn der HERR vns gnedig ist / so
wird er vns in das selbe Land bringen vnd vns ge-
ben / das ein Land ist / da milch vnd honig innen
fleusst. [9]Fallet nicht ab vom HERRN / vnd furch-
tet euch fur dem Volck dieses Landes nicht / Denn
wir wollen sie wie Brot fressen / Es ist jrer Schutz
von jnen gewichen / Der HERR aber ist mit vns /
fürchtet euch nicht fur jnen.

DA sprach das gantze Volck / man solt sie steini-
gen. DA erschein die herrligkeit des HERRN
in der Hütten des Stiffts allen kindern Jsrael. [11]Vnd
der HERR sprach zu Mose / Wie lang lestert mich
das Volck? Vnd wie lange wollen sie nicht an mich
gleuben durch allerley Zeichen / die ich vnter jenen
gethan habe? [12]So wil ich sie mit Pestilentz schla-
hen vnd vertilgen / vnd dich zum grössern vnd
mechtigern Volck machen / denn dis ist.

MOse aber sprach zu dem HERRN / So werdens
die Egypter hören / Denn du hast dis Volck mit
deiner Krafft mitten aus jnen gefürt / [14]Vnd man Deut. 9.
wird sagen zu den Einwonern dieses Lands / die da
gehöret haben / das du HERR vnter diesem volck
seiest / das du von angesicht gesehen werdest / vnd
deine Wolcke stehe vber jnen / vnd du HERR Exod. 13.
gehest fur jnen her in der Wolckenseule des tages /
vnd Fewrseulen des nachts / [15]Vnd würdest dis
Volck tödten wie einen Man / So würden die Hei-
den sagen / die solch geschrey von dir höreten / vnd
sprechen / [16]Der HERR kundte mit nichten das
volck ins Land bringen / das er jnen geschworen
hatte / Darumb hat er sie geschlachtet in der wüsten.

MOSES GEBET fur das Volck.

[17]SO las nu die krafft des HERRN gros werden / Exod. 34.
wie du gesagt hast / vnd gesprochen / [18]Der HERR
ist gedültig vnd von grosser Barmhertzigkeit vnd
vergibt missethat vnd vbertrettung / vnd lesst
niemand vngestrafft / Sondern heimsucht die misse-
that der Veter vber die Kinder / ins dritte vnd
vierde Gelied. [19]So sey nu gnedig der missethat
dieses Volcks nach deiner grossen Barmhertzig-
keit / Wie du auch vergeben hast diesem volck
aus Egypten / bis hie her.

VND der HERR sprach / Jch habs vergeben /
wie du gesagt hast. [21]Aber so war als ich lebe /

Kundschaffer des Landes sterben alle / on Caleb vnd Josua. Num. 26. Deut. 1. 2. Psal. 95.

so sol alle Welt der Herrligkeit des HERRN vol
werden. [22]Denn alle die Menner die meine Herr-
ligkeit vnd meine Zeichen gesehen haben / die ich
gethan habe in Egypten / vnd in der Wüsten / vnd
mich nu zehen mal versucht / vnd meiner stimme
nicht gehorchet haben / [23]Der sol keiner das Land
sehen / das ich jren Vetern geschworen habe / Auch
keiner sol es sehen / der mich verlestert hat. [24]Aber
Josu. 14. meinen Knecht Caleb / darumb das ein ander Geist CALEB.
mit jm ist / vnd hat mir trewlich nachgefolget /
den wil ich in das Land bringen / dar ein er komen
ist / vnd sein Same sol es einnemen / [25]Da zu die
Amalekiter vnd Cananiter die im grunde wonen /
Morgen wendet euch vnd ziehet in die Wüsten
auff dem wege zum Schilffmeer.

VND der HERR redet mit Mose vnd Aaron /
vnd sprach / [27]Wie lange murret diese böse
Gemeine wider mich? Denn ich habe das murren
der kinder Jsrael / das sie wider mich gemurret
Deut. 1. haben / gehöret. [28]Darumb sprich zu jnen / So
Psal. 106. war ich lebe / spricht der HERR / Jch wil euch
thun / wie jr fur meinen Ohren gesagt habt. [29]Ewre
Leibe sollen in dieser wüsten verfallen / vnd alle
die jr gezelet seid / von zwenzig jaren vnd drüber /
Josu. 5. die jr wider mich gemurret habt / [30]solt nicht in
das Land komen / darüber ich meine Hand gehebt
habe / das ich euch drinnen wonen liesse / On
Caleb der son Jephunne / vnd Josua der son Nun.

[31]EWre Kinder dauon jr sagetet / Sie werden ein
Raub sein / die wil ich hinein bringen / das sie er-
kennen sollen das Land / das jr verwerfft / [32]Aber
jr sampt ewren Leiben sollen in dieser wüsten
|| 82a verfallen. [33]Vnd ewre Kinder sollen || Hirten sein
in der wüsten vierzig jar / vnd ewer Hurerey tra-
gen / bis das ewre Leibe alle werden in der wüsten.
[34]Nach der zal der vierzig tagen darin jr das Land
erkundet habt / Ja / ein tag sol ein jar gelten / das
sie vierzig jar ewr missethat tragen / Das jr innen
werdet / was sey / wenn ich die Hand abziehe.
Psal. 95. [35]Jch der HERR habs gesagt / das wil ich auch
thun aller dieser bösen Gemeine / die sich wider
mich empöret hat / in dieser wüsten sollen sie all
werden vnd daselbs sterben.

ALso storben durch die Plage fur dem HERRN
alle die Menner / die Mose gesand hatte das
Land zu erkunden / vnd widerkomen waren / vnd
da wider murren machten die gantze Gemeine /

Kund-schaffer des Landes sterben alle / on Caleb vnd Josua.

37da mit / das sie dem Lande ein geschrey machten /
das es böse were. 38Aber Josua der son Nun / vnd
Caleb der son Jephunne blieben lebendig aus den
Mennern die gegangen waren das Land zu er-
kunden.

VNd Mose redet diese wort zu allen kindern Deut. 1.
Jsrael / Da trawret das volck seer. 40Vnd mach-
ten sich des morgens früe auff / vnd zogen auff die
höhe des Gebirgs / vnd sprachen / Hie sind wir /
vnd wollen hin auffziehen an die stet / dauon der
HERR gesagt hat / denn wir haben gesündiget.
41Mose aber sprach / Warumb vbergehet jr also
das wort des HERRN? Es wird euch nicht gelin-
gen. 42Ziehet nicht hin auff / denn der HERR ist
nicht vnter euch / das jr nicht geschlagen werdet
fur ewren Feinden. 43Denn die Amalekiter vnd
Cananiter sind fur euch daselbs / vnd jr werdet
durchs Schwert fallen / darumb / das jr euch vom
HERRN gekeret habt / vnd der HERR wird nicht
mit euch sein.

44ABer sie waren störrig hin auff zu ziehen auff
die höhe des Gebirges / Aber die Lade des Bunds
des HERRN vnd Mose kamen nicht aus dem La-
ger. 45Da kamen die Amalekiter vnd Cananiter
die auff dem Gebirge woneten erab vnd schlugen
vnd zuschmissen sie bis gen Horma.

XV.

Kirchen Rechte.

VND DER HERR REDET MIT MOSE / VND SPRACH /
2Rede mit den kindern Jsrael / vnd sprich zu
jnen. Wenn jr ins Land ewer Wonung kompt / das
ich euch geben werde / 3vnd wolt dem HERRN
Opffer thun / es sey ein Brandopffer oder ein
Opffer zum besondern Gelübd / oder ein freiwillig
Opffer / oder ewer Festeopffer / auff das jr dem
HERRN ein süssen geruch machet / von rindern
oder von schafen.

4WEr nu seine Gabe dem HERRN opffern wil /
der sol das Speisopffer thun / ein zehenden semel- Leui. 2. 6.
melhs gemenget mit öle eins vierden teils vom
Hin / 5vnd wein zum Tranckopffer auch eins vier-
den teils vom Hin / zum Brandopffer oder sonst
zum Opffer / da ein Lamb geopffert wird. 6Da
aber ein widder geopffert wird / soltu das Speis-
opffer machen zween zehenden semelmelhs / mit
öle gemenget eins dritten teils vom Hin / 7vnd
wein zum Tranckopffer auch des dritten teils vom

Hin / das soltu dem HERRN zum süssen geruch opffern.

[8]WJltu aber ein rind zum Brandopffer / oder zum besondern Gelübdopffer / oder zum Danckopffer dem HERRN machen / [9]So soltu zu dem rinde ein Speisopffer thun / drey zehenden semelmelhs gemenget mit öle eins halben Hin / [10]vnd wein zum Tranckopffer / auch ein halb Hin / Das ist ein Opffer dem HERRN zum süssen geruch. [11]Also soltu thun mit einem ochsen / mit einem widder / mit einem schaf von lemmern vnd zigen / [12]Darnach die zal ist dieser Opffer / darnach sol auch die zal der Speisopffer vnd Tranckopffer sein.

[13]WER ein Einheimischer ist / der sol solchs
|| 82b thun / das er dem HERRN || opffere ein Opffer
zum süssen geruch. [14]Vnd ob ein Frembdlinger bey euch wonet oder vnter euch bey ewren Freunden ist / vnd wil dem HERRN ein Opffer zum süssen geruch thun / der sol thun / wie sie thun. [15]Der gantzen Gemeine sey eine Satzunge / beide euch vnd den Frembdlingen / Ein ewige Satzunge sol das sein ewren Nachkomen / das fur dem HERRN der Frembdling sey / wie jr. [16]Ein Gesetze / ein Recht sol euch vnd dem Frembdlingen sein der bey euch wonet.

VND der HERR redet mit Mose / vnd sprach /
[18]Rede mit den kindern Jsrael / vnd sprich zu
Deut. 8. jnen / Wenn jr ins Land komet / darein ich euch
Exod. 23. bringen werde / [19]das jr esset des brots im Lande /
Solt jr dem HERRN ein Hebe geben / [20]nemlich / ewers Teigs erstling solt jr einen Kuchen zur Hebe geben / Wie die Hebe von der scheunen / [21]also solt jr auch dem HERRN ewrs Teigs erstling zur Hebe geben bey ewrn Nachkomen.

Leui. 4. VND wenn jr durch vnwissenheit dieser Gebot
jrgend eins nicht thut / die der HERR zu Mose geredt hat / [23]vnd alles was der HERR euch durch Mose geboten hat / von dem tage an / da er anfieng zu gebieten auff ewre Nachkomen / [24]Wenn nu die Gemeine etwas vnwissend thet / So sol die gantze Gemeine einen jungen Farren aus den rindern zum Brandopffer machen / zum süssen geruch dem HERRN / sampt seinem Speisopffer vnd Tranckopffer / wie es recht ist / vnd ein zigenbock zum Sündopffer. [25]Vnd der Priester sol also die gantze Gemeine der kinder Jsrael versünen / so wirds jnen vergeben sein / denn es ist ein vnwissen-

heit / Vnd sie sollen bringen solch jre gaben zum
opffer dem HERRN / vnd jre Sündopffer fur den
HERRN vber jre vnwissenheit / [26]so wirds ver-
geben der gantzen Gemeine der kinder Jsrael / Da
zu auch dem Frembdlingen der vnter euch wonet /
weil das gantze volck ist in solcher vnwissenheit.
[27]WEnn aber eine Seele durch vnwissenheit sün-
digen wird / die sol eine jerige zige zum Sündopffer
bringen. [28]Vnd der Priester sol versünen solche
vnwissende Seele mit dem Sündopffer / fur die
vnwissenheit fur dem HERRN / das er sie versüne /
so wirds jr vergeben werden. [29]Vnd es sol ein
Gesetz sein das jr fur die vnwissenheit thun solt /
beide dem Einheimischen vnter den kindern Jsrael /
vnd dem frembdlingen der vnter euch wonet. || || 83a

(Freuel) Das ist die sünde so nicht wil sünde sein / sondern recht haben. Wie der Ketzer vnd Rotten sünde / welche Gottes wort vnd Gesetz endert vnd nach jrem willen deutet.
MAN DER AM Sabbath holtz lase / gesteiniget.

[30]WEnn aber eine Seele aus freuel etwas thut /
es sey ein Einheimischer oder Frembdlinger / der
hat den HERRN geschmecht / Solche seele sol
ausgerottet werden aus jrem volck / [31]denn sie
hat des HERRN wort verachtet vnd sein Gebot
lassen faren / Sie sol schlecht ausgerottet werden /
Die schuld sey jr.

ALS nu die kinder Jsrael in der wüsten waren /
funden sie einen Man holtz lesen am Sabbath
tage. [33]Vnd die jn drob funden hatten / da er holtz
las / brachten jn zu Mose vnd Aaron / vnd fur die
gantze Gemeine. [34]Vnd sie legten jn gefangen /
Denn es war nicht klar ausgedruckt / was man mit
jm thun solte. [35]Der HERR aber sprach zu Mose /
Der Man sol des tods sterben / Die gantze Gemeine
sol jn steinigen ausser dem Lager. [36]Da füret die

vnd seine Rotte.

gantze Gemeine jn hin aus fur das Lager / vnd
steinigeten jn das er starb / wie der HERR Mose
gebotten hatte.

Deut. 22. Mat. 23.

VND der HERR sprach zu Mose / 38Rede mit den
kindern Jsrael / vnd sprich zu jnen / das sie jnen
Lepplin machen an den fittigen jrer Kleider vnter
alle ewren Nachkomen / vnd gele Schnürlin auff
die Lepplin an die fittig thun. 39Vnd sollen euch
die Lepplin da zu dienen / das jr sie ansehet / vnd
gedenckt aller Gebot des HERRN / vnd thut sie /
das jr nicht ewrs hertzen duncken nachrichtet /
noch ewren augen nachhuret. 40Darumb solt jr
gedencken vnd thun alle meine Gebot / vnd heilig
sein ewrem Gott / 41Jch der HERR ewr Gott /
der euch aus Egyptenland gefürt hat / das ich ewr
Gott were / Jch der HERR ewr Gott.

XVI.

Eccl. 45.

VND KORAH DER SON JEZEHAR / DES SONS KA- KORAH vnd seine Rotte.
hath / des sons Leui / sampt Dathan vnd Abi-
ram den sönen Eliab / vnd On / dem son Peleth /
den sönen Ruben / 2Die empöreten sich wider
Mose / sampt etlichen Mennern vnter den kindern
Jsrael / zwey hundert vnd funffzig / furnemesten
in der Gemeine / Ratsherrn vnd ehrliche Leute.
3Vnd sie versamleten sich wider Mosen vnd Aaron /
vnd sprachen zu jnen / Jr machts zu viel / Denn
die gantze Gemeine ist vber all heilig / vnd der
HERR ist vnter jnen / Warumb erhebt jr euch vber
die Gemeine des HERRN?

4DA das Mose höret / fiel er auff sein angesicht /
5vnd sprach zu Korah vnd zu seiner gantzen Rotte /
Morgen wird der HERR kund thun / wer sein sey /
wer heilig sey / vnd jm opffern sol / Welchen er
erwelet / der sol jm opffern. 6Das thut / nemet euch
pfannen / Korah vnd seine gantze Rotte / 7vnd
legt fewr drein vnd thut Reuchwerg drauff fur
dem HERRN / morgen / welchen der HERR erwe-
let / der sey heilig / Jr machts zu viel jr kinder
Leui.

8VND Mose sprach zu Korah / Lieber höret
doch jr kinder Leui / 9Jsts euch zu wenig / das
euch der Gott Jsrael ausgesondert hat von der
gemeine Jsrael / das jr jm opffern sollet / das jr
dienet im Ampt der Wonung des HERRN / vnd
fur die Gemeine trettet jr zu dienen? 10Er hat dich
vnd alle deine Brüder die kinder Leui sampt dir

Korah vnd seiner Rotten.

zu sich genomen / Vnd jr sucht nu auch das
Priesterthum / 11Du vnd deine gantze Rotte macht
ein Auffrhur wider den HERRN / Was ist Aaron /
das jr wider jn murret?

VND Mose schickt hin vnd lies Dathan vnd Abiram ruffen die söne Eliab. Sie aber sprachen /
Wir komen nicht hin auff. 13Jsts zu wenig / das du
vns aus dem Lande gefürt hast / da milch vnd honig
innen fleusst / das du vns tödtest in der wüsten /
Du must auch noch vber vns herrschen? 14Wie
fein hastu vns bracht in ein Land da milch vnd
honig innen fleusst / vnd hast vns Ecker vnd
Weinberge zu Erbteil gegeben / Wiltu den Leuten
auch die Augen ausreissen? Wir komen nicht hin
auff.

15DA ergrimmet Mose seer / vnd sprach zu dem
HERRN / Wende dich || nicht zu jrem Speisopffer. || 83b
Jch habe nicht einen Esel von jnen genomen / vnd 1. Reg. 12.
habe jr keinem nie kein leid gethan. 16Vnd er
sprach zu Korah / Du vnd deine gantze Rotte
solt morgen fur dem HERRN sein / Du / sie auch /
vnd Aaron. 17Vnd ein jglicher neme seine pfanne /
vnd lege Reuchwerg drauff / vnd trettet erzu fur
den HERRN / ein jglicher mit seiner pfanne / das
sind zwey hundert vnd funffzig pfannen. 18Vnd
ein jglicher nam seine pfanne / vnd legte fewr
drein / vnd thet Reuchwerg drauff / vnd tratten
für die thür der Hütten des Stiffts / vnd Mose vnd
Aaron auch. 19Vnd Korah versamlet wider sie
die gantze Gemeine für der thür der Hütten des
Stiffts.

ABer die herrligkeit des HERRN erschein fur
der gantzen Gemeine. 20Vnd der HERR redet
mit Mose vnd Aaron / vnd sprach / 21Scheidet
auch von dieser Gemeine / das ich sie plötzlich
vertilge. 22Sie fielen aber auff jr angesicht / vnd
sprachen / Ah Gott / der du bist ein Gott der geister
alles fleischs / Ob ein Man gesundiget hat / wiltu
drumb vber die gantze Gemeine wüten?

VND der HERR redet mit Mose / vnd sprach /
24Sage der Gemein / vnd sprich / Weichet rings
rumb von der wonung Korah vnd Dathan vnd
Abiram. 25Vnd Mose stund auff vnd gieng zu
Dathan vnd Abiram / Vnd die Eltesten Jsrael folgeten jm nach / 26vnd redet mit der gemeine / vnd
sprach / Weichet von den Hütten dieser gottlosen
Menschen / vnd rüret nichts an was jr ist / das jr

Straffe Korah vnd seiner Rotten.

nicht vieleicht vmbkomet in jrgent jrer sünden
eine. 27 Vnd sie giengen er auff von der wonunge
Korah / Dathan vnd Abiram. Dathan aber vnd
Abiram giengen eraus vnd tratten an die thür jrer
Hütten / mit jren Weibern vnd Sönen vnd Kindern.
28 VNd Mose sprach / Da bey solt jr mercken /
das mich der HERR gesand hat / das ich alle diese
werck thet / vnd nicht aus meinem hertzen / 29 Wer-
den sie sterben / wie alle Menschen sterben / oder
heimgesucht wie alle menschen heimgesucht wer-
den / So hat mich der HERR nicht gesand. 30 Wird
aber der HERR etwas newes schaffen / Das die
Erde jren mund aufthut / vnd verschlinget sie mit
allem das sie haben / das sie lebendig hinunter in
die Helle faren / So werdet jr erkennen / das diese
Leute den HERRN gelestert haben.
VND als er diese wort hatte alle ausgeredt / zureis
die Erden vnter jnen / 32 vnd thet jren mund
Num. 26. auff / vnd verschlang sie / mit jren Heusern / mit
Psal. 106. allen Menschen die bey Korah waren / vnd mit
Deut. 11. aller jrer Habe / 33 vnd fuhren hinunter lebendig
in die Helle / mit allem das sie hatten / vnd die Erde
decket sie zu / vnd kamen vmb aus der Gemeine.
34 Vnd gantz Jsrael / das vmb sie her war / floh
fur jrem geschrey / Denn sie sprachen / Das vns
die erde nicht auch verschlinge. 35 Da zu fuhr das
fewr aus von dem HERRN / vnd frass die zwey
hundert vnd funffzig Menner / die das Reuchwerg
opfferten.
VND der HERR redet mit Mose / vnd sprach /
37 Sage Eleasar dem son Aaron des Priesters /
das er die pfannen auffhebe aus dem brand / vnd
strewe das fewr hin vnd her. 38 Denn die pfannen
solcher Sünder sind geheiliget / durch jre Seele /
das man sie zu breiten Blech schlahe / vnd den
Altar da mit behenge / Denn sie sind geopffert fur
dem HERRN vnd geheiliget / vnd sollen den kin-
dern Jsrael zum Zeichen sein.
39 VND Eleasar der Priester / nam die ehernen
Pfannen / die die verbranten geopffert hatten / vnd
schlug sie zu blechen / den Altar zu behengen.
40 Zum Gedechtnis der kinder Jsrael / das nicht
jemands frembds sich erzu mache der nicht ist des
samens Aaron / zu opffern Reuchwerg fur dem
HERRN / Auff das jm nicht gehe / wie Korah vnd
seiner Rotte / wie der HERR jm geredt hatte durch
Mose.

MURREN der kinder Jsrael etc.

DES andern morgens aber murrete die gantze
Gemeine der kinder Jsrael wider Mosen vnd
Aaron / vnd sprachen / Jr habt des HERRN || volck || 84a
getödtet. 42Vnd da sich die Gemeine versamlet
wider Mose vnd Aaron / wandten sie sich zu der
Hütten des Stiffts / Vnd sihe / da bedecket es die
Wolcken / vnd die Herrligkeit des HERRN er-
schein. 43Vnd Mose vnd Aron giengen hin ein zu
der Hütten des Stiffts. 44Vnd der HERR redet
mit Mose / vnd sprach / 45Hebt euch aus dieser
Gemeine / Jch wil sie plötzlich vertilgen / Vnd sie
fielen auff jr angesicht.
46VNd Mose sprach zu Aaron / Nim die Pfanne /
vnd thu fewr drein vom Altar / vnd lege Reuch-
werg drauff / vnd gehe eilend zu der Gemeine / vnd
versüne sie / Denn das wüten ist von dem HERRN Sap. 18.
ausgegangen / vnd die plage ist angangen. 47Vnd
Aaron nam / wie jm Mose gesagt hatte / vnd lieff
mitten vnter die Gemeine (vnd sihe / die Plage
war angangen vnter dem volck) vnd reucherte vnd
versünet das volck / 48vnd stund zwisschen den Psal. 106.
Todten vnd lebendigen / da ward der Plage ge-
wehret. 49Der aber / die an der Plage gestorben
waren / war vierzehen tausent vnd sieben hundert /
On die so mit Korah storben. 50Vnd Aaron kam
wider zu Mose fur die thür der Hütten des Stiffts /
Vnd der Plage ward gewehret.

14700 komen vmb etc.

XVII.

VND DER HERR REDET MIT MOSE / VND SPRACH /
2Sage den kindern Jsrael / vnd nim von jnen
zwelff Stecken / von jglichem Fürsten seins vaters
Haus einen / vnd schreib eins jglichen namen auff
seinen stecken. 3Aber den namen Aaron soltu
schreiben auff den stecken Leui / Denn ja fur ein
heubt jrer Veterhaus sol ein stecke sein. 4Vnd lege
sie in die Hütten des Stiffts / fur dem Zeugnis da
ich euch zeuge. 5Vnd welchen ich erwelen werde /
des stecke wird grünen / Das ich das murren der
kinder Jsrael / das sie wider euch murren / stille.
6MOse redet mit den kindern Jsrael / Vnd alle
jre Fürsten gaben jm zwelff Stecken / ein jglicher
Fürst einen stecken / nach dem Hause jrer veter /
vnd der stecke Aaron war auch vnter jren stecken.
7Vnd Mose legt die stecken fur den HERRN in
der Hütten des Zeugnis. 8Des morgens aber da
Mose in die Hütten des Zeugnis gieng / fand er

den stecken Aaron des hauses Leui grunen / vnd AARONS
die blüet auffgangen vnd mandeln tragen. [9]Vnd stecke grünet.
Mose trug die Stecken alle er aus von dem HERRN
fur alle kinder Jsrael / das sie es sahen / vnd ein
jglicher nam seinen stecken.
[10]DEr HERR sprach aber zu Mose / Trage den
stecken Aaron wider fur das Zeugnis / das er ver-
waret werde / zum Zeichen den vngehorsamen
Kindern / das jr murren von mir auffhöre / das sie
nicht sterben. [11]Mose thet / wie jm der HERR ge-
boten hatte. [12]Vnd die kinder Jsrael sprachen zu
Mose / Sihe / wir verderben vnd komen vmb / wir
werden alle vertilget vnd komen vmb / [13]Wer sich
nahet zu der Wonung des HERRN / der stirbt /
Sollen wir denn gar vntergehen?

XVIII.

VND DER HERR SPRACH ZU AARON / DU VND AMPT
deine Söne vnd deines Vaters haus mit dir / solt der Leuiten.
die missethat des Heiligthums tragen / vnd du vnd
deine Söne mit dir sollet die missethat ewrs Priester-
thums tragen. [2]Aber deine Brüder des stams Leui /
deins vaters / soltu zu dir nemen / das sie bey dir
seien vnd dir dienen / Du aber vnd deine Söne mit
dir fur der Hütten des Zeugnis. [3]Vnd sie sollen
deins diensts / vnd des diensts der gantzen Hütten
warten / Doch zu dem gerete des Heiligthums vnd
zu dem Altar sollen sie sich nicht machen / das
nicht beide sie vnd jr sterbet / [4]Sondern sie sollen
bey dir sein / das sie des diensts warten an der
Hütten des Stiffts in allem ampt der Hütten / Vnd
|| 84b kein Frembder sol sich zu euch thun. ||
[5]SO wartet nu des diensts des Heiligthums / vnd
des diensts des Altars. Das fort nicht mehr ein
wüten kome vber die kinder Jsrael. [6]Denn sihe /
ich habe die Leuiten ewre Brüder genomen aus
den kindern Jsrael / vnd euch gegeben / dem
HERRN zum geschenck / das sie des ampts pfle-
gen an der Hütten des Stiffts. [7]Du aber vnd deine
Söne mit dir / solt ewrs Priesterthums warten / das
jr dienet in allerley geschefft des Altars / vnd in-
wendig hinder dem Furhang / Denn ewr Priester-
thum gebe ich euch zum Ampt zum geschencke / WAS DIE
Wenn ein Frembder sich erzu thut / Der sol sterben. Priester vnd
VND der HERR sagt zu Aaron / Sihe / Jch habe Leuiten fur
dir gegeben meine Hebopffer von allem das die jren Dienst
kinder Jsrael heiligen / fur dein priesterlich Ampt haben sollen. Leui. 6.

Priester vnd Leuiten fur jren Dienst haben sollen etc.

vnd deinen Sönen / zum ewigen Recht. [9]Das soltu
haben von dem Allerheiligsten das sie opffern /
alle jre Gabe mit alle jrem Speisopffer / vnd mit
alle jrem Sündopffer / vnd mit alle jrem Schuld-
opffer / das sie mir geben / das sol dir vnd deinen
Sönen das allerheiligst sein / [10]Am allerheiligsten
Ort soltu es essen / Was menlich ist / sol dauon
essen / denn es sol dir heilig sein.

[11]JCH hab auch das Hebopffer jrer Gabe an allen
Webeopffern der kinder Jsrael / dir vnd deinen
Sönen vnd deinen Töchtern gegeben / sampt dir
zum ewigen Recht / Wer rein ist in deinem Hause /
sol dauon essen. [12]Alles beste öle / vnd allen besten
most / vnd korn jrer Erstling / die sie dem HERRN
geben hab ich dir gegeben. [13]Die erste Frucht
alle des / das in jrem Lande ist / das sie dem HERRN
bringen / sol dein sein / Wer rein ist in deinem
Hause / sol dauon essen.

[14]ALles verbannete in Jsrael sol dein sein. [15]Alles Exo. 34.
das seine mutter bricht vnter allem Fleisch / das
sie dem HERRN bringen / es sey Mensch oder
Vieh / sol dein sein. Doch das du die erste Men-
schen frucht lösen lassest / vnd die erste frucht
eins vnreinen Viehs auch lösen lassest. [16]Sie sol-
lens aber lösen / wens eins monden alt ist / Vnd
solts zu lösen geben vmb geld / vmb funff Sekel /
nach dem sekel des Heiligthums / der gilt zwenzig
Gera. [17]Aber die erste frucht eins ochsen oder
lambs / oder zigen soltu nicht zu lösen geben / denn
sie sind heilig / Jr blut soltu sprengen auff den
Altar / vnd jr Fett soltu anzünden zum Opffer des
süssen geruchs dem HERRN. [18]Jr Fleisch sol dein
sein / wie auch die Webebrust vnd die rechte Schul-
der dein ist. [19]Alle Hebopffer die die kinder Jsrael
heiligen dem HERRN / habe ich dir gegeben vnd
deinen Sönen vnd deinen Töchtern sampt dir zum
ewigen Recht / Das sol ein vnuerwesenlich [a]Bund 2. Par. 13.
sein ewig fur dem HERRN / dir vnd deinem Sa-
men sampt dir.

VND der HERR sprach zu Aaron / Du solt in
jrem Lande nichts besitzen auch kein Teil vnter
jnen haben / Denn ich bin dein Teil / vnd dein
Erbgut vnter den kindern Jsrael. [21]Den kindern
aber Leui hab ich alle Zehenden gegeben in Jsrael
zum Erbgut / fur jr Ampt das sie mir thun an der
Hütten des Stiffts. [22]Das hinfurt die kinder Jsrael
nicht zur Hütten des Stiffts sich thun / sunde auff

LEUITEN sollen kein Erbgut besitzen vnter den kindern Jsrael etc.
Deut. 18.
Josu. 13.

a Jm Ebreischen heisst es ein Saltzbund / das / wie das Saltz erhelt das Fleisch vnuerweslich / Also sol auch dieser Bund vnuerrücklich sein. So redet die schrifft auch. 2. Par. 13. Gott hat das Reich Dauid gegeben vnd den seinen mit eim Saltzbund.

Was die Priester vnd Leuiten fur jren Dienst haben sollen etc.

sich zu laden / vnd sterben. [23]Sondern die Leuiten
sollen des Ampts pflegen an der Hütten des Stiffts /
vnd sie sollen jener missethat tragen zu ewigem
Recht bey ewrn Nachkomen. Vnd sie sollen vnter
den kindern Jsrael kein Erbgut besitzen / [24]Denn
den Zehenden der kinder Jsrael / den sie dem
HERRN Heben / hab ich den Leuiten zum Erbgut
gegeben / Darumb hab ich zu jnen gesagt / das sie
vnter den kindern Jsrael kein Erbgut besitzen
sollen.

VND der HERR redet mit Mose / vnd sprach /
[26]Sage den Leuiten / vnd sprich zu jnen / Wenn
jr den Zehenden nempt von den kindern Jsrael /
die ich euch von jnen gegeben habe zu ewrem Erb-
gut / So solt jr dauon ein Hebeopffer dem HERRN
thun / ja den Zehenden von dem zehenden / [27]vnd
solt solch ewr Hebopffer achten / als gebt jr Korn
aus der scheunen / vnd [b]Fülle aus der kelter. [28]Also
solt auch jr das Hebopffer dem HERRN geben von
|| 85a allen || ewrn Zehenden / die jr nempt von den kin-
dern Jsrael / das jr solchs Hebeopffer des HERRN
dem Priester Aaron gebet. [29]Von allem das euch
gegeben wird / solt jr dem HERRN allerley Hebe-
opffer geben / von allem besten das dauon gehei-
liget wird.

[30]VND sprich zu jnen / Wenn jr also das beste
dauon Hebt / so sols den Leuiten gerechnet wer-
den / wie ein einkomen der Scheunen / vnd wie
einkomen der Kelter. [31]Vnd mügets essen an allen
steten / jr vnd ewre Kinder / denn es ist ewr lohn
fur ewr Ampt in der Hütten des Stiffts. [32]So wer-
det jr nicht sunde auff euch laden an dem selben /
wenn jr das beste dauon Hebt / vnd nicht entweihen
das geheiligete der kinder Jsrael / vnd nicht sterben.

LEUITEN sollen den Zehenden opffern etc.

b (Fülle) Das ist / Most / Wein / öle vnd der gleichen.

(besten) Ebreisch heisst es das fette / Da her auch die Reichen / die fetten heissen / das ist / die besten im Volck / Psal. 17. vnd. 77.

XIX.

VND DER HERR REDET MIT MOSE VND AARON /
vnd sprach / [2]Diese weise sol ein Gesetz sein /
das der HERR geboten hat vnd gesagt Sage den
kindern Jsrael / das sie zu dir furen ein rötliche
Ebre. 9. Kue on wandel / an der kein feil sey / vnd auff die
noch nie kein Joch komen ist. [3]Vnd gebet sie dem
Priester Eleasar / der sol sie hin aus fur das Lager
füren / vnd daselbs fur jm schlachten lassen.

[4]VND Eleasar der Priester sol jrs Bluts mit sei-
nem Finger nemen / vnd stracks gegen die Hütten
des Stiffts sieben mal sprengen / [5]vnd die Kue fur

RÖTLICHE Kue zu asschen verbrand etc.

Spreng-
wasser
aus der
asschen der
verbranten röt-
lichen Kue etc.

jm verbrennen lassen / beide jr fell vnd jr fleisch /
dazu jr blut sampt jrem mist. 6Vnd der Priester
sol Cedern holtz vnd Jsopen vnd rosinrote wollen
nemen / vnd auff die brennende Kue werffen.
7Vnd sol seine Kleider wasschen / vnd seinen Leib
mit wasser baden / vnd darnach ins Lager gehen /
vnd vnreine sein bis an den Abend. 8Vnd der sie
verbrant hat / sol auch seine Kleider mit wasser
wasschen / vnd seinen Leib in wasser baden / vnd
vnreine sein bis an den Abend.

9VNd ein reiner Man sol die asschen von der
Kue auffraffen / vnd sie schütten ausser dem Lager
an eine reine stete / das sie da selbs verwaret werde /
fur die Gemeine der kinder Jsrael / zum Spreng-
wasser / denn es ist ein Sündopffer. 10Vnd der-
selbe / der die asschen der Kue auffgerafft hat / sol
seine Kleider wasschen / vnd vnreine sein bis an
den abend / Dis sol ein ewigs Recht sein den kin-
dern Jsrael vnd den Frembdlingen die vnter euch
wonen.

WEr nu jrgend einen todten Menschen anrüret /
der wird sieben tage vnreine sein. 12Der sol
sich hie mit entsündigen / am dritten tage vnd am
siebenden tage / so wird er rein / Vnd wo er sich
nicht am dritten tage vnd am siebenden tage ent-
sündiget / So wird er nicht rein werden. 13Wenn
aber jemand jrgend einen todten Menschen an-
rüret / vnd sich nicht entsündigen wolt / Der ver-
unreiniget die Wonunge des HERRN / vnd solche
Seele sol ausgerottet werden aus Jsrael / darumb
das das Sprengwasser nicht vber jn gesprenget ist /
So ist er vnreine / so lange er sich nicht dauon rei-
nigen lesst.

14DAS ist das Gesetz / wenn ein Mensch in der
Hütten stirbt / Wer in die Hütten gehet / vnd alles
was in der Hütten ist / sol vnreine sein sieben tage.
15Vnd alles offen gerete / das kein deckel noch
band hat / ist vnreine. 16Auch wer anrüret auff
dem felde einen Erschlagenen mit dem schwert /
oder einen Todten / eins Menschen bein / oder
Grab / der ist vnreine sieben tage.

SO sollen sie nu fur den Vnreinen nemen der
aschen dieses verbranten Sündopffers / vnd flies-
send Wasser drauff thun in ein gefess. 18Vnd ein
reiner Man sol Jsopen nemen vnd ins wasser tun-
cken / vnd die Hütten besprengen vnd alle gerete /
vnd alle Seelen die drinnen sind / Also auch den

der eins Todten bein / oder Erschlagenen / oder
Todten / oder Grab angerüret hat. 19Es sol aber
der Reine den Vnreinen am dritten tage vnd am
siebenden tage besprengen vnd jn am siebenden
tage entsündigen / Vnd sol seine Kleider wasschen
vnd sich im wasser baden / so wird er am abend
|| 85b rein. ||

20WElcher aber vnrein sein wird / vnd sich nicht
entsündigen wil / des Seele sol ausgerottet werden
aus der Gemeine / Denn er hat das Heiligthum
des HERRN verunreinigt / vnd ist mit Spreng-
wasser nicht besprenget / darumb ist er vnreine.
21Vnd dis sol jnen ein ewiges Recht sein. Vnd der
auch / der mit dem Sprengwasser gesprenget hat /
sol seine Kleider wasschen. Vnd wer das Spreng-
wasser anrüret / der sol vnrein sein bis an den
abend. 22Vnd alles was er anrüret / wird vnreine
werden / Vnd welche Seele er anrüren wird / sol
vnreine sein bis an den abend.

XX.

VND DIE KINDER JSRAEL KAMEN MIT DER GANTZEN Zin. Mir Jam stirbt etc.
Gemeine in die wüsten Zin / im ersten monden /
vnd das volck lag zu Kades / Vnd Mir Jam starb
daselbs / vnd ward daselbs begraben.

VND die Gemeine hatte kein Wasser / vnd ver-
Exod. 17. samleten sich wider Mosen vnd Aaron. 3Vnd Jsrael murret wider Mosen etc.
das volck haddert mit Mose / vnd sprachen / Ah /
das wir vmbkomen weren da vnsere Brüder vmb-
kamen fur dem HERRN. 4Warumb habt jr die
Gemeine des HERRN in diese Wüste bracht / das
wir hie sterben mit vnserm Vieh? 5Vnd warumb
habt jr vns aus Egypten gefürt an diesen bösen
Ort / da man nicht seen kan / da noch Feigen noch
Weinstöcke / noch Granatepffel sind / vnd ist dazu
kein Wasser zu trincken.

MOse vnd Aaron giengen von der Gemeine zur
thür der Hütten des Stiffts / vnd fielen auff jr
angesicht / vnd die Herrligkeit des HERRN er-
Exod. 17. 1. Cor. 10. schein jnen 7Vnd der HERR redet mit Mose vnd
sprach / 8Nim den stab / vnd versamle die Ge-
meine du vnd dein bruder Aaron / vnd redet mit
dem Fels fur jren augen / der wird sein Wasser
geben / Also soltu jnen Wasser aus dem Fels brin-
gen / vnd die Gemeine trencken vnd jr Vieh.

9DA nam Mose den stab fur dem HERRN / wie
er jm geboten hatte. 10Vnd Mose vnd Aaron ver-

samleten die Gemeine fur den Fels / vnd sprach zu
jnen / Höret jr vngehorsamen / Werden wir euch
auch wasser bringen aus diesem Fels? 11 Vnd Mose
hub seine hand auff / vnd schlug den Fels mit dem
Stab zwey [a]mal / Da gieng viel wassers er aus / das Psal. 78.
die Gemeine tranck vnd jr Vieh.

MOSE zweiuelt etc.

a Quia debuit semel percutere.

b Dubitatio est peccatum / Sed significat mysterium / quod populus legis non potest per suum doctorem saluus fieri / Et / quod sub Christi tempus / Moses incredulus / id est / populus corruit.

DEr HERR aber sprach zu Mose vnd Aaron /
Darumb das jr nicht an mich [b]gegleubt habt /
das jr mich heiligetet fur den kindern Jsrael / solt Deut. 1. 31.
jr diese Gemeine nicht ins Land bringen / das ich
jnen geben werde. 13 Das ist das Hadderwasser / HADDER-
darüber die kinder Jsrael mit dem HERRN had- WASSER.
derten / vnd er geheiliget ward an jnen.

VND MOSE SANDTE BOTSCHAFFT AUS KADES ZU DEM Jud. 11.
Könige der Edomiter / Also lesst dir dein bru- Exod. 17.
der Jsrael sagen / Du weist alle die mühe / die vns
betretten hat / 15 Das vnser Veter in Egypten hin
ab gezogen sind / vnd wir lange zeit in Egypten
gewonet haben / Vnd die Egypter handelten vns
vnd vnser Veter vbel. 16 Vnd wir schrien zu dem
HERRN / der hat vnser stimme erhöret / vnd einen
Engel gesand / vnd aus Egypten gefürt / Vnd sihe /
wir sind zu Kades in der Stad an deinen grentzen.
17 Las vns durch dein Land ziehen / Wir wollen
nicht durch ecker noch weinberge gehen / auch
nicht wasser aus den Brunnen trincken / die Land-
strasse wollen wir ziehen / weder zur Rechten noch
zur Lincken weichen / bis wir durch deine Grentze
komen.

EDOM wil Jsrael nicht durch jre Grentze lassen ziehen.

18 DJe Edomiter aber sprachen zu jnen / Du solt
nicht durch mich ziehen / oder ich wil dir mit dem
schwert entgegen ziehen. 19 Die kinder Jsrael spra-
chen zu jm / Wir wollen auff der gebeenten strasse
ziehen / Vnd so wir deins wassers trincken / wir
vnd vnser vieh / so wollen wirs bezalen / wir wollen
nichts denn ‖ nur zu fusse hin durch ziehen. 20 Er ‖ 86a
aber sprach / Du solt nicht her durch ziehen / Vnd
die Edomiter zogen aus / jnen entgegen mit mech-
tigem Volck vnd starcker hand. 21 Also wegerten
die Edomiter Jsrael zuuergönnen durch jre Grentze
zu ziehen / Vnd Jsrael weich von jnen.

VND DIE KINDER JSRAEL BRACHEN AUFF VON KA-
des / vnd kamen mit der gantzen gemeine gen
Hor am gebirge. 23 Vnd der HERR redet mit Mose
vnd Aaron zu Hor am gebirge / an den grentzen
des Landes der Edomiter / vnd sprach. 24 Las sich
Aaron samlen zu seinem Volck / Denn er sol nicht

HOR.

stirbt / vnd Eleasar wird Hoherpriester an seine stat. Num. 27.

in das Land komen / das ich den kindern Jsrael
gegeben habe / Darumb / das jr meinem Munde
vngehorsam gewest seid / bey dem Haderwasser.
25Nim aber Aaron vnd seinen son Eleasar / vnd
füre sie auff Hor am gebirge / 26Vnd zeuch Aaron
seine Kleider aus / vnd zeuch sie Eleasar an seinem
sone / Vnd Aaron sol sich daselbs samlen vnd
sterben.

27DA thet Mose wie jm der HERR geboten
hatte / vnd stiegen auff Hor am gebirge fur der
gantzen Gemeine. 28Vnd Mose zog Aaron seine
Kleider aus / vnd zog sie Eleasar an seinem sone.
Vnd Aaron starb daselbs oben auff dem Berge.
Mose aber vnd Eleasar stiegen erab vom Berge.
29Vnd da die gantze Gemeine sahe / das Aaron da
hin war / beweineten sie jn dreissig tage / das
gantze haus Jsrael.

Aaron stirbet vnd Eleasar kompt an seine stat.

Num. 33.

XXI.

Deut. 34.

VND DA DER CANANITER / DER KÖNIG ARAD /
der gegen Mittag wonet / hörete / das Jsrael her
einkompt durch den weg der Kundschaffer / streit
er wider Jsrael / vnd füret etliche gefangen. 2Da
gelobt Jsrael dem HERRN ein Gelübd / vnd
sprach / Wenn du dis volck vnter meine hand gibst /
so wil ich jre Stedte verbannen. 3Vnd der HERR
erhöret die stimme Jsrael / vnd gab die Cananiter /
vnd verbanten sie sampt jren Stedten / Vnd hies
die stet Harma.

ARAD

HARMA heisset ein Bann.

DA zogen sie von Hor am gebirge auff dem wege
vom Schilffmeer / das sie vmb der Edomiter
land hin zogen. Vnd das Volck ward verdrossen

MURREN des volcks.

auff dem wege / 5vnd redet wider Gott vnd wider
Mosen / Warumb || hastu vns aus Egypten gefürt / || 86b
das wir sterben in der wüsten? Denn es ist kein
Brot noch Wasser hie / vnd vnser Seele ekelt vber Num. 11.
dieser losen Speise.

(Fewrige) Darumb heissen sie fewrige / das die Leute von jnen gebissen / durch jre gifft / fewrrot wurden / vnd fur hitze storben / wie an der Pestilentz oder Carbunkel etc.

6DA sandte der HERR fewrige Schlangen vnter 1. Cor. 10.
das Volck / die bissen das volck / das ein gros
volck in Jsrael starb. 7Da kamen sie zu Mose / vnd
sprachen / Wir haben gesündigt / das wir wider
den HERRN vnd wider dich geredt haben / Bitte
den HERRN / das er die Schlangen von vns neme /
Mose bat fur das volck.
8DA sprach der HERR zu Mose / Mache dir
eine ehrne Schlange / vnd richte sie zum Zeichen
auff / Wer gebissen ist / vnd sihet sie an / der sol
leben. 9Da macht Mose eine ehrne Schlange / vnd
richtet sie auff zum Zeichen / Vnd wenn jemand Joh. 3.
eine Schlange beis / so sahe er die Eherne schlange
an / vnd bleib leben.

REISE der kinder Jsrael etc.

VND die kinder Jsrael zogen aus vnd lagerten Num. 33.
sich in Oboth. 11Vnd von Oboth zogen sie
aus vnd lagerten sich in Jim am gebirge Abarim /
in der wüsten gegen Moab vber / gegen der Sonnen auffgang. 12Von dannen zogen sie vnd lager-
ten sich am bach Sared. 13Von dannen zogen sie
vnd lagerten sich disseid am Arnon / welcher ist
in der wüsten / vnd eraus reicht von der grentze
der Amoriter / Denn Arnon ist die grentze Moab /
zwisschen Moab vnd den Amoritern. 14Daher
spricht man in dem Buch von den streiten des
HERRN / Das Vaheb in Supha / vnd die beche
am Arnon / 15vnd die quelle der beche / welche
reicht hin an zur stad Ar / vnd lencket sich vnd ist
die grentze Moab.

(ARNON) Jst derselbe hohe Fels / der in Besapha / das ist / in wolcken / winden vnd wetter stehet. Vnten fliessen Beche / vnd er an denselben seinen bechen hin wehret bis gen Ar.

16VND von dannen zogen sie zum Brunnen /
das ist der brun / da von der HERR zu Mose sagt /
Samle das volck / Jch wil jnen wasser geben. 17Da
sang Jsrael dieses Lied / vnd sungen vmb einander
vber dem Brunnen / 18Das ist der brun / den die
Fürsten gegraben haben / die Edlen im volck haben
jn gegraben / durch den Lerer vnd jre [a]Stebe.
Vnd von dieser wüsten zogen sie gen Mathana /
19Vnd von Mathana gen Nahaliel / Vnd von Nahaliel gen Bamoth / 20Vnd von Bamoth in das Tal
das im felde Moab ligt / zu dem hohen berge Pisga / PISGA.
der gegen die wüsten sihet.

a (Stebe) Mügen hie heissen die Fürsten selbs wie im Jesaia der König in Egypten ein

VND JSRAEL SANDTE BOTEN ZU SIHON DEM KÖNIGE Stab heisst
der Amoriter / vnd lies jm sagen. [22]Las mich Darumb / das
durch dein Land ziehen / Wir wollen nicht weichen sie das volck
in die ecker noch in die weingarten / wollen auch regieren wie ein
des Brunwassers nicht trincken / die Landstrassen Hirte das vieh
wollen wir ziehen / bis wir durch deine Grentze mit seinem
komen. [23]Aber Sihon gestattet den kindern Jsrael stabe.
den zug nicht durch seine grentze Sondern samlet SIHON.
alle sein Volck / vnd zoch aus Jsrael entgegen in
die wüsten / Vnd als er gen Jachza kam / streit er
wider Jsrael.

[24]JSrael aber schlug jn mit der scherffe des JSRAEL
Schwerts / vnd nam sein Land ein von Arnon an nimpt Sihons
Deut. 2. bis an den Jabok / vnd bis an die kinder Ammon / Land ein.
Denn die grentze der kinder Ammon waren feste.
[25]Also nam Jsrael alle diese Stedte / vnd wonete
Jud. 11. in allen stedten der Amoriter / zu Hesbon vnd
allen jr Töchtern. [26]Denn Hesbon die stad war (Töchter)
Psal. 135. Sihons des königes der Amoriter / vnd er hatte Das ist / die
zuuor mit dem könige der Moabiter gestritten / Dörffer vnd
vnd jm alle sein Land angewonnen / bis gen Arnon. Flecken vmb

[27]DAher sagt man im Sprichwort / Kompt gen die Stad her
Hesbon / das man die stad Sihon bawe vnd auff- ligend.
Amos. 2. richte. [28]Denn fewr ist aus Hesbon gefaren / ein
flamme von der stad Sihon / die hat gefressen Ar
der Moabiter / vnd die Bürger der höhe Arnon.
[29]Weh dir Moab / du volck Camos bis verloren /
Man hat seine Söne in die flucht geschlagen /
vnd seine Töchter gefangen gefürt Sihon dem
könige der Amoriter. [30]Jre herrligkeit ist zu nicht
worden / von Hesbon bis gen Dibon / Sie ist
verstöret bis gen Nopha / die da langet bis gen
Medba. [31]Also wonete Jsrael im Lande der Amo-
|| 87a riter. ||

VND Mose sandte aus Kundschaffer gen Jaeser /
vnd gewonnen jre Töchter / vnd namen die
Amoriter ein die drinnen waren. [33]Vnd wandten
sich vnd zogen hin auff des weges zu Basan / Da
zoch aus jnen entgegen Og der könig zu Basan OG.
mit alle seinem Volck zu streiten in Edrei. [34]Vnd
der HERR sprach zu Mose / Fürcht dich nicht
fur jm / denn ich hab jn / in deine hand gegeben
mit Land vnd Leuten / Vnd solt mit jm thun / wie
du mit Sihon dem könige der Amoriter gethan
hast / der zu Hesbon wonete. [35]Vnd sie schlugen JSRAEL
jn vnd seine Söne vnd alle sein Volck bis das keiner nimpt Ogs
Deu. 3. 29. vberbleib / Vnd namen das Land ein. [1]Darnach Land ein.

ziehet zu Balak dem könig der Moabiter etc.

zogen die kinder Jsrael vnd lagerten sich in das
gefilde Moab jenseid dem Jordan gegen Jeriho.

XXII.

BALAK.

VND DA BALAK DER SON ZIPOR SAHE / ALLES WAS
Jsrael gethan hatte den Amoritern / Vnd das
sich die Moabiter seer furchten fur dem Volck / das
so gros war / vnd das den Moabitern grawet fur
den kindern Jsrael / 4Vnd sprachen zu den Elte-
sten der Midianiter / Nu wird dieser Hauffe auff-
fretzen was vmb vns ist / wie ein Ochs kraut auff
dem felde aufffretzet. Balak aber der son Zipor
war zu der zeit könig der Moabiter.
5VND er sandte Boten aus zu Bileam dem son Josua. 24.
Beor / [a]gen Pethor / der wonet an dem wasser im
Lande der kinder seines volcks / das sie jn fodder-
ten / vnd lies jm sagen / Sihe / es ist ein Volck aus
Egypten gezogen / das bedeckt das angesicht der
Erden vnd ligt gegen mir. 6So kom nu vnd ver-
fluch mir das Volck / denn es ist mir zu mechtig /
Ob ichs schlahen möchte / vnd aus dem Lande
vertreiben / Denn ich weis / das / welchen du seg-
nest / der ist gesegenet / vnd welchen du ver-
fluchest / der ist verflucht.

a Jd Petrus dicit ex Bosor. 2. Pet. 2.

VND die Eltesten der Moabiter giengen hin mit
den Eltesten der Midianiter / vnd hatten das
Lohn des Warsagens in jren henden / vnd giengen
zu Bileam ein / vnd sagten jm die wort Balak.
8Vnd er sprach zu jnen / Bleibt hie vber nacht / so
wil ich euch wider sagen / wie mir der HERR sagen
wird / Also blieben die fürsten der Moabiter bey
Bileam.

BILEAM.

9VND Gott kam zu Bileam / vnd sprach / Wer
sind die Leute / die bey dir sind? 10Bileam sprach
zu Gott / Balak der son Zipor der Moabiter könig
hat zu mir gesand / 11Sihe / Ein volck ist aus
Egypten gezogen / vnd bedeckt das angesicht der
Erden / So kom nu vnd fluch jm / ob ich mit jm
streiten müge vnd sie vertreiben. 12Gott aber
sprach zu Bileam / Gehe nicht mit jnen / verfluch
das Volck auch nicht / denn es ist gesegnet. 13Da
stund Bileam des morgens auff / vnd sprach zu den
fürsten Balak / Gehet hin in ewr Land / denn der
HERR wils nicht gestatten / das ich mit euch ziehe.

VND die Fürsten der Moabiter machten sich
auff / kamen zu Balak / vnd sprachen / Bileam
wegert sich mit vns zu ziehen. 15Da sandte Balak

ziehet zu Balak dem könig der Moabiter etc.

noch grösser vnd herrlicher Fürsten denn jene
waren. [16]Da die zu Bileam kamen / sprachen sie
zu jm / Also lesst dir sagen Balak der son Zipor /
Lieber were dich nicht zu mir zu ziehen / [17]Denn
ich wil dich hoch ehren / vnd was du mir sagest das
wil ich thun / Lieber kom vnd fluche mir diesem
Volck.

[18]B Jleam antwortet / vnd sprach zu den dienern
Num. 24. Balak / Wenn mir balak sein Haus vol silbers vnd
golds gebe / So künd ich doch nicht vbergehen /
das wort des HERRN meines Gottes / kleines oder
grosses zu thun. [19]So bleibt doch nu hie auch jr
diese nacht / das ich erfare / was der HERR weiter
mit mir reden werde. [20]Da kam Gott des nachts zu
Bileam / vnd sprach zu jm / Sind die Menner ko-
men dir zu ruffen / So mach dich auff vnd zeuch mit
|| 87b jnen. Doch was ich dir sagen werde / soltu thun. ||

DA stund Bileam des morgens auff / vnd sattelt
seine Eselin / vnd zoch mit den Fürsten der
Moabiter. [22]Aber der zorn Gottes ergrimmet das
er hin zoch / Vnd der Engel des HERRN trat in
den weg / das er jm widerstünde / Er aber reit auff
seiner Eselin / vnd zween Knaben waren mit jm.
[23]Vnd die Eselin sahe den Engel des HERRN im
wege stehen / vnd ein blos Schwert in seiner hand /
Vnd die Eselin weich aus dem wege vnd gieng auff
dem felde / Bileam aber schlug sie / das sie in den
weg solt gehen.

[24]DA trat der Engel des HERRN in den pfad
bey den Weinbergen / da auff beiden seiten wende
waren. [25]Vnd da die Eselin den Engel des
HERRN sahe / drenget sie sich an die wand / vnd
klemmet Bileam den fus an der wand / Vnd er
schlug sie noch mehr. [26]Da gieng der Engel des
HERRN weiter vnd trat an einen engen Ort / da
kein weg war zu weichen / weder zur rechten noch
zur lincken. [27]Vnd da die Eselin den Engel des
HERRN sahe / fiel sie auff jre knie vnter dem
Bileam / Da ergrimmet der zorn Bileam / vnd
schlug die Eselin mit dem stabe.

DA thet der HERR der Eselin den mund auff / Bileams Eselin redet.
2. Pet. 2. vnd sie sprach zu Bileam / Was hab ich dir ge-
than / das du mich geschlagen hast nu drey mal?
[29]Bileam sprach zur Eselin / Das du mich hönest /
Ah / das ich jtzt ein schwert in der hand hette / ich
wolt dich erwürgen. [30]Die Eselin sprach zu
Bileam / Bin ich nicht dein Eselin darauff du ge-

ritten hast / zu deiner zeit bis auff diesen tag? Hab
ich auch je gepflegt dir also zu thun? Er sprach /
Nein.
31DA öffnete der HERR Bileam die augen / das
er den Engel des HERRN sahe im wege stehen /
vnd ein blos Schwert in seiner hand / vnd neiget
vnd bücket sich mit seinem angesicht. 32Vnd der
Engel des HERRN sprach zu jm / Warumb hastu
deine Eselin geschlagen nu drey mal? Sihe / Jch bin
ausgegangen das ich dir widerstehe / denn der weg
ist fur mir verkeret. 33Vnd die Eselin hat mich ge-
sehen / vnd mir drey mal gewichen / Sonst wo sie
nicht fur mich gewichen hette / so wolt ich dich
auch jtzt erwürget / vnd die Eselin lebendig be-
halten haben. 34Da sprach Bileam zu dem Engel
des HERRN / Jch hab gesündiget / denn ich habs
nicht gewust / das du mir entgegen stundest im
wege / Vnd nu so dirs nicht gefellet / wil ich wider
vmbkeren. 35Der Engel des HERRN sprach zu
jm / Zeuch hin mit den Mennern / Aber nichts
anders / denn was ich zu dir sagen werde / soltu
reden / Also zoch Bileam mit den fürsten Balak.
DA Balak hörete / das Bileam kam / zoch er aus
jm entgegen in die stad der Moabiter / die da
ligt an der grentze Arnon / welcher ist an der
eussersten grentze / 37vnd sprach zu jm / Hab ich
nicht zu dir gesand / vnd dich foddern lassen?
Warumb bistu denn nicht zu mir komen? Meinstu /
ich künde nicht dich ehren? 38Bileam antwortet
jm / Sihe / ich bin komen zu dir / Aber wie kan ich
etwas anders reden / denn das mir Gott in den
mund gibt / das mus ich reden? 39Also zoch
Bileam mit Balak / vnd kamen in die gassenstad.
40Vnd Balak opfferte rinder vnd schaf / vnd sandte
nach Bileam vnd nach den Fürsten die bey jm
waren.

XXIII.

VND DES MORGENS NAM BALAK DEN BILEAM /
vnd füret jn hin auff die [a]höhe Baal / das er von
dannen sehen kundte / bis zu ende des Volcks.
1Vnd Bileam sprach zu Balak / Bawe mir hie sieben
Altar / vnd schaff mir her sieben farren vnd sieben
farren vnd sieben widder. 2Balak thet wie jm
Bileam sagt / Vnd beide Balak vnd Bileam opffer-
ten / ja auff ein Altar einen farren vnd einen wid-
der. 3Vnd Bileam sprach zu Balak / Tritt bey dein

[a] Kirchen Baal.

Brandopffer / Jch wil hin gehen / ob vieleicht mir
der [b]HERR begegene / Das ich dir ansage / was er
|| 88a mir zeiget / Vnd gieng hin eilend. ||
4VND Gott begegnet Bileam / Er aber sprach
zu jm / Sieben Altar hab ich zugericht / vnd ja auff
einen Altar einen farren vnd einen widder geop-
ffert. 5Der HERR aber gab das wort dem Bileam
in den mund / vnd sprach / Gehe wider zu Balak
vnd rede also. 6Vnd da er wider zu jm kam / Sihe /
da stund er bey seinem Brandopffer / sampt allen
Fürsten der Moabiter.

> b (HERR) Hie leuget Bileam / das er wil zum HERRN gehen / welcher jm bereit gesagt hatte / das er nicht solt fluchen / Sondern er gehet zu seinen Zeuberern vnter des HERRN Namen.

BILEAMS segen vnd Weissagung.

7DA hub er an seinen Spruch / vnd sprach / Aus
Syrien hat mich Balak der Moabiter könig holen
lassen / von dem Gebirge gegen dem auffgang /
Kom / verfluche mir Jacob / kom / schilt Jsrael.
8Wie sol ich fluchen dem Gott nicht fluchet? Wie
sol ich schelten den der HERR nicht schilt?
9Denn von der höhe der Felsen sehe ich jn wol / vnd
von den Hügeln schawe ich jn. SIHE / DAS VOLCK
WIRD BESONDERS WONEN / VND NICHT VNTER DIE
HEIDEN GERECHNET WERDEN. 10Wer kan zelen den
staub Jacob / vnd die zal des vierden teils Jsrael?
Meine Seele müsse sterben des tods der Gerechten /
vnd mein Ende werde wie dieser ende.

> (SPRUCH) Heisst hie oracula das ist / solche wort die er nicht von jm selbs redet. Sondern die jm Gott in den mund gab. Als wenn ein Gottloser / den text des worts Gottes spricht / das wider jn selbs vnd die seinen ist.

DA sprach Balak zu Bileam / Was thustu an mir?
Jch hab dich holen lassen zu fluchen meinen
Feinden / vnd sihe / du segenest. 12Er antwortet
vnd sprach / Mus ich nicht das halten vnd reden /
das mir der HERR in den mund gibt: 13Balak
sprach zu jm / Kom doch mit mir an einen andern
Ort / von dannen du sein ende sehest / vnd doch
nicht gantz sehest / vnd fluche mir jm daselbs.
14VND er füret jn auff einen freien Platz auff der
höhe Pisga / vnd bawete sieben Altar / vnd opfferte
ja auff einem Altar einen Farren vnd einen widder.
15Vnd sprach zu Balak / Tritt also bey dein Brand-
opffer / ich wil dort warten. 16Vnd der HERR be-
gegnet Bileam / vnd gab jm das wort in seinen
mund / vnd sprach / Gehe wider zu Balak vnd rede
also. 17Vnd da er wider zu jm kam / Sihe / da stund
er bey seinem Brandopffer / sampt den Fürsten der
Moabiter / Vnd Balak sprach zu jm / Was hat der
HERR gesagt.

> PISGA.

18VND er hub an seinen Spruch / vnd sprach /
Stehe auff Balak vnd höre nim zu ohren was ich
sage du son Zipor. 19Gott ist nicht ein [a]Mensch
das er liege / noch ein menschen Kind / das jn etwas

> a Menschen liegen / vnd müssen auch zu weilen feilen / das sie nicht halten können / denn sie sind selbs jrs lebens vngewis.

gerewe. Solt er etwas sagen vnd nicht thun? Solt
er etwas reden vnd nicht halten? 20Sihe / zu sege-
nen bin ich her bracht / Jch segene vnd kans nicht
wenden. 21Man sihet keine bMühe in Jacob /
vnd keine Erbeit in Jsrael / Der HERR sein
Gott ist bey jm / vnd das cdrometen des Königs
vnter jm. 22Gott hat sie aus Egypten gefüret /
seine freidigkeit ist wie eins Einhorns. 23Denn es
ist kein Zeuberer in Jacob / vnd kein Warsager in
Jsrael. Zu seiner zeit wird man von Jacob sagen
vnd von Jsrael / welche wunder Gott thut. 24Sihe /
das Volck wird auffstehen wie ein junger Lewe /
vnd wird sich erheben wie ein Lewe / Es wird sich
nicht legen / bis es den Raub fresse / vnd das blut
der Erschlagenen sauffe.

DA sprach Balak zu Bileam / Du solt jm weder
fluchen noch segenen. 26Bileam antwortet /
vnd sprach zu Balak / Hab ich dir nicht gesagt /
Alles was der HERR reden würde / das würde ich
thun? 27Balak sprach zu jm / Kom doch ich wil
dich an einen andern Ort füren / obs vieleicht Gott
gefalle / das du daselbs mir sie verfluchest. 28Vnd
er füret jn auff die höhe des berges Peor / welcher PEOR.
gegen die wüsten sihet. 29Vnd Bileam sprach zu
Balak / Bawe mir hie sieben Altar / vnd schaffe mir
sieben farren vnd sieben widder. 30Balak thet wie
Bileam sagt / vnd opffert ja auff einen Altar einen
farren vnd einen widder. || || 88b

XXIIII.

DA nu Bileam sahe / das es dem HERRN
gefiel / das er Jsrael segenet / Gieng er nicht
hin / wie vormals / nach den Zeuberern / Sondern
richtet sein angesicht stracks zu der wüsten / 2hub
auff seine augen vnd sahe Jsrael / wie sie lagen nach
jren Stemmen. Vnd der geist Gottes kam auff jn /
3vnd er hub an seinen Spruch vnd sprach / Es saget
Bileam der son Beor / Es saget der Man / dem die
augen geöffnet sind / 4Es saget der Hörer gött-
licher rede / der des Allmechtigen offenbarung
sihet / dem die augen geöffnet werden / wenn er
nider kniet.

5Wje fein sind deine Hütten Jacob / vnd deine
wonung Jsrael. 6Wie sich die Beche ausbreiten /
wie die Garten an den wassern / wie die Hütten die
der HERR pflantzt / wie die Cedern an den wassern.
8Es wird wasser aus seinem Eimer fliessen / vnd

b Mühe vnd Erbeit heisst die Schrifft Abgötterey oder falschen Gottesdienst / vnd was on glauben geschicht. Psal. 10. Vnter seiner Zungen ist Mühe vnd Erbeit.

c Drometen des Königes / das ist / Die leiblichen drameten Gottes jres Königs / der sie zu machen befolhen hatte / darumb sie vnüberwindlich waren im streit. Mag auch wol heissen / das wort Gottes / so in diesem Volck lauter vnd öffentlich geleret ward.

Hieraus mercket man / das Bileam droben allezeit sey zu zeuberey gegangen / vnter Gottes Namen / Aber der HERR ist jm jmer begegnet vnd hat die zeuberey gehindert / das er hat müssen das recht Gotts wort fassen an stat der zeuberey.

Bileams segen vnd Weissagung.

sein Same wird ein gros wasser werden / Sein König wird höher werden denn Agag / vnd sein Reich wird sich erheben. Gott hat jn aus Egypten gefüret / Seine fredigkeit ist wie eins Einhorns. Er wird die Heiden / seine Verfolger / fressen / vnd jre gebeine zumalmen / vnd mit seinen pfeilen zuschmettern. [9]Er hat sich nidergelegt wie ein Lewe / vnd wie ein junger Lewe / Wer wil sich wider jn auff lehnen? Gesegenet sey der dich segenet / Vnd verflucht der dir flucht.

DA ergrimmet Balak im zorn wider Bileam / vnd schlug die hende zusamen / vnd sprach zu jm / Jch hab dich gefoddert / Das du meinen Feinden fluchen soltest / vnd sihe / du hast sie nu drey mal gesegnet. [11]Vnd nu heb dich an deinen ort / Jch gedacht / ich wolt dich ehren / Aber der HERR hat dir die ehre verwehret.

[12]BJleam antwortet jm / Hab ich nicht auch zu deinen Boten gesagt / die du zu mir sandtest / vnd gesprochen? [13]Wenn mir Balak sein Haus vol silber vnd gold gebe / so künd ich doch fur des HERRN wort nicht vber / böses oder guts zu thun nach meinem hertzen / Sondern was der HERR reden würde / das würde ich auch reden? [14]Vnd nu sihe / wenn ich zu meinem Volck ziehe / so kom / So wil ich dir raten / was dis Volck deinem volck thun wird zur letzten zeit.

VND er hub an seinen Spruch / vnd sprach / Es sagt Bileam der son Beor. Es sagt der Man dem die augen geöffnet sind / [16]Es sagt der Hörer göttlicher rede / vnd der die erkentnis hat des Höhesten / der die offenbarung des Allmechtigen sihet / vnd dem die augen geöffnet werden / wenn er nider kniet. [17]Jch werde jn sehen / aber jtzt nicht / Jch werde jn schawen / aber nicht von nahe. Es WIRD EIN STERN AUS JACOB AUFFGEHEN / VND EIN SCEPTER AUS JSRAEL AUFFKOMEN / vnd wird zuschmettern die Fürsten der Moabiter / vnd verstören alle kinder Seth. [18]Edom wird er einnemen / vnd Seir wird seinen Feinden vnterworffen sein / Jsrael aber wird sieg haben. [19]Aus Jacob wird der Herrscher komen / vnd vmbbringen / was vbrig ist von den Stedten.

[20]VND da er sahe die Amalekiter / hub er an seinen Spruch / vnd sprach / [a]Amalek die ersten vnter den Heiden / Aber zu letzt wirstu gar vmbkomen.

a (AMALEK) War der erste vnter den Heiden / so die kinder Jsrael anfochten / Exo. 17. Aber durch Saul vertilget. 1. Reg. 15.

AMALEKITER. 1. Reg. 15. KENITER.

21 VND da er sahe die Keniter / hub er an seinen
Spruch / vnd sprach / Fest ist deine Wonung / vnd
hast dein Nest in einen Fels gelegt / 22 Aber o Kain
du wirst verbrand werden / wenn Assur dich ge-
fangen wegfüren wird.

23 VND hub abermal an seinen Spruch / vnd
sprach / Ah / Wer wird leben / wenn Gott solchs
thun wird? 24 Vnd schiffe aus [b]Chithim werden ver-
derben den Assur vnd Eber / Er aber wird auch
vmbkomen.

25 Vnd Bileam macht sich auff vnd zoch hin / vnd
kam wider an seinen Ort. Vnd Balak zoch seinen
weg. ‖ ‖ 89a

b (CHITHIM) Sind die aus Europa / Als der grosse Alexander vnd Römer / welche auch zu letzt vntergehen. Vnd zeigt hie die Weissagung / das alle Königreich auff Erden eins nach dem andern vntergehen müssen / neben dem volck Jsrael / welchs ewig bleibet / vmb Christus willen.

XXV.

VND JSRAEL WONET IN SITTIM / VND DAS VOLCK SITTIM.
hub an zu huren mit der Moabiter töchter /
2 welche luden das volck zum Opffer jrer Götter /
Vnd das volck ass vnd betet jre Götter an / 3 vnd
Jsrael hengete sich an den BaalPeor. Da ergrimmet BAALPEOR.
des HERRN zorn vber Jsrael / 4 vnd sprach zu
Mose / Nim alle Obersten des Volcks / vnd henge
sie dem HERRN an die Sonne / auff das der
grimmige zorn des HERRN von Jsrael gewand
werde. 5 Vnd Mose sprach zu den Richtern Jsrael /
Erwürge ein jglicher seine Leute / die sich an den
BaalPeor gehenget haben.

VND sihe / ein Man aus den kindern Jsrael kam /
vnd bracht vnter seine Brüder eine Midianitin /
vnd lies Mose zusehen / vnd die gantze Gemeine
der kinder Jsrael / die da weineten fur der Thür der
Hütten des Stiffts. 7 Da das sahe Pinehas der son PINEHAS.
Eleasar des sons Aaron des Priesters stund er auff
aus der Gemeine / vnd nam einen Spies in seine
hand / 8 vnd gieng dem Jsraelischen man nach hin
ein in den Hurenwinckeln / vnd durch stach sie
beide den Jsraelischen man / vnd das Weib durch
jren bauch / Da höret die Plage auff von den kin-
dern Jsrael. 9 Vnd es wurden getödtet in der Plage Psal. 106.
vier vnd zwenzig tausent. 1. Cor. 10.

VND der HERR redet mit Mose / vnd sprach /
11 Pinehas der son Eleasar / des sons Aaron des
Priesters hat meinen grim von den kindern Jsrael
gewendet / durch seinen Eiuer vmb mich / das nicht
ich in meinem Einer die kinder Jsrael vertilgete.
12 Darumb sage / Sihe / Jch gebe jm meinen Bund
des friedes / 13 vnd er sol haben vnd sein Same nach

jm den Bund eins ewigen Priesterthums / darumb /
da er fur seinen Gott geeiuert / vnd die kinder Jsrael
versünet hat.
[14]DEr Jsraelische man aber der erschlagen ward SIMRI.
mit der Midianitin hies Simri / der son Salu / ein CASBI.
Fürst im hause des vaters der Simeoniter. [15]Das
Midianitisch weib / das auch erschlagen ward / hies
Num. 31. Casbi / eine tochter Zur / der ein Fürst war eines
Geschlechts vnter den Midianitern.
VND der HERR redet mit Mose / vnd sprach /
[17]Thut den Midianitern schaden / vnd schlahet
sie / [18]Denn sie haben euch schaden gethan mit
jrem List / den sie euch gestellet haben durch den
Peor / vnd durch jre schwester Casbi / die tochter
des Fürsten der Midianiter / die erschlagen ist am
tage der Plage vmb des Peors willen / [1]vnd die
plage darnach kam.

XXVI.

VND DER HERR SPRACH ZU MOSE VND ELEASAR
dem son des Priesters Aaron. [2]Nim die summa
der gantzen Gemeine der kinder Jsrael / von zwen-
zig jaren vnd drüber / nach jrer Veter heuser / alle
die ins Heer zu ziehen tügen in Jsrael. [3]Vnd Mose
redet mit jnen sampt Eleasar dem Priester / in dem
gefilde der Moabiter / an dem Jordan gegen Jeriho /
[4]die zwenzig jar alt waren vnd drüber / wie der
HERR Mose geboten hatte / vnd den kindern
Jsrael / die aus Egypten gezogen waren.
Gen. 46. RVben der Erstgeborner Jsrael. Die kinder aber KINDER
1. Par. 5. Ruben waren / Hanoch von dem das geschlecht Ruben.
Num. 1. der Hanochiter kompt. Pallu / von dem das ge-
schlecht der Palluiter kompt. [6]Hezron / von dem
das geschlecht der Hezroniter kompt. Charmi / von
dem das geschlecht der Charmiter kompt. [7]Das
sind die geschlecht von Ruben / Vnd jre zal war /
drey vnd vierzig tausent / sieben hundert vnd
dreissig.
Num. 16. [8]ABer der kinder Pallu / waren Eliab / [9]vnd die
kinder Eliab waren / Nemuel vnd Dathan vnd DATHAN.
Abiram. Das ist der Dathan vnd Abiram die fur-
nemlichen in der Gemeine / die sich wider Mosen
vnd Aaron aufflehneten in der rotten Korah / da
sie sich wider den HERRN aufflehneten. [10]Vnd
|| 89b die Erde jren || mund auffthet / vnd sie verschlang
mit Korah / da die Rotte starb / da das fewr zwey
hundert vnd funffzig Menner frass / vnd worden

ein Zeichen. [11]Aber die kinder Korah storben nicht. (Zeichen) Ein Schreckzeichen / daran sie gedechten / vnd sich fur gleicher sünde hüteten.

SIMEON.

[12]DJE kinder Simeon in jren geschlechten waren / Nemuel / Da her kompt das geschlecht der Nemueliter. Jamin / daher kompt das geschlecht der Jaminiter. Jachin / daher das geschlecht der Jachiniter kompt. [13]Serah / daher das geschlecht der Serahiter kompt. Saul / daher das geschlecht der Sauliter kompt. [14]Das sind die geschlecht von Simeon / zwey vnd zwenzig tausent vnd zwey hundert.

GAD.

[15]DJE kinder Gad in jren geschlechten waren / Ziphon / daher das geschlecht der Ziphoniter kompt. Haggi / daher das geschlecht der Haggiter kompt. Suni / daher das geschlecht der Suniter kompt. [16]Osni / daher das geschlecht der Osniter kompt. Eri / daher das geschlecht der Eriter kompt. [17]Arod daher das geschlecht der Aroditer kompt. Ariel / daher das geschlecht der Arieliter kompt. [18]Das sind die geschlechte der kinder Gad / an jrer zal / vierzig tausent vnd funffff hundert.

JUDA.

[19]DJE kinder Juda / Ger vnd Onan / welche beide storben im lande Canaan. Gen. 38. [20]Es waren aber die kinder Juda in jren geschlechten / Sela / daher das geschlechte der Selaniter kompt. Perez / daher das geschlecht der Pereziter kompt. Serah / daher das geschlecht der Serahiter kompt. [21]Aber die kinder Perez waren / Hezron / daher das geschlecht der Hezroniter kompt. Hamuel / daher das geschlecht der Hamuliter kompt. [22]Das sind die geschlechte Juda an jrer zal sechs vnd siebenzig tausent vnd funffhundert.

JSASCHAR.

[23]DJE kinder Jsaschar in jren geschlechten waren / Thola / daher das geschlecht der Tholaiter kompt. Phuua / daher das geschlecht der Phuuaniter kompt. [24]Jasub / daher das geschlecht der Jasubiter kompt. Simron / daher das geschlecht der Simroniter kompt. [25]Das sind die geschlechte Jsaschar / an der zal / vier vnd sechzig tausent drey hundert.

SEBULON.

[26]DJE kinder Sebulon in jren geschlechten waren / Sered / daher das geschlecht der Sarditer kompt. Elon / daher das geschlecht der Eloniter kompt. Jahelel / daher das geschlecht der Jaheleliter kompt. [27]Das sind die geschlechte Sebulon / an jrer zal / sechzig tausent vnd funffhundert.

Summa der Kinder Jsrael etc.

DJE kinder Joseph / in jren Geschlechten waren / Manasse vnd Ephraim. Die kinder aber Manasse waren / Machir / daher kompt das geschlecht der Machiriter. Machir zeugete Gilead / daher kompt das geschlecht der Gileaditer. 30Dis sind aber die kinder Gilead / Hieser / daher kompt das geschlecht der Hieseriter. Helek daher kompt das geschlecht der Helekiter. 31Asriel / daher kompt das geschlecht der Asrieliter. Sichem / daher kompt das geschlecht der Sichimiter. 32Smida / daher kompt das geschlecht der Smiditer. Hepher / daher kompt das geschlecht der Hepheriter. 33Zelaphehad aber war Hepher son / vnd hatte keine Söne / sondern Töchter die hiessen Mahela / Noa / Hagla / Milca vnd Thirza. 34Das sind die geschlechte Manasse / an jrer zal / zwey vnd funffzig tausent vnd sieben hundert. MANASSE.

Num. 27.

35DJE kinder Ephraim in jren geschlechten waren / Suthelah / daher kompt das geschlecht der Suthelahiter. Becher / daher kompt das geschlecht der Becheriter. Thahan / daher kompt das geschlecht der Thahaniter. 36Die kinder aber Suthelah waren / Eran / daher kompt das geschlecht der Eraniter. 37Das sind die geschlecht der kinder Ephraim / an jrer zal / zwey vnd dreissig tausent vnd funff hundert / Das sind die kinder Joseph in jren Geschlechten. EPHRAIM.

38DJE kinder BenJamin in jren geschlechten waren / Bela / daher kompt das geschlecht der Belaiter. Asbel / daher kompt das geschlecht der Asbeliter. Ahiram / daher kompt das geschlecht der Ahiramiter. 39Supham / daher kompt das geschlecht der Suphamiter. Hupham / daher kompt das ge||schlecht der Huphamiter. 40Die kinder aber Bela waren / Ard vnd Naeman / daher kompt das geschlecht der Arditer vnd Naemaniter. 41Das sind die kinder BenJamin in jren geschlechten / an der zal funff vnd vierzig tausent vnd sechs hundert. BENJAMIN. || 90a

42DJE kinder Dan in jren geschlechten waren / Suham / daher kompt das geschlecht der Suhamiter. 43Das sind die geschlechte Dan in jren geschlechten / vnd waren alle sampt an der zal / vier vnd sechzig tausent / vnd vier hundert. DAN.

44DJE kinder Asser in jren geschlechten waren / Jemna / da her kompt das geschlecht der Jemniter. Jeswi / daher kompt das geschlecht der Jeswiter. Bria / daher kompt das geschlecht der ASSER.

Brijter. 45Aber die kinder Bria waren / Heber / da-
her kompt das geschlecht der Hebriter. Melchiel /
da her kompt das geschlecht der Melchieliter.
46Vnd die tochter Asser hies Sarah. 47Das sind die
geschlecht der kinder Asser / an jrer zal / drey vnd
funffzig tausent vnd vier hundert.

NAPHTHALI.

48DJE kinder Naphthali in jren geschlechten
waren / Jaheziel / daher kompt das geschlecht der
Jahezieliter. Guni / da her kompt das geschlecht der
Guniter. 49Jezer / da her kompt das geschlecht der
Jezeriter. Sillem / daher kompt das geschlecht der
Sillemiter. 50Das sind die geschlechte von Naph-
thali / an jrer zal / funff vnd vierzig tausent vnd vier
hundert. 51Das ist die summa der kinder Jsrael /
sechs mal hundert tausent / ein tausent / sieben Num. 1.
hundert vnd dreissig.

SUMMA DER kinder Jsrael.

52VND der HERR redet mit Mose / vnd sprach /
53Diesen soltu das Land austeilen zum Erbe / nach
der zal der namen / 54Vielen soltu viel zum Erbe
geben / vnd wenigen wenig / Jglichen sol man
geben nach jrer zal. 55Doch man sol das Land
durchs Los teilen / nach den namen der stemme
jrer Veter sollen sie Erbe nemen / 56Denn nach
dem Los soltu jr Erbe austeilen / zwisschen den
vielen vnd wenigen.

VND das ist die summa der Leuiten in jren ge- Num. 3.
schlechten / Gerson / da her das geschlecht der Exod. 6.
Gersoniter. Kahath / daher das geschlecht der Kaha-
thiter. Merari / daher das geschlecht der Mera-
riter. 58Dis sind die geschlechte Leui / Das ge-
schlecht der Libniter / das geschlecht der Hebro-
niter / das geschlecht der Maheliter / das geschlecht
der Musiter / das geschlecht der Korahiter.

KAhath zeuget Amram / 59vnd Amrams weib
hies Jochebed eine tochter Leui / die jm geboren
ward in Egypten / Vnd sie gebar dem Amram Aaron
vnd Mosen / vnd jre schwester MirJam. 60Dem
Aaron aber ward geborn Nadab / Abihu / Eleasar
vnd Jthamar. 61Nadab aber vnd Abihu storben /
da sie frembde Fewr opfferten fur dem HERRN.
62Vnd jr summa war / drey vnd zwenzig tausent Leui. 10.
alle Menlin / von einem monden an vnd drüber. 1. Par. 24.
Denn sie worden nicht gezelet vnter die kinder
Jsrael / denn man gab jnen kein Erbe vnter den
kindern Jsrael.

SUMMA DER Leuiten.

63DAS ist die summa der kinder Jsrael / die Mose
vnd Eleasar der Priester zeleten im gefilde der Moa-

biter / an dem Jordan gegen Jeriho. 64Vnter wel-
chen war keiner aus der summa / da Mose vnd
Aaron der Priester die kinder Jsrael zeleten in der
wüsten Sinai / 65Denn der HERR hatte jnen ge-
sagt / Sie solten des tods sterben in der wüsten /
Num. 14. vnd bleib keiner vber / On Caleb der son Jephunne /
vnd Josua der son Nun.

XXVII.

VND DIE TÖCHTER ZELAPHEHAD DES SONS HE- TÖCHTER
pher / des sons Gilead / des sons Machir / des Zelaphehad.
sons Manasse / vnter den geschlechten Manasse /
des sons Joseph / mit namen Mahela / Noa / Hagla /
Milca vnd Thirza / kamen erzu 2vnd tratten fur
|| 90b Mose vnd fur || Eleasar den Priester / vnd fur die
Fürsten vnd gantze Gemeine / fur der thür der
Hütten des Stiffts / vnd sprachen. 3Vnser Vater
ist gestorben in der wüsten / vnd war nicht mit
Num. 16. vnter der Gemeine / die sich wider den HERRN
empöreten in der Rotten Korah / sondern ist an
seiner sünde gestorben / vnd hatte keine Söne /
4Warumb sol denn vnsers Vaters name vnter seinem
geschlecht vntergehen / ob er wol keinen Son hat?
Gebet vns auch ein Gut vnter vnsers vaters Brü-
dern.

5MOse bracht jre sache fur den HERRN. 6Vnd
der HERR sprach zu jm / 7Die töchter Zelaphe-
had haben recht geredt / Du solt jnen ein Erbgut
vnter jres vaters brüdern geben / vnd solt jrs vaters
Erbe jnen zuwenden. 8Vnd sage den kindern
Jsrael / Wenn jemand stirbt vnd hat nicht Söne / so
solt jr sein Erbe seiner Tochter zuwenden. 9Hat
er keine tochter / solt jrs seinen Brüdern geben.
10Hat er keine Brüder / solt jrs seinen Vettern
geben. 11Hat er nicht vettern / solt jrs seinen nehe-
sten Freunden geben / die jn angehören in seinem
Geschlecht das sie es einnemen. Das sol den kin-
dern Jsrael ein Gesetz vnd Recht sein / wie der
HERR Mose geboten hat.

VND der HERR sprach zu Mose / Steig auff dis
Num. 20. gebirge Abarim / vnd besihe das Land / das ich ABARIM.
Deut. 32. den kindern Jsrael geben werde. 13Vnd wenn du
es gesehen hast / soltu dich samlen zu deinem
Volck / wie dein bruder Aaron versamlet ist. 14Die
weil jr meinem wort vngehorsam gewesen seid in
der wüsten Zin / vber dem hadder der Gemeine /
da jr mich heiligen soltet / durch das wasser fur

Rechte.

jnen / Das ist das Hadderwasser zu Kades in der
wüsten Zin. 15Vnd Mose redet mit dem HERRN /
vnd sprach / 16Der HERR der Gott vber alles
lebendigs Fleischs / wolt einen Man setzen vber
die Gemeine / 17der fur jnen heraus vnd ein gehe /
vnd sie aus vnd einfüre / Das die Gemeine des
HERRN nicht sey / wie die schafe on Hirten.

VND der HERR sprach zu Mose / Nim Josua zu dir den son Nun / der ein Man ist in dem der Geist ist / vnd lege deine hende auff jn / 19Vnd stelle jn fur den Priester Eleasar / vnd fur die gantze Gemeine / Vnd gebeut jm fur jren augen / 20vnd lege [a]deine Herrligkeit auff jn / das jm gehorche die gantze Gemeine der kinder Jsrael. 21Vnd er sol treten fur den Priester Eleasar / der sol fur jn rat fragen / durch die weise [b]des Liechts fur dem HERRN. Nach des selben mund sollen aus vnd ein ziehen / beide er vnd alle kinder Jsrael mit jm / vnd die gantze Gemeine.

JOSUA. Deut. 3.

Exod. 28.

22MOse thet wie jm der HERR geboten hatte / vnd nam Josua vnd stellet jn fur den Priester Eleasar / vnd fur die gantze Gemeine / 23vnd legt seine hand auff jn / vnd gebot jm / wie der HERR mit Mose geredt hatte.

a (Deine Herrligkeit) Das wird vieleicht eine sondere weise gewest sein / das Mose dem Josua / den Stab oder die Hand auffs heubt gelegt hat. Gleich wie man die Könige zusalben / oder wie man die Lehen zu emfahen pflegt / welchs alles mus eine weise vnd geprenge haben.

b (Des Liechts) Das ist das Liecht auff der brust des Hohenpriesters Exo. 28. Da her sagen etliche / wenn Gott habe auffs Priesters frage geantwort / das hat sollen / ja sein / so habe das Liecht glentze von sich gegeben. Es habens aber hernach die Könige also gebraucht / wenn sie Gott vmb Rat fragten / Als. 1. Re. 28. vnd 30.

XXVIII.

VND DER HERR REDET MIT MOSE / VND SPRACH /
2Gebeut den kindern Jsrael / vnd sprich zu
jnen / Die Opffer meines Brots / welches mein
Opffer des süssen geruchs ist / solt jr halten zu
seinen zeiten / das jr mirs opffert. 3Vnd sprich zu
jnen / Das sind die Opffer / die jr dem HERRN
opffern solt / Jerige Lemmer / die on wandel sind /
teglich zwey zum teglichen Brandopffer / 4ein
Lamb des morgens / das ander zwisschen abends /
5Dazu ein zehenden Epha semelmelhs zum Speisopffer / mit öle gemenget das gestossen ist / eins
vierden teils vom Hin. 6Das ist ein teglich Brandopffer / das jr am berge Sinai opffertet / zum süssen
geruch ein Fewr dem HERRN. 7Da zu sein
Tranckopffer / ja zu einem Lamb ein vierteil vom
Hin / Jm Heiligthum sol man den [c]Wein des Tranckopffers opffern dem HERRN. 8Das ander Lamb
soltu zwisschen abends machen / wie das Speisopffer des morgens vnd sein Tranckopffer zum
Opffer des süssen geruchs dem HERRN. ‖ ‖ 91a

TEGLICH Opffer.

c (Wein) Jst hie Sicera / hoc est / inebriatiuum / id est / purum non dilutum / sed merum et efficax. Quia verbum purum / inebriat vere animas etc.

Rechte.

AM Sabbath tag aber zwey jerige Lemmer on
wandel / vnd zwo zehenden semelmelhs zum
Speisopffer / mit öle gemenget / vnd sein Tranck-
opffer. 10Das ist das Brandopffer eins jglichen
Sabbaths / vber das tegliche Brandopffer sampt
seinem Tranckopffer.

ABer des ersten tags ewr monden solt jr dem
HERRN ein Brandopffer opffern / zween junge
farren einen widder / sieben jerige lemmer on wan-
del. 12Vnd ja drey zehenden semelmelhs zum
Speisopffer mit öle gemenget zu einem farren / vnd
zwo zehenden semelmelhs zum Speisopffer mit
öle gemenget zu einem widder. 13Vnd ja ein zehen-
den semelmelhs zum Speisopffer mit öle gemenget /
zu einem lamb / Das ist das Brandopffer des süssen
geruchs ein opffer dem HERRN. 14Vnd jr Tranck-
opffer sol sein / ein halb Hin weins zum farren ein
dritteil Hin zum widder / ein vierteil Hin zum
lamb. Das ist das brandopffer eines jglichen monden
im jar. 15Da zu sol man einen zigenbock zum
Sündopffer dem HERRN machen / vber das teg-
liche Brandopffer / vnd sein Tranckopffer.

ABer am vierzehenden tag des ersten monden /
ist das Passah dem HERRN / 17Vnd am funff-
Exod. 12. zehenden tag desselben monden / ist Fest / Sieben
Leui. 23. tage sol man vngesewrt brot essen. 18Der erste tag
Deut. 16. sol heilig heissen / das jr zusamen kompt / Kein
Leui. 23. diensterbeit solt jr drinnen thun. 19Vnd solt dem
HERRN Brandopffer thun / zween junge farren /
einen widder / sieben jerige lemmer on wandel.
Sampt jren Speisopffern / drey zehenden semel-
melhs mit öle gemenget zu einem farren / vnd zwo
zehenden zu dem widder / 21vnd ja ein zehenden
auff ein Lamb vnter den sieben lemmern. 22Dazu
einen bock zum Sündopffer / das jr versünet wer-
det / 23Vnd solt solchs thun am morgen / vber das
Brandopffer / welchs ein teglich Brandopffer ist.
24Nach dieser weise solt jr alle tage die sieben tage
lang / das Brot opffern zum opffer des süssen ge-
ruchs dem HERRN / vber das tegliche Brand-
opffer / da zu sein Tranckopffer. 25Vnd der sieben-
de tag sol bey euch heilig heissen / das jr zusamen
kompt / kein Diensterbeit solt jr drinnen thun.

VND der tag der Erstlingen / wenn jr opffert das
newe Speisopffer dem HERRN / wenn ewer
Wochen vmb sind / sol heilig heissen / das jr zu-
samen kompt / kein diensterbeit solt jr drinnen

thun. [27]Vnd solt dem HERRN Brandopffer thun
zum süssen geruch zween junge farren / einen
widder / sieben jerige lemmer / [28]Sampt jrem Speis-
opffer / drey zehenden semelmelhs mit öle gemen-
get zu einem farren / zwo zehenden zu dem widder /
[29]Vnd ja ein zehenden zu eim lamb der sieben lem-
mer / [30]Vnd einen zigenbock euch zu versünen.
[31]Dis solt jr thun / vber das tegliche Brandopffer
mit seinem Speisopffer / on wandel sols sein / dazu
jre Tranckopffer.

XXIX.

FEST DES 7. Mondens etc.

VND DER ERSTE TAG DES SIEBENDEN MONDEN /
sol bey euch heilig heissen / das jr zusamen
kompt / kein diensterbeit solt jr drinnen thun / Es
ist ewr drometen tag. [2]Vnd solt Brandopffer thun
zum süssen geruch dem HERRN / einen jungen
farren / einen widder / sieben jerige lemmer on
wandel. [3]Dazu jr Speisopffer / drey zehenden
semelmelhs mit öle gemenget zu dem farren / zwo
zehenden zu dem widder / [4]Vnd ein zehenden auff
ein jglich lamb der siebenden lemmer. [5]Auch einen
zigenbock zum Sündopffer / euch zu versünen /
[6]vber das Brandopffer des monden vnd sein Speis-
opffer / vnd vber das tegliche Brandopffer mit
seinem Speisopffer / vnd mit jrem Tranckopffer /
nach jrem Rechten zum süssen geruch / Das ist
ein opffer dem HERRN.

[7]DER zehende tag dieses siebenden monden /
sol bey euch auch heilig heissen / das jr zusamen
kompt / vnd solt ewre Leibe casteien / vnd kein
erbeit drin||nen thun / [8]Sondern Brandopffer dem || 91b
HERRN zum süssen geruch opffern / Einen jungen
farren / einen widder / sieben jerige lemmer on
wandel. [9]Mit jren Speisopffern / drey zehenden
semelmelhs mit öle gemengt zu dem farren / zwo
zehenden zu dem widder / [10]vnd ein zehenden ja
zu einem der sieben lemmer. [11]Da zu einen zigen-
bock zum Sündopffer / vber das Sündopffer der
versünung vnd das tegliche Brandopffer / mit
seinem Speisopffer / vnd mit jrem Tranckopffer.

[12]DER funffzehende tag des siebenden monden / Leui. 23.
sol bey euch heilig heissen / das jr zusamen kompt /
Kein diensterbeit solt jr drinnen thun / vnd solt
dem HERRN sieben tage feiren. [13]Vnd solt dem
HERRN Brandopffer thun / zum opffer des süssen
geruchs dem HERRN / Dreizehen junge Farren /
zween Widder / vierzehen jerige Lemmer on wan-

7. Mondens
etc.

del. 14Sampt jrem Speisopffer / drey zehenden
semelmelhs mit öle gemenget / ja zu einem der
dreyzehen farren / zween zehenden / ja zu einem
der zweien widder / 15vnd ein zehenden / ja zu
einem der vierzehen lemmer. 16Da zu einen zigen-
bock zum Sündopffer / vber das tegliche Brand-
opffer mit seinem Speisopffer / vnd seinem Tranck-
opffer.

17AM andern tag / zwelff junge farren / zween
widder / vierzehen jerige lemmer on wandel /
18Mit jrem Speisopffer vnd Tranckopffer zu den
farren / zu den widdern / vnd zu den lemmern / in
jrer zal nach dem Recht. 19Da zu einen zigenbock
zum Sündopffer / vber das tegliche Brandopffer /
mit seinem Speisopffer / vnd mit jrem Tranckopffer.

20AM dritten tage / eilff Farren / zween Widder /
vierzehen jerige Lemmer on wandel / 21Mit jren
Speisopffern vnd Tranckopffern / zu den farren /
zu den widdern / vnd zu den lemmern / in jrer zal
nach dem Recht. 22Da zu einen bock zum Sünd-
opffer / vber das tegliche Brandopffer / mit seinem
Speisopffer vnd seinem Tranckopffer.

23AM vierden tage / zehen Farren / zween
Widder / vierzehen jerige Lemmer on wandel /
24Sampt jren Speisopffern vnd Tranckopffern / zu
den farren / zu den widdern / vnd zu den lemmern
in jrer zal nach dem Recht. 25Da zu einen zigen-
bock zum Sündopffer / vber das tegliche Brand-
opffer / mit seinem Speisopffer vnd seinem Tranck-
opffer.

26AM fünfften tage / neun Farren / zween Wid-
der / vierzehen jerige Lemmer on wandel /
27Sampt jren Speisopffern vnd Tranckopffern zu
den farren / zu den widdern / vnd zu den lemmern /
in jrer zal nach dem Recht. 28Da zu einen zigen-
bock zum Sündopffer / vber das tegliche Brand-
opffer / mit seinem Speisopffer vnd seinem Tranck-
opffer.

29AM sechsten tage / acht Farren / zween Wid-
der / vierzehen jerige Lemmer on wandel /
30Sampt jren Speisopffern vnd Tranckopffern zu
den farren / zu den widdern / vnd zu den lemmern
in jrer zal nach dem Recht. 31Da zu einen bock
zum Sündopffer / vber das tegliche Brandopffer /
mit seinem Speisopffer vnd seinem Tranckopffer.

32AM siebenden tage / sieben Farren / zween
Widder / vierzehen jerige Lemmer on wandel /

33Sampt jren Speisopffern vnd Tranckopffern zu
den farren / zu den widdern / vnd zu den lemmern /
in jrer zal / nach dem Recht. 34Da zu einen bock
zum Sündopffer / vber das tegliche Brandopffer /
mit seinem Speisopffer vnd seinem Tranckopffer.

35AM achten / sol der tag der [a]Versamlung sein /
kein Diensterbeit solt jr drinnen thun. 36Vnd solt
Brandopffer opffern / zum opffer des süssen geruchs
dem HERRN / Einen Farren / einen Widder /
sieben jerige Lemmer on wandel / 37Sampt jren
Speisopffern vnd Tranckopffern / zu den farren /
zu den widdern / vnd zu den lemmern / in jrer zal /
nach dem Recht. 38Da zu einen bock zum Sünd-
opffer / vber das tegliche Brandopffer / mit seinem
Speisopffer vnd seinem Tranckopffer. ‖ ‖ 92a

a (EZERETH) Versamlung / als auffm Kirchoff versamlet vnd beschlossen / vt liceat audire maledictiones etc. Deut. 28.

39SOlchs solt jr dem HERRN thun auff ewr Fest /
ausgenom̃en / was jr gelobd vnd freiwillig gebt zu
Brandopffern / Speisopffern / Tranckopffern vnd
Danckopffern. 1Vnd Mose sagt den kindern
Jsrael alles / was jm der HERR geboten hat.

XXX.

VND MOSE REDET MIT DEN FÜRSTEN DER STEMME
der kinder Jsrael / vnd sprach / Das ists / das der
HERR geboten hat. 3Wenn jemand dem HERRN Deut. 23.
ein Gelübde thut / oder einen Eid schweret / das
er seine Seele verbindet / Der sol sein wort nicht
schwechen / sondern alles thun / wie es zu seinem
munde ist ausgegangen.

4WEnn ein Weibsbilde dem HERRN ein Gelüb-
de thut / vnd sich verbindet / weil sie in jrs Vaters
hause vnd im Magdthum ist. 5Vnd jr gelübde vnd
verbündnis das sie thut vber jre Seele / kompt fur
jren Vater / vnd er schweigt da zu / So gilt alle jr
gelübd vnd alle jre verbündnis / des sie sich vber
jre Seele verbunden hat. 6Wo aber jr Vater wehret
des tags wenn ers höret / So gilt kein gelübd noch
verbündnis / des sie sich vber jre Seele verbunden
hat / Vnd der HERR wird jr gnedig sein / weil jr
Vater jr gewehret hat.

(Jre Seele) Das ist / Wenn sie sich verbünde zu fasten / oder sonst was zu thun mit jrem leibe Gott zu dienst / Das Seele hie heisse / so viel / als der lebendige leib wie die Schrifft allenthalben braucht.

7HAt sie aber einen Man / vnd hat ein gelübd
auff jr / oder entferet jr aus jren lippen ein ver-
bündnis vber jre Seele / 8vnd der Man höret / vnd
schweiget desselben tages stille / So gilt jr gelübd
vnd verbündnis / des sie sich vber jre Seele ver-
bunden hat. 9Wo aber jr Man wehret des tages
wenn ers höret / So ist jr gelübd los das sie auff jr

hat / vnd das verbündnis das jr aus jren lippen
entfaren ist vber jre Seele / Vnd der HERR wird jr
genedig sein.
10DAs gelübd einer Widwen vnd Verstossenen /
alles wes sie sich verbindet vber jre Seele / das gilt
auff jr.
WEnn jemands Gesinde gelobd oder sich mit
einem Eide verbindet vber seine Seele / 12Vnd
der Hausherr hörets vnd schweiget dazu vnd weh-
rets nicht / So gilt alle dasselb gelübd vnd alles wes
sie sich verbunden hat vber seine Seele. 13Machts
aber der Hausherr des tags los / wenn ers höret / So
gilts nichts was aus seinen lippen gegangen ist / das
es gelobd oder sich verbunden hat vber seine Seele /
denn der Hausherr hats los gemacht / Vnd der
HERR wird jm gnedig sein. 14Vnd alle gelübd vnd
eide zu verbinden den leib zu casteien / mag der
Hausherr krefftigen oder schwechen / also / 15Wenn
er da zu schweigt von einem tage zum andern / So
bekrefftiget er alle sein gelübd vnd verbündnis /
die es auff jm hat / darumb das er geschwigen hat
des tages / da ers höret. 16Wird ers aber schwechen
nach dem ers gehöret hat / So sol er die missethat
tragen.
17DAs sind die Satzunge / die der HERR Mose
geboten hat / zwisschen Man vnd Weib / zwisschen
Vater vnd Tochter / weil sie noch eine Magd ist
in jrs Vater hause.

XXXI.

VND DER HERR REDET MIT MOSE / VND SPRACH / Jsrael siegt wider die Midianiter etc.
Num. 25. 2Reche die kinder Jsrael an den Midianitern /
das du darnach dich samlest zu deinem Volck.
3Da redet Mose mit dem Volck / vnd sprach /
Rüstet vnter euch Leute zum Heer wider die Mi-
dianiter / das sie den HERRN rechen an den Mi-
dianitern / 4Aus jglichem Stam tausent / das jr
aus allen stemmen Jsrael in das Heer schickt.
5Vnd sie namen aus den tausenten Jsrael / ja tau-
sent eins stams / zwelff tausent gerüstet zum Heer.
6Vnd Mose schickt sie mit Pinehas dem son Eleasar
des Priesters ins Heer / vnd die heilige Kleider /
vnd die Halldrometen in seine hand.
7VND sie füreten das Heer wider die Midianiter /
wie der HERR Mose geboten hatte / vnd erwürge-
|| 92b ten alles was menlich war. 8Da zu die Könige der ||
Midianiter erwürgen sie sampt jren erschlagenen /

KÖNIGE DER Midianiter etc. nemlich / Eui / Rekem / Zur / Hur vnd Reba / die
fünff Könige der Midianiter / Bileam den son Beor
BILEAM erwürget. erwürgeten sie auch mit dem schwert. [9]Vnd die
kinder Jsrael namen gefangen die Weiber der Mi-
dianiter vnd jre Kinder / alle jr Vieh / alle jre Habe /
vnd alle jre Güter raubten sie. [10]Vnd verbranten
mit fewr alle jre Stedte jrer wonung vnd alle
Bürge.

[11]VND namen allen Raub / vnd alles was zu ne-
men war / beide Menschen vnd Vieh / [12]vnd
brachtens zu Mose vnd zu Eleasar dem Priester /
vnd zu der Gemeine der kinder Jsrael / nemlich /
die Gefangenen / vnd das genomen Vieh / vnd das
geraubt Gut / ins Lager auff der Moabiter gefilde /
das am Jordan ligt gegen Jeriho. [13]Vnd Mose vnd
Eleasar der Priester vnd alle Fürsten der gemeine
giengen jnen entgegen hin aus fur das Lager.

VND Mose ward zornig vber die Heubtleute des
Heers / die Heubtleute vber tausent vnd hun-
dert waren / die aus dem Heer vnd streit kamen /
[15]vnd sprach zu jnen / Warumb habt jr alle Weiber
leben lassen? [16]Sihe / haben nicht die selben die
BILEAMS rat. kinder Jsrael / durch Bileams rat abgewendet sich Num. 25.
zuuersündigen am HERRN vber dem Peor / vnd
widerfuhr eine Plage der Gemeine des HERRN?
[17]So erwürget nu alles was menlich ist vnter den
Kindern / vnd alle Weiber die Menner erkand vnd
beygelegen haben. [18]Aber aller kinder die Weibs-
bilde sind vnd nicht Menner erkand noch beyge-
legen haben / die lasst fur euch leben. [19]Vnd lagert
euch ausser dem Lager sieben tage / alle die jemand
erwürget oder die Erschlagene angerürt haben /
das jr euch entsündiget / am dritten vnd siebenden
tage / sampt denen die jr gefangen genomen habt.
[20]Vnd alle Kleider vnd alle Gerete von fellen / vnd
alles peltzwerck / vnd alles hültzen Gefess / solt jr
entsündigen.

[21]VND Eleasar der Priester sprach zu dem Kriegs-
uolck / das in streit gezogen war / Das ist das Ge-
setz / welchs der HERR Mose geboten hat. [22]Gold /
silber / ertz / eisen / zihn vnd bley / [23]vnd alles was
das fewr leidet / solt jr durchs fewr lassen gehen /
vnd reinigen / das mit dem Sprengwasser entsün-
diget werde. Aber alles was nicht fewr leidet / solt
jr durchs wasser gehen lassen / [24]vnd solt ewre
Kleider wasschen am siebenden tage / so werdet
jr rein / Darnach solt jr ins Lager komen.

ausgeteilet.

VND der HERR redet mit Mose / vnd sprach /
26 Nim die summa des raubs der Gefangen /
beide an Menschen vnd Vieh / du vnd Eleasar der
Priester / vnd die öbersten Veter der gemeine.
27 Vnd gib die Helffte / denen / die ins Heer ausge-
zogen sind / vnd die schlacht gethan haben / vnd
die ander helffte der Gemeine. 28 Vnd solt dem
HERRN Heben von den Kriegsleuten die ins Heer
gezogen sind / ja von fünff hunderten eine Seele
beide an Menschen / rindern / eseln vnd schafen /
29 von jrer Helffte soltu es nemen / vnd dem Priester
Eleasar geben zur Hebe dem HERRN. 30 Aber
von der Helffte der kinder Jsrael / soltu ja von
funffzigen nemen ein stück guts / beide an Men-
schen / rindern / eseln vnd schafen / vnd von allem
Vieh / vnd solts den Leuiten geben / die der Hut
warten der wonung des HERRN.

31 VNd Mose vnd Eleasar der Priester theten wie
der HERR Mose geboten hatte. 32 Vnd es war der
vbrigen Ausbeute / die das Kriegsuolck geraubet AUSBEUTE.
hatte / sechs mal hundert vnd fünff vnd siebenzig
tausent schafe / 33 zwey vnd siebenzig tausent rin-
der / 34 ein vnd sechzig tausent esel. 35 Vnd der
Weibsbilde die nicht Menner erkand noch bey-
gelegen hatten / zwey vnd dreissig tausent seelen.

36 VND die Helffte / die denen / so ins Heer ge-
zogen waren / gehort / war an der zal drey hundert
mal vnd sieben vnd dreissig tausent vnd fünff hun-
dert schafe / 37 Dauon wurden dem HERRN sechs
hundert fünff vnd siebenzig schafe. 38 Jtem / sechs
vnd dreissig tausent rinder / Dauon wurden
dem HERRN zwey vnd siebenzig. 39 Jtem /
dreissig tausent vnd fünff hundert esel / Dauon
|| 93a wur||den dem HERRN ein vnd sechzig. 40 Jtem /
Menschen seelen / sechzehen tausent seelen / Dauon
wurden dem HERRN zwo vnd dreissig. 41 Vnd
Mose gab solch Hebe des HERRN dem Priester
Eleasar / wie jm der HERR geboten hatte.

42 ABer die ander Helffte die Mose den kindern
Jsrael zuteilet von den Kriegsleuten / 43 nemlich /
die helffte der Gemeine zustendig / war auch drey
hundert mal vnd sieben vnd dreissig tausent /
fünff hundert schafe / 44 Sechs vnd dreissig tausent
rinder / 45 Dreissig tausent vnd fünff hundert esel /
46 Vnd sechzehen tausent Menschen seelen. 47 Vnd
Mose nam von dieser Helffte der kinder Jsrael /
ja ein stück von funffzigen / beide des Viehs vnd

Raube ausgeteilet.

der Menschen / vnd gabs den Leuiten die der Hut warteten an der Wonunge des HERRN / wie der HERR Mose geboten hatte.

VND es tratten erzu die Heubtleute vber die tausent des Kriegsuolcks / nemlich / die vber tausent vnd vber hundert waren / zu Mose / [49]vnd sprachen zu jm. Deine Knechte haben die summa genomen der Kriegsleute / die vnter vnsern henden gewesen sind / vnd feilet nicht einer. [50]Darumb bringen wir dem HERRN geschencke / was ein jglicher funden hat von güldenem gerete / keten / armgeschmeide / ringe / ohrenrincken vnd spangen / das vnser Seelen versünet werden fur dem HERRN.

[51]VNd Mose nam von jnen / sampt dem Priester Eleasar / das gold allerley gerets. [52]Vnd alles golds Hebe / das sie dem HERRN huben / war sechzehen tausent vnd sieben hundert vnd funffzig Sekel / von den Heubtleuten vber tausent vnd hundert / [53]Denn die Kriegsleute hatten geraubt ein jglicher fur sich. [54]Vnd Mose mit Eleasar dem Priester nam das gold von den Heubtleuten vber tausent vnd hundert / vnd brachtens in die Hütten des Stiffts / zum gedechtnis der kinder Jsrael fur dem HERRN.

XXXII.

Rubeniter vnd Gadditer bitten vmb das Land Gilead etc.

DJE KINDER RUBEN VND DIE KINDER GAD HATTEN seer viel vieh / vnd sahen das land Jaeser vnd Gilead an fur bequeme stet zu jrem vieh / Vnd kamen / [2]vnd sprachen zu Mose vnd dem Priester Eleasar vnd zu den Fürsten der gemeine. [3]Das land Atroth / Dibon / Jaeser / Nimra / Hesbon / Eleale / Seban / Nebo vnd Beon / [4]das der HERR geschlagen hat fur der gemeine Jsrael / ist bequeme zum Vieh / vnd wir deine Knechte haben vieh. [5]Vnd sprachen weiter / Haben wir gnade fur dir funden / So gib dis Land deinen Knechten zu eigen / so wöllen wir nicht vber den Jordan ziehen.

MOse sprach zu jnen / Ewre Brüder sollen in streit ziehen / vnd jr wolt hie bleiben? [7]Warumb macht jr der kinder Jsrael hertzen wendig / das sie nicht hinüber ziehen in das Land / das jnen der HERR geben wird? [8]Also theten auch ewre Veter / da ich sie aussandte von Kades Barnea das Land zu schawen / [9]Vnd da sie hin auff komen waren bis an den bach Escol / vnd sahen das Land /

Num. 13.

Mose gibt die Königreich Sihons vnd Ogs den Rubenitern etc.

machten sie das hertz der kinder Jsrael wendig /
das sie nicht in das Land wolten / das jnen der
HERR geben wolt.
Num. 14. [10]VNd des HERRN zorn ergrimmet zur sel-
bigen zeit / vnd schwur / vnd sprach / [11]Diese
Leute die aus Egypten gezogen sind von zwenzig
jaren vnd drüber / sollen ja das Land nicht sehen /
das ich Abraham / Jsaac vnd Jacob geschworen
habe / darumb / das sie mir nicht trewlich nach-
gefolget haben. [12]Ausgenomen Caleb den son
Jephunne des Kenisiters / vnd Josua den son Nun /
Denn sie haben dem HERRN trewlich nachge-
folget. [13]Also ergrimmet des HERRN zorn vber
Jsrael / vnd lies sie hin vnd her in der wüsten
ziehen vierzig jar / Bis das ein ende ward alle des
Geschlechts / das vbel gethan hatte fur dem
HERRN. [14]Vnd sihe / Jr seid auffgetreten an ewr
Veter stat / das der Sündiger deste mehr seien /
|| 93 b vnd jr auch den zorn vnd grim des HERRN noch ||
mehr macht wider Jsrael. [15]Denn wo jr euch von
jm wendet / so wird er auch noch lenger sie lassen
in der wüsten / Vnd jr werdet dis Volck alles ver-
derben.

DA tratten sie erzu / vnd sprachen / Wir wöllen
nur schafhürten hie bawen fur vnser Vieh /
vnd stedte fur vnser Kinder. [17]Wir aber wöllen
vns rüsten forn an fur die kinder Jsrael / bis das
wir sie bringen an jren Ort. Vnser Kinder sollen
in den verschlossen Stedten bleiben / vmb der Ein-
woner willen des lands. [18]Wir wöllen nicht heim
keren / bis die kinder Jsrael einnemen ein jglicher
sein Erbe. [19]Denn wir wöllen nicht mit jnen erben
jenseid des Jordans / Sondern vnser Erbe sol vns
disseid des Jordans gegen dem morgen gefallen
sein.

Josu. 1. 4. MOse sprach zu jnen / Wenn jr das thun wolt /
das jr euch rüstet zum streit fur dem HERRN /
[21]So ziehet vber den Jordan fur dem HERRN /
wer vnter euch gerüst ist / bis das er seine Feinde
austreibe von seinem Angesicht / [22]vnd das Land
vnterthan werde fur dem HERRN / Darnach solt
jr vmbwenden vnd vnschüldig sein dem HERRN
vnd fur Jsrael / vnd solt dis Land also haben zu
eigen fur dem HERRN. [23]Wo jr aber nicht also
thun wolt / Sihe / so werdet jr euch an dem HERRN
versündigen / vnd werdet ewr sünden innen wer-
den / wenn sie euch finden wird. [24]So bawet nu

gibt die Königreich Sihons vnd Ogs den Rubenitern etc.

stedte fur ewre Kinder / vnd hürten fur ewr Vieh /
vnd thut was jr geredt habt.
[25]DJe kinder Gad / vnd die kinder Ruben spra-
chen zu Mose / Deine Knechte sollen thun / wie
mein Herr geboten hat. [26]Vnser Kinder / Weiber /
Habe / vnd alle vnser Vieh / sollen in den stedten
Gilead sein / [27]Wir aber deine Knechte wöllen
alle gerüst zum Heer in den streit ziehen fur dem
HERRN / wie mein Herr geredt hat.
[28]DA gebot Mose jrer halben dem Priester Elea-
sar vnd Josua dem son Nun / vnd den öbersten
Vetern der stemme der kinder Jsrael / [29]vnd sprach
zu jnen. Wenn die kinder Gad / vnd die kin- Josu. 4.
der Ruben mit euch vber den Jordan ziehen alle
gerüst zum streit fur dem HERRN / vnd das
Land euch vnterthan ist / So gebet jnen das land
Gilead zu eigen. [30]Ziehen sie aber nicht mit
euch gerüst / So sollen sie mit euch erben im
lande Canaan. [31]Die kinder Gad vnd die kinder
Ruben antworten / vnd sprachen / Wie der HERR
redet zu deinen Knechten / so wöllen wir thun /
[32]Wir wöllen gerüst ziehen fur dem HERRN ins
land Canaan / vnd vnser Erbgut besitzen disseid
des Jordans.

ALso gab Mose den kindern Gad / vnd den kin- Deut. 3.
dern Ruben / vnd dem halben stam Manasse Josu. 22.
des sons Joseph / das königreich Sihon / des köni-
ges der Amoriter / vnd das königreich Og / des
königes zu Basan / das Land sampt den Stedten in
der gantzen grentze vmb her. [34]Da baweten die
kinder Gad / Dibon / Atharoth / Aroer / [35]Atroth /
Sophan / Jaeser / Jegabeha / [36]Bethnimra / vnd
Betharan verschlossen Stedte / vnd Schafhürten.
[37]Die kinder Ruben baweten / Hesbon / Eleale /
Kiriathaim / [38]Nebo / BaalMeon / vnd enderten
die namen / vnd Sibama / vnd gaben den Stedten
namen die sie baweten.

MACHIR. [39]VND die kinder Machir des sons Manasse /
giengen in Gilead vnd gewonnens / vnd vertrie-
ben die Amoriter die drinnen waren. [40]Da gab
Mose dem Machir / dem son Manasse / Gilead / vnd
JAIR. er wonet drinnen. [41]Jair aber der son Manasse
gieng hin vnd gewan jre Dörffer / vnd hies sie
NOBAH. Hauoth Jair. [42]Nobah gieng hin vnd gewan Knath
mit jren Töchtern / vnd hies sie Nobah / nach
seinem namen.

Jsrael reisen aus Egypten ins gelobt Land.

XXXIII.

DAS SIND DIE REISEN DER KINDER JSRAEL / DIE Die Reisen
aus Egyptenland gezogen sind nach jrem Heer / aus Egypten ins
durch Mose vnd Aaron. 2Vnd Mose beschrieb gelobt Land.
Nu. 20. 21. jren Auszug / wie sie zogen / nach dem befelh des
HERRN / vnd sind nemlich dis die Reisen jres
|| 94a zugs. 3Sie zogen aus von || Raemses am funffzehen-
den tag des ersten monden / des andern tages der
Ostern / durch eine hohe Hand / das alle Egypter
sahen / 4Vnd begruben eben die Erstegeburt die
der HERR vnter jnen geschlagen hatte / Denn der
Exod. 12. HERR hatte auch an jren Göttern gerichte geübt.
Exod. 13. 5ALS sie von Raemses auszogen / lagerten sie
sich in Suchoth. 6Vnd zogen aus von Suchoth /
vnd lagerten sich in Etham / welchs ligt an dem
ende der wüsten. 7Von Etham zogen sie aus / vnd
blieben im grund Hahiroth / welchs ligt gegen
Baal Zephon / vnd lagerten sich gegen Migdol.
Exod. 14. 15. 8Von Hahiroth zogen sie aus / vnd giengen mitten
durchs Meer in die wüsten / vnd reiseten drey
Tagreise in der wüsten Etham / vnd lagerten sich
in Marah. 9Von Marah zogen sie aus vnd kamen
gen Elim / Darin waren zwelff Wasserbrunnen /
vnd siebenzig Palmen / vnd lagerten sich daselbs.
Exod. 16. 10VOn Elim zogen sie aus vnd lagerten sich an
das Schilffmeer. 11Von dem Schilffmeer zogen sie
aus vnd lagerten sich in der wüsten Sin. 12Von
Exod. 17. der wüsten Sin zogen sie aus / vnd lagerten sich
in Daphka. 13Von Daphka zogen sie aus / vnd
lagerten sich in Alus. 14Von Alus zogen sie aus /
vnd lagerten sich in Raphidim / Daselbs hatte das
volck kein Wasser zu trincken. 15Von Raphidim
zogen sie aus / vnd lagerten sich in der wüsten
Sinai.
Exod. 19. 16VOn Sinai zogen sie aus / vnd lagerten sich in
Num. 10. 11. 12. die Lustgreber. 17Von den Lustgrebern zogen sie
aus / vnd lagerten sich in Hazeroth. 18Von Haze-
roth zogen sie aus / vnd lagerten sich in Rithma.
19Von Rithma zogen sie aus / vnd lagerten sich
in Rimon Parez. 20Von Rimon Parez zogen sie
aus / vnd lagerten sich in Libna. 21Von Libna
zogen sie aus / vnd lagerten sich in Rissa. 22Von
Rissa zogen sie aus / vnd lagerten sich in Kehelatha.
23Von Kehelatha zogen sie aus / vnd lagerten sich
im gebirge Sapher. 24Vom gebirge Sapher zogen
sie aus / vnd lagerten sich in Harada. 25Von Ha-

rada zogen sie aus / vnd lagerten sich in Makehe-
loth.
[26]VOn Makeheloth zogen sie aus / vnd lagerten
sich in Tahath. [27]Von Tahath zogen sie aus / vnd
lagerten sich in Tharah. [28]Von Tharah zogen sie
aus / vnd lagerten sich in Mithka. [29]Von Mithka
zogen sie aus / vnd lagerten sich in Hasmona.
[30]Von Hasmona zogen sie aus / vnd lagerten sich
in Moseroth. [31]Von Moseroth zogen sie aus / vnd
lagerten sich in BneJaekon. [32]Von BneJaekon Deut. 10.
zogen sie aus / vnd lagerten sich in Horgidgad.
[33]Von Horgidgad zogen sie aus / vnd lagerten sich
in Jathbatha. [34]Von Jathbatha zogen sie aus / vnd
lagerten sich in Abrona. [35]Von Abrona zogen sie
aus / vnd lagerten sich in Ezeongaber. [36]Von
Ezeongaber zogen aus vnd lagerten sich in der Num. 20.
wüsten Zin / das ist Kades.
[37]VOn Kades zogen sie aus / vnd lagerten sich
an dem berge Hor / an der grentze des lands Edom.
[38]Da gieng der Priester Aaron auff den berg Hor /
nach dem befelh des HERRN / vnd starb daselbs Num. 20.
im vierzigsten jar des auszugs der kinder Jsrael
aus Egyptenland im ersten tag des fünfften mon-
AARONS den / [39]Da er hundert vnd drey vnd zwenzig jar
alter 123. jar. alt war. [40]Vnd Arad der könig der Cananiter / der
da wonet gegen Mittag des lands Canaan / hörete Num. 21.
das die kinder Jsrael kamen.
[41]VNd von dem berge Hor zogen sie aus / vnd
lagerten sich in Zalmona. [42]Von Zalmona zogen
sie aus / vnd lagerten sich in Phunon. [43]Von Phu-
non zogen sie aus / vnd lagerten sich in Oboth. Num. 21.
[44]Von Oboth zogen sie aus / vnd lagerten sich in
Jgim / am gebirge Abarim in der Moabiter grentze.
[45]Von Jgim zogen sie aus / vnd lagerten sich in
DibonGad. [46]Von DibonGad zogen sie aus / vnd
lagerten sich in AlmonDiblathaim. [47]Von Almon-
Diblathaim zogen sie aus / vnd lagerten sich in dem
gebirge Abarim gegen Nebo. [48]Von dem gebirge
Abarim zogen sie aus / vnd lagerten sich in das
gefilde der Moabiter an dem Jordan gegen Jeriho.
[49]Sie lagerten sich aber || von Beth Jesimoth / bis || 94b
an die breite Sittim des gefildes der Moabiter. Num. 25.
VND der HERR redet mit Mose in dem gefilde
der Moabiter an dem Jordan gegen Jeriho / vnd
sprach / [51]Rede mit den kindern Jsrael / vnd sprich
zu jnen. Wenn jr vber den Jordan gegangen seid
Deut. 7. in das land Canaan / [52]So solt jr alle Einwoner

Einwoner des Lands / sol Jsrael vertreiben etc. Josu. 16.

vertreiben fur ewrem angesicht / vnd alle jre Seulen
vnd alle jre gegossene Bilder vmbbringen / vnd
alle jre Höhe vertilgen / 53Das jr also das Land
einnemet vnd drinnen wonet / Denn euch hab ich
das Land gegeben / das jrs einnemet. 54Vnd solt
Num. 26. das Land austeilen durchs los vnter ewre Ge-
Josu. 14. schlechte / Denen der viel ist / solt jr deste mehr
zuteilen / vnd denen der wenig ist / solt jr deste
weniger zuteilen / Wie das Los einem jglichen
daselbs felt / so sol ers haben / nach den stemmen
jrer Veter.

55WErdet jr aber die Einwoner des Lands nicht
vertreiben fur ewrem angesicht / So werden euch
die / so jr vberbleiben lasst / zu dornen werden in
ewren augen / vnd zu stachel in ewrn seiten / vnd
werden euch drengen auff dem Lande / da jr
innen wonet. 56So wirds denn gehen / das ich
euch gleich thun werde / was ich gedacht jnen zu
thun.

XXXIIII.

VND DER HERR REDET MIT MOSE / VND SPRACH / GRENTZE DES lands Canaan.
2Gebeut den kindern Jsrael / vnd sprich zu
jnen. Wenn jr ins lande Canaan kompt / so sol das
Land das euch zum Erbteil fellet im lande Canaan /
Josu. 15. seine Grentze haben. 3Die ecke gegen Mittag sol
anfahen an der wüsten Zin bey Edom / das ewr
grentze gegen Mittag sey vom ende des Saltz-
meers / das gegen Morgen ligt. 4Vnd das dieselb
grentze sich lende von Mittag hin auff gen Akrab-
bim / vnd gehe durch Zinna / vnd sein ende von
Mittag bis gen KadesBarnea / vnd gelange am
dorff Adar / vnd gehe durch Azmon / 5Vnd lende
sich von Azmon an den bach Egypti / vnd sein
ende sey an dem Meer.

6ABer die grentze gegen dem Abend / sol diese
sein / nemlich / Das grosse Meer / Das sey ewr
grentze gegen dem Abend.

7DJe grentze gegen Mitternacht sol diese sein /
Jr solt messen von dem grossen Meer / an den
berg Hor / 8vnd von dem berge Hor messen bis
man kompt gen Hamath / das sein ausgang sey
die grentze Zedada / 9vnd desselben grentze ende
gen Siphron / vnd sey sein ende am dorff Enan /
Das sey ewr grentze gegen Mitternacht.

10VND solt euch messen die grentze gegen Mor-
gen / vom dorff Enan gen Sepham / 11Vnd die

Name dere / so das Land solten austeilen.

grentze gehe erab von Sepham gen Ribla zu Ain
von morgen werts / Darnach gehe sie erab vnd
lencke sich auff die seiten des Meers Cinereth gegen
dem Morgen / [12]vnd kom erab an den Jordan / das
sein ende sey das Saltzmeer / Das sey ewr Land
mit seiner grentze vmb her.

VND Mose gebot den kindern Jsrael / vnd sprach /
Das ist das Land / das jr durchs Los vnter euch
teilen solt / das der HERR geboten hat den neun
Stemmen vnd dem halben stam zu geben. [14]Denn
der stam der kinder Ruben des hauses jres Vaters / Num. 38.
vnd der stam der kinder Gad des hauses jrs Vaters /
vnd der halbe stam Manasse haben jr Teil geno-
men. [15]Also haben die zween stemme vnd der
halbe stam jr Erbteil da hin / disseid des Jordans
gegen Jeriho gegen dem morgen.

Namen dere / so das Land sollen austeilen etc.

VND der HERR redet mit Mose / vnd sprach /
[17]Das sind die namen der Menner / die das Josu. 14.
Land vnter euch teilen sollen / Der Priester Eleasar /
vnd Josua der son Nun. [18]Da zu solt jr nemen
eines jglichen stams Fürsten das Land aus zu teilen.
[19]Vnd das sind der Menner namen / Caleb der son
Jephunne des stams Juda. [20]Semuel der son Am-
mihud des stams Simeon. [21]Elidad der son Chislon
des stams BenJamin. [22]Buki der son Jagli fürst
des stams der ‖ kinder Dan. [23]Haniel der son ‖ 95 a
Ephod fürst des stams der kinder Manasse von
den kindern Joseph. [24]Kemuel der son Siphtan
fürst des stams der kinder Ephraim. [25]Elizaphan
der son Parnach fürst des stams der kinder Sebu-
lon. [26]Paltiel der son Asan fürst des stams der kin-
der Jsaschar. [27]Ahihud der son Selomi fürst des
stams der kinder Asser. [28]Pedahel der son Ammi-
hud fürst des stams der kinder Naphthali. [29]Dis
sind sie / denen der HERR gebot / das sie den kin-
dern Jsrael Erbe austeileten im lande Canaan.

XXXV.

VND der HERR redet mit Mose auff dem Josu. 21.
gefilde der Moabiter / am Jordan gegen Jeriho /
vnd sprach. [2]Gebeut den kindern Jsrael / das sie
den Leuiten stedte geben von jren Erbgütern / das
sie wonen mügen / [3]Dazu die vorstedte vmb die
stedte her solt jr den Leuiten auch geben / Das sie
in den Stedten wonen / vnd in den Vorstedten jr
vieh / vnd gut vnd allerley thier haben.

Stedte der Leuiten.

4DJe weite aber der Vorstedte / die sie den
Leuiten geben / sol tausent ellen ausser der Stad-
mauren vmb her haben. 5So solt jr nu messen
aussen an der Stad von der ecken gegen dem Mor-
gen zwey tausent ellen / Vnd von der ecken gegen
Mittag zwey tausent ellen / Vnd von der ecken
gegen dem Abend zwey tausent ellen / Vnd von
der ecken gegen Mitternacht zwey tausent ellen /
das die Stad im mittel sey / Das sollen jre Vor-
stedte sein.

(Messen) Das ist Geometrica proportione geredt / nemlich / Die Vorstad / sol rings vmb her an der Stad / tausent ellen weit sein / vnd eine jgliche seite der Stad / zwey tausent ellen lang. Das heisst auff Deudsch / die Vorstad sol halb so weit sein / als eine seite der stad lang ist / Sie sey vierecket / rund / dreyecket oder wie sie kan / So sol man sie messen vnd in vier seiten teilen / Vnd darnach sie gros oder klein ist / wird die Vorstad auch gros oder klein / vt sic.

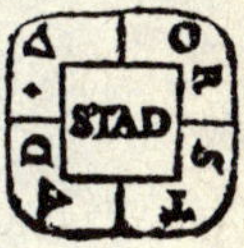

FREYSTEDTE.

6VND vnter den Stedten / die jr den Leuiten
geben werdet / sollet jr sechs Freistedte geben /
das da hin ein fliehe / wer einen Todschlag gethan
Deut. 4. hat. Vber dieselben solt jr noch zwo vnd vierzig
Josu. 21. Stedte geben / 7Das alle stedte / die jr den Leuiten
gebt / seien acht vnd vierzig mit jren Vorstedten.
8Vnd solt der selben deste mehr geben / von denen /
die viel besitzen vnter den kindern Jsrael / vnd deste
weniger von denen / die wenig besitzen / Ein jgli-
cher nach seinem Erbteil / das jm zugeteilet wird /
sol stedte den Leuiten geben.

VND der HERR redet mit Mose / vnd sprach /
10Rede mit den kindern Jsrael / vnd sprich zu
Deut. 19. jnen / Wenn jr vber den Jordan ins land Canaan
Josu. 20. kompt / 11solt jr Stedte auswelen / das Freistedte
seien / da hin fliehe / der einen Todschlag vnuer-
sehens thut. 12Vnd sollen vnter euch solche Frei-
stedte sein fur dem Blutrecher / das der nicht ster-
ben müsse / der einen Todschlag gethan hat / Bis
das er fur der Gemeine fur gericht gestanden sey.
13Vnd der Stedte / die jr geben werdet / sollen
sechs Freistedte sein / 14Drey solt jr geben disseid
des Jordans / vnd drey im lande Canaan. 15Das
sind die sechs Freistedte / beide den kindern Jsrael
vnd den Frembdlingen vnd den Hausgenossen
vnter euch / das da hin fliehe / wer einen Todschlag
gethan hat vnuersehens.

TODSCHLEGER.

WEr jemand mit einem Eisen schlecht das er
stirbt / der ist ein Todschleger / vnd sol des
Exod. 21. tods sterben. 17Wirfft er jn mit einem Stein (da mit
jemand mag getödtet werden) das er dauon stirbt /
so ist er ein Todschleger / vnd sol des tods sterben.
18Schlegt er jn aber mit einem Holtz (damit jemand
mag tod geschlagen werden) das er stirbet / so ist
er ein Todschleger / vnd sol des tods sterben. 19Der
Recher des bluts sol den Todschleger zum tod
bringen / Wie er geschlagen hat / sol man jn wider

tödten. [20]Stösset er jn aus hass / Oder wirfft etwas
auff jn aus list / das er stirbet / [21]Oder schlegt jn
durch feindschafft mit seiner hand / das er stirbt /
So sol er des tods sterben der jn geschlagen hat /
denn er ist ein Todschleger / Der Recher des bluts
sol jn zum tod bringen.

[22]WEnn er jn aber on gefehr stösset on feind- Deut. 19.
schafft / Oder wirffet jrgend etwas auff jn vnuer-
sehens / [23]Oder jrgend einen Stein (dauon man
sterben mag / vnd hats nicht gesehen) auff jn wirfft
das er stirbt / vnd er ist nicht sein feind / hat jm
auch kein vbels gewolt / [24]So sol die Gemeine
richten zwischen dem der geschlagen hat / vnd dem
Recher des bluts in diesem gericht. [25]Vnd die Ge-|| || 95 b
meine sol den Todschleger erretten von der hand
des Blutrechers / vnd sol jn widerkomen lassen
zu der Freistad / dahin er geflohen war / Vnd sol
daselbs bleiben bis das der Hohepriester sterbe /
den man mit dem heiligen Ole gesalbet hat.

[26]WJrd aber der Todschleger aus seiner Freien-
stad grentze gehen / da hin er geflohen ist / [27]vnd
der Blutrecher findet jn ausser der grentzen seiner
Freienstad / vnd schlecht jn tod / der sol des bluts
nicht schüldig sein. [28]Denn er solt in seiner Freien-
stad bleiben / Bis an den tod des Hohenpriesters /
vnd nach des Hohenpriesters tod wider zum Lande
seines Erbguts komen. [29]Das sol euch ein Recht
sein bey ewren Nachkomen / wo jr wonet.

DEn Todschleger sol man tödten nach dem Deut. 17. 19.
mund zweier Zeugen / Ein Zeuge sol nicht
antworten vber eine Seele zum tode. [31]Vnd jr solt
keine versünung nemen vber die seele des Tod-
schlegers / denn er ist des tods schüldig / vnd er
sol des tods sterben. [32]Vnd solt keine versünung
nemen vber dem / der zur Freistad geflohen ist /
das er widerkome zu wonen im Lande / Bis der
Priester sterbe.

[33]VND schendet das Land nicht / darinnen jr
wonet / Denn wer blut schüldig ist / der schendet
das Land / vnd das Land kan vom blut nicht ver-
sünet werden / das drinnen vergossen wird / On
durch das blut des / der es vergossen hat. [34]Ver-
unreiniget das Land nicht / darinnen jr wonet /
darinnen ich auch wone / Denn ich bin der HERR /
der vnter den kindern Jsrael wonet.

XXXVI.

Zelaphehad Töchter.

VND DIE ÖBERSTEN VETER DER GESCHLECHTE
der kinder Gilead / des sons Machir / der Ma-
nasse son war / von dem geschlecht der kinder
Joseph / tratten erzu vnd redten fur Mose / vnd fur
den Fürsten / den öbersten Vetern der kinder
Jsrael / [2]vnd sprachen. Lieber Herr der HERR hat
Josu. 14. geboten / das man das Land zum Erbteil geben solt
Num. 27. durchs Los den kindern Jsrael / Vnd du mein
Josu. 17. Herr hast geboten durch den HERRN / das man
das Erbteil Zelaphehad vnsers Bruders / seinen
Töchtern geben sol. [3]Wenn sie jemand aus den
stemmen Jsrael zu weiber nimpt / so wird vnsers
Vaters erbteil weniger werden / Vnd so viel sie
haben / wird zu dem Erbteil komen des Stams da
hin sie komen / Also wird das Los vnsers erbteils
geringert. [4]Wenn denn nu das Halliar der kinder
Jsrael kömpt / so wird jr erbteil zu dem erbteil
des Stams komen / da sie sind / Also wird vnsers
Vaters erbteil geringert / so viel sie haben.

MOse gebot den kindern Jsrael nach dem befelh Non commi-
des HERRN / vnd sprach / Der stam der kin- scendae tribus.
der Joseph hat recht geredt. [6]Das ists / das der
HERR gebeut den töchtern Zelaphehad / vnd
spricht / Las sie freien / wie es jnen gefelt / Allein
das sie freien vnter dem Geschlecht des stams jrs
Vaters / [7]Auff das nicht die Erbteil der kinder Jsrael
fallen von einem Stam zum andern / Denn ein
jglicher vnter den kindern Jsrael sol anhangen an
dem Erbe des stams seines vaters. [8]Vnd alle Töch-
ter die erbteil besitzen vnter den stemmen der kin-
der Jsrael / sollen freien einen von dem geschlecht
des Stams jrs vaters / Auff das ein jglicher vnter
den kindern Jsrael seines Vaters erbe behalte /
[9]vnd nicht ein erbteil von einem stam falle auff den
andern / sondern ein jglicher hange an seinem erbe
vnter den stemmen der kinder Jsrael.

[10]WJe der HERR Mose geboten hatte / so theten
die töchter Zelaphehad / [11]Mahela / Thirza / Hagla /
Milca vnd Noa / vnd freieten den kindern jrer vet-
tern / [12]des geschlechts der kinder Manasse des
sons Joseph / Also bleib jr erbteil an dem stam
des geschlechts jres Vaters. [13]Das sind die Gebot
vnd Rechte die der HERR gebot durch Mose den
kindern Jsrael / auff dem gefilde der Moabiter / am
Jordan gegen Jeriho.

|| 96a Ende des Vierden Buchs Mose.||

Mose widerholet die vorigen Geschicht etc.

DAS FÜNFFTE BUCH MOSE.

I.

DAs sind die wort: die Mose redet zum
gantzen Jsrael jenseid dem Jordan / in der
Wüsten auff dem gefilde / gegen dem Schilffmeer /
zwisschen Paran vnd Thophel / Laban / Hazeroth /
vnd Disahab / [2]Eilff tagereise von Horeb / durch
den weg des gebirges Seir / bis gen Kades Barnea.
[3]Vnd es geschach im vierzigsten jar am ersten tage /
des eilfften monden / da redet Mose mit den kindern
Jsrael / alles wie jm der HERR an sie geboten
SIHON. hatte / [4]Nach dem er Sihon den könig der Amori- Num. 21.
ter geschlagen hatte / der zu Hesbon wonete / Dazu
OG. Og den könig zu Basan / der zu Astharoth zu Edrei
wonete / [5]Jenseid des Jordans im lande der Moabiter
fieng an Mose auszulegen dis Gesetz / vnd sprach.

DER HERR vnser Gott redet mit vns am berge
Horeb / vnd sprach / Jr seid lang gnug an die-
sem Berge gewesen / [7]wendet euch vnd ziehet
hin / das jr zu dem gebirge der Amoriter kompt /
vnd zu allen jren Nachbarn im / gefilde / auff ber-
gen / vnd in gründen / gegen Mittag vnd gegen
den anfurt des Meers / im lande Canaan / vnd zum
berge Libanon / bis an das grosse wasser Phrath.
[8]Sihe da / Jch habe euch das Land / das da fur euch
ligt gegeben / Gehet hin ein vnd nempts ein / das
der HERR ewrn vetern Abraham / Jsaac vnd Gen. 15. 17.
Jacob geschworen hat / das ers jnen vnd jrem
Samen nach jnen geben wolt.

DA sprach ich zu derselben zeit zu euch / Jch Exod. 18.
kan euch nicht allein ertragen / [10]Denn der
HERR ewr Gott hat euch gemehret / das jr heuts
tages seid wie die menge der stern am Himel
[11](Der HERR ewr veter Gott mache ewr noch viel
tausent mehr / vnd segene euch / wie er euch ge-
redt hat) [12]Wie kan ich allein solche mühe vnd
last vnd hadder von euch ertragen? [13]Schaffet her /
Welche man zu Regenten erwelen sol. weise / verstendige vnd erfarene Leute / vnter
ewren Stemmen / die wil ich vber euch zu Heubter
setzen.

[14]DA antwortet jr mir / vnd spracht / Das ist Exod. 18.
ein gut ding / dauon du sagest / das du es thun
wilt. [15]Da nam ich die Heubter ewr stemme /
weise vnd erfarene Menner / vnd satzt sie vber
euch zu Heubter / vber tausent / vber hundert /
vber funffzig / vnd vber zehen / vnd Amptleute

Mose widerholet die vorigen Geschichten.

vnter ewren stemmen. [16]Vnd gebot ewrn Richtern
zur selben zeit / vnd sprach / Verhöret ewre Brü-
der / vnd richtet recht zwisschen jederman vnd
seinem Bruder vnd dem Frembdlinge. [17]KEINE
2. Par. 19. Exod. 18. Leui. 19. Deut. 16. PERSON SOLT JR IM GERICHT ANSEHEN / SONDERN
SOLT DEN KLEINEN HÖREN WIE DEN GROSSEN / VND
FUR NIEMANDS PERSON EUCH SCHEWEN / DENN DAS
GERICHTAMPT IST GOTTES. Wird aber euch eine
Sache zu hart sein / die lasset an mich gelangen /
das ich sie höre. [18]Also gebot ich euch zu der zeit
alles was jr thun solt.

DA zogen wir aus von Horeb vnd wandelten
durch die gantze wüsten / (die gros vnd grau-
sam ist / wie jr gesehen habt) auff der strasse zum
gebirge der Amoriter / wie vns der HERR vnser
Gott geboten hatte / vnd kamen bis gen KadesBar-
nea. [20]Da sprach ich zu euch / Jr seid an das ge-
birge der Amoriter komen / das vns der HERR
vnser Gott geben wird / [21]Sihe da das Land fur
dir / das der HERR dein Gott dir gegeben hat /
|| 96b Zeuch hin auff || vnd nims ein / wie der HERR
deiner veter Gott dir geredt hat / Fürchte dich
nicht / vnd las dir nicht grawen.

Num. 13. DA kamet jr zu mir alle / vnd spracht / Lasst vns
Menner fur vns hin senden die vns das Land
erkunden / vnd vns wider sagen / durch welchen
weg wir hin ein ziehen sollen / vnd die Stedte / da
wir ein komen sollen. [23]Das gefiel mir wol / vnd
nam aus euch zwelff Menner / von jglichem Stam
einen. [24]Da dieselbigen weg giengen vnd hinauff
zogen auff das Gebirge / vnd an den bach Escol
kamen / da besahen sie es. [25]Vnd namen der
Früchte des Lands mit sich / vnd brachten sie erab
zu vns vnd sagten vns wider / vnd sprachen / Das
Land ist gut / das der HERR vnser Gott vns ge-
geben hat.

[26]ABer jr woltet nicht hin auff ziehen / vnd wor-
det vngehorsam dem munde des HERRN ewrs
Gottes / [27]vnd murretet in ewren Hütten / vnd
spracht / Der HERR ist vns gram / Darumb hat er
vns aus Egyptenland gefüret / das er vns in der
Amoriter hende gebe zuuertilgen. [28]Wo sollen wir
hin auff? Vnser Brüder haben vnser hertz verzagt
gemacht / vnd gesagt / Das Volck sey grösser vnd
höher denn wir / die Stedte seien gros / vnd bis an
den Himel vermauret / Da zu haben wir die kinder
Enakim daselbs gesehen.

widerholet die vorigen Geschichten.

29 JCH sprach aber zu euch / Entsetzet euch nicht /
vnd fürchtet euch nicht für jnen. 30 Der HERR ewr
Gott zeucht fur euch hin / vnd wird fur euch strei-
ten / wie er mit euch gethan hat in Egypten fur
ewren augen / 31 vnd in der Wüsten / Da du gesehen
hast / wie dich der HERR dein Gott getragen hat /
wie ein Man seinen Son tregt / durch allen weg /
daher jr gewandelt habt / bis jr an diesen Ort ko-
men seid. 32 Aber das galt nichts bey euch / das jr
an den HERRN ewren Gott hettet gegleubt / 33 der
fur euch her gieng / euch die Stet zu weisen / wo
jr euch lagern soltet / Des nachts in Fewr / das er
euch den weg zeigete / darinnen jr gehen soltet / Exo. 13.
vnd des tags in der Wolcken.

ALS aber der HERR ewr geschrey höret / ward Num. 14. 26.
er zornig / vnd schwur vnd sprach / 35 Es sol Deut. 2.
keiner dieses bösen Geschlechts / das gute Land
sehen / das ich jren Vetern zu geben geschworen
habe. 36 On Caleb der son Jephunne der sol es Josu. 14.
sehen / Vnd jm wil ich geben das Land darauff er
getretten hat / vnd seinen Kindern / darumb / das
er trewlich dem HERRN gefolget hat. 37 Auch Deut. 3. 34.
ward der HERR vber mich zornig vmb ewr willen / Num. 20. 27.
vnd sprach / Du solt auch nicht hin ein komen.
38 Aber Josua der son Nun / der dein Diener ist / der Num. 34.
sol hin ein komen / Denselben stercke / denn er Num. 14.
sol Jsrael das Erbe austeilen. 39 Vnd ewre Kinder /
dauon jr sagetet / Sie würden ein Raub werden /
vnd ewre Söne die heuts tags weder guts noch
böses verstehen / die sollen hin ein komen / den-
selben wil ichs geben / vnd sie sollens einnemen.
40 Jr aber wendet euch vnd ziehet nach der wüsten
den weg zum Schilffmeer.

DA antwortet jr / vnd spracht zu mir / Wir haben Num. 14.
an dem HERRN gesündiget / Wir wöllen hin
auff / vnd streiten / wie vns der HERR vnser Gott
geboten hat. Da jr euch nu rüstet ein jglicher mit
seinem Harnisch / vnd ward an dem / das jr hin
auff zöget auffs gebirge / 42 sprach der HERR zu
mir / Sage jnen / das sie nicht hin auff ziehen / auch
nicht streiten / Denn ich bin nicht vnter euch /
Auff das jr nicht geschlagen werdet fur ewren
Feinden. 43 Da ich euch das sagete / Gehorchtet jr
nicht / vnd wordet vngehorsam dem munde des
HERRN / vnd ward vermessen / vnd zoget hin
auffs gebirge. 44 Da zogen die Amoriter aus / die
auff dem gebirge woneten / euch entgegen / vnd

der kinder
Esau.

jagten euch / wie die Bienen thun / vnd schlugen
euch zu Seir / bis gen Harma. 45Da jr nu wider
kamet vnd weinetet fur dem HERRN / wolt der
HERR ewr stim nicht hören / vnd neiget seine
Num. 20. ohren nicht zu euch. 46Also bliebet jr in Kades eine
lange zeit.

II.

|| 97a DA WANDTEN WIR VNS VND ZOGEN AUS ZUR WÜ-
Num. 21. sten auff der strassen zum Schilffmeer / wie der
HERR zu mir sagete / vnd vmbzogen das gebirge
Seir eine lange zeit. Vnd der HERR sprach zu
mir / 3Jr habt dis gebirge nu gnug vmbzogen /
wendet euch gegen Mitternacht. 4Vnd gebeut dem
Volck / vnd sprich / Jr werdet durch die grentze
Num. 20. ewr Brüder der kinder Esau ziehen / die da wonen
zu Seir / vnd sie werden sich fur euch fürchten.
Aber verwaret euch mit vleis / 5das jr sie nicht be-
krieget / Denn ich werde euch jres Lands nicht
Gen. 36. einen fusbreit geben / Denn das gebirge Seir hab
ich den kindern Esau zu besitzen gegeben. 6Speise
solt jr vmb geld von jnen keuffen das jr esset / vnd
Wasser solt jr vmbs geld von jnen keuffen / das jr
trincket. 7Denn der HERR dein Gott hat dich ge-
segnet in allen wercken deiner hende / Er hat dein
Reisen zu hertzen genomen / durch diese grosse
Wüsten / Vnd ist vierzig jar der HERR dein Gott
bey dir gewesen / das dir nichts gemangelt hat.
DA wir nu durch vnser Brüder die kinder Esau
gezogen waren / die auff dem gebirge Seir
woneten / auff dem wege des gefildes von Elath vnd
Ezeongaber / wandten wir vns vnd giengen durch
den weg der wüsten der Moabiter. 9Da sprach der MOABITER.
HERR zu mir / Du solt die Moabiter nicht beleidi- LANDE
gen noch bekriegen / Denn ich wil dir jrs Lands der Moabiter
nichts zu besitzen geben / Denn ich habe Ar den etc.
kindern Lot zu besitzen geben. 10Die Emim haben EMIM.
vor zeiten drinnen gewonet / das war ein gros /
starck vnd hoch Volck / wie die Enakim / 11Man
hielt sie auch fur Risen / gleich wie Enakim / vnd ENAKIM.
Gen. 14. die Moabiter heissen sie auch Emim. 12Auch wone-
Gen. 36. ten vor zeiten in Seir die Horiter / vnd die kinder
Esau vertrieben vnd vertilgeten sie fur jnen / vnd
woneten an jr stat / Gleich wie Jsrael dem Land sei-
ner besitzung thet / das jnen der HERR gab.
13SO macht euch nu auff vnd ziehet durch den
Num. 21. bach Sared / Vnd wir zogen erdurch. 14Die zeit

ij. Königreich Sihons vnd Ogs nimpt Jsrael ein.

aber / die wir von Kades Barnea zogen / bis wir
durch den bach Sared kamen / war acht vnd dreissig
jar / Auff das alle die Kriegsleute sturben im Lager / Num. 14. 26.
wie der HERR jnen geschworen hatte. 15 Da zu
war auch die Hand des HERRN wider sie / das sie
vmbkemen aus dem Lager / bis das jr ein ende
würde.

VND da alle der Kriegsleute ein ende war / das
sie storben vnter dem volck / 17 redet der HERR
mit mir / vnd sprach. 18 Du wirst heute durch die Jud. 11.
grentze der Moabiter ziehen bey Ar / 19 vnd wirst
AMMONITER. nahe komen gegen die kinder Ammon / die soltu
nicht beleidigen noch bekriegen / Denn ich wil dir
LANDE der Ammoniter. des Lands der kinder Ammon nichts zu besitzen
geben / denn ich habs den kindern Lot zu besitzen
gegeben. 20 Es ist auch geschetzt fur der Risenland /
vnd haben auch vor zeiten Risen darinnen gewo-
SAMMESUMMIM. net / vnd die Ammoniter heissen sie Sammesumim.
21 Das war ein gros / starck vnd hoch Volck / wie
die Enakim / vnd der HERR vertilget sie fur jnen /
vnd lies sie dieselben besitzen / das sie an jrer stat
da woneten. 22 Gleich wie er gethan hat mit den
kindern Esau / die auff dem gebirge Seir wonen / Gen. 36.
da er die Horiter fur jnen vertilget / vnd lies sie die-
selben besitzen / das sie da an jrer stat woneten /
bis auff diesen tag. 23 Vnd die Caphthorim zogen
aus Caphthor vnd vertilgeten die Auim / die zu
Hazerim woneten / bis gen Gaza / vnd woneten an
jrer stat daselbs.

24 MAcht euch auff / vnd ziehet aus / vnd gehet
vber den bach bey Arnon / Sihe / ich habe Sihon
den könig der Amoriter zu Hesbon in deine hende
gegeben mit seinem Lande / Heb an einzunemen
vnd streite wider jn. 25 Heuts tags wil ich anheben /
das sich fur dir fürchten vnd erschrecken sollen
alle Völcker vnter allen Himeln / das / wenn sie von
dir hören / jnen bange vnd weh werden sol fur dei-
ner zukunfft.

DA sandte ich Boten aus der wüsten von Morgen Num. 21.
werts zu Sihon dem könige zu Hesbon mit
friedlichen worten / vnd lies jm sagen. 27 Jch wil Deut. 20.
|| durch dein Land ziehen / vnd wo die strasse || 97b
gehet / wil ich gehen / Jch wil weder zur Rechten Num. 20.
noch zur Lincken ausweichen. 28 Speise soltu mir
vmbs geld verkeuffen / das ich esse / vnd Wasser
soltu mir vmbs geld geben / das ich trincke / Jch
wil nur zu fuss durch hin gehen. 29 Wie mir die

ij. Königreich Sihons vnd Ogs nimpt Jsrael ein.

kinder Esau gethan haben / die zu Seir wonen / vnd
die Moabiter / die zu Ar wonen / Bis das ich kome
vber den Jordan / ins Land / das vns der HERR
vnser Gott geben wird.

Num. 21.
30ABer Sihon der könig zu Hesbon wolte vns
nicht durch ziehen lassen / Denn der HERR dein
Gott verhertet seinen mut vnd verstockt jm sein
hertz / auff das er jn in deine hende gebe / wie es
jtzt ist am tage. 31Vnd der HERR sprach zu mir /
Sihe / Jch hab angefangen zu geben fur dir den
Sihon mit seinem Lande / hebt an einzunemen vnd
Num. 21. zu besitzen sein land. 32Vnd Sihon zoch aus vns
Deut. 29. entgegen mit alle seinem Volck zum streit gen
Jahza. 33Aber der HERR vnser Gott gab jn fur
vns / das wir jn schlugen mit seinen Kindern vnd
seinem gantzen Volck.

34DA gewonnen wir zu der zeit alle seine Stedte /
vnd verbanneten alle stedte / beide Menner / Weiber vnd Kinder / vnd liessen niemand vberbleiben.
35On das Vieh raubeten wir fur vns / vnd die
Ausbeute der Stedte / die wir gewonnen 36von
Aroer an / die am vfer des bachs bey Arnon ligt /
vnd von der Stad am Wasser / bis gen Gilead / Es
war keine Stad die sich fur vns schützen kund / der
HERR vnser Gott gab vns alles fur vns. 37On zu
dem Lande der kinder Ammon kamestu nicht /
noch zu allem das am bach Jabok war / noch zu den
Stedten auff dem gebirge / noch zu allem das vns
der HERR vnser Gott verboten hatte.

III.

Num. 21. VND WIR WANDTEN VNS / VND ZOGEN HIN AUFF
Deut. 29. den weg zu Basan / Vnd Og der könig zu Basan
zoch aus vns entgegen mit alle seinem volck zu
streiten / bey Edrei. 2Aber der HERR sprach zu
mir / Fürchte dich nicht fur jm / Denn ich hab jn
vnd alle sein Volck mit seinem Lande in deine
hende gegeben / Vnd solt mit jm thun / wie du mit
Sihon dem könige der Amoriter gethan hast / der
zu Hesbon sas. 3Also gab der HERR vnser Gott
auch den könig Og zu Basan in vnser hende mit
Deut. 20. alle seinem Volck / das wir jn schlugen bis das jm
nichts vberbleib.

4DA gewonnen wir zu der zeit alle seine Stedte /
vnd war keine stad die wir jm nicht namen / sechzig
Stedte / die gantze gegend Argob im königreich

von Mose geben zur wonung den Rubenitern etc.

Og zu Basan. 5Alle diese Stedte waren fest / mit
hohen mauren / thoren vnd rigeln / On andere seer
viel Flecken on mauren / 6Vnd verbanneten sie /
gleich wie wir mit Sihon dem könige zu Hesbon
thaten. Alle Stedte verbanneten wir / beide mit Deut. 20.
Mennern / Weibern vnd Kindern / 7Aber alles
Vieh vnd Raub der stad / raubeten wir fur vns.

ALso namen wir zu der zeit das Land / aus der
hand der zween Könige der Amoriter / jenseid
dem Jordan / von dem bach bey Arnon an / bis an
HERMON. den berg Hermon / 9welchen die Zidoniter / Si-
rion heissen / aber die Amoriter heissen in Senir.
10Alles stedte auff der ebene / vnd das gantze
Gilead / vnd das gantze Basan / bis gen Salcha vnd
Edrei / die stedte des königreichs Og zu Basan.
11Denn allein der könig Og zu Basan / war noch
vbrig von den Risen / Sihe / sein eisern bette ist
Ogs bette 9 ellen lang etc. alhie zu Rabbath der kinder Ammon / neun ellen
lang vnd vier ellen breit / nach eins Mans ellen-
bogen.

SOlch Land namen wir ein zu der selben zeit / Josu. 12.
von Aroer an / die am bach bey Arnon ligt / Vnd
ich gab das halbe gebirge Gilead mit seinen Sted- Num. 32.
ten / den Rubenitern vnd Gadditern. 13Aber das Deut. 29.
vbrige Gilead vnd das gantze Basan des könig-
reichs Og / gab ich dem halben stam Manasse / die
gantze gegend Argob zum gantzen Basan / das
heisst der Risenland. 14Jair der son Manasse nam || || 98a
die gantze gegend Argob / bis an die grentze Ges-
suri vnd Maachathi / vnd hies das Basan nach sei-
HAUOTH-Jair. nem namen HauothJair / bis auff den heutigen tag.
15Machir aber gab ich Gilead. 16Vnd den Rubeni-
tern vnd Gadditern gab ich des Gileads ein teil /
bis an den bach bey Arnon / mitten im bach der die
grentze ist / vnd bis an den bach Jabok / der die
grentze ist der kinder Ammon. 17Dazu das ge-
filde / vnd den Jordan (der die grentze ist) von
Cinereth an bis an das Meer am gefilde / nemlich /
das Saltzmeer / vnten am berge Pisga gegen dem
Morgen.

VND gebot euch zu der selbigen zeit / vnd
sprach / Der HERR ewr Gott hat euch dis Land Num. 32.
gegeben einzunemen / So ziehet nu gerüstet fur
ewrn Brüdern den kindern Jsrael her / was streit-
bar ist. 19On ewr Weiber vnd Kinder vnd Vieh
(denn ich weis das jr viel vieh habt) lasst in ewrn
Stedten bleiben / die ich euch gegeben habe. 20Bis

von Mose geben zur wonung den Rubenitern etc.

das der HERR ewr Brüder auch zu ruge bringe / wie euch / das sie auch das Land einnemen / das jnen der HERR ewr Gott geben wird / jenseid dem Jordan / So solt jr denn wider keren zu ewr Besitzung / die ich euch gegeben habe.

Num. 27.

VND Josua gebot ich zur selben zeit / vnd sprach / Deine augen haben gesehen / alles was der HERR ewr Gott diesen zween Königen gethan hat / Also wird der HERR auch allen Königreichen thun / da du hin zeuchst. 22Fürchtet euch nicht fur jnen / Denn der HERR ewr Gott streitet fur euch.

JOSUA.

VND ich bat den HERRN zu der selben zeit / vnd sprach / HERR HERR / Du hast angehaben zu erzeigen deinem Knecht deine Herrligkeit vnd deine starcke Hand / Denn wo ist ein Gott in Himel vnd Erden / der es deinen wercken vnd deiner Macht künde nachthun? 25Las mich gehen vnd sehen das gute Land jenseid dem Jordan / dis gute gebirge vnd den Libanon. 26Aber der HERR war erzürnet auff mich vmb ewer willen / vnd erhöret mich nicht / Sondern sprach zu mir / Las gnung sein / sage mir dauon nicht mehr. 27Steige auff die höhe des bergs Pisga / vnd hebe deine augen auff gegen dem Abend / vnd gegen Mitternacht / vnd gegen Mittag / vnd gegen dem Morgen / vnd sihe es mit augen / Denn du wirst nicht vber diesen Jordan gehen. 28Vnd gebeut dem Josua / das er getrost vnd vnuerzagt sey / Denn er sol vber den Jordan ziehen fur dem Volck her / vnd sol jnen das Land austeilen / das du sehen wirst. 29Also blieben wir im tal gegen dem hause Peor.

MOSE kompt nicht ins gelobt Land.

Num. 27. Deut. 34.

Deut. 1. 4. Deut. 31.

(Hause) Kirchen oder Tempel.

IIII.

VND NU HÖRE JSRAEL DIE GEBOT VND RECHTE / die ich euch lere / das jr sie thun solt / Auff das jr lebet / vnd hinein komet / vnd das Land einnemet / das euch der HERR ewr veter Gott gibt. 2JR SOLT NICHTS DAZU THUN / DAS ICH EUCH GEBIETE / VND SOLT AUCH NICHTS DAUON THUN / Auff das jr bewaren mügt die Gebot des HERRN ewrs Gottes / die ich euch gebiete. 3Ewre augen haben gesehen / was der HERR gethan hat wider den BaalPeor / Denn alle die dem BaalPeor folgeten / hat der HERR dein Gott vertilget vnter euch. 4Aber jr / die jr dem HERRN ewrem Gott anhienget / lebet

ERMANUNG zu halten das Gesetz etc. (Bewaren) Denn Menschen lere hindert Gottes Gebot / vnd füret von der warheit. Titum 1.

Num. 25. BAALPEOR.

alle heuts tages. [5]Sihe / ich hab euch geleret Gebot
vnd Rechte / wie mir der HERR mein Gott ge-
boten hat / das jr also thun solt im Lande / darein jr
komen werdet / das jrs einnemet.

[6]SO behaltets nu vnd thuts / Denn das wird ewr
weisheit vnd verstand sein bei allen Völckern /
wenn sie hören werden alle diese Gebot / das sie
müssen sagen / Ey / welch weise vnd verstendige
Leute sind das / vnd ein herrlich Volck. [7]Denn wo
ist so ein herrlich Volck / zu dem Götter also nahe
sich thun / als der HERR vnser Gott / so offt wir jn
anruffen? [8]Vnd wo ist so ein herrlich Volck / das Psal. 147.
so gerechte Sitten vnd Gebot habe / als alle dis
Gesetz / das ich euch heuts tags fürlege?|| || 98b

HVt dich nu vnd beware deine Seele wol / das
du nicht vergessest der Geschicht / die deine
Augen gesehen haben / vnd das sie nicht aus dei-
nem Hertzen komen alle dein lebenlang. Vnd solt
deinen Kindern vnd Kindskindern kund thun
[10]den tag / da du fur dem HERRN deinem Gott Exod. 19.
stundest an dem berge Horeb / da der HERR zu
mir sagt / Versamle mir das Volck / das sie meine
wort hören / vnd lernen mich fürchten alle jr lebe-
tag auff Erden / vnd leren jre Kinder.

[11]VND jr trattet erzu / vnd stundet vnten an dem Exod. 19.
Berge / Der berg brandte aber bis mitten an den
Himel / vnd war da finsternis / wolcken vnd tun-
ckel. [12]Vnd der HERR redet mit euch mitten aus
dem Fewr / Die stim seiner wort höretet jr / Aber
kein Gleichnis sahet jr ausser der stim. [13]Vnd ver-
kündigt euch seinen Bund / den er euch gebot zu
thun / nemlich / die zehen wort / vnd schreib sie Exo. 34.
auff zwo steinern Tafeln. [14]Vnd der HERR gebot
mir zur selbigen zeit / das ich euch leren solt / Ge-
bot vnd Rechte / das jr darnach thetet im Land
darein jr ziehet / das jrs einnemet.

BILDER verboten zu machen so man anbeet etc.

[15]SO bewaret nu ewr Seelen wol / Denn jr habt
kein Gleichnis gesehen des tages / da der HERR Exod. 20.
mit euch redet aus dem Fewr auff dem berge Horeb.
[16]Auff das jr euch nicht verderbet / vnd macht euch
jrgend ein Bilde / das gleich sey einem Man / oder
Weib / [17]oder Vieh auff erden / oder Vogel vnter
dem Himel / [18]oder Gewürm auff dem lande / oder
fisch im wasser vnter der erden. [19]Das du auch
nicht deine augen auffhebest gen Himel / vnd sehest
die Sonne vnd den Mond / vnd die Sterne / das
gantze Heer des Himels / vnd fallest ab / vnd bettest

sie an vnd dienest jnen / welche der HERR dein
Gott verordent hat / allen Völckern vnter dem
gantzen Himel.
20EVch aber hat der HERR angenomen / vnd
aus dem eisern Ofen / nemlich / aus Egypten ge-
Deut. 1. 3. füret / das jr sein Erbuolck solt sein / wie es ist an
diesem tag. 21Vnd der HERR war so erzürnet
vber mich / vmb ewrs thuns willen / Das er schwur /
Num. 20. ich solt nicht vber den Jordan gehen / noch in das
gute Land komen / das dir der HERR dein Gott
Deut. 34. zum Erbteil geben wird / 22Sondern ich mus in
diesem Lande sterben / vnd werde nicht vber den
Jordan gehen / Jr aber werdet hinüber gehen / vnd
solch gut Land einnemen.
23SO hütet euch nu / das jr des Bunds des HERRN
ewrs Gottes nicht vergesset / den er mit euch ge-
macht hat / vnd nicht Bilder machet einicher
gleichnis / wie der HERR dein Gott geboten hat.
24DENN DER HERR DEIN GOTT IST EIN VERZEH-
Ebre. 12. REND FEWR / VND EIN EIUERIGER GOTT.
WEnn jr nu Kinder zeuget vnd Kindskinder /
vnd im Lande wonet / vnd verderbet euch /
vnd machet euch Bilder einicherley gleichnis / das
jr vbel thut fur dem HERRN ewrn Gott / vnd jr jn
erzürnet. 26So ruffe ich heuts tages vber euch zu
Leui. 26. zeugen Himel vnd Erden / Das jr werdet bald
Deut. 28. vmbkomen von dem Lande / in welchs jr gehet
vber den Jordan / das jrs einnemet / Jr werdet
nicht lange drinnen bleiben / sondern werdet ver-
tilget werden. 27Vnd der HERR wird euch zu-
strewen vnter die Völcker / vnd werdet ein geringe
Pöbel vbrig sein vnter den Heiden / dahin euch der
HERR treiben wird. 28Daselbs wirstu dienen den
Göttern / die Menschen hende werck sind / holtz
vnd stein / die weder sehen noch hören / noch essen /
noch riechen.
29WEnn du aber daselbs den HERRN deinen
Gott suchen wirst / So wirstu jn finden / wo du jn
wirst von gantzem Hertzen vnd von gantzer See-
len suchen. 30Wenn du geengstet sein wirst / vnd
dich treffen werden alle diese ding in den letzten
tagen / So wirstu dich bekeren zu dem HERRN
deinem Gott / vnd seiner stimme gehorchen.
31Denn der HERR dein Gott ist ein barmhertziger
Gott / Er wird dich nicht lassen noch verderben /
wird auch nicht vergessen des Bundes den er dei-
|| 99a nen Vetern geschworen hat.||

Erklerung des ersten Gebots.

DEnn frage nach den vorigen zeiten / die vor dir
gewesen sind / von dem tage an / da Gott den
Menschen auff erden geschaffen hat / von einem
ende des Himels zum andern / Ob je ein solch gros
ding geschehen / oder desgleichen je gehört sey /
33Das ein volck Gottes stimme gehört habe aus
dem Fewr reden / wie du gehört hast / vnd dennoch
lebest? 34Oder ob Gott versucht habe hinein zu-
gehen / vnd jm ein Volck mitten aus einem Volck
zu nemen / durch versuchung / durch zeichen /
durch wunder / durch streit / vnd durch eine mech-
tige Hand vnd durch einen ausgereckten Arm /
vnd durch seer schreckliche Thatten / wie das alles
der HERR ewr Gott [a]für euch gethan hat in Egyp- Exo. 19.
ten fur deinen augen?

a Das ist / vmb ewren willen.

35DV hasts gesehen / Auff das du wissest / das
der HERR allein Gott ist / vnd keiner mehr.
36Vom Himel hat er dich seine stimme hören las-
sen / das er dich züchtiget / Vnd auff erden hat er
dir gezeiget sein grosses Fewr / vnd seine Wort Exo. 19.
hastu aus dem Fewr gehöret / 37Darumb / das er
deine Veter geliebet vnd jren Samen nach jnen er-
welet hat. Vnd hat dich ausgefürt mit seinem
[b]Angesicht / durch seine grosse krafft aus Egyp-
ten / 38Das er vertriebe fur dir her grosse Völcker /
vnd stercker / denn du bist / Vnd dich hinein brech-
te / das er dir jr Land gebe zum Erbteil / wie es heuts
tages stehet.

b Faciebus suis scilicet nube et columna.

39SO soltu nu heuts tags wissen vnd zu hertzen
nemen / das der HERR ein Gott ist oben im Himel /
vnd vnten auff Erden / vnd keiner mehr. 40Das du
haltest seine Rechte vnd Gebot / die ich dir heute
gebiete / So wird dirs vnd deinen Kindern nach dir
wolgehen / das dein leben lange were in dem Lande /
das dir der HERR dein Gott gibt ewiglich.

Drey Freystedte.

DA sonderte Mose drey Stedte aus jenseid dem Num. 35.
Jordan / gegen der Sonnen auffgang / 42Das Deut. 19.
daselbs hin flöhe / wer seinen Nehesten tod schlegt Josu. 20.
vnuersehens / vnd jm vorhin nicht feind gewesen
ist / der sol in der Stedte eine fliehen / das er leben-
dig bleibe. 43Bezer in der wüsten im eben Lande
vnter den Rubenitern / vnd Ramoth in Gilead
vnter den Gadditern / vnd Golan in Basan vnter
den Manassitern.

DAS ist das Gesetz / das Mose den kindern Jsrael
furlegete / 45Das ist das Zeugnis vnd Gebot
vnd Rechte / die Mose den kindern Jsrael sagte / da

sie aus Egypten gezogen waren / [46]Jenseid dem
Jordan im tal gegen dem hause Peor / Jm lande
Num. 21. Sihon des königs der Amoriter der zu Hesbon sas /
den Mose vnd die kinder Jsrael schlugen / da sie
aus Egypten gezogen waren / [47]vnd namen sein
Land ein. Da zu das land Og des königs zu Basan /
der zweier könige der Amoriter / die jenseid dem
Jordan waren gegen der Sonnen auffgang / [48]Von
Aroer an / welche an dem vfer ligt des bachs bey
Arnon / bis an den berg Sion / das ist der Hermon.
[49]Vnd alles blachfeld jenseid dem Jordan gegen
dem Auffgang der sonnen / bis an das Meer im
blachfeld vnten am berge Pisga.

V.

VND MOSE RIEFF DEM GANTZEN JSRAEL / VND
sprach zu jnen / Höre Jsrael die Gebot vnd
Rechte / die ich heute fur ewren ohren rede / vnd
lernet sie vnd behaltet sie / das jr darnach thut.
Exo. 19. [2]Der HERR vnser Gott hat einen Bund mit vns
gemacht zu Horeb / [3]Vnd hat nicht mit vnsern
Vetern diesen Bund gemacht / sondern mit vns /
die wir hie sind heuts tags / vnd alle leben. [4]Er hat
von Angesicht mit vns aus dem Fewr auff dem
Berge geredt. [5]Jch stund zu der selben zeit zwi-
sschen dem HERRN vnd euch / das ich euch an-
sagete des HERRN wort / Denn jr furchtet euch
fur dem Fewr / vnd gienget nicht auff den Berg /
Vnd er sprach.

Exo. 20. JCH BIN DER HERR DEIN GOTT / DER DICH AUS Zehen Gebot.
EGYPTENLAND GEFÜRET HAT AUS DEM DIENST-
HAUSE. [7]DU SOLT KEIN ANDER GÖTTER HABEN FUR
‖ 99b MIR. [8]Du solt ‖ dir kein Bildnis machen einicher
gleichnis / weder oben im Himel / noch vnten auff
Erden / noch im Wasser vnter der Erden / [9]Du
solt sie nicht anbeten / noch jnen dienen. DEnn ICH
BIN DER HERR DEIN GOTT / EIN EIUERIGER GOTT /
DER DIE MISSETHAT DER VETER HEIMSUCHT VBER
DIE KINDER / INS DRITTE VND VIERDE GLIEDE / DIE
MICH HASSEN. [10]VND BARMHERTZIGKEIT ERZEIGE
IN VIEL TAUSENT / DIE MICH LIEBEN VND MEINE
GEBOT HALTEN.

[11]DV SOLT DEN NAMEN DES HERRN DEINES
GOTTES / NICHT MISBRAUCHEN / DENN DER HERR
WIRD DEN NICHT VNGESTRAFFT LASSEN / DER SEINEN
NAMEN MISBRAUCHET.

12 DEN Sabbathtag soltu halten / das du jn
heiligest / Wie dir der HERR dein Gott ge-
boten hat. 13 Sechs tage soltu erbeiten vnd alle
deine werck thun. 14 Aber am siebenden tag ist der
Sabbath des HERRN deines Gottes / Da soltu kein
erbeit thun / noch dein Son / noch deine Tochter /
noch dein Knecht / noch deine Magd / noch dein
ochse / noch dein esel / noch alle dein vieh / noch
der Frembdling der in deinen thoren ist / Auff das
dein knecht vnd deine magd ruge / gleich wie du.
15 Denn du solt gedencken / Das du auch Knecht in
Egyptenland warest / Vnd der HERR dein Gott
dich von dannen ausgefüret hat mit einer mechti-
gen Hand vnd ausgerecktem Arm / Darumb hat dir
der HERR dein Gott geboten / das du den Sab-
bathtag halten solt.

16 DV solt deinen Vater vnd deine Mutter Exod. 20.
ehren / wie dir der HERR dein Gott geboten Ephe. 6.
hat / Auff das du lange lebest / vnd das dirs
wolgehe / in dem Lande / das dir der HERR
dein Gott geben wird.

17 DV solt nicht tödten. Matt. 5.

18 DV solt nicht Ehebrechen.

19 DV solt nicht stelen.

20 DV solt kein falsch Zeugnis reden wider
deinen Nehesten.

21 LAs dich nicht gelüsten deines Nehesten
Weib.

DV solt nicht begeren deines Nehesten
Haus / Acker / Knecht / Magd / ochsen / esel /
Noch alles was sein ist.

22 DAS sind die wort / die der HERR redet zu
ewr gantzen Gemeine / auff dem Berge / aus dem
Fewr vnd der wolcken vnd tunckel mit grosser
stim / Vnd thet nichts dazu / vnd schreib sie auff
zwo steinern Tafeln / vnd gab sie mir.

DA jr aber die stim aus der finsternis höret / vnd Exo. 20.
den Berg mit fewr brennen / trattet jr zu mir /
alle Obersten vnter ewrn stemmen vnd ewer Elte-
sten / 24 vnd spracht / Sihe / der HERR vnser Gott
hat vns lassen sehen / seine Herrligkeit vnd seine
Maiestet / vnd wir haben seine stimme aus dem
Fewr gehöret / Heuts tages haben wir gesehen / das
Gott mit Menschen redet / vnd sie lebendig blei-
ben. 25 Vnd nu / warumb sollen wir sterben / das
vns dis grosse fewr verzehre? Wenn wir des
HERRN vnsers Gottes stimme mehr hören / so

Gottes Gebot
zu halten etc.

müssen wir sterben. [26]Denn was ist alles Fleisch
das es hören müge die stimme des lebendigen Got-
tes aus dem fewr reden / wie wir / vnd lebendig
bleibe? [27]Trit du hin zu / vnd höre alles was der
HERR vnser Gott saget / vnd sags vns / Alles was
der HERR vnser Gott mit dir reden wird / das
wöllen wir hören vnd thun.

[28]DA aber der HERR ewre wort höret / die jr mit
mir redet / sprach er zu mir / Jch hab gehöret die
wort dieses Volcks / die sie mit dir geredt haben /
Es ist alles gut / was sie geredt haben. [29]Ah / das sie
ein solch Hertz hetten / mich zufürchten / vnd zu-
halten alle meine Gebot / jr leben lang / Auff das
jnen wol gienge vnd jren Kindern ewiglich. [30]Gehe
hin vnd sage jnen / Gehet heim in ewre Hütten /
[31]Du aber solt hie fur mir stehen / das ich mit dir
|| 100a rede alle Gesetz || vnd Gebot vnd Rechte / die du
sie leren solt / Das sie darnach thun im Lande / das
ich jnen geben werde einzunemen.

[32]SO behaltet nu das jr thut / wie euch der HERR
ewr Gott geboten hat vnd weicht nicht weder zur
Rechten noch zur Lincken. [33]Sondern wandelt in
allen wegen / die euch der HERR ewr Gott ge-
boten hat / Auff das jr leben müget / vnd euch wol-
gehe / vnd lange lebet im Lande / das jr einnemen
werdet.

VI.

DJS sind aber die Gesetz vnd Gebot vnd
Rechte / die der HERR ewr Gott geboten hat /
das jr sie lernen vnd thun solt im Lande / da hin jr
ziehet dasselb ein zunemen. [2]Das du den HERRN
deinen Gott fürchtest / vnd haltest alle seine Rechte
vnd Gebot / die ich dir gebiete / Du vnd deine Kin-
der vnd deine Kindskinder / alle ewr lebtage / Auff
das jr lange lebet. [3]Jsrael du solt hören vnd behal-
ten / das du es thust / Das dirs wolgehe vnd seer
vermehret werdest / Wie der HERR deiner veter
Gott dir geredt hat / ein Land da milch vnd honig
innen fleusst.

HOre Jsrael / der HERR vnser Gott ist ein
Matt. 4. 22. einiger HERR. [5]Vnd solt den HERRN
deinen Gott / liebhaben / von gantzem Hert-
zen / von gantzer Seele / von allem Vermügen.
Deut. 11. [6]Vnd diese wort / die ich dir heute gebiete / soltu
zu hertzen nemen / [7]vnd solt sie deinen Kindern (Scherffen)
scherffen / vnd dauon reden / Wenn du in deinem Jmer treiben

Ermanung Gottes Gebot zu halten etc. vnd üben / das sie nicht verrosten noch vertunckeln / sondern stets in gedechtnis vnd wort / als new vnd helle bleiben. Denn je mehr man Gottes wort handelt / je heller vnd newer es wird / vnd heisst billich / je lenger je lieber. Wo mans aber nicht treibt / so wirds bald vergessen vnd vnkrefftig etc.

Hause sitzest / oder auff dem wege gehest / Wenn
du dich niderlegest oder auffstehest. [8]Vnd solt sie
binden zum Zeichen auff deine hand / vnd sollen
dir ein Denckmal fur deinen augen sein / [9]Vnd solt
sie vber deins Hauses pfosten schreiben vnd an die
thore.

WEnn dich nu der HERR dein Gott in das Land
bringen wird / das er deinen vetern Abraham /
Jsaac vnd Jacob geschworen hat dir zu geben /
grosse vnd feine Stedte / die du nicht gebawet hast / Josu. 24.
[11]vnd Heuser alles Guts vol / die du nicht gefüllet
hast / vnd ausgehawene Brünnen / die du nicht aus-
gehawen hast / vnd Weinberge vnd Oleberge / die
du nicht gepflantzt hast / das du essest vnd sat
wirst / [12]So hüte dich / das du nicht des HERRN
vergessest / der dich aus Egyptenland aus dem
Diensthaus gefüret hat. [13]Sondern solt den HERRN Matt. 4.
deinen Gott fürchten vnd jm dienen / vnd bey sei-
nem Namen schweren. [14]Vnd solt nicht andern
Göttern nachfolgen der Völcker / die vmb euch her
sind. [15]Denn der HERR dein Gott ist ein eiueri-
ger Gott vnter dir / Das nicht der zorn des HERRN
deines Gottes vber dich ergrimme / vnd vertilge
dich von der Erden.

[16]Jr solt den HERRN ewrn Gott nicht versu-
chen / wie jr jn versuchtet zu Massa. [17]Sondern Exod. 17.
solt halten die Gebot des HERRN ewrs Gottes / Num. 20.
vnd seine Zeugnis vnd seine Rechte / die er gebo-
ten hat / [18]Das du thust was recht vnd gut ist fur
den augen des HERRN / Auff das dirs wolgehe /
vnd eingehest vnd einnemest das gute Land / das
der HERR geschworen hat deinen Vetern / [19]Das
er veriage alle deine Feinde fur dir / wie der HERR
geredt hat.

WEnn nu dich dein Son heute oder morgen fra-
gen wird / vnd sagen / Was sind das fur Zeug-
nis / Gebot vnd Rechte / die euch der HERR vnser
Gott geboten hat? [21]So soltu deinem son sagen /
Wir waren knechte des Pharao in Egypten / vnd
der HERR füret vns aus Egypten mit mechtiger
Hand / [22]Vnd der HERR thet grosse vnd böse
Zeichen vnd Wunder vber Egypten vnd Pharao /
vnd alle seinem Hause fur vnsern augen. [23]Vnd
füret vns von dannen / Auff das er vns einfüret vnd
gebe vns das Land / das er vnsern Vetern geschwo-
ren hatte. [24]Vnd hat vns geboten der HERR zu
thun nach allen diesen Rechten / das wir den

sol kein Bund
mit den Heiden
machen.

HERRN vnsern Gott fürchten / Auff das vns wol-
gehe || alle vnser lebtage / wie es gehet heuts tages. || 100b
25Vnd es wird vnser gerechtigkeit sein fur dem
HERRN vnserm Gott / So wir halten vnd thun alle
diese Gebot / wie er vns geboten hat.

VII.

WENN DICH DER HERR DEIN GOTT INS LAND
bringet / darein du komen wirst dasselb ein
zunemen / vnd ausrottet viel Völcker fur dir her /
die Hethiter / Girgositer / Amoriter / Cananiter /
Pheresiter / Heuiter vnd Jebusiter / sieben Völcker
die grösser vnd stercker sind denn du / 2vnd wenn
sie der HERR dein Gott fur dir gibt / das du sie
Exo. 23. 34. schlechst / So soltu sie verbannen / das du keinen
Josu. 23. Bund mit jnen machest / noch jnen gonst erzeigest.
3Vnd solt dich mit jnen nicht befreunden / Ewr
Töchter soltu nicht geben jren Sönen / vnd jre
Töchter solt jr nicht nemen ewren Sönen. 4Denn
sie werden ewre Söne mir abfellig machen / das sie
andern Göttern dienen / So wird denn des HERRN
zorn ergrimmen vber euch vnd euch bald vertilgen.
5SOndern also solt jr mit jnen thun / Jre Altar
solt jr zureissen / jre Seulen zubrechen / jre Hayne
abhawen / vnd jre Götzen mit fewr verbrennen.
Exo. 19. 6Denn du bist ein heilig Volck Gott deinem HERRN /
Dich hat Gott dein HERR erwelet zum volck des
Eigenthums / aus allen Völckern die auff Erden
sind. 7Nicht hat euch der HERR angenomen vnd
euch erwelet / das ewr mehr were denn alle Völcker /
Denn du bist das wenigst vnter allen völckern.
8Sondern das er euch geliebet hat / vnd das er seinen
Eid hielte / den er ewren Vetern geschworen hat /
hat er euch ausgefüret mit mechtiger Hand / vnd
hat dich erlöset von dem Hause des diensts / aus
der hand Pharao des königes in Egypten.
Exo. 20. 34. SO soltu nu wissen / das der HERR dem Gott ein Gesetzs
Deut. 13. Gott ist / ein trewer Gott / der den Bund vnd verheissunge.
Barmhertzigkeit helt / denen / die jn lieben vnd
seine Gebot halten / in tausent Glied. 10Vnd ver-
gilt denen die jn hassen / fur seim Angesicht / das
er sie vmbbringe / vnd seumet sich nicht / das er
denen vergelte fur seinem Angesicht / die jn hassen.
11So behalte nu die Gebot / vnd Gesetz / vnd
Rechte / die ich dir heute gebiete / das du darnach
thust.

Jsrael sol kein Bund mit den Heiden machen.

12VND wenn jr diese Rechte höret vnd haltet sie Exo. 23.
vnd darnach thut / So wird der HERR dein Gott Leui. 26.
auch halten den Bund vnd Barmhertzigkeit / die er Deut. 28.
deinen Vetern geschworen hat / 13vnd wird dich
lieben vnd segenen vnd mehren. Vnd wird die
Frücht deines Leibs segenen / vnd die Frücht deines
Landes / dein getreide / most vnd öle / die frücht
deiner Kühe / vnd die frücht deiner Schafe / auff
dem Lande / das er deinen Vetern geschworen hat
dir zu geben. 14Gesegnet wirstu sein vber allen
Völckern / Es wird niemand vnter dir vnfruchtbar
sein noch vnter deinem Vieh. 15Der HERR wird
von dir thun alle Kranckheit / vnd wird keine böse
Seuche der Egypter dir aufflegen / die du erfaren
hast / vnd wird sie allen deinen Hessern aufflegen.
16Du wirst alle Völcker fressen / die der HERR dein
Gott dir geben wird / Du solt jr nicht schonen /
vnd jren Göttern nicht dienen / denn das würde dir
ein Strick sein.

WJrstu aber in deinem hertzen sagen / Dieses
volcks ist mehr denn ich bin / Wie kan ich sie
vertreiben? 18So fürcht dich nicht fur jnen / Ge-
denck was der HERR dein Gott Pharao vnd allen
Egyptern gethan hat / 19durch grosse Versuchung /
die du mit augen gesehen hast / vnd durch Zeichen
vnd Wunder / durch eine mechtige Hand vnd aus-
gerecktem Arm / da mit dich der HERR dein Gott
ausfüret. Also wird der HERR dein Gott allen
Völckern thun fur denen du dich fürchtest.

20DA zu wird der HERR dein Gott Hornissen Ex. 23. 33.
vnter sie senden / bis vmbbracht werde / was Josu. 24.
vberig ist / vnd sich verbirget fur dir. 21Las dir
nicht grawen fur jnen / Denn der HERR dein Gott
ist vnter dir / der grosse vnd schreckliche || Gott. || 101a
22Er der HERR dein Gott wird diese Leute aus-
rotten fur dir / einzelen nach einander / Du kanst
sie nicht eilend vertilgen / Auff das sich nicht wider
dich sich mehren die Thier auff dem felde. 23Der
HERR dein Gott wird sie fur dir geben / vnd wird
sie mit grosser Schlacht erschlagen / bis er sie ver-
tilge. 24Vnd wird dir jre Könige in deine hende Josu. 10. 11.
geben / vnd solt jren namen vmbbringen vnter dem
Himel / Es wird dir niemand widerstehen / bis du Josu. 12.
sie vertilgest.

25DJe Bilde jrer Götter soltu mit fewr verbren-
nen / vnd solt nicht begeren des silbers oder golds Deut. 13.
das dran ist / oder zu dir nemen / das du dich nicht

Erklerung des ersten Gebots.

drinnen verfehest. Denn solchs ist dem HERRN
deinem Gott ein grewel / 26Darumb soltu nicht in
dein Haus den grewel bringen / das du nicht ver-
bannet werdest / wie das selb ist / Sondern du solt
einen ekel vnd grewel daran haben / denn es ist
verbannet.

VIII.

ALLE GEBOT / DIE ICH DIR HEUTE GEBIETE / SOLT
jr halten / das jr darnach thut / Auff das jr lebet
vnd gemehret werdet / vnd einkomet vnd ein-
nemet das Land / das der HERR ewrn Vetern ge-
schworen hat. 2Vnd gedenckest alle des wegs /
durch den dich der HERR dein Gott geleitet hat /
diese vierzig jar in der wüsten / Auff das er dich
demütigte / vnd versüchte / Das kund würde / was
Exo. 16. in deinem hertzen were / Ob du sein Gebot halten
würdest oder nicht. 3Er demütiget dich vnd lies
Num. 11. dich hungern / vnd speiset dich mit Man / das du
vnd deine Veter nie erkand hattest / Auff das er dir
Matt. 4. kund thet / DAS DER MENSCH NICHT LEBET VOM
BROT ALLEIN / SONDERN VON ALLEM DAS AUS DEM
Deut. 29. MUND DES HERRN GEHET. 4Deine Kleider sind
nicht veraltet an dir / vnd deine Füsse sind nicht
geschwollen diese vierzig jar. 5So erkennestu je in
deinem hertzen / das der HERR dein Gott dich ge-
zogen hat / wie ein Man seinen Son zeucht.
SO halt nu die Gebot des HERRN deines Gottes /
das du in seinen wegen wandelst vnd fürchtest jn.
7Denn der HERR dein Gott füret dich in ein gut
Land / ein land da beche vnd brünnen vnd seen
innen sind / die an den Bergen vnd in den Awen
fliessen / 8Ein Land da weitzen / gersten / wein-
stöcke / Feigenbewm / vnd Granatepffel innen sind.
Ein Land da Olebewm vnd honig innen wechst /
9Ein Land da du Brot gnug zu essen hast / da auch
nichts mangelt / Ein Land / des steine eisen sind /
da du ertz aus den bergen hawest. 10Vnd wenn du
gessen hast vnd sat bist / Das du den HERRN dei-
nen Gott lobest / für das gute Land / das er dir ge-
geben hat.

11SO hüte dich nu / das du des HERRN deines
Gottes nicht vergessest / damit / das du seine Ge-
bot / vnd seine Gesetz vnd Rechte / die ich dir heute
gebiete / nicht haltest. 12Das / wenn du nu gessen
hast vnd sat bist / vnd schöne Heuser erbawest /
vnd drinnen wonest / 13vnd deine rinder vnd schafe /

des ersten
Gebots.

vnd silber vnd gold / vnd alles was du hast / sich
mehret / [14]Das denn dein Hertz sich nicht er-
hebe vnd vergessest des HERRN deines Gottes /
der dich aus Egyptenland gefüret hat / aus dem
Diensthause. [15]Vnd hat dich geleitet durch die
grosse vnd grawsame Wüsten / da fewrige Schlan- Num. 21.
gen / vnd Scorpion / vnd eitel dürre / vnd kein
wasser war / Vnd lies dir wasser aus dem harten Exod. 17.
Felsen gehen / [16]Vnd speiset dich mit Man in der
wüsten / von welchem deine Veter nichts gewust
haben / Auff das er dich demütiget vnd versüchet /
das er dir hernach wolthet. [17]Du möchtest sonst
sagen in deinem hertzen / Meine kreffte vnd mei-
ner hende stercke haben mir dis vermügen ausge-
richt. [18]Sondern das du gedechtest an den HERRN
deinen Gott / Denn er ists / der dir kreffte gibt /
solch mechtige Thatten zu thun / Auff das er hielte
seinen Bund / den er deinen Vetern geschworen
hat / wie es gehet heuts tages.|| || 101 b

WJrstu aber des HERRN deines Gottes ver-
gessen / vnd andern Göttern nachfolgen / vnd
jnen dienen / vnd sie anbeten / So bezeuge ich heute
vber euch / das jr vmbkomen werdet. [20]Eben wie
die Heiden / die der HERR vmbbringet fur ewrem
angesicht / So werdet jr auch vmbkomen / Darumb
das jr nicht gehorsam seid der stimme des HERRN
ewres Gottes.

IX.

HORE JSRAEL / DU WIRST HEUTE VBER DEN JOR-
dan gehen / das du einkomest einzunemen die
Völcker / die grösser vnd stercker sind denn du / Deut. 4.
grosse Stedte / vermauret bis in den Himel / [2]Ein
gros / hoch Volck / die kinder Enakim / die du er-
kand hast von denen du auch gehöret hast / Wer
kan wider die kinder Enak bestehen? [3]So soltu
wissen heute / das der HERR dein Gott / gehet fur
dir her / ein verzehrend Fewr / Er wird sie vertil- Deut. 4.
gen / vnd wird sie vnterwerffen fur dir her / vnd
wird sie vertreiben vnd vmbbringen bald / wie dir
der HERR geredt hat.

[4]WEnn nu der HERR dein Gott sie ausgestossen
hat fur dir her / So sprich nicht in deinem hertzen /
Der HERR hat mich er eingefüret das Land ein zu-
nemen / vmb meiner gerechtigkeit willen / So doch
der HERR diese Heiden vertreibt fur dir her / vmb
jres Gottlosen wesens willen. [5]Denn du kompst

Gott gibt Jsrael das gelobt Land nicht vmb seiner Gerechtigkeit etc.

nicht er ein jr Land ein zunemen / vmb deiner ge-
rechtigkeit vnd deines auffrichtigen hertzens wil-
len. Sondern der HERR dein Gott vertreibt diese
Heiden vmb jres Gottlosen wesens willen / Das er
das wort halte / das der HERR geschworen hat
deinen vetern / Abraham / Jsaac vnd Jacob.

Mose erinnert Jsrael seines vngehorsams etc.

So wisse nu / das der HERR dein Gott dir nicht
vmb deiner gerechtigkeit willen dis gute Land
gibt ein zunemen / Sintemal du ein halsstarrig
Volck bist. 7Gedencke vnd vergis nicht / wie du
den HERRN deinen Gott erzürnetest in der wü-
sten. Von dem tage an / da du aus Egyptenland
zogest / bis jr komen seid an diesen Ort / seid jr vn-
Exo. 32. gehorsam gewesen dem HERRN. 8Denn in Horeb
erzürnetet jr den HERRN / also / das er fur zorn
euch vertilgen wolt / 9Da ich auff den Berg gegan-
gen war / die steinern Tafeln zu empfahen / die
tafeln des Bunds / den der HERR mit euch machet /
vnd ich vierzig tag vnd vierzig nacht auff dem berge
bleib / vnd kein brot ass / vnd kein wasser tranck.
Exo. 24. 10Vnd mir der HERR die zwo steinern Tafeln gab /
mit dem finger Gottes beschrieben / vnd darauff
Exo. 19. alle wort / Wie der HERR mit euch aus dem Fewr
auff dem Berge geredt hatte / am tage der versam-
lunge.

VND nach den vierzig tagen vnd vierzig nachten /
Deut. 4. gab mir der HERR die zwo steinern tafeln des
Bunds / 12vnd sprach zu mir / Mach dich auff /
Exo. 32. Gehe eilend hin ab von hinnen / Denn dein Volck /
das du aus Egypten gefürt hast / hats verderbt / Sie
sind schnell getretten von dem wege / den ich jnen
geboten habe / Sie haben jnen ein gegossen Bild
gemacht. 13Vnd der HERR sprach zu mir / Jch
sehe / das dis Volck ein halsstarrig volck ist / 14Las
ab von mir / das ich sie vertilge / vnd jren namen
austilge vnter dem Himel / Jch wil aus dir ein
stercker vnd grösser Volck machen denn dis ist.

15VND als ich mich wandte / vnd von dem Berge
gieng / der mit fewr brandte / vnd die zwo tafeln
des Bunds auff meinen beiden henden hatte. 16Da
sahe ich / vnd sihe / Da hattet jr euch an dem
HERRN ewrem Gott versündiget / das jr euch ein
gegossen Kalb gemacht / vnd bald von dem wege
getreten waret / den euch der HERR geboten
hatte. 17Da fasset ich beide Tafeln / vnd warff sie
aus beiden henden / vnd zubrach sie fur ewrn au-
gen. 18Vnd fiel fur den HERRN / wie zu erst /

Gott gibt Jsrael das gelobt Land nicht vmb seiner Gerechtigkeit etc.

vierzig tage vnd vierzig nacht / vnd ass kein brot /
vnd tranck kein wasser / vmb alle ewr sünde wil-
len / die jr gethan hattet / da jr solchs vbel thetet
fur dem HERRN / jn zu erzürnen. 19Denn ich
furchte mich fur dem zorn vnd grim / da mit der
HERR vber euch erzürnet war / das er euch ver-
tilgen wolt / Aber der HERR erhöret mich das mal
auch. ‖ ‖ 102a

AVch war der HERR seer zornig vber Aaron /
das er jn vertilgen wolt / Aber ich bat auch fur
Aaron zur selbigen zeit. 21Aber ewr sünde / das Exod. 32.
KALB. Kalb / das jr gemacht hattet / nam ich vnd ver-
brands mit fewr / vnd zuschlug es vnd zumalmet
es / bis es staub ward / vnd warff den staub in den
bach der vom Berge fleusst.

AVch so erzürnetet jr den HERRN zu Thabeera Nu. 11. 13.
vnd zu Massa vnd bey den Lustgrebern. 23Vnd Exod. 17.
da er euch aus Kades Barnea sandte / vnd sprach /
Gehet hin auff vnd nemet das Land ein / das ich
euch gegeben habe / Ward jr vngehorsam des
HERRN mund ewres Gottes / vnd gleubtet an jn
nicht / vnd gehorchtet seiner stim nicht. 24Denn
jr seid vngehorsam dem HERRN gewest / so lang
ich euch gekand habe.

MOSE GEBET. 25DA fiel ich fur den HERRN vierzig tage vnd
vierzig nacht / die ich da lag / Denn der HERR Exo. 32.
sprach / Er wolt euch vertilgen. 26Jch aber bat den
HERRN / vnd sprach / HErr HERR / verderbe
dein Volck vnd dein Erbteil nicht / das du durch
deine grosse Krafft erlöset / vnd mit mechtiger
Hand aus Egypten gefüret hast. 27Gedenck an
deine knechte Abraham / Jsaac vnd Jacob / Sihe
nicht an die hertigkeit vnd das Gottlos wesen vnd Exo. 34.
sünde dis volcks / 28Das nicht das Land sage / Num. 14.
daraus du vns gefüret hast / Der HERR kund sie
nicht ins Land bringen / das er jnen geredt hatte /
Vnd hat sie darumb ausgefüret / das er jnen gram
war / das er sie tödtet in der wüsten. 29Denn sie
sind dein Volck vnd dein Erbteil / das du mit deinen
grossen Krefften / vnd mit deinem ausgereckten
Arm hast ausgefüret.

X.

ZV DER SELBEN ZEIT SPRACH DER HERR ZU MIR / Exod. 34.
ZWO STEINERN Tafele. Hawe dir zwo steinern Tafeln / wie die ersten /
vnd kom zu mir auff den Berg / vnd mache dir eine
hültzen Laden / 2So wil ich auff die Tafeln schrei-

erzelet Jsrael / wie from sie je vnd je gewest seien etc.

ben die wort / die auff den ersten waren / die du zu-
brochen hast / vnd solt sie in die Laden legen. 3Also
Exod. 32. macht ich eine Laden von foern holtz / vnd hieb
Deut. 9. zwo steinern Tafeln / wie die erstern waren / vnd
gieng auff den Berg vnd hatte die zwo Tafeln in
meinen henden.
Exo. 34. 4DA schreib er auff die Tafeln / wie die erste
schrifft war / die zehen Wort / die der HERR zu
euch redet aus dem fewr auff dem Berge / zur zeit
der versamlung / vnd der HERR gab sie mir. 5Vnd
ich wand mich vnd gieng vom Berge / vnd legt die
Tafeln in die Lade / die ich gemacht hatte / das
die daselbs weren / wie mir der HERR geboten
hatte.

VND die kinder Jsrael zogen aus von Beroth Bne-
Nu. 20. 33. Jakan gen Moser (Daselbs starb Aaron / vnd ist
daselbs begraben / Vnd sein son Eleasar ward fur
jn Priester) 7Von dannen zogen sie aus gen Gude-
goda. Von Gudegoda gen Jathbath ein land da
Num. 3. Beche sind. 8Zur selben zeit sondert der HERR
Num. 4. 18. den stam Leui aus / die Lade des Bunds des
HERRN zutragen / vnd zustehen fur dem HERRN /
jm zu dienen vnd seinen Namen zu loben / bis auff
diesen tag. 9Darumb sollen die Leuiten kein teil
noch erbe haben mit jren Brüdern / Denn der
Josu. 18. HERR ist jr erbe / wie der HERR dein Gott jnen
geredt hat.
10JCH aber stund auff dem Berge / wie vor hin /
Deut. 9. vierzig tage vnd vierzig nacht / vnd der HERR er-
höret mich auch das mal / vnd wolt dich nicht ver-
derben. 11Er sprach aber zu mir / Mach dich auff /
vnd gehe hin / das du fur dem Volck her ziehest /
das sie einkomen / vnd das Land einnemen / das
ich jren Vetern geschworen hab jnen zu geben.

NV Jsrael / was foddert der HERR dein Gott von Erklerung
dir? Denn das du den HERRN deinen Gott des ersten
fürchtest / das du in alle seinen wegen wandelst / Gebots.
vnd liebest jn / vnd dienest dem HERRN deinem
Gott / von gantzem hertzen / vnd von gantzer
Seelen / 13Das du die Gebot des HERRN haltest
|| 102b vnd || seine Rechte / die ich dir heute gebiete / Auff
das dirs wol gehe. 14Sihe / Himel vnd aller himel
himel vnd Erden / vnd alles was drinnen ist / das ist
des HERRN deines Gottes / 15Noch hat er allein
zu deinen Vetern lust gehabt / das er sie liebet / vnd
hat jren Samen erwelet nach jnen / Euch / vber alle
Völcker / wie es heuts tags stehet.

[16]SO beschneitet nu ewrs Hertzen vorhaut / vnd Deut. 30.
seid forder nicht halsstarrig / [17]Denn der HERR
ewr Gott ist ein Gott aller Götter / vnd Herr vber
alle Herrn / ein grosser Gott / mechtig vnd schreck-
lich / der keine Person achtet / vnd kein geschenck
nimpt / [18]vnd schafft Recht dem Waisen vnd Wid-
wen / vnd hat die Frembdlingen lieb / das er jnen
speis vnd kleider gebe / [19]Darumb solt jr auch die
Frembdlingen lieben / Denn jr seid auch Frembd-
linge gewesen in Egyptenland.
[20]DEn HERRN deinen Gott soltu fürchten / jm
soltu dienen / jm soltu anhangen / vnd bey seinem
Namen schweren. [21]Er ist dein Rhum vnd dein
Gott / der bey dir solche grosse vnd schreckliche
ding gethan hat / die deine Augen gesehen haben.
[22]Deine Veter zogen hinab in Egypten mit sieben- Gen. 46.
zig Seelen / Aber nu hat dich der HERR dein Gott
gemehret / wie die stern am Himel.

XI.

Wolthat / so Jsrael von Gott in Egypten vnd in der Wüsten empfangen hat.

SO SOLTU NU DEN HERRN DEINEN GOTT LIEBEN /
vnd sein Gesetz / seine Weise / seine Rechte vnd
seine Gebot halten dein lebenlang. [2]Vnd erkennet
heute / das ewr Kinder nicht wissen noch gesehen
haben / nemlich / die Züchtigung des HERRN
ewrs Gottes / seine Herrligkeit / dazu seine mech-
tige Hand vnd ausgereckten Arm / [3]vnd seine Zei-
chen vnd Werck / die er gethan hat vnter den Egyp-
tern / an Pharao dem könig in Egypten / vnd an
alle seinem Lande. [4]Vnd was er an der macht der Exo. 14.
Egypter gethan hat / an jren Rossen vnd Wagen /
Da er das wasser des Schilffmeers vber sie füret / da
sie euch nachiagten / vnd sie der HERR vmb-
bracht / bis auff diesen tag. [5]Vnd was er euch ge-
than hat in der Wüsten / bis jr an diesen ort komen
seid. [6]Was er Dathan vnd Abiram gethan hat den Num. 16. 26.
kindern Eliab / des sons Ruben / Wie die Erde jren
mund auffthet / vnd verschlang sie / mit jrem Ge-
sinde / vnd Hütten vnd alle jrem Gut / [a]das sie er-
worben hatten / mitten vnter dem gantzen Jsrael.
DEnn ewre augen haben die grossen Werck des
HERRN gesehen / die er gethan hat / [8]Darumb
solt jr alle die Gebot halten / die ich dir heute ge-
biete / Auff das jr gesterckt werdet ein zu komen /
vnd das Land einzunemen / dahin jr ziehet das jrs
einnemet. [9]Vnd das du lange lebest auff dem

a Jn pedibus eorum / Jch hab gelauffen vnd gerant / das ichs zusamen bracht / Non sterti nec otiosus fui. Jst mir saur worden / eriagt / erarnt / erlauffen.

Mose helt Jsrael fur beide Segen vnd Fluch des Gesetzes.

Lande / das der HERR ewern Vetern geschworen LANGE LEBEN.
hat jnen zu geben / vnd jrem Samen / ein Land da GELOBT LAND.
milch vnd honig innen fleusst.
10 DEnn das Land da du hinkomest / das einzu-
nemen / ist nicht wie Egyptenland / dauon jr aus-
gezogen seid / Da du deinen Samen seen / vnd selbs
trencken mustest / wie ein Kolgarten. 11 Sondern
Deut. 8. es hat Berge vnd Awen / die der Regen von Himel
trencken mus / 12 Auff welch Land der HERR dein
Gott acht hat / vnd die Augen des HERRN deines
Gottes jmerdar drauff sehen / von anfang des jars
bis ans ende.
Deut. 28. 13 WErdet jr nu meine Gebot hören / die ich euch
heute gebiete / das jr den HERRN ewrn Gott liebet
vnd jm dienet / von gantzem Hertzen / vnd von
gantzer Seelen / 14 So wil ich ewrm Lande regen FRÜE VND
geben zu seiner zeit / Früeregen vnd Spatregen / spat regen.
das du einsamlest dein getreide / deinen most / vnd
dein öle. 15 Vnd wil deinem Vieh gras geben auff
deinem felde / das jr esset vnd sat werdet.
16 HVtet euch aber das sich ewr Hertz nicht vber-
reden lasse / das jr abtrettet vnd dienet andern Göt-
tern / vnd betet sie an. 17 Vnd das denn der zorn
|| 103a des || HERRN ergrimme vber euch / vnd schliesse
den Himel zu / das kein regen kome / vnd die Erde
jr gewechse nicht gebe / vnd bald vmbkomet von
dem gutem Lande / das euch der HERR gegeben
hat.
Deut. 6. SO fasset nu diese Wort zu hertzen vnd in ewre
seele / vnd bindet sie zum Zeichen auff ewre
Hand / das sie ein Denckmal fur ewren Augen
seien. 19 Vnd leret sie ewre Kinder / das du dauon
redest / wenn du in deinem Hause sitzest / oder
auff dem Wege gehest / wenn du dich niderlegest /
vnd wenn du auffstehest / 20 Vnd schreibe sie an
die pfosten deines Hauses / vnd an deine thor.
21 Das du vnd deine Kinder lange lebest / auff dem
Lande / das der HERR deinen Vetern geschworen
hat jnen zu geben / So lange die tage von Himel
auff erden weren.
22 DEnn wo jr diese Gebot alle werdet halten /
die ich euch gebiete / das jr darnach thut / das jr den
HERRN ewrn Gott liebet / vnd wandelt in allen
seinen Wegen / vnd jm anhanget / 23 So wird der
HERR alle diese Völcker fur euch her vertreiben /
Josu. 1. das jr grösser vnd stercker Völcker einnemet denn
Num. 34. jr seid. 24 Alle örter / darauff ewr fussolen trit / sol

helt Jsrael fur beide Segen vnd Fluch des Gesetzes.

ewr sein / von der Wüsten an / vnd von dem berge
Libanon / vnd von dem wasser Phrath / bis ans
eusserste Meer sol ewr grentze sein. 25Niemand
wird euch widerstehen mügen / Ewr furcht vnd
schrecken wird der HERR vber alle Land komen
lassen / darin jr reiset / wie er euch geredt hat.
SEGEN. SJhe / Jch lege euch heute fur den Segen vnd den
FLUCH. Fluch. 27Den Segen / so jr gehorchet den Gebo-
ten des HERRN ewrs Gottes / die ich euch heute
gebiete. 28Den Fluch aber / so jr nicht gehorchen Deut. 28.
werdet den Geboten des HERRN ewrs Gottes / vnd
abtrettet von dem wege / den ich euch heute ge-
biete / das jr andern Göttern nachwandelt / die jr
nicht kennet.

29WEnn dich der HERR dein Gott in das Land
bringet / da du einkomest / das du es einnemest /
So soltu den Segen sprechen lassen auff dem berge Deut. 27.
HERSIM. Grisim / Vnd den Fluch auff dem berge Ebal /
EBAL. 30welche sind jenseid dem Jordan / der strassen
nach gegen der Sonnen nidergang / im Lande der
Cananiter / die auff dem Blachfelde wonen gegen
Gilgal vber / bey dem Hain More. 31Denn du wirst
vber den Jordan gehen / das du einkomest das Land
einzunemen / das euch der HERR ewr Gott gege-
ben hat / das jrs einnemet / vnd drinnen wonet.
32So haltet nu / das jr thut nach allen Geboten vnd
Rechten / die ich euch heute furlege.

XII.

DAS SIND DIE GEBOT VND RECHTE / DIE JR HAL-
ten solt / das jr darnach thut im Lande / das der
HERR deiner veter Gott dir gegeben hat einzu-
nemen / so lange jr auff Erden lebt.
VErstöret alle Ort / da die Heiden (die jr ein- Deut. 7.
nemen werdet) jren Göttern gedienet haben /
Es sey auff hohen Bergen / auff Hügeln oder vnter
grünen Bewmen. 3Vnd reisst vmb jre Altar / vnd
zubrecht jre Seulen / vnd verbrennet mit fewr jre
Hayne / vnd die Götzen jrer Götter thut ab / vnd
vertilget jren namen aus dem selben Ort.
JR SOLT DEM HERRN EWRM GOTT NICHT ALSO
THUN / 5SONDERN AN DEM ORT / DEN DER HERR 3. Reg. 8.
EWR GOTT ERWELEN WIRD AUS ALLEN EWRN STEM- 2. Par. 7.
MEN / DAS ER SEINEN NAMEN DASELBS LESSET WO-
NEN / SOLT JR FORSCHEN VND DAHIN KOMEN. 6Vnd
ewre Brand opffer / vnd ewr ander Opffer / vnd

ewr Zehenden / vnd ewr hende Hebe / vnd ewr
Gelübde / vnd ewr freywillige Opffer / vnd die
Erstengeburt ewr rinder vnd schafe / dahin brin-
gen. [7]Vnd solt daselbs fur dem HERRN ewrem
Gott essen vnd frölich sein / vber allem das jr vnd
ewr Haus bringet / darinnen dich der HERR dein
|| 103b Gott gesegnet hat. ||

JR SOLT DER KEINS THUN / DAS WIR HEUTE ALHIE
THUN / EIN JGLICHER WAS JN RECHT DÜNCKET.
[9]Denn jr seid bisher noch nicht zu Ruge komen
noch zu dem Erbteil / das dir der HERR dein Gott
geben wird. [10]Jr werdet aber vber den Jordan ge-
hen / vnd im Lande wonen / das euch der HERR
ewr Gott wird zum Erbe austeilen / vnd wird euch
ruge geben von allen ewern Feinden vmb euch
her / vnd werdet sicher wonen.

[11]WEnn nu der HERR dein Gott einen Ort er-
welet / das sein Name daselbs wone / Solt jr daselbs
hin bringen / alles was ich euch gebiete / ewr
Brandopffer / ewr ander Opffer / ewr Zehenden /
ewr hende Hebe / vnd alle ewre freie Gelübde / die
jr dem HERRN geloben werdet. [12]Vnd solt frö-
lich sein fur dem HERRN ewrem Gott / jr vnd
ewr Söne / vnd ewr Töchter / vnd ewr Knechte /
vnd ewr Megde / Vnd die Leuiten / die in ewren
Deut. 10. Thoren sind / Denn sie haben kein teil noch erbe
mit euch.

HVt dich / das du nicht deine Brandopffer
opfferst an allen Orten die du sihest / [14]Son-
dern an dem Ort / den der HERR erwelet in jrgend
einem deiner Stemme / da soltu dein Brandopffer
opffern / vnd thun alles was ich dir gebiete. [15]Doch
magstu schlachten vnd Fleisch essen in allen deinen
Thoren / nach aller lust deiner Seelen / nach dem
segen des HERRN deines Gottes / den er dir gege-
ben hat / Beide der Reine vnd der Vnreine mügens
Leuit. 3. 7. 19. essen / wie ein Rehe oder Hirss. [16]On das Blut
soltu nicht essen / sondern auff die erde giessen wie
wasser.

[17]DV magst aber nicht essen in deinen Thoren
vom Zehenden deines getreids / deins mosts / deins
öles / noch von der Erstengeburt deiner rinder /
deiner schaf / oder von jrgend einem deiner Gelüb-
den / die du gelobet hast / oder von deinem frey-
willigen Opffer / oder von deiner hand Hebe.
Deut. 16. [18]Sondern fur dem HERRN deinem Gott soltu
solchs essen / an dem Ort / den der HERR dein

Gott erwelet / Du vnd deine Söne / deine Töchter /
deine Knechte / deine Megde / vnd der Leuit / der
in deinem Thor ist / Vnd solt frölich sein fur dem
HERRN deinem Gott vber allem das du bringest.
[19]Vnd hüt dich / das du den Leuiten nicht verlas- Deut. 14.
sest / so lang du auff Erden lebest.

WEnn aber der HERR dein Gott deine grentze
weitern wird / wie er dir geredt hat / vnd
sprichst / Jch wil Fleisch essen / weil deine Seele
fleisch zu essen gelüstet / So iss fleisch nach aller
lust deiner Seele. [21]Jst aber die Stet fern von dir /
die der HERR dein Gott erwelet hat / das er seinen
Namen daselbs wonen lasse / So schlachte von dei-
nen rindern oder schafen / die der HERR gegeben
hat / wie ich dir geboten hab / vnd iss es in deinen
Thoren nach aller lust deiner Seelen / [22]Wie man
Rehe oder Hirss isset / magstu es essen / beide der
Reine vnd der Vnrein mügens zu gleich essen.
[23]Allein mercke / das du das Blut nicht essest /
Denn das blut ist die Seele / Darumb soltu die seele
nicht mit dem fleisch essen / [24]sondern solts auff
die erden giessen wie wasser. [25]Vnd solts darumb
nicht essen / das dirs wolgehe / vnd deinen Kindern
nach dir / das du gethan hast / was recht ist fur dem
HERRN.

[26]ABer wenn du etwas heiligen wilt von dem
deinen / oder geloben / So soltu es auffladen vnd
bringen an den Ort / den der HERR erwelet hat.
[27]Vnd dein Brandopffer mit fleisch vnd blut thun
auff dem Altar des HERRN deines Gottes. Das
blut deines Opffers soltu giessen auff den Altar des
HERRN deines Gottes / vnd das fleisch essen.
[28]Sihe zu vnd höre alle diese wort die ich dir ge-
biete / Auff das dirs wolgehe / vnd deinen Kindern
nach dir ewiglich / Das du gethan hast / was recht
vnd gefellig ist fur dem HERRN deinem Gott.

WEnn der HERR dein Gott fur dir her die Hei- Deut. 18.
den ausrottet / das du hin komest sie einzu- Josu. 23.
nemen / vnd sie eingenomen hast / vnd in jrem
Lande wonest / [30]So hüt dich / das du nicht in den
Strick fallest jnen nach / nach dem sie || vertilget || 104a
sind fur dir / vnd nicht fragest nach jren Göttern /
vnd sprechest / Wie diese Völcker haben jren Göt-
tern gedienet / Also wil ich auch thun. [31]Du solt
nicht also an dem HERRN deinem Gott thun.
Denn sie haben jren Göttern gethan alles was dem
HERRN ein grewel ist / vnd das er hasset / Denn

eines Falschen Propheten. Psal. 116.

sie haben auch jre Söne vnd Töchter mit fewr verbrant jren Göttern.

[32]ALLES WAS ICH EUCH GEBIETE / DAS SOLT JR HALTEN / DAS JR DARNACH THUT / JR SOLT NICHT DAZU THUN / NOCH DAUON THUN.

XIII.

WENN EIN PROPHET ODER TREWMER VNTER euch wird auffstehen / vnd gibt dir ein Zeichen oder Wunder / [2]vnd das zeichen oder wunder kompt / dauon er dir gesagt hat / Vnd spricht / Las vns andern Göttern folgen / die jr nicht kennet /
vnd jnen dienen. [3]So soltu nicht gehorchen den worten solches Propheten oder Trewmers / Denn der HERR ewr Gott versücht euch / Das er erfare / ob jr jn von gantzem Hertzen / vnd von gantzer Seelen / lieb habt. [4]Denn jr solt dem HERRN ewerm Gott folgen vnd jn fürchten / vnd seine Gebot halten vnd seiner stim gehorchen / vnd jm dienen vnd jm anhangen. [5]Der Prophet aber oder der Trewmer sol sterben / darumb / das er euch von dem HERRN ewerm Gott (der euch aus Egyptenland gefüret / vnd dich von dem Diensthaus erlöset hat) ab zufallen geleret / vnd dich aus dem wege verfüret hat / den der HERR dein Gott geboten hat drinnen zu wandeln / Auff das du den Bösen von dir thuest.

(Andern) Dieser Prophet leret wider die alte vnd bestetigte lere vnd wil (wie er saget / andere Götter) die erste nicht lassen bleiben. Welchem sol man nicht gleuben / wenn er gleich Zeichen thet. Aber im 18. Cap. wird der Prophet verdampt / der nicht wider die erste / sondern newe lere furgibt / Der sol Zeichen thun / oder nicht gehöret werden.

WEnn dich dein Bruder / deiner Mutter son / oder dein Son oder deine Tochter / oder das Weib in deinen armen / oder dein Freund / der dir ist wie dein Hertz / vberreden würde heimlich / vnd sagen / Las vns gehen vnd andern Göttern dienen /
die du nicht kennest noch deine Veter / [7]die vnter
den Völckern vmb euch her sind / sie seien dir nahe oder ferne / von einem ende der Erden bis an das
ander / [8]So bewillige nicht / vnd gehorche jm nicht. Auch sol dein auge seiner nicht schonen / vnd solt dich seiner nicht erbarmen / noch jn ver-
bergen / [9]Sondern solt jn erwürgen / Deine hand sol die erste vber jm sein / das man jn tödte / vnd
darnach die hand des gantzen Volcks. [10]Man sol
jn zu tode steinigen / Denn er hat dich wöllen verfüren von dem HERRN deinem Gott / der dich aus Egyptenland / von dem Diensthaus gefürt hat.
[11]Auff das gantze Jsrael höre vnd fürchte sich / vnd nicht mehr solch vbel fürneme vnter euch.

(Erbarmen) Das heisst Gott vber alles lieben.

WEnn du hörest von jrgend einer Stad / die dir der HERR dein Gott gegeben hat drinnen zu wonen / das man sagt / [13]Es sind etliche kinder Belial ausgangen vnter dir / vnd haben die Bürger jrer Stad verfürt / vnd gesagt / Last vns gehen vnd andern Göttern dienen / die ir nicht kennet / [14]So soltu vleissig suchen / forschen vnd fragen. Vnd so sich findet die warheit / das gewis also ist / das der Grewel vnter euch geschehen ist / [15]So soltu die Bürger der selben Stad schlahen mit des schwerts scherffe / vnd sie verbannen mit allem das drinnen ist / vnd jr Vieh mit der scherffe des schwerts. [16]Vnd allen jren Raub / soltu samlen mitten auff die Gassen / vnd mit fewr verbrennen / beide Stad vnd alle jren Raub mit einander / dem HERRN deinem Gott / Das sie auff einem hauffen lige ewiglich / vnd nimer gebawet werde. [17]Vnd las nichts von dem Bann an deiner hand hangen / Auff das der HERR von dem grimmen seines zorns abgewendet werde / vnd gebe dir Barmhertzigkeit / vnd erbarme sich deiner / vnd mehre dich / wie er deinen Vetern geschworen hat. [18]Darumb das du der stim des HERRN deines Gottes gehorchet hast / zu halten alle seine Gebot / die ich dir heute gebiete / das du thust was recht ist fur den Augen
des HERRN deines Gottes. ‖ ‖ 104b

XIIII.

JR SEID KINDER DES HERRN EWRES GOTTES / Jr
solt euch nicht Mal stechen / noch Kalh scheren Leuit. 19.
vber den augen / vber einem Todten / [2]Denn du bist ein heilig Volck dem HERRN deinem Gott. Vnd der HERR hat dich erwelet / das du sein
Eigenthum seiest / aus allen Völckern die auff Er- Exo. 19.
den sind.

DV solt keinen Grewel essen. [3]Dis ist aber das Leui. 11.
Thier das jr essen solt / Ochsen / Schaf / Zigen / [5]Hirs / Rehe / Püffel / Steinbock / Tendlen / Vrochs / vnd Elend. [6]Vnd alles Thier / das seine klawen spaltet vnd widerkewet / solt jr essen. [7]Das solt jr aber nicht essen / das widerkewet / vnd die klawen nicht spaltet. Das Camel / der Hase / vnd Caninchen / die da widerkewen / vnd doch die klawen nicht spalten / sollen euch vnrein sein. [8]Das Schwein / ob es wol die klawen spaltet / so widerkewet es doch nicht / sol euch vnrein sein / Jrs

fleischs solt jr nicht essen / vnd jr Ass solt jr nicht
anrüren.

[9]DAs ist / das jr essen solt von allem das in was- FISSCH.
sern ist / Alles was flosfeddern vnd schupen hat /
solt jr essen. [10]Was aber kein flosfeddern noch
schupen hat / solt jr nicht essen / Denn es ist euch
vnrein.

[11]ALle reine Vogel esset. [12]Das sind sie aber die VOGEL.
jr nicht essen solt / Der Adler / der Habicht / der
Fisschar / [13]der Teucher / der Weihe / der Geier
mit seiner art. [14]Vnd alle Raben mit jrer art.
[15]Der Straus / die Nachteule / der Kuckuc / der
Sperber mit seiner art. [16]Das Kützlin / der Vhu /
die Fledermaus. [17]Die Rohrdomel / der Storck /
der Schwan / [18]der Reiger / der Heher mit seiner
art / der Widhop / die Schwalbe. [19]Vnd alles Ge-
uögel das kreucht sol euch vnrein sein / vnd solts
nicht essen. [20]Das reine Geuogel solt jr essen.

Exo. 22. [21]JR solt kein Ass essen / Dem Frembdlingen in
deinem thor magstus geben / das ers esse / oder ver-
keuff es einem Frembden / Denn du bist ein heilig
Exo. 23. Volck dem HERRN deinem Gott. Du solt das
Böcklin nicht kochen / weil es noch seine mutter
seuget.

Leui. 27. DV solt alle jar den Zehenden absondern alles ZEHENDE.
Einkomens deiner saat / das aus deinem Acker
kompt. [23]VND SOLTS ESSEN FUR DEM HERRN
DEINEM GOTT / AN DEM ORT DEN ER ERWELET / DAS
SEIN NAME DASELBS WONE / nemlich / vom Zehen-
den deines getreides / deines mosts / deines öles /
vnd der Erstengeburt deiner rinder vnd deiner
schaf / Auff das du lernest fürchten den HERRN
deinen Gott / dein leben lang.

[24]WEnn aber des weges dir zu viel ist / das du
solchs nicht hin tragen kanst / darumb / Das der
Ort dir zu ferne ist / den der HERR dein Gott er-
welet hat / das er seinen Namen daselbs wonen
lasse (denn der HERR dein Gott hat dich gesegnet)
[25]So gibs vmb gelt / vnd fass das gelt in deine hand /
vnd gehe an den Ort / den der HERR dein Gott er-
welet hat / [26]Vnd gibs gelt vmb alles / was deine
seele gelüstet / es sey vmb rinder / schaf / wein / stark-
ken tranck / oder vmb alles das deine seele wünd-
schet / Vnd iss daselbs fur dem HERRN deinem
Gott / vnd sey frolich / du / vnd dein haus / [27]vnd
der Leuit der in deinem thor ist / Du solt jn nicht
Num. 18. verlassen / denn er hat kein teil noch erbe mit dir.

28 Vber drey jar / soltu aussondern alle Zehenden
deines Einkomens desselben jars / vnd solts lassen
in deinem Thor. 29 So sol komen der Leuit der Deut. 26.
kein teil noch erbe mit dir hat / vnd der Frembd-
ling / vnd der Waise / vnd die Widwen die in dei-
nem Thor sind / vnd essen vnd sich settigen / Auff
das dich der HERR dein Gott segene / in allen
wercken deiner hand die du thust.

XV.

VBER SIEBEN JAR / SOLTU EIN ERLASIAR HALTEN / || 105 a
2 Also sols aber zugehen mit dem Erlasiar. Wenn Leuit. 25.
einer seinem Nehesten etwas borget / der sols jm
erlassen / vnd sols nicht einmanen von seinem Ne-
hesten / oder von seinem Bruder / Denn es heisst
das Erlasiar dem HERRN. 3 Von einem Frembden
magstu es einmanen / Aber dem der dein Bruder
ist / soltu es erlassen.

ES sol aller dinge kein [a]Bettler vnter euch sein /
Denn der HERR wird dich segenen im Lande /
das dir der HERR dein Gott geben wird zum Erbe
ein zu nemen. 5 Allein das du der stim des HERRN
deines Gottes gehorchest / vnd haltest alle diese
Gebot / die ich dir heute gebiete / das du darnach
thust. 6 Denn der HERR dein Gott wird dich sege-
nen / wie er dir geredt hat / So wirstu vielen Völ-
ckern leihen / vnd du wirst von niemand borgen /
Du wirst vber viel Völcker herrschen / vnd vber Deut. 28.
dich wird niemand herrschen.

WEnn deiner Brüder jrgend einer arm ist / in Leuit. 25.
jrgend einer Stad in deinem Lande / das der
HERR dein Gott dir geben wird / So soltu dein
hertz nicht verherten / noch deine hand zuhalten /
gegen deinem armen Bruder / 8 Sondern solt sie
jm auffthun / vnd jm leihen nach dem er mangelt.
9 Hüt dich / das nicht in deinem hertzen ein Belial
tück sey / das da spreche / Es nahet erzu das sie-
bende jar / das Erlasiar / vnd sehest deinen armen
Bruder vnfreundlich an / vnd gebest jm nicht / So
wird er vber dich zu dem HERRN ruffen / so
wirstus sünde haben. 10 Sondern du solt jm geben /
vnd dein hertz nicht verdriessen lassen / das du jm
gibst / Denn vmb solchs willen wird dich der
HERR dein Gott segenen / in allen deinen wercken /
vnd was du furnimbst. 11 Es werden alle zeit Ar- Matt. 26.
men sein im Lande / Darumb gebiete ich dir / vnd

a Hausarme.

sage / Das du deine hand auffthust deinem Bruder /
der bedrenget vnd arm ist / in deinem Lande.
Exod. 21. Leuit. 25. Jere. 34. WEnn sich dein Bruder ein Ebreer oder Ebre-
erin verkeufft / So sol er dir sechs jar dienen /
Jm siebenden jar soltu jn frey los geben. 13Vnd
wenn du jn frey los gibest / soltu jn nicht leer von
dir gehen lassen / 14Sondern solt jm aufflegen von
deinen Schafen / von deiner Tennen / von deiner
Kelter / das du gebest von dem / das dir der HERR
dein Gott gesegenet hat. 15Vnd gedencke / das du
auch Knecht warest in Egyptenland / vnd der
HERR dein Gott dich erlöset hat / Darumb gebiete
ich dir solchs heute.

16WJrd er aber zu dir sprechen / Jch wil nicht
ausziehen von dir / denn ich hab dich vnd dein
haus lieb (weil jm wol bey dir ist) 17So nim eine
Pfrime / vnd bore jm durch sein Ohr an der Thür /
vnd las jn ewiglich deinen Knecht sein / Mit deiner
Magd soltu auch also thun. 18Vnd las dichs nicht
schwer düncken / das du jn frey los gibst / Denn er
hat dir / als ein zwifeltig Taglöner sechs jar gedie-
net / So wird der HERR dein Gott dich segenen /
in allem was du thust.

Exod. 13. Num. 3. ALle Erstegeburt / die vnter deinen rindern vnd
schafen geborn wird / das ein Menlin ist / soltu
dem HERRN deinem Gott heiligen. Du solt nicht
ackern mit dem Erstling deiner Ochsen / vnd nicht
bescheren die Erstling deiner schaf / 20Fur dem
HERRN deinem Gott soltu sie essen jerlich / an
der Stet / die der HERR erwelet / du vnd dein
Deut. 17. haus. 21Wens aber einen Feil hat / das hincket oder
Leuit. 22. blind ist / oder sonst jrgend ein bösen feil / so soltu
es nicht opffern dem HERRN deinem Gott. 22Son-
dern in deinem thor soltu es essen (du seist vnrein
oder rein) wie ein Rehe vnd Hirss / 23Allein / das
du seines Bluts nicht essest / sondern auff die erden
|| 105 b giessest / wie wasser. ||

XVI.

Ex. 12. 23. HALT DEN MOND ABIB / DAS DU PASSAH HALTEST PASSAH.
Leuit. 23. dem HERRN deinem Gott / Denn im mond
Nu. 9. 28. Abib hat dich der HERR dein Gott aus Egypten
gefüret / bey der nacht. 2Vnd solt dem HERRN
deinem Gott das Passah schlachten / schaf vnd
rinder / an der Stete die der HERR erwelen wird /
das sein Name daselbs wone. 3Du solt kein Ge-
seurts auff das Fest essen / Sieben tage soltu vnge-

seurt Brot des elends essen / Denn mit furcht bistu
aus Egyptenland gezogen / Auff das du des tages
deines auszugs aus Egyptenland gedenckest dein
leben lang. [4]Es sol in sieben tagen kein geseurts
gesehen werden / in all deinen Grentzen. Vnd sol
auch nichts vom Fleisch / das des abends am ersten
tage geschlachtet ist / vber nacht bleiben / bis an
den morgen.

[5]DV kanst nicht Passah schlachten in jrgend
deiner Thor einem / die dir der HERR dein Gott
gegeben hat. [6]Sondern an der Stet / die der HERR 2. Par. 35.
dein Gott erwelen wird / das sein Name daselbs
wone / da soltu das Passah schlachten / des abends /
wenn die Sonne ist vntergegangen / zu der zeit als
du aus Egyptenland zogest. [7]Vnd solts kochen
vnd essen an der Stet / die dir der HERR dein Gott
erwelen wird / vnd darnach dich wenden des mor-
gens / vnd heim gehen in deine Hütten. [8]Sechs
tage soltu vngeseurts essen / vnd am siebenden
tag ist die Versamlung des HERRN deines Gottes /
Da soltu kein erbeit thun.

PFINGSTEN.

SJeben Wochen soltu dir zelen / vnd anheben zu
zelen / wenn man anfehet mit der sichel in der
saat. [10]Vnd solt halten das Fest der Wochen dem
HERRN deinem Gott / Das du ein freiwillige Gabe
deiner hand gebest / nach dem dich der HERR dein
Gott gesegenet hat. [11]Vnd solt frölich sein fur
Gott deinem HERRN / du / vnd dein Son / deine
Tochter / dein Knecht / deine Magd / vnd der
Leuit der in deinem Thor ist / der Frembdling / der
Waise vnd die Widwen / die vnter dir sind / an der
Stet die der HERR dein Gott erwelet hat / das sein
Name da wone. [12]Vnd gedenck / das du Knecht
in Egypten gewesen bist / das du haltest vnd thust
nach diesen Geboten.

LAUBHÜTTEN FESTE.

DAs Fest der Laubhütten soltu halten sieben
tage / wenn du hast eingesamlet von deiner
Tennen vnd von deiner Kelter. [14]Vnd solt frölich
sein auff dein Fest / du vnd dein Son / deine Toch-
ter / dein Knecht / deine Magd / der Leuit / der
Frembdling / der Waise / vnd die Widwe / die in
deinem Thor sind. [15]Sieben tage soltu dem
HERRN deinem Gott das Fest halten / an der
Stet / die der HERR erwelen wird / Denn der
HERR dein Gott wird dich segenen in alle deinem
einkomen / vnd in allen wercken deiner hende /
Darumb soltu frölich sein.

der
Abgöttischen.
Exo. 23. 34. DRey mals des jars sol alles was Menlich ist vnter
dir / fur dem HERRN deinem Gott erschei-
nen / an der Stet / die der HERR erwelen wird /
Auffs Fest der vngeseurten Brot / auffs Fest der
Leuit. 23. Wochen / vnd auffs Fest der Laubhütten. Es sol
aber nicht leer fur dem HERRN erscheinen /
[17]Ein jglicher nach der Gabe seiner hand / nach
dem segen / den dir der HERR dein Gott ge-
geben hat.

XVII.

RICHTER VND AMPTLEUTE SOLTU DIR SETZEN IN
allen deinen Thoren / die dir der HERR dein
Gott geben wird / vnter deinen Stemmen / das sie
Exo. 23. das Volck richten mit rechtem Gericht. [19]Du solt
Leuit. 19. das Recht nicht beugen / vnd solt auch kein Per-
son ansehen / noch Geschenck nemen / Denn die
Geschenck machen die Weisen blind / vnd ver-
keren die sachen der gerechten. [20]Was recht ist /
dem soltu nachiagen / Auff das du leben vnd ein-
nemen mügest das Land / das dir der HERR dein
|| 106a Gott geben wird. ||
DV solt keinen Hayn von Bewmen pflantzen bey
den Altar des HERRN deines Gottes / den du
dir machest. [22]Du solt dir keine Seule auffrichten /
welche der HERR dein Gott hasset.
Deut. 15. [1]DV solt dem HERRN deinem Gott kein ochsen
Leui. 22. oder schaf opffern / das einen feil oder jrgend etwas
böses an jm hat / Denn es ist dem HERRN deinem
Gott ein Grewel.
WEnn vnter dir in der Thor einem / die der
HERR dein Gott geben wird / funden wird
ein Man oder Weib / der da vbels thut fur den augen
des HERRN deines Gottes / das er seinen Bund
vbergehet / [3]Vnd hin gehet vnd dienet andern
Göttern / vnd betet sie an / es sey Sonn oder Mond /
oder jrgend ein Heer des Himels / das ich nicht ge-
boten habe / [4]vnd wird dir angesagt vnd hörest
es / So soltu wol darnach fragen. Vnd wenn du fin-
dest das gewis war ist / das solcher Grewel in
Jsrael geschehen ist / [5]So soltu den selben Man /
oder dasselb Weib ausfüren / die solchs vbel ge-
than haben / zu deinem Thor / vnd solt sie zu tod
Deut. 19. steinigen. [6]Auff zwey oder dreien Zeugen mund
Num. 35. sol sterben / wer des tods werd ist / Aber auff eines
Zeugen mund sol er nicht sterben. [7]Die hand der
Zeugen sol die erste sein jn zu tödten / vnd darnach

Straffer der Abgöttischen.

die hand alles volcks / Das du den Bösen von dir Deut. 21.
thuest.

WEnn eine Sach fur Gericht dir zu schwer sein
wird / zwisschen blut vnd blut / zwisschen
handel vnd handel / zwisschen schaden vnd scha-
den / vnd was zenckische sachen sind in deinen
Thoren / So soltu dich auffmachen vnd hin auff
gehen zu der Stet / die dir der HERR dein Gott
erwelen wird / [9]Vnd zu den Priestern / den Leui-
ten / vnd zu dem Richter / der zur zeit sein wird /
komen vnd fragen / Die sollen dir das Vrteil spre-
chen. [10]Vnd du solt thun nach dem / das sie dir
sagen / an der Stet / die der HERR erwelet hat / vnd
solts halten / das du thust nach allem das sie dich
leren werden. [11]Nach dem Gesetz das sie dich
leren / vnd nach dem Recht das sie dir sagen / soltu
dich halten / das du von demselben nicht abwei-
chest / weder zur rechten noch zur lincken. [12]Vnd
wo jemand vermessen handlen würde / das er dem
Priester nicht gehorchet / der daselbs in des
HERRN deines Gottes ampt stehet / oder dem
Richter / Der sol sterben / vnd solt den Bösen aus
Jsrael thun / [13]Das alles Volck höre vnd fürchte
sich / vnd nicht mehr vermessen sey.

Walhe eines Königs

WENN DU INS LAND KOMPST / DAS DIR DER HERR
dein Gott geben wird / vnd nimest es ein /
vnd wonest drinnen / vnd wirst sagen / Jch wil 1. Reg. 8.
einen König vber mich setzen / wie alle Völcker
vmb mich her haben / [15]So soltu den zum Könige
vber dich setzen / den der HERR dein Gott er-
welen wird. Du solt aber aus deinen Brüdern einen
zum König vber dich setzen / Du kanst nicht jrgend
einen Frembden / der nicht dein Bruder ist / vber
dich setzen. [16]Allein / das er nicht viel Rösser halte /
vnd füre das Volck nicht wider in Egypten / vmb
der rösser menge willen / weil der HERR euch ge-
sagt hat / das jr fort nicht wider durch diesen weg
komen solt. [17]Er sol auch nicht viel Weiber nemen
das sein hertz nicht abgewand werde / Vnd sol
auch nicht viel silber vnd gold samlen.

[18]VND wenn er nu sitzen wird auff dem stuel
seines Königreichs / Sol er dis ander Gesetz von den
Priestern / den Leuiten nemen / vnd auff ein Buch
schreiben lassen. [19]Das sol bey jm sein / vnd sol
drinnen lesen sein leben lang / Auff das er lerne
fürchten den HERRN seinen Gott / das er halte
alle wort dieses Gesetzes vnd diese Rechte / das er

darnach thu. [20]Er sol sein hertz nicht erheben vber
seine Brüder / vnd sol nicht weichen von dem Ge-
bot / weder zur rechten noch zur lincken / Auff das
er seine tage verlenge auff seinem Königreich / er
vnd seine kinder in Jsrael.

XVIII.

|| 106b DJE Priester / die Leuiten des gantzen
Num. 18. stams Leui sollen nicht Teil noch Erbe haben
Deut. 10. mit Jsrael / Die opffer des HERRN vnd sein erbteil
12. 14. sollen sie essen. [2]Darumb sollen sie kein Erbe
1. Cor. 9. vnter jren Brüdern haben / das der HERR jr Erbe
ist / wie er jnen geredt hat. [3]Das sol aber das Recht
der Priester sein an dem volck vnd an denen / die
da opffern / es sey ochs oder schafe / Das man dem
Priester gebe den Arm vnd beide Backen vnd den
Wanst. [4]Vnd das Erstling deines korns / deines
mosts / vnd deines öles / Vnd das erstling von der
schur deiner schafe. [5]Denn der HERR dein Gott
hat jn erwelet aus allen deinen Stemmen / das er
stehe am dienst im Namen des HERRN / er vnd
seine Söne ewiglich.

WEnn ein Leuit kompt / aus jrgend einer deiner
Thoren / oder sonst jrgend aus gantz Jsrael /
da er ein Gast ist / vnd kompt nach aller lust seiner
seele an den Ort / den der HERR erwelet hat /
[7]Das er diene im Namen des HERRN seines Got-
tes / wie alle seine Brüder die Leuiten / die daselbs
fur dem HERRN stehen / [8]Die sollen gleichen
Teil zu essen haben / vber das er hat von dem ver-
kaufften gut seiner Veter.

WEnn du in das Land kompst / das dir der
Leu. 18. 20. HERR dein Gott geben wird / So soltu nicht
Deu. 12. 17. lernen thun / die Grewel dieser Völcker. [10]Das
nicht vnter dir funden werde / der sein Son oder
Tochter durchs fewr gehen lasse / oder ein Weis-
sager / oder ein Tageweler / oder der auff Vogel
geschrey achte / oder ein Zeuberer / [11]oder Be-
schwerer / oder Warsager / oder ein Zeichendeu-
ter / oder der die Todten frage. [12]Denn wer solchs
thut / der ist dem HERRN ein Grewel / vnd vmb
solcher grewel willen vertreibt sie der HERR dein
Gott fur dir her. [3]Du aber solt on wandel sein mit
dem HERRN deinem Gott. [14]Denn diese Völcker /
die du einnemen wirst / gehorchen den Tagewelern
vnd Weissagern / Aber du solt dich nicht also hal-
ten gegen dem HERRN deinem Gott.

EJnen Propheten [a]wie mich / wird der HERR Act. 3. 7.
dein Gott dir erwecken / aus dir vnd aus
deinen Brüdern / Dem solt jr gehorchen.
16 Wie du denn von dem HERRN deinem Gott ge-
beten hast zu Horeb / am tage der versamlung /
vnd sprachst / Jch wil fort nicht mehr hören die Exo. 20.
stim des HERRN meines Gottes / vnd das grosse
Fewr nicht mehr sehen / das ich nicht sterbe. 17 Vnd
der HERR sprach zu mir / Sie haben wol geredt /
18 JCH wil jnen einen Propheten / wie du bist /
erwecken aus jren Brüdern / vnd meine Wort
in seinen Mund geben / Der sol zu jnen reden /
alles was ich jm gebieten werde. 19 Vnd wer
meine wort nicht hören wird / Die er in mei-
nem Namen reden wird / von dem wil ichs
foddern.

DOch wenn ein Prophet vermessen ist zu reden
in meinem Namen / das ich jm nicht geboten
habe zu reden / Vnd welcher redet in dem namen
anderer Götter / der selb Prophet sol sterben. 21 Ob
du aber in deinem hertzen sagen würdest / Wie kan
ich mercken welchs wort der HERR nicht geredt
hat? 22 Wenn der Prophet redet in dem Namen des
HERRN / vnd wird nichts draus vnd kompt nicht /
Das ist das wort / das der HERR nicht geredt hat /
Der Prophet hats aus [b]vermessenheit geredt / dar-
umb schew dich nicht fur jm.

XIX.

WEnn der HERR dein Gott die Völcker Freystedte.
ausgerottet hat / welcher Land dir der HERR
dein Gott geben wird / das du sie einnemest / vnd
in jren Stedten vnd Heusern wonest / 2 Soltu dir Deut. 4.
drey Stedte aussondern im Lande / das dir der Josu. 20.
HERR dein Gott geben wird einzunemen. 3 Vnd Num. 35.
solt gelegene Ort welen / vnd die grentze || deins || 107a
Lands / das dir der HERR dein Gott austeilen
wird / in drey Kreis scheiden / Das da hin fliehe /
wer einen Todschlag gethan hat. 4 Vnd das sol die
sache sein / das da hin fliehe der einen Todschlag
gethan hat / das er lebendig bleibe.

Todschleger.

WEnn jemand seinen Nehesten schlegt / nicht
fürsetzlich / vnd hat vor hin keinen hass auff
jn gehabt / 5 Sondern / als wenn jemand mit sei-
nem Nehesten in den wald gienge / holtz zu
hawen / vnd holet mit der hand die Axt aus / das

a Hie wird klerlich ein ander Predigt verheissen / denn Moses predigt / welche kan nicht das Gesetz sein / das gnugsam durch Mose gegeben / Drumb mus es das Euangelium sein / Vnd dieser Prophet niemand / denn Jhesus Christus selbs ist / der solch newe predigt auff Erden bracht hat. Christus verheissen etc.

b (Vermessenheit) Hie redet Mose von den Propheten / so newe lere vber die alte vnd vorige lere furgeben. Solchen sol man on Zeichen nicht gleuben / Denn Gott alle zeit sein new wort mit newen Zeichen bestetigt. Aber droben cap. 13. redet er von den Propheten / so wider die alte bestetigte lere predigen / Diesen sol man nicht gleuben wenn sie gleich Zeichen thun / vt supra.

holtz abzuhawen / vnd das Eisen füre vom stiel /
vnd treffe seinen Nehesten / vnd er stürbe. Der sol
in dieser Stedte eine fliehen / das er lebendig bleibe /
6Auff das nicht der Blutrecher dem Todschleger
nachiage / weil sein hertz erhitzt ist / vnd ergreiffe
jn / weil der weg so ferne ist / vnd schlage jm seine
Seele / So doch kein vrteil des tods an jm ist / weil
er keinen hass vor hin zu jm getragen hat. 7Dar-
umb gebiete ich dir / das du drey Stedte ausson-
derst.

8VND so der HERR dein Gott deine Grentze
weitern wird / wie er deinen Vetern geschworen
hat / vnd gibt dir alles Land / das er geredt hat dei-
nen Vetern zu geben 9(So du anders alle diese
Gebot halten wirst / das du darnach thust / die ich
dir heute gebiete / das du den HERRN deinen Gott
liebest / vnd in seinen wegen wandelst / dein leben
lang) So soltu noch drey Stedte thun zu diesen
dreien / 10Auff das nicht vnschüldig blut in deinem
Lande vergossen werde / das dir der HERR dein
Gott gibt zum Erbe / vnd kome Blutschulden auff
dich.

WEnn aber jemand hass tregt wider seinen
Nehesten / vnd lauret auff jn / vnd macht sich
vber jn / vnd schlegt jm seine Seele tod / vnd fleucht
in dieser Stedte eine / 12So sollen die Eltesten in
seiner Stad hin schicken / vnd von dannen holen
lassen / vnd jn in die hende des Blutrechers geben /
das er sterbe. 13Dein augen sollen sein nicht ver-
schonen / vnd solt das vnschüldig blut aus Jsrael
thun / das dirs wolgehe.

14DV solt deines Nehesten grentze nicht zu
rücke treiben / die die vorigen gesetzt haben in
deinem Erbteil / das du erbest im Lande / das dir
der HERR dein Gott gegeben hat einzunemen.

Deut. 17. ES sol kein einzeler Zeuge wider jemand auff-
tretten / vber jrgend einer missethat oder sünde /
es sey welcherley sünde es sey / die man thun kan /
Matt. 18. Sondern in dem Mund zweier oder dreier Zeugen
2. Cor. 13. sol die sache bestehen.

16WEnn ein freueler Zeuge wider jemand auff-
tritt / vber jn zu bezeugen eine vbertrettung. 17So
sollen die beide Menner / die eine sach mit einander
haben / fur dem HERRN / fur den Priestern vnd
Richtern stehen / die zur selben zeit sein werden.
18Vnd die Richter sollen wol forschen / Vnd wenn FALSCHER
der falsche Zeuge hat ein falsch zeugnis wider sei- ZEUGE.

nen Bruder gegeben / 19So sollet jr jm thun wie er
gedacht seinem Bruder zu thun / das du den Bösen
von dir weg thust. 20Auff das die andern hören /
sich fürchten vnd nicht mehr solche böse stück fur-
nemen zu thun vnter dir. 21Dein auge sol sein nicht Exo. 21.
schonen / Seel vmb seel / Auge vmb auge / Zan Leuit. 24.
vmb zan / Hand vmb hand / Fus vmb fus. Matt. 9.

XX.

Weltlich Rechte.

WEnn du in einen Krieg zeuchst wider
deine Feinde / vnd sihest ross vnd wagen des
Volcks / das grösser sey / denn du / So fürchte dich
nicht fur jnen / Denn der HERR dein Gott / der
dich aus Egyptenland gefüret hat / ist mit dir.
2Wenn jr nu hin zu komet zum streit / So sol der
Priester herzu tretten / vnd mit dem Volck reden /
3vnd zu jnen sprechen / Jsrael höre zu / Jr gehet
heut in den streit wider ewr Feinde / Ewr hertze
verzage nicht / fürchtet euch nicht / vnd erschreckt
nicht / vnd last euch nicht grawen fur jnen / 4Denn
der HERR ewr Gott gehet mit euch / das er fur euch
streite mit ewren Feinden / euch zu helffen.|| || 107b
ABer die Amptleute sollen mit dem Volck reden
vnd sagen / Welcher ein new Haus gebawet hat /
vnd hats noch nicht eingeweihet / Der gehe hin
vnd bleib in seinem hause / Auff das er nicht sterbe
im krieg / vnd ein ander weihe es ein. 6Welcher
einen Weinberg gepflantzt hat / vnd hat jn noch
nicht gemein gemacht / Der gehe hin vnd bleibe
da heime / das er nicht im kriege sterbe / vnd ein
ander mache jn gemeine. 7Welcher ein Weib jm
vertrawet hat / vnd hat sie noch nicht heim geholet /
Der gehe hin vnd bleibe daheime / das er nicht im
kriege sterbe / vnd ein ander hole sie heim.
8VND die Amptleute sollen weiter mit dem
Volck reden / vnd sprechen / Welcher sich fürchtet Jud. 7.
vnd ein verzagts hertz hat / der gehe hin vnd bleib
da heime / Auff das er nicht auch seiner Brüder
hertz feige mache / wie sein hertz ist. 9Vnd wenn
die Amptleute ausgeredt haben mit dem Volck /
So sollen sie die Heubtleute fur das Volck an die
spitzen stellen.
WEnn du fur eine Stad zeuchst sie zu bestreiten /
so soltu jr den friede anbieten. 11Antwortet Num. 21.
sie dir friedlich vnd thut dir auff / So sol alle das
Volck / das drinnen finden wird / dir zinsbar vnd
vnterthan sein. 12Wil sie aber nicht friedlich mit

dir handeln / vnd wil mit dir kriegen / So belegere
sie. [13]Vnd wenn sie der HERR dein Gott dir in die
hand gibt / So soltu alles was menlich drinnen ist /
mit des schwerts scherffe schlahen. [14]On die Wei-
ber / Kinder vnd Vieh / vnd alles was in der Stad ist /
vnd allen Raub soltu vnter dich aus teilen / Vnd solt
essen von der Ausbeut deiner Feinde / die dir der
HERR dein Gott gegeben hat. [15]Also soltu allen
Stedten thun / die seer ferne von dir ligen / vnd
nicht hie von den Stedten sind dieser Völcker.

ABer in den Stedten dieser Völcker / die dir der
HERR dein Gott zum Erbe geben wird / soltu
nichts leben lassen / was den odem hat. [17]Sondern
solt sie verbannen / nemlich / die Hethiter / Amo-
riter / Cananiter / Pheresiter / Heuiter vnd Jebu-
siter / wie dir der HERR dein Gott geboten hat.
[18]Auff das sie euch nicht leren thun alle die Grewel /
die sie jren Göttern thun / vnd jr euch versündigt
an dem HERRN ewrem Gott.

WEnn du fur einer Stad lange zeit ligen must /
wider die du streitest sie zu erobern / So soltu
die Bewme nicht verderben / das du mit Exten
dran farest / Denn du kanst dauon essen / darumb
soltu sie nicht ausrotten / Jsts doch holtz auff dem
felde / vnd nicht Mensch / das es fur dir ein Bol-
werg sein müge. [20]Welchs aber Bewme sind / die
du weist das man nicht dauon isset / Die soltu ver-
derben vnd ausrotten / vnd Bolwerg draus bawen
wider die Stad / die mit dir krieget / bis das du jr
mechtig werdest.

(Jsts doch holtz) Was wiltu dich wider die bewme legen vnd hawen als wer es ein Mensch oder Bolwerg fur dir / Es ist holtz auff dem felde / vnd nicht in der Stad / Es thut dir nichts / vnd ist dir nütz. Hic sensus congruit Allegoriae / Non esse pugnandum contra eos / qui non sunt contra nos / sed pro nobis.

XXI.

WENN MAN EINEN ERSCHLAGENEN FINDET IM
Lande / das dir der HERR dein Gott geben
wird einzunemen / vnd ligt im Felde / vnd man
nicht weis / wer jn geschlagen hat. [2]So sollen deine
Eltesten vnd Richter hin aus gehen / vnd von dem
Erschlagenen messen an die Stedte die vmbher
ligen. [3]Welche Stad die nehest ist / derselben
Eltesten sollen eine junge Kue von den rindern
nemen / da mit man nicht geerbeitet hat / noch am
Joch gezogen hat / [4]Vnd sollen sie hin ab füren in
einen kiesichten Grund / der weder geerbeitet noch
beseet ist / vnd daselbs im grund jr den Hals ab-
hawen.

[5]DA sollen erzu komen die Priester / die kinder
Leui (Denn der HERR dein Gott hat sie erwelet /

das sie jm dienen vnd seinen Namen loben / vnd
nach jrem Mund sollen alle sachen vnd alle scheden
gehandelt werden) [6]Vnd alle Eltesten derselben
Stad sollen erzu tretten zu dem Erschlagenen / vnd
jre hende wasschen vber die junge Kue / der im
grund der hals abgehawen ist / [7]Vnd sollen ant-
worten / vnd sagen / Vnser hende haben dis Blut
nicht vergossen / so || habens auch vnser augen nicht || 108 a
gesehen. [8]Sey gnedig deinem volck Jsrael / das du
der HERR erlöset hast / lege nicht das vnschüldige
blut auff dein volck Jsrael / So werden sie vber dem
blut versünet sein. [9]Also soltu das vnschüldige
blut von dir thun / das du thust was recht ist fur den
Augen des HERRN.

WEnn du in einen streit zeuchst wider deine
Feinde / vnd der HERR dein Gott gibt dir sie
in deine hende / das du jre Gefangen wegfürest.
[11]Vnd sihest vnter den gefangenen ein schön Weib /
vnd hast lust zu jr / das du sie zum weibe nemest /
[12]So füre sie in dein Haus / vnd las jr das Har ab-
scheren / vnd jre Negel beschneiten / [13]vnd die
Kleider ablegen / darinnen sie gefangen ist / vnd
las sie sitzen in deinem Hause / vnd beweinen einen
mond lang jren Vater vnd jre Mutter / Darnach
schlaff bey jr vnd nim sie zu der Ehe / vnd las sie
dein weib sein. [14]Wenn du aber nicht lust zu jr
hast / so soltu sie auslassen / wo sie hin wil / vnd
nicht vmb gelt verkeuffen noch versetzen / Darumb
das du sie gedemütiget hast.

WEnn jemand zwey Weiber hat / Eine die er
lieb hat / vnd eine die er hasset / vnd sie jm
Kinder geberen / beide die Liebe vnd die Feind-
selige / das der Erstgeborner der Feindseligen ist /
[16]Vnd die zeit kompt / das er seinen Kindern das
Erbe austeile / So kan er nicht den Son der Liebe-
sten zum erstgebornen Son machen / fur den erst-
gebornen Son der Feindseligen. [17]Sondern er sol
den Son der Feindseligen fur den ersten Son er-
kennen / das er jm zweifeltig gebe / alles das fur-
handen ist / Denn derselbe ist seine erste Krafft /
vnd der ersten geburt Recht ist sein.

WEnn jemand einen eigenwilligen vnd vngehor-
samen Son hat / der seiner Vater vnd Mutter
stim nicht gehorcht / vnd wenn sie jn züchtigen /
jnen nicht gehorchen wil. [19]So sol jn sein Vater
vnd Mutter greiffen / vnd zu den Eltesten der stad
füren / vnd zu dem Thor desselben orts / [20]vnd zu

den Eltesten der stad sagen / Dieser vnser Son ist
eigenwillig vnd vngehorsam / vnd gehorcht vnser
stim nicht / vnd ist ein Schlemmer vnd Truncken-
bolt. 21 So sollen jn steinigen / alle Leute der sel-
bigen stad / das er sterbe / Vnd solt also den Bösen
von dir thun / das es gantz Jsrael höre vnd sich
fürchte.

WEnn jemand eine Sünde gethan hat / die des
Tods wirdig ist / vnd wird also getödt / das
man jn an ein Holtz henget. 23 So sol sein Leich-
nam nicht vber nacht an dem holtz bleiben / Son-
dern solt jn desselben tags begraben / DENN EIN
Gal. 3. GEHENCKTER IST VERFLUCHT BEY GOTT / Auff das
du dein Land nicht verunreinigst / das dir der
HERR dein Gott gibt zum Erbe.

XXII.

Exo. 23. WENN DU DEINES BRUDERS OCHSEN ODER SCHAF
sihest irre gehen / So soltu dich nicht ent-
ziehen von jnen / sondern solt sie wider zu deinem
Bruder füren. 2 Wenn aber dein Bruder dir nicht
nahe ist / vnd kennest jn nicht / So soltu sie in dein
Haus nemen / das sie bey dir seien / bis sie dein
Bruder süche / vnd denn jm wider gebest. 3 Also
soltu thun mit seinem esel / mit seinem kleid / vnd
mit allem verlornen / das dein Bruder verleuret vnd
du es findest / du kanst dich nicht entziehen.

Matt. 12. WEnn du deines Bruders esel oder ochsen sihest
Luc. 14. fallen auff dem wege / So soltu dich nicht von
jm entziehen / sondern solt jm auffhelffen.

EJn Weib sol nicht Mans gerete tragen / vnd ein
Man sol nicht Weiberkleider anthun / Denn wer
solchs thut / der ist dem HERRN deinem Gott ein
Grewel.

WEnn du auff dem wege findest ein Vogelnest /
auff einem bawm oder auff der erden / mit
Jungen oder mit Eiern / vnd das die Mutter
auff den Jungen oder auff den Eiern sitzt / So
soltu nicht die mutter mit den jungen nemen /
7 Sondern solt die mutter fliegen lassen / vnd die
jungen nemen / Auff das dirs wolgehe / vnd lange
|| 108 b lebest.||

WEnn du ein new Haus bawest / so mache ein
Lehnen drumb auff deinem Dache / Auff das
du nicht Blut auff dem haus ladest / wenn jemand
er ab fiele.

DV solt deinen Weinberg nicht mit mancherley Leui. 19.
beseen / das du nicht zur Fülle heiligest solchen
samen (den du geseet hast) neben dem einkomen
des Weinbergs. [10]Du solt nicht ackern zu gleich
mit einem ochsen vnd esel. [11]Du solt nicht an-
ziehen ein Kleid von wollen vnd leinen zu gleich
gemenget. [12]Du solt dir Leplin machen an den Num. 15.
vier fittigen deines mantels / damit du dich be-
deckest.

WEnn jemand ein Weib nimpt / vnd wird jr
gram / wenn er sie beschlaffen hat / [14]vnd
legt jr was schendlichs auff / und bringet ein böse Num. 5.
geschrey vber sie aus / vnd spricht / Das weib hab
ich genomen / vnd da ich mich zu jr thet / fand ich
sie nicht Jungfraw. [15]So sollen der vater vnd mut-
ter / der Dirnen / sie nemen / vnd fur die Eltesten
der stad in dem Thor / erfur bringen der Dirnen
jungfrawschafft. [16]Vnd der Dirnen vater sol zu den
Eltesten sagen / Jch hab diesem Man meine Toch-
ter zum weibe gegeben / Nu ist er jr gram worden /
[17]vnd legt ein schendlich ding auff sie / vnd spricht /
Jch habe deine Tochter nicht Jungfraw funden /
Hie ist die jungfrawschafft meiner Tochter / Vnd
sollen die Kleider fur den Eltesten der stad aus-
breiten. [18]So sollen die Eltesten der stad den Man
nemen / vnd züchtigen / [19]vnd vmb hundert sekel
silbers büssen vnd dieselben der Dirnen vater ge-
ben / Darumb das er ein jungfraw in Jsrael berüch-
tiget hat / vnd sol sie zum Weibe haben / das er sie
sein Leben lang nicht lassen müge. [20]Jsts aber die
warheit / das die Dirne nicht ist jungfraw funden /
[21]So sol man sie er aus fur die thür jres vaters haus
füren / vnd die Leute der stad sollen sie zu tod stei-
nigen / Darumb / das sie eine torheit in Jsrael be-
gangen hat / vnd in jres vaters hause gehuret hat /
Vnd solt das böse von dir thun.

WEnn jemand erfunden wird / der bey einem Leui. 20.
Weibe schlefft / die einen Eheman hat / So
sollen sie beide sterben / der Man vnd das Weib /
bey dem er geschlaffen hat / Vnd solt das böse von
Jsrael thun.

WEnn eine Dirne jemand vertrawet ist / vnd
ein Man krieget sie in der Stad / vnd schlefft
bey jr. [24]So solt jr sie alle beide zu der Stadthor
ausfüren / vnd solt sie beide steinigen / das sie ster-
ben / Die Dirne darumb / das sie nicht geschrien
hat / weil sie in der Stad war / Den Man darumb /

das er seines Nehesten weib geschendet hat / Vnd
solt das böse von dir thun.

WEnn aber jemand eine vertrawete Dirne auff
dem felde krieget / vnd ergreifft sie vnd
schlefft bey jr / So sol der Man alleine sterben / der
bey jr geschlaffen hat / [26]vnd der Dirne soltu nichts
thun / Denn sie hat keine sünde des tods werd ge-
than. Sondern gleich wie jemand sich wider seinen
Nehesten erhübe / vnd schlüge seine seele tod / So
ist dis auch / [27]Denn er fand sie auff dem felde / vnd
die vertrawete Dirne schrey / vnd war niemand der
jr halff.

Exo. 22. WEnn jemand an eine Jungfraw kompt / die
nicht vertrawet ist / vnd ergreiffet sie vnd
schlefft bey jr / vnd findet sich also / [29]So sol der
sie beschlaffen hat jrem Vater fünffzig sekel silbers
geben / vnd sol sie zum Weibe haben / Darumb /
das er sie geschwecht hat / Er kan sie nicht lassen
Leui. 18. sein leben lang. [30]Niemand sol seines vaters Weib
Deut. 27. nemen / vnd nicht auffdecken seines vaters decke.

XXIII.

ES SOL KEIN ZESTOSSENER NOCH VERSCHNITTENER Welche in die Gemeine des HERRN komen sollen / welche nicht.
in die Gemeine des HERRN komen. [2]Es sol
auch kein Hurkind in die Gemeine des HERRN
komen / auch nach dem zehenden Gelied / sondern
sol schlecht nicht in die Gemeine des HERRN
komen.

DJe Ammoniter vnd Moabiter sollen nicht in die
Gemeine des HERRN komen / auch nach dem
|| 109a zehenden Gelied / sondern sie sollen nimer || mehr
hin ein komen. Darumb / das sie euch nicht zuuor
kamen mit Brot vnd Wasser / auff dem wege / da
jr aus Egypten zoget / Vnd dazu wider euch din-
geten den Bileam den son Beor / von Pethor aus
Mesopotamia / das er dich verfluchen solte. [5]Aber
Num. 22. der HERR dein Gott wolt Bileam nicht hören / vnd
Josu. 24. wandelt dir den fluch in den segen / Darumb / das
dich der HERR dein Gott lieb hatte. [6]Du solt
jnen weder glück noch guts wündschen / dein
lebenlang ewiglich.

Gen. 25. DJe Edomiter soltu nicht fur Grewel halten / Er
ist dein bruder. Den Egypter soltu auch nicht
fur Grewel halten / Denn du bist ein Frembdling in
seinem Lande gewesen. [8]Die Kinder die sie im

(Bösen) Das du selbs nicht strefflich seiest / vnd also den Sieg zur straffe / verlierest vnd geschlagen werdest / Wie zur zeit Eli / vnd Saul geschach.

dritten Gelied zeugen / sollen in die Gemeine des HERRN komen.

WEnn du aus dem Lager gehest / wider deine Feinde / So hüte dich fur allem bösen.

[10]WEnn jemand vnter dir ist / der nicht rein ist /
das jm des nachts was widerfaren ist / Der sol hin
aus fur das Lager gehen / vnd nicht wider hin ein
komen / [11]Bis er fur abends / sich mit wasser bade /
Vnd wenn die Sonn vntergangen ist / sol er wider
ins Lager gehen.
[12]VND du solt aussen fur dem Lager einen Ort
haben / da hin du zur not hinaus gehest. [13]Vnd solt
ein Scheufflin haben / vnd wenn du dich draussen
setzen wilt / soltu da mit graben / vnd wenn du gesessen bist / soltu zuscharren was von dir gangen
ist. [14]Denn der HERR dein Gott wandelt vnter
deinem Lager / das er dich errette / vnd gebe deine
Feinde fur dir / Darumb sol dein Lager heilig sein /
das kein schand vnter dir gesehen werde / vnd er
sich von dir wende.

[15]DV solt den Knecht nicht seinem Herrn vberantworten / der von jm zu dir sich entwand hat.
[16]Er sol bey dir bleiben an dem Ort / den er erwelet
in deiner Thor einem / jm zu gut / Vnd solt jn nicht
schinden.

ES sol kein Hure sein vnter den töchtern Jsrael / Num. 25.
Vnd kein Hurer vnter den sönen Jsrael.

[18]DV solt kein Hurnlohn noch Hundgelt in das
haus Gottes deines HERRN bringen / aus jrgend
einem Gelübd / Denn das ist dem HERRN deinem
Gott beides ein Grewel.

Exod. 22. Leui. 25. 2. Esd. 5.

DV solt an deinem Bruder nicht wuchern / weder
mit geld noch mit speise / noch mit allem da mit
man wuchern kan. [20]An dem Frembden magstu
wuchern / aber nicht an deinem bruder / Auff das
dich der HERR dein Gott segene / in allem das du
furnimpst / im Lande / dahin du komest dasselb ein
zunemen.

WEnn du dem HERRN deinem Gott ein Gelübd thust / so soltu es nicht verziehen zu halten / Denn der HERR dein Gott wirds von dir Num. 30.
foddern / vnd wird dir sunde sein. [22]Wenn du das
geloben vnterwegen lessest / so ist dirs kein sunde /
[23]Aber was zu deinen lippen ausgangen ist / soltu
halten vnd darnach thun / wie du dem HERRN
deinem Gott freiwillig gelobd hast das du mit deinem mund geredt hast.

WEnn du in deines Nehesten Weinberg gehest /
So magstu der Drauben essen nach deinem
willen / bis du sat habest / Aber du solt nichts in
dein gefess thun.
25WEnn du in die Saat deines Nehesten gehest /
so magstu mit der hand Ehren abrupffen / Aber mit
der sicheln soltu nicht drinnen hin vnd her faren.

XXIIII.

WENN JEMAND EIN WEIB NIMPT VND EHELICHT
sie / vnd sie nicht gnade findet fur seinen au-
gen / vmb etwa einer vnlust willen / So sol er ein
Mat. 5. 19. Scheidebrieff schreiben / vnd jr in die hand geben / SCHEIDEBRIEFF.
vnd aus seinem hause lassen. 2Wenn sie denn aus
|| 109b seinem hause gangen ist / || vnd hin gehet / vnd
wird eins andern weib / 3Vnd der selbe ander Man
jr auch gram wird / vnd einen Scheide brieff
schreibt / vnd jr in die hand gibt / vnd sie aus sei-
nem hause lesst / Oder so derselb ander Man
stirbt / der sie jm zum weibe genomen hatte / 4So
kan sie jr erster Man / der sie auslies / nicht wider-
umb nemen / das sie sein weib sey / nach dem sie
ist vnrein / denn solchs ist ein Grewel fur dem
HERRN / Auff das du das Land nicht zu sünden
machest / das dir der HERR dein Gott zum Erbe
gegeben hat.

Deut. 20. WEnn jemand newlich ein Weib genomen hat /
der sol nicht in die Heerfart ziehen / vnd man
sol jm nichts aufflegen. Er sol frey in seinem hause
sein ein jarlang / Das er frölich sey mit seinem
Weibe das er genomen hat.

DV solt nicht zu Pfande nemen den vntersten
vnd öbersten Mulstein / Denn er hat dir die
Seele zu pfand gesetzt.

Exod. 21. WEnn jemand funden wird / der aus seinen Brü-
1. Tim. 1. dern eine Seele stilet aus den kindern Jsrael /
vnd versetzt oder verkeufft sie / Solcher dieb sol
sterben / das du das böse von dir thust.

HVte dich fur der plage des Aussatzs / das du
mit vleis haltest vnd thust / alles das dich die
Leu. 13. 14. Priester / die Leuiten leren / Vnd wie sie euch ge-
bieten / das solt jr halten / vnd darnach thun. 9Be-
Num. 12. denckt / was der HERR dein Gott thet mit MirJam
auff dem wege / da jr aus Egypten zoget.

WEnn du deinem Nehesten jrgend eine schuld
borgest / so soltu nicht in sein haus gehen /
vnd jm ein Pfand nemen / 11Sondern du solt

haussen stehen / vnd er dem du borgest / sol sein
pfand zu dir er aus bringen. [12]Jst er aber ein Dürff-
tiger / so soltu dich nicht schlaffen legen vber sei-
nem pfand / [13]Sondern solt jm sein pfand wider-
geben / wenn die Sonne vntergehet / das er in sei-
nem Kleide schlaffe / vnd segene dich / Das wird
dir fur dem HERRN deinem Gott eine gerechtig-
keit sein.

DV solt dem Dürfftigen vnd Armen seinen Lohn Leu. 19.
nicht vorhalten / er sey von deinen Brüdern
oder Frembdlingen / der in deinem Land vnd in
deinem Thor ist. [15]Sondern solt jm seinen Lohn
des tages geben / das die Sonne nicht drüber vnter-
gehe / Denn er ist dürfftig / vnd erhelt seine Seele
damit / Auff das er nicht wider dich den HERRN
anruffe / vnd sey dir sünde.

DJE Veter sollen nicht fur die Kinder / noch die Ezech. 18.
Kinder fur die Veter sterben / Sondern ein
jglicher sol fur seine sünde sterben. [17]Du solt das
Recht des Frembdlingen vnd des Waisen nicht
beugen / Vnd solt der Widwe nicht das Kleid zum
pfand nemen. [18]Denn du solt gedencken / das du
Knecht in Egypten gewesen bist / vnd der HERR
dein Gott dich von dannen erlöset hat / Darumb
gebiete ich dir / das du solchs thust.

WEnn du auff deinem Acker geerndtet hast /
vnd einer Garben vergessen hast auff dem
acker / So soltu nicht vmbkeren dieselben zu
holen / Sondern sie sol des Frembdlingen / des
Waisen / vnd der Widwen sein / Auff das dich
der HERR dein Gott segene / in allen wercken
deiner hende. [20]Wenn du deine Olebaum hast
geschüttelt / so soltu nicht nachschütteln / Es
sol des Frembdlingen / des Waisen / vnd der Wid-
wen sein. [21]Wenn du deinen Weinberg gelesen Leu. 19. 23.
hast / so soltu nicht nachlesen / Es sol des Fremblin-
gen / des Waisen vnd der Widwen sein. [22]Vnd solt
gedencken / das du Knecht in Egyptenland gewe-
sen bist / Darumb gebiete ich dir / das du solchs
thust.

XXV.

WENN EIN HADDER IST ZWISSCHEN MENNERN /
So sol man sie fur Gericht bringen vnd sie
richten / vnd den Gerechten rechtsprechen / vnd
den Gottlosen verdamnen. [2]Vnd so der Gottlose

Weltlich Rechte.

schlege verdienet hat / Sol jn der Richter heissen
niderfallen / vnd sollen jn fur jm schlahen / nach
|| 110a der mas vnd zal seiner missethat. 3Wenn man jm ||
2. Cor. 11. vierzig Schlege gegeben hat / sol man nicht mehr
schlahen / Auff das nicht / so man mehr schlege
gibt / er zu viel geschlagen werde / vnd dein Bruder
scheuslich fur deinen augen sey.

1. Cor. 9. DV SOLT DEM OCHSEN DER DA DRISSCHET / NICHT
1. Tim. 5. das Maul verbinden.

WEnn Brüder bey einander wonen / vnd einer
stirbt on Kinder / So sol des verstorbenen
Weib nicht einen frembden Man draussen nemen /
Mat. 22. sondern jr Schwager sol sie beschlaffen / vnd zum
Ruth. 4. weibe nemen vnd sie ehelichen / 6Vnd den ersten
Son den sie gebirt / sol er bestetigen nach dem na-
men seines verstorbenen Bruders / das sein name
nicht vertilget werde aus Jsrael.

7GEfellet aber dem Man nicht / das er seine
Schwegerin neme / So sol sie / seine Schwegerin /
hin auff gehen vnter das thor fur die Eltesten / vnd
sagen / Mein Schwager wegert sich seinem Bruder
einen namen zu erwecken in Jsrael / vnd wil mich
nicht ehelichen. 8So sollen jn die Eltesten der Stad
foddern vnd mit jm reden / Wenn er denn stehet
vnd spricht / Es gefellet mir nicht sie zu nemen /
9So sol sein Schwegerin zu jm tretten fur den
Eltesten / vnd jm einen Schuch ausziehen von
seinen füssen vnd jn anspeien / vnd sol antworten /
vnd sprechen / Also sol man thun einem jeder-
man / der seins Bruders haus / nicht erbawen wil.
10Vnd sein name sol in Jsrael heissen / des Bar-
fussers haus.

WEnn sich zween Menner mit einander had-
dern / vnd des einen Weib leufft zu / das sie
jren Man errette von der hand des der jn schlegt /
Vnd streckt jre hand aus / vnd ergreifft jn bey sei-
ner Scham / 12So soltu jr die hand abhawen / vnd
dein auge sol jr nicht verschonen.

DV solt nicht zweierley Gewicht in deinem sack /
gros vnd klein haben. 14Vnd in deinem hause
sol nicht zweierley Scheffel / gros vnd klein sein.
Leu. 19. 15Du solt ein vollig vnd recht Gewicht / vnd einen
völligen vnd rechten Scheffel haben / Auff das dein
leben lang were in dem Lande / das dir der HERR
dein Gott geben wird. 16Denn wer solchs thut /
der ist dem HERRN deinem Gott ein Grewel / wie
alle die vbel thun.

Erste früchte des Landes dem HERRN zu bringen etc.

GEdenck / was dir die Amalekiter thetten / auff Exo. 17.
dem wege / da jr aus Egypten zoget / 18 Wie sie 1. Reg. 15.
dich angriffen auff dem wege / vnd schlugen deine
Hindersten / alle die schwachen die dir hinden nach
zogen / da du müde vnd matt warest / vnd furchten
Gott nicht. 19 Wenn nu der HERR dein Gott dich
zu ruge bringt von allen deinen Feinden vmbher /
im Lande / das dir der HERR dein Gott gibt zum
Erbe einzunemen / So soltu das gedechtnis der
Amalekiter austilgen vnter dem Himel. Das vergis
nicht.

XXVI.

Erste früchte dem HERRN zu bringen.

WEnn du ins Land kompst / das dir der
HERR dein Gott zum Erbe geben wird / vnd
nimpsts ein / vnd wonest drinnen / 2 So soltu ne-
men allerley ersten Früchte des Lands / die aus der
erden komen / die der HERR dein Gott dir gibt /
vnd solt sie in einen Korb legen / vnd hin gehen
an den Ort / den der HERR dein Gott erwelen Deut. 16.
wird / das sein Name daselbs wone. 3 Vnd solt zu
dem Priester komen / der zu der zeit da ist / vnd zu
jm sagen / Jch bekenne heute dem HERRN dei-
nem Gott / das ich komen bin in das Land / das
der HERR vnsern Vetern geschworen hat vns zu
geben.

4 VND der Priester sol den Korb nemen von dei-
ner Hand / vnd vor dem Altar des HERRN deines
Gottes nidersitzen. 5 Da soltu antworten / vnd sa-
gen fur dem HERRN deinem Gott / Die Syrer
wolten meinen Vater vmbbringen / Der zoch hinab
in Egypten / vnd war daselbs ein Frembdling mit
geringem Volck / vnd ward daselbs ein gros /
starck vnd viel Volck. 6 Aber die Egypter handel-
ten vns vbel vnd zwungen vns / vnd legten einen
harten Dienst auff vns. ‖ ‖ 110b

7 DA schrien wir zu dem HERRN dem Gott vn-
ser veter / Vnd der HERR erhöret vnser schreien /
vnd sahe vnser elend / angst vnd not / 8 vnd füret
vns aus Egypten / mit mechtiger Hand vnd aus-
gerecktem Arm / vnd mit grossem schrecken /
durch Zeichen vnd Wunder / 9 vnd bracht vns an
diesen Ort / vnd gab vns dis Land / da milch vnd
honig innen fleusst. 10 Nu bringe ich die ersten
Früchte des Lands / die du HERR mir gegeben
hast. Vnd solt sie lassen fur dem HERRN deinem
Gott / vnd anbeten fur dem HERRN deinem Gott /

Erste früchte des Landes dem HERRN zu bringen etc.

11vnd frölich sein vber allem Gut / das dir der
HERR dein Gott gegeben hat / vnd deinem hause /
du vnd der Leuit / vnd der Frembdling der bey dir
ist.

Deut. 14.

WEnn du alle Zehenden deines einkomens zu-
samen bracht hast im dritten jar / das ist ein
Zehenden har / So soltu dem Leuiten / dem
Frembdlingen / dem Waisen / vnd den Widwen
geben / das sie essen in deinem Thor vnd sat wer-
den. 13Vnd solt sprechen fur dem HERRN dei-
nem Gott / Jch hab bracht / das geheiliget ist aus
meinem Hause / vnd habs gegeben den Leuiten /
den Frembdlingen / den Waisen vnd den Widwen /
nach alle deinem Gebot / das du mir geboten hast /
Jch hab deine Gebot nicht vbergangen / noch ver-
gessen. 14Jch hab nicht dauon gessen in meinem
leide / vnd hab nicht dauon gethan in vnreinigkeit /
Jch hab nicht zu den Todten dauon gegeben. Jch
bin der stim des HERRN meines Gottes gehorsam
gewest / vnd habe gethan alles / wie du mir geboten
hast. 15Sihe erab von deiner heiligen Wonung vom
Himel / vnd segene dein volck Jsrael / vnd das
Land / das du vns gegeben hast / wie du vnsern
Vetern geschworen hast / ein Land da milch vnd
honig innen fleusst.

(Leide) Gottes Opffer sol frölich / rein vnd heilig sein / Darumb sol nichts in traurigkeit dauon gegessen / nichts in vnreinigkeit dauon genomen / nichts den Götzen oder todten dauon gegeben sein.

Deut. 7.

16HEutes tages gebeut dir der HERR dein Gott /
das du thust nach allen diesen Geboten vnd Rech-
ten / das du sie haltest / vnd darnach thust von
gantzem hertzen / vnd von gantzer seelen. 17Dem
HERRN hastu heute geredt / das er dein Gott sey /
das du in alle seinen wegen wandelst / vnd haltest
seine Gesetz / Gebot vnd Recht / vnd seiner stimme
gehorchest. 18Vnd der HERR hat dir heute ge-
redt / das du sein eigen Volck sein solt / wie er dir
geredt hat / Das du alle seine Gebot haltest / 19vnd
er dich das höhest mache / vnd du gerhümet / ge-
preiset vnd geehret werdest vber alle Völcker / die
er gemacht hat / Das du dem HERRN deinem
Gott ein heilig Volck seiest / wie er geredt hat.

XXVII.

VND MOSE GEBOT SAMPT DEN ELTESTEN JSRAEL
dem volck / vnd sprach / Behaltet alle Gebot /
die ich euch heute gebiete. 2Vnd zu der zeit / wenn
jr vber den Jordan gehet ins Land / das dir der
HERR / dein Gott geben wird / Soltu grosse Steine
auffrichten / vnd sie mit kalck tünchen / 3Vnd

drauff schreiben alle wort dieses Gesetzs wenn du
hinüber komest / Auff das du komest ins Land / das
der HERR dein Gott dir geben wird / ein Land /
da milch vnd honig innen fleusst / Wie der HERR
deiner veter Gott dir geredt hat.

[4]WEnn jr nu vber den Jordan gehet / So solt jr
solche Steine auffrichten (dauon ich euch heute ge-
biete) auff dem berge Ebal / vnd mit kalck tünchen.
[5]Vnd solt daselbs dem HERRN deinem Gott ein
steinern Altar bawen / darüber kein Eisen feret / Exod. 20.
[6]von gantzen Steinen soltu diesen Altar dem Josu. 8.
HERRN deinem Gott bawen / vnd Brandopffer
drauff opffern dem HERRN deinem Gott. [7]Vnd
solt Danckopffer opffern / vnd daselbs essen vnd
frölich sein fur dem HERRN deinem Gott. [8]Vnd
solt auff die Steine alle wort dieses Gesetzs schrei-
ben klar vnd deutlich.

[9]VND Mose sampt den Priestern den Leuiten
redeten mit dem gantzen Jsrael / vnd sprachen /
Merck vnd höre zu Jsrael / Heute dieses tages bistu
ein Volck worden des HERRN deines Gottes /
[10]Das du der stim des HERRN ‖ deines Gottes ge- ‖ 111a
horsam seiest / vnd thust nach seinen Geboten vnd
Rechten / die ich dir heute gebiete.

VND Mose gebot dem Volck desselben tages /
vnd sprach. [12]Diese sollen stehen auff dem
berge Grisim zu segen das Volck / wenn jr vber den
Jordan gangen seid / Simeon / Leui / Juda / Jsa-
schar / Joseph / vnd BenJamin. [13]Vnd diese sollen
stehen auff dem berge Ebal zu fluchen / Ruben /
Gad / Asser / Sebulon / Dan vnd Naphthali. [14]Vnd
die Leuiten sollen anheben / vnd sagen zu jederman
von Jsrael mit lauter stimme.

FLUCH. [15]VErflucht sey / wer ein Götzen oder gegossen
Bild macht / einen Grewel des HERRN / ein werck
der Werckmeister hende / vnd setzt es verbor-
gen / Vnd alles volck sol antworten vnd sagen /
Amen.

[16]VErflucht sey / wer seim Vater oder Mutter Leui. 20.
flucht / Vnd alles volck sol sagen / Amen. Math. 15.

[17]VErflucht sey / wer seines Nehesten grentze
engert / Vnd alles volck sol sagen / Amen.

[18]VErflucht sey / wer einen Blinden jrren macht
auff dem wege / Vnd alles volck sol sagen / Amen.

[19]VErflucht sey / wer das Recht des Frembdlin-
gen / des Waisen / vnd der Widwen beuget / Vnd
alles volck sol sagen / Amen.

20VErflucht sey / wer bey seines Vaters weibe
ligt / das er auffdecke den fittich seines Vaters / Vnd
alles volck sol sagen / Amen.
21VErflucht sey / wer jrgend bey einem Vieh
ligt / Vnd alles volck sol sagen / Amen.
22VErflucht sey / wer bey seiner Schwester ligt /
die seines vaters oder seiner mutter tochter ist /
Vnd alles volck sol sagen / Amen.
23VErflucht sey / wer bey seiner Schwieger ligt /
Vnd alles volck sol sagen / Amen.
24VErflucht sey / wer seinen Nehesten heimlich
schlegt / Vnd alles volck sol sagen / Amen.
25VErflucht sey / wer Geschenck nimpt / das er
die Seele des vnschüldigen bluts schlegt / Vnd alles
volck sol sagen / Amen.
Gal. 3. 26VErflucht sey / wer nicht alle wort dieses Gesetzes erfüllet / das er darnach thue / Vnd alles
volck sol sagen / Amen.

XXVIII.

VND WENN DU DER STIM DES HERRN DEINES Gottes gehorchen wirst / das du haltest vnd
thust alle seine Gebot / die ich dir heute gebiete /
So wird dich der HERR dein Gott das höhest
machen vber alle Völcker auff Erden.
2Vnd werden vber dich komen alle diese Segen / vnd werden dich treffen / Darumb das du der stim des HERRN
deines Gottes bist gehorsam gewest.
3Gesegnet wirstu sein in der Stad / gesegnet auff dem Acker.
4Gesegnet wird sein die Frucht deines Leibs / die
frucht deines Lands / vnd die frucht deins Viehs /
vnd die früchte deiner ochsen / vnd die früchte deiner schaf.
5Gesegenet wird sein dein Korb vnd dein vbriges.
6Gesegenet wirstu sein / wenn du
eingehest / gesegenet / wenn du ausgehest.

Segen
des Gesetzs.

7VND der HERR wird deine Feinde / die sich
wider dich aufflehnen / fur dir schlahen / Durch
einen weg sollen sie ausziehen wider dich / vnd
durch sieben wege fur dir fliehen.
8Der HERR wird gebieten dem Segen / das er mit dir sey in deinem Keller vnd in allem das du furnimpst / vnd
wird dich segenen / in dem Land das dir der HERR
dein Gott gegeben hat.

(Korb) Das ist / alles was du gegenwertiglich brauchest / vnd was du beseit legest zubehalten.

9DEr HERR wird dich jm zum heiligen Volck
auffrichten / wie er dir geschworen hat / darumb
|| 111b das du die Gebot des HERRN deines Gottes hel- ||

test / vnd wandelst in seinen wegen. [10]Das alle
Völcker auff Erden werden sehen / das du nach
dem Namen des HERRN genennet bist / vnd wer-
den sich fur dir fürchten. [11]Vnd der HERR wird
machen / das du vberflus an Güttern haben wirst /
an der Frucht deines Leibs / an der frucht deines
Viehs / vnd an der frucht deines Ackers / auff dem
Land / das der HERR deinen Vetern geschworen
hat dir zu geben.

[12]VND der HERR wird dir seinen guten Schatz
auffthun / den Himel / das er deinem Land Regen
gebe zu seiner zeit / vnd das er segene alle werck
deiner hende. Vnd du wirst vielen Völckern leihen /
Du aber wirst von niemand borgen. [13]Vnd der
HERR wird dich zum Heubt machen / vnd nicht
zum Schwantz / vnd wirst oben schweben / vnd
nicht vnten ligen / Darumb / das du gehorsam bist
den Geboten des HERRN deines Gottes / die ich
dir heute gebiete zuhalten vnd zu thun. [14]Vnd das
du nicht weichest / von jrgent einem wort das ich
euch heute gebiete / weder zur rechten noch zur
lincken / damit du andern Göttern nachwandeltest
jnen zu dienen.

WENN DU ABER NICHT GEHORCHEN WIRST DER Leui. 26.
stim des HERRN deines Gottes / das du hal-
test vnd thust alle seine Gebot vnd Rechte / die ich
dir heute gebiete / So werden alle diese Flüche vber
dich komen vnd dich treffen. [16]Verflucht wirstu
sein in der Stad / verflucht auff dem Acker. [17]Ver-
flucht wird sein dein Korb vnd dein vbrigs. [18]Ver-
flucht wird sein die Frucht deines Leibs / die frucht
deines Lands / die frucht deiner ochsen / vnd die
frucht deiner schaf. [19]Verflucht wirstu sein / wenn
du eingehest / verflucht / wenn du ausgehest.

[20]DEr HERR wird vnter dich senden vnfal / vn-
rat vnd vnglück in allem das du fur die hand
nimpst / das du thust / Bis du vertilget werdest /
vnd bald vntergehest / vmb deines bösen wesens
willen / das du mich verlassen hast. [21]Der HERR
wird dir die Sterbedrüse anhengen / bis das er dich
vertilge / in dem Lande da hin du komest dasselbe
einzunemen. [22]Der HERR wird dich schlahen mit
Schwulst / Fiber / Hitze / Brunst / Durre / gifftiger
Lufft / vnd Geelsucht / vnd wird dich verfolgen /
bis er dich vmbbringe.

[23]DEin Himel der vber deinem heubt ist / wird
ehrnen sein / vnd die Erden vnter dir eisern. [24]Der

HERR wird deinem Lande / staub vnd asschen fur
Regen geben vom Himel auff dich / bis du vertilget
werdest. [25]Der HERR wird dich fur deinen Fein-
den schlahen / Durch einen weg wirstu zu jnen
ausziehen / vnd durch sieben wege wirstu fur
jnen fliehen / vnd wirst zustrewet werden vnter
alle Reich auff Erden. [26]Dein Leichnam wird ein
speise sein allem Geuögel des Himels / vnd allem
Thier auff Erden / vnd niemand wird sein der sie
scheucht.

Exod. 9. [27]DEr HERR wird dich schlahen mit Drüsen
Egypti / mit Feigwartzen / mit Grind vnd Kretz /
das du nicht kanst heil werden. [28]Der HERR wird
dich schlahen mit Wahnsin / Blindheit vnd Rasen
Rom. 1. des hertzen / [29]vnd wirst tappen im Mittag / wie
ein Blinder tappet im tunckeln / vnd wirst auff dei-
nem wege kein glück haben.

VND wirst gewalt vnd vnrecht leiden müssen
dein leben lang / vnd niemand wird dir helffen.
[30]Ein Weib wirstu dir vertrawen lassen / Aber ein
ander wird bey jr schlaffen. Ein Haus wirstu ba-
wen / Aber du wirst nicht drinnen wonen. Einen
Weinberg wirstu pflantzen / Aber du wirst jn nicht
gemein machen. [31]Dein ochse wird fur deinen
augen geschlachtet werden / Aber du wirst nicht
dauon essen. Dein esel wird fur deinem angesichte
mit gewalt genomen / Vnd dir nicht wider gegeben
werden. Dein schaf wird deinen Feinden gegeben
werden / Vnd niemand wird dir helffen.

[32]DEine Söne vnd deine Töchter werden einem
andern Volck gegeben werden / das deine augen
zusehen vnd verschmachten vber jnen teglich /
Vnd wird keine stercke in deinen henden sein.
|| 112a [33]Die Früchte deines Lands / vnd alle || deine Erbeit
wird ein Volck verzeren / das du nicht kennest /
vnd wirst vnrecht leiden / vnd zustossen werden
dein lebenlang. [34]Vnd wirst vnsinnig werden fur
dem das deine augen sehen müssen.

[35]DEr HERR wird dich schlahen mit einer bösen
Drüs an den knien vnd waden / Das du nicht kanst
geheilet werden / von den fussolen an / bis auff die
scheitel.

[36]DEr HERR wird dich vnd deinen König den
du vber dich gesetzt hast / treiben vnter ein Volck /
das du nicht kennest noch dein Veter / vnd wirst
daselbs dienen andern Göttern / holtz vnd steinen.
[37]Vnd wirst ein Schewsal / vnd ein Sprichwort vnd

Spot sein vnter allen Völckern / da dich der HERR
hin getrieben hat.
38DV wirst viel Samens ausfüren auff das feld / Mich. 6.
vnd wenig einsammelen / Denn die Hewschrecken Hag. 2.
werdens abfressen. 39Weinberge wirstu pflantzen
vnd bawen / Aber keinen Wein trincken noch
lesen / Denn die Würme werdens verzeren. 40Ole-
bewm wirstu haben in allen deinen Grentzen / Aber
du wirst dich nicht salben mit Ole / denn dein Ole-
bawm wird ausgerissen werden. 41Söne vnd Töch-
ter wirstu zeugen / vnd doch nicht haben / Denn
sie werden gefangen weggefürt werden. 42Alle
deine Bewme / vnd Früchte deines Lands wird das
Vnzifer fressen.
43DEr Frembdling der bey dir ist / wird vber dich
steigen vnd jmer oben schweben / Du aber wirst
erunter steigen / vnd jmer vnterligen. 44Er wird
dir leihen / Du aber wirst jm nicht leihen / Er
wird das Heubt sein / Vnd du wirst der Schwantz
sein.
45VND werden alle diese Flüche vber dich ko-
men vnd dich verfolgen vnd treffen / bis du ver-
tilget werdest / Darumb / das du der stim des
HERRN deines Gottes nicht gehorchet hast / das
du seine Gebot vnd Rechte hieltest / die er dir ge-
boten hat. 46Darumb werden Zeichen vnd Wun-
der an dir sein / vnd an deinem Samen ewiglich /
47Das du dem HERRN deinem Gott nicht gedienet
hast mit freude vnd lust deines hertzen / da du aller-
ley gnug hattest. 48Vnd wirst deinem Feinde / den
dir der HERR zuschicken wird / dienen in hunger
vnd durst / in blösse vnd allerley mangel / Vnd
wird ein eisern Joch auff deinen Hals legen / bis das
er dich vertilge.
49DEr HERR wird ein Volck vber dich schicken /
von ferne von der Welt ende / wie ein Adeler fleugt /
des sprache du nicht verstehest / 50ein frech Volck /
das nicht ansihet die person des Alten / noch scho-
net der Jünglingen. 51Vnd wird verzehren die
frucht deines Viehs / vnd die frucht deines Landes /
bis du vertilget werdest / Vnd wird dir nichts vber-
lassen an Korn / most / öle / an Früchten der ochsen
vnd schafen / bis das dichs vmbbringe. 52Vnd wird
dich engsten in alle deinen Thoren / bis das es
niderwerffe deine hohe vnd feste Mauren / darauff
du dich verlessest / in alle deinem Lande / Vnd
wirst geengstet werden in allen deinen Thoren / in

deinem gantzen Lande / das dir der HERR dein
Gott gegeben hat.
4. Reg. 6. DV wirst die Frucht deines Leibs fressen / das
Thre. 4. fleisch deiner Söne vnd deiner Töchter / die
dir der HERR dein Gott gegeben hat / in der angst
vnd not / da mit dich dein Feind drengen wird.
54 Das ein Man der zuuor seer zertlich vnd in lüsten
gelebt hat vnter euch / wird seinem Bruder / vnd
dem Weib in seinen armen / vnd dem Son der noch
vbrig ist von seinen Sönen / vergönnen 55 zu geben
jmand vnter jnen von dem fleisch seiner Söne / das
er frisset / Sintmal jm nichts vbrig ist von allem
gut / in der angst vnd not / da mit dich dein feind
drengen wird in allen deinen Thoren.

56 EJn Weib vnter euch / das zuuor zertlich / vnd
in lüsten gelebet hat / das sie nicht versucht hat jre
Fussolen auff die erden zusetzen fur zertligkeit vnd
wollust / Die wird dem Man in jren armen / vnd
|| 112b jrem son vnd jrer Tochter ver||gönnen / 57 die
[a] Affterburt die zwisschen jr eigen Beinen sind aus- a
gangen / dazu jre Söne / die sie geboren hat / Denn Alij Jnfantes /
sie werden sie fur allerley mangel heimlich essen / recens natos.
in der angst vnd not / damit dich dein Feind dren-
gen wird in deinen Thoren.

WO du nicht wirst halten / das du thust alle
wort dieses Gesetzs / die in diesem Buch ge-
schrieben sind / das du fürchtest diesen herrlichen
vnd schrecklichen Namen / den HERRN deinen
Gott / 59 So wird der HERR wünderlich mit dir
vmbgehen / mit plagen auff dich vnd deinen Sa-
men / mit grossen vnd langwerigen Plagen / mit
bösen vnd langwerigen Kranckheiten. 60 Vnd wird
dir zuwenden alle Seuche Egypti / da fur du dich
fürchtest / vnd werden dir anhangen. 61 Dazu alle
Kranckheit vnd alle Plage / die nicht geschrieben
sind in dem Buch dieses Gesetzs / wird der HERR
vber dich komen lassen / bis du vertilget werdest.
62 Vnd wird ewr wenig Pöbels vberbleiben / die jr
vorhin gewesen seid / wie die Stern am Himel nach
der menge / Darumb das du nicht gehorchet hast
der stim des HERRN deines Gottes.

63 VND wie sich der HERR vber euch zuuor
frewete / das er euch guts thet vnd mehret euch /
Also wird er sich vber euch frewen / das er euch
vmbbringe vnd vertilge / Vnd werdet verstöret
werden von dem Land da du einzeuchst jtzt einzu-
nemen. 64 Denn der HERR wird dich zustrewen

vnter alle Völcker / von eim ende der Welt bis ans
ander / Vnd wirst daselbs andern Göttern dienen /
die du nicht kennest / noch deine Veter / holtz vnd
steinen.

65DAzu wirstu vnter den selben Völckern kein
bleibend wesen haben / vnd deine Fussolen wer-
den keine ruge haben. Denn der HERR wird dir
daselbs ein bebendes Hertz geben / vnd ver-
schmachte Augen / vnd verdorrete Seele / 66das
dein Leben wird fur dir schweben. Nacht vnd tag
wirstu dich fürchten / vnd deines Lebens nicht
sicher sein. 67Des morgens wirstu sagen / Ah / das
ich den abend erleben möchte / Des abends wirstu
sagen / Ah / das ich den morgen erleben möchte /
fur furcht deines Hertzen / die dich schrecken wird /
vnd fur dem das du mit deinen Augen sehen wirst.

68VND der HERR wird dich mit Schiff vol wider
in Egypten füren / durch den weg / dauon ich ge-
sagt hab / Du solt jn nicht mehr sehen. Vnd jr wer-
det daselbs ewrn Feinden zu Knechten vnd Megden
verkaufft werden / vnd wird kein Keuffer da sein.

XXIX.

DJS SIND DIE WORT DES BUNDS / DEN DER HERR
Mose geboten hat / zu machen mit den kindern
Jsrael in der Moabiter land / zum andern mal / nach
den er den selben mit jnen gemacht hatte in Horeb.
2Vnd Mose rieff dem gantzen Jsrael / vnd sprach
zu jnen / Jr habt gesehen alles was der HERR ge-
than hat in Egypten fur ewern augen / Dem Pharao
mit alle seinen Knechten / vnd seinem gantzen
Lande / 3Die grossen versuchungen / die deine
augen gesehen haben / das es grosse Zeichen vnd
Wunder waren. 4Vnd der HERR hat euch bis auff Jesa. 6.
diesen heutigen tag noch nicht gegeben ein hertz /
das verstendig were / Augen die da sehen / vnd
Ohren die da höreten.

5ER hat euch vierzig jar in der Wüsten lassen
wandeln / Ewer Kleider sind an euch nicht veraltet / Deut. 8.
vnd dein Schuch ist nicht veraltet an deinen fussen.
6Jr habt kein Brot gessen / vnd keinen Wein ge-
truncken noch starcke Getrencke / Auff das du
wissest / das ich der HERR ewer Gott bin.

7VND da jr kamet an diesen Ort / zoch aus der
könig Sihon zu Hesbon / vnd der könig Og zu Ba- Num. 21.
san / vns entgegen mit vns zu streiten. Vnd wir ha- Deut. 3.

Warnung Mose an Jsrael vor seim ende etc.

ben sie geschlagen / [8]vnd jr Land eingenomen / vnd
zum Erbteil gegeben den Rubenitern vnd Gaddi-
tern / vnd dem halben stam der Manassiter. [9]So
|| 113a haltet || nu die wort dieses Bunds vnd thut dar-
nach / Auff das jr weislich handeln müget in alle
ewrem thun.

(Ewrem thun) On Gottes wort ist alle vnser thun narrheit.

JR stehet heute alle fur dem HERRN ewrem Gott /
die Obersten ewer stemmen / ewer Eltesten /
ewr Amptleute / ein jederman in Jsrael / [11]ewer
Kinder / ewer Weiber / dein Frembdling der in dei-
nem Lager ist / beide dein Holtzhewer vnd deine
Wasserschepffer / [12]Das du ein her gehen solt in
dem Bund des HERRN deines Gottes / vnd in dem
Eide / den der HERR dein Gott heute mit dir
macht. [13]Auff das er dich heute jm zum Volck
auffrichte / vnd er dein Gott sey / Wie er dir geredt
hat / vnd wie er deinen vetern Abraham / Jsaac vnd
Jacob geschworen hat.

[14]DEnn ich mache diesen Bund vnd diesen Eid
nicht mit euch alleine / [15]Sondern beide mit euch /
die jr heute hie seid / vnd mit vns stehet fur dem
HERRN vnserm Gott / vnd mit denen / die heute
nicht mit vns sind. [16]Denn jr wisset / wie wir in
Egyptenland gewonet haben / vnd mitten durch die
Heiden gezogen sind / Durch welche jr zoget /
[17]vnd sahet jre Grewel vnd jre Götzen holtz vnd
stein / silber vnd gold / die bey jnen waren.

DAs nicht vieleicht ein Man / oder ein Weib /
oder ein Gesind / oder ein Stam vnter euch sey /
des hertz heute sich von dem HERRN vnserm
Gott gewand habe / das es hin gehe vnd diene den
Act. 8. Göttern dieser Völcker / vnd werde vieleicht eine
Ebre. 12. wurtzel vnter euch / die da galle vnd wermut trage.
[19]Vnd ob er schon höre die wort dieses Fluchs / den-
noch sich segene in seinem hertzen / vnd spreche /
Es gehet mir wol / [a]weil ich wandel / wie es mein
hertz dünckt / Auff das die Trunckene mit der
Dürstigen da hin faren.

[20]DA wird der HERR dem nicht gnedig sein /
Sondern denn wird sein zorn vnd einer rauchen
vber solchen Man / vnd werden sich auff jn legen
alle Flüche die in diesem Buch geschrieben sind.
Vnd der HERR wird seinen namen austilgen vnter
dem Himel / [21]vnd wird jn absondern zum vn-
glück / aus allen stemmen Jsrael / lauts aller Flüche
des Bunds / der in dem Buch dieses Gesetzs ge-
schrieben ist.

(Es gehet mir wol) Das ist der ruchlosen Leute wort vnd gedancken / Ey die Helle ist nicht so heiss / Es hat nicht not / Der Teufel ist nicht so grewlich als man jn malet. Welchs alle Werckheiligen frech vnd thürstiglich thun / Ja noch lohn im Himel gewarten.

a (Weil ich wandel) Das ist / Weil ich so thu vnd meine Abgötterey treibe / so ist eitel glück da / Wer Gott dienet / dem gehets nimer mehr wol.

SO werden denn sagen die Nachkomen ewr Kin-
der / die nach euch auff komen werden / vnd die
Frembden / die aus fernen Landen komen / so sie
die Plagen dieses Landes sehen / vnd die Kranck-
heiten / da mit sie der HERR beladen hat / 23Das
er alle jr Land mit schwefel vnd saltz verbrand hat /
das sie nicht beseet werden mag / noch wechset /
noch kein kraut drinnen auffgehet / Gleich wie
Sodom / Gomorra / Adama vnd Zeboim vmbge- Gen. 19.
keret sind / die der HERR in seinem zorn vnd
grim vmbgekeret hat / 24So werden alle Völcker 3. Reg. 9.
sagen / Warumb hat der HERR diesem Land also Jere. 22.
gethan? Was ist das fur so grosser grimmiger zorn?

25SO wird man sagen / Darumb / Das sie den
Bund des HERRN jrer veter Gott / verlassen
haben / den er mit jnen machet / da er sie aus
Egyptenland füret / 26Vnd sind hin gegangen vnd
haben andern Göttern gedienet / vnd sie angebetet /
solche Götter die sie nicht kennen / vnd die jnen
nichts gegeben haben. 27Darumb ist des HERRN
zorn ergrimmet vber dis Land das er vber sie hat
komen lassen alle Flüche / die in diesem Buch ge-
schrieben stehen / 28Vnd der HERR hat sie aus
jrem Lande gestossen / mit grossem zorn / grim
vnd vngnaden / vnd hat sie in ein ander Land ge-
worffen / wie es stehet heutiges tages.

29DAS Geheimnis des HERRN vnsers Gottes Psal. 147.
ist offenbart / vns vnd vnsern Kindern ewiglich /
das wir thun sollen alle wort dieses Gesetzs.

(Das Geheimnis) Wil so sagen / Vns Jüden hat Gott fur allen Völckern auff Erden / seinen willen offenbart / vnd was er im sinn hat. Darumb sollen wir auch deste vleissiger sein.

XXX.

WEnn nu vber dich komet dis alles / es sey
der Segen / oder der fluch / die ich dir furge-
legt habe / vnd in dein hertz gehest / wo du vnter
den Heiden bist / da dich der HERR dein Gott hin
verstossen ‖ hat / 2Vnd bekerest dich zu dem ‖ 113b
HERRN deinem Gott / das du seiner stim gehor-
chest / du vnd deine Kinder von gantzem Hertzen /
vnd von gantzer Seele / in allem das ich dir heute
gebiete / 3So wird der HERR dein Gott deine Ge-
fengnis wenden / vnd sich deiner erbarmen / vnd
wird dich wider versamlen aus allen Völckern / da Psal. 106.
hin dich der HERR dein Gott verstrewet hat.

5WEnn du bis an der Himel ende verstossen
werest / So wird dich doch der HERR dein Gott
von dannen samlen / vnd dich von dannen holen.

Mose tröstet Jsrael das sie wider zu gnaden sollen komen etc.
Rom. 2.
Jere. 4.

5Vnd wird dich in das Land bringen / das deine
Veter besessen haben / vnd wirst es einnemen / vnd
wird dir guts thun / vnd dich mehren vber deine
Veter. 6Vnd der HERR dein Gott wird dein Hertz
beschneiten / vnd das hertz deines Samens / Das du
den HERRN deinen Gott liebest von gantzem
Hertzen / vnd von gantzer Seelen / auff das du
leben mügest. 7Aber diese flüche wird der HERR
dein Gott alle auff deine Feinde legen / vnd auff die
dich hassen vnd verfolgen.

8DV aber wirst dich bekeren vnd der stim des
HERRN gehorchen / das du thust alle seine Gebot /
die ich dir heute gebiete / 9Vnd der HERR dein
Gott wird dir glück geben in allen wercken deiner
hende / An der Frucht deines Leibs / an der frucht
deines Viehs / an der frucht deines Lands / das dirs
zu gut kome. Denn der HERR wird sich wenden /
das er sich vber dir frewe / dir zu gut / wie er sich
vber deinen Vetern gefrewet hat / 10Darumb / das
du der stim des HERRN deines Gottes gehochest /
zu halten seine Gebot vnd Rechte / die geschrieben
stehen im Buch dieses Gesetzes / So du dich wirst
bekeren zu dem HERRN deinem Gott / von gant-
zem Hertzen / vnd von gantzer Seele.

(Zu gut) Denn die Gottlosen haben auch wol ehre vnd gut / offt mehr denn die Heiligen / Aber zu jrem vnd andern verderben etc.

DENN DAS GEBOT DAS ICH DIR HEUTE GEBIETE / IST
dir nicht verborgen / noch zu ferne / 12noch im
Himel / Das du möchtest sagen / Wer wil vns in den
Himel faren / vnd vns holen / das wirs hören vnd
thun? 13Es ist auch nicht jenseid des Meers / Das du
möchtest sagen / Wer wil vns vber das Meer faren /
vnd vns holen / das wirs hören vnd thun? 14Denn
es ist das wort fast nahe bey dir / in deinem Munde /
vnd in deinem Hertzen / das du es thust.

Rom. 10.

SJhe / Jch hab dir heute furgelegt / das Leben vnd
das Gute / den Tod vnd das Böse / 16der ich dir
heute gebiete / das du den HERRN deinen Gott
liebest / vnd wandelst in seinen Wegen / vnd seine
Gebot / Gesetz vnd Rechte haltest / vnd leben
mügest / vnd gemehret werdest / vnd dich der
HERR dein Gott segene im Lande / da du ein-
zeuchst / dasselb einzunemen.

17WEndestu aber dein hertz / vnd gehorchest
nicht / sondern lessest dich verfüren / das du andere
Götter anbetest vnd jnen dienest / 18So verkündige
ich euch heute / Das jr vmbkomen werdet / vnd
nicht lange in dem Lande bleiben / da du hin ein-
zeuchst vber den Jordan / dasselbe einzunemen.

[19]JCH neme Himel vnd Erden heute vber euch
zu Zeugen / Jch habe euch Leben vnd Tod / Segen
vnd Fluch furgelegt / Das du das Leben erwelest /
vnd du vnd dein Samen leben mügest. [20]Das jr den
HERRN ewern Gott liebet vnd seiner stimme ge-
horchet vnd jm anhanget / Denn das ist dein Leben
vnd dein langs Alter / das du im Lande wonest / das
der HERR deinen vetern Abraham / Jsaac vnd
Jacob geschworen hat jnen zu geben.

XXXI.

VND MOSE GIENG HIN / VND REDET DIESE WORT De. 32.
mit dem gantzen Jsrael / [2]vnd sprach zu jnen /
Jch bin heute hundert vnd zwenzig jar alt / Jch kan De. 34.
nicht mehr aus vnd eingehen / Dazu hat der HERR Num. 20.
zu mir gesagt / Du solt nicht vber diesen Jordan Deut. 3.
gehen. [3]Der HERR dein Gott wird selber fur dir
her gehen / Er wird || selber diese Völcker fur dir || 114a
her vertilgen / das du sie einnemest / Josua der sol
fur dir hin vber gehen / wie der HERR geredt hat.
[4]Vnd der HERR wird jnen thun / wie er gethan hat
Sihon / vnd Og den königen der Amoriter vnd Num. 21.
jrem Lande / welche er vertolget hat / [5]Wenn sie
nu der HERR fur euch geben wird / So solt jr jnen
thun nach allem Gebot / das ich euch geboten habe.
[6]SEid getrost vnd vnuerzagt / fürchtet euch Deut. 7.
nicht / vnd last euch nicht fur jnen grawen / Denn
der HERR dein Gott wird selber mit dir wandeln /
vnd wird die Hand nicht abthun noch dich verlas-
sen.

VND Mose rieff Josua / vnd sprach zu jm / fur Deut. 3.
den augen des gantzen Jsrael / Sey getrost vnd Num. 27.
vnuerzagt / Denn du wirst dis Volck ins Land brin-
gen / das der HERR jren Vetern geschworen hat
jnen zu geben / vnd du wirst es vnter sie austeilen.
[8]Der HERR aber / der selber fur euch her gehet /
der wird mit dir sein / vnd wird die hand nicht ab-
thun noch dich verlassen / Fürchte dich nicht vnd
erschrick nicht.

VND Mose schreib dis Gesetz / vnd gabs den
Priestern / den kindern Leui / die die Lade des
Bunds des HERRN trugen / vnd allen eltesten
Jsrael. [10]Vnd gebot jnen / vnd sprach / Ja vber
sieben jar / zur zeit des Erlasjars / am Fest der Laub-
hütten / [11]wenn das gantze Jsrael kompt zu er-
scheinen fur dem HERRN deinem Gott / an dem

Mose vor seim
Tod an Jsrael.

Ort / den er erwelen wird / soltu dis Gesetz fur dem
gantzen Jsrael ausruffen lassen / fur jren ohren /
12 nemlich / fur der versamlung des Volcks / beide
der Menner vnd Weiber / Kinder vnd deines
Frembdlings der in deinem Thor ist / Auff das sie
hören vnd lernen / da mit sie den HERRN jren
Gott fürchten / vnd halten / das sie thun alle wort
dieses Gesetzs / 13 Vnd das jre kinder / die es nicht
wissen / auch hören vnd lernen / da mit sie den
HERRN ewrn Gott fürchten / alle ewr lebtage / die
jr auff dem Lande lebet / darein jr gehet vber den
Jordan einzunemen.

VND der HERR sprach zu Mose / Sihe / Deine
zeit ist erbey komen / das du sterbest / Ruffe
Josua / vnd trettet in die Hütten des Stiffts / das ich
jm befelh thue. Mose gieng hin mit Josua / vnd
tratten in die Hütten des Stiffts / 15 Der HERR aber
erschein in der Hütten / in einer Wolckenseule / vnd
dieselb Wolckenseule stund in der Hütten thür.

16 VND der HERR sprach zu Mose / Sihe / du
wirst schlaffen mit deinen Vetern / Vnd dis Volck
wird auffkomen / vnd wird frembden Göttern
nachhuren des Lands / darein sie komen / vnd wird
mich verlassen / vnd den Bund faren lassen / den
ich mit jm gemacht habe. 17 So wird mein zorn er-
grimmen vber sie zur selben zeit / vnd werde sie
verlassen / vnd mein Andlitz fur jnen verbergen/
das sie verzeret werden. Vnd wenn sie denn viel
vnglück vnd angst treffen wird / werden sie sagen /
Hat mich nicht dis vbel alles betretten / weil mein
Gott nicht mit mir ist? 18 Jch aber werde mein
Andlitz verbergen zu der zeit / vmb alles bösen
willen / das sie gethan haben / das sie sich zu andern
Göttern gewand haben.

19 SO schreibet euch nu dis Lied / vnd leret es die
kinder Jsrael / vnd legets in jren mund / das mir das
Lied ein Zeuge sey vnter den kindern Jsrael /
20 Denn ich wil sie ins Land bringen / das ich jren
Vetern geschworen habe / da milch vnd hönig
innen fleusst. Vnd wenn sie essen vnd sat vnd fett
werden / So werden sie sich wenden zu andern
Göttern vnd jnen dienen / vnd mich lestern / vnd
meinen Bund fahren lassen. 21 Vnd wenn sie denn
viel vnglück vnd angst betretten wird / So sol dis
Lied jnen antworten zum zeugnis / Denn es sol
nicht vergessen werden aus dem mund jres Samens.
Denn ich weis jr gedancken / damit sie schon jtzt

Mose vor seim
Tod an Jsrael.

vmbgehen / ehe ich sie ins land bringe / das ich ge-
schworen habe.
22ALso schreib Mose dis Lied zur selbigen zeit /
vnd leret es die kinder Jsrael. 23Vnd befalh Josua
dem son Nun / vnd sprach / Sey getrost vnd vnuer-
zagt / Denn du solt die kinder Jsrael ins Land füren /
das ich jnen geschworen habe / Vnd ich wil mit dir
sein. ‖ ‖ 114b
DA nu Mose die wort dieses Gesetzs gantz aus-
geschrieben hatte in ein Buch / 25gebot er den
Leuiten / die die Laden des Zeugnis des HERRN
trugen / vnd sprach / 26Nempt das Buch dieses
Gesetzs / vnd legt es in die seite der Laden des
Bunds des HERRN ewrs Gottes / das es daselbs
ein Zeuge sey wider dich / 27Denn ich kenne dei-
nen vngehorsam vnd halstarrigkeit. Sihe / weil
ich noch heute mit euch lebe / seid jr vngehorsam
gewest wider den HERRN / Wie viel mehr nach
meinem tode.
28SO versamlet nu fur mich alle Eltesten ewr
stemme vnd ewr Amptleute / das ich diese wort fur
jren ohren rede / vnd Himel vnd Erden wider sie
zu Zeugen neme. 29Denn ich weis / das jrs nach
meinem tode verderben werdet / vnd aus dem wege
tretten / den ich euch geboten habe / So wird euch
denn vnglück begegen hernach / darumb / das jr
vbel gethan habt fur den augen des HERRN / das
jr jn erzürnet durch ewr hende werck. 30Also redet
Mose die wort dieses Lieds gantz aus fur den ohren
der gantzen gemeine Jsrael.

XXXII.

MERCKT AUFF JR HIMEL / ICH WIL REDEN / VND
die Erde höre die Rede meins Munds.

Mose Lied.

2Meine Lere trieffe wie der Regen / Vnd meine
Rede fliesse wie Thaw.
Wie der Regen auff das gras / vnd wie die tropffen
auff das kraut.
3DEnn ich wil den Namen des HERRN preisen /
Gebt vnserm Gott allein die Ehre.
4Er ist ein [a]Fels / seine werck sind vnstrefflich /
Denn alles was er thut das ist recht.
Trew ist Gott vnd kein böses an jm / [b]Gerecht
vnd from ist er.
DJe verkerete vnd böse Art fellet von jm ab / Sie
sind schandflecken / vnd nicht seine Kinder.

a (Felsen) Die Ebreische sprach heist Gott einen Fels / das ist ein trotz / trost / hort vnd sicherung / allen die sich auff jn verlassen vnd jm vertrawen.

b (Gerecht) Bey den Gottlosen mus Gott jmer vnrecht haben / vnd sich meistern lassen / Math. 11. Die weisheit mus sich lassen rechtfertigen von iren kindern / Die wissen alles besser / wie es Gott macht / so taugs nicht.

(Allein) Last vnsern Gott allein Gott sein / vnd alle Ehre haben / vnd keinen andern.

6DAnckestu also dem HERRN deinem Gott /
du tol vnd töricht Volck? Jst er nicht dein Vater /
vnd dein Herr? Jsts nicht er allein der dich gemacht
vnd bereitet hat.

GEdenck der vorigen zeit bis da her / vnd be-
trachte was er gethan hat an den alten Vetern /
Frage deinen Vater / der wird dirs verkündigen /
deine Eltesten / die werden dirs sagen.

8Da der allerhöhest die Völcker zerteilet / vnd
zerstrewet der Menschen kinder.

Da setzt er die grentzen der Völcker / Nach der
zal der kinder Jsrael.

Exo. 19. 9Denn des HERRN teil ist sein Volck / Jacob ist
die schnur seines Erbs.

10ER fand jn in der wüsten / in der dürren Ein-
öde / da es heulet.

Er füret jn vnd gab jm das Gesetz / Er behütet
jn wie sein Augapffel.

11Wie ein Adeler ausfüret seine Jungen / vnd
vber jnen schwebet.

ER breitet seine fittich aus / vnd nam jn / vnd
trug sie auff seinen flügeln.

12Der HERR allein leitet jn / Vnd war kein
frembder Gott mit jm.

13ER lies jn hoch her faren auff Erden Vnd neeret
jn mit den Früchten des feldes.

Vnd lies jn Honig saugen aus den felsen / Vnd
Ole aus den harten steinen.

14Butter von den Kühen / vnd milch von schafen
sampt dem fetten von den Lemmern.

Vnd feiste Wider vnd Böcke mit fetten nieren /
vnd Weitzen / Vnd trencket jn mit guten Drauben-
blut.

Da er aber fett vnd satt ward / ward er geil. Er ist
|| 115a fett vnd dick vnd starck worden. ||

Vnd hat den Gott faren lassen / der jn gemacht
hat / Er hat den Fels seins Heils geringe geach-
tet.

16Vnd hat jn zu Eiuer gereitzet durch Frembde /
Durch die Grewel hat er jn erzürnet.

17Sie haben den Feldteufeln geopffert / vnd nicht
Rom. 10. jrem Gott / den Göttern die sie nicht kenneten /
Den newen / die vor nicht gewest sind / die ewr
Veter nicht geehret haben.

18Deinen Fels der dich gezeuget hat / hastu aus
der acht gelassen / Vnd hast vergessen Gottes / der
dich gemacht hat.

(Nicht kenneten) Dauon sie keinen befelh noch Gottes wort haben / Sondern erwelen aus eigener andacht newe Gottesdienst.

VND da es der HERR sahe / Ward er zornig vber
seine Söne vnd Töchter.
20 Vnd er sprach / Jch wil mein Andlitz fur jnen
verbergen / wil sehen was jnen zu letzt widerfaren
wird / Denn es ist ein verkerete Art / Es sind vn-
trewe Kinder.
21 Sie haben mich gereitzt an dem / das nicht Gott
ist / Mit jrer Abgötterey haben sie mich erzürnet.
Vnd ich wil sie wider reitzen an dem / das nicht Rom. 10.
ein Volck ist / An eim nerrichten Volck wil ich sie
erzürnen.
22 DEnn das Fewr ist angangen durch meinen
zorn / Vnd wird brennen / bis in die vntersten
Hell.
Vnd wird verzehren das Land mit seinem Ge-
wechs / Vnd wird anzünden die Grundfest der
berge.
23 Jch wil alles Vnglück vber sie heuffen / Jch wil
alle meine Pfeile in sie schiessen.
24 Fur Hunger sollen sie verschmachten / vnd
verzeret werden vom Fiber / vnd jehem Tod. Jch
wil der Thier zeene vnter sie schicken / vnd Schlan-
gengifft.
25 Auswendig wird sie das Schwert berauben /
vnd inwendig das Schrecken / Beide Jünglinge
vnd Jungfrawen / die Seuglinge mit dem grawen
Man.
26 Jch wil sagen / Wo sind sie? Jch werde jr ge-
dechtnis auffheben vnter den Menschen.
27 WEnn ich nicht den zorn der Feinde sche-
wete / das nicht jre Feinde stoltz würden / vnd
möchten sagen / Vnser macht ist hoch / vnd der
HERR hat nicht solchs alles gethan.
28 Denn es ist ein Volck da kein [a]Rat in ist / Vnd
ist kein verstand in jnen.
29 O das sie weise weren vnd vernemen solchs /
Das sie verstünden / was jnen hernach begegen
wird.
30 Wie gehets zu / das einer wird jr tausent jagen /
Vnd zween werden zehen tausent flüchtig machen:
Jsts nicht also / das sie jr Fels verkaufft hat? Vnd
der HERR hat sie vbergeben.
31 Denn vnser Fels ist nicht wie jrer Fels / Des
sind vnser Feinde selbs Richter.
32 Denn jr Weinstock ist des weinstocks zu So-
dom / vnd von dem acker Gomorra / Jre Drauben
sind gall / Sie haben bittere beere.

(Berauben / Schrecken) Das ist / Aussen sollen sie Widwen vnd Waisen werden / durchs Schwert vnd gefengnis der kinder / menner / weiber / beraubt. Was aber innen bleibt / sol durch schrecken / das ist / durch Hunger / Pestilentz / Auffrhur / jemerlich vmbkomen.

a (Rat) Sie achten Gottes wort nicht / wissens wol besser.

[33]Jr wein ist Trachengifft / Vnd wütiger Ottern gall.

[34]Jst solchs nicht bey mir verborgen? Vnd [b]versiegelt in meinen schetzen?

Rom. 12. Ebre. 10. [35]DJE RACHE IST MEIN / JCH WIL VERGELTEN / Zu seiner zeit sol jr fuss gleitten / Denn die zeit jres vnglücks ist nahe / vnd jr künfftiges eilete erzu.

DEnn der HERR wird sein Volck richten / Vnd vber seine Knechte wird er sich erbarmen.

Denn er wird ansehen / das jre Macht da hin ist /
|| 115 b Vnd beide das [c]verschlossen vnd verlassen weg ist. ||

[37]Vnd man wird sagen / Wo sind jre Götter? Jr Fels darauff sie traweten?

[38]Von welcher Opffer sie fett assen / vnd trancken den wein jres Tranckopffers / Last sie auffstehen vnd euch helffen / vnd euch schützen.

[39]SEhet jr nu / das Jchs allein bin / Vnd ist kein Gott neben mir?

1. Reg. 2. Jch kan tödten vnd lebendig machen / Jch kan schlagen vnd kan heilen / Vnd ist niemand der aus meiner Hand errette.

[40]Denn ich wil meine Hand in den Himel heben / Vnd wil sagen / Jch lebe ewiglich.

[41]Wenn ich den blitz meines Schwerts wetzen werde / Vnd meine Hand zur straffe greiffen wird.

So wil ich mich wider rechen an meinen Feinden / Vnd denen die mich hassen / vergelten.

[42]Jch wil meine Pfeil mit blut truncken machen / Vnd mein Schwert sol fleisch fressen.

Vber dem blut der Erschlagenen / vnd vber dem gefengnis / Vnd vber dem entblösseten heubt des Feindes.

[43]JAUCHTZET ALLE / DIE JR SEIN VOLCK SEID / DENN ER WIRD DAS BLUT SEINER KNECHTE RECHEN.

Vnd wird sich an seinen Feinden rechen / Vnd gnedig sein dem Lande seines Volcks.

VND Mose kam vnd redet alle wort dieses Liedes / fur den ohren des Volcks / er vnd Josua
der son Nun. [45]Da nu Mose solchs alles ausgeredt
hatte zum gantzen Jsrael / [46]sprach er zu jnen /
Nemet zu hertzen alle wort / die ich euch heute bezeuge / das jr ewren Kindern befehlt / das sie halten
vnd thun alle wort dieses Gesetzs. [47]Denn es ist
nicht ein vergeblich wort an euch / sondern es ist ewr leben / Vnd solch wort wird ewr Leben verlengen auff dem Lande / da jr hin gehet vber den Jordan / das jrs einnemet.

b (Versiegelt) Sie gleubens nicht bis sie es erfaren / denn es ist fur jren augen verborgen.

c Custoditum et neglectum / id est / seruatam rem et contemptam / quia tempore pacis contemptum est / quod tempore malo libenter colligeres / si adesset / preciosum et vile.

(Vber dem blut) Das sind drey straffen des schwerts / Die erste / das jr viel erschlagen wird. Die ander / das sie gefangen gefürt werden. Die dritte / das jr heubt blos solt werden / das ist / Jr Königreich vnd Priesterthum solt von jnen genomen werden / Welche durchs Har auff dem heubt bedeut ist.

segenet fur seinem tod die zwelff stemme Jsrael.

VND der HERR redet mit Mose desselben tages /
vnd sprach / [49]Gehe auff das gebirge Abarim Num. 27.
auff den berg Nebo / der da ligt im Moabiter land / ge-
gen Jeriho vber / vnd besihe das land Canaan / das
ich den kindern Jsrael zum eigenthum geben werde.
[50]Vnd stirb auff dem Berg / wenn du hin auff ko-
men bist / vnd versamle dich zu deinem Volck /
Gleich wie dein bruder Aaron starb auff dem berge Num. 33.
Hor / vnd sich zu seinem Volck versamlet / [51]Dar-
umb / das jr euch an mir versündigt habt vnter den
kindern Jsrael / bey dem Hadderwasser zu Kades Num. 20.
in der wüsten Zin / das jr mich nicht heiligetet vn-
ter den kindern Jsrael. [52]Denn du solt das Land
gegen dir sehen / das ich den kindern Jsrael gebe /
Aber du solt nicht hinein komen.

XXXIII.

SEGEN Mose.

DJS IST DER SEGEN / DA MIT MOSE DER MAN
Gottes die kinder Jsrael / vor seinem tod sege-
net / [2]Vnd sprach / Der HERR ist von Sinai ko-
men / vnd ist jnen auffgangen von Seir / Er ist er-
fur gebrochen von dem berge Paran / vnd ist ko-
men mit viel tausent Heiligen. Zu seiner rechten
Hand ist ein fewrigs Gesetz an sie. [3]Wie hat er die
Leute so lieb / Alle seine Heiligen sind in deiner
hand / Sie werden sich setzen zu deinen füssen / vnd
werden lernen von deinen worten. [4]Mose hat vns
das Gesetz geboten / dem Erbe der gemeine Jacob.
[5]Vnd er verwaltet das [a]Ampt eines Königes / vnd
hielt zusamen die Heubter des volcks sampt den
stemmen Jsrael.

RVben lebe vnd sterbe nicht / Vnd sein Pöbel Gen. 49.
sey gering.
[7]DJs ist der segen Juda / Vnd er sprach / HERR
erhöre die stim Ju‖da / mache jn zum Regenten ‖ 116a
in seinem Volck / vnd las seine macht gros wer-
den. Vnd jm müsse wider seine Feinde geholffen
werden.

[8]VND zu Leui sprach er / Dein Recht vnd dein
Liecht bleibe bey deinem heiligen Man / den du
versucht hast zu Massa / da jr haddertet am Had-
derwasser. [9]Wer zu seinem Vater vnd zu seiner
Mutter spricht / Jch sehe jn nicht / vnd zu seinem
Bruder / Jch kenne jn nicht / vnd zu seinem Son /
Jch weis nicht / die halten deine Rede vnd bewaren
deinen Bund. [10]Die werden Jacob deine Rechte

a (Ampt) Er war nicht König / hatte auch nichts dauon / vnd hielt doch das Volck zusamen / als das es ein Heubt hette / wie einen König / vnd nicht zustrewet in der jrre gienge.

(Recht) Das ist / wie Exo. 28. stehet das Heiligthum auff dem Brustlatzen. Wil also sagen / Dein priesterlich Ampt sey glückselig fur Gott vnd den Menschen / mit beten vnd leren.

segenet fur seinem tod die zwelff stemme Jsrael.

leren / vnd den Jsrael dein Gesetze / Die werden
Reuchwerg fur deine Nasen legen / vnd gantze
Opffer auff deinen Altar. 11HERR segene sein ver-
mügen / vnd las dir gefallen die werck seiner
hende / Zuschlage den rücken dere / die sich wider
jn aufflehnen / vnd dere die jn hassen / das sie nicht
auffkomen.

12VND zu BenJamin sprach er / Das liebliche
des HERRN wird sicher wonen / Alle zeit wird er
vber jm halten / vnd wird zwisschen seinen Schuld-
nern wonen.

13VND zu Joseph sprach er / Sein Land ligt im
Segen des HERRN / Da sind edle Früchte vom
Himel / vom taw / vnd von der tieffen die hunden
ligt. 14Da sind edle früchte von der Sonnen / vnd
edle reiffe früchte der Monden. 15Vnd von den
hohen Bergen gegen morgen / vnd von den Hügeln
fur vnd fur / 16Vnd edlen früchten von der Erden /
vnd was drinnen ist. Die gnade des der in dem
Busch wonete / kome auff das heubt Joseph / vnd
auff den scheitel des Nasir vnter seinen Brüdern.
17Seine herrligkeit ist wie ein erstgeborner Ochse /
vnd seine Hörner sind wie Einhörners hörner /
Mit den selben wird er die Völcker stossen zu
hauff / bis an des Lands ende / Das sind die tausent
Ephraim / vnd die tausent Manasse.

18VND zu Sebulon sprach er / Sebulon frew dich
deines auszogs. Aber Jsaschar frew dich deiner
Hütten. 19Sie werden die Völcker auff den Berg
ruffen / vnd daselbs opffern Opffer der gerechtig-
keit. Denn sie werden die menge des Meers saugen /
vnd die versenckte Schetz im sande.

20VND zu Gad sprach er / Gad sey gesegenet der
Raummacher / Er ligt wie ein Lew / vnd raubet den
arm vnd die scheitel. 21Vnd er sahe das jm ein
Heubt gegeben war / ein Lerer der verborgen ist /
welcher kam mit den Obersten des Volcks / vnd
verschafft die Gerechtigkeit des HERRN / vnd
seine Rechte an Jsrael.

22VND zu Dan sprach er / Dan ein junger Lewe /
Er wird fliessen von Basan.

23VND zu Naphthali sprach er / Naphthali wird
gnug haben / was er begerd / vnd wird vol Segens
des HERRN sein / Gegen abend vnd mittag wird
sein Besitz sein.

24VND zu Asser sprach er / Asser sey gesegenet
mit Sönen / Er sey angenem seinen Brüdern /

(Liebliche) Das ist / Der Tempel vnd Jerusalem vnd Königreich war in Ben-Jamin.

(Edle früchte) Das ist vom Königreich Jsrael gesagt / welchs hoch gesegenet ward mit allein das / Himel / Sonn / Mond / Erden / Berg / Tal / Wasser vnd alles zeitlich Gut trug vnd gab / Dazu auch Propheten vnd heilige Regenten hatte.

(Auszogs) Dis hat Dibora vnd Barac gethan Jud. 5.

Den Segen Gad hat der König Jehu ausgericht. 4. Reg. 10. da er Baal vertilget / vnd das volck wider zu rechte bracht / vnd schlug zween Könige tod / dazu auch Jsebel. Vnd der Lerer ist Elia der Prophet der in den Himel genomen vnd verborgen / Denn er war ein Bürger aus Gilead / im stam Gad.

alter. 120. jar.

vnd tuncke seinen fus in öle / 25Eisen vnd ertz
sey an seinen schuhen / Dein alter sey wie deine
jugent.
ES ist kein Gott / als der Gott des Gerechten /
Der im Himel sitzt der sey deine hülffe / Vnd
des herrligkeit in wolcken ist / 27Das ist die Wo-
nung Gottes von anfang / vnd vnter den Armen
ewiglich. Vnd er wird fur dir her deinen Feind aus-
treiben / vnd sagen / Sey vertilget. 28Jsrael wird
sicher alleine wonen / Der brun Jacob wird sein
auff dem Lande da korn vnd most ist / dazu sein
Himel wird mit taw trieffen. 29Wol dir Jsrael / wer
ist dir gleich? O Volck / das du durch den HERRN
selig wirst / der deiner hülffe Schilt / vnd das
schwert deines Siegs ist / Deinen Feinden wirds
feilen / Aber du wirst auff jrer Höhe einher tretten. || || 116b

Gottes wonung ist im volck Jsrael von anfang / vnter welcher sie bleiben ewiglich / als die Hünlin vnter den Armen oder Flügeln der Hennen.

XXXIIII.

VND MOSE GIENG VON DEM GEFILDE DER MOABI- Deut. 3.
ter / auff den berg Nebo / auff die spitze des ge-
birgs Pisga / gegen Jeriho vber / Vnd der HERR
zeiget jm das gantze land Gilead bis gen Dan / 2vnd
das gantze Naphthali / vnd das land Ephraim vnd
Manasse / vnd das gantze land Juda / bis an das
eusserste Meer / 3vnd gegen Mittag / vnd die Ge-
gend der breite Jeriho der Palmenstad bis gen
Zoar. 4Vnd der HERR sprach zu jm / Dis ist das
Land / das ich Abraham / Jsaac vnd Jacob geschwo-
ren habe / vnd gesagt / Jch wil es deinem Samen Ge. 12. 15.
geben / Du hast es mit deinen augen gesehen / Aber
du solt nicht hin vber gehen.
ALso starb Mose der knecht des HERRN da-
selbs / im Lande der Moabiter / nach dem wort
des HERRN. 6Vnd er begrub jn im Tal im Lande
der Moabiter / gegen dem hause Peor / vnd hat
niemand sein Grab erfahren / bis auff diesen heu-
tigen tag. 7Vnd Mose war hundert vnd zwenzig Deut. 31.
jar alt / da er starb / Seine augen waren nicht tunckel
worden / vnd seine krafft war nicht verfallen. 8Vnd
die kinder Jsrael beweineten Mose im gefilde der
Moabiter / dreissig tage / vnd wurden volendet die
tage des weinens vnd klagens vber Mose.
JOsua aber der son Nun ward erfüllet mit dem
Geist der weisheit / Denn Mose hatte seine hende
auff jn gelegt / Vnd die kinder Jsrael gehorchten
jm / vnd thaten wie der HERR Mose geboten hatte.

MOSE stirbt.

MOSE ALTER. 120. jar.

[10]Vnd es stund hin furt kein Prophet in Jsrael auff /
wie Mose / den der HERR erkennet hette von an-
gesicht / [11]zu allerley Zeichen vnd Wunder / dazu
jn der HERR sandte / das er sie thete in Egypten-
land / an Pharao vnd an allen seinen Knechten / vnd
an allen seinem Lande / [12]vnd zu aller dieser mech-
tiger Hand vnd grossen [a]Gesichten / die Mose thet
fur den augen des gantzen Jsraels.

a Alij / Schrecken.

|| 117a Ende der Bücher Mose. ||

DAS BUCH JOSUA.

I.

Gott stercket vnd tröstet Josua etc.

NACH DEM TOD MOSE DES KNECHTS DES HERRN /
sprach der HERR zu Josua / dem son Nun / Mo-
ses diener. [2]Mein knecht Mose ist gestorben / So
mach dich nu auff / vnd zeuch vber diesen Jordan / du
vnd dis gantz Volck / in das Land / das ich jnen / den
kindern Jsrael / gegeben habe. [3]Alle stet darauff ewr Deut. 11.
fussolen tretten werden / hab ich euch gegeben / wie
ich Mose geredt habe. [4]Von der wüsten an vnd die-
sem Libano / bis an das grosse wasser Phrath / Das
gantze Land der Hethiter / bis an das grosse Meer ge-
gen dem abend / sollen ewer Grentze sein.

[5]ES sol dir niemand widerstehen dein lebenlang /
Wie ich mit Mose gewesen bin / Also wil ich auch mit
dir sein / Jch wil dich nicht verlassen noch von dir Ebre. 13.
weichen. [6]Sey getrost vnd vnuerzagt / denn du solt
diesem Volck das Land austeilen / das ich jren Vetern
geschworen habe / das ichs jnen geben wolt. [7]Sey
nur getrost vnd seer freidig / das du haltest vnd thust
aller ding nach || dem Gesetz / das dir Mose mein || 117b
knecht geboten hat. Weiche nicht dauon weder zur
rechten noch zur lincken / Auff das du weislich han-

Gott stercket vnd tröstet Josua.

deln mügest / in allem das du thun solt. [8]Vnd las das
Buch dieses Gesetzs nicht von deinem munde ko-
men / sondern betracht es tag vnd nacht / Auff das du
haltest vnd thust aller ding nach dem / das drinnen
geschrieben stehet. Als denn wird dir gelingen / in
allem das du thuest / vnd wirst weislich handeln kön-
nen. [9]Sihe / Jch hab dir geboten das du getrost vnd
freidig seiest / Las dir nicht grawen vnd entsetze dich
nicht / Denn der HERR dein Gott ist mit dir / in allem
das du thun wirst.

Wer nach Gottes wort sich richtet / der handelt weislich vnd glücklich. Wer nach seinem Kopff feret / der handelt vnweislich vnd vergeblich.

DA gebot Josua den Heubtleuten des volcks / vnd
sprach / [11]Gehet durch das Lager / vnd gebietet
dem volck / vnd sprecht / Schaffet euch vorrat / Denn
vber drey tage werdet jr vber diesen Jordan gehen /
Das jr hin einkomet / vnd das Land einnemet / das
euch der HERR ewer Gott / geben wird.

VND zu den Rubenitern / Gadditern / vnd dem hal-
Num. 32. ben stam Manasse / sprach Josua / [13]Gedencket
an das wort das euch Mose der knecht des HERRN
sagt / vnd sprach / Der HERR ewr Gott hat euch zu
ruge bracht / vnd dis Land gegeben. [14]Ewre weiber
vnd kinder vnd vieh lasst im Land bleiben / das euch
Mose gegeben hat disseid des Jordans / Jr aber solt
fur ewrn Brüdern her ziehen gerüstet / was streitbar
Menner sind / vnd jnen helffen. [15]Bis das der HERR
ewr Brüder auch zu ruge bringt / wie euch / das sie
auch einnemen das Land / das jnen der HERR ewr
Gott geben wird / Als denn solt jr widerumb keren
in ewr Land / das euch Mose der knecht des HERRN
eingegeben hat zu besitzen / disseid des Jordans ge-
gen der Sonnen auffgang.

[16]VND sie antworten Josua / vnd sprachen / Alles
was du vns geboten hast / das wollen wir thun / vnd
wo du vns hin sendest / da wollen wir hin gehen.
[17]Wie wir Mose gehorsam sind gewesen / So wollen
wir dir auch gehorsam sein / Allein das der HERR
dein Gott nur mit dir sey / wie er mit Mose war. [18]Wer
deinem mund vngehorsam ist / vnd nicht gehorcht
deinen worten in allem das du vns gebeutest / Der sol
sterben / Sey nur getrost vnd vnuerzagt.

II.

JOSUA ABER DER SON NUN / HATTE ZWEEN KUND-
schaffer heimlich ausgesand von Sittim / vnd jnen
gesagt / Gehet hin / besehet das Land vnd Jeriho. Die
giengen hin / vnd kamen in das haus einer Huren / die
hies Rahab / vnd kereten zu jr ein.

KUNDSCHAFFER ausgesand / das Land zuerkunden.
RAHAB.

DA ward dem Könige zu Jeriho gesagt / Sihe / es
sind in dieser nacht Menner her ein komen von
den kindern Jsrael / das Land zu erkunden. 3Da
sandte der König zu Jeriho zu Rahab / vnd lies jr
sagen / Gib die Menner heraus / die zu dir in dein haus
komen sind / Denn sie sind komen das gantze Land zu
erkunden. 4Aber das Weib verbarg die zween Men-
ner / vnd sprach also / Es sind ja Menner zu mir herein
komen / Aber ich wuste nicht von wannen sie waren.
5Vnd da man die Thor wolt zuschließen / da es fin-
ster war / giengen sie hinaus / das ich nicht weis / wo
sie hin gangen sind / Jaget jnen eilend nach / denn jr
werdet sie ergreiffen. 6Sie aber lies sie auff das Dach
steigen / vnd verdecket sie vnter die flachsstengel /
den sie jr auff dem dach ausgebreitet hatte. 7Aber die
Menner jagten jnen nach auff dem wege zum Jordan /
bis an die Furt / vnd man schlos das thor zu / da die hin
aus waren / die jnen nachiagten.

VND ehe denn die Menner sich schlaffen legten /
steig sie zu jnen hin auff auff das Dach / 9vnd
sprach zu jnen / Jch weis das der HERR euch das Ebre. 11.
Land gegeben hat / Denn ein schrecken ist vber vns
gefallen fur euch / vnd alle Einwoner des Lands sind
fur ewr zukunfft feig worden. 10Denn wir haben || || 118a
gehört / wie der HERR hat das wasser im Schilffmeer Exo. 14.
ausgetrocknet fur euch her / da jr aus Egypten zoget /
Vnd was jr den zween Königen der Amoriter Sihon Num. 21.
vnd Og / jenseid dem Jordan gethan habt / wie jr sie
verbannet habt. 11Vnd sint wir solchs gehöret ha-
ben / ist vnser hertz verzagt / vnd ist kein mut mehr
in jemands fur ewer zukunfft / Denn der HERR ewr
Gott / ist ein Gott / beide oben im Himel / vnd vnten
auff Erden.

12SO schweret mir nu bey dem HERRN / das / weil
ich an euch barmhertzigkeit gethan habe / das jr auch
an meines Vaters hause barmhertzigkeit thut / Vnd
gebt mir ein gewis Zeichen 13das jr leben lasset mei-
nen Vater / meine Mutter / meine Brüder vnd meine
Schwester / vnd alles was sie haben / vnd erretet vnser
Seelen von dem tode. 14Die Menner sprachen zu jr /
Thun wir nicht barmhertzigkeit vnd trew an dir /
wenns vns der HERR das Land gibt / So sol vnser
seele fur euch des tods sein / So fern du vnser Ge-
schefft nicht verrhetest.

15DA lies sie die selben am seil durchs Fenster
ernider / denn jr Haus war an der Stadmaure / vnd
sie wonet auch auff der mauren. 16Vnd sie sprach

zu jnen Gehet auff das Gebirge / das euch nicht be-
gegen die euch nachiagen / vnd verberget euch da-
selbs drey tage / bis das die widerkomen / die euch
nachiagen / Darnach gehet ewre strasse.
DJe Menner aber sprachen zu jr / Wir wollen aber
des Eids los sein / den du von vns genomen
hast / 18 Wenn wir komen ins Land / vnd du nicht
dis rote Seil in das fenster knüpffest / da mit du vns
ernider gelassen hast / vnd zu dir ins haus versam-
lest / deinen Vater / deine Mutter / deine Brüder
vnd deins Vaters gantzes haus. 19 Vnd wer zur thür
deins hauses eraus gehet / des blut sey auff seim
heubt / vnd wir vnschüldig. Aber aller die in dei-
nem hause sind / so eine hand an sie gelegt wird /
So sol jr blut auff vnserm heubt sein. 20 Vnd so du
etwas von diesem vnsern Geschefft wirst nach-
sagen / so wollen wir des Eids los sein / den du von
vns genomen hast. 21 Sie sprach / Es sey wie jr sagt /
vnd lies sie gehen / Vnd sie giengen hin / Vnd sie
knüpfft das rote Seil ins fenster.
SJE aber giengen hin vnd kamen auffs Gebirge /
vnd blieben drey tage daselbs / bis das die wider-
kamen / die jnen nachiagten / Denn sie hatten sie
gesucht auff allen strassen / vnd doch nicht funden.
23 Also kereten die zween Menner wider / vnd gien-
gen vom Gebirge / vnd furen vber / vnd kamen zu
Josua dem son Nun / vnd erzeleten jm alles / wie
sie es funden hatten / 24 vnd sprachen zu Josua /
Der HERR hat vns alles Land in vnser hende ge-
geben / Auch so sind alle Einwoner des Landes
feig fur vns.

III.

VND JOSUA MACHT SICH FRÜE AUFF / VND SIE
zogen aus Sittim vnd kamen an den Jordan / er
vnd alle kinder Jsrael / vnd blieben daselbs vber
nacht / ehe sie hinüber zogen. 2 Nach dreien tagen
aber giengen die Heubtleute durchs Lager / 3 vnd
geboten dem volck / vnd sprachen / Wenn jr sehen
werdet die Lade des Bunds des HERRN ewrs Got-
tes / vnd die Priester aus den Leuiten sie tragen / So
ziehet aus von ewrem Ort / vnd folget jr nach.
4 Doch das zwisschen euch vnd jr raum sey bey
zwey tausent ellen / Jr solt nicht zu jr nahen / auff
das jr wisset auff welchem wege jr gehen sollet /
Denn jr seid den weg vor hin nicht gegangen.

JOSUA kompt mit dem Volck an Jordan etc.

Jsrael gehet trucken durch den Jordan.

VND Josua sprach zum volck / Heiliget euch /
denn morgen wird der HERR ein Wunder vnter
euch thun. [6]Vnd zu den Priestern sprach er / Tragt
die Lade des Bunds / vnd gehet fur dem volck her /
Da trugen sie die Laden des Bunds / vnd giengen
fur dem volck her. [7]Vnd der HERR sprach zu
Josua / Heute wil ich anfahen dich grós zu machen
fur dem gantzen Jsrael / das sie wissen / wie ich mit
Mose gewesen bin / also auch mit dir sey. [8]Vnd du
gebeut || den Priestern / die die Laden des Bunds || 118b
tragen / vnd sprich / Wenn jr komet forn ins wasser
des Jordans / so stehet stille.
[9]VND Josua sprach zu den kindern Jsrael / Erzu /
vnd höret die wort des HERRN / ewrs Gottes.
[10]Vnd sprach / Dabey solt jr mercken / das ein le-
bendiger Gott vnter euch ist / vnd das er fur euch
austreiben wird die Cananiter / Hethiter / Heuither /
Pheresiter / Gergositer / Amoriter vnd Jebusiter.
[11]Sihe / die Lade des Bunds des Herrschers vber
alle Welt / wird fur euch hergehen in den Jordan.
[12]So nemet nu zwelff Menner aus den stemmen
Jsrael / aus jglichem Stam einen. [13]Wenn denn die
fussolen der Priester / die des HERRN Laden / des
Herrschers vber alle Welt / tragen / in des Jordans
wasser sich lassen / So wird sich das wasser / das
von oben erab fleusst / im Jordan abreissen / das
vber einem hauffen stehen bleibe.

Diese Geschicht bedeut / Das vns Christus / durch die Apostel furgetragen / im Euangelio leitet ins Himelreich / durch den trocken Jordan / der doch dazu mal am füllesten war. Das ist / das Gesetz / das vns mit wercken engstet vnd treibt / höret auff durch das Euangelium / das vnser Gewissen frey / frölich vnd sicher fur jm sind / vnd allein Christo im glauben folgen.

DA nu das volck auszog aus seinen Hütten / das
sie vber den Jordan giengen / vnd die Priester
die Laden des Bunds fur dem volck her trugen /
[15]vnd an den Jordan kamen / vnd jre füsse forn ins
wasser tuncketen (Der Jordan aber war vol an allen

JSRAEL gehet durch den Jordan etc.

seinen vfern / die gantzen zeit der erndten) [16]Da
stund das wasser das von oben ernider kam / auff-
gericht vber einem hauffen / seer ferne von den
Leuten der Stad / die zur seiten Zarthan ligt / Aber
das wasser das zum Meer hinunter lieff zum Saltz-
meer / das nam abe vnd verflos / Also gieng das
volck hinüber gegen Jeriho / [17]Vnd die Priester /
die die Laden des Bunds des HERRN trugen /
stunden also im trocken mitten im Jordan / Vnd
gantz Jsrael gieng trocken durch / bis das gantze
volck alles vber den Jordan kam.

IIII.

VND DER HERR SPRACH ZU JOSUA / [2]NEMET
euch zwelff Menner / aus jglichem Stam einen /
[3]vnd gebietet jnen / vnd sprecht / Hebt auff aus
dem Jordan zwelff steine / von dem ort da die füsse
der Priester [a]also stehen / vnd bringet sie mit euch
hinüber / das jr sie in der Herberge lasset / da jr
diese nacht herbergen werdet.

XII. steine etc.

a (Also) Das ist / die Priester / so die Laden trugen / stunden wie sie geordnet waren / vnd theten nichts anders.

[4]DA rieff Josua zwelff Mennern / die vorordnet
waren von den kindern Jsrael / aus jglichem Stam
|| 119a einen / [5]vnd sprach zu jnen / Gehet hinüber fur die ||
Laden des HERRN ewrs Gottes mitten in den Jor-
dan / vnd hebe ein jglich er einen stein auff seine
achseln / nach der zal der Stemme der kinder
Jsrael / [6]Das sie ein Zeichen seien vnter euch.
Wenn ewer Kinder hernach mals jre Veter fragen
werden / vnd sprechen / Was thun diese Steine da?
[7]Das jr denn jnen saget / Wie das wasser des Jor-
dans abgerissen sey fur der Lade des Bunds des
HERRN / da sie durch den Jordan gienge / Das
diese Steine den kindern Jsrael ein ewig Gedecht-
nis seien.

[8]DA thatten die kinder Jsrael wie jnen Josua ge-
boten hatte / vnd trugen zwelff Steine mitten aus
dem Jordan / wie der HERR zu Josua gesagt
hatte / nach der zal der Stemme der kinder Jsrael /
vnd brachten sie mit sich hinüber in die Herberge /
vnd liessen sie daselbs. [9]Vnd Josua richtet zwelff
Steine auff mitten im Jordan / da die füsse der
Priester gestanden waren / die die Lade des Bunds
trugen / vnd sind noch daselbs bis auff diesen tag.
[10]Denn die Priester die die Lade trugen / stunden
mitten im Jordan / bis das alles ausgericht ward /
das der HERR Josua geboten hatte dem Volck zu

sagen / wie denn Mose Josua geboten hatte. Vnd
das volck eilete vnd gieng hinüber.
11DA nu das volck gantz hinüber gegangen war /
Da gieng die Lade des HERRN auch hinüber / vnd
die Priester fur dem volck her. 12Vnd die Rube- Num. 32.
niter vnd Gadditer / vnd der halbe stam Manasse
giengen gerüstet fur den kindern Jsrael her / wie
Mose zu jnen geredt hatte / 13bey vierzig tausent
gerüster zum Heer / giengen fur dem HERRN zum
streit auff das gefilde Jeriho. 14An dem tage machte
der HERR Josua gros fur dem gantzen Jsrael / vnd
furchten jn / wie sie Mose furchten / sein leben lang.
VND der HERR sprach zu Josua / 16Gebeut den
Priestern / die die Laden des Zeugnis tragen /
das sie aus dem Jordan erauff steigen. 17Also gebot
Josua den Priestern / vnd sprach / Steiget erauff
aus dem Jordan. 18Vnd da die Priester / die die
Lade des Bunds des HERRN trugen aus dem Jor-
dan erauff stiegen / vnd mit jren fussolen auffs
trocken tratten / kam das wasser des Jordans wider
an seine stet / vnd flos wie vor hin an allen seinen
vfern. 19Es war aber der zehende tag des ersten
monden / da das volck aus dem Jordan erauff steig /
vnd lagerten sich in Gilgal gegen dem Morgen der
stad Jeriho.

Wasser des Jordans kompt wider an sein Ort.

20VND die zwelff Steine / die sie aus dem Jordan
genomen hatten / richtet Josua auff zu Gilgal /
21vnd sprach zu den kindern Jsrael / Wenn ewre
Kinder hernach mals jre Veter fragen werden / vnd
sagen / Was sollen diese steine? 22So solt jrs jnen
kund thun / vnd sagen / Jsrael gieng trocken durch
den Jordan / 23da der HERR ewr Gott / das wasser
des Jordans vertrockete fur euch bis jr hinüber
gienget. Gleich wie der HERR ewr Gott thet in
dem Schilffmeer / das er fur vns vertrocknete / bis Exo. 14.
wir hin durch giengen / 24Auff das alle Völcker
auff Erden / die Hand des HERRN erkennen / wie
mechtig sie ist / Das jr den HERRN ewrn Gott
fürchtet allezeit.

Josua richtet. 12. steine auff zum ewigen gedechtnis etc.

V.

DA NU ALLE KÖNIGE DER AMORITER / DIE JENseid des Jordans gegen Abend woneten / vnd alle Könige der Cananiter am Meer höreten / wie der HERR das wasser des Jordans hatte ausgetrocknet fur den kindern Jsrael / bis das sie hinüber

so in wüsten geboren / wird beschnitten etc. Deut. 11.

giengen / verzagt jr hertz / vnd war kein mut mehr
in jnen fur den kindern Jsrael.

ZV der zeit sprach der HERR zu Josua / Mache
dir [a]steinern Messer / vnd beschneit wider die
kinder Jsrael zum andern mal. 3Da macht jm Josua
steinern Messer / vnd beschneit die kinder Jsrael
ARALOTH auff dem hügel Araloth. 4Vnd das ist die sache
darumb Josua beschneit alles volck / das aus
|| 119b Egypten || gezogen war / Mansbilde / Denn alle
Kriegsleute waren gestorben in der Wüsten auff
dem wege / da sie aus Egypten zogen / 5Denn
alles volck das auszoch war beschnitten. Aber alles
volck das in der Wüsten geborn war / auff dem
wege da sie aus Egypten zogen / das war nicht beschnitten.
6Denn die kinder Jsrael wandelten
vierzig jar in der Wüsten / bis das das gantze volck
der Kriegsmenner / die aus Egypten gezogen
waren / vmbkamen / Darumb das sie der stimme
Num. 14. des HERRN nicht gehorcht hatten / Wie denn der
HERR jnen geschworen hatte / Das sie das Land
nicht sehen solten / welchs der HERR jren Vetern
geschworen hatte / vns zu geben / ein Land da
milch vnd honig inne fleusst. 7Derselben Kinder /
die an jre stat waren auffkomen / beschneit Josua /
Denn sie hatten Vorhaut / vnd waren auff dem
wege nicht beschnitten. 8Vnd da das gantze volck
beschnitten war / blieben sie an jrem ort im Lager /
bis sie heil worden.

a (Steinern messer) Scharff als am stein gewetzt / Psa. 89. Auertisti Petram gladij eius / die scherffe seines schwerts / das nicht schneit.

9VND der HERR sprach zu Josua / Heute hab
ich die schande Egypti von euch gewendet / Vnd
die selbe stet ward Gilgal genennet / bis auff diesen
tag.

GILGAL.

VND als die kinder Jsrael also in Gilgal das Lager
hatten / hielten sie Passah / am vierzehenden
tage des monds am abend / auff dem gefilde Jeriho.
11Vnd assen vom getreide des Lands / am andern
tag Passah / nemlich / vngeseurt Brot / vnd Sangen /
eben desselben tags. 12Vnd das Man höret auff des
andern tags / da sie des Lands getreide assen / das
die kinder Jsrael kein Man mehr hatten / Sondern
sie assen des Getreids vom lande Canaan / von dem
selben jar.

PASSAH gehalten. (Sangen) Versengete ehren / tostas spicas. MAN höret auff.

VND ES BEGAB SICH / DA JOSUA BEY JERIHO WAR /
das er seine augen auffhub vnd ward gewar /
das ein Man gegen jm stund / vnd hatte ein blos
Schwert in seiner hand / Vnd Josua gieng zu jm /
vnd sprach zu jm / Gehörstu vns an / oder vnser

JOSUA erscheinet ein Man etc.

Feinde? 14Er sprach / Nein / sondern ich bin ein
Fürst vber das Heer des HERRN / vnd bin jtzt
komen. Da fiel Josua auff sein angesicht zur erden /
vnd betet an / vnd sprach zu jm / Was saget mein
HERR seinem Knecht? 15Vnd der Fürst vber das
Heer des HERRN sprach zu Josua / Zeuch deine
schuch aus von deinen füssen / denn die stet / dar-
auff du stehest ist heilig. Vnd Josua thet also.

VI.

Jeriho. JERIHO ABER WAR VERSCHLOSSEN VND VERWARET
fur den kindern Jsrael / das niemand aus oder ein-
komen kundte. 2Aber der HERR sprach zu Josua /
Sihe da / Jch hab Jeriho sampt jrem Könige vnd
Kriegsleuten in deine hand gegeben. 3Las alle
Kriegsmenner rings vmb die Stad her gehen ein
mal / vnd thu sechs tage also. 4Am siebenden tage
aber / las die Priester sieben Posaunen des Halliars
nemen / fur der Laden her / vnd gehet desselben
siebenden tages / sieben mal vmb die Stad / vnd las
die Priester die Posaunen blasen. 5Vnd wenn man
das Halliars horn bleset vnd denet / das jr die Po-
saunen höret / So sol das gantze volck ein gros
Feldgeschrey machen / So werden der Stadmauren
vmbfallen / Vnd das volck sol hinein fallen / ein
jglicher stracks fur sich.

DA rieff Josua der son Nun den Priestern / vnd
sprach zu jnen / Traget die Lade des Bunds /
vnd sieben Priester lasset sieben Halliars posaunen
tragen fur der Lade des HERRN. 7Zum volck
aber sprach er / Ziehet hin / vnd gehet vmb die stad /
vnd wer gerüst ist / gehe fur der Laden des HERRN
her. 8Da Josua solchs dem volck gesagt hatte /
Trugen die sieben Priester sieben Halliars posau-
nen fur der Laden des HERRN her / vnd giengen
vnd bliesen die Posaunen / vnd die Lade des Bunds
des HERRN folgete jnen || nach / 9Vnd wer gerüst || 120a
war gieng fur den Priestern her / die die Posaunen
bliesen / vnd der Hauffe folgete der Laden nach /
vnd blies Posaunen. 10Josua aber gebot dem volck /
vnd sprach / Jr solt kein Feldgeschrey machen /
noch ewr stimme hören lassen / noch ein wort aus
ewrem mund geben / bis auff den tag wenn ich zu
euch sagen werde / Macht ein Feldgeschrey / so
macht denn ein Feldgeschrey.

11ALso gieng die Lade des HERRN rings vmb
die Stad ein mal / vnd kamen in das Lager / vnd

blieben drinnen. 12 Denn Josua pflegte sich des
morgens früe auff zu machen / vnd die Priester tru-
gen die Lade des HERRN. 13 So trugen die sieben
Priester die sieben Halliars posaunen fur der Lade
des HERRN her / vnd giengen vnd bliesen Po-
saunen / Vnd wer gerüst war / gieng fur jnen her /
Vnd der Hauffe folget der Laden des HERRN / vnd
blies Posaunen. 14 Des andern tages giengen sie
auch ein mal vmb die Stad / vnd kamen wider ins
Lager / Also theten sie sechs tage.

AM siebenden tage aber / da die Morgenröte
auffgieng / machten sie sich früe auff / vnd
giengen nach der selben weise / sieben mal vmb die
stad / das sie desselben einigen tags sieben mal vmb
die Stad kamen. 16 Vnd am siebenden mal / da die
Priester die Posaunen bliesen / sprach Josua zum
volck / Machet ein Feldgeschrey / Denn der HERR
hat euch die Stad gegeben. 17 Aber diese stad vnd
alles was drinnen ist / sol dem HERRN verbannet
Josu. 2. sein / Alleine die Hure Rahab sol leben bleiben /
vnd alle die mit jr im hause sind / Denn sie hat die
Boten verborgen / die wir aussandten. 18 Allein
hütet euch fur dem Verbanten / das jr euch nicht
verbannet / so jr des verbanten etwas nemet / vnd
machet das Lager Jsrael verbannet / vnd bringts in
vnglück. 19 Aber alles Silber vnd Gold / sampt dem
ehrnen vnd eisern Gerete / sol dem HERRN ge-
heiliget sein / das zu des HERRN schatz kome.

20 DA machet das volck ein Feldgeschrey / vnd
bliesen Posaunen / Denn als das volck den hal der
Posaunen höret / macht es ein gros Feldgeschrey /
Vnd die mauren fielen vmb / Vnd das volck ersteig

die Stad / ein jglicher stracks fur sich. Also gewon-
nen sie die Stad / 21vnd verbanten alles was in der
Stad war / mit der scherffe des schwerts / beide
Man vnd Weib / jung vnd alt / ochsen / schafe vnd
esel. || || 120b

ABER JOSUA SPRACH ZU DEN ZWEEN MENNERN /
die das Land verkundschafft hatten / Gehet in
das haus der Huren / vnd füret das Weib von dan-
nen eraus mit allem das sie hat / wie jr geschworen
habt. 23Da giengen die Jünglinge die Kundschaf-
RAHAB. fer hin ein / vnd füreten Rahab eraus / sampt jrem Josu. 2.
Vater vnd Mutter / vnd Brüdern / alles was sie
hatte / vnd alle jr Geschlecht / vnd liessen sie haus-
sen ausser dem Lager Jsrael.

24ABer die Stad verbranten sie mit fewr / vnd
alles was drinnen war / Allein das Silber vnd Gold /
vnd ehern vnd eisern Gerete theten sie zum Schatz
RAHAB. in das Haus des HERRN. 25Rahab aber die Hure /
sampt dem hause jres Vaters / vnd alles was sie
hatte / lies Josua leben / Vnd sie wonet in Jsrael /
bis auff diesen tag / Darumb das sie die Boten ver-
borgen hatte / die Josua zu verkundschaffen ge-
sand hatte gen Jeriho.

ZV der zeit schwur Josua / vnd sprach / Verflucht
sey der Man fur dem HERRN / der diese stad 3. Reg. 16.
Jeriho auffrichtet vnd bawet. Wenn er jren Grund
legt / das koste jn seinen ersten Son / vnd wenn er
jr thor setzt / das koste jn seinen jüngsten Son.
27Also war der HERR mit Josua / das man von jm
saget in allen Landen.

VII.

ABER DIE KINDER JSRAEL VERGRIFFEN SICH AN
ACHAN. dem Verbanten / Denn Achan der son Charmi /
des sons Sabdi / des sons Serah / vom stam Juda /
nam des verbanten etwas / Da ergrimmet der zorn
des HERRN vber die kinder Jsrael.

DA NU JOSUA MENNER AUSSAND VON JERIHO GEN
AI. Ai / die bey BethAuen ligt / gegen dem mor-
gen fur BethEl / vnd sprach zu jnen / Gehet hin auff /
vnd verkundschafft das Land. Vnd da sie hin auff
gegangen waren / vnd Ai verkundschafft hatten /
3kamen sie wider zu Josua / vnd sprachen zu jm /
Las nicht das gantze volck hin auffziehen / Sondern
bey zwey oder drey tausent Man / das sie hinauff
ziehen / vnd schlahen Ai / das nicht das gantz volck
sich daselbs bemühe / Denn jr ist wenig.

Josua
ist in engsten.

[4]Also zogen hinauff des volcks bey drey tausent
man / Vnd die flohen fur den Mennern zu Ai /
[5]Vnd die von Ai schlugen jr bey sechs vnd dreissig
Man / vnd jagten sie fur dem thor bis gen Saba-
rim / vnd schlugen sie den weg erab / Da ward dem
volck das hertz verzagt / vnd ward zu wasser.
JOsua aber zureis seine Kleider / vnd fiel auff sein
Angesicht zu erden / fur der Laden des HERRN /
bis auff den abend / sampt den Eltesten Jsrael / vnd
worffen staub auff jre heubter. [7]Vnd Josua sprach /
Ah HErr HERR / Warumb hastu dis volck vber Josua
den Jordan gefürt / das du vns in die hende der ist in engsten.
Amoriter gebest vns vmb zubringen? O das wir
weren jenseid des Jordans blieben / wie wir ange-
fangen hatten. [8]Ah mein HErr / Was sol ich
sagen / weil Jsrael seinen Feinden den rück keret?
[9]Wenn das die Cananiter vnd alle einwoner des
Landes hören / So werden sie vns vmbgeben / vnd
auch vnsern namen ausrotten von der Erden /
Was wiltu denn bey deinem grossen Namen thun?
[10]DA sprach der HERR zu Josua / Stehe auff /
Warumb ligstu also auff deinem angesicht? [11]Israel
hat sich versündiget / vnd haben meinen Bund
vbergangen / den ich jnen geboten habe / Da zu
haben sie des Verbanten genomen vnd gestolen
vnd verleugnet / vnd vnter jre Gerete gelegt. [12]Die
kinder Jsrael mügen nicht stehen fur jren Feinden /
sondern müssen jren Feinden den rücken keren /
Denn sie sind im Bann / Jch werde fort nicht
mit euch sein / wo jr nicht den Bann aus euch
vertilget.
[13]STehe auff vnd heilige das volck / vnd sprich /
|| 121a Heiliget euch auff mor||gen / Denn also sagt der
HERR der Gott Jsrael / Es ist ein Bann vnter dir
Jsrael / Darumb kanstu nicht stehen fur deinen
Feinden / bis das jr den Bann von euch thut. [14]Vnd
sollet euch frűe erzu machen / ein Stam nach dem
andern Vnd welchen stam der HERR treffen wird /
der sol sich erzu machen / ein Geschlecht nach dem
andern / Vnd welch Geschlecht der HERR treffen
wird / das sol sich erzu machen / ein Haus nach dem
andern / Vnd welch haus der HERR treffen wird /
das sol sich erzu machen / ein Hauswirt nach dem
andern. [15]Vnd welcher erfunden wird im Bann /
den sol man mit Fewr verbrennen mit allem das er
hat / Darumb / das er den Bund des HERRN vber-
fahren / vnd eine torheit in Jsrael begangen hat.

Achan gesteiniget vnd mit Fewr verbrennet.

DA macht sich Josua des morgens früe auff / vnd
bracht Jsrael erzu / einen Stam nach dem
andern / vnd ward getroffen der stam Juda. 17Vnd
da er die Geschlecht in Juda erzu bracht ward ge-
troffen das geschlecht der Serahiter. Vnd da er das
geschlecht der Serahiter erzu bracht ein Hauswirt
nach dem andern / ward Sabdi getroffen. 18Vnd da
er sein Haus erzu bracht / ein Wirt nach dem andern /
ward getroffen Achan der son Charmi / des sons
Sabdi / des sons Serah / aus dem stam Juda.

Achan.

19VND Josua sprach zu Achan / Mein son / gib
dem HERRN dem Gott Jsrael die Ehre / vnd gib
jm das Lob / vnd sage mir an / Was hastu gethan?
vnd leugne mir nichts. 20Da antwortet Achan
Josua / vnd sprach / Warlich / ich hab mich ver-
sündigt an dem HERRN / dem Gott Jsrael / Also
vnd also hab ich gethan. 21Jch sahe vnter dem
Raub einen köstlichen Babylonischen Mantel / vnd
zwey hundert sekel silbers / vnd eine güldene
[a]Zunge / funffzig sekel werd am gewichte / des ge-
lüstet mich / vnd nam es / Vnd sihe / es ist ver-
schorren in die erden / in meiner Hütten / vnd das
Silber drunder.

a Spangen / wie ein Zunge gestalt.

22DA sandte Josua boten hin / die lieffen zur
Hütten / vnd sihe / Es war verschorren in seiner
hütten / vnd das silber drunder. 23Vnd sie namens
aus der hütten / vnd brachtens zu Josua vnd zu
allen kindern Jsrael / vnd schuttens fur den
HERRN. 24Da nam Josua vnd das gantze Jsrael
mit jm / Achan den son Serah / sampt dem Silber /
Mantel / vnd gülden Zunge / seine Söne vnd Töch-

ter / seine ochsen vnd esel vnd schafe / seine Hüt-
ten / vnd alles was er hatte / vnd füreten sie hin auff
|| 121 b ins tal Achor. 25Vnd Josua sprach / Weil du vns ||
betrübt hast / So betrübe dich der HERR an die-
sem tage / Vnd das gantze Jsrael steinigeten jn / vnd
verbranten sie mit fewr. Vnd da sie sie gesteiniget
hatten / 26machten sie vber sie ein grossen Stein-
hauffen / der bleibt bis auff diesen tag. Also keret
sich der HERR von dem grim seines zorns / Daher
heisst der selb Ort / das tal Achor / bis auff diesen Tal Achor.
tag.

VIII.

VND DER HERR SPRACH ZU JOSUA / FÜRCHTE
dich nicht / vnd zage nicht / Nim mit dir alles
Kriegsuolck / vnd mache dich auff / vnd zeuch hin
Josu. 6. auff gen Ai / Sihe da / Jch hab den König Ai / Ai.
sampt seinem Volck in seiner stad vnd Land / in
deine hende gegeben. 2Vnd solt mit Ai vnd jrem
Könige thun / wie du mit Jeriho vnd jrem Könige
gethan hast / On das jr jren Raub / jr vieh vnter
euch teilen solt / Aber bestelle einen Hinderhalt
hinder der Stad.

DA macht sich Josua auff vnd alles Kriegsuolck /
hin auff zu ziehen gen Ai / Vnd Josua erwelet
dreissig tausent streitbar Man / vnd sandte sie aus
bey der nacht / 4vnd gebot jnen / vnd sprach.
Sehet zu / Jr solt der Hinderhalt sein hinder der
Stad / Macht euch aber nicht all zuferne von der
stad / vnd seid alle sampt bereit / 5Jch aber vnd
alles Volck das mit mir ist / wollen vns zu der stad
machen. Vnd wenn sie vns entgegen eraus fahren /
wie vor hin / So wollen wir fur jnen fliehen / 6das
sie vns nachfolgen eraus / bis das wie sie eraus von
der Stad reissen / Denn sie werden gedencken / wir
fliehen fur jnen / wie vor hin. Vnd weil wir fur jnen
fliehen / 7solt jr euch auffmachen aus dem Hinder-
halt / vnd die Stad einnemen / Denn der HERR ewr
Gott wird sie in ewer hende geben. 8Wenn jr aber
die stad eingenomen habt / So steckt sie an mit
fewr / vnd thut nach dem wort des HERRN / Sihe /
ich habs euch geboten.

9ALso sandte sie Josua hin / vnd sie giengen hin
auff den Hinderhalt / vnd hielten zwischen BethEl
vnd Ai / gegen abend werts an Ai. Josua aber bleib
die nacht vnter dem volck / 10Vnd macht sich des
morgens frühe auff / vnd ordnet das Volck / vnd

zoch hin auff / mit den eltesten Jsrael / fur dem
volck her gen Ai. [11]Vnd alles Kriegsuolck das bey
jm war zoch hinauff / vnd tratten erzu / vnd kamen
gegen die Stad / vnd lagerten sich gegen Mitter-
nacht fur Ai / das nur ein tal war zwisschen jm vnd
Ai. [12]Er hatte aber bey funff tausent Man genomen/
vnd auff den Hinderhalt gestellet zwisschen BethEl
vnd Ai / gegen Abend werts der stad. [13]Vnd sie
stelleten das volck des gantzen Lagers / das gegen
Mitternacht der stad war / das sein letztes reichet
gegen den Abend der stad. Also gieng Josua hin
in der selbigen nacht mitten in das Tal.

ALS aber der König zu Ai das sahe / Eileten sie /
vnd machten sich früe auff / vnd die Menner
der Stad eraus / Jsrael zubegegenen zum streit / mit
alle seinem volck / an einen bestimpten ort fur dem
gefilde / Denn er wuste nicht / das ein Hinderhalt
auff jm war hinder der stad. [15]Josua aber vnd
gantzes Jsrael stelleten sich als würden sie geschla-
gen fur jnen / vnd flohen auff dem wege zur wüsten.
[16]Da schrey das gantze Volck in der Stad / das man
jnen solt nachiagen. [17]Vnd sie jagten auch Josua
nach / vnd rissen sich von der Stad eraus / das nicht
ein Man vberbleib in Ai vnd BethEl / der nicht aus-
gezogen were Jsrael nach zu jagen / vnd liessen die
Stad offen stehen / das sie Jsrael nachiagten.

[18]DA sprach der HERR zu Josua / Recke aus die
Lantzen in deiner hand gegen Ai / Denn ich wil sie
in deine hand geben. Vnd da Josua die Lantzen in
seiner hand gegen der Stad ausreckt / [19]da brach
der Hinderhalt auff eilend aus seinem Ort / vnd
lieffen / nach dem er seine hand ausreckt / vnd ka-
men in die Stad vnd gewonnen sie / vnd eileten /
vnd steckten sie mit fewr an. [20]Vnd die || Menner || 122a
von Ai wandten sich / vnd sahen hinder sich / vnd
sahen den rauch der stad auffgehen gen Himel / vnd
hatten nicht raum zu fliehen weder hin noch her /
Vnd das volck das zur wüsten floch / keret sich
vmb / jnen nach zu jagen.

[21]DEnn da Josua vnd das gantz Jsrael sahe / das
der Hinderhalt die stad gewonnen hatte / weil der
stad rauch auffgieng / kereten sie widerumb / vnd
schlugen die Menner von Ai. [22]Vnd die in der Stad
kamen auch eraus jnen entgegen / das sie mitten
vnter Jsrael kamen von dort her / vnd von hie her /
vnd schlugen sie bis das niemand vnter jnen vber-
bleib / noch entrinnen kundte / [23]Vnd griffen den

König zu Ai lebendig vnd brachten jn zu Josua.
24Vnd da Jsrael alle Einwoner zu Ai hatte erwürget auff dem felde vnd in der wüsten / die jnen nachgeiagt hatten / vnd fielen alle durch die scherffe des Schwerts / bis das sie alle vmbkamen / Da keret sich gantz Jsrael zu Ai / vnd schlugen sie mit der scherffe des schwerts.
25Vnd alle die des tages fielen beide Man vnd Weiber / der waren zwelff tausent / alles Leute von Ai.

26JOsua aber zoch nicht wider ab seine hand / damit er die Lantze ausreckt / bis das verbannet wurden alle einwoner Ai.
27On das Vieh / vnd den Raub der stad teilete Jsrael aus vnter sich / nach dem wort des HERRN / das er Josua geboten hatte.
28Vnd Josua brandte Ai aus / vnd macht einen hauffen daraus ewiglich / der noch heute da ligt.
29Vnd lies den König zu Ai an einen Baum hengen /
Deut. 21. bis an den abend / Da aber die Sonne war vnter gegangen / gebot er das man seinen Leichnam vom baum thet / Vnd worffen jn vnter der stadthor vnd machten ein grossen Steinhauffen auff jn / der bis auff diesen tag da ist.

DA BAWETE JOSUA DEM HERRN DEM GOTT JSrael einen Altar auff dem berge Ebal
31(wie Mose der knecht des HERRN geboten hatte den kindern Jsrael / Als geschrieben stehet im Gesetzbuch Mose / Einen Altar von gantzen steinen / die mit keinem Eisen behawen waren) vnd opfferte dem HERRN drauff Brandopffer vnd Danckopffer.
Deut. 27. Exod. 20.
32Vnd schreib daselbs auff die Steine das ander Gesetz / das Mose den kindern Jsrael furgeschrieben hatte.

33VND das gantze Jsrael mit seinen Eltesten vnd Amptleuten / vnd Richtern stunden zu beiden seiten der Laden / gegen den Priestern aus Leui / die die Lade des Bunds des HERRN trugen / die Frembdlingen so wol als die Einheimischen / Eine helfft neben dem berge Grisim / vnd die ander helfft neben dem berge Ebal / wie Mose der knecht des HERRN vorhin geboten hatte / zu segen das volck Jsrael.
GRISIM. EBAL.
Deut. 27.
34Darnach lies er ausruffen alle wort des Gesetzs vom Segen vnd Fluch / wie es geschrieben stehet im Gesetzbuch.
35Es war kein wort das Mose geboten hatte / das Josua nicht hette lassen ausruffen fur der gantzen gemeine Jsrael / vnd fur den Weibern vnd Kindern vnd Frembdlingen / die vnter jnen wandelten.

IX.

DA NU DAS HÖRETEN ALLE KÖNIGE / DIE JENSEID
des Jordans waren auff den Gebirgen / vnd in
den Gründen / vnd an allen Anfurten des grossen
Meers / auch die neben dem berge Libanon waren /
nemlich / die Hethiter / Amoriter / Cananiter /
Pheresiter / Heuiter / vnd Jebusiter / 2samleten sie
sich eintrechtiglich zu hauff / das sie wider Josua
vnd wider Jsrael stritten.

LIST DER Gibeoniter.

ABER DIE BÜRGER ZU GIBEON / DA SIE HÖRETEN
was Josua mit Jeriho vnd Ai gethan hatte / erdachten sie eine List 4Giengen hin / vnd schickten
eine Botschafft / vnd namen alte Secke auff jre Esel /
5vnd alte zurissen geflickte Weinschleuch / vnd
alte geflickte Schuch an jre füsse / vnd zogen alte
Kleider an / vnd alles Brot das sie mit sich namen /
war hart vnd schimlicht. 6Vnd giengen ‖ zu Josua ‖ 122b
ins Lager gen Gilgal / vnd sprachen zu jm vnd zum
gantzen Jsrael / Wir komen aus fernen landen / So
macht nu einen Bund mit vns. 7Da sprach das gantz
Jsrael zu dem Heuiter / Vieleicht möchtestu vnter
vns wonen werden / Wie künde ich denn einen
Bund mit dir machen.

GIBEONITER begeren frieden etc.

8SJE aber sprachen zu Josua / Wir sind deine
Knechte. Josua sprach zu jnen / Wer seid jr / vnd
von wannen kompt jr? 9Sie sprachen / Deine
Knechte sind aus seer fernen Landen komen /
vmb des Namens willen des HERRN deines Gottes. Denn wir haben sein gerücht gehöret / vnd alles
was er in Egypten gethan hat / 10vnd alles was er
den zweien Königen der Amoriter jenseid dem Jordan gethan hat / Sihon dem Könige zu Hesbon / vnd Num. 21.
Og dem könige zu Basan / der zu Astharoth wonet.
11Darumb sprachen vnsere Eltesten vnd alle Einwoner vnsers Lands / Nemet Speise mit euch auff
die Reise / vnd gehet hin jnen entgegen / vnd
sprecht zu jnen / Wir sind ewre Knechte / So macht
nu einen Bund mit vns. 12Dis vnser Brot / das wir
aus vnsern Heusern zu vnser speise namen war noch
frisch / da wir auszogen zu euch / Nu aber sihe /
ist es hart vnd schimlicht. 13Vnd diese Weinschleuche fülleten wir new / vnd sihe / sie sind zu
rissen / Vnd diese vnser Kleider vnd Schuch sind
alt worden / vber der seer langen Reise. 14Da
namen die Heubtleute jre speise an / vnd fragten
den Mund des HERRN nicht. 15Vnd Josua macht

Bund mit den von Gibeon gemacht etc.

frieden mit jnen / vnd richtet einen Bund mit jnen
auff / das sie leben bleiben solten / Vnd die Obersten
der gemeine schwuren jnen.

ABer vber drey tage / nach dem sie mit jnen ein
Bund gemacht hatten / kam es fur sie / das jene
nahe bey jnen waren / vnd würden vnter jnen
wonen. 17Denn da die kinder Jsrael fort zogen /
kamen sie des dritten tags zu jren Stedten / die hies-
sen Gibeon / Caphira / Beeroth / vnd Kiriath Jea-
rim. 18Vnd schlugen sie nicht / darumb / das jnen
die Obersten der gemeine geschworen hatten bey
dem HERRN / dem Gott Jsrael.

DA aber die gantze gemeine wider die Obersten
murret / 19sprachen alle Obersten der gantzen ge-
meine / Wir haben jnen geschworen bey dem
HERRN dem Gott Jsrael / darumb können wir sie
nicht antasten. 20Aber das wollen wir thun / Lasst
sie leben / das nicht ein zorn vber vns kome / vmb
des Eides willen den wir jnen gethan haben. 21Vnd
die Obersten sprachen zu jnen / Lasst sie leben das
sie Holtzhawer vnd Wassertreger seien der gantzen
Gemeine / wie jnen die Obersten gesagt haben.

DA rieff jnen Josua vnd redet mit jnen / vnd
sprach / Warumb habt jr vns betrogen / vnd ge-
sagt / Jr seid seer ferne von vns / So jr doch vnter
vns wonet? 23Darumb solt jr verflucht sein / das
vnter euch nicht auffhören / Knechte die holtz
hawen vnd wasser tragen zum Hause meines Got-
tes. 24Sie antworten Josua / vnd sprachen / Es ist
deinen knechten angesagt / das der HERR dein
Gott / Mose seinem Knecht geboten habe / das er
euch das gantze Land geben / vnd fur euch her alle
Einwoner des Landes vertilgen wolle / Da furchten
wir vnsers Lebens fur euch seer / vnd haben solchs
gethan. 25Nu aber sihe / wir sind in deinen henden /
Was dich gut vnd recht dünckt vns zu thun / das thu.

26VND er thet jnen also / vnd errettet sie von der
kinder Jsrael hand / das sie sie nicht erwürgeten.
27Also macht sie Josua desselben tags zu Holtz-
hewern vnd Wassertregern der Gemeine / vnd zum
Altar des HERRN / bis auff diesen tag / an dem Ort /
den er erwelen würde.

X.

DA ABER ADONI ZEDEK DER KÖNIG ZU JERUSA- ADONIZEDEK.
lem höret / das Josua Ai gewonnen vnd sie ver-
bannet hatte / vnd Ai sampt jrem Könige gethan
hatte / gleich wie er Jeriho vnd jrem Könige gethan

hatte / Vnd das die zu Gibeon friede mit Jsrael ge-
macht hatten / vnd ‖ vnter sie komen waren / ‖ 123a
GIBEON. [2]furchten sie sich seer (Denn Gibeon war eine
grosse stad / wie ein königliche Stad / vnd grösser
denn Ai / vnd alle jre Bürger streitbar) [3]Sandte er
zu Hoham dem könige zu Hebron / vnd zu Piream
dem könige zu Jarmuth / vnd zu Japhia dem könige
zu Lachis / vnd zu Debir dem könige zu Eglon /
vnd lies jnen sagen / [4]Kompt erauff zu mir vnd
helfft mir / das wir Gibeon schlahen / Denn sie hat
mit Josua vnd den kindern Jsrael frieden gemacht.

[5]DA kamen zu hauff vnd zogen hinauff die fünff
Könige der Amoriter / der könig zu Jerusalem /
der könig zu Hebron / der könig zu Jarmuth / der
könig zu Lachis / der könig zu Eglon / mit alle jrem
Heerlager / vnd belegten Gibeon vnd stritten wi-
der sie.

ABer die zu Gibeon sandten zu Josua ins Lager
gen Gilgal / vnd liessen jm sagen / Zeuch deine
hand nicht abe von deinen Knechten / Kom zu vns
erauff eilend / rette vnd hilff vns / Denn es haben
sich wider vns zusamen geschlagen alle Könige der
Amoriter / die auff dem Gebirge wonen.

JOsua zoch hinauff von Gilgal / vnd alles Kriegs-
uolck mit jm / vnd alle streitbar Menner. [8]Vnd
Josua rettet die Gibeoniter / vnd schlegt .5. Könige. der HERR sprach zu Josua / FÜRCHT DICH NICHT
FUR JNEN / DENN JCH HABE SIE IN DEINE HENDE GE-
GEBEN / NIEMAND VNTER JNEN WIRD FUR DIR STE-
HEN KÖNNEN. [9]Also kam Josua plötzlich vber sie /
Denn die gantze nacht zoch er erauff von Gilgal.
[10]Aber der HERR schreckt sie fur Jsrael / das sie
eine grosse Schlacht schlugen zu Gibeon / vnd jag-
ten jnen nach den weg hinan zu BethHoron / vnd
schlugen sie bis gen Aseka vnd Makeda.

[11]VND da sie fur Jsrael flohen den weg erab zu
BethHoron / lies der HERR einen grossen Hagel
vom Himel auff sie fallen bis gen Aseka / das sie
Grosser Hagel. storben / Vnd viel mehr storben jr von dem Hagel /
denn die kinder Jsrael mit dem schwert erwürge-
ten.

DA redet Josua mit dem HERRN des tags / da
der HERR die Amoriter vbergab fur den kin-
dern Jsrael / vnd sprach fur gegenwertigem Jsrael
Sonne stehe stille zu Gibeon / vnd Mond im tal
SONNE stehet stille. Aialon. [13]Da stund die Sonne vnd der Mond stille / Eccl. 46.
bis das sich das volck an seinen Feinden rechete.
Jst dis nicht geschrieben im buch des Fromen?

von Josua geschlagen etc.

Also stund die Sonne mitten am Himel / vnd ver-
zog vnter zugehen einen gantzen tag. 14Vnd war
Jesa. 38. kein tag diesem gleich weder zuuor noch darnach /
da der HERR der stimme eines Mans gehorchet /
Denn der HERR streit fur Jsrael.

JOsua aber zoch wider ins Lager gen Gilgal / vnd
das gantz Jsrael mit jm. 16Aber diese fünff Könige
waren geflohen / vnd hatten sich versteckt in die
Höle zu Makeda. 17Da ward Josua angesagt / Wir
haben die fünff Könige gefunden verborgen in der
Höle zu Makeda. 18Josua sprach / So waltzet grosse
Steine fur das loch der Höle / vnd bestellet Menner
da fur die jr hütten. 19Jr aber stehet nicht stille /
sondern jaget ewern Feinden nach / vnd schlahet
jre hindersten / vnd lasst sie nicht in jre Stedte
komen / Denn der HERR ewr Gott hat sie in ewr
hende gegeben. 20Vnd da Josua vnd die kinder
Jsrael volendet hatten diese seer grosse Schlacht
an jnen / vnd gar geschlagen / Was vberbleib von
jnen / das kam in die festen Stedte.

ALso kam alles volck wider ins Lager zu Josua
gen Makeda mit friede / vnd thurft niemand fur
den kindern Jsrael seine zungen regen. 22Josua
aber sprach / Macht auff das loch der Höle / vnd
bringet erfür die fünff Könige zu mir. 23Sie theten
also vnd brachten die fünff Könige zu jm aus der
Höle / den könig zu Jerusalem / den könig zu
Hebron / den könig zu Jarmuth / den könig zu
Lachis / den könig zu Eglon.

24DA aber die fünff Könige zu jm eraus bracht
waren / rieff Josua dem gantzen Jsrael / vnd sprach
zu den Obersten des Kriegsuolcks die mit jm
|| 123b zogen || Kompt erzu / vnd trettet diesen Königen
mit füssen auff die Helsse. Vnd sie kamen erzu / vnd
tratten mit füssen auff jre Helse. 25Vnd Josua
sprach zu jnen / Fürchtet euch nicht / vnd er-
schreckt nicht / seid getrost vnd vnuerzagt / Denn
also wird der HERR allen ewern Feinden thun /
wider die jr streitet.

26VND Josua schlug sie darnach / vnd tödtet sie /
vnd hieng sie auff fünff Bewme / Vnd sie hiengen
an den bewmen bis zu abend. 27Da aber die Sonne
war vntergangen / gebot er / das man sie von den
bewmen neme vnd würffe sie in die Höle / darinnen
sie sich verkrochen hatten / Vnd legten grosse
steine fur der Höle loch / die sind noch da auff
diesen tag.

MAKEDA. DEsselben tags gewan Josua auch Makeda / vnd
schlug sie mit der scherffe des schwerts / Dazu
jren König / vnd verbannet sie / vnd alle Seelen die
drinnen waren / vnd lies niemand vberbleiben.
Vnd thet dem Könige zu Makeda / wie er dem
Könige zu Jeriho gethan hatte.
29DA zoch Josua vnd das gantze Jsrael mit jm
LIBNA. von Makeda gen Libna / vnd streit wider sie.
30Vnd der HERR gab dieselbige auch in die hand
Jsrael / mit jrem Könige / Vnd er schlug sie mit der
scherffe des schwerts / vnd alle Seelen die drinnen
waren / vnd lies niemand drinnen vberbleiben.
Vnd thet jrem Könige / wie er dem Könige zu
Jeriho gethan hatte.
31DArnach zoch Josua vnd das gantz Jsrael mit
LACHIS. jm von Libna gen Lachis vnd belegten vnd be-
stritten sie. 32Vnd der HERR gab Lachis auch in
die hende Jsrael / das sie sie des andern tags ge-
wonnen / Vnd schlugen sie mit der scherffe des
schwerts / vnd alle Seelen die drinnen waren / aller
ding / wie er Libna gethan hatte. 33Zu derselbigen
HORAM. zeit zoch Horam der könig zu Geser hin auff Lachis
zu helffen / Aber Josua schlug jn mit alle seinem
Volck / bis das niemand drinnen vberbleib.
34VND Josua zoch von Lachis sampt dem gant-
EGLON. zen Jsrael gen Eglon vnd belegt vnd bestreit sie /
35vnd gewan sie desselbigen tags / vnd schlug sie
mit der scherffe des schwerts / vnd verbannet alle
Seelen die drinnen waren / desselben tags / aller
ding / wie er Lachis gethan hatte.
36DArnach zoch Josua hinauff sampt dem gant-
HEBRON. zen Jsrael von Eglon gen Hebron / vnd bestreit sie

Stedte von Josua eröbert etc.

[37]vnd gewan sie / Vnd schlug sie mit der scherffe
des schwerts / vnd jren König / mit allen jren
|| 124a Stedten / vnd alle Seelen die drinnen || waren / vnd
lies niemand vberbleiben / Aller ding / wie er
Eglon gethan hatte / vnd verbannet sie vnd alle
Seelen die drinnen waren.
[38]DA keret Josua widerumb sampt dem gantzen
Jsrael gen Debir / vnd bestreit sie / [39]vnd gewan DEBIR.
sie / sampt jrem Könige / vnd alle jre Stedte. Vnd
schlugen sie mit der scherffe des schwerts / vnd ver-
banneten alle Seelen die drinnen waren / vnd lies
niemand vberbleiben. Wie er Hebron gethan hatte /
so thet er auch Debir / vnd jrem Könige / vnd wie
er Libna vnd jrem Könige gethan hatte.
ALso schlug Josua alles Land auff dem Gebirge /
vnd gegen Mittag / vnd in den Gründen / vnd
an den Bechen / mit allen jren Königen / vnd lies
niemand vberbleiben / vnd verbannet alles was
odem hatte / wie der HERR der Gott Jsrael ge-
boten hatte. [41]Vnd schlug sie von Kades Barnea
an / bis gen Gasa / vnd das gantze land Gosen / bis
gen Gibeon / [42]vnd gewan alle diese Könige mit
jrem Lande / auff ein mal / Denn der HERR der
Gott Jsrael streit fur Jsrael. [43]Vnd Josua zoch
wider ins Lager gen Gilgal / mit dem gantzen
Jsrael.

XI.

DA ABER JABIN DER KÖNIG ZU HAZOR SOLCHS
höret / sandte er zu Jobab dem könige zu Ma-
don / vnd zum könige zu Simron / vnd zum könig
zu Achsaph / [2]vnd zu den Königen / die gegen
mitternacht auff dem Gebirge / vnd auff dem Ge-
filde gegen mittag Cinneroth / vnd in den Gründen /
vnd in NaphothDor am meer / woneten / [3]Die
Cananiter gegen dem morgen vnd abend / die Amo-
riter / Hethiter / Pheresiter / vnd Jebusiter / auff
dem Gebirge / dazu die Heuiter vnten am berge
Hermon im lande Mizpa. [4]Diese zogen aus mit alle
jrem Heer / ein gros Volck so viel als des sands am
Meer / vnd seer viel Ros vnd Wagen. [5]Alle diese
Könige versamleten sich / vnd kamen vnd lagerten
sich zuhauffe / an das wasser Merom / zu streiten
mit Jsrael.
VND der HERR sprach zu Josua / Fürchte dich
nicht fur jnen / Denn morgen vmb diese zeit
wil ich sie alle erschlagen geben / fur den kindern
Jsrael / jre Rosse soltu verlemen / vnd jre Wagen

Canaan von Josua eingenomen etc.

mit fewr verbrennen. [7]Vnd Josua kam plötzlich
vber sie / vnd alles Kriegsuolck mit jm am wasser
Merom / vnd vberfielen sie. [8]Vnd der HERR gab
sie in die hende Jsrael / vnd schlugen sie vnd jagten
sie bis gen grossen Zidon / vnd bis an die Warme-
wasser / vnd bis an die breite zu Mizpe gegen dem
morgen / vnd schlugen sie / bis das niemand vnter
jnen vberbleib.

DA thet jnen Josua / wie der HERR jm gesagt
hatte / vnd verlemet jre Rosse / vnd verbrant
jre wagen. [10]Vnd keret vmb zu derselbigen zeit /
HAZOR. vnd gewan Hazor / vnd schlug jren König mit dem
schwert (Denn Hazor war vorhin die Heubstad
aller dieser Königreich) [11]vnd schlugen alle Seelen /
die drinnen waren / mit der scherffe des schwerts /
vnd verbanten sie / vnd lies nichts vberbleiben / das
den odem hatte / vnd verbrant Hazor mit fewr.
[12]Dazu alle Stedte dieser könige gewan Josua mit
jren Königen / vnd schlug sie mit der scherffe des
schwerts / vnd verbannet sie / Wie Mose der knecht
des HERRN geboten hatte.

[13]DOch verbranten die kinder Jsrael keine
Stedte die auff Hügeln stunden / sondern Hazor
alleine verbrante Josua. [14]Vnd allen Raub dieser
Stedte vnd das Vieh teileten die kinder Jsrael vnter
sich / Aber alle Menschen schlugen sie mit der
scherffe des schwerts / bis sie die vertilgeten / vnd
liessen nichts vberbleiben / das den odem hatte /
[15]Wie der HERR Mose seinem knecht / vnd Mose Deut. 7.
Josua geboten hatte / So thet Josua / das nicht feilet
an allem das der HERR Mose geboten hatte. || || 124b

ALso nam Josua alle dis Land ein auff dem Ge-
birge / vnd alles was gegen Mittag ligt / vnd
alles land Gosen / vnd die gründe vnd felder / vnd
das gebirge Jsrael mit seinen gründen / [17]von dem
gebirge an / das das Land hin auff gen Seir scheidet /
bis gen BaalGad / in der breite des berges Libanon
vnten am berge Hermon / Alle jre Könige gewan
er / vnd schlug sie / vnd tödtet sie. [18]Er streit aber
eine lange zeit mit diesen Königen.

[19]ES war aber keine Stad / die sich mit frieden
ergebe den kindern Jsrael (ausgenomen die Heui- Josua. 9.
ter / die zu Gibeon woneten) sondern sie gewonnen
sie alle mit streit. [20]Vnd das geschach also von dem
HERRN / das jr hertz verstockt würde / mit streit
zu begegnen den kindern Jsrael / Auff das sie ver-
bannet würden / vnd jnen keine gnade widerfüre /

Canaan von Josua eingenomen etc.

sondern vertilget würden / wie der HERR Mose
geboten hatte.
ZV der zeit kam Josua vnd rottet aus die Enakim von dem Gebirge / von Hebron / von Debir / von Anab / von allem gebirge Juda / vnd von allem gebirge Jsrael / vnd verbannet sie mit jren
Stedten. 22Vnd lies keinen Enakim vberbleiben im
Lande der kinder Jsrael / on zu Gasa / zu Gath /
zu Asdod / da blieben jr vber.

23ALso nam Josua alles Land ein / aller ding /
wie der HERR zu Mose geredt hatte / vnd gab sie
Jsrael zum Erbe / einem jglichen Stam sein teil /
Vnd das Land höret auff zu kriegen.

XII.

DJS SIND DIE KÖNIGE DES LANDES / DIE [a]DIE KINder Jsrael schlugen / vnd namen ir Land ein /
jenseid des Jordans / gegen der Sonnen auffgang /
von dem wasser bey Arnon an / bis an den berg
Hermon / vnd das gantze gefilde gegen dem morgen. 2Sihon der könig der Amoriter / der zu Hes-
bon wonet / vnd herrschet von Aroer an die am
vfer ligt des wassers bey Arnon / vnd mitten im
wasser vnd vber das halbe Gilead / bis an das wasser Jabok / der die grentze ist der kinder Ammon /
3vnd vber das gefilde / bis an das meer Cinneroth
gegen morgen / vnd bis an das meer im gefilde /
nemlich / das Saltzmeer gegen morgen / des weges
gen Beth Jesimoth / vnd von mittag vnten an den
Bechen des gebirges Pisga.

a Alij Die Josua schluge.

Num. 21.

SIHON.

Gen. 32.

4DAzu die grentze des königes Og zu Basan /
der noch von den Risen vbrig war / vnd wonete zu
Astaroth vnd Edrei / 5vnd herrschete vber den
berg Hermon / vber Salcha / vnd vber gantz Basan / bis an die grentze Gesuri vnd Maachati / vnd
des halben Gilead / welchs die grentze war Sihon
des königes zu Hesbon. 6Mose der knecht des
HERRN vnd die kinder Jsrael schlugen sie / Vnd
Mose der knecht des HERRN gab sie einzunemen
den Rubenitern / Gadditern / vnd dem halben stam
Manasse.

OG.

DJs sind die Könige des Lands die Josua schlug /
vnd die kinder Jsrael / disseid des Jordans gegen dem abend / von BaalGad an / auff der breite
des berges Libanon / bis an den Berg / der das Land
hin auff gen Seir scheidet vnd das Josua den stemmen Jsrael einzunemen gab / Eim jglichen sein

XXXI. Könige geschlagen von Josua.

Land vberig noch einzunemen.

Teil / [8]was auff den gebirgen / gründen / gefilden /
an bechen / in der wüsten vnd gegen mittag war /
die Hethiter / Amoriter / Cananiter / Pheresiter /
Heuiter vnd Jebusiter.
[9]DEr könig zu Jeriho / der könig zu Ai / die zur
seiten an BethEl ligt / [10]der könig zu Jerusalem /
der könig zu Hebron / [11]der könig zu Jarmuth /
der könig zu Lachis / [12]der könig zu Eglon / der
könig zu Geser / [13]der könig zu Debir / der könig
zu Geder / [14]der könig zu Harma / der könig zu
Arad / [15]der könig zu Libna / der könig zu Adul-
lam / [16]der könig zu Makeda / der könig zu
BethEl / [17]der könig zu Thapuah / der könig zu
Hepher / [18]der könig zu Aphek / der könig ‖ zu ‖ 125 a
Lasaron / [19]der könig zu Madon / der könig zu
Hazor / [20]der könig zu Simron-Meron / der könig
zu Achsaph / [21]der könig zu Thaenach / der könig
zu Megiddo / [22]der könig zu Kedes / der könig zu
Jakneam am Charmel / [23]der könig zu NaphotDor /
der könig der Heiden zu Gilgal / [24]der könig zu
Tirza / Das sind ein vnd dreissig könige.

XIII.

DA NU JOSUA ALT WAR VND WOLBETAGET /
sprach der HERR zu jm / Du bist alt worden
vnd wolbetaget / vnd des Lands ist noch fast viel
vbrig einzunemen / [2]nemlich / das gantze Galilea
der Philister / vnd gantz Gessuri / [3]von Sihor an /
der fur Egypten fleust bis an die grentze Ekron
gegen mitternacht / die den Cananitern zugerech-
net wird / fünff Herrn der Philister / nemlich / der
Gasiter / der Asdoditer / der Askloniter / der Ge-
thiter / der Ekroniter vnd die Auiter. [4]Von mittag
an aber ist das gantz Land der Cananiter / vnd
Meara der Zidonier bis gen Aphek / bis an die
grentze der Amoriter. [5]Da zu das Land der Gi-
bliter / vnd der gantze Libanon / gegen der Sonnen
auffgang / von BaalGad an / vnter dem berge Her-
mon / bis man kompt gen Hamath. [6]Alle die auff
dem Gebirge wonen / von Libanon an / bis an die
Warmewasser / vnd alle Zidonier / Jch wil sie ver-
treiben fur den kindern Jsrael / Losse nu drumb sie
aus zuteilen vnter Jsrael / wie ich dir geboten habe.
SO teile nu dis Land zum Erbe vnter die neun
Stemme / vnd vnter den halben stam Manasse.
Num. 32. Deut. 3. Josu. 1. 18. [8]Denn die Rubeniter vnd Gadditer haben mit dem
andern halben Manasse jr Erbteil empfangen / das

vberig noch einzunemen.

jnen Mose gab jenseid dem Jordan gegen dem auff-
gang / wie jnen dasselb Mose der knecht des
HERRN gegeben hat / 9von Aroer an / die am
vfer des wassers bey Arnon ligt / vnd von der Stad
mitten im wasser / vnd alle gegend Medba bis gen
SIHON. Dibon. 10Vnd alle stedte Sihon des königes der
Amoriter / der zu Hesbon sas / bis an die grentze
der kinder Ammon. 11Dazu Gilead vnd die
grentze an Gessuri vnd Maachathi vnd den gantzen
berg Hermon / vnd das gantze Basan / bis gen
OG. Salcha. 12Das gantze Reich Og zu Basan / der zu
Astharoth vnd Edrej sas / welcher noch ein vbe-
riger war von den Risen / Mose aber schlug sie
vnd vertreib sie.

13DJe kinder Jsrael vertrieben aber die zu Ges-
sur vnd zu Maachath nicht sondern es wonet beide
Gessur vnd Maachath vnter den kindern Jsrael /
bis auff diesen tag. 14Aber dem stam der Leuiten Num. 18.
gab er kein Erbteil / Denn das Opffer des HERRN
des Gottes Jsrael ist jr Erbteil / wie er jnen geredt
hat.

Erbteil der kinder Ruben.

ALso gab Mose dem stam der kinder Ruben
nach jren Geschlechten / 16Das jre Grentze
waren / von Aroet die am vfer des wassers bey
Arnon ligt / vnd die Stad mitten im wasser / mit
allem eben felde / bis gen Medba. 17Hesbon vnd
alle jre Stedte die im eben felde ligen / Dibon / Ba-
mothBaal / vnd BethBaalMeon. 18Jahza / Kede-
moth / Mephaath. 19Kiriathaim / Sibma / Zereth-
Sahar / auff dem gebirge im tal 20BethPeor / die
Beche am Pisga / vnd BethJesimoth / 21vnd alle
Stedte auff der eben. Vnd das gantze Reich Sihon
des königs der Amoriter / der zu Hesbon sass / den
Mose schlug / sampt den Fürsten Midian / Eui / Num. 31.
Rekem / Zur / Hur / vnd Reba / die gewaltigen des
königes Sihon / die im Lande woneten. 22Dazu
BILEAM. Bileam den son Beor / den Weissager erwürgeten
die kinder Jsrael mit dem schwert / sampt den er-
schlagenen. 23Vnd die grentze der kinder Ruben
war der Jordan. Das ist das Erbteil der kinder Ru-
ben vnter jren Geschlechten / Stedten vnd Dörffern.

GAD.

DEM stam der kinder Gad vnter jren Geschlech-
ten gab Mose 25das jre Grentze waren Jaeser
vnd alle Stedte in Gilead / vnd das halbe Land der
kinder Ammon / bis gen Aroer / welche ligt fur
Rabbah. 26Vnd von Hesbon bis gen RamathMizpe
vnd Betonim / vnd von Mahanaim bis an die

grentze || Debir. 27Jm tal aber Betharam / Beth- || 125 b
Nimra / Sucoth vnd Zaphon / die vbrig war von dem Reich Sihon des königes zu Hesbon / das der Jordan die grentze war / bis ans ende des meers Cinnereth / disseid des Jordans gegen dem auffgang. 28Das ist das Erbteil der kinder Gad in jren Geschlechten / Stedten vnd Dörffern.

MANASSE.

DEm halben stam der kinder Manasse nach jren Geschlechten gab Mose / 30das jr Grentze waren von Mahanaim an / das gantze Basan / das gantze Reich Og des königes zu Basan / vnd alle flecken Jair die in Basan ligen / nemlich sechzig Stedte. 31Vnd das halbe Gilead / Astharoth / Edrei / die stedte des königreichs Ogs zu Basan / gab er den kindern Machir des sons Manasse das ist / der helfft der kinder Machir nach jren Geschlechten.

32DAs ist / das Mose ausgeteilet hat in dem gefilde Moab jenseid des Jordans fur Jeriho / gegen dem auffgang. 33Aber dem stam Leui gab Mose kein Erbteil / Denn der HERR der Gott Jsrael ist jr Erbteil / wie er jnen geredt hat.

XIIII.

DJS IST ABER / DAS DIE KINDER JSRAEL EINGEnomen haben im lande Canaan / das vnter sie ausgeteilet haben / der Priester Eleasar vnd Josua der son Nun / vnd die öbersten Veter vnter den Stemmen der kinder Jsrael / 2Sie teileten es aber durchs Los vnter sie / wie der HERR durch Mose geboten hatte zu geben den zehendhalben Stemmen. 3Denn den zweien vnd dem halben Stam / hatte Mose erbteil gegeben jenseid dem Jordan / Den Leuiten aber hatte er kein Erbteil vnter jnen gegeben / 4Denn der kinder Joseph worden zween stemme / Manasse vnd Ephraim / Darumb gaben sie den Leuiten kein teil im lande / sondern Stedte / drinnen zu wonen / vnd Vorstedte fur jr vieh vnd habe. 5Wie der HERR Mose geboten hatte / So theten die kinder Jsrael / vnd teileten das Land.

CALEBS Erbteil.

DA tratten erzu die kinder Juda zu Josua zu Gilgal / vnd Caleb der son Jephunne der Kenisiter sprach zu jm / Du weissest / was der HERR zu Mose dem man Gottes sagete von meinen vnd deinen wegen in KadesBarnea. 7Jch war vierzig jar alt / das mich Mose der knecht des HERRN aussandte von KadesBarnea / das Land zuuerkundschaffen / vnd ich jm widersagt / nach meinem ge-

Num. 14.

wissen. [8]Aber meine Brüder / die mit mir hinauff
gegangen waren / machten dem Volck das hertz
verzagt / Jch aber folgete dem HERRN meinem
Gott trewlich. [9]Da schwur Mose desselben tages /
vnd sprach / Das Land / darauff du mit deinem fuss
getretten hast / sol dein vnd deiner kinder Erbteil
sein ewiglich / Darumb das du dem HERRN mei-
nem Gott trewlich gefolget hast.

[10]VND nu sihe / der HERR hat mich leben las-
sen / wie er geredt hat. Es sind nu fünff vnd vierzig
jar / das der HERR solchs zu Mose sagt / die Jsrael
in der wüsten gewandelt hat / Vnd nu sihe / Jch
Eccl. 46. bin heute fünff vnd achzig jar alt / [11]vnd bin noch
heutes tages so starck / als ich war des tages / da
mich Mose aussandte / Wie meine krafft war dazu-
mal / Also ist sie auch jtzt zu streiten / vnd aus vnd
ein zugehen. [12]So gib mir nu dis Gebirge / dauon
der HERR geredt hat an jenem tage / denn du hast
gehört am selben tage / Denn es wonen die Enakim
droben / vnd sind grosse vnd feste Stedte / Ob der
HERR mit mir sein wolt / das ich sie vertriebe /
wie der HERR geredt hat.

[13]DA segenet jn Josua / vnd gab also Hebron
Caleb dem son Jephunne zum Erbteil. [14]Daher
Josua. 21. ward Hebron Calebs / des sons Jephunne des Ke-
nisiters erbteil / bis auff diesen tag / darumb / das
er dem HERRN dem Gott Jsrael trewlich gefolget
hatte. [15]Aber Hebron hies vorzeiten [a]KiriathArba /
der ein grosser Mensch war vnter den Enakim /
|| 126a Vnd das Land hatte auffgehöret mit kriegen. ||

[a] Von solchem Arba heisst die Stad KiriathArba / das ist / Arbastad Wie wir Deudschen sagen / Karlstad / Arnstad etc.

XV.

Erbteil des stams Juda.

DAS LOS DES STAMS DER KINDER JUDA VNTER
Num. 34. jren Geschlechten / war die grentze Edom an
der wüsten Zin / die gegen mittag stösst an der
ecken der mittags Lender / [2]Das jr mittags grentze
waren von der ecken an dem Saltzmeer / das ist /
von der zungen die gegen mittag werts gehet /
[3]Vnd kompt hinaus von dannen hinauff zu Akrab-
bim / vnd gehet durch Zin / vnd gehet aber hinauff
von mittag werts gegen KadesBarnea / vnd gehet
durch Hezron / vnd gehet hinauff gen Adar vnd
lencket sich vmb Karkaa / [4]vnd gehet durch Az-
mon / vnd kompt hinaus an den bach Egypti / das
das ende der grentze das Meer wird / Das sey ewr
grentze gegen Mittag.

5ABer die Morgen grentze ist von dem Saltz-
meer an / bis an des Jordans ende.

DJE grentze gegen Mitternacht ist von der zun-
gen des Meers die am ort des Jordans ist / 6vnd
gehet erauff gen BethHagla / vnd zeucht sich von
mitternacht werts gen BethAraba / vnd kompt
erauff zum stein Bohen des sons Ruben. 7Vnd ge-
het erauff gen Debir vom tal Achor / vnd von dem
mitternachts ort / der gegen Gilgal sihet / welche
ligt gegen vber zu Adumim hinauff / die vom mit-
tag werts am wasser ligt / Darnach gehet sie zu
dem wasser EnSemes / vnd kompt hinaus zum
brun Rogel. 8Darnach gehet sie erauff zum tal des
sons Hinnam / an der seiten her des Jebusiters / der
von mittag werts wonet / das ist Jerusalem / vnd
kompt erauff auff die spitze des berges / der fur
dem tal Hinnam ligt von abend werts / welcher
stösst an die ecke des tals Raphaim gegen mitter-
nacht zu. 9Darnach kompt sie von desselben ber-
ges spitzen zu dem wasser brun Nephthoah / vnd
kompt eraus zu den stedten des gebirges Ephron /
vnd neiget sich gen Baala / das ist Kiriath Jearim.
10Vnd lencket sich erumb von Baala gegen dem
abend zum gebirge Seir / vnd gehet an der seiten
her des gebirges Jearim von mitternacht werts /
das ist Chessalon / vnd kompt erab gen BethSe-
mes / vnd gehet durch Thimna / 11Vnd bricht
eraus an der seiten Ekron her gegen mitternacht
werts / vnd zeucht sich gen Sichron / vnd gehet
vber den berg Baala / vnd kompt eraus gen Jab-
neel / das jr letzts ist das Meer.

12DJE grentze aber gegen Abend ist das grosse
Meer / Das ist die grentze der kinder Juda vmbher
in jren Geschlechten.

CALEBS Erbteil.

CAleb aber dem son Jephunne ward sein Teil
gegeben vnter den kindern Juda / nach dem
der HERR Josua befalh / nemlich / die KiriathArba /
des vaters Enak / das ist Hebron. 14Vnd Caleb ver-
treib von dannen die drey söne Enak / Sesai / Ahi-
man / vnd Thalmai / geboren von Enak. 15Vnd
zoch von dannen hinauff zu den einwonern Debir /
Debir aber hies vorzeiten KiriathSepher. 16Vnd
Caleb sprach / Wer KiriathSepher schlegt vnd ge- Jud. 1.
ACHSA. winnet / dem wil ich meine tochter Achsa zum weibe
geben. 17Da gewan sie Athniel der son Kenas des
Bruders Caleb / Vnd er gab jm seine tochter Achsa
zum weibe.

18VND es begab sich da sie einzoch / ward jr ge-
raten einen Acker zu foddern von jrem Vater / vnd
sie fiel vom Esel. Da sprach Caleb zu jr / Was ist dir?
19Sie sprach / Gib mir einen Segen / denn du hast
mir ein mittags Land gegeben / Gib mir auch Was-
serquelle / Da gab er jr quelle oben vnd vnten.
20Dis ist das Erbteil des stams der kinder Juda vn-
ter jren Geschlechten.

VND die stedte des stams der kinder Juda / von STEDTE
einer ecken zu der andern / an der grentze der der stemme
Edomiter gegen mittag / waren diese / Kapzeel / Juda.
Eder / Jagur / 22Kina / Dimona / AdAda / 23Ke-
des / Hazor / Jthnan / 24Siph / Telem / Bealoth /
25HazorHadata / Kirioth Hezron / das ist / Hazor.
26Amam / Sema / Molada / 27HazarGadda / Hesi-
|| 126b non / BethPalet / 28HazarSual / BeerSeba / Bis- ||
ioth Ja / 29Baela / Jijm / Azem / 30Eldolad / Chesil /
Harma / 31Ziklag / Madmanna / SanSanna / 32Le-
baoth / Silhim / Ain / Rimon / Das sind neun vnd
zwenzig Stedte vnd jre dörffer.

33JN den Gründen aber war / Esthaol / Zarea /
Asna / 34Sanoah / EnGanim Thapuah / Enam /
35Jarmuth / Adullam / Socho / Aseka / 36Saeraim /
Adithaim Gedera / Giderothaim / Das sind vier-
zehen Stedte vnd jre dörffer.

37ZEnan / Hadasa / MigdalGad / 38Dilean /
Mizpe / Jakthiel / 39Lachis / Bazekath / Eglon /
40Chabon / Lahmam / Cithlis / 41Gederoth / Beth-
Dagon / Naema / Makeda / Das sind sechzehen
Stedte vnd jre dörffer.

42LJbna / Ether / Asan / 43Jephthah / Asna /
Nezib / 44Regila / Achsib / Maresa / Das sind neun
stedte vnd jre dörffer. 45Ekron mit jren töchtern
vnd dörffern. 46Von Ekron vnd ans Meer / alles
was an Asdod langet vnd jre dörffer. 47Asdod mit
jren töchtern vnd dörffern. Gasa mir jren töchtern
vnd dörffern / bis an das wasser Egypti / vnd das
grosse meer ist seine grentze.

48AVff dem Gebirge aber war Samir / Jathir /
Socho / 49Danna / KiriathSanna / das ist Debir /
50Anab / Esthemo / Anim / 51Gosen / Holon / Gilo /
Das sind eilff Stedte vnd jre dörffer.

52ARab / Duma / Esean / 53Janum / BethTha-
puah / Apheka / 54Humta / KiriathArba / das ist /
Hebron / Zior / Das sind neun stedte vnd jre dörffer.
55Maon / Carmel / Siph / Juta / 56Jesreel / Jak-
deam / Sanoah / 57Kain / Gibea / Thimna / Das sind

zehen stedte vnd jre dörffer. 58Halhul / Bethzur /
Gedor / 59Maarath / BethAnoth / Elthekon / Das
sind sechs Stedte vnd jre dörffer 60KiriathBaal das
ist KiriathJearim / Harabba / zwo Stedte vnd jre
dörffer.

61JN der wüsten aber war BethAraba / Middin /
Sechacha / 62Nibsan vnd die Saltzstad / vnd En-
geddi / Das sind sechs Stedte vnd jre dörffer.

JEBUSITER.

63DJe Jebusiter aber woneten zu Jerusalem / vnd
die kinder Juda kundten sie nicht vertreiben /
aAlso blieben die Jebusiter mit den kindern Juda 2. Reg. 5.
zu Jerusalem bis auff diesen tag.

a DAUID hats ernach vertrieben. 2. Sam. 5.

XVI.

ERBTEIL der kinder Joseph

VND DAS LOS FIEL DEN KINDERN JOSEPH VOM Jordan gegen Jeriho / bis zum wasser bey Jeriho vom auffgang werts / vnd die wüsten die er auffgehet von Jeriho durch das gebirge BethEl
2vnd kompt von BethEl eraus gen Lus / vnd gehet
durch die grentze ArchiAtharoth / 3Vnd zeucht
sich ernider gegen abend werts zu der grentze
Japhleti / bis an die grentze des nidern BethHoron /
vnd bis gen Gaser / vnd das ende ist am meer / 4Das
haben zum Erbteil genomen die kinder Joseph /
Manasse vnd Ephraim.

ERBTEIL der kinder Ephraim etc.

5DJE grentze der kinder Ephraim vnter jren Geschlechten jres Erbteils von auffgang werts / war
AtarothAdar bis gen öbern BethHoron / 6vnd gehet aus gegen abend bey Michmethath / die gegen mitternacht ligt / daselbs lenckt sie sich erumb gegen dem auffgang der stad ThaenathSilo / vnd gehet dadurch vom auffgang werts gen Janoha.
7Vnd kompt erab von Janoha gen Ataroth vnd
Naaratha / vnd stösset an Jeriho / vnd gehet aus am
Jordan. 8Von Thapuah gehet sie gegen abend
werts gen NahalKana / vnd jr ende ist am Meer.

DAS ist das Erbteil des Stams der kinder Ephraim vnter jren Geschlechten. 9Vnd alle Grenzstedte / sampt jren dörffern der kinder Ephraim / waren gemenget vnter dem Erbteil der kinder Ma-

CANANITER.

nasse. 10Vnd sie vertrieben die Cananiter nicht /
die zu Gaser woneten / Also blieben die Cananiter
vnter Ephraim / bis auff diesen tag / vnd wurden
zinsbar.

XVII.

|| 127a Num. 26. VND DAS LOS FIEL DEM STAM MANASSE / DENN
er ist Josephs erster Son / vnd fiel auff Machir
den ersten son Manasse den vater Gilead / Denn er
war ein streitbar Man / darumb ward jm Gilead
vnd Basan. 2Den andern kindern aber Manasse
vnter jren Geschlechten fiel es auch / nemlich den
kindern Abieser / den kindern Helek / den kindern
Asriel / den kindern Sechem / den kindern Hepher /
vnd den kindern Semida / Das sind die kinder Ma-
nasse des sons Joseph / Mansbilder vnter jren Ge-
schlechten.

Num. 27. 36. 3ABer Zelaphehad der son Hepher / des sons ZELAPHEHAD.
Gilead / des sons Machir / des sons Manasse / hatte
keine Söne / sondern Töchter / vnd jr namen sind
diese / Mahala / Noa / Hagla / Milca / Tirza. 4Vnd
tratten fur den Priester Eleasar vnd fur Josua den
son Nun / vnd fur die Obersten / vnd sprachen /
Der HERR hat Mose geboten / das er vns sol Erb-
teil geben vnter vnsern Brüdern. Vnd man gab
jnen Erbteil vnter den brüdern jres Vaters / nach
dem befelh des HERRN.

5ES fielen aber auff Manasse zehen schnüre ausser
dem lande Gilead vnd Basan / das jenseid dem Jor-
dan ligt. 6Denn die Töchter Manasse namen Erb-
teil vnter seinen Sönen / vnd das land Gilead ward
den andern kindern Manasse.

7VND die grentze Manasse war von Asser an
gen Michmethath / die fur Sechem ligt / vnd langet
zur rechten an die von EnThapuah / 8Denn das
land Thapuah ward Manasse / vnd ist die grentze
Manasse an die kinder Ephraim. 9Darnach kompt
sie erab gen NahalKana / gegen Mittag werts / zun
Bachstedten / die Ephraims sind vnter den stedten
Manasse. Aber von Mitternacht ist die grentze Ma-
nasse am bach / vnd endet sich am Meer / 10Dem
Ephraim gegen mittag / vnd dem Manasse gegen
mitternacht / vnd das Meer ist seine grentze / Vnd
sol stossen an Asser von mitternacht / vnd an Jsa-
schar von morgen.

11SO hatte nu Manasse vnter Jsaschar vnd Asser /
BethSean vnd jre töchter / Jeblaam vnd jre töch-
ter / vnd die zu Dor vnd jre töchter / vnd die zu
EnDor vnd jre töchter / vnd die zu Taanach vnd
jre töchter / vnd die zu Megiddo vnd jre töchter /
vnd das dritte teil Napheth. 12Vnd die kinder Ma-

des stams Manasse etc.

CANANITER.

nasse kundten diese Stedte nicht einnemen / son-
dern die Cananiter fiengen an zu wonen in dem sel-
bigen Lande. 13Da aber die kinder Jsrael mechtig
worden / machten sie die Cananiter zinsbar / vnd
vertrieben sie nicht.

DA redeten die kinder Joseph mit Josua / vnd
sprachen / Warumb hastu mir nur ein Los vnd
eine schnur des Erbteils gegeben? vnd ich bin doch
ein gros Volck / wie mich der HERR so gesegenet
hat? 15Da sprach Josua zu jnen / Weil du ein gros
Volck bist / so gehe hinauff in den wald / vnd hawe
vmb daselbs im Lande der Pheresiter vnd Risen /
weil dir das gebirge Ephraim zu enge ist.

16DA sprachen die kinder Joseph / Das Gebirge
werden wir nicht erlangen / Denn es sind eisern
Wagen bey allen Cananitern / die im tal des Landes
wonen / bey welchen ligt BethSean vnd jre töch-
ter / vnd Jesreel im tal. 17Josua sprach zum hause
Joseph / zu Ephraim vnd Manasse / Du bist ein
gros Volck / vnd weil du so gros bist / mustu nicht
ein Los haben / 18sondern das Gebirge sol dein
sein / da der wald ist / den hawe vmb / So wird er
deines Los ende sein / wenn du die Cananiter ver-
treibst / die eisern Wagen haben / vnd mechtig sind.

XVIII.

HÜTTEN des Stiffts auffgericht zu Silo.

VND ES VERSAMLET SICH DIE GANTZE GEMEINE
der kinder Jsrael gen Silo / vnd richten daselbs
auff die Hütten des Stiffts / vnd das Land war jnen
vnterworffen. 2Vnd waren noch sieben Stemme
der kinder Jsrael / denen sie jr Erbteil nicht ausge-
teilet hatten. || 3Vnd Josua sprach zu den kindern || 127b
Jsrael / Wie lange seid jr so lass das jr nicht hingehet
das Land ein zu nemen / das euch der HERR ewr
Gott gegeben hat? 4Schafft euch aus jglichem
stam drey Menner / das ich sie sende / vnd sie sich
auffmachen / vnd durchs Land gehen / vnd be-
schreibens nach jren Erbteilen / vnd komen zu mir.

5TEilet das Land in sieben teil / Juda sol bleiben
auff seiner grentze von mittag her / vnd das haus
Joseph sol bleiben auff seiner grentze von mitter-
nacht her. 6Jr aber beschreibt das Land der sieben
Teil / vnd bringet sie zu mir hie her / So wil ich
euch das Los werffen fur dem HERRN vnserm
Gott. 7Denn die Leuiten haben kein Teil vnter
euch / Sondern das Priesterthum des HERRN ist Num. 3.
jr Erbteil. Gad aber vnd Ruben / vnd der halbe Deut. 18.

ausgeteilet vnter die stemme Jsrael etc.

stam Manasse / haben jr Teil genomen jenseid dem
Jordan / gegen dem morgen / das jnen Mose der
knecht des HERRN gegeben hat.

DA machten sich die Menner auff / das sie hin
giengen / Vnd Josua gebot jnen / das sie hin
wolten gehen das Land zu beschreiben / vnd
sprach / Gehet hin vnd durchwandelt das Land /
vnd beschreibt es / Vnd kompt wider zu mir / das
ich euch hie das Los werffe fur dem HERRN zu
Silo. 9Also giengen die Menner hin / vnd durch-
zogen das Land / vnd beschriebens auff einen
Brieue / nach den stedten / in sieben Teil / vnd ka-
men zu Josua ins Lager gen Silo. 10Da warff Josua
das Los vber sie zu Silo fur dem HERRN / vnd
teilet daselbs das Land aus vnter die kinder Jsrael /
einem jglichen sein Teil.

Erbteil der kinder BenJamin.

VND das Los des stams der kinder BenJamin fiel
nach jren Geschlechten / vnd die grentze jres
Los gieng aus zwisschen den kindern Juda vnd
den kindern Joseph. 12Vnd jre Grentze war an der
ecken gegen mitternacht vom Jordan an / vnd gehet
erauff an der seiten Jeriho / von mitternacht werts /
vnd kompt auffs Gebirge gegen abend werts / vnd
gehet aus an der wüsten BethAauen. 13Vnd gehet
von dannen gen Lus / an der seiten her an Lus
gegen mittag werts / das ist / Bethel / vnd kompt
hin ab gen AtarothAdar an dem berge / der vom
mittag ligt an dem nidern BethHoron. 14Darnach
neiget sie sich vnd lencket sich vmb zur ecken des
abends gegen mittag von dem berge / der fur Beth-
Horon gegen mittag werts ligt / vnd endet sich an
KiriathBaal / das ist KiriathJearim / die stad der
kinder Juda / Das ist die ecke gegen abend.

15ABer die ecke gegen mittag ist von Kiriath-
Jearim an / vnd gehet aus gegen abend / vnd kompt
hin aus zum Wasserbrunnen Nephthoah. 16Vnd
gehet erab an des berges ande / der fur dem tal des
sons Hinnam ligt / welchs im grunde Raphaim ge-
gen mitternacht ligt / vnd gehet erab durchs tal
Hinnam / an der seiten der Jebusiter am mittage /
vnd kompt hinab zum brun Rogel / 17Vnd zeucht
sich von mitternacht werts / vnd kompt hinaus gen
EnSemes / vnd kompt hinaus zu den hauffen die
gegen Adumim hin auff ligen / vnd kompt erab
zum stein Bohen des sons Ruben. 18Vnd gehet zur
seiten hin neben dem gefilde / das gegen mitter-
nacht ligt / vnd kompt hinab auffs gefilde. 19Vnd

gehet an der seiten BethHagla / die gegen mitter-
nacht ligt / vnd ist sein ende an der zunge des Saltz-
meers / gegen mitternacht an dem ort des Jordans
gegen mittag / Das ist die mittags grentze.
[20]ABer die ecke gegen morgen sol der Jordan
enden / Das ist das Erbteil der Kinder BenJamin
in jren grentzen vmbher / vnter jren Geschlechten.
DJe Stedte aber des stams der kinder BenJamin
vnter jren Geschlechten sind diese / Jeriho /
BethHagla / EmekKeziz / [22]BethAraba / Zema-
raim / BethEl / [23]Auim / Hapara / Ophra / [24]Ca-
pharAmonai / Aphni / Gaba / Das sind zwelff
Stedte vnd jre Dörffer. [25]Gibeon / Rama / Beeroth /
[26]Mizpe / Caphira / Moza / [27]Rekem / Jerpeel /
Thareala / [28]Zela / Eleph / vnd die Jebusiter / das
ist Jerusalem / Gibeath / Kiriath / vierzehen Stedte
vnd jre Dörffer / Das ist das Erbteil der kinder
BenJamin in jren Geschlechten. || || 128 a

XIX.

Erbteil der kinder Simeon.

DAR NACH FIEL DAS ANDER LOS DES STAMS DER
kinder Simeon / nach jren Geschlechten / vnd
jr Erbteil war vnter dem erbteil der kinder Juda.
[2]Vnd es ward jnen zum Erbteil / BeerSeba / Seba /
Molada / [3]HazarSual / Bala / Azem / [4]ElTholad /
Bethul / Harma / [5]Ziklag / BethMarcaboth / Ha-
zarSussa / [6]BethLebaoth / Saruhen / Das sind drey-
zehen Stedte vnd jre dörffer. [7]Ain / Rimon /
Ether / Asan / Das sind vier Stedte vnd jre dörffer.
[8]Dazu alle dörffer / die vmb diese Stedte ligen / bis
gen BaalathBeerRamath gegen mittag. Das ist das
erbteil des stams der kinder Simeon in jren Ge-
schlechten / [9]Denn der kinder Simeon erbteil ist
vnter der schnur / der kinder Juda / Weil das erb-
teil der kinder Juda jnen zu gros war / darumb
erbeten die kinder Simeon vnter jrem Erbteil.

Erbteil der kinder Sebulon.

DAS dritte Los fiel auff die kinder Sebulon nach
jren Geschlechten / Vnd die grentze jres erb-
teils war bis gen Sarid / [11]Vnd gehet hinauff zum
Abend werts / gen Mareala / vnd stösset an Daba-
seth / vnd stösset an den bach der fur Jakneam
fleusst. [12]Vnd wendet sich von Sarid gegen der
Sonnen auffgang / bis an die grentze CislothTha-
bor / vnd kompt hinaus gen Dabrath / vnd langet
hinauff gen Japhia. [13]Vnd von dannen gehet sie
gegen dem auffgang durch Githa / Hepher / Jtha /

Kazin / vnd kompt hinaus gen Rimon Mithoar vnd
Nea. [14]Vnd lencket sich rumb von mitternacht gen
Nathon / vnd endet sich im tal JaphthahEl / [15]Ka-
tath / Nahalal / Simron / Jedeala vnd BethLehem /
Das sind zwelff Stedte vnd jre dörffer. [16]Das ist das
Erbteil der kinder Sebulon in jren Geschlechten /
das sind jre Stedte vnd dörffer.

DAS vierde Los fiel auff die kinder Jsaschar / Erbteil der kinder Jsaschar.
nach jren Geschlechten / [18]Vnd jre grentze
war / Jesreel / Chesulloth / Sunem / [19]Hapharaim /
Sion / Anaharath / [20]Rabith / Kiseon / Abez /
[21]Remeth / EnGannem / Enhada / BethPazez.
[22]Vnd stösset an Thabor / Sahazima / BethSemes /
vnd jr ende ist am Jordan / Sechzehen Stedte vnd
jre dörffer. [23]Das ist das Erbteil des stams der kin-
der Jsaschar in jren Geschlechten / Stedten vnd
dörffern.

DAS fünffte Los fiel auff den stam der kinder As- Erbteil der kinder Asser.
ser / nach jren Geschlechten / [25]Vnd jre grentze
war Helkath / Hali / Beten / Achsaph / [26]AlaMe-
lech / Amead / Miseal. Vnd stösset an den Carmel
am Meer / vnd an SihorLibnath / [27]vnd wendet
sich gegen der Sonnen auffgang / gen BethDagon /
vnd stösset an Sebulon / vnd an das tal JephthahEl
an die mitternacht / BethEmek / Negiel / vnd kompt
hinaus zu Cabul zur lincken / [29]Ebron / Rebob /
Hamon / Kana / bis an gros Zidon. [30]Vnd wendet
sich gen Rama / bis zu der festen Stad Zor / Vnd
wendet sich gen Hossa / vnd endet sich am Meer /
der schnur nach gen Achsib / [31]Vma / Aphek / Re-
hob / Zwo vnd zwenzig Stedte vnd jre dörffer. Das
ist das erbteil des stams der kinder Asser in jren
Geschlechten / Stedten vnd dörffern.

DAS sechste Los fiel auff die kinder Naphthali / Erbteil der kinder Naphthali.
in jren Geschlechten / [33]Vnd jre grentze waren
von Heleph / Elon / durch Zaenannim / Adami-
Nekeb / JabneEl / bis gen Lakum / vnd endet sich
am Jordan. [34]Vnd wendet sich zum abend gen
AsnothThabor / vnd kompt von dannen hinaus
gen Hukok / Vnd stösset an Sebulon gegen Mittag /
vnd an Asser gegen Abend / vnd an Juda am Jor-
dan gegen der Sonnen auffgang / [35]Vnd hat feste
stedte / Zidim / Zer / Hamath / Rakath / Chinna-
reth / [36]Adama / Rama / Hazor / [37]Kedes / Edrei /
EnHazor / [38]Jereon / MigdalEl / Harem / Beth-
Anath / BethSames / Neunzehen Stedte vnd jre
dörffer. [39]Das ist das Erbteil des Stams der kinder

der kinder Dan.

Naphthali / in jren Geschlechten / Stedten vnd
dörffern. || || 128b
DAS siebende Los fiel auff den stam der kinder
Dan / nach jren Geschlechten / [41]Vnd die
grentze jrs erbteils waren / Zarea / Esthaol / Jrsa-
mes / [42]Saelabin / Aialon / Jethla / [43]Elon / Thim-
natha / Ekron / [44]Eltheke / Gibethon / Baalath /
[45]Jehud / BneBarak / GathRimon / [46]MeJarkon /
Rakon / mit den grentzen neben Japho / [47]Vnd
an denselben endet sich die grentze der kinder Dan.
Vnd die kinder Dan zogen hinauff vnd stritten wi-
LESEM. der Lesem / vnd gewonnen vnd schlugen sie mit
der scherffe des Schwerts / vnd namen sie ein / vnd
woneten drinnen / vnd nenneten sie Dan / nach
jres Vaters namen. [48]Das ist das Erbteil des stams
der kinder Dan / in jren Geschlechten / Stedten vnd
dörffern.

JOSUA Erbteil. VND da sie das Land gar ausgeteilet hatten mit
seinen Grentzen / gaben die kinder Jsrael Josua
dem son Nun ein Erbteil vnter jnen / [50]vnd gaben
jm nach dem befelh des HERRN die Stad / die er
foddert / nemlich ThimnathSerah / auff dem ge-
birge Ephraim. Da bawete er die Stad / vnd wonet
drinnen.

[51]DAS sind die Erbteil / die Eleasar der Priester /
vnd Josua der son Nun / vnd die Obersten der
veter vnter den Geschlechten / durchs Los den kin-
dern Jsrael austeileten zu Silo fur dem HERRN /
fur der thür der Hütten des Stiffts / vnd volendeten
also das austeilen des Lands.

XX.

FREYSTEDTE. VND DER HERR REDET MIT JOSUA / VND SPRACH /
[2]Sage den kindern Jsrael / Gebt vnter euch Frei- Num. 35.
stedte / dauon ich durch Mose euch gesagt habe / Deut. 19.
[3]Dahin fliehen möge ein Todschleger / der eine
Seele vnuersehens vnd vnwissend schlegt / das sie
vnter euch frey seien fur dem Blutrecher. [4]Vnd
der da fleucht zu der Stedte eine / sol stehen aussen
fur der Stadthor / vnd fur den Eltesten der stad
seine sache ansagen / So sollen sie jn zu sich in die
stad nemen / vnd jm raum geben / das er bey jnen
wone.

[5]VND wenn der Blutrecher jm nachiaget / Sollen
sie den Todschleger nicht in seine hende vberge-
ben / weil er vnwissend seinen Nehesten geschla-
gen hat / vnd ist jm zuuor nicht feind gewesen.

[6]So sol er in der Stad wonen / bis das er stehe fur der Gemeine fur gericht / bis das der Hohepriester sterbe / der zur selben zeit sein wird / Als denn sol der Todschleger wider komen in seine Stad / vnd in sein Haus / zur stad / dauon er geflohen ist.

DA heiligeten sie Kedes in Galilea auff dem gebirge Naphthali / vnd Sechem auff dem gebirge Ephraim / vnd KiriathArba / das ist Hebron / auff dem gebirge Juda. [8]Vnd jenseid des Jordans da Jeriho ligt gegen dem auffgang / gaben sie Bezer in der wüsten auff der ebene aus dem stam Ruben / vnd Ramoth in Gilead aus dem stam Gad / vnd Golan in Basan aus dem stam Manasse. [9]Das waren die Stedte bestimpt allen kindern Jsrael / vnd den Frembdlingen die vnter jnen woneten / das dahin fliehe / wer eine Seele vnuersehens schlegt / Das er nicht sterbe durch den Blutrecher / bis das er fur der Gemeine gestanden sey.

XXI.

DA TRATTEN ERZU DIE ÖBERSTEN VETER VNTER den Leuiten / zu dem Priester Eleasar vnd Josua dem son Nun / vnd zu den öbersten Vetern vnter den Stemmen der kinder Jsrael / [2]vnd redten mit jnen zu Silo im lande Canaan / vnd sprachen. Der HERR hat geboten durch Mose / das man vns
Num. 35. Stedte geben solle zu wonen / vnd derselben Vorstedte zu vnserm vieh. [3]Da gaben die kinder Jsrael den Leuiten von jren Erbteilen / nach dem befelh
‖ 129a des HERRN / diese Stedte vnd jre Vorstedte. ‖

[4]VNd das Los fiel auff das geschlechte der Kahathiter / vnd wurden den kindern Aaron des Priesters aus den Leuiten / durchs Los dreizehen Stedte / von dem stam Juda / von dem stam Simeon / vnd von dem stam BenJamin. [5]Den andern kindern aber Kahath desselben Geschlechts / wur- KAHATH.
den durchs Los zehen Stedte von dem stam Ephraim / von dem stam Dan / vnd von dem halben stam Manasse.

[6]ABer den kindern Gerson desselben Ge- GERSON.
schlechts / wurden durchs Los dreizehen Stedte / von dem stam Jsaschar / von dem stam Asser / vnd von dem stam Naphthali / vnd von dem halben stam Manasse zu Basan.

[7]DEn kindern Merari / jrs Geschlechts / wurden MERARI.
zwelff Stedte / von dem stam Ruben / von dem stam Gad / vnd von dem stam Sebulon.

ALso gaben die kinder Jsrael den Leuiten durchs
Los diese Stedte vnd jre Vorstedte / wie der
HERR durch Mose geboten hatte. 9Von dem
stam der kinder Juda / vnd von dem stam der kin-
der Simeon / gaben sie diese Stedte / die sie mit
jren namen nenneten / 10den kindern Aaron des
geschlechts der Kahathiter / aus den kindern Leui /
denn das erste Los war jr. 11So gaben sie jnen nu
KiriathArba / die des vaters Enak war / das ist
Hebron auff dem gebirge Juda / vnd jre Vorstedte
vmb sie her. 12Aber den acker der Stad vnd jr
dörffer gaben sie Caleb dem son Jephunne / zu Josu. 14. 15.
seinem Erbe.

13ALso gaben sie den kindern Aaron des Prie-
sters / die Freistad / der Todschleger / Hebron vnd
jre vorstedte / Libna vnd jre vorstedte / 14Jathir
vnd jr vorstedte / Esthmoa vnd jr vorstedte /
15Holon vnd jr vorstedte / Debir vnd jr vorstedte /
16Ain vnd jr vorstedt / Juta vnd jr vorstedte /
BethSemes vnd jr vorstedte / Neun Stedte von
diesen zween Stemmen. 17Von dem stam BenJa-
min aber gaben sie vier Stedte / Gibeon vnd jr vor-
stedte / Geba vnd jr vorstedte / 18Anathoth vnd
jr vorstedte / Almon vnd jr vorstedte. 19Das alle
Stedte der kinder Aaron des Priesters / waren drei-
zehen mit jren vorstedten.

20DEn Geschlechten aber der andern kindern
KAHATH. Kahath den Leuiten / wurden durch jr Los vier
Stedte von dem stam Ephraim / 21vnd gaben jnen
die Freistad der Todschleger / Sechem vnd jr vor-
stedte / auff dem gebirge Ephraim / Geser vnd jr
vorstedte / 22Kibzaim vnd jr vorstedte / BethHo-
ron vnd jr vorstedte. 23Von dem stam Dan vier
Stedte / Eltheke vnd jr vorstedte / Gibthon vnd jr
vorstedte / 24Aialon vnd jr vorstedte / GathRimon
vnd jr vorstedte. 25Von dem halben stam Manasse
zwo stedte / Thaenach vnd jr vorstedte / Gath-
Rimon vnd jr vorstedte. 26Das alle Stedte der an-
dern kinder des geschlechts Kahath / waren zehen
mit jren vorstedten.

GERSON. 27DEn kindern aber Gerson aus den geschlechten
der Leuiten wurden gegeben / von dem halben
stam Manasse zwo Stedte / die Freistad fur die Tod-
schleger / Golan in Basan vnd jr vorstedte /
Beesthra vnd jr vorstedte. 28Von dem stam Jsa-
schar vier stedte / Kision vnd jr vorstedte / Dabrath
vnd jr vorstedte / 29Jarmuth vnd jr vorstedte /

EnGannim vnd jr vorstedte. 30Von dem stam As-
ser vier stedte / Miseal vnd jr vorstedte / Abdon
vnd jr vorstedte / 31Helkath vnd jr vorstedte / Re-
hob vnd jr vorstedte. 32Von dem stam Naphthali
drey stedte / die Freistad Kedes / fur die Todschle-
ger in Galilea vnd jr vorstedte / HamothDor vnd
jr vorstedte / Karthan vnd jr vorstedte. 33Das alle
Stedte des geschlechts der Gersoniter waren drei-
zehen mit jren vorstedten.

34DEn Geschlechten aber der kinder Merari / den MERARI.
andern Leuiten wurden gegeben / Von dem stam
Sebulon vier Stedte / Jakneam vnd jr vorstedte /
Kartha vnd jr vorstedte / 35Dimna vnd jr vor-
stedte / Nahalal vnd jr vorstedte. 36Von dem stam
Ruben vier stedte / Bezer vnd jr vorstedte / Jahza
vnd jr vorstedte / 37Kedemoth vnd jr vorstedte /
Mephaath vnd jr vorstedte. 38Von dem stam Gad /
vier stedte / die Freistad fur die Todschleger / Ra-
moth in Gilead vnd jr vorstedte / 39Mahanaim vnd
|| 129b jr vorstedte / Hesbon vnd jr vorstedte / Jae||ser
vnd jr vorstedte. 40Das aller Stedte der kinder Me-
rari vnter jren geschlechten / der andern Leuiten
nach jrem Los waren zwelffe. 41Aller stedte der
Leuiten vnter dem Erbe der kinder Jsrael / waren
acht vnd viertzig mit jren vorstedten. 42Vnd ein 48. Stedte der Leuiten.
jgliche dieser Stedte hatte jr vorstad vmb sich her /
eine wie die ander.

ALso gab der HERR dem Jsrael alles Land / das
er geschworen hatte jren Vetern zu geben / vnd
sie namens ein vnd woneten drinnen. 44Vnd der
Gen. 13. 15. 28. HERR gab jnen ruge von allen vmbher / wie er
jren Vetern geschworen hatte / vnd stund jr Feinde
keiner wider sie / Sondern alle jre Feinde gab er in
jre hende. 45Vnd es feilet nichts an allem Guten /
das der HERR dem hause Jsreal geredt hatte / es
kam alles.

XXII.

DA RIEFF JOSUA DIE RUBENITER VND GADDITER /
vnd den halben stam Manasse / 2vnd sprach
zu jnen / Jr habt alles gehalten / was euch Mose der
knecht des HERRN geboten hat / vnd gehorcht
meiner stim in allem das ich euch geboten habe.
3Jr habt ewr Brüder nicht verlassen eine lange zeit
her / bis auff diesen tag / vnd habt gehalten an dem
Gebot des HERRN ewrs Gottes. 4Weil nu der
HERR ewr Gott / hat ewre Brüder zu ruge bracht /

wie er jnen geredt hat / So wendet euch nu vnd
ziehet hin in ewre hütten im Lande ewrs Erbes / Num. 32.
das euch Mose der knecht des HERRN gegeben
hat jenseid dem Jordan.
[5]HAltet aber nur an mit vleis / das jr thut nach
dem Gebot vnd Gesetze / das euch Mose der knecht
des HERRN geboten hat / Das jr den HERRN
ewrn Gott liebet / vnd wandelt auff allen seinen
Wegen / vnd seine Gebot haltet / vnd jm anhanget /
vnd jm dienet von gantzem hertzen / vnd von
gantzer seelen. [6]Also segnet sie Josua / vnd lies
sie gehen / Vnd sie giengen zu jren Hütten.

DEm halben stam Manasse hatte Mose gegeben
zu Basan / die ander helfft gab Josua vnter jren Josu. 17.
Brüdern disseid dem Jordan gegen abend. Vnd da
er sie lies gehen zu jren Hütten / vnd sie gesegenet Num. 32.
hatte / [8]sprach er zu jnen / Jr kompt wider heim
mit grossem Gut zu ewren Hütten / mit seer viel
viehs / silber / gold / ertz / eisen vnd kleidern / So
teilet nu den Raub ewrer Feinde aus / vnter ewre
Brüder. [9]Also kereten vmb die Rubeniter / Gaddi-
ter / vnd der halbe stam Manasse / vnd giengen von
den kindern Jsrael aus Silo / die im lande Canaan
ligt / das sie ins land Gilead zögen / zum Lande jres
Erbes / das sie erbten aus befelh des HERRN durch
Mose.

Altar gebawet von den Rubenitern etc.

VND DA SIE KAMEN AN DIE HAUFFEN AM JORDAN /
die im lande Canaan ligen / baweten dieselben
Rubeniter / Gadditer / vnd der halbe stam Manasse /
daselbs am Jordan einen grossen schönen Altar.
[11]Da aber die kinder Jsrael höreten sagen / Sihe /
die kinder Ruben / die kinder Gad / vnd der halbe
stam Manasse / haben einen Altar gebawet gegen
das land Canaan / an den hauffen am Jordan disseid
der kinder Jsrael / [12]Da versamleten sie sich mit
der gantzen Gemeine zu Silo / das sie wider sie
hinauff zögen mit einem Heer. [13]Vnd sandten zu
Pinehas. jnen ins land Gilead / Pinehas den son Eleasar des
Priesters / [14]vnd mit jm zehen öberste Fürsten /
vnter den heusern jrer Veter / aus jglichem stam
Jsreal einen / [15]Vnd da sie zu jnen kamen ins land
Gilead / redten sie mit jnen / vnd sprachen / [16]So
lesst euch sagen die gantze Gemeine des HERRN.

WJe versündigt jr euch also an dem Gott Jsrael?
das jr euch heute keret von dem HERRN / da
mit das jr euch einen Altar bawet / das jr abfallet
von dem HERRN. [17]Jsts vns zu wenig an der

gebawet von den Rubenitern etc.

missethat Peor? von welcher wir noch auff diesen Num. 25.
tag nicht gereinigt sind / vnd kam ein Plage vnter
die Gemeine des HERRN. [18]Vnd jr wendet euch
|| 130a heute von dem HERRN weg / vnd || seid heute
abtrünnig worden von dem HERRN / das er heute
oder morgen vber die gantze gemeine Jsrael er-
zürne. [19]Duncket euch das Land ewrs Erbes vn-
reine / So kompt er vber ins Land das der HERR
hat / da die Wonung des HERRN stehet / vnd
erbet vnter vns / vnd werdet nicht abtrünnig von
dem HERRN / vnd von vns / das jr euch einen Al-
tar bawet / ausser dem Altar des HERRN vnsers
Josu. 7. Gottes. [20]Versündiget sich nicht Achan der son
Serah am Verbanten / Vnd der zorn kam vber die
gantze gemeine Jsrael / vnd er gieng nicht alleine
vnter vber seiner missethat?

DA antworten die kinder Ruben vnd die kinder
Gad vnd der halbe stam Manasse / vnd sagten
zu den Heubtern vnd Fürsten Jsrael. [22]Der starcke
Gott der HERR / der starcke Gott der HERR weis /
So weis Jsrael auch / Fallen wir abe oder sündigen
wider den HERRN / so helffe er vns heute nicht.
[23]Vnd so wir darumb den Altar gebawet haben /
das wir vns von dem HERRN wenden wolten /
Brandopffer oder Speisopffer drauff opffern / oder
Danckopffer drauff thun dem HERRN / So fod-
dere er es. [24]Vnd so wirs nicht viel mehr aus sorge
des dings gethan haben / vnd sprachen / Heut oder
morgen möchten ewre Kinder zu vnsern Kindern
sagen / Was gehet euch der HERR der Gott Jsrael
an? [25]Der HERR hat den Jordan zur Grentze ge-
setzt zwischen vns vnd euch kindern Ruben vnd
Gad / jr habt kein teil am HERRN Da mit würden
ewr kinder vnser kinder / von der furcht des
HERRN weisen.

[26]DArumb sprachen wir / Last vns einen Altar
bawen / nicht zum Opffer / noch zum Brandopffer /
[27]Sondern das er ein Zeuge sey zwisschen vns vnd
euch vnd vnsern Nachkomen / das wir dem HERRN
dienst thun mögen für jm / mit vnsern Brandopffern /
Danckopffern vnd andern Opffern / Vnd ewr kin-
der heut oder morgen nicht sagen dürffen zu vnsern
kindern / Jr habt kein Teil an dem HERRN.
[28]Wenn sie aber also zu vns sagen würden / oder
zu vnsern Nachkomen heut oder morgen / So kün-
den sie sagen / Sehet die gleichnis des Altars des
HERRN / den vnser Veter gemacht haben / nicht

gebawet von den Rubenitern etc.

zum Opffer / noch zum Brandopffer / Sondern zum
Zeugen zwisschen vns vnd euch. 29Das sey ferne
von vns / das wir abtrünnig werden von dem
HERRN / das wir vns heute wolten von jm wenden / vnd einen Altar bawen / zum Brandopffer / vnd zum Speisopffer / vnd andern Opffern / ausser dem Altar des HERRN vnsers Gottes / der fur seiner Wonung stehet.

DA aber Pinehas der Priester vnd die Obersten der Gemeine / die Fürsten Jsrael / die mit jm waren / höreten diese wort / die die kinder Ruben / Gad vnd Manasse sagten / gefielen sie jnen wol.
31Vnd Pinehas der son Eleasar des Priesters sprach
zu den kindern Ruben / Gad vnd Manasse / Heute erkennen wir / das der HERR vnter vns ist / das jr euch nicht an dem HERRN versündigt habt in dieser that / Nu habt jr die kinder Jsrael errettet aus der Hand des HERRN.

32DA zoch Pinehas / der son Eleasar des Priesters / vnd die Obersten / aus dem land Gilead / von den kindern Ruben vnd Gad wider ins Land Canaan zu den kindern Jsrael / vnd sagtens jnen an.
33Das gefiel den kindern Jsrael wol / vnd lobten
den Gott der kinder Jsrael / Vnd sagten nicht mehr / das sie hinauff wolten ziehen / mit einem Heer wider sie / zuuerderben das Land / da die kinder Ruben
vnd Gad innen woneten. 34Vnd die kinder Ruben
vnd Gad hiessen den Altar / Das er Zeuge sey zwisschen vns / vnd / Das der HERR Gott sey.

XXIII.

Ermanung Josua an Jsrael etc.

VND NACH LANGER ZEIT / DA DER HERR HATTE Jsrael zu ruge bracht / fur alle jren Feinden vmbher / vnd Josua nu alt vnd wol betaget war / 2Berieff er das gantz Jsrael vnd jre eltesten Heubter / Richter vnd Amptleute / vnd sprach zu jnen. Jch bin alt vnd wol || betaget / 3Vnd jr habt gesehen alles was der HERR ewr Gott Gethan hat / an allen diesen Völckern fur euch her / Denn der HERR ewr Gott hat selber fur euch gestritten. 4Sehet / Jch hab euch die vbrige Völcker durchs Los zugeteilet / einem jglichen Stam sein Erbteil vom Jordan an / vnd alle Völcker die ich aus gerottet habe / vnd am grossen Meer gegen der Sonnen vntergang / 5Vnd der HERR ewr Gott wird sie ausstossen fur euch / vnd von euch vertreiben / das

Josu. 21.

|| 130b

Josua an Jsrael vor seinem tod.

jr jr Land einnemet / Wie euch der HERR ewr
Gott geredt hat.

SO seid nu seer getrost / das jr haltet vnd thut
alles was geschrieben stehet im Gesetzbuch Mo-
se / Das jr nicht dauon weichet / weder zur rechten
noch zur lincken / 7Auff das jr nicht vnter diese
vbrige Völcker kompt / die mit euch sind / Vnd
Exo. 23. nicht gedenckt noch schwerer bey dem namen jrer
Götter / noch jnen dienet noch sie anbetet / 8Son-
dern dem HERRN ewrem Gott anhanget / wie jr
Lev. 26. bis auff diesen tag gethan habt. 9So wird der
Deut. 28. HERR fur euch her vertreiben grosse vnd mechtige
Völcker / vnd niemand hat euch widerstanden / bis
auff diesen tag. 10Ewer einer wird tausent jagen /
Denn der HERR ewr Gott streitet fur euch / wie
er euch geredt hat. 11Darumb so behütet auffs
vleissigst ewr Seelen / das jr den HERRN ewren
Gott lieb habet.

WO jr euch aber vmbwendet / vnd diesen vberi-
gen Völckern anhanget / vnd euch mit jnen
verheiratet / das jr vnter sie / vnd sie vnter euch ko-
men / 13So wisset / das der HERR ewr Gott / wird
nicht mehr alle diese Völcker fur euch vertreiben /
Sondern sie werden euch zum strick vnd netz / vnd
zum geissel in ewer seiten werden / vnd zum stachel
in ewren augen / Bis das er euch vmbbringe von
dem guten Land / das euch der HERR ewr Gott
gegeben hat.

SJhe / Jch gehe heute dahin / wie alle welt / Vnd
jr solt wissen von gantzem Hertzen / vnd von
gantzer Seele / das nicht ein wort gefeilet hat / an
alle dem Guten / das der HERR ewr Gott euch
geredt hat / Es ist alles komen vnd keins verblieben.
15Gleich wie nu alles Gutes komen ist / das der
HERR ewr Gott euch geredt hat / Also wird der
HERR auch vber euch komen lassen alles böse /
bis er euch vertilge / von diesem guten Lande / das
euch der HERR ewr Gott gegeben hat / 16wenn jr
vbertrettet den Bund des HERRN ewrs Gottes /
den er euch geboten hat / Vnd hingehet vnd andern
Göttern dienet / vnd sie anbetet / das der zorn des
HERRN vber euch ergrimmet / vnd euch bald
vmbbringet von dem guten Land / das er euch ge-
geben hat.

Ermanung Josua an Jsrael vor seinem tod.

XXIIII.

SICHEM.

JOSUA VERSAMLET ALLE STEMME JSRAEL GEN SI-
chem / vnd berieff die Eltesten von Jsrael / die
Heubter / Richter / vnd Amptleut. Vnd da sie fur
Gott getretten waren / [2]sprach er zum gantzen
Volck / So sagt der HERR der Gott Jsrael / Ewer
Veter woneten vor zeiten jenseid dem wasser /
Tharah / Abrahams vnd Nahors vater / vnd diene- Gen. 11.
ten andern Göttern. [3]Da nam ich ewrn vater
Abraham jenseid des wassers / vnd lies jn wandern
im gantzen land Canaan / vnd mehret jm seinen
Samen / Vnd gab jm Jsaac. [4]Vnd Jsaac gab ich Gen. 21. 25.
Jacob vnd Esau / Vnd gab Esau das gebirge Seir 36.
zu besitzen / Jacob aber vnd seine Kinder zogen Gen. 46.
hinab in Egypten.

[5]DA sandte ich Mosen vnd Aaron / vnd plaget Exo. 3.
Egypten / wie ich vnter jnen gethan habe. [6]Dar- Exo. 12.
nach füret ich euch / vnd ewr Veter aus Egypten /
Vnd da jr ans Meer kamet / vnd die Egypter ewrn Exo. 14.
Vetern nachiagten mit wagen vnd reuttern ans
Schilffmeer / [7]Da schrien sie zum HERRN / der
setzt ein Finsternis zwisschen euch vnd den Egyp-
tern / vnd füret das Meer vber sie / vnd bedecket
sie. Vnd ewr augen haben gesehen / was ich in
Egypten gethan habe / Vnd jr habet gewonet in
der Wüsten eine lange zeit. [8]Vnd ich hab euch
bracht in das Land der Amoriter / die jenseid dem Num. 21.
Jordan woneten / Vnd da sie wider || euch stritten / || 131a
gab ich sie in ewre hende / das jr jr Land besasset /
vnd vertilget sie fur euch her.

[9]DA macht sich auff Balak der son Zipor / der
Moabiter könig / vnd streit wider Jsrael / Vnd
sandte hin vnd lies ruffen Bileam dem son Beor / Num. 22.
das er euch verfluchet. [10]Aber ich wolte jn nicht
hören / vnd er segenet euch / vnd ich errettet euch
aus seinen henden. [11]Vnd da jr vber den Jordan
gienget vnd gen Jeriho kamet / stritten wider euch
die bürger von Jeriho / die Amoriter / Pheresiter / Josu. 3. 6. 11.
Cananiter / Hethiter / Girgositer / Heuiter vnd Je-
busiter / Aber ich gab sie in ewre hende. [12]Vnd
sandte Hornissen fur euch her / die trieben sie aus Deut. 7.
fur euch her die zween Könige der Amoriter / Exod. 23.
Nicht durch dein schwert noch durch deinen bo-
gen. [13]Vnd hab euch ein Land gegeben daran jr
nicht geerbeitet habt / vnd Stedte die jr nicht ge-
bawet habt / das jr drinnen wonet vnd esset von

Ermanung Josua an Jsrael vor seinem tod.

Weinbergen vnd Olebergen / die jr nicht gepflantzet
habt.

SO fürchtet nu den HERRN / vnd dienet jm trew-
lich vnd rechtschaffen vnd last fahren die Göt-
ter / den ewer Veter gedienet haben jenseid dem
Wasser / vnd in Egypten / vnd dienet dem HERRN.
[15]Gefellet es euch aber nicht / das jr dem HERRN
dienet / So erwelet euch heute / welchem jr dienen
wolt / dem Gott dem ewr Veter gedienet haben
jenseid dem Wasser / Oder den Göttern der Amo-
riter / in welcher Land jr wonet / Jch aber vnd
mein Haus wöllen dem HERRN dienen.

DA antwortet das Volck / vnd sprach / Das sey
ferne von vns / das wir den HERRN verlassen /
vnd andern Göttern dienen / [17]Denn der HERR
vnser Gott / hat vns vnd vnser Veter aus Egypten-
land gefürt / aus dem Diensthause / Vnd hat fur
vnsern augen solche grosse Zeichen gethan / vnd
vns behüt auff dem gantzen wege / den wir gezogen
sind / vnd vnter allen Völckern / durch welche wir
gegangen sind. [18]Vnd hat ausgestossen fur vns
her / alle Völcker der Amoriter / die im Lande wo-
neten / Darumb wöllen wir auch dem HERRN die-
nen / Denn er ist vnser Gott.

JOsua sprach zum Volck / Jr künd dem HERRN
nicht dienen / Denn er ist ein heiliger Gott / ein
eiueriger Gott / der ewer vbertrettung vnd sünde
nicht schonen wird. [20]Wenn jr aber den HERRN
verlasset vnd eim frembden Gott dienet / So wird
er sich wenden / vnd euch plagen / vnd euch vmb-
bringen / nach dem er euch Guts gethan hat. [21]Das
volck aber sprach zu Josua / Nicht also / Sondern
wir wöllen dem HERRN dienen.

DA sprach Josua zum volck / Jr seid Zeugen vber
euch / das jr den HERRN euch erwelet hab /
das jr jm dienet. Vnd sie sprachen / Ja. [23]So thut
nu von euch die frembden Götter / die vnter euch
sind / vnd neiget ewer hertz zu dem HERRN /
dem Gott Jsrael. [24]Vnd das volck sprach zu Josua /
Wir wöllen dem HERRN vnserm Gott dienen /
vnd seiner stimme gehorchen. [25]Also macht Josua
desselben tags einen Bund mit dem volck / vnd legt
jnen Gesetz vnd Recht fur / zu Sichem.

[26]VNd Josua schreib dis alles ins Gesetzbuch
Gottes / Vnd nam einen grossen Stein / vnd richtet
jn auff daselbs vnter einer Eiche / die bey dem Hei-
ligthum des HERRN war / [27]vnd sprach zum

Josua gebein begraben etc.

gantzen Volck. Sihe / dieser Stein sol Zeuge sein
zwisschen vns / Denn er hat gehöret alle rede des
HERRN / die er mit vns geredt hat / vnd sol ein
Zeuge vber euch sein / das jr ewrn Gott nicht ver-
leucket. 28Also lies Josua das Volck / einen jglichen
in sein Erbteil.

JOSUA alter 110. jar.

VND es begab sich nach diesem Geschicht / das
Josua der son Nun / der knecht des HERRN
starb / da er hundert vnd zehen jar alt war / 30Vnd
man begrub jn in der grentze seines Erbteils zu
TimnathSerah / die auff dem gebirge Ephraim ligt /
von Mitternacht werts / am berge Gaas. 31Vnd
Jsrael dienete dem HERRN / so lange Josua lebt
vnd die Eltesten / welche lange zeit lebten nach
Josua / die alle werck des HERRN wusten / die er
an Jsrael gethan hatte. ‖ ‖ 131b

GAAS. Jud. 2.

Josephs gebeine. Gen. 33.

DJe gebeine Joseph / welche die kinder Jsrael
hatten aus Egypten bracht / begruben sie zu
Sichem / in dem Stück feldes / das Jacob kaufft von
den kindern Hemor / des vaters Sichem / vmb hun-
dert grosschen / vnd ward der kinder Joseph Erb-
teil.

Eleasar. stirbet.

ELeasar der son Aaron starb auch / vnd sie be-
gruben jn zu Gibea seines sons Pinehas / die jm
gegeben war auff dem gebirge Ephraim.

Ende des Buchs Josua.

DAS BUCH DER RICHTER.

I.

NACH DEM TOD JOSUA FRAGTEN DIE KINDER
Jsrael den HERRN / vnd sprachen / Wer sol-
vnter vns den Krieg füren wider die Cananiter?
2Der HERR sprach / Juda sol jn füren / Sihe / Jch
hab das Land in seine hand gegeben. 3Da sprach
Juda zu seinem bruder Simeon / Zeuch mit mir
hinauff in meinem Los / vnd las vns wider die Ca-
naniter streiten / So wil ich wider mit dir ziehen in
deinem los / Also zoch Simeon mit jm.

DA nu Juda hinauff zoch / gab jm der HERR die
Cananiter vnd Pheresiter in jre hende / vnd
schlugen zu Besek zehen tausent Man. 5Vnd fun-
den den AdoniBesek / zu Besek / vnd stritten wider ADONIBESEK
jn / vnd schlugen die Cananiter vnd Pheresiter.
6Aber AdoniBesek flohe / vnd sie jagten jm nach /
Vnd da sie jn ergriffen / verhieben sie jm die dau-
men an seinen henden vnd füssen. 7Da sprach
AdoniBesek / Siebenzig Könige mit verhawenen
daumen jrer hende vnd füsse lasen auff vnter mei-
nem Tisch / Wie ich nu gethan habe / so hat mir
Gott wider vergolten. Vnd man bracht jn gen Jeru-
salem / daselbs starb er.

Josu. 10. 15. ABer die kinder Juda stritten wider Jerusalem / JERUSALEM
vnd gewonnen sie / Vnd schlugen sie mit der eröbert.
scherffe des schwerts / vnd zundten die Stad an.
9Darnach zogen die kinder Juda erab zu streiten
wider die Cananiter / die auff dem Gebirge vnd
gegen mittag vnd in den gründen woneten.

Josu. 15. VNd Juda zoch hin wider die Cananiter / die zu
Hebron woneten (Hebron aber hies vor zeiten
KiriathArba) vnd schlugen den Sesai vnd Ahiman
vnd Thalmai / 11Vnd zoch von dannen wider die
einwoner zu Debir (Debir aber hies vor zeiten Ki-
riathSepher.) 12Vnd Caleb sprach / Wer Kiriath- CALEB.
Sepher schlegt vnd gewinnet / dem wil ich meine
tochter Achsa zum Weibe geben. 13Da gewan sie ACHSA.
Athniel / der son Kenas des Calebs jüngster bruder / ATHNIEL.
Vnd er gab jm seine tochter Achsa zum weibe.
14Vnd es begab sich / da sie einzoch ward jr gera-
ten / das sie fordern solt einen Acker von jrem
Vater / Vnd fiel vom esel. Da sprach Caleb zu jr /
Was ist dir? 15Sie sprach / Gib mir einen Segen /
Denn du hast mir ein Mittagsland gegeben / Gib
mir auch ein wesserigs. Da gab er jr ein wesseriges
oben vnd vnten.

Jsrael hat die Heiden nicht alle vertreiben künnen etc.

VND die kinder des Keniters Mose schwager zo- Num. 10.
gen erauff aus der Palmenstad / mit den kindern Exo. 18.
Juda in die wüsten Juda / die da ligt gegen mittag
der stad Arad / vnd gieng hin vnd wonet vnter
dem Volck. || || 132a

VND Juda zoch hin mit seinem bruder Simeon /
vnd schlugen die Cananiter zu Zephath / vnd
verbanneten sie / vnd nenneten die stad Harma.
[18]Dazu gewan Juda Gaza mit jrer zugehör / vnd
Asklon mit jrer zugehör / vnd Ekron mit jrer zu-
gehör. [19]Vnd der HERR war mit Juda / das er das
Gebirge einnam / Denn er kund die Einwoner im
grunde nicht einnemen / darumb / das sie eisern
Wagen hatten. [20]Vnd sie gaben dem Caleb Hebron / Josu. 15.
wie Mose gesagt hatte / Vnd er vertreib draus die
drey Söne des Enak.

[21]ABer die kinder BenJamin vertrieben die Je-
busiter nicht / die zu Jerusalem woneten / Sondern
die Jebusiter woneten bey den kindern BenJamin
zu Jerusalem bis auff diesen tag.

DEsselben gleichen zogen auch die kinder Jo-
sephs hinauff gen BethEl / vnd der HERR war
mit jnen. [23]Vnd das haus Joseph verkunschafften
BethEl (die vorhin Lus hies) [24]Vnd die Wechter
sahen einen Man aus der Stad gehen / vnd sprachen
zu jm / Weise vns / wo wir in die Stad komen / so
wöllen wir barmhertzigkeit an dir thun. [25]Vnd da
er jnen zeiget wo sie in die Stadt kemen / schlugen
sie die Stad mit der scherffe des schwerts / Aber den
Man vnd alle sein Geschlecht liessen sie gehen.
[26]Da zoch der selb Man ins land der Hethiter / vnd
LUS. bawete eine Stad / vnd hies sie Lus / die heisst noch
heutes tages also.

VND Manasse vertreib nicht BethSean mit jren
töchtern / noch Thaenach mit jren töchtern /
noch die Einwoner zu Dor mit jren töchtern / noch
die einwoner zu Jebleam mit jren töchtern / noch
die Einwoner zu Megiddo mit jren töchtern / Vnd
die Cananiter fiengen an zu wonen in dem selben
Lande. [28]Da aber Jsrael mechtig ward / macht er
die Cananiter zinsbar / vnd vertreib sie nicht.

[29]DEsgleichen vertreib auch Ephraim die Cana-
niter nicht / die zu Gaser woneten / Sondern die
Cananiter woneten vnter jnen zu Gaser.

[30]SEbulon vertreib auch nicht die einwoner zu
Kitron vnd Nahalol / Sondern die Cananiter wone-
ten vnter jnen / vnd waren zinsbar.

31ASer vertreib die einwoner zu Ako nicht / noch
die einwoner zu Zidon / zu Ahelab / zu Achsib / zu
Helba / zu Aphik vnd zu Rehob / 32Sondern die
Asseriter woneten vnter den Cananitern / die im
Land woneten / denn sie vertrieben sie nicht.

33NAphthali vertreib die einwoner nicht zu
BethSemes / noch zu BethAnath / Sondern wonet
vnter den Cananitern / die im Lande woneten /
Aber die zu BethSemes vnd zu BethAnath wurden
zinsbar.

VND die Amoriter drungen die kinder Dan auffs
gebirge / vnd liessen nicht zu / das sie erunter
in den grund kemen / 35Vnd die Amoriter fiengen
an zu wonen auff dem gebirge Heres / zu Aialon
vnd zu Saalbim. Doch ward jnen die hand des hau-
ses Joseph zu schweer / vnd wurden zinsbar. 36Vnd
die grentze der Amoriter war / da man gen Akrab-
bim hinauff gehet / vnd von dem fels vnd von der
höhe.

II.

ES KAM ABER DER ENGEL DES HERRN ERAUFF
von Gilgal gen Bochim / vnd sprach / Jch hab
euch aus Egypten er auff gefurt / vnd ins Land
bracht / das ich ewrn Vetern geschworen hab / vnd
Deut. 7. Num. 33. sprach / Jch wolt meinen Bund mit euch nicht nach-
lassen ewiglich / 2das jr nicht soltet einen Bund
machen mit den Einwonern dieses Lands / vnd jre
Altar zubrechen / Aber jr habt meiner stimme nicht
gehorchet / Warumb habt jr das gethan? 3Da
sprach ich auch / Jch wil sie nicht vertreiben fur
euch / das sie euch zum stricke werden / vnd jre
Götter zum netze 4Vnd da der Engel des HERRN
|| 132b solche wort geredt hatte zu allen kindern || Jsrael /
Hub das volck seine stimme auff / vnd weineten.
5Vnd hiessen die stet Bochim / vnd opfferten da-
selbst dem HERRN.

(ENGEL) Der Priester Pinehas.

BOCHIM Heisst die weinende.

DEnn als Josua das Volck von sich gelassen
hatte / vnd die kinder Jsrael hin gezogen waren /
ein jglicher in sein Erbteil / das Land einzunemen /
dienete das volck dem HERRN / so lange Josua
lebet vnd die Eltesten / die lange nach Josua lebten /
vnd alle die grossen werck des HERRN gesehen
Josu. 24. hatten / die er Jsrael gethan hatte. 8Da nu Josua
der son Nun gestorben war / der Knecht des
HERRN / als er hundert vnd zehen jar alt war /
9begruben sie jn in den grentzen seins erbteils zu

Nach Josua todt versündigt sich Jsrael an dem HERRN.

Thimnath Heres / auff dem gebirge Ephraim von mitternacht werts am berge Gaas. GAAS.

DA auch alle die zu der zeit gelebt hatten / zu jren Vetern versamlet worden / Kam nach jnen ein ander Geschlecht auff / das den HERRN nicht kennet / noch die werck die er an Jsrael gethan
hatte. 11 Da theten die kinder Jsrael vbel fur dem
HERRN / vnd dieneten Baalim / 12 Vnd verliessen
den HERRN jrer veter Gott / der sie aus Egyptenland gefüret hatte vnd folgeten andern Göttern nach / auch den Göttern der völcker / die vmb sie her woneten / vnd betten sie an / vnd erzürneten
den HERRN / 13 Denn sie verliessen je vnd je den
HERRN / vnd dieneten Baal vnd Astharoth. BAAL. ASTHAROTH.

14 SO ergrimmet denn der zorn des HERRN vber Jsrael / vnd gab sie in hand dere / die sie raubten / das sie sie beraubten / vnd verkaufft sie in die hende jrer Feinde vmbher. Vnd sie kundten nicht mehr
jren Feinden widerstehen / 15 Sondern wo sie hinaus wolten / so war des HERRN Hand wider sie zum vnglück / Wie denn der HERR jnen gesagt Leuit. 26.
vnd geschworen hatte / vnd wurden hart gedrenget. Deut. 28.

WEnn denn der HERR Richter aufferwecket /
die jnen holffen aus der Reuber hand / 17 so
gehorchten sie den Richtern auch nicht / Sondern hureten andern Göttern nach vnd betten sie an / vnd wichen bald von dem wege / da jre Veter auffgegangen waren / des HERRN Geboten zu gehorchen / vnd theten nicht wie dieselben.

18 WEnn aber der HERR jnen Richter erwecket / So war der HERR mit dem Richter / vnd halff jnen aus jrer Feinde hand / so lang der Richter lebet / Denn es jamert den HERRN jr wehklagen / vber
die so sie zwungen vnd drengeten. 19 Wenn aber
der Richter gestarb / so wandten sie sich / vnd verderbeten es mehr denn jre Veter / das sie andern Göttern folgeten / jnen zu dienen vnd sie anzubeten / Sie fielen nicht von jrem furnemen / noch von jrem halsstarrigen wesen.

20 DARumb ergrimmet denn des HERRN zorn vber Jsrael / das er sprach / Weil dis volck meinen Bund vbergangen hat / den ich jren Vetern geboten
hab / vnd gehorchen meiner stimme nicht / 21 So
wil ich auch hinfurt die Heiden nicht vertreiben /
die Josua hat gelassen / da er starb / 22 Das ich Jsrael
an jnen versuche / ob sie auff den wegen des HERRN

bleiben / das sie drinnen wandeln / wie jre Veter
geblieben sind / oder nicht. [23]Also lies der HERR
diese Heiden / das er sie nicht bald vertreib / die er
nicht hatte in Josua hand vbergeben.

III.

DJS SIND DIE HEIDEN / DIE DER HERR LIES BLEI- Heiden
ben / Das er an jnen Jsrael versuchete / die nicht so vnter Jsrael
wusten vmb die kriege Canaan / [2]vnd das die Ge- blieben sind.
schlechter der kinder Jsrael wüsten vnd lerneten
streiten / die vorhin nichts drumb wusten / [3]nem-
lich die fünff Fürsten der Philister / vnd alle Cana-
niter vnd Zidonier / vnd Heuiter die am berge
Libanon woneten / von dem berg BaalHermon an /
Num. 33. bis man kompt gen Hemath. [4]Dieselben blieben /
|| 133a Jsrael an den selben zuuersuchen / Das es kund ||
würde / ob sie den Geboten des HERRN gehorch-
ten / die er jren Vetern geboten hatte / durch
Mosen.

DA nu die kinder Jsrael also woneten vnter den
Cananitern / Hethitern / Amoritern / Pheresitern /
Deut. 7. Heuitern vnd Jebusitern / [6]namen sie jener Töch-
ter zu Weibern / vnd gaben jre Töchter jener Söne /
vnd dieneten jener Göttern / [7]Vnd theten vbel fur
dem HERRN / vnd vergassen des HERRN jres
Gottes / vnd dieneten Baalim vnd den Haynen.
[8]Da ergrimmet der zorn des HERRN vber Jsrael /
vnd verkaufft sie vnter die hand CusanRisathaim /
dem könige zu Mesopotamia / Vnd dieneten also
die kinder Jsrael dem CusanRisathaim acht jar. Cusan-
[9]DA schrien die kinder Jsrael zu dem HERRN / Risathaim.
Vnd der HERR erwecket jnen einen Heiland / der
sie erlöset / Athniel / den son Kenas / Calebs jüng-
sten bruders. [10]Vnd der Geist des HERRN war in
jm / vnd ward Richter in Jsrael / vnd zoch aus zum
streit / Vnd der HERR gab den könig zu Syrien
CusanRisathaim in seine hand / das seine hand vber
jn zu starck ward. [11]Da ward das Land stil / vierzig
jar / Vnd Athniel der son Kenas starb. Athniel.

ABer die kinder Jsrael theten furter vbels fur 40. Jar.
dem HERRN / Da sterckt der HERR Eglon
den könig der Moabiter wider Jsrael / Darumb das
sie vbels thaten fur dem HERRN. [13]Vnd samlet
zu jm die kinder Ammon / vnd die Amalekiter /
vnd er zoch hin vnd schlug Jsrael / vnd nam ein die
Palmenstad. [14]Vnd die kinder Jsrael dieneten Eg- Eglon.
lon der Moabiter könig achzehen jar.

15DA schrien sie zu dem HERRN / Vnd der
EHUD 80. Jar. HERR erwecket jnen einen Heiland / Ehud den son
Gera / des sons Jemini / der war Linck. Vnd da die
kinder Jsrael durch denselben Geschenck sandten /
Eglon der Moabiter könige / 16macht jm Ehud ein
zweischneidig Schwert / einer ellen lang / vnd
gürtet es vnter sein Kleid auff seine rechten hüfft /
17vnd bracht das Geschenck dem Eglon der Moa-
biter könige / Eglon aber war ein seer fetter Man.

18VND da er das Geschenck hatte vberantwor-
tet / lies er das Volck / die das Geschenck getragen
hatten. 19Vnd kart vmb von den Götzen zu Gil-
gal / vnd lies ansagen / Jch hab o König dir was
heimlichs zu sagen. Er aber hies schweigen / vnd
giengen aus von jm alle die vmb jn stunden. 20Vnd
Ehud kam zu jm hinein / Er aber sas in der Sommer-
leube. Vnd Ehud sprach / Jch hab Gottes wort an
dich / Da stund er auff von seinem stuel. 21Ehud
aber recket seine lincken hand aus / vnd nam das
Schwert von seiner rechten hüfft / vnd stiess jm in
seinen Bauch / 22das auch das hefft der schneiten
nach hinein fur / vnd das fette das hefft verschlos
(Denn er zoch das schwert nicht aus seinem bauch)
das der mist von jm gieng. 23Aber Ehud gieng den
[a]Saal hinaus / vnd thet die thür hinder jm zu vnd
verschlos sie.

DA er nu hinaus war / kamen seine Knechte hin-
ein / vnd sahen das die thür der Sommerleube
verschlossen war / vnd sprachen / Er ist vieleicht
zu stuel gangen in der kamer an der Sommerleube.
25Da sie aber so lange harreten / bis sie sich scheme-
ten / Denn niemand thet die thür der Leuben auff /
namen sie den schlüssel vnd schlossen auff / Sihe /
da lag jr Herr auff der erden tod.

EHud aber war entrunnen die weil sie verzogen /
vnd gieng fur den Götzen vber / vnd entran bis
gen Seirath. 27Vnd da er hinein kam / blies er die
Posaunen auff dem gebirge Ephraim. Vnd die kin-
der Jsrael zogen mit jm vom Gebirge / vnd er fur
jnen her. 28Vnd sprach zu jnen / Jaget mir nach /
Denn der HERR hat euch die Moabiter ewr Feinde
in ewr hende gegeben. Vnd sie jagten jm nach / vnd
gewunnen die Furt am Jordan ein / die gen Moab
gehet / vnd liessen niemand hin vber gehen / 29vnd
schlugen die Moabiter zu der zeit / bey zehen tau-
sent Man / allzumal die besten vnd streitbare Men-
ner / das nicht einer entran. 30Also wurden die

a
Die Ratstube / vbi ordinati et erant sedes etc.

Moabiter zu der zeit vnter die hand der kinder
Jsrael gedempfft / Vnd das Land war stille achzig
|| 133b jar. ||

DARnach war Samgar der son Anath / Der schlug
sechs hundert Philister / mit einem Ochsen-
stecken / vnd erlöset auch Jsrael.

IIII.

ABER DIE KINDER JSRAEL THETEN FÜRTER VBEL
fur dem HERRN / da Ehud gestorben war.
2Vnd der HERR verkaufft sie in die hand Jabin der JABIN.
Cananiter könig / der zu Hazor sass / vnd sein Feld-
heubtman war Sissera / vnd er wonet zu Haroseth
der Heiden. 3Vnd die kinder Jsrael schrien zum
HERRN / Denn er hatte neun hundert eissern
Wagen / vnd zwang die kinder Jsrael mit gewalt
zwenzig jar.

ZV derselbigen zeit war Richterin in Jsrael / die
Prophetin Debora / ein Eheweib des Lapidoth.
5Vnd sie wonet vnter der Palmen Debora / zwi- DEBORA
sschen Rama vnd BethEl / auff dem gebirge Ephra- Richterin
im / Vnd die kinder Jsrael kamen zu jr hinauff fur 40. jar.
gericht.

DJeselbige sand hin vnd lies ruffen Barak dem BARAK.
son AbiNoam von KedesNaphthali / vnd lies
jm sagen / Hat dir nicht der HERR der Gott Jsrael
geboten / Gehe hin / vnd zeuch auff den berg Tha-
bor / vnd nim zehen tausent Man mit dir / von den
kindern Naphthali vnd Sebulon? 7Denn ich wil
Sissera den Feldheubtman Jabin / zu dir ziehen an
das wasser Kison / mit seinen Wagen / vnd mit sei-
ner Menge / vnd wil jn in deine hende geben.

8BArak sprach zu jr / Wenn du mit mir zeuchst /
so wil ich ziehen / Zeuchstu aber nicht mit mir / so
wil ich nicht ziehen. 9Sie sprach / Jch wil mit dir
ziehen / Aber der preis wird nicht dein sein auff
dieser Reise die du thust / sondern der HERR wird
Sissera in eines Weibs hand vbergeben. Also macht
sich Debora auff / vnd zoch mit Barak gen Kedes.
10Da rieff Barak Sebulon vnd Naphthali gen Kedes /
vnd zoch zu fus mit zehen tausent Man / Debora
zoch auch mit jm.

HEber aber der Keniter war von den Kenitern /
von den kindern Hobab Moses schwager ge-
zogen / vnd hatte seine Hütten auffgeschlagen bey
den eichen Zaanaim neben Kedes.

SISSERA. DA ward Sissera angesagt / das Barak der son Psal. 83.
AbiNoam auff den berg Thabor gezogen were.
13Vnd er rieff allen seinen Wagen zusamen / neun
hundert eisern wagen / vnd allem Volck das mit jm
war / von Haroseth der Heiden / an das wasser
Kison. 14Debora aber sprach zu Barak / Auff / das
ist der tag / da dir der HERR Sissera hat in deine
hand gegeben / Denn der HERR wird fur dir er aus
ziehen. Also zoch Barak von dem berge Thabor
erab / vnd die zehen tausent Man jm nach.

15ABer der HERR erschrecket den Sissera /
sampt allen seinen Wagen vnd gantzem Heer / fur
der scherffe des schwerts Barak / das Sissera von
seinem wagen sprang / vnd floh zu füssen. 16Barak
aber jaget nach den wagen vnd dem Heer bis gen
Haroseth der Heiden / vnd alles heer Sissera fiel fur
der scherffe des schwerts / das nicht einer vberbleib.

Jael. SIssera aber floh zu fussen in die hütten Jael / des
weibs Heber des Keniters / Denn der könig
Jabin zu Hazor / vnd das haus Heber des Keniters /
stunden mit einander im friede. 18Jael aber gieng
er aus Sissera entgegen / vnd sprach zu jm / Weiche /
mein Herr / weiche zu mir / vnd fürchte dich nicht.
Vnd er weich zu jr ein in jre Hütten / vnd sie deckte
jn zu mit einem Mantel. 19Er aber sprach zu jr /
Lieber / Gib mir ein wenig wassers zu trincken /
denn mich dürstet / Da thet sie auff einen Milch-
topff / vnd gab jm zu trincken / vnd decket jn zu.
20Vnd er sprach zu jr / Trit in der Hütten thür / vnd
wenn jemand kompt vnd fragt / Ob jemand hie sey?
So sprich niemand.

21DA nam Jael das weib Heber einen Nagel von
der Hütten / vnd einen Hamer in jre hand / vnd
gieng leise zu jm hin ein / vnd schlug jm den Nagel ‖ ‖ 134a
durch seinen Schlaff / das er zur erden sanck / Er
aber entschlummet / ward ammechtig vnd starb.

22DA aber Barak Sissera nachiaget / gieng jm
Jael entgegen eraus / vnd sprach zu jm / Gehe her /
Jch wil dir den Man zeigen den du süchst. Vnd da er
zu jr hinein kam / lag Sissera tod / vnd der nagel
stackt in seinem schlaff. 23Also dempfft Gott zu
der zeit Jabin der Cananiter könig / fur den kindern
Jsrael. 24Vnd die hand der kinder Jsrael fur fort /
vnd ward starck wider Jabin der Cananiterkönig /
bis sie jn ausrotten.

1DA sange Debora vnd Barak der son AbiNoam
zu der zeit / vnd sprachen.

V.

L[a]OBET DEN HERRN / DAS JSRAEL WIDER FREY
ist worden / Vnd das Volck willig dazu gewesen
ist.
[3]HOret zu jr Könige / vnd mercket auff jr Für-
sten / Jch wil dem HERRN / wil ich singen / Dem
HERRN dem Gott Jsrael wil ich spielen.
Deut. 2. [4]HERR / da du von Seir auszogest / vnd einher
Psal. 68. 114. giengest vom felde Edom / Da erzittert die Erde /
der Himel troff / vnd die Wolcken troffen mit was-
ser.
[5]Die Berge ergossen sich fur dem HERRN / Der
Sinai fur dem HERRN dem Gott Jsrael.
Jud. 3. ZVn zeiten Samgar des sons Anath / zun zeiten
Jud. 4. Jael waren vergangen die wege / Vnd die da
auff pfaten gehen solten / die wandelten durch
[b]krumme wege.
[7]Es gebrach / an Bauren gebrachs in Jsrael / Bis
das ich Debora auffkam / bis ich auffkam eine Mut-
ter in Jsrael.
[8]Ein newes hat Gott erwelet / Er hat die Thor be-
1. Sam. 13. stritten / Es war kein schilt noch spies vnter vierzig
tausent in Jsrael zu sehen.
[9]Mein hertz ist wol an den Regenten Jsrael / die
freiwillig sind vnter dem Volck / [c]Lobt den
HERRN / [10]die jr auff schönen Eselin reittet / die
jr am Gericht sitzt / Vnd singet / die jr auff dem wege
gehet.
[11]Da die Schützen schrien zwisschen den [d]Schep-
ffen / da sage man von der gerechtigkeit des
HERRN / von der gerechtigkeit seiner Baurn in
Jsrael / Da zoge des HERRN volck erab zu den
Thoren.
[12]WOlauff / wolauff Debora / wolauff / wolauff /
vnd singe ein Liedlin / Mach dich auff Barak / vnd
fange deine Fenger / du son AbiNoam.
[13]Da herrscheten die Verlassene vber die mechti-
gen Leute / Der HERR hat geherrschet durch mich
vber die Gewaltigen.
Exod. 17. AVs Ephraim war jre [e]wurtzel wider Amalek /
Vnd nach dir BenJamin in deinem volck.
Von Machir sind Regenten komen / Vnd von
Sebulon sind Regierer worden durch die Schreib-
fedder.
[15]Vnd Fürsten zu Jsaschar waren mit Debora /
Vnd Jsaschar war wie Barak im grunde gesand mit

a Dis Lied wil so viel sagen / Das Gott hab den Sissera geschlagen durch die geringsten Leute in Jsrael / Das die geringen auch ein mal hoch vnd gros worden sind / da die grossen hohen Geschlecht Jsrael stil sassen / vnd sie verliessen in nöten. Das ist das newe das der HERR erwelet hat / Da sind die Bauren Jsrael prechtig vnd auch Herrn worden etc.

b (Krumme) Das ist / Es war kein Regiment noch ordnung im Lande.

c (Lobt) Das ist / Jr Herrn Richter vnd gemeiner Man.

d (Schepffen) Das ist / Da die schützen Sissera schrien fur not am wasser Kison / da man pflegt zu schepffen da halff Gott seinen Bauren / vnd lies das Recht gehen.

e (Wurtzel) Das ist / Josua war der erst Fürst aus dem

vnd Baraks Liede.

stam Manasse / der schlug Amalek / vnd nach jm die andern / Bis das Sebulon auch ein mal einen Josua vberkomen hat wider Sissera. Vnd merck / Sie nennet die Fürsten Regierer / die mit den Schreibfeddern streiten / Das ist / Sie gewinnen mehr durch den glauben in Gottes wort / denn mit dem Schwert.

f (Hürten) Das ist / Du bliebest da heimen / ob du wol hortest das arme Heufflin zu felde blasen vnd hattest doch nahe zu jnen.

seinem Fussuolck / Ruben hielt hoch von jm / vnd
sondert sich von vns.
16Warumb bleibstu zwisschen den [f]Hürten / zu
hören das blecken der Herde / Vnd helst gros von
dir / vnd sonderst dich von vns?
17Gilead bleib jenseid dem Jordan / Vnd war-
umb wonet Dan vnter den schiffen? Asser sass an
der anfurt des Meers / vnd bleib in seinen zerrisse-
nen Flecken.
18Sebulons volck aber waget seine Seele in den
tod / Naphthali auch in der höhe des felds.

DJe Könige kamen vnd stritten / Da stritten die
Könige der Cananiter zu Thaanach am was-
der Megiddo / Aber sie brachten keinen gewin da-
von. ‖ ‖ 134b
20Vom Himel ward wider sie gestritten / Die
Stern in jren leufften stritten wider Sissera.
21Der bach Kison waltzet sie / der bach Kedu-
mim / Der bach Kison.
Tritt meine seele auff die Starcken / 22Da rassel-
ten der Pferde füsse fur dem zagen jrer mechtigen
Reuter.
23FLuchet der stad Meros / sprach der Engel des
HERRN / fluchet jren Bürgern / Das sie nicht ka-
men dem HERRN zu hülff / Zu hülff dem HERRN
zu den Helden.

GEsegnet sey vnter den weibern Jael / das weib Jael.
Heber des Keniters / Gesegnet sey sie in der
Hütten vnter den Weibern.
25Milch gab sie / da er wasser foddert / Vnd But-
ter bracht sie dar / in einer herrlichen Schalen.
26Sie greiff mit jrer Hand den Nagel / Vnd mit
jrer Rechten den Schmidhamer.
Vnd schlug Sissera durch sein Heubt / Vnd zu-
quitzschet vnd durchboret seinen Schlaff.
27Zu jren füssen krümmet er sich / fiel nider vnd
legt sich / Er krümmet sich / fiel nider zu jren füs-
sen / Wie er sich krümmet / so lag er verderbet.

DJe mutter Sissera sahe zum fenster aus / vnd
heulet durchs Gitter / Warumb verzeucht sein
wagen / das er nicht kompt? Wie bleiben die reder
seiner wagen so da hinden?
29Die weisesten vnter seinen Frawen antworten /
da sie jre Klagwort jmer widerholet / 30Sollen sie
denn nicht finden vnd austeilen den Raub / einem
jglichen Man eine metzen oder zwo zur Ausbeute /
Vnd Sissera bundte gestickte Kleider zur ausbeute /

Gestickte bundte kleider vmb den hals zur aus-
beute?
[31]ALso müssen vmbkomen HERR alle deine
Feinde / Die jn aber lieb haben / müssen sein / wie
die Sonne auffgehet / in jrer macht.
Vnd das Lande war stille vierzig jar.

VI.

VND DA DIE KINDER JSRAEL VBELS THETEN FUR
dem HERRN / gab sie der HERR vnter die
hand der Midianiter sieben jar. [2]Vnd da der Midia-
niter hand zu starck ward vber Jsrael / machten die
kinder Jsrael fur sich Klüfften in den gebirgen / vnd
hölen / vnd Festunge. [3]Vnd wenn Jsrael etwas
seete / So kamen die Midianiter vnd Amalekiter
vnd die aus dem Morgenland erauff vber sie / [4]vnd
lagerten sich wider sie / vnd verderbeten das ge-
wechs auff dem land / bis hinan gen Gaza / vnd
liessen nichts vberigs von Narung in Jsrael / weder
schaf / noch ochsen / noch esel. [5]Denn sie kamen
erauff mit jrem Vieh vnd Hütten / wie ein grosse
menge Hewschrecken / das weder sie noch jr
Kamel zu zelen waren / vnd fielen ins Land / das
sie es verderbeten. [6]Also ward Jsrael seer geringe
fur den Midianitern. Da schrien die kinder Jsrael
zu dem HERRN.
ALs sie aber zu dem HERRN schrien vmb der
Midianiter willen / [8]sandte der HERR einen
Propheten zu jnen / der sprach zu jnen / So spricht
der HERR der Gott Jsrael. Jch hab euch aus Egyp-
ten gefüret / vnd aus dem Diensthause bracht /
[9]vnd hab euch errettet von der Egypter hand / vnd
von aller hand die euch drengeten / vnd hab sie fur
euch her ausgestossen / vnd jr Land euch gegeben.
[10]Vnd sprach zu euch / Jch bin der HERR ewr
Gott / fürchtet nicht der Amoriter Götter / in wel-
cher Land jr wonet / Vnd jr habt meiner stim nicht
gehorchet.
VND EIN ENGEL DES HERRN KAM / VND SETZET GIDEON.
sich vnter eine Eiche zu Ophra / die war Joas
des vaters der Esriter / vnd sein son Gideon
|| 135a drasch || weitzen an der kelter / das er flöhe fur den
Midianitern. [12]Da erschein jm der Engel des
HERRN / vnd sprach zu jm / Der HERR mit dir /
du streitbarer Helt. [13]Gideon aber sprach zu jm /
Mein Herr / ist der HERR mit vns / Warumb ist

vns denn solchs alles widerfaren? Vnd wo sind alle
seine Wunder / die vns vnser Veter erzeleten / vnd
sprachen / Der HERR hat vns aus Egypten gefürt?
Nu aber hat vns der HERR verlassen / vnd vnter
der Midianiter hende gegeben.

14 DEr HERR aber wand sich zu jm / vnd sprach /
Gehe hin in dieser deiner krafft / Du solt Jsrael er-
lösen aus der Midianiter hende / Sihe / Jch hab dich
gesand. 15 Er aber sprach zu jm / Mein Herr / Wo
mit sol ich Jsrael erlösen? Sihe / meine Freund-
schafft ist die geringst in Manasse / vnd ich bin der
kleinest in meines Vaters hause. 16 Der HERR aber
sprach zu jm / Jch wil mit dir sein / das du die Midia-
niter schlagen solt / wie einen einzelen Man. 17 Er
aber sprach zu jm / Lieber / Hab ich gnade fur dir
funden / So mach mir ein Zeichen / das du es seiest
der mit mir redet. 18 Weiche nicht bis ich zu dir
kome / vnd bringe mein Speisopffer / das ich fur
dir lasse. Er sprach / Jch wil bleiben bis das du
widerkomest.

VND Gideon kam vnd schlachtet ein Zigenböck-
lin / vnd ein Epha vngeseurts melhs / vnd legt
Fleisch in einen korb / vnd thet die brühe in ein
töpffen / vnd brachts zu jm eraus vnter die Eiche /
vnd trat er zu. 20 Aber der Engel Gottes sprach zu
jm / Nim das fleisch vnd das vngeseurt / vnd las es
auff dem Fels der hie ist / vnd geus die brühe aus /
Vnd er thet also. 21 Da recket der Engel des
HERRN den stecken aus den er in der hand hatte /
vnd rüret mit der spitzen das fleisch / vnd das vnge-
seurt melh an / Vnd das Fewr fur aus dem fels / vnd
verzeret das fleisch vnd vngeseurt melh / Vnd der
Engel des HERRN verschwand aus seinen augen.

22 DA nu Gideon sahe das es ein Engel des
HERRN war sprach er / O HErr HERR / habe
ich also einen Engel des HERRN von angesicht
gesehen? 23 Aber der HERR sprach zu jm / Fried
sey mit dir / Fürchte dich nicht / du wirst nicht ster-
ben. 24 Da bawet Gideon daselbs dem HERRN
einen Altar / vnd hies jn / DER HERR DES FRIEDES /
der stehet noch bis auff den heutigen tag / zu
Ophra des vaters der Esriter.

VND in der selben nacht sprach der HERR zu
jm / Nim einen Farren / vnter den ochsen die
deines Vaters sind / vnd einen andern Farren / der
sieben jerig ist / vnd zubrich den Altar Baal / der
deines vaters ist / vnd hawe ab den Hayn der dabey

stehet / [26]vnd bawe dem HERRN deinem Gott /
oben auff der höhe dieses felsen einen Altar / vnd
rüste jn zu / Vnd nim den andern Farren / vnd
opffere ein Brandopffer mit dem holtz des Hayns /
den du abgehawen hast. [27]Da nam Gideon zehen
Menner aus seinen Knechten / vnd thet wie jm der
HERR gesagt hatte / Aber er furcht sich solchs zu
thun des tages / fur seines Vaters haus vnd den Leu-
ten in der Stad / vnd thets bey der nacht.

[28]DA nu die Leute in der Stad des morgens früe
auffstunden / Sihe / da war der Altar Baal zubro-
chen / vnd der Hayn dabey abgehawen / vnd der
ander Farr ein Brandopffer auff dem Altar der ge-
bawet war. [29]Vnd einer sprach zu dem andern /
Wer hat das gethan? Vnd da sie suchten vnd nach-
fragten / ward gesagt / Gideon der son Joas hat das
gethan. [30]Da sprachen die leute der stad zu Joas /
Gib deinen son er aus / er mus sterben / das er den
Altar Baal zubrochen / vnd den Hayn da bey abge-
hawen hat. [31]Joas aber sprach zu allen die bey jm
stunden / Wolt jr vmb Baal haddern? wolt jr jm
helffen? Wer vmb jn haddert der sol dieses mor-
gens sterben / Jst er Gott / so rechte er vmb sich
selb / das sein Altar zubrochen ist. [32]Von dem tag
an hies man jn JerubBaal / vnd sprach / Baal rechte
|| 135 b vmb sich selbs / das sein Altar zubrochen ist. ||

ALTAR BAALS zubrochen etc.

JERUBBAAL.

DA nu alle Midianiter vnd Amalekiter vnd die
aus dem Morgenland sich zu hauff versamlet
hatten / vnd zogen er durch / vnd lagerten sich im
grunde Jesreel / [34]Zog der geist des HERRN
Gideon an / Vnd er lies die Posaunen blasen / vnd
rieff AbiEser / das sie jm folgeten. [35]Vnd sandte
Botschafft in gantz Manasse / vnd rieff jn an / das
sie jm auch nachfolgeten / Er sandte auch Bot-
schafft zu Asser vnd Sebulon vnd Naphthali / die
kamer erauff jm entgegen.

MIDIANITER.

VND Gideon sprach zu Gott / Wiltu Jsrael durch
mein hand erlösen / wie du geredt hast / [37]So
wil ich ein Fell mit der wollen auff die Tenne legen /
Wird der taw auff dem Fell allein sein / vnd auff der
gantzen Erden trocken / So wil ich mercken / das
du Jsrael erlösen wirst durch meine hand / wie du
geredt hast. [38]Vnd es geschach also / Vnd da er des
andern morgens frue auffstund / drucket er den
taw aus vom Fell / vnd füllet eine schale vol des
wassers. [39]Vnd Gideon sprach zu Gott / Dein
zorn ergrimme nicht wider mich / das ich noch ein

GIDEON foddert von Gott ein Zeichen etc.

(Fell) Man mus es so deudschen / Ein Fell / obs wol ist gewest die abgeschorne wolle.

mal rede / Jch wils nur noch ein mal versuchen mit
dem Fell / Es sey allein auff dem Fell trocken / vnd
taw auff der gantzen Erden. [40]Vnd Gott thet also
dieselbe nacht / das trocken war allein auff dem
Fell / vnd taw auff der gantzen Erden.

VII.

DA MACHT SICH JERUBBAAL / DAS IST GIDEON /
früe auff / vnd alles Volck das mit jm war / vnd
lagerten sich an den brun Harod / das er das Heer
der Midianiter hatte gegen Mitternacht hinder den
hügeln der Warte im grund. [2]Der HERR aber
sprach zu Gideon / Des volcks ist zu viel das mit
dir ist / das ich solt Midian in jre hende geben /
Jsrael möchte sich rhümen wider mich / vnd sagen /
Meine hand hat mich erlöset. [3]So las nu aus-
schreien fur den ohren des Volcks vnd sagen / Wer
blöde vnd verzagt ist / der kere vmb / vnd hebe bald Deut. 20.
sich vom gebirge Gilead. Da keret des Volcks
vmb / zwey vnd zwenzig tausent / das nur zehen
Tausent vberblieben. || || 136a

VND der HERR sprach zu Gideon / Des volcks
ists noch zu viel / Füre hinab ans wasser / daselbs
wil ich sie dir prüfen / Vnd von welchem ich dir
sagen werde / das er mit dir ziehen sol / der sol mit
dir ziehen / Von welchem aber ich sagen werde /
das er nicht mit dir ziehen sol / der sol nicht ziehen.
[5]Vnd er füret das volck hinab ans Wasser. Vnd der
HERR sprach zu Gideon / Welcher mit seiner Zun-
gen des wassers lecket / wie ein Hund lecket / den
stelle besonders / Desselben gleichen welcher auff

seine knie felt zu trincken. [6]Da war die zal / dere
die geleckt hatten aus der hand zum mund drey
hundert Man / das andere volck alles hatte kniend
getruncken. [7]Vnd der HERR sprach zu Gideon /
Durch die drey hundert Man die geleckt haben /
wil ich euch erlösen / vnd die Midianiter in deine
hende geben / Aber das ander Volck las alles gehen
an seinen ort.

VND sie namen Fütterung fur das Volck mit
sich / vnd jre Posaunen / Aber die andern Jsrae-
liten lies er alle gehen / einen jglichen in seine Hüt-
ten / Er aber stercket sich mit drey hundert Man.
Vnd das Heer der Midianiter lag drunden fur jm
im grunde. [9]Vnd der HERR sprach in der selben
nacht zu jm / Stehe auff / vnd gehe hinab zum La-
ger / denn ich habs in deine hende gegeben.
[10]Fürchstu dich aber hinab zu gehen / so las deinen
knaben Pura mit dir hinab gehen zum Lager / Pura.
[11]das du hörest was sie reden / Darnach soltu mit
der macht hinab ziehen zum Lager. Da gieng
Gideon mit seinem knaben Pura hin ab an den ort
der Schiltwechter die im Lager waren. [12]Vnd die
Midianiter vnd Amalekiter vnd alle aus dem Mor-
genland / hatten sich nidergelegt im grunde / wie
eine menge Hewschrecken / vnd jre Kamel waren
nicht zu zelen fur der menge / wie der sand am
vfer des Meers.

DA nu Gideon kam / Sihe / da erzelet einer eim
andern einen Trawm vnd sprach / Sihe / mir
hat getrewmet / Mich daucht ein geröstet gersten
Brot weltzet sich zum Heer der Midianiter / vnd
da es kam an die Gezelte / schlug es dieselbigen /
vnd warff sie nider vnd keret sie vmb / das öberst
zu vnterst / das das Gezelt lag. [14]Da antwortet der
ander / Das ist nichts anders / denn das schwert
Gideons / des sons Joas des Jsraeliten / Gott hat die
Midianiter in seine hende gegeben / mit dem gant-
zen Heer.

DA Gideon den höret solchen Trawm erzelen /
vnd seine auslegung / betet er an / vnd kam
wider ins heer Jsrael / vnd sprach / Macht euch
auff / Denn der HERR hat das Heer der Midia-
niter in ewr hende gegeben. [16]Vnd er teilete die
drey hundert Man in drey Hauffen / vnd gab einem
jglichen eine Posaun in seine hand / vnd ledige
Krüge vnd Fackeln drinnen. Vnd sprach zu jnen /
[17]Sehet auff mich / vnd thut auch also / vnd sihe /

wenn ich an den ort des Heers kome / wie ich thue /
so thut jr auch. 18Wenn ich die Posaune blase / vnd
alle die mit mir sind / So solt jr auch die Posaunen
blasen vmbs gantze Heer / vnd sprechen / HIE
HERR VND GIDEON.

19ALso kam Gideon vnd hundert Man mit jm
an den ort des Heers an die ersten Wechter / die da
verordenet waren / vnd weckten sie auff / vnd blie-
sen mit Posaunen / vnd zuschlugen die Krüge in
jren henden. 20Also bliesen alle drey Hauffen mit
Posaunen / vnd zubrochen die Krüge / Sie hielten
aber die Fackelen in ihrer lincken hand / vnd die
Posaunen in jrer rechten hand das sie bliesen / vnd
rieffen / HIE SCHWERT DES HERRN VND GIDEON /
21Vnd ein jglicher stund auff seinem ort / vmb das
Heer her. Da ward das gantze Heer lauffend / vnd Psal. 83.
schrien vnd flohen. 22Vnd in dem die drey hundert Jesa. 9.
Man bliesen die Posaunen / schafft der HERR / das
im gantzen Heer eines jglichen schwert wider den
andern war / Vnd das Heer floh bis gen BethSitta
Zeredatha / bis an die grentze der breite Mehola
bey Tabath. 23Vnd die menner Jsrael von Naph-
thali / von Asser vnd von gantzem Manasse schrien
vnd jagten den Midianitern nach. || || 136b

24VND Gideon sandte Botschafft auff das gantze
gebirge Ephraim / vnd lies sagen / Kompt er ab den
Midianitern entgegen / vnd verlaufft jnen das was-
ser / bis gen BethBara / vnd den Jordan. Da schrien
alle die von Ephraim waren / vnd verlieffen jnen
das wasser / bis gen BethBara vnd den Jordan.
25Vnd fiengen zween fürsten der Midianiter /
OREB. Oreb vnd Seb / vnd erwürgeten Oreb auff dem fels Jesa. 10.
SEB. Oreb / vnd Seb in der kelter Seb / Vnd jagten die Psal. 83.
Midianiter / vnd brachten die heubter Oreb vnd
Seb zu Gideon vber den Jordan.

VIII.

VND DIE MENNER VON EPHRAIM SPRACHEN ZU
jm / Warumb hastu vns das gethan / das du vns
nicht rieffest / da du in streit zogest wider die
Midianiter? Vnd zanckten sich mit jm hefftiglich.
2Er aber sprach zu jnen / Was hab ich jtzt gethan /
das ewr that gleich sey? Jst nicht ein rebe Ephraim
besser / denn die gantze weinernd AbiEser? 3Gott
hat die Fürsten der Midianiter / Oreb vnd Seb in

ewr hende gegeben / Wie hette ich kund das thun
das jr gethan habt? Da er solches redet / lies jr zorn
von jm abe.

DA nu Gideon an den Jordan kam / gieng er
hinüber mit den drey hundert Man / die bey jm
waren / vnd waren müde / vnd jagten nach. [5]Vnd
er sprach zu den Leuten zu Sucoth / Lieber / gebt
dem volck das vnter mir ist etlich Brot / denn sie
sind müde / das ich nachiage den Königen der
Midianiter / Sebah vnd Zalmuna. [6]Aber die Ober-
sten zu Sucoth sprachen / Sind die feuste Sebah vnd SEBAH.
Zalmuna schon in deinen henden / das wir deinem ZALMUNA.
Heer sollen brot geben? [7]Gideon sprach / Wolan /
wenn der HERR Sebah vnd Zalmuna in meine
hand gibt / wil ich ewr fleisch mit dornen aus der
wüsten / vnd mit hecken zudreschen. [8]Vnd er
zoch von dannen hin auff gen Pnuel / vnd redet
auch also zu jnen / Vnd die Leute zu Pnuel antwor-
ten jm gleich / wie die zu Sucoth. [9]Vnd er sprach
auch zu den Leuten zu Pnuel / Kom ich mit frieden
wider / so wil ich diesen Thurn zubrechen.

SEbah aber vnd Zalmuna waren zu Karkor / vnd
jr Heer mit jnen bey fünff zehen tausent / die alle
vberblieben waren vom gantzen Heer / deren aus
Morgenland / Denn hundert vnd zwenzig tausent
waren gefallen / die schwert ausziehen kunden.
[11]Vnd Gideon zoch hinauff auff der strassen / da
man in Hütten wonet / gegen morgen gen Nobah /
vnd Jagbeha / vnd schlug das Heer / Denn das
Heer war sicher. [12]Vnd Sebah vnd Zalmuna flo-
hen / Aber er jaget jnen nach / vnd fieng die zween
Könige der Midianiter / Sebah vnd Zalmuna / vnd
zurschreckt das gantze Heer.

DA nu Gideon der son Joas widerkam vom streit /
ehe die Sonne erauff komen war / [14]fieng er
einen Knaben aus den Leuten zu Sucoth / vnd
fragt jn / Der schreib jm auff die Obersten zu Su-
coth / vnd jre Eltesten / sieben vnd siebenzig Man.
[15]Vnd er kam zu den Leuten zu Sucoth / vnd
sprach / Sihe / hie ist Sebah vnd Zalmuna / vber
welchen jr mich spottet / vnd sprachet / Jst denn
Sebah vnd Zalmuna faust schon in deinen henden /
das wir deinen Leuten die müde sind Brot geben
sollen? [16]Vnd er nam die Eltesten der Stad / vnd
dornen aus der wüsten vnd hecken / vnd lies es die
Leute zu Sucoth [a]fülen. [17]Vnd den Thurn Pnuel
zubrach er / vnd erwürget die Leute der stad.

a Das ist / erfaren / innen werden etc.

SEBAH. ZALMUNA. VND er sprach zu Sebah vnd Zalmuna / Wie Psal. 83.
waren die Menner die jr erwürget zu Thabor?
Sie sprachen / Sie waren wie du / vnd ein jglicher
schön wie eins Königs kinder. 19 Er aber sprach /
Es sind meine Brüder meiner mutter söne gewest /
So war der HERR lebt / wo jr sie hettet leben las-
sen / wolt ich euch nicht erwürgen. 20 Vnd sprach
zu seinem erstgebornen son Jether / Stehe auff / vnd
erwürge sie. Aber der Knabe zoch sein schwert
nicht aus / denn er || furchte sich / weil er noch ein || 137a
Knabe war. 21 Sebah aber vnd Zalmuna sprachen / Psal. 83.
Stehe du auff vnd mache dich an vns / Denn dar-
nach der Man ist / ist auch seine krafft. Also stund
Gideon auff vnd erwürget Sebah vnd Zalmuna /
Vnd nam die Spangen die an jrer Kamelen helse
waren.

DA SPRACHEN ZU GIDEON ETLICHE IN JSRAEL /
Sey Herr vber vns du vnd dein Son vnd deines
sons son / weil du vns von der Midianiter hand er-
löset hast. 23 Aber Gideon sprach zu jnen / Jch wil
nicht Herr sein vber euch / vnd mein Son sol auch
nicht Herr vber euch sein / Sondern der HERR sol
Herr vber euch sein.

GJdeon aber sprach zu jnen / Eins beger ich von
euch / Ein jglicher gebe mir die Stirnbande /
die er geraubt hat. Denn weil es Jsmaeliter waren /
hatten sie güldene Stirnbande. 25 Sie sprachen /
Die wöllen wir geben / Vnd breiten ein Kleid aus /
vnd ein jglicher warff die Stirnbande drauff / die er
geraubt hatte. 26 Vnd die gülden Stirnbande die er
fodderte / machten am gewichte / tausent sieben
hundert sekel golds / On die Spangen vnd Keten
vnd scharlaken Kleider / die der Midianiter könige
tragen / vnd on die Halsbande jrer Camelen. 27 Vnd
GIDEONS Leibrock zu Ophra. Gideon macht einen Leibrock draus / vnd setzt es
in seine stad zu Ophra. Vnd gantz Jsrael verhurete
sich daran daselbs / vnd geriet Gideon vnd seinem
haus zum Ergernis.

28 ALso wurden die Midianiter gedemütiget fur
den kindern Jsrael / vnd huben jren Kopff nicht
40. jar. mehr empor / Vnd das Land war stille vierzig jar /
so lange Gideon lebet.

VND JerubBaal der son Joas / gieng hin vnd
wonet in seinem hause / 30 Vnd Gideon hatte
70. Söne Gideons. siebenzig Söne / die aus seiner hüfft komen waren /
Denn er hatte viel Weiber. 31 Vnd sein Kebsweib
das er zu Sichem hatte / gebar jm auch einen Son /

den nennet er AbiMelech. 32Vnd Gideon der son GIDEON
Joas starb im guten alter / vnd ward begraben in stirbt.
seines vaters Joas grab / zu Ophra des Vaters der
Esriter.

DA aber Gideon gestorben war / kereten sich die
kinder Jsrael vmb / vnd hureten den Baalim
nach / vnd machten jnen Baal Berith zum Gott. Baal Berith.
34Vnd die kinder Jsrael gedachten nicht an den
HERRN jren Gott / der sie errettet hatte von der
hand aller jrer Feinde vmbher / 35vnd theten nicht
barmhertzigkeit an dem hause JerubBaal Gideon /
wie er alles guts an Jsrael gethan hatte.

IX.

ABIMELECH ABER DER SON JERUBBAAL GIENG ABIMELECH
hin gen Sichem zu den Brüdern seiner Mutter /
vnd redet mit jnen / vnd mit dem gantzen Geschlecht des hauses seiner mutter Vater / vnd
sprach / 2Lieber / redet fur den ohren aller Menner zu Sichem / Was ist euch besser / das siebenzig Menner / alle kinder JerubBaal vber euch Herrn seien / Oder das ein Man vber euch Herr sey? Gedenckt auch dabey / das ich ewr gebein vnd fleisch bin.

3DA redten die Brüder seiner Mutter von jm
alle diese wort / fur den ohren aller menner zu
Sichem / Vnd jr hertz neiget sich AbiMelech nach /
Denn sie gedachten / Er ist vnser Bruder. 4Vnd
gaben jm siebenzig Silberling aus dem haus BaalBerith / Vnd AbiMelech bestellet da mit lose leichtfertige Menner / die jm nachfolgeten. 5Vnd er
kam in seines Vaters haus gen Ophra / vnd erwür- ABIMELECH
get seine Brüder die kinder JerubBaal / siebenzig erwürget
Man auff einem stein / Es bleib aber vber Jotham / 70. Brüder.
der jüngst son JerubBaal / Denn er ward versteckt.

VND es versamleten sich alle Menner von Si-
chem / vnd das gantze haus Millo / giengen hin
vnd machten AbiMelech zum Könige / bey der
|| 137b hohen Eichen / die zu Sichem stehet. ||

DA das angesagt ward dem Jotham / Gieng er
hin / vnd trat auff die höhe des berges Grisim /
vnd hub auff seine stim / rieff vnd sprach zu jnen /
Höret mich jr Menner zu Sichem / das euch Gott
auch höre. 8Die Bewme giengen hin / das sie
einen König vber sich salbeten / vnd sprachen
zum Olebawm / Sey vnser König. 9Aber der

Olebawm antwortet jnen / Sol ich mein fettigkeit
lassen / die beide Götter vnd Menschen an mir prei-
sen / vnd hin gehen das ich [a]schwebe vber die Bew-
me? [10]Da sprachen die Bewme zum Feigenbawm /
Kom du vnd sey vnser König. [11]Aber der Feigen-
bawm sprach zu jnen / Sol ich meine süssigkeit
vnd meine gute frucht lassen vnd hin gehen / das
ich vber den Bewmen schwebe? [12]Da sprachen
die Bewme zum Weinstock / Kom du vnd sey vnser
König. [13]Aber der Weinstock sprach zu jnen /
Sol ich meinen Most lassen / der Götter vnd Men-
schen frölich macht / vnd hin gehen das ich vber
den Bewmen schwebe? [14]Da sprachen alle Bewme
zum Dornbusch / Kom du vnd sey vnser König.
[15]Vnd der Dornbusch sprach zu den Bewmen /
Jsts war / das jr mich zum König salbet vber euch /
So kompt vnd vertrawet euch vnter meinen schat-
ten / Wo nicht / So gehe fewr aus dem Dornbusch /
vnd verzere die Cedern Libanon.

[a] Es bestehet nicht / Es ist ein schuckel.

[16]HAbt jr nu recht vnd redlich gethan / das jr
AbiMelech zum Könige gemacht habt / vnd habt
jr wol gethan an JerubBaal / vnd an seinem Hause /
vnd habt jm gethan wie er vmb euch verdienet hat /
[17]das mein Vater vmb ewr willen gestritten hat / vnd
seine Seel dahin geworffen von sich / das er euch
errettet von der Midianiter hand / [18]Vnd jr lehnet
euch auff heute wider meines Vaters haus / vnd er-
würget seine Kinder / siebenzig Man auff einem
Stein / Vnd machet euch einen könig AbiMelech
seiner magd Son vber die Menner zu Sichem / weil
er er ewr Bruder ist / [19]Habt jr nu recht vnd red-
lich gehandelt an JerubBaal / vnd an seinem hause
an diesem tage / So seid frölich vber dem Abi-
Melech / vnd er sey frölich vber euch / [20]Wo nicht /
So gehe fewr aus von AbiMelech / vnd verzere
die Menner zu Sichem / vnd das haus Millo /
Vnd gehe auch fewr aus von den Mennern zu
Sichem / vnd vom haus Millo / vnd verzere Abi-
Melech. [21]Vnd Jotham floch vnd entweich / vnd
gieng gen Ber / vnd wonet daselbs fur seinem bru-
der AbiMelech.

ABIMELECH.

ALS NU ABIMELECH DREY JAR VBER JSRAEL GE-
herrschet hatte / [23]sandte Gott einen bösen
willen zwisschen AbiMelech vnd den Mennern zu
Sichem. Denn die Menner zu Sichem versprachen
AbiMelech / [24]vnd zogen an den freuel / an den
siebenzig sönen JerubBaal begangen / Vnd legten

der selben blut auff AbiMelech jren Bruder / der sie
erwürget hatte / vnd auff die menner zu Sichem /
die jm seine hand darzu gesterckt hatten / das er
seine Brüder erwürgete. [25]Vnd die menner zu
Sichem bestelleten einen Hinderhalt auff den spit-
zen der Berge / vnd raubeten alle die auff der stras-
sen zu jnen wandelten. Vnd es ward AbiMelech
angesagt.

ES kam aber Gaal der son Ebed vnd seine Brüder / GAAL.
vnd giengen zu Sichem ein. Vnd die menner
zu Sichem verliessen sich auff jn / [27]vnd zogen er-
aus auffs feld / vnd lasen ab jre Weinberge / vnd
kelterten / vnd machten einen Tantz / vnd giengen
in jres Gottes haus / vnd assen vnd truncken / vnd
fluchten dem AbiMelech. [28]Vnd Gaal der son
Ebed sprach / Wer ist AbiMelech? vnd was ist
Sichem / das wir jm dienen solten? Jst er nicht
JerubBaals son / vnd hat Sebul seinen knecht her SEBUL.
gesetzt vber die leute Hemor des vaters Sichem?
Warumb solten wir jm dienen? [29]Wolt Gott / das
Volck were vnter meiner hand / das ich den Abi-
Melech vertriebe.

VND es ward AbiMelech gesagt / Mehre dein
Heer / vnd zeug aus / [30]Denn Sebul der Oberst
in der Stad / da er die wort Gaal / des sons Ebed
höret / ergrimmet er in seinem zorn / [31]vnd sandte
Bottschafft zu AbiMelech heimlich / vnd lies jm
|| 138a sagen / Sihe / Gaal der son Ebed vnd seine Brüder ||
sind gen Sichem komen / vnd machen dir die stad
widerwertig. [32]So mach dich nu auff bey der nacht /
du vnd dein volck das bey dir ist / vnd mach einen
Hinderhalt auff sie im felde. [33]Vnd des morgens
wenn die Sonne auffgehet / so mache dich früe
auff / vnd vberfalle die stad / Vnd wo er vnd das
volck das bey jm ist / zu dir hinaus zeucht / So thu
mit jm / wie es deine hand findet.

ABiMelech stund auff bey der nacht / vnd alles
volck das bey jm war / vnd hielt auff Sichem mit
vier Hauffen. [35]Vnd Gaal der son Ebed zoch er-
aus / vnd trat fur die thür an der Stadthor. Aber
AbiMelech macht sich auff / aus dem Hinderhalt
sampt dem volck das mit jm war. [36]Da nu Gaal das
volck sahe / sprach er zu Sebul / Sihe / da kompt
ein volck von der höhe des Gebirges hernider. Se-
bul aber sprach zu jm / Du sihest die schatten der
Berge fur Leute an. [37]Gaal redet noch mehr vnd
sprach / Sihe / ein volck kompt ernider aus dem

mittel des Landes / vnd ein Hauffe komet auff dem
wege zur Zaubereiche.
38 DA sprach Sebul zu jm / Wo ist nu hie dein
maul / das da saget / Wer ist AbiMelech / das wir
jm dienen solten? Jst das nicht das volck / das du
verachtet hast? Zeuch nu aus vnd streit mit jm.
39 Gaal zoch aus fur den Mennern zu Sichem her /
vnd streit mit AbiMelech. 40 Aber AbiMelech
jaget jn / das er flohe fur jm / Vnd fielen viel er-
schlagene / bis an die thür des thors / 41 Vnd Abi-
Melech bleib zu Aruma. Sebul aber veriaget den
Gaal vnd seine Brüder / das sie zu Sichem nicht
musten bleiben.

AVff dem morgen aber gieng das volck eraus
auffs feld. Da das AbiMelech ward angesagt /
43 Nam er das Volck / vnd teilets in drey Hauffen /
vnd macht ein Hinderhalt auff sie im feld. Als er
nu sahe / das das volck aus der Stad gieng / erhub
er sich vber sie / vnd schlug sie. 44 AbiMelech aber
vnd die Hauffen die bey jm waren / vberfielen sie /
vnd tratten an die thür der Stad thor / Vnd zween
der Hauffen vberfielen alle die auff dem felde waren /
vnd schlugen sie. 45 Da streit AbiMelech wider die
Stad denselben gantzen tag / vnd gewan sie / Vnd
erwürget das volck / das drinnen war / vnd zu-
brach die Stad vnd seet saltz drauff.

DA das höreten alle Menner des thurns zu
Sichem / Giengen sie in die Festung des hauses
BERITH. des Gottes Berith. 47 Da das AbiMelech hörete /
das sich alle Menner des thurns zu Sichem versam-
let hatten / 48 Gieng er auff den berg Zalmon mit
all seinem volck / das bey jm war / Vnd nam ein
Axt in seine hand / vnd hieb einen Ast von bew-
men / vnd hub jn auff / vnd legt jn auff seine achsel /
Vnd sprach zu allem volck / das mit jm war / Was
jr gesehen habt das ich thu das thut auch jr eilend
wie ich. 49 Da hieb alles volck ein jglicher einen
Ast ab / vnd folgten AbiMelech nach / Vnd legten
sie an die Festung / vnd stecktens an mit fewr / das
auch alle Menner des thurns zu Sichem sturben /
bey tausent Man vnd Weib.

ABiMelech aber zoch gen Thebez / vnd belegt
sie / vnd gewan sie. 50 Es war aber ein starcker
Thurn mitten in der Stad / auff welchen flohen alle
Menner vnd Weiber / vnd alle Bürger der stad /
vnd schlossen hinder sich zu / vnd stigen auff das
dach des Thurns. 52 Da kam AbiMelech zum

Thurn / vnd streit da wider / Vnd nahet sich zur
thür des Thurns das er jn mit fewr verbrente.
[53]Aber ein Weib warff ein stück von einem Mül-
stein AbiMelech auff den kopff / vnd zubrach jm
den schedel. [54]Da rieff AbiMelech eilend dem
Knaben / der sein waffen trug / vnd sprach zu jm / ABIMELECH
Zeuch dein schwert aus / vnd tödte mich / Das man kompt schend-
nicht von mir sage / Ein weib hat jn erwürget / Da lich vmb.
durchstach jn sein Knabe / vnd er starb.
[55]DA aber die Jsraeliter die mit jm waren / sahen
das AbiMelech tod war / gieng ein jglicher an seinen
ort. [56]Also bezalet Gott AbiMelech das vbel / das
er an seinem Vater gethan hatte / da er seine sieben-
zig Brüder erwürget. [57]Desselben gleichen alles
vbel der Menner Sichem / vergalt jnen Gott auff
jren kopff / Vnd kam vber sie der fluch Jotham / des
|| 138b sons JerubBaal. ||

X.

NACH ABIMELECH MACHT SICH AUFF ZU HEL-
ffen Jsrael / Thola ein man von Jsaschar / ein
son Pua / des sons Dodo. Vnd er wonet zu Samir
auff dem gebirge Ephraim / [2]vnd richtet Jsrael
drey vnd zwenzig jar / vnd starb / vnd ward be-
graben zu Samir.
NAch jm macht sich auff Jair ein Gileaditer / vnd JAIR
richtet Jsrael zwey vnd zwenzig jar. [4]Vnd 22. jar.
hatte dreissig Söne / auff dreissig Esel füllen reitten /
Vnd hatte dreissig Stedte / die heissen / Dörffer
Jair / bis auff diesen tag / vnd ligen in Gilead. [5]Vnd
Jair starb / vnd ward begraben zu Kamon.
ABER DIE KINDER JSRAEL THETEN FÜRDER VBEL
fur dem HERRN / vnd dieneten Baalim / vnd
Astharoth / vnd den Göttern zu Syria / vnd den
Göttern zu Zidon / vnd den Göttern Moab / vnd
den Göttern der kinder Ammon / vnd den Göttern
der Philister / vnd verliessen den HERRN / vnd
dieneten jm nicht. [7]Da ergrimmet der zorn des
HERRN vber Jsrael / vnd verkaufft sie vnter die PHILISTER.
hand der Philister vnd der kinder Ammon. [8]Vnd KINDER
sie zutratten vnd zuschlugen die kinder Jsrael / von Ammon.
dem jar an wol achzehen jar / nemlich alle kinder
Jsrael / jenseid dem Jordan / im Land der Amo-
riter / das in Gilead ligt. [9]Dazu zogen die kinder
Ammon vber den Jordan / vnd stritten wider Juda /
BenJamin / vnd wider das haus Ephraim / Also das
Jsrael seer geengstet ward.

DA schrien die kinder Jsrael zu dem HERRN /
vnd sprachen / Wir haben an dir gesündiget /
Denn wir haben vnsern Gott verlassen / vnd Baalim
gedienet. [11]Aber der HERR sprach zu den kindern
Jsrael / Haben euch nicht auch gezwungen die
Egypter / die Amoriter / die kinder Ammon / die
Philister / [12]die Zidonier / die Amalekiter vnd Mao-
niter? vnd ich halff euch aus jren henden / da jr zu
mir schriet. [13]Noch habt jr mich verlassen / vnd
andern Göttern gedienet / Darumb wil ich euch
nicht mehr helffen / [14]Gehet hin / vnd schreiet die
Götter an die jr erwelet habt / Last euch dieselben Deut. 32.
helffen zur zeit ewrs trübsals. [15]Aber die kinder
Jsraël sprachen zu dem HERRN / Wir haben ge-
sündigt / mache es nur Du mit vns / wie dirs ge-
fellet / Allein errette vns zu dieser zeit. [16]Vnd sie
theten von sich die frembden Götter / vnd dieneten
dem HERRN / Vnd es jamert jn / das Jsrael so ge-
plagt ward.

a Jauchzeten.

[17]VND die kinder Ammon [a]schrien / vnd lager-
ten sich in Gilead / Aber die kinder Jsrael versamle-
ten sich / vnd lagerten sich zu Mizpa. [18]Vnd das
volck der Obersten zu Gilead sprachen vnternan-
der / Welcher anfehet zu streiten wider die kinder
Ammon / der sol das Heubt sein vber alle die in
Gilead wonen.

XI.

Jephthah 6. jar.

JEPHTHAH EIN GILEADITER WAR EIN STREITBAR
Helt / Aber ein Hurkind / Gilead aber hatte Jeph-
thah gezeuget. [2]Da aber das weib Gilead jm kinder
gebar / vnd desselben weibs kinder gros wurden /
stiessen sie Jephthah aus / vnd sprachen zu jm / Du
solt nicht erben in vnsers Vaters haus / Denn du
bist eines andern weibs son. [3]Da floh er vor seinen
Brüdern / vnd wonet im lande Tob / Vnd es samle-
ten sich zu jm lose Leute / vnd zogen aus mit jm.

VND vber etliche zeit hernach / stritten die kinder
Ammon mit Jsrael. [5]Da nu die kinder Amon
also stritten mit Jsrael / giengen die Eltesten von
Gilead hin / das sie Jephthah holeten aus dem lande
Tob / [6]vnd sprachen zu jm / Kom vnd sey vnser
Heubtman / das wir streiten wider die kinder Am-
mon. [7]Aber Jephthah sprach zu den Eltesten von
Gilead / Seid jr nicht die mich hassen / vnd aus mei-
nes Vaters haus gestossen habt / Vnd nu kompt jr zu
mir / weil jr im trübsal seid? [8]Die Eltesten von

Gilead sprachen zu Jephthah / Darumb komen wir
nu wider zu dir / das du mit vns ziehest / vnd helffest
|| 139a vns || streiten wider die kinder Ammon / vnd seiest
vnser Heubt vber alle die in Gilead wonen.
9 JEphthah sprach zu den Eltesten von Gilead /
So jr mich widerholet zu streiten wider die kinder
Ammon / vnd der HERR sie fur mir geben wird /
Sol ich denn ewr Heubt sein? 10 Die Eltesten von
Gilead sprachen zu Jephthah / Der HERR sey Zu-
hörer zwisschen vns / wo wir nicht thun / wie du
gesagt hast. 11 Also gieng Jephthah mit den Elte-
sten von Gilead / Vnd das volck satzt jn zum Heubt
vnd Obersten vber sich. Vnd Jephthah redet solchs
alles fur dem HERRN zu Mizpa.
DA sandte Jephthah Botschafft zum Könige der kinder Ammon / vnd lies jm sagen / Was hastu — JEPHTHAH sendet Botschafft zu der Ammoniter König.
mit mir zuschaffen / das du komest zu mir wider
mein Land zu streiten? 13 Der König der kinder
Ammon antwortet den Boten Jephthah / Darumb
Num. 21. das Jsrael mein Land genomen hat / da sie aus
Egypten zogen / von Arnon an bis an Jabok / vnd
bis an den Jordan / So gib mirs nu wider mit
frieden.
14 JEphthah aber sandte noch mehr Boten zum
Könige der kinder Ammon / 15 die sprachen zu jm /
So spricht Jephthah / Jsrael hat kein Land genomen
weder den Moabitern noch den kindern Ammon.
16 Denn da sie aus Egypten zogen / wandelt Jsrael
durch die wüsten bis ans Schilffmeer / vnd kam gen
Kades / 17 vnd sandte Boten zum Könige der Edo-
miter / vnd sprach / Las mich durch dein Land zie-
Num. 20. hen. Aber der Edomiter könig erhöret sie nicht.
Auch sandten sie zum könige der Moabiter / der
wolt auch nicht. Also bleib Jsrael in Kades / 18 vnd
wandelt in der Wüsten / vnd vmbzogen das Land
der Edomiter vnd Moabiter / vnd kam von der Son-
nen auffgang an der Moabiter land / vnd lagerten
sich jenseid des Arnon / vnd kamen nicht in die
grentze der Moabiter / Denn Arnon ist der Moa-
biter grentze.
19 VND Jsrael sandte Boten zu Sihon / der Amo-
Num. 21. riter könig zu Hesbon / vnd lies jm sagen / Las vns
durch dein Land ziehen bis an meinen ort. 20 Aber
Sihon vertrawet Jsrael nicht durch seine grentze
zu ziehen / Sondern versamlet all sein volck / vnd
lagert sich zu Jahza / vnd streit mit Jsrael. 21 Der
HERR aber der Gott Jsrael / gab den Sihon mit all

seinem Volck in die hende Jsrael / das sie sie schlu-
gen. Also nam Jsrael ein alles Land der Amoriter /
die in dem selben Land woneten / [22]Vnd namen
alle grentze der Amoriter ein / von Arnon an / bis
an Jabok / vnd von der wüsten an / bis an den Jor-
dan.

[23]SO hat nu der HERR der Gott Jsrael / die Amo-
riter vertrieben fur seinem volck Jsrael / vnd du
wilt sie einnemen? [24]Du soltest die einnemen die
CAMOS. dein Gott Camos vertriebe / vnd vns lassen ein- Num. 21.
nemen / alle die der HERR vnser Gott fur vns ver-
trieben hat. [25]Meinstu / das du besser Recht habest /
denn Balak der son Zipor / der Moabiter könig? Num. 22.
Hat derselb auch je gerechtet oder gestritten wider
300. jar. Jsrael / [26]ob wol Jsrael nu drey hundert jar ge-
wonet hat in Hesbon vnd jren töchtern / in Aroer
vnd jren töchtern / vnd allen Stedten die am Arnon
ligen? Warumb errettet jrs nicht zu der selben zeit?
[27]Jch hab nichts an dir gesündigt / vnd du thust so
vbel an mir / das du wider mich streitest. Der
HERR felle heut ein vrteil zwisschen Jsrael vnd
den kindern Ammon. [28]Aber der König der kin-
der Ammon erhöret die rede Jephthah nicht / die
er zu jm sandte.

DA kam der Geist des HERRN auff Jephthah /
vnd zoch durch Gilead vnd Manasse vnd durch
Mizpe / das in Gilead ligt / vnd von Mizpe das in
Gelübd Gilead ligt / auff die kinder Ammon. [30]Vnd Jeph-
Jephthah. thah gelobt dem HERRN ein Gelübd / vnd sprach /
Gibstu die kinder Ammon in meine hand / [31]was
zu meiner Hausthür er aus mir entgegen gehet /
wenn ich mit frieden widerkome / von den kindern
Ammon / das sol des HERRN sein / vnd wils zum
Brandopffer opffern. [32]Also zoch Jephthah auff
die kinder Ammon wider sie zu streiten. Vnd der
HERR gab sie in seine hende. [33]Vnd er schlug sie
von Aroer || an bis man kompt gen Minnith / || 139b
zwenzig Stedte / vnd bis an den plan der Wein-
berge / ein seer grosse schlacht / Vnd wurden also
die kinder Ammon gedemütigt fur den kindern
Jsrael.

DA nu Jephthah kam gen Mizpa zu seinem
hause / Sihe / da gehet seine Tochter er aus jm
entgegen mit Paucken vnd Reigen / Vnd sie war ein
einiges Kind / vnd er hatte sonst keinen Son noch
Tochter. [35]Vnd da er sie sahe / zureis er seine
Kleider / vnd sprach / Ah mein Tochter / wie

[a]beugestu mich vnd betrübest mich / Denn ich
habe meinen mund auffgethan gegen dem HERRN/
vnd kans nicht widerruffen. 36Sie aber sprach /
Mein Vater / hastu deinen mund auffgethan gegen
dem HERRN / So thu mir wie es aus deinem mund
gangen ist / nach dem der HERR dich gerochen
hat an deinen Feinden den kindern Ammon.

37VND sie sprach zu jrem Vater / Du woltest
mir das thun / das du mich lassest zween monden /
das ich von hinnen hinab gehe / auff die Berge / vnd
meine Jungfrawschafft beweine mit meinen Ge-
spielen. 38Er sprach / Gehe hin / Vnd lies sie zween
monden gehen. Da gieng sie hin mit jren Gespie-
len / vnd beweinet jre Jungfrawschafft auff den ber-
gen. 39Vnd nach zween monden kam sie wider zu
jrem Vater / Vnd er thet jr / [b]wie er gelobt hatte /
Vnd sie war nie keines Mans schüldig geworden.
Vnd ward eine gewonheit in Jsrael / 40das die
töchter Jsrael jerlich hingehen / zu klagen die toch-
ter Jephthah des Gileaditers des jars vier tage.

a (Beugest oder demütigest mich) Gott hat mich hoch erhebt durch diesen Sieg / das ich mein Heubt hoch vnd frölich auffrichtet. Aber du beugest mich / das ich den Kopff mus niderschlahen mit grossem hertzenleid / vnd solche hohe freude zum tieffen hertzenleid keren.

b (Wie er gelobt hatte) Man wil / er habe sie nicht geopffert / Aber der Text stehet da klar. So sihet man auch beide an den Richtern vnd Königen / das sie nach grossen Thatten / haben auch grosse torheit müssen begehen / zuuerhüten den leidigen hohmut.

XII.

VND DIE VON EPHRAIM SCHRIEN VND GIENGEN
zur Mitternacht werts / vnd sprachen zu Jeph-
thah / Warumb bistu in den streit gezogen wider
die kinder Ammon / vnd hastu vns nicht geruffen /
das wir mit dir zögen? Wir wöllen dein Haus sampt
dir mit fewr verbrennen. 2Jephthah sprach zu
jnen / Jch vnd mein Volck hatten eine grosse sache
mit den kindern Ammon / vnd ich schrey euch an /
Aber jr halfft mir nicht aus jren henden. 3Da ich
nu sahe / das jr nicht helffen woltet / stellet ich meine
Seele in meine hand / vnd zoch hin wider die kinder
Ammon / vnd der HERR gab sie in meine hand.
Warumb kompt jr nu zu mir erauff / wider mich zu
streitten?

4VND Jephthah samlet alle Menner in Gilead /
vnd streit wider Ephraim / Vnd die menner in
Gilead schlugen Ephraim / darumb das sie sagten /
Seid doch jr Gileaditer vnter Ephraim vnd Manas-
se / als die Flüchtigen zu [c]Ephraim. 5Vnd die
Gileaditer namen ein die furt des Jordans fur
Ephraim. Wenn nu sprachen die flüchtigen Ephra-
im / Las mich hin über gehen / So sprachen die
Menner von Gilead zu jm / Bistu ein Ephraiter?
Wenn er denn antwortet / Nein / 6So hiessen sie jn
sprechen / Schiboleth / So sprach er / Siboleth / vnd

(SCHIBOLETH) Heisst ein eher am korn / heisst auch wol ein Landstrass.

c Jd est / Qui ad Ephraim fugerunt in periculis pro salute / Non vos eripitis nos / sed nos vos fugitiuos / quia sumus regia tribus.

kunds nicht recht reden / So griffen sie jn vnd schlu-
gen jn an der furt des Jordans / Das zu der zeit von
Ephraim fielen zwey vnd vierzig tausent. [7]Jeph-
JEPHTHAH stirbt. thah aber richtet Jsrael sechs jar / Vnd Jephthah der
Gileaditer starb / vnd ward begraben in den Sted-
ten zu Gilead.

EBZAN 7. jar. NAch diesem richtet Jsrael Ebzan von Bethle-
hem / [9]der hatte dreissig Söne / vnd dreissig
Töchter satzt er aus / vnd dreissig töchter nam er
von aussen seinen sönen. Vnd richtet Jsrael sieben
jar / [10]vnd starb / vnd ward begraben zu Bethle-
hem.

ELON 10. jar. NAch diesem richtet Jsrael Elon / ein Sebulo-
niter / vnd richtet Jsrael zehen jar / [12]vnd
starb / vnd ward begraben zu Aialon im lande
Sebulon.

ABDON 8. jar. NAch diesem richtet Jsrael Abdon ein son Hillel /
ein Pireathoniter / [14]Der hat vierzig Söne vnd
dreissig Neffen / die auff siebenzig Eselfüllen rit-
ten / vnd richtet Jsrael acht jar. [15]Vnd starb / vnd
ward begraben zu Pireathon im lande Ephraim /
auff dem gebirge der Amalekiter.|| || 140a

XIII.

VND DIE KINDER JSRAEL THETEN FÜRDER VBEL
fur dem HERRN / Vnd der HERR gab sie in
die hende der Philister vierzig jar.

ES war aber ein Man zu Zarea von einem ge-
schlecht der Daniter mit namen Manoah / vnd
sein Weib war vnfruchtbar vnd gebar nichts.
[3]Vnd der Engel des HERRN erschein dem Weibe /
vnd sprach zu jr / Sihe / du bist vnfruchtbar / vnd
gebirst nichts / Aber du wirst schwanger werden /
vnd einen Son geberen. [4]So hüt dich nu / das du
nicht Wein noch starck Getrenck trinckest / vnd
nichts Vnreins essest / [5]Denn du wirst schwanger
werden / vnd einen Son geberen / dem kein Scher-
messer sol auffs heubt komen / Denn der Knab
NASIR. wird ein Verlobter Gottes sein von mutterleibe /
vnd er wird anfahen Jsrael zu erlösen / aus der
Philister hand.

[6]DA kam das Weib vnd sagts jrem Man an / vnd
sprach / Es kam ein man Gottes zu mir / vnd seine
gestalt war anzusehen wie ein Engel Gottes / fast
erschrecklich / das ich jn nicht fraget / wo her / oder
wo hin / vnd er saget mir nicht wie er hiesse. [7]Er
sprach aber zu mir / Sihe / du wirst schwanger

Simsons vater.

werden / vnd einen Son geberen / So trincke nu
keinen Wein noch starck Getrencke / vnd iss nichts
Vnreins / Denn der Knab sol ein Verlobter Gottes
sein von mutterleibe an / bis in seinen Tod.

DA bat Manoah den HERRN / vnd sprach / Ah
HERR / las den man Gottes wider zu vns
komen / den du gesand hast / Das er vns lere / was
wir mit dem Knaben thun sollen / der geboren sol
werden. 9Vnd Gott erhöret die stim Manoah /
Vnd der Engel Gottes kam wider zum Weibe / Sie
sas aber auff dem felde / vnd jr man Manoah war
nicht bey jr. 10Da lieff sie eilend vnd sagts jrem
Man an / vnd sprach zu jm / Sihe / der Man ist mir
erschienen / der heut zu mir kam.

11MAnoah macht sich auff vnd gieng seinem
Weibe nach / vnd kam zu dem Man / vnd sprach zu
jm / Bistu der Man / der mit dem Weibe geredt hat?
Er sprach / Ja. 12Vnd Manoah sprach / Wenn nu
komen wird das du geredt hast / welch sol des
Knabens weise vnd werck sein? 13Der Engel des
HERRN sprach zu Manoah / Er sol sich hüten fur
allem / das ich dem Weibe gesagt habe / 14Er sol
Num. 6. nicht essen das aus dem Weinstock kompt / vnd sol
keinen Wein noch starck Getrenck trincken / vnd
nichts Vnreins essen / Alles was ich jr geboten hab /
sol er halten.

MAnoah sprach zum Engel des HERRN / Lie-
ber / Las dich halten / wir wöllen vor ein Zigen-
böcklin opffern. 16Aber der Engel des HERRN
antwortet Manoah / Wenn du gleich mich hie hel-
test / so esse ich doch deiner Speise nicht / Wiltu
aber dem HERRN ein Brandopffer thun / so
magstu es opffern / Denn Manoah wuste nicht / das
es ein Engel des HERRN war. 17Vnd Manoah
sprach zum Engel des HERRN / Wie heissestu /
das wir dich preisen / wenn nu komet was du ge-
redt hast? 18Aber der Engel des HERRN sprach
zu jm / Warumb fragstu nach meinem Namen / der
doch Wundersam ist?

19DA nam Manoah ein Zigenböcklin vnd Speis-
opffer / vnd opfferts auff einem fels dem HERRN /
Vnd er machts [a]Wunderbarlich / Manoah aber vnd
sein Weib sahen zu. 20Vnd da die lohe aufffuhr /
vom Altar gen Himel / fuhr der Engel des HERRN
in der lohe des Altars hin auff. Da das Manoah vnd
sein Weib sahen / fielen sie zur erden auff jr ange-
sicht / 21Vnd der Engel des HERRN erschein

a Es gieng wunderlich zu / wie folget / Das der Engel verschwand / vnd in der flammen auff fuhr.

nicht mehr Manoah vnd seinem Weibe. Da er-
kandte Manoah / das es ein Engel des HERRN war /
[22]Vnd sprach zu seinem Weibe / Wir müssen des
todes sterben / Das wir Gott gesehen haben. [23]Aber
sein || Weib antwortet jm / Wenn der HERR lust || 140b
hette vns zu tödten / So hette er das Brandopffer
vnd Speisopffer nicht genomen von vnsern henden /
Er hette vns auch nicht solchs alles erzeiget / noch
vns solchs hören lassen / wie jtzt geschehen ist.

SIMSON. VND das Weib gebar einen Son / vnd hies jn
Simson / Vnd der Knabe wuchs / vnd der HERR
segenet jn. [25]Vnd der Geist des HERRN fieng an
jn zutreiben im Lager Dan / zwisschen Zarea vnd
Esthaol.

XIIII.

SJMSON GIENG HIN AB GEN THIMNATH / VND SAHE
ein Weib zu Thimnath vnter den töchtern der
Philister. [2]Vnd da er erauff kam / sagt ers an seinem
Vater vnd seiner mutter / vnd sprach / Jch hab ein
Weib gesehen zu Thimnath vnter den töchtern der
Philister / Gebt mir nu dieselbige zum Weibe.
[3]Sein Vater vnd sein Mutter sprachen zu jm / Jst
denn nu kein Weibe vnter den töchtern deiner
Brüder / vnd in all deinem Volck / das du hin
gehest / vnd nimpst ein Weib bey den Philistern /
die vnbeschnitten sind? Simson sprach zu seinem
Vater / Gib mir diese / Denn sie gefellet meinen
augen. [4]Aber sein Vater vnd seine Mutter wusten
nicht / das es von dem HERRN were / Denn er
sucht vrsach an die Philister. Die Philister aber
herrscheten zu der zeit vber Jsrael.

ALso gieng Simson hin ab mit seinem Vater und
seiner Mutter gen Thimnath. Vnd als sie kamen
an die Weinberge zu Thimnath / Sihe / da kam
ein junger Lewe brüllend jm entgegen. [6]Vnd der
Geist des HERRN geriet vber jn / vnd zurisse jn /
wie man ein Böcklin zureisset / vnd hatte doch gar
nichts in seiner hand / Vnd sagts nicht an seinem
Vater noch seiner Mutter was er gethan hatte.

[7]DA er nu hin ab kam redet er mit dem Weibe /
vnd sie gefiel Simson in seinen augen. [8]Vnd nach
etlichen tagen kam er wider / das er sie neme / Vnd
trat aus dem wege / das er das ass des Lewens be-
sehe / Sihe / da war ein Bienschwarm in dem ass des
Lewens vnd honig. [9]Vnd nams in seine hand / vnd
ass dauon vnter wegen / vnd gieng zu seinem Vater
vnd zu seiner Mutter / || vnd gab jnen das sie auch || 141a

assen / Er sagt jnen aber nicht an / das er das honig
von des Lewen ass genomen hatte.
VND da sein Vater hin ab kam zu dem Weibe /
machte Simson daselbs eine Hochzeit / wie die
Jünglinge zu thun pflegen. 11Vnd da sie jn sahen /
gaben sie jm dreissig Gesellen zu / die bey jm sein
solten. 12Simson aber sprach zu jnen / Jch wil euch
ein Retzel auffgeben / wenn jr mir das errattet vnd
trefft / diese sieben tage der Hochzeit / So wil ich
euch dreissig Hembde geben / vnd dreissig Feir-
kleider. 13Künd jrs aber nicht erratten / So solt jr
mir dreissig Hembde vnd dreissig Feirkleider
geben. Vnd sie sprachen zu jm / Gib dein Retzel
auff / Las vns hören. 14Er sprach zu jnen / SPEISE
GIENG VON DEM FRESSER / VND SÜSSIGKEIT VON DEM
STARCKEN. Vnd sie kundten in dreien tagen das
Retzel nicht erratten.
AM siebenden tage sprachen sie zu Simsons
weibe / Vberrede deinen Man / das er vns sage
das Retzel / Oder wir werden dich vnd deines
Vaters haus mit fewr verbrennen / Habt jr vns hie-
her geladen / das jr vns arm machet oder nicht?
16Da weinet Simsons weib fur jm / vnd sprach / Du
bist mir gram vnd hast mich nicht lieb / Du hast
den Kindern meines volcks eine Retzel auffgege-
ben / vnd hast mirs nicht gesagt. Er aber sprach zu
jr / Sihe / Jch habs meinem Vater vnd meiner Mut-
ter nicht gesagt / vnd solt dirs sagen?
17VND sie weinet die sieben tage für jm / weil sie
Hochzeit hatten / Aber am siebenden tage sagt ers
jr / denn sie treib jn ein / Vnd sie sagt das Retzel jrs
volcks Kindern. 18Da sprachen die Menner der

Stad zu jm am siebenden tage / ehe die Sonne vnter-
gieng / Was ist süsser denn Honig? Was ist stercker
denn der Lewe? Aber er sprach zu jnen / WENN JR
NICHT HETTET MIT MEINEM KALB GEPFLÜGET / JR
HETTET MEIN RETZEL NICHT TROFFEN.

VND der Geist des HERRN geriet vber jn / vnd
gieng hin ab gen Asklon / vnd schlug dreissig
Man vnter jnen / Vnd nam jr Gewand / vnd gab
Feirkleider denen / die das Retzel erratten hatten.
Vnd ergrimmet in seinem zorn / vnd gieng erauff
in seines Vaters haus. 20 Aber Simsons weib ward
einem seiner Gesellen gegeben / der jm zugehöret.

XV.

ES BEGAB SICH ABER NACH ETLICHEN TAGEN / VMB
die Weitzenerndte / das Simson sein Weib be-
sucht mit einem Ziegenböcklin. Vnd als er gedacht /
Jch wil zu meinem weibe gehen in die kamer / wolt
jn jr Vater nicht hin ein lassen / 2 vnd sprach / Jch
meiner du werest jr gram worden / vnd hab sie
deinem Freunde gegeben / Sie hat aber eine jüngere
Schwester die ist schöner denn sie / die las dein sein
fur diese. 3 Da sprach Simson zu jnen / Jch hab ein
mal eine rechte sach wider die Philister / Jch wil
euch schaden thun.

VND Simson gieng hin / vnd fieng drey hundert
Füchse / Vnd nam Brende / vnd keret ja einen
Schwantz zum andern / vnd thet einen Brand ja
zwisschen zween schwentze / 5 vnd zündet die an
mit fewr / vnd lies sie vnter das Korn der Philister /
Vnd zündet also an die Mandel / sampt dem stehen-
den Korn / vnd Weinberge vnd Olebewme. 6 Da
sprachen die Philister / Wer hat das gethan? Da
sagt man / Simson der Eidam des Thimniters /
Darumb das er jm sein Weib genomen / vnd seinem
Freunde gegeben hat. Da zogen die Philister hin
auff / vnd verbrandten sie sampt jrem Vater mit
fewr.

7 SJmson aber sprach zu jnen / Ob jr schon das
gethan habt / doch wil ich mich an euch selbs
rechen / vnd darnach auff hören. 8 Vnd schlug sie
hart / beide ‖ an schuldern vnd lenden. Vnd zoch ‖ 141 b
hin ab / vnd wonet in der Steinklufft zu Etam.

(Schuldern vnd lenden) Das ist / Er schlug sie / wie sie jm fur kamen / sie waren hohes oder nidriges Standes.

DA zogen die Philister hin auff vnd belagerten
Juda / vnd liessen sich nider zu Lehi. 10 Aber
die von Juda sprachen / Warumb seid jr wider vns
er auff zogen? Sie antworten / Wir sind er auff

komen Simson zu binden / das wir jm thun / wie er
vns gethan hat. 11Da zogen drey tausent Man von
Juda / hin ab in die Steinklufft zu Etam / vnd spra-
chen zu Simson / Weistu nicht das die Philister
vber vns herrschen? Warumb hastu denn das an
vns gethan? Er sprach zu jnen / Wie sie mir gethan
haben / So hab ich jnen wider gethan.

12SJe sprachen zu jm / Wir sind er ab komen dich
zu binden / vnd in der Philister hende zu geben.
Simson sprach zu jnen / So schweret mir / das jr
mir nicht wehren wolt. 13Sie antworten jm / Wir
wöllen dir nicht wehren / sondern wöllen dich nur
binden / vnd in jre hende geben / vnd wöllen dich
nicht tödten / Vnd sie bunden jn mit zweien newen
Stricken / vnd füreten jn er auff vom Fels.

VND da er kam bis gen Lehi / jauchzeten die
Philister zu jm zu / Aber der Geist des HERRN
geriet vber jn / vnd die Stricke an seinen Armen
wurden wie Faden / die das fewr versenget hat / das
die band an seinen henden zuschmoltzen. 15Vnd
er fand einen faulen Eselskinbacken / Da reckt er
seine hand aus vnd nam jn / vnd schlug damit
tausent Man. 16Vnd Simson sprach / Da ligen sie
bey hauffen / Durch eins Eselskinbacken / hab ich
tausent Man geschlagen. 17Vnd da er das ausge-
redt hatte / warff er den Kinbacken aus seiner hand /
vnd hies die Stet RamatLehi.

RAMATHLEHI. Heisst ein hinwurff des Kinbackens.

DA jn aber seer dürstet / rieff er den HERRN an /
vnd sprach / Du hast solch gros Heil gegeben /
durch die hand deines Knechts / Nu aber mus ich
dursts sterben / vnd in der Vnbeschnitten hende

fallen. 19Da spaltet Gott einen Backenzaan in dem
Kinbacken / das wasser er aus gieng / Vnd als er
tranck / kam sein Geist wider / vnd ward erquicket /
Darumb heisst er noch heutes tags / des Anrüffers
brun / der im Kinbacken ward. 20Vnd er richtet
20. jar. Jsrael zu der Philister zeit / zwentzig jar. || || 142a

XVI.

SJMSON GIENG HIN GEN GASA / VND SAHE DASELBS
Seine Hure / vnd lag bey jr. 2Da ward den Gasi-
tern gesagt / Simson ist herein komen / Vnd sie
vmbgaben jn / vnd liessen auff jn lauren die gantze
nacht in der Stadthor / vnd waren die gantze nacht
stille / vnd sprachen / Harr / morgen wens liecht
wird / wöllen wir jn erwürgen. 3Simson aber lag
bis zu mitternacht / Da stund er auff zur mitter-
nacht / vnd ergreiff beide Thür an der Stadthor /
sampt den beiden pfosten / vnd hub sie aus mit den
rigeln / vnd legt sie auff seine Schuldern / vnd trug
sie hinauff auff die höhe des bergs fur Hebron.

DARNACH GWAN ER EIN WEIB LIEB AM BACH
DELILA. Sorek / die hies Delila. 5Zu der kamen der
Philister Fürsten hin auff / vnd sprachen zu jr /
Vberrede jn / vnd besihe worinnen er solche grosse
Krafft hat / vnd wo mit wir jn vbermögen das wir jn
binden vnd zwingen / So wöllen wir dir geben / ein
jglicher tausent vnd hundert Silberlinge.

VND Delila sprach zu Simson / Lieber sage mir /
worin dein grosse Krafft sey / vnd wo mit man
dich binden müge / das man dich zwinge. 7Simson
sprach zu jr / Wenn man mich bünde mit sieben
Seilen von frisschem bast / die noch nicht verdorret

sind / So würde ich schwach / vnd were wie ein
ander Mensch. [8]Da brachten der Philister Fürsten
zu jr hin auff sieben Seile von frisschem bast / die
noch nicht verdorret waren / vnd sie band jn damit
[9](Man hielt aber auff jn bey jr in der Kamer) Vnd
sie sprach zu jm / Die Philister vber dir Simson / Er
aber zureis die Seile wie eine flechsen Schnur zu-
reist / wenn sie ans fewr reucht / Vnd war nicht
kund / wo seine Krafft were.

DA sprach Delila zu Simson / Sihe du hast mich
geteuscht vnd mir gelogen / Nu so sage mir
doch / wo mit kan man dich binden? [11]Er antwort
jr / Wenn sie mich bünden mit newen stricken / da-
mit nie keine erbeit geschehen ist / So würde ich
schwach / vnd wie ein ander Mensch. [12]Da nam
Delila newe stricke vnd band jn damit / vnd sprach /
Philister vber dir Simson (Man hielt aber auff jn in
der Kamer) Vnd er zureiss sie von seinen Armen /
|| 142b wie einen Faden. ||

DElila aber sprach zu jm / Noch hastu mich ge-
teuscht / vnd mir gelogen / Lieber sage mir
doch / wo mit kan man dich binden? Er antwortet
jr / Wenn du sieben Locke meines Heubts flöchtest
mit einem Flechtband / vnd hefftest sie mit einem
Nagel ein. [14]Vnd sie sprach zu jm / Philister vber
dir Simson / Er aber wachet auff von seinem
schlaff / vnd zog die geflochten Locke mit nagel
vnd flechtband eraus. [15]Da sprach sie zu jm / Wie
kanstu sagen / du habest mich lieb / so dein hertz
doch nicht mit mir ist? Drey mal hastu mich ge-
teuscht / vnd mir nicht gesaget / worinnen deine
grosse Krafft sey?

DA sie jn aber treib mit jren worten alle tag / vnd
zuplaget jn / ward seine Seele matt / bis an den
tod / [17]vnd sagt jr sein gantzes hertz / vnd sprach
zu jr / Es ist nie kein Schermesser auff mein Heubt
komen / Denn ich bin ein Verlobter Gottes von
mutterleib an. Wenn du mich beschörest / so wiche
meine krafft von mir / das ich schwach würde / vnd
wie alle andere Menschen. [18]Da nu Delila sahe /
das er jr alle sein hertz offenbaret hatte / Sand sie
hin / vnd lies der Philister Fürsten ruffen / vnd
sagen / Kompt noch ein mal er auff / denn er hat
mir alle sein hertz offenbaret.

DA kamen der Philister Fürsten zu jr er auff / vnd
brachten das Geld mit sich in jrer hand. [19]Vnd
sie lies jn entschlaffen auff jrem schos / vnd rieff
einem / der jm die sieben Locke seines Heubts ab-
schöre. Vnd sie fieng an jn zu zwingen / Da war
seine Krafft von jm gewichen. [20]Vnd sie sprach
zu jm / Philister vber dir Simson. Da er nu von
seinem schlaff erwacht / gedacht er / Jch wil aus-
gehen wie ich mehr mal gethan hab / ich wil mich
ausreissen / Vnd wuste nicht das der HERR von
jm gewichen war. [21]Aber die Philister grieffen jn /
vnd stochen jm die Augen aus / vnd füreten jn
hinab gen Gasa / vnd bunden jn mit zwo ehrnen
Ketten / vnd er must malen im Gefengnis. [22]Aber
das har seines heubts fieng an wider zu wachsen /
wo es beschoren war.

SIMSON WIRD gefangen vnd jm die augen ausgestochen etc.

DA aber der Philister Fürsten sich versamleten /
jrem Gott Dagon ein gros Opffer zuthun / vnd
sich zu frewen / sprachen sie / Vnser Gott hat vns
vnsern feind Simson in vnsere hende gegeben.
[24]Des selben gleichen als jn das Volck sahe / lobten
sie jren Gott / Denn sie sprachen / Vnser Gott hat
vns vnsern Feind in vnsere hende gegeben / der
vnser Land verderbet / vnd vnser || viel erschlug. || 143 a
[25]Da nu jr hertz guter dinge war / sprachen sie /
Last Simson holen / das er fur vns spiele. Da hole-
ten sie Simson aus dem Gefengnis / vnd er spielet
fur jnen / Vnd sie stelleten jn zwisschen zwo
Seulen.

DAGON.

SJmson aber sprach zu dem Knaben der jn bey
der hand leitet / Las mich das ich die Seulen taste
auff welchen das Haus stehet / das ich mich dran
lehne. [27]Das Haus aber war vol Menner vnd Wei-
ber. Es waren auch der Philister Fürsten alle da /
vnd auff dem Dach bey drey tausent Man vnd

Weib / die zusahen wie Simson spielet. [28]Simson
aber rieff den HERRN an / vnd sprach / HERR
HERR gedencke mein / vnd stercke mich doch
Gott dis mal / das ich fur meine beide Augen mich
einest reche an den Philistern.
[29]VND er fasset die zwo mittel Seulen / auff
welchen das Haus gesetzt war / vnd drauff sich
hielt / eine in seine rechte / vnd die ander in seine
lincke Hand / [30]vnd sprach / Mein Seele sterbe mit
den Philistern / vnd neiget sie krefftiglich. Da fiel
das Haus auff die Fürsten / vnd auff alles Volck das
drinnen war / Das der Todten mehr war / die in
seinem tod storben / denn die bey seinem leben
storben. [31]Da kamen seine Brüder ernider / vnd
seines Vaters gantzes haus / vnd huben jn auff /
vnd trugen jn hinauff / vnd begruben jn in seines
vaters Manoah grab / zwisschen Zarea vnd
Esthaol / Er richtet aber Jsrael zwenzig jar. 20. jar.

XVII.

ES WAR EIN MAN AUFF DEM GEBIRGE EPHRAIM
mit namen Micha / [2]der sprach zu seiner Mutter / Die tausent vnd hundert Silberlinge die du zu MICHA.
dir genomen hast vnd [a]geschworen vnd gesagt fur
meinen ohren / Sihe dasselb Geld ist bey mir / ich
habs zu mir genomen. Da sprach seine Mutter /
Gesegnet sey mein Son dem HERRN. [3]Also gab
er seiner Mutter die tausent vnd hundert Silberlinge
wider. Vnd seine Mutter sprach / Jch hab das Geld
dem HERRN geheiliget von meiner hand fur meinen Son / das man ein Bildnis vnd Abgott machen
sol / darumb so gebe ichs dir nu wider.

a (Geschworen) Diese fraw wird solchs Geld gelobd haben zum Bilde zu geben / Das wird dem son zu erst nicht gefallen haben / hats jr

4ABer er gab seiner mutter das geld wider / Da
nam seine Mutter zwey || hundert Silberling / vnd || 143 b
thet sie zu dem Goldschmid / Der macht jr ein
Bilde vnd Abgott / das war darnach im hause
Micha. 5Vnd der man Micha hatte also ein Gottes-
haus / Vnd machet einen Leibrock vnd das Hei-
lige [b] / vnd [c] füllet seiner Söne einem die hand / das
er sein Priester ward. 6Zu der zeit war kein König
in Jsrael / Vnd ein jglicher thet was jn recht
dauchte.

darumb gestolen / Darnach sich jr klagen lassen bewegen / vnd wider gegeben / vnd lassen machen was sie wolt. Da es nu wol geriet (wie solch ding pfleget) lies ers jm auch gefallen.

LEUIT im Hause Micha.

ES WAR ABER EIN JÜNGLING VON BETHLEHEM
Juda / vnter dem geschlecht Juda / vnd er war ein
Leuit / vnd war frembd daselbs / 8Er zoch aber
aus der stad Bethlehem Juda / zu wandern wo er
hin kundte. Vnd da er auffs gebirge Ephraim kam
zum hause Micha / das er seinen weg gienge /
9fragt jn Micha / Wo kompstu her? Er antwort
jm / Jch bin ein Leuit von Bethlehem Juda / vnd
wandere / wo ich hin kan. 10Micha sprach zu jm /
Bleibe bey mir / du solt mein Vater vnd mein
Priester sein / Jch wil dir jerlich zehen Silberlinge
vnd benante Kleider vnd deine narung geben /
Vnd der Leuit gieng hin.

11DER Leuit trat an zu bleiben bey dem Man /
vnd er hielt den Knaben gleich wie einen Son.
12Vnd Micha füllet dem Leuiten die hand / das er
sein Priester ward / vnd war also im haus Micha.
13Vnd Micha sprach / Nu weis ich das mir der
HERR wird wolthun / weil ich einen Leuiten zum
Priester habe.

b (Thraphim) Deudschen wir / das Heilige / oder Heiligthumb / wie zu vnser zeit die hültzen Heiligen / Todtenbeine / Todtenkleider / vnd der gleichen Heiligen tand gehalten ist fur Gottesdienst / Denn es ist vor ambigua.

c Das ist / Er weihet jn / wie Exod. 39. stehet.

XVIII.

ZV DER ZEIT WAR KEIN KÖNIG IN JSRAEL / VND
der stam der Daniter suchte jm ein Erbteil / da
sie wonen möchten / Denn es war bis auff den tag
noch kein Erbe fur sie gefallen vnter den stemmen
Jsrael. 2Vnd die kinder Dan sandten aus jren Ge-
schlechten von jren Enden fünff streitbare Menner /
von Zarea vnd Esthaol / das Land zu erkunden vnd
zu erforschen / vnd sprachen zu jnen / Ziehet hin
vnd erforschet das Land. Vnd sie kamen auff das
gebirge Ephraim ans haus Micha / vnd blieben
vber nacht daselbs.

DANITER suchen ein Erbteil.

VND weil sie da bey dem gesinde Micha waren /
kandten sie die stimme des Knabens des Le-
uiten / Vnd sie wichen dahin / vnd sprachen zu jm /
Wer hat dich hieher bracht? Was machstu da? Vnd

was hastu hie? [4]Er antwortet jnen / So vnd so hat
Micha an mir gethan / vnd hat mich gedinget / das
ich sein Priester sey. [5]Sie sprachen zu jm / Lieber /
Frage Gott / das wir erfaren / ob vnser weg den wir
wandeln / auch wolgeraten werde? [6]Der Priester
antwort jnen / Ziehet hin mit frieden / Ewr weg
ist recht fur dem HERRN / den jr ziehet.

[7]DA giengen die fünff Menner hin vnd kamen
gen Lais / vnd sahen das Volck das drinnen war /
sicher wonen auff die weise / wie die Zidonier /
stille vnd sicher / vnd war niemand der jnen leid
thet im Lande / oder Herr vber sie were / vnd waren Sie hatten weder Feinde noch Herrn.
ferne von den Zidoniern / vnd hatten nichts mit
Leuten zu thun.

[8]VND sie kamen zu jren Brüdern gen Zarea vnd
Esthaol / Vnd jre Brüder sprachen zu jnen / Wie
stehets mit euch? [9]Sie sprachen / Auff / last vns zu
jnen hin auffziehen / denn wir haben das Land be-
sehen / das ist fast gut / Drumb eilet vnd seid nicht
faul zu ziehen / das jr kompt das Land einzunemen.
[10]Wenn jr komet / werdet jr zu einem sichern
Volck komen / Vnd das Land ist weit vnd breit /
denn Gott hats in ewr hende gegeben / Einen sol-
chen ort / da nichts gebricht / alles das auff Erden
ist.

DA zogen von dannen aus den geschlechten Dan
von Zarea vnd Esthaol / sechs hundert Man
gerüst mit jren waffen zum streit / [12]vnd zogen hin-
auff vnd lagerten sich zu Kiriath Jearim in Juda /
Daher nenneten sie die Stet / das lager Dan / bis LAGER Dan.
|| 144a auff diesen tag / das hinder Kiriath Jearim ist. ||

VND von dannen giengen sie auff das gebirge
Ephraim / vnd kamen zum hause Micha. [14]Da
antworten die fünff Menner / die ausgegangen
waren das land Lais zu erkunden / vnd sprachen
zu jren Brüdern / Wisset jr auch / das in diesen
heusern ein Leibrock / Heiligthumb / Bildnis vnd
Abgott sind? Nu müget jr dencken was euch zu
thun ist. [15]Sie kereten da ein / vnd kamen an das
haus des Knabens des Leuiten in Micha hause /
vnd grüsseten jn freundlich. [16]Aber die sechs hun-
dert Gerüste mit jrem Harnisch / die von den kin-
dern Dan waren / stunden fur dem thor. [17]Vnd die
fünff Menner / die das Land zu erkunden ausgezo-
gen waren / giengen hin auff vnd kamen da hin / vnd
namen das Bilde / den Leibrock / das Heiligthumb
vnd Abgott / Die weil stund der Priester fur dem

von Danitern eröbert.

thor / bey den sechs hundert Gerüsten mit jrem
harnisch.
[18]ALs nu jene ins haus Micha komen waren / vnd
namen das Bilde / den Leibrock / das Heiligthumb
vnd Abgott / sprach der Priester zu jnen / Was
macht jr? [19]Sie antworten jm / Schweig vnd halt
das maul zu / vnd zeuch mit vns / das du vnser Va-
ter vnd Priester seiest. Jst dirs besser / das du in des
einigen Mans haus Priester seiest / Oder vnter
einem gantzen Stam vnd Geschlecht in Jsrael?
[20]Das gefiel dem Priester wol / vnd nam beide den
Leibrock / das Heiligthumb vnd Bilde / vnd kam
mit vnter das volck. [21]Vnd da sie sich wandten
vnd hinzogen / schickten sie die Kindlin vnd das
Vieh / vnd was sie köstlichs hatten / vor jnen her.
DA sie nu fern von Michas haus kamen / schrien
die Menner so in den heusern waren / bey
Michas haus / vnd folgeten den kindern Dan nach /
vnd rieffen den kindern Dan. [23]Sie aber wandten
jr andlitz vmb / vnd sprachen zu Micha / Was ist
dir / das du also ein geschrey machst? [24]Er ant-
wortet / Jr habt meine Götter genomen / die ich
gemacht hatte / vnd den Priester / vnd ziehet hin /
vnd was hab ich nu mehr? Vnd jr fraget noch / was
mir feile? [25]Aber die kinder Dan sprachen zu jm /
Las deine stim nicht hören bey vns / das nicht auff
dich stossen zornige Leute / vnd deine Seele vnd
deines hauses Seele nicht auffgereumet werde.
[26]Also giengen die kinder Dan jrs weges. Vnd
Micha da er sahe das sie jm zu starck waren / wand
er sich / vnd kam wider zu seinem hause.
SJe aber namen / das Micha gemacht hatte / vnd
den Prister den er hatte / vnd kamen an Lais / an
ein still sicher Volck / vnd schlugen sie mit der
scherffe des Schwerts / vnd verbrandten die Stad
mit fewr. [28]Vnd war niemand der sie errettet /
Denn sie lag ferne von Zidon / vnd hatten mit den
Leuten nichts zuschaffen / vnd sie lag im grunde /
welcher an BethRehob ligt. Da baweten sie die
Stad vnd woneten drinnen / [29]vnd nenneten sie
Dan / nach dem namen jres vaters Dan / der von
Jsrael geboren war / Vnd die Stad hies vorzeiten
Lais.

DAN uorhin Lais.

[30]VND die kinder Dan richteten fur sich auff das 3. Reg. 12.
Bilde. Vnd Jonathan der son Gerson / des sons
Manasse vnd seine Söne waren Priester vnter dem
stam der Daniter / bis an die zeit / da sie aus dem 4. Reg. 17.

Lande gefangen gefürt worden. [31]Vnd satzten
also vnter sich das Bilde Micha / das er gemacht
hatte / so lange als das haus Gottes war zu Silo.

XIX.

ZV DER ZEIT WAR KEIN KÖNIG IN JSRAEL. VND HISTORIA von des Leuiten Weib etc.
ein Leuitischer man war Frembdling / an der
seiten des gebirges Ephraim / vnd hatte jm ein
Kebsweib zum weib genomen von Bethlehem Juda.
[2]Vnd da sie hatte neben jm gehuret / lieff sie von
jm zu jres vaters hause gen Bethlehem Juda / vnd
war daselbs vier monden lang.

VND jr Man macht sich auff vnd zoch jr nach / das
er freundlich mit jr redet / vnd sie wider zu sich
|| 144b holet / vnd hatte einen Knaben vnd ein par Esel ||
mit sich. Vnd sie füret jn in jres Vaters haus / Da
jn aber der Dirnen vater sahe / ward er fro vnd emp-
fieng jn. [4]Vnd sein Schweher / der Dirnen vater /
hielt jn / das er drey tage bey jm blieb / assen vnd
truncken / vnd blieben des nachts da.

[5]DEs vierden tags machten sie sich des morgens
früe auff / vnd er stund auff vnd wolt ziehen. Da
sprach der Dirnen vater zu seinem Eidam / Labe
dein hertz vor mit eim bissen brots / darnach solt
jr ziehen. [6]Vnd sie satzten sich vnd assen beide mit
ein ander vnd truncken. Da sprach der Dirnen vater
zu dem Man / Lieber / bleib vber nacht / vnd las
dein hertz guter ding sein. [7]Da aber der Man auff-
stund / vnd wolt ziehen / nötiget jn sein Schweher /
das er vber nacht da bleib.

[8]DEs morgens am fünfften tag / macht er sich
früe auff / vnd wolt ziehen. Da sprach der Dirnen
vater / Lieber / labe dein hertz / vnd las vns ver-
ziehen bis sich der tag neiget / Vnd assen also die
beide mit einander. [9]Vnd der Man macht sich auff /
vnd wolt ziehen mit seinem Kebsweib vnd mit
seinem Knaben. Aber sein Schweher / der Dirnen
vater / sprach zu jm / Sihe der tag lest abe vnd wil
abend werden / bleib vber nacht / Sihe hie ist Her-
berge noch diesen tag / bleib hie vber nacht / vnd
las dein hertz guter ding sein / Morgen so stehet jr
früe auff vnd ziehet ewers wegs zu deiner Hütten.

ABer der Man wolt nicht vber nacht bleiben /
Sondern macht sich auff / vnd zoch hin / vnd
kam bis fur Jebus / das ist Jerusalem / vnd sein par JEBUS.
Esel beladen / vnd sein Kebsweib mit jm. [11]Da sie

Historia von des Leuiten Weibe.

nu bey Jebus kamen / fiel der tag fast dahin / Vnd
der Knabe sprach zu seinem Herrn / Lieber zeuch
vnd las vns in diese Stad der Jebusiter einkeren /
vnd vber nacht drinnen bleiben. [12]Aber sein Herr
sprach zu jm / Wir wöllen nicht in der Frembden
Stad einkeren / die nicht sind von den kindern
Jsrael / Sondern wöllen hin vber gen Gibea. [13]Vnd
sprach zu seinem Knaben / Gehe fort / das wir hinzu
komen an einen ort / vnd vber nacht zu Gibea oder
zu Rama bleiben.

[14]VND sie zogen fort vnd wandelten / vnd die
Sonne gieng jnen vnter hart bey Gibea / die da ligt
vnter BenJamin. [15]Vnd sie kereten daselbs ein /
das sie hinein kemen / vnd vber nacht zu Gibea
blieben. Da er aber hin ein kam / satzt er sich in der
Stad gassen / Denn es war niemand / der sie die
nacht im Hause herbergen wolt.

VND sihe / da kam ein alter Man von seiner erbeit
vom Felde am abend / vnd er war auch vom ge-
birge Ephraim / vnd ein Frembdling zu Gibea /
Aber die Leute des orts waren kinder Jemini.
[17]Vnd da er seine augen auffhub / vnd sahe den
Gast auff der gassen / sprach er zu jm / Wo wiltu
hin? vnd wo kompstu her? [18]Er aber antwortet
jm / Wir reisen von Bethlehem Juda / bis wir ko-
men an die seite des gebirges Ephraim / da her ich
bin / Vnd bin gen Bethlehem Juda gezogen / vnd
ziehe jtzt zum Hause des HERRN / vnd niemand
wil mich herbergen. [19]Wir haben stro vnd futter
fur vnser Esel / vnd brot vnd wein fur mich vnd
deine Magd vnd fur den Knaben / der mit deinem
Knecht ist / das vns nichts gebricht. [20]Der alte
Man sprach / Friede sey mit dir / Alles was dir
mangelt findestu bey mir / bleib nur nicht vber
nacht auff der gassen. [21]Vnd füret jn in sein Haus /
vnd gab den Eseln futter / Vnd sie wuschen jre
füsse / vnd assen vnd truncken.

VND da jr hertz nu guter dinge war / Sihe / da Gen. 19.
kamen die Leute der Stad / böse Buben / vnd
vmbgaben das haus / vnd pochten an die thür / vnd
sprachen zu dem alten Man / dem Hauswirt / Bringe
den Man er aus / der in dein haus komen ist / das
wir jn erkennen. [23]Aber der Man der Hauswirt
gieng zu jnen er aus / vnd sprach zu jnen / Nicht
meine Brüder / thut nicht so vbel / nach dem dieser
Man in mein haus komen ist / thut nicht eine solche
torheit. [24]Sihe / ich habe eine Tochter noch eine

Jungfraw / vnd dieser ein Kebsweib / die wil ich
euch er aus bringen / Die möcht jr zu schanden
|| 145 a machen / || vnd thut mit jnen was euch gefellet /
Aber an diesem Man thut nicht eine solche torheit.
25Aber die Leute wolten jm nicht gehorchen. Da
fasset der Man sein Kebsweib / vnd bracht sie zu
jnen hin aus / Die erkenneten sie / vnd zuerbeiten Grewliche
sich die gantze nacht / bis an den morgen / Vnd da that.
die Morgenröte anbrach / liessen sie sie gehen.
26Da kam das Weib hart vor morgens vnd fiel nider
fur der thür am hause des Mans / da jr Herr innen
war / vnd lag da bis es liecht ward.

DA nu jr Herr des morgens auff stund / vnd die
thür aufthet am Hause vnd er ausgieng das er
seines wegs zöge / Sihe / da lag sein Kebsweib fur
der thür des hauses / vnd jre Hende auff der
schwelle. 28Er aber sprach zu jr / Stehe auff / las
vns zihen / Aber sie antwortete nicht. Da nam er
sie auff den Esel / macht sich auff / vnd zoch an
seinen ort. 29Als er nu heim kam / nam er ein Mes-
ser vnd fasset sein Kebsweib / vnd stücket sie mit
bein vnd mit alle / in zwelff stück / vnd sandte sie
in alle grentze Jsrael. 30Wer das sahe der sprach /
Solchs ist nicht geschehen noch gesehen / sint der
zeit die kinder Jsrael aus Egyptenland gezogen
sind / bis auff diesen tag / Nu bedenckt euch vber
dem / vnd gebt rat / vnd sagt an.

XX.

Osee. 10. DA ZOGEN DIE KINDER JSRAEL AUS / VND VER-
samleten sich zu hauff wie ein Man / von Dan
bis gen Berseba / vnd vom land Gilead zu dem
HERRN gen Mizpa / 2Vnd tratten zu hauff die
Obersten des gantzen volcks aller stemme Jsrael /
in der gemeine Gottes / vier hundert tausent Man
zu fuss / die das schwert auszogen. 3Aber die kin-
der BenJamin höreten / das die kinder Jsrael hin-
auff gen Mizpa gezogen waren. Vnd die kinder
Jsrael sprachen / Saget / wie ist das vbel zugangen?

4DA antwortet der Leuit / des weibs Man die er-
würget war / vnd sprach. Jch kam gen Gibea in
BenJamin mit meinem Kebsweibe vber nacht da
zubleiben. 5Da machten sich wider mich auff / die
Bürger zu Gibea / vnd vmbgaben mich im haus des
nachts / vnd gedachten mich zu erwürgen / vnd
haben mein Kebsweib geschendet / das sie gestor-

Der stam Ben Jamin schier gar vertilget etc.

ben ist. 6Da fasset ich mein Kebsweib vnd zu-
stücket sie / vnd sand es in alle feld des erbes Jsrael /
Denn sie haben einen mutwillen vnd torheit gethan
in Jsrael / 7Sihe / da seid jr kinder Jsrael alle /
schafft euch rat vnd thut hie zu.

DA macht sich alles Volck auff wie ein Man /
vnd sprach / Es sol niemand in seine hütten
gehen / noch in sein haus keren. 9Sondern das wol-
len wir jtzt thun wider Gibea / 10Lasst vns lossen /
vnd nemen zehen Man von hundert / vnd hundert
von tausent / vnd tausent von zehen tausent / aus
allen stemmen Jsrael / das sie speise nemen fur das
volck / das sie komen vnd thun mit Gibea Ben Ja-
min / nach all jrer torheit / die sie in Jsrael gethan
haben. 11Also versamleten sich zu der Stad alle
Menner Jsrael / wie ein Man vnd verbunden sich.

12VND die stemme Jsrael sandten Menner zu
allen geschlechten Ben Jamin / vnd liessen jnen
sagen / Was ist das fur eine Bosheit die bey euch
geschehen ist? 13So gebt nu her die Menner / die
bösen Buben zu Gibea / das wir sie tödten / vnd
das vbel aus Jsrael thun. Aber die kinder Ben Jamin
wolten nicht gehorchen der stim jrer Brüder der
kinder Jsrael / 14Sondern sie versamleten sich aus
den Stedten gen Gibea / auszuziehen in den streit
wider die kinder Jsrael. 15Vnd wurden des tags
gezelet die kinder Ben Jamin aus den Stedten / sechs
vnd zwenzig tausent Man / die das schwert aus-
zogen / On die Bürger zu Gibea / der wurden sie-
ben hundert gezelet ausserlesen Man. 16Vnd vnter
allem diesem volck waren sieben hundert Man auss-
erlesen / die Linck waren / vnd kunden mit der
Schleuder ein har treffen / das sie nicht feileten. || || 145 b

ABer der von Jsrael (on die von Ben Jamin) wur-
den gezelet vier hundert tausent Man / die das
schwert füreten / vnd alle streitbar Menner. 18Die
machten sich auff / vnd zogen hin auff zum hause
Gottes / vnd fragten Gott / vnd sprachen / Wer sol
fur vns hin auff ziehen den streit anzufahen mit den
kindern Ben Jamin? Der HERR sprach / Juda sol
anfahen. 19Also machten sich die kinder Jsrael des
morgens auff vnd lagerten sich fur Gibea. 20Vnd
ein jederman von Jsrael gieng er aus zu streitten mit
Ben Jamin / vnd schickten sich zu streitten wider
Gibea. 21Da fielen die kinder Ben Jamin er aus aus
Gibea / vnd schlugen des tags vnter Jsrael zwey
22000. vnd zwenzig tausent zu boden.

Non petunt victoriam / sed viribus presumunt / et iusticia sua confidunt / ac animantur malicia filiorum Ben Jamin.

Der stam Ben Jamin schier gar vertilget etc.

ABer das volck der Man von Jsrael ermannet
sich / vnd rüsteten sich noch weiter zu streiten /
am selben ort / da sie sich des vorigen tages ge-
rüstet hatten. [23]Vnd die kinder Jsrael zogen hin
auff vnd weineten fur dem HERRN bis an den
abend / Vnd fragten den HERRN / vnd sprachen /
Sollen wir mehr nahen zu streitten mit den kindern
Ben Jamin / vnsern Brüdern? Der HERR sprach /
Ziehet hin auff zu jnen. [24]Vnd da die Kinder Jsrael
sich machten an die kinder Ben Jamin des andern
tages / [25]fielen die Ben Jamiter er aus aus Gibea
jnen entgegen des selben tages / vnd schlugen von
den kindern Jsrael noch achzehen tausent zu bo-
den / die alle das schwert füreten.

Adhuc non petunt / Jdeo neque promittitur victoria.

18000.

DA zogen alle kinder Jsrael hin auff / vnd alles
Volck / vnd kamen zum hause Gottes / vnd
weineten / vnd blieben daselbs fur dem HERRN /
vnd fasteten den tag bis zu abend / vnd opfferten
Brandopffer vnd Danckopffer fur dem HERRN.
[27]Vnd die kinder Jsrael fragten den HERRN (Es
war aber daselbs die Lade des bunds Gottes zu der
selbigen zeit / [28]vnd Pinehas / der son Eleasar
Aarons son / stund fur jm zu der selbigen zeit) vnd
sprachen / Sollen wir mehr ausziehen zu streiten
mit den kindern Ben Jamin vnsern Brüdern / Oder
sol ich ablassen? Der HERR sprach / Ziehet hin-
auff / Morgen wil JCH sie in ewre hende geben.

PINEHAS.

JCH / spricht Gott wils thun. Bisher habt jrs wollen thun / Aber es heist / Jch nicht jr.

[29]VND die kinder Jsrael bestelleten einen Hin-
derhalt auff Gibea vmb her [30]vnd zogen also die
kinder Jsrael hinauff / des dritten tags an die kinder
Ben Jamin / vnd rüsteten sich an Gibea / wie vor
zwey mals. [31]Da furen die kinder Ben Jamin er aus /
dem Volck entgegen / vnd rissen sich von der
Stad / vnd fiengen an zu schlahen / vnd zuuerwun-
den vom Volck / wie vor zwey mals im feld auff zwo
strassen / der eine gen BethEl / die ander gen Gi-
bea gehet / bey dreissig man in Jsrael. [32]Da ge-
dachten die kinder Ben Jamin / Sie sind geschlagen
fur vns / wie vor hin. Aber die kinder Jsrael spra-
chen / Last vns fliehen / das wir sie von der Stad
reissen auff die strassen.

[33]DA machten sich auff alle man von Jsrael von
jrem ort / vnd rüsteten sich zu BaalThamar. Vnd
der Hinderhalt Jsrael brach erfür an seinem Ort /
von der höle Gaba / [34]vnd kamen gegen Gibea
zehen tausent Man / ausserlesen aus gantzem Jsrael /
das der streit hart ward / Sie wusten aber nicht /

BenJamin schier gar ausgetilget.

das sie das vnglück treffen würde. 35 Also schlug
der HERR BenJamin fur den kindern Jsrael / das
die kinder Jsrael auff den tag verderbeten fünff vnd
zwenzig tausent / vnd hundert Man in BenJamin /
die alle das schwert füreten. 36 Denn da die kinder
BenJamin sahen das sie geschlagen waren / Gaben
jnen die menner Jsrael raum / Denn sie verliessen
sich auff den Hinderhalt / den sie bey Gibea be-
stellet hatten. 37 Vnd der Hinderhalt eilet auch /
vnd brach erfur zu Gibea zu / vnd zog sich hin an
vnd schlug die gantze Stad mit der scherffe des
schwerts.

Der HERR schlug sie / nicht Jsrael / Denn es heisst / Gloria in excelsis Deo etc.

38 SJe hatten aber eine Losung mit ein ander / die
Menner von Jsrael vnd der Hinderhalt / mit dem
schwert vber sie zu fallen / wenn der rauch von der
Stad sich erhübe. 39 Da nu die Menner von Jsrael
sich wandten im streit / vnd BenJamin anfieng zu
schlahen / vnd verwundten in Jsrael bey dreissig
Man / vnd gedachten / Sie sind fur vns geschlagen
wie im vorigen streit / 40 Da fieng || an sich zur- || 146 a
heben von der Stad ein rauch stracks vber sich /
Vnd BenJamin wand sich hinder sich / vnd sihe /
Da gieng die Stad gantz auff gen Himel.

41 VND die Menner von Jsrael wandten sich
vmb / vnd erschreckten die menner BenJamin /
denn sie sahen / das sie das vnglück treffen wolt /
42 vnd wandten sich fur den mennern Jsrael / auff
den weg zur wüsten / Aber der streit folget jnen
nach / Dazu die von den Stedten hin einkomen
waren / die verderbeten sie drinnen. 43 Vnd sie
vmbringeten BenJamin vnd jagten jm nach / bis
gen Menuah / vnd zutratten sie bis fur Gibea / gegen
der Sonnen auffgang. 44 Vnd es fielen von Ben-
Jamin achzehen tausent Man / die alle streitbare
Menner waren.

45 DA wandten sie sich vnd flohen zu der wüsten /
an den fels Rimmon / Aber auff derselben strassen
schlugen sie fünff tausent Man / vnd folgeten jnen
hinden nach bis gen Gideom / vnd schlugen jr
zwey tausent. 46 Vnd also fielen des tags von Ben-
Jamin fünff vnd zwenzig tausent Man die das
schwert füreten / vnd alle streitbare Menner waren.
47 Nur sechs hundert Man wandten sich vnd flohen
zur wüsten zum fels Rimmon / vnd blieben im fels
Rimmon vier monden. 48 Vnd die menner Jsrael
kamen wider zu den kindern BenJamin vnd schlu-
gen mit der scherffe des schwerts die in der Stad /

25000. BenJamiter erschlagen.

Stemme Ben Jamin schier gar ausgetilget.

beide Leute vnd Vieh vnd alles was man fand / vnd
alle Stedte die man fand / verbrand man mit fewr.

XXI.

DJe Menner aber Jsrael hatten zu Mizpa ge-
schworen vnd gesagt / Niemand sol seine Toch-
ter den Ben Jamitern zum Weibe geben. 2Vnd das
Volck kam zu dem hause Gottes / vnd bleib da bis
zu abend fur Gott / vnd huben auff jre stimme / vnd
weineten seer / 3vnd sprachen / O HERR Gott von
Jsrael / Warumb ist das geschehen in Jsrael / das
heute eines Stams von Jsrael weniger worden ist?
4Des andern morgens machte sich das Volck früe
auff / vnd bawete da einen Altar / vnd opfferten
Brandopffer vnd Danckopffer.

VND die kinder Jsrael sprachen / Wer ist jrgent
von den stemmen Jsrael / der nicht mit der Ge-
meine ist er auff komen zum HERRN? Denn es war
ein grosser Eid geschehen / das / wer nicht hin auff
keme zum HERRN gen Mizpa / der solt des tods
sterben. 6Vnd es rewete die kinder Jsrael vber
Ben Jamin jre brüdere / vnd sprachen / Heute ist
ein Stam von Jsrael abgebrochen / 7Wie wollen wir
jnen thun / das die vbrigen Weiber kriegen? Denn
wir haben geschworen bey dem HERRN / das wir
jnen von vnsern Töchtern nicht Weiber geben.

VND sprachen / Wer ist jrgent von den stemmen
Jsrael / die nicht hin auff komen sind zum
HERRN gen Mizpa? Vnd sihe / da war niemand
gewesen im Lager der gemeine / von Jabes in Gi-
lead / 9Denn sie zeleten das volck / vnd sihe / da
war kein Bürger da von Jabes in Gilead. 10DA
sandte die Gemeine zwelff tausent Man dahin / von
streitbarn mennern / vnd geboten jnen / vnd spra-
chen / Gehet hin vnd schlagt mit der scherff des
schwerts / die Bürger zu Jabes in Gilead / mit Weib
vnd Kind. 11Doch also solt jr thun / Alles was
Menlich ist / vnd alle Weiber die beim man gelegen
sind verbannet. 12Vnd sie funden bey den Bürgern
zu Jabes in Gilead / vier hundert Dirnen / die Jung-
frawen / vnd bey keinem man gelegen waren / die
brachten sie ins Lager gen Silo die da ligt im lande
Canaan.

DA sandte die gantze Gemeine hin / vnd lies
reden mit den kindern Ben Jamin / die im fels
Rimmon waren / vnd rieffen jnen friedlich. 14Also
kamen die kinder Ben Jamin wider zu derselbigen

Wie die Vbrigen aus dem stam BenJamin weiber bekomen etc.

zeit / Vnd gaben jnen die Weiber / die sie hatten er-
halten von den weibern Jabes zu Gilead / vnd
fun||den keine mehr also. 15Da rewet es das volck || 146b
vber BenJamin das der HERR ein Riss / gemacht
hatte / in den stemmen Jsrael.
VNd die Eltesten der Gemeine sprachen / Was
wollen wir thun / das die vbrigen auch weiber
kriegen? Denn die weiber in BenJamin sind ver-
tilget. 17Vnd sprachen / Die vbrigen von BenJamin
müssen ja jr Erbe behalten / das nicht ein Stam aus-
getilget werde von Jsrael. 18Vnd wir können jnen
vnsere Töchter nicht zu weibern geben / Denn die
kinder Jsrael haben geschworen vnd gesagt / Ver-
flucht sey / der den BenJamitern ein weib gibt.
19VND sie sprachen / Sihe / Es ist ein Jarfest des
HERRN zu Silo / die zur Mitternacht werts ligt
BethEl / gegen der Sonnen auffgang / auff der
strassen / da man hin auff gehet von BethEl gen
Sichem / vnd von mittag werts ligt sie gegen Li-
bona. 20Vnd sie geboten den kindern BenJamin /
vnd sprachen / Gehet hin / vnd lauret in den Wein-
bergen / 21Wenn jr denn sehet / das die töchter
Silo er aus mit Reigen zum Tantz gehen / so faret
erfür aus den Weinbergen / vnd neme ein jglicher
jm ein Weib von den töchtern Silo / vnd gehet hin
ins land BenJamin. 22Wenn aber jre Veter oder
Brüder komen mit vns zu rechten / wollen wir zu
jnen sagen / Seid jnen gnedig / denn wir haben sie
nicht genomen mit streit / Sondern jr wolt sie jnen
nicht geben / Die schuld ist jtzt ewer.
23DJe kinder BenJamin thaten also / vnd namen
Weiber nach jrer zal / von den Reigen / die sie raub-
ten / Vnd zogen hin / vnd woneten in jrem Erbteil
vnd baweten Stedte vnd woneten drinne. 24Auch
die kinder Jsrael machten sich von dannen zu der
zeit / ein jglicher zu seinem Stam vnd zu seinem
Geschlecht / Vnd zogen von dannen aus / ein jg-
licher zu seinem Erbteil. 25Zu der zeit war kein
König in Jsrael / Ein jglicher thet was jn recht
dauchte.

Ende des Buchs der Richter.

DAS BUCH RUTH.

I.

ZUR ZEIT DA DIE RICHTER REGIERTEN / WARD EIN
Tewrung im Lande. Vnd ein Man von Bethle- THEWRUNG.
hem Juda / zoch wallen in der Moabiter land / mit
seinem Weibe vnd zween Sönen / 2der hies Eli- ELIMELECH.
Melech / vnd sein weib Naemi / vnd seine zweene
söne Mahlon vnd ChilJon die waren Ephrater von
Bethlehem Juda. Vnd da sie kamen ins land der
Moabiter / blieben sie daselbs. 3Vnd EliMelech
der Naemi man starb / Vnd sie bleib vberig mit
jren zween Sönen / 4die namen Moabitische wei-
ber / Eine hies Arpa / die ander Ruth. Vnd da sie ARPA. RUTH.
daselbs gewonet hatten / bey zehen jar / 5storben
sie alle beide / Mahlon vnd ChilJon / das das Weib
vberbleib beiden Sönen vnd jrem Man.

DA macht sie sich auff mit jren zwo Schnüren /
vnd zoch wider aus der Moabiter lande / Denn
sie hatte erfaren im Moabiter lande / das der HERR
sein Volck hatte heimgesucht / vnd jnen Brot ge-
‖ 147a geben. 7Vnd ‖ gieng aus von dem Ort da sie ge-
wesen war / vnd jre beide Schnür mit jr. Vnd da
sie gieng auff dem wege / das sie wider keme ins
land Juda / 8sprach sie zu jren beiden Schnüren /
Gehet hin / vnd keret vmb / eine jgliche zu jrer
Mutter haus / Der HERR thue an euch Barm-
hertzigkeit / wie jr an den Todten / vnd an mir ge-
than habt. 9Der HERR gebe euch das jr ruge
findet eine jgliche in jres Mans hause / Vnd küsset
sie.

DA huben sie jre stimme auff / vnd weineten /
10vnd sprachen zu jr / Wir wollen mit dir zu deinem
volck gehen. 11Aber Naemi sprach / Keret vmb
meine töchter / Warumb wolt jr mit mir gehen?
Wie kan ich fürder Kinder in meinem Leib haben /
die ewr Menner sein möchten? 12Keret vmb
meine Töchter / vnd gehet hin / Denn ich bin nu zu
alt das ich einen Man neme. Vnd wenn ich spreche /
Es ist zu hoffen das ich diese nacht einen Man
neme / vnd kinder gebere / 13Wie künd jr doch
harren / bis sie gros würden? Wie wolt jr verziehen /
das jr nicht Mener soltet nemen? Nicht meine
töchter / Denn mich jamert ewr seer / Denn des
HERRN hand ist vber mich ausgegangen.

DA huben sie jre stimme auff / vnd weineten
noch mehr / vnd Arpa küsset jre Schwiger / Ruth ARPA. RUTH.

Naemi kompt wider gen Bethlehem aus der Moabiter land etc.

aber bleib bey jr. [15]Sie aber sprach / Sihe / deine
Schwegerin ist vmbgewand zu jrem Volck vnd zu
jrem Gott / Kere du auch vmb deiner Schwegerin
nach. [16]Ruth antwortet / Rede mir nicht drein / das
ich dich verlassen solt / vnd von dir vmbkeren.
Wo du hin gehest da wil ich auch hingehen / Wo
du bleibst / da bleibe ich auch / Dein Volck ist
mein volck / vnd dein Gott ist mein Gott. [17]Wo
du stirbest / da sterbe ich auch / da wil ich auch be-
graben werden / Der HERR thue mir dis vnd das /
Der Tod mus mich vnd dich scheiden.

ALS sie nu sahe / das sie feste im sinn war mit jr
zu gehen / lies sie ab mit jr dauon zu reden.
[19]Also giengen die beide mit einander / bis sie gen
Bethlehem kamen. Vnd da sie zu Bethlehem ein-
kamen / reget sich die gantze Stad vber jnen / vnd
sprach / Jst das die Naemi? [20]Sie aber sprach zu
jnen / Heisst mich nicht Naemi / sondern Mara /
denn der Allmechtige hat mich seer betrübt. [21]Vol
zoch ich aus / Aber leer hat mich der HERR wider
heim bracht. Warumb heisst jr mich denn Naemi?
so mich doch der HERR gedemütiget / vnd der
Allmechtige betrübt hat? [22]Es war aber vmb die
zeit / das die Gersten erndte angieng / da Naemi
vnd jr Schnur Ruth die Moabitin widerkamen /
vom Moabiter land gen Bethlehem.

(NAEMI) Heist meine lust.
(MARA) Heisst bitter / oder betrübt.

II.

ES WAR AUCH EIN MAN / DER NAEMI MAN FREUN-
de / von dem geschlecht EliMelech / mit namen
Boas / der war ein weidlicher Man.

VND Ruth die Moabitin sprach zu Naemi /
Las mich auffs Feld gehen vnd Ehern aufflesen /
dem nach / fur dem ich gnade finde. Sie aber sprach
zu jr / Gehe hin meine Tochter. [3]Sie gieng hin /
kam vnd las auff den Schnittern nach auff dem felde.
Vnd es begab sich eben / das das selbe feld / war des
Boas der von dem geschlecht EliMelech war.
[4]Vnd sihe / Boas kam eben von Bethlehem / vnd
sprach zu den Schnittern / Der HERR mit euch /
Sie antworten / Der HERR segene dich.

VND Boas sprach zu seinem knaben / der vber
die Schnitter gestellet war / Wes ist die Dirne?
[6]Der Knabe / der vber die Schnitter gestellet war /
antwortet vnd sprach / Es ist die Dirne die Moa-
bitin / die mit Naemi widerkomen ist von der Moa-

biterland. [7]Denn sie sprach / Lieber / Lasst mich aufflesen vnd samlen vnter den garben / den Schnittern nach / Vnd ist also komen / vnd da gestanden von morgen an bis her / vnd bleibt wenig da-
|| 147b heime. ||

[8]DA sprach Boas zu Ruth / Hörstu es / meine tochter? Du solt nicht gehen auff einen andern Acker auffzulesen / vnd gehe auch nicht von hinnen / Sondern halt dich zu meinen Dirnen / [9]vnd sihe wo sie schneiten im felde / da gehe jnen nach / Jch hab meinem Knaben geboten / das dich niemand antaste. Vnd so dich dürstet / so gehe hin zu dem gefess vnd trincke / da meine Knaben schepffen. [10]Da fiel sie auff jr angesicht vnd betet an zur erden / vnd sprach zu jm / Wo mit hab ich die Gnade funden fur deinen augen / das du mich erkennest / die ich doch Frembd bin.

Das ist / Sie ist nicht der Metzen eine / die da heim auffm Polster sitzen vnd faulentzen etc.

BOas antwortet / vnd sprach zu jr / Es ist mir angesagt / alles was du gethan hast an deiner Schwiger / nach deines Mans tod / Das du verlassen hast deinen Vater vnd deine Mutter vnd dein Vaterland / vnd bist zu einem Volck gezogen / das du zuuor nicht kandtest. [12]Der HERR vergelte dir deine that / vnd müsse dein Lohn volkomen sein bey dem HERRN dem Gott Jsrael / zu welchem du komen bist / das du vnter seinen Flügeln zuuersicht hettest. [13]Sie sprach / Las mich gnade fur deinen augen finden / mein Herr / Denn du hast mich getröstet / vnd deine Magd freundlich angesprochen / So ich doch nicht bin / als deiner Megde eine.

[14]BOas sprach zu jr / Wens essens zeit ist / so mache dich hie her zu / vnd iss des Brots / vnd tuncke deinen bissen in den Essig. Vnd sie satzt sich zur seiten der Schnitter. Er aber legt jr Sangen fur / Vnd sie ass / vnd ward sat / vnd lies vber. [15]Vnd da sie sich auffmacht zulesen / gebot Boas seinen Knaben / vnd sprach / Lasst sie auch zwisschen den garben lesen / vnd beschemet sie nicht / [16]Auch von den hauffen lasst vberbleiben vnd lasst liegen / das sie es aufflese / vnd niemand schelte sie drumb.

ALso las sie auff dem felde bis zu abend / vnd schlugs aus was sie auffgelesen hatte / vnd es war bey eim Epha gersten. [18]Vnd sie hubs auff / vnd kam in die Stad / vnd jre Schwiger sahe es / was sie gelesen hatte / Da zog sie erfur vnd gab

jr / was jr vbrig blieben war / da sie sat von war
worden.
[19]DA sprach jre Schwiger zu jr / Wo hastu heut
gelesen vnd wo hastu geerbeitet? Gesegenet sey
der dich erkennet hat. Sie aber sagts jrer Schwiger /
bey wem sie geerbeitet hette / vnd sprach / Der Man
bey dem ich heute geerbeitet habe heisst Boas.
[20]NAemi aber sprach zu jrer Schnur / Gesegenet
sey er dem HERRN / denn er hat seine barmhertzig-
keit nicht gelassen beide an den lebendigen vnd an
den todten. Vnd Naemi sprach zu jr / Der Man ge-
höret vns zu / vnd ist vnser Erbe. [21]Ruth die Moa-
bitin sprach / Er sprach auch das zu mir / Du solt
dich zu meinen Knaben halten / bis sie mir alles ein-
geerndtet haben. [22]Naemi sprach zu Ruth jrer
Schnur / Es ist besser mein Tochter / das du mit
seinen Dirnen aus gehest / Auff das nicht jemand
dir drein rede auff eim andern acker. [23]Also hielt
sie sich zu den Dirnen Boas / das sie las bis das die
Gerstenernd vnd Weitzenernd auswar / vnd kam
wider zu jrer Schwiger.

III.

VND NAEMI JRE SCHWIGER SPRACH ZU JR / MEIN
Tochter / Jch wil dir ruge schaffen / das dirs
wolgehe. [2]Nu der Boas vnser Freund / bey des
Dirnen du gewesen bist / worffelt diese nacht ger-
sten auff seiner Tennen. [3]So bade dich / vnd salbe
dich / vnd lege dein Kleid an vnd gehe hin ab auff
die Tenne / das dich niemand kenne / bis man gantz
gessen vnd getruncken hat. [4]Wenn er sich denn
leget / so merck den Ort da er sich hin leget / vnd
kom vnd decke auff zu seinen füssen / vnd lege
dich / So wird er dir wol sagen was du thun solt.
[5]Sie sprach zu jr / Alles was du mir sagest wil ich
thun.|| || 148a
SJE gieng hin ab zur Tennen / vnd thet alles / wie
jr Schwiger geboten hatte. [7]Vnd da Boas gessen
vnd getruncken hatte / ward sein hertz guter dinge /
vnd kam vnd legt sich hinder einen Mandel / Vnd
sie kam leise vnd decket auff zu seinen füssen / vnd
legt sich. [8]Da es nu mitternacht ward / erschrack
der Man vnd erschuttert / Vnd sihe / ein Weib lag
zu seinen füssen. [9]Vnd er sprach / Wer bistu? Sie
antwortet / Jch bin Ruth deine magd / Breite deinen
flügel vber deine Magd / denn du bist der Erbe.

10ER aber sprach / Gesegnet seistu dem HERRN
meine tochter / Du hast eine bessere barmhertzig-
keit hernach gethan / denn vorhin / das du nicht
bist den Jünglingen nachgegangen / weder reich
noch arm. 11Nu meine Tochter / fürchte dich nicht /
Alles was du sagest / wil ich dir thun / Denn die
gantze Stad meins Volcks weis / das du ein tugent-
sam Weib bist. 12Nu es ist war / das ich der Erbe
bin / Aber es ist einer neher denn ich. 13Bleib vber
nacht / morgen so er dich nimpt / wol / Gelüstets jn
aber nicht / dich zunemen / so wil ich dich nemen /
so war der HERR lebt / schlaff bis morgen. 14Vnd
sie schlieff bis morgen / zu seinen füssen.

VND sie stund auff / ehe denn einer den andern
kennen mocht. Vnd er gedacht / Das nur nie-
mand innen werde / das ein Weib in die tennen
komen sey. 15Vnd sprach / Lange her den Mantel
den du anhast / Vnd halt jn zu / Vnd sie hielt jn zu.
Vnd er mas sechs mas gersten / vnd legts auff sie /
Vnd er kam in die Stad. 16Sie aber kam zu jrer
Schwiger / die sprach / Wie stehets mit dir / meine
Tochter? Vnd sie saget jr alles was jr der Man ge-
than hatte / 17vnd sprach / Diese sechs mas gersten
gab er mir / denn er sprach / Du solt nicht leer zu
deiner Schwiger komen. 18Sie aber sprach / Sey
stille / meine Tochter / bis du erferest wo es hinaus
wil / Denn der Man wird nicht rugen / er brings
denn heute zu ende.

IIII.

BOAS GIENG HIN AUFF INS THOR / VND SATZT SICH
daselbs. Vnd sihe / da der Erbe fur vber gieng /
redet Boas mit jm / vnd sprach / Kom vnd setze
dich etwa [a]hie oder da her / Vnd er kam vnd satzt
sich.

VND er nam zehen Menner von den Eltesten der
Stad / vnd sprach / Setzt euch her / Vnd sie
satzten sich. 3Da sprach er zu dem Erben / Naemi /
die vom lande der Moabiter wider komen ist / beut
feil das stück Felds das vnsers Bruders war EliMe-
lech. 4Darumb gedacht ichs fur deine ohren zu
bringen / vnd sagen / Wiltu es beerben / so keuff
es fur den Bürgern / vnd fur den Eltesten meines
volcks. Wiltu es aber nicht beerben / so sage mirs /
das ichs wisse / Denn es ist kein Erbe on du / vnd
ich nach dir. Er sprach / Jch wils beerben.

a
Ploni / almoni /
Nomen loci
incerti. id est /
aliquo /
Wo du wilt.

Boas nimpt Ruth zum weib.

BOas sprach / Welchs tags du das Feld keuffest
von der hand Naemi / so mustu auch Ruth die
Moabitin / des verstorben Weib nemen / das du
dem Verstorbenen einen namen erweckest auff
sein Erbteil. 6Da sprach er / Jch mags nicht be-
erben / das ich nicht vieleicht mein erbteil ver-
derbe / Beerbe du was ich beerben sol / denn ich
mags nicht beerben. 7Es war aber von alters her
eine solche gewonheit in Jsrael / Wenn einer ein
Gut nicht beerben / noch erkeuffen wolt / Auff das
allerley sache bestünde / so zog er seinen schuch Deut. 25.
aus / vnd gab jn dem andern / Das war das zeugnis
in Jsrael.

8VND der Erbe sprach zu Boas / keuffe du es /
Vnd zog seinen schuch aus. 9Vnd Boas sprach zu
den Eltesten vnd zu allem volck / Jr seid heute Zeu-
gen / das ich alles gekaufft habe / was EliMelech
gewesen ist / vnd alles was ChilJon vnd Mahlon /
von der hand Naemi. 10Dazu auch Ruth die Moa-
bitin Mahlons weib / neme ich zum Weibe / das ich
dem Verstorbenen einen Namen er||wecke auff sein || 148b
Erbteil / vnd sein name nicht ausgerottet werde
vnter seinen Brüdern / vnd aus dem thor seines
orts / Zeugen seid jr des heute.

11VND alles Volck das im thor war / sampt den
Eltesten / sprachen / Wir sind Zeugen / Der HERR
mache das Weib das in dein Haus kompt / wie
Rahel vnd Lea / die beide das haus Jsrael gebawet
haben / vnd wachse seer in Ephrata / vnd werde
gepreiset zu Bethlehem. 12Vnd dein Haus werde /
wie das haus Perez / den Thamar Juda gebar / von Gen. 38.
dem Samen / den dir der HERR geben wird von
dieser Dirnen.

Jd est / Det Deus vt cum illa magnificeris / vt certe factum est / nam peperit Obed / auum Dauidis.

ALso nam Boas die Ruth / das sie sein Weib
ward / Vnd da er bey jr lag / gab jr der HERR /
das sie schwanger ward / vnd gebar einen son. 14Da
sprachen die weiber zu Naemi / Gelobt sey der
HERR der dir nicht hat lassen abgehen einen Er-
ben zu dieser zeit / das sein name in Jsrael bliebe /
15Der wird dich erquicken / vnd dein alter ver-
sorgen / Denn deine Schnur / die dich geliebt hat /
hat jn geboren / welche dir besser ist / denn sieben
Söne.

16VND Naemi nam das Kind / vnd legts auff
jren schos / vnd ward seine Warterin / 17Vnd jre
Nachbarin gaben jm einen namen / vnd sprachen /
Naemi ist ein Kind geboren / vnd hiessen jn

Obed / Der ist der vater Jsai / welcher ist Dauids vater. Obed.

Math. 1. DJS ist das geschlecht Perez. Perez zeuget Hez- Perez geschlechte.
ron. 19 Hezron zeuget Ram. Ram zeuget Am-
minadab. 20 Amminadab zeuget Nahesson. Nahes-
son zeuget Salma. 21 Salmon zeuget Boas. Boas
zeuget Obed. 22 Obed zeuget Jsai. Jsai zeuget
Dauid.

Ende des Buchs Ruth.

DAS ERSTE BUCH SAMUEL.

I.

ES WAR EIN MAN VON RAMATHAIM ZOPHIM / VOM
ELKANA. gebirge Ephraim / der hies ElKana / ein son
Jeroham / des sons Elihu / des sons Thohu / des
sons Zuph / welcher von Ephrath war. 2Vnd er
hatte zwey Weiber / eine hies Hanna / die ander
Peninna. Peninna aber hatte Kinder / vnd Hanna
hatte keine kinder. 3Vnd derselb Man gieng hin-
auff von seiner Stad zu seiner zeit / das er anbetet /
vnd opffert dem HERRN Zebaoth zu Silo. Daselbs
HOPHNI. waren aber Priester des HERRN / Hophni vnd
PINEHAS. Pinehas die zween söne Eli.

DA es nu eines tags kam / das ElKana opfferte /
Gab er seinem weibe Peninna / vnd allen jren
Sönen vnd Töchtern stücke / 5Aber Hanna gab er
ein stück traurig / denn er hatte Hanna lieb / Aber
der HERR hatte jren Leib verschlossen. 6Vnd jre
Widerwertige betrübt sie / vnd trotzt sie seer / Das
der HERR jren Leib verschlossen hette. 7Also
giengs alle jar wenn sie hin auff zoch zu des HERRN
hause / vnd betrübt sie also / So weinet sie denn vnd
ass nichts. 8Elkana aber jr Man sprach zu jr /
Hanna warumb weinestu? vnd warumb issestu
nichts? vnd warumb gehabt sich dein hertz so
vbel? Bin ich dir nicht besser / denn zehen Söne. ‖ ‖ 149a

HANNA gebet vnd Gelübde. DA stund Hanna auff / nach dem sie gessen hatte
zu Silo vnd getruncken (Eli aber der Prister
sas auff eim stuel an der pfosten des Tempels des
HERRN) 10vnd sie war von hertzen betrübt / vnd
bettet zum HERRN vnd weinet 11vnd gelobt ein
Gelübde / vnd sprach / HERR Zebaoth / Wirstu
deiner Magd elend ansehen vnd an mich geden-
cken / vnd deiner Magd nicht vergessen / vnd wirst
deiner Magd einen Son geben / So wil ich jn dem
HERRN geben sein lebenlang / vnd sol kein Scher-
messer auff sein Heubt komen.

12VND da sie lange betet fur dem HERRN /
ELI. hatte Eli acht auff jren mund / 13Denn Hanna redet
in jrem hertzen / allein jre lippen regeten sich / vnd
jre stimme höret man nicht. Da meinet Eli sie were
truncken / 14vnd sprach zu jr / Wie lange wiltu
truncken sein? Las den wein von dir komen / den
du bey dir hast. 15Hanna aber antwortet / vnd
sprach / Nein / mein Herr / Jch bin ein betrübt
Weib / wein vnd starck getrenck hab ich nicht ge-

Hanna gebet vnd Gelübde.

truncken / Sondern hab mein hertz fur dem
HERRN ausgeschut. 16Du woltest deine Magd
nicht achten / wie ein lose weib / Denn ich hab aus
meinem grossen kummer vnd traurigkeit geredt
bisher. 17Eli antwortet / vnd sprach / Gehe hin
mit frieden / der Gott Jsrael wird dir geben deine
Bitte / die du von jm gebeten hast. 18Sie sprach Las
deine Magd gnade finden fur deinen augen. Also
gieng das weib hin jres wegs vnd ass / vnd sahe
nicht so trawrig.

VND des morgens früe machten sie sich auff /
vnd da sie angebettet hatten fur dem HERRN /
kereten sie widerumb / vnd kamen heim gen Ra-
math. Vnd ElKana erkandte sein weib Hanna / vnd
der HERR gedacht an sie. 20Vnd da etliche tage
vmb waren ward sie schwanger vnd gebar einen
Son / vnd hies jn Samuel / Denn ich hab jn von dem Samuel geborn.
HERRN gebeten.

VND da der Man ElKana hin auff zoch mit sei-
nem gantzen Hause / das er dem HERRN opffer-
te das Opffer zur zeit gewönlich / vnd sein Gelübde /
22zoch Hanna nicht mit hin auff / Sondern sprach
zu jrem Man / Bis der Knabe entwenet werde so
wil ich jn bringen / das er fur dem HERRN er-
scheine / vnd bleibe daselbs ewiglich. 23ElKana
jr Man sprach zu jr / So thu wie dirs gefelt / bleib bis
du jn entwenest / Der HERR bestetige aber was er
geredt hat.

ALso bleib das Weib / vnd seuget jren Son / bis
das sie jn entwenet. 24Vnd bracht jn mit jr hin auff /
nach dem sie jn entwenet hatte / mit dreien Farren /
mit einem Epha melh / vnd einer Flasschen weins /
vnd bracht jn in das Haus des HERRN zu Silo. Der
Knabe war aber noch jung / 25Vnd sie schlachten
einen Farren / vnd brachten den Knaben zu Eli.
26Vnd sie sprach / Ah mein Herr / So war deine
seele lebt / mein Herr / Jch bin das Weib / das hie
bey dir stund / vnd bat den HERRN / 27da ich
vmb diesen Knaben bat. Nu hat der HERR meine
bitte gegeben / die ich von jm bat. 28Darumb geb
ich jn dem HERRN wider sein lebe lang / weil er
vom HERRN erbeten ist. Vnd sie betten daselbs
den HERRN an.

II.

[1]Vnd Hanna betet / vnd sprach.

MEin hertz ist frölich in dem HERRN / Mein Horn ist erhöhet in dem HERRN. Mein Mund hat sich weit auffgethan vber meine Feinde / Denn ich frewe mich deines Heils.
[2]ES ist niemand heilig wie der HERR / Ausser dir ist keiner Vnd ist kein Hort / wie vnser Gott ist.
[3]LAsst ewr gros rhümen vnd trotzen / Lasst aus
ewrem munde das [a]Alte / Denn der HERR ist ein
Gott / der es merckt / Vnd lesst solch furnemen
nicht gelingen. ‖ ‖ 149b
[4]Der boge der Starcken ist zubrochen / Vnd die
Schwachen sind vmbgürtet mit stercke.
[5]Die da sat waren / Sind vmbs brot verkaufft
worden / Vnd die hunger lidden hungert nicht
mehr / Bis das die Vnfruchtbar sieben gebar / Vnd
die viel Kinder hatte abnam.
[6]Der HERR tödtet / vnd macht lebendig / Füret
in die Helle vnd wider er aus.
[7]Der HERR macht Arm vnd machet Reich / Er
nidriget vnd erhöhet.
[8]Er hebt auff den Dürfftigen aus dem staub / vnd
erhöhet den Armen aus dem kot / Das er jn setze
vnter die Fürsten / vnd den stuel der ehren erben
lasse / Denn der Welt ende sind des HERRN / Vnd
er hat den Erdboden drauff gesetzt.
[9]ER wird behüten die füsse seiner Heiligen / Aber
die Gottlosen müssen zu nicht werden im finsternis / Denn viel vermügen hilfft doch niemand.
[10]Die mit dem HERRN haddern / mussen zu
grund gehen / Vber jnen wird er donnern im Himel.
DEr HERR wird richten der Welt ende / Vnd wird macht geben seinem Könige / Vnd erhöhen das Horn seines Gesalbten.
[11]ElKana aber gieng hin gen Ramath in sein
haus / Vnd der Knabe war des HERRN Diener fur
dem Priester Eli.

Eli söne.

ABer die söne Eli waren böse Buben / die fragten nicht nach dem HERRN
[13]noch nach dem Recht der Priester an das volck. Wenn jemand etwas opffern wolt / So kam des Priesters knabe / weil das fleisch kochet / vnd hatte eine Krewel mit drey zacken in seiner hand /
[14]vnd sties in den tiegel oder kessel oder pfan / oder töpffen / vnd was er mit der krewel erfür zog / das nam der Priester dauon /

a (Alte) Das feste / gewis ehrliche / Wie man spricht / Gewonheit / alt herkomen Landsitten vnd weise / Denn darauff trotzen die Leute / vnd sagen Ey lieber / die alte weise die beste / Vnser Vorfaren sind auch nicht Narren gewest. Vnd pochen also wider Gottes werck / als muste ers nicht endern noch newern.

Das ist / Sie müssen vmbs brot dienen.

Deut. 32.

Psal. 113.

Also theten sie dem gantzen Jsrael / die daselbs hin
kamen zu Silo.
15DEsselben gleichen / ehe denn sie das fett an-
zündten / kam des Priesters knabe / vnd sprach zu
dem / der das Opffer bracht / Gib mir das fleisch
dem Priester zu braten / Denn er wil nicht gekocht
fleisch von dir nemen / sondern roh. 16Wenn denn
jemand zu jm sagt / Las das fett anzünden / wie sichs
heute gebürt / vnd nim darnach was dein hertz be-
gert / So sprach er zu jm / Du solt mirs jtzt geben /
Wo nicht / so wil ichs mit gewalt nemen. 17Dar-
umb war die sund der Knaben seer gros fur dem
HERRN / Denn die Leute lesterten das Speis-
opffer des HERRN.

SAmuel aber war ein Diener fur dem HERRN /
Vnd der Knabe war vmbgürtet mit eim leinen
Leibrock. 19Dazu macht jm seine Mutter ein klei-
nen Rock / vnd bracht jn jm hin auff zu seiner zeit /
wenn sie mit jrem Man hin auff gieng zu opffern /
die Opffer zu seiner zeit. 20Vnd Eli segenet Elkana
vnd sein Weib / vnd sprach / Der HERR gebe dir
Samen von diesem Weibe / vmb die bitte die sie
vom HERRN gebeten hat. Vnd sie giengen an
jren ort. 21Vnd der HERR sucht Hanna heim / das
sie schwanger ward / vnd gebar drey Söne vnd zwo
Töchter / Aber Samuel der knabe nam zu bey dem
HERRN.

(Leibrock) Das waren Priesterliche kleider / Dauon Exod. 28.

ELi aber war seer alt / vnd erfur alles was seine
Söne theten dem gantzen Jsrael / vnd das sie
schlieffen bey den Weibern / die da dieneten fur der
thür der Hütten des Stiffts. 23Vnd er sprach zu
jnen / Warumb thut jr solchs? Denn ich höre ewr
böses wesen von diesem gantzen volck. 24Nicht
meine Kinder / das ist nicht ein gut geschrey / das
ich höre / Jr macht des HERRN volck vbertretten.
[a]Wenn jemand wider einen Menschen sundigt / so
kans der der Richter schlichten / Wenn aber je-
mand wider den HERRN sündiget / wer kan fur
jn bitten? Aber sie gehorchten jres Vaters stimme
nicht / Denn der HERR hatte willen sie zu tödten.
26Aber der knabe Samuel gieng vnd nam zu / vnd
war angeneme bey dem HERRN / vnd bey den
|| 150a Menschen. ||

a Si Deus offenditur / et non ipse per se remiserit / non est aliquis alius / vel superior / qui inter ipsum offensum et offensorem mediare possit / sicut inter homines etc.

ES KAM ABER EIN MAN GOTTES ZU ELI / VND SPRACH
zu jm / So spricht der HERR / Jch hab mich
offenbart deines Vaters hause / da sie noch in
Egypten waren in Pharao hause. 28Vnd hab jn

Ernste drewung Gottes / wider Eli etc.

daselb mir erwelet fur allen stemmen Jsrael zum
Priesterthum / das er opffern solt auff meinem Al-
tar / vnd Reuchwerg anzünden / vnd den Leibrock
fur mir tragen / vnd hab deines Vaters hause ge-
geben alle Fewr der kinder Jsrael. 29Warumb
leckestu denn wider meine Opffer vnd Speisopffer /
die ich geboten hab in der Wonung / Vnd du ehrest
deine Söne mehr denn Mich / das jr euch mestet von
dem besten aller Speisopffer meines volcks Jsrael.

(Leckest) Gleich wie Act. 9. S. Paulus wider den stachel lecket / das ist / frech vnd mutwillig.

30DArumb spricht der HERR der Gott Jsrael /
Jch hab geredt / Dein haus vnd deines Vaters haus
solten wandeln fur mir ewiglich. Aber nu spricht
der HERR / Es sey fern von mir / Sondern wer
mich ehret / den wil ich auch ehren / Wer aber
mich veracht / Der sol wider veracht werden.
31Sihe / Es wird die zeit komen das ich wil entzwey 3. Reg. 2.
brechen deinen arm / vnd den arm deines vaters
Haus / das kein Alter sey in deinem hause. 32Vnd
wirst sehen deinen Widerwertigen in der wonung /
in allerley Gut / das Jsrael geschehen wird vnd wird
kein Alter sein in deines Vaters hause ewiglich.
33Doch wil ich aus dir niemand von [a] meinem Altar
ausrotten / Auff das deine augen verschmachten /
vnd deine seele sich greme / vnd alle menge deines
Hauses sollen sterben / wenn sie Menner worden
sind.

a Non auferam quidem de altari meo sed diu non viuent quia vbi adoleuerint / morientur.

34VND das sol dir ein Zeichen sein / das vber
deine zween Söne Hophni vnd Pinehas komen
wird / Auff einen tag werden sie beide sterben.
35Jch aber wil mir einen trewen Priester erwecken /
der sol thun wie es meinem hertzen vnd meiner
seelen gefellet / Dem wil ich ein bestendig Haus
bawen / das er fur meinem Gesalbten wandele
jmerdar. 36Vnd wer vbrig ist von deinem Hause /
der wird komen vnd fur jenen niderfallen / vmb
einen silbern Pfennig vnd stück Brots / vnd wird
sagen / Lieber las mich zu einem Priesterteil / das
ich einen bissen Brot esse.

III.

Vnd da Samuel der Knabe dem HERRN
dienet vnter Eli / war des HERRN wort thewr
zu derselben zeit / vnd war wenig Weissagung.

VND es begab sich zur selben zeit lag Eli an sei-
nem ort / vnd seine augen fiengen an tunckel zu
werden / das er nicht sehen kund. 3Vnd Samuel
hatte sich geleget im Tempel des HERRN / da die

(Thewr) Es waren nicht Prediger noch Pfarher gnug / Die Bibel ist da vnter der Banck gelegen / hat niemand studirt / Samuel ist komen vnd hats wider erfur gezogen etc.

Drewung Gottes / wider des hause Eli.

Lade Gottes war / ehe denn die Lampe Gottes ver-
tunckelt. [4]Vnd der HERR rieff Samuel / Er aber
antwortet / Sihe / hie bin ich. [5]Vnd lieff zu Eli vnd
sprach / Sihe / hie bin ich / du hast mir geruffen /
Er aber sprach Jch hab dir nicht geruffen / Gehe
wider hin vnd leg dich schlaffen / vnd er gieng hin /
vnd legt sich schlaffen.
[6]DEr HERR rieff aber mal / Samuel / Vnd Sa-
muel stund auff vnd gieng zu Eli / vnd sprach / Sihe /
Hie bin ich / du hasst mir geruffen / Er aber sprach /
Jch hab dir nicht geruffen / mein Son / Gehe wider
hin / vnd lege dich schlaffen. [7]Aber Samuel ken-
nete den HERRN noch nicht / vnd des HERRN
wort war jm noch nicht offenbart. [8]Vnd der HERR
rieff Samuel aber zum dritten mal / Vnd er stund
auff / vnd gieng zu Eli vnd sprach / Sihe / hie bin
ich / du hast mir geruffen. Da merckt Eli das der
HERR dem Knaben rieff / [9]vnd sprach zu jm / Gehe
wider hin / vnd lege dich schlaffen / Vnd so dir ge-
ruffen wird / so sprich / Rede HERR / denn dein
Knecht höret / Samuel gieng hin vnd legt sich an
|| 150b seinen ort. ||
DA kam der HERR vnd trat da hin / vnd rieff
wie vormals / Samuel Samuel / Vnd Samuel
sprach / Rede / denn dein Knecht höret. [11]Vnd der
HERR sprach zu Samuel / Sihe / Jch thu ein ding
in Jsrael / das / wer das hören wird / dem werden
seine beide Ohren gellen. [12]An dem tage wil ich
erwecken vber Eli / was ich wider sein Haus ge-
redt habe / Jch wils anfahen vnd volenden. [13]Denn
ich habs jm angesagt / das ich Richter sein wil vber
sein Haus ewiglich / vmb der missethat willen / das
er wuste / wie seine Kinder sich schendlich hiel-
ten / vnd hette nicht ein mal saur dazu gesehen.
[14]Darumb hab ich dem hause Eli geschworen / das
diese missethat des hauses Eli / solle nicht versünet
werden / weder mit Opffer noch mit Speisopffer
ewiglich.
[15]VND Samuel lag bis an den morgen / vnd thet
die Thür auff am Hause des HERRN. Samuel aber
furchte sich das gesicht Eli anzusagen. [16]Da rieff
jm Eli / vnd sprach / Samuel mein Son / Er antwor-
tet / Sihe / hie bin ich. [17]Er sprach / Was ist das
wort das dir gesagt ist? Verschweige mir nichts /
Gott thu dir dis vnd das / wo du mir etwas ver-
schweigest / das dir gesagt ist. [18]Da sagts jm Sa-
muel alles an / vnd verschweig jm nichts. Er aber

sprach / Es ist der HERR / er thu was jm wolge-
gefellet.
SAmuel aber nam zu / vnd der HERR war mit jm /
vnd fiel keines vnter allen seinen worten auff die
erden. 20Vnd gantz Jsrael von Dan an bis gen Ber-
saba erkandte / das Samuel ein trewer Prophet des
HERRN war. 21Vnd der HERR erschein hinfurt
Jd est. Deus cepit apparere copioso verbo sub Samuele. zu Silo / Denn der HERR war Samuel offenbart
worden zu Silo / durchs wort des HERRN. 1Vnd
Samuel fieng an zu predigen dem gantzen Jsrael.

IIII.

JSRAEL ABER ZOCH AUS DEN PHILISTERN ENTGEGEN
EBENEZER. Heisst helffenstein. in den streit / vnd lagerten sich bey EbenEzer. Die Jnf. ca. 7.
Philister aber hatten sich gelagert zu Aphek / 2vnd
rüsteten sich gegen Jsrael. Vnd der streit teilet sich
weit / vnd Jsrael ward fur den Philistern geschla-
gen / Vnd schlugen in der ordenung im felde bey
vier tausent Man.
VND da das volck ins Luger kam / sprachen die
eltesten Jsrael / Warumb hat vns der HERR
heute schlahen lassen fur den Philistern? Lasst vns
zu vns nemen die Lade des Bunds des HERRN von
Silo / vnd lasst sie vnter vns komen / das sie vns
helffe von der hand vnser Feinde. 4Vnd das volck
sandte gen Silo / vnd lies von dannen holen die
Lade des Bunds des HERRN Zebaoth / der vber
den Cherubim sitzt / Vnd waren da die zweene söne
Eli mit der Laden des Bunds Gottes / Hophni vnd
Pinehas. 5Vnd da die Lade des Bunds des HERRN
in das Lager kam / jauchzete das gantze Jsrael mit
einem grossen jauchzen / das die erde erschallet.
6DA aber die Philister höreten das geschrey
solchs jauchzens / sprachen sie / Was ist das ge-
schrey solchs grossen jauchzens in der Ebreer la-
ger? Vnd da sie erfuren / das die Lade des HERRN
ins Lager komen were / 7furchten sie sich / vnd
sprachen / Gott ist ins Lager komen. Vnd sprachen
weiter / Weh vns Denn es ist vorhin nicht also ge-
standen / 8weh vns / Wer wil vns erretten von der
hand dieser mechtigen Götter? Das sind die Göt-
ter / die Egypten schlugen mit allerley Plage in der
wüsten. 9So seid nu getrost vnd Menner / jr Phi-
lister / das jr nicht dienen müsset den Ebreern / wie
sie euch gedienet haben / Seid Menner vnd streitet.
10Da stritten die Philister / Vnd Jsrael ward ge-
schlagen / vnd ein jglicher floch in seine hutten /

Vnd es war ein seer grosse Schlacht / das aus Jsrael
fielen dreissig tausent Man fusuolcks. 11Vnd die
Lade Gottes ward genomen / vnd die zween söne
Eli / Hophni vnd Pinehas storben.
DA lieff einer von BenJamin aus dem Heer / vnd
kam gen Silo desselben tages / vnd hatte sein
|| 151a Kleid zurissen / vnd hatte erden auff sein heubt ||
gestrewet. 13Vnd sihe / als er hinein kam / sas Eli
auffm Stuel / das er auff den weg sehe / Denn sein
hertz ware zaghafft vber der Laden Gottes / Vnd da
der Man in die Stad kam / sagt ers an / vnd die
gantze Stad schrey.
14VND da Eli das laut schreien höret / fragt er /
Was ist das fur ein laut getümel? Da kam der Man
eilend vnd sagt Eli an 15(Eli aber war acht vnd
neunzig jar alt / vnd seine augen waren tunckel /
das er nicht sehen kund) 16Der Man aber sprach
zu Eli / Jch kom / vnd bin heute aus dem Heer ge-
flohen. Er aber sprach / Wie gehets zu mein Son?
17Da antwortet der Verkundiger / vnd sprach /
Jsrael ist geflohen fur den Philistern / vnd ist eine
grosse Schlacht im volck geschehen / vnd deine
zwene söne Hophni vnd Pineas sind gestorben /
Dazu / die Lade Gottes ist genomen. 18Da er aber
der Laden Gottes gedacht / fiel er zu rück vom
stuel am thor / vnd brach seinen Hals entzwey / vnd
Eli. starb / Denn er war alt / vnd ein schweer Man. Er
40. jar. richtet aber Jsrael vierzig jar.
SEine Schnur aber Pinehas weib war schwanger /
vnd solt schier geliegen / Da sie das gerüchte hö-
ret / das die Lade Gottes genomen vnd jr Schweher
vnd Man tod war / krümet sie sich vnd gebar / denn

Wenn Menschen vnd vernunfft obligt / so gehet Gottes wort vnd alle ehre dahin / Da fellet das recht Priesterampt zurück / vnd stirbt / vnd das alles aus Gottes zorn. Aber die so gewinnen / haben darnach keine ruge im Gewissen / Denn wo Gottes wort nicht recht gehet / thut es den Gewissen alles leid an / wie hie die Lade Gottes den Philistern / So lange bis sie zu letzt jre schande bekennen müssen / das sie Gottes wort verkeret haben / vnd mit ehren wider zurecht bringen müssen. Das ist hie bedeut mit den gülden Ersen vnd Meusen / welches nichts ist / denn die heimliche plage der Gewissen / die zu letzt offen-

Lade Gottes in der Philister lande 7. monde.

bar wird durch Gottes wort wie S. Paulus sagt. 2. Tim. 3. Jre torheit wird offen bar werden jederman.

es kam sie jre wehe an. [20]Vnd da sie jtzt starb /
sprachen die Weiber / die neben jr stunden / Fürchte
dich nicht / du hast einen jungen Son / Aber sie
antwortet nichts / vnd nams auch nicht zu hertzen.
[21]Vnd sie hies den Knaben Jcabod / vnd sprach / JCABOD.
die Herrligkeit ist da hin von Jsrael / weil die Lade
Gottes genomen war / vnd jr Schweher vnd jr
Man. [22]Vnd sprach abermal / Die Herrligkeit ist
da hin von Jsrael / Denn die Lade Gottes ist genomen.

V.

DJE PHILISTER ABER NAMEN DIE LADE GOTTES /
vnd brachten sie von EbenEzer gen Asdod /
DAGON. [2]in das haus Dagon / vnd stelleten sie neben Dagon.
[3]Vnd da die von Asdod des andern morgens
früe auff stunden / funden sie Dagon auff seinem
andlitz ligen auff der erden / fur der Laden des
HERRN / Aber sie namen den Dagon vnd setzten
jn wider an seinen ort. [4]Da sie aber des andern
morgens früe auff stunden / funden sie Dagon aber
mal auff seinem andlitz ligen auff der erden / fur der
Laden des HERRN / Aber sein Heubt vnd seine
beide Hende abge||hawen / auff der schwelle / das || 151b
der strumpff allein drauff lag. [5]Darumb tretten die
Priester Dagon / vnd alle die in Dagon haus gehen /
nicht auff die schwelle Dagon zu Asdod / bis auff
diesen tag.

ABer die hand des HERRN ward schweer vber
die von Asdod / vnd verderbt sie / vnd schlug
Asdod vnd alle jre grentze an heimlichen örten.
[7]Da aber die Leute zu Asdod sahen das so zugieng /

Gottes in der Philister lande 7. monde.

sprachen sie / Lasst die Lade des Gottes Jsrael nicht
bey vns bleiben / Denn seine hand ist zu hart vber
vns vnd vnsern Gott Dagon. [8]Vnd sandten hin
vnd versamleten alle Fürsten der Philister zu sich /
vnd sprachen / Was sollen wir mit der Lade Gottes
Jsrael machen? Da antworten sie / Lasst die von
Gath / die Lade des Gottes Jsrael vmb her tragen /
Vnd sie trugen die Lade des Gottes Jsrael vmbher.
[9]Da sie aber dieselben vmbher trugen / ward durch
die Hand des HERRN in der Stad ein seer gros
Rumor / vnd schlug die Leute in der Stad / beide
klein vnd gros / vnd kriegten heimliche Plage an
heimlichen örten.

DA sandten sie die Lade des HERRN gen Ekron.
Da aber die Lade Gottes gen Ekron kam /
schrien die von Ekron / Sie haben die Lade Gottes
vmbher getragen zu mir / das sie mich tödte vnd
mein volck. [11]Da sandten sie hin / vnd versamleten
alle Fürsten der Philister / vnd sprachen / Sendet
die Lade des Gottes Jsrael wider an jren Ort / das
sie mich vnd mein volck nicht tödte. Denn die
hand Gottes machte ein seer gros rumor mit wür-
gen in der gantzen Stad / [12]Vnd welche Leute
nicht sturben die wurden geschlagen an heimlichen
örten / das das geschrey der Stad auff gen Himel
gieng.

VI.

ALSO WAR DIE LADE DES HERRN SIEBEN MONDE
im Lande der Philister. [2]Vnd die Philister
rieffen jren Priestern vnd Weissagern / vnd spra-
chen / Was sollen wir mit der Lade des HERRN
machen? Leret vns / wo mit sollen wir sie an jren
ort senden? Sie sprachen / [3]Wolt jr die Lade des
Gottes Jsrael senden / so sendet sie nicht leer / son-
dern solt jr vergelten ein Schuldopffer / So werdet
jr gesund werden / vnd wird euch kund werden /
warumb seine Hand nicht von euch lesst.

[4]SJE aber sprachen / Welchs ist das Schuld-
|| 152a opffer / das wir jm geben || sollen? Sie antworten /
Fünff gülden Erse / vnd fünff gülden Meuse / nach
der zal der fünff Fürsten der Philister / Denn es ist
Exod. 12. einerley Plage gewest vber euch alle / vnd vber
ewre Fürsten. [5]So müsset jr nu machen gleiche ge-
stalt ewren Ersen vnd ewren Meusen / die ewr Land
verderbet haben / das jr dem Gott Jsrael die ehre
gebt / Vieleicht wird seine Hand leichter werden
vber euch / vnd vber ewren Gott / vnd vber ewr

Land. [6]Warumb verstockt jr ewr hertz / wie die
Egypter vnd Pharao jr hertz verstockten? Jsts
nicht also / da er sich an jnen beweiset / liessen sie sie Exod. 12.
faren / das sie hin giengen?

SO nemet nu vnd macht ein newen Wagen / vnd
zwo junge seugende Küe / auff die nie kein Joch
komen ist / vnd spannet sie an den Wagen / vnd
last jre Kelber hinder jnen da heim bleiben. [8]Vnd
nemet die Lade des HERRN / vnd legt sie auff den
wagen / Vnd die gülden Kleinot die jr jm zum
Schuldopffer gebet / thut in ein Kestlein neben jre
seiten / vnd sendet sie hin / vnd lasst sie gehen.
[9]Vnd sehet jr zu / Gehet sie hin auff dem weg jrer
grentze gen BethSemes / So hat er vns alle das gros
vbel gethan / Wo nicht / so werden wir wissen / das
seine Hand vns nicht gerürt hat / sondern es ist vns
on gefehr widerfaren.

[10]DJe Leute theten also / vnd namen zwo junge
seugende Küe / vnd spanneten sie an einen wagen /
vnd behielten jre Kelber daheim / [11]Vnd legten die
Lade des HERRN auff den wagen / vnd das Kestlin
mit den gülden Meusen vnd mit den Bilden jrer
Erse. [12]Vnd die Küe giengen stracks weges zu
BethSemes zu / auff einer stras / vnd giengen vnd
blöcketen / vnd wichen nicht / weder zur rechten
noch zur lincken / Vnd die Fürsten der Philister
giengen jnen nach / bis an die grentze BethSemes.

BETHSEMITER. DJe BethSemiter aber schnitten eben in der
Weitzenerndte im grund / vnd huben jre augen
auff / vnd sahen die Lade / vnd freweten sich die
selbe zu sehen. [14]Der wage aber kam auff den
acker Josua des BethSemiters / vnd stund daselbs
stille. Vnd war ein gros Stein daselbs / vnd sie
spalten das holtz vom wagen / vnd opfferten die
Küe dem HERRN zum Brandopffer. [15]Die Le-
uiten aber huben die Lade des HERRN er ab / vnd
das Kestlin das neben dran war / darinnen die gül-
den Kleinot waren / vnd setzten sie auff den grossen
Stein. Aber die Leute zu BethSemes opfferten dem
HERRN desselben tags Brandopffer vnd ander
Opffer.

DA aber die fünff Fürsten der Philister zugesehen
hatten / zogen sie widerumb gen Ekron / des-
selben tags. [17]Dis sind aber die gülden Erse / die
die Philister dem HERRN zum Schuldopffer ga-
ben / Asdod einen / Gasa einen / Asklon einen /
Gath einen / vnd Ekron einen. [18]Vnd gülden

Meuse / nach der zal aller Stedte der Philister vnter
den fünff Fürsten / beide der gemaurten Stedte vnd
Dörffer / vnd bis an das grosse Abel / darauff sie die
Lade des HERRN liessen bis auff diesen tag / auff
dem acker Josua des BethSemiters.

VND etliche zu BethSemes wurden geschlagen /
darumb das sie die Lade des HERRN gesehen
hatten / Vnd er schlug des volcks funffzig tausent
vnd siebenzig Man. Da trug das volck leide / das
der HERR so eine grosse Schlacht im volck gethan
hatte. [20]Vnd die Leute zu BethSemes sprachen /
Wer kan stehen fur dem HERRN solchem heiligen
Gott? vnd zu wem sol er von vns ziehen? [21]Vnd
sie sandten Boten zu den burgern KiriathJearim /
vnd liessen jnen sagen / Die Philister haben die
Lade des HERRN widerbracht / Kompt er ab vnd
holet sie zu euch hin auff.

VII.

ALSO KAMEN DIE LEUTE VON KIRIATHJEARIM /
vnd holeten die Lade des HERRN hin auff /
vnd brachten sie ins haus AbiNadab zu Gibea /
Vnd seinen son Eleasar heiligeten sie / das er der
Lade des HERRN hütet. [2]Vnd von dem tage an
|| 152b da die Lade des HERRN || zu KiriathJearim bleib /
verzoch sich die zeit so lange bis zwenzig jar wur-
den / vnd das gantze haus Jsrael weinete fur dem
HERRN.

LADE Gottes zu KiriathJearim etc.

SAMUEL ABER SPRACH ZUM GANTZEN HAUSE JSRAEL /
So jr euch mit gantzem hertzen bekeret zu dem
HERRN / So thut von euch die frembden Götter
vnd Astharoth / vnd richtet ewr hertz zu dem
HERRN vnd dienet jm allein / So wird er euch
erretten aus der Philister hand. [4]Da thaten die
kinder Jsrael von sich Baalim vnd Astharoth / vnd
dieneten dem HERRN allein. [5]Samuel aber
sprach / Versamlet das gantze Jsrael gen Mizpa /
das ich fur euch bitte zum HERRN. [6]Vnd sie
kamen zusamen gen Mizpa / vnd schepfften was-
ser / vnd gossens aus fur dem HERRN / vnd faste-
ten den selben tag / vnd sprachen daselbs / Wir
haben dem HERRN gesündigt. Also richtet Sa-
muel die kinder Jsrael zu Mizpa.

(Weinete) Das ist / sie trugen leide vnd klagten dem HERRN jr leid vber die Philister.

DA aber die Philister höreten / das die kinder
Jsrael zusamen komen waren gen Mizpa / zo-
gen die Fürsten der Philister hin auff wider Jsrael.
Da das die kinder Jsrael höreten / furchten sie sich

fur den Philistern / [8]vnd sprachen zu Samuel / Las
nicht ab fur vns zu schreien zu dem HERR / vn-
serm Gott / das er vns helffe aus der Philister hand.
Das ist / das noch an der milch ist.
[9]Samuel nam ein milch Lemblin / vnd opfferte dem Eccl. 48.
HERRN ein gantz Brandopffer / vnd schrey zum
HERRN fur Jsrael / Vnd der HERR erhöret jn.
[10]VND in dem Samuel das Brandopffer opfferte /
kamen die Philister erzu / zu streiten wider Jsrael /
Aber der HERR lies donnern einen grossen Don-
ner vber die Philister desselben tages / vnd schrek-
ket sie / das sie fur Jsrael geschlagen wurden. [11]Da
zogen die Menner Jsrael aus von Mizpa / vnd jagten
die Philister vnd schlugen sie bis vnter BethCar.
[12]DA nam Samuel einen Stein / vnd setzt jn
zwisschen Mizpa vnd Sen / vnd hies jn EbenEzer Sup. 4.
vnd sprach / Bis hie her hat vns der HERR geholf-
fen. [13]Also wurden die Philister gedempfft / vnd
kamen nicht mehr in die grentze Jsrael / Vnd die
Hand des HERRN war wider die Philister / so
lange Samuel lebt. [14]Also worden Jsrael die Stedte
wider / die die Philister jnen genomen hatten / von
Ekron an bis gen Gath / sampt jren grentzen / die
errettet Jsrael von der hand der Philister / Denn
Jsrael hatte friede mit den Amoritern.
SAmuel aber richtet Jsrael sein leben lang. [16]Vnd
zoch jerlich vmbher zu BethEl vnd Gilgal vnd
Mizpa. Vnd wenn er Jsrael an allen diesen Orten
gerichtet hatte / [17]kam er wider gen Ramath /
Denn da war sein Haus / vnd richtet Jsrael daselbs /
Vnd bawet dem HERRN daselbs einen Altar.

VIII.

Samuels Söne. JOEL. ABIA.
DA ABER SAMUEL ALT WARD / SATZT ER SEINE
Söne zu Richter vber Jsrael. [2]Sein Erstgebor-
ner son hies Joel / vnd der ander Abia / vnd waren 1. Par. 2.
Richter zu Bersaba. [3]Aber seine Söne wandelten
nicht in seinem wege / Sondern neigeten sich zum
Geitz / vnd namen geschenck / vnd beugeten das
Recht.
DA versamleten sich alle Eltesten in Jsrael / vnd
kamen gen Ramath zu Samuel / [5]vnd sprachen
zu jm / Sihe / Du bist alt worden / Vnd deine Söne
wandeln nicht in deinen wegen / So setze nu einen
König vber vns / der vns richte / wie alle Heiden
Jsrael foddert einen König etc.
haben. [6]Das gefiel Samuel vbel / das sie sagten /
Gib vns einen König der vns richte / vnd Samuel Act. 13.

bettet fur dem HERRN. [7]Der HERR sprach aber
zu Samuel / Gehorche der stim des volcks in allem
das sie zu dir gesagt haben / Denn sie haben nicht
dich / sondern mich verworffen / das ich nicht sol
König vber sie sein. [8]Sie thun dir / wie sie jmer
gethan haben / von dem tage an / da ich sie aus
Egypten füret / bis auff diesen tag / Vnd haben mich
verlassen / vnd andern Göttern gedienet. [9]So ge-
|| 153a horche nu jrer stim. || Doch bezeuge jnen vnd ver-
kündige jnen das Recht des Königs / der vber sie
herrschen wird.

VND Samuel sagt alle wort des HERRN dem
Act. 13. volck / das von jm einen König foddert. [11]Das
wird des Königs Recht sein / der vber euch herr- Recht
schen wird / Ewre Söne wird er nemen zu seinem des Königs.
wagen / vnd Reutern / die fur seinem wagen her
draben / [12]Vnd zu Heubtleuten vber tausent / vnd
vber funffzig / vnd zu Ackerleuten / die jm seinen
Acker bawen / vnd zu Schnittern in seiner Erndte /
vnd das sie seinen Harnisch / vnd was zu seinen
Wagen gehört / machen. [13]Ewre Töchter aber
wird er nemen das sie Apotekerin / Köchin vnd
Beckerin seien.

[14]Ewre beste Ecker vnd Weinberge vnd Olegar-
ten wird er nemen / vnd seinen Knechten geben.
[15]Dazu von ewr saat vnd Weiberge wird er den
Zehenden nemen / vnd seinen Kemerern vnd
Knechten geben. [16]Vnd ewre Knechte vnd Meg-
de / vnd ewre feineste Jünglinge / vnd ewre Esel /
wird er nemen / vnd sein geschefft damit ausrich-
ten. [17]Von ewren Herden wird er den Zehenden
nemen / vnd jr müsset seine Knechte sein. [18]Wenn
jr denn schreien werdet zu der zeit vber ewrn
König / den jr euch erwelet habt / So wird euch der
HERR zu derseelben zeit nicht erhören.

[19]ABer das Volck wegert sich zu gehorchen der
stimme Samuel / vnd sprachen / Mit nichte / Son-
dern es sol ein König vber vns sein / [20]das wir seien
auch wie alle ander Heiden / das vns vnser König
richte / vnd fur vns er ausziehe / wenn wir vnsere
Kriege füren. [21]Da gehorcht Samuel alle dem das
das volck saget / vnd sagets fur den ohren des
HERRN. [22]Der HERR aber sprach zu Samuel /
Gehorche jrer stim / vnd mache jnen einen König.
Vnd Samuel sprach zu den Mennern Jsrael / Gehet
hin ein jglicher in seine Stad.

IX.

Kis. ES WAR ABER EIN MAN VON BENJAMIN / MIT
namen Kis / ein son AbiEl / des sons Zeror / des
sons Bechorath / des sons Apiah / des sons eins
mans Jemini / ein weidlicher Man. [2]Der hatte
Saul. einen Son mit namen Saul / der war ein junger
feiner Man / vnd war kein feiner vnter den kindern
Jsrael / eins heubts lenger / denn alles Volck.

ES hatte aber Kis der vater Saul seine Eselinnen
verloren / Vnd er sprach zu seinem son Saul /
Nim der Knaben einen mit dir / mach dich auff /
gehe hin vnd suche die Eselinnen. [4]Vnd er gieng
durch das gebirge Ephraim / vnd durch das land
Salisa / vnd funden sie nicht / Sie giengen durchs
land Saalim / vnd sie waren nicht da / Sie giengen
durchs land Jemini / vnd funden sie nicht.

DA sie aber kamen ins land Zuph / sprach Saul
zu dem Knaben der mit jm war / Kom / Las
vns wider heim gehen / Mein vater möchte von
den Eselinnen lassen / vnd fur vns sorgen. [6]Er
aber sprach / Sihe / Es ist ein berümpter Man Got-
tes in dieser Stad / alles was er sagt / das geschicht /
Nu las vns dahin gehen / vieleicht sagt er vns vnsern
weg / den wir gehen. [7]Saul aber sprach zu seinem
Knaben / Wenn wir schon hin gehen / was bringen
wir dem Man? Denn das Brot ist dahin aus vnserm
sack / So haben wir sonst keine Gabe / die wir dem
man Gottes bringen / Was haben wir? [8]Der Knabe
antwortet Saul wider / vnd sprach / Sihe / ich hab
ein vierteil eins silbern Sekels bey mir / den wollen
wir dem man Gottes geben / das er vns vnsern weg
sage.

[9]VOrzeiten in Jsrael / wenn man gieng Gott zu
fragen / sprach man / Kompt lasst vns gehen zu dem
Seher / Denn die man jtzt Propheten heisst / die
Seher. hies man vorzeiten Seher. || || 153b

SAul sprach zu seinem Knaben / Du hast wol
geredt / Kom las vns gehen. Vnd da sie hin gien-
gen zu der Stad / da der man Gottes war / [11]vnd
zur stad hinauff kamen / funden sie Dirnen / die er
aus giengen wasser zu schepffen / Zu denselben
sprachen sie / Jst der Seher hie? [12]Sie antworten
jnen / vnd sprachen Ja / Sihe / da ist er / Eile / denn
er ist heute in die Stad komen / weil das Volck
heute zu opffern hat auff der Höhe. [13]Wenn jr in
die Stad kompt / so werdet jr jn finden / ehe denn

er hin auffgehe auff die Höhe zu essen / Denn das
volck wird nicht essen bis er kome / sintemal er
segenet das Opffer / Darnach essen die so geladen
sind / Darumb so gehet hinauff / denn jtzt werdet
jr jn eben antreffen.

VND da sie hin auff zur Stad kamen / vnd mitten
in der stad waren / Sihe / da gieng Samuel er aus
jnen entgegen / vnd wolt auff die Höhe gehen.
[15]Aber der HERR hatte Samuel seinen ohren offen-
bart einen tag zuuor / ehe denn Saul kam / vnd ge-
saget / [16]Morgen vmb diese zeit wil ich einen Man zu
dir senden / aus dem land BenJamin / Den soltu zum
Fürsten salben vber mein volck Jsrael / das er mein
Volck erlöse von der Philister hand / Denn ich hab
mein Volck angesehen / vnd sein geschrey ist fur
mich komen. [17]Da nu Samuel Saul ansahe / antwor-
tet jm der HERR / Sihe / das ist der man / dauon ich
dir gesagt habe / das er vber mein Volck herrsche.

[18]DA trat Saul zu Samuel vnter dem thor / vnd
sprach / Sage mir / Wo ist hie des Sehers haus?
[19]Samuel antwortet Saul / vnd sprach / Jch bin der
Seher / Gehe fur mir hin auff / auff die Höhe / denn
jr solt heute mit mir essen / Morgen wil ich dich
lassen gehen / vnd alles was in deinem hertzen ist /
wil ich dir sagen. [20]Vnd vmb die Eselinnen / die
du fur dreien tagen verloren hast / bekümmere dich
jtzt nicht / sie sind gefunden. Vnd wes wird sein alles
was das beste ist in Jsrael? Wirds nicht dein vnd
deines Vaters gantzes hauses sein? [21]Saul antwor-
tet / Bin ich nicht ein son von Jemini / vnd von den
geringsten stemmen Jsrael / vnd mein Geschlecht
das kleinest vnter allen Geschlechten der stemme
BenJamin? Warumb sagestu denn mir solches?

SAmuel aber nam Saul vnd seinen Knaben / vnd
füret sie in die Esseleuben / vnd setzt sie oben an
vnter die / so geladen waren / der war bey dreissig
man. [23]Vnd Samuel sprach zu dem Koch / Gib her
das stück das ich dir gab / vnd befalh / du soltest
es bey dir behalten. [24]Da trug der Koch eine schul-
der auff vnd das daran hing. Vnd er legt es Saul fur /
vnd sprach / Sihe / das ist vberblieben / Lege fur
dich / vnd iss / Denn es ist auff dich behalten eben
auff diese zeit / da ich das volck lud. Also ass Saul
mit Samuel des tages.

VND da sie hin ab giengen von der Höhe zur
Stad / redet er mit Saul auff dem Dache. [26]Vnd
stunden früe auff / vnd da die Morgenröt auffgieng /

rieff Samuel dem Saul auff dem Dach / vnd sprach /
Auff / das ich dich gehen lasse. Vnd Saul macht sich
auff / vnd die beide giengen mit einander hin aus /
Er vnd Samuel. [27]Vnd da sie kamen hin ab an der
Stad ende / sprach Samuel zu Saul / Sage dem Kna-
ben das er fur vns hin gehe / Vnd er gieng fur hin /
Du aber stehe jtzt stille / das ich dir kund thu / was
Gott gesagt hat.

X.

DA NAM SAMUEL EIN ÖLEGLAS / VND GOS AUFF
sein Heubt / vnd küsset jn / vnd sprach /
Sihestu / das dich der HERR zum Fürsten vber
sein Erbteil gesalbet hat? [2]Wenn du jtzt von mir
gehest / so wirstu zween Menner finden bey dem
grabe Rahel / in der grentze BenJamin zu Zelzah /
die werden zu dir sagen / Die Eselinne sind gefun-
den / die du zu suchen bist gegangen / Vnd sihe /
dein Vater hat die Esel aus der acht gelassen / vnd
sorget vmb euch / vnd spricht / Was sol ich vmb
meinen Son thun? ‖ ‖ 154a
[3]VND wenn du dich von dannen furbas wen-
dest / so wirstu komen zu der Eichen Thabor / da-
selbs werden dich antreffen drey Menner / die hin
auff gehen zu Gott gen BethEl. Einer tregt drey
Böcklin / der ander drey stück Brots / der dritte ein
Flasschen mit wein. [4]Vnd sie werden dich freund-
lich grüssen / vnd dir zwey Brot geben / die soltu
von jren henden nemen.
[5]DArnach wirstu komen auff den hügel Gottes /
da der Philister lager ist / Vnd wenn du daselbs in

die Stad komest / wird dir begegen ein hauffen Pro-
pheten / von der Höhe er ab komend / vnd fur jnen
her ein Psalter / vnd Paucken / vnd Pfeiffen vnd
Harffen / vnd sie weissagend / [6]Vnd der Geist des
HERRN wird vber dich geraten / das du mit jnen
weissagest / Da wirstu ein ander Man werden.
[7]WEnn dir nu diese Zeichen komen / So thu was
dir vnter handen kompt denn Gott ist mit dir. [8]Du
solt aber fur mir hin ab gehen gen Gilgal / Sihe / da
wil ich zu dir hin ab komen / zu opffern Brand-
opffer vnd Danckopffer. Sieben tage soltu harren
bis ich zu dir kome / vnd dir kund thu / was du
thun solt. [9]Vnd da er seine schuldern wandte / das
er von Samuel gienge / gab jm Gott ein ander
hertz / vnd kamen alle diese Zeichen auff den selben
tag.
VND da sie kamen an den Hügel / Sihe / da kam
jm ein Propheten hauffe entgegen / Vnd der
geist Gottes geriet vber jn / das er vnter jnen weis-
saget. [11]Da jn aber sahen alle / die jn vorhin gekand
hattet / das er mit den Propheten weissagetet /
sprachen sie alle vnternander / Was ist dem son Kis
geschehen? Jst Saul auch vnter den Propheten?
[12]Vnd einer daselbs antwortet / vnd sprach / Wer
ist jr Vater? Da her ist das Sprichwort komen / (Wer ist jr vater) Das ist / Lasst sie weissagen / Jsts doch nicht vom Vater angeboren sondern von Gott der ist der rechte Vater.
Jst Saul auch vnter den Propheten. [13]Vnd da
er ausgeweissagt hatte / kam er auff die Höhe.
ES sprach aber Sauls vetter zu jm vnd zu seinem
Knaben / Wo seid jr hin gegangen? Sie antwor-
ten / die Eselin zu suchen / Vnd da wir sahen / das
sie nicht da waren / kamen wir zu Samuel. [15]Da
sprach der vetter Saul / Sage mir / Was sagt euch
Samuel? [16]Saul antwortet seinem Vettern / Er sagt
vns das die Eselinnen gefunden weren / Aber von
dem Königreich sagt er jm nicht / was Samuel ge-
|| 154b saget hatte.||
Samuel aber berieff das volck zum HERRN
gen Mizpa / [18]vnd sprach zu den kindern Jsrael /
So sagt der HERR der Gott Jsrael / Jch hab Jsrael
aus Egypten gefüret / vnd euch von der Egypter
hand errettet / vnd von der hand aller Königreiche
die euch zwungen. [19]Vnd jr habt heute ewrn Gott
verworffen / der euch aus alle ewrem vnglück vnd
trübsal geholffen hat / vnd sprecht zu jm / Setze
einen König vber vns. Wolan / So trettet nu fur
den HERRN / nach ewren Stemmen vnd Freund-
schafften.

[20]DA nu Samuel alle stemme Jsrael erzu bracht /
ward getroffen der stam BenJamin. [21]Vnd da er
den stam BenJamin erzu bracht mit seinen Ge-
schlechten / ward getroffen das geschlecht Matri /
vnd ward getroffen Saul der son Kis / Vnd sie such-
ten jn / aber sie funden jn nicht. [22]Da fragten sie
forder den HERRN / Wird er auch noch herko-
men? Der HERR antwortet / Sihe / Er hat sich
vnter die fass versteckt. [23]Da lieffen sie hin vnd
holeten jn von dannen / Vnd da er vnter das Volck
trat / war er eins heubts lenger denn alles volck.
[24]Vnd Samuel sprach zu allem volck / Da sehet jr /
welchen der HERR erwelet hat / Denn jm ist kein
gleicher in allem volck. Da jauchtzet alles volck /
vnd sprach / Glück zu dem Könige.

Ehre sol man fliehen / vnd sich dazu treiben lassen.

[25]SAmuel aber saget dem volck alle Recht des Königreichs / vnd schreibs in ein Buch / vnd legt es fur den HERRN. Vnd Samuel lies alles Volck gehen / einen jglichen in sein haus / *Sup. 8.*
[26]vnd Saul
gieng auch heim gen Gibea / vnd gieng mit jm des
Heers ein teil / welcher hertz Gott rürete. [27]Aber
etliche lose Leute sprachen / Was solt vns dieser
helffen? Vnd verachteten jn / vnd brachten jm kein
Geschenck / Aber er thet als höret ers nicht.

XI.

NAHAS.

ES ZOCH ABER ER AUFF NAHAS DER AMMONITER /
vnd belagerte Jabes in Gilead. Vnd alle Menner
zu Jabes sprachen zu Nahas / Mache einen Bund mit
vns / so wollen wir dir dienen. [2]Aber Nahas der
Ammoniter antwortet jnen / Darin wil ich mit euch
einen Bund machen, das ich euch allen das rechte
Auge aussteche / vnd mache euch zuschanden vn-
ter gantzem Jsrael. [3]Da sprachen zu jm die Elte-
sten zu Jabes / Gib vns sieben tage / das wir Boten
senden in alle grentze Jsrael / Jst denn niemand der
vns rette / so wollen wir zu dir hin ausgehen.

DA kamen die Boten gen Gibea zu Saul / vnd
redten solchs fur den ohren des volcks / Da hub
alles volck seine stimme auff / vnd weinet. [5]Vnd
sihe / da kam Saul vom felde hinder den Rindern
her / vnd sprach / Was ist dem volck das es weinet?
Da erzeleten sie jm die sache der Menner von
Jabes. [6]Da geriet der geist Gottes vber jn / als er
solche wort höret / vnd sein zorn ergrimmet seer.
[7]Vnd nam ein par Ochsen vnd zustückt sie / vnd
sandte in alle grentze Jsrael / durch die Boten / vnd

lies sagen / Wer nicht auszeugt Saul vnd Samuel
nach / des Rindern sol man also thun.
DA fiel die furcht des HERRN auff das volck /
das sie auszogen / gleich als ein einiger Man. [8]Vnd
macht die ordnung zu Basek / vnd der kinder
Jsrael waren drey hundert mal tausent Man / vnd
der kinder Juda dreissig tausent. [9]Vnd sie sagten
den Boten die komen waren / Also sagt den men-
nern zu Jabes Gilead / Morgen sol euch hülffe ge-
schehen wenn die Sonne beginnet heis zu scheinen.
Da die Boten kamen vnd verkündigeten das den
Mennern zu Jabes wurden sie fro. [10]Vnd die men-
ner Jabes sprachen / Morgen wollen wir zu euch
hinaus gehen / das jr vns thut alles was euch ge-
fellet.

VND des andern morgens stellet Saul das volck
in drey Hauffen / vnd kamen ins Lager vmb die
Morgenwache / vnd schlugen die Ammoniter / bis
der tag heis ward / Welche aber vberblieben / wur-
den also zustrewet / das jr nicht zween mit einander
|| 155 a blieben. [12]Da sprach das Volck zu Samuel / || Wer
Sup. 10. sind sie / die da sagten / Solt Saul vber vns herr-
schen? Gebt sie her die Menner das wir sie tödten.
[13]Saul aber sprach / Es sol auff diesen tag niemand
sterben / Denn der HERR hat heute Heil gegeben
in Jsrael.

SAmuel sprach zum volck / Kompt / lasst vns gen
Gilgal gehen / vnd das Königreich daselbs er-
newen. [15]Da gieng alles Volck gen Gilgal / vnd
machten daselbst Saul zum Könige fur dem
HERRN zu Gilgal / vnd opfferten Danckopffer
fur dem HERRN. Vnd Saul sampt allen mennern
Jsrael freweten sich daselbst fast seer.

XII.

DA SPRACH SAMUEL ZUM GANTZEN JSRAEL / SIHE /
Jch hab ewr stimme gehorcht / in allem das jr
mir gesagt habt / vnd hab einen König vber euch
gemacht. [2]Vnd nu sihe / da zeucht ewer König fur
euch her / Jch aber bin alt vnd graw worden / vnd
meine Söne sind bey euch / vnd ich bin fur euch her
gegangen von meiner jugent auff bis auff diesen tag.
Eccl. 46. [3]Sihe / hie bin ich / Antwortet wider mich fur dem
HERRN vnd seinem Gesalbten / Ob ich jemands
Ochsen oder Esel genomen hab? Ob ich jemand
hab gewalt oder vnrecht gethan? Ob ich von je-

mands hand ein geschenck genomen habe / vnd
mir die Augen blenden lassen? So wil ichs euch
wider geben.
[4]SJe sprachen / Du hast vns kein gewalt noch
vnrecht gethan / vnd von niemands hand etwas
genomen. [5]Er sprach zu jnen / Der HERR sey
Zeuge wider euch vnd sein Gesalbter heutes tags /
das jr nichts in meiner hand funden habt. Sie spra-
chen / Ja / Zeugen sollen sie sein. [6]Vnd Samuel
sprach zum volck / Ja / der HERR der Mose vnd
Aaron gemacht hat / vnd ewre Veter aus Egypten-
land gefürt hat. [7]So trettet nu her / das ich mit
euch rechte fur dem HERRN / vber aller Wolthat
des HERRN / die er an euch vnd ewren Vetern
gethan hat.
ALs Jacob in Egypten komen war / schrien
ewre Veter zu dem HERRN Vnd er sandte
Mose vnd Aaron / das sie ewre Veter aus Egypten
füreten / vnd sie an diesem Ort wonen liessen.
[9]Aber da sie des HERRN jres Gottes vergassen / Ju. 17.
verkaufft er sie vnter die gewalt Sissera / des Ju. 4.
Heubtmans zu Hazor / vnd vnter die gewalt der
Philister / vnd vnter die gewalt des Königs der
Moabiter / die stritten wider sie. [10]Vnd schrien
aber zum HERRN / vnd sprachen / Wir haben ge-
sündiget / Das wir den HERRN verlassen / vnd
Baalim vnd Astharoth gedienet haben / Nu aber
errette vns von der hand vnser Feinde / so wollen
wir dir dienen. [11]Da sandte der HERR Jerubaal / Ju. 6.
Bedan / Jephthah vnd Samuel / vnd errettet euch Ju. 11.
von ewr Feinde hende vmbher / vnd lies euch sicher
wonen.
[12]DA jr aber sahet / das Nahas der König der
kinder Ammon wider euch kam / spracht jr zu mir /
Nicht du / sondern ein König sol vber vns herr-
schen / So doch der HERR ewer Gott ewr König
war. [13]Nu da habt jr ewrn König / den jr erwelet
vnd gebeten habt / Denn sihe / [a]der HERR hat einen
König vber euch gesetzt. [14]Werdet jr nu den
HERRN fürchten / vnd jm dienen / vnd seiner
stimme gehorchen / vnd dem Munde des HERRN
nicht vngehorsam sein / so werdet beide jr vnd
ewr König / der vber euch herrschet / dem HERRN
ewrem Gott folgen. [15]Werdet jr aber des HERRN
stimme nicht gehorchen / sondern seinem Munde
vngehorsam sein / So wird die Hand des HERRN
wider euch vnd wider ewr Veter sein.

a Gott bestetiget den König / vnd zörnet doch / das sie jn erwelet hatten. Das ist so viel Sie theten vbel / das sie jr vertrawen von Gott auff einen Menschen / vnd sich selbs satzten / so sie bisher so offt on König durch Gott errettet waren. Dazu weil jnen versprochen war Könige zuhaben / lesst es Gott nicht zu / das sie jn welen / sondern er selbs welet. Auff das bestehe / Das alles was Gott nicht anfehet vnd thut / nichts gelte fur Gott.

AVch trettet nu her / vnd sehet das gros ding /
das der HERR fur ewren augen thun wird.
17 Jst nicht jtzt die Weitzenerndte? Jch wil aber den
HERRN anruffen / das er sol donnern vnd regen
lassen / Das jr innen werdet vnd sehen solt / das
|| 155b gros vbel / das jr fur des HERRN augen ge||than
habt / das jr euch einen König gebeten habt. 18 Vnd
da Samuel den HERRN anrieff / Lies der HERR
donnern vnd regen desselben tags. Da furchte das
gantze volck seer den HERRN vnd Samuel /
19 Vnd sprachen alle zu Samuel / Bitte fur deine
Knechte den HERRN deinen Gott / das wir nicht
sterben. Denn vber alle vnser sünde / haben wir
auch das vbel gethan / das wir vns einen König ge-
beten haben.

20 SAmuel aber sprach zum volck / Fürchtet euch
nicht / jr habt zwar das vbel alles gethan / Doch
weichet nich hinder dem HERRN ab / sondern die-
net dem HERRN von gantzem hertzen / 21 Vnd
weichet nicht dem Eiteln nach / denn es nützet
nicht / vnd kan nicht erretten / weil es ein eitel ding
ist. 22 Aber der HERR verlesst sein Volck nicht /
vmb seines grossen Namens willen / Denn der
HERR hat angefangen euch jm selb zum Volck zu
machen.

23 Es sey aber auch ferne von mir / mich also an
dem HERRN zu versündigen / das ich solt ab-
lassen fur euch zu Beten / vnd euch zu Leren den
guten vnd richtigen weg. 24 Furchtet nur den
HERRN / vnd dienet jm trewlich von gantzem
hertzen / Denn jr habt gesehen / wie grosse ding
er mit euch thut. 25 Werdet jr aber vbel handeln /
So werdet jr vnd ewr König verloren sein.

XIII.

SAUL WAR EIN JAR KÖNIG GEWESEN / VND DA ER
zwey jar vber Jsrael regiert hatte / 2 erwelet er
jm drey tausent Man aus Jsrael / Zwey tausent
waren mit Saul zu Michmas / vnd auff dem gebirge
BethEl vnd ein tausent mit Jonathan zu Gibea Ben-
Jamin / Das ander Volck aber lies er gehen / einen
jglichen in seine Hütten. 3 Jonathan aber schlug JONATHAN.
die Philister in jrem Lager / die zu Gibea war / Das
kam fur die Philister. Vnd Saul lies die Posaunen
blasen im gantzen Land / vnd sagen / Das lasst die
Ebreer hören. 4 Vnd gantz Jsrael höret sagen /
Saul hat der Philister lager geschlagen / Denn

Jsrael stanck fur den Philistern / Vnd alles volck
schrey Saul nach gen Gilgal.

DA versamleten sich die Philister zu streitten mit
Jsrael / dreissig tausent Wagen / sechs tausent
Reuter / vnd sonst Volck / so viel wie sand am rand
des Meers / Vnd zogen er auff / vnd lagerten sich
zu Michmas gegen morgen fur BethAuen. 6Da
das sahen die Menner Jsrael / das sie in nöten waren
(denn dem Volck war bange) verkrochen sie sich
in die höle vnd klüfften vnd felsen vnd löcher vnd
gruben. 7Die Ebreer aber giengen vber den Jordan
ins land Gad vnd Gilead. Saul aber war noch zu
Gilgal / vnd alles volck ward hinder jm zag. 8Da
harret er sieben tage / auff die zeit von Samuel be-
stimpt / Vnd da Samuel nicht kam gen Gilgal / zur-
strewet sich das volck von jm.

DA sprach Saul / Bringet mir her Brandopffer
vnd Danckopffer / Vnd er opffert Brandopffer.
10Als er aber das Brandopffer volendet hatte / sihe /
da kam Samuel / Da gieng Saul hinaus jm entgegen
jn zu segenen. 11Samuel aber sprach / Was hastu
gemacht? Saul antwortet / Jch sahe / das das Volck
sich von mir zurstrewet / vnd du kamest nicht zu
bestimpter zeit vnd die Philister waren versamlet
zu Michmas. 12Da sprach ich / Nu werden die
Philister zu mir er ab komen gen Gilgal / vnd ich
hab das angesicht des HERRN nicht erbeten / Da
wagt ichs / vnd opfferte Brandopffer.

13SAmuel aber sprach zu Saul / Du hast thörlich
gethan / vnd nicht gehalten des HERRN deines
Gottes gebot / das er dir geboten hat / Denn er
hette dein Reich bestetiget vber Jsrael fur vnd fur /
14Aber nu wird dein Reich nicht bestehen. Der
HERR hat jm einen Man ersucht nach seinem Act. 13.
hertzen / dem hat der HERR geboten Fürst zu sein
vber sein Volck / Denn du hast des HERRN Gebot
nicht gehalten. 15Vnd Samuel macht sich auff /
vnd gieng von Gilgal gen Gibea BenJamin. ‖ ‖ 156a

ABer Saul zelet das volck das bey jm war / bey
sechs hundert Man / 16Saul aber vnd sein son
Jonathan / vnd das Volck das bey jm war / blieben
auff dem hügel BenJamin / Die Philister aber hatten
sich gelagert zu Michmas. 17Vnd aus dem Lager
der Philister zogen drey Hauffen / das Land zu ver-
heeren / Einer wand sich auff die strassen gen
Ophra / ins land Sual / 18Der ander wand sich auff
die strasse BethHoron / Der dritte wand sich auff

die strasse / die da langet an das tal Zeboim / an der
wüsten.
Jud. 5. [19]ES ward aber kein Schmid im gantzen lande
Jsrael erfunden. Denn die Philister gedachten / Die
Ebreer möchten schwert vnd spies machen. [20]Vnd
muste gantz Jsrael hin ab ziehen zu den Philistern /
wenn jemand hatte ein pflug schar / hawen / beil /
oder sensen zu scherffen / [21]Vnd die schneiten an
den sensen / vnd hawen vnd gabbeln vnd beilen
waren abgeerbeitet / vnd die stachel stumpff wor-
den. [22]Da nu der Streittag kam / ward kein schwert
noch spies funden in des gantzen Volcks hand /
das mit Saul vnd Jonathan war / on Saul vnd sein
Son hatten woffen. [23]Vnd der Philister lager zog
er aus fur Michmas vber.

XIIII.

ES BEGAB SICH EINS TAGES / DAS JONATHAN DER
son Saul sprach zu seinem Knaben / der sein
Waffentreger war / Kom / las vns hinüber gehen
zu der Philister lager / das da drüben ist / vnd sagts
seinem Vater nicht an. [2]Saul aber bleib zu Gibea
am ende / vnter einem Granatenbawm / der in der
Vorstad war / vnd des volcks das bey jm war / war
bey sechs hundert Man. [3]Vnd Ahia der son Ahitob
Sup. 4. Jacobs bruder / Pinehas son / des sons Eli / war
Priester des HERRN zu Silo / vnd trug den Leib-
rock an. Das volck wuste auch nicht / das Jonathan
war hin gegangen.
[4]ES waren aber an dem wege / da Jonathan sucht
hin über zu gehen zu der Philister lager / zween
spitzen Felsen / einer disseid / der ander jenseid /
der eine hies Bozez / der ander Senne / [5]Vnd einer
sahe von Mitternacht gegen Michmas / vnd der
ander von Mittag gegen Gaba. [6]Vnd Jonathan
sprach zu seinem Waffentreger / Kom / las vns
hinüber gehen / zu dem Lager dieser vnbeschnit-
ten / Vieleicht wird der HERR etwas durch vns
ausrichten / DENN ES IST DEM HERRN NICHT
SCHWEER / DURCH VIEL ODER WENIG HELFFEN.
[7]Da antwortet jm sein Waffentreger / Thu alles was
in deinem hertzen ist / Far hin / Sihe ich bin mit dir /
wie dein hertz wil.
[8]JOnathan sprach / Wolan / wenn wir hinüber
komen zu den Leuten / vnd jnen ins gesicht komen /
[9]Werden sie denn sagen / Stehet stille / bis wir an
euch gelangen / So wollen wir an vnserm ort stehen

bleiben / vnd nicht zu jnen hinauff gehen. [10]Wer-
den sie aber sagen / Kompt zu vns er auff / So
wollen wir zu jnen hin auff steigen / So hat sie vns
der HERR in vnser hende gegeben / Vnd das sol
vns zum Zeichen sein.

DA sie nu der Philister lager beide ins gesicht
kamen / sprachen die Philister / Sihe / die Ebreer
sind aus den Löchern gegangen darin sie sich ver-
krochen hatten. [12]Vnd die Menner im Lager ant-
worten Jonathan vnd seinem Waffentreger / vnd
sprachen / Kompt er auff zu vns / so wollen wirs
euch wol leren. Da sprach Jonathan zu seinem
Waffentreger / Steige mir nach / der HERR hat sie
gegeben in die hende Jsrael. [13]Vnd Jonathan klet-
tert mit henden vnd mit füssen hin auff / vnd sein
Waffentreger jm nach.

SIEG des Jonathan.

DA fielen sie fur Jonathan darnider / vnd sein
Waffentreger würget jm jmer nach. [14]Also das
die erste Schlacht / die Jonathan vnd sein Waffen-
treger thet / war bey zwenzig Man / bey nahe in
halber huffen ackers / die ein joch trei||bet. [15]Vnd || 156b
es kam ein schrecken ins Lager auff dem felde / vnd
im gantzen Volck des lagers / vnd die streiffend
Rotte erschracken auch / also das das Land erbe-
bet / Denn es war ein schrecken von Gott. [16]Vnd
die Wechter Saul zu Gibea BenJamin sahen das
der Hauffe zuran / vnd verlieff sich vnd ward zu-
schmissen.

SAul sprach zu dem Volck das bey jm war / Zelet
vnd besehet / wer von vns sey weg gegangen.
Vnd da sie zeleten / sihe / da war Jonathan vnd sein
Waffentreger nicht da. [18]Da sprach Saul zu Ahia /
Bringe erzu die Lade Gottes (Denn die lade Gottes
war zu der zeit bey den kindern Jsrael) [19]Vnd da
Saul noch redet mit dem Priester / Da ward das
getümel vnd das lauffen in der Philister lager grös-
ser. Vnd Saul sprach zum Priester / Zeug deine
hand abe. [20]Vnd Saul rieff / vnd alles Volck das
mit jm war / vnd kamen zum streit / vnd sihe / Da
gieng eins jglichen schwert wider den andern / vnd
war ein seer gros getümel.

[21]AVch die Ebreer / die vorhin bey den Phili-
stern gewesen waren / vnd mit jnen im Lager hin-
auff gezogen waren vmbher / theten sich zu Jsrael /
die mit Saul vnd Jonathan waren. [22]Vnd alle Man
von Jsrael / die sich auff dem gebirge Ephraim ver-
krochen hatten / da sie höreten / das die Philister

flohen / strichen hinder jnen her im streit. [23]Also
halff der HERR zu der zeit Jsrael / vnd der streit
weret bis gen BethAuen.

VND da die Menner Jsrael mat waren desselben
tags / Beschwur Saul das Volck / vnd sprach /
Verflucht sey jederman / wer etwas isset bis zu
abend / das ich mich an meinen Feinden reche / Da
ass das gantze Volck nichts. [25]Vnd das gantze
Land kam in den wald / Es war aber honig im felde /
[26]Vnd da das Volck hinein kam in den wald / sihe /
da flos das honig / Aber niemand thet desselben
mit der hand zu seinem munde / Denn das Volck
furchte sich fur dem Eide.

[27]JOnathan aber hatte nicht gehört / das sein
Vater das volck beschworen hatte / Vnd reckte
seinen Stab aus / den er in seiner hand hatte / vnd
tuncket mit der spitzen in den Honigseim / vnd
wand seine hand zu seinem munde / Da wurden
seine augen wacker. [28]Da antwortet einer des
volcks / vnd sprach / Dein Vater hat das volck be-
schworen / vnd gesagt / Verflucht sey jederman /
der heute etwas isset / Vnd das volck war matt
worden. [29]Da sprach Jonathan / Mein Vater hat
das Land geirret / Sehet / wie wacker sind meine
augen worden / das ich ein wenig dieses honigs
gekostet habe. [30]Weil aber das Volck heute nicht
hat müssen essen von der Beute seiner Feinde / die
es funden hat / So hat auch nu die Schlacht nicht
grösser werden künnen wider die Philister. [31]Sie
schlugen aber die Philister des tags von Michmas
bis gen Aialon. Vnd das Volck ward seer matt.

VND das Volck richtet die Ausbeute zu / vnd
namen Schaf vnd Rinder vnd Kelber / vnd
schlachtens auff der erden / vnd assens so blutig. Wider das Gesetz.
Deut. 12. [33]Da verkündiget man Saul / Sihe / das volck ver-
sündiget sich am HERRN das es blut isset. Er
sprach / Jr habt vbel gethan / Weltzet her zu mir
jtzt einen grossen Stein. [34]Vnd Saul sprach wei-
ter / Zustrewet euch vnter das volck / vnd saget
jnen das ein jglicher seinen Ochsen vnd sein Schafe
zu mir bringe vnd schlachtets alhie / das jrs esset
vnd euch nicht versundiget an dem HERRN mit
dem blut essen. Da brachte alles Volck ein jglicher
seinen Ochsen mit seiner hand erzu des nachts /
vnd schlachtens daselbs. [35]Vnd Saul bawet dem
HERRN einen Altar / Das ist der erst Altar den er
dem HERRN bawet.

VND Saul sprach / Lasst vns hin ab ziehen den
Philistern nach bey der nacht / vnd sie berau-
ben / bis das liecht morgen wird / das wir niemand
von jnen vberlassen. Sie antworten / Thu alles was
dir gefellet. Aber der Priester sprach / Lasst vns
hieher zu Gott nahen. 37Vnd Saul fraget Gott /|| || 157a
Sol ich hin ab ziehen den Philistern nach? Vnd wilt
du sie geben in Jsraels hende? Aber er antwortet
jm zu der zeit nicht. 38Da sprach Saul / Lasst erzu
tretten alle hauffen des Volcks / vnd erfaret vnd
sehet / an welchem die sünde sey zu dieser zeit.
39Denn so war der HERR lebt der Heiland Jsrael /
vnd ob sie gleich an meinem son Jonathan were /
so sol er sterben / Vnd niemand antwortet jm aus
dem gantzen volck.
40VND er sprach zu dem gantzen Jsrael / Seid
jr auff jener seiten / Jch vnd mein son Jonathan
wollen sein auff dieser seiten. Das volck sprach zu
Saul / Thu was dir gefellet. 41Vnd Saul sprach zu
dem HERRN dem Gott Jsrael / Schaffe recht. Da
ward Jonathan vnd Saul troffen / Aber das volck
gieng frey aus. 42Saul sprach / werffet vber mich
vnd meinen son Jonathan / Da ward Jonathan
troffen. 43Vnd Saul sprach zu Jonathan / Sage mir /
Was hastu gethan? Jonathan sagts jm / vnd sprach /
Jch habe ein wenig Honigs gekostet / mit dem
stabe den ich in meiner hand hatte / Vnd sihe / ich
mus drumb sterben.
44DA sprach Saul / Gott thu mir dis vnd das /
Jonathan du must des tods sterben. 45Aber das
volck sprach zu Saul / Solt Jonathan sterben der
ein solch gros Heil in Jsrael gethan hat? Das sey
ferne / So war der HERR lebt es sol kein har von
seinem heubt auff die erden fallen / Denn Gott hats
heute durch jn gethan. Also erlöset das volck Jona-
than / das er nicht sterben muste. 46Da zoch Saul
er auff von den Philistern / Vnd die Philister zogen
an jren Ort.
ABer da Saul das Reich vber Jsrael eingenomen
hatte / streit er wider alle seine Feinde vmbher /
wider die Moabiter / wider die kinder Ammon /
wider die Edomiter / wider die Könige Zoba / wi-
der die Philister / Vnd wo er sich hin wand / da
vbet er straffe / 48Vnd macht ein Heer / vnd schlug
die Amalekiter / Vnd errettet Jsrael von der hand
aller die sie zwackten.

SAul aber hatte söne / Jonathan / Jswi / Malchisua / Vnd seine zwo Töchter hiessen also / die erste geborne Merob / vnd die jüngste Michal.
50Vnd das weib Saul hies Ahinoam / ein tochter Ahimaaz / Vnd sein Feldheubtman hies Abner / ein son Ner / Sauls vettern. 51Kis aber war Sauls vater / Ner aber Abners vater / war ein son AbiEl.
52Es war aber ein harter streit wider die Philister / so lange Saul lebet. Vnd wo Saul sahe einen starcken vnd rüstigen Man / den nam er zu sich.

Sauls Geschlecht.

XV.

SAMUEL ABER SPRACH ZU SAUL / DER HERR HAT mich gesand / das ich dich zum Könige salbete vber sein volck Jsrael / So höre nu die stimme der wort des HERRN. 2So spricht der HERR Zebaoth / Jch habe bedacht was Amalek Jsrael thet / vnd wie er jm den weg verlegt / da er aus Egypten zoch. 3So zeuch nu hin / vnd schlag die Amalekiter / vnd verbanne sie mit allem das sie haben / Schone seiner nicht / sondern tödte beide / Man vnd Weib / Kinder vnd Seuglinge ochsen vnd schafe / camel vnd esel.

Befelh Gottes an Saul / das er die Amalekiter schlagen vnd verbannen solt.

Exod. 17.

4SAul lies solchs fur das Volck komen / vnd er zelet sie zu Telaim / zwey hundert tausent Fusuolcks / vnd zehen tausent Man aus Juda. 5Vnd da Saul kam zu der Amalekiter stad / macht er einen Hinderhalt am bach. 6Vnd lies dem Keniter sagen / Gehet hin / weichet / vnd ziehet er ab von den Amalekitern das ich euch nicht mit jm auffreume / Denn jr thatet barmhertzigkeit an allen kindern Jsrael / da sie aus Egypten zogen. Also machten sich die Keniter von den Amalekitern.

DA schlug Saul die Amalekiter van Heuila an / bis gen Sur / die fur Egypten ligt. 8Vnd greiff Agag der Amalekiter König lebendig / vnd alles || Volck verbannet er mit des schwerts scherffe.
9Aber Saul vnd das volck schonete des Agag / vnd was gute Schaf vnd Rinder / vnd gemestet war / vnd den Lemmern / vnd allem was gut war / vnd woltens nicht verbannen / Was aber schnöde vnd vntüchtig war / das verbanneten sie.

|| 157b

DA gesach des HERRN wort zu Samuel / vnd sprach / 11Es rewet mich / das ich Saul zum Könige gemacht habe / Denn er hat sich hinder mir abgewand / vnd meine wort nicht erfüllet. Des

ward Samuel zornig / vnd schrey zu dem HERRN
die gantze nacht.
[12]VND Samuel macht sich früe auff / das er Saul
am morgen begegenet. Vnd jm ward angesagt /
das Saul gen Charmel komen were / vnd hette jm
ein Siegzeichen auffgericht / vnd were erumb ge-
zogen / vnd gen Gilgal hinab komen. [13]Als nu
Samuel zu Saul kam / sprach Saul zu jm / Gesege-
net seistu dem HERRN / Jch hab des HERRN wort
erfüllet. [14]Samuel antwortet Was ist denn das fur
ein blecken der Schafe in meinen ohren / vnd ein
brüllen der Rinder die ich höre? [15]Saul sprach /
Von den Amalekitern haben sie sie bracht / denn
das volck verschonete den besten Schafen vnd Rin-
dern / vmb des Opffers willen des HERRN deines
Gottes / das ander haben wir verbannet.
SAmuel aber antwortet Saul / Las dir sagen / was
der HERR mit mir geredt hat diese nacht. Er
sprach / Sage her. [17]Samuel sprach / Jsts nicht
also / Da du klein warest fur deinen augen / wur- Sup. 13.
destu das Heubt vnter den stemmen Jsrael / vnd
der HERR salbte dich zum König vber Jsrael?
[18]Vnd der HERR sandte dich auff den weg / vnd
sprach / Zeuch hin / vnd verbanne die Sunder / die
Amalekiter / vnd streite wider sie / bis du sie ver-
tilgest. [19]Warumb hastu nicht gehorchet des
HERRN stim? Sondern hast dich zum Raub ge-
wand / vnd vbel gehandelt fur den Augen des
HERRN.
[20]SAul antwortet Samuel / Hab ich doch der
stimme des HERRN gehorchet / vnd bin hin ge-
zogen des weges / den mich der HERR sandte /
vnd hab Agag der Amalekiter könig bracht / vnd
die Amalekiter verbannet. [21]Aber das Volck hat
des Raubs genomen / Schafe vnd Rinder / das beste
vnter dem Verbanten / dem HERRN deinem Gott
zu opffern in Gilgal. [22]Samuel aber sprach /
Meinstu / das der HERR lust habe am Opffer Osee. 6.
vnd Brandopffer / als am Gehorsam der Math. 9.
stimme des HERRN? Sihe / Gehorsam ist bes-
ser denn opffern / vnd auffmercken besser
denn das fett von Widern. [23]Denn vngehorsam
ist ein Zeuberey sunde / vnd widerstreben ist Ab-
götterey vnd Götzendienst. Weil du nu des
HERRN wort verworffen hast / Hat er dich auch
verworffen / das du nicht König seiest.
[24]DA sprach Saul zu Samuel / Jch habe gesün-

diget / das ich des HERRN befelh / vnd deine
wort vbergangen habe / Denn ich furchte das
volck / vnd gehorchet jrer stim. [25]Vnd nu vergib
mir die sunde / vnd kere mit mir vmb / das ich den
HERRN anbette. [26]Samuel sprach zu Saul / Jch
wil nicht mit dir vmbkeren / Denn du hast des
HERRN wort verworffen / vnd der HERR hat
dich auch verworffen / das du nicht König seiest
vber Jsrael. [27]Vnd als sich Samuel vmbwand / das
er weggienge / ergreiff er jn bey eim zipffel seins
Rocks / vnd er zureis. [28]Da sprach Samuel zu jm /
Der HERR hat das Königreich Jsrael heute von
dir gerissen / vnd deinem Nehesten gegeben / der
besser ist denn du. [29]Auch leugt der Helt in Jsrael
nicht / vnd [a]gerewet jn nicht / Denn er ist nicht
ein Mensch / das jn etwas gerewen solt.

a Man sol Gottes wort nicht endern noch bessern / Er lesst sich nicht endern.

[30]ER aber sprach / Jch hab gesündiget / Aber
ehre mich doch jtzt fur den Eltesten meins volcks
vnd fur Jsrael / vnd kere mit vmb / das ich den
HERRN deinen Gott anbete. [31]Also keret Samuel
vmb vnd folget Saul nach / das Saul den HERRN
anbettet.

SAmuel aber sprach / Lasst her zu mir bringen
|| 158a Agag der Amalekiter könig. || Vnd Agag gieng
zu jm getrost / vnd sprach / Also mus man des tods
bitterkeit vertreiben. [33]Samuel sprach / Wie dein
schwert weiber jrer kinder beraubt hat / Also sol
auch deine mutter kinder beraubt sein vnter den
weibern. Also zuhieb Samuel den Agag zu stücken AGAG.
fur dem HERRN in Gilgal.

[34]VND Samuel gieng hin gen Ramath / Saul
aber zoch hin auff zu seinem hause zu Gibea Saul.
[35]Vnd Samuel sahe Saul fürder nicht mehr / bis an
den tag seines tods / Aber doch trug Samuel leide
vmb Saul / das den HERRN gerewet hatte / das er
Saul zum Könige vber Jsrael gemacht hatte.

XVI.

VND DER HERR SPRACH ZU SAMUEL / WIE LANGE
tregestu leide vmb Saul / den ich verworffen
habe / das er nicht König sey vber Jsrael? Fülle
dein Horn mit öle / vnd gehe hin / Jch wil dich
Act. 13. senden zu dem Bethlemiter Jsai / Denn vnter sei-
nen Sönen hab ich mir einen König ersehen. [2]Sa-
muel aber sprach / Wie sol ich hin gehen? Saul
wirds erfaren / vnd mich erwürgen. Der HERR
sprach / Nim ein Kalb von den rindern zu dir / vnd

GOTT SENDET Samuel Dauid zum König zu salben etc.

sprich / Jch bin komen dem HERRN zu opffern.
3Vnd solt Jsai zum opffer laden / Da wil ich dir
weisen / was du thun solt / das du mir salbest / wel-
chen ich dir sagen werde.

SAmuel thet wie jm der HERR gesagt hatte / vnd
kam gen Bethlehem / Da entsatzten sich die
Eltesten der Stad / vnd giengen jm entgegen / vnd
sprachen / Jsts Friede / das du komest? 5Er
sprach / Ja / Jch bin komen dem HERRN zu
opffern / Heiliget euch / vnd kompt mit mir zum
Opffer / Vnd er heiliget den Jsai vnd seine Söne /
vnd lud sie zum Opffer.

6DA sie nu er ein kamen / sahe er den Eliab an /
vnd gedacht / Ob fur dem HERRN sey sein Ge-
salbter. 7Aber der HERR sprach zu Samuel / Sihe
nicht an seine Gestalt / noch seine grosse Person /
Jch habe jn verworffen / Denn es gehet nicht wie
ein Mensch sihet / Ein Mensch sihet was fur augen
ist / der HERR aber sihet das hertz an. 8Da rieff
Jsai dem Abinadab / vnd lies jn fur Samuel vber-
gehen / Vnd er sprach / Diesen hat der HERR auch
nicht erwelet. 9DA lies Jsai fur vbergehen Samma /
Er aber sprach / Diesen hat der HERR auch nicht
erwelet. 10Da lies Jsai seine sieben Söne fur Sa-
muel ‖ vbergehen / Aber Samuel sprach zu Jsai / ‖ 158b
Der HERR hat der keinen erwelet.

11VND Samuel sprach zu Jsai / Sind das die Kna-
ben alle? Er aber sprach / Es ist noch vberig der
Kleinest / vnd sihe / er hütet der schaf. Da sprach
Samuel zu Jsai / Sende hin / vnd las jn holen / denn
wir werden vns nicht setzen / bis er hie her kome.
12Da sandte er hin vnd lies jn holen / Vnd er war

Dauid zum König gesalbet etc.

braunlicht mit schönen augen / vnd guter gestalt.
Vnd der HERR sprach / Auff / vnd salbe jn / denn
der ists. [13]Da nam Samuel sein Olehorn vnd salbet
jn / mitten vnter seinen Brüdern / Vnd der Geist
des HERRN geriet vber Dauid / von dem tag an
vnd fürder / Samuel aber macht sich auff / vnd
gieng gen Rama.

DER GEIST ABER DES HERRN WEICH VON SAUL /
vnd ein böser Geist vom HERRN macht jn
seer vnrügig. [15]Da sprachen die Knechte Saul zu
jm / Sihe ein böser Geist von Gott macht dich seer
vnrügig. [16]Vnser Herr sage seinen Knechten die
fur jm stehen / das sie einen Man suchen / der auff der
Harffen wol spielen künde / Auff das / wenn der böse
geist Gottes vber dich kompt / er mit seiner hand
spiele / das besser mit dir werde. [17]Da sprach Saul
zu seinen knechten / Sehet nach einem Man / ders
wol kan auff Seitenspiel / vnd bringet jn zu mir.

[18]DA antwortet der Knaben einer / vnd sprach /
Sihe / ich hab gesehen einen son Jsai des Bethlehe-
miten / der kan wol auff Seitenspiel / ein rüstiger
Man vnd streitbar / vnd verstendig in sachen /
vnd schöne / vnd der HERR ist mit jm. [19]Da
sandte Saul Boten zu Jsai / vnd lies jm sagen /
Sende deinen son Dauid zu mir / der bey den Scha-
fen ist. [20]Da nam Jsai einen Esel mit Brot vnd ein
Legel weins / vnd ein Zigenböcklin / vnd sandte
es Saul durch seinen son Dauid. [21]Also kam Dauid
zu Saul / vnd dienete fur jm / Vnd er gewan jn seer
lieb vnd er ward sein Waffentreger.

[22]VNd Saul sandte zu Jsai / vnd lies jm sagen /
Las Dauid fur mir bleiben / denn er hat gnade fun-
den fur meinen augen. [23]Wenn nu der geist Gottes
vber Saul kam / So nam Dauid die Harffen / vnd
spielet mit seiner hand / so erquickt sich Saul / vnd
ward besser mit jm / vnd der böse Geist weich von
jm.

XVII.

DJE PHILISTER SAMLETEN JRE HEER ZUM STREIT /
vnd kamen zusamen zu Socho in Juda / vnd
lagerten sich zwisschen Socho vnd Aseka / am ende
Damim. [2]Aber Saul vnd die menner Jsrael kamen
zusamen / vnd lagerten sich im Eichgrunde / vnd
rüsteten sich zum streit gegen die Philister. [3]Vnd
die Philister stunden auff einem Berge jenseids /
vnd die Jsraeliter auff einem Berge disseids / das
ein Tal zwischen jnen war.

DA trat erfür aus den Lagern der Philister / ein
GOLIATH. Rise / mit namen Goliath von Gath / sechs
ellen vnd einer handbreit hoch / 5Vnd hatte ein
ehern Helm auff seinem heubt / vnd ein schüppicht
Pantzer an / vnd das gewicht seines pantzers
war fünff tausent Sekel ertzs / 6vnd hatte ehern
Beinharnisch an seinen schenckeln / vnd ein
ehern Schilt auff seinen schuldern / 7Vnd der
schafft seines Spiesses war wie ein Weberbawm /
vnd das eisen seines Spiesses hatte sechs hundert
sekel eisens / Vnd sein Schilttreger gieng fur jm
her.
8VND er stund vnd rieff zu dem zeug Jsrael /
vnd sprach zu jnen / Was seid jr ausgezogen euch
zurüsten in einen streit? Bin ich nicht ein Philister /
vnd jr Sauls knechte? Erwelet einen vnter euch /
der zu mir erab kome / 9Vermag er wider mich zu-
streitten / vnd schlegt mich / So wollen wir ewr
Knechte sein / Vermag ich aber wider jn / vnd
schlage jn / So solt jr vnser Knechte sein / das jr ‖ ‖ 159a
vns dienet. 10Vnd der Philister sprach / Jch habe
heuts tags dem Zeuge Jsrael hohn gesprochen /
Gebt mir einen / vnd lasst vns mit einander streit-
ten. 11Da Saul vnd gantz Jsrael diese rede des
Philisters höreten / entsatzten sie sich / vnd furchten
sich seer.

DAUID ABER WAR EINS EPHRATISSCHEN MANS SON
von Bethlehem Juda / der hies Jsai / der hatte
acht Söne / vnd war ein alter Man zu Sauls zeiten /
vnd war betaget vnter den Mennern. 13Vnd die
drey grösten söne Jsai waren mit Saul in streit ge-
zogen / vnd hiessen mit namen / Eliab der erst-
geborne / Abinadab der ander / vnd Samma der
dritte / 14Dauid aber war der jüngst. Da aber die
drey Eltesten mit Saul in Krieg zogen / 15gieng
Dauid widerumb von Saul / das er der schafe seines
Vaters hütet zu Bethlehem. 16Aber der Philister
trat er zu früe morgens vnd abends / vnd stellet
sich dar vierzig tage.
17JSai aber sprach zu seinem son Dauid / Nim
fur deine Brüder diese Epha sangen / vnd diese
zehen Brot / vnd lauff ins Heer zu deinen brüdern /
18vnd diese zehen frissche Kese / vnd bringe sie
dem Heubtman / vnd besuche deine Brüder / obs
jnen wol gehe / vnd nim was sie dir befelhen.
19Saul aber vnd sie vnd alle menner Jsrael waren im
Eichgrunde / vnd stritten wider die Philister.

[20]DA machte sich Dauid des morgens frúe auff /
vnd lies die schafe dem Húter / vnd trug vnd gieng
hin / wie jm Jsai geboten hatte / vnd kam zur Wa-
genburg. Vnd das Heer war ausgezogen / vnd
hatte sich gerüstet / vnd schrien im streit / [21]Denn
Jsrael hatte sich gerüstet / So waren die Philister
wider jren Zeug auch gerüstet.

DA lies Dauid das gefess das er trug / vnter dem
Hüter der gefess / vnd lieff zu dem Zeug / vnd
gieng hinein / vnd grüsset seine Brüder. [23]Vnd
da er noch mit jnen redet / Sihe / Da trat er auff der
Riese mit namen Goliath / der Philister von Gath /
aus der Philister zeug / vnd redet wie vorhin / Vnd
Dauid hörets.

[24]ABer jederman in Jsrael / wenn er den Man
sahe / flohe er fur jm / vnd furchte sich seer. [25]Vnd
jederman in Jsrael sprach / Habt jr den Man ge-
sehen erauff tretten? Denn er ist erauff getretten
Jsrael hohn zu sprechen. Vnd wer jn schlegt / den
wil der König seer reich machen / vnd jm seine
Tochter geben / vnd wil seins Vaters haus frey
machen in Jsrael. [26]Da sprach Dauid zu den Men-
nern / die bey jm stunden / Was wird man dem
thun / der diesen Philister schlegt vnd die schande
von Jsrael wendet? Denn wer ist der Philister die-
ser vnbeschnittener der den Zeug des lebendigen
Gottes hönet? [27]Da sagt jm das volck wie vorhin /
So wird man thun dem / der jn schlegt.

[28]VND Eliab sein gröster Bruder höret jn reden
mit den Mennern / vnd ergrimmet mit zorn wider
Dauid / vnd sprach / Warumb bistu erab komen?
vnd warumb hastu die wenige Schafe dort in der
wüsten verlassen? Jch kenne deine vermessenheit
wol vnd deines hertzen bosheit / Denn du bist
erab komen das du den streit sehest. [29]Dauid ant-
wortet / Was hab ich denn nu gethan? Jst mirs
nicht befolhen? [30]Vnd wand sich von jm / gegen
einem andern / vnd sprach wie er vorhin gesagt
hatte. Da antwortet jm das Volck / wie vorhin.

VND da sie die wort höreten / die Dauid sagt /
verkündigeten sie es fur Saul / Vnd er lies jn
holen. [32]Vnd Dauid sprach zu Saul / Es entfalle
keinem Menschen das hertz vmb des willen / Dein
Knecht sol hin gehen / vnd mit dem Philister
streitten. [33]Saul aber sprach zu Dauid / Du kanst
nicht hin gehen wider diesen Philister mit jm zu
streitten / Denn du bist ein Knabe / Dieser aber ist

ein Kriegsman von seiner jugent auff. [34]Dauid
aber sprach zu Saul / Dein Knecht hütet der schafe
seines Vaters / vnd es kam ein Lewe vnd ein Beer /
vnd trug ein schaf weg von der Herde. [35]Vnd ich
lieff jm nach vnd || schlug jn / vnd errettets aus sei- || 159b
nem maul / Vnd da er sich vber mich machet / er-
greiff ich jn bey seinem bart / vnd schlug jn / vnd
tödtet jn. [36]Also hat dein knecht geschlagen beide
den Lewen vnd den Beren / So sol nu dieser Phili-
ster der vnbeschnittene sein / gleich wie der einer /
Denn er hat geschendet den Zeuge des lebendigen
Gottes. [37]Vnd Dauid sprach / Der HERR / der
mich von dem Lewen vnd Beren errettet hat /
der wird mich auch erretten von diesem
Philister.

VND Saul sprach zu Dauid / Gehe hin / der
HERR sey mit dir. Vnd Saul zoch Dauid seine
Kleider an / vnd setzt jm ein ehern Helm auff sein
Heubt / vnd legt jm ein Pantzer an. [39]Vnd Dauid
gürtet sein Schwert vber seine Kleider / vnd fieng
an zugehen / denn er hats nie versucht. Da sprach
Dauid zu Saul / Ich kan nicht also gehen / denn ich
bins nicht gewonet / vnd legets von sich. [40]Vnd
nam seinen Stab in seine Hand / vnd erwelet funff
glatte Stein aus dem bach / vnd thet sie in die Hir-
tentassche die er hatte / vnd in den Sack / vnd nam
die Schleuder in seine Hand vnd macht sich zu dem
Philister.

VND der Philister gieng auch einher / vnd macht
sich zu Dauid / vnd sein Schilttreger fur jm
her. [42]Da nu der Philister sahe vnd schawet
Dauid an / veracht er jn / Denn er war ein Knabe /
braunlicht vnd schön. [43]Vnd der Philister sprach
zu Dauid / Bin ich denn ein Hund / das du mit
Stecken zu mir kompst? Vnd fluchet dem Dauid
bey seinem Gott / [44]vnd sprach zu Dauid / Kom
her zu mir / ich wil dein Fleisch geben den Vogeln
vnter dem Himel / vnd den Thieren auff dem felde.

[45]DAuid aber sprach zu dem Philister / Du
kompst zu mir mit schwert / spies vnd schilt / Jch
aber kome zu dir im Namen des HERRN Zebaoth Psal. 20.
des Gottes des zeugs Jsrael / die du gehönet hast.
[46]Heuts tags wird dich der HERR in meine hand
vberantworten / Das ich dich schlahe / vnd neme
dein Heubt von dir / vnd gebe den Leichnam des
Heers der Philister heute den Vogeln vnter dem
Himel / vnd dem Wild auff erden / Das alles Land

innen werde / das Jsrael einen Gott hat / 47Vnd
das alle diese Gemeine innen werde / das der
HERR nicht durch Schwert noch Spies hilfft /
Denn der streit ist des HERRN / vnd wird euch
|| 160 a geben in vnsere hende.||

DA sich nu der Philister auffmacht / gieng da
her / vnd nahet sich gegen Dauid / eilet Dauid
vnd lieff vom Zeug gegen dem Philister. 49Vnd
Dauid thet seine hand in die Tasschen / vnd nam
einen Stein daraus / vnd schleudert / vnd traff den
Philister an seine stirn / das der Stein in seine stirn
fuhr / vnd er zur erden fiel auff sein angesicht.
Eccl. 47. 50Also vberwand Dauid den Philister mit der GOLIATH VON
Schleuder vnd mit dem Stein / vnd schlug jn / vnd Dauid vber-
tödtet jn. Vnd da Dauid kein Schwert in seiner wunden vnd
hand hatte / 51lieff er / vnd trat zu dem Philister / getödtet.
vnd nam sein Schwert vnd zogs aus der scheiden /
vnd töotet jn / vnd hieb jm den Kopff damit abe.

DA aber die Philister sahen / das jr Sterckster tod
war / flohen sie. 52Vnd die menner Jsrael vnd
Juda machten sich auff / vnd rieffen vnd jagten den
Philistern nach / bis man kompt ins Tal / vnd bis
an die thor Ekron / Vnd die Philister fielen er-
schlagen auff dem wege / zu den thoren / bis gen
Gath vnd gen Ekron. 53Vnd die kinder Jsrael
kereten vmb von dem nachiagen der Philister /
vnd beraubten jr Lager. 54Dauid aber nam des
Philisters Heubt / vnd brachts gen Jerusalem / Sein
Waffen aber legt er in seine Hütten.

DA aber Saul Dauid sahe ausgehen wider den
Philister / sprach er zu Abner seinem Feld-
heubtman /. Wes son ist der Knabe? Abner aber
sprach / So war deine seele lebt König / ich weis

nicht. Der König sprach / 56So frage darnach / wes
Son der Jüngling sey. 57Da nu Dauid widerkam
von der Schlacht des Philisters / nam jn Abner /
vnd bracht jn fur Saul / vnd er hatte des Philisters
heubt in seiner hand. 58Vnd Saul sprach zu jm /
Wes son bistu Knabe? Dauid sprach / Jch bin ein
son deines knechts Jsar des Bethlehemiten.

XVIII.

VND DA ER HATTE AUSGEREDT MIT SAUL / VER-
band sich das hertz Jonathan mit dem hertzen
Dauid / vnd Jonathan gewan jn lieb / wie sein eigen
hertz. 2Vnd Saul nam jn des tags / vnd lies jn nicht
wider zu seins Vaters haus komen. 3Vnd Jonathan
vnd Dauid machten einen Bund mit einander / Jn. 20. 23
Denn er hatte jn lieb / wie sein eigen hertz. 4Vnd
Jonathan zog aus seinen Rock den er anhatte / vnd
gab jn Dauid / dazu seinen Mantel / sein Schwert /
seinen Bogen / vnd seinen Gürtel.

5VND Dauid zoch aus wo hin jn Saul sand / vnd
hielt sich klüglich / Vnd Saul setzt jn vber die
Kriegsleute / vnd er gefiel wol allem Volck / auch
den knechten Saul.

ES begab sich aber / da er wider komen war von
des Philisters schlacht / das die Weiber aus allen
stedten Jsrael waren gegangen mit gesang vnd rei-
gen dem könige Saul entgegen / mit paucken / mit
freuden vnd mit geigen. 7Vnd die Weiber sungen
gegen einander / vnd spieleten / vnd sprachen /
Saul hat tausent geschlagen / aber Dauid zehen Eccl. 47.
tausent. 8Da ergrimmet Saul seer / vnd gefiel jm
das wort vbel / vnd sprach / Sie haben Dauid zehen
tausent gegeben / vnd mir tausent / Das Königreich
wil noch sein werden. 9Vnd Saul sahe Dauid saur
an / von dem tage / vnd fort an.

DEs andern tags geriet der böse Geit von Gott
vber Saul / vnd weissagt da heimen im hause /
Dauid aber spielet auff den Seiten mit seiner hand /
wie er teglich pflegt. Vnd Saul hatte einen Spies in
der hand / 11vnd schos jn / vnd gedacht / Jch wil
Dauid an die wand spiessen / Dauid aber wand
sich zwey mal von jm. 12Vnd Saul furcht sich fur
Dauid / Denn der HERR war mit jm / vnd war von
Saul gewichen. 13Da thet jn Saul von sich / vnd
setzt jn zum Fürsten vber tausent Man / Vnd er
zoch aus vnd ein fur dem Volck. 14Vnd Dauid hielt
sich klüglich in alle seim thun / vnd der HERR war

mit jm. [15]Da nu Saul sahe / das er sich so klüglich
hielt / schewet er sich fur jm. [16]Aber gantz Jsrael
vnd Juda hatte Dauid lieb / denn er zoch aus vnd
|| 160b ein fur jnen her. ||

VND Saul sprach zu Dauid / Sihe / meine grösseste
tochter Merob wil ich dir zum Weibe geben / MEROB.
sey nur freidig / vnd füre des HERRN kriege.
Denn Saul gedacht / meine hand sol nicht an jm
sein / sondern die hand der Philister. [18]Dauid aber
antwortet Saul / Wer bin ich? vnd was ist mein
leben vnd Geschlecht meines Vaters in Jsrael / das
ich des Königs Eidem werden sol? [19]Da aber die
zeit kam / das Merob die tochter Saul solt Dauid
gegeben werden / ward sie Adriel dem Meholathi-
ter zum weibe gegeben.

ABer Michal Sauls tochter hatte den Dauid lieb. MICHAL.
Da das Saul angesagt ward / sprach er / Das ist
recht / [21]Jch wil sie jm geben / das sie jm zum Fall
gerate / vnd der Philister hende vber jn komen. Vnd
sprach zu Dauid / Du solt heute mit der andern
mein Eidem werden. [22]Vnd Saul gebot seinen
Knechten / Redet mit Dauid heimlich / vnd sprecht /
Sihe / der König hat lust zu dir / vnd alle seine
Knechte lieben dich / So sey nu des Königs Eidem.

[23]VND die knechte Saul redten solche wort fur
den ohren Dauid / Dauid aber sprach / Dünckt euch
das ein geringes sein / des Königes Eidem zu sein?
Jch aber bin ein armer geringer Man. [24]Vnd die
knechte Saul sagten jm wider / vnd sprachen /
Solche wort hat Dauid geredt. [25]Saul sprach / So
sagt zu Dauid / Der König begeret keine Morgen-
gab / on hundert Vorheute von den Philistern / das
man sich reche an des Königs Feinden / Denn Saul
tracht Dauid zu fellen durch des Philister hand.
[26]Da sagten seine Knechte Dauid an solche wort /
Vnd dauchte Dauid die sache gut sein / das er des
Königs Eidem würde.

VND die zeit war noch nicht aus / [27]Da macht
sich Dauid auff / vnd zoch hin mit seinen Men-
nern / vnd schlug vnter den Philistern zwey hundert
Man / Vnd Dauid brachte jre Vorheute vnd ver-
gnüget dem König die zal / das er des Königes
Eidem würde. Da gab jm Saul seine tochter Michal MICHAL
zum weibe. [28]Vnd Saul sahe vnd mercket / das der Dauids weib.
HERR mit Dauid war. Vnd Michal Sauls tochter
hatte jn lieb. [29]Da furchte sich Saul noch mehr fur
Dauid / vnd ward sein Feind sein leben lang.

30 Vnd da der Philister Fürsten auszogen / handelt
Dauid klüglicher denn alle knechte Saul / wenn sie
auszogen / das sein name hoch gepreiset ward.

XIX.

SAUL ABER REDE MIT SEINEM SON JONATHAN VND
mit allen seinen Knechten / das sie Dauid solten
tödten. Aber Jonathan Sauls son hatte Dauid seer
lieb / 2 vnd verkündigets jm / vnd sprach / Mein
vater Saul trachtet darnach / das er dich tödte. Nu
so beware dich morgens / vnd bleibe verborgen
vnd verstecke dich. 3 Jch aber wil erause gehen / vnd
neben meinem vater stehen auff dem felde da du
bist / vnd von dir mit meinem Vatter reden / vnd
was ich sehe / wil ich dir kund thun.

VND Jonathan redet das beste von Dauid mit
seinem vater Saul / vnd sprach zu jm / Es ver-
sündige sich der König nicht an seinem knechte
Dauid / denn er hat keine sünde wider dich ge-
than / Vnd sein thun ist dir seer nütze. 5 Vnd er
hat sein Leben in seine hand gesetzt / vnd schlug Sup. 17.
den Philister / vnd der HERR thet ein gros Heil
dem gantzen Jsrael / Das hastu gesehen / vnd dich
des gefrewet / Warumb wiltu dich denn an vn-
schüldigem Blut versündigen / das du Dauid on
vrsach tödtest? 6 Da gehorcht Saul der stim Jona-
than / vnd schwur / So war der HERR lebt / er sol
nicht sterben. 7 Da rieff Jonathan Dauid / vnd sagt
jm alle diese wort vnd bracht jn zu Saul / das er fur
jm war / wie vorhin.

ES erhub sich aber wider ein streit / Vnd Dauid
zoch aus / vnd streit wider die Philister / vnd

thet eine grosse Schlacht / das sie fur jm flohen.
9Aber der böse Geist vom HERRN kam vber
|| 161a Saul / vnd er sass in seinem || hause / vnd hatte einen
Spies in seiner hand / Dauid aber spielet auff den
Seiten mit der hand. 10Vnd Saul trachtet Dauid
mit dem Spies an die wand zu spiessen / Er aber reis
sich von Saul / vnd der Spies fuhr in die wand /
Dauid aber floh / vnd entran die selbige nacht.

Psal. 59. SAul sand aber Boten zu Dauids haus / das sie jn
bewareten vnd tödteten am morgen. Das ver-
kündigt dem Dauid sein weib Michal / vnd sprach / MICHAL.
Wirstu nicht diese nacht deine Seel erretten / so
mustu morgen sterben. 12Da lies jn Michal durchs
Fenster ernider das er hin gieng / entfloh vnd ent-
ran. 13Vnd Michal nam ein Bilde / vnd legts ins
Bette / vnd leget ein Zigenfell zu seinen heubten /
vnd deckts mit Kleidern zu. 14Da sandte Saul Bo-
ten / das sie Dauid holeten. Sie aber sprach / Er ist
kranck. 15Saul aber sandte Boten Dauid zu be-
sehen / vnd sprach / Bringet jn er auff zu mir mit
dem Bette / das er getödtet werde. 16Da nu die
Boten kamen / sihe / da lag das Bild im bette / vnd
ein Zigenfell zu seinen heubten. 17Da sprach Saul
zu Michal / Warumb hastu mich betrogen vnd
meinen Feind gelassen / das er entrünne? Michal
sprach zu Saul / Er sprach zu mir / Las mich gehen /
oder ich tödte dich.

DAuid aber entfloch vnd entran / vnd kam zu DAUID FLIEHET
Samuel gen Rama / vnd sagt jm an alles / was fur Saul etc.
jm Saul gethan hatte / Vnd er gieng hin mit
Samuel / vnd blieben zu Naioth. 19Vnd es ward
Saul angesagt / Sihe Dauid ist zu Naioth in Rama.
20Da sandte Saul Boten / das sie Dauid holeten.
Vnd sie sahen zween Chor Propheten weissagen*/
vnd Samuel war jr Auffseher / Da kam der geist
Gottes auff die Boten Sauls / das sie auch weissage-
ten. 21Da das Saul ward angesaget / sandte er
andere Boten / die weissageten auch. Da sandte er
die dritten Boten / die weissageten auch.

22DA gieng er selbs auch gen Rama / vnd da er
kam zum grossen Brun / der zu Seku ist / fraget er
vnd sprach / Wo ist Samuel vnd Dauid? Da ward
jm gesagt / Sihe zu Naioth in Rama. 23Vnd er
gieng daselbs hin gen Naioth in Rama / Vnd der
geist Gottes kam auch auff jn / vnd gieng einher vnd
weissaget / bis er kam gen Naioth in Rama. 24Vnd
er zog auch seine Kleider aus / vnd weissagt auch

a (Blos) Nicht das er nacket gewesen sey / sondern hat die Königliche Kleider abgelegt / vnd nur gemeine Kleider an behalten / als ein ander Mensch. Vnd fiel nider den gantzen tag etc. das ist / Er bettet mit jnen vnd / wenn sie nider fielen / fiel er auch nider mit jnen.

fur Samuel / vnd fiel [a]blos nider den gantzen tag /
vnd die gantze nacht. Da her spricht man / Jst Saul Sup. 10.
auch vnter den Propheten?

XX.

|| 161 b

DAuid aber flohe von Naioth zu Rama / vnd
kam vnd redet fur Jonathan / Was hab ich gethan? Was habe ich mishandelt? Was hab ich gesündiget fur deinem Vater / das er nach meinem Leben stehet?
2Er aber sprach zu jm / Das sey ferne / du solt nicht sterben. Sihe / mein Vater thut nichts weder gros noch kleines / das er nicht meinen ohren offenbare / Warumb solt denn mein Vater dis fur mir verbergen? Es wird nicht so sein.
3Da schwur Dauid weiter / vnd sprach / Dein Vater weis wol / das ich gnade fur deinen augen funden habe / darumb wird er dencken / Jonathan sol solchs nicht wissen / es möcht jn bekümmern. Warlich / so war der HERR lebt / vnd so war deine Seele lebt / es ist nur ein schrit zwischen mir vnd dem Tod.
JOnathan sprach zu Dauid / Jch wil an dir thun / was dein hertz begert.
5Dauid sprach zu jm / Sihe / morgen ist der Newemond da ich mit dem Könige zu tisch sitzen solt / So las mich / das ich mich auff dem Felde verberge / bis an den abend des dritten tags.
6Wird dein Vater nach mir fragen / so sprich / Dauid bat mich / das er gen Bethlehem zu seiner Stad lauffen möcht / denn es ist ein jerlich Opffer daselbs dem gantzen geschlechte.
7Wird er sagen / Es ist gut / so stehet es wol vmb deinen knecht. Wird er aber ergrimmen / So wirstu mercken / das böses bey jm beschlossen ist.
8So thu nu barmhertzigkeit an deinem knecht / denn du hast mit mir / deinem knecht / einen Bund im HERRN gemacht. Jst aber eine missetaht in mir / so tödte du mich / Denn warumb woltestu mich zu deinem Vater bringen?
9Jonathan sprach / Das sey ferne von dir / das ich solt mercken / das böses bey meinem Vater beschlossen were vber dich zu bringen / vnd sols dir nicht ansagen.

10DAuid aber sprach / Wer wil mirs ansagen / so dir dein Vater etwas hartes antwortet?
11Jonathan sprach zu Dauid / Kom / las vns hinaus auffs feld gehen / Vnd giengen beide hinaus auffs feld.
12Vnd Jonathan sprach zu Dauid / HERR Gott Jsrael / wenn ich erforsche an meinem Vater morgen vnd am dritten tage / das es wol stehet mit Da-

uid / vnd nicht hin sende zu dir / vnd fur deinen
ohren offenbare / [13]So thu der HERR Jonathan
dis vnd jenes. Wenn aber das böse meinem Vater
gefelt wider dich / So wil ichs auch fur deinen
ohren offenbaren / vnd dich lassen / das du mit frie-
den weggehest / Vnd der HERR sey mit dir / wie
er mit meinem Vater gewesen ist. [14]Thu ichs nicht
so thu keine barmhertzigkeit des HERRN an mir /
weil ich lebe / auch nicht so ich sterbe. [15]Vnd
wenn der HERR die Feinde Dauid ausrotten wird /
einen jglichen aus dem Lande / so reisse du deine
barmhertzigkeit nicht von meinem Hause ewiglich.
Sup. 18. [16]Also machet Jonathan einen Bund mit dem hause
Dauid (vnd sprach) Der HERR foddere es von der
hand der Feinde Dauid.

VND Jonathan fuhr weiter vnd schwur Dauid /
So lieb hatte er jn / denn er hatte jn so lieb als
seine seele. [18]Vnd Jonathan sprach zu jm / Mor-
gen ist der Newemond / so wird man nach dir fra-
gen / Denn man wird dein vermissen / da du zu
sitzen pflegest. [19]Des dritten tages aber kom balde
ernider / vnd gehe an einen Ort / da du dich ver-
bergest am Werckeltage / vnd setze dich bey den
stein Asel. [20]So wil ich zu seiner seitten drey Pfeile
schiessen / als ich zum Sichermal schösse / [21]vnd
sihe / Jch wil den Knaben senden / gehe hin suche
die Pfeile. Werde ich zum Knaben sagen / Sihe / die
Pfeile ligen hierwerts hinder dir / hole sie / So kom /
denn es ist friede / vnd hat keine fahr / so war der
HERR lebt. [22]Sage ich aber zum Jünglinge / Sihe /
die Pfeile ligen dortwerts fur dir / So gehe hin /
denn der HERR hat dich lassen gehen. [23]Was aber
du vnd ich mit einander geredt haben / da ist der
HERR zwisschen mir vnd dir ewiglich.

DAuid verbarg sich im felde / Vnd da der Newe-
|| 162a mond kam / satzte sich der || König zu tische zu
essen. [25]Da sich aber der König gesetzt hatte an
seinen Ort / wie er vorhin gewonet war an der
wand / stund Jonathan auff / Abner aber setzt sich
an die seiten Saul / Vnd man vermisset Dauids an
seinem ort. [26]Vnd Saul redet des tags nichts / denn
er gedacht / Es ist jm etwas widerfaren / das er
nicht rein ist. [27]Des andern tages des Newenmon-
den / da man Dauids vermisste an seinem ort /
sprach Saul zu seinem son Jonathan / Warumb ist
der son Jsai nicht zu tisch komen / weder gestern
noch heute?

[28]JOnathan antwortet Saul / Er bat mich / das
er gen Bethlehem gienge / [29]vnd sprach / Las mich
gehen / denn vnser Geschlecht hat zu opffern in der
Stad / vnd mein Bruder hat mirs selbs geboten /
Hab ich nu gnade fur deinen augen funden / so wil
ich hinweg vnd meine Brüder sehen / Darumb ist er
nicht komen zu des Königs tisch. [30]Da ergrimmet
der zorn Saul wider Jonathan / vnd sprach zu jm /
Du [a]vngehorsamer Bösewicht / Jch weis wol / das
du den son Jsai ausserkorn hast / dir vnd deiner
vnartigen Mutter zu schanden. [31]Denn so lange
der son Jsai lebt auff Erden / wirstu / dazu auch dein
Königreich nicht bestehen / So sende nu hin / vnd
las jn her holen zu mir / denn er mus sterben.

> a Filius non heroicus / sed mulieris ignominiosae / vilis / degeneris.

[32]JOnathan antwortet seinem vater Saul / vnd
sprach zu jm / Warumb sol er sterben? Was hat er
gethan? [33]Da schos Saul den spies nach jm / das er
jn spiesset. Da merckt Jonathan / das bey seinen
Vater gentzlich beschlossen war / Dauid zu töd-
ten / [34]Vnd stund auff vom tisch mit grimmigem
zorn / vnd ass desselben andern tages des Newen-
monden kein Brot / Denn er war bekümmert vmb
Dauid / das jn sein Vater also verdampte.

DES morgens gieng Jonathan hinaus auffs feld /
dahin er Dauid bestimpt hatte / vnd ein kleiner
knabe mit jm / [36]vnd sprach zu dem Knaben /
Lauff vnd suche mir die pfeile / die ich schiesse. Da
aber der Knabe lieff / schos er einen pfeil vber jn
hin. [37]Vnd als der Knabe kam an den ort / da hin
Jonathan den pfeil geschossen hatte / rieff jm Jona-
than nach vnd sprach / Der pfeil ligt dortwerts fur
dir. [38]Vnd rieff aber mal jm nach / Eile rissch vnd
stehe nicht still. Da las der Knabe Jonathan die
pfeile auff / vnd bracht sie zu seinem Herrn. [39]Vnd
der Knabe wuste nichts drumb / alleine Jonathan
vnd Dauid wusten vmb die sache. [40]Da gab Jona-
than sein Woffen seinem Knaben / vnd sprach zu
jm / Gehe hin vnd trags in die Stad.

DA der Knabe hin ein kam / stund Dauid auff
vom Ort gegen Mittag / vnd fiel auff sein and-
litz zur erden / vnd bettet drey mal an / Vnd küsse-
ten sich mit einander / vnd weineten mit einander /
Dauid aber am allermeisten. [42]Vnd Jonathan
sprach zu Dauid / Gehe hin mit frieden / Was wir
beide geschworen haben im Namen des HERRN /
vnd gesagt / Der HERR sey zwisschen mir vnd
dir / zwisschen meinem Samen vnd deinem Samen /

das bleibe ewiglich / [43]Vnd Jonathan macht sich
auff vnd kam in die Stad.

XXI.

DAUID ABER KAM GEN NOBE ZUM PRIESTER AHI-
melech / Vnd Ahimelech entsatzt sich / da er
Dauid entgegen gieng / vnd sprach zu jm / War-
umb kompstu allein / vnd ist kein Man mit dir?
[2]Dauid sprach zu Ahimelech dem Priester / Der
König hat mir eine Sache befolhen vnd sprach zu
mir / Las niemand wissen / warumb ich dich gesand
habe / vnd was ich dir befolhen habe / Denn ich
hab auch meinen Knaben etwa hie oder da her be-
scheiden. [3]Hastu nu was vnter deiner hand / ein
Brot oder fünffe / die gib mir in meine hand / oder
was du findest.

[4]DEr Priester antwortet Dauid / vnd sprach /
Jch hab kein gemein Brot vnter meiner hand / son-
dern heilig Brot / Wenn sich nur die Knaben von
Weibern enthalten hetten. [5]Dauid antwortet dem
|| 162b Priester / vnd sprach zu jm / Es || sind die Weiber
drey tage vns versperret gewesen / da ich auszoch /
vnd der Knaben zeug war heilig / Jst aber dieser
Mat. 12. weg vnheilig / so wird er heute geheiliget werden
Luc. 6. an dem zeuge. [6]Da gab jm der Priester des Heili-
gen / weil kein ander Brot da war / denn die schaw-
brot / die man fur dem HERRN auffhub / das man
ander frisch Brot auff legen solt des tages da er die
weggenomen hatte.

ES war aber des tages ein Man drinnen versperret
fur dem HERRN / aus den knechten Saul / mit
DOEG. namen Doeg ein Edomiter / der mechtigest vnter
Psal. 52. den Hirten Sauls. [8]Vnd Dauid sprach zu Ahime-

(Zeug) Jn der Schrifft heisst ein jglicher Leib ein Zeug / Wie auch Act. 9. Christus von S. Paulus saget / Er ist mein ausserwelter Zeug etc. Darumb das Gott damit wircket / wie ein Handwercksman mit seinem zeuge. Wil nu hie Dauid sagen / Wenn die Person heilig ist / so ists alles heilig was man isset / trincket / thut oder lesst / Wie S. Paulus Tit. j. spricht / Den Reinen ist alles rein.

lech / Jst nicht hie vnter deiner hand ein spies oder
schwert? Jch hab mein schwert vnd waffen nicht
mit mir genomen / Denn die sache des Königs war
eilend. [9]Der Priester sprach / Das schwert des
Philisters Goliath / den du schlugest im Eich-
grunde / das ist hie / gewickelt in einem Mantel
hinder dem Leibrock / Wiltu das selbige / so nims
hin / denn es ist hie kein anders denn das. Dauid
sprach / Es ist seins gleichen nicht / Gib mirs.

VND Dauid macht sich auff / vnd floh fur Saul /
ACHIS. vnd kam zu Achis dem könige zu Gath. [11]Aber Psal. 56.
die knechte Achis sprachen zu jm / Das ist der
Dauid des lands König / von dem sie sungen am
Reigen / vnd sprachen Saul schlug tausent / Dauid
aber zehen tausent. [12]Vnd Dauid nam die rede zu
hertzen / vnd furcht sich seer fur Achis dem könige
zu Gath. [13]Vnd verstellet / sein geberde fur jnen / Psal. 34.
vnd kollert vnter jren henden / vnd sties sich an die
thür am thor / vnd sein geiffer flos jm in den bart.
[14]Da sprach Achis zu seinen knechten / Sihe / jr
sehet das der Man vnsinnig ist / Warumb habt jr jn
zu mir bracht [15]Hab ich der vnsinnigen zu wenig /
das jr diesen her brechtet / das er neben mir rasete?
Solt der in mein haus komen.

XXII.

DAUID GIENG VON DANNEN / VND ENTRAN IN DIE
höle Adullam. Da das seine Brüder höreten / Psal. 57
vnd das gantze Haus seines Vaters / kamen sie zu
jm hin ab daselbs hin. [2]Vnd es versamleten sich zu
jm allerley Menner / die in not vnd schuld / vnd
betrübtes hertzen waren / Vnd er war jr Oberster /
das bey vier hundert Man bey jm waren.|| || 163 a

VND Dauid gieng von dannen gen Mizpe in der
Moabiter land / vnd sprach zu der Moabiter
könig / Las mein Vater vnd mein Mutter bey euch
aus vnd eingehen / bis ich erfare / was Gott mit mir
thun wird / [4]Vnd er lies sie fur dem Könige der
Moabiter / das sie bey jm blieben / so lange Dauid
GAD. in der Burg war. [5]Aber der Prophet Gad sprach zu
Dauid / Bleib nicht in der Burg / sondern gehe hin
vnd kom ins land Juda. Da gieng Dauid hin. vnd Psal. 63.
kam in den wald Hareth. [6]Vnd es kam fur Saul /
das Dauid vnd die Menner / die bey jm waren /
weren erfur komen.

ALs nu Saul wonet zu Gibea / vnter einem Hayn
in Rama / hatte er seinen Spies in der hand / vnd

alle seine Knechte stunden neben jm.
7Da sprach Saul zu seinen Knechten / die neben jm stunden / Höret jr kinder Jemini / Wird auch der son Jsai euch allen Ecker vnd Weinberge geben / vnd euch alle vber tausent vnd vber hundert zu Obersten machen?
8das jr euch alle verbunden habt wider mich / vnd ist niemand der es meinen ohren offenbarte / Weil auch mein Son einen Bund gemacht hat mit dem son Jsai. Jst niemand vnter euch den es krencke meinet halben / vnd meinen ohren offenbare / Denn mein Son hat meinen Knecht wider mich aufferwecket / das er mir nachstellet / wie es am tag ist.

Psal. 52. DA antwortet Doeg der Edomiter / der neben den knechten Saul stund / vnd sprach / Jch sahe den son Jsai / das er er gen Nobe kam zu Ahimelech dem son Ahitob / DOEG.
10Der fragte den HERRN fur jn / vnd gab jm speise / vnd das schwert Goliath des Philisters.

DA sandte der König hin / vnd lies ruffen Ahimelech dem Priester / dem son Ahitob / vnd seines Vaters gantzem hause / die Priester die zu Nobe waren / Vnd sie kamen alle zum Könige.
12Vnd Saul sprach / Höre du son Ahitob. Er sprach / Hie bin ich mein Herr.
13Vnd Saul sprach zu jm / Warumb habt jr einen Bund wider mich gemacht / du vnd der son Jsai / Das du jm Brot vnd Schwert gegeben / vnd Gott fur jn gefragt hast / das du jn erweckest / das er mir nachstelle / wie es am tag ist?

14AHimelech antwortet dem Könige / vnd sprach / Vnd wer ist vnter allen deinen Knechten als Dauid / der getrew ist vnd des Königs eidem / vnd gehet in deinem gehorsam / vnd ist herrlich gehalten in deinem Hause?
15Hab ich denn heute erst angefangen Gott fur jn zu fragen? Das sey ferne von mir / Der König lege solchs seinem Knecht nicht auff in gantz meines Vaters hause / Denn dein Knecht hat von alle diesem nichts gewust / weder kleins noch grosses.

ABer der König sprach / Ahimelech / du must des tods sterben / du vnd deines Vaters gantzes haus.
17Vnd der König sprach zu seinen Drabanten / die neben jm stunden / Wendet euch / vnd tödtet des HERRN Priester / Denn jre hand ist auch mit Dauid / vnd da sie wusten das er floh / haben sie mirs nicht eröffenet. Aber die knechte des Königs wolten jre hende nicht an die Priester des

errettet die zu Kegila.

HERRN legen / sie zu erschlagen. [18]Da sprach der
König zu Doeg / Wende du dich vnd erschlage die
Priester. Doeg der Edomiter wand sich / vnd er-
schlug die Priester / Das des tages storben fünff vnd
achzig Menner / die leinen Leibröcke trugen. [19]Vnd
die stad der Priester Nobe schlug er mit der scherffe
des schwerts / beide Man vnd Weib / Kinder vnd
Seuglinge / Ochsen vnd Esel vnd Schafe.

Saul lesst 85. Priester ermorden vmb Dauids willen etc.

ES entran aber ein son Ahimelech / des sons
Ahitob / der hies AbJathar / vnd floh Dauid
nach / [21]vnd verkündiget jm / Das Saul die Prie-
ster des HERRN erwürget hette. [22]Dauid aber
sprach zu AbJathar / Jch wusts wol an dem tage /
da der Edomiter Doeg da war / das ers würde Saul
ansagen / Jch bin schüldig an allen Seelen deines
Vaters hause. [23]Bleibe bey mir vnd fürchte dich
nicht / Wer nach meinem Leben stehet / der sol
auch nach deinem leben stehen / vnd solt mit mir
behalten werden. || || 163b

AbJathar entrinnet.

XXIII.

Kegila.

VND ES WARD DAUID ANGESAGT / SIHE / DIE
Philister streitten wider Kegila / vnd berauben
die Tennen. [2]Da fragt Dauid den HERRN / vnd
sprach / Sol ich hin gehen vnd diese Philister schla-
gen? Vnd der HERR sprach zu Dauid / Gehe hin /
du wirst die Philister schlahen / vnd Kegila erret-
ten. [3]Aber die Menner bey Dauid sprachen zu jm /
Sihe / wir fürchten vns hie in Juda / vnd wöllen
hin gehen gen Kegila zu der Philister zeug? [4]Da
fragt Dauid wider den ERRNN / Vnd der HERR
antwortet jm / vnd sprach / Auff / zeuch hin ab gen
Kegila / denn ich wil die Philister in deine hende
geben. [5]Also zoch Dauid sampt seinen Mennern
gen Kegila / vnd streit wider die Philister / vnd
treib jnen jr Vieh weg / vnd thet eine grosse Schlacht
an jnen / Also errettet Dauid die zu Kegila. [6]Denn
da AbJathar der son Ahimelech floh zu Dauid gen
Kegila / trug er den Leibrock mit sich hinab.

DA WARD SAUL ANGESAGT / DAS DAUID GEN
Kegila komen were / vnd sprach / Gott hat jn
in meine hende vbergeben / das er verschlossen ist /
nu er in eine Stad komen jst / mit thuren vnd rigeln
verwaret. [8]Vnd Saul lies allem volck ruffen zum
streit / hin nider gen Kegila / das sie Dauid vnd
seine Menner belegten. [9]Da aber Dauid mercket /
das Saul böses vber jn gedacht / sprach er zu dem

stellet Dauid
nach etc.

Priester Ab Jathar / Lange den Leibrock her. [10]Vnd
Dauid sprach / HERR Gott Jsrael / dein Knecht
hat gehöret / das Saul darnach trachte / das er gen
Kegila kome / die Stad zu verterben vmb meinen
willen. [11]Werden mich auch die Bürger zu Kegila
vberantworten in seine hende? Vnd wird aber Saul
erab komen / wie dein Knecht gehört hat? Das ver-
kündige HERR Gott Jsrael deinem Knecht. Vnd
der HERR sprach / Er wird erab komen. [12]Dauid
sprach / Werden aber die Bürger zu Kegila mich
vnd meine Menner vberantworten in die hende
Saul? Der HERR sprach / Ja.

[13]DA macht sich Dauid auff sampt seinen Men-
nern / der bey sechs hundert waren / vnd zogen aus
von Kegila / vnd wandelten wo sie hin kundten. Da
nu Saul angesagt ward / das Dauid von Kegila ent-
runnen war / lies er sein ausziehen anstehen.
[14]Dauid aber bleib in der wüsten in der Burg / vnd
bleib auff dem berge in der wüsten Siph. Saul aber
sucht jn sein leben lang / Aber Gott gab jn nicht in
seine hende. [15]Vnd Dauid sahe das Saul ausge-
zogen war sein leben zu suchen / Aber Dauid war
in der wüsten Siph / in der Heide.

DA macht sich Jonathan auff / der son Saul / vnd
gieng hin zu Dauid in die Heide / vnd sterckt
seine hand in Gott / [17]vnd sprach zu jm / Fürchte
dich nicht / meins vaters Sauls hand wird dich nicht
finden / vnd du wirst König werden vber Jsrael /
So wil ich der Nehest vmb dich sein / Auch weis
solchs mein Vater wol. [18]Vnd sie machten beide BUND ZWI-
Su. 18. 20. einen Bund mit einander fur dem HERRN / Vnd sschen Jona-
Dauid bleib in der Heide / Aber Jonathan zoch than vnd
wider heim. Dauid.

Jnf. 26. ABER DIE SIPHITER ZOGEN HINAUFF ZU SAUL GEN SIPHITER.
Gibea / vnd sprachen / Jst nicht Dauid bey vns
Psal. 54. verborgen in der Burg in der Heide auff dem hügel
Hachila / der zur rechten ligt an der wüsten? [20]So
kom nu der König ernider nach alle seins hertzen
beger / So wöllen wir jn vberantworten in des
Königs hende. [21]Da sprach Saul / Gesegenet seid
jr dem HERRRN / das jr euch mein erbarmet habt.
[22]So gehet nu hin / vnd werdets noch gewisser / das
jr wisset vnd sehet / an welchem Ort seine füsse ge-
wesen sind / vnd wer jn daselbs gesehen habe /
Denn mir ist gesagt / das er listig ist. [23]Besehet vnd
erkundet alle Orter / da er sich verkreucht / vnd
komet wider zu mir / wenn jrs gewis seid / so wil

Saul stellet Dauid nach etc.

ich mit euch ziehen / Jst er im Lande / so wil ich
nach jm forschen vnter allen tausenten in Juda. ‖ ‖ 164a
[24]DA machten sie sich auff / vnd giengen gen
Siph fur Saul hin. Dauid aber vnd seine Menner
waren in der wüsten Maon / auff dem gefilde zur
rechten der wüsten. [25]Da nu Saul hin zoch mit
seinen Mennern zu suchen / wards Dauid angesagt /
Vnd er macht sich hinab in den Fels / vnd bleib in
der wüsten Maon. Da das Saul höret / jaget er
Dauid nach in der wüsten Maon. [26]Vnd Saul mit
seinen Mennern gieng an einer seiten des Berges /
Dauid mit seinen Mennern an der andern seiten des
berges. Da Dauid aber eilet dem Saul zu entgehen /
da vmbringete Saul sampt seinen mennern Dauid
vnd seine menner / das er sie griffe.
[27]ABer es kam ein Bote zu Saul / vnd sprach /
Eile vnd kom / Denn die Philister sind ins Land ge-
fallen. [28]Da keret sich Saul von dem nachiagen
Dauid / vnd zoch hin den Philistern entgegen / Da
her heisst man den ort / SelaMahelkoth. [1]Vnd
Dauid zoch hinauff von dannen / vnd bleib in der
Burg zu EnGedi.

(SELAMAHELkoth) Das heisst Scheidefels.

XXIIII.

DA NU SAUL WIDER KAM VON DEN PHILISTERN /
ward jm gesagt / Sihe / Dauid ist in der wüsten
EnGedi. [3]Vnd Saul nam drey tausent junger Man-
schafft aus gantz Jsrael / vnd zoch hin / Dauid
sampt seinen Mennern zu suchen / auff den felsen
der Gemsen. [4]Vnd da er kam zu den Schafshür-
ten am wege / war daselbs eine Höle / vnd Saul
gieng hinein seine Füsse zu decken / Dauid aber
vnd seine Menner sassen hinden in der Höle.

(Seine füsse decken) So züchtig ist die heilige Schrifft / das sie füsse decken heisst / auff das heimlich Gemach gehen.

[5]DA sprachen die Menner Dauid zu jm / Sihe /
das ist der tag / dauon der HERR dir gesagt hat /
Sihe / Jch wil deinen Feind in deine hende geben /
das du mit jm thust was dir gefellet. Vnd Dauid
stund auff / vnd schneit leise einen zipffel vom Rock
Saul. [6]Aber da er den zipffel Saul hatte abgeschnit-
ten / schlug er in sich / [7]vnd sprach zu seinen men-
nern / Das lasse der HERR ferne von mir sein / das
ich das thun solte / vnd meine hand legen an meinen
Herrn den gesalbten des HERRN / Denn er ist der
gesalbte des HERRN / [8]Vnd Dauid weiset seine
Menner von sich mit worten / vnd lies sie nicht
sich wider Saul aufflehnen.

DA aber Saul sich auffmacht aus der Höle / vnd
gieng auff dem wege / [9]macht sich darnach

Dauid auch auff / vnd gieng aus der Höle / vnd rieff
Saul hinden nach / vnd sprach / Mein Herr könig.
Saul sahe hinder sich / Vnd Dauid neigt sein andlitz
zur erden vnd bettet an / 10vnd sprach zu Saul /
Warumb gehorchestu Menschen wort / die da
sagen / Dauid sucht dein vnglück? 11Sihe heuts
tags sehen deine augen / das dich der HERR heute
hat in meine hand gegeben in der Höle / Vnd es
ward gesagt / das ich dich solt erwürgen / Aber es
ward dein verschonet / Denn ich sprach / Jch wil
meine hand nicht an meinen Herrn legen / Denn er
ist der gesalbte des HERRN.
12MEin Vater / sihe doch den Zipffel von deinem
Rocke in meiner hand / das ich dich nicht erwürgen
wolt / da ich den zipffel von deinem Rocke schneit /
Erkenne vnd sihe / das nichts böses in meiner hand
ist / noch kein vbertrettung. Jch hab auch an dir
nicht gesündigt / vnd du jagest meine Seele / das
du sie wegnemest. 13Der HERR wird Richter sein
zwisschen mir vnd dir / vnd mich an dir rechen /
Aber meine hand sol nicht vber dir sein. 14Wie
man sagt nach dem alten Sprichwort / Von Gott-
losen kompt vntugent / Aber meine hand sol nicht
vber dir sein. 15Wem zeuchstu nach König von
Jsrael? Wem jagstu nach? Einem todten Hund /
einem einigen Floch? 16Der HERR sey Richter
vnd richte zwisschen mir vnd dir / vnd sehe drein /
vnd füre meine sache aus / vnd rette mich von deiner
|| 164b hand. ||
17ALs nu Dauid solche wort zu Saul hatte aus-
geredt / sprach Saul / Jst das nicht deine stim / mein
son Dauid? Vnd Saul hub auff seine stim vnd
weinet / 18vnd sprach zu Dauid / Du bist gerechter
Jnfr. 26. denn ich / Du hast mir guts beweiset / Jch aber
habe dir böses beweiset. 19Vnd du hast mir heute
angezeiget / wie du gutes an mir gethan hast / das
mich der HERR hatte in deine hende beschlossen /
vnd du mich doch nicht erwürget hast. 20Wie solt
jemand seinen Feind finden / vnd jn lassen einen
guten weg gehen? Der HERR vergelte dir guts fur
diesen tag / das du an mir gethan hast. 21Nu sihe /
ich weis / das du König werden wirst / vnd das
Königreich Jsrael stehet in deiner hand. 22So
schwere nu mir bey dem HERRRN / das du nicht
ausrottest meinen Samen nach mir / vnd meinen
namen nicht austilgest von meines Vaters hause.
23Vnd Dauid schwur Saul. Da zoch Saul heim /

Dauid aber mit seinen Mennern machten sich hin-
auff auff die Burg.

XXV.

Samuel stirbt. VND SAMUEL STARB / VND DAS GANTZE JSRAEL Jnfr. 28.
versamlet sich / trugen leide vmb jn / vnd be-
gruben jn in seinem hause zu Rama.

DAuid aber machte sich auff / vnd zoch hin ab in
die wüsten Paran. 2Vnd es war ein man zu
Maon / vnd sein wesen zu Carmel / vnd der Man
war fast gros vermügens / vnd hatte drey tausent
Schafe vnd tausent Zigen / Vnd begab sich eben
das er seine Schaf beschur zu Carmel / 3Vnd er hies
Nabal. Nabal / Sein weib aber hies Abigail / vnd war ein
Weib guter vernunfft / vnd schön von angesicht /
Der Man aber war hart vnd boshafftig in seinem
thun / vnd war einer von Caleb.

DA nu Dauid in der wüsten höret / das Nabel
seine schafe beschur / 5sandte er aus zehen
Jüngling / vnd sprach zu jnen / Gehet hin auff gen
Carmel / vnd wenn jr zu Nabal kompt / so grüsset
jn von meinet wegen freundlich / 6Vnd sprecht /
Glück zu / Fried sey mit dir vnd deinem Hause /
vnd mit allem das du hast. 7Jch hab gehöret / das
du Schafscherer hast / Nu / deine Hirten die du
hast / sind mit vns gewesen / Wir haben sie nicht
verhönet / vnd hat jnen nichts gefeilet an der zal /
so lange sie zu Carmel gewesen sind / 8Frage deine
Jünglinge darumb / die werdens dir sagen / Vnd
las die Jünglinge gnad finden fur deinen augen /
Denn wir sind auff einen guten tag komen / Gib
deinen Knechten vnd deinem son Dauid / was deine
hand findet.

9VND da die Jüngling Dauid hin kamen / vnd
von Dauids wegen alle diese wort mit Nabal ge-
redt hatten / höreten sie auff. 10Aber Nabal ant-
wortet den knechten Dauids / vnd sprach / Wer ist
der Dauid? vnd wer ist der son Jsai? Es werden
jtzt der Knechte viel / die sich von jren Herrn
reissen. 11Solt ich mein brot / wasser vnd fleisch
nemen / das ich fur meine Scherer geschlachtet
habe / vnd den Leuten geben / die ich nicht kenne /
wo sie her sind?

DA kereten sich die Jünglinge Dauids wider auff
jren weg / Vnd da sie wider zu jm kamen /
sagten sie jm solchs alles. 13Da sprach Dauid zu
seinen Mennern / Gürte ein jglicher sein schwert

vmb sich. Vnd ein jglicher gürtet sein schwert
vmb sich / vnd Dauid gürtet sein schwert auch
vmb sich / vnd zogen jm nach hinauff bey vier
hundert Man / Aber zwey hundert blieben bey
dem gerete.

ABER DER ABIGAIL / NABALS WEIB / SAGET AN DER
Jünglinge einer / vnd sprach / Sihe / Dauid hat
Boten gesand aus der wüsten vnsern Herrn zu
segenen / Er aber schnaubet sie an. [15]Vnd sie sind
vns doch seer nütze Leute gewesen / vnd haben
vns nicht verhönet / vnd hat vns nichts gefeilet an
der zal so lange wir bey jnen gewandelt haben /
wenn wir auff dem felde waren / [16]Sondern sind
vnser mauren gewesen tag vnd nacht / so lange wir
|| 165 a der Schafe bey jnen ge-||hütet haben. [17]So mercke
nu vnd sihe / was du thust / Denn es ist gewis ein
Vnglück fur handen vber vnsern Herrn / vnd vber
sein gantzes haus / Vnd er ist ein heiloser Man /
dem niemand etwas sagen thar.

[18]DA eilet Abigail / vnd nam zwey hundert
Brot / vnd zwey Legel weins / vnd fünff gekochte
Schafe / vnd fünff Scheffel melh / vnd hundert
stück Rosin / vnd zwey hundert stück Feigen / vnd
luds auff Esel. [19]Vnd sprach zu jren Jünglingen /
Gehet vor mir hin / Sihe ich wil komen hernach /
Vnd sie sagt jrem man Nabal nichts dauon. [20]Vnd
als sie auff dem Esel reit / vnd hinab zoch im tun-
ckel des berges / Sihe / da begegenet jr Dauid vnd
seine Menner hinab / das sie auff sie sties. [21]Dauid
aber hatte geredt / Wolan / ich hab vmb sonst be-
hütet alles das dieser hat in der Wüsten / das nichts
gefeilet hat an allem was er hat / vnd er bezalt mir
guts mit bösem. [22]Gott thu dis vnd noch mehr den
Feinden Dauid / wo ich diesem bis liecht morgen /
vberlasse einen der an die wand pisset / aus allem
das er hat.

DA nu Abigail Dauid sahe / Steig sie eilend vom ABIGAIL.
Esel / vnd fiel fur Dauid auff jr andlitz / vnd
bettet an zur erden / [24]vnd fiel zu seinen füssen / vnd
sprach / Ah mein Herr / mein sey diese missethat /
vnd las deine Magd reden fur deinen ohren / vnd
höre die wort deiner magd. [25]Mein Herr setze
nicht sein hertz wider diesen Nabal den heilosen
Man / Denn er ist ein Narr / wie sein name heisst /
vnd narrheit ist bey jm / Jch aber deine Magd / habe
die Jünglinge meines Herrn nicht gesehen / die du
gesand hast.

26 NV aber mein Herr / So war der HERR lebt /
vnd so war deine seele lebt / Der HERR hat dich
verhindert / das du nicht kemest widers Blut / vnd
hat dir deine hand erlöset / So müssen nu werden
wie Nabal deine Feinde / vnd die meinem Herrn
vbel wöllen. 27 Hie ist der Segen / den deine Magd /
meinem Herrn her gebracht hat / Den gib den Jüng-
lingen die vnter meinem Herrn wandeln. 28 Vergib
deiner Magd die vbertrettung / Denn der HERR
wird meinem Herrn ein bestendig Haus machen /
Denn du fürest des HERRN kriege / vnd las kein
böses an dir gefunden werden / dein leben lang.
29 VND wenn sich ein Mensch erheben wird dich
zu verfolgen / vnd nach deiner seelen stehet / So
wird die seele meins Herrn eingebunden sein im
bündlin der Lebendigen / bey dem HERRN dei-
nem Gott / Aber die seele deiner Feinde wird ge-
schleudert werden mit der schleuder. 30 Wenn
denn der HERR alle das Gut meinem Herrn thun
wird / das er dir geredt hat / vnd gebieten / das du
ein Hertzog seiest vber Jsrael / 31 So wirds dem
hertzen meins Herrn nicht ein stos noch ergernis
sein / das du nicht blut vergossen hast on vrsach /
vnd dir selber geholffen / So wird der HERR mei-
nem Herrn wolthun / vnd wirst an deine Magd ge-
dencken.

DA sprach Dauid zu Abigail / Gelobt sey der
HERR der Gott Jsrael / der dich heuts tages
hat mir entgegen gesand. 33 Vnd gesegenet sey
dein Rede / vnd gesegenet seiestu / das du mir heute
erweret hast / das ich nicht wider Blut komen bin /
vnd mich mit eigener hand erlöset habe. 34 Warlich /
so war der HERR der Gott Jsrael lebt / der mich
verhindert hat / das ich nicht vbel an dir thet /
Werestu nicht eilend mir begegenet / So were dem
Nabal nicht vberblieben auff diesen liechten mor-
gen / einer der an die wand pisset. 35 Also nam
Dauid von jrer hand / was sie jm gebracht hatte /
vnd sprach zu jr / Zeuch mit frieden hin auff in dein
haus / Sihe / ich habe deiner stimme gehorchet / vnd
deine Person angesehen.

DA aber Abigail zu Nabal kam / sihe / Da hatte
er ein Mal zugericht / in seinem hause / wie eines
Königs mal / vnd sein hertz war guter dinge [a]bey
jm selbs / denn er war seer truncken. Sie aber sagt
jm nichts / weder klein noch gros / bis an den liech-
ten morgen. 37 Da es aber morgen ward / vnd der

a Neminem inuitauit / nec Pauperes curauit.

wein von Nabal komen war / sagt jm sein Weib
|| 165 b solchs / Da erstarb sein Hertz || in seinem Leibe /
das er ward wie ein stein. 38Vnd vber zehen tage
schlug jn der HERR das er starb. 39Da das Dauid NABAL STIRBT.
höret / das Nabal tod war / sprach er / Gelobt sey
der HERR der meine schmach gerochen hat an
dem Nabal / vnd seinen Knecht enthalten hat fur
dem vbel / Vnd der HERR hat dem Nabal das vbel
auff seinen Kopff vergolten.

VND Dauid sandte hin / vnd lies mit Abigail
reden / das er sie zum Weibe neme. 40Vnd da
die knecht Dauid zu Abigail kamen gen Carmel /
redten sie mit jr / vnd sprachen / Dauid hat vns zu
dir gesand / das er dich zum weibe neme. 41Sie
stund auff vnd bettet an auff jr angesicht zur erden /
vnd sprach / Sihe / Hie ist deine Magd / das sie
diene den Knechten meines Herrn / vnd jre füsse
wassche. 42Vnd Abigail eilet vnd macht sich auff / ABIGAIL.
vnd reit auffm Esel / vnd fünff Dirnen die vnter jr
waren / vnd zoch den boten Dauid nach / vnd ward
sein Weib.

43AVch nam Dauid Ahinoam von Jesreel / vnd AHINOAM
waren beide seine weiber. 44Saul aber gab Michal Dauids weiber.
seine tochter / Dauids weib / Phalti / dem son Lais MICHAL.
von Gallim.

XXVI.

Sup. 23. DJE ABER VON SIPH KAMEN ZU SAUL GEN GIBEA / DIE VON SIPH
Psal. 54. vnd sprachen / Jst nicht Dauid verborgen auff sagen Saul an /
dem hügel Hachila fur der wüsten? 2Da macht wo er Dauid
sich Saul auff / vnd zoch er ab zur wüsten Siph / vnd finden sol etc.
mit jm drey tausent junger Manschafft in Jsrael /
das er Dauid suchte in der wüsten Siph. 3Vnd
lagert sich auff dem hügel Hachila / die fur der
wüsten ligt am wege / Dauid aber bleib in der
wüsten. Vnd da er sahe / das Saul kam jm nach in
die wüsten / 4sandte er Kundschaffer aus / vnd erfur
das Saul gewislich komen were.

VND Dauid macht sich auff / vnd kam an den ort
da Saul sein Lager hielt / vnd sahe die stete / da
Saul lag mit seinem Feldheubtman Abner / dem
son Ner / Denn Saul lag in der Wagenburg / vnd
das Heeruolck vmb jn her. 6Da antwortet Dauid /
vnd sprach zu Ahimelech dem Hethiter / vnd zu
Abisai dem son ZeruJa / dem bruder Joab / Wer
wil mit mir hinab zu Saul ins Lager? Abisai sprach /
Jch wil mit dir hinab. 7Also kam Dauid vnd

Abisai zum volck des nachts / Vnd sihe / Saul lag
vnd schlieff in der Wagenburg / vnd sein Spies
steckt in der erden zu seinen heubten / Abner aber
vnd das volck lag vmb jn her.
[8]DA sprach Abisai zu Dauid / Gott hat deinen
Feind heute in deine hand beschlossen / So wil ich
jn nu mit dem Spies stechen in die erden ein mal /
das ers nicht mehr bedarff. [9]Dauid aber sprach zu
Abisai / Verderbe jn nicht / Denn wer wil die hand
an den gesalbeten des HERRN legen / vnd vnge-
strafft bleiben? [10]Weiter sprach Dauid / So war der
HERR lebt / wo der HERR nicht jn schlegt / oder
seine zeit komet das er sterbe / oder in einen streit
ziehe vnd kom vmb / [11]So las der HERR ferne von
mir sein / das ich meine hand solt an den Gesalbeten
des HERRN legen. So nim nu den Spies zu seinen
heubten / vnd den Wasserbecher / vnd las vns
gehen. [12]Also nam Dauid den Spies vnd den Was-
serbecher / zun heubten Saul / vnd gieng hin / vnd
war niemand der es sahe / noch mercket / noch er-
wachet / sondern sie schlieffen alle / Denn es war
ein tieffer schlaff vom HERRN auff sie gefallen.

DA nu Dauid hin über auff jenseid komen war /
trat er auff des Berges spitzen von ferne / das
ein weiter raum war zwisschen jnen / [14]vnd schrey
das Volck an / vnd Abner den son Ner / vnd sprach /
Hörestu nicht Abner? Vnd Abner antwortet / vnd
sprach / Wer bistu / das du so schreiest gegen dem
Könige? [15]Vnd Dauid sprach zu Abner / Bistu
nicht ein Man? Vnd wer ist dein gleich in Jsrael?
Warumb hastu denn nicht behütet deinen Herrn
den || König? Denn es ist des Volcks einer hinein || 166a

komen / deinen Herrn den König zuuerterben.
[16]Es ist aber nicht fein / das du gethan hast / So war
der HERR lebt / jr seid Kinder des tods / das jr
ewrn Herrn / den gesalbeten des HERRN nicht be-
hütet habt / Nu sihe / hie ist der Spies des Königs /
vnd der Wasserbecher / die zu seinen heubten
waren.

DA erkennet Saul die stimme Dauids / vnd
sprach / Jst das nicht dein stimme / mein son
Dauid? Dauid sprach / Es ist meine stim mein Herr
könig. [18]Vnd sprach weiter / Warumb verfolget
mein Herr also seinen Knecht? Was hab ich gethan?
Vnd was vbels ist in meiner hand? [19]So höre doch
nu mein Herr der König die wort seines Knechts.
Reitzet dich der HERR wider mich / so las man ein
Speisopffer riechen / Thuns aber Menschenkinder /
So seien sie verflucht fur dem HERRN / das sie
mich heute verstossen / das ich nicht haffte in des
HERRN Erbteil / vnd sprechen / Gehe hin / diene
andern Göttern. [20]So verfalle nu mein Blut nicht
auff erden / vnd dem Angesichte des HERRN /
Denn der König Jsrael ist ausgezogen zu suchen
einen Floch / wie man ein Rephun jagt auff den
bergen.

[21]VND Saul sprach / Jch hab gesündigt / Kom
wider mein son Dauid / ich wil dir kein leid fürder
Sup. 24. thun / darumb / das meine Seele heutes tags thewr
gewesen ist in deinen augen / Sihe / ich hab thör-
lich vnd seer vnweislich gethan. [22]Dauid antwor-
tet / vnd sprach / Sihe / hie ist der Spies des Königs /
Es gehe der Jüngling einer herüber vnd hole jn.
[23]Der HERR aber wird einem jglichen vergelten
nach seiner gerechtigkeit vnd glauben / Denn der
HERR hat dich heute in meine hand gegeben / Jch
aber wolt meine hand nicht an den gesalbten des
HERRN legen. [24]Vnd wie heute deine Seele in
meinen augen ist gros geacht gewesen / So werde
meine Seele gros geachtet werden fur den Augen
des HERRN / vnd errette mich von allem trübsal.
[25]Saul sprach zu Dauid / Gesegenet seistu mein son
Dauid / du wirsts thun vnd hin aus füren. Dauid
aber gieng seine stras / Vnd Saul keret wider an
seinen Ort.

XXVII.

|| 166b DAuid aber gedacht in seinem hertzen / Jch
werde der tag einen Saul in die hende fallen /

Es ist mir nichts besser / denn das ich entrinne in der
Philisterlande / das Saul von mir ablasse mich für-
der zu suchen in allen grentzen Jsrael / so werde
ich seinen henden entrinnen. [2]Vnd macht sich
auff / vnd gieng hinüber / sampt den sechs hundert
Man / die bey jm waren / zu Achis dem son Maoch
ACHIS. könige zu Gath. [3]Also bleib Dauid bey Achis zu
Gath mit seinen Mennern / ein jglicher mit seinem
hause / Dauid auch mit seinen zweien Weibern /
Ahinoam der Jesreelitin / vnd Abigail der Nabals
weib der Charmelitin. [4]Vnd da Saul angesagt
ward / das Dauid gen Gath geflohen were / sucht
er nicht mehr.

VND Dauid sprach zu Achis / Hab ich gnade fur
deinen augen funden / so las mir geben einen
Raum in der Stedte einer auff dem Lande / das ich
drinnen wone / Was sol dein Knecht in der könig-
lichen Stad bey dir wonen? [6]Da gab jm Achis des
ZIKLAG. tags Ziklag / Daher ist Ziklag der Könige Juda bis
auff diesen tag. [7]Die zeit aber / die Dauid in der
Philister lande wonet / ist ein jar vnd vier monden.

DAuid aber zoch hinauff sampt seinen Mennern /
vnd fiel ins Land der Gessuriter vnd Girsiter
vnd Amalekiter / Denn diese waren die Einwoner
von alters her dieses Lands / als man kompt gen
Sur / bis an Egyptenland. [9]Da aber Dauid das Land
schlug / lies er weder Man noch Weib leben / vnd
nam schaf / rinder / esel / kamel vnd Kleider / vnd
keret wider vnd kam zu Achis. [10]Wenn den Achis
sprach / Seid jr heute nicht eingefallen? So sprach
Dauid / Gegen dem mittag Juda / vnd gegen dem
mittag der Jerahmeeliter / vnd gegen mittag der
Keniter. [11]Dauid aber lies weder Man noch Weib
lebendig gen Gath komen / vnd gedacht / Sie möch-
ten wider vns reden vnd schwetzen. Also thet
Dauid / vnd das war seine weise / so lange er wonet
in der Philister lande. [12]Darumb gleub Achis
Dauid / vnd gedacht / Er hat sich stinckend ge-
macht fur seinem volck Jsrael / Darumb sol er
jmer mein Knecht sein.

XXVIII.

VND ES BEGAB SICH ZU DER SELBEN ZEIT / DAS DIE
Philister jr Heer versamleten in streit zu ziehen
wider Jsrael / Vnd Achis sprach zu Dauid / Du solt
wissen / das du vnd deine Menner solt mit mir aus-
ziehen ins Heer. [2]Dauid sprach zu Achis / Wolan /

du solt erfaren was dein Knecht thun wird. Achis
sprach zu Dauid / Darumb wil ich dich zum Hüter
meins heubts setzen mein leben lang.

Sup. 25. SAmuel [a]aber war gestorben / vnd gantz Jsrael
hatte leide vmb jn getragen / vnd begraben in sei-
ner stad Rama. So hatte Saul aus dem Lande ver-
trieben die Warsager vnd Zeichendeuter. [4]Da nu
die Philister sich versamleten / vnd kamen vnd
lagerten sich zu Sunem / Versamlet Saul auch das
gantze Jsrael / vnd lagerten sich zu GilBoa. [5]Da
aber Saul der Philister Heer sahe / furcht er sich /
vnd sein hertz verzagt seer. [6]Vnd er ratfraget den
HERRN / Aber der HERR antwortet jm nicht /
weder durch Trewme / noch durchs [b]Liecht / noch
durch Propheten.

a
Das erzelet die Schrifft darumb / auff das sie warne jederman / das er das nachfolgende Gespenst von Samuel recht verstehe / vnd wisse / das Samuel tod sey / vnd solchs der böse Geist mit der Zeuberinnen / vnd Saul redet vnd thut / in Samuels person vnd namen.

b
Das liecht ist / das auff dem Brustlatzen des Priesters war / Exo. 28.

DA sprach Saul zu seinen Knechten / Sücht mir
ein Weib / die einen Warsager geist hat / das
ich zu jr gehe / vnd sie frage. Seine Knechte spra-
chen zu jm / Sihe / zu Endor ist ein Weib / die hat
einen Warsager geist. [8]Vnd Saul wechselt seine
Kleider / vnd zog andere an / vnd gieng hin vnd
zween andere mit jm / vnd kamen bey der nacht
zum weibe / Vnd sprach / Lieber / weissage mir
durch den Warsager geist / vnd bringe mir erauff
den ich dir sage. [9]Das weib sprach zu jm / Sihe / du
weissest wol / was Saul gethan hat / wie er die War-
sager vnd Zeichendeuter ausgerottet hat vom
|| 167a lande / Warumb wiltu || denn meine Seele in das
netze füren / das ich ertödtet werde? [10]Saul aber
schwur jr bey dem HERRN / vnd sprach / So war
der HERR lebt / Es sol dir dis nicht zur missethat
geraten.

DA sprach das Weib / Wen sol ich dir denn er-
auff bringen? Er sprach / Bringe mir Samuel
erauff. [12]Da nu das weib Samuel sahe / schrey sie
laut / vnd sprach zu Saul / Warumb hastu mich be-
trogen? du bist Saul. [13]Vnd der König sprach zu
jr / Fürchte dich nicht / Was sihestu? Das weib
sprach zu Saul / Jch sehe Götter er auffsteigen aus
der erden. [14]Er sprach / Wie ist er gestalt? Sie
sprach / Es kompt ein alter Man erauff / vnd ist be-
kleidet mit einem Seidenrock. Da vernam Saul / das
es Samuel war / vnd neiget sich mit seinem andlitz
zur erden / vnd bettet an.

Götter / das ist / Richter / Exo. 22. Vnd der Seidenrock ist der Priesterliche Rock / Exo. 28.

[15]SAmuel aber sprach zu Saul / Warumb hastu
mich vnrügig gemacht / das du mich erauff bringen
lessest? Saul sprach / Jch bin seer geengstet / Die

Philister streitten wider mich / vnd Gott ist von
mir gewichen / vnd antwortet mir nicht / weder
durch Propheten / noch durch Trewme. Darumb
hab ich dich lassen ruffen / das du mir weisest was
ich thun solle.
16SAmuel sprach / Was wiltu mich fragen / weil
der HERR von dir gewichen / vnd dein Feind wor-
den ist? 17Der HERR wird dir thun / wie er durch
mich geredt hat / vnd wird das Reich von deiner
hand reissen / vnd Dauid deinem Nehesten geben / Sup. 15.
18Darumb das du der stimme des HERRN nicht ge-
horcht / vnd den grim seines zorns nicht ausge-
richtet hast wider Amalek / Darumb hat dir der
HERR solchs jtzt gethan. 19Da zu wird der HERR
Jsrael mit dir auch geben in der Philister hende /
Morgen wirstu vnd deine Söne mit mir sein / Auch
wird der HERR das Heer Jsrael in der Philister
hende geben. 20Da fiel Saul zur erden / so lang er
war / vnd erschrack seer fur den worten Samuel /
das keine krafft mehr in jm war / Denn er hatte
nichts gessen den gantzen tag vnd die gantze nacht.
VND das Weib gieng hin ein zu Saul / vnd sahe /
das er seer erschrocken war / vnd sprach zu jm /
Sihe / deine Magd hat deiner stimme gehorcht /
vnd hab meine Seele in meine hand gesetzt / das ich
deinen worten gehorchet / die du zu mir sagtest. 22So
gehorche auch nu du deiner Magd stimme / Jch wil
dir einen bissen Brots fursetzen / das du essest / das
du zu krefften komest / vnd deine strasse gehest.
23Er aber wegert sich / vnd sprach / Jch wil nicht
essen. Da nötigeten jn seine Knechte vnd das Weib /
das er jrer stimme gehorchet / Vnd er stund auff von
der erden / vnd setzet sich auffs Bette. 24Das weib
aber hatte da heim ein gemestet Kalb / Da eilet sie
vnd schlachtets / Vnd nam melh vnd knettets / vnd
buchs vngeseurt / 25vnd brachts erzu fur Saul vnd
fur seine Knechte. Vnd da sie gessen hatten / stun-
den sie auff vnd giengen die nacht.

XXIX.

DJE PHILISTER ABER VERSAMLETEN ALLE JRE
Heer zu Aphek / Vnd Jsrael lagerte sich zu
Ain in Jesreel. 2Vnd die Fürsten der Philister
giengen daher mit hunderten vnd mit tauseten /
Dauid aber vnd seine Menner giengen hinden nach
bey Achis.

DA sprachen die Fürsten der Philister / Was sol-
len diese Ebreer? Achis sprach zu jnen / Jst
nicht das Dauid der knecht Saul des königs Jsrael?
der nu bey mir gewesen ist jar vnd tag / vnd habe
nichts an jm gefunden / sint der zeit er abgefallen
ist bis her? 4Aber die Fürsten der Philister wurden
zornig auff jn / vnd sprachen zu jm / Las den Man
vmbkeren / vnd an seinem ort bleiben / da du jn
hin bestellet hast / das er nicht mit vns hin ab ziehe /
zum streit / vnd vnser Widersacher werde im streit /
Denn woran kund er seinem Herrn bas gefallen
thun / denn an den köpffen dieser Menner? 5Jst er
nicht der Dauid / von dem sie sungen am Reigen /
Saul hat tausent geschlagen / Dauid aber zehen
|| 167b tausent?||

DA rieff Achis Dauid / vnd sprach zu jm / So war
der HERR lebt / ich halt dich fur redlich / vnd
dein ausgang vnd eingang mit mir im Heer gefelt
mir wol / vnd hab nichts arges an dir gespürt / sint
der zeit du zu mir komen bist bis her / Aber du ge-
fellest den Fürsten nicht. 7So kere nu vmb vnd gehe
hin mit frieden / auff das du nicht vbel thust fur den
augen der Fürsten der Philister. 8Dauid aber
sprach zu Achis / Was hab ich gethan / vnd was
hastu gespüret an deinem Knecht / sint derzeit ich
fur dir gewesen bin bis her / das ich nicht solt
komen vnd streitten wider die Feinde meines
Herrn des Königs?

9AChis antwortet / vnd sprach zu Dauid / Jch
weis wol / Denn du gefellest meinen augen / als
ein Engel Gottes / Aber der Philister Fürsten haben
gesagt / Las jn nicht mit vns hin auff in streit zie-
hen. 10So mach dich nu morgen früe auff / vnd die
Knechte deines Herrn die mit dir komen sind / vnd
wenn jr euch morgen früe auffgemacht habt / das
liecht ist / so gehet hin. 11Also machten sich Dauid
vnd seine Menner früe auff / das sie des morgens
hin giengen / vnd wider in der Philister land kemen /
Die Philister aber zogen hin auff gen Jesrael.

XXX.

DA NU DAUID DES DRITTEN TAGS KAM GEN
Ziklag mit seinen Mennern / Waren die Amale- ZIKLAG
kiter er ein gefallen zum mittag vnd zu Ziklag / verbrand etc.
vnd hatten Ziklag geschlagen vnd mit fewr ver-
brand / 2vnd hatten die Weiber draus weggefurt /
beide klein vnd gros / Sie hatten aber niemand ge-

tödtet / sondern weggetrieben / vnd waren dahin
jrs weges.
[3]DA nu Dauid sampt seinen Mennern zur Stad
kamen / vnd sahe / Das sie mit fewr verbrand war /
vnd jre Weiber / Söne vnd Töchter gefangen wa-
ren / [4]Hub Dauid vnd das volck das bey jm war /
jre stimme auff vnd weineten / bis sie nicht mehr
weinen kundten / [5]Denn Dauids zwey Weiber
waren auch gefangen / Ahinoam die Jesreelitin /
vnd Abigail Nabals weib des Carmeliten. [6]Vnd
Dauid war seer geengstet / Denn das Volck wolt
jn steinigen / Denn des gantzen volcks Seele war
vnwillig / ein jglicher vber seine Söne vnd Töchter.
DAuid aber stercket sich in dem HERRN seinem
Gott / [7]vnd sprach zu AbJathar dem Priester
Ahimelechs son / Bringe mir her den Leibrock.
Vnd da AbJathar den Leibrock zu Dauid bracht
hatte / [8]fragte Dauid den HERRN / vnd sprach /
Sol ich den Kriegsleuten nachiagen / vnd werde
ich sie ergreiffen? Er sprach / Jage jnen nach / Du
wirst sie ergreiffen vnd rettung thun. [9]Da zoch
Dauid hin vnd die sechs hundert Man / die bey jm
waren / Vnd da sie kamen an den bach Besor / blie-
ben etliche stehen. [10]Dauid aber vnd die vier
hundert Man jageten nach / Die zwey hundert
Man aber die stehen blieben / waren zu müde vber
den bach Besor zu gehen.
VND sie funden einen Egyptischen man auff dem
felde / den füreten sie zu Dauid / vnd gaben jm
Brot das er ass / vnd trenckten jn mit Wasser /
[12]vnd gaben jm ein stück Feigen vnd zwey stück
Rosin. Vnd da er gessen hatte / kam sein geist wi-
der zu jm / Denn er hatte in dreien tagen vnd
dreien nachten nichts gessen / vnd kein Wasser ge-
truncken. [13]Dauid sprach zu jm / Wes bistu? vnd
wo her bistu? Er sprach / Jch bin ein Egyptischer
knabe eins Amalekiters knecht / vnd mein Herr
hat mich verlassen / Denn ich ward kranck fur
dreien tagen. [14]Wir sind er ein gefallen zum mittag
Crethi / vnd auff Juda vnd zum mittag Caleb / vnd
haben Ziklag mit fewr verbrennet.
DAuid sprach zu jm / Wiltu mich hin ab füren zu
diesen Kriegsleuten? Er sprach / Schwere mir
bey Gott / das du mich nicht tödtest / noch in mei-
nes Herrn hand vberantwortest / So wil ich dich
hin ab füren zu diesen Kriegs‖leuten. [16]Vnd er ‖ 168 a
füret sie hin ab / Vnd sihe / sie hatten sich zustrewet

auff der gantzen Erden / assen vnd truncken vnd
fuerten vber alle dem grossen Raub / den sie ge-
nomen hatten aus der Philister vnd Juda lande.
17VND Dauid schlug sie / von dem morgen an
bis an den abend / gegen dem andern tag / das jr
keiner entran / On vierhundert Jüngelinge / die
fielen auff die Kamelen / vnd flohen. 18Also errettet
Dauid alles was die Amalekiter genomen hatten /
vnd seine zwey Weiber / 19Vnd feilet an keinem /
weder klein noch gros / noch Söne noch Töchter /
noch Raub / noch alles das sie genomen hatten /
Dauid brachts alles wider. 20Vnd Dauid nam die
schafe vnd rinder vnd treib das Vieh fur jm her /
vnd sie sprachen / Das ist Dauids raub.

VND da Dauid zu den zwey hundert Mennern
kam / die zu müde gewest / Dauid nach zu fol-
gen / vnd am bach Besor blieben waren / giengen
sie er aus Dauid entgegen / vnd dem volck das mit
jm war / Vnd Dauid trat zum volck vnd grüsset sie
freundlich. 22Da antworten / was böse vnd lose
Leute waren / vnter denen die mit Dauid gezogen
waren / vnd sprachen / Weil sie nicht mit vns ge-
zogen sind / sol man jnen nichts geben / von dem
Raub den wir errettet haben / Sondern ein jglicher
füre sein Weib vnd seine Kinder / vnd gehe hin.
23DA sprach Dauid / Jr solt nicht so thun /
meine Brüder / mit dem das vns der HERR ge-
geben hat / vnd hat vns behüt / vnd diese Kriegs-
leute / die wider vns komen waren / in vnser hende
gegeben. 24Wer solt euch darinnen gehorchen?
Num. 31. Wie das Teil der jenigen / die in streit hin ab gezo-
gen sind / So sol auch sein das Teil derjenigen / die
bey dem Gerete blieben sind / vnd sol gleich ge-
teilet werden. 25Das ist sint der zeit vnd fort hin in
Jsrael ein Sitte vnd Recht worden / bis auff diesen tag.

VND da Dauid gen Ziklag kam / sandte er des
Raubs den Eltesten in Juda seinen Freunden /
vnd sprach / Sihe / da habt jr den Segen aus dem
raub der Feinde des HERRN / 27nemlich / denen
zu BethEl / denen zu Ramoth am mittag / denen zu
Jathir / 28denen zu Aroer / denen zu Siphamoth /
denen zu Esthemoa / 29denen zu Rachal / denen in
stedten der Jerahmeeliter / denen in den stedten der
Keniter / denen zu Harma / denen zu BorAsan /
denen zu Atach / 30denen zu Hebron / vnd allen
orten da Dauid gewandelt hatte mit seinen Men-
nern.

XXXI.

SAUL KOMPT vmb mit dreien Sönen etc.

DJE PHILISTER ABER STRITTEN WIDER JSRAEL / 1. Par. 10.
Vnd die Menner Jsrael flohen fur den Phili-
stern / vnd fielen erschlagen auff dem gebirge
Gilboa. [2]Vnd die Philister hiengen sich an Saul
vnd seine Söne / vnd schlugen Jonathan / vnd Abi-
Nadab vnd Malchisna / die söne Sauls. [3]Vnd der
streit ward hart wider Saul / vnd die Schützen
troffen auff jn mit Bogen / vnd ward seer verwund
von den Schützen.

DA sprach Saul zu seinem Waffentreger / Zeuch
dein Schwert aus / vnd erstich mich damit / das
nicht diese Vnbeschnittene komen vnd mich erste-
chen / vnd treiben ein spot aus mir. Aber sein Waf-
fentreger wolt nicht / denn er fürchtet sich seer / Da
nam Saul das Schwert vnd fiel drein. [5]Da nu sein
Waffentreger sahe / das Saul tod war / fiel er auch in
sein Schwert / vnd starb mit jm. [6]Also starb Saul /
vnd seine drey Söne vnd sein Waffentreger / vnd
alle seine Menner zu gleich auff diesen tag.

[7]DA aber die Menner Jsrael / die jenseid dem
grunde vnd jenseid dem Jordan waren, sahen / das
die Menner Jsrael geflohen waren / vnd das Saul
vnd seine Söne tod waren / verliessen sie die Stedte
vnd flohen auch / So kamen die Philister vnd wone-
ten drinnen. || || 168 b

DES andern tags kamen die Philister die Er-
schlagene auszuziehen / vnd funden Saul vnd
seine drey Söne ligen auff dem gebirge Gilboa.
[9]Vnd hieben jm sein Heubt abe / vnd zogen jm
seine Waffen ab / vnd sandten sie in der Philister

vmb mit drey Sönen etc.

land vmbher / zu verkündigen im hause jrer Götzen / vnd vnter dem Volck. 10Vnd legten seinen Harnisch in das haus Astaroth / Aber seinen Leichnam hiengen sie auff die maurn zu Bethsan.

2. Reg. 21.

DA die zu Jabes in Gilead höreten / was die Philister Saul gethan hatten 12machten sie sich auff was streitbar Menner waren / vnd giengen die gantze nacht / vnd namen die Leichnam Saul vnd seiner Söne von der maur zu Bethsan / vnd brachten sie gen Jabes / vnd bereucherten sie daselbs.
13Vnd namen jre Gebeine vnd begruben sie vnter den bawm zu Jabes / Vnd fasteten sieben tage.

2. Par. 16.

Ende des Ersten Buchs Samuel.

DAS ANDER BUCH SAMUEL.

I.

NAch dem tod Saul: da Dauid von der
Amalekiter schlacht widerkomen / vnd zween
tage zu Ziklag blieben war. [2]Sihe / da kam am drit-
ten tage ein Man aus dem Heer von Saul / mit zu-
rissen Kleidern / vnd erden auff seinem heubt / Vnd
da er zu Dauid kam / fiel er zur erden vnd bettet an.
[3]Dauid aber sprach zu jm / Wo kompstu her? Er
sprach zu jm / Aus ‖ dem Heer Jsrael bin ich ent- ‖ 169a
runnen. [4]Dauid sprach zu jm / Sage mir / Wie ge-
het es zu? Er sprach / Das Volck ist geflohen vom
streit / vnd ist viel volcks gefallen / Dazu ist auch
Saul tod vnd sein son Jonathan.

DAuid sprach zu dem Jüngling / der jm solchs
saget / Wo her weissestu / Das Saul vnd sein
son Jonathan tod sind? [6]Der Jüngling / der jm
solchs sagt sprach / Jch kam on geferde auffs ge-
birge Gilboa / vnd sihe / Saul lehnet sich auff sei-
nen spies / vnd die Wagen vnd Reuter jagten hin-
der jm her. [7]Vnd er wand sich vmb / vnd sahe
mich vnd rieff mir / Vnd ich sprach / Hie bin ich.
[8]Vnd er sprach zu mir / Wer bistu? Jch sprach zu
jm / Jch bin ein Amalekiter. [9]Vnd er sprach zu mir /
Trit zu mir vnd tödte mich / Denn ich bin bedren-
get vmbher / vnd mein Leben ist noch gantz in mir.
[10]Da trat ich zu jm vnd tödtet jn / Denn ich wuste
wol / das er nicht leben kundte nach seinem fall /
Vnd nam die Kron von seinem heubt / vnd das
Armgeschmid von seinem arm / vnd habs her
bracht zu dir meinem Herrn.

[11]DA fasset Dauid seine Kleider / vnd zureis sie /
vnd alle Menner die bey jm waren / [12]vnd trugen
leide vnd weineten / vnd fasteten bis an den abend /
vber Saul vnd Jonathan seinen son / vnd vber das
volck des HERRN / vnd vber das haus Jsrael / das
sie durchs Schwert gefallen waren.

VND Dauid sprach zu dem Jüngling / der jms
ansagt / Wo bistu her? Er sprach / Jch bin eins
Frembdlingen eins Amalekiters son. [14]Dauid
sprach zu jm / Wie / das du dich nicht gefürchtet
hast / deine hand zulegen an den gesalbten des
HERRN jn zu verterben? [15]Vnd Dauid sprach zu
seiner Jüngling einem / Erzu / vnd schlag jn / Vnd
er schlug jn das er starb. [16]Da sprach Dauid zu jm /
Dein blut sey vber deinem kopff / Denn dein mund

hat wider dich selbs geredt / vnd gesprochen / Jch hab den gesalbten des HERRN getödtet.

VND Dauid klagt diese Klage vber Saul vnd
Jonathan seinen Son. 18Vnd befalh / man solt
die kinder Juda den Bogen leren / Sihe / es stehet
geschrieben im Buch der Redlichen.

(BOGEN) So heisst dis Lied wie auch bey vns etliche Lieder namen haben.

19DJe Edelsten in Jsrael sind auff deiner Höhe erschlagen / Wie sind die Helden gefallen?

20SAgts nicht an zu Gath / verkündets nicht auff der gassen zu Asklon / Das sich nicht frewen die Töchter der Philister / Das nicht frolocken die Töchter der Vnbeschnittenen.

21JR Berge zu Gilboa / es müssen weder thawen noch regenen auff euch / noch acker sein / da Hebopffer von komen / Denn daselbs ist den Helden jr Schild abgeschlagen / Der schild Saul / als were er nicht gesalbet mit öle.

22DEr Boge Jonathan hat nie gefeilet / vnd das Schwert Saul ist nie lere widerkomen / Von dem blut der Erschlagenen vnd vom fett der Helden.

23SAul vnd Jonathan holdselig vnd lieblich an jrem Leben / Sind auch am tod nicht gescheiden / Leichter denn die Adeler / vnd stercker denn die Lewen.

24JR Töchter Jsrael weinet vber Saul / der euch kleidet mit Rosinfarbe seuberlich / Vnd schmücket euch mit gülden Kleinoten an ewern Kleidern.

25WJe sind die Helden so gefallen im streit? Jonathan ist auff deinen Höhen erschlagen.

26ES ist mir leid vmb dich mein Bruder Jonathan / Jch habe grosse freude vnd wonne an dir gehabt / Deine liebe ist mir sonderlicher gewesen denn Frawenliebe ist.

27WJe sind die Helden gefallen / Vnd die Streitbarn vmbkomen?

II.

|| 169b NACH DIESEM GESCHICHT FRAGET DAUID DEN
HERRN / vnd sprach / Sol ich hinauff in der
stedte Juda eine ziehen? Vnd der HERR sprach zu
jm / Zeuch hin auff. Dauid sprach / Wo hin? Er
sprach / gen Hebron. 2Also zoch Dauid da hin mit
seinen zweien Weibern / Ahinoam der Jesreelitin /
vnd mit Abigail Nabals des Carmeliten weib. 3Da-
zu die Menner die bey jm waren füret Dauid hin
auff / einen jglichen mit seinem hause / vnd wone-
ten in den stedten Hebron. 4Vnd die Menner Juda

König vber Juda etc.

kamen vnd salbeten daselbs Dauid zum Könige
vber das haus Juda.

VND da es Dauid ward angesagt / das die von
Jabes in Gilead Saul begraben hatten / 5sandte 1. Reg. 31.
er Boten zu jnen / vnd lies jnen sagen / Gesegenet
seid jr dem HERRN / das jr solche barmhertzigkeit
an ewrem Herrn Saul gethan vnd jn begraben habt.
6So thu nu an euch der HERR barmhertzigkeit vnd
trew / Vnd ich wil euch auch guts thun / das jr
solchs gethan habt. 7So seien nu ewre hende ge-
trost / vnd seiet freidig / Denn ewr Herr Saul ist
tod / So hat mich das haus Juda zum Könige ge-
salbet vber sich.

ABner aber der son Ner / der Sauls Feldheubt-
man war / nam Jsboseth Sauls son / vnd füret
jn gen Mahanaim / 9vnd macht jn zum Könige vber
Gilead / Assuri / Jesreel / Ephraim / BenJamin / vnd
vber gantz Jsrael. 10Vnd Jsboseth Sauls son war
vierzig jar alt / da er König ward vber Jsrael / vnd
regierte zwey jar / Aber das haus Juda hielts mit
Dauid. 11Die zeit aber die Dauid könig war zu
Hebron vber das haus Juda / war sieben jar vnd
sechs monden.

JSBOSETH König vber Jsrael 2. jar.

VND Abner der son Ner zoch aus sampt den
knechten Jsboseth des sons Saul / aus dem Heer
gen Gibeon. 13Vnd Joab der son ZeruJa zoch aus
sampt den knechten Dauid / vnd stiessen auff ein-
ander am teich zu Gibeon / vnd legten sich / diese
auff dieser seiten des Teichs / jene auff jener seiten.
14Vnd Abner sprach zu Joab / Las sich die Knaben
auffmachen / vnd fur vns spielen. Joab sprach / Es
gilt wol. 15Da machten sich auff / vnd giengen hin /
an der zal zwelff aus BenJamin / auff Jsboseth Sauls
sons teil / vnd zwelff von den knechten Dauid.
16Vnd ein jglicher ergreiff den andern bey dem
Kopff / vnd sties jm sein Schwert in seine seiten /
vnd fielen mit einander / Daher der Ort genennet
wird Helkath hazurim / der zu Gibeon ist. 17Vnd
es erhub sich ein seer harter streit des tages / Abner
aber vnd die Menner Jsrael wurden geschlagen fur
den knechten Dauid.

ABNER VND Joab stossen auff einander etc.

(HELKATH HAZURIM) Das heisst / der acker der Festen oder Helden.

ES waren aber drey söne ZeruJa daselbs / Joab /
Abisai vnd Asahel. Asahel aber war von leich-
ten füssen wie ein Rehe auff dem felde / 19vnd
jagte Abner nach / vnd weich nicht / weder zur
rechten noch zur lincken von Abner. 20Da wand
sich Abner vmb vnd sprach / Bistu Asahel? Er

ASAHEL

sprach / Ja. 21Abner sprach zu jm / Heb dich / entwe-
der zur rechten oder zur lincken / vnd nim fur dich
der Knaben einen / vnd nim jm seinen harnisch.
Aber Asahel wolt nicht von jm ablassen. 22Da
sprach Abner weiter zu Asahel / Heb dich von mir /
Warumb wiltu / das ich dich zu boden schlahe?
Vnd wie thürst ich mein andlitz auff heben fur dei-
nem bruder Joab? 23Aber er wegert sich zu wei-
Jnfr. 3. chen. Da stach jn Abner hinder sich mit einem Spies ASAHEL
in seinen Wanst / das der spies hinden ausgieng / erstochen von
vnd er fiel daselbs / vnd starb fur jm / Vnd wer an Abner.
den ort kam / da Asahel tod lag / der stund stille.

ABer Joab vnd Abisai jagten Abner nach bis die
Sonne vntergieng. Vnd da sie kamen auff den
hügel Amma der fur Giah ligt / auff dem wege zur
wüsten Gibeon / 25versamleten sich die kinder
BenJamin hinder Abner her / vnd wurden ein
Heufflin vnd tratten auff eins Hügels spitzen.
26Vnd Abner rieff zu Joab / vnd sprach / Sol denn
das schwert on ende fressen? Weissestu nicht / das
hernach möcht mehr jamers werden? Wie lange
wiltu dem volck nicht sagen / das es ablasse von
|| 170a seinen Brüdern? 27Joab sprach / So war Gott ||
lebt / Hettestu heute morgen so gesagt / das volck
hette ein jglicher von seinem Bruder abgelassen.
28Vnd Joab blies die Posaunen / vnd alles volck
stund stille / vnd jagten nicht mehr Jsrael nach /
vnd stritten auch nicht mehr.

29ABner aber vnd seine Menner giengen / die-
selbe gantze nacht vber das Blachfeld / vnd giengen
vber den Jordan / vnd wandelten durchs gantz
Bithron / vnd kamen ins Lager. 30Joab aber wand
sich von Abner vnd versamlet das gantze volck /
Vnd es feileten an den knechten Dauids neunzehen
man / vnd Asahel. 31Aber die Knechte Dauid hat-
ten geschlagen vnter BenJamin vnd die menner
Abner / das drey hundert vnd sechzig Man waren
tod blieben. 32Vnd sie huben Asahel auff vnd be-
gruben jn in seines Vaters grab zu Bethlehem /
Vnd Joab mit seinen Mennern giengen die gantze
nacht / das jnen das liecht an brach zu Hebron.

III.

VND ES WAR EIN LANGER STREIT ZWISSCHEN DEM
1. Par. 3. haus Saul vnd dem hause Dauid. Dauid aber
gieng vnd nam zu / Vnd das haus Saul gieng vnd
nam abe.

Dauids kinder.

VND es wurden Dauid kinder geborn zu Hebron / sein Erstgeborner son Amnon von Ahi-
Noam der Jesreelitin. 3Der ander / Chileab von
Abigail Nabals weib des Carmeliten. Der dritte /
Absalom der son Maacha der tochter Thalmai des
königs zu Gesur. 4Der vierde / Adonia der son
Hagith. Der fünffte / SaphatJa der son Abital.
5Der sechst / Jethream von Egla dem weibe Dauid.
Diese sind Dauid geborn zu Hebron.

ALS nu der streit war zwisschen dem hause Saul / vnd dem hause Dauid stercket Abner das
haus Saul. 7Vnd Saul hatte ein Kebsweib / die
hies Rizpa / eine tochter Aia. Vnd Jsboseth sprach
zu Abner / Warumb schleffestu bey meins vaters
Kebsweib? 8Da ward Abner seer zornig vber
diese wort Jsboseth / vnd sprach / Bin ich denn ein
Hundskopff / der ich wider Juda / an dem hause
Saul deines Vaters / vnd an seinen Brüdern vnd
Freunden barmhertzigkeit thu? Vnd habe dich
nicht in Dauids hende gegeben / vnd du rechenest
heute mir eine missethat zu vmb ein Weib? 9Gott
thu Abner dis vnd das / wenn ich nicht thu / wie
der HERR Dauid geschworen hat / 10Das das
Königreich vom hause Saul genomen werde / vnd
der stuel Dauid auffgerichtet werde vber Jsrael vnd
Juda / von Dan bis gen BerSeba. 11Da kund er
fürder jm kein wort mehr antworten / so furcht er
sich fur jm.

Rizpa Sauls Kebsweib.

VND Abner sandte Boten zu Dauid fur sich / vnd lies jm sagen / Wes ist das Land? Vnd sprach /
Mach deinen Bund mit mir / Sihe / meine hand sol
mit dir sein / das ich zu dir kere das gantze Jsrael.
13Er sprach / Wol / Jch wil einen Bund mit dir
machen / Aber eins bitte ich von dir / das du mein
angesicht nicht sehest / du bringest denn zuuor zu
mir / Michal Sauls tochter / wenn du kompst mein
angesicht zu sehen.

AVch sandte Dauid Boten zu Jsboseth dem son Saul / vnd lies jm sagen / Gib mir mein weib
Michal / die ich mir vertrawet habe mit hundert 1. Reg. 18.
vorheuten der Philister. 15Jsboseth sandte hin /
vnd lies sie nemen von dem man Paltiel dem son
Lais. 16Vnd jr Man gieng mit jr vnd weinet hinder
jr / bis gen Bahurim. Da sprach Abner zu jm / Kere
vmb vnd gehe hin / Vnd er keret vmb.

Michal.

VND Abner hatte eine rede mit den Eltesten in Jsrael / vnd sprach / Jr habt vorhin lengest nach

Dauid getrachtet / das er König were vber euch.
[18]So thuts nu / Denn der HERR hat von Dauid ge-
sagt / Jch wil mein volck Jsrael erretten durch die
hand Dauid meines Knechts / von der Philister
hand / vnd von aller jrer Feinde hand. [19]Auch
redet Abner fur den ohren BenJamin. Vnd gieng
auch hin / zu reden fur den ohren Dauid zu Hebron
alles was Jsrael vnd dem gantzen hause BenJamin
|| 170b wol gefiel.||

DA nu Abner gen Hebron zu Dauid kam / vnd
mit jm zwenzig Man / macht jnen Dauid ein
Mal. [21]Vnd Abner sprach zu Dauid / Jch wil mich
auffmachen vnd hin gehen / das ich das gantze
Jsrael zu meinem Herrn dem Könige samle / vnd
das sie einen Bund mit dir machen / auff das du
König seiest / wie es deine Seele begert. Also lies
Dauid Abner von sich / das er hin gienge mit frie-
den.

VND sihe / die knechte Dauid vnd Joab kamen
von den Kriegsleuten / vnd brachten mit sich
einen grossen Raub. Abner aber war nu nicht bey
Dauid zu Hebron / sondern er hatte jn von sich
gelassen / das er mit frieden weggegangen war.
[23]Da aber Joab vnd das gantze Heer mit jm war
komen / ward jm angesagt / das Abner der son
Ner zum Könige komen war / vnd er hatte jn von
sich gelassen / das er mit friede war weggegangen.
[24]Da gieng Joab zum Könige hin ein / vnd sprach /
Was hastu gethan? Sihe / Abner ist zu dir komen /
Warumb hastu jn von dir gelassen / das er ist weg-
gegangen? [25]Kennestu Abner den son Ner nicht?
Denn er ist komen dich zu vberreden / das er er-
kennete dein ausgang vnd eingang / vnd erfüre
alles was du thust.

[26]VND da Joab von Dauid ausgieng / sandte er
Boten Abner nach / das sie jn widerumb holeten
von Borhasira / vnd Dauid wuste nichts drumb.
[27]Als nu Abner wider gen Hebron kam / füret jn
Joab mitten vnter das Thor / das er heimlich mit Abner
jm redet / Vnd stach jn daselbs in den Wanst das er erwürget von
starb / vmb seines bruders Asahel blut willen. Joab etc.

DA das Dauid hernach erfur / sprach er / Jch bin
3. Reg. 20. vnschüldig vnd mein Königreich fur dem
HERRN ewiglich / an dem blut Abner des sons
Ner. [29]Es falle aber auff den kopff Joab / vnd auff
gantz seins Vaters hause / vnd müsse nicht auff-
hören im hause Joab / der ein Eiterflus vnd Aussatz

habe / vnd am Stabe gehe / vnd durchs Schwert
falle / vnd an Brot mangele. 30 Also erwürgeten
Joab vnd sein bruder Abisai Abner / darumb / das
er jren bruder Asahel getödtet hatte / im streit zu Sup. 2.
Gibeon.
Klage Dauids vber Abner. DAuid aber sprach zu Joab vnd allem Volck das
mit jm war / Zureisset ewre Kleider / vnd gürtet
Secke vmb euch / vnd tragt leide vmb Abner. Vnd
der König gieng dem Sarck nach. 32 Vnd da sie
Abner begruben zu Hebron / hub der König seine
stimme auff / vnd weinet bey dem grabe Abner /
vnd weinet auch alles Volck. 33 Vnd der König
klaget Abner / vnd sprach / Abner ist nicht gestor-
ben wie ein Thor stirbt / 34 Deine hende sind nicht
gebunden / deine füsse sind nicht in Fessel gesetzt /
Du bist gefallen wie man fur bösen Buben felt. Da
beweinete jn alles Volck noch mehr.
35 DA nu alles Volck hin ein kam mit Dauid zu
essen / da es noch hoch tag war / schwur Dauid /
vnd sprach / Gott thu mir dis vnd das / wo ich brot
oder etwas koste / ehe die Sonne vntergehet. 36 Vnd
alles Volck erkands / vnd gefiel jnen auch wol /
alles gut was der König that / fur den augen des
gantzen volcks. 37 Vnd alles volck vnd gantz
Jsrael merckten des tages / das nicht vom Könige
war / das Abner der son Ner getödtet ward. 38 Vnd
der König sprach zu seinen Knechten / Wisset jr
nicht / das auff diesen tag ein Fürst vnd grosser
gefallen ist in Jsrael? 39 Jch aber bin noch zart vnd
ein gesalbeter König. Aber die Menner die kinder
ZeruJa sind mir verdrieslich / Der HERR vergelte
dem der böses thut nach seiner bosheit.

IIII.

DA aber der son Saul höret / das Abner zu
Hebron tod were / wurden seine hende lass /
vnd gantz Jsrael erschrack.
ES waren aber zween Menner / Heubtleute vber
die Krieger vnter dem son Saul / einer hies
Baena. Baena / der ander Rechob / söne Rimon des Be-
Rechob. rothiters / aus den kindern BenJamin / || Denn || 171 a
Beroth ward auch vnter BenJamin gerechnet /
3 Vnd die Berothiter waren geflohen gen Gethaim
vnd woneten daselbs gast weise / bis auff den heuti-
gen tag.
4 AVch hatte Jonathan der son Saul einen Son
der war lahm an füssen vnd war fünff jar alt / da

das geschrey von Saul vnd Jonathan aus Jesreel
kam / vnd seine Amme jn auffhub vnd flohe / vnd
in dem sie eilete vnd floh / fiel er vnd ward hin-
ckend / Vnd er hies MephiBoseth. MEPHIBOSET Jonathan Son.
SO giengen nu hin die söne Rimon des Berothi-
ters / Rechob vnd Baena vnd kamen zum hause
Jsboseth / da der tag am heisten war / vnd er lag
auff seinem Lager im mittage. 6Vnd sie kamen ins
haus Weitzen zu holen / vnd stachen jn in den
wanst / vnd entrunnen. 7Denn da sie ins haus
kamen / lag er auff seinem Bette in seiner Schlaff-
kamer / vnd stachen jn tod / vnd hieben jm den JSBOSETH erwürget von Baena etc.
Kopff abe. Vnd namen seinen Kopff vnd giengen
hin des wegs auff dem blachfelde die gantze nacht /
8vnd brachten das heubt Jsboseth zu Dauid gen
Hebron / Vnd sprachen zum Könige / Sihe / da ist
das heubt Jsboseth Sauls son / deines Feindes / der
nach deiner seelen stund / Der HERR hat heute
meinen Herrn den König gerochen an Saul vnd an
seinem Samen.

9DA antwortet jnen Dauid / So war der HERR
lebt / der meine Seele aus allem trübsal erlöset hat /
Sup. 1. 10Jch greiff den der mich verkündigt / vnd sprach /
Saul ist tod / vnd meinet / er were ein guter Bote /
vnd erwürget jn zu Ziklag / dem ich solt Botenlohn
geben / 11Vnd diese gottlose Leute haben einen ge-
rechten Man jn seinem hause auff seinem Lager er-
würget / Ja / solt ich das blut nicht foddern von
ewren henden / vnd euch von der erden thun?
12Vnd Dauid gebot seinen Jünglingen / Die er-
würgeten sie / vnd hieben jnen hende vnd füsse
abe / vnd hiengen sie auff am teich zu Hebron /
Aber das heubt Jsboseth namen sie / vnd begrubens
in Abners grab zu Hebron.

V.

1. Par. 11. VND ES KAMEN ALLE STEMME JSRAEL ZU DAUID
gen Hebron vnd sprachen / Sihe / wir sind dei-
nes gebeins vnd deines fleischs. 2Da zu auch vor-
hin da Saul vber vns König war / fürestu Jsrael aus
vnd ein. So hat der HERR dir gesagt / Du solt mei-
nes volcks Jsrael hüten / vnd solt ein Hertzog sein
vber Jsrael. 3vnd es kamen alle Eltesten in Jsrael /
zum Könige gen Hebron / Vnd der König Dauid
machte mit jnen einen Bund zu Hebron fur dem
HERRN / Vnd sie salbeten Dauid zum Könige DAUID KÖNIG vber gantz Jsrael etc.
vber Jsrael. 4Dreissig jar war Dauid alt / da er

König ward / vnd regirete vierzig jar. [5]Zu Hebron
regierte er sieben jar vnd sechs monden vber Juda /
Aber zu Jerusalem regierte er drey vnd dreissig jar
vber gantz Jsrael vnd Juda.

VND der König zoch hin mit seinen Mennern zu
Jerusalem / wider die Jebusiter / die im Lande
woneten. Sie aber sprachen zu Dauid / Du wirst
nicht hie er ein komen / sondern [a]Blinden vnd
Lamen werden dich abtreiben (Das meineten sie
aber) das Dauid nicht würde da hin ein komen.
[7]Aber Dauid gewan die burg Zion / das ist Dauids
stad. [8]Da sprach Dauid desselben tags / Wer die
Jebusiter schlegt / vnd erlanget die Dachrinnen /
die Lamen vnd Blinden / den die seele Dauid feind
ist / Da her spricht man / Las keinen Blinden vnd
Lamen ins haus komen. [9]Also wonet Dauid auff
der Burg / vnd hies sie Dauids stad / vnd Dauid — Dauids
bawete vmb her von Millo vnd inwendig. [10]Vnd — Stad.
Dauid gieng vnd nam zu vnd der HERR der Gott
Zebaoth war mit jm.

> a Diese Blinden vnd Lamen sind jre Götzen gewesen welche sie zu trotz wider Dauid auff die maure setzten / als jre Patron die sie schützen solten. Wie man jtzt auch mit der heiligen Bilder thut. Q. d. Du kriegest mit vns nicht / sondern mit vnsern Göttern / Beisse dich mit jnen / sie werden dir wol weren. Nicht das sie sie Blinde oder Lahme geheissen haben / sondern der geist Gottes in denen / so her nach die Historien beschrieben haben heisset sie also.

VND Hiram der König zu Tyro / sandte Boten — HIRAM.
zu Dauid vnd Cedernbewme zur wand / vnd — 1. Par. 14.
Zimmerleute / vnd Steinmetzen / das sie Dauid ein
Haus baweten. [12]Vnd Dauid mercket / das jn der
HERR zum Kö||nige vber Jsrael bestettiget hette / — || 171b
vnd sein Königreich erhöhet vmb seins volcks
Jsrael willen.

VND Dauid nam noch mehr Weiber / vnd Kebsweiber
zu Jerusalem nach dem er von Hebron
komen war / vnd wurden jm noch mehr Söne vnd — Kinder Dauids.
Töchter geboren. [14]Vnd das sind die namen dere /
die jm zu Jerusalem geboren sind / Samua / Sobab /
Nathan / Salomo / [15]Jebehar / Elisua / Nepheg /
Japhia / [16]Elisama / Eliada Eliphalet.

VND DA DIE PHILISTER HÖRETEN / DAS MAN DAUID — 1. Par. 14.
zum Könige vber Jsrael gesalbet hatte / zogen
sie alle er auff Dauid zu suchen / Da das Dauid erfur
/ zoch er hin ab in eine Burg. [18]Aber die Philister
kamen vnd liessen sich nider im grunde Rephaim. — Jnfr. 23.
[19]Vnd Dauid fragte den HERRN / vnd
sprach / Sol ich hin auff ziehen wider die Philister?
vnd wiltu sie in meine hand geben? Der HERR
sprach zu Dauid / Zeuch hin auff / Jch wil die
Philister in deine hende geben. [20]Vnd Dauid kam
gen BaalPrazim / vnd schlug sie daselbs / vnd
sprach / Der HERR hat meine Feinde fur mir von
einander gerissen / wie die wasser reissen / Daher

> (PEREZ) Heisst ein riss oder fach / Daher diese

hies man denselben ort BaalPrazim. [21]Vnd sie stad
liessen jre Götzen daselbs / Dauid aber vnd seine BAALPRAZIM.
Menner huben sie auff. Rissman heisst / das die Philister da gerissen sind.
DJe Philister aber zogen aber mal er auff / vnd
liessen sich nider im grunde Rephaim. [23]Vnd
Dauid fragt den HERRN / Der sprach / Du solt
nicht hin auff ziehen / Sondern kom von hinden zu
jnen / das du an sie komest gegen den Maulberbeu-
men. [24]Vnd wenn du hören wirst das rausschen
auff den wipffeln der Maulberbeume ein her gehen /
so zawe dich / Denn der HERR ist denn ausgegan-
gen fur dir her / zu schlahen das Heer der Philister.
[25]Dauid thet wie der HERR jm geboten hatte / vnd
schlug die Philister von Geba an bis man kompt
gen Gaser.

VI.

1. Par. 13. VND DAUID SAMLET ABERMAL ALLE JUNGE MAN-
schafft in Jsrael dreissig tausent / [2]Vnd macht
sich auff vnd gieng hin mit allem Volck das bey
jm war / aus den bürgern Juda / das er die Lade LADE GOTTES.
Gottes von dannen er auff holete / welcher Name
heisst / Der Name des HERRN Zebaoth wonet
drauff vber den Cherubim. [3]Vnd sie liessen die
lade Gottes füren auff einem newen Wagen / vnd
holeten sie aus dem hause AbiNadab / der zu Gibea
wonet / Vsa aber vnd Ahio die söne AbiNadab trie-
ben den newen Wagen. [4]Vnd da sie jn mit der lade
Gottes aus dem hause AbiNadab füreten / der zu
Gibea wonete / vnd Ahio fur der Laden her gieng /
[5]spielete Dauid vnd das gantze Haus Jsrael fur dem
HERRN her mit allerley Seitenspiel von tennen
holtz / mit Harffen vnd Psaltern vnd Paucken vnd
Schellen vnd Cimbaln.
VND da sie kamen zur tennen Nachon / greiff
Vsa zu / vnd hielt die lade Gottes / denn die
Rinder tratten beseit aus. [7]Da ergrimmet des
HERRN zorn vber Vsa / vnd Gott schlug jn daselbs
vmb seines freuels willen / das er da selbs starb bey
der lade Gottes. [8]Da ward Dauid betrübt / das der
HERR einen solchen Riss an Vsa thet / Vnd hies
dieselbige stete Perez Vsa / bis auff diesen tag. [9]Vnd PEREZVSA.
Dauid furcht sich fur dem HERRN des tages / vnd
sprach / Wie sol die Lade des HERRN zu mir
komen? [10]Vnd wolt sie nicht lassen zu sich brin-
gen in die stad Dauid / Sondern lies sie bringen ins
haus ObedEdom des Gathiters. [11]Vnd da die Lade

des HERRN drey monden bleib im hause Obed-
Edom des Gathiters / segenet jn der HERR vnd
sein gantzes haus.

OBEDEDOM.

VND es ward dem könige Dauid angesagt / das
der HERR das haus ObedEdom segenete / vnd
alles was er hatte / vmb der laden Gottes willen. Da
gieng er hin vnd holet die lade Gottes / aus dem
hause ‖ ObedEdom er auff / in die stad Dauid mit ‖ 172a
freuden. [13]Vnd da sie ein her giengen mit der La-
den des HERRN sechs genge / opfferte man ein
Ochsen vnd ein fett Schaf. [14]Vnd Dauid tantzet mit
aller macht fur dem HERRN her / vnd ward be-
gürtet mit einem leinen Leibrock. [15]Vnd Dauid
sampt dem gantzen Jsrael / füreten die Lade des
HERRN er auff / mit jauchzen vnd Posaunen.

VND da die Lade des HERRN in die stad Dauid
kam / kucket Michal die tochter Sauls durchs
Fenster / vnd sahe den könig Dauid springen vnd
tantzen fur dem HERRN / Vnd verachtet jn in
jrem hertzen. [17]Da sie aber die Lade des HERRN
hin ein brachten / stelleten sie die an jren Ort mit-
ten in der Hütten / die Dauid fur sie hatte auffge-
schlagen / vnd Dauid opfferte Brandopffer vnd
Danckopffer fur dem HERRN. [18]Vnd da Dauid
hatte ausgeopffert die Brandopffer vnd Danck-
opffer / segenet er das Volck in dem Namen des
HERRN Zebaoth / [19]vnd teilete aus allem Volck /
vnd der menge Jsrael / beide Man vnd Weib / einem
jglichen / ein Brotkuchen / vnd ein stück Fleisch /
vnd ein Nössel wein / Da keret sich alles volck hin /
ein jglicher in sein Haus.

MICHAL verachtet Dauid etc.

DA aber Dauid wider kam sein Haus zu segenen /
gieng jm Michal die tochter Saul er aus jm ent-
gegen / vnd sprach / Wie herrlich ist heute der Kö-
nig von Jsrael gewesen / der sich fur den Megden
seiner Knechte entblöset hat / wie sich die losen
Leute entblössen. [21]Dauid aber sprach zu Michal /
Jch wil fur dem HERRN spielen / der mich erwelet
hat fur deinem Vater / vnd fur alle seinem Hause /
das er mir befolhen hat ein Fürst zu sein vber das
Volck des HERRN vber Jsrael / [22]Vnd wil noch
geringer werden / denn also / vnd wil nidrig sein
in meinen augen / vnd mit den Megden / dauon
du geredt hast / zu ehren werden. [23]Aber Michal
Sauls tochter hatte kein Kind / bis an den tag jres
tods.

VII.

1.Par. 17. DA nu der König in seinem Hause sas / vnd
der HERR jm ruge gegeben hatte von allen
seinen Feinden vmbher / [2]sprach er zu dem Pro-
pheten Nathan / Sihe / Jch wone in einem Cedern Nathan.
hause / vnd die Lade Gottes wonet vnter den Teppi-
chen. [3]Nathan sprach zu dem Könige / Gehe hin /
alles was du in deinem hertzen hast / das thu / Denn
der HERR ist mit dir.

DES nachts aber kam das wort des HERRN zu
Nathan / vnd sprach / [5]Gehe hin / vnd sage zu
meinem knecht Dauid / So spricht der HERR /
Soltestu mir ein Haus bawen / das ich drinnen
wonet? [6]Hab ich doch in keinem Hause gewonet
sint dem tag / da ich die kinder Jsrael aus Egypten
füret / bis auff diesen tag / Sondern ich habe ge-
wandelt in der Hütten vnd Wonung / [7]wo ich mit
allen kindern Jsrael hin wandelt. Hab ich auch je
geredt mit jrgend der stemme Jsrael einem / den
ich befolhen habe mein volck Jsrael zu weiden vnd
gesagt / Warumb bawet jr mir nicht ein Cedern
haus?

[8]SO soltu nu so sagen meinem knechte Dauid /
So spricht der HERR Zebaoth / Jch habe dich ge-
nomen von den Schafhürten / das du sein soltest ein
Fürst vber mein volck Jsrael. [9]Vnd bin mit dir
gewesen / wo du hin gegangen bist / vnd hab alle
deine Feinde fur dir ausgeroteet / vnd habe dir
einen grossen namen gemacht / wie der name der
grossen auff Erden. [10]Vnd ich wil meinem volck
Jsrael einen Ort setzen / vnd wil es pflantzen / das es
daselbs wone / vnd es nicht mehr in der irre gehe /
vnd es die Kinder der bosheit nicht mehr drengen
wie vorhin / vnd sint der zeit ich Richter vber mein
volck Jsrael verordent habe / [11]vnd wil dir Ruge
geben von allen deinen Feinden / Vnd der HERR
verkündiget dir / das der HERR dir ein Haus
‖ 172b machen wil.‖

WEnn nu deine zeit hin ist / das du mit dei- Christus Dauid verheissen.
nen Vetern schlaffen ligst / wil ich dei-
nen Samen nach dir erwecken / der von deinem
Leibe komen sol / Dem wil ich sein Reich beste-
tigen. [13]Der sol meinem Namen ein Haus ba-
wen / vnd ich wil den Stuel seines Königreichs
Ebre. 1. bestetigen ewiglich. [14]Jch wil sein Vater
sein / vnd er sol mein Son sein. Wenn er eine

Missethat thut / wil ich jn mit Menschen ruten vnd
mit der menschen Kinder schlegen straffen / 15Aber
meine Barmhertzigkeit sol nicht von jm entwand Psal. 89.
werden / Wie ich sie entwand habe von Saul / den
ich fur dir habe weggenomen. 16Aber dein Haus
vnd dein Königreich sol bestendig sein ewiglich
fur dir / vnd dein Stuel sol ewiglich bestehen.

DA Nathan alle diese wort vnd alle dis gesichte 1. Par. 17.
Dauid gesagt hatte / 18kam Dauid der König
vnd bleib fur dem HERRN / vnd sprach / Wer bin
ich HErr HERR? Vnd was ist mein Haus / das du
mich bis hieher gebracht hast? 19Dazu hastu das
zu wenig geacht HErr HERR / sondern hastu dem Sup. 14.
Hause deines Knechts noch von fernen zukünfftigem
geredt / Das ist eine weise eines Menschen / der
Gott der HERR ist. 20Vnd was sol Dauid mehr
reden mit dir? Du erkennest deinen Knecht HErr
HERR. 21Vmb deines worts willen / vnd nach deinem
hertzen hastu solche grosse Ding alle gethan /
das du sie deinem Knecht kundthetest.

Das ist / Du redest mit mir von solchem ewigen Reich da niemand kan König sein / er mus Gott vnd Mensch sein / weil er mein Son / vnd doch fur vnd fur sol König sein / welchs allein Gott gehöret.

22DArumb bistu auch gros geachtet HERR Gott /
Denn es ist keiner wie du / vnd ist kein Gott denn
du / nach allem das wir mit vnsern ohren gehört
haben. 23Denn wo ist ein Volck auff Erden / wie Deut. 4.
dein volck Jsrael? vmb welchs willen Gott ist hin
gegangen / jm ein Volck zu erlösen / vnd jm einen
Namen zu machen / vnd solch grosse vnd schreckliche
ding zuthun auff deinem Lande fur deinem
Volck / welchs du dir erlöset hast von Egypten /
von den Heiden vnd jren Göttern. 24Vnd du hast
dir dein volck Jsrael zubereit dir zum Volck in
ewigkeit / vnd du HERR bist jr Gott worden.

Dauids Gebet.

25SO bekrefftige nu HERR Gott das wort in
ewigkeit / das du vber deinen Knecht vnd vber sein
Haus geredt hast / vnd thu / wie du geredt hast.
26So wird dein Name gros werden in ewigkeit / das
man wird sagen / Der HERR Zebaoth ist der Gott
vber Jsrael / vnd das Haus deines knechts Dauid
wird bestehen fur dir. 27Denn du HERR Zebaoth
du Gott Jsrael / hast das ohre deines knechts geöffenet
vnd gesagt / Jch wil dir ein Haus bawen /
Darumb hat dein Knecht sein hertz funden / das er
dis Gebet zu dir betet. 28Nu HErr HERR / du
bist Gott / vnd deine wort werden Warheit sein /
Du hast solchs Gut vber deinen Knecht geredt.
29So hebe nu an vnd segene das Haus deines
Knechts / das es ewiglich fur dir sey / Denn du

HErr HERR hasts geredt / vnd mit deinem Segen
wird deines Knechts Haus gesegenet werden ewig-
lich.

VIII.

1. Par. 18. VND ES BEGAB SICH DARNACH / DAS DAUID DIE
Philister schlug / vnd schwechet sie / vnd nam
den Dienstzaum von der Philister hand.

Das sind alles grosse Krieg gewest / aber zu mal kurtz beschrieben.

ER schlug auch die Moabiter also zu boden / das
er zwey teil zum tod bracht / vnd ein teil beim
leben lies / Also wurden die Moabiter Dauid vnter-
thenig / das sie jm Geschenck zutrugen.

DAuid schlug auch HadadEser den son Rehob
könig zu Zoba / da er hin zoch / seine macht
wider zuholen an dem wasser Phrath. [4]Vnd Dauid
fieng aus jnen tausent vnd sieben hundert Reuter /
vnd zwenzig tausent Fusuolcks / vnd verlehmet
alle Wagen / vnd behielt vbrig hundert wagen.
[5]Es kamen aber die Syrer von Damasco zu helffen
|| 173a HadadEser dem könige zu Zoba / || vnd Dauid
schlug der Syrer zwey vnd zwenzig tausent man.
[6]Vnd legt volck gen Damascon in Syria / Also
ward Syria Dauid vnterthenig / das sie jm Ge-
schenck zutrugen / Denn der HERR halff Dauid
wo er hin zoch. [7]Vnd Dauid nam die gülden
Schilde / die HadadEsers knechte waren / vnd
bracht sie gen Jerusalem. [8]Aber von Betah vnd
Berothai den stedten HadadEser nam der könig
Dauid fast viel ertzs.

HADADESER von Dauid geschlagen.

DA aber Thoi der könig zu Hemath höret / das
Dauid hatte alle macht des HadadEsers ge-
schlagen / [10]sandte er Joram seinen Son / zu Dauid /
jn freundlich zu grüssen / vnd jn zu segenen / das
er wider HadadEser gestritten / vnd jn geschlagen
hatte (Denn Thoi hatte einen streit mit HadadEser)
Vnd er hatte mit sich silberne/güldene vnd ehrne
Kleinod / [11]welche der könig Dauid auch dem
HERRN heiliget / sampt dem silber vnd golde / das
er dem HERRN heiligete von allen Heiden / die
er vnter sich bracht [12]von Syria / von Moab / von
den kindern Ammon / von den Philistern / von
Amalek / vom raub HadadEser des sons Rehob
königs zu Zoba.

THOI.

Psal. 60. AVch macht jm Dauid einen namen / da er wider-
kam / vnd die Syrer schlug im Saltztal / ach-
zehen tausent. [14]Vnd er leget volck in gantz Edo-
mea / vnd gantz Edom war Dauid vnterworffen /
Denn der HERR halff Dauid / wo er hin zoch.

ALso war Dauid könig vber gantz Jsrael / vnd er
schafft Recht vnd Gerechtigkeit allem volck.
16Joab der son ZeruJa war vber das Heer / Josaphat 2. Samu. 20.
aber der son Ahilud war Cantzler. 17Zadok der son
Ahitob vnd Ahimelech der son AbJathar waren
Priester. Seraia war Schreiber. 18Banaia der son
Joiada war vber die Crethi vnd Plethi / vnd die
söne Dauid waren Priester.

IX.

VND DAUID SPRACH / JST AUCH NOCH JEMAND
vberblieben von dem hause Saul / das ich barm-
hertzigkeit an jm thu / vmb Jonathan willen? 2Es
ZIBA. war aber ein Knecht vom hause Saul / der hies Ziba /
dem rieffen sie zu Dauid / Vnd der König sprach
zu jm / Bistu Ziba? Er sprach / Ja / dein knecht.
3Der König sprach / Jst noch jemand vom hause
Saul / das ich Gottes barmhertzigkeit an jm thu?
Ziba sprach zum Könige / Es ist noch da ein Son
Jonathan lahm an füssen. 4Der König sprach zu
jm / Wo ist er? Ziba sprach zum Könige / Sihe / er
ist zu Lodabar / im hause Machir des sons Ammiel.
5Da sandte der König Dauid hin / vnd lies jn holen
von Lodabar / aus dem hause Machir des sons
Ammiel.

MEPHIBOSETH Jonathan Son. DA nu MephiBoseth der son Jonathan des sons
Saul zu Dauid kam / fiel er auff sein angesicht
vnd betet an. Dauid aber sprach / MephiBoseth.
Er sprach / Hie bin ich dein knecht. 7Dauid sprach
zu jm / Fürchte dich nicht / denn ich wil barm-
hertzigkeit an dir thun / vmb Jonathan deines Va- 1. Reg. 18.
ters willen / vnd wil dir allen Acker deines vaters
Saul widergeben / Du aber solt teglich auff meinem
Tisch das brot essen. 8Er aber betet an / vnd
sprach / Wer bin ich dein Knecht / das du dich
wendest zu einem todten Hunde / wie ich bin?

9DA rieff der König Ziba dem knaben Saul / vnd
sprach zu jm / Alles was Sauls gewesen ist vnd sei-
nes gantzen Hauses / hab ich dem Son deines
Herrn gegeben. 10So erbeite jm nu seinen Acker /
du vnd deine Kinder vnd knechte / vnd bring es ein /
das es deines Herrn son brot sey / das er sich neere /
Aber MephiBoseth deines Herrn son sol teglich
das brot essen auff meinem Tisch. Ziba aber hatte
funffzehen Söne vnd zwenzig Knechte. 11Vnd
Ziba sprach zum Könige / Alles wie mein Herr
der König seinem Knechte geboten hat / so sol sein

Knecht thun. Vnd MephiBoseth esse auff meinem
|| 173b Tische / wie der || Königs kinder eins. 12Vnd
MephiBoseth hatte einen kleinen Son der hies
Micha / Aber alles was im hause Ziba wonete / das MICHA
dienete MephiBoseth. 13MephiBoseth aber wonete MephiBoseth
zu Jerusalem / Denn er ass teglich auff des Königs Son.
tisch / vnd hincket mit seinen beiden füssen.

X.

1. Par. 19. VND ES BEGAB SICH DARNACH / DAS DER KÖNIG
der kinder Ammon starb / vnd sein Son Hanon HANON.
ward König an sein stat. 2Da sprach Dauid / Jch
wil barmhertzigkeit thun an Hanon dem son Na-
has wie sein Vater an mir barmhertzigkeit gethan
hat. Vnd sandte hin vnd lies jn trösten durch seine
Knechte vber seinen Vater.

DA nu die knechte Dauids ins land der kinder
Ammon kamen / 3sprachen die Gewaltigen
der kinder Ammon zu jrem Herrn Hanon / Meinstu
das Dauid deinen Vater ehre fur deinen augen /
das er Tröster zu dir gesand hat? Meinstu nicht /
das er darumb hat seine Knechte zu dir gesand / das
er die Stad erforsche vnd erkunde vnd vmbkere?

4DA nam Hanon die knechte Dauid vnd beschur
jnen den Bart halb / vnd schneit jnen die Kleider
halb ab bis an den gürtel / vnd lies sie gehen. 5Da
das Dauid ward angesagt / sandte er jnen entgegen /
Denn die Menner waren seer geschendet / Vnd der
König lies jnen sagen / Bleibt zu Jeriho bis ewr
Bart gewechset / so kompt denn wider.

DA aber die kinder Ammon sahen / das sie fur
Dauid stinckend waren worden / sandten sie
hin / vnd dingeten die Syrer des hauses Rehob /
vnd die Syrer zu Zoba / zwenzig tausent man Fus-
uolcks / vnd von dem könige Maacha tausent man /
vnd von Jstob zwelff tausent man. 7Da das Dauid
höret / sandte er Joab mit dem gantzen Heer der
Kriegsleute. 8Vnd die kinder Ammon zogen aus /
vnd rüsteten sich zum streit fur der thür des thors /
Die Syrer aber von Zoba / von Rehob / von Jstob /
vnd von Maacha waren allein im felde.

9DA Joab nu sahe / das der streit auff jn gestellet
war / fornen vnd hinden / erwelet er aus aller jun-
1. Par. 19. gen Manschafft in Jsrael / vnd rüstet sich wider die
Syrer / 10Vnd das vbrige Volck thet er vnter die
hand seines bruders Abisai / das er sich rüstet wider
die kinder Ammon / 11vnd sprach / Werden mir die

Syrer vberlegen sein / so kom mir zu hülffe / Wer-
den aber die kinder Ammon dir vberlegen sein / so
wil ich dir zu hülffe komen. [12]Sey getrost / vnd las
vns starck sein fur vnser Volck / vnd für die Stedte
vnsers Gottes / Der HERR aber thu was jm gefel-
let. [13]Vnd Joab macht sich erzu mit dem Volck
das bey jm war / zu streitten wider die Syrer / Vnd
SYRER VND Ammoniter geschlagen etc. sie flohen fur jm. [14]Vnd da die kinder Ammon
sahen / das die Syrer flohen / flohen sie auch fur
Abisai / vnd zogen in die Stad. Also keret Joab
vmb von den kindern Ammon / vnd kam gen
Jerusalem.

VND da die Syrer sahen / das sie geschlagen
waren fur Jsrael / kamen sie zu hauffe. [16]Vnd
HADADESER. HadadEser sandte hin vnd bracht er aus die Syrer
jenseid des Wassers / vnd füret er ein jre macht /
vnd Sobach der Feldheubtman HadadEser zoch
fur jnen her. [17]Da das Dauid ward angesagt / samlet
er zu hauff das gantze Jsrael / vnd zoch vber den
Jordan vnd kam gen Helam. Vnd die Syrer rüsteten
sich wider Dauid / mit jm zu streitten. [18]Aber die
Syrer flohen fur Jsrael / Vnd Dauid erwürget der
Syrer sieben hundert Wagen vnd vierzig tausent
SOBACH. Reuter / Dazu Sobach den Feldheubtman schlug
er / das er da selbs starb. [19]Da aber die
Könige / die vnter HadadEser waren / sahen / das
sie geschlagen waren fur Jsrael / machten sie Friede
mit Jsrael / vnd wurden jnen vnterthan / Vnd die
Syrer furchten sich den kindern Ammon mehr zu
helffen.|| || 174a

XI.

VND DA DAS JAR VMBKAM / ZUR ZEIT / WENN DIE
Könige pflegen aus zu ziehen / sandte Dauid 1. Par. 20.

Joab vnd seine Knechte mit jm / vnd das gantz
Jsrael / das sie die kinder Ammon verterbeten / vnd
belegten Rabba / Dauid aber bleib zu Jerusalem. RABBA.

VND es begab sich / Das Dauid vmb den abend DAUIDS FALLE etc.
auffstund von seinem Lager / vnd gieng auff
dem dach des Königes hause / vnd sahe vom dach
ein Weib sich wasschen / vnd das weib war seer
schöner gestalt. [3]Vnd Dauid sandte hin vnd lies
nach dem Weibe fragen / vnd sagen / Jst das nicht
BathSeba die tochter Eliam / das weib Vria des
Hethiters? [4]Vnd Dauid sandte Boten hin vnd lies
sie holen. Vnd da sie zu jm hinein kam / schlieff er
bey jr / Sie aber reiniget sich von jrer vnreinigkeit /
vnd keret wider zu jrem hause. [5]Vnd das Weib
ward schwanger / vnd sandte hin vnd lies Dauid
verkündigen / vnd sagen / Jch bin schwanger wor-
den.

DAuid aber sandte zu Joab / Sende zu mir Vria
den Hethiter. Vnd Joab sandte Vria zu Dauid.
[7]Vnd da Vria zu jm kam / fragt Dauid / ob es mit
Joab / vnd mit dem Volck / vnd mit dem streit wol
zustünde? [8]Vnd Dauid sprach zu Vria / Gehe hinab
in dein haus vnd wassch deine füsse. Vnd da Vria
zu des Königs haus hinaus gieng / folget jm nach
des Königs geschenck. [9]Vnd Vria legt sich schla-
ffen fur der thür des Königs hause / da alle Knechte
seines Herrn lagen / vnd gieng nicht hin ab in sein
Haus.

DA man aber Dauid ansagt / Vria ist nicht hin ab
in sein haus gegangen / sprach Dauid zu jm /
Bistu nicht vber feld her komen? Warumb bistu
nicht hinab in dein haus gegangen? [11]Vria aber
sprach zu Dauid / Die Lade vnd Jsrael vnd Juda
bleiben in Zelten / vnd Joab mein Herr / vnd mei-
nes Herrn knechte ligen zu felde / vnd ich solt in
mein Haus gehen / das ich esse vnd trüncke / vnd
bey meinem Weibe lege? So war du lebst vnd deine
seele lebt / ich thu solchs nicht. [12]Dauid sprach zu
Vria / So bleib heute auch hie / morgen wil ich dich
lassen gehen. So bleib Vria zu Jerusalem des tages
vnd des andern dazu. [13]Vnd Dauid lud jn / das er
|| 174b fur jm ass vnd tranck / vnd macht jn || truncken /
Dnd des abends gieng er aus / das er sich schlaffen
legt auff sein Lager mit seines Herrn knechten /
vnd gieng nicht hin ab in sein haus.

DEs morgens schreib Dauid einen brieff zu Joab /
vnd sandte jn durch Vria. [15]Er schreibe aber VRIAS BRIEUE

also in den brieff / Stellet Vria an den streit da er am
hertesten ist / vnd wendet euch hinder jm abe / das
er erschlagen werde vnd sterbe. 16Als nu Joab
vmb die Stad lag / stellet er Vria an den ort / da er
wuste das streitbar Menner waren. 17Vnd da die
Menner der Stad eraus fielen vnd stritten wider
Joab / fielen etliche des volcks von den knechten
Dauid / vnd Vria der Hethiter starb auch.

DA sandte Joab hin vnd lies Dauid ansagen allen
Handel des streits / 19Vnd gebot dem Boten /
vnd sprach / Wenn du allen Handel des streits hast
aus geredt mit dem Könige / 20vnd sihest / das der
König erzürnet / vnd zu dir spricht Warumb habt
jr euch so nahe zur Stad gemacht mit dem streit?
Wisset jr nicht wie man pflegt von der mauren zu
schiessen. 21Wer schlug AbiMelech den son Jerub- Jud. 9.
Beseth? Warff nicht ein Weib ein stück von einer
Müllin auff jn von der mauren das er starb zu
Thebez? Warumb habt jr euch so nahe zur maure
gemacht? So soltu sagen / Dein knecht Vria der
Hethiter ist auch tod.

22DEr Bote gieng hin / vnd kam vnd saget an
Dauid alles / darumb jn Joab gesand hatte. 23Vnd
der Bote sprach zu Dauid / Die Menner namen vber
hand wider vns / vnd fielen zu vns er aus auffs feld /
Wir aber waren an jnen bis fur die thür des thors.
24Vnd die Schützen schossen von der mauren auff
deine Knechte / vnd tödten etliche von des Köni-
ges knechte / Da zu ist Vria dein Knecht der He-
thiter auch tod. 25Dauid sprach zum Boten / So
soltu zu Joab sagen / Las dir das nicht vbel gefallen /
Denn das Schwert frisset jtzt diesen jtzt jenen / Hal-
tet an mit dem streit wider die Stad / das du sie zu-
brechest / vnd seid getrost.

VND da Vrias weib höret / das jr man Vria tod
war / trug sie leide vmb jren Hauswirt. 27Da
Dauid nimbt Bathseba zum weib. sie aber ausgetrawret hatte / sandte Dauid hin / vnd
lies sie in sein haus holen / vnd sie ward sein Weib /
vnd gebar jm einen Son / Aber die That gefiel dem
HERRN vbel / die Dauid thet.

XII.

Nathan. VND DER HERR SANDTE NATHAN ZU DAUID /
Da der zu jm kam / sprach er zu jm / Es waren
zween Menner in einer Stad / Einer reich / der ander
arm. 2Der Reiche hatte seer viel schafe vnd rinder /

[3]Aber der Arme hatte nichts / denn ein einiges
kleins Scheflin / das er gekaufft hatte / vnd er meret
es / das es gros ward / bey jm vnd bey seinen Kin-
dern zu gleich / Es ass von seinem Bissen / vnd
tranck von seinem Becher / vnd schlieff in seinem
Schos / vnd er hielts wie eine Tochter. [4]Da aber
dem reichen Man ein Gast kam / schonet er zu
nemen von seinen schafen vnd rindern / das er dem
Gast etwas zurichtet / der zu jm komen war / vnd
nam das schaf des armen Mans / vnd richtet zu dem
Man der zu jm komen war.

[5]DA ergrimmet Dauid mit grossem zorn wider
den Man / vnd sprach zu Nathan / So war der
HERR lebt / der Man ist ein kind des tods / der das
gethan hat. [6]Da zu sol er das schaf vierfeltig be-
zalen / darumb das er solchs gethan vnd nicht ge-
schonet hat.

DA sprach Nathan zu Dauid / Du bist der Man.
So spricht der HERR der Gott Jsrael / Jch habe
dich zum Könige gesalbet vber Jsrael / vnd hab
dich errettet aus der hand Saul / [8]vnd hab dir dei-
nes Herrn Haus gegeben / dazu seine Weiber in
deinen schos / vnd hab dir das haus Jsrael vnd Juda
gegeben / Vnd ist das zu wenig / wil ich noch dis
|| 175 a vnd das dazu thun. || [9]Warumb hastu denn das
Wort des HERRN verachtet / Das du solches vbel
fur seinen Augen thetest? Vriam den Hethiter
hastu erschlagen mit dem Schwert / sein Weib
hastu dir zum weib genomen / Jn aber hastu er-
würget mit dem Schwert der kinder Ammon.

[10]NV so sol von deinem Hause das Schwert
nicht lassen ewiglich / Darumb das du mich ver-
achtet hast / vnd das weib Vria des Hethiters ge-
nomen hast / das sie dein weib sey. [11]So spricht der
2. Samu. 13. 16. HERR / Sihe / Jch wil Vnglück vber dich erwecken
aus deinem eigen Hause / Vnd wil deine Weiber
nemen fur deinen augen / vnd wil sie deinem Nehe-
sten geben / das er bey deinen Weibern schlaffen
sol / an der liechten Sonnen / [12]Denn du hasts
heimlich gethan / Jch aber wil dis thun fur dem
gantzen Jsrael vnd an der Sonnen.

DA sprach Dauid zu Nathan / Jch hab gesündi-
get wider den HERRN. Nathan sprach zu
Eccl. 47. Dauid / So hat auch der HERR deine sünde
weggenomen / Du wirst nicht sterben. [14]Aber
weil du die Feinde des HERRN hast durch diese
Geschicht lestern gemacht / wird der Son der dir

geboren ist / des tods sterben. [15]Vnd Nathan gieng
heim.

VND der HERR schlug das Kind / das Vrias
weib Dauid geborn hatte / das es tod kranck
ward. [16]Vnd Dauid ersuchte Gott vmb das Kneb-
lin / vnd fastet / vnd gieng hin ein vnd lag vber
nacht auff der erden. [17]Da stunden auff die Eltesten
seins Hauses vnd wolten jn auffrichten von der er-
den / Er wolt aber nicht / vnd ass auch nicht mit
jnen. [18]Am siebenden tage aber starb das Kind /
Vnd die knechte Dauid furchten sich jm anzu-
sagen / das das Kind tod were / Denn sie gedachten /
Sihe / Da das Kind noch lebendig war / redten wir
mit jm / vnd er gehorcht vnser stimme nicht / Wie
viel mehr wird er jm wehthun / so wir sagen das
Kind ist tod. [19]Da aber Dauid sahe / das seine
Knechte leise redten / vnd mercket / das das Kind
tod were / sprach er zu seinen Knechten / Jst das
Kind tod? Sie sprachen / Ja.

DA stund Dauid auff von der erden / vnd wussch
sich vnd salbet sich / vnd thet andere Kleider
an / vnd gieng in das Haus des HERRN / vnd betet
an / Vnd da er wider heim kam / hies er jm Brot
aufftragen / vnd ass. [21]Da sprachen seine Knechte
zu jm / Was ist das fur ein ding / das du thust? Da
das Kind lebt / fastestu vnd weinetest / Nu es aber
gestorben ist / stehestu auff vnd issest? [22]Er
sprach / Vmb das Kind fastet ich vnd weinet da es
lebt / Denn ich gedacht / Wer weis / ob mir der
HERR gnedig wird / das das Kind lebendig bleibe.
[23]Nu es aber tod ist / was sol ich fasten? Kan ich jn
auch widerumb holen? Jch werde wol zu jm fah-
ren / Es kompt aber nicht wider zu mir.

VND da Dauid sein weib BathSeba getröstet
hatte / gieng er zu jr hinein / vnd schlieff bey jr /
Salomo wird geborn. Vnd sie gebar einen Son / den hies er Salomo / vnd
der HERR liebet jn. [25]Vnd er thet jn vnter die
(Jedidja) Heisst lieblich dem HERRN. hand Nathan des Propheten / der hies jn JedidJa /
vmb des HERRN willen.

SO STREIT NU JOAB WIDER RABBA DER KINDER 1. Par. 20.
Ammon / vnd gewan die Königliche Stad. [27]Vnd
sandte Boten zu Dauid / vnd lies jm sagen / Jch
hab gestritten wider Rabba / vnd hab auch gewon- Rabba erobert.
nen die Wasserstad. [28]So nim nu zuhauff das vbrige
Volck / vnd belagere die Stad vnd gewinne sie /
Auff das ich sie nicht gewinne / vnd ich den namen
dauon habe. [29]Also nam Dauid alles Volck zu-

hauffe / vnd zoch hin vnd streit wider Rabba / vnd
gewan sie. [30]Vnd nam die krone jres Königs von
seinem Heubt / die am gewicht ein Centner goldes
hatte / vnd Edelgesteine / vnd ward Dauid auff sein
heubt gesetzt. Vnd füret aus der Stad seer viel
Raubs / [31]Aber das Volck drinnen füret er eraus /
vnd legt sie vnter eisern segen vnd zacken / vnd
eisern keile / vnd verbrand sie in Zigelöfen / So
thet er allen Stedten der kinder Ammon. Da keret
|| 175 b Dauid vnd alles Volck wider gen Jerusalem.||

XIII.

VND ES BEGAB SICH DARNACH / DAS ABSALOM
der son Dauid / hatte eine schöne Schwester /
die hies Thamar / vnd Amnon der son Dauid ge-
wan sie lieb. [2]Vnd Amnon stellet sich kranck vmb
Thamar seiner Schwester willen / Denn sie war eine
Jungfraw / vnd dauchte Amnon schweer sein / das
er jr etwas solte thun.

THAMAR Absaloms schwester etc.

Hie gehet das vnglück an / wie Nathan droben im 12. ca. Dauid verkündiget hat.

AMnon aber hatte einen Freund / der hies Jona-
dab / ein son Simea / Dauids bruder / vnd der-
selb Jonadab war ein seer weiser Man. [4]Der sprach
zu jm / Warumb wirstu so mager du Königes son
von tage zu tage? Magstu mirs nicht ansagen? Da
sprach Amnon zu jm / Jch habe Thamar meines
bruders Absalom Schwester lieb gewonnen. [5]Jona-
dab sprach zu jm / Lege dich auff dein Bette / vnd
mach dich kranck / Wenn denn dein Vater kompt /
dich zu besehen / So sprich zu jm / Lieber / Las
meine schwester Thamar komen / das sie mich
etze / vnd mache fur mir ein Essen / das ich zusehe /
vnd von jrer hand esse.

[6]ALso legt sich Amnon vnd macht sich kranck /
Da nu der König kam jn zu besehen / sprach Am-
non zum Könige / Lieber / Las meine schwester
Thamar komen das sie fur mir ein Gemüse oder
zwey mache / vnd ich von jrer hand esse. [7]Da
sandte Dauid nach Thamar ins haus / vnd lies jr
sagen / Gehe hin ins haus deines bruders Amnon /
vnd mache jm ein Speise. [8]Thamar gieng hin ins
haus jres bruders Amnon / Er aber lag zu bette /
Vnd sie nam einen teig / vnd knettet / vnd sods fur
seinen augen / vnd kocht jm ein Gemüse. [9]Vnd sie
nam das Gericht / vnd schüttets fur jm aus / Aber
er wegert sich zu essen.

AMNON schwechet Thamar etc.

VND Amnon sprach / Las jederman von mir hin
aus gehen / Vnd es gieng jderman von jm hin

aus. [10]Da sprach Amnon zu Thamar / Bringe das
essen in die Kamer / das ich von deiner hand esse.
Da nam Thamar das Gemüse das sie gemacht
hatte / vnd brachts zu Amnon jrem Bruder in die
Kamer. [11]Vnd da sie es zu jm bracht / das er esse /
ergreiff er sie / Vnd sprach zu jr / Kom her / meine
schwester / Schlaff bey mir. [12]Sie aber sprach /
Nicht mein Bruder / schweche mich nicht / Denn
so thut man nicht in Jsrael / Thu nicht eine solche
torheit / [13]Wo wil ich mit meiner schande hin?
Vnd du wirst sein wie die Thoren in Jsrael. Rede
aber mit dem Könige / der wird mich dir nicht ver-
sagen.

[14]ABer er wolt jr nicht gehorchen / vnd vber-
weldiget sie / vnd schwecht sie / vnd schlieff bey jr.
[15]Vnd Amnon ward jr vber aus gram / das der Hass
grösser war / denn vor hin die Liebe war. Vnd
Amnon sprach zu jr / Mach dich auff vnd heb dich.
[16]Sie aber sprach zu jm / Das vbel ist grösser denn
das ander / das du an mir gethan hast / das du mich
ausstössest. Aber er gehorcht jrer stimme nicht /
[17]Sondern rieff seinem Knaben der sein Diener war /
vnd sprach / Treibe diese von mir hin aus / vnd
schleus die thür hinder jr zu. [18]Vnd sie hatte einen
bundten Rock an / Denn solche röcke trugen des
Königs töchter / weil sie Jungfrawen waren.

VND da sie sein Diener hin aus getrieben / vnd
die thür hinder jr zugeschlossen hatte / [19]Warff
Thamar asschen auff jr heubt / vnd zureis den bund-
ten Rock / den sie anhatte / vnd legt jre hand auff
das heubt / vnd gieng da her vnd schrey. [20]Vnd jr
bruder Absalom sprach zu jr / Jst dein bruder Am-
non bey dir gewesen? Nu meine Schwester schweig
stille / Es ist dein Bruder / vnd nim die sach nicht
so zu hertzen. Also bleib Thamar leydig in Absa-
lom jres Bruders hause.

(Leydig) Das ist / Sie hielt sich innen / gieng nicht mehr wie eine Jungfraw im Krantz / vnter die Leute etc.

[21]VND da der könig Dauid solchs alles höret /
ward er seer zornig. Aber Absalom redet nicht mit
Amnon / weder bös noch guts / [22]Aber Absalom
war Amnon gram / darumb / das er seine schwester
Thamar geschwecht hatte. || || 176a

VBER ZWEY JAR ABER HATTE ABSALOM SCHAF-
scherer zu Baalhazor die vnter Ephraim ligt.
Vnd Absalom lud alle Kinder des Königes / [24]vnd
kam zum Könige / vnd sprach / Sihe / Dein knecht
hat Schafscherer / Der König wolt sampt seinen
Knechten mit seinem knecht gehen. [25]Der König

aber sprach zu Absalom / Nicht mein Son / las vns
nicht alle gehen / das wir dich nicht beschweren.
Vnd da er jn nötiget / wolt er doch nicht gehen /
sondern segenet jn.
26ABsalom sprach / Sol denn nicht mein bruder
Amnon mit vns gehen? Der König sprach zu jm /
Warumb sol er mit dir gehen? 27Da nötiget jn
Absalom / das er mit jm lies Amnon / vnd alle
Kinder des Königes. 28Absalom aber gebot sei-
nen Knaben / vnd sprach / Sehet drauff / wenn
Amnon guter ding wird von dem wein / vnd ich
zu euch spreche / Schlagt Amnon vnd tödtet jn /
Das jr euch nicht fürchtet / denn ich habs euch
geheissen / Seid getrost vnd frisch dran. 29Also
theten die knaben Absalom dem Amnon / wie jnen AMNON
Absalom geboten hatte. Da stunden alle kinder todgeschlagen.
des Königs auff / vnd ein jglicher sas auff sein
Maul vnd flohen.

VND da sie noch auff dem wege waren / kam das
grüchte fur Dauid / das Absalom hette alle
kinder des Königs erschlagen / das nicht einer von
jnen vbrig were. 31Da stund der König auff vnd
zureiss seine Kleider / vnd legt sich auff die erden /
vnd alle seine Knechte / die vmb jn her stunden /
zurissen jre Kleider. 32Da antwortet Jonadab der
son Simea / des bruders Dauid / vnd sprach Mein
Herr dencke nicht / das alle Knaben die kinder des
Königs tod sind / sondern Amnon ist allein tod /
Denn Absalom hats bey sich behalten von dem tage
an / da er seine schwester Thamar schwechte.
33So neme nu mein Herr der König solchs nicht
zu hertzen / das alle kinder des Königs tod seien /
sondern Amnon ist alleine tod / 34Absalom aber
floh.

VND der Knabe auff der Warte hub seine augen
auff vnd sahe / vnd sihe / Ein gros Volck kam auff
dem wege nach einander / an der seiten des Berges.
35Da sprach Jonadab zum Könige / Sihe / die kin-
der des Königs komen / Wie dein knecht gesagt hat /
so ists ergangen. 36Vnd da er hat ausgeredt / Sihe
da kamen die kinder des Königes / vnd huben jre
stimme auff vnd weineten / Der König vnd alle
seine Knechte weineten auch fast seer. 37Absalom ABSALOMS
aber floh / vnd zoch zu Thalmai dem son Ammihud flucht.
dem Könige zu Gesur. Er aber trug leide vber sei-
nen Son alle tage. 38Da aber Absalom floh vnd gen
Gesur zoch / war er daselbs drey jar. 39Vnd der

könig Dauid höret auff aus zu ziehen wider Absa-
lom / Denn er hatte sich getröstet vber Amnon /
das er tod war.

XIIII.

JOAB ABER DER SON ZERUJA MERCKET / DAS DES
Königs hertz war wider Absalom. [2]Vnd sandte
hin gen Thekoa / vnd lies holen von dannen ein
Klug weib von Thekoa. kluges Weib / vnd sprach zu jr / Trage leide / vnd
zeuch Leidekleider an / vnd salbe dich nicht mit
öle / Sondern stelle dich wie ein Weib / das eine
lange zeit leide getragen hat vber einen Todten /
[3]Vnd solt zum Könige hinein gehen / vnd mit jm
reden so vnd so. Vnd Joab gab jr ein / was sie reden
solt.

VND da das Weib von Thekoa mit dem Könige
reden wolt / fiel sie auff jr andlitz zur erden vnd
betet an / vnd sprach / Hilff mir König. [5]Der
König sprach zu jr / Was ist dir? Sie sprach / Jch
bin eine Widwe / ein weib das leide tregt / vnd mein
Man ist gestorben. [6]Vnd deine Magd hatte zween
Söne / die zanckten mit einander auff dem felde /
vnd da kein Retter war / schlug einer den andern /
vnd tödtet jn. [7]Vnd sihe / nu stehet auff die gantze
Freundschafft wider deine Magd / vnd sagen / Gib
her den / der seinen Bruder erschlagen hat / das wir
jn tödten fur die seele seins Bruders / den er erwür-
get hat / vnd auch den Erben ‖ vertilgen / Vnd wöl- ‖ 176b
len meinen Funcken ausleschen der noch vbrig ist /
das meinem Man kein name vnd nichts vbrigs
bleibe auff Erden.

[8]DEr König sprach zum weibe / Gehe heim / Jch
wil fur dich gebieten. [9]Vnd das weib von Thekoa
sprach zum Könige / Mein Herr könig / die misse-
that sey auff mir vnd meines Vaters hause / der
König aber vnd sein Stuel sey vnschüldig. [10]Der
König sprach / Wer wider dich redet / den bringe zu
mir / So sol er nicht mehr dich antasten. [11]Sie
sprach / Der König gedenck an den HERRN dei-
nen Gott / das der Blutrecher nicht zu viel werden
zu verderben / vnd meinen Son nicht vertilgen. Er
sprach / So war der HERR lebt / Es sol kein har
von deinem Son auff die erden fallen.

VND das weib sprach / Las deine Magd meinem
Herrn Könige etwas sagen. Er sprach / Sage
her. [13]Das weib sprach / Warumb hastu ein solches
gedacht wider Gottes volck / das der König ein

solches geredt hat / das er sich verschuldige / vnd
seinen Verstossen nicht widerholen lesst? [14]Denn
wir sterben des tods / vnd wie das wasser in die
erden verschleifft / das man nicht auffhelt / Vnd
Gott wil nicht das Leben wegnemen / sondern be-
denckt sich / das nicht das verstossen auch von jm
verstossen werde.
[15]SO bin ich nu komen / mit meinem Herrn
könige solchs zu reden / Denn das Volck macht
mir bang / Denn deine magd gedacht / Jch wil mit
dem Könige reden / vieleicht wird er thun / was
seine Magd sagt. [16]Denn er wird seine magd er-
hören / das er mich errette / von der hand aller die
mich sampt meinem Son vertilgen wöllen vom
erbe Gottes. [17]Vnd deine magd gedacht / Meins
Herrn des König wort sol mir ein trost sein / Denn
mein Herr der könig ist / wie ein Engel Gottes /
das er gutes vnd böses hören kan / Darumb wird
der HERR dein Gott mit dir sein.
DER König antwortet / vnd sprach zum weibe /
Leugne mir nicht was ich dich frage. Das weib
sprach / Mein Herr der könig rede. Der König
sprach [19]Jst nicht die hand Joab mit dir in diesem al-
lem? Das weib antwortet / vnd sprach / So war deine
seele lebt / mein Herr könig / Es ist niemand anders
weder zur rechten noch zur lincken / denn wie mein
Herr der könig geredt hat. Denn dein knecht Joab
hat mirs geboten / vnd er hat solches alles deiner
Magd eingegeben / [20]das ich diese Sache also wen-
den solte / das hat dein knecht Joab gemacht / Aber
mein Herr ist weise / wie die weisheit eines Engel
Gottes das er merckt alles auff erden.
DA sprach der König zu Joab / sihe / Jch hab
solchs gethan / So gehe hin vnd bringe den
Knaben Absalom wider. [22]Da fiel Joab auff sein
andlitz zur erden vnd betet an / vnd danckt dem
Könige / vnd sprach / Heute merckt dein Knecht /
das ich gnade gefunden habe fur deinen augen /
mein Herr könig / das der König thut / was sein
Knecht sagt. [23]Also macht sich Joab auff vnd zoch
gen Gesur / vnd bracht Absalom gen Jerusalem.
[24]Aber der König sprach / Las jn wider in sein
Haus gehen / vnd mein angesicht nicht sehen / Also
kam Absalom wider in sein haus / vnd sahe des
Königs angesicht nicht.
ES war aber in gantz Jsrael kein Man so schön als
Absalom / vnd hatte dieses lob fur allen / Von

ABSALOM schön.

seiner fusssolen an bis auff seine scheitel / war nicht
ein feil an jm. 26Vnd wenn man sein Heubt be-
schur (das geschach gemeiniglich alle jar / denn es
war jm zu schweer / das mans abscheren muste) so
wug sein Haubt har / zwey hundert sekel nach dem
königlichen Gewicht. 27Vnd Absalom wurden
drey Söne geborn / vnd eine Tochter / die hies
Thamar / vnd war ein Weib schön von gestalt.
28Also bleib Absalom zwey jar zu Jerusalem / das
er des Königs angesicht nicht sahe.

iij. Söne vnd j. Tochter Absaloms.

VND Absalom sandte nach Joab / das er jn zum
Könige sendte / Vnd er wolt nicht zu jm komen.
Er aber sandte zum andern mal / Noch wolt er
nicht komen. 30Da sprach er zu seinen knechten /
Sehet / das stück ackers || Joabs neben meinem / || 177a
vnd er hatte gersten drauff / So gehet hin vnd
steckts mit fewr an / Da steckten die knechte Absa-
lom das stück mit fewr an.

31DA machte sich Joab auff vnd kam zu Absa-
lom ins haus / vnd sprach zu jm / Warumb haben
deine Knechte mein stück mit fewr angesteckt.
32Absalom sprach zu Joab / Sihe / ich sandte nach
dir / vnd lies dir sagen / Kom her / das ich dich zum
Könige sende / vnd sagen lasse / Warumb bin ich
von Gesur komen? Es were mir besser / das ich
noch da were / So las mich nu das angesicht des
Königes sehen / Jst aber eine missethat an mir / so
tödte mich. 33Vnd Joab gieng hin ein zum Könige
vnd sagts jm an / Vnd er rieff dem Absalom das er
hin ein zum Könige kam / Vnd er betet an auff sein
andlitz zur erden fur dem Könige / vnd der König
küsset Absalom.

XV.

VND ES BEGAB SICH DARNACH / DAS ABSALOM
lies jm machen Wagen vnd Rosse / vnd funffzig
Man die sein Drabanten waren. 2Vnd Absalom
macht sich alst des morgens früe auff vnd trat an den
weg bey dem thor / Vnd wenn jemand einen Han-
del hatte / das er zum Könige fur gericht komen
solt / rieff jm Absalom zu sich / vnd sprach / Aus
welcher Stad bistu? Wenn denn der sprach / Dein
knecht ist aus der stemmen Jsrael einem. 3So
sprach Absalom zu jm / Sihe / deine Sache ist recht
vnd schlecht / Aber du hast keinen Verhörer vom
Könige.

ABSALOM EIN Auffrhürer wider Dauid seinen Vater.

4VND Absalom sprach / O wer setzt mich zum
Richter im Lande / das jderman zu mir keme / der
eine sache vnd gericht hat / das ich jm zum Rechten
hülffe. 5Vnd wenn jemand sich zu jm thete / das
er jn wolt anbeten / so reckt er seine hand aus vnd
ergreiff jn / vnd küsset jn. 6Auff die weise thet
Absalom dem gantzen Jsrael / wenn sie kamen fur
gericht zum Könige / vnd stal also das hertz der
menner Jsrael.

NACH [a]VIERZIG JAREN SPRACH ABSALOM ZUM
Konige / Jch wil hin gehen / vnd mein Gelübd
zu Hebron ausrichten / das ich dem HERRN gelobt
habe. 8Denn dein knecht thet ein Gelübde / da ich
zu Gesur in Syria wonet / vnd sprach / Wenn mich
der HERR wider gen Jerusalem bringet / So wil ich
dem HERRN einen Gottesdienst thun. 9Der
König sprach zu jm / Gehe hin mit frieden. Vnd er
macht sich auff vnd gieng gen Hebron.

[a] Diese vierzig jare rechen wir von der ersten salbung Dauids / Denn er ist zwenzig jar alt gesalbet / vnd zehen jar verfolgung gelidden / vnd im dreissigsten jar König bestetigt vnd angenomen.

ABsalom aber hatte Kundschaffer ausgesand in
alle stemme Jsrael / vnd lassen sagen / Wenn jr
der Posaunen schal hören werdet / So sprecht /
Absalom ist König worden zu Hebron. 11Es
giengen aber mit Absalom zwey hundert Man
von Jerusalem beruffen / Aber sie giengen in jrer
einfalt / vnd wusten nichts vmb die sache. 12Ab-
salom aber sandte auch nach Ahitophel dem AHITOPHEL.
Giloniten / Dauids Rat / aus seiner stad Gilo. Da
er nu die Opffer thet / ward der Bund starck /
vnd das Volck lieff zu / vnd mehret sich mit
Absalom.

DA kam einer der sagts Dauid an / vnd sprach /
Das hertz jdermans in Jsrael folget Absalom
nach. 14Dauid sprach aber zu allen seinen Knech-
Psal. 3. ten / die bey jm waren zu Jerusalem / Auff / lasst vns
fliehen / Denn hie wird kein entrinnen sein fur
Absalom / Eilet / das wir gehen / das er vns nicht
vbereile vnd ergreiffe vns / vnd treibe ein vnglück
auff vns / vnd schlahe die Stad mit der scherffe des
schwerts. 15Da sprachen die knechte des Königs
zu jm / Was mein Herr der könig erwelet / sihe / hie
sind deine Knechte.

16VND der König gieng zu füssen hin aus mit DAUID fleucht fur Absalom.
seinem gantzen Hause / Er lies aber zehen Kebs-
weiber das haus zu bewaren. 17Vnd da der König
vnd alles Volck zu füssen hin aus kamen / tratten
sie ferne vom hause. 18Vnd alle seine Knechte
giengen neben jm her / Da zu alle Crethi vnd Pleti /

vnd alle Gethiter / sechs hundert Man / die von
Gath zu füssen komen waren / giengen fur dem
Könige her.‖ ‖ 177b

VND der König sprach zu Jthai dem Gethiter /
Warumb gehestu auch mit vns? Kere vmb vnd
bleibe bey dem Könige / denn du bist frembd / vnd
von deinem Ort gezogen hie her. [20]Gestern bistu
komen / vnd heute wagestu dich mit vns zu gehen /
Jch aber wil gehen / wo ich hin kan gehen / Kere
vmb / vnd deinen Brüdern mit dir widerfare barm-
hertzigkeit vnd trew. [21]Jthai antwortet / vnd
sprach / So war der HERR lebt / vnd so war mein
Herr könig lebt / an welchem ort mein Herr der
könig sein wird / es gerate zum tod oder zum leben /
da wird dein Knecht auch sein. [22]Dauid sprach zu
Jthai / So kom vnd gehe mit. Also gieng Jthai der
Gethiter vnd alle seine Menner / vnd der gantze
hauffe Kinder die mit jm waren. [23]Vnd das gantze
Land weinet mit lauter stimme / vnd alles Volck
gieng mit. Vnd der König gieng vber den bach
Kidron / vnd alles volck gieng vor / auff dem wege
der zur wüsten gehet.

ZADOK. VND siehe / Zadok war auch da / vnd alle Leuiten
die bey jm waren / vnd trugen die Lade des
ABJATHAR. bunds Gottes / vnd stelleten sie dahin. Vnd AbJa-
thar trat empor / bis das alles volck zur Stad aus
kam. [25]Aber der König sprach zu Zadok / Bringe
die lade Gottes wider in die Stad / Werde ich
gnade finden fur dem HERRN / So wird er mich
widerholen / vnd wird mich sie sehen lassen / vnd
sein Haus. [26]Spricht er aber also / Jch hab nicht
lust zu dir / Sihe / hie bin ich / Er machs mit mir /
wie es jm wolgefellet. [27]Vnd der König sprach zu
dem Priester Zadok / O du Seher / Kere vmb wider
in die Stad mit frieden / vnd mit euch ewr beide
söne Ahimaaz dein son / vnd Jonathan der son
AbJathar. [28]Sihe / ich wil verziehen auff dem
blachen felde in der wüsten / bis das Botschafft von
euch kome / vnd sage mir an. [29]Also brachte Zadok
vnd AbJathar die lade Gottes wider gen Jerusalem /
vnd blieben da selbs.

DAuid aber gieng den Oleberg hin an vnd wei-
net / vnd sein Heubt war verhüllet / denn er
gieng verhüllet / Da zu alles volck das bey jm war /
hatte ein jglicher sein Heubt verhüllet / vnd giengen
hin an vnd weineten. [31]Vnd da es Dauid angesagt
AHITOPHEL. ward / das Ahitophel im Bund mit Absalom war /

sprach er / HERR / Mache den ratschlag Ahito-
phels zur narrheit.
VND da Dauid auff die Höhe kam / da man Gott
pflegte an zu beten / Sihe / da begegenet jm
Husai der Arachiter mit zurissenem Rock vnd er- HUSAI.
den auff seinem heubt. [33]Vnd Dauid sprach zu jm /
Wenn du mit mir gehest wirstu mir eine last sein /
[34]Wenn du aber wider in die Stad giengest / vnd
sprechst zu Absalom / Jch bin dein Knecht / ich
wil des Königes sein / der ich deines Vaters knecht
war zu der zeit / wil nu dein Knecht sein / So wür-
destu mir zu gut den Ratschlag Ahitophels zu nicht
machen. [35]So ist Zadok vnd AbJathar die Priester
mit dir / Alles was du höretest aus des Königes
hause / sagestu an den Priestern Zadok vnd AbJa-
thar. [36]Sihe / Es sind bey jnen jre zweene söne
Ahimaaz Zadoks / vnd Jonathan AbJathars son /
durch dieselbigen kanstu mir entbieten / was du
hören wirst. [37]Also kam Husai der freund Dauid
in die Stad / Vnd Absalom kam gen Jerusalem.

XVI.

VND DA DAUID EIN WENIG VON DER HÖHE GE-
gangen war / Sihe / da begegenet jm Ziba der ZIBA.
knabe MephiBoseth mit einem par Esel gesattelt /
darauff waren zwey hundert Brot / vnd hundert
stück Rosin / vnd hundert stück Feigen / vnd ein
legel weins. [2]Da sprach der König zu Ziba / Was
wiltu da mit machen? Ziba sprach / Die Esel sollen
fur das gesinde des Königs drauff zu reiten / vnd
die Brot vnd Feigen fur die Knaben zu essen / vnd
der Wein zu trincken / wenn sie müde werden in
der wüsten. [3]Der König sprach / Wo ist der Son
deines Herrn? Ziba sprach zum Könige / Sihe / er
|| 178 a bleib zu Jerusalem / Denn er sprach / Heute ||wird
mir das haus Jsrael / meines vaters Reich / wider
geben. [4]Der König sprach zu Ziba / Sihe / Es sol
dein sein / alles was MephiBoseth hat. Ziba sprach /
Jch bete an / Las mich gnade finden fur dir / mein
Herr könig.
DA aber der könig Dauid bis gen Bahurim kam /
Sihe / da gieng ein Man daselbs er aus vom Ge-
schlecht des hauses Saul / der hies Simei / der son SIMEI
Gera. Der gieng eraus vnd fluchet / [6]vnd warff fluchet Dauid.
Dauid mit steinen / vnd alle Knechte des königes
Dauid / Denn alles volck vnd alle Gewaltigen wa-
ren zu seiner rechten vnd zur lincken. [7]So sprach

aber Simei da er fluchte / Er aus / er aus du Blut-
hund / du loser Man. [8]Der HERR hat dir vergol-
ten / alles blut des hauses Saul / das du an seine
stat bist König worden / Nu hat der HERR das
Reich gegeben in die hand deines sons Absalom /
Vnd sihe / nu stickestu in deinem vnglück / Denn
du bist ein Bluthund.

ABISAI. ABer Abisai der son ZeruJa sprach zu dem
Könige / Solt dieser todter Hund meinem
Herrn dem Könige fluchen? Jch wil hin gehen vnd
jm den kopff abreissen. [10]Der König sprach / Jr
kinder ZeruJa / was hab ich mit euch zu schaffen?
Lasst jn fluchen / Denn der HERR hats jn geheis-
sen / fluche Dauid / Wer kan nu sagen / warumb
thustu also? [11]Vnd Dauid sprach zu Abisai vnd zu
allen seinen Knechten / Sihe / Mein Son / der von
meinem Leibe komen ist / stehet mir nach meinem
leben / Warumb nicht auch jtzt der Son Jemini?
Lasst jn bezemen das er fluche / denn der HERR
hats jn geheissen / [12]Vieleicht wird der HERR
mein elend ansehen / vnd mir mit gute vergelten
sein heutiges fluchen. [13]Also gieng Dauid mit sei-
nen Leuten des weges / Aber Simei gieng an des
Berges seiten neben jm her / vnd flucht vnd warff
mit Steinen zu jm / vnd sprenget mit erdeklössen.
[14]Vnd der König kam hin ein mit allem Volck das
bey jm war müde / vnd erquicket sich daselbs.

ABSALOM ABer Absalom vnd alles volck der menner Jsrael /
kömpt gen kamen gen Jerusalem / vnd Ahitophel mit jm.
Jerusalem. [16]Da aber Husai der Arachiter / Dauids freund / zu
HUSAI. Absalom hin ein kam / sprach er zu Absalom / Glück
zu Er könig / glück zu / Er könig. [17]Absalom aber
sprach zu Husai / Jst das deine barmhertzigkeit an
deinem Freunde? Warumb bistu nicht mit deinem
Freunde gezogen? [18]Husai aber sprach zu Absa-
lom / Nicht also / Sondern welchen der HERR er-
welet / vnd dis volck vnd alle Man in Jsrael / des
wil ich sein vnd bey jm bleiben. [19]Zum andern /
Wem solt ich dienen? Solt ich nicht fur seinem Son
dienen? Wie ich fur deinem Vater gedienet habe /
So wil ich auch fur dir sein.

AHITOPHELS VND Absalom sprach zu Ahitophel / Rat zu /
Rat. was sollen wir thun? [21]Ahitophel sprach zu
Absalom / Beschlaff die Kebsweiber deines Va-
ters / die er gelassen hat / das Haus zu bewaren / So
wird das gantze Jsrael hören / das du deinen Vater
hast stinckend gemacht / vnd wird aller hand / die

bey dir sind / deste küner werden. [22]Da machten
sie Absalom eine Hütten auff dem dache / vnd Ab-
Sup. 12. salom beschlieff die Kebsweiber seines Vaters fur
den augen des gantzen Jsrael.
[23]ZV der zeit wenn Ahitophel einen Rat gab /
das war / als wenn man Gott vmb etwas hette ge-
fragt / Also waren alle Ratschlege Ahitophels /
beide bey Dauid vnd bey Absalom.

XVII.

VND AHITOPHEL SPRACH ZU ABSALOM / JCH WIL
zwelff tausent Man auslesen / vnd mich auff-
machen / vnd Dauid nachiagen bey der nacht /
[2]vnd wil jn vberfallen / weil er matt vnd lass ist.
Wenn ich jn denn erschrecke / das alles Volck / so
bey jm ist / fleucht / wil ich den König alleine schla-
hen / [3]vnd alles Volck wider zu dir bringen. Wenn
denn jederman zu dir gebracht ist / wie du begerest /
so bleibet alles volck mit frieden. [4]Das dauchte
|| 178b Absalom gut sein / vnd alle Eltesten in Jsrael.||
ABer Absalom sprach / Lieber / Lasset Husai
den Arachiten auch ruffen vnd hören / was er
dazu sagt. [6]Vnd da Husai hin ein zu Absalom kam /
sprach Absalom zu jm / Solchs hat Ahitophel ge-
redt / Sage du / sollen wirs thun oder nicht?
[7]DA sprach Husai zu Absalom / Es ist nicht ein
guter Rat / den Ahitophel auff dis mal gegeben hat.
[8]Vnd Husai sprach weiter / Du kennest deinen
Vater wol vnd seine Leute / das sie starck sind / vnd
zorniges gemüts / wie ein Beer dem die Jungen auff
einem felde geraubt sind / Dazu ist dein Vater ein
Kriegs man / vnd wird sich nicht seumen mit dem
volck. [9]Sihe / er hat sich jtzt vieleicht verkrochen
jrgend in einer Gruben / oder sonst an einem ort.
Wens denn geschehe / das das erst mal vbel geriete /
vnd keme ein geschrey / vnd sprech / Es ist eine
Schlacht geschehen in dem volck das Absalom
nachfolget. [10]So würde jederman verzagt werden /
der auch sonst ein Krieger ist / vnd ein hertz hat /
wie ein Lewe / Denn es weis gantz Jsrael das dein
Vater starck ist / vnd Krieger / die bey jm sind.
ABer das rate ich / Das du zu dir versamelest HUSAI RAT.
gantz Jsrael / von Dan an bis gen Berseba / viel
als der sand am meer / vnd deine Person ziehe vnter
jnen. [12]So wöllen wir jn vberfallen / an welchem
ort wir jn finden / vnd wöllen vber jn komen / wie
der Taw auff die erden felt / das wir an jm vnd

allen seinen Mennern nicht einen vberig lassen.
13Wird er sich aber in eine Stad versamlen / So sol
das gantz Jsrael stricke an die selbige Stad werffen /
vnd sie in den Bach reissen / das man nicht ein Kise-
lin dran finde. 14Da sprach Absalom vnd jderman
in Jsrael / Der rat Husai des Arachiten ist besser /
denn Ahitophels rat. Aber der HERR schickts
also / das der gute rat Ahitophels verhindert wur-
de / Auff das der HERR vnglück vber Absalom
brechte.

VND Husai sprach zu Zadok vnd AbJathar den
Priestern / So vnd so hat Ahitophel Absalom
vnd den Eltesten in Jsrael geraten / Jch aber habe
so vnd so geraten. 16So sendet nu eilend hin / vnd
lasset Dauid ansagen vnd sprecht / Bleibe nicht
vber nacht auff dem Blachenfelde der wüsten / Son-
dern mache dich hinüber / das der König nicht ver-
schlungen werde / vnd alles Volck das bey jm ist.
17Jonathan aber vnd Ahimaaz stunden bey dem
brun Rogel / vnd eine Magd gieng hin vnd sagts
jnen an / Sie aber giengen hin vnd sagtens dem
könige Dauid an / Denn sie thursten sich nicht se-
hen lassen / das sie in die Stad kemen.

ES sahe sie aber ein knabe vnd sagts Absalom an.
Aber die beide giengen eilend hin / vnd kamen
in eins mans haus zu Bahurim / der hatte einen
Brunnen in seinem Hofe / da hin ein stiegen sie.
19Vnd das Weib nam vnd breitet eine decke vber
des Brunnen loch / vnd breitet Grütze drüber / das
man es nicht mercket. 20Da nu die knechte Absa-
lom zum Weibe ins haus kamen / sprachen sie /
Wo ist Ahimaaz vnd Jonathan? Das Weib sprach
zu jnen / Sie giengen vber das wesserlin / Vnd da
sie suchten vnd nicht funden / giengen sie wider
gen Jerusalem.

21VND da sie weg waren / stiegen sie aus dem
Brunnen / vnd giengen hin / vnd sagtens Dauid
dem Könige an / vnd sprachen zu Dauid / Macht
euch auff vnd gehet eilend vber das wasser / Denn
so vnd so hat Ahitophel wider euch Rat gegeben.
22Da macht sich Dauid auff / vnd alles Volck das bey
jm war / vnd giengen vber den Jordan bis liecht
morgen ward / vnd feilet nicht an einem / der nicht
vber den Jordan gegangen were.

AHITOPHEL henget sich etc.

ALs aber Ahitophel sahe / das sein Rat nicht
fort gegangen war / sattelt er seinen Esel /
macht sich auff / vnd zoch heim in seine Stad / vnd

beschickt sein Haus / vnd hieng sich vnd starb /
Vnd ward begraben in seins Vaters grab.

VND Dauid kam gen Mahanaim / Vnd Absalom
zoch vber den Jordan vnd alle Menner Jsrael
|| 179a mit jm. [25]Vnd Absalom hatte Amasa an Joabs ||
Jnfr. 19. stat gesetzt vber das Heer / Es war aber Amasa AMASA.
eins mans son / der hies Jethra ein Jsraeliter / wel-
cher lag bey Abigail der tochter Nahas / der
schwester ZeruJa Joabs mutter. [26]Jsrael aber vnd
Absalom lagerten sich im Gilead.

DA Dauid gen Mahanaim komen war / da brach-
ten Sobi der son Nahas von Rabbath der kinder
Ammon / vnd Machir der son Ammiel von Loda-
bar / vnd Barsillai ein Gileaditer von Roglim /
[28]bettwerg / becken / jrden gefes / weitzen / gersten /
melh / sangen / bonen / linsen / grütz / [29]hönig /
butter / schaf vnd rinder / kese zu Dauid vnd zu
dem Volck das bey jm war zu essen / Denn sie ge-
dachten / Das Volck wird hungerig / müde vnd
dürstig sein in der wüsten.

XVIII.

VND DAUID ORDENET DAS VOLCK / DAS BEY JM
war / vnd setzt vber sie Heubtleute vber tausent
vnd vber hundert. [2]Vnd sandte aus des Volcks ein
dritten teil vnter Joab / vnd ein dritten teil vnter
Abisai dem son ZeruJa Joabs bruder / vnd ein drit-
ten teil vnter Jthai dem Gethiter.

VND der König sprach zum Volck / Jch wil auch
mit euch ausziehen. [3]Aber das Volck sprach /
Du solt nicht ausziehen / Denn ob wir gleich flie-
hen / oder die helfft sterben / so werden sie sich
vnser nicht annemen / Denn du bist als wenn vnser
zehen tausent were / So ists nu besser / das du vns
aus der Stad helffen mügest. [4]Der König sprach
zu jnen / Was euch gefelt / das wil ich thun. Vnd
der König trat ans Thor / vnd alles Volck zoch aus
bey hunderten vnd bey tausent.

VND der König gebot Joab vnd Abisai vnd
Jthai vnd sprach / Faret mir seuberlich mit den
Knaben Absalom / Vnd alles Volck hörets / da der
König gebot allen Heubtleuten vmb Absalom.

VND da das Volck hin aus kam auffs feld / Jsrael
entgegen / hub sich der streit im walde Ephraim.
[7]Vnd das volck Jsrael ward daselbs geschlagen fur
den knechten Dauid / das desselben tages eine grosse
Schlacht geschach / zwenzig tausent Man. [8]Vnd

ABSALOMS anhang geschlagen.

war daselbs der streit zustrewet auff allem lande / Vnd der Wald frass viel mehr Volcks des tags / denn das Schwert frass.

VND Absalom begegenet den knechten Dauid / vnd reit auff einem Maul / Vnd da das Maul vnter eine grosse [a]dicke Eiche kam / behieng sein Heubt an der Eichen / vnd schwebt zwischen Himel vnd erden / Aber sein Maul lieff vnter jm weg.

a Das ist / Esstrige.

10DA das ein Man sahe / saget ers Joab an / vnd sprach / Sihe / ich sahe Absalom an einer Eichen
hangen. 11Vnd Joab sprach zu dem Man ders jm hatte angesagt / Sihe / sahestu das / Warumb schlugestu jn nicht daselbs zur erden? So wolt ich dir von meinet wegen zehen Silberlinge vnd einen Gürtel gegeben haben.
12Der Man sprach zu Joab / Wenn du mir tausent Silberlinge in meine hand gewogen hettest / so wolt ich dennoch meine hand nicht an des Königes Son geleget haben / Denn der König gebot dir vnd Abisai vnd Jthai fur vnsern ohren / vnd sprach / Hütet euch das nicht jemand dem knaben Absalom [b].
13Oder wenn ich etwas falsches gethan hette auff meiner Seelen fahr / weil dem Könige nichts verholen wird / würdestu selbst wider mich gestanden sein.

ABSALOM. krieget sein lohn.

b Vernim / Leide thu.

JOab sprach / Jch kan nicht so lang bey dir verziehen. Da nam Joab drey Spiesse in seine hand / vnd sties sie Absalom ins hertz / da er nocht lebt / an der Eichen.
15Vnd zehen knaben Joabs Waffentreger / machten sich vmb her vnd schlugen in zu
tod. 16Da blies Joab die Posaunen / vnd bracht das

Volck wider / das es nicht weiter Jsrael nachiaget /
|| 179b Denn Joab wolt des Volcks verschonen. ||
[17]VND sie namen Absalom vnd worffen jn in
den Wald in eine grosse Gruben / vnd legten ein
seer grossen hauffen Stein auff jn. Vnd das gantz
Jsrael floh / ein jglicher in seine Hütten. [18]Absalom
aber hatte jm eine Seule auffgericht da er noch lebet / ABSALOMS
die stehet im Königs grunde / Denn er sprach / Jch Seule.
habe keinen Son / darumb sol dis meines namens
Gedechtnis sein / Vnd hies die Seule nach seinem
namen / Vnd heisst auch bis auff diesen tag /
Absaloms raum.

AHimaaz der son Zadok sprach / Lieber / Las
mich lauffen vnd dem Könige verkündigen /
das der HERR jm Recht verschafft hat von seiner
Feinde hende. [20]Joab aber sprach zu jm / Du
bringest heute keine gute Botschafft / Einen an-
dern tag soltu Botschafft bringen vnd heute nicht /
Denn des Königs son ist tod. [21]Aber zu Cusi
sprach Joab / Gehe hin vnd sage dem Könige an /
was du gesehen hast / Vnd Cusi betet Joab an vnd
lieff. [22]Ahimaaz aber der son Zadok sprach aber
mal zu Joab / Wie / wenn ich auch lieffe dem Cusi
nach? Joab sprach / Was wiltu lauffen / mein Son?
Kom her / du wirst nicht eine gute Botschafft brin-
gen. [23]Wie / wenn ich lieff? Er sprach zu jm / So
lauffe doch / Also lieff Ahimaaz stracks wegs / vnd
kam Cusi vor.

DAuid aber sas zwisschen zweien Thoren / Vnd
der Wechter gieng auffs Dach des thors an der
mauren / vnd hub seine augen auff / vnd sahe einen
Man lauffen allein / [25]Vnd rieff vnd sagts dem
König an. Der König aber sprach / Jst er alleine / so
ist eine gute Botschafft in seinem munde. Vnd da
der selbige gieng vnd erzu kam / [26]sahe der Wech-
ter einen andern Man lauffen / vnd rieff in das thor /
vnd sprach / Sihe / ein Man leufft alleine / Der
König aber sprach / Der ist auch ein guter Bote.
[27]Der Wechter sprach / Jch sehe des ersten laufft /
als den laufft Ahimaaz des sons Zadok / Vnd der
König sprach / Es ist ein guter Man / vnd bringt
eine gute Botschafft.

AHimaaz aber rieff / vnd sprach zum Könige / Frie- AHIMAAZ.
de / vnd betet an fur dem Könige auff sein and-
litz zur erden / vnd sprach / Gelobt sey der HERR
dein Gott / der die Leute / die jre hand wider mei-
nen Herrn den König auffhuben / vbergeben hat.

29DEr König aber sprach / Gehet es auch wol
dem knaben Absalom? Ahimaaz sprach / Jch sahe
ein gros getümmel da des Königs knecht Joab /
mich || deinen Knechte sandte / vnd weis nicht was || 180a
es war. 30Der König sprach / Gehe erumb vnd trit
da her / Vnd er gieng erumb vnd stund alda.

Cusi.

SJhe / da kam Cusi / vnd sprach / Hie gute Bot-
schafft / mein Herr König / Der HERR hat dir
heute Recht verschafft / von der hand aller die sich
wider dich aufflehneten.

32DEr König aber sprach zu Cusi / Gehet es dem
knaben Absalom auch wol? Cusi sprach / Es müsse
allen Feinden meins Herrn königes gehen / wie es
dem Knaben gehet / vnd allen die sich wider dich
aufflehnen vbel zu thun. 33Da ward der König
trawrig / vnd gieng hin auff den Saal im thor vnd
weinet / vnd im gehen sprach er also / Mein son
Absalom / mein son / mein son Absalom / Wolt
Gott / Jch müste fur dich sterben / O Absalom /
mein Son / mein Son.

Klage Dauids vber Absalom.

XIX.

VND ES WARD JOAB ANGESAGT / SIHE / DER
König weinet vnd tregt leide vmb Absalom.
2Vnd ward aus dem Sieg des tags ein Leid vnter
dem gantzen volck / Denn das volck hatte gehört
des tages / das sich der König vmb seinen Son be-
kümmerte. 3Vnd das Volck verstal sich weg an
dem tage / das nicht in die Stad kam / wie sich ein
Volck verstielet / das zu schanden worden ist / wens
im streit geflohen ist. 4Der König aber hatte sein
angesicht verhüllet / vnd schrey laut / Ah mein son
Absalom / Absalom mein son / mein son.

JOab aber kam zum Könige ins haus / vnd sprach /
Du hast heute schamrot gemacht alle deine
Knechte / die heute deine / deiner Söne / deiner
Töchter / deiner Weiber / vnd deiner Kebsweiber
seele errettet haben / 6Das du lieb habest / die dich
hassen / vnd hassest / die dich lieb haben. Denn du
lest dich heute mercken / das dirs nicht gelegen ist
an den Heubtleuten vnd Knechten / Denn ich
mercke heute wol / wenn dir nur Absalom lebete /
vnd wir heute alle tod weren / das deuchte dich
recht sein.

7SO mache dich nu auff / vnd gehe er aus / vnd
rede mit deinen Knechten freundlich / Denn ich
schwere dir bey dem HERRN / Wirstu nicht er aus

gehen / Es wird kein Man an dir bleiben diese nacht
vber / Das wird dir erger sein denn alles Vbel / das
vber dich komen ist / von deiner jugent auff bis hie
her. [8]Da machte sich der König auff / vnd setzt
sich ins thor / Vnd man sagts allem volck / Sihe / der
König sitzt im thor. Da kam alles volck fur den
König. Aber Jsrael war geflohen ein jglicher in
seine Hütten.

VND es zanckte sich alles Volck in allen stemmen
Jsrael / vnd sprachen / Der König hat vns er-
rettet von der hand vnser Feinde / vnd erlöset vns
von der Philister hand / vnd hat müssen aus dem
Lande fliehen fur Absalom. [10]So ist Absalom ge-
storben im streit / den wir vber vns gesalbet hatten /
Warumb seid jr nu so stille / das jr den König nicht
widerholet.

DEr König aber sandte zu Zadok vnd AbJathar
den Priestern / vnd lies jnen sagen / Redet mit
den Eltesten in Juda / vnd sprecht / Warumb wolt
jr die letzten sein / den König wider zu holen in sein
Haus (Denn die rede des gantzen Jsrael war fur
den König komen in sein haus) [12]Jr seid meine
Brüder / mein bein vnd mein fleisch / Warumb
wolt jr denn die letzten sein / den König wider zu
holen? [13]Vnd zu Amasa sprecht / Bistu nicht mein
bein vnd mein fleisch? Gott thu mir dis vnd das /
wo du nicht solt sein Feldheubtman fur mir dein
leben lang an Joabs stat.

VND er neiget das hertz aller Menner Juda / wie
eins mans. Vnd sie sandten hin zum Könige /
Kom wider / du / vnd alle deine knechte. [15]Also
kam der König wider. Vnd da er an den Jordan
kam / waren die menner Juda gen Gilgal komen /
hin ab zu ziehen dem Könige entgegen / das sie
|| 180b den König vber den Jordan füreten.||

VND Simei der son Gera / des sons Jemini / der
zu Bahurim wonete / eilete vnd zoch mit den
Mennern Juda hin ab dem könige Dauid entgegen /
[17]vnd waren tausent Man mit jm von BenJamin.
Dazu auch Ziba der knabe aus dem hause Saul / ZIBA.
mit seinen funffzehen Sönen vnd zwenzig Knech-
ten / vnd fertigen sich durch den Jordan fur dem
Könige her / [18]vnd machten die Furt / das sie das
Gesinde des Königs hinüber füreten / vnd theten
was jm gefiele.

Sup. 16. SJmei aber der son Gera fiel fur dem Könige SIMEI.
nider / da er vber den Jordan fuhr / [19]vnd sprach

zum Könige / Mein Herr / rechne mir nicht zu die
missethat / vnd gedencke nicht / das dein Knecht
dich beleidiget des tags / da mein Herr könig aus
Jerusalem gieng / vnd der König neme es nicht zu
hertzen / 20Denn dein Knecht erkennet / das ich
gesündigt habe. Vnd sihe / Jch bin heute der erste
komen vnter dem gantzen hause Joseph / das ich
meinem Herrn König entgegen er ab zöge.
21ABer Abisai der son ZeruJa antwortet / vnd
sprach / Vnd Simei solte darumb nicht sterben / So
er doch dem gesalbten des HERRN geflucht hat.
22Dauid aber sprach / Was hab ich mit euch zu
schaffen jr kinder ZeruJa / das jr mir heute wolt
zum Satan werden? Solte heute jemand sterben in
Jsrael? Meinstu / ich wisse nicht / das ich heute ein
König bin worden vber Jsrael? 23Vnd der König
sprach zu Simei / Du solt nicht sterben / Vnd der
König schwur jm.

MEPHIBOSETH.

MEphiBoseth der son Saul kam auch er ab dem
Könige entgegen / Vnd er hatte seine Füsse
noch seinen Bart nicht gereinigt / vnd seine Kleider
nicht gewasschen / von dem tage an da der König
weggegangen war / bis an den tag / da er mit Frie-
den kam. 25Da er nu gen Jerusalem kam / dem Kö-
nige zu begegenen / sprach der König zu jm /
Warumb bistu nicht mit mir gezogen Mephi-
Boseth? 26Vnd er sprach / Mein Herr könig / mein Sup. 16.
Knecht hat mich betrogen / Denn dein knecht ge-
dacht / Jch wil einen Esel satteln vnd drauff reiten /
vnd zum Könige ziehen / Denn dein Knecht ist
lahm. 27Da zu hat er deinen Knecht angegeben fur
meinem Herrn könige / Aber mein Herr könig ist
wie ein Engel Gottes / Thu / was dir wolgefellet /
28Denn alle meins vaters Haus ist nichts gewesen /
denn Leute des tods / fur meinem Herrn könige.
So hastu deinen Knecht gesetzt vnter die so auff
deinem tissch essen / Was hab ich weiter gerechtig-
keit oder weiter zu schreien an den König? 29Der
König sprach zu jm / Was redestu noch weiter
von deinem dinge? Jch habs gesagt / Du vnd Ziba Sup. 16.
teilet den Acker mit einander. 30MephiBoseth
sprach zum Könige / Er neme es auch gar da
hin / nach dem mein Herr könig mit Frieden heim
komen ist.

BARSILLAI.

VND Barsillai der Gileaditer kam er ab von
Roglim / vnd füret den König vber den Jor-
dan / das er jn im Jordan geleite. 32Vnd Barsillai

war fast alt wol achzig jar / der hatte den König
versorget weil er zu Mahanaim war / Denn er war
ein seer trefflicher Man. 33Vnd der König sprach
zu Barsillai / Du solt mit mir hinüber ziehen / Jch
wil dich versorgen bey mir zu Jerusalem. 34Aber
Barsillai sprach zum Könige / Was ists noch das
ich zu leben habe / das ich mit dem Könige solt hin
auff zu Jerusalem ziehen? 35Jch bin heute achzig
jar alt / Wie solt ich kennen was gut oder böse ist /
oder schmecken was ich esse oder trincke / oder
hören was die Senger oder Sengerin singen? Warumb solt dein knecht meinen Herrn könig förder
beschweren. 36Dein knecht sol ein wenig gehen
mit dem Könige vber den Jordan / Warumb
wil mir der König ein solche vergeltung thun?
37Las deinen Knecht vmbkeren / das ich sterbe in
meiner Stad bey meines Vaters vnd meiner Mutter
grab.

SJhe / da ist dein knecht Chimeham / den las mit CHIMEHAM.
|| 181a meinem Herrn könig || hinüber ziehen / vnd thu
jm was dir wolgefellet. 38Der König sprach /
Chimeham sol mit mir hinüber ziehen / vnd ich wil
jm thun / was dir wolgefellet / Auch alles was du
an mir erwelest / wil ich dir thun. 39Vnd da alles
volck vber den Jordan war gegangen / vnd der
König auch / küsset der König den Barsillai vnd
segenet jn / vnd er keret wider an seinen ort. 40Vnd
der König zoch hinüber gen Gilgal / vnd Chimeham zoch mit jm. Vnd alles volck Juda hatte den
König hinüber gefürt / Aber des volcks Jsrael war
nur die helffte da.

VND sihe / da kamen alle menner Jsrael zum
Könige / vnd sprachen zu jm / Warumb haben
dich vnsere Brüder die menner Juda gestolen / vnd
haben den König vnd sein haus vber den Jordan
gefürt / vnd alle menner Dauid mit jm? 42Da antworten die von Juda denen von Jsrael / Der König
gehöret vns nahe zu / Was zürnet jr darumb?
Meinet jr / das wir von dem Könige narung oder
geschencke empfangen haben? 43So antworten
denn die von Jsrael denen von Juda / vnd sprachen / Wir haben zehen mal mehr beim Könige /
da zu auch bey Dauid / denn jr. Warumb hastu
mich denn so geringe geachtet / das das vnser
nicht das erst gewesen ist / vnsern König zu holen?
Aber die von Juda redten herter / denn die von
Jsrael.

XX.

(Berümbter) Einer von den grossen Haufen / vom hohen Adel / der grossen Anhang im volck vnd ein ansehen oder namen hatte Wie Catilina zu Rom etc.

SEBA EIN Auffrührer.

VND ES WAR DASELBS EIN BERÜMBTER HEILLOSER
Man / der hies Seba / ein son Bichri / eins mans
von Jemini / der blies die Posaunen / vnd sprach /
Wir haben kein teil am Dauid / noch erbe am Son
Jsai / Ein jglicher heb sich zu seiner hütten o Jsrael.
2Da fiel von Dauid jederman in Jsrael / vnd folgeten Seba dem son Bichri / Aber die menner Juda hiengen an jrem Könige / vom Jordan an bis gen Jerusalem.

DA aber der könig Dauid heim kam gen Jerusalem / nam er die zehen Kebsweiber / die er hatte gelassen das Haus zu bewaren / vnd thet sie in eine verwarung / vnd versorget sie / Aber er beschlieff sie nicht / Vnd sie waren also verschlossen bis an jren tod / vnd lebten Widwinnen.

AMASA.

Su. 17. 19.

VND der König sprach zu Amasa / Beruff mir
alle man in Juda auff den dritten tag / vnd du
solt auch hie stehen. 5Vnd Amasa gieng hin Juda
zu beruffen / Aber er verzog die zeit die er jm bestimmet hatte.
6Da sprach Dauid zu Abisai / Nu
wird vns Seba der son Bichri mehr leides thun /
denn Absalom / Nim du die Knechte deines Herrn
vnd jage jm nach / das er nicht etwa fur sich feste
Stedte finde / vnd entrinne aus vnsern augen.
7Da zogen aus jm nach die menner Joab / Dazu die Crethi vnd Plethi / vnd alle starcken / Sie zogen aber aus von Jerusalem / nach zujagen Seba dem son Bichri.

DA sie aber bey dem grossen Stein waren zu
Gibeon / kam Amasa fur jnen her. Joab aber
war gegürtet vber seinem Kleide das er anhatte /
vnd hatte darüber ein Schwert gegürtet / das hieng
an seiner hüffte in der scheiden / das gieng gerne
aus vnd ein.
9Vnd Joab sprach zu Amasa / Friede
mit dir / mein bruder. Vnd Joab fasset mit seiner
rechten hand Amasa bey dem bart / das er jn küsset.
10Vnd Amasa hatte nicht acht auff das Schwert in
der hand Joab / Vnd er stach jn damit in den wanst /
das sein eingeweide sich auff die erden schüttet /
vnd gab jm keinen stich mehr / vnd er starb.

JOAB STICHT Amasa tod.

JOab aber vnd sein bruder Abisai jagten nach /
Seba dem son Bichri.
11Vnd es trat einer von den
knaben Joab neben jn / vnd sprach / Trotz vnd
mach sich einer an Joab / vnd thu sich bey Dauid
nach Joab?
12Amasa aber lag im blut geweltzet

mitten auff der strassen. Da aber einer sahe / das alles Volck da stehen bleib / wendet er Amasa von der strassen auff den Acker / vnd warff Kleider auff
|| 181b jn / weil er sahe / das / wer an jn kam / stehen bleib. ||

DA er nu aus der strassen gethan war / folget jederman Joab nach / Seba dem son Bichri nach zujagen. 14Vnd er zoch durch alle stemme Jsrael / gen Abel vnd BethMaacha / vnd gantze Haberim / vnd sie versamleten sich vnd folgeten jm nach. 15Vnd kamen vnd belegten jn zu Abel vnd BethMaacha / Vnd schutten eine schut vmb die Stad / vnd tratten an die maure / vnd alles volck das mit Joab war / stürmet / vnd wolt die mauren niderwerffen.

DA rieff eine weise Fraw aus der Stad / Höret / höret / Sprecht zu Joab das er hie erzu kome / WEISE FRAW zu Abel.
Jch wil mit jm reden. 17Vnd da er zu jr kam / sprach die Frawe / Bistu Joab? Er sprach / Ja. Sie sprach zu jm / Höre die rede deiner magd. Er sprach / Jch höre. 18Sie sprach / Vorzeiten sprach man / Wer
fragen wil / der frage zu Abel / vnd so giengs wol ABEL.
aus. 19Jch bin eine von den friedsamen vnd trewen Stedten in Jsrael / Vnd du wilt die Stad tödten vnd die Mutter in Jsrael / Warumb wiltu das Erbteil des HERRN verschlingen?

20JOab antwortet / vnd sprach / Das sey ferne / das sey ferne von mir / das ich verschlingen vnd verderben solt / Es hat sich nicht also. 21Sondern
ein Man vom gebirge Ephraim mit namen Seba der SEBA.
son Bichri / hat sich empöret wider den könig Dauid / Gebt denselbigen her allein / so wil ich von der Stad ziehen. Die Fraw sprach zu Joab / Sihe / sein Heubt sol zu dir vber die maur geworffen werden. 22Vnd die Fraw kam hin ein zu allem volck mit jrer weisheit / Vnd sie hieben Seba dem son Bichri den Kopff abe / vnd worffen jn zu Joab. Da blies er die Posaunen / vnd zustreweten sich von der Stad / ein jglicher in seine hütten / Joab aber kam wider gen Jerusalem zum Könige.

Sup. 8. JOab aber war vber das gantze Heer Jsrael. Benaia der son Joiada war vber die Crethi vnd Plethi. 24Adoram war Rentmeister. Josaphat der son Ahilud war Cantzler. Seia war Schreiber. Zadok vnd AbJathar waren Priester. Dazu war Jra der Jairiter Dauids Priester.

XXI.

ES WAR AUCH EINE THEWRUNG ZU DAUIDS ZEITEN THEWRUNG.
drey jar an einander / Vnd Dauid sucht das an-

gesicht des HERRN. Vnd der HERR sprach /
Vmb Sauls willen / vnd vmb des Bluthauses willen /
das er die Gibeoniter getödtet hat.
DA lies der König den Gibeonitern ruffen / vnd
sprach zu jnen (Die Gibeoniter aber waren nicht Jos. 9.
von den kindern Jsrael / sondern vbrig von den
Amoritern / Aber die kinder Jsrael hatten jnen ge-
schworen / vnd Saul sucht sie zuschlahen in seinem
eiuer / fur die kinder Jsrael vnd Juda) [3]So sprach
nu Dauid zu den Gibeonitern / Was sol ich euch
thun? vnd wo mit sol ich sünen / das jr dem Erbteil
des HERRN segenet.
[4]DJe Gibeoniter sprachen zu jm / Es ist vns
nicht vmb gold noch silber zu thun an Saul vnd
seinem Hause / vnd ist vns nicht zu thun vmb je-
mand zu tödten in Jsrael. Er sprach / Was sprecht
jr denn / das ich euch thun sol? [5]Sie sprachen zum
Könige / Den Man der vns verterbet vnd zu nicht
gemacht sollen wir vertilgen / das jm nichts bleibe
in allen grentzen Jsrael. [6]Gebet vns sieben Men-
ner aus seinem Hause / das wir sie auffhengen dem
HERRN zu Gibea Sauls / des erweleten des
HERRN. Der König sprach / Jch wil sie geben.
[7]ABer der König verschonet MephiBoseth des Sup. 19.
sons Jonathan / des sons Saul / vmb des Eides wil-
len des HERRN / der zwisschen jnen war / nemlich
zwisschen Dauid vnd Jonathan dem son Saul.
[8]Aber die zween söne Rizpa der tochter Aia / die
sie Saul geborn hatte / Armoni / vnd MephiBoseth /
Da zu die fünff söne Michal der tochter Saul / die
sie dem Adriel geborn hatte / dem son Barsillai des
Mahalothiters / nam der König [9]vnd gab sie in
die hand der Gibeoniter / Die hiengen sie auff dem
berge fur dem HERRN. Also fielen || diese sieben || 182a
auff ein mal / vnd storben zur zeit der ersten
Erndten wenn die Gerstenerndte angehet.
RIZPA. DA nam Rizpa die tochter Aia einen sack / vnd
breitet jn auff den fels am anfang der Erndten /
bis das wasser vom Himel vber sie troff / vnd lies
des tags die vogel des Himels nicht auff jnen rugen /
noch des nachts die Thier des feldes.
[11]VND es ward Dauid angesagt / was Rizpa die
tochter Aia Sauls kebsweib gethan hatte. [12]Vnd
Dauid gieng hin vnd nam die gebeine Saul / vnd 1. Reg. 31.
die gebeine Jonathan seins Sons / von den Bürgern
zu Gabes in Gilead (die sie von der gassen Bethsan
gestolen hatten / dahin sie die Philister gehenget

hatten / zu der zeit / da die Philister Saul schlugen
auff dem berge Gilboa) [13]vnd bracht sie von dan-
nen er auff / vnd samleten sie zuhauffen mit den
gebeinen der gehengeten / [14]Vnd begruben die
gebeine Sauls vnd seines sons Jonathan im lande
BenJamin / zu Zela im grabe seines vaters Kis /
Vnd theten alles wie der König geboten hatte /
Also ward Gott nach diesem Lande wider ver-
sünet.

ES erhub sich aber wider ein krieg von den Phi- DAUID
listern wider Jsrael / Vnd Dauid zoch hin ab vnd streittet wider
seine Knechte mit jm / vnd stritten wider die Phi- die Philister.
lister / Vnd Dauid ward müde. [16]Vnd Jesbi zu JESBI.
Nob (welcher war der kinder Rapha einer / vnd
das gewicht seines Spers war drey hundert gewicht
ertz vnd hatte newe woffen) der gedacht Dauid zu-
schlagen. [17]Aber Abisai der son ZernJa halff jm / ABISAI.
vnd schlug den Philister tod. Da schwuren jm die
menner Dauid / vnd sprachen / Du solt nicht mehr
mit vns ausziehen in den streit / das nicht das
Liecht in Jsrael verlessche.

DArnach erhub sich noch ein Krieg zu [a]Nob mit a Vel Gob.
den Philistern / Da schlug Sibechai der Husa- SIBECHAI.
thiter den Saph / welcher auch der kinder Rapha SAPH.
einer war.

VND es erhub sich noch ein Krieg zu Gob mit
den Philistern / Da schlug Elhanan der son ELHANAN.
Jaere Orgim ein Bethlehemiter den Goliath den GOLIATH.
Gethiter / welcher hatte einen Spies / des stange
war wie ein Weberbawm.

VND es erhub sich noch ein Krieg zu Gath / Da
war ein langer Man / der hatte sechs Finger an LANGER MAN.
seinen henden / vnd sechs Zee an seinen füssen /
das ist vier vnd zwenzig an der zal / vnd er war
auch geboren von Rapha. [21]Vnd da er Jsrael hon-
sprach / schlug jn Jonathan der son Simea des bru- JONATHAN.
ders Dauid. [22]Diese vier waren geboren dem Ra-
pha zu Gath / vnd fielen durch die hand Dauid vnd
seiner Knechte.

XXII.

Psal. 18. VND DAUID REDET FUR DEM HERRN DIE WORT
dieses Liedes / Zur zeit / da jn der HERR er-
rettet hatte / von der hand aller seiner Feinde / vnd
von der hand Saul / vnd sprach.

DER HERR ist mein Fels / Vnd meine Burg /
vnd mein Erretter.

3 Gott ist mein Hort / auff den ich trawe / mein
Schilt vnd Horn meins heils Mein Schutz vnd
meine Zuflucht / Mein Heiland / der du mir hilffst
vom freuel.
4 JCH wil den HERRN loben vnd anruffen / So
werde ich von meinen Feinden erlöset werden.
5 DEnn es hatten mich vmbfangen die schmertzen
des todes / Vnd die beche Belial erschreckten mich.
6 DEr Helle band vmbfiengen mich / Vnd des
Todes stricke vberweldigten mich.
7 WEnn mir angst ist / So ruffe ich den HERRN
an / vnd schrey zu mei||nem Gott / So erhöret er || 182b
meine stimme von seinem Tempel / Vnd mein ge-
schrey kompt fur jn zu seinen Ohren.
DJe Erde bebet vnd ward bewegt / Die grund-
feste des Himels regten sich vnd bebeten / da
er zornig war.
9 Dampff gieng auff von seiner Nasen / Vnd verzeh-
rend Fewr von seinem Munde / das es dauon blitzet.
10 Er neigete den Himel / vnd fuhr er ab / Vnd
tunckel war vnter seinen füssen.
11 Vnd er fuhr auff dem Cherub vnd floh da her /
Vnd er schwebt auff den fittigen des winds.
12 Sein Gezelt vmb jn her / war finster / Vnd
schwartze dicke Wolcken.
13 Von dem glantz fur jm brandte es mit blitzen.
14 Der HERR donnerte vom Himel / Vnd der
Höhest lies seinen donner aus.
15 Er schos seine Strale / vnd zustrewet sie / Er
lies blitzen / vnd schrecket sie.
16 Da sahe man Wassergösse / vnd des Erdbodens
grund ward auffgedeckt von dem schelten des
HERRN / Vnd dem odem vnd schnauben seiner
Nasen.
ER schicket aus von der höhe vnd holet mich /
Vnd zog mich aus grossen Wassern.
18 Er errettet mich von meinen starcken Feinden /
Von meinen Hassern die mir zu mechtig waren.
19 Die mich vberweldigten zur zeit meins vn-
fals / Vnd der HERR ward meine Zuuersicht.
20 ER füret mich aus in den raum / Er reis mich
er aus / Denn er hatte lust zu mir.
21 Der HERR thut wol an mir / nach meiner ge-
rechtigkeit / Er vergilt mir nach der reinigkeit
meiner hende.
22 Denn ich halte die Wege des HERRN / Vnd
bin nicht Gottlos wider meinen Gott.

23Denn alle seine Rechte hab ich fur augen / Vnd
seine Gebot werffe ich nicht von mir.
24Sondern ich bin on wandel fur jm / Vnd hüte
mich fur sünden.
25Darumb vergilt mir der HERR nach meiner
gerechtigkeit / Nach meiner reinigkeit fur seinen
Augen.
26BEy den Heiligen / bistu heilig / Bey den Fromen / bistu from.
27Bey den Reinen / bistu rein / Vnd bey den Verkereten / bistu verkeret.

DEnn du hilffest dem elenden volck / Vnd mit deinen Augen nidrigestu die Hohen.
29Denn du HERR bist mein Liecht / der HERR
macht meine finsternis liechte.
30DEnn mit dir kan ich Kriegsuolck zuschmeissen / Vnd mit meinem Gott vber die Mauren springen.
31Gottes wege sind on wandel / Des HERRN
Rede sind durchleutert / Er ist ein Schilt allen die
jm vertrawen.
32Denn wo ist ein Gott on den HERRN? Vnd
wo ist ein Hort on vnser Gott?
33Gott sterckt mich mit krafft / Vnd weiset mir
einen weg on wandel.
34Er macht meine füsse gleich den Hirssen / Vnd
stellet mich auff meine höhe.
35Er leret meine Hende streitten / Vnd leret
meinen Arm den ehren Bogen spannen.

VND gibst mir den Schilt deines Heils / Vnd wenn du mich demütigest / machstu mich gros.
37Du machst vnter mir raum zugehen / Das
meine Knöchel nicht gleiten.
38Jch wil meinen Feinden nachiagen vnd sie vertilgen / Vnd wil nicht vmb keren / bis ich sie vmbbracht habe. ||
|| 183a
39Jch wil sie vmbbringen vnd zuschmeissen /
vnd sollen mir nicht widerstehen / Sie müssen
vnter meine füsse fallen.
40Du kanst mich rüsten mit stercke zum streit /
Du kanst vnter mich werffen / die sich wider mich
setzen.
41Du gibst mir meine Feinde in die flucht / Das
ich verstöre die mich hassen.
42Sie [a]lieben sich zu / Aber da ist kein Helffer /
Zum HERRN / Aber er antwortet jnen nicht.

a (Sich zu lieben) Die sich mit vielen Gottesdiensten wollen vmb Gott wol verdienen / meinens hertzlich vnd thuns mit ernst. Aber on Gottes wort / aus eigen erweltem furnemen / wie vnser Münche vnd alle Abgöttische thun-

43Jch wil sie zustossen wie Staub auff der erden / Wie Kot auff der gassen wil ich sie versteuben vnd zustrewen.

DV hilffst mir von dem zenckischen Volck / vnd behütest mich zum Heubt vnter den Heiden / Ein Volck das ich nicht kandte / dienet mir.

45Den frembden Kindern hats wider mich gefeilet / Vnd gehorchen mir mit gehorsamen ohren.

46Die frembden Kinder sind verschmachtet / Vnd zabbeln in jren Banden.

47DEr HERR lebet / vnd gelobet sey mein Hort / Vnd Gott der Hort meines Heils müsse erhaben werden.

48Der Gott der mir die Rache gibt / Vnd wirfft die Völcker vnter mich.

49Er hilfft mir aus von meinen Feinden / Du erhöhest mich aus denen die sich wider mich setzen / Du hilffst mir von den Freueln.

Rom. 15.

50DArumb wil ich dir dancken HERR vnter den Heiden / Vnd deinem Namen lobsingen.

51Der seinem Könige gros Heil beweiset / Vnd wolthut seinem Gesalbeten Dauid / vnd seinem Samen ewiglich.

XXIII.

GOTTES GEIST hat durch Dauid geredt.

DJS SIND DIE LETZTEN WORT DAUIDS. ES SPRACH Dauid der son Jsai / Es sprach der Man der von dem Messia des Gottes Jacob versichert ist / lieblich mit Psalmen Jsrael.

DEr Geist des HERRN hat durch mich geredt / vnd seine Rede ist durch meine Zungen geschehen.
3Es hat der Gott Jsrael zu mir gesprochen / Der Hort Jsrael hat geredt / der gerechte Herrscher vnter den Menschen / Der Herrscher in der furcht Gottes.
4Vnd wie das Liecht des morgens / wenn die Sonne auffgehet / des morgens [b]on wolcken / da vom Glantz / nach dem Regen / das Gras aus der erden wechst.
5Denn mein Haus ist nicht also bey Gotte / Denn er hat mir einen Bund gesetzt / der ewig vnd alles wol geordent vnd gehalten wird / Denn alle mein Heil vnd Thun ist / das nichts [c]wechst.

ABer [d]Belial sind alle sampt / wie die ausgeworffen Disteln / die man nicht mit henden fassen kan /
7Sondern wer sie angreiffen sol / mus Eisen vnd Spiesstangen in der hand haben / Vnd werden mit Fewr verbrand werden in der wonunge.

b (On wolcken) Moses richtet des Gesetzsreich an / auff dem Berge Sinai mit Donnern / wolcken / blitzen schrecklich. Aber dis Reich wird lieblich sein / wie es ist im Lentzen wenn es geregent hat / vnd die Sonne früe scheinet.

c (Nichts wechst) Kein Königreich ist so hoch fur Gott wird auch nicht so wachsen sondern vergehen / Allein dis Reich bestehet ewiglich.

d (Belial) Sind die / so dem reich Christi feind sind / als Jüden / Bapst / Ketzer / Türcken etc. die wollen allein nütze vnd die besten sein / vnd sind doch die schedlichsten / darumb heissen sie Belial / die vnnützen oder schedlichen. Also sagt Jere. 23. von den falschen Propheten / Sie sind mit jrem nützen kein nütz diesem volck / das ist / Sie sind die schedlichsten / eben da sie nütze sein wollen.

1.Par. 11.
DIE HELDEN AN Dauids Hofe.

JASABE.

DJS sind die namen der Helden Dauid. [e]Jasa-
beam der son Hachmoni / der furnemest vnter
dreien / Er hub seinen Spies auff / vnd schlug acht
hundert auff ein mal.

ELEASAR.

NAch jm war Eleasar der son Dodo / des sons
Ahohi / vnter den dreien Helden mit Dauid /
da sie hohnsprachen den Philistern / vnd daselbs
versamlet waren zum streit / vnd die menner Jsrael
hin auff zogen / [10]Da stund er vnd schlug die Phi-
lister / bis das seine hand müde am Schwert er-
starret / Vnd der HERR gab ein gros Heil zu der
zeit / das das Volck vmbwand jm nach / zu rauben.

SAMMA.

NAch jm war Samma der son Age des Harari-
ters / Da die Philister sich versamleten in ein
Dorff / vnd war daselbs ein stück ackers vol Lin-
sen / vnd das Volck flohe fur den Philistern / [12]Da
trat er mitten auff das stück vnd errettets vnd schlug
|| 183b die Philister / vnd Gott gab ein gros Heil. ||

VND diese drey Furnemesten vnter Dreissigen
kamen hin ab in der Erndte zu Dauid in der
höle Adullam / vnd die Rotte der Philister lag im
grund Rephaim. [14]Dauid aber war dazu mal in der
Burg / Aber der Philister volck lag zu Bethlehem.
[15]Vnd Dauid ward lüstern / vnd sprach / Wer wil
mir zu trincken holen des wassers aus dem brun
zu Bethlehem vnter dem thor? [16]Da rissen die drey
Helden ins Lager der Philister / vnd schepfften des
wassers aus dem brun zu Bethlehem vnter dem
thor / vnd trugens vnd brachtens Dauid. Aber er
wolts nicht trincken / sondern gos es dem HERRN /
[17]vnd sprach / Das las der HERR fern von mir sein /
das ich das thu / Jsts nicht das blut der Menner / die
jr Leben gewogt haben / vnd da hin gegangen
sind? vnd wolts nicht trincken / Das theten die drey
Helden.

ABISAI.

ABisai Joabs bruder der son ZeruJa / war auch
ein furnemester vnter dreien / Er hub seinen
Spies auff / vnd schlug drey hundert / vnd war auch
berümbt vnter dreien / [19]vnd der herrlichst vnter
dreien / vnd war jr Oberster / Aber er kam nicht
bis an die drey.

BENAIA.

VND Banaia der son Joiada / des sons Jshail von
grossen Thaten von Kabzeel / Der schlug
zween Lewen der Moabiter / vnd gieng hin ab vnd
schlug einen Lewen im brun zur schneezeit. [21]Vnd
schlug auch ein Egyptischen grewlichen Man / der
hatte einen Spies in seiner hand / Er aber gieng zu

e (Jasabeam) An diesem ort stehets im Ebreischen also / Dis sind die namen der Helden Dauid / JosebBasebeth / Thachmoni / der furnemest vnter dreien. Jpseadino / HaEznib / vnd schlug acht hundert auff ein mal. Da achten wir / der Text sey durch einen Schreiber verderbet / etwa aus einem Buch vnkendlicher schrifft vnd von bösen buchstaben. Vnd sey also Adino fur Orer / vnd HaEznib / fur ethhanitho gemacht. Denn die Ebrei wol wissen wie man in böser Handschrifft kan Daleth fur Res / Vau fur Nun / He fur Thau / vnd widerumb lesen. Darumb haben wirs nach dem Text 1.Par. 11. corrigirt / Denn der Text an diesem ort nichts gibt. Des gleichen kan auch geschehen sein / in dem wörtlin drey / Jtem acht hundert / So in der Chronica dreissig / Jtem drey hundert stehen /

Doch kan das ein ander meinung haben / vt infra. 1. Par. 11.

jm hin ab mit einem Stecken / vnd reis dem Egypter
den Spies aus der hand / vnd erwürget jn mit sei-
nem eigen spies / 22 Das thet Benaia der son Joiada.
Vnd war berümbt vnter den dreien Helden / 23 vnd
herrlicher / denn die Dreissig / Aber er kam nicht
bis an die drey. Vnd Dauid machte jn zum heim-
lichen Rat.

AHASEL.

ASahel der bruder Joab ist vnter den dreissigen.
Elhanan der son Dodo zu Bethlehem. 25 Sam-
ma der Haraditer. Elika der Haraditer. 26 Helez der
Paltiter. Jra der son Jkes des Tekoiters. 27 Abieser
der Anthotiter. Mebunai der Husathiter. 28 Zalmon
der Ahohiter. Maherai der Nethopathiter. 29 Heleb
der son Baena der Netophathiter. Jthai der son Ribai
von Gibea der kinder BenJamin. 30 Benaia der Pirga-
thoniter. Hidai von den bechen Gaas. 31 Abialbon
der Arbathiter. Asinaueth der Barhumiter. 32 Elia-
heba der Saalboniter. Die kinder Jasen vnd Jona-
than. 33 Samma der Harariter. Ahiam der son Sarar
der Harariter. 34 Eliphelet der son Ahanbai des
sons Maechathi. Eliam der son Ahitophel des Gilo-
niters. 35 Hezrai der Carmelither. Paerai der Arbi-
ter. 36 Jegeal der son Nathan von Zoba. Bani der
Gaditer. 37 Zeleg der Ammoniter. Naharai der
Beerothiter / der Waffentreger Joabs des sons
ZeruJa. 38 Jra der Jethriter. Garab der Jethriter.
39 Vria der Hethiter. Der ist alle sampt sieben vnd
dreissig.

XXIIII.

VND DER ZORN DES HERRN ERGRIMMET ABER
mal wider Jsrael / vnd reitzt Dauid vnter jnen /
das er sprach / Gehe hin / zele Jsrael vnd Juda.
2 Vnd der König sprach zu Joab seinem Feldheubt-
man / Gehe vmb her in allen stemmen Jsrael / von
Dan an bis gen BerSeba / vnd zele das volck / Das
ich wisse wie viel sein ist. 3 Joab sprach zu dem
König / Der HERR dein Gott thu zu diesem Volck /
wie es jtzt ist / noch hundert mal so viel / das mein
Herr der König seiner augen lust dran sehe / Aber
was hat mein Herr könig zu dieser sachen lust?
4 Aber des Königes wort gieng vor / wider Joab vnd
die Heubtleute des Heeres.

DAUID LESST das Volck zelen etc.

ALso zoch Joab aus vnd die Heubtleute des
Heers von dem Könige / das sie das volck Jsrael
zeleten. 5 Vnd giengen vber den Jordan / vnd
lagerten sich zu Aroer zur rechten der Stad die im

bach Gad ligt / vnd zu Jaeser. 6Vnd kamen gen
Gilead / vnd ins Niderland Hadsi / vnd kamen gen
DanJaan / vnd vmb Zidon her. 7Vnd kamen zu
|| 184a der festen stad Tyro / vnd allen Stedten der He-||
uiter vnd Cananiter / vnd kamen hin aus an den
mittag Juda gen Berseba / 8Vnd zogen das gantze
Land vmb / vnd kamen nach neun monden vnd
zwenzig tagen gen Jerusalem. 9Vnd Joab gab dem
Könige die Summa des volcks / das gezelet war / SUMMA DES
Vnd es war in Jsrael acht hundert mal tausent volcks Jsrael
starcker Man / die das Schwert auszogen / Vnd in vnd Juda.
Juda fünff hundert mal tausent Man.

VND das hertz schlug Dauid / nach dem das volck
gezelet war / Vnd Dauid sprach zum HERRN /
Jch habe schwerlich gesündigt / das ich das gethan
habe / Vnd nu HERR / nim weg die missethat dei-
nes Knechts / Denn ich hab seer thörlich gethan.

VND da Dauid des morgens auffstund / kam des
HERRN wort zu Gad dem Propheten Dauids GAD.
Seher / vnd sprach / 12Gehe hin vnd rede mit
Dauid / So spricht der HERR / Dreierley bringe
ich zu dir / Erwele dir der eins / das ich dir thue.

13GAD kam zu Dauid vnd sagts jm an / vnd
sprach zu jm / Wiltu das sieben jar Thewrung in
dein Land kome? Oder das du drey monden fur
deinen Widersachern fliehen müssest / vnd sie dich
verfolgen? Oder das drey tage Pestilentz in deinem
Lande sey? So mercke nu vnd sihe / was ich wider
sagen sol / dem / der mich gesand hat. 14Dauid
sprach zu Gad / Es ist mir fast angst / Aber las vns
in die Hand des HERRN fallen (denn seine Barm-
Eccl. 27. hertzigkeit ist gros) Jch wil nicht in der Menschen-
hand fallen. 15Also lies der HERR Pestilentz in
Jsrael komen / von morgen an bis zur bestimpten
zeit / das des Volcks starb / von Dan bis gen
BerSeba / siebenzig tausent Man. LXX TAUSENT

VND da der Engel seine hand ausstreckt vber Man an der
Jerusalem / das er sie verderbet / Rewete es den Pestilentz ge-
HERRN vber dem vbel / vnd sprach zum Engel storben etc.
zu dem Verderber im volck / Es ist gnug / las nu
deine hand ab / Der Engel aber des HERRN war
bey der tennen Arafna des Jebusiters. 17Dauid
aber da er den Engel sahe / der das Volck schlug /
sprach er zum HERRN / Sihe / Jch hab gesündi-
get / ich hab die missethat gethan / Was haben diese
Schaf gethan? Las deine Hand wider mich vnd
meines Vaters hause sein.

VND Gad kam zu Dauid zurselben zeit / vnd
sprach zu jm / Gehe hin auff / vnd richte dem
ARAFNA. HERRN einen Altar auff in der tennen Arafna des
Jebusiters. [19]Also gieng Dauid hin auff / wie Gad
gesagt vnd der HERR geboten hatte. [20]Vnd da
Arafna sich wandte / sahe er den König mit seinen
Knechten zu jm gehen / vnd bettet an auff sein an-
gesicht zur erden / [21]vnd sprach / Warumb kompt
mein Herr der König zu seinem knecht? Dauid
sprach / Zu keuffen von dir die Tennen / vnd zu
bawen dem HERRN einen Altar / das die Plage
vom Volck auffhöre.

[22]ABer Arafna sprach zu Dauid / Mein Herr der
König neme vnd opffere wie es jm gefelt / Sihe /
da ist ein Rind zum Brandopffer vnd schleuffen vnd
geschirr vom ochsen zu holtz / [23]Alles gab Arafna
der [a]König / dem Könige / Vnd Arafna sprach
zum König / Der HERR dein Gott las dich jm
angenem sein. [24]Aber der König sprach zu Arafna /
Nicht also / sondern ich wil dirs abkeuffen vmb sein
geld / Denn ich wil dem HERRN meinem Gott
nicht Brandopffer thun das ich vmb sonst habe.
Also kaufft Dauid die Tenne vnd das Rind vmb
funffzig sekel Silbers / [25]Vnd bawete daselbest
dem HERRN einen Altar / vnd opfferte Brand-
opffer vnd Danckopffer. Vnd der HERR ward dem
Land versünet / vnd die Plage höret auff von dem
volck Jsrael.

a Dieser Arafna wird der Jebusiter König gewest sein zu Jerusalem / vnd hernach zu Gott bekeret / from vnd selig worden / sich des Königreichs verziehen vmb Gottes willen.

Ende des Andern Buchs Samuel. || 184b

DAS ERSTE BUCH VON DEN KÖNIGEN

I.

VND DA DER KONIG DAUID ALT WAR VND WOL
betaget / kund er nicht warm werden / ob man
jn gleich mit Kleidern bedeckt. [2]Da sprachen seine
Knechte zu jm / Lasst sie meinem Herrn könige
eine Dirne ein Jungfraw suchen / die fur dem Kö-
nige stehe vnd sein pflege / vnd schlaffe in seinen
armen / vnd werme meinen Herrn den König.
[3]Vnd sie suchten eine schöne Dirne in allen gren-
tzen Jsrael / vnd funden Abisag von Sunem / vnd ABISAG.
brachten sie dem Könige. [4]Vnd sie war ein seer
schöne Dirne / vnd pflegt des Königs vnd dienet
jm / Aber der König erkand sie nicht.

ADONIA ABER DER SON HAGITH ERHUB SICH / ADONIA SIEHET nach dem Reich.
vnd sprach / Jch wil König werden. Vnd
macht jm Wagen vnd Reuter / vnd funffzig Man
zu Drabanten fur jm her. [6]Vnd sein Vater wolt jn
nicht bekümmern bey seiner zeit / das er hette ge-
sagt / Warumb thustu also? Vnd er war auch ein
seer schöner Man / vnd er hatte jn gezeuget nehest
nach Absalom. [7]Vnd hatte seinen Rat / mit Joab
dem son ZeruJa / vnd mit AbJathar dem Priester /
die hulffen Adonia. [8]Aber Zadok der Priester /
vnd Benaia der son Joiada / vnd Nathan der Pro-
phet / vnd Simei vnd Rei / vnd die Helden Dauid
waren nicht mit Adonia. [9]Vnd da Adonia Schaf
vnd Rinder vnd gemestet Vieh opfferte bey dem
stein Soheleth / der neben dem brun Rogel ligt /
lud er alle seine Brüder des Königes Söne / vnd alle
menner Juda des Königs knechte. [10]Aber den
Propheten Nathan vnd Benaia vnd die Helden vnd
Salomo seinen Bruder lud er nicht.

DA sprach Nathan zu BathSeba Salomons mut-
ter / Hastu nicht gehöret / das Adonia der son
Hagith ist König worden / vnd vnser Herr Dauid
weis nichts drumb? [12]So kom nu / Jch wil dir
einen Rat geben / das du deine seele vnd deines
sons Salomo seele errettest. [13]Hin / vnd gehe zum
könige Dauid hin ein / vnd sprich zu jm / Hastu
nicht / mein Herr König / deiner Magd geschwo-
ren vnd geredt / Dein son Salomo sol nach mir
König sein vnd er sol auff meinem Stuel sitzen?
Warumb ist denn Adonia König worden? [14]Sihe /

weil du noch da bist vnd mit dem Könige redest /
wil ich dir nach hin ein komen vnd vollend dein
wort ausreden.

VND BathSeba gieng hin ein zum Könige in die
kamer / vnd der König war seer alt / vnd Abisag
von Sunem dienet dem Könige. [16]Vnd BathSeba
neiget sich / vnd bettet den König an. Der König
aber sprach / Was ist dir? [17]Sie sprach zu jm / Mein
Herr / Du hast deiner Magd geschworen / bey dem
HERRN deinem Gott / Dein son Salomo sol König
sein nach mir / vnd auff meinem Stuel sitzen. [18]Nu
aber sihe / Adonia ist König worden / vnd mein
Herr König du weisst nichts drumb. [19]Er hat
Ochsen vnd gemestet Vieh vnd viel Schaf geop-
ffert / vnd hat geladen alle Söne des Königs / Da
zu AbJathar den Priester / vnd Joab den Feld-
heubtman / Aber deinen knecht Salomo hat er
nicht geladen. [20]Du bist aber mein Herr König /
die augen des gantzen Jsrael sehen auff dich / das
du jnen anzeigest / wer auff dem Stuel meines
Herrn königs nach jm sitzen sol. [21]Wenn aber
mein Herr könig mit seinen Vetern entschlaffen
ist / so werden ich vnd mein son Salomo müssen
Sünder sein. || || 185 a

WEil sie aber noch redet mit dem Könige / kam
Nathan Der Prophet. der Prophet Nathan. [23]Vnd sie sagtens dem
Könige an / Sihe / da ist der Prophet Nathan / Vnd
als er hinein fur den König kam / bettet er an den
König auff sein angesicht zur erden [24]vnd sprach /
Mein Herr könig / Hastu gesaget / Adonia sol nach
mir König sein / vnd auff meinem Stuel sitzen?
[25]Denn er ist heute hin ab gegangen / vnd hat ge-
opffert ochsen vnd Mastvieh / vnd viel Schaf / vnd
hat alle Söne des Königes geladen / vnd die Heubt-
leute / dazu den Priester AbJathar / Vnd sihe / sie
essen vnd trincken fur jm / vnd sagen / Glück zu
dem Könige Adonia. [26]Aber mich deinen knecht
vnd Zadok den Priester / vnd Benaia den son
Joiada / vnd deinen knecht Salomo hat er nicht
geladen. [27]Jst das von meinem Herrn König be-
folhen / vnd hasts deine Knechte nicht wissen
lassen / wer auff dem Stuel meins Herrn Königs
nach jm sitzen sol?

DEr König Dauid antwortet vnd sprach / Rufft
mir BathSeba. Vnd sie kam hin ein fur dem
König / Vnd da sie fur dem Könige stund /
[29]schwur der könig / vnd sprach / So war der HERR

lebt / der meine Seele erlöset hat aus aller not / [30]Jch
wil heute thun / wie ich dir geschworen habe bey
dem HERRN / dem Gott Jsrael / vnd geredt / Das
Salomo dein Son sol nach mir König sein / vnd er
sol auff meinem Stuel sitzen fur mich. [31]Da neiget
sich BathSeba mit jrem andlitz zur erden vnd bettet
den König an / vnd sprach / Glück meinem Herrn
könig Dauid ewiglich.

VND der könig Dauid sprach / Ruffet mir den
Priester Zadok / vnd den Propheten Nathan / vnd
Benaia den son Joiada. Vnd da sie hin ein kamen
fur den König / [33]sprach der König zu jnen /
Nemet mit euch ewrs Herrn Knechte / vnd setzt
meinen son Salomo auff mein Maul / vnd füret jn
hin ab gen Gihon. [34]Vnd der Priester Zadok sampt
dem Propheten Nathan / salbe jn daselbs zum Kö-
nige vber Jsrael / vnd blaset mit den Posaunen /
vnd sprecht / Glück dem könige Salomo. [35]Vnd
ziehet jm nach er auff / vnd kompt / So sol er sitzen
auff meinem Stuel vnd König sein fur mich / Vnd
ich wil jm gebieten / das er Fürst sey vber Jsrael
vnd Juda. [36]Da antwortet Benaia der son Joiada
dem Könige / vnd sprach / Amen / Es sage der
HERR der Gott meines Herrn königs auch also.
[37]Wie der HERR mit meinem Herrn könige ge-
wesen ist / So sey er auch mit Salomo / das sein
Stuel grosser werde denn der Stuel meins Herrn
königs Dauid.

DA giengen hin ab / der Priester Zadok / vnd der Salomo zum
Prophet Nathan / vnd Benaia der son Joiada / König gesalbet
vnd Crethi vnd Plethi / vnd satzten Salomo auff vom Priester
das Maul des königs Dauid / vnd füreten jn gen Zadok.
Gihon. [39]Vnd der Priester Zadok nam das Ole-
horn aus der Hütten vnd salbete Salomo / Vnd sie
bliesen mit der Posaunen / vnd alles volck sprach /
Glück dem könige Salomo. [40]Vnd alles Volck
zoch im nach er auff / vnd das volck pfeiff mit
Pfeiffen / vnd war seer frölich / das die Erde von
jrem geschrey erschall.

VND Adonia höret es vnd alle die er geladen
hatte / die bey jm waren / vnd sie hatten schon
gessen. Vnd da Joab der Posaunen schall höret /
sprach er / Was wil das geschrey vnd getümel der
Stad? [42]Da er aber noch redet / sihe / da kam Jona-
than der son AbJathar des Priesters. Vnd Adonia
sprach / Kom er ein / Denn du bist ein redlicher
Man / vnd bringest gute Bottschafft. [43]Jonathan

antwort / vnd sprach zu Adonia / Ja / vnser Herr
der könig Dauid hat Salomo zum Könige gemacht
[44]vnd hat mit jm gesand den Priester Zadok / vnd
den Propheten Nathan / vnd Benaia den son
Joiada / vnd Crethi vnd Plethi / vnd sie haben jn
auffs Königs Maul gesetzt. [45]Vnd Zadok der Prie-
ster / sampt dem Propheten Nathan / hat jn gesalbet
zum König zu Gihon / vnd sind von dannen er auff
gezogen mit freuden / das die Stad tummelt / Das
ist das geschrey / das jr gehöret habt.|| || 185b
[46]DAzu sitzt Salomo auff dem königlichem Stuel.
[47]Vnd die knecht des Königs sind hin ein gegangen
zusegenen vnsern Herrn den könig Dauid / vnd
haben gesagt / Dein Gott mache Salomo einen
bessern namen / denn dein name ist / vnd mache
seinen Stuel grösser denn deinen Stuel. Vnd der
König hat angebetet auff dem Lager. [48]Auch hat
der König also gesagt / Gelobet sey der HERR der
Got Jsrael / der heute hat gelassen einen sitzen auff
meinem Stuel / das meine augen gesehen haben.
DA erschrocken vnd machten sich auff alle die
bey Adonia geladen waren / vnd giengen hin /
ein jglicher seinen weg. [50]Aber Adonia furcht sich
fur Salomo vnd macht sich auff / gieng hin vnd
fasset die hörner des Altars. [51]Vnd es ward Salomo
angesagt / sihe Adonia fürchtet den könig Salomo /
vnd sihe / er fasset die hörner des Altars / vnd
spricht / der könig Salomo schwere mir heute / das
er seinen Knecht nicht tödte mit dem schwert.
[52]Salomo sprach / Wird er redlich sein / so sol kein
har von jm auff erden fallen / Wird aber böses an
jm funden / so sol er sterben. [53]Vnd der könig
Salomo sandte hin / vnd lies jn er ab vom Altar
holen / Vnd da er kam / betet er den könig Salomo
an / Salomo aber sprach zu jm / Gehe in dein haus.

II.

Dauids befelh an Salomo fur seinem ende.

ALS NU DIE ZEIT ER BEY KAM / DAS DAUID STER-
ben solt / gebot er seinem son Salomo / vnd
sprach / [2]Jch gehe hin den weg aller Welt. So sey
getrost / vnd sey ein Man / [3]vnd warte auff die Hut
des HERRN deines Gottes / das du wandelst in
seinen wegen vnd haltest seine Sitten / Gebot / Deut. 17.
Rechte / Zeugnisse / wie geschrieben stehet im ge-
setze Mose / Auff das du klug seiest in allem das du
thust / vnd wo du dich hin wendest. [4]Auff das der
HERR sein wort erwecke / das er vber mich geredt

hat / vnd gesagt / Werden deine Kinder jre wege
behüten / da sie fur mir trewlich vnd von gantzem
hertzen vnd von gantzer seelen wandeln / So sol
von dir nimer gebrechen ein Man auff dem Stuel
Jsrael.

AVch weistu wol / was mir gethan hat Joab der JOAB.
son ZeruJa / was er thet den zweyen Feldheubt-
2. Reg. 3. 20. menner Jsrael / Abner der son Ner / vnd Amasa
dem son Jether / die er erwürget hat / vnd vergos
Kriegsblut im frieden / vnd thet Kriegsblut an sei-
nen gürtel / der vmb seine Lenden war / vnd an
seine schuch die an seinen füssen waren. [6]Thu nach
deiner weisheit / das du seine grawe Har nicht mit
frieden hinunter zur Helle bringest.

2. Reg. 17. 19. AVch den kindern Barsillai des Gileaditers soltu BARSILLAI.
barmhertzigkeit beweisen das sie auff deinem
Tisch essen / Denn also theten sie sich zu mir / da
ich fur Absalom deinem Bruder floh.

2. Reg. 16. 19. VND sihe / Du hast bey dir Simei den son Gera SIMEI.
des sons Jemini von Bahurim / Der mir schend-
lich flucht zur zeit / da ich gen Mahanaim gieng.
Er aber kam er ab mir entgegen am Jordan / Da
schwur ich jm bey dem HERRN / vnd sprach / Jch
wil dich nicht tödten mit dem Schwert. [9]Du aber
las jn nicht vnschüldig sein / Denn du bist ein wei-
ser Man / vnd wirst wol wissen / was du jm thun
solt / Das du seine grawe Har mit blut hinunter in
die Helle bringest.

ALso entschlieff Dauid mit seinen Vetern / vnd
ward begraben in der Stad Dauid. [11]Die zeit
aber die Dauid könig gewesen ist vber Jsrael / ist DAUID HAT
1. Par. 3. vierzig jar / Sieben jar war er König zu Hebron / 70. jar gelebt.
vnd drey vnd dreissig jar zu Jerusalem. [12]Vnd 2. Reg. 5. vnd
Salomo sas auff dem Stuel seines vaters Dauid / vnd 40. jar regirt.
sein Königreich ward seer bestendig.

ABER ADONIA DER SON HAGITH KAM HIN EIN ZU ADONIA.
BathSeba der mutter Salomo. Vnd sie sprach /
|| 186a Kompstu auch mit frieden? Er sprach / Ja. [14]Vnd ||
sprach / Jch hab mit dir zu reden. Sie sprach / Sage
her. [15]Er sprach / Du weissest / das das Königreich
mein war / vnd gantz Jsrael hatte sich auff mich ge-
richt / das ich König sein solt / Aber nu ist das
Königreich gewand vnd meines Bruders worden /
von dem HERRN ists jm worden. [16]Nu bitte ich
eine bitte von dir / du woltest mein angesicht nicht
beschemen. Sie sprach zu jm / Sage her. [17]Er
sprach / Rede mit dem könige Salomo / denn er

wird dein angesicht nicht beschemen / das er mir
gebe Abisag von Sunem zum weibe. [18]BathSeba
sprach / Wol / Jch wil mit dem Könige deinet hal-
ben reden.

VND BathSeba kam hin ein zum könige Salomo
mit jm zu reden Adonias halben. Vnd der König
stund auff vnd gieng jr entgegen / vnd betet sie an /
vnd satzt sich auff seinen Stuel / Vnd es ward des
Königs mutter ein Stuel gesetzt / das sie sich satzt
zu seiner Rechten. [20]Vnd sie sprach / Jch bitte eine
kleine bitte von dir / du woltest mein angesicht
nicht beschemen. Der König sprach zu jr / Bitte
meine mutter / Jch wil dein angesicht nicht be-
schemen. Sie sprach / [21]Las Abisag von Sunem
deinem bruder Adonia zum weibe geben.

[22]Da antwortet der könig Salomo / vnd sprach
zu seiner Mutter / Warumb bittestu vmb Abisag
ADONIA. von Sunem dem Adonia? Bitte jm das Königreich
auch / Denn er ist mein gröster Bruder / vnd hat den
Priester AbJathar vnd Joab den son ZeruJa. [23]Vnd
der könig Salomo schwur bey dem HERRN / vnd
sprach / Gott thu mir dis vnd das / Adonia sol das
wider sein Leben geredt haben. [24]Vnd nu / so war
der HERR lebt / der mich bestetigt hat / vnd sitzen
lassen auff dem Stuel meins vaters Dauid / vnd der
mir ein Haus gemacht hat / wie er geredt hat / heute
sol Adonia sterben. [25]Vnd der König Salomo
sandte hin durch Benaia den son Joiada / der schlug
jn das er starb.

ABJATHAR. VND zu dem Priester AbJathar sprach der
König / Gehe hin gen Anathot zu deinem
Acker / denn du bist des tods. Aber ich wil dich
heute nicht tödten / Denn du hast die Lade des
HErrn HERRN fur meinem vater Dauid getra-
gen / vnd hast mit gelidden wo mein Vater gelidden
hat. [27]Also versties Salomo den AbJathar / das er
nicht muste Priester des HERRN sein / Auff das 1. Reg. 2.
erfüllet würde des HERRN wort / das er vber das
Haus Eli geredt hatte zu Silo.

JOAB. VND dis gerüchte kam fur Joab / Denn Joab
hatte an Adonia gehangen wiewol nicht an Ab-
salom. Da floh Joab in die Hütten des HERRN vnd
fasset die hörner des Altars. [29]Vnd es ward dem
könige Salomo angesagt / das Joab zur Hütten des
HERRN geflohen were / vnd sihe / er stehet am
Altar. Da sandte Salomo hin Benaia den son Joiada /
vnd sprach / Gehe / schlahe jn. [30]Vnd da Benaia

zur Hütten des HERRN kam / sprach er zu jm /
So sagt der König / Gehe er aus. Er sprach / Nein /
hie wil ich sterben. Vnd Benaia sagt solchs dem
Könige wider / vnd sprach / So hat Joab geredt /
vnd so hat er mir geantwortet.

31 DEr König sprach zu jm / Thue wie er geredt
hat / vnd schlag jn vnd begrabe jn / Das du das blut /
das Joab vmb sonst vergossen hat / von mir thust
vnd von meines Vaters hause / 32 vnd der HERR
jm bezale sein Blut auff seinen Kopff / Das er zween
2. Reg. 3. 20. Menner geschlagen hat / die gerechter vnd besser
waren denn er / vnd hat sie erwürget mit dem
Schwert / das mein vater Dauid nichts drumb
wuste / nemlich / Abner den son Ner / den Feld-
heubtman vber Jsrael / vnd Amasa den son
Jether / den Feldheubtman vber Juda / 33 das jr
blut bezalet werde auff den kopff Joab vnd seins
samens ewiglich / Aber Dauid vnd sein same / sein
Haus vnd sein Stuel Friede habe ewiglich von dem
HERRN.

34 VND Benaia der son Joiada gieng hin auff /
vnd schlug jn vnd tödtet jn. Vnd er ward begraben
in seinem hause in der wüsten. 35 Vnd der König
Jnf. 4. setzet Benaia den son Joiada an seine stat vbers
Heer / vnd Zadock den Priester setzet der König
|| 186b an die stat AbJathar. ||

VNd der König sandte hin vnd lies Simei ruffen / SIMEI.
vnd sprach zu jm / Bawe dir ein haus zu Jeru-
salem / vnd wone daselbs / vnd gehe von dannen
nicht eraus / weder hie noch da her. 37 Welches tags
du wirst hin aus gehen vnd vber den bach Kidron
gehen / So wisse / das du des tods sterben must /
dein Blut sey auff deinem kopff. 38 Simei sprach
zum Könige / Das ist eine gute meinung / wie mein
Herr der könig geredt hat / so sol dein knecht thun /
Also wonet Simei zu Jerusalem lange zeit.

ES begab sich aber vber drey jar / das zween
knechte dem Simei entlieffen zu Achis dem son
Maecha dem könige zu Gath / Vnd es ward Simei
angesagt / Sihe / deine knechte sind zu Gath. 40 Da
macht sich Simei auff vnd sattelt seinen Esel / vnd
zoch hin gen Gath zu Achis / das er seine knechte
suchet / Vnd da er hin kam / bracht er seine knechte
von Gath.

VND es ward Salomo angesagt / das Simei hin
gezogen were von Jerusalem gen Gath / vnd
widerkomen. 42 Da sandte der König hin vnd lies

Simei ruffen / vnd sprach zu jm / Hab ich dir nicht
geschworen bey dem HERRN / vnd dir bezeuget
vnd gesagt / Welchs tages du würdest ausziehen /
vnd hie oder dahin gehen / Das du wissen soltest /
du müsstest des tods sterben? Vnd du sprachst zu
mir / Jch hab eine gute meinung gehöret. 43War-
umb hastu denn nicht dich gehalten nach dem Eid
des HERRN vnd Gebot / das ich dir geboten habe?
44VND der König sprach zu Simei / Du weist
alle die bosheit / der dir dein hertz bewust ist / die 2. Reg. 16.
du meinem vater Dauid gethan hast / Der HERR
hat deine bosheit bezalet auff deinem Kopff. 45Vnd
der könig Salomo ist gesegenet vnd der Stuel
Dauid wird bestendig sein fur dem HERRN ewig-
lich. 46Vnd der König gebot Benaia dem son
Joiada / Der gieng hin aus vnd schlug jn / das er
starb / Vnd das Königreich ward bestetigt durch
Salomo hand.

III.

VND Salomo befreundte sich mit Pharao dem
könig in Egypten / vnd nam Pharao tochter /
vnd bracht sie in die Stad Dauids / bis er ausbawet
sein Haus / vnd des HERRN Haus / vnd die
mauren vmb Jerusalem her. 2Aber das Volck
opfferte noch auff den Höhen / Denn es war noch
kein Haus gebawet dem Namen des HERRN bis
auff die zeit. 3Salomo aber hatte den HERRN lieb /
vnd wandelt nach den Sitten seins vaters Dauid /
On das er auff den Höhen opfferte vnd reucherte.

Gibeon.

VND der König gieng hin gen Gibeon / daselbs 2. Par. 1.
zu opffern / Denn das war eine herrliche Höhe /
vnd Salomo opfferte tausent Brandopffer auff dem
selben Altar. 5Vnd der HERR erschein Salomo zu
Gibeon im trawm des nachts / vnd Gott sprach /
Bitte / was ich dir geben sol.

Was Salomo von Gott bittet.

6SAlomo sprach / Du hast an meinem vater
Dauid deinem Knecht grosse Barmhertzigkeit ge-
than / wie er denn fur dir gewandelt hat in Warheit
vnd Gerechtigkeit / vnd mit richtigem Hertzen fur
dir / Vnd hast jm diese grosse Barmhertzigkeit ge-
halten / vnd jm einen Son gegeben / der auff seinem
Stuel sesse / wie es denn jtzt gehet. 7Nu HERR
mein Gott / du hast deinen Knecht zum Könige
gemacht an meines vaters Dauids stat / So bin ich
ein kleiner Knabe / weis nicht / weder mein aus-
gang noch eingang. 8Vnd dein Knecht ist vnter

dem Volck / das du erwelet hast so gros / das nie-
mand zelen noch beschreiben kan / fur der menge.
9So woltestu deinem Knecht geben ein gehorsam
hertz / das er dein Volck richten müge / vnd ver-
stehen / was gut vnd böse ist / Denn wer vermag
dis dein mechtig Volck zurichten?

DAS gefiel dem HERRN wol / das Salomo vmb
|| 187a ein solchs bat. 11Vnd || Gott sprach zu jm /
Weil du solchs bittest / vnd bittest nicht vmb langes
Leben / noch vmb Reichthum / noch vmb deiner
Feinde seele / sondern vmb verstand Gericht zu
hören / 12Sihe / so habe ich gethan nach deinen
worten. Sihe / Jch hab dir ein weises vnd versten-
diges Hertz gegeben / Das deines gleichen vor dir
nicht gewesen ist / vnd nach dir nicht auffkomen
wird. 13Dazu / das du nicht gebeten hast / hab ich
dir auch gegeben / nemlich / Reichthum vnd Ehre /
Das deines gleichen keiner vnter den Königen ist
zu deinen zeiten. 14Vnd so du wirst in meinen
wegen wandeln / das du heltest meine Sitten vnd
Gebot / wie dein vater Dauid gewandelt hat / So
wil ich dir geben ein langes Leben.

15VND da Salomo erwachet / sihe / da war es
ein Trawm / Vnd kam gen Jerusalem / vnd trat
fur die Lade des Bunds des HERRN / vnd
opfferte Brandopffer vnd Danckopffer / vnd macht
ein grosses Mal allen seinen knechten.

ZV DER ZEIT KAMEN ZWO HUREN ZUM KÖNIGE /
vnd tratten fur jn. 17Vnd das eine Weib sprach /
Ah mein Herr / Jch vnd dis Weib woneten in
einem Hause / vnd ich gelag bey jr im hause.
18Vnd vber drey tage da ich geborn hatte / gebar
sie auch / Vnd wir waren bey einander / das kein
Frembder mit vns war im hause / on wir beide.
19Vnd dieses weibs Son starb in der nacht / Denn
sie hatte jn im schlaff erdrückt. 20Vnd sie stund
in der nacht auff / vnd nam meinen Son von meiner
seiten / da deine Magd schlieff / vnd legt jn an jren
arm / vnd jren todten Son legt sie an meinen arm.
21Vnd da ich des morgens auff stund meinen Son
zu seugen / sihe / da war er tod / Aber am morgen
sahe ich jn eben an / vnd sihe / es war nicht mein
son den ich geboren hatte. 22Das ander Weib
sprach / Nicht also / Mein son lebt / vnd dein son
ist tod. Jene aber sprach / Nicht also / dein son ist
tod / vnd mein son lebet / vnd redten also fur dem
Könige.

[23]VND der König sprach / Diese spricht / Mein
son lebt vnd dein son ist tod / Jene spricht / nicht
also / Dein son ist tod vnd mein son lebt. [24]Vnd
der König sprach / Holet mir ein Schwert her.
Vnd da das Schwert fur den König bracht ward /
[25]sprach der König / Teilet das lebendige Kind in
zwey teil / vnd gebt dieser die helffte / vnd jener die
helffte. [26]Da sprach das weib des Son lebete / zum
Könige (Denn jr mütterlich hertz entbrand vber
jren son) Ah mein Herr / Gebet || jr das Kind leben- || 187b
dig / vnd tödtet es nicht. Jene aber sprach / Es sey
weder mein noch dein / Lasst es teilen. [27]Da ant-
wortet der König / vnd sprach / Gebt dieser das
Kind lebendig vnd tödtets nicht / die ist seine
Mutter. [28]Vnd das Vrteil erschall fur dem gantzen
Jsrael / das der König gefellet hatte / Vnd furchten
sich fur dem Könige / Denn sie sahen / das die
weisheit Gottes in jm war / Gericht zu halten.

IIII.

SALOMOS Fürsten.

ALso war Salomo könig vber gantz Jsrael.
[2]Vnd dis waren seine Fürsten / AsarJa / der
son Zadok des Priesters. [3]Elihoreph vnd AhiJa
die söne Sisa waren Schreiber. Josaphat der son
Ahilud war Cantzler. [4]Benaia der son Joiada war
Feldheubtman. Zadok vnd AbJathar waren Prie-
ster. [5]AsarJa der son Nathan war vber die Ampt-
leute. Sabud der son Nathan des Priesters war des
Königs freund. [6]Ahisar war Hoffmeister. Adoni-
ram der son Abda war Rentmeister.

VND Salomo hatte zwelff Amptleute vber gantz
Jsrael / die den König vnd sein Haus versorge-
ten / Einer hatte des jars ein mondlang zu versor-
gen. [8]Vnd hiessen also / Der son Hur auff dem
gebirge Ephraim. [9]Der son Deker zu Makaz vnd
zu Saalbim vnd zu BethSemes vnd zu Elon vnd
BethHanan. [10]Der son Hesed zu Aruboth / vnd
hatte dazu Socho vnd das gantze land Hepher.
[11]Der son AbiNadab / die gantze Herrschafft zu
Dor / vnd hatte Taphath Salomos tochter zum
weibe. [12]Baena der son Ahilud zu Thaenach vnd
zu Megiddo / vnd vber gantzes BethSean / welche
ligt neben Zarthana / vnter Jesreel / von BethSean
bis an den plan Mehola / bis jenseid Jakmeam.
[13]Der son Geber zu Ramoth in Gilead / vnd hatte
die Flecken Jair des sons Manasse in Gilead / vnd
hatte die gegend Argob / die in Basan ligt / sechzig
grosser Stedte vermauret vnd mit ehrnen Rigeln.

ZWELFF AMPTleute Salomos.

TAPHATH.

[14]AHiNadab der son Jddo zu Mahanaim [15]Ahi-
maaz in Naphthali / Vnd der nam auch Salomos
tochter Basmath zum weibe. [16]Baena der son Hu-
sai in Asser / vnd zu Aloth. [17]Josaphat der son
Parnah in Jsaschar. [18]Simei der son Ela in Ben-
Jamin. [19]Geber der son Vri im lande Gilead / im
lande Sihon des königes der Amoriter / vnd Og
des königes in Basan / ein Amptman war in dem
selbigen Lande. [20]Juda aber vnd Jsrael des war
viel / wie der sand am meer / vnd assen vnd
truncken vnd waren frölich. [21]Also war Salomo
ein Herr vber alle Königreich / von dem wasser an
in der Philisterlande / bis an die grentze Egypti /
die jm geschencke zubrachten / vnd dieneten jm
sein leben lang.

BASMATH.

VNd Salomo muste teglich zur speissung haben /
dreissig Cor Semelmelh / sechzig Cor ander
Melh / [23]zehen gemeste Rinder / vnd zwenzig
weide Rinder / vnd hundert Schaf / Ausgenomen
Hirs vnd Rehe vnd Gemse / vnd gemestet Vieh.
[24]Denn er herrschete im gantzen Lande disseid des
wassers / von Tiphsah bis gen Gasa / vber alle
Könige disseid des wassers / Vnd hatte Friede von
allen seinen Vnterthanen vmbher. [25]Das Juda vnd
Jsrael sicher woneten / ein jglicher vnter seinem
Weinstock / vnd vnter seinem Feigenbawm / von
Dan bis gen BerSeba / so lang Salomo lebt.

TEGLICHE speissung fur Salomos Hofe.

[26]VND Salomo hatte vierzig tausent Wagen-
pferde / vnd zwelff tausent Reisigen. [27]Vnd die

Amptleute versorgeten den könig Salomo / vnd
alles was zum Tisch des Königs gehörte / ein jgli-
cher in seinem monden / vnd liessen nichts feilen.
[28]Auch gersten vnd stro fur die Ros vnd Leuffer /
brachten sie an den Ort da er war / ein jglicher
nach seinem befelh.

Weisheit Salomonis.

VND Gott gab Salomo seer grosse Weisheit vnd Ecc. 47.
Verstand / vnd getrost hertz / wie sand der am
vfer des Meers ligt. [30]Das die Weisheit Salomo
grösser war / denn aller Kinder gegen morgen /
vnd aller Egypter weisheit / [31]Vnd war weiser /
denn alle Menschen / auch weiser denn die Tich-
ter / ‖ Ethan der Esrahiter / Heman / Chalchal vnd ‖ 188a
Darda / Vnd war berümbt vnter allen Heiden vmb-
her. [32]Vnd er redet drey tausent Sprüche / vnd
seiner Liede waren tausent vnd fünff. [33]Vnd er
redet von Bewmen / vom Ceder an zu Libanon bis
an den Jsop / der aus der wand wechst. Auch redet
er von vieh / von vogeln / von gewürm / von
fischen. [34]Vnd es kamen aus allen Völckern zu
hören die weisheit Salomo von allen Königen auff
Erden / die von seiner weisheit gehöret hatten.

V.

Hiram.

VND Hiram der könig zu Tyro sandte seine
knechte zu Salomo / denn er hatte gehöret / das
sie jn zum Könige gesalbet hatten an seins Vaters
stat / Denn Hiram liebte Dauid sein leben lang.

VND Salomo sandte zu Hiram vnd lies jm sagen /
[3]Du weissest / das mein vater Dauid nicht
kundte bawen ein Haus dem Namen des HERRN
seines Gottes / vmb des Kriegs willen / der vmb jn
her war / Bis sie der HERR vnter seiner fussolen
gab. [4]Nu aber hat mir der HERR mein Gott ruge
gegeben vmbher / das kein Widersacher / noch
böse hindernis mehr ist. [5]Sihe / so hab ich gedacht
ein Haus zu bawen dem Namen des HERRN mei-
nes Gottes / wie der HERR geredt hat zu meinem
vater Dauid / vnd gesagt / Dein Son / den ich an
deine stat setzen werde / auff deinen Stuel / der sol
meinem Namen ein Haus bawen. [6]So befilh nu /
das man mir Cedern aus Libanon hawe / vnd das
deine knechte mit meinen knechten seien / Vnd das
Lohn deiner knechte wil ich dir geben alles wie du
sagest / Denn du weissest / das bey vns niemand
ist / der holtz zu hawen wisse wie die Zidonier.

DA Hiram aber höret die wort Salomo / frewet
er sich hoch / vnd sprach / Gelobet sey der
HERR heute / der Dauid einen weisen Son gegeben
hat vber dis grosse Volck. [8]Vnd Hiram sandte zu
Salomo vnd lies jm sagen / Jch habe gehöret / was
du zu mir gesand hast / Jch wil thun nach alle dei-
nem beger / mit Cedern vnd tennen holtz. [9]Meine
knechte sollen sie von Libanon hin ab bringen ans
Meer / vnd wil sie in Flössen legen lassen auff dem
meer / bis an den Ort / den du mir wirst ansagen
lassen / vnd wil sie daselbs abbinden / vnd du solts
holen lassen. Aber du solt auch mein beger thun /
vnd Speise geben meinem Gesinde.

[10]ALso gab Hiram Salomo Cedern vnd tennen
holtz nach alle seinem beger. [11]Salomo aber gab
Hiram zwenzig tausent Cor weitzen zu essen fur
sein Gesinde / vnd zwenzig Cor gestossen öles /
Solchs gab Salomo jerlich dem Hiram. [12]Vnd der
HERR gab Salomo Weisheit / wie er jm geredt
hatte / Vnd war friede zwisschen Hiram vnd Salo-
mo / vnd sie machten beide einen Bund mit ein BUND ZWISSCHEN Salomo vnd Hiram.
ander.

VND Salomo legt einen anzal auff gantzes Jsrael /
vnd der anzal war dreissig tausent Man. [14]Vnd
sandte sie auff den Libanon / ja einen monden zehen
tausent / das sie einen monden auff dem Libanon
waren / vnd zween monden da heime / Vnd Ado-
niram war vber solchen anzal.

[15]VND Salomo hatte siebenzig tausent die last
trugen / vnd achzig tausent die da zimmerten auff
dem berge / [16]On die öbersten Amptleute Salomo /
die vber das werck gesetzt waren / nemlich / drey
tausent vnd drey hundert / welche vber das Volck
herrscheten / das da am werck erbeitet. [17]Vnd der
König gebot / das sie grosse vnd köstliche Steine
ausbrechen / nemlich gehawene Steine zum grund
des Hauses. [18]Vnd die Bawleute Salomo vnd die
Bawleute Hiram / vnd die Giblim hieben aus / vnd
bereiten zu Holtz vnd Steine zu bawen das Haus.

VI.

|| 188b JM VIER HUNDERT VND ACHZIGSTEN JAR NACH DEM TEMPEL Salomos.
Ausgang der kinder Jsrael aus Egyptenland / im
vierden jar des Königreichs Salomo vber Jsrael /
im monden Sif / das ist der ander mond / ward das
Haus dem HERRN gebawet. [2]Das Haus aber /
das der könig Salomo dem HERRN bawet / war

sechzig ellen lang / zwenzig ellen breit / vnd dreissig
ellen hoch.
[3]VND bawet eine Halle fur den Tempel / zwen-
zig ellen lang / nach der breite des Hauses / vnd
zehen ellen breit fur dem Hause her. [4]Vnd er
machte an das Haus Fenster / inwendig weit / aus-
wendig enge. [5]Vnd er bawet einen Vmbgang an
der wand des Hauses rings vmbher / das er beide
vmb den Tempel vnd Chor her gieng / vnd machet
sein eusserwand vmbher. [6]Der vnterst Gang war
fünff ellen weit / vnd der mittelst sechs ellen weit /
vnd der dritte sieben ellen weit / Denn er legte
Thramen aussen am hause vmbher / das sie nicht
an der wand des Hauses sich hielten.
[7]VND da das Haus gesetzt ward / waren die
Stein zuuor gantz zugericht das man kein Hamer
noch Beil / noch jrgend ein eisen Gezeug im bawen
hörete.
[8]EJne Thür aber war zur rechten seiten mitten
am Hause / das man durch Wendelstein hinauff
gieng auff den Mittelgang / vnd vom mittelgang
auff den dritten. [9]Also bawet er das Haus vnd vol-
endets / Vnd spündet das Haus mit Cedern / beide
oben vnd an wenden. [10]Er bawet auch einen Gang
oben auff dem gantzen Hause herumb / fünff ellen
hoch vnd decket das Haus mit Cedernholtz.

VND ES GESCHACH DES HERRN WORT ZU SALO-
mo / vnd sprach / [12]Das sey das Haus das du
bawest. Wirstu in meinen Geboten wandeln / vnd
nach meinen Rechten thun / vnd alle meine Gebot
halten / drinnen zuwandeln / So wil ich mein wort 2. Reg. 7.
mit dir bestetigen / wie ich deinem vater Dauid

(Dreissig ellen hoch) Jm andern teil der Chronica cap. 3 spricht der text. Das Haus sey hundert vnd zwenzig ellen hoch gewesen / welchs ist von des gantzen Hauses höhe geredt. Hie aber redet er vom vntersten gemach alleine welchs dreissig ellen hoch war.

Die Fenster so inwendig weit vnd auswendig enge sind / da kan man nicht wol noch viel hin ein sehen / Aber seer wol vnd viel heraus sehen. Solches reimet sich fein mit dem mysterio / Spiritualis homo omnia iudicat / et ipse a nemine iudicatur. Ein geistlicher Mensch kennet alles / vnd sihet wol aus / aber niemand kennet jn. Das ist meines achtens / das der Text spricht / Die fenster am Hause waren offen vnd zu / Mir hinnen sind sie offen / dir draussen sind sie zu.

geredt habe / [13]vnd wil wonen vnter den kindern
Jsrael / vnd wil mein volck Jsrael nicht verlassen.
Act. 7. ALso bawet Salomo das Haus vnd volendets.
[15]Vnd bawet die wende des Hauses inwendig
an den seiten von Cedern / von des Hauses boden
an bis an die decke / vnd spündets mit Holtz in-
wendig / vnd teffelt den Boden des Hauses mit
|| 189a tennen bretter. ||

[16]VND er bawet hinden im Hause zwenzig ellen
lang ein Cedern wand / vom boden an bis an die
decke / vnd bawet daselbst inwendig den Chor vnd
das Allerheiligst. [17]Aber das Haus des Tempels
(fur dem Chor) war vierzig ellen lang. [18]Jnwendig
war das gantze Haus eitel Cedern / mit gedreten
Knoten vnd Blumwerg / das man keinen Stein
sahe. [19]Aber den Chor bereitet er inwendig im
Haus / das man die Lade des Bunds des HERRN
daselbs hin thet. [20]Vnd fur dem Chor der zwenzig
ellen lang / zwenzig ellen weit / vnd zwenzig ellen
hoch war / vnd vberzogen mit lauterm Golde /
spündet er den Altar mit Cedern.

[21]VND Salomo vberzog das Haus inwendig mit
lauterm Golde / vnd zog güldene Riegel fur dem
Chor her / den er mit golde vberzogen hatte /
[22]Also / das das gantze Haus gar mit golde vber-
zogen war / Dazu auch den gantzen Altar fur dem
Chor / vberzog er mit golde.

Exod. 25. 37. ER macht auch im Chor zween Cherubim zehen
ellen hoch von Olebawmholtz. [24]Fünff ellen
hatte ein Flügel eins jglichen Cherub / das zehen
ellen waren von dem ende seines einen flügels /
zum ende seines andern flügels. [25]Also hatte der
ander Cherub auch zehen ellen / vnd war einerley
masse vnd einerley raum beider Cherubim / [26]das
also ein jglicher Cherub zehen ellen hoch war.
[27]Vnd er thet die Cherubim inwendig ins Haus /
Vnd die Cherubim breiten jre Flügel aus / das eins
flügel rüret an diese wand / vnd des andern Cherub
flügel rüret an die ander wand / Aber mitten im
Hause rürete ein flügel den andern. [28]Vnd er vber-
zog die Cherubim mit golde.

[29]VND an allen wenden des Hauses vmb vnd
vmb lies er Schnitzwerg machen von ausgeholeten
Cherubim / Palmen vnd Blumwerg inwendig
vnd auswendig. [30]Auch vberzog er den boden des
Hauses mit gülden Blechen inwendig vnd auswen-
dig. [31]Vnd im eingang des Chors macht er zwo

Thür von ölebawm holtz / mit fünffecketen pfo-
sten / 32vnd lies Schnitzwerg darauff machen von
Cherubim / Palmen vnd Blumwerg / vnd vberzog
sie mit gülden Blechen. 33Also macht er auch im
eingang des Tempels / viereckete pfosten von öle-
bawmholtz / 34vnd zwo Thür von tennenholtz /
das ein jgliche Thür zwey Blat hatte an einander
hangen in jren angeln / 35vnd macht Schnitzwerg
drauff von Cherubim / Palmen vnd Blumwerg /
vnd vberzog sie mit golde / recht wie es befolhen
war.

36VND er bawet auch einen Hof drinnen / von
dreien riegen gehawen Steinen / vnd von einer
riegen gehöffelter Cedern.

37JM vierden jar im monden Sif / ward der
Grund geleget am Hause des HERRN / 38vnd im
eilfften jar im monden Bul (das ist der acht mond)
ward das Haus bereitet / wie es sein solte / Das sie
sieben jar dran baweten.

VII.

Salomos Hause.

ABER AN SEINEM HAUSE BAWETE SALOMO DREI-
zehen jar / das ers gantz ausbawet / 2nemlich /
Er bawet ein Haus vom wald Libanon / hundert
ellen lang / funffzig ellen weit / vnd dreissig ellen
hoch.

Der Königliche Saal.

AVff das selbige geuierde / leget er den Boden
von Cedern brettern / auff Cedern seulen nach den
riegen hin. 3Vnd oben drauff ein Gezimer von
Cedern / auff dieselben Seulen / welcher waren
fünff vnd vierzig / ja funffzehen in einer riege.

4/5VND waren Fenster gegen die drey riegen
gegen ander vber / drey gegen drey / vnd waren
in jren pfosten vierecket.
6ER bawet auch eine Halle von seulen / funffzig Hofesaal.
ellen lang vnd dreissig ellen breit. Vnd noch eine Cantzley.
Halle fur diese / mit seulen vnd dicken balcken.
7VND bawet auch eine Halle zum Richtstuel / Richthaus.
darin man gericht hielt vnd teffelt beide boden mit
|| 189b Cedern. ||
8DAzu sein Haus / darinnen er wonet / im hinder
Hof / hinden an der Hall / gemacht wie die andern.
VND macht auch ein Haus / wie die Halle der
tochter Pharao / die Salomo zum Weibe genomen
hatte.
9SOlchs alles waren köstliche Steine nach dem
Winckeleisen gehawen / mit segen geschnitten auff
allen seiten / von grund bis an das dach / Dazu
auch haussen der grosse Hof. 10Die Grundfeste
aber waren auch köstliche vnd grosse Steine / zehen
vnd acht ellen gros / 11vnd darauff köstliche ge-
hawene Steine nach dem Winckeleisen / vnd Ce-
dern. 12Aber der grosse Hof vmbher hatte drey
riegen gehawen Stein / vnd ein riege von Cedern
brettern / Also auch der Hof am Hause des HERRN
inwendig / vnd die Halle am Hause.

VND der könig Salomo sandte hin vnd lies holen
Hiram von Tyro 14einer widwen Son / aus dem HIRAM.
stam Naphthali / vnd sein Vater war ein man von
Tyro gewesen / Der war ein Meister im ertz / vol
weisheit / verstand vnd kunst zu erbeiten allerley
Ertzwerck. Da der zum könige Salomo kam /
machet er alle seine werck.

VND machet zwo eherne Seulen / eine jgliche
achzehen ellen hoch / vnd ein faden von zwelff
ellen war das mas vmb jgliche seulen her. 16Vnd
machet zween Kneuff von ertz gegossen / oben auff
die seulen zusetzen / vnd ein jglicher knauff war
fünff ellen hoch. 17Vnd es waren an jglichem
Knauff oben auff der seulen sieben geflochten
Reiffe / wie keten. 18Vnd macht an jglichem knauff
zwo riegen Granatepffel vmbher / an einem reiffe /
da mit der knauff bedeckt ward. 19Vnd die kneuffe
waren wie die Rosen fur der Halle / vier ellen gros.
20Vnd der Granatepffel in den riegen vmbher
waren zwey hundert / oben vnd vnten an dem
reiffe der vmb den bauch des knauffs hergieng / an
jglichem knauff auff beiden seulen. 21Vnd er richtet

die seulen auff / fur der Halle des Tempels / Vnd
die er zur rechten hand setzet / hies er Jachin / vnd
die er zur lincken hand setzet / hies er Boas. 22Vnd
es stund also oben auff den seulen wie Rosen / Also
ward volendet das werck der Seulen.

VND er machet ein Meer gegossen / zehen ellen
weit von einem rand zum andern / rund vmb-
her / vnd fünff ellen hoch / vnd eine Schnur dreissig
ellen lang war das mas rings vmb. 24Vnd vmb
dasselb Meer das zehen ellen weit || war / giegen || 190a
knoten an seinem rande / rings vmbs meer her /
der knoten aber waren zwo riegen gegossen. 25Vnd
es stund auff zwelff Rindern / welcher drey gegen
Mitternacht gewand waren / drey gegen Abend /
drey gegen Mittag / vnd drey gegen Morgen / vnd
das Meer oben drauff / das alle jr hinder teil inwen-
dig war. 26Seine dicke aber war ein hand breit /
vnd sein rand war wie eines Bechers rand / wie ein
auffgegangen Rosen / Vnd gieng drein zwey tau-
sent Bath.

ER machet auch zehen eherne Gestüle / ein jgli- A.
chen vier ellen lang vnd breit / vnd drey ellen
hoch. 28Es war aber das gestüle also gemacht / das
es seiten hatte zwisschen leisten / 29vnd an den
seiten zwisschen den leisten / waren Lewen /
Ochsen vnd Cherubim / Vnd die seiten / daran
die Lewen vnd Ochsen waren / hatten leisten oben
vnd vnten / vnd füsslin dran. 30Vnd ein jglich
gestüle hatte vier eherne Reder / mit ehernem ge-
stell. Vnd auff den vier ecken waren achseln ge-
gossen / ein jgliche gegen der andern vber / vnten
an den Kessel gelehnet.

A.

[31]ABer der Hals mitten auff dem Gestüle war
einer ellen hoch vnd rund / ander halb ellen weit /
vnd waren Pockeln an dem Hals in felden / die
vierecket waren vnd nicht rund. [32]Die vier Reder
aber stunden vnten an den seiten / vnd die achsen
der reder waren am gestüle / ein jglich rad war
anderhalb ellen hoch. [33]Vnd waren reder wie
wagenreder / vnd jr achsen / naben / speichen vnd
felgen / war alles gegossen. [34]Vnd die vier achseln
auff den vier ecken eins jglichen gestüls waren auch
am gestüle.

[35]VND am Hals oben auff dem Gestüle einer
halben ellen hoch rund vmb her / waren leisten vnd
seiten am gestüle. [36]Vnd er lies auff die fleche der
selben seiten vnd leisten graben Cherubim / Lewen
vnd Palmenbewm / ein jglichs am andern rings
vmb her dran. [37]Auff die weise machet er zehen
gestüle gegossen / einerley mas vnd raum war an
allen.

VND er macht zehen ehernen Kessel / das vierzig
Bath in einen kessel gieng / vnd war vier ellen
gros / vnd auff jglichem Gestüle war ein Kessel.
[39]Vnd setzt fünff gestül an die rechten ecken des
Hauses / vnd die andern fünffe an die lincken
ecken / Aber das Meer setzet er zur rechten forn
an gegen mittag.

VND Hiram machet auch Töpffe / Schauffeln /
Becken / vnd volendet also alle Werck / die der
|| 190b könig Salomo am Hause des HERRN machen ||
lies / [41]nemlich / die zwo Seulen / vnd die keuliche
Kneuffe oben auff den zwo seulen / vnd die zween
geflochten Reiffe / zu bedecken die zween keuliche

kneuffe auff den seulen. [42]Vnd die vierhundert
Granatepffel an den zween geflochten reiffen / ja
zwo riegen granatepffel an einem reiffe / zu be-
decken die zween keuliche kneuffe / auff den seu-
len. [43]Dazu die zehen Gestüle / vnd zehen Kessel
oben drauff. [44]Vnd das Meer vnd zwelff Rinder
vnter dem meer. [45]Vnd die töpffen / schauffel /
vnd becken. Vnd alle diese Gefess die Hiram dem
könige Salomo machet zum Hause des HERRN /
waren von lauterm Ertz. [46]Jn der gegend am Jor-
dan lies sie der König giessen in dicker erden /
zwisschen Suchoth vnd Zarthan. [47]Vnd Salomo
lies alle gefess vngewogen fur der seer grossen
menge des ertzs.

AVch machet Salomo allen Gezeug der zum
Hause des HERRN gehöret / nemlich / einen
gülden Altar / einen gülden Tisch / darauff die
schawbrot ligen. [49]Fünff Leuchter zur rechten
hand / vnd fünff Leuchter zur lincken / fur dem
Chor von lauterm golde / mit gülden blumen / lam-
pen vnd schnautzen. [50]Dazu Schalen / Schüssel /
Becken / Leffel / vnd Pfannen von lauterm golde.
Auch waren die angel an der thür am Hause in-
wendig im Allerheiligsten / vnd an der thür des
Hauses des Tempels gülden.

[51]ALso ward volendet alles Werck / das der 2. Par. 5.
könig Salomo macht am Hause des HERRN /
Vnd Salomo bracht hin ein was sein vater Dauid
geheiliget hatte / von Silber vnd Golde vnd Ge-
fessen / vnd legts in den schatz des Hauses des
HERRN.

VIII.

DA versamlet der könig Salomo zu sich die 2. Par. 5.
Eltesten in Jsrael / alle Obersten der Stemme
vnd Fürsten der Veter vnter den kindern Jsrael /
gen Jerusalem / die Lade des Bunds des HERRN
erauff zubringen aus der stad Dauid / das ist Zion.
[2]Vnd es versamlet sich zum könige Salomo alle
man in Jsrael / im monden Ethanim am fest / das
ist der siebende mond.

[3]VND da alle Eltesten Jsrael kamen / huben die
Priester die Laden des HERRN [4]auff vnd brachten
sie hin auff / dazu die Hütten des Stiffts / vnd alle || || 191a
gerete des Heiligthums / das in der Hütten war /
das theten die Priester vnd Leuiten. [5]Vnd der kö-
nig Salomo vnd die gantze gemeine Jsrael / die zu

jm sich versamlet hatte / giengen mit jm fur der
Laden her / vnd opfferten Schafe vnd Rinder / so
viel das mans nicht zelen noch rechnen kund.

6ALso brachten die Priester die Lade des Bunds — LADE DES Bunds an jren ort gebracht.
des HERRN an jren ort in den Chor des Hauses /
in das Allerheiligst vnter die flügel der Cherubim.
7Denn die Cherubim breiten die flügel aus an dem
ort da die Laden stund vnd bedeckten die Lade vnd
jre stangen von oben her. 8Vnd die stangen waren
so lang / das jre kneuffe gesehen wurden in dem
Heiligthum fur dem Chor / Aber haussen wurden
sie nicht gesehen / vnd waren daselbs bis auff diesen
tag. 9Vnd war nichts in der Lade / denn nur die
zwo steinern tafeln Mose / die er daselbs lies in
Horeb / da der HERR mit den kindern Jsrael einen
Bund machte / da sie aus Egyptenland gezogen
waren.

DA aber die Priester aus dem Heiligthum gien-
gen / erfüllet ein wolcke das Haus des HERRN /
11das die Priester nicht kundten stehen vnd Ampts
pflegen fur der wolcken / Denn die Herrligkeit des
HERRN erfüllet das Haus des HERRN.

2. Par. 6. 12DA sprach Salomo / Der HERR hat geredt /
er wolle im tunckel wonen. 13Jch habe zwar ein
Haus gebawet dir zur Wonung / einen Sitz / das du
ewiglich da wonest. 14Vnd der König wand sein
angesicht / vnd segenet die gantze gemeine Jsrael /
vnd die gantze gemeine Jsrael stund / 15Vnd er
sprach.

GElobt sey der HERR der Gott Jsrael / der durch
seinen Mund meinem vater Dauid geredt / vnd
durch seine Hand erfüllet hat / vnd gesagt / 16Von
dem tage an / da ich mein volck Jsrael aus Egypten
füret / hab ich nie keine Stad erwelet vnter jrgent
einem stam Jsrael / das mir ein Haus gebawet
würde / das mein Name da were / Dauid aber hab
ich erwelet / das er vber mein volck Jsrael sein solt.
2. Reg. 7. 17Vnd mein vater Dauid hatte es zwar im sinn / das
er ein Haus bawete dem Namen des HERRN des
Gottes Jsrael / 18Aber der HERR sprach zu
meinem vater Dauid / Das du im sinn hast meinem
Namen ein Haus zu bawen / hastu wol gethan / das
du solchs furnamest. 19Doch du solt nicht das
Haus bawen / sondern dein Son / der aus deinen
Lenden komen wird / der sol meinem Namen ein
Haus bawen. 20Vnd der HERR hat sein wort be-
stetiget / das er geredt hat / Denn ich bin auffkomen

an meines vaters Dauids stat / vnd sitze auff dem
stuel Jsrael / wie der HERR geredt hat / vnd hab
gebawet ein Haus dem Namen des HERRN des
Gottes Jsrael. [21]Vnd habe daselbs eine Stete zu-
gericht der Laden / darin der Bund des HERRN
ist / den er gemacht hat mit vnsern Vetern / da er
sie aus Egyptenland füret.

Salomos Gebet.

VND SALOMO TRAT FUR DEN ALTAR DES HERRN
gegen der gantzen gemeine Jsrael / vnd breitet
seine hende aus gen Himel / [23]vnd sprach / HERR
Gott Jsrael / Es ist kein Gott / weder droben im
Himel / noch hunden auff Erden / dir gleich / Der
du heltest den Bund vnd Barmhertzigkeit deinen
Knechten / die fur dir wandeln von gantzem
hertzen. [24]Der du hast gehalten deinem Knecht /
meinem vater Dauid / was du jm geredt hast / Mit
deinem Mund hastu es geredt / vnd mit deiner
Hand hastu es erfüllet / wie es stehet an diesem
tage. [25]Nu HERR Jsrael / halt deinem Knecht / 2. Reg. 7.
meinem vater Dauid / was du jm geredt hast / vnd
gesagt / Es sol dir nicht gebrechen an einem Man
fur mir / der da sitze auff dem stuel Jsrael / So doch /
das deine Kinder jren weg bewaren / das sie fur
mir wandeln / wie du fur mir gewandelt hast. [26]Nu
Gott Jsrael / Las deine wort war werden / die du
deinem Knecht / meinem vater Dauid geredt hast.

[27]DEnn meinestu auch / das Gott auff Erden
wonet Sihe / der Himel vnd || aller himel himel || 191b
mügen dich nicht versorgen / Wie solts denn dis
haus thun / das ich gebawet hab? [28]Wende dich
aber zum Gebet deines Knechts vnd zu seinem
flehen / HERR mein Gott / Auff das du hörest das
Lob vnd Gebet / das dein Knecht heute fur dir
thut. [29]Das deine Augen offen stehen vber dis
Haus nacht vnd tag / vber die Stedte / dauon du Deut. 12.
gesagt hast / Mein Name sol da sein. Du woltest
hören das Gebet / das dein Knecht an dieser Stedte
thut / [30]vnd woltest erhören / das flehen deines
Knechts vnd deines volcks Jsrael / das sie hie thun
werden an dieser Stete deiner Wonung im Himel /
Vnd wenn du es hörest gnedig sein.

Eid.

WEnn jemand wider seinen Nehesten sündigt /
vnd nimpt des einen Eid auff sich / da mit er sich
verpflicht / vnd der eid kompt fur deinen Altar in
diesem Hause. [32]So wollestu hören im Himel / vnd
Recht schaffen deinen Knechten / den Gottlosen
zu verdammen / vnd seinen weg auff seinen Kopff

bringen / vnd den Gerechten recht zu sprechen / jm
zu geben nach seiner gerechtigkeit.

WEnn dein volck Jsrael fur seinen Feinden ge- KRIEG.
schlagen wird / weil sie an dir gesündigt
haben / Vnd bekeren sich zu dir vnd bekennen
deinen Namen / vnd beten vnd flehen zu dir in die-
sem Hause. [34]So wollestu hören im Himel / vnd
der sünde deins volcks Jsrael gnedig sein / Vnd sie
wider bringen ins Land / das du jren Vetern ge-
geben hast.

WEnn der Himel verschlossen wird / das nicht MANGEL AN
regent / weil sie an dir gesündigt haben / vnd Regen.
werden beten an diesem Ort vnd deinen Namen
bekennen / vnd sich von jren sünden bekeren /
weil du sie drengest. [36]So wollestu hören im Hi-
mel / vnd gnedig sein der sünde deiner Knechte /
vnd deins volcks Jsrael / Das du jnen den guten
weg weisest / darinnen sie wandeln / vnd lassest
regen auff das Land / das du deinem Volck zum
Erbe gegeben hast.

WEnn ein Thewrung / oder Pestilentz / oder THEWRUNG
Dürre / oder Brand oder Hewschrecken / oder etc.
Raupen im Lande sein wird / oder sein Feind im (Brand)
Lande seine Thore belagert / oder jrgend eine Wenn das Ge-
Plage oder Kranckheit / [38]Wer denn bittet vnd treide verschie-
flehet / es seien sonst Menschen / oder dein volck nen / oder von
Jsrael / die da gewar werden jrer Plage / ein der Sonnen
jglicher in seinem hertzen / vnd breitet seine hende verbrand ist.
aus zu diesem Hause. [39]So wollestu hören im Hi-
mel / in dem Sitz da du wonest / vnd gnedig sein /
vnd schaffen / das du gebest einem jglichen / wie
er gewandelt hat / wie du sein hertz erkennest /
Denn du alleine kennest das hertz aller Kinder der
Menschen / [40]Auff das sie dich fürchten allezeit /
so lange sie auff dem Lande leben / das du vnsern
Vetern gegeben hast.

Jesa. 56. WEnn auch ein Frembder / der nicht deins (FREMBDER)
volcks Jsrael ist / kompt aus fernem Lande / Dis hause sol
vmb deines Namen willen [42](Denn sie werden ein Bethaus
hören von deinem grossen Namen / vnd von deiner sein allen
mechtigen Hand / vnd von deinem ausgerecktem Völckern.
Mat. 21. Arm) vnd kompt das er bete fur diesem Hause.
[43]So wollestu hören im Himel / im Sitz deiner Wo-
nung / vnd thun alles / darumb der Frembde dich
anrüfft / Auff das alle Völcker auff Erden deinen
Namen erkennen / das sie auch dich fürchten / wie
dein volck Jsrael / Vnd das sie innen werden / wie

dis Haus nach deinem Namen genennet sey / das
ich gebawet habe.

SIEG IM STREIT.

WEnn dein Volck auszeucht in streit wider
seine Feinde / des weges den du sie senden
wirst / vnd werden beten zum HERRN / gegen
den weg zur stad die du erwelet hast / vnd zum
hause / das ich ich deinen Namen gebawet habe.
45So wollestu jr gebet vnd flehen hören im Himel
vnd Recht schaffen.

WEnn sie an dir sündigen werden (Denn es ist 2. Par. 6.
kein Mensch / der nicht sündiget / vnd du er-
zürnest vnd gibst sie fur jren Feinden / das sie sie
gefangen füren in der Feinde land fern oder nahe /
47vnd sie in jr hertz schlahen im Lande da sie ge-
fangen sind / vnd bekeren sich vnd flehen dir / im
Lande jres Gefengnis / vnd sprechen / Wir haben
gesündigt vnd missethan / vnd Gottlos gewesen /
48vnd || bekeren sich also zu dir von gantzem her- || 192a
tzen / vnd von gantzer seelen / in jrer Feinde lande /
die sie weggefürt haben / vnd beten zu dir gegen
den weg zu jrem Lande / das du jren Vetern ge-
geben hast / zur Stad die du erwelet hast / vnd zum
Hause das ich deinem Namen gebawet habe.

JSRAEL GEFANGEN weggeführet.

49SO wollestu jr gebet vnd flehen hören im Hi-
mel / vom Sitz deiner wonung / vnd Recht schaffen /
50vnd deinem Volck gnedig sein / das an dir gesün-
digt hat / vnd alle jren vbertrettung / da mit sie
wider dich vbertretten haben / vnd barmhertzig-
keit geben fur denen die sie gefangen halten / vnd
dich jrer erbarmen. 51Denn sie sind dein Volck
vnd dein Erbe / die du aus Egypten / aus dem eisern
Ofen gefürt hast. 52Das deine Augen offen seien
auff das flehen deines Knechts vnd deines volcks
Jsrael / das du sie hörest in allem / darumb sie dich
anruffen. 53Denn du hast sie dir abgesondert zum
Erbe aus allen Völckern auff Erden / wie du geredt
hast durch Mosen deinen Knecht / Da du vnsere
Veter aus Egypten füretest HErr HERR.

VND da Salomo alle dis gebet vnd flehen hatte
fur dem HERRN aus gebettet / stund er auff
von dem Altar des HERRN / vnd lies ab von knien
vnd hende ausbreiten gen Himel. 55Vnd trat da
hin vnd segenet die gantze gemeine Jsrael mit lauter
stim / vnd sprach / 56Gelobet sey der HERR / der
seinem volck Jsrael ruge gegeben hat / wie er ge-
redt hat / Es ist nicht eins verfallen aus allen seinen
guten worten / die er geredt hat durch seinen

Knecht Mose. [57]Der HERR vnser Gott sey mit
vns / wie er gewesen ist mit vnsern Vetern. Er ver-
las vns nicht / vnd ziehe die hand nicht ab von vns /
[58]zu neigen vnser Hertz zu jm / das wir wandeln
in allen seinen Wegen / vnd halten seine Gebot /
Sitten vnd Rechte / die er vnsern Vetern geboten
hat.

[59]VND diese wort / die ich fur dem HERRN ge-
flehet habe / müssen nahe komen dem HERRN
vnserm Gott / tag vnd nacht / das er Recht schaffe
seinem Knecht / vnd seinem volck Jsrael / ein
jglichs zu seiner zeit / [60]Auff das alle Völcker auff
Erden erkennen / das der HERR Gott ist / vnd
keiner mehr / [61]Vnd ewr hertz sey rechtschaffen
mit dem HERRN vnserm Gott / zu wandeln in
seinen Sitten / vnd zu halten seine Gebot / wie es
heute gehet.

Einweihung des Tempels.

VND der König sampt dem gantzen Jsrael opffer-
ten fur dem HERRN Opffer. [63]Vnd Salomo
opfferte Danckopffer (die er dem HERRN opffert)
zwey vnd zwenzig tausent Ochsen / vnd hundert
vnd zwenzig tausent Schaf / Also weiheten sie das
Haus des HERRN ein / der König vnd alle kinder
Jsrael. [64]Desselbigen tags weihete der König den
Mittelhof / der fur dem Hause des HERRN war /
da mit / das er Brandopffer / Speisopffer vnd das
fett der Danckopffer / daselbs ausrichtet / Denn der
eherne Altar der fur dem HERRN stund / war zu
klein zu dem Brandopffer / Speisopffer / vnd zum
fetten der Danckopffer.

[65]VND Salomo machte zu der zeit ein Fest / vnd
alles Jsrael mit jm ein grosse Versamlungen / võ
der grentze Hemath an bis an den bach Egypti /
fur dem HERRN vnserm Gott / sieben tage / vnd
aber sieben tage / das waren vierzehen tage / [66]vnd
lies das Volck des achten tages gehen. Vnd sie
segeneten den König / vnd giengen hin zu jren
Hütten frölich vnd guts muts / vber alle dem Gu-
ten / das der HERR an Dauid seinem Knecht / vnd
an seinem volck Jsrael gethan hatte.

IX.

Gott erscheinet Salomo zum andern mal.

2. Par. 7. VND DA SALOMO HATTE AUSGEBAWET DES
HERRN Haus / vnd des Königes haus / vnd
alles was er begert vnd lust hatte zu machen / [2]Er-
schein jm der HERR zum andern mal / wie er jm
Sup. 3. erschienen war zu Gibeon. [3]Vnd der HERR sprach

zu jm / Jch habe dein Gebet vnd flehen gehöret /
das du fur mir geflehet hast / ‖ vnd habe dis Haus ‖ 192b
geheiliget / das du gebawet hast / das ich meinen
Namen daselbs hin setze ewiglich / vnd meine
Augen vnd mein Hertz sollen da sein alle wege.
[4]Vnd du / so du fur mir wandelst / wie dein vater
Dauid gewandelt hat / mit rechtschaffenem hertzen
vnd auffrichtig / das du thust alles / was ich dir
geboten habe / vnd meine Gebot vnd meine Rechte
heltest / [5]So wil ich bestetigen den Stuel deines
königreichs vber Jsrael ewiglich / wie ich deinem 2. Reg. 7.
vater Dauid geredt habe / vnd gesagt / Es sol dir
nicht gebrechen an einem Man vom stuel Jsrael.

[6]WErdet jr euch aber von mir hinden abwenden /
jr vnd ewre Kinder / vnd nicht halten meine Gebot
vnd Rechte / die ich euch furgelegt habe / vnd hin
gehet vnd andern Göttern dienet vnd sie anbetet.
[7]So werde ich Jsrael ausrotten von dem Lande / Deut. 29.
das ich jnen gegeben habe. Vnd das Haus / das ich Jere. 22.
geheiliget habe meinem Namen / wil ich verlassen
von meinem Angesicht / Vnd Jsrael wird ein
Sprichwort vnd Fabel sein vnter allen Völckern.
[8]Vnd das Haus wird eingerissen werden / das alle
die fur vbergehen / werden sich entsetzen vnd
blasen / vnd sagen / Warumb hat der HERR die-
sem Lande vnd diesem Hause also gethan? [9]So
wird man antworten / Darumb / das sie den
HERRN jren Gott verlassen haben / der jre Veter
aus Egyptenland fürete / vnd haben angenomen
andere Götter / vnd sie angebetet vnd jnen gedie-
net / Darumb hat der HERR alle dis vbel vber sie
gebracht.

DA NU DIE ZWENZIG JAR VMB WAREN IN WELCHEN 2. Par. 8.
Salomo die zwey Heuser bawet / des HERRN
Haus / vnd des Königs haus / [11]dazu Hiram der
könig zu Tyro Salomo Cedernbewm vnd Tennen-
bewm / vnd Gold nach alle seinem beger brachte /
Da gab der könig Salomo Hiram zwenzig Stedte
im lande Galilea. [12]Vnd Hiram zoch aus von Tyro
die Stedte zu besehen / die jm Salomo gegeben
hatte / Vnd sie gefielen jm nicht / [13]vnd sprach /
Was sind das fur Stedte / mein Bruder / die du mir
gegeben hast / Vnd hies sie das land Cabul bis auff
diesen tag.

VND Hiram hatte dem König gesand hundert
vnd zwenzig Centner goldes. [15]Vnd das selb
ist die summa der Zinse / die der könig Salomo auff-

hub / zu bawen des HERRN Haus / vnd sein
Haus / vnd Millo / vnd die mauren Jerusalem / vnd
Hazor vnd Megiddo vnd Gaser.

16DEnn Pharao der könig in Egypten war er auff
komen vnd hatte Gaser gewonnen / vnd mit fewr GASER.
verbrand / vnd die Cananiter erwürget / die in der
stad woneten / vnd hatte sie seiner tochter Salomos
weib zum geschenck gegeben. 17Also bawet Salo-
mo Gaser / vnd das nider BethHoron 18vnd Ba-
leath vnd Thamar in der wüsten im lande / 19vnd alle
stedte der Kornheuser die Salomo hatte / vnd alle
stedte der Wagen / und die stedte der Reuter / vnd wo
zu er lust hatte zu bawen zu Jerusalem / im Liba-
non / vnd im gantzen Lande seiner herrschafft.

VND alles vbrige volck von den Amoritern /
Hethitern / Pheresitern / Heuitern vnd Jebusi-
tern / die nicht von den kindern Jsrael waren /
21derselben kinder die sie hinder sich vberbleiben
liessen im Lande / die die kinder Jsrael nicht
kundten verbannen / die macht Salomo zinsbar bis
auff diesen tag. 22Aber von den kindern Jsrael
macht er nicht knechte / sondern lies sie Kriegs-
leute / vnd seine knechte / vnd Fürsten vnd Ritter /
vnd vber seine Wagen vnd Reutter sein. 23Vnd
der Amptleute die vber Salomos gescheffte waren /
der war fünff hundert vnd funffzig / die vber das
Volck herrscheten / vnd die gescheffl ausrichten.

VND die tochter Pharao zoch er auff von der
stad Dauid / in jr Haus / das er fur sie gebawet
hatte / Da bawet er auch Millo. 25Vnd Salomo
opfferte des jars drey mal Brandopffer vnd Danck-
opffer auff dem Altar / den er dem HERRN ge-
bawet hatte / vnd reucherte vber jm fur dem
|| 193a HERRN / vnd ward also das Haus fertig. ||

VND Salomo macht auch Schiffe zu EzeonGeber /
die bey Eloth ligt am vfer des Schilffmeers im
lande der Edomiter. 27Vnd Hiram sandte seine
Knechte im Schiff / die gute Schiffleute / vnd auff
dem Meer erfaren waren / mit den knechten Salo-
mo / 28vnd kamen gen Ophir / vnd holeten da- GOLD AUS
selbs vier hundert vnd zwenzig Centner golds / vnd Ophir.
brachtens dem könige Salomo.

X.

2. Par. 9. VND DA DAS GERÜCHT SALOMO VON DEM NAMEN
des HERRN kam fur die Königin von Reich- KÖNIGIN AUS
arabien / kam sie jn zu versuchen mit Retzelen. Reicharabia.

2Vnd sie kam gen Jerusalem mit einem seer grossen
Zeug / mit Kamelen die Specerey trugen / vnd viel
Golds vnd Edelgesteine / Vnd da sie zum könige
Salomo hin ein kam / redet sie mit jm / alles was sie
furgenomen hatte. 3Vnd Salomo sagts jr alles /
vnd war dem Könige nichts verborgen / das er jr
nicht sagete.

DA aber die Königin von Reicharabien sahe alle
weisheit Salomo / vnd das Haus das er gebawet
hatte / 5vnd die Speise fur seinen Tisch / vnd sei-
ner Knechte wonung / vnd seiner Diener ampt /
vnd jre Kleider / vnd seine Schencken / vnd seine
Brandopffer / die er in dem Hause des HERRN
opfferte / kund sie sich nicht mehr enthalten / 6vnd
sprach zum Könige / Es ist war / was ich in meinem
Lande gehöret habe von deinem wesen / vnd von
deiner weisheit / 7Vnd ich habs nicht wollen gleu-
ben / bis ich komen bin / vnd habs mit meinen
augen gesehen. Vnd sihe / Es ist mir nicht die helfft
gesagt / Du hast mehr weisheit vnd guts / denn das
gerücht ist / das ich gehört habe. 8Selig sind deine
Leute vnd deine Knechte / die allzeit fur dir stehen /
vnd deine weisheit hören. 9Gelobt sey der HERR Math. 12.
dein Gott / der zu dir lust hat / das er dich auff den
stuel Jsrael gesetzt hat / darumb / das der HERR
Jsrael lieb hat ewiglich / vnd dich zum Könige
gesetzt hat / das du Gericht vnd Recht haltest.

VND sie gab dem Könige hundert vnd zwenzig
Centner golds / vnd seer viel Specerey / vnd
Edelgesteine / Es kam nicht mehr so viel Specerey /
als die Königin von Reicharabien dem könige
Salomo gab. 11Dazu die schiffe Hiram / die gold
aus Ophir füreten / brachten seer viel Hebenholtz /
vnd Edelgesteine. 12Vnd der König lies machen
von Hebenholtz pfeiler im Hause des HERRN vnd
im Hause des Königes / vnd Harffen vnd Psalter
fur die Senger / Es kam nicht mehr solch Heben-
holtz / ward auch nicht gesehen / bis auff diesen
tag. 13Vnd der könig Salomo gab der Königin
von Reicharabien / alles was sie begert vnd bat /
on was er jr gab von jm selbs / Vnd sie wand sich
vnd zoch in jr Land sampt jren Knechten.

(Heben) Jst ein Bawm in Jndienland.

DES golds aber das Salomo in einem jar kam /
war am gewicht sechs hundert vnd sechs vnd
sechzig Centner / 15On was von Kremern vnd
Kauffleuten vnd Apotekern / vnd von allen Köni-
gen Arabie / vnd von den Gewaltigen in Lendern

kam. 16Vnd der könig Salomo lies machen zwey
Jnf. 14. hundert Schilde vom besten golde / sechs hundert
stück goldes thet er zu einem Schilde / 17vnd drey
hundert Tartschen vom besten golde / ja drey
pfund goldes zu einer Tartschen / Vnd der König
thet sie in das haus vom wald Libanon.
2. Par. 9. VND DER KÖNIG MACHT EINEN GROSSEN STUEL Salomos
von Elffenbein / vnd vberzog jn mit dem edel- Stuel.
sten Golde. 19Vnd der Stuel hatte sechs stuffen /
vnd das heubt am Stuel war hinden rund / Vnd
waren Lehnen auff beiden seiten vmb das gesesse /
vnd zwo Lewin stunden an den Lehnen / 20Vnd
zwelff Lewen stunden auff den sechs stuffen auff
beiden seiten / Solchs ist nie gemacht in keinen
Königreichen.
21ALle Trinckgefesse des königs Salomo waren
gülden / vnd alle Gefesse im Hause vom wald Li-
banon waren auch lauter gold / Denn des Silbers
|| 193b acht || man zun zeiten Salomo nichts. 22Denn das
Meerschiff des Königs / das auff dem meer mit dem
schiff Hiram fuhr / kam in dreien jaren ein mal /
vnd bracht Gold / Silber / Elffenbein / Affen vnd
Pfawen.
2. Par. 1. ALso ward der könig Salomo grösser mit reich-
thum vnd weisheit / denn alle Könige auff
Erden. 24Vnd alle welt begert Salomo zusehen /
das sie die weisheit höreten / die jm Gott in sein
hertz gegeben hatte. 25Vnd jederman bracht jm
Geschencke / silbern vnd gülden Gerete / Kleider
vnd Harnisch / Würtz / Rosse / Meuler / jerlich.
26Vnd Salomo bracht zu hauffen / Wagen vnd
Reuter / das er hatte tausent vnd vier hundert Wa-

gen / vnd zwelff tausent Reuter / vnd lies sie in den
Wagenstedten / vnd bey dem Könige zu Jerusalem.
SILBERS SO VIEL als steine zu Salomos zeiten.
27VNd der König macht / das des Silbers zu Je-
rusalem so viel war / wie die Steine / vnd Cedern-
holtz so viel / wie die wilden Feigenbewme in den
gründen. 28Vnd man brachte dem Salomo pferde
aus Egypten vnd allerley wahr. Vnd die Kauffleute
des Königs kaufften die selbige wahr / 29vnd
brachtens aus Egypten er aus / ja einen wagen vmb
sechs hundert silberlinge / vnd ein pferd vmb hun-
dert vnd funffzig. Also bracht man sie auch allen
Königen der Hethiter vnd den Königen zu Syrien /
durch jre hand.

XI.

ABER DER KÖNIG SALOMO LIEBETE VIEL AUSLEN- Exo. 34.
discher Weiber / die tochter Pharao / vnd Deut. 7.
Moabitische / Ammonitische / Edomitische / Zido-
nitische vnd Hethitische / 2Von solchen Völckern /
dauon der HERR gesagt hatte den kindern Jsrael /
GEhet nicht zu jnen / vnd lasst sie nicht zu euch
komen / Sie werden gewis ewre hertzen neigen jren
Göttern nach / An diesen hieng Salomo mit liebe.
SALOMOS Weiber vnd Kebsweiber.
3Vnd er hatte sieben hundert Weiber zu Frawen /
vnd drey hundert Kebsweiber / Vnd seine Weiber
neigeten sein hertz.
4VNd da er nu alt war / neigeten seine Weiber
sein hertz frembden Göttern nach / das sein hertz
nicht gantz war mit dem HERRN seinem Gott /
wie das hertz seines vaters Dauids. 5Also wandelt
Salomo Asthoreth dem Gott der von Zidon nach /
vnd Milcom dem grewel der Ammoniter. 6Vnd
Salomo thet das dem HERRN vbel gefiel / vnd
folget nicht gentzlich dem HERRN / ‖ wie sein ‖ 194a
SALOMO THUT / das dem HERRN nicht gefellet.
vater Dauid. 7Da bawete Salomo ein Höhe Chamos
dem Grewel der Moabiter / auff dem Berge der fur
Jerusalem ligt / vnd Molech dem Grewel der Am-
moniter. 8Also thet Salomo allen seinen auslen-
dischen Weibern / die jren Göttern reucherten vnd
opfferten.
9DEr HERR aber ward zornig vber Salomo / das
sein hertz von dem HERRN dem Gott Jsrael
geneigt war / der jm zwey mal erschienen war / Sup. 3. 9.
10vnd jm solchs geboten hatte / Das er nicht andern
Göttern nachwandelte / vnd doch er nicht gehal-
ten hatte / was jm der HERR geboten hatte.
11Darumb sprach der HERR zu Salomo / Weil

solchs bey dir geschehen ist / vnd hast meinen
Bund vnd meine Gebot nicht gehalten / die ich dir
geboten habe / So wil ich auch das Königreich von
dir reissen / vnd deinem Knecht geben. [12]Doch
bey deiner zeit wil ichs nicht thun / vmb deines
vaters Dauids willen / sondern von der hand dei-
nes Sons wil ichs reissen. [13]Doch wil ich nicht das
gantze Reich abreissen / Einen stam wil ich deinem
Son geben / vmb Dauids willen meines Knechts /
vnd vmb Jerusalem willen / die ich erwelet habe.

VND der HERR erwecket Salomo einen Wider-
sacher / Hadad den Edomiter von königlichem HADAD.
2. Reg. 8. Samen / welcher war in Edom. [15]Denn da Dauid EDOMITER.
in Edom war / vnd Joab der Feldheubtman hinauff
zoch die Erschlagenen zu begraben / schlug er was
Mansbilde war in Edom. [16]Denn Joab bleib sechs EDOM.
monden daselbs vnd das gantze Jsrael / bis er aus-
rottet alles was Mansbilde war in Edom. [17]Da floh
Hadad / vnd mit jm etliche Menner der Edomiter
von seines Vaters knechten / das sie in Egypten
kemen / Hadad aber war ein junger Knabe. [18]Vnd
sie machten sich auff von Midian vnd kamen gen
Paran / vnd namen Leute mit sich aus Paran / vnd
kamen in Egypten zu Pharao dem könige in Egyp-
ten / der gab jm ein Haus vnd Narung / vnd gab
jm ein Land ein.

[19]VND Hadad fand grosse gnade fur dem Pha-
rao / das er jm auch seines weibs Thaphenes der
königin Schwester zum weibe gab. [20]Vnd die
schwester Thaphenes gebar jm Genubath seinen GENUBATH.
Son / Vnd Thaphenes zog jn auff im hause Pharao /
das Genubath war im hause Pharao vnter den kin-
dern Pharao. [21]Da nu Hadad höret in Egypten /
das Dauid entschlaffen war mit seinen Vetern / vnd
das Joab der Feldheubtman tod war / sprach er zu
Pharao / Las mich in mein Land ziehen. [22]Pharao
sprach zu jm / Was feilet dir bey mir / das du wilt in
dein Land ziehen? Er sprach / Nichts / Aber las
mich ziehen.

AVch erwecket jm Gott einen widersacher Re- RESON.
son / den son ElJada / der von seinem Herrn
HadadEser dem könige zu Zoba geflohen war /
[24]Vnd samlet wider jn Menner / vnd ward ein
Heubtman der Kriegsknecht / da sie Dauid er-
würget / vnd zogen gen Damascon / vnd woneten
daselbs / vnd regierten zu Damasco / [25]Vnd er
war Jsraels / widersacher / so lange Salomo lebet.

Das ist der schade den Hadad leid / darumb hatte
er einen ekel wider Jsrael / vnd ward König vber
Syrien.

JEROBEAM.

DA zu Jerobeam der son Nebat ein Ephrater von
Zareda Salomo knecht / vnd seine mutter hies
Zeruga ein Widwin / Der hub auch die hand auff
wider den König. [27]Vnd das ist die sache / darumb
er die hand wider den König auff hub / Da Salomo
Millo bawet / verschlos er eine lücke an der stad
Dauids seines vaters. [28]Vnd Jerobeam war ein
streitbar Man / Vnd da Salomo sahe / das der Knabe
ausrichtig war / satzt er jn vber alle Last des Hau-
ses Joseph.

ES BEGAB SICH ABER ZU DER ZEIT / DAS JEROBEAM
ausgieng von Jerusalem / vnd es traff jn an der
Ahia der Prophet.
Prophet Ahia von Silo auff dem wege / vnd hatte
einen newen Mantel an / vnd waren die beide allein
im felde. [30]Vnd Ahia fasset den newen Mantel
den er anhatte / vnd reiss jn in zwelff Stück. [31]Vnd || || 194b
sprach zu Jerobeam / Nim zehen stück zu dir /
Denn so spricht der HERR der Gott Jsrael / Sihe /
Jch wil das Königreich von der hand Salomo reis-
sen / vnd dir zehen Stemme geben. [32]Einen stam
sol er haben vmb meines knechts Dauids willen /
vnd vmb der stad Jerusalem willen / die ich erwelet
habe aus allen stemmen Jsrael. [33]Darumb / das sie
mich verlassen / vnd angebetet haben Asthoreth
den Gott der Zidonier / Chamos den Gott der
Moabiter / vnd Milcom den Gott der kinder Am-
mon / vnd nicht gewandelt haben in meinen wegen /
das sie theten was mir wolgefellet / meine Gebot
vnd Rechte / wie Dauid sein Vater.

[34]JCH wil auch nicht das gantze Reich aus seiner
hand nemen / Sondern ich wil jn zum Fürsten
machen sein Leben lang / vmb Dauid meines
Knechts willen / den ich erwelet habe / der meine
Gebot vnd Rechte gehalten hat. [35]Aus der hand
seines Sons wil ich das Königreich nemen / vnd wil
dir zehen Stemme / [36]vnd seinem Son einen stam
geben / Auff das Dauid mein Knecht fur mir ein
Liecht habe allewege / in der stad Jerusalem / die
ich mir erwelet habe / das ich meinen Namen dahin
stellet.

[37]SO wil ich nu dich nemen / das du regirest vber
alles was dein hertz begert / vnd solt König sein
vber Jsrael. [38]Wirstu nu gehorchen allem / das ich
dir gebieten werde / vnd in meinen wegen wan-

deln / vnd thun was mir gefellet / das du haltest
meine Rechte vnd Gebot / wie mein knecht Dauid
gethan hat / So wil ich mit dir sein / vnd dir ein
bestendig Haus bawen / wie ich Dauid gebawet
habe / Vnd wil dir Jsrael geben / 39vnd wil den
samen Dauid vmb des willen demütigen / doch
nicht ewiglich.

SAlomo aber trachtet Jerobeam zu tödten / Da
macht sich Jerobeam auff / vnd floh in Egypten
zu Sisak dem könige in Egypten / Vnd bleib in SISAK.
Egypten / bis das Salomo starb.

2. Par. 9. 41WAs mehr von Salomo zu sagen ist / vnd alles
was er gethan hat / vnd seine Weisheit / das ist ge-
schrieben in der Chronica von Salomo. 42Die zeit
aber die Salomo könig war zu Jerusalem vber Salomo
gantz Jsrael ist vierzig jar. 43Vnd Salomo ent- 40. jar König
schlieff mit seinen Vetern / vnd ward begraben in in Juda.
der stad Dauid seines Vaters / Vnd sein son Re-
habeam ward König an seine stat.

XII.

2. Par. 10. VND REHABEAM ZOCH GEN SICHEM / DENN DAS Rehabeam
gantz Jsrael war gen Sichem komen jn zum König in Juda
König zumachen. 2Vnd Jerobeam der son Nebat etc.
höret / da er noch in Egypten war (dahin er fur
dem könige Salomo geflohen war) vnd bleib in
Egypten. 3Vnd sie sandten hin vnd liessen jm ruf-
fen / Vnd Jerobeam sampt der gantzen gemeine
Jsrael kamen vnd redeten mit Rehabeam / vnd
sprachen / 4Dein Vater hat vnser Joch zu hart ge-
macht / So mache du nu den harten Dienst vnd das
schwere Joch leichter / das er vns auffgeleget hat /
So wollen wir dir vnterthenig sein. 5Er aber sprach
zu jnen / Gehet hin bis an den dritten tag / so kompt
wider zu mir. Vnd das volck gieng hin.

VND der könig Rehabeam hielt einen rat mit den
Eltesten die fur seinem vater Salomo stunden /
da er lebet / vnd sprach / Wie ratet jr / das wir die-
sem Volck ein antwort geben? 7Sie sprachen zu
jm / Wirstu heute diesem Volck einen dienst thun /
vnd jnen zu willen sein vnd sie erhören / vnd jnen
gute wort geben / So werden sie dir vnterthenig
Eccl. 47. sein dein leben lang. 8Aber er verlies der Eltesten
rat / den sie jm gegeben hatten / vnd hielt einen
Rat mit den Jungen die mit jm auff gewachsen
waren vnd fur jm stunden.

[9]VND er sprach zu jnen / Was ratet jr / das wir
antworten diesem Volck die zu mir gesagt haben /
Mache das Joch leichter / das dein Vater auff vns
gelegt hat? [10]Vnd die Jungen die mit jm auffge-
wachsen waren / sprachen zu jm || Du solt zu dem || 195 a
Volck / das zu dir sagt / Dein Vater hat vnser Joch
zu schweer gemacht / mache du es vns leichter /
also sagen / Mein kleinester finger sol dicker sein /
denn meines Vaters lenden. [11]Nu mein vater hat
auff euch ein schweer Joch geladen / Jch aber wils
noch mehr vber euch machen. Mein Vater hat euch
mit Peitzschen gezüchtiget / Jch wil euch mit
Scorpion züchtigen.

ALso kam Jerobeam sampt dem gantzen volck
zu Rehabeam am dritten tage / wie der König
gesagt hatte / vnd gesprochen / Kompt wider zu
mir am dritten tage. [13]Vnd der König gab dem
Volck eine harte antwort / vnd verlies den Rat / den
jm die Eltesten gegeben hatten / [14]vnd redet mit
jnen nach dem Rat der Jungen / vnd sprach / Mein
Vater hat ewer Joch schweer gemacht / Jch aber
wils noch mehr vber euch machen / Mein Vater
hat euch mit Peitzschen gezüchtiget / Jch aber wil
euch mit Scorpion züchtigen. [15]Also gehorcht der
König dem volck nicht / Denn es war also gewand
von dem HERRN / Auff das er sein wort bekreffti- Sup. 11.
get / das er durch Ahia von Silo geredt hatte zu
Jerobeam dem son Nebat.

DA aber das gantz Jsrael sahe / das der König sie
nicht hören wolt / gab das volck dem König
ein antwort / vnd sprach / Was haben wir denn teils
an Dauid / oder erbe am son Jsai? Jsrael heb dich zu
deinen hütten / So sihe nu du zu deinem hause
Dauid. Also gieng Jsrael in seine hütten / [17]Das
Rehabeam regierte nur vber die kinder Jsrael
in den stedten Juda woneten. [18]Vnd da der
ADORAM. könig Rehabeam hin sandte Adoram den Rent-
ABFAL JSRAELS von Juda. meister / warff jn gantz Jsrael mit steinen zu
tod / Aber der könig Rehabeam steig frisch
auff einen wagen / das er flöhe gen Jerusalem.
[19]Also fiel ab Jsrael vom Hause Dauid / bis auff
diesen tag.

JEROBEAM König vber Jsrael.

DA nu gantz Jsrael höret / das Jerobeam war
widerkomen / sandten sie hin vnd liessen jn
ruffen zu der gantzen Gemeine / vnd machten jn
zum Könige vber das gantze Jsrael Vnd folget nie-
mand dem hause Dauid / on der stam Juda alleine.

2. Par. 11. VND da Rehabeam gen Jerusalem kam / samlet
er das gantze haus Juda / vnd den stam BenJa-
min hundert vnd achzig tausent junge streitbare
Manschafft wider das haus Jsrael zu streitten / vnd
das Königreich wider an Rehabeam den son Salo-
mo zu bringen. [22]Es kam aber Gottes wort zu
Semaja dem man Gottes / vnd sprach / [23]Sage Semaja
Rehabeam dem son Salomo / dem könige Juda / der Prophet.
vnd zum gantzen hause Juda vnd BenJamin / vnd
dem andern Volck / vnd sprich / [24]So spricht der
HERR / Jr solt nicht hin auff ziehen vnd streitten
wider ewre Brüder die kinder Jsrael / Ein jeder-
man gehe wider heim / Denn solchs ist von mir ge-
schehen. Vnd sie gehorchten dem wort des
HERRN / vnd kereten vmb / das sie hin giengen /
wie der HERR gesagt hatte.

JErobeam aber bawete Sichem auff dem gebirge Sichem
Ephraim / vnd wonete drinnen / vnd zoch von Pnuel.
dannen eraus / vnd bawete Pnuel.

JErobeam aber gedacht in seinem hertzen / Das
Königreich wird nu wider zum hause Dauid fal-
len / [27]so dis Volck sol hin auff gehen Opffer zu
thun in des HERRN Hause zu Jerusalem / Vnd
wird sich das hertz des volcks wenden zu jrem
Herrn Rehabeam dem könige Juda / vnd wird
mich erwürgen / vnd wider zu Rehabeam dem
könige Juda fallen. [28]Vnd der König hielt einen
Rat / vnd macht zwey güldene Kelber / vnd sprach Jerobeams
zu jnen / Es ist euch zu viel hin auff gen Jerusalem Kelber.
zu gehen / Sihe / Da sind deine Götter Jsrael / die
dich aus Egyptenlande gefürt haben. [29]Vnd setzet
eins zu BethEl / vnd das ander thet er gen Dan /
[30]Vnd das geriet zur sunde / Denn das Volck gieng
hin fur dem einen bis gen Dan.

[31]ER macht auch ein haus der Höhen / vnd ma-
chet Priester von den geringsten im Volck / die
nicht von den kindern Leui waren. [32]Vnd er macht
|| 195 b ein Fest || am funffzehenden tag des achten monden /
wie das Fest in Juda / vnd opfferte auff dem Altar / Jerobeam.
So thet er zu BethEl / das man den Kelbern opfferte
die er gemacht hatte / Vnd stifftet zu BethEl die
Priester der Höhen / die er gemacht hatte. [33]Vnd
opfferte auff dem Altar (den er gemacht hatte) zu
BethEl / am funffzehenden tage des achten monden/
welchen er aus seinem hertzen erdacht hatte / Vnd
macht den kindern Jsrael Feste / vnd opfferte auff
den Altar das man reuchern solt.

XIII.

Ein Prophet weissaget wider den Altar zu BethEl etc.

VND SIHE / EIN MAN GOTTES KAM VON JUDA /
durch das wort des HERRN gen BethEl / vnd
Jerobeam stund bey dem Altar zu reuchern. 2Vnd
er rieff wider den Altar durch das wort des
HERRN / vnd sprach / Altar / Altar / so spricht der
HERR / Sihe / es wird ein Son dem hause Dauid 4. Reg. 23.
geborn werden / mit namen Josia / der wird auff Josia.
dir opffern die Priester der Höhe / die auff dir
reuchern / vnd wird Menschen bein auff dir ver-
brennen. 3Vnd er gab des tages ein Wunder vnd
sprach / Das ist das Wunder / das solchs der HERR
geredt hat / Sihe / der Altar wird reissen / vnd die
asschen verschüttet werden die drauff ist.

DA aber der König das wort von dem man Got-
tes höret / der wider den Altar zu BethEl rieff /
recket er seine hand aus bey dem Altar / vnd
sprach / Greifft jn. Vnd seine hand verdorret / die
er wider jn aus gereckt hatte / vnd kund sie nicht
wider zu sich ziehen. 5Vnd der Altar reis / vnd die
assche ward verschüttet vom Altar / nach dem
Wunder / das der man Gottes gegeben hatte /
durch das wort des HERRN. 6Vnd der König ant-
wortet / vnd sprach zu dem man Gottes / Bitte das
angesicht des HERRN deines Gottes / vnd bitte
fur mich / das meine hand wider zu mir kome. Da
bat der man Gottes das Angesicht des HERRN /
Vnd dem Könige ward seine hand wider zu jm
bracht / vnd ward wie sie vor hin war.

7VND der König redet mit dem man Gottes /
Kom mit mir heim / vnd labe dich / ich wil dir ein
Geschenck geben. 8Aber der man Gottes sprach
zum Könige / Wenn du mir auch dein halbes Haus
gebest / so keme ich doch nicht mit dir / Denn ich
wil an diesem Ort kein Brot essen noch Wasser
trincken. 9Denn also ist mir geboten durch des
HERRN wort / vnd gesagt / Du solt kein Brot
essen / vnd kein Wasser trincken / vnd nicht wider
durch den weg komen den du gegangen bist.
10Vnd er gieng weg durch einen andern weg / vnd
kam nicht wider durch den weg / den er gen
BethEl komen war.

ES wonet aber ein alter Prophet zu BethEl / zu
dem kam sein Son vnd erzelet jm alle werck /
die der man Gottes gethan hatte des tages zu
BethEl / vnd die wort die er zum Könige geredt

hatte. [12]Vnd jr Vater sprach zu jnen / Wo ist der weg den er gezogen ist? Vnd seine Söne zeigten jm den weg / den der man Gottes gezogen war / der von Juda komen war. [13]Er aber sprach zu seinen Sönen / Sattelt mir den Esel. Vnd da sie jm den esel sattelten / reit er drauff / [14]vnd zoch dem man Gottes nach / vnd fand jn vnter einer Eichen sitzen / Vnd sprach zu jm / Bistu der man Gottes der von Juda komen ist? Er sprach / Ja.

[15]ER sprach zu jm / Kom mit mir heim vnd iss Brot. [16]Er aber sprach / Jch kan nicht mit dir vmbkeren vnd mit dir komen / Jch wil auch nicht brot essen noch wasser trincken mit dir / an diesem ort. [17]Denn es ist mit mir geredt worden durch das wort des HERRN / Du solt daselbs weder brot essen noch wasser trincken / Du solt nicht wider durch den weg gehen / den du gegangen bist. [18]Er sprach zu jm / Jch bin auch ein Prophet wie du / vnd ein Engel hat mit mir geredt / durch des HERRN wort / vnd gesagt / Füre jn wider mit dir heim das er brot esse vnd wasser trincke. Er log jm aber [19]vnd füret jn widerumb / das er brot ass /
‖ 196a vnd wasser tranck in seinem hause.‖

VND da sie zu tisch sassen / kam das wort des HERRN zum Propheten der jn widerumb gefürt hatte / [21]Vnd schrey den man Gottes an / der von Juda komen war / vnd sprach / So spricht der HERR / Darumb / das du dem Munde des HERRN bist vngehorsam gewest / vnd hast nicht gehalten das Gebot / das dir der HERR dein Gott geboten hat / [22]vnd bist vmbkeret / hast brot gessen vnd wasser getruncken an dem ort / dauon er dir sagete / Du solt weder brot essen noch wasser trincken / Sol dein Leichnam nicht in deiner Veter grab komen.

VND nach dem er brot gessen vnd getruncken hatte / sattelt man den Esel dem Propheten / den er widerumb gefürt hatte. [24]Vnd da er weg zoch / fand jn ein Lewe auff dem wege vnd tödtet jn / Vnd sein Leichnam lag geworffen in dem wege / vnd der Esel stund neben jm / vnd der Lewe stund neben dem Leichnam. [25]Vnd da Leute fur vber giengen / sahen sie den Leichnam in den weg geworffen / vnd den Lewen bey dem Leichnam stehen / Vnd kamen vnd sagten es in der Stad / da der alte Prophet innen wonet.

PROPHET SO Gottes stimme vngehorsam ist / wird von eim Lewen getödtet.

[26]DA das der Prophet höret / der jn widerumb gefürt hatte / sprach er / Es ist der man Gottes der

dem Munde des HERRN ist vngehorsam gewest /
darumb hat jn der HERR dem Lewen gegeben /
der hat jn zubrochen vnd getödtet / nach dem wort /
das jm der HERR gesagt hat. [27]Vnd sprach zu sei-
nen sönen / Sattelt mir den Esel. Vnd da sie jn ge-
sattelt hatten / [28]zoch er hin vnd fand seinen Leich-
nam in den weg geworffen / vnd den Esel vnd den
Lewen neben dem Leichnam stehen. Der Lewe
hatte nichts gefressen vom Leichnam / vnd den
Esel nicht zu brochen.

[29]DA hub der Prophet den Leichnam des mans
Gottes auff / vnd legt jn auff den Esel / vnd füret jn
widerumb / vnd kam in die Stad des alten Prophe-
ten / das sie jn klagten vnd begruben. [30]Vnd er
legt den Leichnam in sein Grab / vnd klagten jn /
Ah Bruder. [31]Vnd da sie jn begraben hatten /
sprach er zu seinen Sönen / Wenn ich sterbe / so
begrabet mich in dem Grabe / da der man Gottes
in begraben ist / vnd legt meine beine neben seinen
Beinen. [32]Denn es wird geschehen / was er ge-
schrien hat wider den Altar zu BethEl / durch das
wort des HERRN / vnd wider alle Heuser der
Höhen / die in den stedten Samaria sind.

ABer nach diesem Geschicht keret sich Jerobeam
nicht von seinem bösen wege / Sondern ver-
keret sich / vnd macht Priester der Höhen von den
Geringsten des volcks / Zu wem er lust hatte / des
hand füllet er / vnd der ward Priester der Höhe.
[34]Vnd dis geriet zur sünde dem hause Jerobeam /
das er verderbet vnd von der Erden vertilget ward.

XIIII.

ABIA. ZV DER ZEIT WAR ABIA DER SON JEROBEAM
kranck. [2]Vnd Jerobeam sprach zu seinem
Weibe / Mache dich auff vnd verstelle dich / das
niemand mercke / das du Jerobeam weib seiest /
vnd gehe hin gen Silo / Sihe / daselbst ist der Pro- Sup. 11.
Ahia der Prophet. phet Ahia / der mir geredt hat / das ich solt König
sein vber dis volck. [3]Vnd nim mit dir zehen Brot
vnd Kuchen / vnd ein krug mit Honig / vnd kome
zu jm / das er dir sage / wie es dem Knaben gehen
wird. [4]Vnd das weib Jerobeam thet also / vnd
macht sich auff / vnd gieng hin gen Silo / vnd kam
ins haus Ahia / Ahia aber kund nicht sehen / denn
seine augen starreten fur alter.

ABer der HERR sprach zu Ahia / Sihe / das weib
Jerobeam kompt / das sie von dir eine sache

frage vmb jren Son / denn er ist kranck / So rede
nu mit jr / so vnd so. Da sie nu hin ein kam / stellet
sie sich frembde. [6]Als aber Ahia höret das raus-
schen jrer füsse zur thür hin ein gehen / sprach er /
Kom her ein du weib Jerobeam / Warumb stellestu
dich so frembd? Jch bin zu dir gesand ein harter
|| 196b Bote.||

GEhe hin vnd sage Jerobeam / So spricht der
HERR der Gott Jsrael. Jch hab dich erhaben
aus dem Volck vnd zum Fürsten vber mein volck
Jsrael gesetzt / [8]vnd habe das Königreich von
Dauids hause gerissen / vnd dir gegeben / Du aber
bist nicht gewesen / wie mein knecht Dauid / der
mein Gebot hielt / vnd wandelt mir nach von gant-
zem hertzen / das er thet was mir nur wolgefiel.
[9]Vnd hast vbel gethan vber alle die vor dir ge-
wesen sind / Bist hin gegangen / vnd hast dir ander
Götter gemacht vnd gegossene Bilder / das du mich
zu zorn reitzest / vnd hast mich hinder deinen
rücken geworffen.

DArumb sihe / Jch wil vnglück vber das haus
Jerobeam füren / vnd ausrotten an dem Jerobeam /
auch den / der an die wand pisset / den verschlossen
vnd verlassen in Jsrael / Vnd wil die Nachkomen
des hauses Jerobeam ausfegen / wie man kot aus-
feget / bis gantz mit jm aus sey. [11]Wer von Jero-
beam stirbt in der Stad / den sollen die Hund fres-
sen / Wer aber auff dem felde stirbt / den sollen die
Vogel des Himels fressen / denn der HERR hats
geredt. [12]So mache du dich auff vnd gehe heim /
vnd wenn dein fus zur Stad eintrit / wird das Kind
sterben. [13]Vnd es wird jn das gantze Jsrael klagen /
vnd werden jn begraben / Denn dieser allein von
Jerobeam wird zu Grabe komen / darumb / das
etwas guts an jm erfunden ist fur dem HERRN
dem Gott Jsrael / im hause Jerobeam.

[14]DEr HERR aber wird jm einen König vber
Jsrael erwecken / Der wird das haus Jerobeam aus-
rotten des tages. [a]Vnd was ist nu gemacht? [15]Vnd
der HERR wird Jsrael schlahen / gleich wie das
4. Reg. 17. Rhor im wasser bewegt wird vnd wird Jsrael aus-
reissen von diesem guten Lande / das er jren Vetern
gegeben hat / vnd wird sie strewen vber das Was-
ser / Darumb / das sie jre Hayne gemacht haben /
den HERRN zu erzürnen. [16]Vnd wird Jsrael vber-
geben vmb der sünde willen Jerobeam / der da ge-
sündigt hat / vnd Jsrael hat sündigen gemacht.

a Mimesis / Jn futuro dicetur his impletis. Was hat Jerobeam nu gemacht?

[17]VND das weib Jerobeam macht sich auff /
gieng hin vnd kam gen Thirza / Vnd da sie auff die
schwelle des Hauses kam / starb der Knabe. [18]Vnd
sie begruben jn / vnd gantz Jsrael klaget jn / nach
dem wort des HERRN / das er geredt hatte durch
seinen knecht Ahia den Propheten. [19]Was mehr
von Jerobeam zusagen ist / wie er gestritten vnd
regiert hat / sihe / das ist geschrieben in der Chroni-
JEROBEAM / 22. jar König vber Jsrael. ca der könige Jsrael. [20]Die zeit aber die Jerobeam
regierte / sind zwey vnd zwenzig jar / vnd ent-
schlieff mit seinen Vetern / Vnd sein son Nadab NADAB.
ward König an seine stat.

REHABEAM am. 17. jar König in Juda. SO WAR REHABEAM DER SON SALOMO / KÖNIG IN
Juda / vierzig jar alt / war Rehabeam da er König
ward / vnd regierte siebenzehen jar zu Jerusalem
in der Stad / die der HERR erwelet hatte aus allen
stemmen Jsrael / das er seinen Namen daselbs hin
stellete. Seine mutter hies Naema ein Ammonitin.
[22]Vnd Juda thet das dem HERRN vbel gefiel / vnd
reitzeten jn zu Eiuer mehr / denn alles das jre Veter
gethan hatten mit jren sünden die sie thaten.
[23]Denn sie baweten jnen auch Höhe / Seulen / vnd
Hayne auff allen hohen Hügeln / vnd vnter allen
grünen bewmen. [24]Es waren auch Hurer im Lan-
de / vnd sie theten alle die grewel der Heiden / die
der HERR fur den kindern Jsrael vertrieben hatte.

ABer im fünfften jar des königs Rehabeam zoch
SISAK. Sisak der könig in Egypten er auff wider Jeru-
salem / [26]vnd nam die Schetze aus dem Hause des
HERRN / vnd aus dem hause des Königes / vnd
alles was zu nemen war / vnd nam alle güldene
Schilde / die Salomo hatte lassen machen. [27]An
welcher stat / lies der könig Rehabeam eherne
schilde machen / vnd befalh sie vnter die hand der
öbersten Drabanten / die der thür hutten am hause
des Königes. [28]Vnd so offt der König in das Haus
des HERRN gieng / trugen sie die Drabanten / vnd
brachten sie wider in der Drabanten kamer.|| || 197a

[29]WAS aber mehr von Rehabeam zusagen ist / 2. Par. 12.
vnd alles was er gethan hat / Sihe / das ist geschrie-
ben in der Chronica der könige Juda. [30]Es war aber
Krieg zwisschen Rehabeam vnd Jerobeam jr leben
lang. [31]Vnd Rehabeam entschlieff mit seinen
Vetern / vnd ward begraben mit seinen Vetern in
der stad Dauid / Vnd seine mutter hies Naema ein
Ammonitin / Vnd sein son Abiam ward König an
seine stat.

XV.

JM ACHZEHENDEN JAR DES KÖNIGS JEROBEAM DAS
sons Nebat / ward Abiam könig in Juda / [2]vnd Abiam
regierte drey jar zu Jerusalem. Seine mutter hies 3. jar König
Maecha eine tochter Abisalom. [3]Vnd er wandelt in in Juda.
allen sünden seines Vaters / die er vor jm gethan
hatte / vnd sein Hertz war nicht rechtschaffen an
dem HERRN seinem Gott / wie das hertz seines
vaters Dauids. [4]Denn vmb Dauids willen / gab der
HERR sein Gott jm ein Liecht zu Jerusalem / das
er seinen Son nach jm erwecket vnd erhielt zu
Jerusalem / [5]darumb / das Dauid gethan hatte das
dem HERRN wolgefiel / vnd nicht gewichen war /
von allem das er jm gebot / sein lebenlang / On in
dem handel mit Vria dem Hethiter. [6]Es war aber
ein Krieg zwisschen Rehabeam vnd Jerobeam sein
lebenlang.

[7]WAS aber mehr von Abiam zu sagen ist / vnd
alles was er gethan hat / Sihe / das ist geschrieben
in der Chronica der könige Juda. Es war aber
Krieg zwisschen Abiam vnd Jerobeam. [8]Vnd
Abiam entschlieff mit seinen Vetern / vnd sie be-
gruben jn in der stad Dauid / Vnd Assa sein son
ward König an seine stat.

2. Par. 14. JM ZWENZIGSTEN JAR DES KÖNIGS JEROBEAM VBER
Jsrael / ward Assa könig in Juda / [10]vnd regiert Assa
ein vnd vierzig jar zu Jerusalem. Seine mutter hies 41. jar König
Maecha eine tochter Abisalom. [11]Vnd Assa thet in Juda.
das dem HERRN wolgefiel / wie sein vater Dauid /
[12]Vnd thet die Hurer aus dem Lande / vnd thet ab
alle Götzen / die seine Veter gemacht hatten. [13]Da-
zu setzt er auch seine mutter Maecha ab / vom
Ampt / das sie dem Miplezeth gemacht hatte im (MIPLEZETH)
Hayne / vnd Assa rottet aus jren Miplezeth / vnd Wer der Miple-
verbrands im bach Kidron. [14]Aber die Höhen zeth gewesen
theten sie nicht abe / Doch war das hertz Assa sey / ist vnge-
rechtschaffen an dem HERRN / sein leben lang. wis. Etliche
[15]Vnd das silber vnd gold vnd gefess das sein Vater sagen / es sey
geheiliget hatte / vnd was geheiliget war zum der Abgott
Hause des HERRN / bracht er ein. [16]Vnd es war Priapus ge-
streit zwisschen Assa vnd Baesa dem Könige wesen.
Jsrael jr leben lang.

2. Par. 16. BAesa aber der könig Jsrael zoch er auff wider BAESA.
Juda / vnd bawet Rama / das niemand solt aus
vnd einziehen auff Assa seiten des königs Juda.
[18]Da nam Assa alles silber vnd gold das vbrig war

im schatz des Haus des HERRN / vnd im schatz des
haus des Königes / vnd gabs in seiner Knechte
BENHADAD. hende / vnd sand sie zu Benhadad dem son Tabri-
mon / des sons Hesion / dem könige in Syrien / der
zu Damasco wonet / vnd lies jm sagen. [19]Es ist
ein Bund zwisschen mir vnd dir / vnd zwisschen
meinem Vater vnd deinem vater / Drumb schicke
ich dir ein Geschencke / silber vnd gold / das du
fahren lassest den Bund / den du mit Baesa dem
könige Jsrael hast / das er von mir abziehe.

[20]BEnhadad gehorchet dem könige Assa / vnd
sandte seine Heubtleute wider die stedte Jsrael /
vnd schlug Jion vnd Dan vnd Abel BethMaecha /
das gantz Cineroth / an dem gantzen lande Naph-
thali. [21]Da das Baesa höret / lies er ab zu bawen
Rama / vnd zoch wider gen Thirza. [22]Der könig
Assa aber lies erschallen im gantzen Juda / Hie sol
niemand vngestrafft bleiben. Vnd sie namen die
stein vnd holtz von Rama weg / da mit Baesa ge-
bawet hatte / Vnd der könig Assa bawete da mit
Geba BenJamin vnd Mizpa. || || 197b

[23]WAS aber mehr von Assa zu sagen ist / vnd
alle seine macht vnd alles was er gethan hat / vnd
die Stedte die er gebawet hat / Sihe / das ist geschrie-
ben in der Chronica der könige Juda / On das er in
seinem Alter an seinen füssen kranck war. [24]Vnd
Assa entschlieff mit seinen Vetern / vnd ward be-
graben mit seinen Vetern in der stad Dauid seines
Vaters / Vnd Josaphat sein son ward König an
seine stat.

NADAB. II. jar König in Jsrael. NAdab aber der son Jerobeam ward könig vber
Jsrael im andern jar Assa des königs Juda / vnd
regiert vber Jsrael zwey jar. [26]Vnd thet das dem
HERRN vbel gefiel / vnd wandelt in dem wege
seines Vaters vnd in seiner sunde / da mit er Jsrael
hatte sündigen gemacht.

ABer Baesa der son Ahia aus dem hause Jsaschar
macht einen Bund wider jn / vnd schlug jn zu
Gibethon / welche war der Philister / Denn Nadab
vnd das gantze Jsrael belagerten Gibethon. [28]Also
tödtet jn Baesa im dritten jar vnd Assa des königs
Juda / vnd ward König an seine stat. [29]Als er nu
JEROBEAMS haus ausgerottet durch Baesa. König war / schlug er das gantze haus Jerobeam /
vnd lies nicht vber etwas das den odem hatte von
Jerobeam / bis er jn vertilget / Nach dem wort des
HERRN / das er geredt hatte durch seinen knecht Sup. 14.
Ahia von Silo. [30]Vmb der sünde willen Jerobeam

die er thet / vnd da mit Jsrael sündigen macht / mit
dem reitzen / da mit erden HERRN den Gott Jsrael
erzürnet.
31WAs aber mehr von Nadab zu sagen ist / vnd
alles was er gethan hat / Sihe / das ist geschrieben in
der Chronica der könige Jsrael. 32Vnd es war krieg
zwischen Assa vnd Baesa dem könige Jsrael jr
leben lang.
JM dritten jar Assa des köngs Juda / ward Baesa BAESA
der son Ahia könig vber das gantze Jsrael zu 24. jar König
Thirza / vier vnd zwenzig jar / 34Vnd thet das dem in Jsrael.
HERRN vbel gefiel / vnd wandelt in dem wege
Jerobeam vnd in seiner sünde da mit er Jsrael hatte
sündigen gemacht.
Sup. 14. ES kam aber das wort des HERRN zu Jehu dem JEHU WEIS-
son Hanani wider Baesa / vnd sprach / 2Dar- saget wider
umb / das ich dich aus dem staub erhaben habe / vnd Baesa.
zum Fürsten gemacht vber mein volck Jsrael /
Vnd du wandelst in dem wege Jerobeam / vnd
machest mein volck Jsrael sündigen / das du mich
erzürnest durch jre sünde / 3Sihe / so wil ich die
nachkomen Basea / vnd die Nachkomen seines
hauses wegnemen / vnd wil dein haus setzen / wie
das haus Jerobeam des sons Nebat. 4Wer von
Baesa stirbt in der Stad / den sollen die Hunde fres-
sen / vnd wer von jm stirbt auff dem felde / den sol-
len die Vogel des Himels fressen.
5WAs aber mehr von Baesa zu sagen ist / vnd was
er gethan hat / vnd seine macht / Sihe / das ist ge-
schrieben in der Chronica der könige Jsrael. 6Vnd
Baesa entschlieff mit seinen Vetern / vnd ward be-
graben zu Thirza / vnd sein son Ella ward König ELLA.
an seine stat. 7Auch das wort des HERRN kam
durch den Propheten Jehu / den son Hanani / vber
Baesa vnd vber sein Haus / vnd wider alles vbel
das er thet fur dem HERRN / jn erzürnen durch die
werck seiner hende / das er würde wie das haus Jero-
beam / vnd darumb / das er diesen erschlagen hatte.

XVI.

JM SECHS VND ZWENZIGSTEN JAR ASSA DES KÖNIGS ELLA. II. JAR
Juda / ward Ella der son Baesa könig vber Jsrael König in
zu Thirza zwey jar. 9Aber sein knecht Simri der Jsrael.
öberst vber die helfft der Wagen / macht einen
Bund wider jn / Er aber war zu Thirza / tranck vnd
war truncken im hause Arza des Vogts zu Thirza.
10Vnd Simri kam hin ein vnd schlug jn tod / im

sieben vnd zwenzigsten jar Assa des königs Juda /
vnd ward König an seine stat.
11VND da er König war / vnd auff seinem Stuel
sass / schlug er das gantze || haus Baesa / vnd lies || 198a
nicht vber auch der an die wand pisset / dazu seine
SIMRI VERtilget das hause Baesa. Erben vnd seine Freunde. 12Also vertilget Simri
das gantze haus Baesa / nach dem wort des Sup. 15.
HERRN / das er vber Baesa geredt hatte / durch
den Propheten Jehu / 13vmb aller sunde willen
Baesa vnd seines sons Ella / die sie theten / vnd
Jsrael sündigen machten / den HERRN den Gott
Jsrael zu erzürnen durch jre Abgötterey. 14Was
aber mehr von Ella zu sagen ist / vnd alles was er
gethan hat / Sihe / das ist geschrieben in der Chronica der könige Jsrael.

JM sieben vnd zwenzigsten jar Assa des königs
SIMRI IST 7. tage Könige. Juda / ward Simri König sieben tage zu Thirza /
Denn das volck lag fur Gibbethon der Philister.
16Da aber das volck im Lager höret sagen / das
Simri einen Bund gemacht vnd auch den König
erschlagen hette / Da machte gantz Jsrael desselben
AMRI. tags Amri den Feldheubtman zum Könige vber
Jsrael im Lager.

VND Amri zoch er auff vnd das gantze Jsrael mit
jm von Gibbethon / vnd belagerten Thirza.
18Da aber Simri sahe / das die Stad solt gewonnen
werden / gieng er in den Pallast im hause des
Königs / vnd verbrand sich mit dem hause des
Königs / vnd starb 19vmb seiner sünde willen / die
er gethan hatte / das er thet das dem HERRN vbel
gefiel / vnd wandelt in dem wege Jerobeam / vnd
in seiner sünde / die er thet das er Jsrael sündigen
machte. 20Was aber mehr von Simri zu sagen ist /
vnd wie er einen Bund machte / Sihe / das ist geschrieben in der Chronica der könige Jsrael.

DAzumal teilet sich das volck Jsrael in zwey teil /
THIBNI. Eine helffte hieng an Thibni dem son Ginath /
das sie jn zum Könige machten / Die ander helfft
aber hieng an Amri. 22Aber das volck das an Amri
hieng / ward stercker denn das volck das an Thibni
hieng dem son Ginath / vnd Thibni starb / da ward
Amri könig.

AMRI XII. JAR König vber Jsrael. JM ein vnd dreissigsten jar Assa des königs Juda /
ward Amri könig vber Jsrael zwelff jar / vnd
regiert zu Thirza sechs jar. 24Er kaufft den berg
SAMARIA. Samaria von Semer vmb zween Centner silbers /
vnd bawet auff den Berg / vnd hies die Stad / die er

bawet nach dem namen Semer / des berges Herrn /
Samaria. 25Vnd Amri thet das dem HERRN vbel
gefiel / vnd war erger / denn alle die vor jm gewesen
waren / 26vnd wandelt in allen wegen Jerobeam des
sons Nebat / vnd in seinen sünden / damit er Jsrael
sündigen machte / das sie den HERRN den Gott
Jsrael erzürneten in jrer Abgötterey.

27WAS aber mehr von Amri zu sagen ist / vnd
alles was er gethan hat / vnd seine macht die er ge-
übet hat / sihe / das ist geschrieben in der Chronica
der könige Jsrael. 28Vnd Amri entschlieff mit sei-
nen Vetern / vnd ward begraben zu Samaria / Vnd
Ahab sein son ward König an seine stat.

JM acht vnd dreissigsten jar Assa des königs Juda /
ward Ahab der son Amri könig vber Jsrael / vnd AHAB XXII. JAR
regiert vber Jsrael zu Samaria zwey vnd zwenzig König vber
jar. 30Vnd thet das dem HERRN vbel gefiel / vber Jsrael.
alle die vor jm gewesen waren. 31Vnd war jm ein
gerings / das er wandelt in der sünde Jerobeam des
sons Nebat / Vnd nam da zu Jsebel die tochter JSEBEL.
EthBaal des königs zu Zidon zum weibe. Vnd
gieng hin vnd dienet Baal vnd betet jn an / 32Vnd
richtet Baal einen Altar auff im hause Baal / das er
jm bawete zu Samaria / 33vnd machet einen Hayn / Samaria
Das Ahab mehr thet den HERRN den Gott gebawet.
Jsrael zu erzürnen / denn alle könige Jsrael die vor
jm gewesen waren.

ZVR selben zeit bawet Hiel von BethEl Jeriho / HIEL BAWET
Es kostet jn seinen ersten son Abiram / da er Jeriho.
den grund leget / vnd seinen jüngsten son Segub /
Josu. 6. da er die thüren setzet / Nach dem wort des
HERRN / das er geredt hatte durch Josua den son
Nun.

XVII.

|| 198b VND ES SPRACH ELIA DER THISBITER AUS DEN THEWRUNG ZU
Eccl. 48. bürgern Gilead zu Ahab / So war der HERR Elias zeiten.
der Gott Jsrael lebet fur dem ich stehe / Es sol diese
jar weder Taw noch Regen komen / ich sage es
denn.

VND das wort des HERRN kam zu jm / vnd
sprach / 3Gehe weg von hinnen / vnd wende
dich gegen morgen / vnd verbirge dich am bach
Crith / der gegen dem Jordan fleusst / 4Vnd solt
vom Bach trincken / vnd ich hab den Raben gebo-
ten / das sie dich daselbs sollen versorgen. 5Er aber
gieng hin / vnd thet nach dem wort des HERRN /

vnd gieng weg / vnd setzt sich am bach Crith / der
gegen dem Jordan fleusst. [6]Vnd die Raben brach-
ten jm Brot vnd Fleisch / des morgens vnd des
abends / Vnd er tranck des bachs.

VVD es geschach nach etlichen tagen / das der
Bach vertrocknet / denn es war kein Regen im
Lande. [8]Da kam das wort des HERRN zu jm /
vnd sprach / [9]Mach dich auff vnd gehe gen Zar- Luc. 4.
path / welche bey Zidon ligt / vnd bleibe daselbs /
WIDWE ZU Zarpath. Denn ich habe daselbs einer Widwen geboten / das
sie dich versorge.

[10]VND er macht sich auff / vnd gieng gen Zar-
path. Vnd da er kam an die thur der Stad / Sihe / da
war eine Widwen / vnd las holtz auff / Vnd er rieff
jr / vnd sprach / Hole mir ein wenig wasser im Ge-
fesse das ich trincke. [11]Da sie aber hin gieng zu
holen / rieff er jr / vnd sprach / Bringe mir auch
einen bissen brots mit. [12]Sie sprach / So war der
HERR dein Gott lebet / ich habe nichts gebackens /
On ein hand vol melhs im Cad / vnd ein wenig öle
im Kruge / Vnd sihe / ich hab ein holtz oder zwey
auffgelesen / vnd gehe hin ein / vnd wil mir vnd mei-
nem Son zurichten / das wir essen / vnd sterben.

[13]ELia sprach zu jr / fürchte dich nicht / Gehe hin
vnd machs / wie du gesagt hast / Doch mache mir
am ersten ein kleines gebackens dauon / vnd bringe
mirs er aus / Dir aber vnd deinem Son soltu darnach
auch machen. [14]Denn also spricht der HERR der
Gott Jsrael / Das melh im Cad sol nicht verzeret
werden / vnd dem Olekrug sol nichts mangeln /
Bis auff den tag / da der HERR regen lassen wird
auff Erden. [15]Sie gieng hin vnd machet / wie Elia
gesagt hatte / Vnd er ass / vnd sie auch vnd jr Haus /
eine zeit lang. [16]Das melh im Cad ward nicht ver-
zeret / vnd dem Olekrug mangelte nichts / nach dem
wort des HERRN / das er geredt hatte durch Elia.

ELIA MACHT seiner Wirtin Son lebendig.

VND NACH DIESEN GESCHICHTEN WARD DES
Weibs / seiner Hauswirtin Son kranck / vnd
seine kranckheit war so seer hart / das kein odem
mehr in jm bleib. [18]Vnd sie sprach zu Elia / Was
hab ich mit dir zu schaffen du man Gottes? Du bist
zu mir her ein komen / das meiner missethat ge-
dacht / vnd mein Son getödtet würde. [19]Er sprach
zu jr / Gib mir her deinen Son. Vnd er nam jn von
jrer schos / vnd gieng hin auff auff den Saal da er
wonet / vnd legt jn auff sein Bette / [20]vnd rieff den
HERRN an / vnd sprach / HERR mein Gott /

Hastu auch der Widwen bey der ich ein Gast bin /
so vbel gethan / das du jren Son tödtest?
21VND er mas sich vber dem Kinde drey mal /
vnd rieff den HERRN an / vnd sprach / HERR
mein Gott / las die seele dieses Kindes wider zu jm
komen. 22Vnd der HERR erhöret die stim Elia /
Vnd die seele des Kinds kam wider zu jm / vnd ward
lebendig. 23Vnd Elia nam das Kind vnd brachts
hin ab vom Saal ins haus / vnd gabs seiner Mutter /
vnd sprach / Sihe da / dein Son lebt. 24Vnd das
Weib sprach zu Elia / Nu erkenne ich / das du ein
man Gottes bist / vnd des HERRN wort in deinem
munde ist warheit.

XVIII.

|| 199a VND VBER EINE LANGE ZEIT / KAM DAS WORT DES
HERRN zu Elia im dritten jar / vnd sprach /
Gehe hin vnd zeige dich Ahab / das ich regen lasse
auff Erden. 2Vnd Elia gieng hin das er sich Ahab
zeigete / Es war aber eine grosse Tewrung zu Samaria. THEWRUNG ZU Elia zeiten.
Samaria.

VND Ahab rieff ObadJa seinem Hofmeister
(ObadJa aber furchte den HERRN seer /
4Denn da Jsebel die Propheten des HERRN aus- JSEBEL TÖDTET die Propheten.
rottet / nam ObadJa hundert Propheten / vnd ver-
steckt sie in der Hölen / hie funffzig / vnd da funff-
zig / vnd versorget sie mit brot vnd wasser) 5So
sprach nu Ahab zu ObadJa / Zeuch durchs Land zu
allen Wasserbrunnen vnd Bechen / ob wir möchten
hew finden / vnd die Ross vnd Meuler erhalten /
das nicht das Vieh alles vmbkome. 6Vnd sie teile-
ten sich ins Land / das sie es durchzogen / Ahab
zoch allein auff einen weg / vnd ObadJa auch allein
den andern weg.

DA nu ObadJa auff dem wege war / Sihe / da be-
gegenet jm Elia / Vnd da er jn kennet / fiel er
auff sein andlitz / vnd sprach / Bistu nicht mein
Herr Elia? 8Er sprach / Ja. Gehe hin vnd sage
deinem Herrn / Sihe / Elia ist hie. 9Er aber sprach /
Was hab ich gesündiget / das du deinen Knecht
wilt in die hende Ahab geben / das er mich tödte?
10So war der HERR dein Gott lebt / Es ist kein
Volck noch Königreich da hin mein Herr nicht ge-
sand hat / dich zu suchen / Vnd wenn sie sprachen /
Er ist nicht hie / Nam er einen Eid von dem
Königreich vnd Volck / das man dich nicht funden
hette.

[11]VND du sprichst nu / Gehe hin / sage deinem
Herrn / Sihe / Elia ist hie. [12]Wenn ich nu hin gienge
von dir / so würde dich der Geist des HERRN
wegnemen / weis nicht wo hin / vnd ich denn keme
vnd sagets Ahab an / vnd fünde dich nicht / so er-
würgete er mich. Aber dein Knecht fürcht den
HERRN von seiner jugent auff. [13]Jsts meinem
Herrn nicht angesagt / was ich gethan habe / da
Jsebel die Propheten des NERRN erwürget? Das
ich der Propheten des HERRN hundert versteckt /
hie funffzig vnd da funffzig / in der Höle / vnd ver-
sorget sie mit brot vnd wasser? [14]Vnd du sprichst /
Nu gehe hin / sage deinem Herrn / Elia ist hie / das
er mich erwürge. [15]Elia sprach / So war der HERR
Zebaoth lebet / fur dem ich stehe / Jch wil mich jm
heute zeigen.

DA gieng ObadJa hin Ahab entgegen / vnd sagts
jm an / Vnd Ahab gieng hin Elia entgegen.
[17]Vnd da Ahab Elia sahe / sprach Ahab zu jm /
Bistu der Jsrael verwirret? [18]Er aber sprach / Jch
verwirre Jsrael nicht / Sondern du vnd deins vaters
Haus / da mit / das jr des HERRN Gebot verlassen
habt / vnd wandelt Baalim nach. [19]Wolan / So sende
nu hin / vnd versamle zu mir das gantze Jsrael auff
den berg Carmel / vnd die vier hundert vnd funff-
zig Propheten Baal / Auch die vier hundert Pro-
pheten des Hayns / die vom tisch Jsebel essen.
[20]Also sandte Ahab hin vnter alle kinder Jsrael /
vnd versamlet die Propheten auff dem berg Carmel.

PROPHETEN Baal vnd des Hayns.

DA trat Elia zu allem volck / vnd sprach / Wie
lange hincket jr auff beiden seiten? Jst der
HERR Gott / so wandelt jm nach / Jsts aber Baal /
so wandelt jm nach / Vnd das Volck antwortet jm
nichts. [22]Da sprach Elia zum volck / Jch bin allein
vberblieben ein Prophet des HERRN / Aber der
Propheten Baal sind vier hundert vnd funffzig
man. [23]So gebt vns nu zween Farren / vnd lasst sie
erwelen einen Farren / vnd jn zustücken vnd auffs
holtz legen / vnd kein fewr dran legen / So wil ich
den andern Farren nemen / vnd auffs holtz legen /
vnd auch kein fewr dran legen. [24]So ruffet jr an
den namen ewrs Gottes / vnd ich wil den Namen
des HERRN anruffen / Welcher Gott nu mit fewr
antworten wird / der sey Gott. Vnd das gantze
volck antwortet / vnd sprach / Das ist recht.

[25]VND Elia sprach zu den Propheten Baal / Er-
welet jr einen Farren / vnd || macht am ersten / || 199b

Denn ewr ist viel / vnd ruffet ewrs Gottes namen
an / vnd legt kein fewr dran. 26Vnd sie namen den
Farren / den er jnen gab / vnd richten zu / vnd rie-
ffen an den namen Baal / von morgen an bis an den
mittag / vnd sprachen / Baal erhöre vns. Aber es
war da kein stimme noch antwort / Vnd sie [a]hincke-
ten vmb den Altar den sie gemacht hatten. 27Da es
nu mittag ward / spottet jr Elia / vnd sprach /
Rufft laut / denn er ist ein Gott / Er tichtet oder hat
zu schaffen / oder ist vber feld / oder schlefft vie-
leicht / das er auffwache. 28Vnd sie rieffen laut /
vnd ritzeten sich mit Messern vnd Pfrümen / nach
jrer weise / bis das jr blut her nach gieng. 29Da aber
der mittag vergangen war / weissagten sie / bis das
man das Speisopffer thun solt / vnd war da keine
stimme / noch antwort / noch Auffmercker.

DA sprach Elia zu allem volck / Kompt her alles
volck zu mir / Vnd da alles Volck zu jm trat /
heilet er den Altar des HERRN der zubrochen war.
31Vnd nam zwelff Steine / nach der zal der Stemme
der kinder Jacob (zu welchem das wort des
Gen. 32. HERRN redet / vnd sprach / Du solt Jsrael heissen)
32vnd bawet von den steinen einen Altar im Namen
des HERRN / Vnd macht vmb den Altar her eine
gruben / zwey Kornmas weit. 33Vnd richtet das
holtz zu / vnd zustücket den Farren / vnd legt jn
auffs holtz. 34Vnd sprach / Holet vier Cad wasser
vol / vnd giesset es auff das Brandopffer vnd auffs
holtz. Vnd sprach / Thuts noch ein mal / Vnd sie
thetens noch ein mal. Vnd er sprach / Thuts zum
dritten mal / Vnd sie thetens zum dritten mal /

a (Hincketen) Die falschen Heiligen wenn sie andechtig sein wöllen / werffen sie den Kopff zu beiden seiten / wie eine Gans gehet / das es scheinet / wie ein Hinckender zu beiden seiten hin vnd her wackelt. Da her auch das Passah kompt / Exo. 12. Da Gott in Egypten durchgieng vnd hincket / das er schlug tod zu beiden seiten hie vnd da / wie ein truncken man gehet. Sic supra / Vt quid claudicatis in duas partes? Significat impios esse vagos et duplices animo / nihil certi habere / Eph. 4. Jnde etiam saltare dicuntur tales / quia motu capitum similes sunt saltantibus et vere capitibus saltant.

Elia schlachtet die Propheten Baal.

35Vnd das Wasser lieff vmb den Altar her / vnd die
grube ward auch vol wassers.
36VND da die zeit war Speisopffer zu opffern /
trat Elia der Prophet erzu / vnd sprach / HERR
Gott Abraham / Jsaac vnd Jsrael / Las heute kund
werden / das du Gott in Jsrael bist / vnd ich dein
Knecht / vnd das ich solchs alles nach deinem wort
gethan habe. 37Erhöre mich HERR / erhöre mich /
Das dis Volck wisse / das du HERR Gott bist / das
du jr hertz darnach bekerest. 38Da fiel das fewr des
HERRN erab / vnd frass / Brandopffer / holtz /
stein vnd erden / vnd lecket das wasser auff jn der
gruben. 39Da das alles Volck sahe / fiel es auff sein
angesicht / vnd sprachen / Der HERR ist Gott /
Der HERR ist Gott.

ELia aber sprach zu jnen / Greifft die Propheten
Baal / das jr keiner entrinne / || Vnd sie griffen || 200a
sie. Vnd Elia füret sie hin ab an den bach Kison /
vnd schlachtet sie daselbs.

VND Elia sprach zu Ahab / Zeuch hin auff / iss
vnd trinck / denn es rausschet als wolts seer
regen. 42Vnd da Ahab hin auff zoch zu essen vnd
zu trincken / gieng Elia auff des Carmels spitzen /
vnd bücket sich zur erden / vnd thet sein Heubt
zwisschen seine knie. 43Vnd sprach zu seinem
Knaben / Gehe hin auff / vnd schawe zum Meer zu.
Er gieng hin auff vnd schawet / vnd sprach Es ist
nichts da. Er sprach / Gehe wider hin sieben mal.
44Vnd im siebenden mal sprach er / Sihe / Es gehet
eine kleine Wolcke auff aus dem Meer / wie eins
Mans hand. Er sprach / Gehe hin auff vnd sage
Ahab / Span an / vnd fahre hin ab / das dich der
Regen nicht ergreiffe. 45Vnd ehe man zusahe / ward
der Himel schwartz von wolcken vnd wind / vnd
kam ein grosser regen / Ahab aber fuhr vnd zoch
gen Jsreel. 46Vnd die hand des HERRN kam vber
Elia / vnd er gürtet seine Lenden vnd lieff fur Ahab
hin / bis er kam gen Jesreel.

XIX.

VND AHAB SAGET JSEBEL AN / ALLES WAS ELIA
gethan hatte / vnd wie er hatte alle Propheten
Baal mit dem Schwert erwürget. 2Da sandte Jsebel
einen Boten zu Elia / vnd lies jm sagen / Die Götter
thun mir dis vnd das / wo ich nicht morgen vmb
diese zeit / deiner Seele thu / wie dieser seele eine.

DA er das [a]sahe / macht er sich auff / vnd gieng
wo er hin wolt / vnd kam gen BerSeba in Juda /
vnd lies seinen Knaben daselbs. 4Er aber gieng
hin in die wüsten eine Tagreise / vnd kam hin ein
vnd setzet sich vnter eine Wacholdern / vnd bat /
das seine Seele stürbe / vnd sprach / Es ist gnug / So
nim nu HERR meine Seele / Jch bin nicht besser /
denn meine Veter. 5Vnd legt sich vnd schlieff
vnter der Wacholdern.

a Alij / Timuit.

VND sihe / der Engel rüret jn / vnd sprach zu jm /
Stehe auff / vnd iss. 6Vnd er sahe sich vmb / Vnd
sihe / zu seinen heubten lag ein geröstet Brot / vnd
eine kanne mit Wasser / Vnd da er gessen vnd ge-
truncken hatte / legt er sich wider schlaffen. 7Vnd
der Engel des HERRN kam zum andern mal wider /
vnd rüret jn / vnd sprach / Stehe auff vnd iss / denn
du hast einen grossen weg fur dir. 8Vnd er stund
auff vnd ass vnd tranck / vnd gieng durch krafft der
selben selben speise vierzig tage vnd vierzig nacht
bis an den berg Gottes Horeb.

VND kam daselbs in eine Höle / vnd bleib daselbs
vber nacht / Vnd sihe / das wort des HERRN
kam zu jm / vnd sprach zu jm / Was machstu hie
Elia? 10Er sprach / Jch hab geeiuert vmb den
Rom. 11. HERRN den Gott Zebaoth / Denn die kinder
Jsrael haben deinen Bund verlassen / vnd deine
Altar zubrochen / vnd deine Propheten mit dem
Schwert erwürget / vnd ich bin alleine vberblieben /
vnd sie stehen darnach / das sie mit mein Leben
nemen. 11Er sprach / Gehe er aus / vnd trit auff
den Berg fur dem HERRN / vnd sihe / Der HERR
gieng fur vber / vnd ein grosser starcker Wind /
der die Berge zureis vnd die Felsen zubrach fur dem
HERRN her / Der HERR aber war nicht im winde.
Nach dem winde aber kam ein Erdbeben / Aber der
HERR war nicht im erdbeben. 12Vnd nach dem
Erdbeben kam ein Fewr / Aber der HERR war
nicht im fewr. Vnd nach dem Fewr kam ein still
sanfftes Sausen.

13DA das Elia höret / verhüllet er sein andlitz mit
seinem Mantel / vnd gieng er aus vnd trat in die
thür der Hölen / vnd sihe / da kam eine stim zu jm /
vnd sprach / Was hastu hie zu thun Elia? 14Er
sprach / Jch hab vmb den HERRN den Gott Ze-
Rom. 11. baoth geeiuert / Denn die kinder Jsrael haben dei-
nen Bund verlassen / Deine Altar zubrochen /
deine Propheten mit dem Schwert erwürget / vnd

ich bin allein vberblieben / vnd sie stehen darnach
das sie mir das Leben nemen.|| || 200b

ABer der HERR sprach zu jm / Gehe widerumb
deines weges durch die wüsten gen Damascon /
vnd gehe hin ein vnd salbe Hasael zum könige Eccl. 48.
vber Syrien / [16]vnd Jehu den son Nimsi zum 4. Reg. 9.
könige vber Jsrael / vnd Elisa den son Saphat von
Abel Mehola zum Propheten an deine stat. [17]Vnd
sol geschehen / das / wer dem schwert Hasael entrinnet
/ den sol Jehu tödten / Vnd wer dem schwert
Jehu entrinnet / den sol Elisa tödten. [18]VND ICH
WIL LASSEN VBER BLEIBEN SIEBEN TAUSENT IN Rom. 11.
JSRAEL / NEMLICH / ALLE KNIE DIE SICH NICHT GEBEUGET
HABEN FUR BAAL / VND ALLEN MUND DER
JN NICHT GEKÜSSET HAT.

ELISA. VND er gieng von dannen / vnd fand Elisa den
son Saphat / das er pflüget mit zwelff Jochen
fur sich hin / vnd er war selbs vnter den zwelffen /
vnd Elia gieng zu jm / vnd warff seinen Mantel
auff jn. [20]Er aber lies die Rinder / vnd lieff Elia
nach / vnd sprach / Las mich meinen Vater vnd
meine Mutter küssen / so wil ich dir nachfolgen.
Er sprach zu jm / Gehe hin vnd kom wider / denn
ich hab etwas mit dir zu thun. [21]Vnd er lieff wider
von jm vnd nam ein joch Rinder vnd opffert es /
vnd kochet das fleisch mit dem holtzwerg an den
rindern / vnd gabs dem Volck das sie assen / Vnd
macht sich auff vnd folgete Elia nach / vnd dienete
jm.

XX.

BENHADAD belagert Samariam. VND BENHADAD DER KÖNIG ZU SYRIEN VERSAMlet
alle seine macht / vnd waren zwey vnd dreissig
Könige mit jm vnd ross vnd wagen / vnd zoch
erauff vnd belagert Samariam / vnd streit wider sie.
[2]Vnd sandte Boten zu Ahab dem könige Jsrael in
die stad / [3]vnd lies jm sagen / So spricht Benhadad /
Dein silber vnd dein gold ist mein / vnd deine
Weiber vnd deine besten Kinder sind auch mein.
[4]Der könig Jsrael antwortet / vnd sprach / Mein
Herr könig / wie du geredt hast / Jch bin dein / vnd
alles was ich hab.

[5]VND die Boten kamen wider / vnd sprachen /
So spricht Benhadad / Weil ich zu dir gesand habe /
vnd lassen sagen / Dein silber vnd dein gold / deine
Weiber vnd deine Kinder soltu mir geben / [6]So
wil ich morgen vmb diese zeit meine Knechte zu

Ahab sieget wider die Syrer.

dir senden / das sie dein Haus / vnd deiner Vnter-
thanen heuser besuchen / vnd was dir lieblich ist /
sollen sie in jre hende nemen vnd wegtragen.
DA rieff der könig Jsrael allen Eltesten des
Lands / vnd sprach / Merckt vnd sehet / wie
böse ers furnimpt. Er hat zu mir gesand vmb
meine Weiber vnd Kinder / silber vnd gold / vnd
ich hab jm des nicht geweret. 8 Da sprachen zu jm
alle Alten / vnd alles volck / Du solt nicht gehor-
chen noch bewilligen. 9 Vnd er sprach zu den Bo-
ten Benhadad / Saget meinem Herrn dem könige /
Alles was du am ersten deinem knecht entboten
hast / wil ich thun / Aber dis kan ich nicht thun.
Vnd die Boten giengen hin vnd sagten solchs
wider. 10 Da sandte Benhadad zu jm / vnd lies jm
sagen / Die Götter thun mir dis vnd das / wo der
staub Samaria gnug sein sol / das alles Volck vnter
mir ein handuol dauon bringe. 11 Aber der könig
Jsrael antwortet / vnd sprach / Saget / der den
Harnisch anlegt / sol sich nicht rhümen / als der jn
hat abgelegt. 12 Da das Benhadad höret (vnd er
eben tranck mit den Königen in den Gezelten)
sprach er zu seinen Knechten / Schicket euch / Vnd
sie schickten sich wider die Stad.
VND / sihe / ein Prophet trat zu Ahab dem könige
Jsrael / vnd sprach / So spricht der HERR / Du
hast je gesehen alle diesen grossen Hauffen? Sihe /
Jch wil jn heute in deine hand geben / Das du wis-
sen solt / Jch sey der HERR. 14 Ahab sprach /
Durch wen? Er sprach / so spricht der HERR /
Durch die knaben der Landuögte. Er sprach / Wer
sol den streit anspannen? Er sprach / Du. 15 Da
zelet er die knaben der Landuögte / vnd jr war zwey
hundert vnd zween vnd dreissig / Vnd zelet nach
|| 201 a jnen das gantze volck aller kinder || Jsrael / sieben
tausent Man / 16 vnd zogen aus im mittage. Ben-
hadad aber tranck vnd war truncken im Gezelt /
sampt den zwey vnd dreissig Königen / die jm zu
hülff komen waren. 17 Vnd die knaben der Land-
uögte zogen am ersten aus.

BEnhadad aber sandte aus / vnd die sagten jm
an / vnd sprachen / Es ziehen menner aus Samaria.
18 Er sprach / Greiffet sie lebendig / sie seien vmb
friede oder vmb streit willen ausgezogen. 19 Da
aber die knaben der Landuögte waren ausgezogen
vnd das Heer jnen nach / 20 schlug ein jglicher wer
jm fur kam. Vnd die Syrer flohen / Vnd Jsrael jaget

(Nicht rhümen) Das ist / Er sprech nicht hui / ehe er vber den berg komet / Denn wer gewonnen hat / der legt den Harnisch ab / vnd mag sich rhümen. Wer jn aber anlegt / hat drumb noch nicht gewonnen.

sieget wider die Syrer.

jnen nach. Vnd Benhadad der könig zu Syrien entran mit rossen vnd reutern. 21Vnd der könig Jsrael zoch aus vnd schlug ross vnd wagen / das er an den Syrern eine grosse schlacht thet.

SYRER GEschlagen.

DA trat ein Prophet zum könige Jsrael / vnd sprach zu jm / Gehe hin vnd stercke dich / vnd mercke vnd sihe / was du thust / Denn der könig zu Syrien wird wider dich er auff ziehen / wenn das jar vmb ist. 23Denn die knechte des königs zu Syrien sprachen zu jm / Jre Götter sind berge Götter / darumb haben sie vns angewunnen / O das wir mit jnen auff der Ebene streitten müsten / Was gilts / wir wolten jnen angewinnen? 24Thu jm also / thu die Könige weg / ein jglichen von seinem ort / vnd stelle Herrn an jre stete / 25vnd ordene dir ein Heer wie das Heer war / das du verloren hast / vnd ross vnd wagen / wie jene waren / vnd las vns wider sie streitten auff der Ebene / Was gilts / wir wöllen jnen obligen? Er gehorchet jrer stimme / vnd thet also.

26ALs nu das jar vmb war / ordenet Benhadad die Syrer / vnd zoch er auff gen Aphek wider Jsrael zu streitten. 27Vnd die kinder Jsrael ordenten sich auch / vnd versorgeten sich / vnd zogen hin / jnen entgegen / vnd lagerten sich gegen sie wie zwo klein Herde zigen / Der Syrer aber war das Land vol.

VND es trat ein man Gottes erzu / vnd sprach zum könige Jsrael / So spricht der HERR / Darumb / das die Syrer haben gesagt / Der HERR sey ein Gott der berge / vnd nicht ein Gott der gründe / So hab ich alle diesen grossen Hauffen in deine hand gegeben / Das jr wisset / Jch sey der HERR. 29Vnd sie lagerten sich stracks gegen jene sieben tage. Am siebenden tage zogen sie zu hauff im streit / Vnd die kinder Jsrael schlugen der Syrer hundert tausent Fusuolcks auff einen tag. 30Vnd die vbrigen flohen gen Aphek in die Stad / vnd die maur fiel auff die vbrigen sieben vnd zwenzig tausent man. Vnd Benhadad floch auch in die Stad von einer Kamer in die ander.

KÖNIG VON Syrien geschlagen.

DA sprachen seine Knechte zu jm / Sihe / Wir haben gehöret / das die Könige des hauses Jsrael barmhertzige könige sind / So last vns secke vmb vnser Lenden thun / vnd stricke vmb vnser Heubte vnd zum könige Jsrael hinaus gehen / vieleicht lesst er deine Seele leben. 32Vnd sie gürteten

secke vmb jre Lenden / vnd stricke vmb jre Heub-
ter / vnd kamen zum könige Jsrael / vnd sprachen /
Benhadad dein Knecht lest dir sagen / Lieber / las
meine Seele leben. Er aber sprach / Lebt er noch /
so ist er mein Bruder. 33Vnd die Menner namen
eilend das wort von jm / vnd deutens fur sich vnd
sprachen / Ja dein bruder Benhadad. Er sprach /
Kompt / vnd bringet jn. Da gieng Benhadad zu jm
er aus. Vnd lies jn auff den Wagen sitzen. 34Vnd
sprach zu jm / Die Stedte die mein Vater deinem
Vater genomen hat / wil ich dir widergeben / vnd
mache dir Gassen zu Damasco / wie mein Vater zu
Samaria gethan hat / So wil ich mit einem Bund dich
lassen / Vnd er macht mit jm einen Bund / vnd lies
jn ziehen.

DA sprach ein Man vnter den kindern der Pro-
pheten zu seinem Nehesten / durch das wort des
HERRN / Lieber / schlahe mich / Er aber wegert
sich jn zu schlahen. 36Da sprach er zu jm / Darumb /
das du der stim des HERRN nicht hast gehorcht /
Sihe / so wird dich ein Lewe schlahen / wenn du
von mir gehest / Vnd da er von jm abgieng fand jn
ein Lewe vnd schluge jn. 37Vnd er fand einen
andern Man / vnd sprach / Lieber schlahe mich /
|| 201b Vnd der || man schlug jn wund. 38Da gieng der
Prophet hin / vnd trat zum Könige an den weg /
vnd verstellet sein angesicht mit asschen. 39Vnd
da der König fur vberzoch / schrey er den König
an / vnd sprach / Dein Knecht war ausgezogen mit-
ten im streit / vnd sihe / ein Man war gewichen /
vnd bracht einen Man zu mir / vnd sprach / Ver-
ware diesen Man / wo man sein wird missen / So sol
deine Seele an stat seiner seele sein / Oder solt ein
Centner silbers darwegen. 40Vnd da dein Knecht
hie vnd da zuthun hatte / war der nicht mehr da.
Der könig Jsrael sprach zu jm / das ist dein Vrteil /
du hasts selbs gefellet.

41DA thet er eilend die asschen von seinem
angesicht / Vnd der könig Jsrael kennet jn / das
er der Propheten einer war. 42Vnd er sprach zu
jm / So spricht der HERR / Darumb / das du
hast den verbanten Man von dir gelassen / wird
deine Seele fur seine seele sein / vnd dein Volck
Jnfr. 22. fur sein volck. 43Aber der könig Jsrael zoch hin /
vnmuts vnd zornig in sein haus / vnd kam gen
Samaria.

XXI.

Naboth.

NACH DIESEN GESCHICHTEN BEGAB SICHS / DAS
Naboth ein Jesreeliter einen Weinberg hatte
zu Jesreel bey dem Pallast Ahab des königes zu
Samaria. 2Vnd Ahab redet mit Naboth / vnd
sprach / Gib mir deinen Weinberg / Jch wil mir
einen Kolgarten draus machen / weil er so nahe an
meinem Hause ligt / Jch wil dir einen bessern
Weinberg dafür geben / Oder so dirs gefelt / wil ich
dir Silber dafür geben / so viel er gilt. 3Aber Na-
both sprach zu Ahab / das las der HERR fern von
mir sein / das ich dir meiner Veter erbe solt geben.

DA kam Ahab heim vnmuts vnd zornig vmb des
worts willen / das Naboth der Jesreeliter zu jm
hatte gesagt / vnd gesprochen / Jch wil dir meiner
Veter erbe nicht geben / Vnd er leget sich auff sein
Bette / vnd wand sein andlitz vnd ass kein Brot.

5DA kam zu jm hin ein Jsebel sein weib / vnd
redet mit jm / Was ists / das dein geist so vnmuts ist /
vnd das du nicht brot issest? 6Er sprach zu jr / Jch
habe mit Naboth dem Jesreeliten geredt / vnd ge-
sagt / Gib mir deinen Weinberg vmb geld / Oder
so du lust dazu hast / wil ich dir einen andern dafür
geben / Er aber sprach / Jch wil dir meinen Wein-
berg nicht geben. 7Da sprach Jsebel sein weib zu
jm / Was were fur ein Königreich in Jsrael wenn du
thetest? Stehe auff vnd iss brot / vnd sey gutes
muts / Jch wil dir den weinberg Naboth des
Jesreeliten verschaffen.

(Wenn du) Tu nunc facis regnum super Jsrael / id est / Bistus doch ders macht / das Jsrael ein Königreich ist / On dich were es ein Nichts.

VNd sie schreib brieue vnter Ahabs namen / vnd
versiegelt sie mit seinem Pitschir / vnd sandte
sie zu den Eltesten vnd Obersten in seiner Stad / die
vmb Naboth woneten. 9Vnd schreib also in den
brieuen / Lasst eine Fasten ausschreien / vnd setzt
Naboth oben an im Volck / 10vnd stellet zween
loser Buben fur jn / die da zeugen / vnd sprechen /
Du hast Gott vnd dem König gesegenet / Vnd
füret jn hin aus / vnd steiniget jn / das er sterbe.

(Gesegenet) Das ist / Er hat gelestert / denn die schrifft das grausame Laster / das Gott lestern heisst an diesem ort auffs züchtigest nennet / wie auch Hiob am 3. stehet. Gott

11VND die Eltesten vnd Obersten in seiner Stad /
die in seiner stad woneten theten wie jnen Jsebel
entboten hatte / wie sie in den Brieuen geschrieben
hatte / die sie zu jnen sandte. 12Vnd liessen ein
Fasten ausschreien / vnd liessen Naboth oben an
vnter dem Volck sitzen. 13Da kamen die zween
lose Buben / vnd stelleten sich fur jm / vnd zeuge-
ten wider Naboth fur dem volck / vnd sprachen /

Naboth hat Gott vnd dem Könige gesegenet / Da füreten sie jn fur die Stad hin aus / vnd steinigeten jn / das er starb.

lestern aber hatte Mose bey dem tod verboten. So war das Königreich Jsrael von Gott eingesetzt / das den König lestern auch Gott betraff.

[14]VND sie entboten Jsebel vnd liessen jr sagen / Naboth ist gesteiniget vnd tod. [15]Da aber Jsebel höret / das Naboth gesteiniget vnd tod war / sprach sie zu Ahab / Stehe auff vnd nim ein den weinberg Naboth des Jesreeliten / welchen er sich wegert dir vmb geld zu geben / Denn Naboth lebt nimer / sondern ist tod. [16]Da Ahab höret / das Naboth tod war / stund er auff das er hin ab gienge zum weinberge Naboth des Jesreeliten / vnd jn einneme.||

NABOTH gesteiniget.

|| 202a

ABer das wort des HERRN kam zu Elia dem Thisbiten / vnd sprach / [18]Mach dich auff vnd gehe hin ab Ahab dem könige Jsrael entgegen / der zu Samaria ist (Sihe / er ist jm weinberge Naboth / da hin er ist hin ab gegangen / das er jn einneme) [19]vnd rede mit jm / vnd sprich / So spricht der HERR / Du hast todgeschlagen / da zu auch eingenomen. Vnd solt mit jm reden / vnd sagen / So spricht der HERR / An der Stete / da Hunde das blut Naboth geleckt haben / sollen auch hunde dein Blut lecken. [20]Vnd Ahab sprach zu Elia / Hastu mich je deinen Feinden erfunden? Er aber sprach / Ja / Jch hab dich funden / Darumb / das du verkaufft bist nur vbels zu thun fur dem HERRN. [21]Sihe / ich wil vnglück vber dich bringen / vnd deine Nachkomen wegnemen / vnd wil von Ahab ausrotten / auch den / der an die wand pisset / vnd der verschlossen vnd vbergelassen ist in Jsrael. [22]Vnd wil dein Haus machen / wie das haus Jerobeam des sons Nebat / vnd wil das haus Baesa des sons Ahia / vmb des reitzens willen / da mit du erzürnet vnd Jsrael sündigen gemacht hast.

ELIA WEISSAget wider Ahabs hause.

4. Reg. 9.

Sup. 15. 16.

VND vber Jsebel redet der HERR auch / vnd sprach / Die Hunde sollen Jsebel fressen an der mauren Jesreel. [24]Wer von Ahab stirbt in der Stad / den sollen die Hunde fressen / vnd wer auff dem Felde stirbet / den sollen die Vogel vnter dem Himel fressen. [25]Also war niemand / der so gar verkaufft were vbel zu thun fur dem HERRN / als Ahab / Denn sein weib Jsebel vberredt jn also / [26]vnd er macht sich zum grossen Grewel / das er den Götzen nachwandelt aller dinge / wie die Amoriter gethan hatten / die der HERR fur den kindern Jsrael vertrieben hatte.

4. Reg. 9.

[27]DA aber Ahab solche wort höret / zureis er
seine Kleider / vnd legt einen Sack an seinen Leib /
vnd fastet / vnd schlieff im Sack / vnd gieng jemer-
lich her. [28]Vnd das wort des HERRN kam zu
Elia dem Thisbiten / vnd sprach / [29]Hastu nicht
gesehen / wie sich Ahab fur mir bücket? Weil er
sich nu fur mir bücket / wil ich das vnglück nicht
einfüren bey seinem leben / Aber bey seines Sons
leben wil ich vnglück vber sein haus füren.

(Sack) Das ist / betrübte geringe Kleider / Als wenn man leide tregt / oder erbeitet.

XXII.

VND ES KAMEN DREY JAR VMB / DAS KEIN KRIEG
war zwisschen den Syrern vnd Jsrael. [2]Jm
JOSAPHAT. dritten jar aber zoch Josaphat der könig Juda hin 2. Par. 18.
ab zum könige Jsrael. [3]Vnd der könig Jsrael
sprach zu seinen Knechten / Wisset jr nicht / das
Ramoth in Gilead vnser ist / vnd wir sitzen stille /
vnd nemen sie nicht von der hand des königs zu
Syrien? [4]Vnd sprach zu Josaphat / Wiltu mit mir
ziehen in den streit gen Ramoth in Gilead? Josa-
phat sprach zum könige Jsrael / Jch wil sein / wie
du / vnd mein volck / wie dein volck / vnd meine
ross / wie deine ross.

[5]VND Josaphat sprach zum könige Jsrael /
Frage doch heute vmb das wort des HERRN.
[6]Da samlet der könig Jsrael Propheten bey vier
hundert Man / vnd sprach zu jnen / Sol ich gen
Ramoth in Gilead ziehen zu streitten / Oder sol
ichs lassen anstehen? Sie sprachen / Zeug hin auff /
der HERR wirds in die hand des Königs geben.

[7]JOsaphat aber sprach / Jst hie kein Prophet
mehr des HERRN / das wir von jm fragen? [8]Der
könig Jsrael sprach zu Josaphat / Es ist noch ein
MICHA. man Micha der son Jemla / von dem man den
HERRN fragen mag / Aber ich bin jm gram / denn
er weissaget mir kein guts sondern eitel böses. Jo-
saphat sprach / Der König rede nicht also. [9]Da
rieff der könig Jsrael einem Kemerer / vnd sprach /
Bringe eilend her Micha den son Jemla.

[10]DER König aber Jsrael / vnd Josaphat der
könig Juda / sassen ein jglicher auff seinem Stuel /
angezogen mit Kleidern / auffm platz fur der thür
am thor Samaria / vnd alle Propheten weissagten
ZEDEKIA. fur jnen. [11]Vnd Zedekia der son ‖ Cnaena hatte ‖ 202b
jm eisern Horner gemacht / vnd sprach / so spricht
der HERR / Hie mit wirstu die Syrer stossen / bis
du sie auffreumest. [12]Vnd alle Propheten weis-

sagten also / vnd sprachen / Zeuch hin auff gen
Ramoth in Gilead / vnd fahr glückselig / Der
HERR wirds in die hand des Königs geben.
13VNd der Bote / der hin gegangen war Micha MICHA.
zu ruffen / sprach zu jm / Sihe / der Propheten rede
sind eintrechtlich gut fur den König / So las nu
dein wort auch sein / wie das wort der selben / vnd
rede gutes. 14Micha sprach / So war der HERR
lebt / ich wil reden was der HERR mir sagen wird.
VNd da er zum Könige kam / sprach der könig
zu jm / Micha / Sollen wir gen Ramoth in Gilead
ziehen zu streitten / Oder sollen wirs lassen an-
stehen? Er sprach zu jm / Ja / zeuch hin auff / vnd
fare glückselig / der HERR wirds in die hand des
Königs geben. 16Der König sprach abermal zu
jm / Jch beschwere dich / das du mir nicht anders
sagest / denn die warheit im Namen des HERRN.
17Er sprach / Jch sahe gantz Jsrael zurstrewet auff
den Bergen / wie die schaf die keinen Hirten haben /
Vnd der HERR der sprach / Haben diese keinen
Herrn? Ein jglicher kere wider heim mit frieden.
18Da sprach der könig Jsrael zu Josaphat / Hab ich
dir nicht gesagt / das er mir nichts guts weissaget /
sondern eitel böses.
19ER sprach / Darumb höre nu das wort des
HERRN / Jch sahe den HERRN sitzen auff seinem
Stuel / vnd alles himelisch Heer neben jm stehen
zu seiner rechten vnd lincken. 20Vnd der HERR
sprach / Wer wil Ahab vberreden das er hin auff-
ziehe / vnd falle zu Ramoth in Gilead? Vnd einer
saget dis / der ander das. 21Da gieng ein Geist er
aus vnd trat fur den HERRN / vnd sprach / Jch
wil jn vberreden. Der HERR sprach zu jm / Wo
mit? 22Er sprach / Jch wil ausgehen / vnd wil ein
falscher Geist sein in aller seiner Propheten munde.
Er sprach / Du solt jn vberreden / vnd solts aus-
richten / Gehe aus vnd thu also. 23Nu sihe / der
HERR hat einen falschen Geist gegeben in aller
dieser deiner Propheten mund / vnd der HERR
hat böses vber dich geredt.
DA trat er zu Zedekia der son Cnaena / vnd schlug ZEDEKIA.
Micha auff den backen / vnd sprach / Wie / Jst schlegt Micha.
der geist des HERRN von mir gewichen / das er
mit dir redet? 25Micha sprach / Sihe / du wirsts
sehen an dem tage wenn du von einer Kamer in
die andern gehen wirst / das du dich verkriechest.
26Der könig Jsrael sprach / Nim Micha vnd las jn

bleiben bey Amon dem Burgermeister / vnd bey
Joas dem son des Königes / [27]vnd sprich / So
spricht der König / Diesen setzet ein in den
Kercker / vnd speiset jn mit brot vnd wasser des
trübsals / bis ich mit frieden wider kome. [28]Micha
sprach / Kompstu mit frieden wider / so hat der
HERR nicht durch mich geredt / Vnd sprach /
Höret zu alles Volck.

ALso zoch der könig Jsrael / vnd Josaphat der
könig Juda hin auff gen Ramoth in Gilead.
[30]Vnd der könig Jsrael sprach zu Josaphat / Ver-
stelle dich / vnd kom in den streit mit deinen Klei-
dern angethan / Der könig Jsrael aber verstellet
sich auch / vnd zoch in den streit. [31]Aber der Kö-
nig zu Syrien gebot den Obersten vber seine wa-
gen / der waren zween vnd dreissig / vnd sprach /
Jr solt nicht streitten wider kleine noch grosse /
Sondern wider den könig Jsrael alleine. [32]Vnd da
die Obersten der wagen Josaphat sahen / meineten
sie / er were der könig Jsrael / vnd fielen auff jn
mit streitten / Aber Josaphat schrey. [33]Da aber die
Obersten der wagen sahen das er nicht der könig
Jsrael war / wandten sie sich hinden von jm.

EJn Man aber spannet den Bogen on gefehr / vnd
schos den könig Jsrael zwisschen dem Pantzer
vnd [a]Hengel. Vnd er sprach zu seinem Fuhrman /
wende deine hand / vnd füre mich aus dem Heer /
denn ich bin wund. [35]Vnd der streit nam vber
hand desselben tages / vnd der König stund auff Sup. 20.
dem wagen gegen die Syrer / vnd starb des abends /
Vnd das Blut flos von den wunden || mitten in den || 203a

a Da das Schwert anhengt von der Achseln vber her bis auff die Hüffte.

AHAB KOMPT vmb im Krieg.

wagen. [36]Vnd man lies ausruffen im Heer / da die
Sonne vntergieng / vnd sagen / Ein jglicher gehe
in seine Stad vnd in sein Land. [37]Also starb der
König / vnd ward gen Samaria gebracht / vnd sie
begruben jn zu Samaria / [38]Vnd da sie den wagen
wusschen bey dem teiche Samaria / lecketen die
Hunde sein blut / Es wusschen jn aber die Huren / (Huren)
nach dem wort des HERRN das er geredt hatte. Da die Huren wasschen / id est / Cauponae iderices.

[39]WAS mehr von Ahab zu sagen ist / vnd alles
was er gethan hat / vnd das Elffenbeinen haus das
er bawet / vnd alle Stedte die er gebawet hat / Sihe /
das ist geschrieben in der Chronica der könige
Jsrael. [40]Also entschlieff Ahab mit seinen Vetern /
Vnd sein son Ahasia ward König an seine stat.

VND JOSAPHAT DER SON ASSA WARD KÖNIG VBER Josaphat
Juda im vierden jar Ahab des königes Jsrael. 25. jar König in Juda.
[42]Vnd war fünff vnd dreissig jar alt / da er König
ward / vnd regierte fünff vnd zwenzig jar zu Jerusalem
/ Seine mutter hies Asuba eine tochter Silhi.
[43]Vnd wandelt in allem wege seines vaters Assa /
vnd weich nicht dauon / vnd er thet das dem
HERRN wolgefiel. [44]Doch thet er die Höhen
nicht weg / vnd das Volck opfferte vnd reucherte
noch auff den Höhen / [45]Vnd hatte friede mit dem
könige Jsrael.

2. Par. 20. 18. [46]WAs aber mehr von Josaphat zu sagen ist /
vnd die macht / was er gethan / vnd wie er gestritten
hat / Sihe / das ist geschrieben in der Chronica
der könige Juda. [47]Auch thet er aus dem
Lande was noch vbriger Hurer waren / die zu der
zeit seines vaters Assa waren vberblieben.

[48]VND es war kein Könige in Edom. [49]Vnd
Josaphat hatte Schiffe lassen machen auffs meer /
die in Ophir gehen solten / gold zu holen. Aber sie
giengen nicht / Denn sie worden zubrochen zu
EzeonGeber. [50]Dazu mal sprach Ahasia der son
Ahab zu Josaphat / Las meine knechte mit deinen
knechten in Schiffen faren / Josaphat aber wolt
nicht. [51]Vnd Josaphat entschlieff / mit seinen Vetern
/ vnd ward begraben mit seinen Vetern in der
stad Dauid seines vaters / Vnd Joram sein son
ward König an seine stat.

|| 203 b Ende des Ersten Buchs / von den Königen. ||

DAS ANDER BUCH: VON DEN KONIGEN

I.

Ahasia 2. jar König vber Jsrael.

AHASIA DER SON AHAB WARD KÖNIG VBER JSRAEL
zu Samaria im siebenzehenden jar Josaphat des
königs Juda / vnd regierte vber Jsrael zwey jar.
[53]Vnd thet das dem HERRN vbel gefiel / vnd
wandelt in dem wege seines Vaters vnd seiner
Mutter / vnd in dem wege Jerobeam des sons Ne-
bat / der Jsrael sündigen machet. [54]Vnd dienete
Baal vnd betet jn an / Vnd erzürnete den HERRN
den Gott Jsrael / wie sein Vater thet. [1]Auch fielen
die Moabiter abe von Jsrael da Ahab tod war.

VND Ahasia fiel durchs gitter in seinem Saal zu
Samaria / vnd ward kranck / Vnd sandte Boten /
BAALSEBUB. vnd sprach zu jnen / Gehet hin vnd fragt BaalSebub
den Gott zu Ekron / Ob ich von dieser kranckheit
genesen werde? [3]Aber der Engel des HERRN
redet mit Elia dem Thisbiten / Auff vnd begegene
den Boten des königs zu Samaria / vnd sprich zu
jnen / Jst denn nu kein Gott in Jsrael / das jr hin
gehet zu fragen BaalSebub / den Gott Ekron?
[4]Darumb / so spricht der HERR / Du solt nicht von
dem Bette komen darauff du dich gelegt hast /
sondern solt des tods sterben. Vnd Elia gieng weg.

[5]VND da die Boten wider zu jm kamen / sprach
er zu jnen / Warumb kompt jr wider? [6]Sie spra-
chen zu jm / Es kam vns ein Man er auff entgegen /
vnd sprach zu vns / Gehet widerumb hin zu dem
Könige / der euch gesand hat / vnd sprecht zu jm /
So spricht der HERR / Jst denn kein Gott in Jsrael /
das du hin sendest zu fragen BaalSebub / den Gott
Ekron? Darumb soltu nicht komen von dem bette /
darauff du dich gelegt hast / sondern solt des tods
sterben. [7]Er sprach zu jnen / Wie war der Man
gestalt der euch begegenet / vnd solchs zu euch
saget? [8]Sie sprachen zu jm / Er hatte eine rauche
Haut an / vnd einen leddern Gürtel vmb seine len-
den. Er aber sprach / Es ist Elia der Thisbiter.

VND er sandte hin zu jm einen Heubtman vber
funffzig / sampt denselbigen funffzigen. Vnd
da der zu jm hin auff kam / Sihe / da sas er oben auff
Elia gebeut das fewr vom Himel falle etc. dem berge / Er aber sprach zu jm / Du man Gottes /
der König sagt / du solt er abe komen. [10]Elia ant-
wortet dem Heubtman vber funffzig / vnd sprach
Luc. 9. zu jm / Bin ich ein man Gottes / So falle fewr vom

Himel vnd fresse dich vnd deine funffzige / Da fiel
fewr vom Himel / vnd fras jn vnd seine funffzige.
[11]VND er sandte widerumb einen andern Heubt-
man vber funffzig zu jm / sampt seinen funffzigen.
Der antwortet / vnd sprach zu jm / Du man Got-
tes / so spricht der König / Kom eilends er ab.
[12]Elia antwortet / vnd sprach / Bin ich ein man
Gottes / So falle fewr vom Himel / vnd fresse dich
vnd deine funffzige. Da fiel das fewr Gottes vom
Himel / vnd frass jn vnd seine funffzige.

DA sandte er widerumb den dritten Heubtman
vber funffzig / sampt seinen funffzigen. Da der
zu jm hin auff kam / beuget er seine knie gegen
Elia vnd flehet jm / vnd sprach zu jm / Du man
Gottes / Las meine seele vnd die seele deiner
Knechte dieser funffzigen fur dir etwas gelten.
[14]Sihe / das Fewr ist vom Himel gefallen / vnd hat
die ersten zween Heubtmenner vber funffzig mit
|| 204a jren || funffzigen gefressen / Nu aber las meine seele
etwas gelten fur dir. [15]Da sprach der Engel des
HERRN zu Elia / Gehe mit jm hin ab / vnd furchte
dich nicht fur jm.

VND er macht sich auff / vnd gieng mit jm hin
ab zum Könige / [16]vnd er sprach zu jm / So spricht
der HERR / Darumb / das du hast Boten hin ge-
sand vnd lassen fragen BaalSebub den Gott zu
Ekron / als were kein Gott in Jsrael / des wort
man fragen möchte / So soltu von dem Bette nicht
komen / darauff du dich gelegt hast / sondern solt
des todtes sterben. [17]Also starb er nach dem wort
Jnfr. 3. des HERRN / das Elia geredt hatte. Vnd Joram JORAM.
ward König an seine stat / im andern jar Joram des
sons Josaphat des königs Juda / Denn er hatte
keinen Son. [18]Was aber mehr von Ahasia zu sagen
ist / das er gethan hat / Sihe / das ist geschrieben in
der Chronica der könige Jsrael.

II.

DA ABER DER HERR WOLT ELIA IM WETTER GEN
Himel holen / gieng Elia vnd Elisa von Gilgal.
[2]Vnd Elia sprach zu Elisa / Lieber bleibe hie / denn
der HERR hat mich gen BethEl gesand. Elisa aber
sprach / So war der HERR lebt / vnd deine seele /
ich verlas dich nicht. Vnd da sie hin ab gen BethEl
kamen / [3]giengen der Propheten kinder die zu
BethEl waren er aus zu Elisa / vnd sprachen zu jm /

a (Von deinen Heubten) Zun Heubten sein heist Meister vnd Lerer sein. Zun füssen sein / heisst Schüler vnd vnterthan sein. Denn wenn der Lerer leret / sitzt er höher denn der Schüler das er sie zun füssen / vnd sie jn zun heubten haben. Also sagt S. Paulus Act. 22. Er hab zun füssen Gamaliel das Gesetz gelernet. Vnd ist fast ein gemeine weise der Schrifft / also zu reden auff Ebreisch.

a Nicht wolt Elisa zwifeltigen Geist Elia haben / so es doch ein geist ist. 1. Cor. 12 in allen Heiligen /

Weisestu auch / das der HERR wird deinen Herrn
heute [a]von deinen Heubten nemen? Er aber
sprach / Jch weis es auch wol / schweiget nur stille.
[4]VND Elia sprach zu jm / Elisa / Lieber bleib
hie / denn der HERR hat mich gen Jeriho gesand.
Er aber sprach / So war der HERR lebt / vnd deine
seele / ich verlas dich nicht. Vnd da sie gen Jeriho
kamen / [5]tratten der Propheten kinder die zu
Jeriho waren zu Elisa / vnd sprachen zu jm /
Weissestu auch / das der HERR wird deinen Herrn
heute von deinen Heubten nemen? Er aber sprach /
Jch weis auch wol / schweigt nur stille. [6]Vnd Elia
sprach zu jm / Lieber bleib hie / denn der HERR
hat mich gesand an den Jordan. Er aber sprach /
So war der HERR lebt / vnd deine seele / ich verlasse dich nicht. Vnd giengen die beide mit einander. [7]Aber funffzig Menner vnter der Propheten || || 204b
kinder giengen hin vnd tratten gegen vber von
fernen / Aber die beide stunden am Jordan.

[8]DA nam Elia seinen Mantel / vnd wickelt jn
zusamen / vnd schlug ins Wasser / das teilet sich
auff beide seiten / das die beide trocken durch hin
giengen. [9]Vnd da sie hinüber kamen / sprach Elia
zu Elisa / Bitte / was ich dir thun sol / ehe ich von
dir genomen werde. Elisa sprach / Das dein Geist
bey mir sey [a]zwifeltig. [10]Er sprach / Du hast ein
hartes gebeten / Doch / so du mich sehen wirst /
wenn ich von dir genomen werde / so wirds ja
sein / Wo nicht / so wirds nicht sein.

VND da sie mit einander giengen / vnd er redet /
sihe / da kam ein fewriger Wagen mit fewrigen

Elia nimpt Gott hin weg.

Gen. 5.
HISTORIA von Elisa.

Rossen / vnd scheideten die beide von einander /
vnd Elia fur also im wetter gen Himel. [12]Elisa
aber sahe es / vnd schrey / Mein Vater / mein Va-
ter / Wagen Jsrael vnd sein Reuter. Vnd sahe jn
nicht mehr / Vnd er fasset seine Kleider vnd zureis
sie in zwey stück.

[13]VND hub auff den mantel Elia der jm entfallen
war / vnd keret vmb vnd trat an den vfer des Jor-
dans / [14]vnd nam den selben mantel Elia der jm
entfallen war / vnd schlug ins wasser / vnd sprach /
Wo ist nu der HERR der Gott Elia? Vnd schlug
ins Wasser / Da teilet sichs auff beiden seiten / vnd
Elisa gieng hin durch.

Sondern ein zwifeltigen mund desselbigen geists das er stercker vnd mehr predigen kundte / denn Elia. Als er auch thet.

VND da jn sahen der Propheten kinder / die zu
Jeriho gegen jm waren / sprachen sie / Der geist
Elia ruget auff Elisa / vnd giengen jm entgegen /
vnd betten an zur erden. [16]Vnd sprachen zu jm /
Sihe / Es sind vnter deinen Knechten funffzig Men-
ner starcke Leute / die las gehen / vnd deinen Herrn
suchen / Vieleicht hat jn der Geist des HERRN
genomen / vnd jrgend auff einen Berg oder jrgend
in ein Tal geworffen. Er aber sprach / Lasst nicht
gehen. [17]Aber sie nötigeten jn / bis er sich vnge-
berdig stellet / vnd sprach / Lasst hin gehen. Vnd
sie sandten hin funffzig Menner / vnd suchten jn
drey tage / Aber sie funden jn nicht / [18]vnd kamen
wider zu jm. Vnd er bleib zu Jeriho / vnd sprach
zu jnen / Sagt ich euch nicht / jr soltet nicht hin
gehen.

VND die Menner der stad sprachen zu Elisa /
Sihe / es ist gut wonen in dieser Stad / wie mein
Herr sihet / Aber es ist böse Wasser / vnd das Land
vnfruchtbar. [20]Er sprach / Bringet mir her ein
newe Schale / vnd thut Saltz drein / Vnd sie brach-
tens jm. [21]Da gieng er hinaus zu der wasserquell /
vnd warff das Saltz drein / vnd sprach / So spricht
der HERR / Jch hab dis wasser gesund gemacht /
Es sol hinfurt kein tod noch vnfruchtbarkeit daher
komen. [22]Also ward das Wasser gesund bis auff
diesen tag / nach dem wort Elisa / das er redet.

VND er gieng hin auff gen BethEl / Vnd als er
auff dem wege hin an gieng / kamen kleine
Knaben zur Stad er aus / vnd spotteten jn / vnd
sprachen zu jm / Kalkopff kom er auff / kalkopff
kom er auff. [24]Vnd er wand sich vmb / Vnd da er
sie sahe / flucht er jnen im Namen des HERRN /
Da kamen zween Beeren aus dem walde / vnd zu-

42. Kinder von Beeren zurissen.

rissen der Kinder zwey vnd vierzig. [25]Von dannen
gieng er auff den berg Carmel / vnd keret vmb von
dannen gen Samaria.

III.

Joram 12. jar König vber Jsrael.

JORAM DER SON AHAB WARD KÖNIG VBER JSRAEL
zu Samaria im achzehenden jar Josaphat des kö-
nigs Juda / vnd regiret zwelff jar. [2]Vnd thet das
dem HERRN vbel gefiel / Doch nicht wie sein
Vater vnd sein Mutter / Denn er thet weg die
seulen Baal / die sein Vater machen lies. [3]Aber
er bleib hangen an den sünden Jerobeam des sons
Nebat / der Jsrael sündigen machet / vnd lies nicht
dauon.

MESA FELT ABE vom König Jsrael.

MEsa aber der Moabiter könig hatte viel Schaf /
Vnd zinset dem könig Jsrael wolle von hun-
dert tausent Lemmern / vnd von hundert tausent || || 205 a
Widdern. [5]Da aber Ahab tod war / fiel der Moabi-
ter könig abe vom könige Jsrael. [6]Da zoch zur

JORAM.

selben zeit aus der könig Joram von Samaria / vnd
ordenet das gantz Jsrael. [7]Vnd sandte hin zu Josa-
phat dem könige Juda / vnd lies jm sagen / Der
Moabiter könig ist von mir abgefallen / Kom mit
mir zu streitten wider die Moabiter. Er sprach /
Jch wil hin auff komen / Jch bin wie du / vnd mein
Volck wie dein Volck / vnd meine ross wie deine
ross. [8]Vnd sprach / Durch welchen weg wöllen
wir hin auff ziehen? Er sprach durch den weg in
der wüsten Edom.

ALso zoch hin der könig Jsrael / der könig Juda /
vnd der könig Edom / Vnd da sie sieben Tag-
reise zogen / hatte das Heer vnd das Vieh / das vnter
jnen war kein Wasser. [10]Da sprach der könig
Jsrael / O weh / Der HERR hat diese drey Könige
geladen / das er sie in der Moabiter hende gebe.
[11]Josaphat aber sprach / Jst kein Prophet des
HERRN hie / das wir den HERRN durch jn rat
fragten? Da antwortet einer vnter den knechten

ELISA.

des Königs Jsrael vnd sprach / Hie ist Elisa der son
Saphat / der Elia wasser auff die hende gos. [12]Josa-
phat sprach / Des HERRN wort ist bey jm. Also
zogen zu jm hin ab der könig Jsrael vnd Josaphat
vnd der könig Edom.

ELisa aber sprach zum könige Jsrael / Was hastu
mit mir zu schaffen? Gehe hin zu den Propheten
deines Vaters / vnd zu den Propheten deiner Mut-
ter. Der könig Jsrael sprach zu jm / Nein / Denn

der HERR hat diese drey Könige geladen / das er
sie in der Moabiter hende gebe. [14]Elisa sprach / So
war der HERR Zebaoth lebt / fur dem ich stehe /
wenn ich nicht Josaphat den könig Juda ansehe /
Jch wolt dich nicht ansehen noch achten.

[15]SO bringet mir nu einen Spielman. Vnd da der
Spielman auff der seiten spielet / kam die hand des
HERRN auff jn / [16]vnd er sprach / So spricht der
HERR / Macht hie vnd da graben / an diesem bach /
[17]Denn so spricht der HERR / Jr werdet keinen
wind noch regen sehen / dennoch sol der Bach vol
wassers werden / das jr vnd ewer Gesinde / vnd
ewr Vieh trinckt. [18]Dazu ist das ein geringes fur
dem HERRN / Er wird auch die Moabiter in ewre
hende geben / [19]das jr schlahen werdet / alle feste
Stedte / vnd alle ausserwelte Stedte / vnd werdet
fellen alle gute Bewme / vnd werdet verstopffen
alle Wasserbrünnen / vnd werdet allen guten Acker
mit steinen verderben.

[20]DES morgens aber wenn man Speisopffer
opffert / Sihe / da kam ein Gewesser des weges von
Edom / vnd füllet das Land mit wasser.

DA aber alle Moabiter höreten / das die Könige
er auff zogen wider sie zu streitten / berieffen sie
alle die zur Rüstung alt gnug vnd drüber waren /
vnd tratten an die Grentze. [22]Vnd da sie sich des
morgens frue auffmacheten / vnd die Sonne auff-
gieng auff das Gewesser / dauchte die Moabiter das
Gewesser gegen jnen rot sein wie Blut / [23]vnd
sprachen / Es ist blut / Die Könige haben sich mit
dem Schwert verderbet / vnd einer wird den andern
geschlagen haben / Hui Moab / mach dich nur zur
ausbeute. [24]Aber da sie zum Lager Jsrael kamen /
machte sich Jsrael auff / vnd schlugen die Moabi- MOABITER
ten / Vnd sie flohen fur jnen. Aber sie kamen hin geschlagen.
ein vnd schlugen Moab / [25]Die Stedte zubrochen
sie / vnd ein jglicher warff seine steine auff alle gute
Ecker / vnd machten sie vol / vnd verstopfften alle
Wasserbrünnen / vnd felleten alle gute Bewme /
bis das nur die steine an den Ziegelmauren vber-
blieben / vnd sie vmbgaben sie mit Schleudern /
vnd schlugen sie.

[26]DA aber der Moabiter könig sahe / das jm der
streit zu starck war / nam er sieben hundert Man
zu sich / die das Schwert auszogen / eraus zu reissen
wider den könig Edom / Aber sie kundten nicht. MOABITER König opffert
[27]Da nam er seinen ersten Son / der an seine stat sein Son etc.

solt König werden / vnd opffert jn zum Brand-
opffer auff der mauren. Da ward Jsrael [a]seer zornig /
das sie von jm abzogen / vnd kereten wider zu || 205b
Land. ||

a Vel / quod ipsi Jsrael offensi / ista abominatione timuerunt / ne Deus in ipsos quoque irasceretur.

IIII.

VND ES SCHREY EIN WEIB VNTER DEN WEIBERN
der kinder der Propheten zu Elisa / vnd sprach /
Dein Knecht mein Man ist gestorben / So weistu /
das er / dein Knecht / den HERRN fürchtet / Nu
kömpt der Schuldherr vnd wil meine beide kinder
nemen zu eigen Knechten. 2Elisa sprach zu jr /
Was sol ich dir thun? Sage mir / was hastu im hause?
Sie sprach / Deine Magd hat nichts im hause / denn
einen Olekrug. 3Er sprach / Gehe hin vnd bitte
draussen von allen deinen Nachbarinnen lere Ge-
fess / vnd derselben nicht wenig sind / 4vnd gehe
hin ein / vnd schleus die thür hinder dir zu mit
deinen Sönen / vnd geus in alle Gefess. Vnd wenn
du sie gefüllet hast / so gib sie hin.

5SJE gieng hin / vnd schloss die thür hinder jr
zu sampt jren Sönen die brachten jr die Gefess zu /
so gos sie ein. 6Vnd da die gefess vol waren /
sprach sie zu jrem Son / Lange mir noch ein gefess
her. Er sprach zu jr / Es ist kein gefess mehr hie.
Da stund das öle. 7Vnd sie gieng hin vnd sagts
dem man Gottes an. Er sprach / Gehe hin / ver-
keuffe das öle / vnd bezale deinen Schuldherrn /
Du aber vnd deine Söne neeret euch von dem
vbrigen.

SUNAMITIN Elisa Wirtin.

VND ES BEGAB SICH ZUR ZEIT / DAS ELISA GIENG
gen Sunem / Daselbs war ein reiche Fraw / die

hielt jn / das er bey jr ass / Vnd als er nu offt daselbs
durchzoch / gieng er zu jr ein / vnd ass bey jr. [9]Vnd
sie sprach zu jrem Man / Sihe / Jch mercke / das
dieser man Gottes heilig ist / der jmerdar hie durch-
gehet. [10]Las vns jm eine kleine brettern Kamer
oben machen / vnd ein Bett / Tisch / Stuel / vnd
Leuchter hin ein setzen / Auff das / wenn er zu vns
kompt / da hin sich thue.

VND es begab sich zur zeit / das er hin ein kam /
vnd legt sich oben in die Kamer vnd schlieff
drinnen. [12]Vnd sprach zu seinem knaben Gehasi /
Ruff der Sunamitin. Vnd da er jr rieff / trat sie fur
jn. [13]Er sprach zu jm / Sage jr / Sihe / Du hast vns
alle diesen dienst gethan / Was sol ich dir thun?
Hastu eine sache an den König / oder an den Feld-
heubtman? Sie sprach / Jch [a]wone vnter meinem
Volck. [14]Er sprach / Was ist jr denn zu thun? Ge-
hasi sprach / Ah / sie hat keinen Son / vnd jr Man
|| 206a ist alt. [15]Er sprach / Ruff jr. Vnd da || er jr rieff /
trat sie in die thür. [16]Vnd er sprach / Vmb diese
Gen. 18. zeit / vber ein jar / soltu einen Son hertzen. Sie
sprach / Ah nicht / mein Herr / du man Gottes /
leug deiner Magd nicht. [17]Vnd die Fraw ward
schwanger / vnd gebar einen Son vmb die selben
zeit / [a]vber ein jar / wie jr Elisa geredt hatte.

a (Jch wone) Das ist / Jch habe zu Hofe nichts zu schaffen / ich wone vnter den Leuten alleine.

a *Id est, More anni currentis, quo uiuitur à cuntis animantibus.*

DA aber das Kind gros ward / begab sichs / das es
hin aus zu seinem Vater zu den Schnittern
gieng / [19]vnd sprach zu seinem Vater / O mein
heubt / mein heubt. Er sprach zu seinem Knaben /
Bringe jn zu seiner Mutter. [20]Vnd er nam jn vnd
bracht jn hin ein zu seiner Mutter / Vnd sie satzt
jn auff jren schos / bis an den mittag / da starb er.
[21]Vnd sie gieng hin auff vnd leget jn auffs Bette
des mans Gottes / schlos zu / vnd gieng hin aus
[22]vnd rieff jren Man / vnd sprach / Sende mir der
Knaben einen vnd ein Eselin / Jch wil zu dem man
Gottes / vnd widerkomen. [23]Er sprach / Warumb
wiltu zu jm? Jst doch heute nicht Newmond noch
Sabbath. Sie sprach / Es ist gut. [24]Vnd sie sattelt
die Eselin / vnd sprach zum Knaben / Treibe fort
vnd seume mich nicht mit dem reiten / wie ich dir
sage.

ALso zoch sie hin / vnd kam zu dem man Gottes
auff den berg Carmel. Als aber der man Gottes
sie gegen jm sahe / sprach er zu seinem knaben Ge-
hasi Sihe / die Sunamitin ist da. [26]So lauff jr nu
entgegen vnd frage sie / Obs jr vnd jrem Man vnd

Son wol gehe? Sie sprach / Wol. 27 Da sie aber zu
dem man Gottes auff den Berg kam / hielt sie jn
bey seinen füssen / Gehasi aber trat erzu / das er
sie abstiesse. Aber der man Gottes sprach / Las sie /
Denn jre seele ist betrübt / vnd der HERR hat mirs
verborgen vnd nicht angezeiget. 28 Sie sprach /
Wenn hab ich einen Son gebeten von meinem
Herrn? Sagt ich nicht / du soltest mich nicht
teusschen?

29 ER sprach zu Gehasi / Gürte deine Lenden /
vnd nim meinen Stab in deine hand / vnd gehe hin
(So dir jemand begegenet / so grüsse jn nicht / vnd Luc. 10.
grüsset dich jemand / so dancke jm nicht) Vnd lege
meinen Stab auff des Knaben andlitz. 30 Die Mutter
aber des knaben sprach / So war der HERR lebt
vnd deine seele / ich lasse nicht von dir. Da macht
er sich auff vnd gieng jr nach. 31 Gehasi aber gieng
fur jnen hin / vnd legt den Stab dem Knaben auffs
andlitz / Da war aber keine stim noch fülen. Vnd
er gieng widerumb jm entgegen / vnd zeiget jm an /
vnd sprach / Der Knabe ist nicht auffgewacht.

VND da Elisa ins haus kam / Sihe / da lag der
Knabe tod auff seinem Bette / 33 Vnd er gieng
hin ein vnd schlos die thür zu fur sie beide / vnd
betet zu dem HERRN. 34 Vnd steig hin auff / vnd
legt sich auff das Kind / vnd legt seinen Mund auff
des Kindes mund / vnd seine Augen auff seine
augen / vnd seine Hende auff seine hende / vnd brei-
tet sich also vber jn / das des kinds Leib warm
Elisa macht einen todten lebendig.
ward. 35 Er aber stund wider auff / vnd gieng im
Haus ein mal hie her vnd da her / vnd steig hin auff
vnd breitet sich vber jn / Da schnaubet der Knabe
sieben mal / Darnach thet der Knabe seine augen
auff. 36 Vnd er rieff Gehasi / vnd sprach / Ruff der
Sunamitin. Vnd da er jr rieff / kam sie hin ein zu
jm. Er sprach / Da nim hin deinen Son / 37 Da kam
sie vnd fiel zu seinen füssen / vnd betet an zur
erden / Vnd nam jren Son / vnd gieng hin aus.

Thewrung zu Elisa zeiten.
DA ABER ELISA WIDER GEN GILGAL KAM / WARD
Thewrung im Lande / Vnd die kinder der Pro-
pheten woneten fur jm. Vnd er sprach zu seinem
Knaben / Setz zu ein gros Töpffen / vnd koch ein
Gemüse fur die kinder der Propheten. 39 Da gieng
einer auffs feld / das er Kraut lese / vnd fand wilde
Rancken / vnd las dauon Colochinten sein kleid
vol / vnd da er kam / schneit ers ins Töpffen zum
Gemüse / denn sie kandtens nicht. 40 Vnd da sie es

ausschutten fur die Menner zu essen / vnd sie von
dem Gemüse assen / schrien sie / vnd sprachen /
O man Gottes / Der Tod im töpffen / Denn sie
kundtens nicht essen. [41]Er aber sprach / Bringet
melh her / Vnd er thets in das töpffen / vnd sprach /
Schütte es dem Volck für / das sie essen / Da war
|| 206b nichts böses in dem töpffen. ||

ES kam aber ein man von BaalSalisa / vnd bracht
dem man Gottes Erstling brot / nemlich /
zwenzig gersten Brot / vnd new Getreid in seinem
kleid. Er aber sprach / Gibs dem volck das sie essen.
[43]Sein Diener sprach / Was sol ich hundert Man an
dem geben? Er sprach / Gib dem volck / das sie
essen / Denn so spricht der HERR / Man wird
essen / vnd wird vberbleiben. [44]Vnd er legts jnen
fur / das sie assen / Vnd bleib noch vber / nach
dem wort des HERRN.

V.

Luc. 4. NAEMAN DER FELDHEUBTMAN DES KÖNIGES ZU
Syrien / war ein trefflicher Man fur seinem
Herrn / vnd hoch gehalten / Denn durch jn gab der
HERR heil in Syrien / Vnd er war ein gewaltiger
Man vnd aussetzig.

Naeman vom Aussatz gereiniget etc.

DJe Kriegsleute aber in Syrien waren er aus gefallen / vnd hatten eine kleine Dirne weggefürt aus dem lande Jsrael / die war am dienst des
weibs Naeman / [3]Die sprach zu jrer Frawen / Ah /
das mein Herr were bey dem Propheten zu Samaria / der würde jn von seinem Aussatz los machen.
[4]Da gieng er hin ein zu seinem Herrn / vnd sagets
jm an / vnd sprach / So vnd so hat die Dirne aus
dem lande Jsrael geredt. [5]Der König zu Syrien
sprach / So zeuch hin / Jch wil dem könige Jsrael
einen brieff schreiben.

VND er zoch hin / vnd nam mit sich zehen
Centner silbers / vnd sechs tausent gülden / vnd
zehen Feierkleider / [6]vnd bracht den brieff dem
könige Jsrael / der laut also / Wenn dieser brieff zu
dir kompt / Sihe / so wisse / Jch hab meinen knecht
Naeman zu dir gesand / das du jn von seinem Aussatz los machst. [7]Vnd da der könig Jsrael den
brieff las / zureis er seine Kleider / vnd sprach / Bin
ich denn Gott / das ich tödten vnd lebendig machen
kündte / das er zu mir schicket / das ich den Man
von seinem Aussatz los mache? Mercket vnd sehet /
wie sucht er vrsach zu mir.

DA das Elisa der man Gottes höret / das der könig
Jsrael seine Kleider zurissen hatte / sandte er
zu jm / vnd lies jm sagen / Warumb hastu deine
Kleider zurissen? Las jn zu mir komen / das er
innen werde / das ein Prophet in Jsrael ist. 9Also
kam Naeman mit rossen vnd wagen / vnd hielt fur
der thür am hause Elisa. 10Da sandte Elisa einen
Boten zu jm / vnd lies jm sagen / Gehe hin vnd
wassche dich sieben mal im Jordan / So wird dir
dein Fleisch widerstattet vnd rein werden. 11Da
erzürnet Naeman / vnd zoch weg / vnd sprach /
Jch meinet / er solt zu mir er aus komen / vnd her
tretten / vnd den Namen des HERRN seines Got-
tes anruffen / vnd mit seiner hand vber die stet
faren / vnd den Aussatz also abthun. 12Sind nicht
die wasser Amana vnd Pharphar zu Damascon
besser / denn alle wasser in Jsrael / das ich mich
drinne wüssche vnd rein würde? Vnd wand sich /
vnd zoch weg mit zorn.

DA machten sich seine Knechte zu jm / redten
mit jm / vnd sprachen / Lieber Vater / Wenn
dich der Prophet etwas grosses hette geheissen /
soltestu es nicht thun? Wie viel mehr / so er zu dir
saget / Wassche dich / so wirstu rein. 14Da steig
er ab / vnd teuffet sich im Jordan sieben mal / wie
der man Gottes geredt hatte / vnd sein Fleisch
ward widerstattet / wie ein fleisch eines jungen
Knabens / vnd ward rein.

15VND er keret wider zu dem man Gottes /
sampt seinem gantzen Heer / Vnd da er hin ein kam /
trat er fur jn / vnd sprach / Sihe / Jch weis / das kein
Gott ist in allen Landen / on in Jsrael. So nim nu
den Segen von deinem Knecht. 16Er aber sprach /
So war der HERR lebt / fur dem ich stehe / ich
nems nicht. Vnd er nötiget jn das ers neme / Aber
er wolt nicht. 17Da sprach Naeman / Möcht denn
deinem Knechte nicht gegeben werden dieser erden
eine Last / so viel zwey Meuler tragen? Denn dein
Knecht wil nicht mehr andern Göttern || opffern / || 207a
vnd Brandopffer thun / sondern dem HERRN.
18Das der HERR deinem Knecht darinnen wolt
gnedig sein / wo ich anbete im hause Rimmon / RIMMON.
wenn mein Herr ins haus Rimmon gehet / daselbs
an zu beten / vnd er sich an meine hand lehnet.
19Er sprach zu jm / Zeuch hin mit Frieden.

(Hand lehnen) Das ist Ebreisch geredt / Wie wir Deudschen sagen / Er ist mir zur hand / das ist / Er ist vmb mich / thut vnd richtet aus / was ich jm befelh / vnd ich mich auff jn verlasse.

VND als er von jm weg gezogen war ein feld-
wegs auff dem lande / 20gedacht Gehasi der

knabe Elisa des mans Gottes / Sihe / mein Herr hat
diesem Syrer Naeman verschonet / das er nichts
von jm hat genomen / das er gebracht hat / So war
der HERR lebt / Jch wil jm nachlauffen / vnd etwas
von jm nemen. 21 Also jaget Gehasi dem Naeman
nach. Vnd da Naeman sahe / das er jm nachlieffe /
steig er vom wagen jm entgegen / vnd sprach /
Gehet es recht zu? 22 Er sprach / Ja. Aber mein
Herr hat mich gesand / vnd lesst dir sagen / Sihe /
jtzt sind zu mir komen vom gebirge Ephraim zween
Knaben aus der Propheten kinder / Gib jnen ein
Centner silbers / vnd zwey Feierkleider. 23 Naeman
sprach / Lieber / nim zween Centner. Vnd er nötiget
jn / vnd band zween Centner silbers in zween Beu-
tel / vnd zwey Feierkleider / vnd gabs seinen
zween Knaben / die trugens fur jm her. 24 Vnd da
er kam gen Ophel / nam ers von jren henden / vnd
legts beiseit im hause / vnd lies die Menner gehen /
25 Vnd da sie weg waren / trat er fur seinen Herrn.

VND Elisa sprach zu jm / Wo her Gehasi? Er
sprach / Dein Knecht ist wider hie her noch da her
gegangen. 26 Er aber sprach zu jm / Wandelt nicht
mein hertz / da der Man vmbkeret von seinem
wagen dir entgegen? War das die zeit Silber vnd
Kleider zu nemen / Olegarten / Weinberge / Schafe /
Rinder / Knecht vnd Megde? 27 Aber der Aussatz
Naeman wird dir anhangen vnd deinem Samen
ewiglich. Da gieng er von jm hin aus Aussetzig /
wie schnee.

(Wandelt nicht) Das ist / Hastu nirgend hin gewandelt / Wie gehets denn zu / das mein hertz wandelt / vnd war bey dem wagen etc.

VI.

DIE KINDER DER PROPHETEN SPRACHEN ZU
Elisa / Sihe / der raum / da wir fur dir wonen /
ist vns zu enge. 2 Las vns an den Jordan gehen /
vnd einen jglichen daselbs Holtz holen / das wir
vns daselbs eine Stete bawen / da wir wonen. Er
sprach / Gehet hin. 3 Vnd einer sprach / Lieber
gehe mit deinen Knechten. Er sprach / Jch wil mit
gehen. 4 Vnd er gieng mit jnen. Vnd da sie an den
Jordan kamen / hieben sie holtz abe. 5 Vnd da einer
ein holtz fellet / fiel das eisen ins wasser / Vnd er
schrey / vnd sprach / Awe / mein Herr / Dazu ists
entlehnet. 6 Aber der man Gottes sprach / Wo ists
entfallen? Vnd da er jm den ort zeiget / schneit er
ein holtz ab / vnd sties daselbs hin / da schwam
das eisen / 7 Vnd er sprach / Hebs auff. Da recket
er seine hand aus vnd nams.

ELISA.

VND DER KÖNIG AUS SYRIEN FURET EINEN KRIEG
wider Jsrael / vnd beratschlaget sich mit seinen
Knechten / vnd sprach / Wir wöllen vns lagern /
da vnd da. [9]Aber der man Gottes sandte zum
könige Jsrael / vnd lies jm sagen / Hüte dich / das
du nicht an den ort ziehest / Denn die Syrer rugen
daselbs. [10]So sandte denn der könig Jsrael hin an
den ort / den jm der man Gottes saget / verwaret
jn vnd hütet daselbs / vnd thet das nicht ein mal
oder zwey mal allein.

[11]DA ward das hertz des Königes zu Syrien vn-
muts darüber / Vnd rieff seinen Knechten / vnd
sprach zu jnen / Wolt jr mir denn nicht ansagen /
Wer ist aus den vnsern zu dem könige Jsrael ge-
flohen? [12]Da sprach seiner Knecht einer / Nicht
also / mein Herr könig / Sondern Elisa der Prophet
in Jsrael sagets alles dem könige Jsrael / was du in
der Kamer redest / da dein Lager ist. [13]Er sprach
So gehet hin vnd sehet / wo er ist / das ich hin sende
vnd las jn holen. Vnd sie zeigeten jm an / vnd spra-
chen / Sihe / er ist zu Dothan. [14]Da sandte er hin
Ros vnd Wagen vnd eine grosse Macht / Vnd da
sie bey der nacht hin kamen / vmb gaben sie die
Stad. ‖ ‖ 207b

VND der Diener des mans Gottes stund früe
auff / das er sich auffmechte vnd auszöge / Vnd
sihe / da lag eine macht vmb die Stad mit rossen
vnd wagen / Da sprach sein Knabe zu jm / Awe /
mein Herr / wie wöllen wir nu thun? [16]ER SPRACH /
FÜRCHTE DICH NICHT / DENN DER IST MEHR / DIE 1. Joha. 4.
BEY VNS SIND / DENN DER / DIE BEY JNEN SIND
[17]Vnd Elisa betet vnd sprach / HERR / öffene jm
die augen / das er sehe. Da öffenet der HERR dem
Knaben seine augen das er sahe / Vnd sihe / da war
der Berg vol fewriger Ross vnd Wagen vmb Elisa
her. [18]Vnd da sie zu jm hin ab kamen / bat Elisa /
vnd sprach / HERR / Schlahe dis volck mit blind-
heit. Vnd er schlug sie mit blindheit nach dem wort
Elisa. [19]Vnd Elisa sprach zu jnen / Dis ist nicht der
weg noch die Stad / Folget mir nach Jch wil euch
füren zu dem Man den jr suchet. Vnd füret gen
Samaria.

[20]VND da sie gen Samaria kamen / sprach Elisa /
HERR / öffene diesen die augen / das sie sehen /
Vnd der HERR öffenet jnen die augen / das sie
sahen / Vnd sihe / da waren sie mitten in Samaria.
[21]Vnd der könig Jsrael / da er sie sahe / sprach er

zu Elisa / Mein Vater / sol ich sie schlahen? [22]Er
sprach / Du solt sie nicht schlahen / Welche du mit
deinem Schwert vnd Bogen fehest / die schlahe.
Setze jnen Brot vnd Wasser fur / das sie essen vnd
trincken / vnd las sie zu jrem HERRN ziehen. [23]Da
ward ein gros Mal zugericht / Vnd da sie gessen
vnd getruncken hatten / lies er sie gehen / das sie
zu jrem Herrn zogen. Sint des kamen die Kriegs-
leute der Syrer nicht mehr ins Land Jsrael.

NACH DIESEM BEGAB SICHS / DAS BENHADAD DER
könig zu Syrien alle sein Heer versamlet / vnd
zoch er auff / vnd belagert Samaria. [25]Vnd es war
eine grosse Thewrung zu Samaria / Sie aber be-
lagerten die Stad / bis das ein Eselskopff acht silber-
linge / vnd ein viertel Kab Daubenmist fünff silber-
linge galt.

THEWRUNG ZU Samaria zur zeit Elisa.

VND da der könig Jsrael zur mauren gieng /
schrey jn ein Weib an / vnd sprach / Hilff mir
mein Herr könig. [27]Er sprach / Hilfft dir der HERR
nicht / wo her sol ich dir helffen? Von der Tennen
oder von der Kelter? [28]Vnd der König sprach zu
jr / Was ist dir? Sie sprach / Dis Weib sprach zu
mir / Gib deinen Son her / das wir heute essen /
Morgen wöllen wir meinen Son essen / [29]So haben
wir meinen Son gekocht vnd gessen. Vnd ich
sprach zu jr am andern tage / Gib deinen Son
her / vnd las vns essen / Aber sie hat jren Son ver-
stackt.

[30]DA der König die wort des Weibs höret / zu-
reis er seine Kleider / in dem er zur mauren gieng.
Da sahe alles volck / das er einen Sack vnten am
leibe an hatte. [31]Vnd er sprach / Gott thu mir dis
vnd das / wo das heubt Elisa des sons Saphat /
heute auff jm stehen wird. [32]Elisa aber sass in sei-
nem Hause / vnd die Eltesten sassen bey jm. Vnd
er sandte einen Man fur jm her. Aber ehe der Bote
zu jm kam / sprach er zu den Eltesten / Habt jr
gesehen / wie dis Mordkind hat her gesand / das
er mein heubt abreisse? Sehet zu / wenn der Bote
kompt / das jr die Thür zuschliesset / vnd stosset
jn mit der thür weg / Sihe / das rausschen seins
Herrn füssen folget jm nach. [33]Da er noch also
mit jnen redet / Sihe / da kam der Bote zu jm hin
ab / vnd sprach / Sihe / solch vbel kompt von dem
HERRN / Was sol ich mehr von dem HERRN ge-
warten?

(Vbel) Ja so gehets vns / wenn wir ewrem Gott dienen / jr heilosen Propheten. Wie viel besser hatten wirs / da wir Baal dieneten / Jere. 44.

VII.

ELISA ABER SPRACH / HÖRET DES HERRN WORT /
So spricht der HERR / Morgen vmb diese zeit
wird ein scheffel Semelmelh einen sekel gelten /
vnd zween scheffel Gersten einen sekel vnter dem
Thor zu Samaria. 2Da antwortet ein Ritter / auff
welchs hand sich der König lehnet / dem man Got-
tes / vnd sprach / Vnd wenn der HERR fenster am
Himel machet / wie könd solchs geschehen? Er
sprach / Sihe da / mit deinen augen wirstu es sehen /
vnd nicht dauon essen. ‖ ‖ 208a

VND es waren vier aussetzige Menner an der
thür fur dem thor / Vnd einer sprach zum an-
dern / Was wöllen wir hie bleiben / bis wir sterben?
4Wenn wir gleich gedechten in die Stad zu komen /
so ist Thewrung in der Stad / vnd müsten doch da-
selbs sterben / Bleiben wir aber hie / so müssen wir
auch sterben. So lasst vns nu hin gehen / vnd zu
dem Heer der Syrer fallen / Lassen sie vns leben /
so leben wir / Tödten sie vns / so sind wir tod.
5Vnd machten sich in der früe auff / das sie zum
Heer der Syrer kemen. Vnd da sie forn an den ort
des Heers kamen / Sihe / da war niemands.

6DEnn der HERR hat die Syrer lassen hören ein
geschrey von Rossen / Wagen vnd grosser Heer-
krafft / das sie vnternander sprachen / Sihe / der
könig Jsrael hat wider vns gedinget die könige der
Hethiter / vnd die Könige der Egypter / das sie
vber vns komen sollen. 7Vnd machten sich auff
vnd flohen in der früe / vnd liessen jre Hütten / ross

vnd esel im Lager / wie es stund / vnd flohen mit
jren leben dauon.
8ALs nu die Aussetzigen an den ort des Lagers
kamen / giengen sie in der Hütten eine / assen vnd
truncken / vnd namen Silber / Gold vnd Kleider /
vnd giengen hin vnd verborgen es / Vnd kamen
wider / vnd giengen in eine ander Hütten / vnd
namen draus / vnd giengen hin vnd verborgens.

ABer einer sprach zum andern / Lasst vns nicht
also thun / Diser tag ist ein tag guter Botschafft /
Wo wir das verschweigen vnd harren / bis das
Liecht morgen wird / wird vnser Missethat fun-
den werden. So lasst vns nu hin gehen / das wir
komen vnd ansagen dem hause des Königs. 10Vnd
da sie kamen / rieffen sie am thor der Stad / vnd
sagtens jnen an / vnd sprachen / Wir sind zum Lager
der Syrer komen / Vnd sihe / es ist niemand da /
noch kein Menschenstim / Sondern ross vnd esel
angebunden / vnd die Hütten wie sie stehen.
11DA rieff man den Thorhüttern / das sie es
drinnen ansagten im hause des Königs. 12Vnd der
König stund auff in der nacht / vnd sprach zu seinen
Knechten / Lasst euch sagen / wie die Syrer mit
vns vmbgehen / Sie wissen / das wir Hunger leiden /
vnd sind aus dem Lager gegangen / das sie sich im
Felde verkröchen / vnd dencken / Wenn sie aus der
Stad gehen / wöllen wir sie lebendig greiffen / vnd
|| 208b in die Stad komen. ||
13DA antwortet seiner Knecht einer / vnd
sprach / Man neme die fünff vbrige Rosse / die
noch drinnen sind vberblieben (sihe / die sind drin-
nen vberblieben / von aller menge in Jsrael / welch
alle dahin ist) die lasst vns senden vnd besehen.
14Da namen sie zween Wagen mit Rossen / vnd der
König sandte sie dem Lager der Syrer nach / vnd
sprach / Ziehet hin vnd besehet. 15Vnd da sie jnen
nachzogen bis an den Jordan / Sihe / da lag der weg
vol Kleider vnd Gerete / welche die Syrer von sich
geworffen hatten / da sie eileten. Vnd da die Boten
widerkamen / vnd sagtens dem Könige an /
16Gieng das Volck hin aus vnd beraubete das Lager
der Syrer / Vnd es galt ein scheffel Semelmelh einen
sekel / vnd zween scheffel Gersten auch einen
sekel / nach dem wort des HERRN.

ABer der König bestellet den Ritter / auff des
hand er sich lehnet vnter das Thor / Vnd das
Volck zutrat jn im thor / das er starb / Wie der man

Gottes geredt hatte / da der König zu jm hin ab
kam. 18Vnd geschach / wie der man Gottes dem
Könige sagte / da er sprach / Morgen vmb diese zeit
werden zween scheffel Gersten einen sekel gelten /
vnd ein scheffel Semelmelh einen sekel vnter dem
thor zu Samaria / 19Vnd der Ritter dem man Got-
tes antwortet / vnd sprach / Sihe / wenn der
HERR fenster am Himel mechte / wie möchte
solchs geschehen? Er aber sprach / Sihe / mit dei-
nen augen wirstu es sehen / vnd nicht dauon essen.
20Vnd es gieng jm eben also / Denn das volck zutrat
jn im Thor / das er starb.

VIII.

THEWRUNG 7. jar lang zu Elisa zeiten.

ELISA REDET MIT DEM WEIBE / DES SON ER HATTE lebendig gemacht / vnd sprach / Mach dich auff / vnd gehe hin mit deinem Hause / vnd sey Frembdling wo du kanst / Denn der HERR wird ein Thewrung ruffen / die wird ins Land komen sieben jar lang. 2Das Weib macht sich auff vnd thet / wie der man Gottes sagt / vnd zoch hin mit jrem Hause / vnd war frembdling in der Philister lande sieben jar. Sup. 4.

DA aber die sieben jar vmb waren / kam das Weib wider aus der Philister lande / Vnd sie gieng aus den König an zu schreien vmb jr Haus
vnd Acker. 4Der König aber redet mit Gehasi dem Knaben des mans Gottes / vnd sprach / Erzele mir alle grosse Thaten / die Elisa gethan hat.
5Vnd in dem er dem König erzelet / wie er hette einen Todten lebendig gemacht / Sihe / da kam eben dazu das Weib / des Son er hatte lebendig gemacht / vnd schrey den König an vmb jr Haus vnd Acker. Da sprach Gehasi / Mein Herr könig / Dis ist das Weib / vnd dis ist jr Son / den Elisa hat lebendig
gemacht. 6Vnd der König fragt das Weib / Vnd sie erzelet es jm. Da gab jr der König einen Kemerer / vnd sprach / Schaff jr wider alles das jr ist / Dazu alles einkomen des Ackers / sint der zeit sie das Land verlassen hat / bis hie her.

BENHADAD sendet zu Elisa etc.

VND ELISA KAM GEN DAMASCON / DA LAG BENhadad der könig zu Syrien kranck / Vnd man sagts jm an / vnd sprach / Der man Gottes ist her
komen. 8Da sprach der König zu Hasael / Nim Geschenck mit dir / vnd gehe dem man Gottes entgegen / vnd frage den HERRN durch jn / vnd sprich / Ob ich von dieser kranckheit müge gene-

sen? [9]Hasael gieng jm entgegen / vnd nam Ge-
schenck mit sich / vnd allerley güter zu Damasco /
vierzig Camelen last. Vnd da er kam / trat er fur jn /
vnd sprach / Dein son Benhadad der könig zu
Syrien / hat mich zu dir gesand / vnd lesst dir
sagen / Kan ich auch von dieser kranckheit ge-
nesen? [10]Elisa sprach zu jm / Gehe hin / vnd sage
jm / Du wirst genesen / Aber der HERR hat mir
gezeigt / das er des tods sterben wird.

VND der man Gottes sahe ernst vnd stellet sich
vngeberdig / vnd weinet. [12]Da sprach Hasael / HASAEL.
Warumb weinet mein Herr? Er sprach / Jch weis
was vbels du den kindern Jsrael thun wirst / Du
|| 209a wirst jre feste Stedte mit fewr ver||brennen / vnd
jre junge Manschafft mit dem Schwert erwürgen /
vnd jre junge Kinder tödten / vnd jre schwanger
Weiber zuhawen. [13]Hasael sprach / Was ist dein
Knecht der Hund / das er solch gros ding thun
solt? Elisa sprach / Der HERR hat mir gezeiget /
das du König zu Syrien sein wirst.

[14]VND er gieng weg von Elisa / vnd kam zu
seinem Herrn / Der sprach zu jm / Was sagt dir
Elisa? Er sprach / Er saget mir / Du wirst genesen.
[15]Des andern tags aber nam er den Kolter vnd
tuncket jn in wasser / vnd breitet jn vber sich her /
Da starb er. Vnd Hasael ward König an seine HASAEL KÖNIG
stat. zu Syrien.

2. Par. 21. JM FÜNFFTEN JAR JORAM DES SONS AHAB DES KÖNIGS JORAM
Jsrael / ward Joram der son Josaphat könig in 8. jar König
Juda. [17]Zwey vnd dreissig jar alt war er da er in Juda.
König ward / vnd regiert acht jar zu Jerusalem.
[18]Vnd wandelt auff dem weg der könige Jsrael / wie
das haus Ahab thet / Denn Ahabs tochter war sein
weib / vnd er thet das dem HERRN vbel gefiel.
[19]Aber der HERR wolte Juda nicht verderben /
vmb seines knechts Dauids willen / wie er jm ge-
redt hatte / jm zu geben ein Liecht vnter seinen
Kindern jmerdar.

ZV seiner zeit fielen die Edomiter ab von Juda / EDOMITER
vnd machten einen Konig vber sich. [21]Denn von Juda
Joram war durch Zair gezogen / vnd alle Wagen abgefallen.
mit jm / vnd hatte sich des nachts auffgemacht vnd
die Edomiter geschlagen / die vmb jn her waren /
Dazu die Obersten vber die wagen / das das volck
floh in seine hütten. [22]Darumb fielen die Edomiter
ab von Juda / bis auff diesen tag. Auch fiel zur sel-
ben zeit ab Libna. LIBNA.

[23]WAs aber mehr von Joram zu sagen ist / vnd
alles was er gethan hat / Sihe / das ist geschrieben
in der Chronica der könige Juda. [24]Vnd Joram
entschlieff mit seinen Vetern / vnd ward begraben
mit seinen Vetern in der stad Dauid / Vnd Ahasia
sein son ward König an seine stat.

AHASIA 1. jar König in Juda.

JM ZWELFFTEN JAR JORAM DES SONS AHAB DES 2. Par. 22.
königs Jsrael / ward Ahasja der son Joram könig
in Juda. [26]Zwey vnd zwenzig jar alt war Ahasja / da
er König ward / vnd regierte ein jar zu Jerusalem /
Seine mutter hies Athalja eine tochter Amri des
königs Jsrael. [27]Vnd wandelt auff dem wege des
hauses Ahab / vnd thet das dem HERRN vbel ge-
fiel / wie das haus Ahab / Denn er war Schwager
im hause Ahab.

[28]VND er zoch mit Joram dem son Ahab in
streit wider Hasael den könig zu Syrien / gen Ra-
moth in Gilead / Aber die Syrer schlugen Joram.
[29]Da keret Joram der könig vmb / das er sich heilen
liesse zu Jesreel / von den schlegen / die jm die
Syrer geschlagen hatten zu Rama / da er mit Hasael
dem könige zu Syrien streit. Vnd Ahasja der son
Joram der könig Juda / kam hin ab zu besehen
Joram den son Ahab zu Jesreel / Denn er lag
kranck.

IX.

JEHU.

ELISA ABER DER PROPHET RIEFF DER PROPHETEN
kinder einem / vnd sprach zu jm / Gürte deine
lenden / vnd nim diesen Olekrug mit dir / vnd gehe
hin gen Ramoth in Gilead. [2]Vnd wenn du da hin
kompst / wirstu daselbs sehen Jehu den son Josa-
phat / des sons Nimsi / Vnd gehe hin ein vnd heis
jn auffstehen vnter seinen Brüdern / vnd füre jn
in die innerste Kamer. [3]Vnd nim den Olekrug
vnd schüts auff sein Heubt / vnd sprich / So sagt
der HERR / Jch hab dich zum Könige vber Jsrael
gesalbet / Vnd solt die thür auffthun / vnd fliehen
vnd nicht verziehen.

[4]VND der Jüngling des Propheten / der knabe
gieng hin gen Ramoth in Gilead. [5]Vnd da er hin
ein kam / Sihe / da sassen die Heubtleute des heers /
Vnd er sprach / Jch habe dir Heubtman was zu
JEHU. sagen. Er sprach / Welchem vnter vns allen? Er
sprach / Dir Heubtman. [6]Da stund er auff vnd
gieng hin ein / Er aber schüttet das Ole auff sein
Heubt / vnd sprach zu jm / So || sagt der HERR der || 209 b

3. Reg. 19. Gott Jsrael / Jch hab dich zum Könige gesalbet
vber des HERRN volck Jsrael. 7Vnd du solt das
haus Ahab deines Herrn schlahen / das ich das blut
der Propheten meiner Knechte / vnd das blut aller
Knechte des HERRN reche / von der hand Jsebel /
8das das gantze haus Ahab vmbkome. Vnd ich wil
von Ahab ausrotten / den der an die wand pisset
vnd den verschlossen vnd verlassen in Jsrael. 9Vnd
wil das haus Ahab machen / wie das haus Jerobeam
3. Reg. 15. 16. des sons Nebat / vnd wie das haus Baesa des sons
Ahia. 10Vnd die Hunde sollen Jsebel fressen / auff
dem acker zu Jesreel / vnd sol sie niemand begraben. Vnd er thet die thür auff vnd floh.

VND da Jehu er aus gieng zu den knechten seins
Herrn / sprach man zu jm / Stehets wol? Warvmb ist dieser Rasender zu dir komen? Er sprach
zu jnen / Jr kennet doch den Man wol / vnd was
er saget. 12Sie sprachen / Das ist nicht war / Sage
es vns aber an. Er sprach / So vnd so hat er mit mir
geredt / vnd gesagt / So spricht der HERR / Jch
hab dich zum Könige vber Jsrael gesalbet. 13Da
eileten sie / vnd nam ein jglicher sein Kleid / vnd
legets vnter jn / auff die hohe stuffen / Vnd bliesen
mit der Posaunen / vnd sprachen / Jehu ist König
worden.

(RASENDER) *Non quod attoniti aut deuoti ut Rabini delirant, Sed quod impij Prophetas uocant furiosos, sicut hodie etc.*

(HOHE STUFFEN) *Hic fingendum est fuisse sellam Magistratus, eleuatam in urbe, candidam quasi osseam, Huc posuerunt Iehu. Sed quia pompa regia tam cito non poterat tapetis ornari, suas uestes substernebant, in pompa festinantes scilicet.*

14ALso macht Jehu der son Josaphat des sons
Sup. 8. Nimsi einen Bund wider Joram / Joram aber lag
fur Ramoth in Gilead / mit gantzem Jsrael / wider
Hasael den könig zu Syrien. 15Joram aber der
könig war widerkomen / das er sich heilen lies zu
Jesreel / von den schlegen / die jm die Syrer geschlagen hatten / da er streit mit Hasael dem könige
zu Syrien. Vnd Jehu sprach / Jsts ewer gemüt / So
sol niemand entrinnen aus der Stad / das er hin
gehe vnd ansage zu Jesreel. 16Vnd er lies sich füren / vnd zoch gen Jesreel / Denn Joram lag daselbs / So war Ahasja der könig Juda hin ab gezogen Joram zu besehen.

17DER Wechter aber der auff dem thurm zu
Jesreel stund / sahe den hauffen Jehu komen / vnd
sprach / Jch sehe einen hauffen. Da sprach Joram /
Nim einen Reuter vnd sende jnen entgegen / vnd
sprich / Jsts friede? 18Vnd der Reuter reit hin jm
entgegen / vnd sprach / So sagt der König / Jsts
friede? Jehu sprach / Was gehet dich der fried an?
Wende dich hinder mich. Der Wechter verkündigt /
vnd sprach / Der Bote ist zu jnen komen / vnd

kompt nicht wider. [19]Da sandte er einen andern
Reuter / Da der zu jm kam / sprach er / So spricht
der König / Jsts friede? Jehu sprach / Was gehet
dich der fried an? Wende dich hinder mich. [20]Das
verkündigt der Wechter / vnd sprach / Er ist zu
jnen komen vnd kompt nicht wider / Vnd es ist ein
treiben / wie das treiben Jehu des sons Nimsi / denn
er treibet wie er vnsinnig were.

DA sprach Joram / Spannet an. Vnd man span-
net seinen wagen an / Vnd sie zogen aus /
Joram der könig Jsrael / vnd Ahasja der könig
Juda / ein jglicher auff seinem wagen / das sie Jehu
entgegen kemen / Vnd sie traffen jn an / auff dem
acker Naboth des Jesreeliten. [22]Vnd da Joram
Jehu sahe / sprach er / Jehu / Jsts friede? Er aber
sprach / Was Friede? Deiner mutter Jsebel Hurerey
vnd Zeuberey wird jmer grösser. [23]Da wand Jo-
ram seine hand vnd floh / Vnd sprach zu Ahasja /
Es ist verrheterey Ahasja. [24]Aber Jehu fasset den
JORAM ER- Bogen / vnd schos Joram zwisschen den armen /
schossen von das der pfeil durch sein hertz ausfur / vnd fiel in
Jehu. seinen wagen. [25]Vnd er sprach zum Ritter Bide-
kar / Nim vnd wirff jn auffs stück ackers Naboth
des Jesreeliten / Denn ich gedencke / das du mit
mir auff eim wagen seinem Vater nachfuren / das
der HERR solche Last vber jn hub. [26]Was gilts /
sprach der HERR / Jch wil dir das blut Naboth vnd 3. Reg. 21.
seiner Kinder / das ich gestern sahe / vergelten auff
diesem acker. So nim nu vnd wirff jn auff den Acker
nach dem wort des HERRN.

DA das Ahasja der könig Juda sahe / flohe er des
wegs zum hause des garten. Jehu aber jagt jm
nach / vnd hies jn auch schlahen auff dem wagen
gen Gur hinan / die bey Jeblaam ligt / vnd er floh
gen Megiddo / vnd starb || daselbs. [28]Vnd seine || 210a
knechte liessen jn füren gen Jerusalem / vnd be-
gruben jn in seinem Grabe mit seinen Vetern in der
stad Dauid. [29]Ahasja aber regierte vber Juda / im
eilfften jar Joram des sons Ahab.

VND da Jehu gen Jesreel kam / vnd Jsebel das
erfur / schmincket sie jr angesicht vnd schmü-
cket jr heubt / vnd kucket zum fenster aus. [31]Vnd
da Jehu vnter das thor kam / sprach sie / Jsts Simri 3. Reg. 16.
wol gegangen / der seinen Herrn erwürget? [32]Vnd
er hub sein angesicht auff zum fenster / vnd sprach /
Wer ist bey mir hie? Da wandten sich zween oder
JSEBEL. drey Kemerer zu jm. [33]Er sprach / Störtzet sie

herab. Vnd sie stortzten sie er ab / das die wand vnd
die Ross mit jrem blut besprenget worden / vnd sie
ward zutretten.
34VND da er hin ein kam vnd gessen vnd ge-
truncken hatte / sprach er / Besehet doch die ver-
fluchte / vnd begrabet sie / Denn sie ist eines Königs
tochter. 35Da sie aber hin giengen sie zu begraben /
funden sie nichts von jr / denn den schedel vnd
füsse / vnd jre flache hende. 36Vnd kamen wider /
3. Reg. 21. vnd sagtens jm an. Er aber sprach / Es ists / das der
HERR geredt hat durch seinen knecht Elia den
Thisbiten / vnd gesagt / Auff dem acker Jesreel
sollen die Hunde der Jsebel fleisch fressen. 37Also
ward das ass Jsebel wie kot auff dem felde / im
acker Jesreel / das man nicht sagen kund / Das ist
Jsebel.

X.

AHAB ABER HATTE SIEBENZIG SÖNE ZU SAMARIA /
Vnd Jehu schreib Brieue / vnd sandte sie gen
Samaria / zu den Obersten der Stad Jesreel / zu den
Eltesten vnd Vormünden Ahab / die lauten also.
2Wenn dieser Brieff zu euch kompt / bey denen
ewrs Herrn Söne sind / wagen / rosse / feste stedte
vnd rüstung / 3So sehet / welcher der beste vnd
der geschicktest sey vnter den Sönen ewrs Herrn /
vnd setzt jn auff seines vaters Stuel / vnd streitter
fur ewrs Herrn haus.
4SJe aber furchten sich fast seer / vnd sprachen /
Sihe / Zween Könige sind nicht gestanden fur jm /
Wie wöllen wir denn stehen? 5Vnd die vber das
Haus vnd vber die Stad waren / vnd die Eltesten

vnd Vormünden sandten hin zu Jehu / vnd liessen
jm sagen / Wir sind deine knechte / Wir wöllen
alles thun / was du vns sagest / Wir wöllen niemand
zum Könige machen / Thu was dir gefellt. ‖ ‖ 210b
DA schreib er den andern brieff zu jnen / der lau-
tet also / So jr mein seid / vnd meiner stimme ge-
horchet / So nemet die Heubter von den Mennern
ewrs Herrn sönen / vnd bringet sie zu mir morgen
vmb diese zeit / gen Jesreel (Der Söne aber des
Königs waren siebenzig Man / vnd die grössesten
der Stad zogen sie auff) 7Da nu der brieff zu jnen
LXX. SÖNE Ahabs getödtet. kam / Namen sie des Königs Söne / vnd schlachte-
ten siebenzig Man / vnd legten jre Heubter in
körbe / vnd schicketen sie zu jm gen Jesreel. 8Vnd
da der Bote kam / vnd sagts jm an / vnd sprach / Sie
haben die Heubter des Königs kinder gebracht /
sprach er / Legt sie auff zween hauffen / fur der thür
am thor bis morgen.

9VND des morgens da er ausgieng / trat er dahin /
vnd sprach zu allem Volck / Jr wolt ja recht haben?
Sihe / Hab ich wider meinen Herrn einen Bund ge-
macht / vnd jn erwürget / Wer hat denn diese alle
geschlagen? 10So erkennet jr ja / das kein wort des
HERRN ist auff die erden gefallen / das der HERR
geredt hat wider das haus Ahab / Vnd der HERR 3. Reg. 21.
hat gethan / wie er geredt hat durch seinen knecht
Elia. 11Also schlug Jehu alle vbrigen vom hause
Ahab zu Jesreel / alle seine Grossen / seine Ver-
wandten / vnd seine Priester / bis das jm nicht einer
vberbleib.

VND macht sich auff / zoch hin vnd kam gen
Samaria / Vnter wegen aber war ein Hirten-
XLII. BRÜDER Ahasja erwürget. haus / 13Da traff Jehu an die brüder Ahasja des
königs Juda / vnd sprach / Wer seid jr? Sie spra-
chen / Wir sind brüder Ahasja / vnd ziehen hin ab
zu grüssen des Königs kinder / vnd der Königin
kinder. 14Er aber sprach / Greiffet sie lebendig /
Vnd sie grieffen sie lebendig / vnd schlachten sie
bey dem brun am Hirtenhaus / zween vnd vierzig
Man / vnd lies nicht einen von jnen vbrig.

JONADAB. VND da er von dannen zoch / fand er Jonadab Jere. 35.
den son Rechab / der jm begegent / vnd grüsset
jn / vnd sprach zu jm / Jst dein hertz richtig / wie
mein hertz mit deinem hertzen? Jonadab sprach /
Ja. Jsts also / so gib mir deine hand Vnd er gab jm
seine hand. Vnd er lies jn zu jm auff den Wagen
sitzen / 16vnd sprach / Kom mit mir / vnd sihe mei-

nen eiuer vmb den HERRN. Vnd sie füreten jn mit
jm auff seinen Wagen. [17]Vnd da er gen Samaria
kam / schlug er alles was vbrig war von Ahab zu
Samaria / bis das er jn vertilget / Nach dem wort
des HERRN / das er zu Elia geredt hatte.

VND Jehu versamlet alles Volck / vnd lies zu
3. Reg. 16. jnen sagen / Ahab hat Baal wenig gedienet /
Jehu wil jm bas dienen. [19]So lasst nu ruffen allen
Propheten Baal / allen seinen Knechten / vnd allen
seinen Priestern zu mir / das man niemands ver-
misse / Denn ich habe ein gros opffer dem Baal zu
thun / Wes man vermissen wird / der sol nicht
leben. Aber Jehu thet solchs zu vntertretten / das
er die Diener Baal vmbrechte. [20]Vnd Jehu sprach /
Heiliget dem Baal das Fest / vnd lasst ausruffen.
[21]Auch sandte Jehu in gantz Jsrael / vnd lies alle
Diener Baal komen / das niemand vbrig war / der
nicht keme / Vnd sie kamen in das haus Baal / das
das haus Baal vol ward an allen enden.

[22]DA sprach er zu denen / die vber das [a]Kleider- a
haus waren / Bringet allen Dienern Baal kleider Jd est / Vber die
er aus / Vnd sie brachten die kleider er aus. Sacristey.
[23]Vnd Jehu gieng in die Kirchen Baal mit Jonadab
dem son Rechab / vnd sprach zu den Dienern
Baal / forschet vnd sehet zu / das nicht hie vnter
euch sey des HERRN Diener jemand / sondern
Baals Diener alleine. [24]Vnd da sie hin ein kamen /
Opffer vnd Brandopffer zuthun / bestellet jm
Jehu haussen achzig Man / vnd sprach / Wenn
der Menner jemand entrinnet / die ich vnter ewre
hende gebe / So sol fur seine seele desselben seele
sein.

[25]DA er nu die Brandopffer volendet hatte / PROPHETEN
sprach Jehu zu den Drabanten vnd Rittern / Gehet Baal erwürget.
hin ein / vnd schlahet jederman / lasst niemand er
aus gehen. Vnd sie schlugen sie mit der scherffe
des schwerts / vnd die Drabanten vnd Ritter wor-
ffen sie weg / vnd giengen zur stad der Kirchen
|| 211a Baals / [26]vnd brachten || er aus die Seule in der
Kirchen Baal / vnd verbranten sie / [27]Vnd zu-
brachen die seule Baal / sampt der Kirchen Baal /
vnd machten ein heimlich Gemach draus / bis auff
diesen tag. [28]Also vertilget Jehu den Baal aus
Jsrael. [29]Aber von den sünden Jerobeam des sons
Nebat / der Jsrael sünndigen machte / lies Jehu
nicht / von den gülden Kelbern zu BethEl vnd zu
Dan.

VND der HERR sprach zu Jehu / Darumb / das
du willig gewesen bist zu thun was mir gefallen
hat / vnd hast am hause Ahab gethan alles was in Jnfr. 15.
meinem hertzen war / Sollen dir auff deinem stuel
Jsrael sitzen deine Kinder ins vierde Gelied. 31Aber
doch hielt Jehu nicht / das er im Gesetz des HERRN
des Gottes Jsrael wandelte von gantzem hertzen /
Denn er lies nicht von den sünden Jerobeam / der
Jsrael hatte sündigen gemacht.
ZVR selbigen zeit fieng der HERR an vber- 3. Reg. 19.
HASAEL. drüssig zu werden vber Jsrael / Denn Hasael
schlug sie in allen grentzen Jsrael / 33vom Jordan
gegen der sonnen auffgang / Vnd das gantze land
Gilead der Gadditer / Rubeniter vnd Manassiter /
von Aroer an die am bach bey Arnon ligt / vnd
Gilead vnd Basan.
34WAS aber mehr von Jehu zu sagen ist / vnd
alles was er gethan hat / vnd alle seine macht / Sihe /
das ist geschrieben in der Chronica der könige
Jsrael. 35Vnd Jehu entschlieff mit seinen Vetern /
vnd sie begruben jn zu Samaria / Vnd Joahas sein
Son ward König an seine stat. 36Die zeit aber die
JEHU. 28. jar König in Jsrael. Jehu vber Jsrael regiert hat zu Samaria / sind acht
vnd zwenzig jar.

XI.

ATHALIA. ATHALIA ABER AHASJA MUTTER / DA SIE SAHE / 2. Par. 22.
das jr Son tod war / macht sie sich auff / vnd
bracht vmb allen Königlichen samen. 2Aber Jo-
seba die tochter des königs Joram / Ahasja schwe-
JOAS FUR Athalia verborgen etc. ster / nam Joas den son Ahasja / vnd stal jn aus des
Königs kindern die getödtet wurden / mit seiner
Amme in der Schlaffkamer / vnd sie verborgen jn
fur Athalia / das er nicht getödtet ward. 3Vnd er
war mit jr versteckt im Hause des HERRN sechs
jar / Athalia aber war Königin im Lande.
JOIADA. JM siebenden jar aber sandte hin Joiada / vnd nam 2. Par. 22.
die Obersten vber hundert mit den Heubtleuten
vnd die Drabanten / vnd lies sie zu sich ins haus
(Des Sabbaths) Das waren / die auff des Königs dienst warten eine woche vmb die andern. Wenn ein teil abgieng / so gieng das ander an. des HERRN komen / vnd macht einen Bund mit
jnen / vnd nam einen Eid von jnen / im Hause des
HERRN / vnd zeiget jnen des Königs son. 5Vnd
gebot jnen / vnd sprach / Das ists / das jr thun solt /
Ewr ein dritte teil / die jr des Sabbaths angehet /
sollen der Hut warten im hause des Königs. 6Vnd
ein dritte teil sol sein am thor Sur / Vnd ein dritte
teil am thor das hinder den Drabanten ist / vnd solt

der hut warten am hause Massa. 7Aber zwey teil
ewer aller / die jr des Sabbaths abgehet / sollen der
hut warten im Hause des HERRN vmb den König /
8Vnd sollet rings vmb den König euch machen /
vnd ein jglicher mit seiner Wehre in der hand.
Vnd wer her ein zwisschen die wand komet / der
sterbe / das jr bey dem König seid / wenn er aus
vnd ein gehet.

9VND die Obersten vber hundert theten alles /
wie jnen Joiada der Priester geboten hatte / vnd
namen zu sich jre Menner / die des Sabbaths an-
giengen / mit denen / die des Sabbaths abgiengen /
vnd kamen zu dem Priester Joiada. 10Vnd der
Priester gab den Heubtleuten Spies vnd Schilde /
die des königs Dauids gewesen waren / vnd in dem
Hause des HERRN waren. 11Vnd die Drabanten
stunden vmb den König her / ein jglicher mit sei-
ner Wehre in der hand / von dem winckel des Hau-
ses zur rechten / bis zum winckel zur lincken / zum
Altar zu / vnd zum Hause. 12Vnd er lies des
Königs son erfür komen / vnd setzet jm eine Kron
Deut. 17. auff / vnd gab jm das [a]Zeugnis / vnd machten jn
zum Könige / vnd waren frölich / vnd schlugen die
hende zusamen / vnd sprachen / Glück zu dem
|| 211b Könige.||

VND da Athalja höret das geschrey des volcks
das zulieff / kam sie zum volck in das Haus des
HERRN / 14vnd sahe / Sihe / da stund der König
an der seulen / wie es gewonheit war / vnd die Sen-
ger vnd Drometen bey dem Könige / vnd alles
volck des Lands war frölich / vnd bliesen mit Dro-
meten / Athalja aber zureis jre Kleider / vnd sprach /
Auffrhur / auffrhur. 15Aber der Priester Joiada
gebot den Obersten vber hundert / die vber das
Heer gesetzt waren / vnd sprach zu jnen / Füret sie
zum Hause hin aus in den Hof / vnd wer jr folget /
der sterbe des Schwerts / Denn der Priester hatte
gesagt / sie solte nicht im hause des HERRN ster-
ben. 16Vnd sie legten die hende an sie / vnd sie
gieng hin ein / des weges da die Ross zum hause
des Königs gehen / vnd ward daselbs getödtet.

a (Zeugnis) Das war das buch Mose / das fünffte / das dem Könige befolhen ward.

ATHALIA getödtet.

17DA machet Joiada einen Bund zwisschen dem
HERRN / vnd dem Könige / vnd dem Volck / das
sie des HERRN volck sein solten / Also auch
zwisschen dem Könige / vnd dem Volck.

DA gieng alles volck des Lands in die Kirche
Baal / vnd brachen seine Altar ab / vnd zu-

MATHAN.

brachen sein Bildnis recht wol / vnd Mathan den
Priester Baal erwürgeten sie fur den Altaren. Der
Priester aber bestellet die Empter im Hause des
HERRN. 19Vnd nam die Obersten vber hundert /
vnd die Heubtleute / vnd die Drabanten / vnd alles
volck des Lands / vnd füreten den König hin ab
vom Hause des HERRN / vnd kamen auff dem
wege von dem thor der Drabanten zum Königs
hause / vnd er satzt sich auff der Könige stuel.
20Vnd alles volck im Lande war frölich / vnd die
Stad ward stille. Athalja aber tödten sie mit dem
Schwert ins Königs hause. 21Vnd Joas war sieben
jar alt / da er König ward.

XII.

JOAS REGIERT 40. jar in Juda.

JM SIEBENDEN JAR JEHU / WARD JOAS KÖNIG / 2. Par. 24.
vnd regierte vierzig jar zu Jerusalem / Seine mut-
ter hiess Zibea von Bersaba. 2Vnd Joas thet was
recht war vnd dem HERRN wolgefiel / so lang
jn der Priester Joiada leret. 3On das sie die Höhen
nicht abtheten / Denn das volck opfferte / vnd
reucherte noch auff den Höhen.

VND Joas sprach zu den Priestern / Alles geld /
das geheiliget wird / das es in das Haus des
HERRN gebracht werde / das genge vnd gebe ist /
das Gelt so jederman gibt / in der Schetzung seiner
Seele / vnd alles Gelt das jederman von freiem
hertzen opffert / das es in des HERRN Haus ge-
bracht werde / 5das lasst die Priester zu sich ne-
men / einen jglichen von seinem bekandten /
Dauon sollten sie bessern / was bawfellig ist am
Hause des HERRN / wo sie finden das bawfellig
ist. 6Da aber die Priester / bis ins drey vnd zwen-
zigst jar des königs Joas / nicht besserten was baw-
fellig war am Hause / 7Rieff der könig Joas dem
Priester Joiada / sampt den Priestern / vnd sprach
zu jnen / Warumb bessert jr nicht was bawfellig
ist am Hause? So solt jr nu nicht zu euch nemen
das Gelt ein jglicher von seinen bekandten / son-
dern solts geben zu dem das bawfellig ist am
Hause. 8Vnd die Priester bewilligeten / vom volck
nicht Gelt zu nemen / vnd das bawfellige am Hause
zu bessern.

9DA nam der Priester Joiada eine Laden / vnd
borte oben ein loch drein / vnd setzt sie zur rechten
hand neben den Altar / da man in das Haus des
HERRN gehet / Vnd die Priester die an der

schwelle hüteten / theten drein alles Gelt das zu
des HERRN Haus gebracht ward. 10Wenn sie
denn sahen / das viel Gelt in der Laden war / so
kam des Königs Schreiber er auff mit dem Hohen-
priester / vnd bunden das Gelt zusamen / vnd zele-
ten es / was fur des HERRN Haus funden ward.
11Vnd man gab das Gelt bar vber denen / die da
erbeiten vnd bestellet waren zu dem Hause des
HERRN / Vnd sie gabens er aus den Zimmer-
leuten / die da baweten vnd erbeiten am Hause des
|| 212a HERRN / 12nem||lich / den Meurern vnd Stein- JOAHAS
metzen / vnd die da Holtz vnd gehawen Stein
kaufften / das das bawfellige am Hause des HERRN
gebessert würde / vnd alles was sie funden am
Hause zu bessern not sein.

13DOch lies man nicht machen silbern schalen /
Psalter / becken / drometen / noch jrgend ein gül-
den oder silbern Gerete im Hause des HERRN
von solchem gelt / das zu des HERRN Hause ge-
bracht ward. 14Sondern man gabs den Erbeitern /
das sie da mit das bawfellige am Hause des HERRN
besserten. 15Auch durfften die Menner nicht be-
rechen / den man das gelt thet / das sie es den
Erbeitern geben / sondern sie handelten auff glau-
ben. 16Aber das gelt von Schuldopffern vnd Sünd-
opffern ward nicht zum Hause des HERRN ge-
bracht / denn es war der Priester.

ZV der zeit zoch Hasael der könig zu Syrien er HASAEL.
auff / vnd streit wider Gath / vnd gewan sie.
Vnd da Hasael sein angesicht stellet zu Jerusalem
hin auff zu ziehen / 18nam Joas der könig Juda alle
das geheiligete / das seine veter Josaphat / Joram
vnd Ahasja die könige Juda geheiliget hatten vnd
was er geheiliget hatte / Da zu alles Gold / das man
fand im schatz in des HERRN Hause / vnd in des
Königs hause / vnd schickets Hasael dem könige
zu Syrien / Da zoch er abe von Jerusalem.

2. Par. 24. 19WAS aber mehr von Joas zu sagen ist / vnd
alles was er gethan hat / das ist geschrieben in der
Chronica der könige Juda. 20Vnd seine Knechte
empöreten sich vnd machten einen Bund / vnd
schlugen jn im hause Millo / da man hin ab gehet
zu Silla. 21Denn Josabar der son Simeath vnd
Josabad der son Somer seine knechte / schlugen
jn tod / Vnd man begrub jn mit seinen Vetern in
der stad Dauid / Vnd Amazja sein son ward König
an seine stat.

XIII.

Joahas 17. jar König vber Jsrael.

JM drey vnd zwenzigsten jar Joas des sons
Ahasja des königs Juda / ward Joahas der son
Jehu könig vber Jsrael zu Samaria / siebenzehen
jar. 2Vnd thet das dem HERRN vbel gefiel / vnd
wandelt den sünden nach Jerobeam des sons Ne-
bat / der Jsrael sündigen machte / vnd lies nicht
dauon. 3Vnd des HERRN zorn ergrimmet vber 3. Reg. 19.
Jsrael / vnd gab sie vnter die hand Hasael des kö-
nigs zu Syrien / vnd Benhadad des sons Hasael jr
leben lang.

HASAEL.

ABer Joahas bat des HERRN angesicht / Vnd
der HERR erhöret jn / Denn er sahe den jamer
Jsrael an / wie sie der König zu Syrien drenget.
5Vnd der HERR gab Jsrael einen Heiland / der sie
aus der gewalt der Syrer füret / das die kinder Jsrael
in jren Hütten woneten / wie vor hin. 6Doch liessen
sie nicht von der sünde des hauses Jerobeam / der
Jsrael sündigen machte / sondern wandelten drin-
nen / Auch bleib stehen der Hayn zu Samaria.
7Denn es war des volcks Joahas nicht mehr vber-
blieben / denn funffzig Reuter / zehen wagen / vnd
zehen tausent fusuolcks / Denn der König zu Sy-
rien hatte sie vmb gebracht / vnd hatte sie gemacht /
wie dresscher staub.

8WAS aber mehr von Joahas zu sagen ist / vnd
alles was er gethan hat / vnd seine macht / Sihe /
das ist geschrieben in der Chronica der könige
Jsrael. 9Vnd Joahas entschlieff mit seinen Vetern /
vnd man begrub jn zu Samaria. Vnd sein son Joas
ward König an seine stat.

Joas XVI. jar König in Jsrael.

JM sieben vnd dreissigsten jar Joas des königs
Juda / ward Joas der son Joahas könig vber
Jsrael zu Samaria / sechzehen jar. 11Vnd thet das
dem HERRN vbel gefiel / vnd lies nicht von allen
sünden Jerobeam des sons Nebat / der Jsrael sün-
digen machte / sondern wandelt drinnen.

12WAS aber mehr von Joas zu sagen ist / vnd 2. Par. 25.
was er gethan hat / vnd seine macht / wie er mit
Amazja dem könige Juda gestritten hat / Sihe / das
ist geschrieben in der Chronica der könige Jsrael.
13Vnd Joas entschlieff mit seinen || Vetern / vnd || 212b
Jerobeam sas auff seinem Stuel. Joas aber ward
begraben zu Samaria bey die könige Jsrael.

ELISA ABER WARD KRANCK / DARAN ER AUCH
starb / Vnd Joas der könig Jsrael kam zu jm hin

ab / vnd weinet fur jm / vnd sprach / Mein Vater /
mein vater / Wagen Jsrael / vnd sein Reuter. 15 Elisa
aber sprach zu jm / Nim den bogen vnd pfeil. Vnd
da er den bogen vnd die pfeil nam / 16 sprach er
zum könige Jsrael / Spanne mit deiner hand den
Bogen. Vnd er spannet mit seiner hand. Vnd Elisa
legt seine hand auff des Königs hand / 17 vnd
sprach / Thu das Fenster auff gegen morgen. Vnd
er thets auff. Vnd Elisa sprach / Scheus. Vnd er
schos. Er aber sprach / Ein pfeil des heils vom
HERRN / ein pfeil des heils wider die Syrer / vnd
du wirst die Syrer schlahen zu Aphek / bis sie auff
gerieben sind.

18 VND er sprach / Nim die pfeile. Vnd da er sie
nam / sprach er zum könige Jsrael / Schlahe die
erden. Vnd er schlug drey mal / vnd stund stille.
19 Da ward der man Gottes zornig auff jn / vnd
sprach / Hettestu fünff oder sechs mal geschlagen /
so würdestu die Syrer geschlagen haben / bis sie
auffgerieben weren / Nu aber wirstu sie drey mal
schlahen.

DA aber Elisa gestorben war / vnd man jn be- Elisa gestorben.
graben hatte / fielen die Kriegsleute der Moabi-
ter ins Land / desselben jars. 21 Vnd es begab sich /
das sie einen Man begruben / Da sie aber die Kriegs-
leute sahen / worffen sie den Man in Elisa grab.
Eccle. 48. Vnd da er hin kam vnd die gebeine Elisa anrüret /
ward er lebendig / vnd trat auff seine füsse.

ALso zwang nu Hasael der könig zu Syrien HASAEL.
Jsrael / so lang Joahas lebt. 23 Aber der HERR
thet jnen gnade / vnd erbarmet sich jr / vnd wand
sich zu jnen / vmb seines Bunds willen / mit Abra-
ham / Jsaac vnd Jacob / vnd wolt sie nicht verder-
ben / verwarff sie auch nicht von seinem angesicht /
bis auff diese stund.

VND Hasael der könig zu Syrien starb / vnd sein
son Benhadad ward König an seine stat. 25 Joas
aber keret vmb / vnd nam die Stedte aus der hand
Benhadad des sons Hasael / die er aus der hand
seines vaters Joahas genomen hatte mit streit /
Drey mal schlug jn Joas / vnd bracht die stedte
Jsrael wider.

XIIII.

2. Par. 25. JM ANDERN JAR JOAS DES SONS JOAHAS DES KÖNIGS
Jsrael / ward Amazja könig / der son Joas des Amazia 29. jar König vber Juda.
königs Juda. 2 Fünff vnd zwenzig jar alt war er /

da er König ward / vnd regiert neun vnd zwenzig
jar zu Jerusalem / Seine mutter hies Joadan von
Jerusalem. 3Vnd er thet was dem HERRN wol-
gefiel / Doch nicht wie sein vater Dauid / Sondern
wie sein vater Joas / thet er auch / 4Denn die
Höhen wurden nicht abgethan / Sondern das volck
opfferte vnd reucherte noch auff den Höhen.

5DA er nu des Königreichs mechtig ward /
schlug er seine Knechte / die seinen Vater den Kö-
nig geschlagen hatten. 7Aber die Kinder der Tod-
schleger tödtet er nicht / Wie es denn geschrieben Deut. 24.
stehet im Gesetzbuch Mose / da der HERR geboten Ezech. 18.
hat / vnd gesagt / Die Veter sollen nicht vmb der
Kinder willen sterben / Vnd die Kinder sollen
nicht vmb der Veter willen sterben / Sondern ein
jglicher sol vmb seiner sünde willen sterben.

8ER schlug auch der Edomiter im Saltztal zehen
tausent / vnd gewan die stad Sela mit streit / vnd
hies sie Jaktheel bis auff diesen tag.

DA SANDTE AMAZJA BOTEN ZU JOAS DEM SON
Joahas des sons Jehu dem könige Jsrael / vnd
lies jm sagen / Kom her / las vns mit einander be-
sehen. 9Aber Joas der könig Jsrael sandte zu
Amazja dem könige Juda / vnd ‖ lies jm sagen / ‖ 213a
Der Dornstrauch der in Libanon ist / sandte zum
Cedern im Libanon / vnd lies jm sagen / Gib
deine Tochter meinem Son zum weib. Aber das
Wild auff dem felde im Libanon / lieff vber den
Dornstrauch vnd zutrat jn. 10Du hast die Edo-
miter geschlagen / des vberhebt sich dein hertz.
Habe den rhum vnd bleib da heimen / Warumb
ringestu nach vnglück / das du fallest vnd Juda
mit dir?

11ABer Amazja gehorchet nicht / Da zoch Joas
der könig Jsrael er auff / vnd sie besahen sich mit
einander / er vnd Amazja der könig Juda zu Beth-
Semes die in Juda ligt. 12Aber Juda ward geschla-
gen fur Jsrael / das ein jglicher floh in seine Hütten.
13Vnd Joas der könig Jsrael greiff Amazja den kö-
nig Juda den son Jonas / des sons Ahasja zu Beth-
Semes. Vnd kam gen Jerusalem / vnd zureis die
mauren Jerusalem / von dem thor Ephraim an /
bis an das Eckthor / vier hundert ellen lang. 14Vnd
nam alles Gold vnd Silber vnd Gerete das funden
ward im Hause des HERRN / vnd im schatz des
Königs hause / Da zu die Kinder zu pfande / vnd
zoch wider gen Samaria.

[15]WAS aber mehr von Joas zu sagen ist / das er
gethan hat / vnd seine macht / vnd wie er mit Am-
azja dem könige Juda gestritten hat / Sihe / das ist ge-
schrieben in der Chronica der könige Jsrael. [16]Vnd
Joas entschlieff mit seinen Vetern / Vnd ward be-
graben zu Samaria vnter den königen Jsrael / Vnd
sein son Jerobeam ward König an seine stat.

AMazja aber der son Joas des königs Juda lebet
nach dem tod Joas des sons Joahas des königs
Jsrael funffzehen jar. [18]Was aber mehr von Amazja
zu sagen ist / das ist geschrieben in der Chronica
der könige Juda. [19]Vnd sie machten einen Bund
wider jn zu Jerusalem / Er aber floh gen Lachis.
2. Par. 25. Vnd sie sandten hin jm nach gen Lachis / vnd AMAZIA
tödten jn daselbs. [20]Vnd sie brachten jn auff Ros- getödtet.
sen / vnd ward begraben zu Jerusalem bey seine
Veter in der stad Dauid. [21]Vnd das gantze volck
Juda nam Asarja in seinem sechzehenden jar / vnd
machten jn zum Könige / an stat seines vaters
Amazja. [22]Er bawete Elath / vnd brachte sie wider
zu Juda / nach dem der König mit seinen Vetern
entschlaffen war.

JM funffzehenden jar Amazja des sons Joas des JEROBEAM
königs Juda / ward Jerobeam der son Joas 41. jar König
könig vber Jsrael zu Samaria ein vnd vierzig jar. vber Jsrael.
[24]Vnd thet das dem HERRN vbel gefiel / vnd lies
nicht ab von allen sünden Jerobeam des sons Ne-
bat / der Jsrael sündigen machte. [25]Er aber brachte
wider erzu die grentze Jsrael / von Hemath an / bis
ans meer das im Blachenfelde ligt / Nach dem wort
des HERRN des Gottes Jsrael / das er geredt hatte
durch seinen knecht Jona dem son Amithai den JONA.
Propheten / der von GathHepher war. [26]Denn der
HERR sahe an den elenden jamer Jsrael / das auch
die verschlossen vnd verlassen da hin waren / vnd
kein Helffer war in Jsrael. [27]Vnd der HERR hatte
nicht geredt / das er wolte den namen Jsrael aus
tilgen vnter dem Himel / Vnd halff jnen durch
Jerobeam den son Joas.

[28]WAS aber mehr von Jerobeam zu sagen ist /
vnd alles was er gethan hat / vnd seine macht wie
er gestritten hat / vnd wie er Damascon vnd He-
math wider bracht an Juda in Jsrael / Sihe / das ist
geschrieben in der Chronica der könige Jsrael.
[29]Vnd Jerobeam entschlieff mit seinen Vetern mit
den königen Jsrael. Vnd sein son Sacharja ward
König an seine stat.

XV.

Asaria
52. jar König
in Juda.

JM SIEBEN VND ZWENZIGSTEN JAR JEROBEAM DES
königs Jsrael ward könig Asarja der son Amazja
des königs Juda. 2Vnd war sechzehen jar alt da er
König ward / vnd regierte zwey vnd funffzig jar
zu Jerusalem / Seine mutter hies Jechalja von Jeru-
salem. 3Vnd thet das dem HERRN wolgefiel / aller
ding wie sein vater || Amazja. 4On das sie die Hö- || 213b
hen nicht abtheten / Denn das volck opfferte vnd
reucherte noch auff den Höhen. 5Der HERR plagt
aber den König / das er aussetzig war / bis an seinen
tod / vnd wonet in einem sondern hause / Jotham
aber des Königs son regiert das Haus / vnd richtet
das volck im Lande.

6WAS aber mehr von Asarja zu sagen ist / vnd 2. Par. 26.
alles was er gethan hat / Sihe / das ist geschrieben
in der Chronica der könige Juda. 7Vnd Asarja ent-
schlieff mit seinen Vetern / vnd man begrub jn bey
seine Veter in der stad Dauid / Vnd sein son Jotham
ward König an seine stat.

SACHARJA
6 monden
König vber
Jsrael.

JM acht vnd dreissigsten jar Asarja des königs
Juda / ward König Sacharja der son Jerobeam
vber Jsrael zu Samaria sechs monden. 9Vnd thet
das dem HERRN vbel gefiel / wie seine Veter ge-
than hatten / Er lies nicht ab von den sünden Jero-
beam des sons Nebat / der Jsrael sündigen machte.
10Vnd Sallum der son Jabes macht einen Bund wi-
der jn / vnd schlug jn fur dem volck / vnd tödtet
jn / vnd ward König an seine stat.

11WAS aber mehr von Sacharja zu sagen ist /
Sihe / das ist geschrieben in der Chronica der könige
Jsrael. 12Vnd das ists / das der HERR Jehu geredt Sup. 10.
hatte / Dir sollen Kinder ins vierde gelied sitzen
auff dem stuel Jsrael / Vnd ist also geschehen.

SALLUM
1. monden
König vber
Jsrael.

SAllum aber der son Jabes ward König im neun
vnd dreissigsten jar aAsarja des königs Juda / a *Alij Vsia.*
vnd regiert einen monden zu Samaria. 14Denn
Menahem der son Gadi zoch er auff von Thirza vnd
kam gen Samaria / vnd schlug Sallum den son Jabes
zu Samaria vnd tödtet jn / vnd ward König an
seine stat.

15WAS aber mehr von Sallum zusagen ist / vnd
seinem Bund den er anrichtet / Sihe / das ist ge-
schrieben in der Chronica der könige Jsrael. 16Da
zu mal schlug Menahem Tiphsah / vnd alle die
drinnen waren / vnd jre grentze von Thirza / Dar-

umb / das sie jn nicht wolten einlassen / vnd schlug
alle jre Schwangere vnd zureis sie.

JM neun vnd dreissigsten jar Asarja des königs
Juda ward könig Menahem der son Gadi vber MENAHEM
Jsrael zehen jar zu Samaria. 18Vnd thet das dem 10. jar König
HERRN vbel gefiel / Er lies sein leben lang nicht vber Jsrael.
von den sünden Jerobeam des sons Nebat / der
Jsrael sündigen machte. 19Vnd es kam Phul der
könig von Assyrien ins Land / Vnd Menahem gab
dem Phul tausent Centner silber / das ers mit jm PHUL.
hielte / vnd bekrefftiget jm das Königreich. 20Vnd
Menahem satzt ein geld in Jsrael auff die reichesten
funffzig sekel silbers auff einen jglichen Man / das
er dem könige von Assyrien gebe / Also zoch der
könig von Assyrien wider heim / vnd bleib nicht
im Lande.

21WAS aber mehr von Menahem zu sagen ist /
vnd alles was er gethan hat / Sihe / das ist geschrie-
ben in der Chronica der könige Jsrael. 22Vnd Me-
nahem entschlieff mit seinen Vetern / vnd Pekahja
sein son ward König an seine stat.

JM funffzigsten jar Asarja des königes Juda / ward
könig Pekahja der son Menahem vber Jsrael zu PEKAHJA
Samaria zwey jar. 24Vnd thet das dem HERRN 2. jar König
vbel gefiel / Denn er lies nicht von der sünde Jero- vber Jsrael.
beam des sons Nebat / der Jsrael sündigen machte.
25Vnd es macht Pekah der son Remalja seins Rit-
ters / einen Bund wider jn / vnd schlug jn zu Sa-
maria im Pallast des Königs hause / mit Argob vnd
Arie / vnd funffzig Man mit jm von den kindern Gi-
lead / vnd tödtet jn / vnd ward König an seine stat.

26WAS aber mehr von Pekahja zu sagen ist / vnd
alles was er gethan hat / Sihe / das ist geschrieben
in der Chronica der könige Jsrael.

JM zwey vnd funffzigsten jar Asarja des königs
Juda / ward könig Pekah der son Remalja vber PEKAH
Jsrael zu Samaria zwenzig jar. 28Vnd thet das dem 20. jar König
HERRN vbel gefiel / Denn er lies nicht von der vber Jsrael.
sünde Jerobeam des sons Nebat / der Jsrael sündi-
|| 214a gen machte. ||

ZV den zeiten Pekah des königs Jsrael / kam
Thiglath Pillesser / der könig zu Assyrien / vnd THIGLATH-
nam Hion / AbelBethMaecha / Janoha / Kedes / Pillesser.
Hazor / Gilead / Galilea / vnd das gantze land
Naphthali / vnd füret sie weg in Assyrien.

30VNd Hosea der son Ela macht einen Bund
wider Pekah den son Remalja / vnd schluge jn tod /

vnd ward König an seine stat / im zwenzigsten jar
Jotham des sons Vsia.
[31]WAS aber mehr von Pekah zu sagen ist / vnd
alles was er gethan hat / Sihe / das ist geschrieben
in der Chronica der könige Jsrael.

JM ANDERN JAR PEKAH DES SONS REMALJA DES 2. Par. 27.
Jotham 16. jar. König in Juda. königs Jsrael / ward könig Jotham der son Vsia
des königs Juda. [33]Vnd war fünff vnd zwenzig jar
alt da er König ward / vnd regierte sechzehen jar
zu Jerusalem / Seine mutter hies Jerusa / eine toch-
ter Zadok. [34]Vnd thet das dem HERRN wolgefiel
aller dinge wie sein vater Vsia gethan hatte. [35]On
das sie die Höhen nicht abetheten / Denn das Volck
opfferte vnd reucherte noch auff den Höhen / Er
bawete das hohethor am Hause des HERRN.
[36]WAS aber mehr von Jotham zu sagen ist / vnd
alles was er gethan hat / Sihe / das ist geschrieben
in der Chronica der könige Juda.

ZV der Zeit hub der HERR an zu senden in Juda /
Rezin den König zu Syrien / vnd Pekah den son
Remalja. [38]Vnd Jotham entschlieff mit seinen Ve-
tern / vnd ward begraben bey seine Veter in der
stad Dauid seines vaters / vnd Ahas sein son ward
König an seine stat.

XVI.

JM SIEBENZEHENDEN JAR PEKAH DES SONS REMALJA 2. Par. 28.
Ahas 16. jar König in Juda. ward König Ahas der son Jotham des königs
Juda. [2]Zwenzig jar war Ahas alt / da er König
ward / vnd regierte sechzehen jar zu Jerusalem.
Vnd thet nicht was dem HERRN seinem Gott wol-
gefiel / wie sein vater Dauid / [3]Denn er wandelt
auff dem wege der könige Jsrael. Da zu lies er sei- Deut. 18.
nen Son durchs fewr gehen / nach den greweln der
Heiden / die der HERR fur den kindern Jsrael
vertrieben hatte. [4]Vnd thet Opffer vnd reucherte
auff den Höhen / vnd auff allen Hügeln / vnd vnter
allen grünen Bewmen.

Rezin. DA zumal zoch Rezin der könig zu Syrien / vnd Jsai. 7.
Pekah. Pekah der son Remalja könig in Jsrael / hin
auff gen Jerusalem zu streitten / vnd belagerten
Ahas / Aber sie kundten sie nicht gewinnen. [6]Zur
selbigen zeit bracht Rezin könig zu Syrien / Elath
wider an Syrien / vnd sties die Jüden aus Elath /
Aber die Syrer kamen / vnd woneten drinnen bis
auff diesen tag.

ABer Ahas sandte Boten zu ThiglathPillesser
dem könige zu Assyrien / vnd lies jm sagen /
Jch bin dein knecht vnd dein son / Kom er auff
vnd hilff mir aus der hand des königs zu Syrien vnd
des königs Jsrael / die sich wider mich haben auff-
gemacht. 8Vnd Ahas nam das silber vnd gold / das
in dem Hause des HERRN / vnd in den schetzen
des Königs hause funden ward / vnd sandte dem
könige zu Assyrien geschencke. 9Vnd der könig
zu Assyrien gehorcht jm / vnd zoch er auff gen
Damascon / vnd gewan sie / vnd füret sie weg gen
Kir / vnd tödtet Rezin.

THIGLATH-Pillesser.

VND der könig Ahas zoch entgegen Thiglath-
Pillesser dem könig zu Assyrien gen Damascon /
Vnd da er einen Altar sahe der zu Damasco war /
sandte der könig Ahas desselben Altars ebenbild /
vnd gleichnis zum Priester Vria / wie derselb ge-
macht war. 11Vnd Vria der Priester bawet einen
Altar / vnd machet jn / wie der könig Ahas zu jm
gesand hatte von Damasco / bis der könig Ahas
von Damasco kam. 12Vnd da der könig von Da-
masco kam / vnd den Altar sahe / opfferte er
|| 214b drauff / 13vnd zündet drauff an seine Brandopffer / ||
Speisopffer / vnd gos drauff seine Tranckopffer /
Vnd lies das blut der Danckopffer / die er opffert /
auff den Altar sprengen. 14Aber den ehrnen Altar
der fur dem HERRN stund / thet er weg das er
nicht stünde zwisschen dem Altar / vnd dem Hause
des HERRN / sondern setzt jn an die ecke des
Altars gegen mitternacht.

VRIA.

15VND der könig Ahas gebot Vria dem Priester /
vnd sprach / Auff dem grossen Altar soltu anzün-
den die Brandopffer des morgens / vnd die Speis-
opffer des abends / vnd die Brandopffer des Königs
vnd sein Speisopffer / vnd die Brandopffer alles
volcks im Lande / sampt jrem Speisopffer vnd
Tranckopffer / Vnd alles blut der Brandopffer /
vnd das blut aller ander Opffer soltu drauff spren-
gen / Aber mit dem ehrnen Altar wil ich dencken
was ich mache. 16Vria der Priester thet alles / was
jn der könig Ahas hies.

17VND der könig Ahas brach ab die seiten an
den Gestülen / vnd thet die Kessel oben dauon /
vnd das Meer thet er von den ehrnen Ochsen die
drunter waren / vnd setzts auff das steinern pflaster /
18Da zu die decke des Sabbaths / die sie am Hause
gebawet hatten / vnd den gang des Königes haussen

(Decke) Darunter sie des Sahbaths sassen oder stunden / wie jtzt Fürsten vnd Herrn vnter Teppichen oder Getefeltem sitzen.

wendet er zum Hause des HERRN / dem könige
zu Assyrien zu dienst.
[19]WAS aber mehr von Ahas zu sagen ist / das er 2.Par.28.
gethan hat / Sihe / das ist geschrieben in der Chro-
nica der könige Juda. [20]Vnd Ahas entschlieff mit
seinen Vetern / vnd ward begraben bey seine Ve-
ter in der stad Dauid / Vnd Hiskia sein son ward
König an seine stat.

XVII.

Hosea 9. jar König vber Jsrael.

JM ZWELFFTEN JAR AHAS DES KÖNIGS JUDA / WARD
König vber Jsrael zu Samaria Hosea der son Ela /
neun jar. [2]Vnd thet das dem HERRN vbel gefiel /
Doch nicht wie die könige Jsrael / die vor jm waren.
SALMANESSER. [3]Wider denselben zoch er auff Salmanesser der kö-
nig zu Assyrien / Vnd Hosea ward jm vnterthan /
das er jm Geschenck gab.
[4]DA aber der könig zu Assyrien innen ward /
das Hosea einen Bund anrichtet / vnd Boten hatte
SO. zu So dem könige in Egypten gesand / vnd nicht
darreichet Geschencke dem könig zu Assyrien alle
jar / belagert er jn / vnd legt jn ins gefengnis. [5]Vnd
der könig zu Assyrien zoch auffs gantze Land / vnd
gen Samaria / vnd belagert sie drey jar. [6]Vnd im
neunden jar Hosea / gewan der könig zu Assyrien Jnfr. 18.
Samaria / Vnd füret Jsrael weg in Assyrien / vnd
setzt sie zu Halah vnd zu Habor / am wasser Gosan /
vnd in den stedten der Meder.

Vmb welcher willen Gott Jsrael verworffen habe.

DEnn da die kinder Jsrael wider den HERRN
jren Gott sündigeten / der sie aus Egyptenland
gefüret hatte / aus der hand Pharao des königs in
Egypten / vnd ander Götter furchten / [8]Vnd wan-
delten nach der Heiden weise / die der HERR fur
den kindern Jsrael vertrieben hatte / vnd wie die
könige Jsrael theten. [9]Vnd die kinder Jsrael
schmückten jr Sachen wider den HERRN jren
Gott / die doch nicht gut waren / nemlich / Das sie
jnen Höhe baweten in allen Stedten / beide in
Schlössern vnd festen Stedten / [10]Vnd richteten
Seulen auff / vnd Hayne auff allen hohen Hügeln /
vnd vnter allen grünen Bewmen / [11]vnd reucher-
ten daselbs auff allen Höhen / wie die Heiden / die
der HERR fur jnen weggetrieben hatte / Vnd trie-
ben böse stücke / da mit sie den HERRN erzürne-
ten / [12]vnd dieneten den Götzen / dauon der
HERR zu jnen gesagt hatte / Jr solt solchs nicht
thun.

(Schmückten) Sie wolten jre sünde verteidigen als recht vnd wol gethan / Wie alle Ketzer vnd Abgöttischen thun.

[13]VND wenn der HERR bezeuget in Jsrael vnd
Juda / durch alle Propheten vnd Schawer / vnd
Jere. 25. lies jnen sagen / Keret vmb von ewren bösen we-
gen / vnd haltet meine Gebot vnd Rechte / nach
allem Gesetz / das ich ewrn Vetern geboten habe /
vnd das ich zu euch gesand habe / durch meine
Knechte die Propheten / [14]So gehorchten sie nicht /
|| 215a Sondern herteten jren nacken / wie der nacke ||
jrer Veter / die nicht gleubeten an den HERRN SANHERIB.
jren Gott. [15]Dazu verachten sie seine Gebot vnd
seinen Bund / den er mit jren Vetern gemacht
hatte / vnd seine Zeugnis die er vnter jnen thet /
Sondern wandelten jrer eitelkeit nach / vnd wur-
den eitel den Heiden nach / die vmb sie her wone-
ten / Von welchen jnen der HERR geboten hatte /
Sie solten nicht wie sie thun. [16]Aber sie verliessen
3. Reg. 12. alle Gebot des HERRN jres Gottes / vnd machten
jnen zwey gegossen Kelber / vnd Hayne / vnd
beten an alle Heer des Himels / vnd dieneten Baal /
[17]vnd liessen jre Söne vnd Töchter durchs fewr
gehen / vnd giengen mit weissagen vnd zeubern
vmb / vnd vbergaben sich zu thun das dem
HERRN vbel gefiel jn zu erzürnen.
DA ward der HERR seer zornig vber Jsrael / JSRAEL IN
vnd thet sie von seinem Angesicht / Das nichts Assyrien
vberbleib / denn der stam Juda alleine [19](Dazu weggefüret.
hielt auch Juda nicht die Gebot des HERRN jres
Gottes / vnd wandelten nach den Sitten Jsrael / die
sie gethan hatten) [20]Darumb verwarff der HERR
allen samen Jsrael / vnd drenget sie / vnd gab sie
in die hende der Reuber / bis das er sie warff von

seinem Angesicht. [21]Denn Jsrael ward gerissen 3. Reg. 12.
vom hause Dauid / Vnd sie machten zum Könige
Jerobeam den son Nebat / Derselb wand Jsrael hin-
den ab vom HERRN / vnd macht / das sie schwer-
lich sündigeten. [22]Also wandelten die kinder Jsrael
in allen sünden Jerobeam / die er angerichtet hatte /
vnd liessen nicht dauon / [23]bis der HERR Jsrael
von seinem Angesicht thet / wie er geredt hatte
durch alle seine Knechte die Propheten. Also ward
Jsrael aus seinem Lande weggefürt in Assyrien /
bis auff diesen tag.

SAMARIA mit Heiden besetzt.

DEr König aber zu Assyrien lies komen von Ba-
bel / von Cutha / von Ana / von Hemath / vnd
Sepharuaim / vnd besetzt die Stedt in Samaria an
stat der kinder Jsrael / Vnd sie namen Samaria ein /
vnd woneten in der selben Stedten. [25]Da sie aber
anhuben daselbs zu wonen / vnd den HERRN
nicht furchten / sandte der HERR Lewen vnter sie /
die erwürgeten sie. [26]Vnd sie liessen dem könige
zu Assyrien sagen / Die Heiden / die du hast her
gebracht / vnd die Stedte Samaria da mit besetzt /
wissen nichts von der Weise des Gottes im lande /
Darumb hat er Lewen vnter sie gesand / vnd sihe /
die selben tödten sie / weil sie nicht wissen vmb die
Weise des Gottes im lande. || || 215 b

DEr könig zu Assyrien gebot / vnd sprach /
Bringet da hin der Priester einen die von dan-
nen sind weggefürt / vnd ziehet hin / vnd wonet
daselbs / vnd er lere sie die Weise des Gottes im
lande. [28]Da kam der Priester einer die von Samaria
weggefürt waren / vnd setzt sich zu BethEl / vnd
leret sie / wie sie den HERRN fürchten solten.

GÖTZEN DER Samariter.

ABer ein jglich volck macht seinen Gott / vnd
theten sie in die heuser auff den Höhen / die die
Samariter machten / ein jglich volck in jren Stedten /
darinnen sie woneten. [30]Die von Babel machten
Suchoth Benoth. Die von Chuth machten Nergel.
Die von Hemath machten Asima. [31]Die von Aua
machten Nibehas vnd Tharthak. Die von Sepha-
ruaim verbranten jre söne dem Adramelech vnd
Anamelech den Göttern der von Sepharuaim.
[32]Vnd weil sie den HERRN auch furchten / mach-
ten sie jnen Priester auff den Höhen aus den vnter-
sten vnter jnen / vnd theten sie in die heuser auff
den Höhen. [33]Also furchten sie den HERRN /
Vnd dieneten auch den Göttern / nach eins jglichen
Volcks weise / von dannen sie her gebracht waren.

34VND bis auff diesen tag thun sie nach der alten
weise / Das sie weder den HERRN fürchten / noch
jre Sitten vnd Rechte thun / nach dem Gesetz vnd
Gebot / das der HERR geboten hat den kindern
Gen. 32. Jacob / welchem er den namen Jsrael gab. 35Vnd
macht einen Bund mit jnen / vnd gebot jnen / vnd
sprach / Fürchtet kein ander Götter / vnd bettet
sie nicht an / vnd dienet jnen nicht / vnd opffert
jnen nicht / 36Sondern den HERRN der euch aus
Egypten land gefürt hat / mit grosser Krafft vnd
ausgerecktem Arm / den fürchtet / den bettet an /
vnd dem opffert. 37Vnd die Sitten / Rechte / Ge-
setz vnd Gebot / die er euch hat beschreiben lassen
die haltet / das jr darnach thut allwege / vnd nicht
ander Götter fürchtet. 38Vnd des Bunds / den er
mit euch gemacht hat / vergesset nicht / das jr nicht
ander Götter fürchtet / 39sondern fürchtet den
HERRN ewrn Gott / Der wird euch erretten von
alle ewrn Feinden. 40Aber diese gehorchten nicht /
sondern theten nach jrer vorigen weise. 41Also
furchten diese Heiden den HERRN / Vnd dieneten
auch jren Götzen / Also theten auch jre Kinder vnd
kindskinder / wie jre Veter gethan haben / bis auff
diesen tag.

XVIII.

JM DRITTEN JAR HOSEA DES SONS ELA / DES KÖNIGS
Jsrael / ward könig Hiskia / der son Ahas / des
2. Par. 29. königs Juda. 2Vnd war fünff vnd zwenzig jar alt /
da er König ward / vnd regiert neun vnd zwenzig
jar zu Jerusalem / Seine Mutter hies Abi / eine
tochter Sacharja. 3Vnd thet was dem HERRN
wolgefiel / wie sein vater Dauid. 4Er thet ab die
Höhen / vnd zubrach die Seulen / vnd rottet die
Num. 21. Hayne aus / vnd zusties die ehrne Schlange / die
Mose gemacht hatte / Denn bis zu der zeit hatten
jm die kinder Jsrael gereuchert / Vnd man hies jn
Nehusthan. 5Er vertrawete dem HERRN dem
Gott Jsrael / das nach jm seines gleichen nicht war
vnter allen königen Juda / noch vor jm gewesen.
6Er hieng dem HERRN an / vnd weich nicht hin-
den von jm abe / vnd hielt seine Gebot / die der
HERR Mose geboten hatte. 7Vnd der HERR war
mit jm / vnd wo er auszog / handelt er klüglich.
Da zu ward er abtrünnig vom Könige zu Assyrien /
vnd war jm nicht vnterthan. 8Er schlug auch die
Philister bis gen Gasa / vnd jre Grentze von den
Schlössern an / bis an die feste Stedte.

HISKIA
29. jar König in
Juda.

NEHUSTHAN
Ein küner Kö-
nig ist das / der
die Schlange /
von Gott
selber / zu der
zeit geboten
vnd auff-
gericht / ab-
bricht / dar-
umb / das sie in
misbrauch der
Abgötterey
geraten war.

Vnd verechtlich thar predigen lassen / Es sey Nehusthan / das ist / ein ehrnes Schlenglin / ein gerings stück Ertzs / ein klein Küpfferlinglin / Was solt das fur ein Gott sein?

JM vierden jar Hiskia des königes Juda / das war
das siebende jar Hosea des sons Ela des königs
Jsrael / Da zoch Salmanesser der könig zu Assyrien SALMANESSER.
er auff wider Samaria / vnd belagert sie / [10]vnd
gewan sie nach dreien jaren / im sechsten jar Hiskia /
das ist im neunden jar Hosea des königs Jsrael / Da
ward Samaria gewonnen. [11]Vnd der könig zu
Assyrien füret Jsrael weg gen Assyrien / vnd setzt
sie zu Halah / vnd Habor am wasser Gosan / vnd ‖ ‖ 216a
in die stedte der Meder. [12]Darumb / das sie nicht
gehorcht hatten der stimme des HERRN jres Gottes / vnd vbergangen hatten seinen Bund / vnd alles
was Mose der knecht des HERRN geboten hatte /
der hatten sie keins gehorchet noch gethan.

JM VIERZEHENDEN JAR ABER DES KÖNIGS HISKIA / 2. Par. 32.
SANHERIB. zoch er auff Sanherib der könig zu Assyrien / wider Jsai. 36.
alle feste stedte Juda / vnd nam sie ein. [14]Da sandte Eccl. 48.
Hiskia der könig Juda zum könige von Assyrien
gen Lachis / vnd lies jm sagen / Jch hab mich versündiget / Kere vmb von mir / Was du mir aufflegest wil ich tragen. Da legt der könig von Assyrien auff Hiskia dem könig Juda / drey hundert
Centner silbers vnd dreissig Centner golds. [15]Also
gab Hiskia alle das silber / das im Hause des
HERRN vnd in schetzen des königs Hause funden
ward. [16]Zur selbigen zeit zubrach Hiskia der könig Juda die Thüren am Tempel des HERRN /
vnd die Bleche / die er selbs vberziehen hatte lassen / vnd gab sie dem Könige von Assyrien.

VND der könig von Assyrien sandte Tharthan
(RABSAKE) Rabsaka heisst auff Deudsch ein Ertzschencke. vnd den Ertzkemerer / vnd den Rabsake von
Lachis zum könige Hiskia mit grosser macht gen
Jerusalem / vnd sie zogen er auff. Vnd da sie kamen
hielten sie an der Wassergruben / bey dem öbern
Teich / der da ligt an der strassen / auff dem acker
des Walckmüllers / [18]vnd rieff dem Könige. Da
kam er aus zu jnen Eliakim der son Hilkia der Hofemeister / vnd Sebena der Schreiber / vnd Joah der
son Assaph der Cantzler.

[19]VND der Ertzschencke sprach zu jnen / Lieber
sagt dem könig Hiskia / so spricht der grosse König der könig von Assyrien / Was ist das fur ein
trotz / dar auff du dich verlessest? [20]Meinstu / es
sey noch rat vnd macht zu streitten? Wor auff verlessestu denn nu dich / das du abtrünnig von mir
bist worden? [21]Sihe / verlessestu dich auff diesen
zustossen Rhorstab auff Egypten / welcher / so

sich jemand drauff lehnet / wird er jm in die hand
gehen vnd sie durchborn / Also ist Pharao der
könig in Egypten allen die sich auff jn verlassen.
[22]Ob jr aber woltet zu mir sagen / Wir verlassen
vns auff den HERRN vnsern Gott / Jsts denn
nicht der / des Höhen vnd Altar Hiskia hat abge-
than / vnd gesagt zu Juda vnd zu Jerusalem / Fur
diesem Altar der zu Jerusalem ist / solt jr anbeten?
[23]NV gelobe meinem Herrn dem könige von
Assyrien / Jch wil dir zwey tausent Ross geben / das
du mügest Reuter da zu geben. [24]Wie wiltu denn
bleiben fur dem geringsten Herrn einem meines
Herrn vnterthanen? Vnd verlessest dich auff Egyp-
ten vmb der wagen vnd reuter willen. [25]Meinstu
aber / ich sey on den HERRN er auff gezogen / das
ich diese Stet verderbete? Der HERR hat michs
geheissen / Zeuch hin auff in dis Land / vnd ver-
derbe es.

DA sprach Eliakim der son Hilkia / vnd Sebena
vnd Joah zum Ertzschencken / Rede mit dei-
nen Knechten auff Syrisch / denn wir verstehens /
vnd rede nicht mit vns auff Jüdisch / fur den ohren
des volcks / das auff der mauren ist. [27]Aber der
Ertzschencke sprach zu jnen / Hat mich denn mein
Herr zu deinem Herrn oder zu dir gesand / das ich
solche wort rede? Ja zu den Mennern die auff der
mauren sitzen / das sie mit euch jren eigen Mist
fressen vnd jren Harn sauffen. [28]Also stund der
Ertzschencke vnd rieff mit lauter stim auff Jüdisch /
vnd redet / vnd sprach / Höret das wort des grossen
Königes / des königs von Assyrien / [29]so spricht
der König / Lasst euch Hiskia nicht auffsetzen /
Denn er vermag euch nicht erretten von meiner
hand. [30]Vnd lasst euch Hiskia nicht vertrösten auff
den HERRN das er saget / Der HERR wird vns
erretten / vnd diese Stad wird nicht in die hende
des Königs von Assyrien gegeben werden / [31]Ge-
horchet Hiskia nicht.

DEnn so spricht der König von Assyrien / Ne-
‖ 216b met an meine gnade / vnd ‖ kompt zu mir er aus /
so sol jederman seines Weinstocks vnd seins Fei- Sanherib.
genbawms essen / vnd seines Brunnens trincken /
[32]Bis ich kome vnd hole euch in ein Land / das
ewrm Land gleich ist / Da korn / most / brot /
weinberge / ölbewm / öle vnd honig innen ist / So
werdet jr leben bleiben vnd nicht sterben. Gehorcht
Hiskia nicht / Denn er verfüret euch / das er spricht /

der HERR wird vns erretten. 33Haben auch die
Götter der Heiden / ein jglicher sein Land errettet
von der hand des Königs von Assyrien? 34Wo sind
die Götter zu Hemath vnd Arphad? Wo sind die
Götter zu Sepharuaim / Hena vnd Jwa? Haben sie Jsai. 10.
auch Samaria errettet von meiner hand? 35Wo ist
ein Gott vnter allen Landen Götter / die jr Land
haben von meiner hand errettet? Das der HERR
solt Jerusalem von meiner hand erretten?

36DAS volck aber schweig stille / vnd antwortet
jm nichts / Denn der König hatte geboten / vnd
gesagt / Antwortet jm nichts. 37Da kam Eliakim
der son Hilkia der Hofemeister / vnd Sebena der
Schreiber / vnd Joah der son Assaph der Cantzler /
zu Hiskia mit zurissen Kleidern / vnd sagten jm an
die wort des Ertzschencken.

XIX.

DA DER KÖNIG HISKIA DAS HÖRET / ZUREIS ER Jsai. 37.
seine Kleider / vnd legt einen Sack an / vnd
gieng in das Haus des HERRN. 2Vnd sandte
Eliakim den Hofemeister / vnd Sebena den Schrei-
ber / sampt den eltesten Priestern / mit Secken an-
gethan zu dem Propheten Jesaja dem son Amoz.
3Vnd sie sprachen zu jm / so sagt Hiskia / Das ist
ein Tag der not / vnd scheltens vnd lesterns / Die
Kinder sind komen an die geburt / vnd ist keine
krafft dazu geberen. 4Ob vieleicht der HERR dein
Gott hören wolt alle wort des Ertzschencken / den
sein Herr / der könig von Assyrien gesand hat /
hohn zu sprechen dem lebendigen Gott / vnd zu
schelten mit worten / die der HERR dein Gott ge-
höret hat / So hebe dein Gebet auff fur die Vbrigen
die noch fur handen sind.

VND da die knechte des königs Hiskia zu Jesaja
kamen / 6sprach Jesaja zu jnen / So sagt ewrem
Herrn / So spricht der HERR / Fürchte dich nicht
fur den worten die du gehöret hast / da mit mich
die knaben des Königs von Assyrien gelestert
haben. 7Sihe / Jch wil jm einen Geist geben / das
er ein Gerücht horen wird / vnd wider in sein
Lande ziehen / vnd wil jn durchs Schwert fellen
in seinem Lande.

VND da der Erzschencke wider kam / fand er den
König von Assyrien streitten wider Libna /
Denn er hatte gehört / das er von Lachis gezogen
THIRHAKA. war. 9Vnd da er höret von Thirhaka dem könige

der Moren / Sihe / er ist ausgezogen mit dir zu
streitten / wendet er vmb. Vnd sandte Boten zu
Hiskia / vnd lies jm sagen / [10]so sagt Hiskia dem
könig Juda / Las dich deinen Gott nicht auff-
setzen / auff den du dich verlessest / vnd sprichst /
Jerusalem wird nicht in die hand des Königs von
Assyrien gegeben werden. [11]Sihe du hast gehöret /
was die Könige von Assyrien gethan haben allen
Landen / vnd sie verbannet / Vnd du soltest er-
rettet werden? [12]Haben der Heiden Götter auch
sie errettet / welche meine Veter haben verderbet /
Gosan / Haran / Rezeph / vnd die kinder Eden /
die zu Thelassar waren? [13]Wo ist der könig zu
Hemath / der könig zu Arphad / vnd der könig
der stad Sepharuaim / Hena vnd Jwa?

VND da Hiskia die brieue von den Boten emp- Hiskia Gebet.
fangen vnd gelesen hatte / gieng er hin auff zum
Hause des HERRN / vnd breitet sie aus fur dem
HERRN / [15]vnd betet fur dem HERRN / vnd
sprach. HERR Gott Jsrael / der du vber Cherubim
sitzest / du bist allein Gott / vnter allen König-
reichen auff Erden / Du hast Himel vnd Erden ge-
macht. [16]HERR neige deine Ohren vnd höre /
Thu deine Augen auff / vnd sihe / vnd höre die
‖ 217a wort Sanherib / der ‖ her gesand hat hohn zu spre-
chen dem lebendigen Gott. [17]Es ist war HERR
Die Könige von Assyrien haben die Heiden mit
dem Schwert vmbgebracht vnd jr Land / [18]vnd
haben jre Götter ins fewer geworffen / Denn es
waren nicht Götter / sondern menschen hende
werck / holtz vnd steine / Darumb haben sie sie
vmbgebracht. [19]Nu aber HERR vnser Gott / hilff
vns aus seiner hand / Auff das alle Königreiche
auff Erden erkennen / das du HERR allein Gott
bist.

DA sandte Jsaja der son Amoz zu Hiskia / vnd Jesaja.
lies jm sagen / so spricht der HERR der Gott
Jsrael / Was du zu mir gebettet hast vmb Sanherib
den könig von Assyrien / das hab ich gehöret.
[21]Das ists / das der HERR wider jn geredt hat /
Die Jungfraw die tochter Zion verachtet dich vnd
spottet dein / die tochter Jerusalem schüttelt jr
Heubt dir nach. [22]Wen hastu gehöhnet vnd ge-
lestert? Vber wen hastu deine stimme erhaben? Du
hast deine augen erhaben wider den Heiligen in
Jsrael. [23]Du hast den HERRN durch deine Boten
gehönet / vnd gesagt / Jch bin durch die menge

meiner Wagen auff die höhe der Berge gestiegen /
auff den seiten des Libanon / Jch habe seine hohe
Cedern vnd ausserlesen Tannen abgehawen / vnd
bin komen an die eusserste Herberge des walds
seines Carmels / 24 Jch habe gegraben vnd aus ge-
truncken die frembden Wasser / vnd habe ver-
trockenet mit meinen fussolen die Seen.

25 HAstu aber nicht gehöret / das ich solchs lange
zuuor gethan habe / vnd von anfang habe ichs be-
reit? Nu jtzt aber habe ichs komen lassen / das feste
Stedte würden fallen in einen wüsten Steinhauffen.
26 Vnd die drinnen wonen matt werden / vnd sich
fürchten vnd schemen müssen / vnd werden wie
das Gras auff dem felde / vnd wie das grüne kraut Psal. 129.
zum Hew auff den Dechern / das verdorret ehe denn
es reiff wird. 27 Jch weis dein wonen / dein aus vnd
einziehen / vnd das du tobest wider mich. 28 Weil
du denn wider mich tobest / vnd dein vbermut fur
meine Ohren er auff komen ist / So wil ich dir einen
Rinck an deine Nasen legen / vnd ein Gebis in dein
Maul / vnd wil dich den weg widerumb füren / da Jesa. 37.
du her komen bist.

VND sey dir ein Zeichen / Jn diesem jar iss was Eccl. 48.
zutretten ist / Jm andern jar was selber wechst / 1. Mach. 7.
Jm dritten jar seet vnd erndtet / vnd pflantzet
Weinberge / vnd esset jre früchte. 30 Vnd die
tochter Juda die errettet vnd vberblieben ist / wird
fürder vnter sich wurtzelen vnd vber sich frucht
tragen. 31 Denn von Jerusalem werden ausgehen
die vberblieben sind / vnd die erretteten vom berge
Zion / Der eiuer des HERRN Zebaoth wird solchs
thun.

32 DARumb spricht der HERR vom könige zu
Assyrien also / Er sol nicht in diese Stad komen /
vnd keinen Pfeil drein schiessen vnd kein Schild
da fur komen / vnd sol keinen Wal drumb schütten.
33 Sondern er sol den weg widerumb ziehen den er
komen ist / vnd sol in diese Stad nicht komen / Der
HERR sagts. 34 Vnd ich wil diese Stad beschir-
men / das ich jr helffe vmb meinen willen / vnd
vmb Dauid meins Knechts willen.

HEER DES Königs von Assyrien geschlagen.

VND in der selben nacht / fuhr aus der Engel des
HERRN / vnd schlug im Lager von Assyrien /
hundert vnd fünff vnd achzig tausent Man / Vnd
da sie sich des morgens früe auffmachten / Sihe /
da lags alles eitel todte Leichnam. 36 Also brach
Sanherib der könig von Assyrien auff vnd zoch

weg / vnd keret vmb vnd bleib zu Niniue. 37Vnd
da er anbetet im hause Nisroch seines Gottes /
schlugen jn mit dem Schwert AdraMelech vnd
SarEzer seine Söne / Vnd sie entrunnen ins land
Ararat / Vnd sein son Assarhaddon ward König
an seine stat.

XX.

2. Par. 32. Jesa. 38. ZV DER ZEIT WARD HISKIA TOD KRANCK / VND
der Prophet Jesaja der son Amoz kam zu jm / JESAIA.
vnd sprach zu jm / so spricht der HERR / Be-
schicke dein Haus / denn du wirst sterben vnd
nicht leben bleiben. 2Er aber wand sein Andlitz
|| 217b zur wand / vnd bettet zum HERRN || vnd sprach /
3Ah HERR / gedenck doch / das ich fur dir trew-
lich gewandelt habe / vnd mit rechtschaffenem
hertzen / vnd habe gethan / das dir wolgefellet.
Vnd Hiskia weinet seer.

DA aber Jesaja noch nicht zur Stad halb hin aus
gegangen war / kam des HERRN wort zu jm /
vnd sprach / 5Kere vmb / vnd sage Hiskia dem
Fürsten meines volcks / so spricht der HERR der
Gott deines vaters Dauids / Jch habe dein Gebet
gehöret / vnd deine threnen gesehen. Sihe / Jch
wil dich gesund machen / am dritten tage wirstu
hinauff in das Haus des HERRN gehen. 6Vnd wil
funffzehen jar zu deinem Leben thun / vnd dich
vnd diese Stad erretten von dem Könige zu Assy-
rien / vnd diese Stad beschirmen / vmb meinen
willen / vnd vmb meines knechts Dauids willen.
7Vnd Jesaja sprach / Bringet her ein stück Feigen /
Vnd da sie die brachten / legten sie sie auff die
Drüse / Vnd er ward gesund.

HJskia aber sprach zu Jesaja / Welchs ist das
Zeichen / das mich der HERR wird gesund
machen / vnd ich in des HERRN Haus hinauff
gehen werde am dritten tage? 9Jesaja sprach / Das
Zeichen wirstu haben vom HERRN / das der
HERR thun wird was er geredt hat. Sol der schat-
ten zehen stuffen forder gehen / oder zehen stuffen
zu rücke gehen? 10Hiskia sprach / Es ist leicht /
das der schatte zehen stuffen niderwerts gehe / das
wil ich nicht / Sondern das er zehen stuffen hinder
sich zu rücke gehe. 11Da rieff der Prophet Jesaja
den HERRN an / Vnd der schatte gieng hinder
sich zu rücke zehen stuffen / am zeiger Ahas / die
er war niderwerts gegangen.

BRODACH. ZV DER ZEIT SANDTE BRODACH / DER SON BALEDAN Jesa. 39.
des sons Baledan könig zu Babel / brieue vnd
geschencke zu Hiskia / Denn er hatte gehöret / das
Hiskia kranck war gewesen. [13]Hiskia aber war
frölich mit jnen / vnd zeiget jnen das gantze
Schatzhaus / silber / gold / Specerey / vnd das beste
öle / vnd die Harnisch kamer / vnd alles was in
seinen Schetzen furhanden war / Es war nichts in
seinem Hause / vnd in seiner gantzen Herrschafft /
das jnen Hiskia nicht zeigete.

DA kam Jesaja der Prophet zum könige Hiskia /
vnd sprach zu jm / Was haben diese Leute ge-
sagt? Vnd wo her sind sie zu dir komen? Hiskia
sprach / Sie sind aus fernen Landen zu mir komen
von Babel. [15]Er sprach / Was haben sie gesehen
in deinem Hause? Hiskia sprach / Sie haben alles
gesehen / was in meinem hause ist / vnd ist nichts
in meinen Schetzen / das ich nicht jnen gezeiget
hette. [16]Da sprach Jesaja zu Hiskia / Höre des
HERRN wort / [17]Sihe / es kompt die zeit / Das
alles wird gen Babel weggefürt werden / aus dei-
nem Hause / vnd was deine Veter gesamlet haben /
bis auff diesen tag / vnd wird nichts vbergelassen
werden / spricht der HERR. [18]Da zu der Kinder
die von dir komen / die du zeugen wirst werden
genomen werden / das sie Kemerer seien im Pallast
des königes zu Babel. [19]Hiskia aber sprach zu
Jesaja / Das ist gut / das der HERR geredt hat /
Vnd sprach weiter / Es wird doch Friede vnd trew
sein zu meinen zeiten.

[20]WAS mehr von Hiskia zu sagen ist / vnd alle
seiner macht vnd was er gethan hat / vnd der Teich
vnd die Wasserrhören / damit er wasser in die stad
geleitet hat / Sihe / das ist geschrieben in der
Chronica der könige Juda. [21]Vnd Hiskia ent-
schlieff mit seinen Vetern / Vnd Manasse sein son 2. Par. 33.
ward König an seine stat.

XXI.

MANASSE 55. jar König in Juda. MANASSE WAR ZWELFF JAR ALT DA ER KÖNIG
ward / vnd regierte fünff vnd funffzig jar zu
Jersalem / Seine mutter hies Hephziba. [2]Vnd er
thet das dem HERRN vbel gefiel / nach den
greweln der Heiden / die der HERR fur den kin-
dern Jsrael vertrieben hatte. || Vnd verkeret sich / || 218a
[3]vnd bawet die Höhen die sein vater Hiskia hatte
abgebracht / vnd richtet Baal Altar auff / vnd

machet Hayne / wie Ahab der könig Jsrael gethan
hatte / vnd bettet an allerley Heer am Himel / vnd
dienet jnen. 4Vnd bawet Altar im Hause des
HERRN / dauon der HERR gesagt hatte Jch wil
meinen Namen zu Jerusalem setzen. 5Vnd er
bawet allen Heeren am himel Altar / in beiden
höfen am Hause des HERRN. 6Vnd lies seinen
Son durchs fewr gehen / Vnd achtet auff Vogel ge-
schrey vnd Zeichen / vnd hielt Warsager vnd Zei-
chendeuter / vnd thet des viel / das dem HERRN
vbel gefiel / da mit er jn erzürnet.

7ER setzet auch einen Hayngötzen / den er ge-
2. Reg. 7. macht hatte / in das Haus von welchem der HERR
zu Dauid vnd zu Salomo seinem Son gesagt hatte /
Jn diesem Hause vnd zu Jerusalem / die ich er-
welet habe / aus allen stemmen Jsrael wil ich mei-
nen Namen setzen ewiglich. 8Vnd wil den fus
Jsrael nicht mehr bewegen lassen vom Lande / das
ich jren Vetern gegeben habe / So doch so sie halten
vnd thun nach allem / das ich geboten habe / vnd
nach allem Gesetze das mein knecht Mose jnen
geboten hat. 9Aber sie gehorchten nicht / sondern
Manasse verfüret sie / das sie erger thaten / denn
die Heiden / die der HERR fur den kindern Jsrael
vertilget hatte.

Jere. 15. DA REDET DER HERR DURCH SEINE KNECHTE DIE Propheten / vnd sprach / 11Darumb / das Ma- WEISSAGUNG wider Jerusalem vnd Juda.
nasse der könig Juda hat diese Grewel gethan / die
erger sind / denn alle grewel / so die Amoriter ge-
than haben / die vor jm gewesen sind / vnd hat
auch Juda sündigen gemacht mit seinen Götzen /
12Darumb / spricht der HERR der Gott Jsrael
also / Sihe / Jch wil vnglück vber Jerusalem vnd
Juda bringen / das wer es hören wird / dem sollen
seine beide Ohren gellen. 13Vnd wil vber Jerusa-
lem die messchnur Samaria ziehen / vnd das ge-
wichte des hauses Ahab / vnd wil Jerusalem aus-
schütten / wie man Schüssel ausschüttet / vnd wil
sie vmbstürtzen. 14Vnd ich wil etliche meines Erb-
teils vber bleiben lassen / vnd sie geben in die hende
jrer Feinde / das sie ein Raub vnd reissen werden
aller jrer Feinde. 15Darumb / das sie gethan haben
das mir vbelgefellet / vnd haben mich erzürnet von
dem tage an / da jre Veter aus Egypten gezogen
sind / bis auff diesen tag.

AVch vergos Manasse seer viel vnschüldig Blut /
bis das Jerusalem hie vnd da vol ward / On die

sünde / da mit er Juda sündigen machte / das sie
theten / das dem HERRN vbelgefiel.
17WAS aber mehr von Manasse zu sagen ist / 2. Par. 33.
vnd alles was er gethan hat / vnd seine sünde die er
thet / Sihe / das ist geschrieben in der Chronica der
könige Juda. 18Vnd Manasse entschlieff mit seinen
Vetern / vnd ward begraben im Garten an seinem
hause / nemlich / im garten Vsa / Vnd sein son
Amon ward König an seine stat.

AMON. II jar König in Juda.

ZWEY VND ZWENZIG JAR ALT WAR AMON DA ER
König ward / vnd regierte zwey jar zu Jerusa-
lem / Seine mutter hies Mesulemeth eine tochter
Haruz von Jatba. 20Vnd thet das dem HERRN
vbel gefiel / wie sein vater Manasse gethan hatte /
21vnd wandelt in allem wege den sein Vater gewan-
delt hatte / vnd dienet den Götzen / welchen sein
Vater gedienet hatte / vnd bettet sie an / 22vnd ver-
lies den HERRN seiner veter Gott / vnd wandelt
nicht im wege des HERRN. 23Vnd seine knechte
machten einen Bund wider Amon / vnd tödten den
König in seinem hause. 24Aber das volck im Lande
schlug alle die den Bund gemacht hatten wider den
könig Amon / Vnd das volck im Lande machte
Josia seinen Son zum Könige an seine stat.
25WAS aber Amon mehr gethan hat / Sihe / das
ist geschrieben in der Chronica der könige Juda.
26Vnd man begrub jn in seinem grabe / im garten
Vsa / Vnd sein son Josia ward König an seine stat. || 218b

XXII.

JOSIA WAR ACHT JAR ALT / DA ER KÖNIG WARD /
vnd regierte ein vnd dreissig jar zu Jerusalem /
Seine Mutter hies Jedida eine tochter Adaia von
Bazkath. 2Vnd thet das dem HERRN wolgefiel /
vnd wandelt in allem wege seines vaters Dauids /
vnd weich nicht weder zur rechten noch zur lincken.
VND im achzehenden jar des königs Josia /
sandte der König hin Saphan den son Azalja /
des sons Mesulam den Schreiber / in das Haus des
HERRN / vnd sprach. 4Gehe hin auff zu dem
Hohenpriester Hilkia / das man jnen gebe das
Geld / das zum Hause des HERRN gebracht ist / Sup. 12.
das die Hüter an der schwelle gesamlet haben vom
Volck / 5Das sie es geben den Erbeitern / die be-
stellet sind im Hause des HERRN vnd gebens den
Erbeitern am Hause des HERRN / das sie bessern /
was bawfellig ist am Hause / 6nemlich / den Zim-

merleuten / vnd Bawleuten / vnd Meurern / vnd
die da Holtz vnd gehawen Stein keuffen sollen /
das Haus zu bessern. 7 Doch das man keine rech-
nung von jnen neme vom geld / das vnter jre hand
gethan wird / sondern das sie es auff glauben
handeln.

VND der Hohepriester Hilkia sprach zu dem
Schreiber Saphan / Jch habe das Gesetzbuch GESETZBUCH
gefunden im Hause des HERRN. Vnd Hilkia gab gefunden.
das buch Saphan / das ers lese. 9 Vnd Saphan der
Schreiber brachts dem Könige / vnd sagts jm wider /
vnd sprach / Deine knechte haben das Geld zu-
samen gestoppelt / das im Hause gefunden ist / vnd
habens den Erbeitern gegeben / die bestellet sind
am Hause des HERRN. 10 Auch sagt Saphan der
Schreiber dem Könige / vnd sprach / Hilkia der
Priester gab mir ein Buch / Vnd Saphan lase es fur
dem Könige.

11 DA aber der König höret die wort im Gesetz-
buch / zureis er seine Kleider. 12 Vnd der König
gebot Hilkia dem Priester / vnd Ahikam dem son
Saphan / vnd Achbor dem son Michaja / vnd Sa-
phan dem Schreiber / vnd Asaja dem knecht des
Königs / vnd sprach / 13 Gehet hin / vnd fraget den
HERRN fur mich / fur das Volck / vnd fur gantz
Juda / vmb die wort dieses Buchs das gefunden ist /
Denn es ist ein grosser grim des HERRN der vber
vns entbrand ist / Darumb / das vnser Veter nicht
gehorcht haben den worten dieses Buchs das sie
theten alles was drinnen geschrieben ist.

DA gieng hin Hilkia der Priester / Ahikam /
Achbor / Saphan / vnd Asaja / zu der Prophe-
tin Hulda / dem weibe Sallum des sons Thikwa / des HULDA
sons Harham / des Hüters der kleider / vnd sie Prophetin.
wonet zu Jerusalem im andern teil / vnd sie rede-
ten mit jr. 15 Sie aber sprach zu jnen / so spricht der
HERR der Gott Jsrael / Sagt dem Man der euch zu
mir gesand hat / 16 so spricht der HERR. Sihe /
Jch wil vnglück vber diese Stete vnd jre Einwoner
bringen / alle wort des Gesetzs / die der könig Juda
hat lassen lesen. 17 Darumb / das sie mich verlas-
sen / vnd andern Göttern gereuchert haben / das
sie mich erzürneten mit allen wercken jrer hende /
Darumb wird mein grim sich wider diese Stete an
zünden / vnd nicht ausgelesschet werden.

18 ABer dem könig Juda / der euch gesand hat
den HERRN zufragen / solt jr so sagen / so spricht

der HERR der Gott Jsrael / 19Darumb / das dein
hertz erweicht ist vber den worten die du gehöret
hast / vnd hast dich gedemütiget fur dem HERRN /
da du hortest / was ich geredt habe wider diese
Stete vnd jre Einwoner / das sie sollen ein ver-
wüstung vnd fluch sein / vnd hast deine Kleider
zurissen / vnd hast geweinet fur mir / So hab ichs
auch erhöret / spricht der HERR. 20Darumb wil
ich dich zu deinen Vetern samlen / das du mit frie-
den in dein Grab versamlest werdest / vnd deine
augen nicht sehen alle das Vnglück / das ich vber
diese stete bringen wil. Vnd sie sagten es dem
Könige wider. ‖ ‖ 219a

XXIII.

VND DER KÖNIG SANDTE HIN / VND ES VERSAM- Eccl. 49.
leten sich zu jm alle Eltesten in Juda vnd Jeru-
salem. 2Vnd der König gieng hin auff ins Haus des
HERRN / vnd alle Man von Juda / vnd alle Ein-
woner zu Jerusalem mit jm / Priester vnd Prophe-
ten / vnd alles Volck beide klein vnd gros / Vnd
man las für jren ohren alle wort des Buchs vom
Bund / das im Hause des HERRN gefunden war.
3Vnd der König trat an eine Seule / vnd macht
einen Bund fur dem HERRN / Das sie solten wan-
deln dem HERRN nach / vnd halten seine Gebot /
Zeugnis vnd Rechte / von gantzem hertzen / vnd
von gantzer seele / das sie auffrichten die wort die-
ses Bunds / die geschrieben stunden in diesem
Buch / Vnd alles volck trat in den Bund.

VND der König gebot dem Hohenpriester Hil-
kia / vnd den Priestern der andern Ordnung /
vnd den Hütern an der schwelle / Das sie solten aus
dem Tempel des HERRN thun alles Gezeug / das
dem Baal vnd dem Hayne / vnd allem Heer des
Himels gemacht war / Vnd verbranten sie haussen
fur Jerusalem im tal Kidron / vnd jr staub ward ge-
tragen gen BethEl. 5Vnd er thet abe die Camarim /
welche der könige Juda hatten gestifftet / zu reu-
chern auff den Höhen / in den stedten Juda vnd
vmb Jerusalem her / Auch die Reucher des Baals /
vnd der sonnen vnd des Monden / vnd der Plane-
ten / vnd alles Heer am Himel. 6Vnd lies den Hayn
aus dem Hause des HERRN füren hin aus fur
Jerusalem in bach Kidron / vnd verbrand jn im
bach Kidron vnd macht jn zu staub / vnd warff den
staub auff die Greber der gemeinen Leute. 7Vnd

(CAMERIM) Das waren sonderliche geistliche Leute / wie jtzt die allerandechtigsten vnd strengesten Mönche sein wöllen. Darumb haben sie auch einen namen

er brach abe die heuser der Hurer / die an dem Hause des HERRN waren / darinnen die Weiber wirckten Heuser zum Hayn.

VND er lies komen alle Priester aus den stedten Juda / vnd verunreinigt die Höhen / da die Priester reucherten von Geba an bis gen BerSeba / Vnd brach ab die Höhen in den thoren / die in der thür des thors waren / Josua des Staduogts / welchs war zur lincken / wenn man zum thor der Stad gehet. 9Doch hatten die Priester der Höhen nie geopffert auff dem Altar des HERRN zu Jerusalem / sondern assen des vngeseurten brots vnter jren Brüdern.

Camarim / der lautet als von hitziger grosser andacht. Vnd das reuchern galt bey jnen / als bey vns der Mönche singen vnd beten in der Kirchen / Denn Reuchwerg bedeut allenthalben Gebet in der Schrifft Aber wie dieser Gebet ist / so war jener reucherey / beide Menschenthand on Gottes Geist vnd wort.

10ER verunreiniget auch das Thophet / im tal der kinder Hinnom / das niemand seinem Son oder seine Tochter dem Molech durchs fewr liesse gehen.

11VND thet abe die Ross / welche die könige Juda hatten der Sonnen gesetzt im eingang des HERRN Hause / an der kamer NethanMelech des Kemerers der zu Parwarim war / Vnd die wagen der Sonnen verbrand er mit fewr. 12Vnd die Altar auff dem dach im saal Ahas / die die könige Juda gemacht hatten / Vnd die Altar die Manasse gemacht hatte in den zween höfen des HERRN Hauses / brach der König abe / vnd lieff von dannen / vnd warff jren staub in den bach Kidron.

13AVch die Höhen die fur Jerusalem waren zur
3. Reg. 11. rechten am berge Mashith die Salomo der könig Jsrael gebawet hatte Asthoreth dem grewel von Zidon / vnd Chamos dem grewel von Moab / vnd Milkom dem grewel der kinder Ammon / verunreiniget der König. 14Vnd zubrach die Seulen / vnd ausrottet die Hayne / vnd füllet jre stete mit Menschen knochen.

(MASHITH) Heisst verderbung vnd man helt / es sey der Oleberg gewesen / da man die Vbeltheter hat abgethan / den wir den Galgenberg oder Rabenstein heissen.

AVch die Altar zu BethEl / die Höhe die Jerobeam gemacht hatte der son Nebat / der Jsrael sündigen machte / den selben Altar brach er abe / vnd die Höhe / vnd verbrand die Höhe / vnd macht sie zu staub / vnd verbrand den Hayn.

16VND Josia wand sich / vnd sahe die Greber die da waren auff dem Berge / Vnd sandte hin vnd lies
|| 219b die Knochen aus den grebern holen / vnd verbrand ||
3. Reg. 13. sie auff dem Altar / vnd verunreiniget jn / Nach dem wort des HERRN / das der man Gottes ausgeruffen hatte / der solchs ausrieff.

17VND er sprach / Was ist das fur ein Grabmal / das ich sehe? Vnd die Leute in der Stad sprachen

(Grabmal) Was aber solche

zu jm / Es ist das Grab des mans Gottes / der von
Juda kam / vnd rieff solchs aus / das du gethan hast
wider den Altar zu BethEl. 18Vnd er sprach / Lasst
jn ligen / niemand bewege sein gebeine. Also wurden
seine gebeine errettet mit den gebeinen des
Propheten / der von Samaria komen war.
19ER thet auch weg alle Heuser der Höhen in den
stedten Samaria / welche die könige Jsrael gemacht
hatten zu erzürnen / vnd thet mit jnen aller dinge /
wie er zu BethEl gethan hatte. 20Vnd er opfferte
alle Priester der Höhe / die daselbs waren / auff den
Altarn / vnd verbrand also Menschenbeine drauff /
vnd kam wider gen Jerusalem.

Kamer oder Gazophylacia vnd Grabmal oder Grabzeichen sind / wirstu in Jermia vnd Hesekiel wol finden.

PASSAH gehalten.

VND der König gebot dem Volck / vnd sprach / 2. Par. 35.
Haltet dem HERRN ewrem Gott Passah / wie
es geschrieben stehet im Buch dieses Bunds.
22Denn es war keine Passah so gehalten als diese /
von der Richter zeit an / die Jsrael gerichtet haben /
vnd in allen zeiten der könige Jsrael / vnd der
könige Juda / 23Sondern im achzehenden jar des
königs Josia / ward dis Passah gehalten dem
HERRN zu Jerusalem.

AVch feget Josia aus alle Warsager / Zeichendeuter
/ Bilder vnd Götzen / vnd alle Grewel /
die im lande Juda vnd zu Jerusalem ersehen wurden
/ Auff das er auffrichtet die wort des Gesetzs /
die geschrieben stunden im buch / das Hilkia der
Priester fand im Hause des HERRN. 25Sein gleiche
war vor jm kein König gewesen / der so von gantzem
hertzen / von gantzer seelen / von allen krefften
sich zum HERRN bekeret / nach allem gesetz
Mose / vnd nach jm kam sein gleiche nicht auff.
26DOch keret sich der HERR nicht von dem grim
seines grossen zorns / da mit er vber Juda erzürnet
war / vmb alle die reitzunge willen / da mit jn
Manasse erreitzet hatte. 27Vnd der HERR sprach /
Jch wil Juda auch von meinem Angesicht thun /
wie ich Jsrael weggethan habe / vnd wil diese Stad
verwerffen die ich erwelet hatte / nemlich / Jerusalem
/ vnd das Haus / dauon ich gesagt habe /
Mein Name sol daselbs sein. 28Was aber mehr von
Josia zusagen ist / vnd alles was er gethan hat /
Sihe / das ist geschrieben in der Chronica der könige
Juda.

PHARAO Necho.

ZV seiner zeit zoch PharaoNecho der könig in 2. Par. 35.
Egypten er auff / wider den könig von Assyrien /
an das wasser Phrath / Aber der könig Josia zoch

jm entgegen / vnd starb zu Megiddo / da er jn ge-
sehen hatte. [30]Vnd seine Knechte füreten jn tod
von Megiddo vnd brachten jn gen Jerusalem / vnd
begruben jn in seinem Grabe. Vnd das volck im
Land nam Joahas den son Josia / vnd salbeten jn /
vnd machten jn zum Könige an seines Vaters stat.
2. Par. 36. DREY VND ZWENZIG JAR WAR JOAHAS ALT / DA ER Joahas
König ward / vnd regiert drey monden zu 3. monden
Jerusalem / Seine mutter hies Hamutal eine tochter König in Juda.
Jeremja von Libna. [32]Vnd thet das dem HERRN
vbel gefiel / wie seine Veter gethan hatten. [33]Aber
PharaoNecho fieng jn zu Riblath im lande He-
math / das er nicht regieren solt zu Jerusalem / vnd
leget eine schatzung auffs Land / hundert Centner
silbers / vnd einen Centner golds.

[34]VND PharaoNecho macht zum könige Elia-
kim / den son Josia / an stat seines vaters Josia /
vnd wand seinen namen Joiakim / Aber Joahas Joiakim.
nam er vnd bracht jn in Egypten / daselbs starb er.
[35]Vnd Joiakim gab das silber vnd gold Pharao /
Doch schetzet er das Land / das er solch silber
gebe / nach befelh Pharao / Einen jglichen nach
seinem vermügen / schetzet er am silber vnd gold
vnter dem volck im Lande / das er dem Pharao
|| 220a Necho gebe.||

FVNFF VND ZWENZIG JAR ALT WAR JOIAKIM / DA
er König ward / vnd regiert eilff jar zu Jerusa-
lem / Seine mutter hies Sebuda / eine tochter Pedaja
von Ruma. [37]Vnd thet das dem HERRN vbelge-
fiel / wie seine Veter gethan hatten.

XXIIII.

ZV SEINER ZEIT ZOCH ER AUFF NEBUCADNEZAR / Nebucad-
der könig zu Babel / vnd Joiakim ward jm Nezar.
vnterthenig drey jar / Vnd er wand sich vnd ward
abtrünnig von jm. [2]Vnd der HERR lies auff jn
Kriegsknecht komen aus Chaldea / aus Syrien / aus
Moab / vnd aus den kindern Ammon / vnd lies sie
in Juda komen / das sie jn vmbbrechten / nach dem
wort des HERRN / das er geredt hatte durch seine
knechte die Propheten. [3]Es geschach aber Juda
Sup. 21. also / nach dem wort des HERRN / das er sie von
seinem Angesicht thet / vmb der sünde willen
Manasse / die er gethan hatte. [4]Auch vmb des vn-
schüldigen Bluts willen das er vergos / vnd machet
Jerusalem vol mit vnschüldigem Blut / wolt der
HERR nicht vergeben.

[5]WAS mehr zu sagen ist von Joiakim / vnd alles
was er gethan hat / Sihe / das ist geschrieben in der
Chronica der könige Juda. [6]Vnd Joiakim ent-
schlieff mit seinen Vetern / vnd sein son Joiachin
ward König an seine stat. [7]Vnd der König in
Egypten zoch nicht mehr aus seinem Lande /
Denn der könig zu Babel hatte jm genomen alles
was des Königs in Egypten war / vom bach Egyp-
ten an / bis an das wasser Phrath.

Joiachin 3. monden König in Juda.

ACHZEHEN JAR ALT WAR JOIACHIN / DA ER KÖNIG
ward / vnd regieret drey monden zu Jerusalem /
Seine mutter hies Nehustha / eine tochter Elna-
than von Jerusalem. [9]Vnd thet das dem HERRN
vbelgefiel / wie sein Vater gethan hatte.

Jerusalem belagert.

ZV der zeit zogen er auff die knechte Nebucad-
Nezar des königs zu Babel gen Jerusalem / vnd
kamen an die Stad mit Bolwerg. [11]Vnd da Nebu-
cadNezar zur Stad kam vnd seine Knechte / be-
lagert er sie. [12]Aber Joiachin der könig Juda gieng
er aus zum Könige von Babel mit seiner Mutter /
mit seinen Knechten / mit seinen Obersten vnd
Kemerern / Vnd der könig von Babel nam jn auff
im achten jar seines Königreichs / [13]Vnd nam von
dannen er aus alle schetze im hause des HERRN /
vnd im hause des Königs / vnd zuschlug alle gül-
den Gefesse / die Salomo der könig Jsrael gemacht
hatte im Tempel des HERRN / wie denn der HERR
geredt hatte.

[14]VND füret weg das gantze Jerusalem / alle
Obersten / alle Gewaltigen / zehen tausent gefan-
gen / vnd alle Zimmerleute / vnd alle Schmide vnd
lies nichts vbrig / denn gering volck des Lands.
[15]Vnd füret weg Joiachin gen Babel / die mutter
des königs / die Weiber des königs / vnd seine
Kemerer / Dazu die Mechtigen im Lande füret er
auch gefangen von Jerusalem gen Babel. [16]Vnd
was der besten Leute waren / sieben tausent / vnd
die Zimmerleute vnd Schmide / tausent / alle
starcke Kriegsmenner / [17]Vnd der König von Ba-
bel bracht sie gen Babel. Vnd der könig von Babel
macht Mathanja seinen Vetter zum Könige an seine
stat / vnd wandelt seinen namen Zidekia. Jere. 32.

Joiachin gen Babel gefangen gefüret etc.

Zidekia 11. jar König in Juda.

EJN VND ZWENZIG JAR ALT WAR ZIDEKIA / DA ER Jere. 52.
König ward / vnd regieret eilff jar zu Jerusalem /
Seine mutter hies Hamital / eine tochter Jeremja
von Libna. [19]Vnd er thet das dem HERRN vbel
gefiel / wie Joiakim gethan hatte / [20]Denn es ge-

schach also mit Jerusalem vnd Juda aus dem zorn
des HERRN / bis das er sie von seinem Angesicht
würffe / Vnd Zidekia ward abtrünnig vom Könige
zu Babel.

XXV.

|| 220b 2. Par. 36. Jer. 39. 52.

VND ES BEGAB SICH IM NEUNDEN JAR SEINES
Königreichs / am zehenden tag / des zehenden
monden / kam NebucadNezar der könig zu Babel /
mit alle seiner macht wider Jerusalem / vnd sie
lagerten sich wider sie / vnd baweten einen Schut
vmb sie her. [2]Also ward die Stad belagert bis ins
eilffte jar des königs Zidekia. [3]Aber im neunden
monde ward der Hunger starck in der Stad / das
das Volck des Lands nichts zu essen hatte.

[4]DA brach man in die Stad / Vnd alle Kriegsmen- JERUSALEM belagert / eröbert / zerstöret vnd verbrand.
ner flohen bey der nacht des wegs von dem Thor
zwisschen den zwo mauren / der zu des Königs
garten gehet (Aber die Chaldeer lagen vmb die
Stad) Vnd [a]er flohe des weges zum Blachenfelde. a (Er) Zidekia.
[5]Aber die macht der Chaldeer jagten dem Könige
nach / vnd ergriffen jn im Blachenfelde zu Jeriho /
vnd alle Kriegsleute die bey jm waren / wurden von
jm zustrewet. [6]Sie aber griffen den König / vnd
füreten jn hin auff zum könig von Babel gen Rib-
lath / Vnd sie sprachen ein Vrteil vber jn. [7]Vnd
sie schlachten die kinder Zidekia fur seinen augen /
vnd blendeten Zidekia seine augen / vnd bunden
jn mit Ketten / vnd füreten jn gen Babel.

AM siebenden tage des fünfften monden / das TEMPEL verbrand.
ist das neunzehende jar NebucadNezar / des

gen Babel
gefürt.

königs zu Babel / kam NebusarAdan der Hofe-
meister des königs zu Babel knecht gen Jerusalem /
[9]Vnd verbrand das Haus des HERRN / vnd das 3. Reg. 9.
haus des Königs / vnd alle heuser zu Jerusalem /
vnd alle grosse heuser verbrand er mit fewr.
[10]Vnd die gantze macht der Chaldeer / die mit dem
Hofemeister war / zubrach die mauren vmb Jeru-
salem her. [11]Das ander Volck aber das vberig war
in der Stad / vnd die zum könige von Babel fielen /
vnd den andern Pöbel / füret NebusarAdan der
Hofemeister weg. [12]Vnd von den geringsten im
lande / lies der Hofemeister weingartner vnd acker-
leute.

ABer die eherne Seule am hause des HERRN /
vnd die Gestüle vnd das eherne Meer / das am
Hause des HERRN war / zubrachen die Chaldeer /
vnd füreten das ertz gen Babel. [14]Vnd die töpffen /
schauffeln / messer / leffel vnd alle eherne gefesse
da mit man dienete / namen sie weg. [15]Dazu nam
der Hofemeister die pfannen vnd becken / was
gülden vnd silbern war. [16]Zwo Seulen ein Meer /
vnd die Gestüle / die Salomo gemacht hatte zum
Hause des HERRN. Es war nicht zu wegen das
ertz aller dieser gefesse. [17]Achzehen ellen hoch
war || eine Seule / vnd jr Knauff drauff war auch || 221 a
ehern vnd drey ellen hoch / vnd die Reiffe vnd
Granatepffel an dem knauff vmbher war alles ehern /
Auff die weise war auch die ander Seule mit den
reiffen.

VND der Hofemeister nam den Priester Seraja
der ersten Ordenung / vnd den Priester Zephanja
der andern Ordnung / vnd drey Thurhüter. [19]Vnd
einen Kemerer aus der stad / der gesetzt war vber
die Kriegsmenner / vnd fünff Menner die stets fur
dem Könige waren / die in der stad funden wurden /
vnd Sopher den Feldheubtman / der das volck im
Lande kriegen leret / vnd sechzig Man vom volck
auff dem Lande / die in der stad funden worden.
[20]Diese nam NebusarAdan der Hofemeister / vnd
bracht sie zum könige von Babel gen Riblath.
[21]Vnd der könig von Babel schlug sie tod zu Rib-
lath im Lande Hemath. Also ward Juda weggefürt
aus seinem Lande.

ABer vber das vbrige Volck im lande Juda / Jere. 40.
das NebucadNezar der könig von Babel vber-
GEDALJA. lies / setzet er Gedalja den son Ahikam des sons
Saphan. [23]Da nu alle des Kriegsuolck / Heubt-

gen Babel
gefürt.

leute vnd die Menner höreten / das der könig von
Babel Gedalja gesetzt hatte / kamen sie zu Gedalja
gen Mizpa / nemlich / Jsmael der son Nethanja /
vnd Johanan der son Kareah / vnd Seraja der son
Thanhumeth der Netophathiter / vnd Jaesanja der
son Maechathi / sampt jren Mennern. 24Vnd Ge-
dalja schwur jnen vnd jren Mennern / vnd sprach
zu jnen / Fürchtet euch nicht vnterthan zu sein den
Chaldeern / bleibt im Lande / vnd seid vnterthenig
dem könige von Babel / so wirds euch wol gehen.

25ABer im siebenden monden kam Jsmael der JSMAEL.
son Nethanja / des sons Elisama von königlichem
Geschlecht / vnd zehen Menner mit jm / vnd schlu-
gen Gedalja tod / Dazu die Jüden vnd Chaldeer /
die bey jm waren zu Mizpa. 26Da machten sich auff
alles Volck / beide klein vnd gros / vnd die Ober-
sten des krieges / vnd kamen in Egypten / Denn
sie furchten sich fur den Chaldeern.

ABer im sieben vnd dreissigsten jar / nach dem
Joiachin der könig Juda weggefüret war / im
sieben vnd zwenzigsten tage des zwelfften monden /
hub EuilMerodach der könig zu Babel im ersten
jar seines Königreichs / das heubt Joiachin des Joiachin
königs Juda aus dem Kercker erfür. 28Vnd redet wird wider
freundlich mit jm / Vnd setzt seinen Stuel vber die erhaben.
Stüele der Könige / die bey jm waren zu Babel.
29Vnd wandelt die Kleider seines gefengnis / Vnd
er ass allwege fur jm sein leben lang. 30Vnd be-
stimpt jm sein Teil / das man jm alle wege gab vom
Könige auff einen jglichen tag sein gantz leben lang.

|| 221 b Ende des Buchs der Königen. ||

DAS ERSTE BUCH: DER CHRONICA.

I.

ADAM. ADAM: SETH: ENOS: [2]KENAN / MAHALALEEL / Gen. 5.
Jared / [3]Henoch / Methusalah / Lamech /
[4]Noah / Sem / Ham / Japheth.

JAPHETH. DJE kinder Japheth sind diese / Gomer / Magog / Gen. 10.
Madai / Jauan / Thubal / Mesech / Thiras.
[6]Die kinder aber Gomer sind / Ascenas / Riphat /
Thogarma. [7]Die kinder Jauan sind / Elisa / Thar-
sisa / Chitim / Dodanim.

HAM. DJE kinder Ham sind / Chus / Mizraim / Put /
Canaan. [9]Die kinder aber Chus sind / Seba /
Heuila / Sabtha / Ragema / Sabthecha. Die kinder
aber Ragema sind / Scheba vnd Dedan. [10]Chus
NIMROD. aber zeuget Nimrod / der fieng an gewaltig zu sein
auff Erden. [11]Mizraim zeuget Ludim / Anamim /
Lehabim / Naphthuhim / [12]Pathrussim / Casluhim /
von welchen sind auskomen die Philistim vnd
Caphthorim. [13]Canaan aber zeuget Zidon seinen
ersten son / Heth / [14]Jebusi / Amori / Girgosi /
[15]Heui / Arki / Sini / [16]Arwadi / Zemari vnd
Hemathi.

SEM. DJE kinder Sem sind diese / Elam / Assur /
Arphachsad / Lud / Aram / Vz / Hul / Gether
vnd Masech. [18]Arphachsad aber zeuget Salah /
EBER. Salah zeuget Eber. [19]Eber aber wurden zween
Söne geboren / der eine hies Peleg / darumb / das
zu seiner zeit das Land zurteilet ward / vnd sein
bruder hies Jaktan. [20]Jaktan aber zeuget Almodad /
Saleph / Hazarmaueth / Jarah / [21]Hadoram / Vsal /
Dikla / [22]Ebal / Abimael / Scheba / [23]Ophir /
Heuila vnd Jobab / Das sind alle kinder Jaktan.
[24]Sem / Arphachsad / Salah / [25]Eber / Peleg / Regu /
[26]Serug / Nahor / Tharah / [27]Abram / das ist Abra-
ham.

KINDER Abraham. DJE kinder aber Abraham sind / Jsaac vnd
Jsmael. [29]Dis ist jr Geschlecht. Der erste son
JSMAELS kinder. Jsmaels / Nebaioth / Kedar / Adbeel / Mibsam /
[30]Misma / Duma / Masa / Hadad / Thema / [31]Je-
thur / Naphis / Kedma. Das sind die kinder Js-
maels.

KETURA kinder. [32]DJe kinder aber Ketura des kebsweibs Abra-
ham / die gebar Simran / Jaksan / Medan / Midian /
Jesbak / Suah. Aber die kinder Jaksan sind /
Scheba vnd Dedan. [33]Vnd die kinder Midian sind

Epha / Epher / Henoch / Abida / Eldaa. Dis sind
alle kinder der Ketura.
Gen. 25. 36. ABraham zeuget Jsaac / Die kinder aber Jsaac KINDER
sind / Esau vnd Jsrael. [35]Die kinder Esau sind / Jsaac.
Eliphas / Reguel / Jeus / Jaelam / Korah. [36]Die ESAU.
kinder Eliphas sind / Theman / Omar / Zephi /
Gaetham / Kenas / Thimna / Amalek. [37]Die kin-
der Reguel sind / Nahath / Serah / Samma vnd
Misa.
Gen. 36. [38]DJE kinder Seir sind / Lothan / Sobal / Zibeon / SEIR.
Ana / Dison / Ezer / Disan. [39]Die kinder Lothan
sind / Hori / Homam / Vnd Thimna war ein schwe-
ster Lothan. [40]Die kinder Sobal sind / Alian /
Manahath / Ebal / Sephi / Onam. Die kinder Zi-
beon sind / Aia vnd Ana. [41]Die kinder Ana / Di-
son. Die kinder Dison sind / Hamram / Esban /
Jethran / Chran. [42]Die kinder Ezer sind / Bilhan /
Saewan / Jaekan. Die kinder Disan sind / Vz vnd
Aran.
Gen. 36. DJS sind die Könige die regieret haben im lande KÖNIGE
Edom / ehe denn ein König regieret vnter den in Edom
kindern Jsrael. Bela der son Beor / vnd seine stad etc.
hies Dinhaba. [44]Vnd da Bela starb / ward König
an seine stat Jobab der son Sera von Bazra. [45]Vnd
|| 222a da Jobab starb / ward König an seine stat Husam ||
aus der Themaniter lande. [46]Da Husam starb /
ward König an seine stat Hadad der son Bedad /
der die Midianiter schlug in der Moabiter feld /
Vnd seine stad hies Awith. [47]Da Hadad starb /
ward König an seine stat Samla von Masrek. [48]Da
Samla starb / ward König an seine stat Saul von
Rehoboth am wasser. [49]Da Saul starb / ward
König an seine stat BaalHanan der son Achbor.
[50]Da BaalHanan starb / ward König an seine stat
Hadad / vnd seine stad hies Pagi / vnd sein weib
hies Mehetabeel / eine tochter Madred / vnd toch-
ter Mesahab.
[51]DA aber Hadad starb / wurden Fürsten zu
Edom / fürst Thimna / fürst Alia / fürst Jetheth /
[52]fürst Ahalibama / fürst Ela / fürst Pinon / [53]fürst
Kenas / fürst Theman / fürst Mibzar / [54]fürst
Magdiel / fürst Jram / das sind die fürsten zu Edom.

II.

DJS SIND DIE KINDER JSRAEL / RUBEN / SIMEON / KINDER
Leui / Juda / Jsaschar / Sebulon / [2]Dan / Jsrael.
Joseph / BenJamin / Naphthali / Gad / Asser.

KINDER Juda. DJe kinder Juda sind Ger / Onan / Sela / Die drey Gen. 38. 46.
wurden jm geborn von der Cananitin der toch-
ter Suha. Ger aber der erste son Juda / war böse fur
dem HERRN / Darumb tödtet er jn. [4]Thamar Math. 1.
aber seine Schnur gebar jm / Perez vnd Serah / Das
aller kinder Juda waren fünffe.

PEREZ. [5]DJe kinder Perez sind / Hezron vnd Hamul.
[6]Die kinder aber Serah sind Simri / Ethan / Heman /
Chalcol / Dara / der aller sind fünffe.

[7]DJe kinder Charmi sind / Achar / welcher be- Josu. 7.
trübet Jsrael / da er sich am Verbanten vergreiff.
[8]Die kinder Ethan sind / Asarja.

HEZRON. [9]DJe kinder aber Hezron die jm geborn sind /
Jerahmeel / Ram / Chalubai. [10]Ram aber zeuget
AmmiNadab. AmmiNabab zeuget Nahesson den
Fürsten der kinder Juda. [11]Nahesson zeuget Sal-
ma. Salma zeuget Boas. [12]Boas zeuget Obed. Ruth. 4.
JSAI. Obed zeuget Jsai. [13]Jsai zeuget seinen ersten son Math. 1.
Eliab / AbiNadab den andern / Simea den dritten / 1. Reg. 16.
[14]Nethaneel den vierden / Raddai den fünfften /
DAUID [15]Ozem den sechsten / Dauid den siebenden. [16]Vnd
ZERUJA. jre Schwestern waren / Zeruja vnd Abigail. Die
ABIGAIL. kinder Zeruja sind / Abisai / Joab / Asahel / die
drey. [17]Abigail aber gebar Amasa. Der vater aber
Amasa war Jether ein Jsmaeliter.

CALEB. CAleb der son Hezron zeuget Asuba seiner fra-
wen / vnd Jerigoth / Vnd dis sind der selben
kinder / Jeser / Sobab vnd Ardon. [19]Da aber
Asuba starb / nam Caleb / Ephrath / die gebar jm
Hur. [20]Hur gebar Vri. Vri gebar Bezaleel.

[21]DArnach beschlieff Hezron die tochter Ma-
chir / des vaters Gilead / vnd er nam sie / da er
war sechzig jar alt / vnd sie gebar jm Segub. [22]Se-
gub aber gebar Jair / der hatte drey vnd zwenzig
stedte im lande Gilead. [23]Vnd er kriegt aus den-
selben Gesur vnd Aram / die flecken Jair. Dazu
Kenath mit jren töchtern / sechzig stedte / Das
sind alle kinder Machir des vaters Gilead. [24]Nach
dem tod Hezron in Caleb in Ephrata / lies Hezron
Abia sein weib / die gebar jm / Ashur den vater
Thekoa.

[25]JErahmeel der erste son Hezron hatte kinder /
den ersten Ram / Buna / Oren / vnd Ozem / vnd
Ahia. [26]Vnd Jerahmeel hatte noch ein ander weib /
die hies Atara / die ist die mutter Onam. [27]Die kin-
der aber Ram des ersten Sons Jerahmeel sind /
Maaz / Jamin vnd Eker.

[28]ABer Onam hatte kinder / Samai vnd Jada. Die kinder aber Samai sind / Nadab vnd Abisur. [29]Das weib aber Abisur hies Abihail / die jm gebar Ahban vnd Molid. [30]Die kinder aber Nadab sind / Seled / vnd Appaim / vnd Seled starb on kinder. [31]Die kinder Appaim sind Jesei. Die
|| 222b kinder Jesei sind Sesan. Die kinder || der Sesan sind
Ahelai. [32]Die kinder aber Jada des bruders Samai sind Jether vnd Jonathan / Jether aber starb on kinder. [33]Die kinder aber Jonathan sind / Peleth vnd Sasa. Das sind die kinder Jerahmeel.

[34]SEsan aber hatte nicht söne / sondern töchter. Vnd Sesan hatte einen Egyptischen knecht / der hies Jarha / [35]vnd Sesan gab Jarha seinem knecht seine Tochter zum weibe / die gebar jm Athai. [36]Athai zeuget Nathan. Nathan zeuget Sabad. [37]Sabad zeuget Ephlal. Ephlal zeuget Obed. [38]Obed zeuget Jehu. Jehu zeuget Asarja. [39]Asarja zeuget Halez. Halez zeuget Elleasa. [40]Elleasa zeuget Sissemai. Sissemai zeuget Sallum. [41]Sallum zeuget Jekamia. Jekamia zeuget Elisama.

CALEB.

[42]DJE kinder Caleb des bruders Jerahmeel sind / Mesa sein erster Son / der ist der vater Siph / vnd der kinder Maresa des vaters Hebron. [43]Die kinder aber Hebron sind / Korah / Thapuah / Rekem vnd Sama. [44]Sama aber zeuget Raham den vater Jarkaam. Rekem zeuget Samai. [45]Der son aber Samai hies Maon / vnd Maon war der vater Bethzur.

[46]EPha aber das Kebsweib Caleb / gebar Haran / Moza / vnd Gases. Haran aber zeuget Gases. [47]Die kinder aber Jahdai sind / Rekem / Jotham / Gesan / Peleth / Epha vnd Saaph. [48]Aber Maecha das Kebsweib Caleb gebar Seber vnd Thirhena. [49]Vnd gebar auch Saaph den vater Madmanna / vnd Sewa den vater Machbena / vnd den vater Gibea. Aber Achsa war Calebs tochter.

[50]DJS waren die kinder Caleb / Hur der erste son von Ephrata / Sobal der vater Kiriath Jearim / [51]Salma der vater Bethlehem / Hareph der vater Bethgader. [52]Vnd Sobal der vater Kiriath Jearim hatte Söne / der sahe die helfft Manuhoth.

(Sahe) Die Propheten heissen Seher oder Schawer in der Schrifft / Vnd sehen / heisst leren oder predigen. Also ist dieser Sobal ein Prophet oder Prediger gewest in dem halben Manuhoth / das

[53]DJE Freundschafften aber zu Kiriath Jearim waren die Jethriter / Puthiter / Sumahiter vnd Misraiter. Von diesen sind auskomen die Zaregathiter vnd Esthaoliter. [54]Die kinder Salma sind Bethlehem vnd die Netophatiter / die Krone des

ist / ein name eines Lendlins / das vieleicht stil vnd wol gelegen ist / Darumb es Manuhoth / das ist / ruge heisset.

hauses Joab / vnd die helfft der Manahthiter von
dem Zareither. [55]Vnd die Freundschafft der Schrei-
ber / die zu Jaebez woneten / sind / die Threa-
thiter / Simeathiter / Suchathiter. Das sind die
Kiniter / die da komen sind von Hamath des vaters
Bethrechab.

III.

Dauids Geschlecht. kinder Dauids.

DJS SIND DIE KINDER DAUID / DIE JM ZU HEBRON 2. Reg. 3.
geborn sind / Der erst Amnon von Ahinoam
der Jesreelitin. Der ander / Daniel von Abigail der
Carmelitin. [2]Der dritte / Absalom der son Maecha /
der tochter Thalmai des königs zu Gesur. Der
vierde / Adonia der son Hagith. [3]Der fünffte /
SaphathJa von Abital. Der sechst Jethream von
seinem weibe Egla. [4]Diese sechs sind jm geborn zu
Hebron / Denn er regiert daselbs sieben jar vnd
sechs monden. Aber zu Jerusalem regieret er drey
vnd dreissig jar. [5]Vnd diese sind jm geboren zu 2. Reg. 5.
Jerusalem / Simea / Sobab / Nathan / Salomo / die
viere / von der tochter Sua der tochter Ammiel.
[6]Dazu / Jebehar / Elisama / Eliphalet / [7]Noga /
Nepheg / Japia / [8]Elisama / Eliada / Eliphaleth /
die neune. [9]Das sind alles kinder Dauid / On was
der Kebsweiber kinder waren. Vnd Thamar war
jre Schwester.

(Egla) Diese wird allein Dauids weib genennet / vieleicht das sie die erste vnd einige ist gewest / da er noch der Schaff gehütet hat.

Salomos Geschlecht.

SAlomo son war Rehabeam / des son war Abia / Matth. 1.
des son war Assa / des son war Josaphat / [11]des
son war Joram / des son war Ahasja / des son war
Joas / [12]des son war Amazja / des son war Asarja /
des son war Jotham / [13]des son war Ahas / des son
war Hiskia / des son war Manasse / [14]des son war
Amon / des son war Josia. [15]Josia söne aber waren /
der erste Johanan / der ander / Joiakim der dritte /
Zidekia / der vierde / Sallum. [16]Aber die kinder
Joiakim waren / Jechanja / des son war Zidekia. ‖ ‖ 223a

kinder JechanJa.

DJE kinder aber Jechanja / der gefangen ward /
waren Sealthiel / [18]Malchiram / Phadaja /
Senneazar / Jekamja / Hosama / Nedabja. [19]Die
kinder Phadaja waren / Zerubabel vnd Simei. Die
kinder Zerubabel waren / Mesullam vnd Hananja /
vnd jre schwester Selomith / [20]dazu Hasuba / Ohel /
Berechja / Hasadja / Jusab / Heses / die fünffe.
[21]Die kinder aber Hananja waren / PlatJa vnd
Jesaja / des son war Rephaja / des son war Arnan /
des son war Obadja / des son war Sachanja. [22]Die
kinder aber Sachanja waren / Semaja. Die kinder

Semaja waren / Hatus / Jegeal / Bariah / Nearja /
Saphat / die sechse. [23]Die kinder aber Nearja
waren Elioenai / Hiskia / Asrikam / die drey. [24]Die
kinder aber Elioenai waren / Hodaja / Eliasib /
Plaja / Akub / Johanan / Delaja / Anani / die sieben.

IIII.

DJE KINDER JUDA WAREN / PEREZ / HEZRON / KINDER
Charmi / Hur vnd Sobal. [2]Reaja aber der son Juda.
Sobal zeuget Jahath / Jahath zeuget Ahumai / vnd
Lahad / Das sind die Freundschafften der Zaregathiter.
[3]Vnd dis ist der stam des vaters Etam / Jesreel
/ Jesina / Jedbas / vnd jre schwester hies
Hazlelponi. [4]Vnd Pnuel der vater Gedor / vnd
Eser der vater Husa / Das sind die kinder Hur des
ersten sons Ephratha des vaters Bethlehem. [5]Ashur
aber der vater Thekoa hatte zwey weiber /
Hellea vnd Naera. [6]Vnd Naera gebar jm Ahusam /
Hepher / Themni / Ahastari / das sind die kinder
Naera. [7]Aber die kinder Hellea waren Zereth /
Jezohar vnd Ethnan. [8]Koz aber zeuget Anub / vnd
Hazobeba / vnd die freundschafft Aharhel des sons
Harum.

[9]JAebez aber war herrlicher denn seine Brüder /
vnd seine mutter hies jn Jaebez / denn sie sprach / JAEBEZ.
Jch habe jn mit kummer geborn. [10]Vnd Jaebez
rieff den Gott Jsrael an / vnd sprach / Wo du mich
segenen wirst / vnd meine Grentze mehren / vnd
deine Hand mit mir sein wird / vnd wirst mit dem
vbel schaffen das michs nicht bekümmere / Vnd
Gott lies komen / das er bat. [11]Chalub aber der
bruder Suha zeuget Mehir / der ist der vater Esthon.
[12]Esthon aber zeuget Bethrapha / Passeah
vnd Thehinna den vater der stad Nahas / Das sind
die menner von Recha. [13]Die kinder Kenas waren
Athniel vnd Saraia. Die kinder aber Athniel waren
Hathath.

[14]VND Meonothai zeuget Ophra. Vnd Saraia
zeuget Joab den vater des tals der Zimmerleute /
denn sie waren Zimmerleut. [15]Die kinder aber
Caleb des sons Jephunne waren Jru / Ela vnd CALEB.
Naam. Die kinder Ela waren Kenas. [16]Die kinder
aber Jehaleleel waren Siph / Sipha / Thiria Vnd
Asareel. [17]Die kinder aber Esra waren Jether /
Mered / Epher vnd Jalon / vnd Thahar mit Mir-
Jam / Samai / Jesbah dem vater Esthemoa. [18]Vnd
sein weib JudiJa gebar Jered den vater Gedor /

Heber den vater Socho / Jekuthiel den vater Sa-
noah. Das sind die kinder Bithja der tochter
Pharao / die der Mared nam. [19]Die kinder des
weibs HodiJa der schwester Naham des vaters
Kegila / waren Garmi vnd Esthemoa der Maecha-
thiter. [20]Die kinder Simon waren / Ammon /
Rinna vnd Benhanan / Thilon. Die kinder Jesei
waren / Soheth vnd der BenSoheth.

SELA. [21]DJE kinder aber Sela des sons Juda waren / Er
der vater Lecha / Laeda der vater Maresa / vnd die
Freundschafft der Linweber vnter dem hause
Asbea. [22]Dazu Jokim / vnd die menner von Co-
seba / Joas / Saraph / die Hausueter worden in
Moab / vnd Jasubi zu Lahem / wie die alte rede
lautet. [23]Sie waren Töpffer vnd woneten vnter
pflantzen vnd zeunen bey dem Könige zu seinem
Geschefft e / vnd kamen vnd blieben daselbs.

V. (IIII.)

|| 223b

DJE KINDER SIMEON WAREN / NEMUEL / JAMIN / Gen. 46.
Jarib / Serah / Saul. [25]Des son war Sallum / des
son war Mibsam / des son war Misma. [26]Die kin-
der aber Misma waren Hamuel / des son war
Zachur / des son war Simei. [27]Simei aber hatte
sechzehen Söne / vnd sechs Töchter / vnd seine
Brüder hatten nicht viel kinder / Aber alle jre
Freundschafft mehreten sich nicht als die kinder
Juda. [28]Sie woneten aber zu BerSeba / Molada
HazarSual / [29]Bilha / Ezem / Tholad / [30]Bethuel /
Harma / Zigklag / [31]BethMarchaboth / Hazarsus-
sim / BethBieri / Saargim / Dis waren jre Stedte /
bis auff den könig Dauid. Da zu jre Dörffer bey
[32]Etam / Ain / Rimmon / Thochen / Asan / Die
fünff Stedte / [33]vnd alle Dörffer die vmb diese
stedte her waren / bis gen Baal / Das ist jr wonung
vnd jr Sipschafft vnter jnen.

[34]VND Mesobab / Jamlech / Josa der son Amaz-
Ja / [35]Joel / Jehu der son JosibJa / des sons Seraja /
des sons Asiel / [36]Elioenai / Jaecoba / Jesohaia /
Asaia / Adiel / Jsmeel / vnd Benaia. [37]Sisa der son
Siphei / des sons Alon / des sons Jedaia / des sons
Simri / des sons Semaja. [38]Diese wurden nam-
hafftige Fürsten in jren Geschlechten des hauses
jrer Veter / vnd teileten sich nach der menge.

[39]VND sie zogen hin / das sie gen Gedor kemen /
bis gegen morgen des Tals / das sie weide suchten
fur jre Schafe. [40]Vnd funden fett vnd gute weide /

vnd ein Land weit von rawm / still vnd reich /
Denn vor hin woneten daselbs die von Ham.
41Vnd die jtzt mit namen beschrieben sind /
kamen zur zeit Hiskia des königs Juda / vnd schlu- HISKIA.
gen jener hütten vnd wonunge die da selbs funden
worden / vnd verbanten sie bis auff diesen tag / vnd
woneten an jrer stat / Denn es ware weide daselbs
fur schafe. 42Auch giengen aus jnen / aus den kin-
dern Simeon / fünffhundert Menner zu dem gebirge
Seir / mit jren Obersten / Platja / Nearja / Rephaja
vnd Vsiel / den kindern Jesei / 43vnd schlugen die
vbrigen entrunnene der Amalekiter / Vnd woneten
daselbs / bis auff diesen tag.

VI. (V.)

Ge. 35.49. DJE KINDER RUBEN DES ERSTEN SONS JSRAEL / KINDER Ruben.
denn er war der erste son / Aber damit das er
seins Vaters bette verunreiniget / ward seine Erste-
geburt gegeben den kindern Joseph / des sons
Jsrael / vnd er ward nicht gerechnet zur Ersten-
geburt. 2Denn Juda der mechtig war vnter seinen
Brüdern / dem ward das Fürstenthum fur jm ge-
geben / vnd Joseph die Erstegeburt. 3So sind nu
Num. 26. die kinder Ruben des ersten sons Jsrael / Hanoch /
Pallu / Hezron vnd Charmi.

4DJe kinder aber Joel waren / Semaia / des son
war Gog / des son war Simei / 5des son war Micha /
des son war Reaia / des son war Baal / 6des son
war Beera / welchen füret weg gefangen Thiglath- BEERA.
Pilnesser der könig von Assyrien / Er aber war ein THIGLAETH-
Fürst vnter den Rubenitern. 7Aber seine Brüder PILNESSER.
vnter seinen Geschlechten / da sie vnter jre geburt
gerechnet wurden hatten zu Heubtern Jeiel vnd
Sacharja. 8Vnd Bela der son Asan / des sons Sema /
des sons Joel / der wonete zu Aroer / vnd bis gen
Nebo vnd BaalMeon / 9vnd wonet gegen dem auff-
gang / bis man kompt an die wüsten ans wasser
Phrath / Denn jres viehs war viel im lande Gilead.
10Vnd zur zeit Saul füreten sie Krieg wider die SAUL.
Hagariter / das jene fielen durch jre hand / vnd
woneten in jener Hütten gegen dem gantzen Mor-
gen ort Gilead.

DJe kinder Gad aber woneten gegen jnen im KINDER GAD.
lande Basan bis gen Salcha. 12Joel der fürne-
mest / vnd Sapham der ander / Jaenai / vnd Saphat
zu Basan. 13Vnd jre brüder des hauses jrer Veter
waren / Michael / Mesullam / Seba / Jorai / Jaecan /

Sia vnd Eber / die sieben. 14Dis sind die kinder
Abihail / des sons Huri / des sons Jaroah / des sons
Gilead / des sons Michael / des || sons Jesisai / des || 224a
sons Jahdo / des sons Bus. 15Ahi der son Abdiel /
des sons Guni war ein Oberster im hause jrer Ve-
ter / 16vnd woneten zu Gilead in Basan / vnd in
jren Töchtern / vnd in allen vorstedten Saron bis
an jr ende. 17Diese wurden alle gerechnet zur zeit
JOTHAM. Jotham des königs Juda vnd Jerobeam des königes
Jsrael.

DEr kinder Ruben / der Gadditer / vnd des hal-
ben stams Manasse / was streitbar Menner
waren / die Schild vnd Schwert füren / vnd Bogen
spannen kundten / vnd streitkündig waren / der
war vier vnd vierzig tausent vnd sieben hundert
vnd sechzig / die ins Heer zogen. 19Vnd da sie
stritten mit den Hagaritern / hulffen jnen Jetur /
Naphes vnd Nodab / 20vnd die Hagariter wurden
gegeben in jre hende / vnd alles das mit jnen war /
Denn sie schrien zu Gott im streit / vnd er lies sich
erbitten / denn sie vertraweten jm. 21Vnd sie füre-
ten weg / jr Vieh / fünff tausent Camel / zwey hun-
dert vnd funffzig tausent Schaf / zwey tausent
Esel / vnd hundert tausent Menschen seelen /
22Denn es fielen viel verwundten / denn der streit
war von Gott. Vnd sie woneten an jrer stat bis zur
zeit / da sie [a]gefangen wurden.

(Erbitten) Sihe / wie der glaube alles vermag / wie Christus spricht.

DJe kinder aber des halben stams Manasse wo-
neten im Lande / von Basan an bis gen Baal
Hermon vnd Senir / vnd den berg Hermon / vnd
jr war viel. 24Vnd diese waren die Heubter des
hauses jrer Veter / Epher / Jesei / Eliel / Asriel /
Jeremia / Hodawia / Jahdiel / gewaltige redliche
Menner vnd berümbte Heubter im haus jrer Veter.
25Vnd da sie sich an dem Gott jrer Veter versündig-
ten / vnd hureten den Götzen nach der Völcker im
Lande / die Gott fur jnen vertilget hatte / 26er-
weckt der Gott Jsrael den geist Phul des königs
von Assyrien / vnd den geist ThiglathPilnesser des
königs von Assyrien / vnd füret weg die Rubeni-
ten / Gadditen / vnd den halben stam Manasse /
Vnd bracht sie gen Halah vnd Habor vnd Hara /
vnd ans wasser Gosan / bis auff diesen tag.

HALBE STAM Manasse.

[a] Nemlich / durch Salmanesser.

PHUL. Tiglath-Pilnesser.

RUBENITER Gadditer vnd der halbe stam Manasse in Assyrien weg gefurt etc.

VII. (VI.)

KINDER Leui.

DJE KINDER LEUI WAREN GERSON / KAHATH / Gen. 46.
vnd Merari. 2Die kinder aber Kahath waren / Jnf. 23.

Amram / Jezehar / Hebron vnd Vsiel. [3]Die kinder
Amram waren / Aaron / Mose vnd MirJam.

DJe kinder Aaron waren / Nadab / Abihu / KINDER AARON.
Eleaser vnd Jthamar. [4]Eleaser zeuget Pinehas. ELEASAR.
Pinehas zeuget Abisua. [5]Abisua zeuget Buki. Buki
zeuget Vsi. [6]Vsi zeuget Seraja. Seraja zeuget Me-
rajoth. [7]Merajoth zeuget Amarja. Amarja zeuget
Ahitob. [8]Ahitob zeuget Zadok. Zadok zeuget
Ahimaaz. [9]Ahimaaz zeuget Asarja. Asarja zeuget
Johanan. [10]Johanan zeuget Asarja / den / der ASARJA.
Priester war im Hause das Salomo bawete zu Jeru-
salem. [11]Asarja zeuget Amarja. Amarja zeuget
Ahitob. [12]Ahitob zeuget Zadok. Zadok zeuget
Sallum. [13]Sallum zeuget Hilkija. Hilkija zeuget
Asarja. [14]Asarja zeuget Seraja. Seraja zeuget Joza- JOZADAK.
dak. [15]Jozadak aber ward mit weggefürt / da der
HERR Juda vnd Jerusalem durch NebucadNezar
lies gefangen wegfüren.

Exod. 6. [16]SO sind nu die kinder Leui diese / Gerson /
Kahath / Merari. [17]So heissen aber die kinder
Gerson / Libni vnd Simei. [18]Aber die kinder Ka-
hath heissen / Amram / Jezehar / Hebron vnd
Vsiel. [19]Die kinder Merari heissen / Maheli vnd
Musi.

DAS sind die geschlechte der Leuiten vnter jren
Vetern. [20]Gersons son war Libni / des son war
Jahath / des son war Sima / [21]des son war Joah /
des son war Jddo / des son war Serah / des son war
Jeathrai. [22]Kahaths son aber war Amminadab /
des son war Korah / des son war Assir / [23]des son
war Elkana / des son war AbiAssaph / des son war
Assir / [24]des son war Thahath / des son war Vriel /
des son war Vsija / des son war Saul.

[25]DJe kinder Elkana waren Amasai vnd Ahi-
moth / [26]des son war Elkana / des son war Elkana
von Zoph / des son war Nahath / [27]des son war
|| 224b Elijab / des || son war Jeroham / des son war El-
1. Reg. 1. kana / [28]des son war Samuel / Des erstgeborner SAMUEL.
war / Vasni vnd Abija.

[29]MErari son war Maheli / des son war Libni /
des son war Simei / des son war Vsa / [30]des son
war Simea / des son war Haggija / des son war
Asaja.

DJS sind aber / die Dauid stellet zu singen im SENGER VON
Hause des HERRN / da die Lade ruget / [32]vnd Dauid
dieneten fur der Wonung der Hütten des Stiffts mit bestellet etc.
singen / Bis das Salomo das Haus des HERRN

bawet zu Jerusalem / vnd stunden nach jrer weise
an jrem ampt / [33]Vnd dis sind sie / die da stunden /
HEMAN. vnd jre kinder. Von den kindern Kahath war He-
man der Senger / der son Joel / des sons Samuel /
[34]des sons Elkana / des sons Jeroham / des sons
Eliel / des sons Thoath / [35]des sons Zuph / des
sons Elkana / des sons Mahath / des sons Amasai /
[36]des sons Elkana / des sons Joel / des sons Asarja /
des sons Zephanja / [37]des sons Thahath / des sons
Assir / des sons Abiassaph / des sons Korah /
[38]des sons Jezehar / des sons Kahath / des sons
Leui / des sons Jsrael.

[39]VND sein bruder Assaph stund zu seiner rech-
ASSAPH. ten. Vnd er / der Assaph war ein son Berechja /
des sons Simea / [40]des sons Mihael / des sons
Baeseja / des sons Malchija / [41]des sons Athni /
des sons Serah / des sons Adaja / [42]des sons
ETHAN. Ethan / des sons Sima / des sons Simei / [43]des
sons Jahath / des sons Gersom des sons Leui.

[44]JRe Brüder aber die kinder Merari stunden zur
lincken / nemlich / Ethan der son Kusi / des sons
Abdi / des sons Malluch / [45]des sons Hasabja des
sons Amazja / des sons Hilkia / [46]des son Amzi /
des sons Bani / des sons Samer / [47]des sons Ma-
heli / des sons Musi / des sons Merari / des sons
Leui.

[48]JRe Brüder aber die Leuiten waren gegeben zu
allerley Ampt an der Wonung des Hauses des
HERRN. [49]Aaron aber vnd seine Söne waren im
Ampt / an zuzünden auff dem Brandopffersaltar /
vnd auff dem Reuchaltar / vnd zu allem geschefft im
Allerheiligsten vnd zu versünen Jsrael / wie Mose
der knecht Gottes geboten hatte.

AARON. [50]DJs sind aber die kinder Aaron / Eleasar sein
son / Des son war Pinehas / des son war Abisua /
[51]des son war Buki / des son war Vsi / des son war
Serahja / [52]des son war Merajoth / des son war
Amarja / des son war Ahitob / [53]des son war Za-
dok / des son war Ahimaaz.

VND dis ist jre Wonung vnd Sitz in jren Gren- Num. 35.
tzen / nemlich / der kinder Aaron des ge- Josu. 21.
schlechts der Kahathiter / Denn das Los fiel jnen /
[55]vnd sie gaben jnen Hebron im lande Juda / vnd
derselben Vorstedte vmb her. [56]Aber das feld der
Stad vnd jre Dörffer gaben sie Caleb dem son Je-
phunne. [57]So gaben sie nu den kindern Aaron die
Freistedte / Hebron vnd Libna sampt jren vor-

stedten. Jather vnd Esthemoa mit jren vorstedten. [58]Hilen / Debir / [59]Asan / vnd Bethsemes / mit jren vorstedten. [60]Vnd aus dem stam BenJamin / Geba / Alemeth vnd Anathoth mit jren vorstedten. Das aller Stedte in jrem Geschlechte waren dreizehen.

[61]ABer den andern kindern Kahath jres Geschlechtes aus dem halben stam Manasse / wurden durchs los zehen Stedte. [62]Den kindern Gersom jres Geschlechts wurden aus dem stam Jsaschar / vnd aus dem stam Asser / vnd aus dem stam Naphthali / sind aus dem stam Manasse in Basan / dreizehen Stedte. [63]Den kindern Merari jres Geschlechts wurden durchs los / aus dem stam Ruben / vnd aus dem stam Gad / vnd aus dem stam Sebulon / zwelff Stedte.

[64]VND die kinder Jsrael gaben den Leuiten auch Stedte mit jren vorstedten / [65]nemlich / durchs loss / Aus dem stam der kinder Juda / vnd aus dem stam der kinder Simeon / vnd aus dem stam der kinder BenJamin / die Stedte die sie mit namen bestimpten. [66]Aber den Geschlechten der kinder Kahath wurden Stedte jrer grentze aus dem stam

‖ 225a Ephraim. ‖

SO gaben sie nu jnen / dem Geschlecht der andern kinder Kahath / die Freienstedte / Sichem auff dem gebirge Ephraim / Geser / [68]Jakmeam / BethHoron / [69]Aialon / vnd GadRimon mit jren vorstedten. [70]Dazu aus dem halben stam Manasse / Aner vnd Bileam mit jren vorstedten. [71]Aber den kindern Gersom gaben sie aus dem Geschlecht des halben stams Manasse Golan in Basan vnd Astharoth mit jren vorstedten. [72]Aus dem stam Jsaschar / Kedes / Dabrath / [73]Ramoth vnd Anem / mit jren vorstedten. [74]Aus dem stam Asser / Masal / Abdon / [75]Hukok vnd Rehob / mit jren vorstedten. [76]Aus dem stam Naphthali / Kedes in Galilea / Hammon vnd Kiriathaim mit jren vorstedten.

[77]DEN andern kindern Merari gaben sie aus dem stam Sebulon / Rimono vnd Thabor mit jren vorstedten. [78]Vnd jenseid dem Jordan gegen Jeriho / gegen der Sonnen auffgang am Jordan / aus dem stam Ruben / Bezer in der wüsten / Jahza / [79]Kedemoth vnd Mepaath mit jren vorstedten. [80]Aus dem stam Gad / Ramoth in Gilead / Mahanaim / [81]Hesbon vnd Jeaser mit jren vorstedten.

VIII. (VII.)

KINDER Jsaschar.

DJE KINDER JSASCHAR WAREN / THOLA / PUA / Gen. 46.
Jasub vnd Simron / die viere. 2Die kinder aber
Thola waren / Vsi / Rephaia / Jeriel / Jahemai /
Jebsam vnd Samuel / Heubter im hause jrer Veter
von Thola / vnd gewaltige Leute in jrem Ge-
schlecht an der zal zu Dauids zeiten / zwey vnd
zwenzig tausent vnd sechs hundert. 3Die kinder
Vsi waren / Jesraja. Aber die kinder Jesraja waren
Michael / Obadja / Joel vnd Jesia / die fünffe vnd
waren alle Heubter. 4Vnd mit jnen vnter jrem
Geschlecht im hause jrer Veter waren gerüst Heer-
uolck zum streit sechs vnd dreissig tausent / Denn
sie hatten viel Weiber vnd kinder. 5Vnd jre Brüder
in allen geschlechtėn Jsaschar gewaltiger Leute /
waren sieben vnd achzig tausent / vnd wurden alle
gerechnet.

KINDER BenJamin.

DJE kinder BenJamin waren / Bela / Becher /
vnd Jediael / die drey. 7Aber die kinder Bela
waren / Ezbon / Vsi / Vsiel / Jerimoth / vnd Jri die
fünffe / Heubter im hause der Veter gewaltige
Leute. Vnd wurden gerechnet zwey vnd zwenzig
tausent vnd vier vnd dreissig. 8Die kinder Becher
waren / Semira / Joas / Elieser / Elioenai / Amri /
Jeremoth / Abia / Anathoth / vnd Alameth die
waren alle kinder des Becher. 9Vnd wurden ge-
rechnet in jren Geschlechten nach den Heubtern
im haus jrer Veter gewaltige Leute / zwenzig tau-
sent vnd zwey hundert. 10Die kinder aber Jediael
waren / Bilhan. Bilhan kinder aber waren / Jeus /
BenJamin / Ehud / Cnaena / Sethan / Tharsis vnd
Ahisahar / 11Die waren alle kinder Jediael / heub-
ter der Veter / gewaltige Leute / siebenzehen tau-
sent / zwey hundert / die ins Heer auszogen zu
streiten. 12Vnd Supim / vnd Hupim waren kinder
Jr / Husim aber waren kinder Aher.

KINDER Naphthalim.

DJE kinder Naphthali waren / Jahziel / Guni /
Jezer vnd Sallum / kinder von Bilha.

KINDER Manasse.

DJE kinder Manasse sind diese / Esriel / welchen
gebar Aramja sein kebsweib / Er zeuget aber
Machir den vater Gilead. 15Vnd machir gab Hu-
pim vnd Supim weiber / vnd seine Schwester hies
Maecha. Sein ander son hies Zelaphėhad / vnd Ze-
laphehad hatte töchter. 16Vnd Maecha das weib
Machir gebar einen Son / den hies sie Peres / vnd
sein bruder hies Sares / vnd desselben Söne waren

Vlam vnd Rakem. [17]Vlams son aber war Bedam.
Das sind die kinder Gilead des sons Machir / des
sons Manasse. [18]Vnd seine Schwester Molecheth
gebar Jshud / Abieser vnd Mahela. [19]Vnd Semida
hatte diese kinder / Ahean / Sichem / Likhi / vnd
Aniam.

DJE kinder Ephraim waren diese / Suthelah / KINDER
des son war Bered / des son war Thahath / des Ephraim.
son war Eleada / des son war Thahath / [21]des son
war Sabad / des son war Suthelah / des son war
|| 225b Eser vnd Elead. Vnd die || Menner zu Gath die
einheimischen im Lande / erwürgeten sie / darumb /
das sie hin ab gezogen waren / jr Vieh zu nemen.
[22]Vnd jr vater Ephraim trug lange zeit leide / vnd
seine Brüder kamen jn zu trösten. [23]Vnd er be-
schlieff sein Weib / die ward schwanger / vnd gebar
einen Son / den hies er Bria / darumb / das in seinem BRIA.
Haus vbel zugieng. [24]Seine Tochter aber war
Seera / die bawet das nidern vnd obern Bethhoron /
vnd Vsen Seera. [25]Des son war Rephath vnd Re-
seph / des son war Thelah / des son war Thalan /
[26]des son war Laedan / des son war Ammihud /
des son war Elisama / [27]des son war Nun / des
son war Josua. JOSUA.

[28]VND jr Habe vnd wonung war / Bethel vnd
jre töchter / vnd gegen dem auffgang Naeran / vnd
gegen abend Geser vnd jre töchter / Sechem vnd
jre töchter bis gen Zia vnd jre töchter. [29]Vnd an
den kindern Manasse / BethSean vnd jre töchter /
Thaenach vnd jre töchter / Megiddo vnd jre töch-
ter. Dor vnd jre töchter. Jn diesen woneten die
kinder Joseph des sons Jsrael.

Gen. 46. DJE kinder Asser waren diese / Jemna / Jeswa / KINDER
Jeswai / Bria / vnd Serah jre schwester. [31]Die Asser.
kinder Bria waren / Heber vnd Malchiel / das ist
der vater Birsawith. [32]Heber aber zeuget Japhlet /
Somer / Hotham vnd Sua jre schwester. [33]Die
kinder Japhlet waren Passah / Bimehal vnd As-
wath / das waren die kinder Japhlet. [34]Die kinder
Somer waren / Ahi / Rahga / Jehuba vnd Aram.
[35]Vnd die kinder seins bruders Helem waren / Zo-
phah / Jemna / Seles vnd Amal. [36]Die kinder
Zopha waren / Suah / Harnepher / Sual / Beri /
Jemra / [37]Bezer / Hod / Sama / Silsa / Jethran /
vnd Beera. [38]Die kinder Jether waren / Jephunne /
Phispa vnd Ara. [39]Die kinder Vlla waren / Arah /
Haniel / vnd Rizja. [40]Diese waren alle kinder

Asser / Heubter im hause jrer Veter ausserlesen /
gewaltige Leute / vnd Heubter vber Fürsten. Vnd
wurden gerechnet ins Heer zum streit an jrer zal /
sechs vnd zwenzig tausent Menner.

IX. (VIII.)

KINDER BenJamin.

BEnJamin aber zeuget Bela seinen ersten Gen. 46.
Son / Asbal den andern / Ahrah den dritten /
[2]Noha den vierden / Rapha den fünfften. [3]Vnd
Bela hatte kinder / Addar / Gera / Abihud / [4]Abi-
sua / Naeman / Ahoah / [5]Gera / Sphuphan vnd
Huram.

[6]DJs sind die kinder Ehud / die da Heubter
waren der Veter vnter den bürgern zu Geba. Vnd
zogen weg gen Mahanath / [7]nemlich / Naeman /
Ahia vnd Gera / derselb fürt sie weg / vnd er zeuget
Vsa vnd Ahihud. [8]Vnd Seharaim zeuget im lande
Moab (da er jene von sich gelassen hatte) von
Husim vnd Baera seinen weibern. [9]Vnd er zeuget
von Hodes seinem weibe / Jobab / Zibja / Mesa /
Malcham / [10]Jeuz / Sachja / vnd Mirma. Das sind
seine kinder / Heubter der Veter.

[11]Von Husim aber zeuget er Abitob vnd Elpaal.
[12]Die kinder aber Elpaal waren / Eber / Miseam
vnd Samed. Derselb bawet Ono / vnd Lod vnd jre
töchter. [13]Vnd Bria vnd Sama waren Heubter der
Veter / vnter den bürgern zu Aialon / Sie veriagten
die zu Gath. [14]Sein bruder aber / Sasak / Jere-
moth / [15]Sebadia / Arad / Ader / [16]Michael / Jespa /
vnd Joha / Das sind kinder Bria. [17]Sebadja / Me-
sullam / Hiski / Heber / [18]Jesinerai / Jeslia / Jo-
bab / Das sind kinder Elpaal. [19]Jakim / Sichri /
Sabdi / [20]Elioenai / Zilthai / Eliel / [21]Adaia /
Braia vnd Simrath / Das sind die kinder Simei.
[22]Jespan / Eber / Eliel / [23]Abdon / Sichri / Hanan /
[24]Hananja / Elam / Anthothja / [25]Jephdeja vnd
Pnuel / Das sind die kinder Sasak. [26]Samserai /
Seharja / Athalja / [27]Jaeresja / Elia vnd Sichri /
Das sind kinder Jeroham / [28]Das sind die Heubter
der Veter jrer geschlechten / die woneten zu Jeru-
salem.

[29]ABer zu Gibeon woneten / der vater Gibeon / Jnf. 9.
vnd sein Weib hies Maecha / [30]vnd sein erster son
war Abdon / Zur / Kis / Baal / Nadab / [31]Gedor / 1. Reg. 14.
Ahio || vnd Secher. [32]Mikloth aber zeuget Simea / || 226a
vnd sie woneten gegen jren Brüdern zu Jerusalem
mit jnen.

NEr zeuget Kis / Kis zeuget Saul. Saul zeuget SAUL.
Jonathan / Melchisua / Abinadab vnd Esbaal. JONATHAN.
[34]Der son aber Jonathan war Meribaal. Meribaal
zeuget Micha. [35]Die kinder Micha waren Pithon /
Melech / Thaerea vnd Ahas. [36]Ahas aber zeuget
Joadda. Joadda zeuget Alemeth / Asmaueth vnd
Simri. Simri zeuget Moza. [37]Moza zeuget Binea /
des son war Rapha / des son war Eleasa / des son
war Azel. [38]Azel aber hatte sechs Söne die hiessen /
Esrikam / Bochru / Jesmael / Searja / Abadja / Hanan / die waren alle söne Azel. [39]Die kinder Esek
seines bruders waren / Vlam sein erster son / Jeus
der ander / Elipelet der dritte. [40]Die kinder aber
Vlam waren gewaltige Leute / vnd geschickt mit
Bogen / vnd hatten viel Söne vnd sons söne / hundert vnd funffzig / Die sind alle von den kindern
BenJamin.

X. (IX.)

VND DAS GANTZ JSRAEL WARD GERECHNET /
Vnd sihe / sie sind an geschrieben im Buch der
könige Jsrael vnd Juda / vnd nu weggefürt gen
Babel vmb jrer Missethat willen / [2]die zuuor woneten auff jren gütern vnd Stedten / nemlich /
Jsrael / Priester / Leuiten vnd Nethinim. [3]Aber
zu Jerusalem woneten etliche der kinder Juda /
etliche der kinder BenJamin / etliche der kinder
Ephraim vnd Manasse. [4]Nemlich aus den kindern
Perez des sons Juda / war Vthai der son Amihud /
des sons Amri / des sons Jmri / des sons Bani.
[5]Von Silom aber Asaja der erst son vnd seine ander
söne. [6]Von den kindern Serah / Jeguel vnd seine
Brüder sechs hundert vnd neunzig.

(NETHINIM) Heisst die gegeben oder geschenckten Vnd waren die Leuiten die sich in sonderheit zu Gottesdienst ergeben hatten wo Gottes Hütten vnd die Lade war vnter den Priestern.

[7]VOn den kindern BenJamin / Sallu der son
Mesullam / des sons Hodawja / des sons Hassnua.
[8]Vnd Jebneja der son Jeroham. Vnd Ela der son
Vsi / des sons Michri. Vnd Mesullam der son
Sephatja / des sons Reguel / des sons Jebneja.
[9]Dazu jre Brüder in jren Geschlechten / neun hundert vnd sechs vnd funffzig. Alle diese Menner
waren Heubter der veter im hause jrer Veter.

VOn den Priestern aber / Jedaia / Joiarib / Jachin. PRIESTER.
[11]Vnd Asarja der son Hilkia / des sons Mesullam / des sons Zadok / des sons Meraioth / des sons
Ahitob ein fürst im Hause Gottes. [12]Vnd Adaia
der son Jeroham / des sons Pashur / des sons Malchia. Vnd Maesai der son Adiel / des sons Jahsera /

des sons Mesullam / des sons Messimeleth / des
sons Jmmer. 13Dazu jre brüder Heubter im hause
jrer Veter / tausent sieben hundert vnd sechzig /
vleissige Leute am gescheft des ampts im Hause
Gottes.

LEUITEN.
14VOn den Leuiten aber aus den kindern Merari /
Semaja der son Hasub des sons Asrikam / des sons
Hasabja. 15Vnd Bakbakar der Zimmerman vnd
Galal. Vnd Mathanja der son Micha / des sons
Sichri / des sons Assaph. 16Vnd Obadja der son
Semaja / des sons Galal / des sons Jeduthun. Vnd
Berechja der son Assa / des sons Elkana / der in
den Dörffern wonet der Nethophathiter.

PFÖRTENER.
17DJe Pförtener aber waren Sallum / Akub / Talmon / Ahiman mit jren brüdern / vnd Sallum der
öberst. 18Denn bis her hatten am thor des Königs
gegen dem auffgang gewartet die kinder Leui mit
Lagern. 19Vnd Sallum der son Kore / des sons
Abiassaph / des sons Korah / vnd seine Brüder aus
dem haus seines vaters / Die Korhiter am gescheft
des Ampts / das sie warteten an der schwelle der
Hütten / vnd jre veter im Lager des HERRN / das
sie warteten des eingangs. 20Pinehas aber der son
Eleasar war Fürst vber sie / darumb das der HERR
zuuor mit jm gewesen war. 21Sacharja aber der
son Meselemja / war Hütter am thor der Hütten
des Stiffts. 22Alle diese waren ausserlesen zu || || 226b
Hüttern an der schwelle / zwey hundert vnd
zwelffe / Die waren gerechnet in jren Dörffern.
Vnd Dauid vnd Samuel der Seher stifften sie durch
jren glauben / 23das sie vnd jre Kinder hüten solten
am hause des HERRN / nemlich / an dem hause
der Hütten das sie sein warten.

(Durch jren glauben) Das ist gesagt / Solch stifft theten sie nicht aus menschlicher andacht vnd guter meinung / sondern aus Gottes befelh vnd jren glauben. Denn in Gottes sachen / sol kein menschlich stifftung oder werck gelten.

24ES waren aber solche Thorwarter gegen die vier winde gestellet / Gegen morgen / gegen abend / THORWARTER.
gegen mitternacht / gegen mittag. 25Jre Brüder
aber waren auff jren Dörffern / das sie her ein
kemen ja des siebenden tages / allezeit bey jnen zu
sein. 26Denn die Leuiten waren diese vierley
obersten Thorhütern vertrawet / Vnd sie waren
vber die Kasten vnd Schetze im Hause Gottes.

27Auch blieben sie vber nacht vmb das Haus
Gottes / Denn es gebürt jnen die Hut / das sie alle
morgen auffteten. 28Vnd etliche aus jnen waren
vber das gerete des Ampts / Denn sie trugens
gezelet aus vnd ein. 29Vnd jrer etliche waren bestellet vber die Gefess vnd vber alles heilige Ge-

rete / vber Semelmelh / vber Wein / vber Ole / vber
Weirauch / vber Reuchwerg. 30Aber der Priester
kinder machten etliche das Reuchwerg.

31MAthithja aus den Leuiten / dem ersten son
Sallum des Korhiters waren vertrawet die Pfan-
nen. 32Aus den Kahathitern aber jren Brüdern /
waren vber die Schawbrot zu zurichten / das sie sie
alle Sabbath bereiten.

33DAS sind die Senger / die Heubter vnter den
vetern der Leuiten vber die Kasten ausgesondert /
Denn tag vnd nacht waren sie drob im Geschefft.
34Das sind die Heubter der veter vnter den Leuiten
in jren Geschlechten / Diese woneten zu Jeru-
salem.

ZV Gibeon woneten Jeiel der vater Gibeon /
Sein weib hies Maecha / 36Vnd sein erster son
Abdon / Zur / Kis / Baal / Ner / Nadab / 37Gedor /
Ahaio / Sacharja / Mikloth. 38Mikloth aber zeuget
Simeam / vnd sie woneten auch vmb jre brüder zu
1. Reg. 14. Jerusalem vnter den jren. 39Ner aber zeuget Kis.
Kis zeuget Saul. Saul zeuget Jonathan / Malchisua /
AbiNadab / Esbaal. 40Der son aber Jonathan war /
Meribaal. Meribaal aber zeuget Micha. 41Die kin-
der Micha waren Pithon / Melech vnd Thaherea.

42AHas zeuget Jaera. Jaera zeuget Alemeth /
Asmaueth vnd Simri. Simri zeuget Moza. 43Moza
zeuget Binea / des son war Raphaja / des son war
Eleasa / des son war Azel. 44Azel aber hatte sechs
Söne die hiessen / Asrikam / Bochru / Jesmael /
Searja / Obadja / Hanan / Das sind die kinder
Azel.

XI. (X.)

DIE PHILISTER STRITTEN WIDER JSRAEL / VND
die von Jsrael flohen fur den Philistern / vnd
fielen die Erschlagene auff dem berge Gilboa.
2Aber die Philister hiengen sich an Saul vnd seine *SAUL SAMPT*
Söne hinder jnen her / vnd schlugen Jonathan / *dreien Sönen*
Abinadab / vnd Malchisua die söne Saul. 3Vnd *kompt vmb.*
der streit ward hart wider Saul / vnd die Bogen-
schützen kamen an jn / das er von den Schützen
verwund ward. 4Da sprach Saul zu seinem Waffen-
treger / Zeuch dein Schwert aus / vnd erstich mich
da mit / Das diese Vnbeschnittene nicht komen /
vnd schendlich mit mir vmbgehen. Aber sein
Waffentreger wolt nicht / denn er furcht sich seer.
Da nam Saul sein schwert vnd fiel drein. 5Da aber

sein Waffentreger sahe / das Saul tod war / fiel er
auch ins schwert vnd starb.
6ALso starb Saul vnd seine drey Söne vnd sein
gantzes Haus zu gleich. 7Da aber die menner
Jsrael / die im grunde waren / sahen / das sie ge-
flohen waren / vnd das Saul vnd seine Söne tod
waren / verliessen sie jre Stedte / vnd flohen / vnd
die Philister kamen vnd woneten drinnen.

DEs andern morgen kamen die Philister / die er-
schlagene aus zu ziehen / vnd funden Saul vnd
seine Söne ligen auff dem berge Gilboa / 9Vnd
zogen jn aus / vnd huben auff sein Heubt vnd seine
Waffen / vnd sandtens ins ‖ Land der Philister vmb ‖ 227a
her / vnd liessens verkündigen für jren Götzen /
vnd dem volck. 10Vnd legten seine Waffen ins
haus jres Gottes / vnd seinen Scheddel hefften sie
ans haus Dagon.

DA aber alle die zu Jabes in Gilead höreten / alles 1. Reg. 31.
was die Philister Saul gethan hatten / 12mach-
ten sie sich auff alle streitbar Menner / vnd namen
den leichnam Saul vnd seiner Söne / vnd brachten
sie gen Jabes / vnd begruben jre Gebeine vnter
der eiche zu Jabes / vnd fasteten sieben tage.
13ALso starb Saul in seiner Missethat / die er
wider den HERRN gethan hatte / an dem wort des
HERRN das er nicht hielt. Auch das er die War- 1. Reg. 28.
sagerin fraget / 14vnd fraget den HERRN nicht /
darumb tödtet er jn / Vnd wand das Königreich zu
Dauid dem son Jsai.

XII. (XI.)

VND GANTZ JSRAEL SAMLET SICH ZU DAUID GEN 2. Reg. 5.
Hebron / vnd sprach / Sihe / Wir sind dein bein
vnd dein fleisch / 2Auch vor hin / da Saul könig
war / fürestu Jsrael aus vnd ein. So hat der HERR
dein Gott dir geredt / Du solt mein volck Jsrael
weiden / vnd du solt Fürst sein vber mein volck
Jsrael. 3Auch kamen alle eltesten Jsrael zum Kö-
nige gen Hebron / Vnd Dauid macht einen Bund
Dauid zum König gesalbet vber Jsrael. mit jnen zu Hebron fur dem HERRN / Vnd sie sal-
beten Dauid zum Könige vber Jsrael / Nach dem 1. Reg. 16.
wort des HERRN durch Samuel.

VND Dauid zoch hin vnd das gantze Jsrael gen 2. Reg. 5.
JEB S. Jerusalem (das ist Jebus) Denn die Jebusiter
woneten im Lande. 5Vnd die Bürger zu Jebus
sprachen zu Dauid / Du solt nicht er ein komen.
Dauid aber gewan die burg Zion / das ist Dauids

stad. 6Vnd Dauid sprach / Wer die Jebusiter am
ersten schleget / der sol ein Heubt vnd Oberster
sein. Da ersteig sie am ersten Joab der son Zeruja /
vnd ward Heubtman. 7Dauid aber wonet auff der
Burg / Da her heisst man sie Dauids stad. 8Vnd
er bawet die Stad vmb her von Millo an bis gar
vmb her / Joab aber lies leben die vbrigen in der
Stad. 9Vnd Dauid fur fort vnd nam zu / vnd der
HERR Zebaoth war mit jm.

Dauids Stad.

DJS sind die Obersten vnter den Helden Dauid /
die sich redlich mit jm hielten in seinem König-
reiche bey gantzem Jsrael / das man jn zum Könige
machet / nach dem wort des HERRN vber Jsrael.
11Vnd dis ist die zal der Helden Dauid / Jasabeam
der son Hachmoni / der fürnemest vnter dreissi-
gen / Er hub seinen spies auff / vnd schlug Drey-
hundert auff ein mal.

Die helden Dauids.

Jasabeam.

(Dreyhundert) 2. Reg. 23. stehen acht hundert / wer einen Hauffen von achthundert angreifft vnd schlegt dreyhundert tod / vnd die funff hundert in die flucht / der hat sie alle acht hundert geschlagen. Also da hie (vnter dreissigen) stehet hat droben. 2. Reg. 23. der Text vnter dreien. Denn welcher vnter den besten dreien der furnemest ist / der ist auch vnter den dreissigen allen der furnemest.

NAch jm war Eleasar der son Dodo der Ahohi-
ter / vnd er war vnter den dreien Helden.
13Dieser war mit Dauid da sie hohnsprachen / vnd
die Philister sich daselbs versamlet hatten zum
streit. Vnd war ein Stück ackers vol Gersten / vnd
das volck flohe fur den Philistern / 14Vnd sie
tratten mitten auffs stück / vnd erretten es / vnd
schlugen die Philister / Vnd der HERR gab ein
gros Heil.

VND die drey aus den dreissigen Fürnemesten
zohen hin ab zum felsen zu Dauid in die höle
Adullam / Aber der Philister lager lag im grunde
Rephaim. 16Dauid aber war in der Burg / Vnd der
Philister volck war dazumal zu Bethlehem. 17Vnd
Dauid ward lüstern / vnd sprach / Wer wil mir zu
trincken geben des wassers aus dem Brun zu Beth-
lehem vnter dem Thor? 18Da rissen die drey in
der Philister lager / vnd schepfften des wassers aus
dem Brun zu Bethlehem vnter dem Thor / vnd
trugens vnd brachtens zu Dauid / Er aber wolts
nicht trincken / sondern [a]gos dem HERRN 19vnd
sprach / Das las Gott fern von mir sein / das ich
solchs thu / vnd trincke das blut dieser Menner in
jres lebens fahr / Denn sie habens mit jres lebens
far herbracht / Darumb wolt ers nicht trincken /
Das theten die drey Helden. ||

a (Gos) Das ist / Er opffert es Gott zum Tranckopffer.

ABisai der bruder Joab / der war der fürnemest
vnter dreien / Vnd er hub seinen spies auff vnd
schlug drey hundert. Vnd er war vnter dreien be-
rümbt / 21vnd er der dritte / herrlicher denn die

Abisai.

zweene / vnd war jr Oberster / Aber bis an die drey
kam er nicht.

BENAIA.

BEnaia der son Joiada des sons Jshail von grossen
thatten von Kabzeel / Er schlug zween Lewen
der Moabiter / vnd gieng hin ab vnd schlug einen
Lewen mitten im brun zur schneezeit. [23]Er schlug
auch einen Egyptischen man / der war fünff ellen
gros / vnd hatte einen Spies in der hand / wie ein
Weberbawm / Aber er gieng zu jm hin ab mit
eim Stecken / vnd nam jm den Spies aus der
hand / vnd erwürget jn mit seim eigen Spies. [24]Das
thet Benaia der son Joiada / vnd ward berümbt
vnter dreien Helden / [25]vnd war der herrlichst
vnter dreissigen / Aber an die drey kam er nicht /
Dauid aber macht jn zum heimlichen Rat.

ASAHEL.

DJe streitbaren Helden sind diese / Asahel der
bruder Joab. Elhanan der son Dodo von Beth-
lehem. [27]Samoth der Haroriter. Helez der Pelo-
niter. [28]Jra der son Ekes der Thekoiter. Abieser
der Anthothiter. [29]Sibechai der Husathiter. Jlai
der Ahohiter. [30]Maherai der Netophatiter. Heled
der son Baena der Nethophatiter. [31]Jthai der son
Ribai von Gibea der kinder BenJamin. Benaia der
Pirgathoniter. [32]Hurai von den bechen Gaas. Abiel
der Arbathiter. [33]Asmaueth der Baherumiter.
Eliahba der Saalboniter. [34]Die kinder Hasem des
Gisoniters. Jonathan der son Sage / des Harariter.
[35]Ahiam der son Sachar des Harariter. Eliphal der
son Vr. [36]Hepher der Macherathiter. Ahia der
Peloniter. [37]Hezro der Carmeliter. Naerai der son
Asbai. [38]Joel der bruder Nathan. Mibehar der son
Hagri. [39]Zeleg der Ammoniter. Naherai der Bero-
thiter / Waffentreger Joabs / des sons Zeruja. [40]Jra
der Jethriter. Gareb der Jethriter. [41]Vria der He-
thiter. Sabad der son Ahelai. [42]Adina der son Sisa
der Rubeniter / ein Heubtman der Rubeniter / vnd
dreissig waren vnter jm. [43]Hanan der son Maecha.
Josaphat der Mathoniter. [44]Vsia der Asthrathiter.
Sama vnd Jaiel / die söne Hotham des Aroeriters.
[45]Jediael der son Simri. Joha sein bruder der Thizi-
ter. [46]Eliel der Maheuiter. Jeribai vnd Josawia die
söne Elnaam. Jethma der Moabiter. [47]Eliel / Obed /
Jaesiel von Mezobaia.

XIII. (XII.)

AVCH KAMEN DIESE ZU DAUID GEN ZIKLAG / DA
er noch [a]verschlossen war fur Saul dem son

a Das ist / Verborgen.

Kis / Vnd sie waren auch vnter den Helden die
zum streit hulffen / [2]vnd mit Bogen geschickt
waren zu beiden henden / auff steine / pfeile vnd
bogen.

VOn den brüdern Saul die aus BenJamin waren /
[3]der furnemest Ahieser vnd Joas die kinder
Samaa des Gibeathiters / Jesiel vnd Pelet die kinder
Asmaueth / Baracha vnd Jehu der Anthothiter.
[4]Jesinaja der Gibeoniter / gewaltig vnter dreissigen
vnd vber dreissige. Jeremia / Jahesiel Johanan /
Josabad der Gederathiter. [5]Eleusai / Jerimoth /
Bealja / Samarja / Saphatja / der Harophiter. [6]El-
kana / Jesija / Asareel / Joeser / Jasabeam die Korhi-
ter. [7]Joela vnd Sabadja die kinder Jeroham von
Gedor.

VON den Gadditern sonderten sich aus zu Dauid
in die Burg in der wüsten / starcke Helden vnd
Kriegsleute / die schilt vnd spies füreten vnd jr an-
gesicht wie der Lewen / vnd schnel wie die Rehe
auff den bergen. [9]Der erst Eser / der ander Oba-
dja / der dritte Eliab / [10]der vierde Masmanna / der
fünfft Jeremja / [11]der sechst Athai / der siebende
Eliel / [12]der achte Johanan / der neunde Elsabad /
[13]der zehend Jeremja / der eilfft Machbanai. [14]Diese
waren von den kindern Gad / Heubter im Heer /
der kleinest vber hundert / vnd der grössest vber
tausent. [15]Die sinds / die vber den Jordan giengen
|| 228 a im ersten monden / || da er vol war an beiden vfern /
das alle Gründe eben waren / beide gegen morgen
vnd gegen abend.

ES kamen aber auch von den kindern BenJamin
vnd Juda zu der Burg Dauid. [17]Dauid aber
gieng er aus zu jnen vnd antwortet / vnd sprach zu
jnen / So jr komet im friede zu mir vnd mir zu hel-
ffen / So sol mein hertz mit euch sein / So jr aber
komet auff list / vnd mir wider zu sein / so doch kein
freuel an mir ist / So sehe der Gott vnser veter
drein / vnd straffs. [18]Aber der Geist zoch an Ama-
sai / den Heubtman vnter dreissigen / Dein sind
wir Dauid / vnd mit dir halten wirs du son Jsai /
Fried / fried / sey mit dir / Fried sey mit deinen
Helffern / denn dein Gott hilfft dir. Da nam sie
Dauid an / vnd setzt sie zu Heubtern vber die
Kriegsleut.

VND von Manasse fielen zu Dauid / da er kam
mit den Philistern wider Saul zum streit / vnd
1. Reg. 29. halff jnen nicht / Denn die fürsten der Philister

liessen jn mit Rat von sich / vnd sprachen / Wenn
er zu seinem Herrn Saul fiele / so möchts vns vnsern
hals kosten. 20Da er nu gen Ziklag zoch fielen zu
jm von Manasse / Adna / Jobasad / Jediael / Mi-
chael / Josabad / Elihu / Zilthai / Heubter vber
tausent in Manasse / 21Vnd sie holffen Dauid
wider die Kriegsleut / Denn sie waren alle redliche
Helden / vnd worden Heubtleut vber das Heer.
22Auch kamen alle tage etliche zu Dauid jm zu
helffen / bis das ein gros Heer ward / wie ein Heer
Gottes.

VND dis ist die zal der Heubter gerüst zum Heer /
die zu Dauid gen Hebron kamen / das König-
reich Saul zu jm zu wenden / nach dem wort des
HERRN. 24Der kinder Juda / die schilt vnd spies
trugen / waren sechs tausent / vnd acht hundert
gerüst zum Heer. 25Der kinder Simeon redliche
Helden zum Heer / sieben tausent vnd hundert.
26Der kinder Leui / vier tausent vnd sechs hundert.
27Vnd Joiada der Fürst vnter den von Aaron / mit
drey tausent vnd sieben hundert. 28Zadok der
Knabe ein redlicher Held mit seines vaters hause /
zwey vnd zwenzig Obersten. 29Der kinder Ben-
Jamin Sauls brüdere drey tausent / Denn bis auff
die zeit hielten jr noch viel an dem hause Saul.

30DER kinder Ephraim / zwenzig tausent vnd
acht hundert / redliche Helden vnd berümbte Men-
ner im hause jrer Veter. 31Des halben stams Ma-
nasse achzehen tausent / die mit namen genennet
worden / das sie kemen vnd machten Dauid zum
Könige. 32Der kinder Jsaschar die [a]verstendig
waren / vnd rieten was zu jeder zeit Jsrael thun solt /
zwey hundert Heubtleut / vnd alle jre Brüder
folgeten jrem wort. 33Von Sebulon / die ins Heer
zogen zum streit / gerüst mit allerley Waffen zum
streit / funffzig tausent / sich in die ordnung zu-
schicken eintrechtiglich. 34Von Naphthali / tau-
sent Heubtleut vnd mit jnen die schild vnd spies
füreten / sieben vnd dreissig tausent. 35Von Dan
zum streit gerüst acht vnd zwenzig tausent / sechs
hundert. 36Von Asser / die ins Heer zogen gerüst
zum streit / vierzig tausent. 37Von jenseid dem
Jordan / von den Rubenitern / Gadditern vnd hal-
ben stam Manasse / mit allerley Waffen zum streit /
hundert vnd zwenzig tausent.

38ALle diese Kriegsleute / den Zeug zu ordnen /
kamen von gantzem hertzen gen Hebron / Dauid

a Kriegs-uerstendig.

könig zu machen vber gantz Jsrael / Auch war alles
ander Jsrael eins hertzen / das man Dauid zum
Könige machet. [39]Vnd waren daselbs bey Dauid
drey tage / asen vnd truncken / Denn jre Brüder
hatten fur sie zubereit. [40]Auch welche die nehesten
vmb sie waren / bis hin an Jsaschar / Sebulon / vnd
Naphthali / die brachten Brot auff eselen / kameln /
meulern vnd rindern zu essen / mehl / feigen /
rosin / wein / öle / rinder / schafe die menge / Denn
es war eine freude in Jsrael.

XIIII. (XIII.)

|| 228 b VND DAUID HIELT EINEN RAT MIT DEN HEUBT- LADE GOTTES.
leuten vber tausent vnd vber hundert / vnd mit
allen Fürsten / [2]vnd sprach zu der gantzen ge-
meine Jsrael / Gefelt es euch / vnd ists von dem
HERRN vnserm Gott / so lasst vns allenhalben
ausschicken zu den andern vnsern Brüdern / in
allen landen Jsrael / vnd mit jnen die Priester vnd
Leuiten in den Stedten / da sie vorstedte haben /
das sie zu vns versamlet werden / [3]Vnd last vns die
Lade vnsers Gottes zu vns widerholen / Denn bey
den zeiten Saul fragten wir nicht nach jr. [4]Da sprach
die gantze Gemeine / Man solt also thun / denn
solchs gefiel allem Volck wol.

ALso versamlet Dauid das gantz Jsrael von
Sihor Egypti an / bis man kompt gen Hemath /
die lade Gottes zu holen von Kiriath Jearim.
[16]Vnd Dauid zoch hinauff mit gantzem Jsrael zu
Kiriath Jearim welche ligt in Juda / das er von dan-
nen er auffbrecht die lade Gottes des HERRN / der
auff den Cherubim sitzt / da der Name angeruffen
wird. [7]Vnd sie liessen die lade Gottes auff eim
newen Wagen füren aus dem hause Abinadab /
Vsa aber vnd sein Bruder trieben den Wagen.
[8]Dauid aber vnd das gantze Jsrael spieleten fur
Gott her / aus gantzer macht / mit Lieden / mit
Harffen / mit Psalter / mit Paucken / mit Cimbeln /
vnd mit Posaunen.

DA sie aber kamen auff den platz Chidon /
recket Vsa seine hand aus / die Laden zu halten /
denn die Rinder schritten beseit aus. [10]Da erzürnet
der grim des HERRN vber Vsa / vnd schlug jn /
das er seine hand hatte ausgereckt an die Lade / das
er daselbs starb fur Gott. [11]Da ward Dauid traurig /
das der HERR ein solchen Riss that an Vsa / vnd
hies die stet Perez Vsa / bis auff diesen tag. [12]Vnd PEREZVSA.

Dauid furcht sich fur Gott des tages / vnd sprach /
Wie sol ich die lade Gottes zu mir bringen? [13]Dar-
umb lies er die lade Gottes nicht zu sich bringen in 2. Reg. 6.
die stad Dauid / sondern lencket sie hin ins haus
ObedEdom des Githiters. [14]Also bleib die lade
Gottes bey ObedEdom in seinem hause drey mon-
OBEDEDOM. den / Vnd der HERR segenet das haus ObedEdom
vnd alles was er hatte.

XV. (XIIII.)

HIRAM. VND HIRAM DER KÖNIG ZU THYRO SANDTE BOTEN
zu Dauid vnd Cedern holtz / Meurer vnd Zim-
merleute / das sie jm ein Haus baweten. [2]Vnd
Dauid merckt / das jn der HERR zum Könige
vber Jsrael bestettiget hatte / Denn sein König-
reich steig auff vmb seins volcks Jsrael willen.
KINDER Dauids zu Jerusalem geboren. [3]Vnd Dauid nam noch mehr Weiber zu Jerusalem
vnd zeuget noch mehr Söne vnd Töchter. [4]Vnd
die jm zu Jerusalem geboren wurden / hiessen also /
Sammua / Sobab / Nathan / Salomo / [5]Jebehar /
Elisua / Elipalet / [6]Noga / Nepheg / Japhia /
[7]Elisamma / BaelJada / Eliphalet.

VNd da die Philister höreten / das Dauid zum
Könige gesalbet war vber gantz Jsrael / zogen
sie alle er auff Dauid zu suchen / Da das Dauid
höret / zoch er aus gegen sie. [9]Vnd die Philister
kamen vnd liessen sich nider im grund Rephaim.
[10]Dauid aber fragt Gott / vnd sprach / Sol ich hin
auff ziehen wider die Philister / vnd wiltu sie in
mein hand geben? Der HERR sprach zu jm / Zeuch
hin auff / Jch hab sie in deine hende gegeben. [11]Vnd PHILISTER VON Dauid geschlagen. Jesa. 28.
da sie hin auff zogen gen [a]BaalPrazim / schlug sie
Dauid daselbs / Vnd Dauid sprach / Gott hat
meine Feind durch meine hand zutrennet / wie sich
das wasser trennet / Da her hiessen sie die stet
BaalPrazim. [12]Vnd sie liessen jre Götter daselbs /
Da hies sie Dauid mit fewr verbrennen.

a (BAALPRAZIM) Baal heisst ein Hauswirt oder man. Perez heisst ein riss oder fach / Darumb mus diese stet BaalPrazim heissen / weil die Philister da zutrennet vnd zurissen sind.

ABer die Philister machten sich wider dran / vnd
theten sich nider im grunde. [14]Vnd Dauid
fraget aber mal Gott / Vnd Gott sprach zu jm / Du
solt nicht hin auff ziehen hinder jnen her / Sondern
lencke dich von jnen / das du an sie komest gegen
den Maulberbewmen. [15]Wenn du denn wirst
hören ‖ das rausschen oben auff den Maulberbew- ‖ 229a
men einher gehen / So far er aus zum streit / Denn
Gott ist da fur dir ausgezogen zuschlahen der
Philister heer. [16]Vnd Dauid thet wie jm Gott ge-

boten hatte / vnd sie schlugen das Heer der Phili-
ster von Gibeon an bis gen Gaser. [17]Vnd Dauids
namen brach aus in allen Landen / vnd der HERR
lies seine furcht vber alle Heiden komen.

XVI. (XV.)

VND ER BAWET JM HEUSER IN DER STAD DAUID /
vnd bereit der laden Gottes eine Stete / vnd be-
reitet eine Hütten vber sie. [2]Da zu mal sprach
Dauid / Die lade Gottes sol niemand tragen / on die
Leuiten / Denn die selbigen hat der HERR er-
welet / das sie die laden des HERRN tragen / vnd
jm dienen ewiglich. [3]Darumb versamlet Dauid
das gantz Jsrael gen Jerusalem das sie die laden des
HERRN hin auff brechten / an die Stete die er da zu
bereitet hatte.

DAUID BAWET ein Stete fur die Lade Gottes.

VND Dauid bracht zuhauffe die kinder Aaron
vnd die Leuiten / [5]Aus den kindern Kahath /
Vriel den Obersten sampt seinen brüdern / hun-
dert vnd zwenzig. [6]Aus den kindern Merari /
Asaja der Oberste / sampt seinen brüdern zwey
hundert vnd zwenzig. [7]Aus den kindern Gersom /
Joel der Oberst sampt seinen brüdern hundert vnd
dreissig. [8]Aus den kindern Elizaphan / Semaja der
Oberst sampt seinen brüdern zwey hundert. [9]Aus
den kindern Hebron / Eliel der Oberst sampt sei-
nen brüdern achzig. [10]Aus den kindern Vsiel /
Amminadab der Oberst sampt seinen brüdern
hundert vnd zwelff.

[11]VNd Dauid rieff Zadok vnd AbJathar den
Priestern vnd den Leuiten / nemlich / Vriel / Asaja /
Joel / Semaia / Eliel / Amminadab / [12]vnd sprach
zu jnen / Jr seid die Heubt der Veter vnter den
Leuiten / So heiliget nu euch vnd ewre brüder / das
jr die lade des HERRN des Gottes Jsrael er auff
bringet / dahin ich jr bereitet habe. [13]Denn vor
Sup. 13. hin / da jr nicht da waret / thet der HERR vnser
Gott einen Riss vnter vns / darumb das wir jn
nicht suchten / wie sichs gebürt. [14]Also heiligeten
sich die Priester vnd Leuiten / das sie die lade des
HERRN des Gottes Jsrael er auff brechten. [15]Vnd
die kinder Leui trugen die lade Gottes des LADE GOTTES.
HERRN auff jren achseln mit den Stangen dran /
Wie Mose gebotten hatte nach dem wort des
HERRN.

VND Dauid sprach zu den Obersten der Leuiten /
das sie jre brüder zu Senger stellen solten / mit

Seitenspielen / mit Psalter / Harffen vnd hellen
Cymbaln / das sie laut süngen vnd mit freuden.
HEMAN. [17]Da bestelleten die Leuiten / Heman den son Joel /
ASSAPH. vnd aus seinen brüdern / Assaph den son Berechia /
ETHAN. vnd aus den kindern Merari jren brüdern / Ethan
den son Kusaja. [18]Vnd mit jnen jre brüder des
andern teils / nemlich / Sacharja / Ben / Jaesiel /
Semiramoth / Jehiel / Vnni / Eliab / Benaia /
Maeseia / Mathithja / Elipheleia / Mikneia / Obed-
Edom / Jeiel / die Thorhüter. [19]Denn Heman /
Assaph vnd Ethan waren Senger mit ehernen Cym-
beln helle zu klingen. [20]Sacharja aber Asiel /
Semiramoth / Jehiel / Vnni / Eliab / Maeseia vnd
Benaia mit Psaltern nach zu singen. [21]Mathithja
aber / Elipheleia / Mikneia / ObedEdom / Jeiel vnd
Asasia mit Harffen von acht seiten / jnen vor zu
singen. [22]Chenan Ja aber der Leuiten Oberster /
der Sangmeister / das er sie vnterweiset zu singen /
denn er war verstendig.

[23]VND Berechia vnd Elkana waren Thorhüter
der Laden. [24]Aber Sachanja / Josaphat / Nethaneel /
Amasai / Sacharja / Benaja / Elieser die Priester
bliesen mit Drometen fur der laden Gottes / Vnd
ObedEdom vnd Jehia waren Thorhüter der Laden.

ALso giengen hin Dauid vnd die Eltesten Jsrael
vnd die Obersten vber die tausenten / er auff zu
holen die lade des Bunds des HERRN aus dem
hause ObedEdom mit freuden. [26]Vnd da Gott den
Leuiten halff / die die laden || des Bunds des || 229b
HERRN trugen / opfferte man sieben Farren / vnd
sieben Wider. [27]Vnd Dauid hatte einen leinen
Rock an / dazu alle Leuiten die die laden trugen /
vnd die Senger vnd Chenanja der Sangmeister mit
den Sengern / Auch hatte Dauid einen leinen Leib-
rock an. [28]Also bracht das gantze Jsrael die laden
des Bunds des HERRN hin auff mit jauchtzen /
Posaunen / Drometen vnd hellen Cymbeln / mit
Psaltern vnd Harffen.

DA nu die lade des Bunds des HERRN in die 2. Reg. 6.
MICHAL. stad Dauid kam / sahe Michal die tochter Saul
zum fenster aus / Vnd da sie den könig Dauid sahe
hüpffen vnd spielen / verachtet sie jn in jrem
hertzen.

XVII. (XVI.)

VND DA SIE DIE LADE GOTTES HIN EIN BRACHTEN / 2. Reg. 6.
setzten sie sie in die Hütten / die jr Dauid auff-

gericht hatte / vnd opfferten Brandopffer vnd
Danckopffer fur Gott. 2Vnd da Dauid die Brand-
opffer vnd Danckopffer ausgericht hatte / segenet
er das volck im Namen des HERRN. 3Vnd teilet
aus jederman in Jsrael / beide Man vnd Weibern /
[a]ein laib brots / vnd stück fleischs / vnd ein nössel
weins.

VND er stellet fur die laden des HERRN etliche
Leuiten zu diener das sie preiseten / danckten /
vnd lobten den HERRN den Gott Jsrael / 5nem-
lich / Assaph den ersten / Sacharja den andern.
Jeiel / Semiramoth / Jehiel / Mathithja / Eliab /
Benaja / ObedEdom / vnd Jeiel mit Psaltern vnd
Harffen / Assaph aber mit hellen Cimbalen /
6Benaja aber vnd Jehasiel die Priester mit Drome-
ten / allezeit fur der Laden des Bunds Gottes.

a Diese drey Ebreische wörter / Cicar / Espar / Asisa / heissen nicht allein die materia / als / brot / fleisch / wein / Sondern auch das mas oder gewicht / Als so ich auff deudsch spreche / Es gab ein lot Brots / ein pfund Fleisch / ein Nössel Weins.

ZV der zeit bestellet Dauid zum ersten dem
HERRN zu dancken / durch Assaph vnd seine
brüder.

Psal. 105. 8DAncket dem HERRN / predigt seinen Na-
men / Thut kund vnter den Völckern sein Thun.

9Singet / spielet vnd tichtet jm / Von allen seinen
Wundern.

10Rhümet seinen heiligen Namen / Es frewe sich
das hertze dere die den HERRN suchen.

11Fraget nach dem HERRN vnd nach seiner
Macht / Suchet sein Angesicht allezeit.

12Gedenckt seiner Wunder die er gethan hat /
Seiner Wunder vnd seines Worts.

13Jr der samen Jsrael seines Knechts / Jr kinder
Jacob seines Ausserweleten.

14Er ist der HERR vnser Gott / Er richtet in aller
Welt.

15GEdenckt ewiglich seines Bunds / Was er ver-
heissen hat jn tausent Geschlecht.

16DEn er gemacht hat mit Abraham / Vnd seines
Eides mit Jsaac.

17Vnd stellet dasselb Jacob zum Recht / Vnd
Jsrael zum ewigen Bund.

18Vnd sprach / Dir wil ich das land Canaan geben /
Das Los ewers Erbteils.

19Da sie wenig vnd gering waren / Vnd Frembd-
linge drinnen.

20VNd sie zogen von eim Volck zum andern /
Vnd aus eim Königreich zum andern Volck.

21Er lies niemand jnen schaden thun / Vnd stra-
ffet Könige vmb jrer willen.

22Tastet meine Gesalbeten nicht an / Vnd thut
meinen Propheten kein leid.
SJnget dem HERRN alle Land / Verkündiget teg- Psal. 96.
lich sein Heil.
24Erzelet vnter den Heiden seine Herrligkeit /
Vnd vnter den Völckern seine Wunder.
25DEnn der HERR ist gros vnd fast löblich /
Vnd herrlich vber alle ander Götter. ‖ ‖ 230a
26DEnn aller Heiden Götter sind Götzen / Der
HERR aber hat den Himel gemacht.
27Es stehet herrlich vnd prechtig fur jm / Vnd
gehet gewaltiglich vnd frölich zu an seinem Ort.
28BRinget her dem HERRN jr Völcker / Bringet
her dem HERRN Ehre vnd Macht.
29Bringet her des HERRN Namen die Ehre /
Bringet Geschenck / vnd kompt fur jn / Vnd betet
den HERRN an in heiligem Schmuck.
30Es fürchte jn alle Welt / Er hat den Erdboden
bereit / das er nicht bewegt wird.
31ES frewe sich der Himel / vnd die Erden sey
frölich / Vnd man sage vnter den Heiden / Das der
HERR regieret.
32Das Meer brause / vnd was drinnen ist / Vnd
das Feld sey frölich / vnd alles was drauff ist.
33Vnd lasset jauchtzen alle Bewme im Wald fur
dem HERRN / Denn er kompt zu richten die Er-
den.
34DAncket dem HERRN / Denn er ist freund-
lich / Vnd seine Güte weret ewiglich.
35Vnd sprecht / Hilff vns Gott vnser Heiland /
vnd samle vns vnd errette vns aus den Heiden / Das
wir deinem heiligen Namen dancken / vnd dir Lob
sagen.
36GElobt sey der HERR der Gott Jsrael / von
ewigkeit zu ewigkeit / Vnd alles volck sage /
Amen / Vnd lobe den HERRN.
ALso lies er daselbs fur der laden des Bunds des
HERRN / Assaph vnd seine brüder zu dienen
fur der Laden allezeit / ein jglichen tag sein tag-
werck. 38Aber ObedEdom vnd jre brüder / acht
vnd sechzig / vnd ObedEdom den son Jedithun /
vnd Hossa zu Thorhütern.
39VNd Zadok den Priester / vnd seine brüder die
Priester / lies er fur der Wonung des HERRN auff
der Höhe zu Gibeon / 40das sie dem HERRN teg-
lich Brandopffer theten auff dem Brandopffers
altar / des morgens vnd des abends / Wie geschrie-

ben stehet im Gesetz des HERRN / das er an Jsrael
geboten hat. 41Vnd mit jnen Heman vnd Jedithun /
vnd die andern erweleten die mit namen benennet
waren / zu dancken dem HERRN / das seine güte
weret ewiglich. 42Vnd mit jnen Heman vnd
Jedithun mit Drometen vnd Cymbaln zu klingen /
vnd mit Seitenspielen Gottes / Die kinder aber
Jedithun macht er zu Thorhütern. 43Also zoch
alles Volck hin / ein jglicher in sein haus / Vnd
Dauid keret auch hin sein haus zu segenen.

XVIII. (XVII.)

2. Reg. 7. ES BEGAB SICH / DA DAUID IN SEINEM HAUSE NATHAN.
wonet / sprach er zu dem Propheten Nathan /
Sihe / ich wone in eim Cedern hause / vnd die lade
des Bunds des HERRN ist vnter den Teppichen.
2Nathan sprach zu Dauid / Alles was in deinem
hertzen ist / das thue / Denn Gott ist mit dir.

ABer in der selben nacht kam das wort Gottes
zu Nathan vnd sprach / 4Gehe hin / vnd sage
Dauid meinem Knecht / so spricht der HERR. Du
solt mir nicht ein Haus bawen zur wonung. 5Denn
ich hab in keinem hause gewonet / von dem tage
an / da ich die kinder Jsrael ausfüret / bis auff diesen
tag / Sondern ich bin gewesen / wo die Hütten ge-
wesen ist vnd die Wonunge / 6wo ich gewandelt
hab in gantzem Jsrael. Hab ich auch zu der Richter
einem in Jsrael je gesagt / den ich gebot zu weiden
mein Volck / vnd gesprochen / Warumb bawet jr
mir nicht ein Cedern haus? 7So sprich nu also zu
meinem knecht Dauid / so spricht der HERR
|| 230b Zebaoth / Jch hab dich genomen von der weide ||
hinder den Schafen / das du soltest sein ein Fürst
vber mein volck Jsrael / 8vnd bin mit dir gewesen /
wo du hin gegangen bist / vnd habe deine Feinde
ausgerottet fur dir / vnd habe dir einen namen ge-
macht / wie die Grossen auff erden namen haben.

9JCh wil aber meinem volck Jsrael eine Stete
setzen / vnd wil es pflantzen das es daselbs wonen
sol / vnd nicht mehr bewegt werde / Vnd die bösen
Leute sollen es nicht mehr schwechen / wie vor hin /
vnd zun zeiten da ich den Richtern gebot vber mein
volck Jsrael / 10Vnd ich wil alle deine Feinde de-
mütigen / vnd verkündige dir / das der HERR / dir
ein Haus bawen wil.

WENN ABER DEINE TAGE AUS SIND / DAS DU HIN CHRISTUS
GEHEST ZU DEINEN VETERN / SO WIL ICH DEI- Dauid verheissen.

NEN SAMEN NACH DIR ERWECKEN / DER DEINER
SÖNE EINER SEIN SOL / DEM WIL ICH SEIN KÖNIG-
REICH BESTETIGEN / 12DER SOL MIR EIN HAUS
BAWEN / VND ICH WIL SEINEN STUEL BESTETIGEN
EWIGLICH. 13JCH WIL SEIN VATER SEIN / VND ER
SOL MEIN SON SEIN. Vnd ich wil meine Barmhertzig-
keit nicht von jm wenden / wie ich sie von dem
gewand habe / der vor dir war / 14Sondern ich
wil jn setzen in mein Haus / vnd in mein König-
reich ewiglich / das sein Stuel bestendig sey
ewiglich.

Dauids Gebet.

VND da Nathan nach alle diesen worten vnd Ge-
sicht mit Dauid redet / 16kam der könig Dauid
vnd bleib fur dem HERRN / vnd sprach / Wer
bin ich HERR Gott? Vnd was ist mein Haus / das
du mich bis hie her gebracht hast? 17Vnd das hat
dich noch zu wenig gedaucht Gott / Sondern hast
vber das haus deines Knechts noch von fernem zu-
künfftigen geredt / vnd du hast angesehen Mich /
als in der gestalt eines Menschen / der in der höhe
Gott der HERR ist. 18Was sol Dauid mehr sagen
zu dir / das du deinen Knecht herrlich machest?
Du erkennest deinen knecht / 19HERR vmb deines
Knechts willen / nach deinem hertzen hastu all
solch grosse ding gethan / das du kund thettest alle
herrligkeit. 20HERR es ist dein gleiche nicht / vnd
ist kein Gott denn du / von welchen wir mit vnsern
ohren gehöret haben. 21Vnd wo ist ein Volck auff
Erden / wie dein Volck Jsrael / da ein Gott hin ge-
gangen sey / jm ein Volck zu erlösen / vnd jm selb
einen Namen zu machen / von grossen vnd schreck-
lichen dingen / Heiden aus zu stossen fur deinem
Volck her / das du aus Egypten erlöset hast?
22Vnd hast dir dein volck Jsrael zum volck gemacht
ewiglich / vnd du HERR bist jr Gott worden.

(Mich) Das ist / Nicht meine Person / sondern meines bluts / Nachkomen / scilicet in futurum et longinquum / der ein solcher Mensch sein wird / der in Höhe Gott der HERR ist. Psal. 89. Wer kan gleich Gotte sein / vnter den kindern Gottes. Er ist auch Gottes kind / Aber weit vber andere Gotteskinder / als der selbs auch Gott ist.

23NU HERR das wort das du geredt hast vber
deinen Knecht vnd vber sein Haus / werde war
ewiglich / vnd thu wie du geredt hast. 24Vnd dein
Name werde war vnd gros ewiglich / das man sage /
Der HERR Zebaoth der Gott Jsrael ist Gott in
Jsrael / vnd das haus deines knechts Dauid sey
bestendig fur dir. 25Denn du HERR hast das ohr
deines knechts geöffnet / das du jm ein Haus
bawen wilt / Darumb hat dein Knecht funden / das
er fur dir betet. 26Nu HERR du bist Gott / vnd
hast solch Gutes deinem knecht geredt / 27Nu
hebe an zu segen das Haus deins Knechts / das es

ewiglich sey fur dir / Denn was du HERR segenest / das ist gesegenet ewiglich.

XIX. (XVIII.)

2. Reg. 8.

NACH DIESEM SCHLUG DAUID DIE PHILISTER vnd demütiget sie / vnd nam Gath vnd jre töchter aus der Phlister hand.

PHILISTER. Moabiter / HadadEser / vnd Syrer von Dauid geschlagen.

[2]Auch schlug er die Moabiter / das die Moabiter Dauid vnterthenig wurden vnd Geschenck brachten.

ER schlug auch HadadEser / den könig zu Zoba in Hemath / da er hin zoch / sein Zeichen auffzurichten am wasser Phrath. [4]Vnd Dauid gewan jm ab tausent Wagen / sieben tausent Reuter / vnd zwenzig tausent Man zu fuss / Vnd Dauid verlehmet alle Wagen / vnd behielt hundert wagen vberig.

[5]VND die Syrer von Damasco kamen dem HadadEser dem könig zu ‖ Zoba zu helffen / Aber Dauid schlug derselbigen Syrer zwey vnd zwenzig tausent Man. [6]Vnd legt volck gen Damascon in Syria / Das die Syrer Dauid vnterthenig wurden / vnd brachten jm Geschencke / Denn der HERR halff Dauid wo er hin zoch. [7]Vnd Dauid nam die gülden Schilde die HadadEsers knechte hatten / vnd bracht sie gen Jerusalem. [8]Auch nam Dauid aus den stedten HadadEsers / Tibehath vnd Chun / seer viel ertzs / Da von Salomo das eherne Meer vnd Seulen vnd eherne Gefess machet.

‖ 231a

VND da Thogu der könig zu Hemath höret / das Dauid alle macht HadadEsers des königs zu Zoba geschlagen hatte / [10]sandte er seinen son Hadoram zum könige Dauid / vnd lies jn grüssen vnd segenen / das er mit HadadEser gestritten vnd jn geschlagen hatte / Denn Thogu hatte einen streit mit HadadEser.

THOGU.

(Segenen) Glück wündschen.

[11]AVch alle güldene / silberne / vnd eherne Gefess heiligete der König Dauid dem HERRN mit dem silber vnd golde / das er den Heiden genomen hatte / nemlich den Edomitern / Moabitern / Ammonitern / Philistern vnd Amalekitern.

VND Abisai der son Zeruja schlug der Edomiter im Saltztal achzehen tausent. [13]Vnd legt volck in Edomea / das alle Edomiter Dauid vnterthenig waren / Denn der HERR halff Dauid wo er hin zoch. [14]Also regiert Dauid vber das gantz Jsrael / vnd handhabet Gericht vnd Gerechtigkeit alle seinem Volck.

EDOMITER 18000. geschlagen.

JOab der son Zeruja war vber das Heer. Josaphat 2. Reg. 8.
der son Ahilud war Cantzeler. 16Zadok der son
Ahitob vnd AbiMelech der son Abjathar waren
Priester. Sawsa war Schreiber. 17Benaja der son
Joiada war vber die Chrethi vnd Plethi. Vnd die
ersten söne Dauid waren dem könige zur hand.

XX. (XIX.)

Nahas. VND NACH DIESEM STARB NAHAS DER KÖNIG DER 2. Reg. 10.
kinder Ammon / vnd sein Son ward König an
seine stat. 2Da gedacht Dauid / Jch wil barm-
Hanon. hertzigkeit thun an Hanon dem son Nahas / Denn
sein Vater hat an mir barmhertzigkeit gethan. Vnd
sandte Boten hin / jn zu trösten vber seinen vater.

VND da die knecht Dauid ins Land der kinder
Ammon kamen zu Hanon jn zu trösten /
3sprachen die Fürsten der kinder Ammon zu Ha-
non / Meinstu das Dauid deinen Vater ehre fur
deinen augen / das er Tröster zu dir gesand hat?
Ja seine Knechte sind komen zu dir / zu forschen
vnd vmb [a]zu keren vnd zuuerkundschaffen das
Land. 4Da nam Hanon die knechte Dauid vnd be-
schore sie / vnd schneit jre Kleider halb ab bis an
die Lenden / vnd lies sie gehen. 5Vnd sie giengen
weg vnd liessens Dauid ansagen durch Menner /
Er aber sandte jnen entgegen (Denn die Menner
waren seer geschendet) vnd der König sprach
Bleibt zu Jeriho / bis ewr Bart wachse / So kompt
denn wider.

[a] Wie man ein ding keret / hinden vnd forn besihet / das man wil eigentlich erkunden.

DA aber die kinder Ammon sahen / das sie stun-
cken fur Dauid / sandten sie hin beide Hanon /
vnd die kinder Ammon tausent Centner silbers /
Wagen vnd Reuter zu dingen aus Mesopotamia /
aus Maecha vnd aus Zoba / 7vnd dingeten zwey
vnd dreissig tausent Wagen / vnd den könig Mae-
cha mit seinem volck. Da kamen vnd lagerten sich
fur Medba / Vnd die kinder Ammon samleten sich
auch aus jren Stedten vnd kamen zum streit. 8Da
das Dauid höret / sandte er hin Joab mit dem gan-
tzen Heer der Helden. 9Die kinder Ammon aber
waren ausgezogen / vnd rüsteten sich zum streit
fur der Stadthor / Die Könige aber die komen
waren / hielten im felde besonders.

10DA nu Joab sahe / das fornen vnd hinder jm
streit wider jn war / erwelet er aus aller jungen
Manschafft in Jsrael / vnd rüstetet sich gegen die
Syrer. 11Das vbrige volck aber thet er vnter die

|| 231b hand Abisai seines bruders / das sie sich || rüsteten
wider die kinder Ammon / 12vnd sprach. Wenn
mir die Syrer zu starck werden / so kom mir zu SYRER VND
hülff. Wo aber die kinder Ammon dir zu starck Ammoniter
werden / wil ich dir helffen. 13Sey getrost / vnd lass geschlagen etc.
vns getrost handeln / fur vnser Volck vnd fur die
Stedte vnsers Gottes / Der HERR thu / was jm
gefelt. 14Vnd Joab macht sich erzu mit dem volck
das bey jm war / gegen die Syrer zu streitten / Vnd
sie flohen fur jm. 15Da aber die kinder Ammon
sahen / das die Syrer flohen / flohen sie auch fur
Abisai seinem bruder / vnd zogen in die stad. Joab
aber kam gen Jerusalem.
DA aber die Syrer sahen / das sie fur Jsrael geschlagen waren / sandten sie Boten hin / vnd
brachten eraus die Syrer jenseid dem Wasser / Vnd
Sophach der Feldheubtman HadadEser zoch fur
jnen her. 17Da das Dauid angesagt ward / samlet
er zu hauff das gantz Jsrael / vnd zoch vber den Jordan / vnd da er an sie kam /rüstetet er sich an sie /
Vnd Dauid rüstetet sich gegen die Syrer zum streit /
vnd sie stritten mit jm. 18Aber die Syrer flohen fur
Jsrael / vnd Dauid erwürget der Syrer sieben tausent Wagen / vnd vierzig tausent Man zu fuss / Dazu tödtet er Sophach den Feldheubtman. 19Vnd SOPHACH.
da die knecht HadadEser sahen / das sie fur Jsrael
geschlagen waren / machten sie friede mit Dauid
vnd seinen knechten / Vnd die Syrer wolten den
kindern Ammon nicht mehr helffen.

XXI. (XX.)

2. Reg. 11. 12. VND DA DAS JAR VMB WAR / ZUR ZEIT WENN DIE
Könige ausziehen / füret Joab die Heermacht
vnd verderbt der kinder Ammon land / kam vnd
belagert Rabba / Dauid aber bleib zu Jerusalem / RABBA.
Vnd Joab schlug Rabba vnd zubrach sie. 2Vnd
Dauid nam die krone jrs Königs von seinem Heubt /
vnd fand dran einen Centner goldes schweer / vnd
Eddel gesteine / vnd sie ward Dauid auff sein Heubt
gesetzt / Auch füret er aus der Stad seer viel Raubs.
3Aber das volck drinnen füret er er aus / vnd teilet
sie mit Segen / vnd eisern Hacken vnd Keilen /
Also thet Dauid allen Stedten der kinder Ammon /
Vnd Dauid zoch sampt dem volck wider gen
Jerusalem.
2. Reg. 21. DArnach erhub sich ein streit zu Gasar mit den
Philistern / Dazu mal schlug Sibechai der SIBECHAI.

SIBAI. Husathiter / den Sibai der aus den kindern der Rie-
sen war vnd demütiget jn. 5Vnd es erhub sich noch
ELHANAN. ein streit mit den Philistern / Da schlug Elhanan
LAHEMI. der son Jair den Lahemi / den bruder Goliath den
Gathiter / welcher hatte eine Spiesstangen wie ein
Weberbawm. 6Aber mal ward ein streit zu Gath /
GROSSER MAN. Da war ein gros Man / der hatte ja sechs finger vnd
sechs zeen / die machen vier vnd zwenzig / vnd er
war auch von den Riesen geborn / 7vnd hönet
JONATHAN. Jsrael. Aber Jonathan der son Simea des bruders
Dauid schlug jn. 8Diese waren geborn von den
Riesen zu Gath / vnd fielen durch die hand Dauid /
vnd seiner Knechte.

XXII. (XXI.)

Dauid lesst das Volck zelen.

VND DER SATAN STUND WIDER JSRAEL / VND GAB 2.Sa. 24.
Dauid ein / das er Jsrael zelen lies. 2Vnd Dauid
sprach zu Joab vnd zu des volcks Obersten /
Gehet hin / zelet Jsrael von Berseba an bis gen Dan /
vnd bringts zu mir / das ich wisse / wie viel jr ist.
3Joab sprach / Der HERR thu zu seinem Volck wie
sie jtzt sind / hundert mal so viel / Aber mein Herr
könig / sind sie nicht alle meins Herrn knechte?
Warumb fraget denn mein Herr darnach? Warumb
sol eine schuld auff Jsrael komen?

4ABer des Königs wort gieng fort wider Joab.
Vnd Joab zoch aus vnd wandelt durchs gantz
Jsrael / vnd kam gen Jerusalem. 5Vnd gab die zal
des ge||zeleten volcks Dauid / Vnd es war des gan- || 232a
tzen Jsrael eilff hundert mal tausent Man / die das
schwert auszogen / vnd Juda vier hundert mal vnd
siebenzig tausent Man / die das schwert auszogen.
6Leui aber vnd Ben Jamin zelet er nicht vnter diese /
Denn es war dem Joab des Königs wort ein grewel.

ABer solchs gefiel Gott vbel / Denn er schlug
Jsrael. 8Vnd Dauid sprach zu Gott / Jch habe
schwerlich gesundigt / das ich das gethan habe /
Nu aber nim weg die missethat deines Knechts /
Denn ich habe fast [a]thörlich gethan.

VND der HERR redt mit Gad dem schawer GAD.
Dauid / vnd sprach / 10Gehe hin / rede mit Dauid
vnd sprich / so spricht der HERR / Dreierley lege
ich dir fur / erwele dir der eins / das ich dir thue.
11Vnd da Gad zu Dauid kam / sprach er zu jm / so
spricht der HERR / Erwele dir 12entweder drey
jar Thewrung / Oder drey monden flucht fur deinen
Widersachern / vnd fur dem schwert deiner Feinde /

a (Thörlich) Dauid bestund die eitel ehre / das er wolt sehen / wie das Königreich durch jn / als durch sein thun / so herrlich hette zugenomen. Da sihestu / das fiducia operis eitel ehre / wider Gottes ehre vnd ein Abgötterey ist.

das dichs ergreiffe / Oder drey tage das schwert des
HERRN / vnd Pestilentz im Lande / das der Engel
des HERRN verderbe in allen grentzen Jsrael / So
sihe nu zu / was ich antworten sol dem der mich ge-
sand hat. 13Dauid sprach zu Gad / Mir ist fast
angst / Doch ich wil in die hand des HERRN fal-
len / Denn seine barmhertzigkeit ist seer gros / vnd
wil nicht in Menschen hende fallen.
DA lies der HERR Pestilentz in Jsrael komen /
das siebenzig tausent Man fielen aus Jsrael.
15Vnd Gott sandte den Engel gen Jerusalem sie zu
verderben / Vnd im verderben sahe der HERR
drein / vnd rewet jn das vbel. Vnd sprach zum Engel
dem Verderber / Es ist gnug / las deine hand ab.
Der Engel aber des HERRN stund bey der tennen
Arnan des Jebusiters. 16Vnd Dauid hub seine
augen auff / vnd sahe den Engel des HERRN
stehen zwischen Himel vnd Erden / vnd ein blos
Schwert in seiner hand ausgereckt vber Jerusalem /
Da fiel Dauid vnd die Eltesten mit Secken bedeckt
auff jr andlitz. 17Vnd Dauid sprach zu Gott / Bin
ichs nicht / der das volck zelen hies? Jch bin der ge-
sündiget vnd das vbel gethan hat / Diese Schafe
aber was haben sie gethan? HERR mein Gott las
deine Hand wider mich vnd meines Vaters haus /
vnd nicht wider dein Volck sein / zu plagen.

(Secken) Das ist / geringe / grobe Kleider / als dar aus man Secke machet / Wie bey vns die Kittel vnd grob Linwand.

VND der Engel sprach zu Gad / das er Dauid solt
sagen / das Dauid hin auff gehen / vnd dem
HERRN einen Altar auffrichten solt / in der tennen
Arnan des Jebusiters. 19Also gieng Dauid hin auff
nach dem wort Gad / das er geredt hatte in des
HERRN Namen. 20Arnan aber da er sich wandte
vnd sahe den Engel / vnd seine vier Söne mit jm /
versteckten sie sich / Denn Arnan drasch weitzen.
21Als nu Dauid zu Arnan gieng / sahe Arnan vnd
war Dauids gewar / Vnd gieng eraus aus der Ten-
nen / vnd betet Dauid an mit seinem andlitz zur
erden.

ARNAN.

VND Dauid sprach zu Arnan / Gib mir raum in
der Tennen / das ich einen Altar dem HERRN
drauff bawe / vmb vol Geld soltu mir jn geben /
Auff das die Plage vom Volck auffhöre. 23Arnan
aber sprach zu Dauid / Nim dir vnd mache mein
Herr könig wie dirs gefelt / Sihe / ich gebe das Rind
zum Brandopffer / vnd das Geschir zu holtz / vnd
Weitzen zum Speisopffer / alles gebe ichs. 24Aber
der könig Dauid sprach zu Arnan / Nicht also /

sondern vmb vol geld wil ichs keuffen / Denn ich
wil nicht das dein ist nemen fur dem HERRN vnd
wils nicht vmb sonst haben zum Brandopffer.

[25]ALso gab Dauid Arnan vmb den Raum / gold
am gewicht sechs hundert sekel. [26]Vnd Dauid
bawet daselbs dem HERRN einen Altar / vnd
opffert Brandopffer vnd Danckopffer / Vnd da er
den HERRN anrieff / erhöret er jn durchs Fewr
vom Himel auff den Altar des Brandopffers. [27]Vnd
der HERR sprach zum Engel / das er sein Schwert
in seine scheiden keret.

[28]ZVR selbigen zeit / da Dauid sahe / das jn der
HERR erhöret hatte auff dem platz Arnan des Jebu-
siters / pflegt er daselbs zu opffern. [29]Denn die
Wo‖nung des HERRN / die Mose in der wüsten ‖ 232b
gemacht hatte / vnd der Brandopffersaltar / war zu
der zeit in der Höhe zu Gibeon. [30]Dauid aber
kundte nicht hin gehen fur den selben / Gott zu
süchen / so war er erschrocken fur dem schwert des
Engels des HERRN. [1]Vnd Dauid sprach / Hie sol
das Haus Gottes des HERRN sein / vnd dis der
Altar zum Brandopffer Jsrael.

Nota / quod non electicium locum / sed ostensum elegit.

XXIII. (XXII.)

Dauid schaffet vorrat zum Tempel etc.

VND DAUID HIES VERSAMLEN DIE FREMBDLIN-
gen / die im Land Jsrael waren / vnd bestellet
Steinmetzen stein zu hawen / das Haus Gottes zu
bawen. [3]Vnd Dauid bereitet viel Eisens / zu negeln
an die thüren in den thoren / vnd was zu nageln
were / vnd so viel Ertzs / das nicht zu wegen war.
[4]Auch Cedernholtz on zal / Denn die von Zidon
vnd Tyro brachten viel Cedernholtz zu Dauid.
[5]Denn Dauid gedacht / Mein son Salomo ist ein Jnf. 29.
Knabe vnd zart / Das Haus aber das dem HERRN
sol gebawet werden / sol gros sein / das sein Name
vnd rhum erhaben werde in allen Landen / Darumb
wil ich jm Vorrat schaffen. Also schaffet Dauid viel
vorrats vor seinem tod.

Dauid befielht Salomo den Tempel zu bawen.

VND er rieff seinem son Salomo / vnd gebot jm
zu bawen das Haus des HERRN des Gottes
Jsrael / [7]Vnd sprach zu jm / Mein son / Jch hatte
es im sinn / dem Namen des HERRN meines Got-
tes ein Haus zu bawen. [8]Aber das wort des HERRN
kam zu mir / vnd sprach / Du hast viel bluts vergos-
sen / vnd grosse Krieg gefürt / Darumb soltu mei-
nem Namen nicht ein Haus bawen / weil du so viel
bluts auff die erden vergossen hast fur mir. [9]Sihe

der Son der dir geborn sol werden / der wird ein
rügig Man sein / Denn ich wil jn rugen lassen von
all seinen Feinden vmb her / denn er sol Salomo
heissen / Denn ich wil fried vnd ruge geben vber (Friede)
2. Reg. 7. Jsrael sein leben lang / [10]Der sol meinem Namen (SALOMO)
ein Haus bawen. Er sol mein son sein / vnd ich wil Heisst fried-
sein Vater sein / Vnd ich wil seinen königlichen sam / oder
Stuel vber Jsrael bestetigen ewiglich. friedrich.
[11]SO wird nu mein Son / der HERR mit dir sein /
vnd wirst glückselig sein / das du dem HERRN dei-
nem Gotte ein Haus bawest / wie er von dir geredt
hat. [12]Auch wird der HERR dir geben klugheit
vnd verstand / vnd wird dir Jsrael befelhen / das
du haltest das Gesetz des HERRN deines Gottes.
[13]Denn aber wirstu glückselig sein / wenn du dich
heltest / das du thuest nach den Geboten vnd Rech-
ten / die der HERR Mose geboten hat an Jsrael /
Sey getrost vnd vnuerzagt / fürcht dich nicht vnd
zage nicht. [14]Sihe / Jch habe in meiner armut
verschafft zum Hause des HERRN / hundert tau-
sent Centner golds / vnd tausent mal tausent Cent- Ein Centner ist
ner silbers / Dazu ertz vnd eisen on zal / denn es ist bey. 1000.
sein zu viel / Auch holtz vnd steine hab ich ge- floren / doch an
schickt / des magstu noch mehr machen. [15]So einem ort ge-
hastu viel Erbeiter / Steinmetzen vnd Zimmerleut ringer oder
an stein vnd holtz / vnd allerley Weisen auff allerley mehr etc. Jn
erbeit [16]an gold / silber / ertz / vnd eisen on zal. So Graecia ists
mache dich auff vnd richte es aus / Der HERR wird .600. Kronen.
mit dir sein.

VND Dauid gebot allen Obersten Jsrael / das sie
seinem son Salomo hülffen / [18]Jst nicht der
HERR ewr Gott mit euch / vnd hat euch ruge ge-
geben vmbher? Denn er hat die Einwoner des
Lands in ewre hende gegeben / vnd das Land ist
vnterbracht fur dem HERRN vnd fur seinem
volck. [19]So gebt nu ewr hertz vnd ewre seele / den
HERR ewren Gott zu suchen / Vnd macht euch
auff vnd bawet Gott dem HERRN ein Heiligthum /
das man die lade des Bunds des HERRN / vnd die
heiligen gefess Gottes ins Haus bringe / das dem
Namen des HERRN gebawet sol werden. [1]Also
macht Dauid seinen son Salomo zum Könige vber
Jsrael / da er alt vnd des lebens sat war.

XXIIII. (XXIII.)

|| 233a VND DAUID VERSAMLET ALLE OBERSTEN IN
Jsrael / vnd die Priester vnd die Leuiten / [3]das

(Dreissig) Es scheinet / die Ebreische Bibel hie verfelscht sein denn sonst allenthalben zwenzig geschrieben stehet / vt paulo infra in 4. Paragrapho / et in Mose.

man die Leuiten zelete / von dreissig jaren vnd
drüber / vnd jr zal war von heubt zu heubt / das
starcke Man waren / acht vnd dreissig tausent.
[4]Aus welchen worden vier vnd zwenzig tausent
verordnet / die das werck am Hause des HERRN
trieben / vnd sechs tausent Amptleut vnd Richter /
[5]vnd vier tausent Thorhüter. Vnd vier tausent
Lobesenger des HERRN mit Seitenspiel / die ich
gemacht hab / lob zusingen.

VNd Dauid macht die Ordnung vnter den kin- Sup. 6.
dern Leui / nemlich / vnter Gerson / Kahath

GERSONITER.

vnd Merari. [7]Die Gersoniten waren Laedan vnd
Simei. [8]Die kinder Laedan / der erst / Jehiel /
Sethan / vnd Joel die drey. [9]Die kinder aber Simei
waren / Salomith / Hasiel / vnd Haran die drey.
Diese waren die furnemesten vnter den Vetern von
Laedan. [10]Auch waren diese Simei kinder / Jahath /
Sina / Jeus vnd Bria / diese vier waren auch Simei
kinder. [11]Jahath aber war der erste / Sisa der ander.
Aber Jeus vnd Bria hatten nicht viel kinder / darumb
wurden sie fur eins Vaters haus gerechnet.

KINDER Kahath.

DJE kinder Kahath waren / Amram / Jezehar /
Hebron vnd Vsiel / die viere. [13]Die kinder
Amram waren / Aaron vnd Mose. Aaron aber ward
abgesondert / das er geheiliget würde zum Allerheiligsten
er vnd seine Söne ewiglich / zu reuchern
fur dem HERRN / vnd zu dienen vnd zu segenen
in dem Namen des HERRN ewiglich. [14]Vnd
Mose des mans Gottes kinder wurden genennet
vnter der Leuiten stam. [15]Die kinder aber Mose
waren / Gerson vnd Elieser. [16]Die kinder Gerson /
der erste war Sebuel. [17]Die kinder Elieser / der
erst war Rahabja. Vnd Elieser hatte kein ander
kinder. Aber der kinder Rehabja waren viel drüber.
[18]Die kinder Jezehar waren Salomith / der
erste. [19]Die kinder Hebron waren / Jeria der
erste / Amarja der ander / Jehasiel der dritte / vnd
Jakmeam der vierde. [20]Die kinder Vsiel waren /
Micha der erst / vnd Jesia der ander.

KINDER Merari

DJE kinder Merari waren / Maheli vnd Musi.
Die kinder Maheli waren / Eleasar vnd Kis.
[22]Eleasar aber starb vnd hatte keine Söne / sondern
Töchtere / vnd die kinder Kis jre brüder / namen
sie. [23]Die kinder Musi waren / Maheli / Eder vnd
Jeremoth / die drey. [24]Das sind die kinder Leui
vnter jrer Veter heuser / vnd furnemesten der Veter
die gerechnet wurden nach der namen zal bey den

Heubten / welche theten das geschefft des Ampts im
Hause des HERRN / von zwenzig jaren vnd drü-
ber. 25Denn Dauid sprach / der HERR der Gott
Jsrael hat seinem Volck ruge gegeben / vnd wird
zu Jerusalem wonen ewiglich.

AVch vnter den Leuiten wurden gezelet der
kinder Leui von zwenzig jaren vnd drüber /
das sie die Wonung nicht tragen durfften mit all
jrem gerete jrs Ampts. 27 aSondern nach den letz- a
ten worten Dauid / 28das sie stehen solten vnter Mutatio
der hand der kinder Aaron / zu dienen im Hause onerum Mosi.
des HERRN im hofe / vnd zu den kasten / vnd zur
reinigung / vnd zu allerley heiligthum / vnd zu
allem werck des Ampts im hause Gottes / 29vnd
zum Schawbrot / zum Semelmelh / zum Speis-
opffer / zu vngesewrten fladen / zur pfannen / zu
rosten / vnd zu allem gewicht vnd mas. 30Vnd zu
stehen des morgens zu dancken vnd zu loben den
HERRN / des abends auch also. 31Vnd alle Brand-
opffer dem HERRN zu opffern auff die Sabbathen /
Newmonden vnd Feste / nach der zal vnd gebür
alle wege fur dem HERRN / 32das sie warten der
Hut an der hütten des Stiffts vnd des Heiligthums /
vnd der kinder Aaron jrer brüder / zu dienen im
Hause des HERRN.

XXV. (XXIIII.)

|| 233b ABER DIS WAR DIE ORDENUNG DER KINDER ORDENUNG
Luc. 1. Aaron. Die kinder Aaron waren Nadab / Abi- der Priester.
hu / Eleasar vnd Jthamar. 2Aber Nadab vnd Abihu
storben fur jren Vetern / vnd hatten keine Kinder /
vnd Eleasar vnd Jthamar wurden Priester. 3Vnd
Dauid ordenet sie also / Zadok aus den kindern
Eleasar / vnd Ahimelech aus den kindern Jthamar /
nach jrer zal vnd ampt. 4Vnd wurden der kinder
Eleasar mehr funden zu furnemesten starcken Men-
nern / denn der kinder Jthamar. Vnd er ordenet
sie also / nemlich / sechzehen aus den kindern
Eleasar / zu Obersten vnter jrer Veter haus / vnd
achte aus den kindern Jthamar vnter jrer Veter
haus. 5Er ordenet sie aber durchs Los / darumb /
das beide aus Eleasar vnd Jthamar kinder / Ober-
sten waren im Heiligthum / vnd öbersten fur Gott.
6Vnd der schreiber Semaia der son Nethaneel aus
den Leuiten / beschreib sie fur dem Könige vnd
fur den Obersten / vnd fur Zadok dem Priester /

vnd fur Ahimelech dem son AbJathar / vnd fur den
öbersten Vetern vnter den Priestern vnd Leuiten /
nemlich / ein vaters hause fur Eleasar / vnd das
ander fur Jthamar.

VND das erst Los fiel auff Joiarib / das ander auff
Jedaia. [8]Das dritte auff Harim / das vierde auff
Seorim. [9]Das fünfft auff Malchia / das sechst auff
Meiamin. [10]Das siebend auff Hakoz / das acht auff
Abia. [11]Das neunde auff Jesua / das zehend auff Luc. 1.
Sechania. [12]Das eilfft auff Eliassib / das zwelfft auff
Jakim. [13]Das dreizehend auff Hupa / das vier-
zehend auff Jesebeab. [14]Das funffzehend auff Bilga /
das sechzehend auff Jmmer. [15]Das siebenzehend
auff Hesir / das achzehend auff Hapizez. [16]Das
neunzehend auff Pethahja / das zwenzigst auff Je-
heskel. [17]Das ein vnd zwenzigst auff Jachin / das
zwey vnd zwenzigst auff Gamul. [18]Das drey vnd
zwenzigst auff Delaja / das vier vnd zwenzigst auff
Maasia. [19]Das ist jre Ordenung nach jrem Ampt
zu gehen in das Haus des HERRN nach jrer weise
vnter jrem vater Aaron / wie jnen der HERR der
Gott Jsrael geboten hat.

ABer vnter den andern kindern Leui / war vnter
den kindern Amram / Subael. Vnter den kin-
dern Subael war Jehdea. [21]Vnter den kindern
Rehabja war der erst Jesia. [22]Aber vnter den
Jezeharitern war Slomoth. Vnter den kindern Slo-
moth war Jahath. [23]Die kinder Hebron waren /
Jeria der erste / Amarja der ander / Jahesiel der
dritte / Jakmeam der vierde. [24]Die kinder Vsiel
waren Micha. Vnter den kindern Micha war Sa-
mir. [25]Der bruder Micha war Jesia. Vnter den
kindern Jesia war Sacharja. [26]Die kinder Merari
waren / Maheli vnd Musi / des son war Jaesia.
[27]Die kinder Merari von Jaesia seim son waren /
Soham / Sacur vnd Jbri.

[28]MAheli aber hatte Eleasar / denn er hatte keine
söne. [29]Von Kis / Die kinder Kis waren Jerah-
meel. [30]Die kinder Musi waren Maheli / Eder vnd
Jeremoth. Das sind die kinder der Leuiten vnter
jrer veter haus. [31]Vnd man warff fur sie auch das
Los neben jren brüdern den kindern Aaron / fur
dem könige Dauid vnd Zadok vnd Ahimelech /
vnd fur den öbersten Vetern vnter den Priestern
vnd Leuiten / dem kleinsten bruder eben so wol /
als dem öbersten vnter den Vetern.

XXVI. (XXV.)

VND DAUID SAMPT DEN FELDHEUBTLEUTEN SON-
dert ab zu Emptern vnter den kindern Assaph /
Heman vnd Jedithun die Propheten mit Harffen /
Psaltern / vnd Cymbalen / vnd sie wurden gezelet
zum Werck nach jrem Ampt. [2]Vnter den kindern
Assaph war / Sacur / Joseph / Nethanja / Asarela /
kinder Assaph vnter Assaph / der da weissaget bey
dem König. [3]Von Jedithun / Die kinder Jedithun
waren / Gedalja / Zori / Jesaja / Hasabja / Mathith-
ja / Die sechse vnter jrem vater Jedithun mit
Harffen / die da weissagten zu dancken vnd zu
|| 234a loben den HERRN. || [4]Von Heman / Die kinder
Heman waren / Bukia / Mathanja / Vsiel / Sebuel /
Jerimoth / Hananja / Hanani / Eliatha / Gidalthi /
RomamthiEser / Jasbekasa / Mallothi / Hothir
vnd Mahesioth. [5]Diese waren alle kinder Heman
des Schawers des königs in den worten Gottes /
das Horn zu erheben / Denn Gott hatte Heman
vierzehen Söne vnd drey Töchter gegeben.

(Das Horn zu erheben) Jch acht das dieser Heman sey Dauids Prophet gewesen / in königlichen Geschefften die das Königreich belanget haben / wie er hat streiten vnd regieren sollen. Denn Horn bedeut je Regiment vnd Königreich.

[6]DJese waren alle vnter jren vetern / Assaph /
Jedithun vnd Heman zu singen im Hause des
HERRN mit Cymbeln / Psaltern vnd Harffen /
nach dem Ampt im hause Gottes bey dem Könige.
[7]Vnd es war jr zal / sampt jren Brüdern die im ge-
sang des HERRN gelert waren / alle sampt Mei-
ster / zwey hundert vnd acht vnd achzig. [8]Vnd sie
worffen Los vber jre Ampt zu gleich / dem klei-
nesten wie dem grössesten / dem Lerer wie dem
Schüler.

VND das erst Los fiel vnter Assaph auff Joseph.
Das ander auff Gedalja sampt seinen brüdern
vnd sönen / der waren zwelffe. [10]Das dritte auff
Sacur / sampt seinen sönen vnd brüdern / der
waren zwelffe. [11]Das vierde auff Jezri sampt seinen
sönen vnd brüdern / der waren zwelffe. [12]Das
fünfft auff Nethanja sampt seinen sönen vnd brü-
dern / der waren zwelffe. [13]Das sechste auff Bukia
sampt seinen sönen vnd brüdern / der waren
zwelffe. [14]Das siebend auff Jsreela sampt seinen
sönen vnd brüdern / der waren zwelffe. [15]Das
achte auff Jesaja sampt seinen sönen vnd brüdern /
der waren zwelffe. [16]Das neunde auff Mathanja
sampt seinen sönen vnd brüdern / der waren
zwelffe. [17]Das zehende auff Simei sampt seinen
sönen vnd brüdern / der waren zwelffe. [18]Das

eilfft auff Asareel sampt seinen sönen vnd brüdern /
der waren zwelffe. 19 Das zwelfft auff Hasabja sampt
seinen sönen vnd brüdern / der waren zwelffe.

20 DAs dreizehend auff Subael sampt seinen sönen
vnd brüdern / der waren zwelffe. 21 Das vierzehend
auff Mathithja sampt seinen sönen vnd brüdern /
der waren zwelffe. 22 Das funffzehend auff Jere-
moth sampt seinen sönen vnd brüdern / der waren
zwelffe. 23 Das sechzehend auff Ananja sampt sei-
nen sönen vnd brüdern / der waren zwelffe. 24 Das
siebenzehend auff Jasbekasa sampt seinen sönen
vnd brüdern / der waren zwelffe. 25 Das achzehend
auff Hanani sampt seinen sönen vnd brüdern / der
waren zwelffe. 26 Das neunzehend auff Mallothi
sampt seinen sönen vnd brüdern / der waren
zwelffe. 27 Das zwenzigst auff Eliatha sampt seinen
sönen vnd brüdern / der waren zwelffe. 28 Das ein
vnd zwenzigst auff Hothir sampt seinen sönen vnd
brüdern / der waren zwelffe. 29 Das zwey vnd zwen-
zigst auff Gidalthi sampt seinen sönen vnd brüdern /
der waren zwelffe. 30 Das drey vnd zwenzigst auff
Mahesioth sampt seinen sönen vnd brüdern / der
waren zwelffe. 31 Das vier vnd zwenzigst auff Ro-
mamthiEser sampt seinen sönen vnd brüdern / der
waren zwelffe.

XXVII. (XXVI.)

VON DER ORDENUNG DER THORHÜTER. VNTER
den Korhiten / war Meselemja der son Kore
aus den kindern Assaph. 2 Die kinder aber Mese-
lemja waren diese / der erstgeborne Sacharja / der
ander Jediael / der dritte Sebadja / der vierde Jath-
niel 3 der fünffte Elam / der sechste Johanan / der
siebend Elioenai. 4 Die kinder aber ObedEdom
waren diese / der erstgeborn / Semaja / der ander
Josabad / der dritte Joah / der vierde Sachar / der
fünfft Nethaneel / 5 der sechst Ammiel / der siebend
Jsaschar / der acht Pegulthai / Denn Gott hatte jn
gesegenet. 6 Vnd seinem son Semaja wurden auch
Söne geborn die im hause jrer veter herrscheten /
Denn es waren starcke Helden. 7 So waren nu die
kinder Semaja / Athni / Rephael / Obed vnd Elsa-
bad / des brüder vleissige Leute waren / Elihu vnd
Samachja. 8 Diese waren alle aus den kindern
ObedEdom / Sie / sampt jren kindern vnd brüdern /
vleissige Leute / geschickt zu Emptern / waren
zwey vnd sechzig von ObedEdom. || || 234b

(Helden) Denn die Priester musten zur zeit des Kriegs die fördersten im Heer sein / mit den Drometen etc.

[9]MEselemja hatte kinder vnd brüder vleissige
Menner achzehen. [10]Hossa aber aus den kindern
Merari hatte kinder / den furnemesten Simri /
Denn es war der erstegeborner nicht da / drumb
setzt jn sein Vater zum fürnemesten / [11]den andern
Hilkia / den dritten Tebalja / den vierden Sacharja.
Aller kinder vnd brüder Hossa waren dreizehen.

DJs ist die Ordnung der Thorhütter vnter den
Heubtern der Helden am Ampt neben jren brü-
dern / zu dienen im Hause des HERRN. [13]Vnd
das Los ward geworffen dem kleinen wie dem
grossen vnter jrer Veter hause zu einem jglichen
thor. [14]Das Los gegen morgen fiel auff Meselemja.
Aber seinem son Sacharja / der ein kluger Rat war /
warff man das Los / vnd fiel jm gegen mitternacht.
[15]ObedEdom aber gegen mittag / vnd seinen Sönen
bey dem hause Esupim. [16]Vnd Supim vnd Hossa
gegen abend bey dem thor / da man gehet auff der
strassen der Brandopffer / da die Hut neben andern
stehen.

[17]GEgen dem morgen waren der Leuiten sechse.
Gegen mitternacht des tages viere. Gegen mittag
des tages viere. Bey Esupim aber ja zwene vnd zwe-
ne. [18]An Parbar aber gegen abend viere an der
strassen / vnd zwene an Parbar. [19]Dis sind die
Ordnung der Thorhütter vnter den kindern der
Korhiter vnd den kindern Merari.

VOn den Leuiten aber war Ahia vber die Schetze
des hause Gottes / vnd vber die Schetze die
geheiliget worden. [21]Von den kindern Laedan /
der kinder der Gersoniten / Von Laedan waren
heubter der Veter / nemlich die Jehieliten. [22]Die
kinder der Jehieliten waren Setham vnd sein bru-
der Joel vber die schetze des Hauses des HERRN.
[23]Vnter den Amramiten / Jezehariten / Hebroniten
vnd Vsieliten / [24]war Sebuel der son Gersom des
sons Mose / Fürst vber die Schetze. [25]Aber sein
bruder Elieser hatte einen son Rehabja / des son
war Jasaja / des son war Joram / des son war
Sichri / des son war Selomith. [26]Der selb Selomith
vnd seine Brüder waren vber alle Schetze der ge-
heiligeten welche der könig Dauid heiligete / vnd
die öbersten Veter vnter den Obersten vber tau-
sent / vnd vber hundert / vnd die Obersten im
Heer / [27]Von streitten vnd rauben hatten sie es ge-
heiliget zu bessern das Haus des HERRN. [28]Auch
alles was Samuel der Seher vnd Saul der son Kis /

vnd Abner der son Ner / vnd Joab der son Zeruja
geheiliget hatten. Alles geheiligete war vnter der
hand Selomith vnd seiner Brüder.

VNter den Jezehariten war Chenanja mit seinen
Sönen zum werck draussen vber Jsrael / Ampt-
leute vnd Richter. 30Vnter den Hebroniten aber
war Hasabja vnd seine brüder vleissige Leute /
tausent vnd sieben hundert / vber die ampt Jsrael
disseid des Jordans gegen abend / zu allerley Ge-
schefft des HERRN vnd zu dienen dem Könige.
31Jtem / vnter den Hebroniten / war Jeria der für-
nemest vnter den Hebroniten seines Geschlechts
vnter den Vetern. Es wurden aber vnter jnen ge-
sucht vnd funden im vierzigsten jar des könig-
reichs Dauid / vleissige Menner zu Jaeser in Gilead /
32vnd jre brüder vleissige Menner zwey tausent
vnd sieben hundert öberste Veter. Vnd Dauid
setzet sie vber die Rubeniter / Gadditer vnd den
halben stam Manasse / zu allen hendeln Gottes vnd
des Königes.

XXVIII. (XXVII.)

DJE KINDER JSRAEL ABER NACH JRER ZAL WAREN
Heubter der Veter / vnd vber tausent vnd vber
hundert / vnd Amptleute die auff den König war-
ten / nach jrer Ordenung / ab vnd zu zu ziehen /
Ein jglichen monden einer / in allen monden des
jars / Ein jgliche Ordnung aber hatte vier vnd
zwenzig tausent.

2VBer die erste Ordnung des ersten monden /
war Jasabeam der son Sabdiel / vnd vnter seiner
Ordenung waren vier vnd zwenzig tausent. 3Aus
den kin||dern aber Perez war der Oberste vber alle || 235 a
Heubtleute der Heere im ersten monden. 4Vber
die Ordenung des andern monden / war Dodai der
Ahohiter / vnd Mikloth war Fürst vber seine orde-
nung / vnd vnter seiner Ordenung waren vier vnd
zwenzig tausent. 5Der dritte Feldheubtman des
dritten monden / der Oberst war Benaja der son
Joiada des Priesters / vnd vnter seiner Ordenung
waren vier vnd zwenzig tausent. 6Das ist der Be-
naja der Helt vnter dreissigen vnd vber dreissige /
Vnd seine Ordenung war vnter seinem son Ammi-
Sabad.

7DER vierde im vierden monden war Asahel
Joabs bruder / Vnd nach jm Sabadja sein Son / vnd
vnter seiner Ordenung waren vier vnd zwenzig

tausent. [8]Der fünfft im fünfften monden / war
Samehuth der Jesrahiter / vnd vnter seiner Orde-
nung waren vier vnd zwenzig tausent. [9]Der sechst
im sechsten monden / war Jra der son Jkes der
Thekoiter / vnd vnter seiner Ordenung waren vier
vnd zwenzig tausent.

[10]DER siebend im siebenden monden / war He-
lez der Peloniter aus den kindern Ephraim / vnd
vnter seiner Ordenung waren vier vnd zwenzig
tausent. [11]Der acht im achten monden / war Sibe-
chai / der Husathiter aus den Sarehitern / vnd vnter
seiner Ordenung waren vier vnd zwenzig tausent.
[12]Der neunde im neunden monden / war Abieser
der Anthothiter aus den kindern Jemini / vnd vnter
seiner Ordenung waren vier vnd zwenzig tausent.

[13]DER zehend im zehenden monden war Ma-
herai der Netophatiter aus den Serahitern / vnd
vnter seiner Ordenung waren vier vnd zwenzig
tausent. [14]Der eilfft im eilfften monden / war Be-
naia der Pirgathoniter / aus den kindern Ephraim /
vnd vnter seiner Ordenung waren vier vnd zwenzig
tausent. [15]Der zwelfft im zwelfften monden / war
Heldai der Netophathiter aus Athniel / vnd vnter
seiner Ordenung waren vier vnd zwenzig tausent.

VBer die stemme Jsrael aber waren diese / Vnter
den Rubenitern war fürst Elieser der son Sichri.
Vnter den Simeonitern / war Sephatja der son
Maecha. [17]Vnter den Leuiten war Hasabja der
son Kemuel. Vnter den Aaronitern war Zadok.
[18]Vnter Juda war / Elihu aus den brüdern Dauid.
Vnter Jsaschar war / Amri der son Michael. [19]Vn-
ter Sebulon war / Jesmaia der son Obadja. Vnter
Naphthali war Jeremoth der son Asriel. [20]Vnter
den kindern Ephraim war / Hosea der son Asasja.
Vnter dem halben stam Manasse war / Joel der son
Pedaia. [21]Vnter dem halben stam Manasse in Gi-
lead war / Jeddo der son Sacharja. Vnter BenJamin
war Jaesiel der son Abner. [22]Vnter Dan war / Asa-
reel der son Jeroham. Das sind die Fürsten der
stemme Jsrael.

FÜRSTEN DER stemme Jsrael etc.

ABer Dauid nam die zal nicht dere / die von
zwenzig jaren vnd drunter waren / Denn der
HERR hatte geredt Jsrael zu mehren / wie die Stern
am Himel. [24]Joab aber der son Zeruja / der hatte
angefangen zu zelen / vnd volendet es nicht / Denn
es kam darumb ein zorn vber Jsrael / Darumb kam
die zal nicht in die Chronica des königs Dauid.

OBERSTEN vber die Güter Dauids.

VBer den schatz des Königs war Asmaueth der
son Adiel. Vnd vber die schetz auffm Lande in
stedten / dörffern vnd schlössern / war Jonathan
der son Vsia. 26Vber die Ackerleute das Land zu
bawen / war Esri der son Chelub. 27Vber die Wein-
berge war / Simei der Ramathiter. Vber die Wein-
keller vnd Schetze des weins war Sabdi der Siphi-
miter. 28Vber die Olegarten vnd Maulbeerbewm
in den awen / war BaalHanan der Gaderiter. Vber
den Oleschatz / war Joas. 29Vber die Weidrinder
zu Saron / war Sitari der Saroniter. Aber vber die
rinder in gründen / war Saphat der son Adlai.
30Vber die kamel war Obil der Jsmaeliter. Vber die
esel war Jehedja der Meronothiter. 31Vber die
schafe / war Jasis der Hagariter. Diese waren alle
Obersten vber die güter des königs Dauid. ‖ ‖ 235 b
32JOnathan aber Dauids vetter / war der Rat vnd
Hofemeister vnd Cantzler. Vnd Jehiel der son
Hachmoni / war bey den kindern des Königs.
33Ahitophel war auch Rat des Königs. Husai der
Arachiter war des Königs freund. 34Nach Ahi-
tophel war Joiada der son Benaia vnd AbJathar.
Joab aber war Feldheubtman des Königs.

XXIX. (XXVIII.)

VND DAUID VERSAMLET GEN JERUSALEM ALLE öbersten Jsrael / nemlich / die Fürsten der stemme / die Fürsten der ordenungen die auff den König warten / die Fürsten vber tausent vnd vber hundert / die Fürsten vber die güter vnd vieh des Königs vnd seiner Söne / mit den Kamerern / die Kriegsmenner vnd alle dapffere Menner. 2Vnd Da-
uid der könig stund auff seinen füssen vnd sprach.
HOret mir zu meine Brüder vnd mein Volck /
Jch hatte mir furgenomen ein Haus zu bawen / 2. Reg. 7.
da rugen solte die lade des Bunds des HERRN / Sup. 23.
vnd ein Fusschemel den füssen vnsers Gottes / vnd
hatte mich geschickt zu bawen. 3Aber Gott lies
mir sagen / Du solt meinem Namen nicht ein Haus
bawen / Denn du bist ein Kriegsman vnd hast blut
vergossen. 4Nu hat der HERR der Gott Jsrael
mich erwelet aus meins Vaters gantzen hause / das ich König vber Jsrael sein solt ewiglich / Denn er hat Juda erwelet zum Fürstenthum / vnd im hause Juda meins vaters haus / vnd vnter meins vatern Kindern hat er gefallen gehabt an mir / das er mich vber gantz Jsrael zum Könige machte.

[5]VND vnter allen meinen Sönen (denn der
HERR hat mir viele Söne gegeben) hat er meinen
son Salomo erwelet / das er sitzen sol auff dem
stuel des Königreichs des HERRN vber Jsrael /
[6]vnd hat mir geredt / Dein son Salomo sol mein
Haus vnd Hofe bawen / Denn ich habe jn mir er-
welet zum Son / vnd ich wil sein Vater sein. [7]Vnd
wil sein Königreich bestetigen ewiglich / So er
wird anhalten / das er thu nach meinen Geboten
vnd Rechten / wie es heute stehet.

NV fur dem gantzen Jsrael der gemeine des
HERRN / vnd fur den ohren vnsers Gottes /
So haltet vnd sucht alle Gebot des HERRN ewrs
Gottes / Auff das jr besitzt das gute Land / vnd be-
erbet auff ewre Kinder nach euch ewiglich.

[9]VND du mein son Salomo / Erkenne den Gott
deines Vaters / vnd diene jm mit gantzem hertzen /
Psal. 7. vnd mit williger seelen / Denn der HERR sucht
alle hertzen / vnd verstehet aller gedancken tich-
ten. Wirstu jn suchen / so wirstu jn finden / Wirstu
jn aber verlassen / So wird er dich verwerffen ewig-
lich. [10]So sihe nu zu / Denn der HERR hat dich
erwelet / das du ein Haus bawest zum Heiligthum /
Sey getrost vnd mache es.

VND Dauid gab seinem son Salomo ein furbild
der Halle vnd seins Hauses / vnd der gemach
vnd saal vnd kamern inwendig / vnd des Hauses
des Gnadenstuels. [12]Dazu Furbilde alles was bey
jm in seinem gemüt war / nemlich / des Hofs am
Hause des HERRN / vnd aller Gemach vmbher /
des Schatzs im hause Gottes / vnd des schatzs der
geheiligeten. [13]Die ordenung der Priester vnd
Leuiten / vnd aller Gescheft der ampt im Hause
des HERRN. [14]Gold nach dem gold gewicht / zu
allerley Gefess eines jglichen amptes / vnd allerley
silbern Gezeug nach dem gewicht / zu allerley Ge-
fess eins jglichen ampts.

Salomo bawet aus Gottes befelh nach dem wort Gottes / seinem vater Dauid zugesagt / Sup. 17. auch gibt jm Dauid das Muster dazu. Denn selb erweleten Gottesdienst vnd werck mag er nicht.

[15]VND golde zu güldenen Leuchtern vnd gülde-
nen Lampen / einem jglichen Leuchter vnd seiner
Lampen sein gewicht. Also auch zu silbern Leuch-
tern gab er das silber zum Leuchter vnd seiner
Lampen / nach dem ampt eines jglichen Leuch-
ters. [16]Auch gab er zu Tischen der Schawbrot
gold / zum jglichen Tisch sein gewicht. Also auch
silber zu silbern Tischen. [17]Vnd lauter gold zu
|| 236a Kreweln / || Becken vnd Kandel. Vnd zu gülden
Bechern / eim jglichen becher sein gewicht. Vnd

zu silbern Becher / eim jglichen becher sein ge-
wicht. [18]Vnd zum Reuchaltar das allerlauterst
gold sein gewicht. Auch ein Furbild des wagens
der güldenen Cherubim / das sie sich ausbreitten
vnd bedeckten oben die lade des Bunds des
HERRN. [19]Alles ists mir beschrieben gegeben
von der Hand des HERRN / das michs vnterwei-
set alle werck des Furbildes.

VND Dauid sprach zu seinem son Salomo / Sey
getrost vnd vnuerzagt / vnd machs / Fürchte
dich nicht vnd zage nicht / Gott der HERR / mein
Gott / wird mit dir sein / vnd wird die hand nicht
abziehen noch dich verlassen / bis du alle werck
zum ampt im Hause des HERRN volendest.
[21]Sihe da die ordenung der Priester vnd Leuiten
zu allen Emptern im hause Gottes / sind mit dir
zu allem Geschefft / vnd sind willig vnd weise zu
allen emptern / Da zu die Fürsten vnd alles Volck
zu allen deinen Hendeln.

XXX. (XXIX.)

VND DER KÖNIG DAUID SPRACH ZU DER GANTZEN
Gemeine. Gott hat Salomo meiner söne einen
erwelet / der noch jung vnd zart ist / Das werck
aber ist gros / Denn es ist nicht eines menschen
Wonung / sondern Gottes des HERRN. [2]Jch aber
habe aus allen meinen krefften geschickt zum Hause
Gottes / Gold zu güldenem / Silber zu silberm /
Ertz zu ehernem / Eisen / zu eisenem / Holtz zu
hültzenem / gerete. Onichsteine / eingefasste Ru-
bin vnd bundte Steine / vnd allerley Edelgesteine /
vnd Marmelsteine die menge. [3]Vber das / aus wol-
gefallen am Hause meins Gottes / hab ich eigens
Guts / gold vnd silber / [4]drey tausent Centener
golds von Ophir / vnd sieben tausent Centener /
lauter silbers / das gebe ich zum heiligen Hause
Gottes / vber alles das ich geschickt habe / die
wende der Heuser zu vberziehen / [5]Das gülden
werde was gülden / vnd silbern was silbern sein
sol / vnd zu allerley werck durch die hand der
Werckmeister. Vnd wer ist nu Freiwillig seine
hand heute dem HERRN zu füllen?

DA waren die Fürsten der Veter / die Fürsten der
stemme Jsrael / die Fürsten vber tausent vnd
vber hundert / vnd die Fürsten vber des Königs
gescheffte / freiwillig / [7]vnd gaben zum Ampt im
hause Gottes fünff tausent Centener golds / vnd

zehen tausent Gülden / vnd zehen tausent Cente-
ner silbers / achzehen tausent Centener ertzs / vnd
hundert tausent Centener eisens. 8Vnd bey wel-
chem Steine funden wurden / die gaben sie zum
Schatz des hauses des HERRN / vnter die hand
Jehiel des Gersoniten. 9Vnd das Volck ward frö-
lich das sie freiwillig waren / Denn sie gabens von
gantzem hertzen dem HERRN freiwillig.

VND Dauid der König frewet sich auch hoch
10vnd lobet Gott / vnd sprach fur der gantzen
gemeine / Gelobet seiestu HERR Gott Jsrael vnsers
Vaters ewiglich / 11dir gebürt die Maiestet vnd ge-
walt / herrligkeit / sieg vnd danck / Denn alles was
in Himel vnd Erden ist / das ist dein / Dein ist das
Reich / vnd du bist erhöhet vber alles zum Ober-
sten. 12Dein ist reichtum / vnd ehre fur dir / Du
herrschest vber alles / Jn deiner Hand stehet krafft
vnd macht / Jn deiner Hand stehet es / jederman
gros vnd starck zu machen.

DAUIDS Dancksagung vnd Gebet.

13NV vnser Gott wir dancken dir / vnd rhümen
den Namen deiner Herrligkeit / Denn was bin ich?
Was ist mein Volck? das wir solten vermügen
krafft / freiwillig zu geben / wie dis gehet? Denn
von dir ists alles komen / vnd von deiner Hand
Psal. 39. haben wir dirs gegeben. 15Denn wir sind Frembd-
linge vnd Geste fur dir / wie vnser Veter alle /
Vnser Leben auff Erden ist wie ein Schatten / vnd
ist kein auffhalten. 16HERR vnser Gott / alle diesen
Hauffen / den wir geschickt haben / dir ein Haus zu
bawen / deinem heiligen Namen / ist von deiner
|| 236b Hand komen / vnd ist alles dein. ||

17JCh weis / mein Gott / das du das hertz prüfest /
vnd auffrichtigkeit ist dir angenem. Darumb habe
ich dis alles aus auffrichtigem hertzen freiwillig ge-
geben / vnd habe jtzt mit freuden gesehen dein
Volck das hie vorhanden ist / das es dir freiwillig
gegeben hat. 18HERR Gott vnser veter / Abra-
ham / Jsaac vnd Jsrael / beware ewiglich solchen
sinn vnd gedancken im hertzen deins Volcks / vnd
schicke jre hertzen zu dir. 19Vnd meinem son
Salomo gib ein rechtschaffen hertz / das er halte
deine Gebot / Zeugnis vnd Rechte / das ers alles
thue / vnd bawe diese Wonunge / die ich geschickt
habe.

VND Dauid sprach zur gantzen gemeine / Lobet
den HERRN ewrn Gott. Vnd die gantze ge-
meine lobet den HERRN den Gott jrer Veter /

Vnd neigeten sich vnd beten an den HERRN vnd
den König / 21 vnd opfferten dem HERRN opffer.
Vnd des andern morgens opfferten sie Brandopffer /
tausent farren / tausent widder / tausent lemmer /
mit jren Tranckopffern / vnd opfferten die menge
vnter dem gantzen Jsrael / 22 Vnd assen vnd
truncken desselben tags fur dem HERRN mit
grossen freuden.

Salomo König. VND machten das ander mal Salomo den son
Dauid zum Könige / vnd salbeten jn dem
HERRN zum Fürsten / vnd Zadok zum Priester.
23 Also sas Salomo auff dem stuel des HERRN ein 3. Reg. 1.
König an seines vaters Dauids stat / vnd ward
glückselig. Vnd gantz Jsrael war jm gehorsam /
24 vnd alle Obersten vnd gewaltige / auch alle kinder
des königs Dauid theten sich vnter den könig Sa-
lomo. 25 Vnd der HERR macht Salomo jmer
grösser fur dem gantzen Jsrael / vnd gab jm ein
löblich Königreich / das keiner vor jm vber Jsrael
gehabt hatte.

Dauid 40. jar König vber Jsrael. SO ist nu Dauid der son Jsai könig gewesen vber
gantz Jsrael. 27 Die zeit aber die er König vber 3. Reg. 2.
Jsrael gewesen ist / ist vierzig jar / Zu Hebron
regiert er sieben jar / vnd zu Jerusalem drey vnd
dreissig jar. 28 Vnd starb in gutem alter / vol lebens /
reichthum vnd ehre / Vnd sein son Salomo ward
König an seine stat. 29 Die geschicht aber des kö-
nigs Dauid / beide die ersten vnd letzten / Sihe / die
sind geschrieben vnter den geschichten Samuel /
des Sehers Vnd vnter den geschichten des Prophe-
ten Nathan / Vnd vnter den geschichten Gad des
Schawers / 30 mit allem seinem Königreich / gewalt
vnd zeit / die vnter jm ergangen sind / beide vber
Jsrael / vnd allen Königreichen in Landen.

Ende des Ersten Buchs / der Chronica.

DAS ANDER BUCH: DER CHRONICA

I.

3. Reg. 3. VND Salomo der Son Dauid ward in seinem
Reich bekrefftiget / vnd der HERR sein Gott
war mit jm / vnd macht jn jmer grösser.
2VND Salomo redet mit dem gantzen Jsrael /
mit den Obersten vber tausent vnd hundert / mit
den Richtern vnd mit allen Fürsten in Jsrael / mit
|| 237a den öbersten || Vetern / 3das sie hin giengen / Sa-
lomo vnd die gantze Gemeine mit jm / zu der Höhe
die zu Gibeon war / Denn daselbs war die Hütten Hütten des
des stiffts Gottes / die Mose der knecht des Stiffts zu
HERRN gemacht hatte in der wüsten. 4Denn die Gibeon.
lade Gottes hatte Dauid er auff bracht von Ki-
riath Jearim / da hin er jr bereitet hatte / Denn er
hatte jr eine Hütten auffgeschlagen zu Jerusalem.
Exo. 38. 5Aber der eherne Altar / den Bezaleel der son Vri
des sons Hur gemacht hatte / war daselbs fur der
Wonung des HERRN / Vnd Salomo vnd die Ge-
meine pflegten jn zu suchen. 6Vnd Salomo opfferte
auff dem ehernen Altar fur dem HERRN / der fur
der Hütten des Stiffts stund / tausent Brandopffer.
JN der selben nacht aber erschein Gótt Salomo /
vnd sprach zu jm / Bitte / Was sol ich dir geben?
8Vnd Salomo sprach zu Gott / Du hast grosse Salomo
Barmhertzigkeit an meinem vater Dauid gethan / bittet von Gott
vnd hast mich an seine stat zum Könige gemacht. weisheit.
9So las nu HERR Gott deine Wort war werden an
meinem vater Dauid / Denn du hast mich zum Kö-
nige gemacht vber ein Volck / des so viel ist / als
staub auff Erden. 10So gib mir nu Weisheit vnd
Erkentnis / das ich für diesem Volck aus vnd ein-
gehe / Denn wer kan dis dein grosses Volck rich-
ten?
11DA sprach Gott zu Salomo / Weil du das im
sinn hast / vnd hast nicht vmb Reichthum / noch
vmb Gut / noch vmb Ehre / noch vmb deiner
Feinde seelen / noch vmb langes Leben gebeten /
Sondern hast vmb Weisheit vnd Erkentnis gebe-
ten / das du mein Volck richten mügest / darüber
ich dich zum Könige gemacht habe / 12So sey dir
Weisheit vnd Erkentnis gegeben / Dazu wil ich dir
Reichthum vnd Gut vnd Ehre geben / das deines
gleichen vnter den Königen vor dir nicht gewesen
ist / noch werden sol nach dir. 13Also kam Salomo
von der Höhe die zu Gibeon war gen Jerusalem /

von der Hütten des Stiffts / vnd regiert vber Jsrael.
VND Salomo samlet jm Wagen vnd Reuter / das 3. Reg. 10.
er zu wegen bracht tausent vnd vier hundert
Wagen / vnd zwelff tausent Reuter / vnd lies sie in
den Wagenstedten / vnd bey dem Könige zu Jeru-
salem. 15Vnd der König machte des silbers vnd
golds zu Jerusalem so viel / wie die Steine / vnd der
Cedern / wie die Maulberbewm in den gründen.
16Vnd man bracht Salomo Rosse aus Egypten /
vnd allerley wahr / Vnd die Kauffleute des Königs
kaufften die selbige wahr / 17vnd brachtens aus
Egypten her aus / ja einen Wagen vmb sechs hun-
dert silberling / ein Ross vmb hundert vnd funffzig.
Also brachten sie auch allen Königen der Hethiter
vnd den Königen zu Syrien.

II.

VND SALOMO GEDACHT ZU BAWEN EIN HAUS 3. Reg. 5.
dem Namen des HERRN / vnd ein Haus seines
Königreichs. 2Vnd zelet ab siebenzig tausent Man
zur last / vnd achzig tausent Zimmerleut auff dem
Berge / vnd drey tausent vnd sechs hundert Ampt-
leut vber sie.

HURAM.

VND Salomo sandte zu Huram dem könige zu
Tyro / vnd lies jm sagen / Wie du mit meinem
vater Dauid thetest / vnd jm sandtest Cedern / das
er jm ein haus bawet / darinnen er wonete / 4Sihe /
Jch wil dem Namen des HERRN meins Gottes
ein Haus bawen / das jm geheiliget werde / gut
Reuchwerg fur jm zu reuchern / vnd Schawbrot
alle wege zu zurichten / vnd Brandopffer des mor-
gens vnd des abends / auff die Sabbathen / vnd
Newmonden / vnd auff die Fest des HERRN
vnsers Gottes ewiglich fur Jsrael. 5Vnd das Haus
das ich bawen wil / sol gros sein / Denn vnser Gott
ist grösser denn alle Götter. 6Aber wer vermags /
das er jm ein Haus bawe? Denn der Himel vnd aller 3. Reg. 8.
himel himel mügen jn nicht versorgen / Wer solt
ich denn sein / das ich ein Haus bawete / Sondern
das man fur jm reuchere. ‖ ‖ 237b

(Versorgen) Act. 17. Gott ist nicht / des man müste pflegen.

7SO sende mir nu einen weisen Man zu erbeiten /
mit gold / silber / ertz / eisen / scharlacken / rosinrot /
gelseiden / vnd der da wisse auszugraben / mit den
Weisen die bey mir sind in Juda vnd Jerusalem /
welche mein vater Dauid geschickt hat. 8Vnd
sende mir Cedern / Tennen vnd Hebenholtz / vom
Libanon / Denn ich weis / das deine Knechte das

(Heben) Sol ein Holtz in Jndia sein / Jst hie vieleicht / das man jtzt Sandeln heisst.

Holtz zu hawen wissen auffm Libanon / Vnd sihe /
meine Knechte sollen mit deinen Knechten sein /
9das man mir viel Holtz zubereite / Denn das Haus
das ich bawen wil sol gros vnd sonderlich sein.
10Vnd sihe / ich wil den Zimmerleuten deinen
knechten die das holtz hawen / zwenzig tausent
Cor gestossen weitzen / vnd zwenzig tausent Cor
gersten / vnd zwenzig tausent Bath weins / vnd
zwenzig tausent Bath öles / geben.

DA sprach Huram der könig zu Tyro durch
schrifft / vnd sandte zu Salomo / Darumb das
der HERR sein Volck liebet / hat er dich vber sie
zum Könige gemacht. 12Vnd Huram sprach wei-
ter / Gelobt sey der HERR der Gott Jsrael / der
Himel vnd Erden gemacht hat / das er dem könige
Dauid hat einen weisen / klugen vnd verstendigen
Son gegeben / der dem HERRN ein Haus bawe /
vnd ein haus seines Königreichs. 13So sende ich
nu einen weisen Man / der verstand hat / [a]Huram
Abif / 14der ein Son ist eins weibs aus den töchtern
Dan / vnd sein vater ein Tyrer gewesen ist / Der
weis zu erbeiten an gold / silber / ertz / eisen / stein /
holtz / scharlacken / gelseiden / leinen / rosinrot /
vnd zu graben allerley / vnd allerley künstlich zu-
machen was man jm fürgibt / mit deinen Weisen /
vnd mit den weisen meines Herrn / königs Dauid
deines vaters. 15So sende nu mein Herr weitzen /
gersten / öle vnd wein seinen knechten / wie er ge-
redt hat / 16So wöllen wir das Holtz hawen auff
dem Libanon / wie viel es not ist / vnd wöllens auff
flössen bringen im Meer gen Japho / Von dannen
magstu es hin auff gen Jerusalem bringen.

a Etliche Bücher haben / Huram Abi.

VND Salomo zelet alle Frembdlinge im lande
Jsrael / nach der zal da sie Dauid sein vater
zelete / vnd wurden funden hundert vnd funffzig
tausent / drey tausent vnd sechs hundert. 18Vnd
er macht aus denselben / siebenzig tausent Treger /
vnd achzig tausent Hawer auff dem Berge / Vnd
drey tausent sechs hundert Auffseher / die das
Volck zum Dienst anhielten.

III.

3. Reg. 6.
VND SALOMO FIENG AN ZU BAWEN DAS HAUS
des HERRN zu Jerusalem auff dem berge Mo-
rija / der Dauid seinem vater erzeigt war / welchen
Dauid zubereitet hatte zum Raum auff dem platz
Arnan des Jebusiters. 2Er fieng aber an zu bawen

(MORIJA) Auff diesem Berge opfferte Abraham seinen Son / Gen. 22. Man helt Arnan sey der Jebusiter König gewest / vnd bekeret zum Gott Abraham / Dauon in Commenten zu reden.

im andern monden des andern tages im vierden jar
seins Königreichs. 3Vnd also legt Salomo den
grund zu bawen das haus Gottes / Am ersten die
lenge / sechzig ellen / die weite zwenzig ellen.
4Vnd die Halle fur der weite des Hauses her / war
zwenzig ellen lang / Die höhe aber war hundert
vnd zwenzig ellen / Vnd vberzogs inwendig mit
lauterm gold.

5DAS grosse Haus aber spündet er mit tennen
Holtz / vnd vberzogs mit dem besten golde / vnd
machte drauff Palmen vnd Ketenwerck. 6Vnd
vberzog das Haus mit edlen Steinen zum schmuck /
Das gold aber war Parwaimgold. 7Vnd vberzog
die Balcken oben an / vnd die Wende / vnd die
Thüren mit golde / vnd lies Cherubim schnitzen
an die Wende.

HAUS DES Allerheiligsten.

8ER macht auch das Haus des Allerheiligsten /
des lenge war zwenzig ellen nach der weite des Hau-
ses / vnd seine weite war auch zwenzig ellen / vnd
vberzogs mit dem besten golde bey sechs hundert
Centener. 9Vnd gab auch zu Negeln funffzig sekel
goldes am gewicht / vnd vberzog die Saal mit golde.

10ER macht auch im Haus des Allerheiligsten
II. CHERUBIM. zween Cherubim nach der Bildener kunst / vnd
vberzog sie mit golde. 11Vnd die lenge am Flügel
an den Cherubim war zwenzig ellen / das ein flügel
funff ellen hatte / vnd rüret an die || wand des Hau- || 238a
ses / Vnd der ander Flügel auch fünff ellen hatte /
vnd rüret an den flügel des andern Cherub. 12Also
hatte auch des andern Cherub ein flügel fünff ellen /
vnd rüret an die wand des Hauses / vnd sein ander
flügel auch fünff ellen / vnd hieng am flügel des
andern Cherub. 13Das diese Flügel der Cherubim
waren ausgebreitet zwenzig ellen weit / Vnd sie
stunden auff jren füssen / vnd jr Andlitz war ge-
wand zum Hause werts.

FURHANG. 14ER macht auch einen Furhang von gelwerck / 3. Reg. 7.
scharlacken / rosinrot vnd linwerck / vnd machet
Cherubim drauff. 15Vnd er machet fur dem Hause
II. SEULEN. zwo Seulen / fünff vnd dreissig ellen lang / vnd der
Knauff oben drauff fünff ellen. 16Vnd machet Ke-
tenwerck zum Chor / vnd thet sie oben an die Seu-
len / vnd machet hundert Granatepffel / vnd thet
sie an das Ketenwerck. 17Vnd richtet die Seulen
auff fur dem Tempel / eine zur rechten / vnd die
ander zur lincken. Vnd hies die zur rechten Jachin /
vnd die zur lincken Boas.

IIII.

3. Reg. 7. ER MACHET AUCH EINEN EHERNEN ALTAR / ZWEN- EHERNER
zig ellen lang vnd breit / vnd zehen ellen hoch. Altar.
[2]VND er macht ein gegossen Meer zehen ellen GEGOSSEN
weit / von eim rand an den andern / rund vmb her / Meer.
vnd fünff ellen hoch / Vnd ein mas von dreissig
ellen mochts vmb her begreiffen. [3]Vnd Ochsen-
bilde waren vnter jm vmbher / Vnd es waren zwo
rigen Knoten vmb das Meer her (das zehen ellen
weit war) die mit angegossen waren. [4]Es stund
aber also auff den zwelff ochsen / Das drey gewand
waren gegen mitternacht / drey gegen abend / drey
gegen mittag / vnd drey gegen morgen / Vnd das
Meer oben auff jnen / vnd alle jr hinderstes war in-
wendig. [5]Seine dicke war einer handbreit / vnd
sein rand war wie eins Bechers rand / vnd ein auff-
gegangene Rose / Vnd es fasset drey tausent Bath.
[6]VND er machet zehen Kessel / Der setzet er X. KESSEL.
fünff zur rechten / vnd fünffe zur lincken / drinnen
zu wasschen was zum Brandopffer gehöret / das
sie es hin ein stiessen / das Meer aber / das sich die
Priester drinnen wusschen.
[7]ER machet auch zehen güldene Leuchter / wie X. GÜLDENE
sie sein solten / vnd setzt sie in den Tempel / fünffe Leuchter.
zur rechten / vnd fünffe zur lincken. [8]Vnd machet
zehen Tische / vnd thet sie in den Tempel / fünffe
zur rechten / vnd fünffe zur lincken. Vnd machet
hundert güldene Becken.
[9]ER machet auch einen Hof fur die Priester / vnd HOF.
einen grossen Schrancken vnd Thür in die schran-
cken / vnd vberzog die thür mit Ertz. [10]Vnd setzt
das Meer auff der rechten ecken gegen morgen /
zum mittage werts. [11]Vnd Huram machet Töpffen /
Schauffeln vnd Becken.

ALso volendet Huram die erbeit / die er dem
könige Salomo thet am hause Gottes / [12]nem-
lich / die zwo Seulen mit den beuchen vnd kneuffen
oben auff beiden Seulen / vnd beide gewunden
Reiffe zu bedecken / beide beuche der kneuffe oben
auff den seulen / [13]vnd die vier hundert Granat-
epffel an den beiden gewunden reiffen / zwo rigen
granatepffel an jglichem reiffe / zu bedecken beide
beuche der kneuffe / so oben auff den seulen waren.
[14]Auch machet er die Gestüle vnd die Kessel auff
den gestülen / [15]vnd ein Meer vnd zwelff Ochsen
drunter. [16]Da zu Töpffen / Schauffeln / Krewel /

vnd alle jre Gefess macht Huram Abif dem könige
Salomo zum Hause des HERRN aus lauterm Ertz /
[17]Jn der gegend des Jordans lies sie der König
giessen in dicker erden / zwischen Succoth vnd
Zaredatha. [18]Vnd Salomo machet aller dieser Ge-
fess seer viel / das des Ertzs gewicht nicht zu for-
schen war.

[19]VND Salomo macht alles Gerete zum Hause
Gottes / nemlich den gülden Altar / Tisch vnd
Schawbrot drauff / [20]die Leuchter mit jren Lam-
pen von lauterm gold / das sie brenten fur dem
Chor / wie sichs gebürt. [21]Vnd die Blumen || an || 238b
den Lampen / vnd die Schnautzen waren gülden /
das war alles völlig gold. [22]Dazu die Messer /
Becken / Leffel vnd Nepffe waren lauter gold. Vnd
der Eingang vnd seine Thür inwendig zu dem
Allerheiligsten / vnd die thür am Hause des Tem-
pels waren gülden. [1]Also ward alle erbeit vollen-
bracht / die Salomo thet am Hause des HERRN.

V.

VND SALOMO BRACHTE HIN EIN / ALLES WAS SEIN 3. Reg. 7.
vater Dauid geheiliget hatte / nemlich / Silber
vnd Gold vnd allerley Gerete / vnd legts in den
Schatz im hause Gottes.

DA versamlet Salomo alle Eltesten in Jsrael / 3. Reg. 8.
alle Heubtleute der stemme / Fürsten der veter
vnter den kindern Jsrael / gen Jerusalem / Das sie
LADE des Bunds in den Tempel bracht. die lade des Bunds des HERRN hin auff brechten
aus der stad Dauid / das ist Zion. [3]Vnd es versam-
let sich zum Könige alle man Jsrael auffs Fest / das
ist im siebenden monden / [4]vnd kamen alle Elte-
sten Jsrael. Vnd die Leuiten huben die Lade auff /
[5]vnd brachten sie hin auff sampt der Hütten des
Stiffts / vnd allem heiligen Gerete / das in der Hüt-
ten war / vnd brachten sie mit hin auff die Priester
die Leuiten. [6]Aber der König Salomo vnd die
gantze gemeine Jsrael zu jm versamlet fur der La-
den / opfferten Schafe vnd Ochsen / so viel das nie-
mand zelen noch rechnen kund.

[7]ALso brachten die Priester die lade des Bunds
des HERRN an jre Stet in den Chor des Hauses /
in das Allerheiligste / vnter die flügel der Cheru-
bim. [8]Das die Cherubim jre flügel ausbreitten vber
die Stete der Laden / vnd die Cherubim bedeckten
die Lade vnd jre stangen von oben her. [9]Die
Stangen aber waren so lang / das man jr kneuff sahe

von der Laden fur dem Chor / Aber haussen sahe
man sie nicht / Vnd sie war daselbs bis auff diesen
tag. 10Vnd war nichts in der Lade / on die zwo
Tafeln / die Mose in Horeb drein gethan hatte / Da
der HERR einen Bund machte mit den kindern
Jsrael / da sie aus Egypten zogen.

11VND da die Priester er aus giengen aus dem
Heiligen (Denn alle Priester die fur handen waren /
heiligeten sich / das auch die Ordenung nicht ge-
halten wurden) 12Vnd die Leuiten mit allen die
vnter Assaph / Heman / Jedithun / vnd jren kindern
vnd brüdern waren / angezogen mit Linwand /
sungen mit Cymbaln / Psaltern / vnd Harffen / vnd
stunden gegen morgen des Altars / vnd bey jnen
hundert vnd zwenzig Priester die mit Drometen
bliesen. 13Vnd es war / als were es einer der dro-
metet vnd sünge / als höret man eine stimme zu
loben vnd zu dancken dem HERRN. Vnd da die
stim sich erhub von den Drometen / Cymbeln /
vnd andern Seitenspielen / vnd von dem loben des
HERRN / Das er gütig ist / vnd seine Barmhertzig-
keit ewig weret / Da ward das Haus des HERRN
erfüllet mit einem Nebel / 14das die Priester nicht
stehen kunden / zu dienen fur dem nebel / Denn
die Herrligkeit des HERRN erfüllet das Haus
Gottes.

VI.

3. Reg. 8. DA SPRACH SALOMO / DER HERR HAT GEREDT
zu wonen im tunckel / 2Jch hab zwar ein Haus
gebawet dir zur Wonung / vnd einen Sitz / da du
ewiglich wonest. 3Vnd der König wand sein and-
litz / vnd segenet die gantze gemeine Jsrael / Denn
die gantze gemeine Jsrael stund / 4vnd er sprach /
Gelobet sey der HERR der Gott Jsrael / der durch
seinen Mund meinen vater Dauid geredt / vnd mit
seiner Hand erfüllet hat / da er sagt / 5Sint der zeit
ich mein volck aus Egyptenland gefüret habe / habe
ich keine Stad [a]erwelet in allen stemmen Jsrael ein
Haus zu bawen / das mein Name daselbs were / vnd
|| 239a habe auch keinen || Man erwelet / das er Fürst were
vber mein volck Jsrael. 6Aber Jerusalem habe ich
erwelet / das mein Name daselbs sey / vnd Dauid
hab ich erwelet / das er vber mein volck Jsrael sey.

7VND da es mein vater Dauid im sinn hatte / ein
Haus zu bawen dem Namen des HERRN des Got-
tes Jsrael / 8sprach der HERR zu meinem vater

a (Erwelet) Mercke hie / wie alles mus aus Gottes befelh geschehen / Auff das ja niemand aus eigener andacht Gottesdienst anrichte. Denn Salomo hie beide die Stad Jerusalem vnd die person / Dauid / rhümet / das sie beide von Gott erwelet sind.

Dauid / Du hast wolgethan / das im sinn hast mei-
nem Namen ein Haus zu bawen. [9]Doch du solt
das Haus nicht bawen / Sondern dein Son / der aus
deinen Lenden komen wird / sol meinem Namen
das Haus bawen. [10]So hat nu der HERR sein wort
bestetiget das er geredt hat / Denn ich bin auff-
komen an meines vaters Dauid stat / vnd sitze auff
dem stuel Jsrael / wie der HERR geredt hat / vnd
habe ein Haus gebawet dem Namen des HERRN
des Gottes Jsrael. [11]Vnd hab drein gethan die
Lade / darinnen der Bund des HERRN ist / den
er mit den kindern Jsrael gemacht hat.

VND er trat fur den Altar des HERRN / fur der
gantzen gemeine Jsrael / vnd breittet seine
hende aus. [13]Denn Salomo hatte einen ehernen
Kessel gemacht / vnd gesetzt mitten in die schran-
cken / fünff ellen lang vnd breit / vnd drey ellen
hoch / an den selben trat er / vnd fiel nider auff
seine knie fur der gantzen gemeine Jsrael / vnd
breitet seine hende aus gen Himel / [14]vnd sprach.

SALOMOS Gebet.

HERR Gott Jsrael / Es ist kein Gott dir gleich /
weder im Himel noch auff Erden / der du hel-
test den Bund vnd Barmhertzigkeit deinen Knech-
ten / die fur dir wandeln aus gantzem hertzen. [15]Du
hast gehalten deinem knecht Dauid meinem vater /
was du jm geredt hast / Mit deinem Mund hastu es
geredt / vnd mit deiner Hand hastu es erfüllet /
wie es heuts tags stehet. [16]Nu HERR Gott Jsrael
halt deinem knecht Dauid meinem vater / was du
jm geredt hast / vnd gesagt / Es sol dir nicht ge-
brechen an einem Man fur mir / der auff dem stuel
Jsrael sitze / Doch so fern deine Kinder jren weg
bewaren / das sie wandeln in meinem Gesetz / wie
du fur mir gewandelt hast. [17]Nu HERR Gott
Jsrael las dein wort war werden / das du deinem
knechte Dauid geredt hast.

(Geredt) Nu lasse du Salomo auch dein wort war werden das du Gott geredt hast / zu wandeln in seinem Gesetz / Sonst wirds mühe werden.

[18]DEnn meinstu auch das Gott bey den Men-
schen auff Erden wone? Sihe / Der Himel vnd aller
himel himel kan dich nicht versorgen / Wie solts
denn das Haus thun das ich gebawet habe?
[19]Wende dich aber HERR mein Gott zu dem Ge-
bet deines Knechts / vnd zu seinem flehen / das du
erhörest das bitten vnd beten / das dein Knecht
fur dir thut. [20]Das deine Augen offen seien vber
dis Haus tag vnd nacht / vber die Stet / da hin du
deinen Namen zu stellen geredt hast / das du hörest
das Gebet / das dein Knecht an dieser Stet thun

wird. 21So höre nu das flehen deines Knechts vnd
deines volcks Jsrael / das sie bitten werden an dieser
Stet / Höre es aber von der Stet deiner Wonung
vom Himel / Vnd wenn du es hörest / woltestu
gnedig sein.

WEnn jemand wider seinen Nehesten sündigen
wird / vnd wird jm ein Eid auffgelegt / den EID.
er schweren sol / vnd der Eid kompt fur deinen
Altar in diesem Hause / 23So woltestu hören vom
Himel / vnd deinem Knecht recht verschaffen /
Das du dem Gottlosen vergeltest vnd gebest seinen
weg auff seinen Kopff / Vnd rechtfertigest den Ge-
rechten vnd gebest jm nach seiner gerechtigkeit.

WEnn dein volck Jsrael fur seinen Feinden ge- KRIEG.
schlagen wird / weil sie an dir gesündiget
haben / Vnd bekeren sich / vnd bekennen deinen
Namen / bitten vnd flehen fur dir in diesem Hause /
25So woltestu hören vom Himel / vnd gnedig sein
der sünden deines volcks Jsrael / Vnd sie wider in
das Land bringen / das du jnen vnd jren Vetern ge-
geben hast.

WEnn der Himel zugeschlossen wird / das nicht MANGEL AN
regent / weil sie an dir gesündiget haben / Regen.
Vnd bitten an dieser stet / vnd bekennen deinen
|| 239b Namen / || vnd bekeren sich von jren sünden / weil
du sie gedemütiget hast / 27So woltestu hören im
Himel / vnd gnedig sein den sünden deiner Knechte
vnd deines volcks Jsrael / das du sie den guten weg
lerest / darinnen sie wandeln sollen / Vnd regen
lassest auff dein Land / das du deinem Volck gege-
ben hast zu besitzen.

WEnn eine Thewrung im Lande wird / oder THEWRUNG VND
Pestilentz / oder Dürre / Brand / Hew- ander Plage.
schrecken / Raupen / Oder wenn sein Feind im
lande seine Thor belagert / oder jrgent eine Plage
oder Kranckheit. 29Wer denn bittet oder flehet vn-
ter allerley Menschen vnd vnter alle deinem volck
Jsrael / so jemand seine plage vnd schmertzen fü-
let / vnd seine hende ausbreitet zu diesem Hause /
30So woltestu hören vom Himel / vom Sitz deiner
Wonung vnd gnedig sein / vnd jederman geben
nach all seinem wege / nach dem du sein hertz
erkennest (Denn du alleine erkennest das hertz der
Menschen kinder) 31Auff das sie dich fürchten vnd
wandeln in deinen wegen alle tage / so lange sie
leben auff dem Lande / das du vnsern Vetern gege-
ben hast.

TEMPEL ZU Jerusalem ein Bethaus aller Völcker.

WEnn auch ein Frembder / der nicht von deinem Jesa. 56.
volck Jsrael ist / kompt aus fernen Landen /
vmb deines grossen Namens von mechtiger Hand
vnd ausgerecktes Arms willen / vnd betet zu diesem
Hause / 33So woltestu hören vom Himel / vom
Sitz deiner Wonung / vnd thun alles / warumb er
dich anruffet. Auff das alle Völcker auff Erden
deinen Namen erkennen / vnd dich fürchten / wie
dein volck Jsrael / vnd innen werden / das dis
Haus / das ich gebawet habe nach deinem Namen
genennet sey.

STREIT.

WEnn dein Volck auszeucht in streit wider seine
Feinde / des weges / den du sie senden wirst /
vnd zu dir bitten gegen dem wege zu dieser Stad /
die du erwelet hast / vnd zum Hause das ich deinem
Namen gebawet habe / 35So woltestu jr gebet vnd
flehen hören vom Himel / vnd jnen zu jrem Recht
helffen.

SO DAS VOLCK gefangen weggefüret / sich bekert etc.

WEnn sie an dir sündigen werden (sintemal kein
Mensch ist / der nicht sündige / vnd du vber
sie erzürnest vnd gibst sie fur jren Feinden / das sie
sie gefangen wegfüren / in ein ferne oder nahe
Land / 37Vnd sie sich jn jrem hertzen bekeren im
Lande / da sie gefangen innen sind / vnd bekeren
sich / vnd flehen dir im Lande jres gefengnis / vnd
sprechen / Wir haben gesündiget / missethan / vnd
sind Gottlos gewesen / 38Vnd sich also von gan-
tzem hertzen / vnd von gantzer seelen zu dir be-
keren / im Lande jres gefengnis / da man sie gefan-
gen helt / Vnd sie beten gegen dem wege zu jrem
Lande / das du jren Vetern gegeben hast / vnd zur
Stad die du erwelet hast / vnd zum Hause / das ich
deinem Namen gebawet habe / 39So woltestu jr
gebet vnd flehen hören vom Himel / vom Sitz dei-
ner Wonung / vnd jnen zu jrem Rechten helffen /
vnd deinem Volck gnedig sein / das an dir gesün-
digt hat.

SO las nu mein Gott deine Augen offen sein / vnd
deine Ohren auffmercken auffs gebet an dieser
stet. 41So mache dich nu auff HERR Gott zu deiner Psal. 132.
Ruge / du vnd die Lade deiner macht / Las deine
Priester HERR Gott mit Heil angethan werden /
vnd deine Heiligen sich frewen vber dem guten.
42Der HERR Gott wende nicht weg das Andlitz
deines gesalbeten / Gedenck an die Gnade / deinem
knechte Dauid verheissen.

VII.

VND DA SALOMO AUSGEBETTET HATTE / FIEL EIN
Fewr vom Himel vnd verzehret das Brandopffer
vnd ander Opffer / Vnd die Herrligkeit des
HERRN erfüllet das Haus / 2das die Priester nicht
kundten hin ein gehen ins Haus des HERRN /
weil die Herrligkeit des HERRN füllet des
HERRN Haus. 3Auch sahen alle kinder Jsrael
das Fewr er ab fallen / vnd die Herrligkeit des
HERRN vber dem Hause / vnd fielen auff jre knie
|| 240a mit dem andlitz zur erden || auffs pflaster / vnd
beten an vnd danckten dem HERRN / Das er gütig
ist / vnd seine barmhertzigkeit ewiglich weret.

3. Reg. 8. DER König aber vnd alles Volck opfferten fur EINWEIHUNG
dem HERRN. 5Denn der könig Salomo des Tempels.
opfferte zwey vnd zwenzig tausent Ochsen / vnd
hundert vnd zwenzig tausent Schafe / vnd weihe-
ten also das haus Gottes ein / beide der König vnd
alles volck. 6Aber die Priester stunden in jrer
Hut / vnd die Leuiten mit den Seitenspielen des
HERRN / die der König Dauid hatte lassen
machen / dem HERRN zu dancken / Das seine
Barmhertzigkeit ewiglich weret / mit den Psalmen
Dauids durch jre hand / Vnd die Priester bliesen
Drometen gegen jnen / vnd das gantz Jsrael stund.

7VND Salomo heiliget den Mittelhof / der fur
dem Hause des HERRN war / Denn er hatte da-
selbs Brandopffer vnd das fett der Danckopffer
ausgericht. Denn der eherne Altar den Salomo
hatte machen lassen / kundte nicht alle Brand-
opffer / Speisopffer / vnd das fett fassen.

8VND Salomo hielt zu derselben zeit ein Fest
sieben tag lang / vnd das gantz Jsrael mit jm ein
seer grosse Gemeine / von Hemath an bis an den
bach Egypti / 9vnd hielt am achten tage eine Ver-
samlung / Denn die Einweihung des Altars hielten
sie sieben tage / vnd das Fest auch sieben tage.
10Aber im drey vnd zwenzigsten tage des sieben-
den monden / lies er das Volck in jre Hütten frölich
vnd guts muts / vber allem Gute / das der HERR
an Dauid Salomo vnd seinem volck Jsrael ge-
than hatte. 11Also volendet Salomo das Haus
des HERRN / vnd das haus des Königs / vnd
alles was in sein hertz komen war zu machen /
im Hause des HERRN vnd in seinem Hause /
glückseliglich.

Der HERR erscheinet Salomo.

VND der HERR erschein Salomo des nachts / 3. Reg. 9.
vnd sprach zu jm / Jch habe dein Gebet erhöret /
vnd diese Stet mir erweletet zum Opfferhause.
13Sihe / wenn ich den Himel zuschliesse das nicht
regent / oder heisse die Hewschrecken das Land
fressen / oder lasse ein Pestilentz vnter mein Volck
komen / 14das sie mein volck demütigen / das nach
meinem Namen genennet ist / Vnd sie betten vnd
mein Angesicht suchen / vnd sich von jren bösen
wegen bekeren werden / So wil ich vom Himel
hören / vnd jre sünde vergeben / vnd jr Land heilen.
15So sollen nu meine Augen offen sein / vnd meine
Ohren auffmercken auffs Gebet an dieser Stet.
16So hab ich nu dis Haus erwelet vnd geheiliget /
das mein Name daselbs sein sol ewiglich / vnd
meine Augen vnd mein Hertz sol da sein alle wege.
VND so du wirst fur mir wandeln / wie dein vater
Dauid gewandelt hat / das du thust alles was ich
dich heisse vnd heltest meine Gebot vnd Rechte /
18So wil ich den stuel deins Königreichs bestetigen /
wie ich mich deinem vater Dauid verbunden habe /
vnd gesagt / Es sol dir nicht gebrechen an einem
Man der vber Jsrael Herr sey. 19Werdet jr euch
aber vmbkeren vnd meine Rechte vnd Gebot / die
ich euch furgelegt habe / verlassen / vnd hin gehen
vnd andern Göttern dienen / vnd sie anbeten /
20So werde ich sie auswurtzeln aus meinem Lande /
das ich jnen gegeben habe. Vnd dis Haus / das ich
meinem Namen geheiliget habe / werde ich von
meinem Angesicht werffen / vnd werde es zum
Sprichwort geben vnd zur Fabel / vnter allen Völ-
ckern. 21Vnd fur diesem Haus / das das Höhest Deut. 29.
worden ist / werden sich entsetzen alle die furüber Jere. 22.
gehen / vnd sagen / Warumb hat der HERR die-
sem Lande vnd diesem Hause also mitgefaren?
22So wird man sagen / Darumb / das sie den
HERRN jrer veter Gott verlassen haben / der sie
aus Egyptenland gefüret hat / Vnd haben sich an
ander Götter gehenget / vnd sie angebettet vnd
jnen gedienet / Darumb hat er alle dis vnglück vber
sie gebracht.

VIII.

|| 240b

VND NACH ZWENZIG JAREN / IN WELCHEN SALO- 3. Reg. 9.
mo des HERRN Haus vnd sein haus bawete /
2bawete er auch die stedte / die Huram Salomo gab /
vnd lies die kinder Jsrael drinnen wonen. 3Vnd

Salomo zoch gen HemathZoba vnd befestiget sie /
4vnd bawete Thadmor in der wüsten / vnd alle
Kornstedte / die er bawete in Hemath. 5Er bawet
auch obern vnd nidern BethHoron / das feste
Stedte waren mit mauren / thüren vnd rigeln.
6Auch Baelath / vnd alle Kornstedte / die Salomo
hatte / vnd alle Wagenstedte / vnd Reuter / vnd alles
wo zu Salomo lust hatte zu bawen / beide zu Jeru-
salem vnd auff dem Libanon / vnd im gantzen
Lande seiner Herrschafft.

ALles vbrige volck von den Hethitern / Amori-
tern / Pheresitern / Heuitern vnd Jebusitern /
die nicht von den kindern Jsrael waren / 8vnd jre
Kinder / die sie hinder sich gelassen hatten im
Lande / die die kinder Jsrael nicht vertilget hatten /
machte Salomo zinsbar / bis auff diesen tag. 9Aber
von den kindern Jsrael machte Salomo nicht
Knechte zu seiner erbeit / Sondern sie waren
Kriegsleute / vnd vber seine Fürsten vnd vber
seine Wagen vnd Reuter. 10Vnd der öbersten OBERSTEN
Amptleute des königs Salomo / waren zwey Amptleute
hundert vnd funffzig / die vber das Volck herrsche- Salomos 250.
ten.

VND die tochter Pharao lies Salomo er auff
holen aus der stad Dauids / ins Haus / das er fur
sie gebawet hatte / Denn er sprach / Mein Weib sol
mir nicht wonen im hause Dauid des königs Jsrael /
Denn es ist geheiliget / weil die Lade des HERRN
drein komen ist.

VON dem an opfferte Salomo dem HERRN
Brandopffer auff dem Altar des HERRN / den
er gebawete hatte fur der Halle / 13ein jglichs auff
seinen tag zu opffern nach dem gebot Mose / auff
die Sabbath / Newmonden / vnd bestimpten zeiten
des jars drey mal / nemlich / Auffs fest der vnge-
sewrten Brot / auffs fest der Wochen / vnd auffs
fest der Laubhütten.

14VND er stellet die Priester in jrer ordenung zu
jrem Ampt / wie es Dauid sein Vater gesetzt hatte /
vnd die Leuiten auff jre Hut zu loben vnd zu dienen
fur den Priestern / jgliche auff jren tag / vnd die
Thorhüter in jrer ordenung / jgliche auff jr thor /
Denn also hatte es Dauid der man Gottes befolhen.
15Vnd es ward nicht gewichen vom gebot des
Königes vber die Priester vnd Leuiten / an allerley
sachen vnd an den schetzen. 16Also ward bereit
alles gescheffte Salomo vom tage an / da des

HERRN Haus gegründet ward bis ers volendet /
das des HERRN Haus gantz bereit ward.

DA zoch Salomo gen EzeonGeber vnd gen Eloth
an dem vfer des meeres im lande Edomea.
18Vnd Huram sandte jm Schiffe durch seine
Knechte / die des Meers kündig waren / vnd furen
mit den knechten Salomo in Ophir / vnd holeten
von dannen vier hundert vnd funffzig Centner
goldes / vnd brachtens dem könige Salomo.

IX.

Königin von Reicharabia.

VND DA DIE KÖNIGIN VON REICHARABIA DAS 3. Reg. 10.
gerücht Salomo höret / kam sie mit seer gros-
sem Zeug gen Jerusalem / mit Kamelen die Würtze
von Golds die menge trugen / vnd Edelsteine /
Salomo mit Retzeln zuuersuchen. Vnd da sie zu
Salomo kam / redet sie mit jm alles was sie im sinn
hatte furgenomen. 2Vnd der König saget jr alles
was sie fraget / vnd war Salomo nichts verborgen /
das er jr nicht gesagt hatte.

VND da die Königin von Reicharabia sahe die
weisheit Salomo / vnd das Haus das er gebawet
hatte / 4die Speise fur seinen Tisch / die Wonung
fur seine Knechte / die Ampt seiner Diener vnd jre
Kleider / seine Schencken mit || jren kleidern / vnd || 241 a
seine Saal / da man hin auff gieng ins Haus des
HERRN / kund sie sich nicht mehr enthalten.

5VND sie sprach zum Könige / Es ist war was
ich gehöret habe in meinem Lande von deinem
wesen / vnd von deiner weisheit. 6Jch wolt aber
jren worten nicht gleuben / bis ich komen bin vnd
habs mit meinen augen gesehen / Vnd sihe / es ist
mir nicht die helfft gesagt deiner grossen weisheit /
Es ist mehr an dir / denn das gerücht das ich gehört
hab. 7Selig sind deine Menner / vnd selig diese Matt. 12.
deine Knechte / die alle wege fur dir stehen / vnd
deine weisheit hören. 8Der HERR dein Gott sey
gelobt / der dich lieb hat / das er dich auff seinen
Stuel zum Könige gesetzt hat / dem HERRN dei-
nem Gott. Es macht das dein Gott hat Jsrael lieb /
das er jn ewiglich auffrichte / darumb hat er dich
vber sie zum Könige gesatzt / das du Recht vnd
Redligkeit handhabest.

9VND sie gab dem Könige hundert vnd zwenzig
Centner golds / vnd seer viel Würtze vnd Edelge-
steine / Es waren keine würtze als diese / die die
Königin von Reicharabia dem könige Salomo gab.

[10]DAzu die knechte Huram / vnd die knechte
Salomo die gold aus Ophir brachten / die brachten
auch Hebenholtz vnd Edelgesteine. [11]Vnd Salomo
lies aus dem Hebenholtz treppen im Hause des
HERRN / vnd im hause des Königs machen / vnd
Harffen vnd Psalter fur die Senger / Es waren vor-
hin nie gesehen solche höltzer im lande Juda.
[12]Vnd der könig Salomo gab der Königin von
Reicharabia / alles was sie begert vnd bat / On was
sie zum Könige gebracht hatte / Vnd sie wand sich
vnd zoch in jr Land mit jren Knechten.

DES goldes aber / das Salomo in eim jar gebracht
ward / war sechs hundert vnd sechs vnd sechzig
Centner / [14]on was die Kremer vnd Kauffleute
brachten / Vnd alle Könige der Araber / vnd die
Herrn in Landen brachten gold vnd silber zu Salo-
mo. [15]Da her machte der könig Salomo zwey
hundert Schilde vom besten golde / das sechs
hundert stück goldes auff einen Schild kam / [16]vnd
drey hundert Tartschen vom besten golde / das
drey hundert stück goldes zu einer Tartschen kam /
[17]Vnd der König thet sie ins Haus vom wald
Libanon.

3. Reg. 10. VND der König machte einen grossen Elffen- Stuel
beinen stuel vnd vberzog jn mit lauterm golde. von Elffenbein.
Vnd der Stuel hatte sechs Stuffen / vnd einen gülden
Fusschemel am stuel / vnd hatte zwo Lehnen auff
beiden seiten vmb das gesesse / vnd zween Lewen
stunden neben den lehnen. [19]Vnd zwelff Lewen stun-
den daselbs auff den sechs stuffen zu beiden seiten /
Ein solchs ist nicht gemacht in allen Königreichen.

[20]VND alle Trinckgefess des königs Salomo
waren gülden / vnd alle Gefess des Hauses vom
wald Libanon waren lauter gold / Denn das silber
ward nichts gerechnet zur zeit Salomo. [21]Denn die
schiffe des Königs fuhren auff dem Meer mit den
knechten Huram / vnd kamen in drey jaren ein
mal / vnd brachten gold / silber / elffenbein / affen
vnd pfawen.

ALso ward der könig Salomo grösser denn alle
Könige auff Erden / mit reichtum vnd weisheit.
[23]Vnd alle Könige auff Erden begerten das ange-
sicht Salomo / seine weisheit zu hören / die jm Gott
in sein hertz gegeben hatte. [24]Vnd sie brachten jm /
ein jglicher sein Geschencke / silbern vnd gülden
Gefess / Kleider / Harnisch / Würtz / Ross vnd
Meuler jerlich.

WAGEN VND Reisige pferde Salomos.

25VND Salomo hatte vier tausent Wagenpferde /
vnd zwelff tausent Reisigen / vnd man thet sie in
die Wagenstedte / vnd bey dem Könige zu Jerusa-
lem. 26Vnd er war ein Herr vber alle Könige vom
wasser an bis an der Philister land / vnd bis an die
grentze Egypti. 27Vnd der König macht des Sil-
bers so viel zu Jerusalem / wie der Steine / vnd der
Cedern so viel / wie die Maulbeerbewme in den
gründen. 28Vnd man bracht jm Rosse aus Egyp-
ten / vnd aus allen Lendern. || || 241b

29WAS aber mehr von Salomo zu sagen ist / 3. Reg. 11.
beide sein erstes vnd sein letztes / Sihe / das ist ge-
schrieben in der Chronica des Propheten Nathan /
vnd in den Propheceien Ahia von Silo / vnd in den
Gesichten Jeddi des Schawers wider Jerobeam den
son Nebat. 30Vnd Salomo regierte zu Jerusalem
vber gantz Jsrael vierzig jar. 31Vnd Salomo ent-
schlieff mit seinen Vetern / vnd man begrub jn in
der stad Dauid seines vaters / Vnd Rehabeam sein
son ward König an seine stat.

SALOMO 40. jar König vber Jsrael.

X.

REHABEAM.

REHABEAM ZOCH GEN SICHEM / DENN GANTZ 3. Reg. 12.
Jsrael war gen Sichem komen jn König zu
machen. 2Vnd da das Jerobeam höret der son
Nebat / der in Egypten war (da hin er fur dem
könig Salomo geflohen war) kam er wider aus
Egypten. 3Vnd sie sandten hin / vnd liessen jm
ruffen / Vnd Jerobeam kam mit dem gantzen
Jsrael vnd redeten mit Rehabeam / vnd sprachen /
4Dein vater hat vnser Joch zu hart gemacht / So
leichtere nu du den harten Dienst deines vaters /
vnd das schwere joch / das er auff vns gelegt hat /
So wöllen wir dir vnterthenig sein. 5Er sprach zu
jnen / Vber drey tage komet wider zu mir / Vnd das
Volck gieng hin.

VND der könig Rehabeam ratfraget die Eltesten
die fur seinem vater Salomo gestanden waren /
da er beim leben war / vnd sprach / Wie ratet jr /
das ich diesem volck antwort gebe? 7Sie redeten
mit jm / vnd sprachen / Wirstu diesem volck
freundlich sein / vnd wirst sie handelen gütiglich /
vnd jnen gute wort geben / So werden sie dir
vnterthenig sein allewege.

8ER aber verlies den rat der Eltesten / den sie jm
gegeben hatten / vnd ratschlug mit den Jungen die
mit jm auffgewachsen waren / vnd fur jm stunden /

[9]vnd sprach zu jnen / Was ratet jr / das wir diesem
volck antworten / die mit mir geredt haben / vnd
sagen / Leichtere das joch das dein Vater auff vns
gelegt hat? [10]Die Jungen aber die mit jm auffge-
wachsen waren / redeten mit jm / vnd sprachen /
So soltu sagen zu dem volck / das mit dir geredt
hat / vnd spricht Dein vater hat vnser joch zu
schweer gemacht / Mach du vnser joch leichter /
vnd sprich zu jnen / Mein kleinester Finger sol
dicker sein / denn meins vaters Lenden. [11]Hat nu
mein Vater auff euch zu schwere joch geladen / So
wil ich ewrs jochs mehr machen / Mein vater hat
euch mit Peitzschen gezüchtiget / Jch aber mit
Scorpion.

ALS nu Jerobeam vnd alles volck zu Rehabeam
kam am dritten tage / wie denn der König ge-
sagt hatte / komet wider zu mir am dritten tage /
[13]antwortet jnen der König hart. Vnd der könig
Rehabeam verlies den rat der Eltesten / [14]vnd
redet mit jnen nach dem rat der Jungen / vnd
sprach / Hat mein vater ewre joch zu schweer ge-
macht / So wil ichs mehr dazu machen / Mein vater
hat euch mit Peitzschen gezüchtiget / Jch aber mit
Scorpion. [15]Also gehorchet der König dem volck
nicht / Denn es war also von Gott gewand / Auff
das der HERR sein wort bestetiget / das er geredt
3. Reg. 11. hatte durch Ahia von Silo zu Jerobeam dem son ABIA.
Nebat.

DA aber das gantze Jsrael sahe / das jnen der
König nicht gehorchet / antwortet das volck
dem Könige / vnd sprach / Was haben wir teils an
Dauid / oder erbe am son Jsai? Jederman von
Jsrael zu seiner Hütten / So sihe nu du zu deinem
hause Dauid. Vnd das gantze Jsrael gieng in seine
Hütten / [17]das Rehabeam nur vber die kinder
Jsrael regierte / die in den stedten Juda woneten.
3. Reg. 12. [18]Aber der könig Rehabeam sandte Hadoram den
Rentmeister / Aber die kinder Jsrael steinigeten jn zu HADORAM
tod / Vnd der könig Rehabeam steig frisch auff sei- gesteiniget etc.
nen wagen / das er flöhe gen Jerusalem. [19]Also fiel
|| 242a Jsrael abe vom Hause Dauids bis auff diesen tag. || ABFALL Jsraels von Juda.

XI.

3. Reg. 12. VND DA REHABEAM GEN JERUSALEM KAM / VER- REHABEAM.
samlete er das haus Juda vnd BenJamin /
hundert vnd achzig tausent junger Manschafft die
streitbar waren / wider Jsrael zu streitten / das sie

das Königreich wider an Rehabeam brechten.
SEMAJA. [2]Aber des HERRN wort kam zu Semaja / dem man
Gottes / vnd sprach / [3]Sage Rehabeam dem son
Salomo dem könige Juda / vnd dem gantzen
Jsrael / das vnter Juda vnd BenJamin ist / vnd
sprich / [4]So spricht der HERR / Jr solt nicht hin
auff ziehen / noch wider ewre Brüder streitten / ein
jglicher gehe wider heim / Denn das ist von mir ge-
schehen. Sie gehorchten den worten des HERRN /
vnd liessen ab von dem Zug wider Jerobeam.

REhabeam aber wonet zu Jerusalem / vnd bawet
die Stedte feste in Juda / [6]nemlich / Bethlehem /
Etam / Tekoa / [7]Bethzur / Socho / Adullam /
[8]Gath / Maresa / Siph / [9]Adoraim / Lachis / Aseka /
[10]Zarega / Aialon vnd Hebron / welche waren die
festesten Stedte in Juda vnd BenJamin. [11]Vnd
macht sie feste / Vnd setzte Fürsten drein / vnd vor-
rat von Speise / Ole vnd wein. [12]Vnd in allen
Stedten schafft er Schilde vnd Spies / vnd macht
sie seer feste / Vnd Juda vnd BenJamin waren
vnter jm.

AVch machten sich zu jm die Priester vnd Leui-
ten aus gantzem Jsrael vnd allen jren Grentzen /
[14]vnd sie verliessen jre Vorstedte vnd Habe / vnd
JEROBEAM. kamen zu Juda gen Jerusalem / Denn Jerobeam
vnd seine Söne verstiessen sie / das sie dem
HERRN nicht Priesterampt pflegen musten. [15]Er
stifftet jm aber Priester zu den Höhen vnd zu den 3. Reg. 12.
Feldteufeln vnd Kelbern / die er machen lies.
[16]Vnd nach jnen kamen aus allen stemmen Jsrael
die jr hertz gaben / das sie nach dem HERRN dem
Gott Jsrael fragten / gen Jerusalem / das sie opffer-
ten dem HERRN dem Gott jrer veter. [17]Vnd
sterckten also das Königreich Juda / vnd bestetige-
ten Rehabeam den son Salomo drey jar lang / Denn
sie wandelten in dem wege Dauid vnd Salomo drey
jar.

VND Rehabeam nam Mahelath die tochter Jeri-
moth des sons Dauid zum weibe / vnd Abihail
die rochter Eliab des sons Jsai / [19]Die gebar jm
diese söne / Jeus / Semarja vnd Saham. [20]Nach der
nam er Maecha die tochter Absalom / die gebar jm
Abia / Athai / Sisa vnd Selomith. [21]Aber Rehabeam
hatte Maecha die tochter Absalom lieber denn alle
seine Weiber vnd Kebsweiber / Denn er hatte ach-
zehen Weiber vnd sechzig Kebsweiber / vnd zeuget
acht vnd zwenzig Söne vnd sechzig Töchter.

22Vnd Rehabeam setzt Abia den son Maecha zum Abia.
Heubt vnd Fürsten vnter seinen brüdern / Denn er
gedacht jn König zu machen. 23Vnd er nam zu vnd
brach aus fur allen seinen Sönen in landen Juda vnd
BenJamin / in allen festen Stedten / Vnd er gab jnen
fütterung die menge / vnd nam viel Weiber.

XII.

DA aber das Königreich Rehabeam besteti-
get vnd bekrefftiget ward / verlies er das Gesetz
des HERRN vnd gantzes Jsrael mit jm. 2Aber im
fünfften jar des königes Rehabeam zoch er auff
Sisak der könig in Egypten wider Jerusalem (Denn Sisak.
sie hatten sich versündigt am HERRN) 3mit
tausent vnd zwey hundert Wagen / vnd mit sechzig
tausent Reutern / vnd das Volck war nicht zu zelen
das mit jm kam aus Egypten / Libia / Suchim vnd
Moren. 4Vnd er gewan die festen Stedte die in
Juda waren / vnd kam bis gen Jerusalem.

DA kam Semaja der Prophet zu Rehabeam vnd Semaja.
zu den öbersten Juda / die sich gen Jerusalem
|| 242b versamlet hatten fur Sisak / vnd sprach zu jnen / ||
so spricht der HERR / Jr habt mich verlassen /
Darumb habe ich euch auch verlassen in Sisaks
hand. 6Da demütigeten sich die öbersten in Jsrael
mit dem Könige / vnd sprachen / Der HERR ist
gerecht. 7Als aber der HERR sahe / das sie sich
demütigeten / kam das wort des HERRN zu Sema-
ja / vnd sprach / Sie haben sich gedemütiget /
drumb wil ich sie nicht verderben / Sondern ich wil
jnen ein wenig errettung geben / das mein grim
nicht trieffe auff Jerusalem durch Sisak. 8Doch
sollen sie jm vnterthan sein / Das sie innen werden
was es sey / mir dienen / vnd den Königreichen in
Landen dienen.

3. Reg. 14. 9ALso zoch Sisak der könig in Egypten er auff
gen Jerusalem / vnd nam die Schetze im Hause des
HERRN / vnd die schetze im hause des Königs /
vnd nams alles weg / Vnd nam auch die gülden
Schilde / die Salomo machen lies. 10An welcher
stat lies der könig Rehabeam eherne Schilde ma-
chen / vnd befalh sie den obersten der Drabanten
die an der thür des Königs haus hutten. 11Vnd so
offt der König in des HERRN Haus gieng / kamen
die Drabanten vnd trugen sie / vnd brachten sie
wider in der Drabanten kamer. 12Vnd weil er sich
demütiget / wand sich des HERRN zorn von jm /

das nicht alles verterbet ward / Denn es war in Juda
noch was gutes.

REHABEAM 17. jar König in Juda.

ALso ward Rehabeam der König bekrefftiget in
Jerusalem / vnd regierte / Ein vnd vierzig jar
alt war Rehabeam da er König ward / vnd regierte
siebenzehen jar zu Jerusalem / in der Stad die der
HERR erwelet hatte aus allen stemmen Jsrael / das
er seinen Namen da hin stellet / Seine mutter hies
Naema ein Ammonitin. 14Vnd er handelt vbel /
vnd schickt sein hertz nicht das er den HERRN
suchet.

15DJE Geschicht aber Rehabeam / beide die
ersten / vnd die letzten / sind geschrieben in den ge-
schichten Semaja des Propheten / vnd Jddo des
Schawers / vnd auffgezeichnet / dazu die kriege
Rehabeam vnd Jerobeam jr leben lang. 16Vnd
Rehabeam entschlieff mit seinen Vetern / vnd ward
begraben in der stad Dauid / Vnd sein son Abia
ward König an seine stat.

XIII.

ABIA. 3. jar König in Juda.

JM ACHZEHENDEN JAR DES KÖNIGS JEROBEAM / 3. Reg. 15.
ward Abia König in Juda / 2Vnd regierte drey
jar zu Jerusalem / Seine mutter hies Michaia eine
tochter Vriel von Gibea / Vnd es erhub sich ein
streit zwischen Abia vnd Jerobeam. 3Vnd Abia
rüstet sich zu dem streit mit vier hundert tausent
junger Manschafft starcke Leute zum kriege. Jero-
beam aber rüstet sich mit jm zu streiten mit acht
hundert tausent junger Manschafft / starcke Leute.

ZEMARAIM.

VND Abia macht sich auff oben auff den berg
Zemaraim / welcher ligt auff dem gebirge Eph-
raim / vnd sprach / Höret mir zu Jerobeam vnd
gantzes Jsrael / 5Wisset jr nicht / das der HERR
der Gott Jsrael / hat das Königreich zu Jsrael
Dauid gegeben ewiglich / jm vnd seinen Sönen
einen Saltzbund? 6Aber Jerobeam der son Nebat /
der knecht Salomo Dauids son / warff sich auff vnd
ward seinem Herrn abtrünnig. 7Vnd haben sich zu
jm geschlagen lose Leut vnd kinder Belial / vnd
haben sich gestercket wider Rehabeam den son
Salomo / Denn Rehabeam war jung vnd eins blöden
hertzen / das er sich fur jnen nicht wehret. 8Nu
denckt jr euch zu setzen wider das Reich des
HERRN / vnter den sönen Dauid / weil ewer ein
grosser Hauffe ist / vnd habt güldene Kelber / die
euch Jerobeam für Götter gemacht hat. 9Habt jr

nicht die Priester des HERRN die kinder Aaron
vnd die Leuiten ausgestossen / vnd habt euch
3. Reg. 12. eigen Priester gemacht / wie die Völcker in Lan-
den? Wer da kompt seine hand zu füllen mit einem
jungen Farren vnd sieben Widder / der wird
|| 243 a Priester / dere die nicht Götter sind. ||
[10]MJT vns aber ist der HERR vnser Gott / den
wir nicht verlassen / Vnd die Priester die dem
HERRN dienen / die kinder Aaron / vnd die Leui-
ten in jrem geschefft / [11]vnd anzünden dem
HERRN alle morgen Brandopffer / vnd alle abend.
Da zu das gute Reuchwerg / vnd bereite Brot auff
den reinen Tisch / vnd der gülden Leuchter mit
seinen Lampen / das sie alle abend angezündet
werden / Denn wir behalten die Hut des HERRN
vnsers Gottes / Jr aber habt jn verlassen. [12]Sihe /
mit vns ist an der spitzen Gott vnd seine Priester /
vnd die Drometen zu drometen / das man wider
euch dromete / Jr kinder Jsrael / streittet nicht
wider den HERRN ewer veter Gott / Denn es wird
euch nicht gelingen.

ABer Jerobeam macht einen Hinderhalt vmbher / JEROBEAM.
das er von hinden an sie keme / das sie fur Juda
waren vnd der Hinderhalt hinder jnen. [14]Da sich
nu Juda vmbwand / sihe / da war fornen vnd hin-
den streit. Da schrien sie zum HERRN / vnd die
Priester drometen mit Drometen / [15]vnd jederman
in Juda dönet. Vnd da jederman in Juda dönete /
plaget Gott Jerobeam vnd das gantze Jsrael fur
Abia vnd Juda. [16]Vnd die kinder Jsrael flohen fur
Juda / vnd Gott gab sie in jre hende / [17]Das Abia
mit seinem volck eine grosse Schlacht an jnen thet /
vnd fielen aus Jsrael erschlagene fünff hundert JSRAEL
tausent junger Manschafft. [18]Also wurden die nider gelegt etc.
kinder Jsrael gedemütiget zu der zeit / Aber die
kinder Juda wurden getrost / denn sie verliessen
sich auff den HERRN jrer veter Gott. [19]Vnd Abia
jaget Jerobeam nach / vnd gewan jm Stedte an /
Bethel mit jren töchtern / Jesana mit jren töchtern /
vnd Ephron mit jren töchtern / [20]Das Jerobeam
förder nicht zu krefften kam / weil Abia lebt / Vnd
der HERR plaget jn das er starb.

DA nu Abia gesterckt war / nam er vierzehen
Weiber / vnd zeugete zwey vnd zwenzig Söne /
3. Reg. 15. vnd sechzehen Töchter. [22]Was aber mehr von
Abia zu sagen ist / vnd seine wege vnd sein thun /
das ist geschrieben in der Historia des Propheten

Jddo. Jddo. [1]Vnd Abia entschlieff mit seinen Vetern /
vnd sie begruben jn in der stad Dauid / Vnd Assa
sein son ward König an seine stat / Zu des zeiten
war das Land stille zehen jar.

XIIII.

Assa. VND ASSA THET DAS RECHT WAR VND DEM 3. Reg. 15.
HERRN seinem Gott wolgefiel / [3]vnd thet weg
die frembden Altar / vnd die Höhen / vnd zubrach
die Seulen / vnd hieb die Hayne ab. [4]Vnd lies Juda
sagen / das sie den HERRN den Gott jrer Veter
suchten / vnd theten nach dem Gesetz vnd Gebot.
[5]Vnd er thet weg aus allen stedten Juda / die Höhen
vnd die Götzen / Denn das Königreich war still fur
jm. [6]Vnd er bawet feste Stedte in Juda / weil das
Land still vnd kein streit wider jn war in den selben
jaren / Denn der HERR gab jm ruge.

VND er sprach zu Juda / Last vns diese Stedte
bawen vnd mauren drumb her füren vnd
thürne / thür vnd rigel / weil das Land noch fur
vns ist / Denn wir haben den HERRN vnsern Gott
gesucht / vnd er hat vns ruge gegeben vmbher.
Also baweten sie / vnd gieng glücklich von staten.
[8]Vnd Assa hatte ein Heerkrafft die Schild vnd Spies
trugen / aus Juda drey hundert tausent / vnd aus
BenJamin die Schild trugen / vnd mit den Bogen
kundten / zwey hundert vnd achzig tausent / vnd
diese waren alle starcke Helden.

Serah. ES zoch aber wider sie aus Serah der More mit
einer Heerskrafft / tausent mal tausent / dazu
drey hundert Wagen / vnd kamen bis gen Maresa.
[10]Vnd Assa zoch aus gegen jm / Vnd sie rüsteten
sich zum streit im tal Zephatha bey Maresa. [11]Vnd
Assa Gebet. Assa rieff an den HERRN seinen Gott / vnd sprach /
HERR / Es ist bey dir kein vnterscheid / helffen
vnter vielen / oder da kein krafft ist / Hilff vns
HERR vnser Gott / Denn wir verlassen vns auff ‖ ‖ 243b
dich / vnd in deinem Namen sind wir komen /
wider diese Menge / HERR vnser Gott wider dich
vermag kein Mensch etwas.

[12]VND der HERR plaget die Moren fur Assa
vnd fur Juda / das sie flohen. [13]Vnd Assa sampt
dem volck / das bey jm war / jaget jnen nach / bis
Wunderbarlicher Sieg. gen Gerar / Vnd die Moren fielen / das jr keiner
lebendig bleib / sondern sie wurden geschlagen fur
dem HERRN vnd fur seinem Heerlager / vnd sie
trugen seer viel Raubs dauon. [14]Vnd er schlug alle

Stedte vmb Gerar her / Denn die furcht des
HERRN kam vber sie / Vnd sie beraubeten alle
Stedte / Denn es war viel Raubs drinnen. 15Auch
schlugen sie die Hütten des Viehs / vnd brachten
schafe die menge vnd kamel / vnd kamen wider gen
Jerusalem.

XV.

VND AUFF ASARJA DEN SON ODED KAM DER Asarja.
geist Gottes / 2der gieng hin aus Assa entgegen /
vnd sprach zu jm / Höret mir zu Assa vnd gantzes
Juda vnd BenJamin. Der HERR ist mit euch / weil
jr mit jm seid / vnd wenn jr jn sucht / wird er sich
von euch finden lassen / Werdet jr aber jn verlas-
sen / So wird er euch auch verlassen. 3Es werden
aber viel tage sein in Jsrael / das kein rechter Gott /
kein Priester der da leret / vnd kein Gesetze sein
wird. 4Vnd wenn sie sich bekeren in jrer not / zu
dem HERRN dem Gott Jsrael / vnd werden jn
suchen / so wird er sich finden lassen. 5Zu der zeit /
wirds nicht wol gehen / dem / der aus vnd ein gehet /
Denn es werden grosse getümel sein vber alle die
auff Erden wonen. 6Denn ein volck wird das ander
zuschmeissen / vnd eine Stad die ander / Denn Gott
1.Cor. 15. wird sie erschrecken mit allerley angst. 7Jr aber
seid getrost vnd thut ewre hende nicht abe / Denn
ewer Werck hat seinen lohn.

DA aber Assa höret diese wort vnd die weissa-
gung Oded des Propheten / ward er getrost /
vnd thet weg die Grewel aus dem gantzen lande
Juda vnd BenJamin / vnd aus den Stedten / die er
gewonnen hatte auff dem gebirge Ephraim / vnd
ernewrt den Altar des HERRN / der fur der Halle
des HERRN stund. 9Vnd versamlet das gantze
Juda vnd BenJamin vnd die Frembdlinge bey jnen
aus Ephraim / Manasse vnd Simeon / Denn es fielen
zu jm aus Jsrael die menge / als sie sahen / das der
HERR sein Gott mit jm war.

10VND sie versamleten sich gen Jerusalem / des
dritten monden im funffzehenden jar des könig-
reichs Assa / 11vnd opfferten desselben tags dem
HERRN von dem Raub den sie gebracht hatten /
sieben hundert ochsen / vnd sieben tausent schaf.
12Vnd sie tratten in den Bund / das sie suchten den
HERRN jrer veter Gott / von gantzem hertzen vnd
von gantzer seelen. 13Vnd wer nicht würde den
HERRN den Gott Jsrael suchen / solt sterben /

beide klein vnd gros / beide man vnd weib. [14]Vnd
sie schwuren dem HERRN mit lauter stimme / mit
dönen / mit drometen vnd posaunen / [15]Vnd das
gantz Juda war frölich vber dem Eide / Denn sie
hatten geschworen von gantzem hertzen / vnd sie
suchten jn von gantzem willen / Vnd er lies sich
von jnen finden / vnd der HERR gab jnen ruge
vmb her.

AVch setzt Assa der König ab Maecha seine mut- 3. Reg. 15.
ter vom Ampt / das sie gestifftet hatte im Hayne
MIPLEZETH. Miplezeth / Vnd Assa rottet jren Miplezeth aus
vnd zusties jn / vnd verbrand jn im bach Kidron.
[17]Aber die Höhen in Jsrael wurden nicht abgethan /
Doch war das hertz Assa rechtschaffen sein leben
lang. [18]Vnd er bracht ein / was sein Vater geheili-
get / vnd was er geheiliget hatte / ins haus Gottes /
Silber / Gold vnd Gefesse. [19]Vnd es war kein
streit / bis in das fünff vnd dreissigst jar des König-
reichs Assa.

XVI.

|| 244a

BAESA. JM SECHS VND DREISSIGSTEN JAR DES KÖNIG- 3. Reg. 15.
reichs Assa / zoch er auff Baesa der könig Jsrael
wider Juda / vnd bawet Rama / das er Assa dem
könig Juda weret aus vnd ein zu ziehen. [2]Aber
Assa nam aus dem schatz im Hause des HERRN /
vnd im hause des Königs / silber vnd gold / vnd
sandte zu Benhadad dem könige zu Syrien / der zu
Damascon wonet / vnd lies jm sagen / [3]Es ist ein
Bund zwischen mir vnd dir / zwischen meinem vnd
deinem vater / Darumb hab ich dir silber vnd gold
gesand / das du den Bund mit Baesa dem könige
Jsrael faren lassest / das er von mir abziehe.

[4]BEnhadad gehorchet dem könige Assa / vnd
sandte seine Heerfürsten wider die stedte Jsrael /
Die schlugen Eion / Dan vnd AbelMaim / vnd alle
Kornstedte Naphthali. [5]Da Baesa das höret / lies
er ab Rama zu bawen / vnd höret auff von seinem
werck. [6]Aber der könig Assa nam zu sich das
gantze Juda / vnd sie trugen die Steine vnd das
Holtz von Rama / da mit Baesa bawete / vnd er
bawete da mit Geba vnd Mizpa.

HANANI der Seher. ZV der zeit kam [7]Hanani der Seher zu Assa dem Jnfr. 19.
könige Juda / vnd sprach zu jm / Das du dich
auff den könig zu Syrien verlassen hast / vnd hast
dich nicht auff den HERRN deinen Gott verlassen /
Darumb ist die macht des königs zu Syrien deiner

hand entrunnen. 8Waren nicht die Moren vnd
Libier eine grosse menge mit seer viel Wagen vnd
Reutern? Noch gab sie der HERR in deine hand /
da du dich auff jn verliessest. 9Denn des HERRN
augen schawen alle Land / das er stercke die / so
von gantzem hertzen an jm sind. Du hast thörlich
gethan / Darumb wirstu auch von nu an krieg ha-
ben. 10Aber Assa ward zornig vber den Seher / vnd
legt jn ins Gefengnis / Denn er murret mit jm vber
diesem stück / Vnd Assa vnterdrückt etliche des
volcks zu der zeit.

11DJe Geschicht aber Assa / beide die ersten vnd
letzten / Sihe / die sind geschrieben im Buch von
den königen Juda vnd Jsrael. 12Vnd Assa ward
kranck an seinen Füssen im neun vnd dreissigsten
jar seines Königreichs / vnd seine kranckheit nam
seer zu / Vnd sucht auch in seiner kranckheit den
HERRN nicht / sondern die Ertzte. 13Also ent-
schlieff Assa mit seinen Vetern / vnd starb im ein
vnd vierzigsten jar seines Königreichs. 14Vnd man
begrub jn in seinem Grabe / das er jm hat lassen
graben in der stad Dauid / Vnd sie legten jn auff sein
Lager / Welchs man gefüllet hatte mit gutem
Reuchwerg / vnd allerley Specerey nach Apoteker
kunst gemacht / vnd machten ein seer gros brennen.

XVII.

3. Reg. 22. VND SEIN SON JOSAPHAT WARD KÖNIG AN SEINE JOSAPHAT.
stat / vnd ward mechtig wider Jsrael. 2Vnd er
legt Kriegsuolck in alle feste stedte Juda / vnd
setzet Amptleute im lande Juda / vnd in den sted-
ten Ephraim / die sein vater Assa gewonnen hatte.
3Vnd der HERR war mit Josaphat / Denn er wan-
delt in den vorigen wegen seines vaters Dauids /
vnd suchte nicht Baalim / 4sondern den Gott seines
Vaters. Vnd wandelt in seinen Geboten / vnd nicht
nach den wercken Jsrael. 5Darumb bestetiget jm
der HERR das Königreich / Vnd gantz Juda gab
Josaphat Geschencke / vnd er hatte Reichtum vnd
Ehre die menge. 6Vnd da sein hertz mutig ward
in den wegen des HERRN / thet er förder ab die
Höhen vnd Hayne aus Juda.

JM dritten jar seines Königreichs sandte er seine
Fürsten / Benhail / Obadja / Sacharia / Nethaneel
vnd Michaja / das sie leren solten in den stedten
Juda / 8vnd mit jnen die Leuiten / Semaja /
Nethanja / Sebadja / Asael / Semiramoth / Jona-

than / Adonia / Tobia / vnd TobAdonia / vnd mit
jnen die Priester Elisama vnd Joram. 9Vnd sie
lereten in Juda / vnd hatten das Gesetzbuch des
HERRN mit sich / vnd zogen vmbher in allen
stedten Juda / vnd lereten das volck. ‖ ‖ 244b

10VND es kam die furcht des HERRN vber alle
Königreich in den Landen / die vmb Juda her
lagen / das sie nicht stritten wider Josaphat. 11Vnd
die Philister brachten Josaphat Geschencke / eine
last silbers / Vnd die Araber brachten jm sieben
tausent vnd sieben hundert Wider / vnd sieben
tausent vnd sieben hundert Böcke. 12Also nam
Josaphat zu vnd ward jmer grösser / Vnd er bawete
in Juda Schlösser vnd Kornstedte. 13Vnd hatte viel
vorrats in den stedten Juda vnd streitbar Menner
vnd gewaltige Leute zu Jerusalem.

(Vorrats) Nicht allein des Getreides / sondern auch des Zeugs / Woffen oder Rüstung.

14VND dis war die Ordnung vnter jrer Veter
haus die in Juda vber die tausent Obersten waren.
Adna ein Oberster / vnd mit jm waren drey hundert
tausent gewaltige Leute. 15Neben jm war Johanan
der Oberst / vnd mit jm waren zwey hundert vnd
achzig tausent. 16Neben jm war Amasja der son
Sichri der freiwillige des HERRN / vnd mit jm
waren zwey hundert tausent gewaltige Leute.
17Von den kindern BenJamin war Eliada ein ge-
waltiger Man / vnd mit jm waren zwey hundert
tausent / die mit Bogen vnd Schilde gerüst waren.
18Neben jm war Josabad / vnd mit jm waren hun-
dert vnd achzig tausent gerüste zum Heer. 19Diese
warteten alle auff den König / On was der König
noch gelegt hatte in den festen Stedten in gantzem
Juda.

XVIII.

VND JOSAPHAT HATTE GROSSE REICHTHUM VND 3.Reg. 22.
AHAB. ehre / vnd befreundet sich mit Ahab. 2Vnd
nach zweien jaren zoch er hin ab zu Ahab gen
Samaria / Vnd Ahab lies fur jn vnd fur das volck
das bey jm war viel Schafe vnd Ochsen schlachten /
Vnd er beredet jn / das er hin auff gen Ramoth in
Gilead zöge. 3Vnd Ahab der könig Jsrael sprach
zu Josaphat dem könige Juda / Zeuch mit mir gen
Ramoth in Gilead. Er sprach zu jm / Jch bin wie
du / vnd mein volck wie dein volck / Wir wöllen
mit dir in den streit.

ABer Josaphat sprach zum könige Jsrael / Lieber
frage heute des HERRN wort. 5Vnd der

könig Jsrael samlete der Propheten vier hundert
Man / vnd sprach zu jnen / Sollen wir gen Ramoth
in Gilead ziehen in streit / Oder sol ichs lassen an-
stehen? Sie sprachen / Zeuch hin auff / Gott wird
sie in des Königs hand geben. [6]Josaphat aber
sprach / Jst nicht jrgent noch ein Prophet des
HERRN hie / das wir von jm fragten? [7]Der könig
Jsrael sprach zu Josaphat / Es ist noch ein Man /
das man den HERRN von jm frage / Aber ich bin
jm gram / Denn er weissagt vber mich kein guts /
sondern allewege böses / nemlich / Micha der son
Jemla. Josaphat sprach / Der König rede nicht also.

VND der könig Jsrael rieff seiner Kemerer einen /
vnd sprach / Bringe eilend her Micha den son
Jemla. [9]Vnd der könig Jsrael vnd Josaphat der
könig Juda sassen / ein jglicher auff seinem stuel
mit Kleidern angezogen / sie sassen aber auff dem
Platz fur der thür am thor zu Samaria / vnd alle
Propheten weissagten fur jnen. [10]Vnd Zidekia / ZIDEKIA.
der son Cnaena / macht jm eiserne Hörner / vnd
sprach / so spricht der HERR / Hie mit wirstu die
Syrer stossen / bis du sie auffreibest. [11]Vnd alle
Propheten weissagten auch also / vnd sprachen /
Zeuch hin auff / Es wird dir gelingen / der HERR
wird sie geben ins Königes hand.

VND der Bote der hin gegangen war Micha zu MICHA.
ruffen / redet mit jm / vnd sprach / Sihe / der
Propheten rede sind eintrechtig gut fur den König /
Lieber / las dein wort auch sein wie der einen / vnd
rede guts. [13]Micha aber sprach / So war der
HERR lebet / was mein Gott sagen wird / das wil
ich reden. [14]Vnd da er zum Könige kam / sprach
der König zu jm / Micha / Sollen wir gen Ramoth
in Gilead in streit ziehen / oder sol ichs lassen an-
stehen? Er sprach / Ja / ziehet hin auff / Es wird
euch gelingen / Es wird euch in ewre hende ge-
|| 245 a geben werden. ||

[15]ABer der König sprach zu jm / Jch beschwere
dich noch ein mal / das du mir nichts sagest / denn
die warheit im Namen des HERRN. [16]Da sprach
er / Jch sahe das gantze Jsrael zustrewet auff den
Bergen / wie Schafe die keinen Hirten haben. Vnd
der HERR sprach / Haben diese keine Herren? Es
kere ein jglicher wider heim mit frieden. [17]Da
sprach der könig Jsrael zu Josaphat / Sagt ich dir
nicht / Er weissaget vber mich kein gutes / sondern
böses?

[18]ER aber sprach / Darumb höret des HERRN
wort / Jch sahe den HERRN sitzen auff seinem
Stuel / vnd alles himlische Heer stund zu seiner
rechten vnd zu seiner lincken. [19]Vnd der HERR
sprach / Wer wil Ahab den könig Jsrael vberreden /
das er hin auff ziehe / vnd falle zu Ramoth in
Gilead. Vnd da dieser so / vnd jener sonst sagt /
[20]kam ein Geist erfur / vnd trat fur den HERRN /
vnd sprach / Jch wil jn vberreden. Der HERR aber 3. Reg. 22.
sprach zu jm / Wo mit? [21]Er sprach / Jch wil aus-
faren / vnd ein falscher Geist sein in aller seiner
Propheten munde. Vnd er sprach / Du wirst jn
vberreden vnd wirsts ausrichten / Far hin / vnd thu
also. [22]Nu sihe / der HERR hat einen falschen Geist
gegeben in dieser deiner Propheten mund / vnd der
HERR hat böses wider dich geredt.

ZIDEKIA schlecht Micha etc.

DA trat erzu Zidekia der son Cnaena / vnd schlug
Micha auff den Backen / vnd sprach / Durch
welchen weg ist der Geist des HERRN von mir
gegangen / das er durch dich redet? [24]Micha
sprach / Sihe / du wirsts sehen / wenn du in die
innerste Kamer kompst / das du dich versteckest /
[25]Aber der könig Jsrael sprach / Nemet Micha / vnd
lasst jn bleiben bey Amon dem Staduogt / vnd bey
Joas dem son des Königes. [26]Vnd saget / so
spricht der König / Legt diesen ins Gefengnis / vnd
speiset jn mit Brot vnd Wasser des trübsals / bis ich
wider kome mit frieden. [27]Micha sprach / Kompstu
mit frieden wider / so hat der HERR nicht durch
mich geredt. Vnd er sprach / Höret jr völcker alle.

ALso zoch hin auff der könig Jsrael / vnd Josa-
phat der könig Juda gen Ramoth in Gilead.
Vnd der könig Jsrael sprach zu Josaphat / Jch wil
mich verkleiden vnd in streit komen / Du aber
habe deine kleider an. [29]Vnd der könig Jsrael ver-
kleidet sich / vnd sie kamen in den streit. [30]Aber
der könig zu Syrien hatte seinen öbersten Reutern
geboten / Jr solt nicht streiten weder gegen klein
noch gegen gros / Sondern gegen dem könig
Jsrael alleine.

[31]DA nu die öbersten Reuter Josaphat sahen /
dachten sie / Es ist der könig Jsrael / vnd zogen
vmbher auff jn zu streitten / Aber Josaphat schrey /
vnd der HERR halff jm / vnd Gott wandte sie von
jm. [32]Denn da die öbersten Reuter sahen / das er
nicht der könig Jsrael war / wandten sie sich von
jm abe. [33]Es spannet aber ein Man seinen Bogen

on gefehr / vnd schos den könig Jsrael zwisschen
dem Pantzer vnd Hengel / Da sprach er zu seinem
Furman / Wende deine hand vnd füre mich aus
dem Heer / denn ich bin wund. 34Vnd der streit
nam zu des tages / Vnd der könig Jsrael stund auff
seinem Wagen gegen die Syrer / bis an den abend /
vnd starb da die Sonne vntergieng.

XIX.

JOSAPHAT ABER DER KÖNIG JUDA / KAM WIDER
heim mit frieden gen Jerusalem. 2Vnd es gieng
Sup. 16. jm entgegen hin aus Jehu / der son Hanani der JEHU.
Schawer / vnd sprach zum könige Josaphat / Soltu
so dem Gottlosen helffen / vnd lieben die den
HERRN hassen? Vnd vmb des willen ist vber dir
der zorn vom HERRN. 3Aber doch ist was guts
an dir funden / das du die Hayne hast ausgefegt aus
dem Lande / vnd hast dein hertz gerichtet Gott zu
suchen. 4Also bleib Josaphat zu Jerusalem.

VND er zoch widerumb aus vnter das Volck / von
Berseba an bis auffs gebirge Ephraim / vnd
bracht sie wider zu dem HERRN jrer veter Gott
5Vnd er bestellet Richter im Lande in allen festen
|| 245 b stedten Juda / in einer || jglichen Stad etliche.
6Vnd sprach zu den Richtern / Sehet zu was jr thut / ERMANUNG
Denn jr haltet das Gericht nicht den Menschen / an die Richter.
sondern dem HERRN / vnd er ist mit euch im
Gericht. 7Darumb lasst die furcht des HERRN
bey euch sein / vnd hütet euch vnd thuts / Denn
bey dem HERRN vnserm Gott ist kein vnrecht /
noch ansehen der Person / noch annemen des Ge-
schencks.

8AVch bestellet Josaphat zu Jerusalem aus den
Leuiten vnd Priestern / vnd aus den öbersten Ve-
tern vnter Jsrael / vber das Gericht des HERRN /
vnd vber die sachen / vnd lies sie zu Jerusalem
wonen. 9Vnd gebot jnen / vnd sprach / Thut also
in der furcht des HERRN / trewlich vnd mit rech-
tem hertzen. 10Jn allen Sachen die zu euch komen
von ewrn Brüdern / die in jren Stedten wonen /
zwisschen blut vnd blut / zwisschen Gesetz vnd
Gebot / zwisschen Sitten vnd Rechten / solt jr sie
vntterrichten / das sie sich nicht verschüldigen am
HERRN / vnd ein zorn vber euch vnd ewre Brüder
kome / Thut jm also / so werdet jr euch nicht ver-
schüldigen. 11Sihe / Amarja der Priester ist der
öberst vber euch in allen sachen des HERRN / So

ist Sabadja / der son Jsmael / Fürst im hause Juda
in allen sachen des Königs / So habt jr Amptleute
die Leuiten fur euch / Seid getrost vnd thuts / vnd
der HERR wird mit dem guten sein.

XX.

NACH DIESEM KAMEN DIE KINDER MOAB / DIE
kinder Ammon / vnd mit jnen von den Amu-
nim wider Josaphat zu streiten. [2]Vnd man kam
vnd sagets Josaphat an / vnd sprach / Es kompt
wider dich eine grosse menge von jenseid dem
Meer / von Syrien / vnd sihe / sie sind zu Hazezon-
Thamar / das ist Engeddi. [3]Josaphat aber furchte
sich / vnd stellet sein angesicht zu suchen den
HERRN / vnd lies eine Fasten ausruffen vnter
gantz Juda. [4]Vnd Juda kam zusamen / den
HERRN zu suchen / Auch kamen aus allen stedten
Juda den HERRN zu suchen. [5]Vnd Josaphat trat
vnter die gemeine Juda vnd Jerusalem im Hause
des HERRN fur dem newen Hofe / [6]vnd sprach.

JOSAPHATS Gebet.

HERR vnser veter Gott / bistu nicht Gott im
Himel / vnd Herrscher in allen Königreichen
der Heiden? Vnd in deiner Hand ist krafft vnd
macht / vnd ist niemand der wider dich stehen
müge. [7]Hastu vnser Gott nicht die Einwoner
dieses Lands vertrieben fur deinem volck Jsrael /
vnd hast es gegeben dem samen Abraham deines
Liebhabers ewiglich / [8]das sie drinnen gewonet /
vnd dir ein Heiligthumb zu deinem Namen drin-
nen gebawet haben / vnd gesagt / [9]Wenn ein
Vnglück / Schwert / Straffe / Pestilentz / oder
Thewrung vber vns kompt / Sollen wir stehen fur
diesem Hause fur dir (Denn dein Name ist in die-
sem Hause) vnd schreien zu dir in vnser not / So
woltestu hören vnd helffen?

[10]NV sihe / Die kinder Ammon / Moab / vnd die
vom gebirge Seir / vber welche du die kinder Deut. 2.
Jsrael nicht ziehen liessest / da sie aus Egyptenland
zogen / Sondern musten von jnen weichen / vnd
sie nicht vertilgen / [11]Vnd sihe / Sie lassen vns
des entgelten / vnd komen vns aus zu stossen aus
deinem Erbe / das du vns hast eingegeben. [12]Vnser
Gott wiltu sie nicht richten? Denn in vns ist nicht
krafft gegen diesem grossen Hauffen / der wider
vns kompt. Wir wissen nicht was wir thun sollen /
Sondern vnser augen sehen nach dir. [13]Vnd das

gantze Juda stund fur dem HERRN / mit jren
Kindern / Weibern vnd Sönen.
ABer auff Jehasiel den son Zacharja / des sons Jehasiel.
Benaja / des sons Jehiel / des sons Mathanja
den Leuiten / aus den kindern Assaph / kam der
Geist des HERRN mitten in die Gemeine / 15vnd
sprach / Mercket auff gantz Juda vnd jr einwoner
zu Jerusalem / vnd der könig Josaphat / so spricht
der HERR zu euch / Jr solt euch nicht fürchten
|| 246a noch zagen fur diesem grossen || Hauffen / Denn
jr streitet nicht / sondern Gott. 16Morgen solt jr
zu jnen hinab ziehen / Vnd sihe / sie ziehen an Ziz
er auff / vnd jr werdet an sie treffen am schilff im
Bach fur der wüsten Jeruel. 17Denn jr werdet
nicht streiten in dieser sachen / Trettet nur hin /
vnd stehet / vnd sehet das Heil des HERRN / der
mit euch ist. Juda vnd Jerusalem fürchtet euch
nicht / vnd zaget nicht / morgen ziehet aus wider
sie / Der HERR ist mit euch.
18DA beuget sich Josaphat mit seinem andlitz
zur erden / vnd gantz Juda / vnd die einwoner zu
Jerusalem fielen fur den HERRN / vnd beten den
HERRN an. 19Vnd die Leuiten aus den kindern
der Kahathiter / vnd aus den kindern der Korhiter
machten sich auff zu loben den HERRN den Gott
Jsrael mit grossem geschrey gen Himel.
VND sie machten sich des morgens früe auff vnd
zogen aus zur wüsten Thekoa. Vnd da sie aus-
zogen / stund Josaphat / vnd sprach / Höret mir
zu Juda / vnd jr einwoner zu Jerusalem / Gleubt
an den HERRN ewren Gott / so werdet jr
sicher sein / vnd gleubt seinen Propheten / so
werdet jr glück haben. 21Vnd er vnterweiset
das Volck / vnd stellet die Senger dem HERRN /
das sie lobeten in heiligem Schmuck / vnd fur den
Gerüsten her zögen / vnd sprechen / Dancket dem
HERRN / Denn seine Barmhertzigkeit weret
ewiglich.
22VND da sie anfiengen mit dancken vnd loben /
lies der HERR den Hinderhalt / der wider Juda
komen war / vber die kinder Ammon / Moab vnd Sieg on alle
die vom gebirge Seir / komen / vnd schlugen sie. schwertschlag.
23Da stunden die kinder Ammon vnd Moab wider
die vom gebirge Seir / sie zu verbannen vnd zu
vertilgen. Vnd da sie die vom gebirge Seir hatten
alle auffgerieben / halff einer dem andern / das sie
sich auch verderbeten.

DA aber Juda gen Mizpe kam an der wüsten / wandten sie sich gegen den Hauffen / vnd sihe / da lagen die todten Leichnam auff der erden / das keiner entrunnen war. 25Vnd Josaphat kam mit seinem volck jren Raub aus zu teilen / vnd funden vnter jnen so viel Güter vnd Kleider / vnd köstlich Geretes / vnd entwandtens jnen / das auch nicht zu tragen war / Vnd teileten drey tage den Raub aus / denn es war sein viel. 26Am vierden tage aber kamen sie zusamen im Lobetal / denn daselbs lobeten sie den HERRN / da her heisst die stete
LOBETAL. Lobetal / bis auff diesen tag.

27ALso keret jederman von Juda vnd Jerusalem widerumb / vnd Josaphat an der spitzen / das sie gen Jerusalem zogen mit freuden / Denn der HERR hat jnen eine freude gegeben an jren Feinden. 28Vnd zogen gen Jerusalem ein mit Psaltern / Harffen vnd Drometen zum Hause des HERRN. 29Vnd die furcht Gottes kam vber alle Königreich in Landen / da sie höreten / das der HERR wider die feinde Jsrael gestritten hatte. 30Also war das Königreich Josaphat stille / vnd Gott gab jm ruge vmbher.

JOSAPHAT 25. jar König in Juda.

VND Josaphat regierte vber Juda / vnd war fünff vnd dreissig jar alt / da er König ward / vnd regierte fünff vnd zwenzig jar zu Jerusalem / Seine mutter hies Asuba / eine tochter Silhi. 32Vnd er wandelt in dem wege seins vaters Assa / vnd lies nicht dauon / das er thet was dem HERRN wol gefiel / 33On die Höhen wurden nicht abgethan / Denn das Volck hatte sein hertz noch nicht geschickt zu dem Gott jrer veter. 34Was aber mehr von Josaphat zu sagen ist / beide das erste vnd das letzte / Sihe / das ist geschrieben in den geschichten Jehu / des sons Hanani / die er auffgezeichent hat ins Buch der könige Jsrael.

DARnach vereiniget sich Josaphat der könig
AHASJA. Juda mit Ahasja dem könige Jsrael / welcher war Gottlos mit seinem thun. 36Vnd er vereiniget sich mit jm Schiffe zu machen / das sie auffs Meer füren / vnd sie machten die schiff zu EzeonGaber.
ELIESER. 37Aber Elieser der son Dodaua von Maresa weissaget ‖ wider Josaphat / vnd sprach / Darumb ‖ 246b
das du dich mit Ahasja vereiniget hast / hat der HERR deine werck zurissen / Vnd die Schiff worden zubrochen vnd mochten nicht auffs Meer fahren.

XXI.

4. Reg. 8. VND JOSAPHAT ENTSCHLIEFF MIT SEINEN VE- JORAM
tern / vnd ward begraben bey seine Veter in 8. jar König in
der stad Dauid / vnd sein son Joram ward König Juda.
an seine stat. [2]Vnd er hatte brüder / Josaphats
söne / Asarja / Jehiel / Sacharja / Azarja / Michael /
vnd Sephatja / diese waren alle kinder Josaphat
des königes Juda. [3]Vnd jr vater gab jnen viel
Gaben / von silber / gold vnd kleinot / mit festen
stedten in Juda / Aber das Königreich gab er Jo-
ram / denn der war der erstgeborne.

DA aber Joram auffkam vber das Königreich JORAM
seines vaters / vnd sein mechtig ward / erwür- erwürget seine
get er seine Brüder alle mit dem schwert / dazu Brüder.
auch etliche Obersten in Jsrael. [5]Zwey vnd dreissig
jar alt war Joram da er König ward / vnd regieret
acht jar zu Jerusalem. [6]Vnd wandelt in dem wege
der könige Jsrael / wie das haus Ahab gethan hatte /
Denn Ahabs tochter war sein weib / vnd thet das
dem HERRN vbel gefiel. [7]Aber der HERR wolte
das haus Dauid nicht verderben / vmb des Bunds
willen / den er mit Dauid gemacht hatte / vnd wie
er geredt hatte / jm ein Liecht zu geben / vnd
seinen Kindern jmerdar.

ZV seiner zeit fielen die Edomiter ab von Juda / EDOMITER
vnd machten vber sich einen König. [9]Denn abgefallen von
Joram war hinüber gezogen mit seinen Obersten / Juda.
vnd alle wagen mit jm / vnd hatte sich des nachts
auffgemacht / vnd die Edomiter vmb jn her / vnd
die Obersten der wagen geschlagen. [10]Darumb
fielen die Edomiter ab von Juda / bis auff diesen
tag. Zur selben zeit fiel Libna auch von jm abe. LIBNA.
Denn er verlies den HERRN seiner veter Gott /
[11]Auch macht er Höhen auff den bergen in Juda /
vnd machet die zu Jerusalem huren / vnd verfüret
Juda.

ES KAM ABER SCHRIFFT ZU JM VON DEM PROPHETEN ELIA
Elia / die laut also / so spricht der HERR der schrifft an
Gott deines vaters Dauids / Darumb / das du nicht Joram.
gewandelt hast in den wegen deines vaters Josa-
phat / noch in den wegen Assa des königes Juda /
[13]Sondern wandelst in dem wege der könige Jsrael /
vnd machest / das Juda vnd die zu Jerusalem huren /
nach der hurerey des hauses Ahab / vnd hast dazu
deine Brüder deines Vaters hauses erwürget / die
besser waren denn du / [14]Sihe / so wird dich der

HERR mit einer grossen Plage schlahen / an dei-
nem Volck / an deinen Kindern / an deinen Wei-
bern / vnd an alle deiner Habe. 15Du aber wirst
viel kranckheit haben in deinem Eingeweide / bis
das dein eingeweide fur kranckheit er ausgehe von
tage zu tage.

ALso erwecket der HERR wider Joram den
geist der Philister vnd Araber die neben den
Moren ligen / 17vnd zogen er auff in Juda vnd
zurissen sie / vnd füreten weg alle Habe die fur-
handen war im hause des Königes / da zu seine
Söne / vnd seine Weiber / Das jm kein Son vber-
bleib / on Joahas sein junger son. 18Vnd nach dem
allen / plaget jn der HERR in seinem Eingeweide
mit solcher kranckheit / die nicht zu heilen war.
19Vnd da das weret von tage zu tage / als die zeit
zweier jar vmb war / gieng sein Eingeweide von
jm mit seiner kranckheit / vnd er starb an bösen
kranckheiten / Vnd sie machten nicht vber jm
einen brand / wie sie seinen Vetern gethan hatten.
20Zwey vnd dreissig jar alt war er / da er König
ward / vnd regiert acht jar zu Jerusalem / vnd
wandelt das nicht fein war / Vnd sie begruben jn
in der stad Dauid / Aber nicht vnter der Könige
greber.

XXII.

‖ 247a

Ahasja. 1. jar König in Juda.

VND DIE ZU JERUSALEM MACHTEN ZUM KÖNIGE 4. Reg. 8.
Ahasja / seinen jüngsten Son an seine stat /
Denn die Kriegsleute / die aus den Arabern mit
dem Heer kamen / hatten die ersten alle erwürget /
Darumb ward könig Ahasja der son Joram des
königes Juda. 2Zwey vnd vierzig jar alt war
Ahasja da er König ward / vnd regierte ein jar zu
Jerusalem / Seine mutter hies Athalja / die tochter
Amri. 3Vnd er wandelt auch in den wegen des
hauses Ahab / denn seine mutter hielt jn dazu / das
er Gottlos war. 4Darumb thet er das dem HERRN
vbel gefiel / wie das haus Ahab / Denn sie waren
seine Ratgeben nach seines Vaters tod / das sie jn
verderbeten / 5vnd er wandelt nach jrem Rat.

Joram.

VND er zoch hin mit Joram dem son Ahab dem
könige Jsrael in den streit gen Ramoth in Gi-
Hasael. lead / wider Hasael den könig zu Syria. Aber die
Syrer schlugen Joram / 6das er vmbkeret sich
heilen zu lassen zu Jesreel / denn er hatte wunden /
die jm geschlagen waren zu Rama / da er streit

mit Hasael dem könige zu Syria. Vnd Ahasja der AHASJA.
son Joram / der könig Juda / zoch hin ab zu be-
sehen Joram den son Ahab zu Jesreel / der kranck
lag. [7]Denn es war von Gott Ahasja der vnfal zu-
gefügt / das er zu Joram keme / vnd also mit
4. Reg. 9. Joram auszöge wider Jehu den son Nimsi / welchen
der HERR gesalbet hatte / auszurotten das haus
Ahab.
DA nu Jehu straffe vbet am hause Ahab / fand JEHU.
er etliche Obersten aus Juda / vnd die kinder
der brüder Ahasja / die Ahasja dieneten / vnd er-
würget sie. [9]Vnd er suchte Ahasja / vnd gewan
jn / da er sich versteckt hatte zu Samaria / Vnd er
ward zu Jehu gebracht / der tödtet jn / Vnd man
begrub jn / Denn sie sprachen / Er ist Josaphats
son der nach dem HERRN trachtet von gantzem
hertzen. Vnd es war niemand mehr aus dem hause
Ahasja der König würde.
4. Reg. 11. DA aber Athalja / die mutter Ahasja sahe / das ATHALJA.
jr Son tod war / macht sie sich auff / vnd bracht
vmb allen königlichen Samen im hause Juda.
[11]Aber Josabeath des Königs schwester nam Joas JOSABEATH.
den son Ahasja / vnd stal jn vnter den kindern des
Königs die getödtet worden / vnd thet jn mit
seiner Ammen in eine Schlaffkamer. Also verbarg
jn Josabeath / die tochter des königs Joram / des
Priesters Joiada weib (denn sie war Ahasja schwe-
ster) fur Athalja / das er nicht getödtet ward. [12]Vnd
er ward mit jnen im hause Gottes versteckt sechs
jar / weil Athalja königin war im Lande.

XXIII.

4. Reg. 11. ABER IM SIEBENDEN JAR NAM JOIADA EINEN MUT / JOIADA.
vnd nam die Obersten vber hundert / nemlich /
Asarja den son Jeroham / Jsmael den son Johanan /
Asarja den son Obed / Maeseja den son Adaja /
vnd Elisaphat den son Sichri mit jm / zum Bund.
[2]Die zogen vmb her in Juda / vnd brachten die
Leuiten zuhauffe aus allen stedten Juda / vnd die
öbersten Veter vnter Jsrael / das sie kemen gen
Jerusalem. [3]Vnd die gantze Gemeine macht einen
Bund im hause Gottes mit dem Könige / Vnd er
sprach zu jnen / Sihe / Des königs Son sol König
sein / wie der HERR geredt hat vber die kinder
Dauid. [4]So solt jr nu also thun.
EWer das dritte teil / die des Sabbaths antretten /
sol sein vnter den Priestern vnd Leuiten die

Thorhüter sind an der schwellen / 5vnd das dritte
teil im hause des Königs / vnd das dritte teil am
Grundthor / Aber alles volck sol sein im hofe am
Hause des HERRN. 6Vnd das niemand in das
Haus des HERRN gehe / on die Priester vnd
Leuiten die da dienen / die sollen hin ein gehen /
denn sie sind Heiligthum / vnd alles volck warte
der Hut des HERRN. 7Vnd die Leuiten sollen
sich rings vmb den König her machen / ein jglicher
mit seiner Wehre in der hand / vnd wer ins Haus
gehet / der sey des tods / Vnd sie sollen bey dem
Könige sein / wenn er aus vnd eingehet. ‖ ‖ 247b
8VND die Leuiten vnd gantz Juda theten / wie
der Priester Joiada geboten hatte / vnd nam ein
jglicher seine Leute / die des Sabbaths antratten
mit denen die des Sabbaths abtratten / Denn Joiada
der Priester lies die zween Hauffen nicht von ein-
ander komen. 9Vnd Joiada der Priester gab den
Obersten vber hundert / Spiesse vnd Schilde / vnd
Wapen des königs Dauids / die im hause Gottes
waren. 10Vnd stellet alles volck / einen jglichen
mit seinem Woffen in der hand / von dem rechten
winckel des Hauses bis zum lincken winckel / zum
Altar vnd zum Hause werts vmb den König her.
11Vnd sie brachten des königs Son erfür / vnd
setzten jm die Kron auff / vnd das Zeugnis / vnd
machten jn zum Könige / Vnd Joiada sampt seinen
Sönen salbeten jn / vnd sprachen / Glück zu dem
Könige.

(Zeugnis) Fein ist dem König / beide die Kron vnd das Buch gegeben / Auff das er nicht allein mechtig / sondern auch weise sein solte / Oder (wie mans reden mag) Gottes wort vnd Recht wissen / So macht man jtzt König mit einem Schwert vnd Buch etc.

DA aber Athalja höret das geschrey des volcks / ATHALJA.
das zulieff / vnd den König lobet / gieng sie
zum volck im Hause des HERRN. 13Vnd sie sahe /
vnd sihe / der König stund an seiner stet im ein-
gang / vnd die Obersten / vnd drometen vmb den
König / vnd alles Landuolck war frölich / vnd
blies drometen / vnd die Senger mit allerley Seiten-
spiel geschickt zu loben. Da zureis sie jre Kleider /
vnd sprach / Auffrhur / auffrhur. 14Aber Joiada
der Priester macht sich er aus mit den Obersten
vber hundert die vber das Heer waren / vnd sprach
zu jnen / Füret sie vom Hause vber den Hof hin
aus / vnd wer jr nachfolget / den sol man mit dem
schwert tödten. Denn der Priester hatte befolhen /
man solte sie nicht tödten im Hause des HERRN.
15Vnd sie legten die hende an sie / vnd da sie kam
zum eingang des Rosthors am hause des Königs /
tödteten sie sie daselbs.

VND Joiada macht einen Bund zwisschen jm
vnd allem volck vnd dem Könige / das sie des
HERRN volck sein solten. 17Da gieng alles volck
ins haus Baal / vnd brachen jn ab / vnd seine Altar HAUS BAAL.
vnd Bilde zubrachen sie / vnd erwürgeten Mathan
den Priester Baal fur den Altaren. 18Vnd Joiada
bestellet die Ampt im Hause des HERRN vnter
den Priestern vnd den Leuiten / die Dauid ver-
ordenet hatte zum Hause des HERRN / Brand-
opffer zu thun dem HERRN / wie es geschrieben
stehet im gesetz Mose / mit freuden vnd Lieden
durch Dauid getichtet. 19Vnd stellet Thorhüter
in die thor am Hause des HERRN / das nichts
vnreins hin ein keme an jrgend einem dinge.

20VND er nam die Obersten vber hundert / vnd
die mechtigen vnd Herren im volck / vnd alles
Landuolck / vnd füret den König hin ab vom Hause
des HERRN / vnd brachten jn durch das Hohe-
thor am hause des Königs / vnd liessen den König
sich auff den königlichen Stuel setzen. 21Vnd alles
Landuolck war frölich / vnd die Stad war stille /
Aber Athalja ward mit dem schwert erwürget.

XXIIII.

4. Reg. 12. JOAS WAR SIEBEN JAR ALT DA ER KÖNIG WARD / JOAS
vnd regieret vierzig jar zu Jerusalem / Seine mut- 40. jar König
ter hies Zibja von Berseba. 2Vnd Joas thet was in Juda.
dem HERRN wolgefiel / so lange der Priester
Joiada lebete. 3Vnd Joiada gab jm zwey Weiber /
vnd er zeugete Söne vnd Töchter.

DArnach nam Joas fur / das Haus des HERRN
zu ernewern. 5Vnd versamlet die Priester vnd
Leuiten / vnd sprach zu jnen / Ziehet aus zu allen
stedten Juda / vnd samlet geld aus gantzem Jsrael /
das Haus ewers Gottes zu bessern jerlich / vnd eilet
solchs zu thun / Aber die Leuiten eileten nicht.
6Da rieff der König Joiada dem Fürnemesten /
vnd sprach zu jm / Warumb hastu nicht acht auff
die Leuiten / das sie einbringen / von Juda vnd
Jerusalem die Stewr / die Mose der knecht des
|| 248 a HERRN / gesetzt hat / die man samlet || vnter
Jsrael zu der Hütten des Stiffts? 7Denn die gott-
lose Athalja vnd jre Söne haben das haus Gottes
zurissen / vnd alles was zum Hause des HERRN
geheiliget war / haben sie an Baalim vermacht.

8DA befalh der König / das man eine Lade
machte / vnd setzet sie haussen ins thor am Hause

des HERRN. 9Vnd lies ausruffen in Juda vnd zu
Jerusalem / das man dem HERRN einbringen
solt die Stewre / von Mose dem knechte Gottes /
auff Jsrael gelegt in der wüsten. 10Da freweten
sich alle Obersten vnd alles Volck / vnd brachtens
vnd worffens in die Lade / bis sie vol ward. 11Vnd
wens zeit war / das man die Lade her bringen solt /
durch die Leuiten / nach des Königes befelh (wenn
sie sahen / das viel geld drinnen war) so kam der
Schreiber des Königs / vnd wer vom fürnemesten
Priester befelh hatte / vnd schutten die Laden aus /
vnd trugen sie wider hin an jren ort / So theten sie
alle tage / das sie gelds die menge zu hauff brach-
ten.
12VND der König vnd Joiada gabens den Er-
beitern / die da schaffeten am Hause des HERRN /
dieselben dingeten Steinmetzen vnd Zimmerleute /
zu ernewern das Haus des HERRN / auch den
Meistern an eisen vnd ertz / zu bessern das Haus
des HERRN. 13Vnd die Erbeiter erbeiten das die
besserung im werck zunam durch jre hand / vnd
machten das haus Gottes gantz fertig vnd wol zu-
gericht. 14Vnd da sie es volendet hatten / brachten
sie das vbrige geld fur den König vnd Joiada /
Dauon macht man gefesse zum Hause des HERRN /
Gefesse zum dienst vnd zu Brandopffern / Leffel
vnd güldene vnd silberne Gerete / Vnd sie opfferten
Brandopffer bey dem Hause des HERRN alle-
wege / so lange Joiada lebet.

Joiada 130. jar alt.

VND Joiada ward alt / vnd des lebens sat / vnd
starb / vnd war hundert vnd dreissig jar alt da
er starb. 16Vnd sie begruben jn in der stad Dauid
vnter die Könige / darumb das er hatte wolgethan
an Jsrael / vnd an Gott vnd seinem Hause.

VND nach dem tod Joiada kamen die Obersten
in Juda / vnd betten den König an / Da gehorcht
jnen der König / 18Vnd sie verliessen das Haus
des HERRN / des Gottes jrer veter / vnd dieneten
den Haynen vnd Götzen. Da kam der zorn vber
Juda vnd Jerusalem vmb dieser jrer schuld willen.
19Er sandte aber Propheten zu jnen / das sie sich
zu dem HERRN bekeren solten / vnd die bezeug-
ten sie / Aber sie namens nicht zu ohren.

Zacharja gesteiniget.

VND der geist Gottes zog an Zacharja den son
Joiada des Priesters / Der trat oben vber das
Volck / vnd sprach zu jnen / so spricht Gott /
Warumb vbertrettet jr die gebot des HERRN /

das euch nicht gelingen wird? Denn jr habt den
HERRN verlassen / So wird er euch wider ver-
lassen. 21Aber sie machten einen Bund wider jn /
Matt. 23. vnd steinigeten jn nach dem gebot des Königes /
im Hofe am hause des HERRN. 22Vnd der könig
Joas gedacht nicht an die barmhertzigkeit / die
Joiada sein Vater an jm gethan hatte / sondern er-
würget seinen Son. Da er aber starb / sprach er /
Der HERR wirds sehen vnd suchen.

VND da das jar vmb war / zoch er auff das Heer
der Syrer / vnd kamen in Juda vnd Jerusalem /
vnd verderbeten alle Obersten im volck / vnd allen
jren Raub sandten sie dem könige zu Damascon.
24Denn der Syrer macht kam mit wenig Mennern /
Noch gab der HERR in jre hand ein seer grosse
macht / Darumb / das sie den HERRN jrer veter
Gott verlassen hatten / Auch vbeten sie an Joas
straffe. 25Vnd da sie von jm zogen / liessen sie jn
in grossen kranckheiten.

ES machten aber seine Knechte einen Bund
wider jn / vmb des bluts willen der kinder Joiada
des Priesters / vnd erwürgeten jn auff seinem Bette /
vnd er starb / Vnd man begrub jn in der stad Dauid /
Aber nicht vnter der Könige greber. 26Die aber
den Bund wider jn machten / waren diese / Sabad
|| 248 b der son || Simeath der Ammonitin / vnd Josabad
der son Simrith der Moabitin. 27Aber seine Söne /
vnd die summa die vnter jm versamlet war / vnd
der baw des haus Gottes / sihe / die sind beschrieben
in der Historia im buch der Könige / Vnd sein son
Amazja ward König an seine stat.

XXV.

4. Reg. 14. FVNFF VND ZWENZIG JAR ALT WAR AMAZJA / DA Amazja
er König ward / vnd regiert neun vnd zwenzig 29. jar König in
jar zu Jerusalem / Seine mutter hies Joadan von Juda.
Jerusalem. 2Vnd er thet was dem HERRN wol-
gefiel / doch nicht von gantzem hertzen. 3Da nu
sein Königreich bekrefftiget war / erwürget er
seine Knechte / die den König seinen vater ge-
schlagen hatten. 4Aber jre kinder tödtet er nicht /
Deut. 24. Denn also stehets geschrieben im Gesetz im buch
Ezech. 18. Mose / da der HERR gebeut / vnd spricht / Die
Veter sollen nicht sterben fur die Kinder / noch die
kinder fur die veter / Sondern ein jglicher sol vmb
seiner sünde willen sterben.

VND Amazja bracht zu hauffe Juda / vnd stellet
sie nach der Veter heuser nach den Obersten
vber tausent vnd vber hundert / vnter gantz Juda
vnd BenJamin / vnd zelet sie von zwenzig jaren
vnd drüber / vnd fand jr drey hundert tausent
ausserlesen / die ins Heer ziehen mochten / vnd
Spies vnd Schild füren kundten. [6]Dazu nam er
an aus Jsrael hundert tausent starcke Kriegsleute
vmb hundert Centner silbers.
Man Gottes [7]ES kam aber ein Man Gottes zu jm / vnd sprach /
etc. König / Las nicht das heer Jsrael mit dir komen /
Denn der HERR ist nicht mit Jsrael / noch mit
allen kindern Ephraim. [8]Denn so du komest / das
du eine künheit beweisest im streit / wird Gott
dich fallen lassen fur deinen Feinden / Denn bey
Gott stehet die krafft zu helffen vnd fallen zu lassen.
[9]Amazja sprach zum man Gottes / Was sol man
denn thun mit den hundert Centnern die ich den
Kriegsknechten von Jsraël gegeben habe? Der
man Gottes sprach / Der HERR hat noch mehr
denn des ist / das er dir geben kan. [10]Da sondert
Amazja die Kriegsknechte abe / die zu jm aus
Ephraim komen waren / das sie an jren ort
hin giengen / Da ergrimmet jr zorn wider Juda
seer / vnd zogen wider an jren ort mit grimmigem
zorn.
Edomiter VNd Amazja ward getrost / vnd füret sein volck
geschlagen. aus / vnd zoch aus ins Saltztal / vnd schlug der
kinder von Seir zehen tausent. [12]Vnd die kinder
Juda fiengen jr zehen tausent lebendig / die füreten
sie auff die spitzen eines felses / vnd stürtzeten sie
von der spitzen des felses / das sie alle zuborsten.
[13]Aber die Kriegsknechte / die Amazja hatte wider-
umb lassen ziehen / das sie nicht mit seinem volck
zum streit zogen / theten sich nider in den stedten
Juda / von Samaria an bis gen Bethhoron / vnd
schlugen jr drey tausent / vnd namen viel Raubes.
VND da Amazja wider kam von der Edomiter
schlacht / bracht er die Götter der kinder von
Seir / vnd stellet sie jm zu Götter / vnd betet an
fur jnen / vnd reucherte jnen. [15]Da ergrimmet der
zorn des HERRN vber Amazja / vnd sandte einen
Prophet zu Propheten zu jm / der sprach zu jm / Warumb
Amazja gesand. suchestu die Götter des volcks / die jr volck nicht
kundten erretten von deiner hand? [16]Vnd da er
mit jm redet / sprach er zu jm / Hat man dich zu des
königs Rat gemacht? Höre auff / Warumb wiltu

geschlagen sein? Da höret der Prophet auff / vnd
sprach / Jch mercke wol / das Gott sich beraten
hat dich zu verderben / das du solchs gethan hast /
vnd gehorchest meinem Rat nicht.

VND Amazja der könig Juda ward rats / vnd
sandte hin zu Joas dem son Joahas / des sons JOAS.
Jehu dem könige Jsrael / vnd lies jm sagen / Kom /
las vns mit einander besehen. 18Aber Joas der
könig Jsrael sandte zu Amazja dem könige Juda /
vnd lies jm sagen / Der Dornstrauch im Libanon
sandte zum Cedern im Libanon vnd lies jm sagen /
|| 249a Gib deine Tochter meinem || Son zum weibe /
Aber das Wild im Libanon lieff vber den Dorn-
strauch / vnd zutrat jn. 19Du gedenckest / Sihe /
Jch habe die Edomiter geschlagen / Des erhebt
sich dein hertz / vnd suchest rhum / Nu bleib da
heimen / Warumb ringestu nach vnglück / das
du fallest / vnd Juda mit dir?

ABer Amazja gehorcht nicht / Denn es geschach
von Gott / das sie gegeben würden in die hand /
darumb / das sie die Götter der Edomiter gesucht
hatten. 21Da zoch Joas der könig Jsrael er auff /
vnd besahen sich mit einander / er vnd Amazja der
könig Juda zu BethSemes / die in Juda ligt. 22Aber
Juda ward geschlagen fur Jsrael / vnd flohen / ein
jglicher in seine hütten. 23Aber Amazja den könig
Juda / den son Joas / greiff Joas der son Joahas /
der könig Jsrael zu BethSemes / vnd bracht jn gen
Jerusalem / Vnd reis ein die mauren zu Jerusalem /
vom thor Ephraim an / bis an das Eckthor / vier
hundert ellen lang. 24Vnd alles gold vnd silber /
vnd alle gefess / die furhanden waren im hause
Gottes bey ObedEdom / vnd in dem Schatz im
hause des Königes / vnd die kinder zu pfand / nam
er mit sich gen Samaria.

25VND Amazja der son Joas der könig Juda /
lebt nach dem tod Joas des sons Joahas des königs
Jsrael / funffzehen jar. 26Was aber mehr von
Amazja zu sagen ist / beide das erste vnd das
letzte / Sihe / das ist geschrieben im Buch der
könige Juda vnd Jsrael. 27Vnd von der zeit an /
da Amazja von dem HERRN abweich / machten
sie einen Bund wider jn zu Jerusalem / er aber
floch gen Lachis / Da sandten sie jm nach gen
Lachis / vnd tödten jn daselbs. 28Vnd sie brachten
jn auff Rossen / vnd begruben jn bey seine Veter
in der stad Juda.

XXVI.

DA NAM DAS GANTZE VOLCK JUDA VSIA / DER 4. Reg. 15.
war sechzehen jar alt / vnd machten jn zum
Könige an seines vaters Amazja stat. 2Der selb
bawet Eloth vnd bracht sie wider an Juda / nach
dem der König entschlaffen war mit seinen Ve-
tern. 3Sechzehen jar alt war Vsia / da er König
ward / vnd regieret zwey vnd funffzig jar zu Jeru-
salem / Seine mutter hies Jechalja von Jerusalem.
4Vnd thet das dem HERRN wolgefiel / wie sein
vater Amazja gethan hatte. 5Vnd er suchte Gott
so lang Sacharja lebt / der Lerer in den gesichten
Gottes / vnd so lange er den HERRN suchet / lies
jm Gott gelingen.

VSIA 52. jar König in Juda.

(Gesichten) Gesichte sind Prophecien. Er wil sagen / Sacharja sey geleret gewest in Mose vnd den Propheten / Samuel / Dauid / Gad / vnd der gleichen.

DEnn er zoch aus vnd streit wider die Philister /
vnd zu reis die mauren zu Gath / vnd die mau-
ren zu Jabne / vnd die mauren zu Asdod / vnd
bawete Stedte vmb Asdod / vnd vnter den Phi-
listern. 7Denn Gott halff jm wider die Philister /
wider die Araber / wider die zu GurBaal / vnd
wider die Meuniter. 8Vnd die Ammoniter gaben
Vsia geschencke / vnd er ward berümbt bis man
kompt in Egypten / Denn er ward jmer stercker
vnd stercker. 9Vnd Vsia bawet Thürne zu Jerusa-
lem am Eckthor / vnd am Thalthor / vnd an andern
ecken / vnd befestiget sie. 10Er bawet auch
Schlösser in der wüsten / vnd grub viel Brünnen /
Denn er hatte viel Viehs / beide in den Awen vnd
auff den Ebenen / auch Ackerleute vnd Wein-
gartner an den bergen vnd am Charmel / Denn er
hatte lust zu Ackerwerck.

VND Vsia hatte eine Macht zum streit / die ins
Heer zogen von Kriegsknechten in der zal ge-
rechnet / vnter der hand Jeiel des Schreibers / vnd
Maeseia des Amptmans / vnter der hand Hananja
aus den öbersten des Königes. 12Vnd die zal der
fürnemesten Veter vnter den starcken Kriegern /
war zwey tausent vnd sechs hundert. 13Vnd vnter
jrer hand die Heermacht drey hundert tausent vnd
sieben tausent vnd fünff hundert zum streit ge-
schickt / in Heerskrafft zu helffen dem Könige
wider die Feinde. 14Vnd Vsia schickt jnen fur das
gantze Heer / schilde / spiesse / helm / pantzer /
bogen vnd schleudersteine. 15Vnd macht zu Jeru-
salem Brustwehre künstlich / die auff den Thürnen
vnd Ecken || sein solten / zu schiessen mit pfeilen || 249b

vnd grossen steinen / Vnd sein gerücht kam weit
aus / darumb / das jm sonderlich geholffen ward /
bis er mechtig ward.

VND da er mechtig worden war / erhub sich sein
hertz zu seim verderben / Denn er vergreiff sich
an dem HERRN seinem Gott / vnd gieng in den
Tempel des HERRN zu reuchern auff dem Reuch-
altar. 17Aber Asarja der Priester gieng jm nach / ASARJA.
vnd achzig Priester des HERRN mit jm / redliche
Leute / 18vnd stunden wider Vsia den könig / vnd
sprachen zu jm / Es gebürt dir Vsia nicht zu reu-
chern dem HERRN / sondern den Priestern
Aarons kindern / die zu reuchern geheiliget sind /
Gehe eraus aus dem Heiligthum / denn du ver-
greiffest dich / vnd es wird dir keine ehre sein fur
Gott dem HERRN.

4. Reg. 15. 19ABer Vsia ward zornig / vnd hatte ein Reuch-
fas in der hand. Vnd da er mit den Priestern mur-
ret / fuhr der Aussatz aus an seiner stirn fur den
Priestern im Hause des HERRN fur dem Reuch-
altar. 20Vnd Asarja der öberst Priester wand das
heubt zu jm / vnd alle Priester / vnd sihe / da war
er Aussetzig an seiner stirn / vnd sie stiessen jn von
dannen / Er eilet auch selbs eraus zu gehen / denn
seine Plage war vom HERRN. 21Also war Vsia
der könig Aussetzig / bis an seinen tod / vnd wonet
in eim sondern Hause aussetzig / denn er ward ver-
stossen vom Hause des HERRN. Jotham aber sein
Son stund des Königes hause für / vnd richtet das
volck im Land.

22WAS aber mehr von Vsia zu sagen ist / beide
das erste vnd das letzte / hat beschrieben der Pro-
phet Jesaja / der son Amoz. 23Vnd Vsia entschlieff
mit seinen Vetern / vnd sie begruben jn bey seine
Veter im acker bey dem Begrebnis der Könige /
Denn sie sprachen / Er ist aussetzig / Vnd Jotham
sein son ward König an seine stat.

XXVII.

4. Reg. 15. JOTHAM WAR FÜNFF VND ZWENZIG JAR ALT / DA
er König ward / vnd regieret sechzehen jar zu
Jerusalem / Seine mutter hies Jerusa / eine tochter
Zadok. 2Vnd thet das dem HERRN wolgefiel /
wie sein Vater Vsia gethan hatte / On das er nicht
in den Tempel des HERRN gieng / vnd das volck
sich noch verderbet. 3Er bawet das hohethor am
Hause des HERRN / vnd an der mauren Ophel

JOTHAM 16. jar König in Juda.

bawet er viel. 4Vnd bawet die Stedte auff dem
gebirge Juda / vnd in den welden bawet er Schlös-
ser vnd Thürne.

VND er streit mit dem Könige der kinder Am-
mon / vnd er ward jr mechtig / das jm die kinder
Ammon dasselb jar gaben hundert Centner silbers /
zehen tausent Cor weitzen / vnd zehen tausent
gersten / So viel gaben jm die kinder Ammon auch
im andern vnd im dritten jar. 6Also ward Jotham
mechtig / Denn er richtet seine wege fur dem
HERRN seinem Gott.

7WAS aber mehr von Jotham zu sagen ist / vnd
alle seine streite vnd seine wege / sihe / das ist ge-
schrieben im Buch der könige Jsrael vnd Juda.
8Fünff vnd zwenzig jar alt war er / da er König
ward / vnd regieret sechzehen jar zu Jerusalem.
9Vnd Jotham entschlieff mit seinen Vetern / vnd
sie begruben jn in der stad Dauid / Vnd sein son
Ahas ward König an seine stat.

XXVIII.

Ahas 16. jar König in Juda.

AHAS WAR ZWENZIG JAR ALT / DA ER KÖNIG 4. Reg. 16.
ward / vnd regieret sechzehen jar zu Jerusalem /
vnd thet nicht das dem HERRN wolgefiel / wie
sein vater Dauid. 2Sondern wandelt in den wegen
der könige Jsrael / Dazu macht er gegossen bilder
Baalim. 3Vnd reucherte im tal der kinder Hinnom /
vnd verbrand seine Söne mit fewr / nach dem
grewel der Heiden / die der HERR fur den kindern
Jsrael vertrieben hat||te. 4Vnd opfferte vnd reu- || 250a
cherte auff den Höhen vnd auff den Hügeln / vnd
vnter allen grünen Bewmen.

DArumb gab jn der HERR sein Gott in die hand
des königes zu Syrien / das sie jn schlugen / vnd
ein grossen Hauffen von den seinen gefangen weg
füreten / vnd gen Damascon brachten. Auch ward
er gegeben vnter die hand des königes Jsrael / das
PEKAH. er eine grosse schlacht an jm thet. 6Denn Pekah
der son Remalja schlug in Juda hundert vnd zwen-
zig tausent auff einen tag / die alle redliche Leute
waren / Darumb das sie den HERRN jrer veter
SICHRI. Gott verliessen. 7Vnd Sichri ein gewaltiger in
Ephraim erwürget Maeseia den son des Königes /
vnd Asrikam den Hausfürsten / vnd Elkana den
nehesten nach dem Könige. 8Vnd die kinder Jsrael
füreten gefangen weg von jren Brüdern zwey hun-
dert tausent / weiber / söne vnd töchter / vnd namen

da zu grossen Raub von jnen / vnd brachten den
Raub gen Samaria.
ES war aber daselbs ein Prophet des HERRN /
der hies Oded / der gieng er aus dem Heer ent- ODED.
gegen / das gen Samaria kam / vnd sprach zu jnen /
Sihe / weil der HERR ewer veter Gott vber Juda
zornig ist / hat er sie in ewre hende gegeben / Jr
aber habt sie erwürget so grewlich / das in den
Himel reicht. [10]Nu gedenckt jr die kinder Juda
vnd Jerusalem euch zu vnterwerffen zu Knechten
vnd zu Megden / Jst das denn nicht schuld bey euch
wider den HERRN ewrn Gott? [11]So gehorchet
mir nu / vnd bringet die Gefangenen wider hin /
die jr habt weggefürt aus ewren Brüdern / Denn
des HERRN zorn ist vber euch ergrimmet.
[12]DA machten sich auff etliche vnter den Für-
nemesten der kinder Ephraim / Asarja der son Jo-
hanan / Berechja der son Mesillemoth / Jehiskia
der son Sallum / vnd Amasa der son Hadlai / wider
die / so aus dem Heer kamen / [13]vnd sprachen zu
jnen / Jr solt die Gefangene nicht her ein bringen /
Denn jr gedenckt nur schuld fur dem HERRN vber
vns / auff das jr vnser sünde vnd schuld deste mehr
machet / Denn es ist zuuor der schuld zu viel / vnd
der zorn vber Jsrael ergrimmet. [14]Da liessen die
geharnischten die Gefangene vnd den Raub fur
den Obersten vnd fur der gantzen Gemeine.
[15]DA stunden auff die Menner / die jtzt mit
namen genennet sind / vnd namen die Gefangenen /
vnd alle die blos vnter jnen waren / zogen sie an
von den geraubten / vnd kleideten sie / vnd zogen
jnen schuch an / vnd gaben jnen zu essen vnd zu
trincken / vnd salbeten sie / vnd füreten sie auff
Eseln alle die schwach waren / vnd brachten sie
gen Jeriho zur Palmenstad bey jre Brüder / vnd
kamen wider gen Samaria.
ZV der selben zeit / sandte der könig Ahas zu den
Königen von Assur / das sie jm hülffen. [17]Vnd
es kamen aber mal die Edomiter vnd schlugen
Juda / vnd füreten etliche weg. [18]Auch theten sich
die Philister nider in den Stedten / in der Awe vnd
gegen mittag Juda / vnd gewonnen BethSemes /
Aialon / Gederoth / vnd Socho mit jren töchtern /
vnd Thimna mit jren töchtern / vnd Gimso mit
jren töchtern / vnd woneten drinnen. [19]Denn der
HERR demütiget Juda vmb Ahas willen / des kö-
nigs [a]Juda / darumb das er Juda blos machet vnd

a
Alij / Jsrael (Blos) Diese blösse war / Das das Volck nicht vnter Gott nach seinem wort lebet / sondern frey nach seinem eigen gutdünckel in Gottesdienst. Wie Exod. 32. Aaron das Volck entblösset.

vergreiff sich am HERRN. 20Vnd es kam wider
TIGLATH Pilnesser. jn Tiglath Pilnesser der könig von Assur / der be-
lagert jn / Aber er kund jn nicht gewinnen. 21Denn
Ahas teilet das Haus des HERRN / vnd das haus
des Königs vnd der Obersten / das er dem könige
zu Assur gab. Aber es halff jn nichts.

DAzu in seiner Not / macht der könig Ahas des
vergreiffens am HERRN noch mehr / 23vnd
opfferte den Göttern zu Damascon / die jn geschla-
gen hatten / vnd sprach / Die Götter der könige zu
Syrien helffen jnen / Darumb wil ich jnen opffern /
das sie mir auch helffen / So doch dieselben jm /
vnd dem gantzen Jsrael ein fall waren. 24Vnd
Ahas bracht zu hauff die gefesse des hauses Gottes /
vnd samlet die gefesse im hause Gottes / vnd schlos
die thürn zu am || Hause des HERRN / vnd macht || 250b
jm Altar in allen winckeln zu Jerusalem / 25vnd in
den stedten Juda hin vnd her macht er Höhen zu
reuchern andern Göttern / vnd reitzet den HERRN
seiner veter Gott.

26WAS aber mehr von jm zu sagen ist / vnd alle
seine wege / beide ersten vnd letzten / Sihe / das ist
geschrieben im Buch der könige Juda vnd Jsrael.
27Vnd Ahas entschlieff mit seinen Vetern / vnd sie
begruben jn in der stad zu Jerusalem / Aber sie
brachten jn nicht vnter die greber der könige
Jsrael / Vnd sein son Jehiskia ward König an seine
stat.

XXIX.

JEHISKIA 29. jar König in Juda.

JEHISKIA WAR FÜNFF VND ZWENZIG JAR ALT / DA 4. Reg. 18.
er König ward / vnd regiert neun vnd zwenzig
jar zu Jerusalem / Seine mutter hies Abia eine
tochter Zacharja. 2Vnd er thet das dem HERRN
wolgefiel / wie sein vater Dauid. 3Er thet auff die
thür am Hause des HERRN / im ersten monden
des ersten jars seines Königreichs / vnd befestiget
sie. 4Vnd bracht hin ein die Priester vnd Leuiten /
vnd versamlet sie auff der Breitengassen gegen
morgen / 5vnd sprach zu jnen.

HOret mir zu jr Leuiten / Heiliget euch nu / das
jr heiliget das Haus des HERRN ewer veter
Gott / vnd thut er aus den vnflat aus dem Heilig-
thum. 6Denn vnser Veter haben sich vergriffen /
vnd gethan / das dem HERRN vnserm Gott vbel
gefelt / vnd haben jn verlassen / Denn sie haben jr
angesicht von der Wonung des HERRN gewand /

vnd den rücken zugekeret. 7Vnd haben die thür
an der Halle zugeschlossen / vnd die Lampen aus-
gelesscht / vnd kein Reuchwerg gereuchert / vnd
kein Brandopffer gethan im Heiligthum / dem Gott
Jsrael.

8DA her ist der zorn des HERRN vber Juda
vnd Jerusalem komen / vnd hat sie gegeben in zur-
strewung vnd verwüstung / Das man sie anpfeifft
wie jr mit ewern augen sehet. 9Denn sihe / vmb
desselben willen sind vnser Veter gefallen durchs
schwert / vnser Söne / Töchter vnd Weiber sind
weggefürt. 10Nu hab ichs im sinn einen Bund zu
machen mit dem HERRN dem Gott Jsrael / das
sein zorn vnd grim sich von vns wende. 11Nu
meine Söne seid nicht hinlessig / Denn euch hat
der HERR erwelet / das jr fur jm stehen solt / vnd
das jr seine Diener vnd Reucher seid.

DA machten sich auff die Leuiten / Mahath / der
son Amasai / vnd Joel der son Asarja / aus den
kindern der Kahathiter. Aus den kindern aber
Merari / Kis der son Abdi / vnd Asarja der son
Jehaleleel. Aber aus den kindern der Gersoniter /
Joab der son Simma vnd Eden der son Joah. 13Vnd
aus den kindern Elizaphan / Simri vnd Jeiel. Vnd
aus den kindern Assaph / Sacharja vnd Mathanja.
14Vnd aus den kindern Heman / Jehiel vnd Semei.
Vnd aus den kindern Jeduthun / Semaea vnd Vsiel.
15Vnd sie versamleten jre Brüder vnd heiligeten
sich / vnd giengen hin ein nach dem gebot des
Königes / aus dem wort des HERRN / zu reinigen
das Haus des HERRN.

16DJe Priester aber giengen hin ein inwendig
ins Haus des HERRN zu reinigen / vnd theten alle
vnreinigkeit (die im Tempel des HERRN funden
ward) auff den hof am Hause des HERRN / vnd
die Leuiten namen sie auff / vnd trugen sie hin aus
in den bach Kidron. 17Sie fiengen aber an am ersten
tage des ersten monden sich zu heiligen / vnd am
achten tage des monden giengen sie in die Halle
des HERRN / vnd heiligeten das Haus des HERRN
acht tage / vnd volendeten es im sechzehenden
tage des ersten monden.

18VND sie giengen hin ein zum könige Hiskia /
vnd sprachen / Wir haben gereiniget das gantze
Haus des HERRN / den Brandopffersaltar / vnd
alle sein Gerete / den Tisch der Schawbrot vnd alle
sein gerete / 19vnd alle gefesse / die der könig

Ahas / da er König war / weggeworffen hatte / da
er sich versündigt / die || haben wir zugericht vnd || 251 a
geheiliget / Sihe / sie sind fur dem Altar des
HERRN.

DA macht sich der könig Hiskia früe auff / vnd
versamlet die Obersten der Stad / vnd gieng
hin auff zum Hause des HERRN / 21vnd brachten
erzu sieben farren / sieben widder / sieben lemmer /
vnd sieben ziegenböcke zum Sündopffer / fur das
Königreich / fur das Heiligthum vnd fur Juda /
Vnd er sprach zu den Priestern der kinder Aaron /
das sie opffern solten auff dem Altar des HERRN.
22Da schlachten sie die rinder / vnd die Priester
namen das Blut vnd sprengeten es auff den Altar /
vnd schlachten die Widder / vnd sprengeten das
blut auff den Altar / vnd schlachten die lemmer /
vnd sprengeten das blut auff den Altar. 23Vnd
brachten die böcke zum Sündopffer fur dem Kö-
nige vnd der gemeine / vnd legten jre hende auff
sie. 24Vnd die priester schlachten sie / vnd ent-
sündigeten jr blut auff dem Altar zu versünen das
gantze Jsrael / Denn der König hatte befolhen
Brandopffer vnd Sündopffer zu thun fur das
gantze Jsrael.

25VND er stellet die Leuiten im Hause des
HERRN / mit Cimbeln / Psaltern vnd Harffen / wie
es Dauid befolhen hatte / vnd Gad der Schawer
des Königes / vnd der Prophet Nathan / Denn es
war des HERRN gebot durch seine Propheten.
26Vnd die Leuiten stunden mit den Seitenspielen
Dauid / vnd die Priester mit den Drometen. 27Vnd
Hiskia hies sie Brandopffer thun auff dem Altar /
Vnd vmb die zeit / da man anfieng das Brand-
opffer / fieng auch an der Gesang des HERRN
vnd die Drometen / vnd auff mancherley Seiten-
spil Dauid des königs Jsrael. 28Vnd die gantze
gemeine bettet an / vnd der gesang der Senger /
vnd das drometen der Drometer / weret alles / bis
das Brandopffer ausgericht war. 29Da nu das
Brandopffer ausgerichtet war / beuget sich der
König vnd alle die bey jm fur handen waren / vnd
beteten an.

30VND der könig Hiskia sampt den Obersten
hies die Leuiten den HERRN loben mit dem ge-
ticht Dauid vnd Assaph des Schawers / vnd sie
lobeten mit freuden / vnd neigeten sich vnd beteten
an. 31Vnd Hiskia antwortet / vnd sprach / Nu

habt jr ewre hende gefüllet dem HERRN / trettet
hinzu / vnd bringet her die Opffer vnd Lobopffer
zum hause des HERRN. Vnd die Gemeine bracht
erzu Opffer vnd Lobopffer / vnd jederman frei-
williges hertzen Brandopffer. 32Vnd die zal der
Brandopffer / so die Gemeine erzu brachte / war
siebenzig rinder / hundert widder / vnd zwey hun-
dert lemmer / vnd solchs alles zu Brandopffer dem
HERRN / 33Vnd sie heiligeten sechs hundert
rinder / vnd drey tausent schaf.

34ABer der Priester war zu wenig / vnd kundten
nicht allen Brandopffern die haut abziehen / Dar-
umb namen sie jre brüder die Leuiten / bis das
werck ausgericht ward / vnd bis sie die Priester
heiligeten / Denn die Leuiten sind leichter zu heili-
gen / weder die Priester. 35Auch war der Brand-
opffer viel mit dem fett der Danckopffer vnd
Tranckopffer zu den Brandopffern / Also ward
das ampt am Hause des HERRN fertig. 36Vnd
Hiskia frewet sich sampt allem volck / das man mit
Gott bereit war worden / Denn es geschach eilend.

XXX.

VND HISKIA SANDTE HIN ZUM GANTZEN JSRAEL
vnd Juda / vnd schreib brieue an Ephraim vnd
Manasse / das sie kemen zum Hause des HERRN
gen Jerusalem / Passah zu halten / dem HERRN
dem Gott Jsrael. 2Vnd der König hielt einen Rat
mit seinen Obersten / vnd der gantzen Gemeine zu
Jerusalem das Passah zu halten im andern monden /
3Denn sie kundtens nicht halten zur selbigen zeit /
darumb das der Priester nicht gnug geheiliget
waren / vnd das volck noch nicht zu hauff komen
war gen Jerusalem. 4Vnd es gefiel dem Könige
wol vnd der gantzen Gemeine. 5Vnd bestelleten
|| 251b das solchs ausgeruffen würde durch gantz Jsrael / ||
von Berseba an bis gen Dan / das sie kemen Passah
zu halten dem HERRN dem Gott Jsrael zu Jeru-
salem / Denn es war lang nicht gehalten / wie es
geschrieben stehet.

VND die Leuffer giengen hin mit den Brieuen
von der hand des Königes vnd seiner Obersten /
durch gantz Jsrael vnd Juda / aus dem befelh des
Königs / vnd sprachen / Jr kinder Jsrael bekeret
euch zu dem HERRN dem Gott Abraham / Jsaac
vnd Jsrael / so wird er sich keren zu den Vbrigen /
die noch vbrig vnter euch sind aus der hand der

Könige zu Assur. 7Vnd seid nicht wie ewre Veter
vnd Brüder / die sich am HERRN jrer veter Gott
vergriffen / vnd er sie gab in eine verwüstung / wie
jr selber sehet. 8So seid nu nicht halsstarrig wie
ewre Veter / Sondern gebt ewre hand dem HERRN /
vnd komet zu seinem Heiligthum / das er geheiliget
hat ewiglich / vnd dienet dem HERRN ewrem
Gott / so wird sich der grim seins zorns von euch
wenden. 9Denn so jr euch bekeret zu dem HERRN /
so werden ewre Brüder vnd Kinder barmhertzig-
keit haben fur denen die sie gefangen halten / das
sie wider in dis Land komen / Denn der HERR
ewr Gott ist gnedig vnd barmhertzig / vnd wird
sein Angesicht nicht von euch wenden / so jr euch
zu jm bekeret.

10VND die Leuffer giengen von einer Stad zur
andern / im lande Ephraim vnd Manasse / vnd bis
gen Sebulon / Aber sie verlacheten vnd spotten jr.
11Doch etliche von Asser vnd Manasse vnd Sebu-
lon / demütigeten sich / vnd kamen gen Jerusalem.
12Auch kam Gottes hand in Juda / das er jnen gab
einerley hertz zu thun nach des Königes vnd der
Obersten gebot / aus dem wort des HERRN.
13Vnd es kam zu hauffe gen Jerusalem ein gros
Volck / zu halten das Fest der vngeseurten Brot
im andern monden / ein seer grosse Gemeine.

PASSAH VND sie machten sich auff / vnd theten ab die
gehalten zu Altar / die zu Jerusalem waren / vnd alle Reuch-
Hiskia zeiten. werg theten sie weg / vnd worffen sie in den bach
Kidron. 15Vnd schlachten das Passah am vier-
zehenden tage des andern monden. Vnd die Prie-
ster vnd Leuiten bekandten jre schande / vnd heili-
geten sich / vnd brachten die Brandopffer zum
hause des HERRN / 16vnd stunden in jrer ord-
nung / wie sichs gebürt / nach dem gesetz Mose
des mans Gottes. Vnd die Priester sprengeten das
blut von der hand der Leuiten / 17Denn jr waren
viel in der Gemeine / die sich nicht geheiliget hat-
ten / Darumb schlachten die Leuiten das Passah
fur alle die nicht rein waren / das sie dem HERRN
geheiliget würden.

18AVch war des volcks viel von Ephraim / Ma-
nasse / Jsaschar / vnd Sebulon die nicht rein waren /
sondern assen das Osterlamb nicht wie geschrie-
ben stehet. Denn Hiskia bat fur sie / vnd sprach /
Der HERR der gütig ist / wird gnedig sein 19allen /
die jr hertz schicken Gott zu suchen den HERRN /

den Gott jrer veter / vnd nicht vmb der [a]heiligen
reinigkeit willen. 20Vnd der HERR erhöret His-
kia / vnd heilet das volck. 21Also hielten die kinder
Jsrael / die zu Jerusalem funden wurden / das Fest
der vngeseurten Brot sieben tage mit grosser
freude. Vnd die Leuiten vnd Priester lobeten den
HERRN alle tage mit starcken Seitenspielen des
HERRN.

VND Hiskia redet hertzlich mit allen Leuiten /
die ein guten verstand hatten am HERRN / vnd
sie assen das Fest vber / sieben tage / vnd opfferten
Danckopffer / vnd dancketen dem HERRN jrer
veter Gott. 23Vnd die gantze Gemeine ward rats /
noch ander sieben tage zu halten / vnd hielten auch
die sieben tage mit freuden. 24Denn Hiskia der
könig Juda / gab ein Hebe fur die Gemeine / tau-
sent farren vnd sieben tausent schafe / Die Ober-
sten aber gaben eine Hebe fur die Gemeine / tau-
sent farren / vnd zehen tausent schafe / Also heili-
geten sich der Priester viel.

25VND es freweten sich die gantze gemeine
Juda / die Priester vnd Leuiten / vnd die gantze
gemeine die aus Jsrael komen waren / vnd die
|| 252a Frembdlingen / || die aus dem lande Jsrael komen
waren / vnd die in Juda woneten. 26Vnd war eine
grosse freude zu Jerusalem / Denn sint der zeit
Salomo / des sons Dauid des königs Jsrael / war
solchs zu Jerusalem nicht gewesen. 27Vnd die
Priester vnd die Leuiten stunden auff / vnd segene-
ten das Volck / vnd jre stimme ward erhöret / vnd
jr Gebet kam hin ein fur seine heilige Wonung im
Himel.

a (Heiligen reinigkeit) Das ist / Gott sihet das hertz an / wenn das rechtschaffen ist an Gott / so fraget er nicht nach eusserlicher reinigkeit / die nach dem Gesetz heilig ist.

XXXI.

VND DA DIS ALLES WAR AUSGERICHT / ZOGEN hin aus alle Jsraeliten / die vnter den stedten Juda funden wurden / vnd zubrachen die Seulen / vnd hieben die Hayne ab / vnd brachen ab die Höhen vnd Altar aus gantzem Juda / BenJamin / Ephraim vnd Manasse / bis sie sie gar auffreumeten / Vnd die kinder Jsrael zogen alle wider zu jrem Gut in jre Stedte.

HJskia aber stellet die Priester vnd Leuiten in jre ordnunge / ein jglichen nach seinem Ampt / beide der Priester vnd Leuiten / zu Brandopffern vnd Danckopffern / das sie dieneten / danckten vnd lobeten in den thoren des Lagers des HERRN.

3Vnd der König gab sein teil von seiner Habe zu
Brandopffern des morgens vnd des abends / vnd
zu Brandopffern des Sabbaths vnd Newmonden
vnd Festen / wie es geschrieben stehet im Gesetz
des HERRN.

VND er sprach zum volck / das zu Jerusalem
wonet / das sie teil geben den Priestern vnd
Leuiten / Auff das sie kündten desto herter anhalten
am Gesetz des HERRN. 5Vnd da das wort aus
kam / gaben die kinder Jsrael viel Erstlinge von
getreide / most / öle / honig vnd allerley einkomens
vom felde / vnd allerley Zehenden brachten sie viel
hin ein. 6Vnd die kinder Jsrael vnd Juda / die in
den stedten Juda woneten / brachten auch Zehen-
den von rindern vnd schafen / vnd Zehenden von
dem Geheiligeten / das sie dem HERRN jrem Gott
geheiliget hatten / vnd machten hie ein hauffen
vnd da ein hauffen. 7Jm dritten monden fiengen
sie an hauffen zu legen / vnd im siebenden monden
richteten sie es aus.

(Anhalten) Auff das sie nicht aus mangel der Narung müsten die Bücher lassen / beide zu studiren vnd zu leren / vnd jre Narung suchen. Denn Kirchendiener sollen versorgt sein / vnd studiren / wie Nehemias vnd Syrach auch sagen.

8VND da Hiskia mit den Obersten hin ein gieng /
vnd sahen die hauffen / lobeten sie den HERRN
vnd sein volck Jsrael. 9Vnd Hiskia fraget die Prie-
ster vnd Leuiten vmb die hauffen. 10Vnd Asarja
der Priester / der fürnemest im hause Zadok / sprach
zu jm / Sint der zeit man angefangen hat / die Hebe
zu bringen ins Haus des HERRN / haben wir
gessen vnd sind sat worden / vnd ist noch viel
vberblieben / Denn der HERR hat sein Volck ge-
segenet / darumb ist dieser hauffe vberblieben.
11Da befalh der König / das man Kasten zubereiten
solt am hause des HERRN. Vnd sie bereiten sie
zu / 12vnd theten hin ein die Hebe / die Zehenden /
vnd das Geheiligete / trewlich.

VND vber dasselbe war Fürst Chananja der
Leuit / vnd Simei sein bruder der ander / 13vnd
Jehiel / Asasja / Nagath / Asahel / Jerimoth / Josa-
bath / Eliel / Jesmachja / Mahath / vnd Benaja /
verordnet von der hand Chananja vnd Simei seines
bruders / nach befelh des königs Hiskia. Aber
Asarja war Fürst im hause Gottes. 14Vnd Kore der
son Jemna der Leuit / der Thorhüter gegen mor-
gen war vber die freiwilligen gaben Gottes / jm
vertrawet / die dem HERRN zur Hebe gegeben
wurden / vnd vber die allerheiligsten. 15Vnd vnter
seiner hand waren / Eden / Miniamin / Jesua / Se-
maja / Amarja / vnd Sachanja / in den stedten der

Priester / das sie geben solten jren Brüdern / nach
jrer ordnunge / dem kleinesten wie dem grossen.
16DAzu denen die gerechnet wurden fur Mans-
bilde / von drey jar alt vnd drüber / vnter allen die
in das Haus des HERRN giengen / ein jglicher an
seinem tage zu jrem Ampt / in jrer Hut / nach jrer
ordnunge. 17Auch die fur Priester gerechnet wur-
den im hause jrer Veter / vnd die Leuiten / von
|| 252b zwenzig jaren vnd || drüber / in jrer Hut / nach jrer
ordnung. 18Da zu die gerechnet wurden vnter jre
Kinder / Weiber / Söne vnd Töchter vnter der
gantzen gemeine / Denn sie heiligeten trewlich das
geheiligete. 19Auch waren Menner mit namen be-
nennet vnter den kindern Aaron den Priestern /
auff den felden der vorstedte in allen Stedten / das
sie teil geben allen Mansbilden vnter den Priestern /
vnd allen die vnter die Leuiten gerechnet wurden.
20ALso thet Hiskia in gantzem Juda / vnd thet
was gut / recht / vnd warhafftig war / fur dem
HERRN seinem Gott. 21Vnd in allem thun das er
anfieng / am dienst des hauses Gottes / nach dem
Gesetz vnd Gebot / zu suchen seinen Gott / das
thet er von gantzem hertzen / Darumb hat er auch
glück.

XXXII.

4. Reg. 18. NACH DIESEN GESCHICHTEN VND TREW / KAM SANHERIB.
Sanherib der könig zu Assur / vnd zoch in
Juda / vnd lagert sich fur die festen Stedte / vnd
gedacht sie zu sich zu reissen. 2Vnd da Hiskia
sahe das Sanherib kam / vnd sein angesicht stund
zu streiten wider Jerusalem / 3ward er rats mit
seinen Obersten vnd Gewaltigen zu zudecken die
wasser von den Brünnen / die draussen fur der
Stad waren / vnd sie hulffen jm. 4Vnd es versam-
let sich ein gros volck / vnd deckten zu alle Brünne
vnd fliessende wasser mitten im Lande / vnd spra-
chen / Das die könige von Assur nicht viel wassers
finden wenn sie komen.
5VND er ward getrost / vnd bawet alle mauren /
wo sie lückicht waren / vnd macht thürne drauff /
vnd bawet draussen noch eine andere Maure / vnd
befestiget Millo an der stad Dauid / vnd machet viel
Woffen vnd Schilde. 6Vnd stellet die Heubtleute
zum streit neben das Volck. Vnd samlet sie zu sich
auff die Breitegassen am thor der Stad / vnd redet
hertzlich mit jnen / vnd sprach / 7Seid getrost vnd

frisch / Fürchtet euch nicht / vnd zaget nicht fur
dem könige von Assur / noch fur alle dem Hauffen
der bey jm ist / Denn es ist ein Grösser mit vns 1. Joha. 4.
weder mit jm. 8Mit jm ist ein fleischlicher Arm /
Mit vns aber ist der HERR vnser Gott / das er vns
helffe / vnd füre vnsern streit. Vnd das Volck ver-
lies sich auff die wort Hiskia des königs Juda.

DARnach sandte Sanherib der könig zu Assur
seine knechte gen Jerusalem (Denn er lag fur
Lachis / vnd alle seine Herrschafft mit jm) zu His-
kia dem könige Juda / vnd zum gantzen Juda / das
zu Jerusalem war / vnd lies jm sagen / 10so spricht
Sanherib der könig zu Assur / Wes vertröstet jr
euch / die jr wonet in dem belagerten Jerusalem?
11Hiskia beredet euch / das er euch gebe in den Tod /
Hunger vnd Durst / vnd spricht / Der HERR vnser
Gott wird vns erretten von der hand des Königes
zu Assur. 12Jst er nicht der Hiskia der seine Höhe
vnd Altar weggethan hat / vnd gesagt zu Juda vnd
zu Jerusalem / Für einem Altar solt jr anbeten / vnd
drauff reuchern?

13WJsset jr nicht / was ich vnd meine Veter
gethan haben allen Völckern in Lendern? Haben
auch die Götter der Heiden in Lendern / mügen jre
Lender erretten von meiner hand? 14Wer ist vnter
allen Göttern dieser Heiden / die meine Veter ver-
bannet haben / der sein Volck habe mügen erretten
von meiner hand? das ewer Gott euch solt mügen
erretten aus meiner hand? 15So lasst euch nu His-
kia nicht auffsetzen / vnd lasst euch solchs nicht
bereden / vnd gleubt jm nicht. Denn so kein Gott
aller Heiden vnd Königreich hat sein volck mügen
von meiner vnd meiner Veter hand erretten / So
werden euch auch ewr Götter nicht erretten von
meiner hand.

16DA zu redten seine Knechte noch mehr wider
den HERRN den Gott / vnd wider seinen knecht
Hiskia. 17Auch schreib er Brieue zu hohn spre-
chen dem HERRN dem Gott Jsrael / vnd redet von
jm / vnd sprach / Wie die Götter der Heiden in
Lendern jr volck nicht haben errettet von meiner
hand / So wird ‖ auch der Gott Hiskia sein volck ‖ 253a
nicht erretten von meiner hand. 18Vnd sie rieffen
mit lauter stimme auff Jüdisch zum volck zu Jeru-
salem / das auff den mauren war / sie furchtsam zu
machen vnd zu erschrecken / das sie die Stad ge-
wünnen. 19Vnd redeten wider den Gott Jerusa-

lem / wie wider die Götter der Völcker auff erden /
die Menschenhende werck waren.

4. Reg. 19.

ABer der könig Hiskia vnd der Prophet Jesaia
der son Amoz betten dawider vnd schrien gen
Himel. [21]Vnd der HERR sandte einen Engel / der
vertilget alle gewaltigen des Heers / vnd Fürsten
vnd Obersten im Lager des königs zu Assur / das
er mit schanden wider in sein Land zoch. Vnd da
er in seines Gottes haus gieng / felleten jn daselbs
durchs schwert / die von seinem eigen Leibe
komen waren. [22]Also halff der HERR Hiskia vnd
den zu Jerusalem aus der hand Sanherib des
königs zu Assur / vnd aller ander / vnd enthielt sie
fur allen vmbher. [23]Das viel dem HERRN Ge-
schenck brachten gen Jerusalem / vnd Kleinote
Hiskia dem könige Juda / Vnd er ward darnach
erhaben fur allen Heiden.

(Enthielt) Wie ein Hirte seine Schafe helt wider die Wolffe / vnd hütet das sie gehen hin vnd her zur Weide. Also kundten die zu Jerusalem auch aus vnd ein ziehen sicher etc.

4. Reg. 20.
Jesa. 38.

ZV der zeit ward Hiskia todkranck / Vnd er bat
den HERRN / der geredt jm / vnd gab jm ein
Wunder. [25]Aber Hiskia vergalt nicht / wie jm ge-
geben war / denn sein hertz erhub sich / Darumb
kam der zorn vber jn / vnd vber Juda vnd Jerusa-
lem. [26]Aber Hiskia demütiget sich / das sein hertz
sich erhaben hatte / sampt denen zu Jerusalem /
Darumb kam der zorn des HERRN nicht vber sie /
weil Hiskia lebet.

VND Hiskia hatte seer grossen Reichthum vnd
Ehre / vnd macht jm Schetze von silber / gold /
edelsteinen / würtze / schilde vnd allerley köst-
lichem gerete [28]vnd Kornheuser zu dem einkomen
des getreides / mosts vnd öles / vnd stelle fur aller-
ley Vieh / vnd Hürten fur die schafe. [29]Vnd bawet
jm Stedte / vnd hatte Vieh an schafen vnd rindern
die menge / Denn Gott gab jm seer gros gut. [30]Er
ist der Hiskia / der die hohe Wasserquelle in Gihon
zudecket / vnd leitet sie hin vnter von abend werts
zur stad Dauid / Denn Hiskia war glückselig in alle
seinen wercken.

DA aber die Botschafften der Fürsten von Babel
zu jm gesand waren zu fragen nach dem Wun-
der / das im Lande geschehen war / verlies jn Gott
also / das er jn versucht / Auff das kund würde alles /
was in seinem hertzen war.

[32]WAS aber mehr von Hiskia zu sagen ist / vnd
seine barmhertzigkeit / sihe das ist geschrieben in
dem gesicht des Propheten Jesaia / des sons Amoz /
im Buch der könige Juda vnd Jsrael. [33]Vnd Hiskia

entschlieff mit seinen Vetern / vnd sie begruben jn
vber die greber der kinder Dauid / Vnd gantz Juda /
vnd die zu Jerusalem theten jm ehre in seinem
Tod / Vnd sein son Manasse ward König an seine
stat.

XXXIII.

Manasse 55. jar König in Juda.

MANASSE WAR ZWELFF JAR ALT / DA ER KÖNIG 4. Re. 21.
ward / vnd regieret fünff vnd funffzig jar zu
Jerusalem. 2Vnd thet das dem HERRN vbel ge-
fiel nach den greweln der Heiden / die der HERR
fur den kindern Jsrael vertrieben hatte. 3Vnd keret
sich vmb / vnd bawet die Höhen / die sein vater
Hiskia abgebrochen hatte / Vnd stifftet Baalim
Altar / vnd machet Hayne / vnd bettet an allerley
Heer am Himel / vnd dienet jnen. 4Er bawet auch
Altar im hause des HERRN / dauon der HERR
geredt hat / Zu Jerusalem sol mein Name sein
ewiglich. 5Vnd bawet Altar allerley heer am Himel /
in beiden Höfen am Hause des HERRN. 6Vnd er
lies seine Söne durchs fewr gehen / im tal des sons
Hinnom / Vnd welet tage vnd achtet auff Vogel
geschrey / vnd zauberte / vnd stifftet Warsager vnd
Zeichen deuter / vnd thet viel / das dem HERRN
vbel gefiel / jn zu erzürnen.

7ER setzet auch Bilder vnd Götzen / die er ma-
chen lies / ins haus Gottes / || dauon der HERR || 253b
Dauid geredt hatte vnd Salomo seinem son / Jn
diesem hause zu Jerusalem / die ich erwelet habe
fur allen stemmen Jsrael / wil ich meinen Namen
setzen ewiglich. 8Vnd wil nicht mehr den fus
Jsrael lassen weichen vom Lande / das ich jren
Vetern bestellet habe / So ferne sie sich halten / das
sie thun alles / was ich jnen geboten habe / in allem
Gesetze / Geboten vnd Rechten durch Mose.

ABer Manasse verfüret Juda vnd die zu Jerusa-
lem / das sie erger theten denn die Heiden / die
der HERR fur den kindern Jsrael vertilget hatte.
10Vnd wenn der HERR mit Manasse vnd seinem
Volck reden lies / merckten sie nichts drauff. 11Dar-
umb lies der HERR vber sie komen die Fürsten des
Heers des königs zu Assur / die namen Manasse
gefangen mit Fesseln / vnd bunden jn mit Keten /
vnd brachten jn gen Babel. 12Vnd da er in der
angst war flehet er fur dem HERRN seinem Gott /
vnd demütiget sich seer fur dem Gott seiner veter.
13Vnd bat vnd flehet jn / Da erhöret er sein flehen /
vnd bracht jn wider gen Jerusalem zu seinem Kö-

Manasse gefangen gen Babel gefüret etc.

nigreich / Da erkennet Manasse / das der HERR
Gott ist.
DARnach bawet er die eussersten mauren an der
stad Dauid / von abend werts an Gihon im bach /
vnd da man zum Fischthor eingehet / vnd vmb her
an Ophel / vnd machet sie seer hoch / vnd legt
Heubtleute in die festen stedte Juda. 15Vnd thet
weg die frembde Götter / vnd die Götzen aus dem
hause des HERRN / vnd alle Altar / die er ge-
bawet hatte auff dem berge des Hauses des HERRN
vnd zu Jerusalem / vnd warff sie hin aus fur die
Stad. 16Vnd richtet zu den Altar des HERRN / vnd
opfferte drauff / Danckopffer vnd Lobopffer / vnd
befalh Juda / das sie dem HERRN dem Gott Jsrael
dienen solten. 17Doch opfferte das Volck auff den
Höhen / wiewol dem HERRN jrem Gott.
18WAS aber mehr von Manasse zusagen ist / vnd
sein Gebet zu seinem Gott / vnd die rede der
Schawer / die mit jm redten im Namen des
HERRN des Gottes Jsrael / Sihe / die sind vnter
den Geschichten der könige Jsrael. 19Vnd sein
Gebet vnd flehen / vnd alle sein sünde vnd misse-
that / vnd die Stedte darauff er die Höhen bawete /
vnd Hayne vnd Götzen stifftet / ehe denn er gede-
mütiget ward / Sihe / die sind geschrieben vnter
den Geschichten der Schawer. 20Vnd Manasse
entschlieff mit seinen Vetern / vnd sie begruben jn
in seinem Hause / Vnd sein son Amon ward König
an seine stat.

4. Reg. 21. ZWEY VND ZWENZIG JAR ALT WAR AMON / DA ER Amon
König ward / vnd regieret zwey jar zu Jerusa- 2. jar König in
lem. 22Vnd thet das dem HERRN vbel gefiel / wie Juda.
sein vater Manasse gethan hatte / Vnd Amon
opfferte allen Götzen / die sein vater Manasse ge-
macht hatte / vnd dienet jnen. 23Aber er demütiget
sich nicht fur dem HERRN / wie sich sein vater
Manasse gedemütiget hatte / Denn er / Amon /
macht der schuld viel. 24Vnd seine Knechte mach-
ten einen Bund wider jn / vnd tödten jn in seinem
Hause. 25Da schlug das volck im Lande alle / die
den Bund wider den könig Amon gemacht hatten /
4. Reg. 23. Vnd das volck im Lande macht Josia seinen son
zum Könige an seine stat.

XXXIIII.

4. Re. 22. ACHT JAR ALT WAR JOSIA DA ER KÖNIG WARD / Josia
vnd regieret ein vnd dreissig jar zu Jerusalem. 31. jar König in Juda.

2 Vnd thet das dem HERRN wolgefiel / vnd wan-
delt in den wegen seines vaters Dauid / vnd weich
weder zur rechten noch zur lincken. 3 Denn im
achten jar seins Königreichs / da er noch ein Knabe
war / fieng er an zu suchen den Gott seines vaters
Dauids / Vnd im zwelfften jar fieng er an zu reini-
gen Juda vnd Jerusalem / von den Höhen vnd
Haynen / vnd Götzen / vnd gegossen Bildern.
4 Vnd lies fur jm abbrechen die Altar Baalim / vnd
die Bilder oben drauff hieb || er oben er ab / Vnd die || 254a
Hayne / vnd Götzen vnd Bilder zubrach er / vnd
macht sie zu staub / vnd strewet sie auff die Greber /
dere / die jnen geopffert hatten. 5 Vnd verbrand
die Gebeine der Priester auff den Altaren / vnd
reiniget also Juda vnd Jerusalem. 6 Da zu in den
stedten Manasse / Ephraim / Simeon / vnd bis an
Naphthali in jren wüsten vmbher. 7 Vnd da er die
Altar vnd Hayne abgebrochen / vnd die Götzen
klein zumalmet / vnd alle Bilder abgehawen hatte
im gantzen lande Jsrael / kam er wider gen Jeru-
salem.

JM achzehenden jar seines Königreichs / da er das
Land vnd das Haus gereiniget hatte / sandte er
Saphan den son Azalja vnd Maeseija den Staduogt /
vnd Joah den son Joahas den Cantzler / zu bessern
das haus des HERRN seines Gottes. 9 Vnd sie
HILKIA. kamen zu dem Hohenpriester Hilkia / vnd man gab
jnen das Geld / das zum hause Gottes gebracht
war / welchs die Leuiten / die an der schwellen hüt-
ten / gesamlet hatten / von Manasse / Ephraim vnd
von allen vbrigen in Jsrael / vnd von gantzem
Juda vnd BenJamin / vnd von denen / die zu Jeru-
salem woneten / 10 vnd gabens vnter die hende den
Erbeitern / die bestellet waren am Hause des
HERRN / Vnd sie gabens denen die da erbeiten am
Hause des HERRN / vnd wo es bawfellig war / das
sie das Haus besserten. 11 Dieselben gabens fort
den Zimmerleuten vnd Bawleuten / gehawen
Steine / vnd gehöffelt holtz zu keuffen / zu den
Balcken an den Heusern / welche die könige Juda
verderbet hatten. 12 Vnd die Menner erbeiten am
Werck trewlich.

VND es waren vber sie verordent / Jahath vnd
Obadja die Leuiten aus den kindern Merari.
Sacharja vnd Mesullam aus den kindern der Ka-
hathiten / das Werck zu treiben / Vnd waren alle
Leuiten die auff Seitenspiel kundten. 13 Aber vber

die Lasttreger vnd Treiber zu allerley erbeit in allen
Empten / waren aus den Leuiten / die Schreiber /
Amptleute / vnd Thorhüter.

VND da sie das geld eraus namen / das zum Hause
des HERRN eingelegt war / fand Hilkia der
Priester das Buch des Gesetzs des HERRN / durch GESETZE BUCH
Mose gegeben. 15Vnd Hilkia antwortet / vnd gefunden.
sprach zu Saphan dem Schreiber / Jch habe das
Gesetzbuch funden im Hause des HERRN / Vnd
Hilkia gab das buch Saphan. 16Saphan aber
brachts zum Könige / vnd sagt dem Könige wider /
vnd sprach / Alles was vnter die hende deiner
Knechte gegeben ist / das machen sie / 17vnd sie
haben das geld zu hauff geschut / das im Hause des
HERRN funden ist / vnd habens gegeben denen /
die verordnet sind vnd den Erbeitern. 18Vnd
Saphan der Schreiber sagt dem Könige an / vnd
sprach / Hilkia der Priester hat mir ein Buch ge-
geben / vnd Saphan las drinnen fur dem Könige.
19Vnd da der König die wort des Gesetzes höret
zureis er seine Kleider.

20VND der König gebot Hilkia vnd Ahikam
dem son Saphan / vnd Abdon dem son Micha / vnd
Saphan dem Schreiber / vnd Asaja dem knecht des
Königs / vnd sprach / 21Gehet hin / fraget den
HERRN fur mich vnd fur die vbrigen in Jsrael /
vnd fur Juda / vber den worten Buchs das funden
ist / Denn der grim des HERRN ist gros / der vber
vns entbrand ist / Das vnser Veter nicht gehalten
haben das wort des HERRN / das sie theten / wie
geschrieben stehet in diesem Buch.

DA gieng Hilkia hin / sampt den andern vom
Könige gesand zu der Prophetin Hulda / dem HULDA
weibe Sallum des sons Thakehath / des sons Hasra Prophetin.
des Kleiderhüters / die zu Jerusalem wonete im
andern teil / vnd redten solchs mit jr. 23Vnd sie
sprach zu jnen / so spricht der HERR der Gott
Jsrael / Sagt dem Man / der euch zu mir gesand hat /
24so spricht der HERR / Sihe / Jch wil vnglück
bringen vber diesen Ort vnd die Einwoner / alle
die flüche / die geschrieben stehen im Buch / das
man fur dem könige Juda gelesen hat / 25Darumb
das sie mich verlassen haben / vnd andern Göttern
|| 254b gereuchert / das sie mich erzürneten || mit allerley
wercken jrer hende / Vnd mein grim sol angezün-
det werden vber diesen Ort / vnd nicht ausgele-
sschet werden.

26VND zum könige Juda / der euch gesand hat
den HERRN zu fragen / solt jr also sagen / so
spricht der HERR der Gott Jsrael von den worten
die du gehöret hast. 27Darumb / das dein hertz
weich worden ist / vnd hast dich gedemütiget fur
Gott / da du seine wort höretest wider diesen Ort
vnd wider die Einwoner / vnd hast dich fur mir ge-
demütiget / vnd deine Kleider zurissen / vnd fur
mir geweinet / So hab ich dich auch erhöret /
spricht der HERR. 28Sihe / Jch wil dich samlen zu
deinen Vetern / das du in dein Grab mit frieden ge-
samlet werdest / Das deine augen nicht sehen alle
das vnglück / das ich vber diesen Ort vnd die Ein-
woner bringen wil / Vnd sie sagten dem Könige
wider.
DA sandte der König hin / vnd lies zu hauffe 4. Reg. 23.
komen alle Eltesten in Juda vnd Jerusalem.
30Vnd der König gieng hin auff ins Haus des
HERRN vnd alle man Juda vnd einwoner zu Jeru-
salem / die Priester / die Leuiten / vnd alles volck /
beide klein vnd gros / Vnd wurden fur jren ohren
gelesen alle wort im Buch des Bunds / das im
Hause des HERRN funden war. 31Vnd der König
trat an seinen ort / vnd machet einen Bund fur dem
HERRN / Das man dem HERRN nachwandeln
solt / zu halten seine Gebot / Zeugnis vnd Rechte /
von gantzem hertzen vnd von gantzer seelen / zu
thun nach allen worten des Bunds / die geschrieben
stunden in diesem Buch. 32Vnd stunden da alle die
zu Jerusalem vnd in BenJamin fur handen waren /
Vnd die einwoner zu Jerusalem theten nach dem
bund Gottes jrer veter Gott. 33Vnd Josia thet
weg alle Grewel aus allen Landen / die der kinder
Jsrael waren / vnd schafft / das alle / die in Jsrael
funden wurden / dem HERRN jrem Gott dieneten.
So lange Josia lebt / wichen sie nicht von dem
HERRN jrer veter Gott.

XXXV.

Passah gehalten zu Josia zeiten.

VND JOSIA HIELT DEM HERRN PASSAH ZU 4. Reg. 23.
Jerusalem / vnd schlachtet das Passah im vier-
zehenden tage des ersten monden. 2Vnd er stellet
die Priester in jre Hut / vnd stercket sie zu jrem
ampt im Hause des HERRN. 3Vnd sprach zu den
Leuiten / die gantz Jsrael lereten / vnd dem
HERRN geheiliget waren / Thut die heilige Lade

ins haus / das Salomo der son Dauid des königs
Jsrael gebawet hat / Jr solt sie nicht auff den
schuldern tragen / So dienet nu dem HERRN
ewrem Gott vnd seinem volck Jsrael. 4Vnd
schickt das Haus ewr Veter in ewer ordnung / wie
sie beschrieben ist von Dauid dem könige Jsrael
vnd seinem son Salomo. 5Vnd stehet im Heilig-
thum nach der ordnung der Veter heuser vnter
ewrn brüdern vom volck geborn / Auch die orde-
nung der Veter heuser vnter den Leuiten / 6Vnd
schlachtet das Passah / vnd heiliget euch / vnd
schickt ewer Brüder / das sie thun nach dem wort
des HERRN durch Mose.

VND Josia gab zur Hebe fur den gemeinen Man
lemmer vnd junge zigen / (alles zu dem Passah /
fur alle die fur handen waren) an der zal dreissig
tausent / vnd drey tausent rinder / vnd alles von
dem gut des Königes. 8Seine Fürsten aber gaben
zur Hebe freiwillig fur das Volck vnd fur die Prie-
ster vnd Leuiten (nemlich Hilkia / Sacharja vnd
Jehiel / die fürsten im hause Gottes vnter den
Priestern) zum Passah / zwey tausent vnd sechs
hundert (lemmer vnd zigen) dazu drey hundert
rinder. 9Aber Chananja / Semaja / Nethaneel vnd
seine brüder Hasabja / Jeiel / vnd Josabad der
Leuiten obersten / gaben zur Hebe den Leuiten
zum Passah / fünff tausent (lemmer vnd zigen) vnd
dazu fünff hundert rinder.

Sup. 29. ALso ward der Gottesdienst beschickt / vnd die
Priester stunden an jrer Stete / vnd die Leuiten
in jrer Ordnung nach dem gebot des Königes.
11Vnd sie schlachteten das Passah / vnd die Priester
‖ 255a namen von jren henden vnd ‖ sprengeten / vnd die
Leuiten zogen jnen die haut abe. 12Vnd theten die
Brandopffer dauon / das sie es geben vnter die teil
der Veter heuser in jrem gemeinen hauffen / dem
HERRN zu opffern / wie es geschrieben stehet im
buch Mose / So theten sie mit den rindern auch.
13Vnd sie kochten das Passah am fewr / wie sichs
gebürt / Aber was geheiliget war / kocheten sie in
töpffen / kesseln / vnd pfannen / vnd sie machtens
eilend fur den gemeinen hauffen. 14Darnach aber
bereiten sie auch fur sich vnd fur die Priester /
Denn die Priester die kinder Aaron schaffeten an
dem Brandopffer vnd fetten bis in die nacht /
Darumb musten die Leuiten fur sich vnd fur die
Priester die kinder Aaron zubereiten.

15VND die Senger die kinder Assaph stunden
an jrer Stete nach dem gebot Dauid / vnd Assaph /
vnd Heman / vnd Jedithun des Schawers des
Königes vnd die Thorhüter an allen thoren / Vnd
sie wichen nicht von jrem ampt / Denn die Leuiten
jre brüder bereiten zu fur sie. 16Also ward be-
schickt aller Gottesdienst des HERRN des tages /
das man Passah hielt / vnd Brandopffer thet auff
dem Altar des HERRN / nach dem gebot des
königes Josia. 17Also hielten die kinder Jsrael die
fur handen waren / Passah zu der zeit / vnd das
Fest der vngeseurten Brot sieben tage. 18Es war
kein Passah gehalten in Jsrael wie das / von der zeit
an Samuel des Propheten / vnd kein könig Jsrael
hat solch Passah gehalten / wie Josia Passah hielt /
vnd die Priester / Leuiten / gantz Juda / vnd was
von Jsrael fur handen war / vnd die einwoner zu
Jerusalem. 19Jm achzehenden jar des König-
reichs Josia ward dis Passah gehalten.

NACH DIESEM / DA JOSIA DAS HAUS ZUGERICHT 4. Reg. 23.
NECHO. hatte / zoch Necho der könig in Egypten er
auff zu streitten wider Charchemis am Phrath /
Vnd Josia zoch aus jm entgegen. 21Aber er sandte
Boten zu jm vnd lies jm sagen / Was hab ich mit dir
zuthun könig Juda? Jch kome jtzt nicht wider
dich / sondern ich streitte wider ein haus / vnd Gott
hat gesagt ich sol eilen / Höre auff von Gott der mit
mir ist / das er dich nicht verderbe.

22ABer Josia wendet sein angesicht nicht von jm /
sondern stellet sich mit jm zu streitten / vnd ge-
horchet nicht den worten Necho aus dem munde
Gottes / vnd kam mit jm zu streitten auff der ebene
JOSIA tödlich verwund daran er auch stirbt. bey Megiddo. 23Aber die Schützen schossen den
könig Josia / vnd der könig sprach zu seinen knech-
ten / Füret mich hin vber / denn ich bin seer wund.
24Vnd seine knechte theten jn von dem wagen /
vnd füreten jn auff seinem andern wagen / vnd
brachten jn gen Jerusalem / Vnd er starb vnd ward
begraben vnter den Grebern seiner Veter. Vnd
gantz Juda vnd Jerusalem trugen leide vmb Josia /
JEREMIA beklaget Josia. 23Vnd Jeremia klagte Josia / vnd alle Senger vnd
Sengerin redeten jre Klageliede vber Josia bis auff
diesen tag. Vnd machten eine gewonheit draus in
Jsrael / Sihe / es ist geschrieben vnter den Klag-
lieden.

27WAS aber mehr von Josia zu sagen ist / vnd
seine barmhertzigkeit nach der Schrifft im Gesetz

des HERRN / [27]vnd seine Geschichte / beide ersten
vnd letzten / sihe / das ist geschrieben im Buch der
könige Jsrael vnd Juda.

XXXVI.

4. Reg. 23. VND DAS VOLCK IM LANDE NAM JOAHAS / DEN
son Josia vnd machten jn zum Könige an sei-
nes vaters stat zu Jerusalem. [2]Drey vnd zwenzig
jar alt war Joahas / da er König ward / vnd regieret JOAHAS
drey monden zu Jerusalem. [3]Denn der könig in 3. monden
Egypten setzet jn ab zu Jerusalem / vnd büsset das König in Juda.
Land vmb hundert Centner silbers vnd ein Centner
golds. [4]Vnd der könig in Egypten macht Eliakim
seinen bruder zum Könige vber Juda vnd Jerusa-
lem / vnd wandelt seinen namen Joiakim / Aber
seinen bruder Joahas nam Necho / vnd bracht jn in NECHO.
|| 255b Egypten.||
FVNFF VND ZWENZIG IAR ALT WAR JOIAKIM DA ER JOIAKIM
König ward / vnd regieret eilff jar zu Jerusalem / 11. jar König in
Vnd thet das dem HERRN seinem Gott vbel ge- Juda.
Math. 1. fiel. [6]Vnd NebucadNezar der könig zu Babel zoch
wider jn erauff / vnd band jn mit keten / das er jn
gen Babel füret. [7]Auch bracht NebucadNezar
etliche gefesse des hauses des HERRN gen Babel /
vnd thet sie in seinen Tempel zu Babel. [8]Was aber
mehr von Joiakim zusagen ist / vnd seine Grewel
die et thet / vnd die an jm funden wurden / Sihe / die
sind geschrieben im Buch der könige Jsrael vnd Ju-
da / Vnd sein son Joiachin ward König an seine stat.
ACHT JAR ALT WAR JOIACHIN / DA ER KÖNIG JOIACHIN
ward / vnd regieret drey monden vnd zehen 3. monden vnd
tage zu Jerusalem / Vnd thet das dem HERRN 10. tag König
vbel gefiel. [10]Da aber das jar vmbkam / sandte hin in Juda.
NebucadNezar / vnd lies jn gen Babel holen mit
den köstlichen gefessen im Hause des HERRN /
Vnd machet Zidekia seinen bruder zum Könige
vber Juda vnd Jerusalem.
4. Re. 24. EJN VND ZWENZIG JAR ALT WAR ZIDEKIA / DA ER ZIDEKIA
Jere. 37. König ward / vnd regieret eilff jar zu Jerusalem. 11. jar König in
[12]Vnd thet das dem HERRN seinem Gott vbel ge- Juda.
fiel / Vnd demütiget sich nicht fur dem Propheten
Jeremia / der da redet aus dem munde des
HERRN. [13]Da zu ward er abtrünnig von Nebu-
cadNezar dem könige zu Babel / der einen Eid bey
Gott von jm genomen hatte / vnd ward halsstarrig /
vnd verstockt sein hertz / das er sich nicht bekeret
zu dem HERRN dem Gott Jsrael.

AVch alle Obersten vnter den Priestern sampt
dem volck machten des sündigen viel nach
allerley Grewel der Heiden / vnd verunreinigeten
das Haus des HERRN / das er geheiliget hatte zu
Jerusalem. 15Vnd der HERR jrer veter Gott /
sandte zu jnen durch seine Boten früe / Denn er
schonete seines Volcks vnd seiner Wonung. 16Aber
sie spotteten der boten Gottes / vnd verachteten
seine wort / vnd effeten seine Propheten / Bis der
grim des HERRN vber sein volck wuchs / das kein
heilen mehr da war. 17Denn er füret vber sie den
König der Chaldeer / vnd lies erwürgen jre Junge
manschafft mit dem schwert im Hause jres Heilig-
thums / vnd verschonete weder der Jünglinge
noch Jungfrawen / weder des Alten noch der Gros-
ueter / alle gab er sie in seine hand.

(Früe) Das ist / Er sagte jnen zeitlich zuuor das sie zeit gnug hatten allewege sich zu bessern / ehe die straffe kem.

18VND alle Gefesse im hause Gottes gros vnd klein / die Schetze im Hause des HERRN / vnd die 4. Re. 25.
schetze des Königs vnd seiner Fürsten / alles lies er
gen Babel füren. 19Vnd sie verbranten das haus
Gottes / Vnd brachen abe die mauren zu Jerusalem /
vnd alle jre Pallast branten sie mit fewr aus / das
alle jre köstliche Gerete verderbet wurden. 20Vnd
füret weg gen Babel wer vom schwert vberblieben
war / vnd wurden seine vnd seiner Söne knechte /
bis das Königreich der Persen regierte. 21Das er-
füllet würde das wort des HERRN durch den mund
Jeremia / bis das Land an seinen Sabbathen gnug
hette / Denn die gantze zeit vber der verstörung Jere. 25. 29.
war Sabbath bis das siebenzig jar vol worden.

Cores.

ABER IM ERSTEN JAR CORES DES KÖNIGES IN PERSEN / das erfüllet würde das wort des HERRN / Esra. 1.
durch den mund Jeremia geredt / erweckt der
HERR den geist Cores des königes in Persen / das
er lies ausschreien durch sein gantzes Königreich /
auch durch schrifft / vnd sagen / 23so spricht Cores
der König in Persen / Der HERR der Gott von
Himel / hat mir alle Königreich in Landen gegeben /
vnd hat mir befolhen / jm ein Haus zu bawen zu
Jerusalem in Juda / Wer nu vnter euch seines
Volcks ist / mit dem sey der HERR sein Gott / vnd
ziehe hin auff.

Ende des Andern Buchs / Der Chronica.|| || 256a

DAS BUCH ESRA.

I.

Jere. 25. 29.
2. Par. 36.

JM ERSTEN JAR CORES DES KÖNIGES IN PERSEN / Das erfüllet würde das wort des HERRN / durch den mund Jeremia geredt / erwecket der HERR den geist Cores des königes in Persen / Das er lies ausschreien durch sein gantzes Königreich / auch durch Schrifft / vnd sagen / 2so spricht Cores der König in Persen / Der HERR der Gott von Himel hat mir alle Königreich in Landen gegeben / vnd er hat mir befolhen jm ein Haus zu bawen zu Jerusalem in Juda. 3Wer nu vnter euch seins Volcks ist / mit dem sey sein Gott / vnd er ziehe hin auff gen Jerusalem in Juda / vnd bawe das Haus des HERRN des Gottes Jsrael / Er ist der Gott der zu Jerusalem ist. 4Vnd wer noch vbrig ist / an allen Orten / da er frembdling ist / dem helffen die Leute seins orts mit silber vnd gold / gut vnd vieh / aus freiem willen zum hause Gottes zu Jerusalem.

CORES nach ausgang der 70. jaren lesst das Volck in Judeam ziehen / den Tempel vnd die Stad Jerusalem wider zu bawen.

DA machten sich auff die öbersten Veter aus Juda vnd BenJamin / vnd die Priester vnd Leuiten / alle der geist Gott erwecket / hin auff zu ziehen vnd zu bawen das Haus des HERRN zu Jerusalem. 6Vnd alle die vmb sie her waren / sterckten jre hand mit silbern vnd gülden Gerete / mit gut vnd vieh / vnd kleinot / On was sie freiwillig gaben.

VND der könig Cores thet er aus die gefesse des Hauses des HERRN die NebucadNezar aus Jerusalem genomen / vnd in seines Gottes haus gethan hatte. 8Aber Cores der könig in Persen thet sie er aus durch Mithredath den Schatzmeister / vnd

Jnf. 5.

zelet sie dar Sesbazar dem fürsten Juda. 9Vnd dis ist jre zal / Dreissig güldene Becken / vnd tausent silbern Becken / neun vnd zwenzig Messer / 10dreissig güldene Becher / vnd der andern silbern Becher / vier hundert vnd zehen / vnd ander Gefesse tausent. 11Das aller Gefesse beide gülden vnd silbern / waren fünff tausent vnd vier hundert / Alle bracht sie Sesbazar er auff mit denen die aus dem Gefengnis von Babel erauff zogen gen Jerusalem.

SESBAZAR.

II.

DJS SIND DIE KINDER AUS DEN LANDEN / DIE ER auff zogen aus dem Gefengnis / die NebucadNezar der könig zu Babel hatte gen Babel gefürt /

Summa der so nach den 70. jaren aus dem Gefengnis zu Babel erauff gezogen sind etc.

Summa der / so nach den 70. jaren aus dem Gefengnis zu Babel er auff gezogen sind etc.

vnd wider gen Jerusalem vnd in Juda kamen / ein
jglicher in seine Stad. [2]Vnd kamen mit Serubabel /
Jesua / Nehemja / Seraja / Reelja / Mardochai /
Bilsan / Mispar / Bigeuai / Rehum vnd Baena.

DJs ist nu die zal der Menner des volcks Jsrael.
[3]Der kinder Parees / zwey tausent / hundert
vnd zwey vnd siebenzig. [4]Der kinder Sephatja /
drey hundert vnd zwey vnd siebenzig. [5]Der kinder
Arah / sieben hundert vnd fünff vnd siebenzig.
[6]Der kinder PahathMoab vnter der kindern Jesua /
Joab / zwey tausent / acht hundert vnd zwelffe.
[7]Der kinder Elam / tausent zwey hundert vnd vier
vnd funffzig. [8]Der kinder Sathu / neun hundert vnd
fünff vnd vierzig. [9]Der kinder Sacai / sieben hun-
dert vnd sechzig. [10]Die kinder Bani / sechs hun-
dert vnd zwey vnd vierzig. [11]Der kinder Bebai /
sechs hundert vnd drey vnd zwenzig. [12]Der kinder
Asgad / tausent zwey hundert vnd zwey vnd zwen-
zig. [13]Der kinder Adonikam / sechs hundert vnd
sechs vnd sechzig. [14]Der kinder Bigeuai / zwey
tausent vnd sechs vnd funffzig. [15]Der kinder Adin /
vier hundert vnd || vier vnd funffzig. [16]Der kinder || 256b
Ater von Hiskia / acht vnd neuntzig. [17]Der kinder
Bezai / drey hundert vnd drey vnd zwenzig. [18]Der
kinder Jorah / hundert vnd zwelffe. [19]Der kinder
Hasum / zwey hundert vnd drey vnd zwenzig.
[20]Der kinder Gibbar / fünff vnd neunzig.

[21]DER kinder Bethlehem / hundert vnd drey
vnd zwenzig. [22]Der menner Nethopha / sechs vnd
funffzig. [23]Der menner von Anathoth / hundert
vnd acht vnd zwenzig. [24]Der kinder Asmaueth /
zwey vnd vierzig. [25]Der kinder von KiriathArim /
Caphira vnd Beeroth / sieben hundert vnd drey vnd
vierzig. [26]Der kinder von Rama vnd Gaba / sechs
hundert vnd ein vnd zwenzig. [27]Der menner von
Michmas / hundert vnd zwey vnd zwenzig. [28]Der
menner von BethEl vnd Ai / zwey hundert vnd
drey zwenzig. [29]Der kinder Nebo / zwey vnd
funffzig. [30]Der menner von Magbis / hundert
vnd sechs vnd funffzig. [31]Der kinder des andern
Elam / tausent zwey hundert vnd vier vnd funffzig.
[32]Der kinder Harim / drey hundert vnd zwenzig.
[33]Der kinder LodHadid vnd Ono / sieben hun-
dert vnd fünff vnd zwenzig. [34]Der kinder Jere-
ho / drey hundert vnd fünff vnd vierzig. [35]Der
kinder Senaa / drey tausent / sechs hundert vnd
dreissig.

der / so nach den 70. jaren aus dem Gefengnis zu Babel erauff gezogen sind etc.

DEr Priester. Der kinder Jedaia vom hause Jesua / neun hundert vnd drey vnd siebenzig.
37Der kinder Jmmer / tausent vnd zwey vnd funffzig. 38Der kinder Pashur / tausent zwey hundert
vnd sieben vnd vierzig. 39Der kinder Harim /
tausent vnd siebenzehen. 40Der Leuiten. Der kinder Jesua vnd Kadmiel von den kindern Hodauja /
vier vnd siebenzig. 41Der Senger. Der kinder
Assaph / hundert vnd acht vnd zwenzig. 42Der
kinder der Thorhüter / die kinder Sallum / die kinder Ater / die kinder Talmon / die kinder Akub / die kinder Hatita / vnd die kinder Sobai / aller sampt hundert vnd neun vnd dreissig.

43DEr Nethinim. Die kinder Ziha / die kinder
Hasupha / die kinder Tabaoth / 44die kinder Keros /
die kinder Siehha / die kinder Padon / 45die kinder
Lebana / 46die kinder Hagaba / die kinder Akub /
die kinder Hagab / die kinder Samlai / die kinder
Hanan / 47die kinder Giddel / die kinder Gahar /
die kinder Reaia / 48die kinder Rezin / die kinder
Nekoda / die kinder Gasam / 49die kinder Vsa / die
kinder Passeah / die kinder Bessai / 50die kinder
Asna / die kinder Meunim / die kinder Nephussim /
51die kinder Bakbuk / die kinder Hakupha / die
kinder Harhur / 52die kinder Bazeluth / die kinder
Mehira / die kinder Harsa / 53die kinder Barkom /
die kinder Sissera / die kinder Thamah / 54die kinder Neziah / die kinder Hatipha.

55DJE kinder der knechte Salomo. Die kinder Sotai / die kinder Sophereth / die kinder Pruda /
56die kinder Jaela / die kinder Darkon / die kinder
Giddel / 57die kinder Sephatja / die kinder Hattil /
die kinder Pochereth von Zebaim / die kinder Ami.
58Aller Nethinim / vnd kinder der knechte Salomo waren zu samen drey hundert vnd zwey vnd neunzig.

VND diese zogen auch mit er auff / Mithel / Melah / Thel / Harsa / Cherub / Addon vnd Jmmer / Aber sie kundten nicht anzeigen jrer Veter haus noch jren Samen / ob sie aus Jsrael weren.
60Die kinder Delaia / die kinder Tobia / die kinder
Nekoda / sechs hundert vnd zwey vnd funffzig.
61Vnd von den kindern der Priester / die kinder
Habaja / die kinder Hakoz / die kinder Barsillai / der aus den töchtern Barsillai des Gileaditers ein weib nam / vnd ward vnter derselben namen genennet. 62Die selben suchten jre geburt Register /

vnd funden keine / darumb wurden sie vom Prie-
sterthum los. [63]Vnd Hathirsatha sprach zu jnen /
Sie solten nicht essen vom Allerheiligsten / bis ein
Priester stünde mit dem Liecht vnd Recht. Exod. 28.
DER gantzen Gemeine / wie ein man / war zwey
vnd vierzig tausent / drey hundert vnd sechzig.
[65]Ausgenomen jre Knechte vnd Megde / der waren
sieben tausent / drey hundert vnd sieben vnd dreis-
sig / Vnd hatten zwey hundert Senger vnd Senge-
rin / [66]Sieben hundert vnd sechs vnd dreissig Ros /
zwey hun||dert vnd fünff vnd vierzig Meuler / || 257a
[67]vier hundert vnd fünff vnd dreissig Kamelen /
vnd sechs tausent / sieben hundert vnd zwenzig
Esel.
[68]VND etliche der öbersten Veter / da sie kamen
zum Hause des HERRN zu Jerusalem / wurden
sie freiwillig zum hause Gottes / das mans setzte auff
seine Stet / [69]vnd gaben nach jrem vermügen zum
Schatz ans werck / ein vnd sechzig tausent Gülden /
vnd fünff tausent pfund Silbers / vnd hundert Prie-
sterröcke. [70]Also setzten sich die Priester vnd die
Leuiten / vnd etliche des Volcks / vnd die Senger
vnd die Thorhüter vnd die Nethinim in jre Stedte /
vnd alles Jsrael in seine Stedte.

III.

JESUA VND Serubabel bawen den Altar etc.

VND DA MAN ERLANGET HATTE DEN SIEBENDEN
monden / vnd die kinder Jsrael nu in jren Sted-
ten waren / kam das volck zusamen wie ein Man
gen Jerusalem. [2]Vnd es macht sich auff Jesua / der
son Jozadak / vnd seine brüder die Priester / vnd
Serubabel der son Sealthiel / vnd seine Brüder / Math. 1.
vnd baweten den Altar des Gottes Jsrael / Brand-
opffer drauff zu opffern / wie es geschrieben stehet
im gesetze Mose des mans Gottes. [3]Vnd richten zu
den Altar auff sein gestüle (Denn es war ein schre-
cken vnter jnen von den Völckern in Lendern)
vnd opfferten dem HERRN Brandopffer drauff /
des morgens vnd des abends.

LAUBHÜTTEN Fest gehalten etc.

[4]VND hielten der Laubhütten Fest / wie ge- Leui. 23.
schrieben stehet / vnd theten Brandopffer alle tage
nach der zal wie sichs gebürt / einen jglichen tag
sein Opffer. [5]Darnach auch die teglichen Brand-
opffer / vnd der Newmonden / vnd aller Festtagen
des HERRN die geheiliget waren / vnd allerley
freiwillige Opffer / die sie dem HERRN freiwillig
theten. [6]Am ersten tage des siebenden monden /

fiengen sie an dem HERRN Brandopffer zuthun /
Aber der grund des Tempels des HERRN war noch
nicht gelegt. 7Sie gaben aber geld den Steinmetzen
vnd Zimmerleuten / vnd speis vnd tranck vnd öle
denen zu Zidon vnd zu Tyro / das sie Cedern holtz
vom Libanon auffs Meer gen Japho brechten /
nach dem befelh Cores des königs in Persen an sie.
JM andern jar jrer zukunfft zum hause Gottes gen
Jerusalem des andern monden / fiengen an Seru-
babel / der son Sealthiel / vnd Jesua der son Joza-
dak / vnd die vbrigen jrer brüder / Priester vnd
Leuiten / vnd alle die vom Gefengnis komen waren
gen Jerusalem / vnd stelleten die Leuiten von
zwenzig jaren vnd drüber / zu treiben das werck
am Hause des HERRN. 9Vnd Jesua stund mit
seinen sönen vnd brüdern / vnd Kadmiel mit sei-
nen sönen / vnd die kinder Juda / wie ein Man / zu
treiben die Erbeiter am hause Gottes / nemlich /
die kinder Henadad mit jren kindern vnd jren
brüdern die Leuiten.

10VND da die Bawleute den Grund legten am
Tempel des HERRN / stunden die Priester ange-
zogen / mit Drometen / vnd die Leuiten die kinder
Assaph mit Cymbeln zu loben den HERRN mit
dem geticht Dauid des Königes Jsrael. 11Vnd sun-
gen vmb einander mit loben vnd dancken dem
HERRN / Das er gütig ist / vnd seine Barmhertzig-
keit ewiglich weret vber Jsrael. Vnd alles volck
dönet laut mit loben den HERRN / das der grund
am Hause des HERRN gelegt war. 12Aber viel der
alten Priester vnd Leuiten vnd öbersten Veter / die
das vorige Haus gesehen hatten / vnd dis Haus fur
jren augen gegründet ward / weineten sie laut / Viel
aber döneten mit freuden / das das geschrey hoch
erschal / 13Das das Volck nicht erkennen kund das
dönen mit freuden / fur dem geschrey des weinens
im volck / Denn das volck dönete laut / das man
das geschrey ferne hörete.

GRUND DES Tempels gelegt.

IIII.

|| 257b

DA ABER DIE WIDERSACHER JUDA VND BEN-
Jamin höreten / das die kinder des Gefengnis
dem HERRN dem Gott Jsrael den Tempel bawe-
ten / 2kamen sie zu Serubabel vnd zu den öbersten
Vetern / vnd sprachen zu jnen / Wir wollen mit
euch bawen / Denn wir suchen ewern Gott / gleich
wie jr / vnd wir haben nicht geopffert sint der zeit

Baw des Tempels vnd der stad Jerusalem verhindert etc.

AssarHaddon der könig zu Assur / vns hat er auff-
gebracht. [3]Aber Serubabel vnd Jesua vnd die
anderen öbersten Veter vnter Jsrael antworten 4. Reg. 19.
jnen / Es zimet sich nicht vns vnd euch das Haus
vnsers Gottes zu bawen / Sondern wir wollen alleine
bawen dem HERRN dem Gott Jsrael / wie vns
Cores der könig in Persen geboten hat.

BAW DES Tempels verhindert.

[4]DA hinderte das Volck im Lande die hand des
volcks Juda / vnd schreckten sie ab im bawen.
[5]Vnd dingeten Ratgeber wider sie / vnd verhinder-
ten jren Rat / so lange Cores der könig in Persen
lebet / bis an das Königreich Darij des königs in (DARIUS.)
Persen. [6]Denn da Ahasueros könig ward / im an- (AHASUEROS.)
fang seines Königreichs / schrieben sie eine an-
klage wider die von Juda vnd Jerusalem.

ARTHAHSASTHA.

VND zun zeiten Arthahsastha schreib Bislam /
Mithredath / Tabeel / vnd die andern jres Rats /
zu Arthahsastha dem könige in Persen / Die
schrifft aber des Brieues war auff Syrisch geschrie-
ben / vnd ward auff Syrisch ausgelegt. [8]Rehum
der Cantzler / vnd Simsai der Schreiber schrieben
diesen Brieue wider Jerusalem zum Arthahsastha
dem Könige. [9]Wir Rehum der Cantzler / vnd
Simsai der Schreiber / vnd andere des Rats von
Dina / von Apharsach / von Tarplat / von Persen /
von Arach / von Babel / von Susan / von Deha / vnd
von Elam / [10]vnd die ander Völcker / welche der
grosse vnd berhümbte Asnaphar herüber bracht /
vnd sie gesetzt hat in die stedte Samaria / vnd andere
disseid des wassers vnd in Canaan. [11]Vnd dis ist
der inhalt des Brieues / den sie zu dem könige
Arthahsastha sandten.

BRIEUE REHUM etc. / an Arthahsastha / wider die Jüden.

DEine Knechte die Menner disseid des wassers
und in Canaan. [12]Es sey kund dem Könige /
Das die Jüden / die von dir zu vns erauff komen
sind gen Jerusalem / in die auffrhürige vnd böse
Stad / bawen dieselbige / vnd machen ire mauren /
vnd füren sie aus dem grunde. [13]So sey nu dem
Könige kund / Wo diese stad gebawet wird vnd
die mauren wider gemacht / So werden sie schos /
zol / vnd jerliche zinse nicht geben / vnd jr furne-
men wird den Königen schaden bringen. [14]Nu
wir aber alle da bey sind / die wir den Tempel zu-
störet haben / haben wir die schmach des Königes
nicht lenger wollen sehen. Darumb schicken wir
hin / vnd lassens dem Könige zu wissen thun /
[15]Das man lasse suchen in den Chroniken deiner

Baw des Tempels vnd der stad Jerusalem verhindert etc.

Veter / So wirstu finden in den selben Chroniken
vnd erfaren / Das diese Stad auffrhürisch vnd
schedlich ist den Königen vnd Landen / vnd ma-
chen das andere auch abfallen / von alters her /
darumb die Stad auch zustöret ist. 16Darumb thun
wir dem Könige zu wissen / das / wo diese Stad
gebawet wird / vnd jre mauren gemacht / So
wirstu fur jr nichts behalten disseid des wassers.

DA sandte der König eine antwort zu Rehum
dem Cantzler / vnd Simsai dem Schreiber / vnd
den andern jres Rats / die in Samaria woneten / vnd
den andern jenseid dem wasser / Fried vnd grus.
18Der brieff den jr vns zugeschickt habt / ist öffent-
lich fur mir gelesen. 19Vnd ist von mir befolhen /
das man suchen solt / vnd man hat funden / Das
diese Stad von alters her wider die Könige sich
empöret hat / vnd auffrhur vnd abfall drinnen ge-
schicht. 20Auch sind mechtige Könige zu Jeru-
salem gewesen / die geherrschet haben vber alles
das jenseid des wassers ist / jnen zol / schos / vnd
jerliche zinse gegeben worden. 21So thut nu nach
diesem befelh / Wehret den selben Mennern / das
die Stad nicht gebawet werde / bis das von mir der
befelh gegeben werde. 22So sehet nu zu / das jr
nicht hinlessig hierinnen seid / damit nicht schade
|| 258a entstehe dem Könige. ||

DA nu der brieff des königes Arthahsastha ge-
lesen ward fur Rehum vnd Simsai dem Schrei-
ber vnd jrem Rat / zogen sie eilend hin auff gen
Jerusalem zu den Jüden / vnd wehreten jnen mit
dem arm vnd gewalt. 24Da höret auff das Werck
am hause Gottes zu Jerusalem / vnd bleib nach /
bis ins ander jar Darij / des königs in Persen.

V.

ES WEISSAGTEN ABER DIE PROPHETEN HAGGAI
vnd Sacharja der son Jddo / zu den Jüden die in
Juda vnd Jerusalem waren / im namen des Gottes
Jsrael. 2Da machten sich auff Serubabel der son
Sealthiel / vnd Jesua der son Jozadak / vnd fiengen
an zu bawen das haus Gottes zu Jerusalem / vnd
mit jnen die Propheten Gottes die sie sterckten.

HAGGAI VND Sacharja ermanen den Tempel zu bawen etc.

ZV der zeit kam zu jnen Thathnai der Land-
pfleger disseid des wassers / vnd StharBosnai /
vnd jr Rat / vnd sprachen also zu jnen / Wer hat
euch befolhen dis Haus zu bawen / vnd seine mau-

vnd Sacharja ermanen den Tempel zu bawen.

ren zu machen? 4Da sagten wir jnen wie die Men-
ner hiessen / die diesen Baw theten. 5Aber das
auge jres Gottes kam auff die eltesten der Jüden /
das jnen nicht gewehret ward / bis das man die
DARIUS. sach an Darium gelangen liesse / vnd darüber eine
Schrifft widerkeme.

BRIEUE Thathnai etc. / an Darium etc.

DJs ist aber der inhalt des Brieues Thathnai des
Landpflegers disseid des wassers / vnd Sthar-
Bosnai / vnd jr Rat von Apharsach / die disseid des
wassers waren / an den könig Darium / 7vnd die
wort die sie zu jm sandten / lauten also. Dem könige
Dario / allen frieden. 8Es sey kund dem Könige /
das wir ins Jüdischeland komen sind / zu dem Hause
des grossen Gottes / welchs man bawet mit allerley
Steinen / vnd Balcken legt man in die wende / vnd
das Werck gehet frissch von statten vnter jrer
hand. 9Wir aber haben die Eltesten gefragt vnd
zu jnen gesagt also / Wer hat euch befolhen dis
Haus zu bawen / vnd seine mauren zu machen?
10Auch fragten wir / wie sie hiessen / auff das wir
sie dir kund theten. Vnd haben die namen beschrie-
ben der Menner die jre Obersten waren.

11SJE aber gaben vns solche wort zu antwort /
vnd sprachen / Wir sind knechte des Gottes Hi-
mels vnd der Erden / vnd bawen das Haus / das
vor hin vor vielen jaren gebawet war / das ein
grosser könig Jsrael gebawet hat vnd auffgericht.
12Aber da vnsere Veter den Gott von Himel er-
zürneten / gab er sie in die hand NebucadNezar /
des königes zu Babel des Chaldeers / der zubrach
dis Haus / vnd füret das Volck weg gen Babel.

13ABer im ersten jar Cores des königes zu Babel / Sup. 1.
befalh der selbe könig Cores / dis haus Gottes zu
bawen. 14Denn auch die gülden vnd silbern Ge-
fesse im hause Gottes / die NebucadNezar aus dem
Tempel zu Jerusalem nam / vnd bracht sie in den
Tempel zu Babel / nam der könig Cores aus dem
Tempel zu Babel / vnd gab sie Sesbazar mit namen /
den er zum Landpfleger setzt / 15vnd sprach zu jm /
Diese gefesse nim / zeuch hin vnd bringe sie in
den Tempel zu Jerusalem / vnd las das haus Gottes
bawen an seiner stet. 16Da kam derselbe Sesbazar /
vnd leget den grund am hause Gottes zu Jerusa-
lem / Sint der zeit bawet man / vnd ist noch nicht
volendet.

17GEfellet es nu dem Könige / so lasse er suchen
in dem Schatzhause des Königes / das zu Babel ist /

Obs von dem könige Cores befolhen sey / das
haus Gottes zu Jerusalem zu bawen / Vnd sende
zu vns des Königes meinung vber diesem.

VI.

|| 258b DA BEFALH DER KÖNIG DARIUS / DAS MAN SUCHEN
solt in der Cantzeley im Schatzhause des Kö-
niges / die zu Babel lag. [2]Da fand man zu Ahmetha
im Schlos das in Meden ligt ein Buch / vnd stund
also drinnen eine Geschicht geschrieben. [3]Jm
ersten jar des königes Cores / befalh der könig
Cores / das haus Gottes zu Jerusalem zu bawen / an
der Stet da man opffert / vnd den Grund legen zur
höhe sechzig ellen vnd zur weite auch sechzig
ellen. [4]Vnd drey wende von allerley steinen / vnd
eine wand von holtz / Vnd die kost sol vom hause
Sup. 1. 5. des Königes gegeben werden. [5]Da zu die gülden
vnd silberne Gefesse des hauses Gottes / die Ne-
bucadNezar aus dem Tempel zu Jerusalem geno-
men / vnd gen Babel gebracht hatte / sol man wider
geben / das sie wider gebracht werden in den Tem-
pel zu Jerusalem an jre stat im hause Gottes.

SO macht euch nu ferne von jnen / du Thathnai BEFELH DARIJ vom Tempel zu bawen.
Landpfleger jenseid des wassers / vnd Sthar-
Bosnai / vnd jrer Rat von Apharsach / die jr jen-
seid des wassers seid. [7]Lasst sie erbeiten am hause
Gottes / das der Jüden Landpfleger vnd jre Elte-
sten das haus Gottes bawen an seiner Stet. [8]Auch
ist von mir befolhen / was man den eltesten Juda
thun sol zu bawen das haus Gottes / nemlich / Das
man aus des Königes gütern von den Renten jen-
seid des wassers mit vleis neme / vnd gebs den
Leuiten vnd das man jnen nicht were.

[9]VND ob sie dürfften Kelber / Lemmer oder
Böcke zum Brandopffer dem Gott von Himel /
weitzen / saltz / wein vnd öle / nach der weise der
Priester zu Jerusalem / Sol man jnen geben teglich
sein gebür / Vnd das solchs nicht hinlessig ge-
schehe / [10]Das sie opffern zum süssen geruch dem
Gott von Himel / vnd bitten fur des Königes leben
vnd seiner Kinder. [11]Von mir ist solcher befelh
geschehen / Vnd welcher Mensch diese wort ver-
endert / von des Hause sol man einen balcken
nemen / vnd auffrichten / vnd jn dran hengen / vnd
sein haus sol dem Gericht verfallen sein / vmb der
that willen. [12]Der Gott aber der im Himel wonet /
bringe vmb alle Könige vnd Volck / das seine

Darij vom Tempel zu bawen.

hand ausrecket zu endern vnd zu brechen das haus
Gottes in Jerusalem. Jch Darius habe dis befolhen /
das es mit vleis gethan werde.

TEMPEL volnbracht.

DAS theten mit vleis Thathnai der Landpfleger
jenseid dem wasser / vnd StharBosnai mit
jrem Rat / zu welchen der könig Darius gesand
hatte. [14]Vnd die eltesten der Jüden baweten / vnd
es gieng von statten durch die weissagung der
Propheten Haggai vnd Sacharja / des sons Jddo /
vnd baweten vnd richten auff nach dem befelh des
Gottes Jsrael / vnd nach dem befelh Cores / Darij
vnd Arthahsastha der königen in Persen. [15]Vnd
volbrachten das Haus / bis an dritten tag des mon-
den Adar / das war das sechste jar des Königreichs
des königes Darij.

EINWEIHUNG des Tempels.

VND die kinder Jsrael / die Priester / die Leuiten /
vnd die andern kinder der Gefengnis hielten
Einweihung des hauses Gottes mit freuden. [17]Vnd
opfferten auff die Einweihung des hauses Gottes /
hundert Kelber / zwey hundert Lemmer / vier
hundert Böcke / vnd zum Sundopffer fur gantzes
Jsrael zwelff Zigenböcke / nach der zal der stemme
Jsrael. [18]Vnd stelleten die Priester in jre Ordnung /
vnd die Leuiten in jre Hut / zu dienen Gott der in
Jsrael ist / wie es geschrieben stehet im buch
Mose.

PASSAH gehalten.

VND die kinder des Gefengnis hielten Passah
im vierzehenden tage des ersten monden.
[20]Denn die Priester vnd Leuiten hatten sich ge-
reiniget / das sie alle rein waren / wie ein Man / vnd
schlachteten das Passah fur alle Kinder des Ge-
fengnis / vnd fur jre brüder die Priester vnd fur
sich. [21]Vnd die kinder Jsrael / die aus dem Ge-
fengnis waren wider komen / vnd alle die sich zu
jnen abgesondert hatten von der vnreinigkeit der
Heiden im Lande / zu suchen den HERRN den
Gott Jsrael / assen [22]vnd hielten das Fest der vn-
geseurten brot /‖ sieben tage mit freuden. Denn ‖ 259a
der HERR hatte sie frölich gemacht / vnd das hertz
des königs zu Assur zu jnen gewand / das sie ge-
stercket würden im Werck am hause Gottes / der
Gott Jsrael ist.

VII.

ESRA ZIEHET er auff von Babel in Judeam.

NACH DIESEN GESCHICHTEN IM KÖNIGREICH
Arthahsastha des königes in Persen / zoch er
auff von Babel Esra der son Seraja / des sons

Asarja / des sons Hilkia / [2]des sons Sallum / des
sons Zadok / des sons Ahitob / [3]des sons Amarja /
des sons Asarja / des sons Meraioth / [4]des sons
Serah / des sons Vsi / des sons Buki / [5]des sons
Abisua / des sons Pinehas / des sons Eleasar / des
sons Aaron des öbersten Priesters / [6]welcher war
ein geschickter Schrifftgelerter im gesetz Mose /
das der HERR der Gott Jsrael gegeben hatte /
Vnd der König gab jm alles was er foddert / nach
der Hand des HERRN seines Gottes vber jm.

[7]VND es zogen er auff etliche der kinder Jsrael /
vnd der Priester vnd der Leuiten / der Senger / der
Thorhüter / vnd der Nethinim gen Jerusalem / im
siebenden jar Arthahsastha des königes. [8]Vnd sie
kamen gen Jerusalem im fünfften monden / das ist
das siebende jar des Königes [9](Denn am ersten
tage des ersten monden ward er rats er auff zu
ziehen von Babel) vnd am ersten tage des fünfften
monden kam er gen Jerusalem / nach der guten
hand Gottes vber jm. [10]Denn Esra schickt sein
hertz zu suchen das Gesetz des HERRN vnd zu
thun / vnd zu leren in Jsrael Gebot vnd Rechte.

VND dis ist der inhalt des Brieues / den der kö-
nig Arthahsastha gab Esra dem Priester dem
Schrifftgelerten / der ein Lerer war in den worten
des HERRN vnd seiner Gebot vber Jsrael. [12]Ar-
thahsastha König aller könige. Esra dem Priester
vnd Schrifftgelerten im gesetz des Gottes von
Himel. Fried vnd Grus. [13]Von mir ist befolhen /
das alle die da freiwillig sind in meinem Reich /
des volcks Jsrael / vnd der Priester vnd Leuiten /
gen Jerusalem zu ziehen / das die mit dir ziehen /
[14]Vom Könige vnd den sieben Ratherrn gesand /
zu besuchen Juda vnd Jerusalem / nach dem ge-
setz Gottes / das vnter deiner hand ist. [15]Vnd mit
nemest silber vnd gold / das der König vnd seine
Ratherrn freiwillig geben dem Gott Jsrael / des
Wonunge zu Jerusalem ist. [16]Vnd allerley silber
vnd gold / das du finden kanst in der gantzen Land-
schafft zu Babel / mit dem / das das volck vnd die
Priester freiwillig geben zum hause Gottes zu Je-
rusalem.

JNHALT DES Brieues / den Arthahsastha Esra gabe etc.

[17]ALle dasselb nim vnd keuff mit vleis von dem-
selben gelde / Kelber / Lemmer / Böcke / vnd
Speisopffer vnd Tranckopffer / das man opffer
auff dem Altar beim hause ewrs Gottes zu Jerusa-
lem. [18]Dazu was dir vnd deinen Brüdern mit dem

vbrigen Gelde zu thun gefelt / das thut nach dem
willen ewrs Gottes. 19Vnd die Gefesse die dir ge-
geben sind zum Ampt im Hause deines Gottes /
vberantworte fur Gott zu Jerusalem. 20Auch was
mehr not sein wird zum Hause deines Gottes / das
dir furfelt aus zugeben / das las geben aus der
kamer des Königes. 21Jch könig Arthahsastha habe
dis befolhen den Schatzmeistern jenseid des was-
sers / das / was Esra von euch foddern wird der
Priester vnd Schrifftgelerter im gesetz Gottes vom
Himel / das jr das vleissig thut. 22Bis auff hundert
Centner silbers / vnd auff hundert Cor weitzen / vnd
auff hundert Bath weins / vnd auff hundert Bath
öles / vnd saltzes on mas. 23Alles was gehöret zum
gesetz Gottes vom Himel / das man dasselb vleissig
thu zum hause Gottes vom Himel / Das nicht ein
zorn kome vber des Königes königreich vnd seine
kinder.

24VND euch sey kund / Das jr nicht macht habt /
Zins / Zol / vnd jerliche Rente zu legen auff jrgent
einen Priester / Leuiten / Senger / Thorhüter /
Nethinim vnd Diener im hause dieses Gottes. 25Du
aber Esra nach der weisheit deines || Gottes / die || 259b
vnter deiner hand ist / setze Richter vnd Pfleger /
die alles volck richten das jenseid des wassers ist /
alle die das Gesetz deines Gottes wissen / vnd
welche es nicht wissen / die leret es. 26Vnd alle
die nicht mit vleis thun werden das gesetz deines
Gottes / vnd das gesetz des Königs / Der sol sein
vrteil vmb der that willen haben / es sey zum Tod
oder in die Acht / oder zur Busse am gut / oder
ins Gefengnis.

GElobet sey der HERR vnser veter Gott / der
solchs hat dem Könige ein gegeben / das er
das haus Gottes zu Jerusalem zieret. 28Vnd hat zu
mir barmhertzigkeit geneiget fur dem Könige
vnd seinen Ratherrn / vnd allen Gewaltigen des
Königes / Vnd ich ward getrost nach der hand des
HERRN meines Gottes vber mir / vnd versamlet
die Heubter aus Jsrael / das sie mit mir hin auff
zögen.

VIII.

DJS SIND DIE HEUBTER JRER VETER DIE GERECH-
net wurden / die mit mir er auff zogen von Ba-
bel / zun zeiten / da der könig Arthahsastha re-
gierte. 2Von den kindern Pinehas / Gersom. Von

den kindern Jthamar / Daniel. Von den kindern
Dauid / Hattus. 3Von den kindern Sechanja der
kinder Pareos / Sacharja / vnd mit jm Mansbilde
gerechnet hundert vnd funffzig. 4Von den kin-
dern PahathMoab / Elioenai der son Serahja / vnd
mit jm zwey hundert Mansbilde. 5Von den kin-
dern Sechanja der son Jehasiel / vnd mit jm
drey hundert Mansbilde. 6Von den kindern Adin /
Ebed / der son Jonathan / vnd mit jm funffzig
Mansbilde.

7VON den kindern Elam / Jesaja der son Athalja /
vnd mit jm siebenzig Mansbilde. 8Von den kin-
dern Sephatja / Sebadja der son Michael / vnd mit
jm achzig Mansbilde. 9Von den kindern Joab /
Obadja der son Jehiel / vnd mit jm zwey hundert
vnd achzehen Mansbilde. 10Von den kindern Selo-
mith / der son Josiphja / vnd mit jm hundert vnd
sechzig Mansbilde. 11Von den kindern Bebai /
Sacharja der son Bebai / vnd mit jm acht vnd zwen-
zig Mansbilde. 12Von den kindern Asgad / Joha-
nan der jüngst son / vnd mit jm hundert vnd zehen
Mansbilde. 13Von den letzten kindern Adonikam /
vnd hiessen also / Eliphelet / Jehiel vnd Semaja /
vnd mit jnen sechzig Mansbilde. 14Von den kin-
dern Bigeuai / Vthai vnd Sabud / vnd mit jm sieben-
zig Mansbilde.

VND ich versamlet sie ans wasser das gen Aheua
kompt / vnd blieben drey tage daselbs / Vnd
da ich acht hatte auffs volck vnd die Priester / fand
ich keine Leuiten daselbs. 16Da sandte ich hin
Elieser / Ariel / Semaja / Elnathan / Jarib / Elna-
than / Nathan / Sacharja / vnd Mesullam die Ober-
sten / vnd Joiarib vnd Elnathan die Lerer. 17Vnd
sand sie aus zu Jddo dem Obersten / gen Casphia /
das sie vns holeten Diener im Hause vnsers Got-
tes / Vnd ich gab jnen ein / was sie reden solten mit
Jddo vnd seinen brüdern den Nethinim zu Cas-
phia. 18Vnd sie brachten vns / nach der guten
hand vnsers Gottes vber vns / einen klugen Man
aus den kindern Maheli / des sons Leui / des sons
Jsrael / Serebja mit seinen sönen vnd brüdern /
achzehen. 19Vnd Hasabja / vnd mit jm Jesaja
von den kindern Merari / mit seinen brüdern vnd
jren sönen / zwenzig. 20Vnd von den Nethinim /
die Dauid vnd die Fürsten gaben zu dienen den
Leuiten / zwey hundert vnd zwenzig / alle mit
namen genennet.

VND ich lies daselbs am wasser bey Aheua eine
Fasten ausruffen / das wir vns demütigeten fur
vnserm Gott / zu suchen von jm einen richtigen
weg fur vns vnd vnser Kinder vnd alle vnser Habe.
22Denn ich schemete mich vom könige Geleit vnd
Reuter zu foddern / vnd wider die Feinde zu helffen
auff dem wege / Denn wir hatten dem Könige ge-
sagt / Die hand vnsers Gottes ist zum besten vber
allen / die jn suchen / Vnd seine sterck vnd zorn
vber alle die jn || verlassen. 23Also fasteten wir / vnd || 260a
suchten solchs an vnserm Gott / Vnd er höret vns.

24VND ich sonderte zwelff aus den öbersten
Priestern / Serebja vnd Hasabja / vnd mit jnen
jrer Brüder zehen / 25vnd wug jnen dar das silber
vnd gold / vnd gefesse zur Hebe dem hause vnsers
Gottes / welche der König vnd seine Ratherrn vnd
Fürsten vnd gantz Jsrael das fur handen war / zur
Hebe gegeben hatten. 26Vnd wug jnen dar vnter
jre hand sechs hundert vnd funffzig Centner sil-
bers / vnd an silbern gefesse hundert Centner / vnd
an golde hundert Centner / 27zwenzig gülden
becher / die hatten tausent gülden / vnd zwey gute
eherne köstliche gefesse / lauter wie gold. 28Vnd
sprach zu jnen / Jr seid heilig dem HERRN / so
sind die Gefesse auch heilig / dazu das frey gegeben
silber vnd gold dem HERRN ewr veter Gott.
29So wachet vnd bewaret es / bis das jrs dar weget
fur den öbersten Priestern vnd Leuiten vnd öber-
sten Vetern vnter Jsrael zu Jerusalem / in den
Kasten des Hauses des HERRN. 30Da namen die
Priester vnd Leuiten das gewogen silber vnd gold
vnd gefesse / das sie es brechten gen Jerusalem
zum Hause vnsers Gottes.

ALso brachen wir auff von dem wasser Aheua
am zwelfften tage des ersten monden / das wir
gen Jerusalem zögen / Vnd die Hand vnsers Got-
tes war vber vns / vnd errettet vns von der hand
der Feinde vnd die auff vns hielten auff dem wege.
32Vnd kamen gen Jerusalem / vnd blieben daselbs
drey tage. 33Aber am vierden tage ward gewogen
das silber vnd gold vnd gefesse / ins Haus vnsers
Gottes / vnter die hand Meremoth / des sons Vria
des Priesters / vnd mit jm Eleasar dem son Pinehas /
vnd mit jnen Josabad dem son Jesua / vnd Noadja
dem son Benui dem Leuiten / 34nach der zal vnd
gewicht eins jglichen / vnd das gewicht ward zu
der zeit alles beschrieben.

35VND die kinder des Gefengnis / die aus dem
gefengnis komen waren / opfferten Brandopffer
dem Gott Jsrael / zwelff farren / fur das gantz
Jsrael / sechs vnd neunzig wider / sieben vnd sie-
benzig lemmer / zwelff böcke zum Sündopffer / alles
zum Brandopffer dem HERRN. 36Vnd sie vber-
antworten des Königes befelh den Amptleuten des
Königes / vnd den Landpflegern disseid des was-
sers / Vnd sie erhuben das Volck vnd das haus
Gottes.

IX.

DA DAS ALLES WAR AUSGERICHT / TRATTEN ZU
mir die Obersten / vnd sprachen / Das volck
Jsrael vnd die Priester vnd Leuiten sind nicht ab-
gesondert von den Völckern in Lendern nach jren
greweln / nemlich / der Cananiter / Hethiter /
Pheresiter / Jebusiter / Ammoniter / Moabiter /
Egypter / vnd Amoriter. 2Denn sie haben der
selben Töchter genomen / vnd jren Sönen / vnd
den heiligen Samen gemein gemacht mit den völ-
ckern in Lendern / Vnd die hand der Obersten
vnd Ratherrn war die fürnemeste in dieser misse-
that.

3DA ich solchs höret / zureis ich meine Kleider
vnd meinen Rock / vnd raufft mein heubthar vnd
bart aus / vnd sas einsam. 4Vnd es versamleten
sich zu mir alle die des HERRN wort des Gottes
Jsrael furchten / vmb der grossen vergreiffung
willen / Vnd ich sas einsam bis an das Abend-
opffer. 5Vnd vmb das Abendopffer stund ich auff
von meinem elend / vnd zureis meine kleider vnd
meinen rock / vnd fiel auff meine knie / vnd breitet
meine hende aus zu dem HERRN meinem Gott /
6vnd sprach.

MEin Gott / Jch scheme mich vnd schew mich ESRA GEBET.
meine augen auffzuheben zu dir / mein Gott /
Denn vnser missethat ist vber vnser heubt ge-
wachsen vnd vnser schuld ist gros bis in den Hi-
mel. 7Von der zeit vnser Veter an sind wir in
grosser schuld gewesen bis auff diesen tag / vnd
vmb vnser missethat willen sind wir vnd vnsere
|| 260b Könige vnd Priester gegeben in die hand der Kö- ||
nige in Lendern / ins schwert / ins gefengnis / in
raub / vnd in scham des angesichts / wie es heutes
tages gehet.

8NV aber ist ein wenig vnd plötzliche Gnade
von dem HERRN vnserm Gott geschehen / das

Nagel vnd Zaun / ist geredt auff Sprichworts weise / Das alles ander Land vnd Leute vmbkomen sind vnd sie noch vbrig sind blieben / als ein Nagel vom Hause / vnd ein Zaun vom Lande.

vns noch etwas vbrig ist entrunnen / das er vns
gebe einen Nagel an seiner heiligen Stete / das
vnser Gott vnser augen erleuchtet / vnd gebe vns
ein wenig leben / da wir knechte sind. 9Denn wir
sind Knechte / vnd vnser Gott hat vns nicht verlassen / ob wir knechte sind / vnd hat barmhertzigkeit zu vns geneiget fur den Königen in Persen / das sie vns das Leben lassen / vnd erhöhen das Haus vnsers Gottes / vnd auffrichten seine verstörunge / vnd gebe vns einen Zaun in Juda vnd Jerusalem.

10NV was sollen wir sagen vnser Gott / nach
diesem / das wir deine Gebot verlassen haben /
11die du durch deine knechte die Propheten geboten hast vnd gesagt / Das Land dar ein jr komet zu erben / ist ein vnrein Land / durch die vnreinigkeit der Völcker in Lendern / in jren Greweln / damit sie es hie vnd da vol vnreinigkeit gemacht haben.
12So solt jr nu ewre Töchter nicht geben jren Sönen / vnd jre Töchter solt jr ewern Sönen nicht nemen / Vnd sucht nicht jren Frieden noch guts ewiglich / Auff das jr mechtig werdet / vnd esset das gut im Lande / vnd beerbet es auff ewre Kinder ewiglich.

13Vnd nach dem allem das vber vns komen ist / vmb vnser bösen werck vnd grosser schuld willen / hastu vnser Gott vnser missethat verschonet / vnd hast vns eine errettung gegeben / wie es da stehet.
14Wir aber haben vns vmb gekeret / vnd dein Gebot lassen faren / das wir vns mit den Völckern dieser grewel befreundet haben / Wiltu denn vber vns zürnen / bis das gar aus sey / das nicht vbrigs
noch keine errettunge sey? 15HERR Gott Jsrael /
du bist gerecht / denn wir sind vberblieben ein errettunge / wie es heutes tages stehet / Sihe / wir sind fur dir in vnser schuld / denn vmb des willen ist nicht zu stehen fur dir.

X.

Jsrael hat sich versündiget / das sie Heidnische weiber genomen etc.

VND DA ESRA ALSO BETET VND BEKENNET / WEINET / vnd fur dem hause Gottes lag / samleten sich zu jm aus Jsrael ein seer grosse gemeine von Mennern vnd Weibern vnd Kindern / Denn das
volck weinet seer. 2Vnd Sachanja / der son Jehiel /
aus den kindern Elam / antwortet vnd sprach zu Esra / Wolan / wir haben vns an vnserm Gott vergriffen / das wir frembde Weiber aus den völckern

hat sich versündiget / das sie Heidnische Weiber genomen etc.

des Lands genomen haben / Nu / es ist noch hoff-
nung in Jsrael vber dem. [3]So lasst vns nu einen
Bund machen mit vnserm Gott / das wir alle Wei-
ber vnd die von jnen geborn sind / hin aus thun /
nach dem rat des HERRN / vnd dere / die die
gebot vnsers Gottes furchten / das man thu nach
dem Gesetze. [4]So mach dich auff / denn dir ge-
bürts wir wollen mit dir sein / Sey getrost vnd
thu es.

DA stund Esra auff / vnd nam einen Eid von den
öbersten Priestern vnd Leuiten vnd gantzem
Jsrael / das sie nach diesem wort thun solten. Vnd
sie schwuren. [6]Vnd Esra stund auff fur dem hause
Gottes / Vnd gieng in die kamer Johanan des sons
Eliasab / vnd da er daselbs hin kam / ass er kein
brot / vnd tranck kein wasser / Denn er trug leide
vmb die vergreiffung dere / die gefangen gewesen
waren. [7]Vnd sie liessen ausruffen durch Juda vnd
Jerusalem zu allen Kindern die gefangen waren
gewesen / das sie sich gen Jerusalem versamleten.
[8]Vnd welcher nicht keme in dreien tagen / nach
dem rat der Obersten vnd Eltesten / des Habe solt
alle verbannet sein / vnd er abgesondert von der
gemeine der gefangenen.

[9]DA versamleten sich alle menner Juda vnd
BenJamin gen Jerusalem in dreien tagen / das ist
im zwenzigsten tage des neunden monden / Vnd
alles volck sass auff der strassen fur dem hause
Gottes / vnd zitterten vmb der Sach willen / vnd
|| 261 a vom regen. ||

VND Esra der Priester stund auff / vnd sprach
zu jnen / Jr habt euch vergriffen / das jr frembde
Weiber genomen habt / das jr der schuld Jsrael
noch mehr machtet. [11]So bekennet nu dem
HERRN ewr veter Gott / vnd thut seinen wolge-
fallen / vnd scheidet euch von den Völckern des
Lands / vnd von den frembden weibern.

[12]DA antwortet die gantze Gemeine / vnd sprach
mit lauter stimme / Es geschehe / wie du vns ge-
sagt hast. [13]Aber des volcks ist viel / vnd regenicht
wetter / vnd kan nicht haussen stehen / So ists
auch nicht eines oder zweier tage werck / Denn
wir habens viel gemacht solcher vbertrettung.
[14]Lasst vns vnsere Obersten bestellen in der gantze
Gemeine / das alle die in vnsern Stedten / frembde
weiber genomen haben / zu bestimpten zeiten
komen / vnd die Eltesten einer jglichen Stad / vnd

Priester so frembde weiber genomen etc.

jr Richter mit / bis das von vns gewendet werde
der zorn vnsers Gottes / vmb dieser sache willen.
15DA wurden bestellet Jonathan / der son Asa-
hel / vnd Jehasja / der son Tikwa / vber diese
Sachen / vnd Mesullam vnd Sabthai die Leuiten
hulffen jnen. 16Vnd die kinder des Gefengnis the-
ten also. Vnd der Priester Esra vnd die fürnemesten
Veter vnter jrer veter hause / vnd alle jtzt benante /
scheideten sie / vnd satzten sich am ersten tage des
zehenden monden zu forschen diese sachen. 17Vnd
sie richtens aus an allen Mennern die frembde
Weiber hatten / im ersten tage des ersten monden.

VND es wurden funden vnter den kindern der
Priester die frembde weiber genomen hatten /
nemlich / vnter den kindern Jesua / des sons Joza-
dak / vnd seinen brüdern Maeseja / Elieser / Jarib
vnd Gedalja. 19Vnd sie gaben jre hand drauff / das
sie die weiber wolten ausstossen / vnd zu jrem
Schuldopffer einen Wider fur jre schuld geben.
20Vnter den kindern Jmmer / Hanani vnd Sebadja.
21Vnter den kindern Harim / Maeseja / Elia / Se-
maja / Jehiel / vnd Vsia. 22Vnter den kindern
Pashur / Elioenai / Maeseja / Jsmael / Nethaneel /
Josabad vnd Eleasa. 23Vnter den Leuiten / Josa-
bad / Simei vnd Kelaja (Er ist der Klita) Pethathja /
Juda vnd Eliezer. 24Vnter den Sengern / Eliasib.
Vnter den Thorhütern / Sallum / Telem vnd Vri.
25VON Jsrael / Vnter den kindern Pareos /
Ramja / Jesia / Malchja / Mejamin / Eleasar / Mal-
chia vnd Benaja. 26Vnter den kindern Elam /
Mathanja / Sacharja / Jehiel / Abdi / Jeremoth vnd
Elia. 27Vnter den kindern Sathu / Elioenai / Elia-
sib / Mathanja / Jeremoth / Sabad vnd Asisa. 28Vn-
ter den kindern Bebai / Johanan / Hananja / Sebai
vnd Athlai. 29Vnter den kindern Bani / Mesullam /
Malluch / Adaja / Jasub / Seal vnd Jeramoth.
30Vnter den kindern PahathMoab / Adna / Chelal /
Benaja / Maeseja / Mathanja / Bezaleel / Benui vnd
Manasse. 31Vnter den kindern Harim / Elieser /
Jesia / Malchia / Semaja / Simeon / 32BenJamin /
Malluch vnd Samarja. 33Vnter den kindern Ha-
sum / Mathnai / Mathatha / Sabad / Eliphelet /
Jeremai / Manasse vnd Simei. 34Vnter den kin-
dern Bani / Maedai / Amram / Huel / 35Benaja /
Bedja / Chelui / 36Naia / Meremoth / Eliasib /
37Mathanja / Mathnai / Jaesai / 38Bani / Benui /
Simei / 39Selemja / Nathan / Adaja / 40Machnad-

so frembde weiber genomen etc.

bai / Sasai / Sarai / 41Asareel / Selemja / Samarja /
42Sallum / Amarja vnd Joseph. 43Vnter den kin-
dern Nebo / Jeiel / Mathithja / Sabad / Sebina /
Jaddai / Joel vnd Benaja. 44Diese hatten alle
frembde weiber genomen / Vnd waren etliche
vnter denselben weibern / die Kinder getragen
hatten.

|| 261 b

Ende des Buchs Esra.||

DAS BUCH NEHEMIA.

I.

DJS SIND DIE GESCHICHTE NEHEMJA / DES SONS
Hachalja. Es geschach im monden Chislef des
zwenzigsten jars / das ich war zu Susan auff dem
Schlos / 2kam Hanani einer meiner brüder / mit
etlichen Mennern aus Juda / Vnd ich fraget sie /
Wie es den Jüden gienge / die errettet vnd vberig
waren von dem Gefengnis / vnd wie es zu Jerusa-
lem gienge? 3Vnd sie sprachen zu mir / Die vbri-
gen von dem Gefengnis sind daselbs im Lande in
grossem vnglück vnd schmach / Die mauren Jeru-
salem sind zubrochen / vnd jre Thor mit fewr ver-
brand. 4Da ich aber solche wort höret / sas ich
vnd weinet / vnd trug leid zween tage / vnd fastet
vnd betet fur dem Gott von Himel / 5vnd sprach.

NEHEMIA Gebet.

AH HERR Gott von Himel / grosser vnd
schrecklicher Gott / der da helt den Bund
vnd barmhertzigkeit denen / die jn lieben / vnd
seine Gebot halten / 6Las doch deine Ohren auff-
mercken / vnd deine Augen offen sein / das du
hörest das gebet deines Knechts / das ich nu fur
dir bete tag vnd nacht / fur die kinder Jsrael deine
Knechte / vnd bekenne die sünde der kinder
Jsrael / die wir an dir gethan haben / vnd ich vnd
meins Vaters haus haben auch gesündiget. 7Wir
sind verruckt worden / Das wir nicht gehalten
haben die Gebot / Befelh vnd Rechte / die du ge-
boten hast deinem knecht Mose.

8GEdenck aber doch des worts / das du deinem
knecht Mose gebotest / vnd sprachest / Wenn jr
euch vergreifft / So wil ich euch vnter die Völcker
strewen. 9Wo jr euch aber bekeret zu mir / vnd
haltet meine Gebot / vnd thut sie / vnd ob jr ver-
stossen weret bis an der Himel ende / So wil ich
euch doch von dannen versamlen / vnd wil euch
bringen an den Ort / den ich erwelet habe / das Deut. 12.
mein Name daselbs wone. 10Sie sind doch ja deine
Knechte vnd dein Volck / die du erlöset hast / durch
deine grosse Krafft vnd mechtige Hand. 11Ah
HERR / las deine Ohren auffmercken auff das
gebet deines Knechtes / vnd auffs gebet deiner
Knechte / die da begern deinen Namen zu fürch-
ten / vnd las deinem Knechte heute gelingen / vnd
gib jm barmhertzigkeit fur diesem Manne / Denn
ich war des königs Schencke.

II.

Nehemia reise gen Jerusalem etc.

JM MONDEN NISSAN DES ZWENZIGSTEN JARS DES Königes Arthahsastha / da wein vor jm stund / hub ich den wein auff vnd gab dem Könige / Vnd ich sahe trawriglich fur jm. 2Da sprach der König zu mir / Warumb sihestu so vbel? du bist ja nicht kranck? das ists nicht / sondern du bist schweermütig. Jch aber furcht mich fast seer / 3vnd sprach zum Könige / Der König lebe ewiglich / Solt ich nicht vbel sehen? Die Stad / da das Haus des begrebnis meiner Veter ist / ligt wüste / vnd jre thor sind mit fewr verzehret. 4Da sprach der König zu mir / Was foddерstu denn? Da bat ich den Gott vom Himel / 5vnd sprach zum Könige / Gefellet es dem Könige vnd deinen Knechten fur dir / das du mich sendest in Juda / zu der Stad des begrebnis meiner Veter / das ich sie bawe.

6VND der König sprach zu mir / vnd die Königin die neben jm sas / Wie lange wird deine Reise weren? vnd wenn wirstu widerkomen? Vnd es gefiel dem Könige / das er mich hin sendete. Vnd ich setzete jm ein bestimpte zeit. 7Vnd sprach zum Könige / Gefellet es dem Könige / so gebe er mir
|| 262a Brieue an die Land||pfleger jenseid des wassers / das sie mich hinüber geleiten / bis ich kome in Juda. 8Vnd brieue an Assaph den Holtzfürsten des Königes / das er mir holtz gebe zu balcken der pforten am Pallast / die im hause vnd an der Stadmauren sind / vnd zum Hause da ich einziehen sol. Vnd der König gab mir nach der guten hand meins Gottes vber mir. 9Vnd da ich kam zu den Landpflegern jenseid des wassers / gab ich jnen des Königes brieue. Vnd der König sandte mit mir die Heubtleute vnd reuter.

DA aber das hörete Saneballat der Horoniter / vnd Tobia ein Ammonitisch knecht / verdros es sie seer / das ein Mensch komen were / der guts suchet fur die kinder Jsrael.

VND da ich gen Jerusalem kam / vnd drey tage da gewesen war / 12macht ich mich des nachts auff / vnd wenig Menner mit mir / Denn ich saget keinem Menschen / was mir mein Gott eingegeben hatte zu thun an Jerusalem / vnd war kein Thier mit mir / on da ich auffreit. 13Vnd ich reit zum Talthor aus bey der nacht / fur den Drachenbrun / vnd an das Mistthor / vnd thet mir wehe / das die

mauren Jerusalem zurissen waren / vnd die thor
mit fewr verzehret. 14Vnd gieng hinüber zu dem
Brunthor / vnd zu des Königes teich / vnd war da
nicht raum meinem Thier / das vnter mir hette
gehen können. 15Da zoch ich bey nacht den Bach
hin an / vnd thet mir wehe / die mauren also zu-
sehen vnd keret vmb / vnd kam zum Thalthor
wider heim.

16VND die Obersten wusten nicht / wo ich hin
gieng / oder was ich machte. Denn ich hatte bis
da her den Jüden vnd den Priestern / den Rat-
herrn vnd den Obersten / vnd den andern die am
Werck erbeiten / nichts gesagt. 17Vnd sprach zu
jnen / Jr sehet das vnglück / darinnen wir sind /
das Jerusalem wüste ligt / vnd jre thor sind mit
fewr verbrand / Kompt / lasst vns die mauren Jeru-
salem bawen / das wir nicht mehr eine schmach
seien. 18Vnd sagt jnen an die hand meines Gottes /
die gut vber mir war / Dazu die wort des Königes /
die er mir geredt hatte. Vnd sie sprachen / So lasst
vns auff sein / Vnd wir baweten / vnd jre hende
wurden gestercket zum guten.

SANEBALLAT. DA aber das Saneballat der Horoniter / vnd
Tobia der Ammonitisch knecht / vnd Gosem
der Araber höret / spotteten sie vnser vnd ver-
achten vns / vnd sprachen / Was ist das / das jr
thut? Wolt jr wider von dem Könige abfallen?
20Da antwortet ich jnen / vnd sprach / Der Gott
von Himel wird vns gelingen lassen / Denn wir
seine Knechte haben vns auffgemacht vnd bawen /
Jr aber habt kein teil noch recht / noch gedechtnis
in Jerusalem.

III.

VND ELIASIB DER HOHEPRIESTER MACHT SICH
auff mit seinen brüdern den Priestern / vnd
baweten das Schaffthor / Sie heiligeten es vnd
setzten seine thür ein / sie heiligeten es aber bis an
den thurm Mea / nemlich / bis an den thurm Ha-
naneel. 2Neben jm baweten die menner von Je-
riho / Auch bawet neben jm Sachur / der son Jmri.
3Aber das Fischthor baweten die kinder Senaa /
sie decketen es vnd setzeten seine thür ein / schlös-
ser vnd rigel. 4Neben sie bawete Meremoth / der
son Vria / des sons Hakoz. Neben sie bawete Me-
sullam der son Berechja / des sons Mesesabeel.
Neben sie bawete Zadok der son Baena. 5Neben

sie baweten die von Thekoa / Aber jre [a]Gewaltigen brachten jren hals nicht zum dienst jrer Herrn.

6DAS Altethor bawete Joiada der son Passeah / vnd Mesullam der son Besodja / Sie decketen es vnd setzeten ein seine thür / vnd schlösser vnd
rigel. 7Neben sie baweten Melathja von Gibeon / vnd Jadon von Merono / menner von Gibeon vnd von Mizpa / am stuel des Landpflegers disseid des
wassers. 8Neben jm bawete Vsiel / der son Harhaja
|| 262b der Goldschmid. Neben jm bawete || Hananja der son der Apoteker / vnd sie baweten aus zu Jerusalem bis an die breite mauren. 9Neben jm bawete
Rephaja / der son Hur / der Oberst des halben vierteils zu Jerusalem. 10Neben jm bawete Jedaia / der son Harumaph / gegen seinem hause vber. Neben jm bawete Hattus / der son Hasabenja.
11Aber Malchia der son Harim / vnd Hasub der son PahathMoab / baweten zwey stücke / vnd den Thurn bey den ofen. 12Neben jm bawete Sallum /
der son Halohes / der Oberst des halben vierteils zu Jerusalem / er vnd seine Töchter.

13DAs Thalthor bawet Hanun / vnd die bürger von Sanoah / Sie bawetens vnd setzten ein seine thür / schlösser vnd rigel / vnd tausent ellen an der mauren / bis an das Mistthor. 14Das Mistthor aber
bawet Malchia der son Rechab der Oberst des vierteils der Weingertner / Er bawet es / vnd setzet ein seine thür / schlösser vnd rigel. 15Aber
das Brunthor bawete Sallum der son ChalHose / der Oberst des vierteils zu Mizpa / Er bawets vnd deckets / vnd setzet ein seine thür / schlösser vnd rigel. Dazu die mauren am teich Seloah bey dem garten des Königs / bis an die stuffen / die von der stad Dauid erab gehen. 16Nach jm bawet Nehemja /
der son Asbuk / der Oberst des halben vierteils zu Bethzur / bis gegen die greber Dauid vber / vnd bis an den teich Asuja / vnd bis an das haus der Helden.

17NAch jm baweten die Leuiten / Rehum der son Bani. Neben jm bawete Hasabja der Oberst des halben vierteils zu Regila in seinem vierteil.
18Nach jm baweten jre brüder Bauai der son Henadad / der Oberst des halben vierteils zu Regila.
19Neben jm bawete Eser / der son Jesua / der Oberst zu Mizpa / zwey stück den winckel hin an / gegen dem Harnischhaus. 20Nach jm auff dem
berge bawete Baruch / der son Sabai / zwey

a (Gewaltige) Die armen müssen das Creutz tragen. Die Reichen geben nichts. Taus Ess hat nicht / Sees Zing gibt nicht / Quater Drey die helffen frey.

stücke im winckel / bis an die Hausthür Eliasib
des Hohenpriesters. [21]Nach jm bawete Meremoth
der son Vria / des sons Hakoz / zwey stück /
von der hausthür Eliasib / bis ans ende des hauses
Eliasib.

[22]NAch jm baweten die Priester / die menner
aus den gegenten. [23]Nach dem bawete BenJamin
vnd Hasub gegen jrem hause vber. Nach dem
bawete Asarja der son Maeseja / des sons Ananja
neben seinem hause. [24]Nach jm bawete Benui der
son Henadad / zwey stücke vom hause Asarja bis
an den winckel / vnd bis an die ecken. [25]Palal der
son Vsai / gegen dem winckel vnd dem Hohen-
thurn der vom Königshause er aus sihet / bey dem
Kerckerhofe. Nach jm Pedaia / der son Pareos.
[26]Die Nethinim aber woneten an Ophel / bis an
das Wasserthor / gegen morgen / da der thurm
er aus sihet. [27]Nach dem baweten die von Thekoa
zwey stück gegen dem Grossenthurn / der er aus
sihet / vnd bis an die mauren Ophel.

[28]ABer von dem Rosthor an baweten die Prie-
ster / ein jglicher gegen seinem hause. [29]Nach dem
bawete Zadok der son Jmmer / gegen seinem
hause. Nach jm bawete Semaja / der son Sachanja
der Thorhüter gegen morgen. [30]Nach jm bawete
Hananja / der son Selemja / vnd Hanun der son
Zalaph der sechste / zwey stück. Nach jm bawete
Mesullam der son Berechja gegen seinen kasten.
[31]Nach jm bawete Malchia / der son des Gold-
schmids / bis an das haus der Nethinim vnd der
Kremer / gegen dem Ratsthor / vnd bis an den
Saal an der ecken. [32]Vnd zwisschen dem Saal an
der ecke zum Schafthor / baweten die Goldschmide
vnd die Kremer.

IIII.

DA ABER SANEBALLAT HÖRET / DAS WIR DIE
mauren baweten / ward er zornig vnd seer ent-
rüstet / vnd spottet der Jüden / [2]vnd sprach fur
seinen brüdern vnd den Mechtigen zu Samaria.
Was machen die ammechtigen Jüden? Wird man
sie so lassen? Werden sie opffern? Werden sie es
einen tag volenden? Werden sie die steine || leben- || 263a
dig machen / die staubhauffen vnd verband sind?
TOBIA. [3]Aber Tobia der Ammoniter neben jm sprach /
Las sie nur bawen wenn Füchse hin auff zögen / die
zurissen wol jre steinerne mauren.

Heiden vnterstehen sich den Baw zu hindern etc.

HOre vnser Gott / wie veracht sind wir / Kere
jre schmach auff jren Kopf / das du sie gebest
in verachtung im Lande jres gefengnis. [5]Decke
jre missethat nicht zu / vnd jre sünde vertilge nicht
fur dir / Denn sie haben die Bawleute gereitzet.
[6]Aber wir baweten die mauren / vnd fügeten sie
gantz an einander / bis an die halbe höhe / Vnd
das Volck gewan ein hertz zu erbeiten.

NEHEMIA Gebet.

DA aber Saneballat / vnd Tobia / vnd die Araber /
vnd Ammoniter / vnd Asdoditer höreten / das
die mauren zu Jerusalem zugemacht waren / vnd
das sie die lücken angefangen hatten zu büssen /
wurden sie seer zornig. [8]Vnd machten alle sampt
einen Bund zu hauffen / das sie kemen vnd stritten
wider Jerusalem / vnd machten drin einen jrthum.
[9]Wir aber beten zu vnserm Gott / vnd stelleten
Hut vber sie tag vnd nacht gegen sie. [10]Vnd Juda
sprach / Die krafft der Treger ist zu schwach / vnd
des staubs ist zu viel / wir kündten an der mauren
nicht bawen. [11]Vnser Widersacher aber gedach-
ten / sie sollens nicht wissen noch sehen / bis wir
mitten vnter sie komen / vnd sie erwürgen / vnd
das Werck hindern.

DA aber die Jüden / die neben jnen woneten /
kamen vnd sagetens vns wol zehen mal / aus
allen örten da sie vmb vns woneten / [13]Da stellet
ich vnten an die örter hinder der mauren in die
graben / das volck nach jren Geschlechten / mit
jren Schwerten / Spies vnd Bogen. [14]Vnd besahe
es / vnd macht mich auff / vnd sprach zu den
Ratherrn vnd Obersten / vnd dem andern Volck /
Fürchtet euch nicht fur jnen / Gedenckt an
den grossen schrecklichen HERRN / vnd streittet
fur ewre Brüder / Söne / Töchter / Weiber vnd
Heuser.

[15]DA aber vnsere Feinde höreten / das vns war
kund worden / machte Gott jren Rat zu nicht. Vnd
wir kereten alle wider zur mauren / ein jglicher zu
seiner erbeit. [16]Vnd es geschach hin fürder / das
die Jünglinge die helfft theten die erbeit / die ander
helfft hielten Spiesse / Schilde / Bogen / vnd Pan-
tzer. Vnd die Obersten stunden hinder dem gantzen
hause Juda / [17]die da baweten an der mauren / vnd
trugen last / von denen die jnen auff luden / Mit
einer hand theten sie die erbeit / vnd mit der andern
hielten sie die woffen. [18]Vnd ein jglicher der da
|| 263 b bawet || hatte sein Schwert an seine Lenden gegür-

tet / vnd bawete also / vnd der mit der Posaunen
blies war neben mir.

VND ich sprach zu den Ratherrn vnd Obersten /
vnd zum andern Volck / Das werck ist gros
vnd weit / vnd wir sind zustrewet auff der mauren /
ferne von einander. [20]An welchem ort jr nu die
Posaunen lauten höret / da hin versamlet euch zu
vns / vnser Gott wird fur vns streitten / [21]So wol-
len wir am werck erbeiten / Vnd jre helffte hielt
die Spies / von dem auffgang der morgenröte / bis
die sterne erfür kamen. [22]Auch sprach ich zu der
zeit zum volck / Ein jglicher bleibe mit seinem
Knaben vber nacht zu Jerusalem / das wir des
nachts der Hut vnd des tages der Erbeit warten.
[23]Aber ich vnd meine Brüder vnd meine Knabeñ /
vnd die Menner an der Hut hinder mir / wir zogen
vnser Kleider nicht aus / ein jglicher lies das baden
anstehen.

V.

VND ES ERHUB SICH EIN GROS GESCHREY DES
Volcks / vnd jrer Weiber wider jre Brüder die
Jüden. [2]Vnd waren etliche / die da sprachen /
Vnser Söne vnd Töchter sind viel / lasst vns ge-
treide nemen / [a]vnd essen / das wir leben. [3]Aber
etliche sprachen / Lasst vns vnsere ecker / wein-
berge / vnd heuser versetzen / vnd getreide nemen
in der Thewrung. [4]Etliche aber sprachen / Lasst
vns geld entlehnen auff zinse dein Könige auff
vnser ecker vnd Weinberge / [5]Denn vnser Brüder
leib ist wie vnser leib / vnd jre Kinder wie vnser
kinder / Sonst würden wir vnser söne vnd töchter

a Scilicet / pro eis / Vmb sie.

vnterwerffen dem dienst / Vnd sind schon vnser
töchter etliche vnterworffen / vnd ist kein ver-
mügen in vnsern henden / Auch würden vnsere
ecker vnd weinberge der andern.

DA ich aber jr schreien vnd solche wort höret /
ward ich seer zornig. [7]Vnd mein hertz ward
rats mit mir / das ich schalt die Ratherrn vnd die
Obersten / vnd sprach zu jnen / Wolt jr einer auff
den andern wucher treiben? Vnd ich bracht eine
grosse Gemeine wider sie / [8]vnd sprach zu jnen.
Wir haben vnsere Brüder die Jüden erkaufft / die
den Heiden verkaufft waren / nach vnserm ver-
mügen / vnd jr wolt auch ewre Brüder verkeuffen /
die wir zu vns kaufft haben? Da schwiegen sie /
vnd funden nichts zu antworten.

[9]VND ich sprach / Es ist nicht gut das jr thut /
Solt jr nicht in der furcht Gottes wandeln / vmb
der schmach willen der Heiden / vnser Feinde?
[10]Jch vnd meine Brüder vnd meine Knaben / haben
jnen auch geld gethan / vnd getreide / den Wucher
aber haben wir nachgelassen. [11]So gebt jnen nu
heuts tages wider jre ecker / weinberge / ölegarten /
vnd heuser / vnd den Hundertsten am gelde / am
getreide / am most / vnd am öle / das jr an jnen ge-
wuchert habt. [12]Da sprachen sie / Wir wollens
widergeben / vnd wollen nichts von jnen foddern /
vnd wollen thun / wie du gesagt hast. Vnd ich rieff
den Priestern / vnd nam einen Eid von jnen / das
sie also thun solten. [13]Auch schüttelt ich meinen
bosen aus / vnd sprach / Also schüttele Gott aus /
jderman von seinem Hause / vnd von seiner erbeit /
der dis wort nicht handhabet / das er sey ausge-
schüttelt vnd leer. Vnd die gantze Gemeine sprach /
Amen / vnd lobeten den HERRN. Vnd das Volck
thet also.

AVch von der zeit an / da mir befolhen ward ein
Landpfleger zu sein im lande Juda / nemlich /
vom zwenzigsten jar an / bis in das zwey vnd
dreissigst jar des königes Arthahsastha / das sind
zwelff jar / neeret ich mich vnd meine Brüder
nicht von der Landpfleger kost / [15]Denn die
vorigen Landpfleger / die vor mir gewesen waren /
hatten das Volck beschweret / vnd hatten von jnen
genomen brot vnd wein / dazu auch vierzig sekel
silbers / Auch hatten jre Knaben mit gewalt ge-
faren vber das Volck / Jch thet aber nicht also /
|| 264a vmb der furcht Gottes willen. ||

Heiden vnd falsche brüder vnterstehen sich / den baw zu hindern etc.

16 Auch erbeitet ich an der mauren erbeit / vnd
kaufft keinen acker / vnd alle meine Knaben
musten daselbs an die erbeit zu hauffe komen.
17 Dazu waren der Jüden vnd öbersten hundert
vnd funffzig an meinem Tisch / die zu mir komen
waren aus den Heiden / die vmb vns her sind.
18 Vnd man macht mir des tages einen ochsen / vnd
sechs erwelete schaf vnd vogel / Vnd ja inwendig
zehen tagen allerley wein die menge / Noch fordert
ich nicht der Landpfleger kost / Denn der dienst
war schwer auff dem volck. 19 Gedenck mir mein
Gott zum besten / alles das ich diesem Volck ge-
than habe.

VI.

VND DA SANEBALLAT / TOBIA VND GOSEM DER
Arabiter vnd ander vnser Feinde erfuren / das
ich die mauren gebawet hatte / vnd keine lücke
mehr dran were (Wiewol ich die thüre zu der zeit
noch nicht gehenget hatte in den thoren) 2 Sandte
Saneballat vnd Gosem zu mir / vnd liessen mir
sagen / Kom vnd las vns zusamen komen in den
dörffen / in der fleche Ono / Sie gedachten mir aber
böses zu thun. 3 Jch aber sandte Boten zu jnen /
vnd lies jnen sagen / Jch hab ein gros geschefft
aus zu richten / Jch kan nicht hin ab komen / Es
möcht das werck nachbleiben / wo ich die hand
abthet / vnd zu euch hin ab zöge. 4 Sie sandten aber
wol vier mal zu mir auff die weise / Vnd ich ant-
wortet jnen auff diese weise.

SANEBALLAT Brieue an Nehemja etc.

DA sandte Saneballat zum fünfften mal zu mir
seinen Knaben mit einem offenen Brieue in
seiner hand / 6 darinnen war geschrieben / Es ist
fur die Heiden komen / vnd Gosem hats gesagt /
das du vnd die Jüden gedencket ab zu fallen /
Darumb du die mauren bawest / vnd du wollest
jr König sein in diesen sachen. 7 Vnd du habest
dir Propheten bestellet / die von dir ausschreien
sollen zu Jerusalem / vnd sagen / Er ist der König
Juda. Nu solchs wird fur den König komen / So
kom nu / vnd las vns mit einander ratschlahen.
8 Jch aber sandte zu jm / vnd lies jm sagen / Solchs
ist nicht geschehen / das du sagest / Du hast es aus
deinem hertzen erdacht. 9 Denn sie alle wolten
vns furchtsam machen / vnd gedachten / sie sollen
die hand abthun vom geschefft / das sie nicht erbei-
ten / Aber ich stercket deste mehr meine hand.

Heiden vnd falsche brüder vnterstehen sich / den baw zu hindern etc.

Falsche Brüder.

VND ich kam ins haus Semaja des sons Delaia / des sons Mehetabeel / vnd er hatte sich verschlossen / vnd sprach / Las vns zusamen komen im hause Gottes mitten im Tempel / vnd die thür des Tempels zuschliessen / Denn sie werden komen dich zu erwürgen / vnd werden bey der nacht komen das sie dich erwürgen. [11]Jch aber sprach / Solt ein solcher Man fliehen? Solt ein solcher Man / wie ich bin / in den Tempel gehen / das er lebendig bliebe? Jch wil nicht hin ein gehen. [12]Denn ich mercket das jn Gott nicht gesand hatte / Denn er saget wol weissagunge auff mich / Aber Tobia vnd Saneballat hatten jm geld gegeben. [13]Darumb nam er geld / auff das ich mich fürchten solt / vnd also thun / vnd sundigen / das sie ein böse geschrey hetten / damit sie mich lestern möchten. [14]Gedencke mein Gott des Tobia vnd Saneballat / nach diesen seinen wercken auch des Propheten Noadja vnd der andern Propheten / die mich wolten abschrecken.

VND die maure ward fertig im fünff vnd zwenzigsten tage des monden Elul / in zwey vnd funffzig tagen. [16]Vnd da alle vnsere Feinde das höreten furchten sich alle Heiden / die vmb vns her waren / vnd der mut entfiel jnen / Denn sie merckten das dis werck von Gott war. [17]Auch zu der selben zeit waren viel der öbersten Juda / dere Brieue giengen zu Tobia / vnd von Tobia zu jnen. [18]Denn jr waren viel in Juda / die jm geschworen waren / Denn er war ein schwager Sachanja / des sons Arah / vnd sein son Johanan hatte die tochter Mesullam des sons Berechja / [19]Vnd sagten guts von jm fur mir / vnd brachten meine Rede aus zu jm / So sandte denn Tobia Brieue mich abzuschrecken. ‖

‖ 264b

VII.

DA WIR NU DIE MAUREN GEBAWET HATTEN / henget ich die thür vnd wurden bestellet die Thorhüter / Senger / vnd Leuiten. [2]Vnd ich gebot meinem Bruder Hanani / vnd Hananja dem Palastuogt zu Jerusalem (Denn er war ein trewer man vnd Gottfürchtig fur viel andern) [3]vnd sprach zu jnen / Man sol die thor Jerusalem nicht auffthun / bis das die Sonne heis werde / vnd wenn man noch erbeitet / sol man die thür zuschlahen vnd verrigeln. Vnd es wurden Hüter bestellet aus

Summa der / so er auff von Babel gezogen etc.

den Bürgern Jerusalem / ein jglicher auff seine Hut
vnd vmb sein haus. 4Die Stad aber war weit von
raum vnd gros / Aber wenig volck drinnen vnd die
Heuser waren nicht gebawet.

VND mein Gott gab mir ins hertz / das ich ver-
samlet die Ratherrn vnd die Obersten / vnd das
Volck / sie zu rechnen / Vnd ich fand ein Register
jrer rechnung / die vorhin er auffkomen waren 6aus
dem Gefengnis / die NebucadNezar / der könig zu
Babel / hatte weggefürt / vnd zu Jerusalem wone-
ten / vnd in Juda / ein jglicher in seiner Stad. 7Vnd
waren komen mit Serubabel / Jesua / Nehemja /
Asarja / Raamja / Nahemani / Mardachai / Bilsan /
Misperet / Bigeuai / Nehum vnd Baena.

DJS ist die zal der Menner vom volck Jsrael. Esra. 2.
8Der kinder Pareos waren zwey tausent hun-
dert vnd zwey vnd siebenzig. 9Der kinder Sephath-
ja / drey hundert vnd zwey vnd siebenzig. 10Der
kinder Arah / sechs hundert vnd zwey vnd funff-
zig. 11Der kinder PahathMoab vnter den kindern
Jesua vnd Joab / zwey tausent acht hundert vnd
achzehen. 12Der kinder Elam / tausent zwey hun-
dert vnd vier vnd funffzig. 13Der kinder Sathu /
acht hundert vnd fünff vnd vierzig. 14Der kinder
Sacai / sieben hundert vnd sechzig. 15Der kinder
Benui / sechs hundert vnd acht vnd vierzig. 16Der
kinder Bebai / sechs hundert vnd acht vnd zwen-
zig. 17Der kinder Asgad / zwey tausent drey hun-
dert vnd zwey vnd zwenzig. 18Der kinder Adoni-
kam / sechs hundert vnd sieben vnd sechzig. 19Der
kinder Bigeuai / zwey tausent vnd sieben vnd
sechzig. 20Der kinder Adin / sechs hundert vnd
funff vnd funffzig. 21Der kinder Ater von Hiskia /
acht vnd neunzig. 22Der kinder Hasum / drey
hundert vnd acht vnd zwenzig. 23Der kinder Be-
zai / drey hundert vnd vier vnd zwenzig. 24Der
kinder Hariph / hundert vnd zwelffe.

25DER kinder Gibeon / fünff vnd neunzig. 26Der
menner von Bethlehem vnd Nethopha / hundert
vnd acht vnd achzig. 27Der menner von Ana-
thoth / hundert vnd acht vnd zwenzig. 28Der
menner von BethAsmaueth / zwey vnd vierzig.
29Der menner von KiriathJearim / Caphira vnd
Beeroth / sieben hundert vnd drey vnd vierzig.
30Der menner von Rama vnd Gaba / sechs hundert
vnd ein vnd zwenzig. 31Der menner von Mich-
mas / hundert vnd zwey vnd zwenzig. 32Der men-

Summa der / so er auff von Babel gezogen etc.

ner von BethEl vnd Ai / hundert vnd drey vnd
zwenzig. 33 Der menner vom andern Nebo / zwey
vnd funffzig. 34 Der kinder des andern Elam / tau-
sent zwey hundert vnd vier vnd funffzig. 35 Der
kinder Harim / drey hundert vnd zwenzig. 36 Der
kinder Jereho / drey hundert vnd fünff vnd vierzig.
37 Der kinder Lodhadid vnd Ono / sieben hundert
vnd ein vnd zwenzig. 38 Der kinder Senaa / drey
tausent neun hundert vnd dreissig.

DJE Priester. Der kinder Jedaja / vom hause
Jesua / neun hundert vnd drey vnd siebenzig.
40 Der kinder Jmmer / tausent vnd zwey vnd funff-
zig. 41 Der kinder Pashur / tausent zwey hundert
vnd sieben vnd vierzig. 42 Der kinder Harim
tausent vnd siebenzehen. 43 Die Leuiten. Der kin-
der Jesua vom Kadmiel vnter den kindern Hodua /
vier vnd siebenzig. 44 Die Senger. Der kinder As-
saph / hundert vnd acht vnd vierzig. 45 Die Thor-
hütter waren / die kinder Sallum. Die kinder Ater /
Die kinder Thalmon / Die kinder Akub. Die kinder
Hatita / Die kinder Sobai / Alle sampt hundert vnd
|| 265 a acht vnd dreissig. ||

46 DJe Nethinim. Die kinder Ziha / die kinder
Hasupha / die kinder Tabaoth / 47 die kinder Keros /
die kinder Sia / die kinder Padon / 48 die kinder
Libana / die kinder Hagaba / die kinder Salmai /
49 die kinder Hanan / die kinder Giddel / die kinder
Gahar / 50 die kinder Reaia / die kinder Rezin / die
kinder Nekoda / 51 die kinder Gasam / die kinder
Vsa / die kinder Passeah / 52 die kinder Bessai / die
kinder Megunim / die kinder Nephussim / 53 die
kinder Bakbuk / die kinder Hakupha / die kinder
Harhur / 54 die kinder Bazlith / die kinder Mehida /
die kinder Harsa / 55 die kinder Barkos / die kinder
Sissera / die kinder Thamah / 56 die kinder Neziah /
die kinder Hathipha. 57 Die kinder der knechte
Salomo waren die kinder Sotai / die kinder Sophe-
reth / die kinder Prida / 58 die kinder Jaela / die
kinder Darkon / die kinder Giddel / 59 die kinder
Sephatja / die kinder Hatil / die kinder Pochereth
von Zebaim / die kinder Amon. 60 Aller Nethinim
vnd kinder der knechte Salomo / waren drey hun-
dert vnd zwey vnd neunzig.

VND diese zogen auch mit er auff / Mithel / Me-
lah / Thel / Harsa / Cherub / Addon vnd Jm-
mer / Aber sie kundten nicht anzeigen jrer Veter
haus noch jren samen / ob sie aus Jsrael weren.

Summa der / so er auff von Babel wider zogen sind etc.

[62]Die kinder Delaia / die kinder Tobia / vnd die
kinder Nekoda / waren sechs hundert vnd zwey
vnd vierzig. [63]Vnd von den Priestern waren / die
kinder Habaja / die kinder Hakoz / die kinder
Barsillai / der aus den töchtern Barsillai des Gi-
leaditers ein weib nam / vnd ward nach der selben
namen genennet. [64]Diese suchten jrer geburt
register / Vnd da sie es nicht funden / wurden sie
los vom Priesterthum. [65]Vnd Hathirsatha sprach
zu jnen / Sie solten nicht essen vom allerheiligsten /
bis das ein Priester auff keme mit dem Liecht vnd Exod. 28.
Recht.

[66]DER gantzen Gemeine wie ein Man / war zwey
vnd vierzig tausent / drey hundert vnd sechzig /
[67]Ausgenomen jre Knechte vnd Megde / der waren
sieben tausent / drey hundert vnd sieben vnd
dreissig / Vnd hatten zwey hundert vnd funff vnd
vierzig Senger vnd Sengerin. [68]Sieben hundert
vnd sechs vnd dreissig Ros / zwey hundert vnd
funff vnd vierzig Meuler / [69]vierhundert vnd fünff
vnd dreissig Kamelen / sechs tausent sieben hun-
dert vnd zwenzig Esel.

VND etliche der obersten Veter gaben zum
werck. Hathirsatha gab zum schatz tausent gül-
den / funffzig becken / fünffhundert vnd dreissig
Priesterröcke. [71]Vnd etliche öberste Veter gaben
zum schatz ans Werck / zwenzig tausent gülden /
zwey tausent vnd zwey hundert pfund silbers.
[72]Vnd das ander Volck gab zwenzig tausent gül-
den / vnd zwey tausent pfund silbers / vnd sieben
vnd sechzig Priesterröcke. [73]Vnd die Priester vnd
die Leuiten / die Thorhütter / die Senger / vnd
etliche des Volcks / vnd die Nethinim vnd gantz
Jsrael / setzten sich in jre Stedte.

VIII.

DA NU ER ZU KAM DER SIEBENDE MONDE / VND
die kinder Jsrael in jren Stedten waren / ver-
samlete sich das gantze Volck wie ein Man auff die
Breitegassen fur dem Wasserthor / vnd sprachen
zu Esra dem Schrifftgelerten / das er das Gesetz-
buch Mose holete / das der HERR Jsrael geboten
hat. [2]Vnd Esra der Priester bracht das Gesetz fur
die gemeine / beide Menner vnd weiber / vnd alle
die es vernemen kunden / im ersten tage des sieben-
den monden / [3]vnd las drinnen auff der Breiten-
gassen / die fur dem Wasserthor ist / von liecht

morgen an bis auff den mittag / fur Man vnd weib /
vnd wers vernemen kund / Vnd des gantzen Volcks
ohren waren zu dem Gesetzbuch gekeret.
4VND Esra der Schrifftgelerte stund auff eim
hültzen hohen Stuel den sie gemacht hatten zu
predigen / vnd stund neben jm Mathithja / Sema /
Anaia / Vria / Hilkia / vnd Maeseia zu seiner rech-
ten / Aber zu seiner lincken / Padaia / Misael /
Malchia / Hasum / Hasbadana / Sacharja vnd Me-
|| 265 b sullam. 5Vnd || Esra thet das Buch auff fur dem
gantzen Volck / denn er raget vber alles volck.
Vnd da ers auffthet / stund alles volck. 6Vnd Esra
lobet den HERRN den grossen Gott / vnd alles
Volck antwortet / Amen / mit jren henden empor /
vnd neigeten sich / vnd beten den HERRN an mit
dem andlitz zur erden. 7Vnd Jesua / Bani / Se-
rebja / Jamin / Akub / Sabthai / Hodaja / Maeseja /
Klita / Asarja / Josabad / Hanan / Plaja vnd die
Leuiten machten das Volck / das auffs Gesetz
merckete / vnd das volck stund auff seiner stete /
8vnd sie lasen im Gesetzbuch Gottes klerlich vnd
verstendlich / das mans verstund da mans las.
VNd Nehemja der da ist Hathirsatha / vnd Esra
der Priester der Schrifftgelerte / vnd die Leui-
ten / die das Volck auffmercken machten / sprachen
zu allem volck / Dieser tag ist heilig dem HERRN
ewrm Gott / Darumb seid nicht trawrig vnd wei-
net nicht. Denn alles volck weinet / da sie die wort
des Gesetzs höreten. 10Darumb sprach er zu jnen /
Gehet hin vnd esset das fett / vnd trincket das
süsse / vnd sendet denen auch Teil / die nichts fur
sich bereit haben / Denn dieser Tag ist heilig vn-
serm HERRN / Darumb bekümmert euch nicht /
Denn die freude am HERRN ist ewer stercke.
11Vnd die Leuiten stilleten alles volck / vnd spra-
chen / Seid still / denn der Tag ist heilig / bekürn-
mert euch nicht. 12Vnd alles Volck gieng hin das
es esse / trüncke / vnd Teil sendete / vnd eine
grosse freude machte / Denn sie hatten die wort
verstanden / die man jnen hatte kund gethan.
VND des andern tages versamleten sich die öber-
sten Veter vnter dem gantzen Volck / vnd die
Priester vnd Leuiten / zu Esra dem Schrifftgeler-
ten / das er sie die wort des Gesetzs vnterrichtet.
14Vnd sie funden geschrieben im Gesetz / das der
HERR durch Mose geboten hatte / das die kinder
Leui. 23. Jsrael in Laubhütten wonen solten auffs Fest im

Laubhütten-
fest gehalten
etc.

siebenden monden. [15]Vnd sie liessens laut werden
vnd ausruffen in allen jren Stedten vnd zu Jerusa-
lem vnd sagen / Gehet hin aus auff die Berge / vnd
holet Olezweige / Hartzbawmzweige / Mirten-
zweige / Palmenzweige / vnd zweige von dichten
Bewmen / das man Laubhütten mache / wie es
geschrieben stehet.

[16]VND das volck gieng hin aus vnd holeten vnd
machten jnen Laubhütten / ein jglicher auff seinem
dach / vnd in jren höfen / vnd in den höfen am hause
Gottes / vnd auff der Breitengassen am Wasser-
thor / vnd auff der Breitengassen am thor Ephraim.
[17]Vnd die gantze Gemeine dere / die aus dem Ge-
fengnis waren widerkomen / machten Laubhütten
vnd woneten drinnen / Denn die kinder Jsrael
hatten sint der zeit Josua des sons Nun / bis auff
diesen tag nicht also gethan / vnd war ein seer
grosse freude. [18]Vnd ward im Gesetzbuch Gottes
gelesen alle tage / vom ersten tag an bis auff den
letzten / Vnd hielten das Fest sieben tage / vnd am
achten tage die Versamlunge / wie sichs gebürt.

IX.

Jsrael
bekennet jre
sünde etc.

JM VIER VND ZWENZIGSTEN TAGE DIESES MONDEN /
kamen die kinder Jsrael zusamen / mit fasten vnd
secken vnd erden auff jnen [2]vnd sonderten den
samen Jsrael von allen frembden Kindern / vnd
traten hin vnd bekanten jre sünde vnd jrer Veter
missethat. [3]Vnd stunden auff an jre stet / vnd man
las im Gesetzbuch des HERRN jres Gottes / vier
mal des tages / vnd sie bekandten / vnd beten an
den HERRN jres Gottes / vier mal des tages / vnd
sie bekandten / vnd beten an den HERRN jren
Gott vier mal des tages.

[4]VND die Leuiten stunden auff in die höhe /
nemlich / Jesua / Bani / Kadmiel / Sebanja / Buni /
Serebja / Bani / vnd Chenani / vnd schrien laut zu
dem HERRN jrem Gott. [5]Vnd die Leuiten Jesua /
Kadmiel / Bani / Hasabenja / Serebja / Hodja /
Sebanja / Pethahja sprachen / Stehet auff / lobet
den HERRN ewren Gott / von ewigkeit zu ewig-
keit / Vnd man lobe den Namen || deiner Herrlig- || 266a
keit / der erhöhet ist mit allem segen vnd lobe.
[6]HERR du bists allein / du hast gemacht den Himel
vnd aller himel himel / mit alle jrem Heer / die
Erden vnd alles was drauff ist / die Meere vnd

Lobe vnd Gebet Nehemia.

alles was drinnen ist / Du machest alles lebendig /
vnd das himlische Heer betet dich an.
Gen. 12. 17. [7]DV bist der HERR Gott / der du Abram er-
welet hast / vnd jn von Vr in Chaldea ausgefürt /
vnd Abraham genennet / [8]Vnd sein hertz trew fur
dir funden / vnd einen Bund mit jm gemacht / sei-
nem Samen zu geben das Land der Cananiter /
Hethiter / Amoriter / Pheresiter / Jebusiter / vnd
Girgositer / vnd hast dein wort gehalten / Denn
du bist gerecht.
Exo. 1. 2. 14. [9]VND du hast angesehen das elend vnser Veter
in Egypten / vnd jr schreien erhöret am Schilff-
meer / [10]vnd Zeichen vnd Wunder gethan an
Pharao vnd allen seinen Knechten / vnd an allem
Volck seines Landes / Denn du erkandtest / das
sie stoltz wider sie waren / vnd hast jnen einen
namen gemacht / wie es heute gehet. [11]Vnd hast
Exod. 15. das Meer fur jnen zurissen / das sie mitten im Meer
trocken durch hin giengen / Vnd jre Verfolger in
die Tieffe verworffen wie steine in mechtigen was-
sern. [12]Vnd sie gefürt des tages in einer Wolck-
seulen / vnd des nachts in einer Fewrseulen / jnen
zu leuchten auff dem wege / den sie zogen.
Exo. 19. [13]VND bist her ab gestiegen auff den berg Sinai /
vnd hast mit jnen vom Himel geredt / vnd gegeben
ein wahrhafftig Recht / vnd ein recht Gesetz / vnd
gute Gebot vnd Sitten. [14]Vnd deinen heiligen
Sabbath jnen kund gethan / vnd Gebot / Sitten
vnd Gesetz jnen geboten durch deinen knecht
Mose. [15]Vnd jnen Brot vom Himel gegeben / da
sie hungerte / vnd Wasser aus dem Felsen lassen
gehen / da sie dürstete. Vnd jnen geredt / sie solten
hin ein gehen / vnd das Land einnemen / darüber
du deine Hand hubest jnen zugeben.
ABer vnser Veter wurden stoltz vnd halsstarrig /
das sie deinen Geboten nicht gehorchten. Sünde vnd vndanckbarkeit des Volcks Jsrael.
[17]Vnd wegerten sich zu hören / vnd gedachten
auch nicht an deine Wunder / die du an jnen thatest /
Sondern sie wurden halstarrig / vnd wurffen ein
Heubt auff / das sie sich wendeten zu jrer dienst-
barkeit in jrer vngedult. Aber du mein Gott ver-
gabest vnd warest gnedig / barmhertzig / gedültig
vnd von grosser barmhertzigkeit / vnd verliessest
sie nicht. [18]Vnd ob sie wol ein gegossen Kalb
machten / vnd sprachen / Das ist dein Gott / der
dich aus Egyptenland gefüret hat / vnd theten
grosse lesterunge. [19]Noch verliessestu sie nicht

in der Wüsten nach deiner grossen barmhertzig-
keit / vnd die Wolckenseule weich nicht von jnen /
des tags sie zu füren auff dem wege / noch die Fewr-
seule des nachts / jnen zu leuchten auff dem wege
den sie zogen.
20VND du gabest jnen deinen guten Geist / sie
zu vnterweisen / vnd dein [a]Man wendestu nicht
von jrem munde / vnd gabest jnen Wasser da sie
dürstete. 21Vierzig jar versorgetestu sie in der
wüsten / das jnen nichts mangelst / Jre Kleider
veralteten nicht / vnd jre Füsse zuschwollen nicht.
22Vnd gabest jnen Königreiche vnd Völcker / vnd
teiletest sie hie vnd da her / das sie einnamen das
land Sihon / des königes zu Hesbon / vnd das land
Og / des königes in Basan. 23Vnd vermeretest jre
Kinder wie die Sterne am Himel / vnd brachtest
sie ins Land / das du jren Vetern geredt hattest / das
sie einziehen vnd einnemen solten. 24Vnd die
Kinder zogen hin ein / vnd namen das Land ein /
Vnd du demütigetest fur jnen die Einwoner des
landes / die Cananiter / vnd gabest sie in jre hende /
vnd jre Könige vnd Völcker im Lande / das sie
mit jnen theten nach jrem willen.
25VND sie gewonnen feste Stedte vnd ein fett
Land / vnd namen Heuser ein vol allerley Güter /
ausgehawen Brun / Weinberge / Olegarten / vnd
Bewme dauon man isset / die menge / vnd assen
vnd worden sat vnd fett / vnd lebeten in wollust /
durch deine grosse Güte. 26Aber sie wurden vn-
gehorsam / vnd widerstrebten dir / vnd wurffen
deine Gesetze hinder sich zurück / Vnd erwürgeten
deine Propheten / die sie bezeugeten / Das sie
solten sich zu dir bekeren / vnd the||ten grosse || 266b
lesterunge. 27Darumb gabestu sie in die hand jrer
Feinde / die sie engsteten / Vnd zur zeit jrer Angst /
schrien sie zu dir. Vnd du erhöretest sie vom Hi-
mel / vnd durch deine grosse Barmhertzigkeit
gabestu jnen Heilande / die jnen holffen aus jrer
Feinde hand.
28WEnn sie aber zu ruge kamen / verkereten sie
sich vbel zu thun fur dir / So verliessestu sie in jrer
Feinde hand / das sie vber sie herrscheten. So be-
kereten sie sich denn / vnd schrien zu dir / Vnd du
erhöretest sie vom Himel / vnd errettest sie nach
deiner grossen barmhertzigkeit viel mal / 28vnd
liessest sie bezeugen / das sie sich bekeren solten
zu deinem Gesetze. Aber sie waren stoltz / vnd ge-

a Himelbrot.

bekennet das sichs an Gott versundigt etc. Leui. 18.

horchten deinen Geboten nicht / vnd sundigeten
an deinen Rechten (welche so ein Mensch thut /
lebet er drinnen) vnd wendeten jre Schulder weg /
vnd wurden halstarrig / vnd gehorchten nicht.
30Vnd du hieltest viel jar vber jnen / vnd liessest
sie bezeugen durch deinen Geist in deinen Pro-
pheten / Aber sie namens nicht zu ohren / Darumb
hastu sie gegeben in die hand der Völcker in Len-
dern. 31Aber nach deiner grossen barmhertzigkeit
hastu es nicht gar aus mit jnen gemacht / noch sie
verlassen / Denn du bist ein gnediger vnd barm-
hertziger Gott.

NV vnser Gott / du grosser Gott / mechtig vnd
schrecklich / der du heltest Bund vnd Barm-
hertzigkeit / Achte nicht geringe alle die mühe /
die vns troffen hat / vnd vnser Könige / Fürsten /
Priester / Propheten / Veter / vnd dein gantzes
Volck / von der zeit an der Könige zu Assur / bis
auff diesen tag. 33Du bist gerecht an allem das du
vber vns gebracht hast / Denn du hast recht gethan /
Wir aber sind Gottlos gewesen. 34Vnd vnser Kö-
nige / Fürsten / Priester / vnd Veter haben nicht
nach deinem Gesetze gethan / vnd nicht acht ge-
habt auff deine Gebot vnd Zeugnis / die du hast
jnen lassen zeugen. 35Vnd sie haben dir nicht ge-
dienet / in jrem Königreich vnd in deinen grossen
Gütern / die du jnen gabest / vnd in dem weiten
vnd fetten Lande / das du jnen dargelegt hast /
vnd haben sich nicht bekeret von jrem bösen wesen.
36SJhe / wir sind heutes tages Knechte / vnd im
Lande das du vnsern Vetern gegeben hast / zu
essen seine Früchte vnd Güter / Sihe / da sind wir
Knechte innen. 37Vnd sein Einkomen mehret sich
den Königen die du vber vns gesetzt hast / vmb
vnser sünden willen / vnd sie herrschen vber vnser
Leibe vnd Vieh nach jrem willen / vnd wir sind in
grosser not. 38Vnd in diesem allen machen wir
einen Bund / vnd schreiben / vnd lassens vnsere
Fürsten / Leuiten vnd Priester versiegeln.

X.

DJE VERSIEGELER ABER WAREN / NEHEMJA /
Hathirsatha / der son Hachalja / vnd Zidekia /
2Seraia / Asarja / Jeremja / 3Pashur / Amaria /
Malchia / 4Hattus / Sebanja / Malluch / 5Harim /
Meremoth / Obadja / 6Daniel / Ginthun / Baruch /

Jsrael bekennet das sichs an Gott versündigt etc.

7Mesullam / Abia / Meiamin / 8Maasga / Bilgai
vnd Semaia / Das waren die Priester.
9DJe Leuiten aber waren / Jesua der son Asanja /
Binui vnter den kindern Henadad / Kadmiel.
10Vnd jre brüder / Sechanja / Hodia / Klita / Plaja /
Hanan / 11Micha / Rehob / Hasabja / 12Sachur /
Serebja / Sebanja / 13Hodia / Bani vnd Beninu.
14DJE Heubter im volck waren / Pareos / Pa-
hathMoab / Elam / Sathu / Bani / 15Buni / Asgad /
Bebai / 16Adonia / Biguai / Adin / 17Ater / Hiskia /
Asur / 18Hodia / Hasum / Bezai / 19Hariph / Ana-
thoth / Neubai / 20Magpias / Mesullam / Hesir /
21Mesesabeel / Zadok / Jaddua / 22Platja / Hanan /
Anaja / 23Hosea / Hananja / Hasub / 24Halohes /
Pilha / Sobek / 25Rehum / Hasabna / Maeseja /
26Ahia / Hanan / Anan / 27Malluch / Harim / vnd
Baena. 28Vnd das ander volck / Priester / Leuiten /
Thorhüter / Senger / Nethinim / vnd alle die sich
von den Völckern in Landen ge‖sondert hatten / ‖ 267a
zum gesetz Gottes / sampt jren Weibern / Sönen
vnd Töchtern / alle die es verstehen kundten /
29vnd jre Mechtigen namens an fur jre Brüder.

VND sie kamen das sie schwuren / vnd sich mit Eide verpflichten zu wandeln im gesetz Gottes / das durch Mose den knecht Gottes gegeben ist / Das sie hielten vnd thun wolten nach allen Geboten / Rechten vnd Sitten des HERRN vnsers
Herrschers. 30Vnd das wir den Völckern im Lande
vnsere Töchter nicht geben / noch jre töchter
vnsern Sönen nemen wolten. 31Auch wenn die
völcker im Lande am Sabbahtage bringen Wahr / vnd allerley Fütterung zu verkeuffen / das wirs nicht von jnen nemen wolten auff den Sabbath vnd heiligen Tagen. Vnd das wir das siebende Jar
aller hand beschwerung frey lassen wolten / 32Vnd
legen ein Gebot auff vns / das wir jerlich einen dritten teil eins Sekels geben zum dienst im Hause
vnsers Gottes / 33nemlich / zu Schawbrot / zu teg-
lichem Speisopffer / zu teglichem Brandopffer des Sabbaths / der Newmonden vnd Festagen / vnd zu den Geheiligeten / vnd zu Sündopffer / damit Jsrael versünet werde / vnd zu allem geschefft im Hause vnsers Gottes.

34VND wir worffen das Los vnter den Priestern / Leuiten vnd dem Volck vmb das Opffer des holtzs / das man zum Hause vnsers Gottes bringen solt jerlich / nach den heusern vnser Veter auff be-

stimpte zeit / zu brennen auff dem Altar des
HERRN vnsers Gottes / wie es im Gesetz geschrie-
ben stehet. 35Vnd jerlich zu bringen die Erstlinge
vnsers Lands / vnd die erstlinge aller Früchte auff
allen bewmen / zum Hause des HERRN. 36Vnd
die erstlinge vnser Söne vnd vnsers Viehs / wie es
im Gesetz geschrieben stehet / Vnd die Erstlinge
vnser Rinder vnd vnser Schaf / das wir das alles
zum Hause vnsers Gottes bringen sollen den Prie-
stern / die im Hause vnsers Gottes dienen. 37Auch
sollen wir bringen die erstlinge vnsers Teiges vnd
vnser Hebe / vnd die Früchte allerley bewme most
vnd öle / den Priestern / in die Kasten am Hause
vnsers Gottes. Vnd den Zehenden vnsers landes
den Leuiten / das die Leuiten den Zehenden haben
in allen Stedten vnsers Ackerwercks.

38VNd der Priester der son Aaron / sol mit den
Leuiten auch an den zehenden der Leuiten haben /
Das die Leuiten den zehenden jrer zehenden er
auff bringen zum Hause vnsers Gottes / in die
Kasten im Schatzhause. 39Denn die kinder Jsrael
vnd die kinder Leui / sollen die Hebe des getreides /
mosts vnd öles erauff in die Kasten bringen / Da-
selbs sind die gefesse des Heiligthums / vnd die
Priester die da dienen / vnd die Thorhüter vnd
Senger / das wir das Haus vnsers Gottes nicht ver-
lassen.

XI.

VND DIE OBERSTEN DES VOLCKS WONETEN ZU
Jerusalem / Das ander Volck aber worffen das
Los drumb / das vnter zehen ein teil gen Jerusalem
in die heilige Stad zögen zu wonen / vnd neun teil
in den Stedten. 2Vnd das volck segenet alle die
Menner / die freiwillig waren zu Jerusalem zu
wonen.

3DJS sind die Heubter in der Landschafft die zu
Jerusalem woneten. Jn den stedten Juda aber wo-
nete ein jglicher in seinem Gut das in jren Stedten
war / Nemlich / Jsrael / Priester / Leuiten / Nethi-
nim / vnd die kinder der knechte Salomo. 4Vnd
zu Jerusalem woneten etliche der kinder Juda vnd
BenJamin. Von den kindern Juda / Athaja der son
Vsia / des sons Sacharja / des sons Amarja / des
sons Sephatja / des sons Mahelaleel / aus den kin-
dern Parez. 5Vnd Maeseja der son Baruch / des
sons ChalHose / des sons Hasaja / des sons Adaja /

vnd zal der / so zu Jerusalem / da sie wider gebawet / gewonet haben.

des sons Joiarib / des sons Sacharja / des sons
Siloni. [6]Aller kin||der Parez / die zu Jerusalem wo- || 267b
neten waren vierhundert vnd acht vnd sechzig
redliche Leute.

[7]DJS sind die kinder BenJamin / Sallu / der son
Mesullam / des sons Joed / des sons Pedaja / des
sons Kolaja / des sons Maeseja / des sons Jthiel /
des sons Jesaja. [8]Vnd nach jm Gabai / Sallai / neun
hundert vnd acht vnd zwenzig. [9]Vnd Joel der
son Sichri / war jr Vorsteher / Vnd Juda der son
Hasnua / vber das ander teil der Stad.

[10]VON den Priestern woneten / Jedaja der son
Joiarib Jachin. [11]Saraja der son Hilkia / des sons
Mesullam / des sons Zadok / des sons Meraioth /
des sons Ahitob / war Fürst im hause Gottes.
[12]Vnd seine brüder die im Hause schafften / der
waren acht hundert vnd zwey vnd zwenzig. Vnd
Adaja der son Jeroham / des sons Plalia / des sons
Amzi / des sons Sacharja / des sons Pashur / des
sons Malchia. [13]Vnd seine brüder / Obersten vnter
den Vetern waren zwey hundert vnd zwey vnd
vierzig. Vnd Amassai der son Asareel / des sons
Ahusai / des sons Mesillemoth / des sons Jmmer /
[14]Vnd seine brüder / gewaltige Leute / waren hun-
dert vnd acht vnd zwenzig. Vnd jr Vorsteher war
Sabdiel der son Gedolim.

[15]VON den Leuiten / Sesmaja der son Hasub /
des sons Asrikam / des sons Hasabja / des sons
Bunni. [16]Vnd Sabthai vnd Josabad aus der Leuiten
öbersten / an den eusserlichen geschefften im hause
Gottes. [17]Vnd Mathanja der son Micha / des sons
Sabdi / des sons Assaph / der das Heubt war /
Danck an zu heben zum Gebet. Vnd Babukja der
ander vnter seinen brüdern / vnd Abda der son
Sammua des sons Galal / des sons Jedithun. [18]Aller
Leuiten in der heiligen Stad / waren zwey hundert
vnd vier vnd achzig. [19]Vnd die Thorhüter / Akub
vnd Talmon / vnd jre brüder / die in den thoren
hütten / waren hundert vnd zwey vnd siebenzig.
[20]Das ander Jsrael aber / Priester vnd Leuiten /
waren in allen stedten Juda / ein jglicher in seinem
Erbteil.

[21]VND die Nethinim woneten an Ophel / vnd
Ziha vnd Gispa gehöreten zu den Nethinim. [22]Der
Vorsteher aber vber die Leuiten zu Jerusalem war
Vsi der son Bani / des sons Hasabja / des sons
Mathanja / des sons Micha. Aus den kindern As-

der Priester vnd Leuiten / die mit Zerubabel von Babel er auf gezogen / etc.

saph waren Senger vmb das gescheft im hause
Gottes / 23Denn es war des Königes gebot vber
sie / das die Senger trewlich handelten ein jglichen
tag sein gebür. 24Vnd Pethaja der son Mesesabeel
aus den kindern Serah des sons Juda / war Befelhhaber des Königes zu allen Geschefften an das
Volck.

25VND der kinder Juda / die aussen auff den
dörffern auff jrem lande waren / woneten etliche zu
KiriathArba vnd in jren töchtern / vnd zu Dibon /
vnd in jren töchtern vnd zu Kapzeel / vnd in jren
dörffern / 26vnd zu Jesua / Molada / Bethpalet /
27Hazarsual / Berseba / vnd jren töchtern / 28vnd
zu Ziklag vnd Mochona / vnd jren töchtern / 29vnd
zu Enrimmon / Zarega / Jeremuth / 30Sanoah /
Adullam / vnd jren dörffern / zu Lachis vnd auff
jrem felde / zu Aseka / vnd in jren töchtern. Vnd
lagerten sich von Berseba an / bis ans tal Hinnom.

31DJE kinder BenJamin aber von Gaba / woneten zu Michmas / Aia / BethEl / vnd jren töchtern / 32vnd zu Anathoth / Nob / Ananja / 33Hazor / Rama / Githaim / 34Hadid / Ziboim / Neballat / 35Lod / Ono / vnd im Zimmertal. 36Vnd
etliche Leuiten / die teil in Juda hatten / woneten
vnter BenJamin.

XII.

DJS SIND DIE PRIESTER VND LEUITEN / DIE MIT
Serubabel dem son Sealthiel vnd Jesua er auff
zogen. Seraja / Jeremja / Esra / 2Amarja / Malluch / Hattus / 3Sechanja / Rehum / Meremoth /
4Jddo / Ginthoi / Abia / 5Meiamin / Maadia /
Bilga / 6Semaja / Joiarib / Jedaia / 7Sallu / Amok /
|| 268 a Hilkia / vnd Jedaia. Dis waren die Heub||ter vnter
den Priestern vnd jren Brüdern zun zeiten Jesua.
8Die Leuiten aber waren diese / Jesua / Benui /
Kadmiel / Serebja / Juda / vnd Mathanja / vber
das Danckampt / er vnd sein brüder. 9Bakbukja
vnd Vnni jre brüder waren vmb sie zur Hut.

10JEsua zeuget Joiakim / Joiakim zeuget Eliasib /
Eliasib zeuget Joiada / 11Joiada zeuget Jonathan /
Jonathan zeuget Jaddua. 12Vnd zun zeiten Joiakim waren diese öberste Veter vnter den Priestern /
nemlich / von Seraja war Meraja / von Jeremja war
Hananja / 13von Esra war Mesullam / von Amarja
war Johanan / 14von Malluch war Jonathan / von
Sebanja war Joseph / 15von Harim war Adna / von

(JADDUA) Dis ist Jaddua der den grossen Alexander zu Jerusalem empfieng Also hat Nehemja vieleicht Esra auch / den Alexander erreicht / und seer alt worden / vnd vier oder fünff Hohepriester vberlebt.

der Priester vnd Leuiten / die mit Zerubabel von Babel er auffgezogen / etc.

Meraioth war Helkai / 16von Jddo war Sacharja /
von Ginthon war Mesullam / 17von Abia war
Sichri / von MeiaminMoadja war Piltai / 18von
Bilga war Sammua / von Semaja war Jonathan /
19von Joiarib war Mathnai / von Jedaja war Vsi /
20von Sallai war Kallai / von Amok war Eber /
21von Hilkia war Hasabja / von Jedaja war Nethaneel.

22VND zun zeiten Eliasib / Joiada / Johanan /
vnd Jaddua wurden die öbersten Veter vnter den
Leuiten / vnd die Priester beschrieben vnter dem
königreich Darij des Persen. 23Es wurden aber
die kinder Leui die öbersten Veter beschrieben in
die Chronica / bis zur zeit Johanan des sons Eliasib.
24Vnd dis waren die Obersten vnter den Leuiten /
Hasabja / Serebja / vnd Jesua der son Kadmiel /
vnd jre Brüder neben jnen zu loben vnd zu dancken / wie es Dauid der man Gottes geboten hatte /
eine Hut vmb die ander. 25Mathanja / Bakbukja /
Obadja / Mesullam / Talmon vnd Akub waren
Thorhüter an der Hut / an den schwellen in den
thoren. 26Diese waren zun zeiten Joiakim des
sons Jesua / des sons Jozadak / vnd zun zeiten
Nehemja des Landpflegers / vnd des Priesters Esra
des Schrifftgelerten.

Einweihung der mauren zu Jerusalem.

VND in der Einweihung der mauren zu Jerusalem / suchet man die Leuiten aus allen jren
Orten / das man sie gen Jerusalem brechte / zu
halten Einweihung / in freuden / mit dancken /
mit singen / Cymbalen / Psaltern vnd Harffen.
28Vnd es versamleten sich die kinder der Senger /
vnd von der gegend vmb Jerusalem her / vnd von
den höfen Netophathi / 29vnd vom hause Gilgal /
vnd von den Eckern zu Gibea vnd Asmaueth /
Denn die Senger hatten jnen höfe gebawet vmb
Jerusalem her. 30Vnd die Priester vnd Leuiten
reinigeten sich / vnd reinigeten das Volck / die
thor vnd die mauren.

31VND ich lies die fürsten Juda oben auff die
mauren steigen / vnd bestellet zween grosse Danckchör / die giengen hin zur rechten oben auff
die mauren zum Mistthor werds. 32Vnd jnen gieng
nach Hosaja / vnd die helfft der fürsten Juda /
33vnd Asarja / Esra / Mesullam / 34Juda / BenJamin / Semaja vnd Jeremja. 35Vnd etliche der
Priester kinder mit Drometen / nemlich / Sacharja /
der son Jonathan / des sons Semaja / des sons Ma-

Namen der Priester vnd Leuiten / die mit Zerubabel von Babel erauff gezogen / etc.

thanja / des sons Michaja / des sons Sachur / des
sons Assaph / [36]vnd seine brüder / Semaja / Asa-
reel / Milalai / Gilalai / Maai / Nethaneel / vnd
Juda / Hanani / mit den Seitenspielen Dauids des
mans Gottes / Esra aber der Schrifftgelerte fur
jnen her / [37]zum Brunthor werds. Vnd giengen
neben jnen auff den stuffen / zur stad Dauid die
mauren auff hin / zum hause Dauid hin an / bis an
das Wasserthor gegen morgen.
[38]DER ander Danckchor gieng gegen jnen vber /
Vnd ich jm nach / vnd die helfft des volcks / die
mauren hin an / zum Ofenthurm hin auff / bis an
die Breite mauren / [39]vnd zum thor Ephraim hin
an / vnd zum Altenthor / vnd zum Fischthor / vnd
zum thurn Hananeel / vnd zum thurn Mea / bis an
das Schaffthor / vnd blieben stehen im Kercker-
thor. [40]Vnd stunden also die zween Danckchor
im hause Gottes / vnd ich vnd die helfft der Ober-
sten mit mir. [41]Vnd die Priester / nemlich / El-
Jakim / Maeseja / MinJamin / Michaja / Elioenai /
Sacharja / Hananja mit Drometen / [42]vnd Maeseja /
|| 268 b Semaja / Eleasar / Vsi /|| Johanan / Malchia / Elam
vnd Asar / Vnd die Senger sungen laut / vnd Jes-
rahia war der Vorsteher. [43]Vnd es wurden des-
selben tages grosse Opffer geopffert / vnd waren
frölich / Denn Gott hatte jnen eine grosse freude
gemacht / das sich beide Weiber vnd Kinder
freweten / Vnd man höret die freude Jerusalem
ferne.
ZV der zeit wurden verordnet Menner vber die
Schatzkasten / da die Heben / Erstlingen vnd
Zehenden innen waren / das sie samlen solten von
den Eckern vnd vmb die Stedte / aus zuteilen nach
dem Gesetz fur die Priester vnd Leuiten / Denn
Juda hatte eine freude an den Priestern vnd Leui-
ten / das sie stunden [45]vnd warten der Hut jres
Gottes / vnd der Hut der reinigung. Vnd die Sen-
ger vnd Thorhüter stunden nach dem gebot Da-
uid vnd seines sons Salomo / [46]Denn zun zeiten
Dauid vnd Assaph wurden gestifftet die öbersten
Senger vnd Lobliede vnd danck zu Gott. [47]Aber
gantz Jsrael gab den Sengern vnd Thorhütern teil
zun zeiten Serubabel vnd Nehemja / einen jglichen
tag sein teil / vnd sie gaben geheiligetets fur die
Leuiten / Die Leuiten aber gaben geheiligetes fur
die kinder Aaron.

XIII.

VND ES WARD ZU DER ZEIT GELESEN DAS BUCH
Mose fur den ohren des Volcks / vnd ward fun-
den drinnen geschrieben / Das die Ammoniten vnd
Moabiten sollen nimer mehr in die gemeine Gottes Deut. 23.
komen. [2]Darumb / das sie den kindern Jsrael nicht
zuuor kamen mit brot vnd wasser / vnd dingeten
wider sie Bileam / das er sie verfluchen solt / Aber Num. 28.
vnser Gott wand den fluch in einen segen. [3]Da sie
nu dis Gesetz höreten / scheideten sie alle Frembd-
lingen von Jsrael. [4]Vnd vor dem hatte der Prie-
ster Eliasib in den Kasten am Hause vnsers Gottes /
geleget das opffer Tobia. Denn er hatte jm einen
grossen Kasten gemacht / [5]vnd da hin hatten sie
zuuor gelegt / Speisopffer / Weyrauch / Gerete / vnd
die Zehenden vom getreide / most vnd öle / nach
dem gebot der Leuiten / Senger vnd Thorhüter /
dazu die Hebe der Priester.

[6]ABer in diesem allen war ich nicht zu Jerusalem /
Denn im zwey vnd dreissigsten jar Arthahsastha /
des Königes zu Babel / kam ich zum Könige / vnd
nach etlichen tagen erwarb ich vom Könige /
[7]das ich gen Jerusalem zoch. Vnd ich mercket / das
nicht gut war / das Eliasib an Tobia gethan hatte /
das er jm einen Kasten machet im Hofe am Hause
Gottes. [8]Vnd verdros mich seer / vnd warff alle
Gerete vom hause Tobia hin aus fur den Kasten.
[9]Vnd hies / das sie die Kasten reinigeten / Vnd ich
bracht wider daselbs hin / das Gerete des hauses
Gottes / das Speisopffer vnd Weyrauch.

VND ich erfur / das der Leuiten teil jnen nicht
gegeben waren / Derhalben die Leuiten vnd
Senger geflohen waren / ein jglicher zu seinem
acker zuerbeiten. [11]Da schalt ich die Obersten /
vnd sprach / Warumb verlassen wir das haus Got-
tes? Aber ich versamlet sie / vnd stellet sie an jre
stet. [12]Da bracht gantz Juda die Zehende vom
getreide / most vnd öle zum Schatz. [13]Vnd ich
setzt vber die Schetze Selemja den Priester / vnd
Zadok den Schrifftgelerten / vnd aus den Leuiten
Pedaja / vnd vnter jre hand Hanan / den son Sachur /
des sons Mathanja / Denn sie wurden fur trew ge-
halten / vnd jnen ward befolhen jren Brüdern aus zu
teilen. [14]Gedencke mein Gott mir daran / vnd tilge
nicht aus meine barmhertzigkeit / die ich an meines
Gottes hause / vnd an seine Hut gethan habe.

ZVR selben zeit sahe ich in Juda Kelter tretten — SABBATH NICHT geheiliget.
auff den Sabbath / vnd Garben er ein bringen /
vnd Esel beladen mit wein / drauben / feigen / vnd
allerley last zu Jerusalem bringen / auff den Sab-
bath tag. Vnd ich bezeuget sie des tages / da sie die
|| 269a futterung verkaufften. 16Es woneten auch Tyrer ||
drinnen / die brachten Fisch vnd allerley Wahr /
vnd verkaufftens auff den Sabbath den kindern
Juda vnd Jerusalem. 17Da schalt ich die Obersten
in Juda / vnd sprach zu jnen / Was ist das böse ding /
das jr thut / vnd brecht den Sabbather tag? 18The-
ten nicht vnser Veter also / vnd vnser Gott füret
alle dis vnglück vber vns vnd vber diese Stad? Vnd
jr macht des zorns vber Jsrael noch mehr / das jr
den Sabbath brecht.

VND da die thor zu Jerusalem auffgezogen waren
fur dem Sabbath hies ich die thür zuschliessen /
vnd befalh / Man solt sie nicht auffthun / bis nach
dem Sabbath / Vnd ich bestellet meiner Knaben
etliche an die thor das man keine Last er ein brecht
am Sabbather tage. 20Da blieben die Kremer vnd
Verkeuffer mit allerley wahr vber nacht draussen
fur Jerusalem / ein mal oder zwey. 21Da zeuget ich
jnen / vnd sprach zu jnen / Warumb bleibet jr vber
nacht vmb die mauren? Werdet jrs noch einest
thun / So wil ich die hand an euch legen. Von der
zeit an kamen sie des Sabbaths nicht. 22Vnd ich
sprach zu den Leuiten / die rein waren / das sie
kemen vnd hütten der thor / zu heiligen den Sab-
bathtag. Mein Gott / Gedenck mir des auch / vnd
schone mein nach deiner grossen barmhertzig-
keit.

JCH sahe auch zu der zeit Jüden die weiber namen — JÜDEN SO AUSLENDISCHE WEIBER GENOMEN.
von Asdod / Ammon vnd Moab. 24Vnd jre Kin-
der redeten die helfft Asdodisch / vnd kundten nicht
Jüdisch reden / Sondern nach der sprach eines jg-
lichen volcks. 25Vnd ich schalt sie / vnd flucht
jnen / vnd schlug etliche Menner / vnd raufft sie /
Vnd nam einen Eid von jnen bey Gott / Jr solt
ewre Töchter nicht geben jren Sönen noch jre
Töchter nemen ewern Sönen oder euch selbs. 26Hat
2. Reg. 11. nicht Salomo der könig Jsrael daran gesündiget?
Vnd war doch in vielen Heiden kein König jm
gleich / vnd er war seinem Gott lieb / vnd Gott
setzt jn zum Könige vber gantz Jsrael / Noch mach-
ten jn die auslendische Weiber zu sunden. 27Habt
jr das nicht gehöret / das jr solch gros vbel thut /

Jüden so auslendische weiber genomen.

euch an vnserm Gott zu vergreiffen mit auslendi-
sche Weiber nemen.
[28]VND einer aus den kindern Joiada / des sons
Eliasib des Hohenpriesters hatte sich befreundet
mit Saneballat den Horoniten / Aber ich jaget jn
von mir. [29]Gedenck an sie mein Gott / die des
Priesterthums los sind worden / vnd des Bunds des
Priesterthums vnd der Leuiten. [30]Also reiniget ich
sie von allen auslendischen / vnd stellet die Hut der
Priester vnd Leuiten / einen jglichen zu seinem ge-
scheffte / [31]Vnd zu opffern das holtz zu bestimpten
zeiten / vnd die Erstlingen. Gedenck meiner / mein
Gott im besten.

Ende des Buchs Nehemia. || || 269b

DAS BUCH ESTHER

I.

ZVn zeiten Ahasueros: der da König war
von Jndia bis an Moren / vber hundert vnd
sieben vnd zwenzig Lender. [2]Vnd da er auff sei-
nem königlichen Stuel sas zu schlos Susan / [3]im
dritten jar seines Königreichs / machet er bey jm
ein Mal allen seinen Fürsten vnd Knechten / nem-
lich / den Gewaltigen in Persen vnd Meden / den
Landpflegern vnd Obersten seinen Lendern /
[4]Das er sehen liesse den herrlichen Reichthum
seines Königreichs / vnd den köstlichen pracht
seiner Maiestet / viel tage lang / nemlich / hundert
vnd achzig tage.
[5]VND da die tage auswaren / macht der König
ein Mal / allem volck das zu schlos Susan war /
beide gros vnd kleinen / sieben tage lang / im hofe
des Garten am hause des Königes. [6]Da hiengen
weisse / rote vnd gele Tücher / mit leinen vnd
scharlacken seilen gefasset in silbern ringen / auff
Marmelseulen. Die bencke waren gülden vnd sil-
bern / auff pflaster von grünen / weissen / gelen vnd
schwartzen marmeln gemacht. [7]Vnd das getrenck
trug man in gülden Gefessen / vnd jmer ander vnd
andern gefessen / vnd königlicher Wein die menge /
wie denn der könig vermocht. [8]Vnd man satzte
niemand / was er trincken solt / Denn der König
hatte allen Vorstehern in seinem Hause befolhen /
das ein jglicher solt thun / wie es jm wolgefiel.
VND die königin Vasthi machte auch ein Mal fur VASTHI.
die Weiber / im königlichem Hause des königes
Ahasueros. [10]Vnd am siebenden tage / da der
König guts muts war vom wein / hies er Mehuman /
Bistha / Harbona / Bigtha / Abagtha / Sethar vnd
Charcas die sieben Kemerer / die fur dem könige
Ahasueros dieneten / [11]das sie die königin Vasthi
holeten fur den König / mit der königlichen Krone /
Das er den Völckern vnd Fürsten zeiget jre schöne /
denn sie war schön. [12]Aber die königin Vasthi
wolt nicht komen nach dem wort des Königes
durch seine Kemerer / Da ward der König seer
zornig / vnd sein grim erbrand in jm.
VND der König sprach zu den Weisen / die sich
auff Landes sitten verstunden (Denn des Köni-
ges sachen musten geschehen fur allen verstendi-

gen auff recht vnd hendel) 14Die nehesten aber bey
im waren / Charsena / Sethar / Admatha / Tharsis /
Meres / Marsena / vnd Memuchan / die sieben Für-
sten der Perser vnd Meder / die das angesicht des
Königes sahen / vnd sassen oben an im Königreich /
15Was fur ein Recht man an der königin Vasthi
thun solt / Darumb das sie nicht gethan hatte nach
dem wort des Königes durch seine Kemerer.

DA sprach Memuchan fur dem Könige vnd Für-
sten. Die königin Vasthi hat nicht allein an dem
Könige vbel gethan / sondern auch an allen Fürsten
vnd an allen Völckern in allen Landen des königes
Ahasueros. 17Denn es wird solche that der Königin
auskomen zu allen Weibern / das sie jre Menner
verachten fur jren augen / vnd werden sagen / Der
könig Ahasueros hies die königin Vasthi fur sich
komen / Aber sie wolt nicht. 18So werden nu die
Fürstinnen in Persen vnd Meden auch so sagen zu
allen Fürsten des Königes / wenn sie solche that der
Königin hören / So wird sich verachtens vnd zorns
gnug heben.

19GEfellet es dem Könige / so las man ein könig-
lich Gebot von jm ausgehen / vnd schreiben nach
der Perser vnd Meder gesetz / welchs man nicht
thar || vbertreten / Das Vasthi nicht mehr fur den || 270a
könig Ahasueros kome / vnd der König gebe jr
Königreich jrer Nehesten / die besser ist denn sie.
20Vnd das dieser brieff des königes der gemacht
wird / in sein gantz Reich (welchs gros ist) erschalle /
Das alle Weiber jre Menner in ehren halten / beide
vnter grossen vnd kleinen. 21Das gefiel dem könige
vnd den Fürsten / vnd der König thet nach dem
wort Memuchan. 22Da wurden Brieue ausgesand
in alle Lender des Königes / in ein jglich Land nach
seiner schrifft / vnd zu jglichem Volck nach seiner
sprach / Das ein jglich Man der Oberherr in seinem
hause sey / vnd lies reden nach der sprach seins
Volcks.

II.

NACH DIESEN GESCHICHTEN / DA DER GRIM DES
königs Ahasueros sich geleget hatte / gedacht
er an Vasthi / was sie gethan hatte / vnd was vber
sie beschlossen were. 2Da sprachen die knaben des
Königes die jm dieneten / Man suche dem Könige
junge schöne Jungfrawen / 3vnd der könig bestelle
Schawer in allen Landen seines Königreichs / das

sie allerley junge schöne Jungfrawen zusamen
bringen gen schlos Susan ins Frawenzimmer /
vnter die hand Hege des königs Kemerer / der der
Weiber wartet / vnd gebe jnen jren Geschmuck /
4 vnd welche Dirne dem könige gefellet / die werde
Königin an Vasthi stat. Das gefiel dem Könige /
vnd thet also.

ES war aber ein Jüdischer man zu schlos Susan / MARDACHAI.
der hies Mardachai / ein son Jair / des sons
Simei / des sons Kis / des sons Jemini / 6 der mit
weggefürt war von Jerusalem / da Jechanja der
könig Juda weggefürt ward / welchen Nebucad-
Nezar der könig zu Babel wegfüret. 7 Vnd er war
ein vormünd Hadassa / die ist Esther / eine tochter HADASSA
seines vettern / Denn sie hatte weder vater noch die sonst
mutter / vnd sie war eine schöne vnd feine Dirne. Esther heisset.
Vnd da jr vater vnd mutter starb / nam sie Mar-
dachai auff zur Tochter.

8 DA nu das gebot vnd gesetz des Königes laut
ward / vnd viel Dirne zu hauffe bracht wurden gen
schlos Susan / vnter die hand Hegai / ward Esther
auch genomen zu des königes hause / vnter die hand
Hegai des Hüters der weiber. 9 Vnd die Dirne ge-
fiel jm / vnd sie fand barmhertzigkeit fur jm. Vnd
er eilet mit jrem Geschmuck / das er jr jren teil gebe /
vnd sieben feine Dirnen / von des Königes hause
dazu / Vnd er thet sie mit jren Dirnen an den besten
ort im Frawenzimmer. 10 Vnd Esther saget jm
nicht an jr Volck vnd jre Freundschafft / Denn
Mardachai hatte jr geboten / sie solts nicht ansagen.
11 Vnd Mardachai wandelte alle tage fur dem Hofe
am Frawenzimmer / das er erfüre / obs Esther wol-
gienge / vnd was jr geschehen würde.

12 WEnn aber die bestimpte zeit einer jglichen
Dirnen kam / das sie zum könige Ahasueros ko-
men solt / nach dem sie zwelff monden im Frawen-
schmücken gewesen war (Denn jr schmücken
muste so viel zeit haben / nemlich / sechs monden
mit Balsam vnd Myrren / vnd sechs monden mit
guter Specerey / so waren denn die weiber ge-
schmückt) 13 als denn gieng eine Dirne zum Köni-
ge / vnd welche sie wolte / muste man jr geben / die
mit jr vom Frawenzimmer zu des Königes hause
gienge. 14 Vnd wenn eine des abends hin ein kam /
die gienge des morgens von jm in das ander Fraw-
enzimmer / vnter die hand Saasgas des königes
Kemerer / der kebsweiber Hütter / Vnd sie muste

nicht wider zum Könige komen / es lüstete denn
den König / vnd liesse sie mit namen ruffen.
DA nu die zeit Esther erzu kam / der tochter
Abihail / des vettern Mardachai (die er zur
Tochter hatte auffgenomen) das sie zum könig
komen solt / begerte sie nichts / denn was Hegai des
Königes kemerer der weiber Hüter sprach / Vnd
Esther fand gnade fur allen die sie ansahen. [16]Es
ward aber Esther genomen zum könige Ahasueros /
ins königliche Haus / im || zehenden monden / der || 270b
da heisst Tebeth / im siebenden jar seines König-
reichs. [17]Vnd der König gewan Esther lieb vber
alle Weiber / vnd sie fand gnade vnd barmhertzig-
keit fur jm / fur allen Jungfrawen / Vnd er setzte
die königliche Kron auff jr heubt / vnd machte sie
zur Königen an Vasthi stat. [18]Vnd der König
machte ein gros Mal allen seinen Fürsten vnd
Knechten / das war ein Mal vmb Esthers willen.
Vnd lies die Lender rugen / vnd gab königliche
Geschencke aus.

[19]VND da man das ander mal Jungfrawen ver-
MARDACHAI. samlet / sas Mardachai im thor des Königes. [20]Vnd
Esther hatte noch nicht angesagt jre Freund-
schafft noch jr Volck / wie jr denn Mardachai ge-
boten hatte / Denn Esther thet nach dem wort
Mardachai / gleich als da er jr Vormund war.
ZVR selbigen zeit / da Mardachai im thor des
Königes sas / wurden zween Kemerer des
BIGTHAN. Königes / Bigthan vnd Theres / die der thür hüte-
THERES. ten / zornig vnd trachten jre hende an den könig
Ahasueros zu legen. [22]Das ward Mardachai kund /
vnd sagts an der könig Esther / vnd Esther sagets
dem Könige in Mardachai namen. [23]Vnd da man
solchs forschet / wards funden / Vnd sie wurden
beide an Bewme gehenget. Vnd ward geschrieben
in die Chronica fur dem Könige.

III.

NACH DIESEN GESCHICHTEN MACHTE DER KÖNIG
HAMAN. Ahasueros / Haman gros / den son Medatha
den Agagiter / vnd erhöhet jn / vnd setzt seinen
stuel vber alle Fürsten / die bey jm waren. [2]Vnd
alle knechte des Königes / die im thor des Königes
waren / beugeten die knie vnd beteten Haman an /
Denn der König hatte es also geboten / Aber Mar-
dachai beuget die knie nicht / vnd betet nicht an.
[3]Da sprachen des Königes knechte / die im thor

des Königes waren / zu Mardachai / Warumb vber-
trittestu des Königes gebot? 4Vnd da sie solchs
teglich zu jm sagten / vnd er jnen nicht gehorchte /
sagten sie es Haman an / das sie sehen / ob solch
thun Mardachai bestehen würde / Denn er hatte
jnen gesagt / das er ein Jüde were.
VND da Haman sahe / das Mardachi jm nicht die
knie beuget noch jn an betet / ward er vol grims /
6vnd verachtets / das er an Mardachai allein solt
die hand legen / Denn sie hatten jm das volck Mar-
dachai angesagt / Sondern er trachtet das volck
Mardachai / alle Jüden / so im gantzen königreich
Ahasueros waren / zu vertilgen. 7Jm ersten mon-
den / das ist der mond Nissan / im zwelfften jar
des königes Ahasueros / ward das Los geworffen
fur Haman / von einem tage auff den andern / vnd
vom monden bis auff den zwelfften monden / das
ist der mond Adar.

8VND Haman sprach zum könige Ahasueros / HAMANS RAT wider die Jüden.
Es ist ein volck zustrewet / vnd teilet sich vnter
alle völcker in allen Landen deines Königreichs /
vnd jr Gesetz ist anders / denn aller Völcker / vnd
thun nicht nach des Königes gesetzen / vnd ist
dem Könige nicht zu leiden / sie also zu lassen.
9Gefellet es dem Könige / so schreibe er / das mans
vmbbringe / So wil ich zehen tausent Centner sil-
bers dar wegen / vnter die hand der Amptleute das
mans bringe in die Kamer des Königes. 10Da thet
der König seinen Rinck von der hand / vnd gab jn
Haman / dem son Medatha dem Agagiter / der
Jüden feind. 11Vnd der König sprach zu Haman /
Das silber sey dir gegeben / dazu das Volck / das
du damit thust / was dir gefellet.
DA rieff man den Schreibern des Königes / im
dreizehenden tage des ersten monden / vnd
ward geschrieben / wie Haman befalh / an die
Fürsten des Königes / vnd zu den Landpflegern
hin vnd her in den Lendern / vnd zu den Heubt-
leuten eines jglichen Volcks / in den Lendern hin
|| 271a vnd her / nach der || Schrifft eines jglichen Volcks /
vnd nach jrer Sprach / im namen des königes Ahas-
ueros / vnd mit des Königes Ringe versiegelt.
13Vnd die Brieue wurden gesand durch die Leuffer
in alle Lender des Königes / zu vertilgen / zu er-
würgen / vnd vmb zubringen alle Jüden beide
jung vnd alt / Kinder vnd Weiber auff einen tag /
nemlich auff den dreizehenden tag des zwelfften

monden / das ist der mond Adar / vnd jr Gut zu
rauben.
ALso war der inhalt der schrifft / Das ein Gebot
gegeben were in allen Lendern / allen Völckern
zu eröffenen / das sie auff den selbigen tag geschickt
weren. [15]Vnd die Leuffer giengen aus eilend
nach des Königes gebot. Vnd zu schlos Susan
ward angeschlagen ein gebot. Vnd der König vnd
Haman sassen vnd truncken / Aber die stad Susan
ward jrre.

IIII.

MARDACHAI.

DA MARDACHAI ERFUR ALLES WAS GESCHEHEN
war / zureis er seine Kleider / vnd legt einen
Sack an vnd asschen / vnd gieng hin aus mitten in
die Stad / vnd schrey laut vnd kleglich / [2]vnd
kam fur das thor des Königes / Denn es muste
niemand zu des Königes thor eingehen / der einen
sack anhette. [3]Vnd in allen Lendern / an welchem
ort des Königes wort vnd gebot gelanget / war
ein gros klagen vnter den Jüden / vnd viel fasteten /
weineten / trugen leide / vnd lagen in secken vnd
in der asschen. [4]Da kamen die Dirnen Esther vnd
jre Kemerer / vnd sagtens jr an / Da erschrack die
Königin seer. Vnd sie sandte kleider / das Mar-
dachai anzöge / vnd den Sack von jm ableget / Er
aber nam sie nicht.

ESTHER.

DA rieff Esther Hathach vnter des königes Ke-
merern / der fur jr stund / vnd befalh jm an
Mardachai / das sie erfüre / was das were / vnd
warumb er so thet? [6]Da gieng Hathach hin aus zu
Mardachai an die gassen in der Stad / die fur dem
thor des Königes war. [7]Vnd Mardachai saget jm
alles was jm begegenet were / vnd die summa des
silbers das Haman geredt hatte in des Königes
kamer dar zu wegen vmb der Jüden willen / sie zu
vertilgen. [8]Vnd gab jm die abschrifft des Gebots /
das zu Susan angeschlagen war sie zu vertilgen /
das ers Esther zeiget vnd jr ansaget / Vnd geböte
jr / das sie zum Könige hin ein gienge / vnd thet
eine Bitte an jn / vnd thet eine Bitte an jn vmb jr
volck.
VND da Hathach hin ein kam / vnd saget Esther
die wort Mardachai / [10]sprach Esther zu
Hathach / vnd gebot jm an Mardachai / [11]Es
wissen alle knechte des Königes / vnd das volck
in den Landen des Königes / das wer zum Könige

hin ein gehet inwendig in den hof / er sey Man
oder Weib / der nicht geruffen ist / der sol stracks
gebots sterben (Es sey denn / das der König den
gülden Scepter gegen jm reiche / da mit er leben-
dig bleibe) Jch aber bin nu in dreissig tagen nicht
geruffen zum Könige hin ein zu komen.

12VND da die wort Esther wurden Mardachai
angesagt / 13hies Mardachai Esther wider sagen /
Gedencke nicht das du dein Leben errettest / weil
du im hause des Königes bist fur allen Jüden.
14Denn wo du wirst zu dieser zeit schweigen / So
wird eine hülffe vnd errettung aus einem andern
ort den Jüden entstehen / vnd du vnd deines Va-
ters haus werdet vmbkomen. Vnd wer weis ob
du vmb dieser zeit willen zum Königreich komen
bist? 15Esther hies Mardachai antworten / 16So
gehe hin vnd versamle alle Jüden / die zu Susan
fur handen sind / vnd fastet fur mich / das jr nicht
esset vnd trincket in dreien tagen weder tag noch
nacht / Jch vnd meine Dirnen wöllen auch also
fasten. Vnd also wil ich zum Könige hin ein gehen
wider das gebot / Kom ich vmb / so kom ich vmb.
17Mardachai gieng hin vnd thet alles was jm Esther
|| 271b geboten hatte. ||

V.

VND AM DRITTEN TAGE ZOG SICH ESTHER KÖNIG-
lich an / vnd trat in den hof am Hause des Kö-
niges inwendig gegen dem Hause des Königes /
Vnd der König sass auff seinem königlichen Stuel
im königlichen Hause / gegen der thür des hauses.
2Vnd da der König sahe Esther die königin stehen
im Hofe / fand sie gnade fur seinen augen / Vnd
der König recket den gülden Scepter in seiner hand
gegen Esther. Da trat Esther erzu / vnd rüret die
spitzen des Scepters an. 3Da sprach der König zu
jr / Was ist dir Esther königin? vnd was fodderstu?
Auch die helffte des Königreichs sol dir gegeben
werden? 4Esther sprach / Gefellet es dem Könige /
so kome der König vnd Haman heute zu dem Mal /
das ich zugericht habe. 5Der König sprach / Eilet /
das Haman thue / was Esther gesagt hat.

DA nu der König vnd Haman zu dem Mal
kamen / das Esther zugericht hatte / 6sprach der
König zu Esther / da er wein getruncken hatte /
Was bittestu Esther? Es sol dir gegeben werden /
vnd was fodderstu? auch die helfft des König-

reichs / es sol geschehen. 7Da antwortet Esther /
vnd sprach / Mein bitt vnd beger ist / 8hab ich
gnade gefunden fur dem Könige / vnd so es dem
Könige gefellet / mir zu geben meine bitte / vnd
zu thun mein beger / So kome der König vnd Ha-
man zu dem Mal das ich fur sie zurichten wil / So
wil ich morgen thun was der König gesaget hat.

HAMAN. DA gieng Haman des tages hin aus frölich vnd
guts muts. Vnd da er sahe Mardachai im thor
des Königes / das er nicht auffstund / noch sich fur
jm beweget / ward er vol zorns vber Mardachai /
10Aber er enthielt sich. Vnd da er heim kam / sand
er hin vnd lies holen seine Freunde / vnd sein weib
Seres / 11vnd erzelet jnen die herrligkeit seines
Reichthums vnd die menge seiner Kinder / vnd
alles wie jn der König so gros gemacht hette / vnd
das er vber die Fürsten vnd knechte des Königes
erhaben were. 12Auch sprach Haman / Vnd die
königen Esther hat niemand lassen komen mit dem
Könige zum mal / das sie zugericht hat / on mich /
vnd bin auch morgen zu jr geladen mit dem Kö-
nige. 13Aber an dem allen habe ich keinen gnüge /
so lange ich sehe den Jüden Mardachai am Königs
thor sitzen.

14DA sprach zu jm sein weib Seres vnd alle seine
Freunde / Man mache einen Bawm funffzig ellen
hoch vnd sage morgen dem Könige / das man
Mardachai dran henge / so kompstu mit dem Kö-
nige frölich zum Mal. Das gefiel Haman wol vnd
lies einen Bawm zurichten.

VI.

JN DER SELBEN NACHT KUND DER KÖNIG NICHT
schlaffen / vnd hies die Chronica vnd die Histo-
rien bringen. Da die wurden fur dem Könige ge-
lesen / 2traff sichs / da geschrieben war / wie Mar-
dachai hatte angesagt / das die zween Kemerer des
BIGTHANA. Königs / Bigthana vnd Theres die an der schwelle
THERES. hüteten / getrachtet hetten / die hand an den könig
Ahasueros zu legen. 3Vnd der König sprach / Was
haben wir Mardachai ehre vnd guts da für gethan?
Da sprachen die knaben des Königs / die jm diene-
ten / Es ist jm nichts geschehen. 4Vnd der König
sprach / Wer ist im hofe? (Denn Haman war in
den Hof gegangen draussen fur des Königes hause /
das er dem Könige saget / Mardachai zu hengen an
den bawm den er jm zubereitet hatte) 5Vnd des

Königs knaben sprachen zu jm / Sihe / Haman
stehet im hofe. Der König sprach / Lasst jn er ein
gehen.

VND da Haman hin ein kam / sprach der König
zu jm / Was sol man dem Man thun / den der
|| 272a König gerne wolt ehren? Haman aber gedacht in ||
seinem hertzen / Wem solt der König anders gern
wöllen ehre thun / denn mir? [7]Vnd Haman sprach
zum Könige / Den Man den der König gerne wolt
ehren [8]sol man her bringen / das man jm könig-
liche Kleider anziehe / die der König pfleget zu
tragen / vnd das Ros da der König auff reitet / vnd
das man die königliche Krone auff sein heubt setze.
[9]Vnd man sol solch Kleid vnd Ros geben in die
hand eines Fürsten des Königes / das derselb den
Man anziehe / den der König gern ehren wolt /
vnd füre jn auff dem Ross in der Stad gassen / vnd
lasse ruffen fur jm her / So wird man thun dem
Man / den der König gerne ehren wolt.

[10]DER König sprach zu Haman / Eile vnd nim
das Kleid vnd Ross / wie du gesagt hast / vnd thu
also mit Mardachai dem Jüden / der fur dem thor
des Königes sitzt / vnd las nichts feilen an allem /
das du geredt hast. [11]Da nam Haman das Kleid
vnd Ross / vnd zog Mardachai an / vnd füret jn
auff der Stad gassen / vnd rieff fur jm her / So wird
man thun dem Man / den der König gerne ehren
wolt. [12]Vnd Mardachai kam wider an das thor
des Königes.

HAman aber eilet zu hause / trug leide mit ver-
hülletem Kopffe / [13]vnd erzelete seinem weibe
Seres / vnd seinen Freunden allen / alles was jm
begenet war. Da sprachen zu jm seine Weisen vnd
sein weib Seres / Jst Mardachai vom samen der
Jüden / fur dem du zufallen angehaben hast / so
vermagestu nichts an jm / Sondern du wirst fur
jm fallen. [14]Da sie aber noch mit jm redeten / ka-
men er bey des Königes kemerer / vnd trieben
Haman zum Mal zu komen / das Esther zugericht
hatte.

VII.

VND DA DER KÖNIG MIT HAMAN KAM ZUM MAL / MARDACHAI.
das die königin Esther zugerichtet hatte /
[2]sprach der König zu Esther des andern tages / da
er wein getruncken hatte / Was bittestu königin
Esther / das man dirs gebe / vnd was fodderstu?

Auch das halbe Königreich / es sol geschehen.
3 Esther die Königin antwortet / vnd sprach / Hab
ich gnade fur dir funden / o König / vnd gefellet es
dem Könige / so gib mir mein Leben vmb meiner
bitte willen / vnd mein Volck vmb meines begerns
willen. 4 Denn wir sind verkaufft / ich vnd mein
volck / das wir vertilget / erwürget vnd vmb-
bracht werden. Vnd wolt Gott / wir würden doch
zu Knechten vnd Megden verkaufft / so wolt ich
schweigen / so würde der Feind doch dem Könige
nicht schaden.

DER könig Ahasueros redet / vnd sprach zu der
königin Esther / Wer ist der? oder wo ist der /
der solchs in seinen sinn nemen thüre / also zu
thun? 6 Esther sprach / Der Feind vnd Wider-
sacher ist dieser böser Haman / Haman aber ent-
setzet sich fur dem König vnd der Königin. 7 Vnd
der König stund auff vom Mal / vnd vom wein /
in seinem grim / vnd gieng / in den Garten am
hause. Vnd Haman stund auff / vnd bat die königin
Esther vmb sein leben / Denn er sahe / das jm ein
vnglück vom Könige schon bereitet war.

8 VND da der König wider aus dem Garten am
hause / in den Saal / da man gessen hatte / kam / lag
Haman an der banck da Esther auffsass / Da sprach
der König / Wil er auch die Königin würgen bey
mir im Hause? Da das wort aus des Königes munde
gieng / verhülleten sie Haman das andlitz. 9 Vnd
Harbona der Kemerer einer fur dem Könige
sprach / Sihe / es stehet ein Bawm im hause Haman
funffzig ellen hoch / den er Mardachai gemacht
hatte / der guts fur den König geredt hat. Der
König sprach / Lasst jn dran hengen. 10 Also henget
man Haman an den bawm den er Mardachai ge-
macht hatte / da leget sich des Königes zorn.

HAMAN wird an den baum gehenget / den er Mardachai hatte machen lassen etc.

VIII. || 272b

AN DEM TAGE GAB DER KÖNIG AHASUEROS DER
königin Esther das haus Haman des Jüden
feinds. Vnd Mardachai kam fur den König / denn
Esther saget an / wie er jr zugehöret. 2 Vnd der
König thet abe seinen Fingerreiff / den er von
Haman hatte genomen / vnd gab jn Mardachai.
Vnd Esther setzet Mardachai vber das haus Haman.

ESTHER bitt fur jr Volck etc.

VND Esther redet weiter fur dem König / vnd
fiel jm zun füssen vnd flehet jn / Das er weg thet
die bosheit Haman des Agagiters / vnd seine an-

schlege / die er wider die Jüden erdacht hatte.
[4]Vnd der König recket das gülden Scepter zu
Esther. Da stund Esther auff vnd trat fur den Kö-
nig / [5]vnd sprach / Gefellet es dem Könige / vnd
habe ich gnade funden fur jm / vnd ists gelegen
dem Könige / vnd ich jm gefalle / so schreibe man /
Das die brieue der anschlege Haman / des sons
Medatha / des Agagiters / widerruffen werden /
die er geschrieben hat / die Jüden vmb zubringen
in an allen Landen des Königes. [6]Denn wie kan ich
zusehen dem vbel das mein Volck treffen würde?
Vnd wie kan ich zusehen / das mein Geschlecht
vmbkome?

(Widerruffen) Das ist / weil die vorigen brieue Haman waren mit des Königes siegel versiegelt / hette es die Jüden nichts geholffen / wo sie nicht weren von newem durch andere brieue widerruffen etc.

[7]DA sprach der könig Ahasueros zur königin
Esther vnd zu Mardachai dem Jüden / sihe / Jch
habe Esther das haus Haman gegeben / vnd jn hat
man an einen bawm gehenget / Darumb / das er
seine hand an die Jüden geleget. [8]So schreibt nu
jr fur die Jüden / wie es euch gefellet / in des Köni-
ges namen / vnd versiegelts mit des Königs Ringe /
Denn die schrifft die ins Königes namen geschrie-
ben / vnd mit des Königs ringe versiegelt wurden /
muste niemand widerruffen.

[9]DA wurden geruffen des Königes Schreiber /
zu der zeit im dritten monden / das ist der mond
Siuan / am drey vnd zwenzigsten tage / vnd wur-
den geschrieben / wie Mardachai gebot / zu den
Jüden / vnd zu den Fürsten / Landpflegern vnd
Heubtleuten in Landen / von Jndia an bis an die
Moren / nemlich / hundert vnd sieben vnd zwenzig
Lender / einem jglichen Lande nach seinen schriff-
ten / einem jglichen Volck nach seiner sprache /
vnd den Jüden nach jrer schrifft vnd sprache.

[10]VND es ward geschrieben ins königs Ahas-
ueros namen / vnd mit des Königes Ringe ver-
siegelt / Vnd er sandte die Brieue durch die reitende
Boten auff jungen Meulern / [11]Darinnen der König
den Jüden gab / wo sie in Stedten waren / sich
zuuersamlen vnd zu stehen fur jr Leben / vnd zu
vertilgen / zu erwürgen vnd vmb zubringen alle
macht des Volcks vnd Landes / die sie engsteten /
sampt den kindern vnd weibern / vnd jr gut zu
rauben / [12]auff einen tag / in allen Lendern des
königes Ahasueros / nemlich / am dreizenden tage
des zwelfften monden / das ist der mond Adar.

[13]DER inhalt aber der schrifft war / Das ein Ge-
bot gegeben were in allen Landen zu öffenen allen

Völckern / Das die Jüden auff den tag geschickt
sein solten sich zu rechen an jren Feinden. [14]Vnd
die reitende Boten auff den Meulern ritten aus
schnell vnd eilend / nach dem wort des Königes /
vnd das Gebot ward zu schlos Susan angeschlagen.
[15]MARdachai aber gieng aus von dem Könige
in königlichen Kleidern / geel vnd weis / vnd mit
einer grossen gülden Krone / angethan mit einem
leinen vnd purpur Mantel / vnd die stad Susan
jauchzete vnd war frölich. [16]Den Jüden aber war
ein liecht vnd freude / vnd wonne vnd ehre komen.
[17]Vnd in allen Landen vnd Stedten / an welchen
ort des Königs wort vnd gebot gelanget / da ward
freude vnd wonne vnter den Jüden / wolleben vnd
gute tage / Das viel der völcker im Lande / Jüden
wurden / denn die furcht der Jüden kam vber sie.

IX.

‖ 273 a

JM ZWELFFTEN MONDEN / DAS IST DER MOND
Adar / am dreizehenden tage / den des Königs
wort vnd gebot bestimpt hatte / das mans thun
solte / Eben desselben tages / da die Feinde der
Jüden hoffeten / sie zu vberweldigen / Wand sichs /
das die Jüden jre Feinde vberweltigen solten. [2]Da
versamleten sich die Jüden in jren Stedten in allen
Landen des königes Ahasueros / das sie die hand
legeten an die / so jnen vbel wolten. Vnd niemand
kund jnen widerstehen / Denn jre furcht war vber
alle Völcker komen. [3]Auch alle Obersten in Lan-
den vnd Fürsten vnd Landpfleger vnd Amptleute
des Königes / erhuben die Jüden / denn die furcht
Mardachai kam vber sie / [4]Denn Mardachai war
gros im hause des Königes / vnd sein gerüchte er-
schall in allen Lendern / wie er zuneme vnd gros
würde.

JÜDEN rechen sich an jren Feinden.

[5]ALso schlugen die Jüden an allen jren Feinden
mit der schwertschlacht / vnd würgeten vnd brach-
ten vmb / vnd theten nach jrem willen an denen /
die jnen feind waren. [6]Vnd zu schlos Susan er-
würgeten die Jüden vnd brachten vmb / fünff
hundert Man. [7]Da zu erwürgeten sie / Parsan-
datha / Dalphon / Aspatha / [8]Poratha / Adalja /
Aridatha / [9]Parmastha / Arissai / Aridai / Vaiesa-
tha / [10]die zehen söne Haman / des sons Medatha /
des Jüden feinds / Aber an seine Güter legten sie
die hende nicht.

ZV der selbigen zeit kam die zal der Erwürgeten
gen schlos Susan fur den König. 12 Vnd der
König sprach zu der königin Esther / Die Jüden
haben zu schlos Susan fünff hundert Man erwürget
vnd vmbgebracht / vnd die zehen söne Haman /
Was werden sie thun in den andern Lendern des
Königes? Was bittestu das man dir gebe? Vnd was
fodderstu mehr / das man thue?

13 ESther sprach / Gefelts dem Könige / so las er
auch morgen die Jüden zu Susan thun nach dem
heutigen gebot / das sie die zehen söne Haman an
den bawm hengen. 14 Vnd der König hies also
thun / vnd das gebot ward zu Susan angeschlagen /
vnd die zehen söne Haman wurden gehenget.
15 Vnd die Jüden versamleten sich zu Susan am
vierzehenden tage des monden Adar / vnd erwür-
geten zu Susan drey hundert Man / Aber an jre
Güter legten sie jre hende nicht.

ABer die andern Jüden in den Lendern des Kö-
niges / kamen zusamen / vnd stunden fur jr
Leben / das sie ruge schafften fur jren Feinden / vnd
erwürgeten jrer Feinde / fünff vnd siebenzig tau-
sent / Aber an jre Güter legten sie jre hende nicht.
17 Das geschach am dreizehenden tage des monden
Adar / vnd rugeten am vierzehenden tage des sel-
ben monden / Den macht man zum tage des wol-
lebens vnd freuden. 18 Aber die Jüden zu Susan
waren zusamen komen beide am dreizehenden vnd
vierzehenden tage / vnd rugeten am funffzehenden
tage / vnd den tag machet man zum tage des wol-
lebens vnd freuden. 19 Darumb machten die Jüden
die auff den Dörffern vnd Flecken woneten / den
vierzehenden tag des monden Adar zum tag des
wollebens vnd freuden / vnd sandte einer dem
andern Geschencke.

VND Mardachai beschreib diese Geschichte /
vnd sandte die brieue zu allen Jüden / die in
allen Lendern des königes Ahasueros waren / beide
nahen vnd fernen / 21 Das sie annemen vnd hielten
den vierzehenden vnd funffzehenden tag des mon-
den Adar jerlich / 22 Nach den tagen / darinnen die
Jüden zu ruge komen waren von jren Feinden /
vnd nach dem monden / darinnen jre schmertzen
in freude / vnd jr leid in gute tage verkeret war /
Das sie die selben halten solten fur tage des wol-
lebens vnd freuden / vnd einer dem andern Ge-
schenck schicken / vnd den Armen mitteilen.

23VND die Jüden namens an / das sie angefan-
gen hatten zu thun / vnd das Mardachai zu jnen
schreib. 24Wie Haman der son Madatha der Aga-
giter aller Jüden Feind / gedacht hatte alle Jüden
vmb zu bringen vnd das Los || werffen lassen / sie || 273b
zuschrecken vnd vmb zubringen. 25Vnd wie Esther
zum Könige gegangen war vnd geredt / Das durch
brieue seine böse anschlege / die er wider die Jüden
gedacht auff seinen Kopff gekeret würden / vnd
wie man jn vnd seine Söne an die bawm gehenget
TAGE PURIM. hette. 26Daher sie diese tage Purim nenneten /
nach dem namen des Los / nach allen worten dieses
brieues / vnd was sie selbs gesehen hatten / vnd was
an sie gelanget hatte.

27VND die Jüden richten es auff / vnd namens
auff sich / vnd auff jren Samen / vnd auff alle die
sich zu jnen thaten / Das sie nicht vbergehen wol-
ten / zu halten diese zween tage jerlich / wie die
beschrieben vnd bestimpt wurden / 28Das diese
tage nicht zu vergessen / sondern zu halten seien /
bey kinds kindern / bey allen Geschlechten in allen
Lendern vnd Stedten. Es sind die tage Purim
welche nicht sollen vbergangen werden vnter den
Jüden / vnd jr gedechtnis nicht vmbkomen bey
jrem Samen.

29VND die königin Esther die tochter Abihail /
vnd Mardachai der Jüde / schrieben mit gantzer
gewalt zu bestettigen diesen andern brieff von
Purim / 30vnd sandte die brieue zu allen Jüden in
den hundert vnd zwey vnd siebenzig Lendern des
königreichs Ahasueros / mit freundlichen vnd
trewen worten / 31das sie bestettigeten diese tage
Purim auff jre bestimpte zeit / wie Mardachai der
Jüde vber sie bestettiget hatte / vnd die königin
Esther / wie sie auff jre Seele vnd auff jren Samen
bestettiget hatten / die Geschichte der fasten vnd
jres schreiens. 32Vnd Esther befalh / diese Ge-
schichte dieser Purim zu bestettigen / vnd in ein
Buch zu schreiben.

X.

VND DER KÖNIG AHASUEROS LEGET ZINS AUFFS
Land / vnd auff die Jnsulen im Meer. 2Aber
alle werck seiner gewalt vnd macht / vnd die grosse
herrligkeit Mardachai / die jm der König gab / sihe /
das ist geschrieben in der Chronica der könige in
Meden vnd Persen. 3Denn Mardachai der Jüde

war der ander nach dem könige Ahasueros / vnd gros vnter den Jüden / vnd angeneme vnter der menge seiner Brüder / Der fur sein Volck guts suchte / vnd redet das beste fur allen seinen Samen.

Ende des Buchs Esther.

VORREDE VBER DAS BUCH HIOB.

DAs Buch Hiob handelt diese Frage / Ob auch den Fromen vnglück von Gott widerfare? Hie stehet Hiob feste / vnd helt / Das Gott auch die Fromen on vrsach / allein zu seinem lobe peiniget. Wie Christus Johan. ix. von dem der blind geborn war auch zeuget.

DA wider setzen sich seine Freunde / vnd treiben gros vnd lange Geschwetz / wöllen Gott recht erhalten / das er keinen Fromen straffe / Straffe er aber / so müsse der selbige gesündigt haben. Vnd ‖ [‖ 274a] haben so ein weltliche vnd menschliche gedancken von Gott vnd seiner Gerechtigkeit / als were er gleich wie Menschen sind / vnd seine Recht wie der welt recht ist.

WJewol auch Hiob / als der in Todsnöten kompt / aus menschlicher schwacheit zu viel wider Gott redet / vnd im leiden sündiget / Vnd doch darauff bleibet / Er habe solch leiden nicht verschuldet fur andern / wie es denn auch war ist. Aber zu letzt vrteilt Gott / Das Hiob / in dem er wider Gott geredt hat im leiden / vnrecht geredt habe / Doch was er wider seine Freunde gehalten hat von seiner vnschuld fur dem leiden / recht geredt habe. Also füret dieses Buch diese Historia endlich da hin / Das Gott allein gerecht ist / vnd doch wol ein Mensch wider den andern gerecht ist auch fur Gott.

ES ist aber vns zu trost geschrieben / Das Gott seine grosse Heiligen / also lesst straucheln / sonderlich in der widerwertigkeit. Denn ehe das Hiob in Todesangst kompt / lobet er Gott vber dem raub seiner Güter / vnd tod seiner Kinder. Aber da jm der Tod vnter augen gehet / vnd Gott sich entzeucht / geben seine wort anzeigen / was fur gedancken ein Mensch habe (er sey wie Heilig er wölle) wider Gott / wie jn dünckt / das Gott / nicht Gott / sondern eitel Richter vnd zorniger Tyrann sey / der mit gewalt fare / vnd frage nach niemands gutem leben. Dis ist das höhest stück in diesem Buch / Das verstehen alleine die / so auch erfaren vnd fülen was es sey / Gottes zorn vnd vrteil leiden / vnd seine Gnade verborgen sein.

DAS BUCH HIOB.

|| 274b

I.

Hiob est Iobab Rex Edom, Gen. 36. scilicet iuxta Arabiam felicem, in Petrea Arabia, quia irruunt in eum Sabei.

ES WAR EIN MAN IM LANDE VZ / DER HIES HIOB /
Derselb war schlecht vnd recht / Gottfürchtig /
vnd meidet das böse. 2Vnd zeuget sieben Söne
vnd drey Töchter / 3vnd seins Viehs war sieben
tausent schaf / drey tausent kamel / fünff hundert
joch rinder / vnd fünff hundert eselin / vnd seer
viel Gesinds / Vnd er war [a]herrlicher / denn alle
die gegen Morgen woneten.

[a] Nicht das er so Reich vnd gewaltig sey gewesen / Sondern vmb seiner weisheit / verstand vnd Gottseligkeit willen / ist er herrlicher gehalten denn andere.

VND seine Söne giengen hin vnd machten Wolleben / ein jglicher in seinem Hause auff seinen
tag / vnd sandten hin vnd luden jr drey Schwestern
mit jnen zu essen vnd zu trincken. 5Vnd wenn ein
tag des Wollebens vmb war / sandte Hiob hin vnd
heiligete sie / vnd machte sich des morgens frűe
auff / vnd opfferte Brandopffer / nach jrer aller zal /
Denn Hiob gedachte / Meine Söne möchten gesündigt / vnd Gott gesegenet haben in jrem
hertzen / Also thet Hiob alle tage.

ES begab sich aber auff einen tag / da die Kinder
Gottes kamen vnd fur den HERRN tratten /
Kam der Satan auch vnter jnen. 7Der HERR
aber sprach zu dem Satan / Wo kompstu her? Satan
antwortet dem HERRN / vnd sprach / Jch hab das
1.Pet. 5. Land vmbher durchzogen. 8Der HERR sprach
zu Satan / Hastu nicht acht gehabt auff meinen
knecht Hiob? Denn es ist sein Gleiche nicht im
Lande / schlecht vnd recht / Gottfürchtig / vnd
meidet das böse.

9SAtan antwortet dem HERRN / vnd sprach /
Meinstu / das Hiob vmb sonst Gott fürchtet?
10Hastu doch jn / sein Haus vnd alles was er hat /
rings vmb her verwaret / Du hast das werck seiner
hende gesegenet / vnd sein Gut hat sich ausgebreitet im Lande. 11Aber recke dein Hand aus / vnd
taste an alles was er hat / Was gilts / er wird dich
ins angesicht segenen? 12Der HERR sprach zu
Satan / Sihe / alles was er hat / sey in deiner hand /
on alleine an jn selbs lege deine hand nicht. Da
gieng Satan aus von dem HERRN.

(Segenen) Das ist fluchen vnd lestern.

DES tages aber da seine Söne vnd Töchter assen
vnd truncken wein in jres Bruders hause des
erstgebornen / 14kam ein Bote zu Hiob / vnd
sprach / Die Rinder pflügeten / vnd die Eselinnen
giengen neben jnen an der weide. 15Da fielen aus
Reicharabia her ein / vnd namen sie / vnd schlugen

die Knaben mit der scherffe des schwerts / Vnd ich
bin allein entrunnen / das ich dirs ansaget. [16]Da
der noch redet / kam ein ander / vnd sprach / Das
fewr Gottes fiel vom Himel / vnd verbrand Schaf
vnd Knaben / vnd verzehret sie / Vnd ich bin
allein entrunnen / das ich dirs ansaget. [17]Da der
noch redet / kam einer / vnd sprach / Die Chaldeer
machten drey Spitzen / vnd vberfielen die Kamel /
vnd namen sie / vnd schlugen die Knaben mit der
scherffe des schwerts / Vnd ich bin allein entrun-
nen / das ich dirs ansaget.

DA der noch redet / kam einer / vnd sprach / Deine
Söne vnd Töchter assen vnd truncken im hause
jres Bruders des erstgebornen / [19]Vnd sihe / da
kam ein grosser wind von der wüsten her / vnd
sties auff die vier ecken des Hauses / vnd warffs
auff die Knaben / das sie storben / Vnd ich bin
allein entrunnen / das ich dirs ansaget.

DA stund Hiob auff vnd zureis sein Kleid / vnd
raufft sein Heubt / vnd fiel auff die erden vnd
betet an / [21]vnd sprach / Jch bin nacket von meiner Eccle. 5.
Mutterleibe komen / nacket werde ich wider da hin 1. Tim. 6.
faren. Der HERR hats gegeben / der HERR hats
genomen / Der name des HERRN sey gelobt.
[22]Jn diesem allen sündiget Hiob nicht / vnd thet
nichts thörlichs wider Gott. || || 275 a

II.

ES BEGAB SICH ABER DES TAGES / DA DIE KINDER
Gottes kamen / vnd tratten fur den HERRN /
das Satan auch vnter jnen kam / vnd fur den
HERRN trat. [2]Da sprach der HERR zu dem Sa-
tan / Wo kompstu her? Satan antwortet dem
HERRN / vnd sprach / Jch hab das Land vmbher
durchzogen. [3]Der HERR sprach zu dem Satan /
Hastu nicht acht auff meinen knecht Hiob gehabt?
Denn es ist sein gleiche im Lande nicht / schlecht
vnd recht / Gottfürchtig / vnd meidet das böse /
vnd helt noch fest an seiner frumkeit / Du aber
hast mich bewegt / das ich jn on vrsach verderbet
habe.

(Haut fur haut) Das ist / fur seine haut lesst er fahren / Kinder / Vieh / Gesind vnd aller ander Haut.

[4]SAtan antwortet dem HERRN / vnd sprach /
Haut fur haut / vnd alles was ein Man hat / lesst er
fur sein Leben. [5]Aber recke dein Hand aus / vnd
taste sein gebein vnd fleisch an / Was gilts / er wird
dich ins angesicht segenen? [6]Der HERR sprach

zu dem Satan / Sihe da / er sey in deiner hand /
Doch schone seins lebens.

DA fuhr der Satan aus vom angesicht des
HERRN / vnd schlug Hiob mit bösen Schwe-
ren / von der fussolen an bis auff seine scheitel.
[8]Vnd er nam eine scherben vnd schabet sich / vnd
sass in der asschen. [9]Vnd sein Weib sprach zu jm / HIOBS WEIB.
Heltestu noch fest an deiner frömkeit? Ja / Segene
Gott vnd stirb. [10]Er aber sprach zu jr / Du redest
wie die nerrischen Weiber reden. Haben wir guts
empfangen von Gott / vnd solten das böse nicht
auch annemen? In diesem allen versündiget sich
Hiob nicht mit seinen lippen.

(Ja segene Gott) Ja du thust fein / Lobest vnd dienest Gott / vnd gehest drüber zu grund.

DA aber die drey freund Hiob höreten alle das
vnglück / das vber jn komen war / kamen sie /
ein jglicher aus seinem Ort / Eliphas von Theman /
Bildad von Suah / vnd Zophar von Naema / Denn
sie wordens eins / das sie kemen jn zu klagen vnd
zu trösten. [12]Vnd da sie jre augen auffhuben von
ferne / kenneten sie jn nicht / Vnd huben auff jre
stimme / vnd weineten / vnd ein jglicher zureis
sein Kleid / vnd sprengeten erden auff jr heubt gen
Himel. [13]Vnd sassen mit jm auff der Erden sieben
tage vnd sieben nacht / vnd redeten nichts mit jm /
Denn sie sahen / das der schmertze seer gros war.

III.

DARNACH THAT HIOB SEINEN MUND AUFF / VND
Jere. 20. verflucht seinen tag / [2]vnd sprach / [3]Der tag
müsse verloren sein / darinnen ich geborn bin /
vnd die nacht / da man sprach / Es ist ein Menlin
empfangen. [4]Der selbe tage müsse finster sein /
vnd Gott von oben er ab müsse nicht nach jm
fragen / Kein glantz müsse vber jn scheinen.
[5]Finsternis vnd Tunckel müssen jn vberweldigen /
vnd dicke Wolcken müssen vber jm bleiben / vnd
der dampff am tage mache jn greslich. [6]Die nacht
müsse ein tunckel einnemen / vnd müsse sich nicht
vnter den tagen des jars frewen / noch in die zal
der monden komen. [7]Sihe / die nacht müsse ein-
sam sein / vnd kein jauchzen drinnen sein. [8]Es
verfluchen sie die Verflucher des tages / vnd die da
bereit sind zu erwecken den Leuiathan. [9]Jre
Sterne müssen finster sein in jrer demmerung /
Sie hoffe auffs liecht / vnd kome nicht / vnd müsse
nicht sehen die augenbrün der Morgenröte. [10]Das

Hiob verflucht den tag etc.

(Meines Leibs) Daraus ich geboren ward / das ist / der Mutter leib.

sie nicht verschlossen hat die thür meines Leibs /
vnd nicht verborgen das vnglück fur meinen
augen.
11WArumb bin ich nicht gestorben von Mutter-
leib an? Warumb bin ich nicht vmbkomen / da ich
aus dem Leib kam? 12Warumb hat man mich auff
den Schos gesetzt? Warumb bin ich mit brüsten
geseuget? 13So lege ich doch nu vnd were stille /
schlieffe vnd hette ruge / 14mit den Königen vnd
Ratherrn auff Erden / die das [a]wüste bawen /
15Oder mit den Fürsten die gold haben / vnd ‖ jre ‖ 275 b
Heuser vol silbers sind. 16Oder wie ein vnzeitige
Geburt verborgen vnd nichts were / wie die Junge-
kinder / die das liecht nie gesehen haben. 17Da-
selbst müssen doch auffhören die Gottlosen mit
toben / Daselbs rugen doch die viel mühe gehabt
haben. 18Da haben doch mit einander friede die
Gefangenen / vnd hören nicht die stimme des
Drengers. 19Da sind / beide klein vnd gros /
Knecht vnd der von seinem Herrn frey gelassen
ist.

a (Wüste) Die mit bawen vmbgehen / da zuuor nichts stehet.

20WArumb ist das liecht gegeben dem mühe-
seligen / vnd das leben den betrübten hertzen?
21(Die des tods warten vnd kompt nicht / vnd
grüben jn wol aus dem verborgen / 22Die sich
fast frewen vnd sind frölich / das sie das Grab be-
komen) 23Vnd dem Man des weg verborgen ist /
vnd Gott fur jm den selben bedeckt? 24Denn
wenn ich essen sol / mus ich seuffzen / vnd mein
heulen feret er aus wie wasser. 25Denn das ich
gefurcht habe / ist vber mich komen / vnd das ich
sorget / hat mich troffen. 26War ich nicht glück-
selig? War ich nicht fein stille? Hatte ich nicht
gute ruge? vnd kompt solch vnruge.

(Verborgen) Das ist / Aus der erden. (Bedeckt) Was sol der leben / der fur angst nicht weis / wo aus / wo hin / Besser tod etc.

IIII.

ELIPHAS.

DA ANTWORTET ELIPHAS VON THEMAN / VND
sprach / 2Du hasts vieleicht nicht gern / so
man versucht mit dir zu reden / Aber wer kan
sichs enthalten? 3Sihe / du hast viel vnterweiset /
vnd lasse hende gesterckt. 4Deine Rede hat die
Gefallene auffgerichtet / vnd die bebende knie
hastu bekrefftiget. 5Nu es aber an dich kompt /
wirstu weich / vnd nu es dich trifft / erschrickstu.
6Jst das deine (Gottes) furcht / dein trost / deine
hoffnung / vnd deine frömkeit? 7Lieber gedenck /
Wo ist ein Vnschüldiger vmbkomen? Oder wo

(Jst das) Das ist / Da sihet man nu / wie from du seiest / das dich Gott so strafft.

sind die Gerechten je vertilget? [8]Wie ich wol ge-
sehen habe / die da mühe pflügeten / vnd vnglück
seeten / vnd erndten sich auch ein. [9]Das sie durch
den odem Gottes sind vmbkomen / vnd vom
Geist seines zorns vertilget. [10]Das brüllen der
[a]Lewen / vnd die stimme der grossen Lewen / vnd
die zeene der jungen Lewen sind zubrochen. [11]Der
Lewe ist vmbkomen / das er nicht mehr raubet /
vnd die Jungen der Lewin sind zustrewet.

a Diese Lewen vnd Lewin sind die Reichen vnd Gewaltigen auff Erden / so die Armen vnterdrücken.

[12]VND zu mir ist komen ein heimlich wort /
vnd mein ohre hat ein wörtlin aus dem selben
empfangen. [13]Da ich Gesichte betrachtet in der
nacht / wenn der schlaff auff die Leute fellet. [14]Da
kam mich furcht vnd zittern an / vnd alle mein
gebein erschracken. [15]Vnd da der geist fur mir
vbergieng / stunden mir die har zu berge an mei-
nem Leibe. [16]Da stund ein Bilde fur meinen
augen / vnd ich kandte seine gestalt nicht / es war
stille / vnd ich höret eine stimme. [17]Wie mag ein
Mensch gerechter sein / denn Gott? Oder ein Man
reiner sein / denn der jn gemacht hat? [18]Sihe / vnter
2. Pet. 2. seinen Knechten ist keiner on taddel / vnd in seinen
[b]Boten findet er torheit. [19]Wie viel mehr die in
den leimen Heusern wonen / vnd welche auff Erden
gegründet sind / werden von den Würmen ge-
fressen werden? [20]Es weret von Morgen bis an
den Abend / so werden sie ausgehawen / vnd ehe
sie es gewar werden / sind sie gar da hin. [21]Vnd
jr vbrigen vergehen vnd sterben auch vnuersehens.

b Oder / Engeln.

V.

NENNE MIR EINEN / WAS GILTS / OB DU EINEN
findest? Vnd sihe dich vmb jrgent nach einem
[c]Heiligen. [2]Einen Tollen aber erwürget wol der
zorn / vnd den Albern tödtet der eiuer. [3]Jch sahe
einen Tollen eingewurtzelt / vnd ich fluchet plötz-
lich seinem Hause. [4]Seine Kinder werden fern
sein vom heil / vnd werden zuschlagen werden im
Thor / da kein Erretter sein wird. [5]Seine Erndte
wird essen der [d]Hungerige / vnd die Gewapneten
werden jn holen / vnd sein Gut werden die Dür-
stigen aussauffen. [6]Denn mühe aus der erden
[e]nicht gehet / vnd vnglück aus || dem acker nicht
wechset. [7]Sondern der Mensch wird zu vnglück
geborn / wie die Vögel schweben empor zufliegen.

c (Heiligen) Das ist / Zeige mir einen Heiligen der vnschüldig sey geplaget / wie du meinest. Aber die tollen vnd vnwitzigen heisst er hie / die losen frechen Leute / die nach Gott nicht fragen / Solche verderbet wol der zorn vnd eiuer Gottes.

d Hungerige vnd dürstige heisst er die Reuber vnd Tyrannen.

|| 276 a

e (Nicht gehet) Das ist / Der Mensch verdienet solchs mit sünden sonst keme es jm nirgent her.

[8]DOch ich wil jtzt von Gott reden / vnd von jm
handeln. [9]Der grosse ding thut / die nicht zu for-

schen sind / vnd Wunder / die nicht zu zelen sind.
10 Der den regen auffs Land gibt / vnd lesst wasser
komen auff die strassen. 11 Der die nidrigen er-
höhet / vnd den Betrübten empor hilfft. 12 Er
macht zu nicht die anschlege der Listigen / das es
jre hand nicht ausfüren kan. 13 Er fehet die Weisen 1.Cor. 3.
in jrer listigkeit / vnd störtzt der Verkereten rat.
14 Das sie des tags im finsternis lauffen / vnd tappen
im mittag / wie in der nacht. 15 Vnd hilfft dem
Armen von dem schwert vnd von jrem munde /
vnd von der hand des Mechtigen. 16 Vnd ist des
Armen hoffnung / das die bosheit wird jren mund
müssen zuhalten.

17 SJhe / selig ist der Mensch / den Gott straffet /
Darumb weger dich der züchtigung des Allmech-
tigen nicht. 18 Denn er verletzet / vnd verbindet / 1.Reg. 2.
Er zuschmeisst / vnd seine Hand heilet. 19 Aus
sechs Trübsalen wird er dich erretten / vnd in der
siebenden wird dich kein vbel rüren. 20 Jn der
Thewrung wird er dich vom Tod erlösen / vnd im
Kriege von des schwerts hand. 21 Er wird dich
verbergen fur der geissel der Zungen / das du dich
nicht fürchtest fur dem verderben / wenn es kompt.
22 Jm verderben vnd hunger wirstu lachen / vnd
dich fur den wilden Thieren im Lande nicht fürch-
ten. 23 Sondern dein Bund wird sein mit den stei-
nen auff dem felde / vnd die wilden Thier auff dem
Lande werden fried mit dir halten. 24 Vnd wirst
erfaren / das deine Hütten friede hat / vnd wirst
deine Behausung versorgen / vnd nicht sündigen.
25 Vnd wirst erfaren / das deines Samens wird viel
werden / vnd deine Nachkomen / wie das gras auff
erden. 26 Vnd wirst im alter zu Grab komen / wie
garben eingefürt werden zu seiner zeit. Sihe / das
haben wir erforschet / vnd ist also / Dem gehorche
vnd mercke du dirs.

(Dein Bund) Das ist / Die steine werden dein getreide bewaren / weil dauon eine maurn vmbher gemacht wird.

VI.

Hiob.

HJOB ANTWORTET / VND SPRACH / 2 WENN MAN
meinen jamer wöge / vnd mein Leiden zu-
samen in eine Wage legte. 3 So würde es schwerer
sein / denn sand am meer / Darumb ists vmb
sonst / was ich rede. 4 Denn die pfeile des All-
mechtigen stecken in mir / Derselben grim seufft
aus meinem geist / vnd die schrecknis Gottes sind
auff mich gerichtet. 5 [a] Das wild schreiet nicht /
wenn es gras hat / der Ochse blöcket nicht / wenn

a (Das Wild) Das ist / Jr habt gut trösten / euch mangelt nichts. Man isset nicht vngesaltzens / wenn mans besser weis. Aber ich mus wol jtzt dis vnd das etc.

er sein futter hat. [6]Kan man auch essen das vn-
gesaltzen ist? Oder wer mag kosten das weisse
vmb den totter? [7]Was meiner Seelen widerte an
zurüren / das ist meine Speise fur schmertzen. [8]O
das meine bitte geschehe / vnd Gott gebe mir wes
ich hoffe. [9]Das Gott anfienge vnd zuschlüge mich /
vnd lies seine hand gehen vnd zuscheittert mich.
[10]So hette ich noch trost / vnd wolt bitten in meiner
kranckheit / das er nur nicht schonet / Hab ich
doch [b]nicht verleugnet die rede des Heiligen.

[11]WAS ist meine krafft / das ich möge beharren?
Vnd welch ist mein ende / das meine seele gedültig
solt sein? [12]Jst doch meine krafft nicht steinern /
so ist mein fleisch nicht ehren. [13]Hab ich doch
nirgend keine hülffe / vnd mein vermügen ist weg.
[14]Wer barmhertzigkeit seinem Nehesten wegert /
der verlesst des Allmechtigen furcht. [15]Meine
Brüder gehen verechtlich fur mir vber / wie eine
Bach / wie die Wasserströme fur vberfliessen.
[16]Doch welche sich fur dem reifen schewen /
vber die wird der schnee fallen. [17]Zur zeit /
wenn sie die hitze drücken wird / werden sie [c]ver-
schmachten / Vnd wenn es heis wird / werden sie
vergehen / von jrer stete. [18]Jr weg gehet beseid
aus / sie tretten auffs vngebente vnd werden vmb-
komen.

[19]SJE sehen auff [d]die wege Thema / auff die
pfate Reicharabia warten sie. [20]Aber sie werden
zu schanden werden / wens am sichersten ist / vnd
|| 276b sich || schemen müssen / wenn sie dahin komen.
[21]Denn jr seid nu zu mir komen / vnd weil jr jamer
sehet / fürchtet jr euch. [22]Hab ich auch gesagt /
Bringet her / vnd von ewrem vermügen / schenckt
mir. [23]Vnd errettet mich aus der hand des Fein-
des / vnd erlöset mich von der hand der Tyrannen?
[24]Leret mich / ich wil schweigen / vnd was ich
nicht weis / das vnterweiset mich. [25]Warumb
taddelt jr die rechte rede? Wer ist vnter euch / der
sie straffen künde? [26]Jr erdeckt wort / das jr nur
straffet / vnd das jr nur paustet wort / die mich
verzagt machen sollen. [27]Jr fallet vber einen armen
Waisen / vnd grabt ewern Nehesten gruben.
[28]Doch weil jr habt angehaben / sehet auff mich /
ob ich fur euch mit lügen bestehen werde. [29]Ant-
wortet / was recht ist / mein antwort wird noch
recht bleiben. [30]Was gilts / ob meine zunge vn-
recht habe / vnd mein mund böses furgebe.

b (Nicht verleugnet) Das ist / Hab ichs doch nicht verdienet / das ich so geplagt werde / wolt Gott / ich were doch tod.

c (Verschmachten) Das ist / weil meine Freunde jtzt fur vber rausschen / wie ein wasser / vnd kennen mich nicht / Wird sie auch ein mal eine hitze drücken / So werden sie denn versiegen vnd vertroken / darumb / das sie mich jtzt verlassen.

d (Die wege Thema) Das ist / Sie haltens mit denen die mich beraubt haben / wie oben im 1. Cap. stehet / Geben den selben recht / vnd mir vnrecht.

VII.

MVS NICHT DER MENSCH JMER IM STREIT SEIN
auff Erden / vnd seine tage sind / wie eines
Taglöners? 2Wie ein Knecht sehnet sich nach dem
schatten / vnd ein Taglöner / das sein erbeit aus
sey. 3Also hab ich wol gantze monden vergeblich
geerbeitet / vnd elender nacht sind mir viel wor-
den. 4Wenn ich mich legt / sprach ich / Wenn
werde ich auffstehen? Vnd darnach rechent ich /
wens abend wolt werden / Denn ich war gantz ein
Schewsal jederman bis finster ward. 5Mein fleisch
ist vmb vnd vmb / wörmicht vnd kötticht / Meine
Haut ist verschrumpffen vnd zu nicht worden.
6Meine tage sind leichter dahin geflogen denn ein
Weberspuel / vnd sind vergangen / das kein auff-
halten da gewesen ist.

(Vergeblich) Das ist / Jch habe ruge vnd der erbeit ein ende gesucht / Aber das ist vmb sonst / Es bleibt noch jmer vnruge.

7GEdenck das mein Leben ein wind ist / vnd
meine augen nicht widerkomen zu sehen das Gute.
8Vnd kein lebendig auge wird mich mehr sehen.
Deine augen sehen mich an / darüber vergehe ich.
9Eine wolcken vergehet vnd feret da hin / Also /
wer in die Helle hinunter feret / kompt nicht wider
er auff. 10Vnd kompt nicht wider in sein Haus /
vnd sein ort kennet jn nicht mehr. 11Darumb wil
auch ich meinem munde nicht weren / Jch wil reden
von der angst meines hertzens / vnd wil er aus
sagen vom betrübnis meiner seelen. 12Bin ich denn
ein Meer oder Walfisch / das du mich so verwarest?
13Wenn ich gedacht / mein Bette sol mich trösten /
mein Lager sol mirs leichtern. Wenn ich mit mir
selbs rede / 14So erschreckestu mich mit trewmen /
vnd machst mir grawen. 15Das meine Seele wünd-
schet erhangen zu sein / vnd meine gebeine den
tod / 16Jch begere nicht mehr zu leben.

HOre auff von mir / denn meine tage sind ver-
geblich gewest. 17Was ist ein Mensch das du jn
gros achtest? vnd bekümerst dich mit jm? 18Du
suchest jn teglich heim / vnd versuchest jn alle
stund. 19Warumb thustu dich nicht von mir / vnd
lessest nicht abe / bis ich meinen speichel schlinge?
20Hab ich gesündigt / was sol ich dir thun / o du
Menschenhüter? Warumb machstu mich / das ich
auff dich stosse / vnd bin mir selbs eine Last?
21Vnd warumb vergibstu mir meine missethat
nicht / vnd nimpst nicht weg meine sünde? Denn
nu werde ich mich in die erden legen / vnd wenn
man mich morgen suchet / werde ich nicht da sein.

VIII.

DA ANTWORTET BILDAD VON SUAH / VND BILDAD.
sprach / [2]Wie lange wiltu solchs reden? vnd
die rede deines mundes so einen stoltzen mut
haben? [3]Meinstu das Gott vnrecht richte / oder
der Allmechtige das Recht verkere? [4]Haben deine
Söne fur jm gesündiget / so hat er sie verstossen
vmb jrer missethat willen. [5]So du aber dich bey
zeit zu Gott thust / vnd dem Allmechtigen flehest.
[6]Vnd so du rein vnd from bist / So wird er auff-
wachen zu dir / vnd wird wider auffrichten die
|| 277a Wonung || vmb deiner gerechtigkeit willen. [7]Vnd
was du zu erst wenig gehabt hast / wird hernach
fast zunemen. [8]Denn frage die vorigen Ge-
schlechte / vnd nim dir fur zu forschen jre Veter.
[9]Denn wir sind von gestern her vnd wissen nichts /
Vnser Leben ist ein schatten auff Erden. [10]Sie
werden dichs leren vnd dir sagen / vnd jre rede
aus jrem hertzen erfur bringen.

[11]KAn auch die [a]Schilff auffwachsen / wo sie Jd est / Pintzen.
nicht feucht stehet? Oder Gras wachsen on wasser?
[12]Sonst wens noch in der blüt ist / ehe es abge-
hawen wird verdorret es / ehe man denn hew
macht. [13]So gehet es allen denen / die Gottes ver-
gessen / vnd die hoffnung der Heuchler wird ver-
loren sein. [14]Denn seine zuuersicht vergehet / vnd
seine hoffnung ist eine Spinneweb. [15]Er verlesset
sich auff sein Haus / vnd wird doch nicht bestehen /
Er wird sich dran halten / Aber doch nicht stehen
bleiben. [16]Es hat wol Früchte ehe denn die Sonne
kompt / vnd Reiser wachsen erfur in seinem garten.
[17]Seine saat stehet dicke bey den quellen / vnd sein
Haus auff steinen. [18]Wenn er jn aber verschlinget
von seinem ort / wird er sich gegen jm stellen / Als
kennet er jn nicht. [19]Sihe / das ist die freude seines
wesens / vnd werden ander aus dem staube wach-
sen. [20]Darumb sihe / das Gott nicht verwirfft die
Fromen / vnd erhelt nicht die hand der Boshafftigen.
[21]Bis das dein mund vol lachens werde / vnd deine
lippen vol jauchzens. [22]Die dich aber hassen / wer-
den zu schanden werden / vnd der Gottlosen hütte
wird nicht bestehen.

IX.

Hiob.

HJob antwortet / vnd sprach / 2Ja ich weis
fast wol / das also ist / das ein Mensch nicht
rechtfertig bestehen mag gegen Gott. 3Hat er lust
mit jm zu haddern / so kan er jm auff tausent nicht
eins antworten. 4Er ist weise vnd mechtig / Wem
ists je gelungen / der sich wider jn gelegt hat? 5Er
versetzt Berge / ehe sie es innen werden / die er in
seinem zorn vmbkeret. 6Er weget ein Land aus
seinem ort / das seine pfeiler zittern. 7Er spricht
zur Sonnen / so gehet sie nicht auff / vnd versiegelt
die Sterne. 8Er breitet den Himel aus allein / vnd
gehet auff den wogen des Meers. 9Er machet den Amos 5.
Wagen am himel vnd Orion vnd die Glucken vnd
die Stern gegen mittag. 10Er thut grosse ding die
nicht zu forschen sind / vnd Wunder der keine zal
ist.

(Orion) Jst das helle Gestirne gegen mittag / das die Bauren den Jacobsstab heissen. Die Glukken oder die Henne / sind die sieben kleine Gestirne.

11SJhe / er gehet fur mir vber / ehe ichs gewar
werde / vnd verwandelt sich ehe ichs mercke.
12Sihe / wenn er schwind hinferet / wer wil jn wider
holen? Wer wil zu jm sagen / was machstu? 13Er
ist Gott / seinen Zorn kan niemand stillen / vnter
jm müssen sich beugen [a]die stoltzen Herrn. 14Wie
solt ich denn jm antworten / vnd wort finden gegen
jm? 15Wenn ich auch gleich recht habe / kan ich
jm dennoch nicht antworten / sondern ich müst
vmb mein Recht flehen. 16Wenn ich jn schon an-
ruffe / vnd er mich erhöret / So gleube ich doch
nicht / das er meine stimme höre. 17Denn er feret
vber mich mit vngestüme / vnd macht mir der
Wunden viel on vrsach. 18Er lesst meinen Geist
sich nicht erquicken / Sondern macht mich vol
betrübnis. 19Wil man macht / so ist er zu mechtig /
Wil man Recht / wer wil mein Zeuge sein? 20Sage
ich / das ich gerecht bin / So verdammet er mich
doch / Bin ich from / So macht er mich doch
zu vnrecht. 21Bin ich denn From / So that sichs
meine seele nicht annemen / Jch begere keines
Lebens mehr. 22Das ist das eine / das ich gesagt
habe / Er bringt vmb beide den Fromen vnd Gott-
losen. 23Wenn er anhebt zu geisseln / So dringet
er fort bald zum Tod / vnd spottet der anfechtung
der Vnschüldigen. 24Das Land aber wird gegeben
vnter die hand des Gottlosen / Das er jre Richter
vnterdrücke / Jsts nicht also / wie solts anders
sein?

a Die stoltzen Junckherrn / die sich auff jre macht verlassen / vnd jederman helffen können.

[25]MEine tage sind schneller gewesen denn ein
Lauffer / sie sind geflohen vnd haben nichts guts
erlebt. [26]Sie sind vergangen / wie die starcken
|| 277b Schiff / || wie ein Adeler fleugt zur speise. [27]Wenn
ich gedenck ich wil meiner Klage vergessen / vnd
mein geberde lassen faren / vnd mich erquicken.
[28]So furchte ich alle meine [a]schmertzen / weil ich
weis / das du mich nicht vnschüldig sein lessest.
[29]Bin ich denn Gottlos / warumb leide ich denn
solche vergebliche plage? [30]Wenn ich mich gleich
mit Schneewasser wüssche / vnd reinigete meine
Hende mit dem brunnen. [31]So wirstu mich doch
tuncken in Kot / vnd werden mir meine Kleider
scheuslich anstehen. [32]Denn er ist nicht mein
Gleiche / dem ich antworten möchte / das wir fur
Gerichte mit einander kemen. [33]Es ist vnter vns
kein Scheideman / noch der seine hand zwisschen
vns beide lege. [34]Er neme von mir seine Ruten /
vnd las sein schrecken von mir. [36]Das ich müge
reden / vnd mich nicht fur jm fürchten dürffe /
Sonst kan ich nichts thun / das fur mich sey.

a *Scilicet, ne redeant.*

(Kleider) Das ist / meine Tugent.

X.

MEINE SEELE VERDREUSST MEIN LEBEN / JCH WIL
meine klage bey mir gehen lassen / vnd reden
vom betrübnis meiner seelen. [2]Vnd zu Gott
sagen / Verdamne mich nicht / Las mich wissen /
warumb du mit mir hadderst? [3]Gefellet dirs / das
du gewalt thust / vnd mich verwirffest / den deine
Hende gemacht haben / vnd machest der Gottlosen
furnemen zu ehren? [4]Hastu denn auch fleischliche
augen / oder sihestu wie ein Mensch sihet? [5]Oder
ist deine zeit wie eines Menschen zeit? Oder deine
jar wie eines Mans jare? [6]Das du nach meiner
missethat fragest / vnd suchest meine sünde. [7]So
du doch weissest / wie ich nicht Gottlos sey / So
doch niemand ist / der aus deiner Hand erretten
müge.

[8]DEine hende haben mich geerbeitet / vnd ge-
macht alles was ich vmb vnd vmb bin / Vnd ver-
senckest mich so gar. [9]Gedenck doch / das du mich
aus Leimen gemacht hast / vnd wirst mich wider
zu Erden machen. [10]Hastu mich nicht wie Milch
gemolcken / vnd wie Kese lassen gerinnen? [11]Du
hast mir haut vnd fleisch angezogen / mit beinen
vnd adern hastu mich zusamen gefüget. [12]Leben
vnd wolthat hastu an mir gethan / vnd dein auff-

(Vmb vnd vmb) Nichts ist an mir / das du nicht gemacht hast / oder nicht dein sey. Noch verwirffstu mich / als hette mich ein ander gemacht / der dein Feind were / So gar nimpstu dich deines eigens nicht an.

b (Odem) Das ist / mein Leben / das der odem anzeigt.

sehen bewart meinen [b]odem. [13]Vnd wiewol du
solchs in deinem hertzen verbirgest / so weis ich
doch / das du des gedenckest. [14]Wenn ich sündige /
So merckstus bald / vnd lessest meine missethat
nicht vngestrafft. [15]Bin ich Gottlos / so ist mir
aber weh / Bin ich Gerecht / So thar ich doch mein
heubt nicht auffheben / als der ich vol schmach bin
vnd sehe mein Elend. [16]Vnd wie ein auffgereckter
Lewe jagestu mich / vnd handelst widerumb grew-
lich mit mir. [17]Du ernewest deine Zeugen wider
mich / vnd machest deines zorns viel auff mich /
Es zeplagt mich eins vber das ander mit hauffen.
[18]WArumb hastu mich aus Mutterleib komen
lassen? Ah / das ich were vmbkomen / vnd mich
nie kein auge gesehen hette. [19]So were ich als die
nie gewesen sind / von Muterleibe zum grabe
bracht. [20]Wil denn nicht ein ende haben mein
kurtzes Leben? vnd von mir lassen / das ich ein
wenig erquickt würde? [21]Ehe denn ich hin gehe
vnd kome nicht wider / nemlich / ins Land der
finsternis vnd des tunckels. [22]Jns Land / da es
stock dicke finster ist / vnd da keine ordenung ist /
da es scheinet wie das tunckel.

XI.

ZOPHAR.

DA ANTWORTET ZOPHAR VON NAEMA / VND
sprach / [2]Wenn einer lang geredt / mus er nicht
auch hören? Mus denn ein Wesscher jmer recht
haben? [3]Müssen die Leute deinem grossen schwet-
zen schweigen / das du spottest / vnd niemand dich
bescheme? [4]Du sprichst / Meine rede ist rein / vnd
lauter bin ich fur deinen augen. [5]Ah das Gott mit
dir redet / vnd thet seine lippen auff. [6]Vnd zeigete
die heimliche weis-||heit / Denn er hette noch wol || 278 a
mehr an dir zu thun / auff das du wissest / das er
deiner sünde nicht aller gedenckt. [7]Meinstu / das
du so viel wissest / als Gott weis / vnd wöllest alles
so volkömlich treffen / als der Allmechtige? [8]Er
ist höher denn der Himel / was wiltu thun? Tieffer
denn die Helle / was kanstu wissen? [9]Lenger denn
die Erde / vnd breiter denn das Meer. [10]So er sie
vmbkeret oder verbürge / oder in einen Hauffen
würffe / wer wils jm wehren? [11]Denn er kennet die
losen Leute / Er sihet die vntugent / vnd solts
nicht mercken? [12]Ein vnnützer Man blehet sich /
vnd ein geborn Mensch wil sein wie ein junges
Wild.

(Wild) Das ist / Frey vnd seins willens.

13WEnn du dein hertz hettest gericht / vnd deine
hende zu jm ausgebreitet. 14Wenn du die vntugent /
die in deiner hand ist / hettest ferne von dir gethan /
das in deiner Hütten kein vnrecht bliebe. 15So
möchtestu dein andlitz auffheben on taddel / vnd
würdest fest sein vnd dich nicht fürchten. 16Denn
würdestu der mühe vergessen / vnd so wenig ge-
dencken / als des wassers das fur vbergehet. 17Vnd
die zeit deines Lebens würde auffgehen / wie der
mittag / vnd das finster würde ein liechter morgen
werden. 18Vnd dürfftest dich des trösten / das
hoffnung da sey / vnd würdest mit ruge ins Grab
komen. 19Vnd würdest dich legen / vnd niemand
würde dich auffschrecken / vnd viel würden fur dir
flehen. 20Aber die augen der Gottlosen werden
verschmachten / vnd werden nicht entrinnen
mügen / Denn jre hoffnung wird jrer Seelen feilen.

XII.

Hiob.

DA ANTWORTET HIOB / VND SPRACH / 2JA JR SEID
die Leute / mit euch wird die weisheit sterben.
3Jch hab so wol ein hertz als jr / vnd bin nicht ge-
ringer denn jr / Vnd wer ist / der solchs nicht wisse?
4Wer von seinem Nehesten verlachet wird / der
wird Gott anruffen / der wird jn erhören / Der ge-
rechte vnd frome mus verlachet sein. 5Vnd ist ein
verachtet aLiechtlin fur den gedancken der Stol-
tzen / stehet aber das sie sich dran ergern. 6Der
Verstörer hütten haben die fülle / vnd toben wider
Gott thürstiglich / wiewol es jnen Gott in jre hende
gegeben hat.

a Jd est / Glommend tocht.

7FRage doch das Vieh / das wird dichs leren /
vnd die Vogel vnter dem Himel / die werden dirs
sagen. 8Oder rede mit der Erden / die wird dichs
leren / vnd die fisch im meer werden dirs erzelen.
9Wer weis solchs alles nicht / das des HERRN Hand
das gemacht hat? 10Das in seiner Hand ist die Seele
alles des da lebet / vnd der Geist alles fleischs eins
jglichen? 11Prüfet nicht das ohre die rede? vnd der
mund schmeckt die speise? 12Ja bey den Gros-
uetern ist die bweisheit / vnd der verstand bey den
Alten. 13Bey jm ist weisheit vnd gewalt / rat vnd
verstand. 14Sihe / wenn er zubricht / so hilfft kein
bawen. Wenn er jemand verschleusst / kan niemand
auffmachen. 15Sihe / wenn er das wasser ver-
schleusst / So wirds alles dürre / Vnd wenn ers aus-
lesset / So keret es das Land vmb. 16Er ist starck

b Das ist / Jr saget weisheit sey bey den Grosuetern. Jch sage aber sie sey bey Gott / welcher allein aller Könige / Priester / Richter / gewalt / kunst / heiligkeit zu nicht macht.

vnd fürets aus / Sein ist der da jrret / vnd der da
verfüret.
17ER füret die Klugen wie ein raub / vnd macht
die Richter toll. 18Er löset auff der Könige zwang /
Vnd gürtet mit einem gürtel jre Lenden. 19Er
füret die Priester wie ein raub / Vnd lessts feilen den
Fessten. 20Er wendet weg die lippen der War-
hafftigen / vnd nimpt weg die sitten der Alten. 21Er
schüttet verachtung auff die Fürsten / vnd macht
den bund der Gewaltigen los. 22Er öffenet die
finstern gründe / vnd bringt er aus das tunckel an
das liecht. 23Er macht etlich zum grossen Volck /
vnd bringet sie wider vmb. Er breitet ein Volck
aus / vnd treibts wider weg. 24Er nimpt weg den
mut der Obersten des Volcks im Lande / vnd macht
sie jrre auff eim vnwege / da kein weg ist. 25Das sie
die finsternis tappen on liecht / vnd macht sie jrre /
wie die Trunckene.

XIII. || 278b

SJHE / DAS HAT ALLES MEIN AUGE GESEHEN / VND
mein ohre gehöret / vnd habs verstanden.
2Was jr wisset / das weis ich auch / vnd bin nicht
geringer denn jr. 3Doch wolt ich gern wider den
Allmechtigen reden / vnd wolt gern mit Gott
rechten. 4Denn jr deutets felschlich / vnd seid alle
vnnütze Ertzte. 5Wolt Gott jr schwiget / so würdet
jr weise. 6Höret doch meine straffe / vnd merckt
auff die sache dauon ich rede. 7Wolt jr Gott ver-
teidigen mit vnrecht / vnd fur jn lisst brauchen?
8Wolt jr seine Person ansehen? Wolt jr Gott ver-
tretten? 9Wirds euch auch wolgehen / wenn er
euch richten wird? Meinet jr / das jr jn teuschen
werdet / wie man einen Menschen teuschet? 10Er
wird euch straffen / wo jr Person ansehet heimlich.
11Wird er euch nicht erschrecken / wenn er sich
wird erfür thun? vnd seine furcht wird vber euch
fallen. 12Ewer Gedechtnis wird vergleicht werden
der asschen / vnd ewer Rücke wird wie ein leimen
hauffen sein.
13SChweiget mir / das ich rede / es sol mir nichts
feilen. 14Was sol ich mein fleisch mit meinen Zee-
nen beissen / vnd meine Seele in meine Hende le-
gen? 15Sihe / er wird mich doch erwürgen / vnd
ich kans nicht erwarten / Doch wil ich meine wege
fur jm straffen. 16Er wird ja mein Heil sein / Denn
es kompt kein Heuchler fur jn. 17Höret meine

(Beissen) Das ist / Was sol ich mich viel casteien vnd mir wehthun / So ich doch sterben mus / vnd hilfft mich nicht. Jtem / meine seele in die hende legen / das ist / viel wogen vnd in fahr geben.

rede / vnd meine auslegung fur ewrn ohren.
18Sihe / ich habe das vrteil schon gefellet / Jch weis /
das ich werde gerecht sein. 19Wer ist der mit mir
rechten wil? Aber nu mus ich schweigen vnd ver-
derben.

20ZWeyerley thu mir nur nicht / so wil ich mich
fur dir nicht verbergen. 21Las deine Hand ferne
von mir sein / vnd dein schrecken erschrecke mich
nicht. 22Ruffe mir / ich wil dir antworten / Oder ich
wil reden / antworte du mir. 23Wie viel ist meiner
missethat vnd sünden? Las mich wissen meine
vbertrettung vnd sünde. 24Warumb verbirgestu
dein Andlitz / vnd heltest mich fur deinen Feind?
25Wiltu wider ein fliegend Blat so ernst sein / vnd
ein dürren Halm verfolgen? 26Denn du schreibest
mir an betrübtnis / vnd wilt mich vmbbringen vmb
der sünde willen meiner Jugent. 27Du hast meinen
fus in stock gelegt / vnd hast acht auff alle meine
pfadte / vnd sihest auff die fusstapffen meiner füsse.
28Der ich doch wie ein faul Ass vergehe / vnd wie
ein Kleid das die Motten fressen.

XIIII.

DER MENSCH VOM WEIBE GEBORN / LEBT KURTZE
zeit / vnd ist vol vnruge. 2Gehet auff wie eine
Blume vnd fellet abe / Fleucht wie eine Schatten /
vnd bleibt nicht. 3Vnd du thust deine Augen vber
solchen auff / das du mich fur dir ins Gericht zeu-
hest. 4Wer wil einen Reinen finden bey denen / da
keiner rein ist? 5Er hat sein bestimpte zeit / die
zal seiner monden stehet bey dir / Du hast ein Ziel
gesetzt / das wird er nicht vbergehen. 6Thu dich
von jm / das er ruge hab / bis das seine zeit kome /
der er wie ein Taglöner wartet.

7EJn Bawm hat hoffnung / wenn er schon abge-
hawen ist / das er sich wider verendere / vnd seine
Schüsslinge hören nicht auff. 8Ob seine Wurtzel
in der erden veraltet / vnd sein Stam in dem staub
erstirbt. 9So grunet er doch wider vom geruch des
wassers / vnd wechst da her als were er gepflantzt.
10Wo ist aber ein Mensch / wenn er tod vnd vmb-
komen vnd da hin ist? 11Wie ein wasser ausleufft
aus dem See / vnd wie ein strom versieget vnd ver-
trocknet. 12So ist ein Mensch wenn er sich legt /
vnd wird nicht auffstehen / vnd wird nicht auff-
wachen / so lange der Himel bleibt / noch von sei-
nem schlaff erweckt werden.

13AH / das du mich in der Helle verdecktest / vnd
verbergest bis dein zorn sich lege / vnd setzest mir
ein ziel / das du an mich denckest. 14Meinstu ein
todter Mensch werde wider leben? Jch harre teg-
lich / die weil ich streitte / bis das meine verende-
rung kome. 15Das du wollest mir ruffen / vnd ich
dir antworten / || vnd wöllest das werck deiner || 279a
Hende nicht ausschlahen. 16Denn du hast schon
meine Genge gezelet / Aber du woltest ja nicht
acht haben auff meine sünde. 17Du hast meine vber-
trettung in einem Bündlin versiegelt / vnd meine
missethat zusamen gefasset. 18Zufellet doch ein
Berg vnd vergehet / vnd ein fels wird von seinem
ort versetzt. 19Wasser wesschet steine weg / vnd
die tropffen flötzen die erden weg / Aber des Men-
schen hoffnung ist verloren. 20Denn du stossest jn
gar vmb / das er da hin feret / verenderst sein we-
sen / vnd lessest jn faren. 21Sind seine Kinder in
ehren / das weis er nicht / Oder ob sie geringe sind /
des wird er nicht gewar. 22Weil er das fleisch an-
tregt / mus er schmertzen haben / Vnd weil seine
Seele noch bey jm ist / mus er leide tragen.

(Hoffnung) Das ist / Fur dem Tod hat er keine hoffnung in diesem leben.

XV.

ELIPHAS.

DA ANTWORTET ELIPHAS VON THEMAN / VND
sprach / 2Sol ein weiser Man so auffgeblasen
wort reden / vnd seinen Bauch so blehen mit losen
reden? 3Du straffest mit worten die nicht tügen /
Vnd dein reden ist kein nütze. 4Du hast die furcht
faren lassen / vnd redest zu verechtlich fur Gott.
5Denn deine missethat leret deinen mund also /
Vnd hast erwelet ein schalckhafftige Zunge. 6Dein
mund wird dich verdammen / vnd nicht ich / Deine
lippen sollen dir antworten. 7Bistu der erste
Mensch geborn? Bistu vor allen Hügeln empfan-
gen? 8Hastu Gottes heimlichen rat gehört? Vnd
ist die weisheit selbs geringer denn du? 9Was
weissestu / das wir nicht wissen? Was verstehestu /
das nicht bey vns sey? 10Es sind graw vnd alte
vnter vns / die lenger gelebt haben denn deine
Veter.

11SOlten Gottes tröstung so geringe fur dir gel-
ten? Aber du hast jrgend noch ein heimlich stück
bey dir. 12Was nimpt dein hertz fur? Was sihestu
so stoltz? 13Was setzt sich dein mut wider Gott /
das du solche rede aus deinem munde lessest?
14Was ist ein Mensch / das der solt rein sein / vnd

(Geringe) Das ist / Meinstu das Gott die sünder tröste / vnd seinen trost so gering hinwerffe / Du must zuuor from werden etc.

das er solt gerecht sein / der vom Weibe geborn
ist? 15Sihe / vnter seinen Heiligen ist keiner on
taddel / vnd die Himel sind nicht rein fur jm. 16Wie
viel mehr ein Mensch / der ein Grewel vnd schnöde
ist / Der vnrecht seufft wie wasser. 17Jch wil dirs
zeigen / höre mir zu / Vnd wil dir erzelen / was ich
gesehen habe. 18Was die weisen gesagt haben / vnd
jren Vetern nicht verholen gewesen ist. 19Welchen
allein das Land gegeben ist / das kein Frembder
durch sie gehen mus.

20DEr Gottlose bebet sein lebenlang / vnd dem
Tyrannen ist die zal seiner jar verborgen. 21Was
er höret / das schrecket jn / Vnd wens gleich friede
ist / furcht er sich / der Verderber kome. 22Gleubt
nicht / das er müge dem vnglück entrinnen / vnd
versihet sich jmer des Schwerts. 23Er zeucht hin
vnd her nach Brot / vnd dünckt jn jmer / die zeit
seines vnglücks sey furhanden. 24Angst vnd not
schrecken jn / vnd schlahen jn nider / als ein König
mit einem Heer. 25Denn er hat seine hand wider
Gott gestreckt / vnd wider den Allmechtigen sich
gestreubet. 26Er leufft mit dem kopff an jn / vnd
ficht halsstarriglich wider jn. 27Er brüstet sich / wie
ein fetter wanst / Vnd macht sich fett vnd dick.

(Brüstet sich) *Scilicet contra Deum, sicut Bos pingus, crassus et pugnax.*

28ER wird aber wonen in verstöreten Stedten /
da keine Heuser sind / sondern auff einem hauffen
ligen. 29Er wird nicht reich bleiben / vnd sein Gut
wird nicht bestehen / vnd sein Glück wird sich
nicht ausbreiten im Lande. 30Vnfall wird nicht von
jm lassen / Die flamme wird seine zweige verdor-
ren / vnd durch den odem jres mundes jn wegfres-
sen. 31Er wird nicht bestehen / denn er ist in seinem
eitel dunckel betrogen / Vnd eitel wird sein lohn
werden. 32Er wird ein ende nemen / wens jm vn-
eben ist / vnd sein Zweig wird nicht grunen. 33Er
wird abgerissen werden / wie ein vnzeitige Drau-
ben vom Weinstock / vnd wie ein Olebawm seine
blüet abwirfft. 34Denn der Heuchler versamlung
wird einsam bleiben / vnd das fewr wird die Hüt-
Psal. 7. ten fressen / die Geschencke nemen. 35Er gehet
schwanger mit vnglück / vnd gebirt mühe / vnd jr
|| 279b Bauch bringt feil.||

XVI.

Hiob.

HJOB ANTWORTET / VND SPRACH / 2JCH HABE
solchs offt gehöret / Jr seid alle zumal leidige
Tröster / 3Wöllen die lose wort kein ende haben?

Oder was macht dich so frech also zu reden? [4]Jch
künd auch wol reden wie jr / Wolt Gott / ewr Seele
were an meiner seelen stat / Jch wolt auch mit wor-
ten an euch setzen / vnd mein Heubt also vber euch
schütteln. [5]Jch wolt euch stercken mit dem munde /
vnd mit meinen lippen trösten. [6]Aber wenn ich
schon rede / So schonet mein der schmertze nicht /
Las ichs anstehen / So gehet er nicht von mir.

[7]NV aber macht er mich müde / vnd verstöret
alles was ich bin. [8]Er hat mich runtzlicht gemacht /
vnd zeuget wider mich / Vnd mein Widersprecher
lehnet sich wider mich auff / vnd antwortet wider
mich. [9]Sein grim reisset / vnd der mir gram ist /
beisset die Zeene vber mich zusamen / mein Wider-
sacher fünckelt mit seinen augen auff mich. [10]Sie
haben jren mund auffgesperret wider mich / vnd
haben mich schmehlich auff meine Backen ge-
schlagen / Sie haben jren mut mit einander an mir
gekület. [11]Gott hat mich vbergeben dem Vnge-
rechten / vnd hat mich in der Gottlosen hende
lassen komen. [12]Jch war reich / Aber er hat mich
zu nicht gemacht / Er hat mich beim Hals ge-
nomen vnd zustossen / vnd hat mich jm zum Ziel
auffgericht. [13]Er hat mich vmbgeben mit seinen
Schützen / Er hat meine Nieren gespalten vnd nicht
verschonet / Er hat meine Gallen auff die erden ge-
schut. [14]Er hat mir eine wunde vber die andern ge-
macht / Er ist an mich gelauffen wie ein Gewaltiger.

(Zeuget) Das ist jr behelff wider mich.

JCh habe einen Sack vmb meine haut geneet /
vnd habe mein Horn in den staub gelegt. [16]Mein
andlitz ist geschwollen von weinen / Vnd mein
augenliede sind vertunckelt. [17]Wiewol kein freuel
in meiner hand ist / vnd mein Gebet ist rein. [18]Ah
erde verdecke mein Blut nicht / vnd mein geschrey
müsse nicht raum finden. [19]Auch sihe da / mein
Zeuge ist im Himel / vnd der mich kennet ist in
der höhe. [20]Meine freunde sind meine Spötter /
Aber mein auge threnet zu Gott. [21]Wenn ein Man
künd mit Gott rechten / wie ein Menschen kind /
mit seinem Freunde. [22]Aber die bestimpten jar
sind komen / vnd ich gehe hin des weges / den ich
nicht wider komen werde.

(Horn) Das ist / mein gewalt / macht vnd herrschafft / vnd war auff ich mich verlies.

XVII.

MEIN ODEM IST SCHWACH / VND MEINE TAGE
sind abgekürtzt / das Grab ist da. [2]Niemand
ist von mir geteuschet / noch mus mein Auge

darumb bleiben in betrübnis. 3Ob du gleich einen
Bürgen fur mich woltest / wer wil fur mich ge-
loben? 4Du hast jren Hertzen den verstand ver-
borgen / darumb wirstu sie nicht erhöhen. 5Er
rhümet wol seinen Freunden die ausbeute / Aber
seiner Kinder augen werden verschmachten. 6Er
hat mich zum Sprichwort vnter den Leuten ge-
setzt / vnd mus ein Wunder vnter jnen sein. 7Mein
gestalt ist tunckel worden fur trawren / vnd alle
meine glieder sind wie ein schatten. 8Darüber
werden die Gerechten vbel sehen / vnd die Vn-
schuldigen werden sich setzen wider die Heuchler.
9Der Gerechte wird seinen weg behalten / Vnd der
von reinen henden wird starck bleiben. 10Wolan /
so keret euch alle her vnd kompt / Jch werde doch
keinen Weisen vnter euch finden.

11MEine tage sind vergangen / meine Anschlege
sind zutrennet / die mein hertz besessen haben.
12Vnd haben aus der nacht tag gemacht / vnd aus
dem tage nacht. 13Wenn ich gleich lange harre /
so ist doch die Helle mein haus / vnd im finsternis
ist mein Bette gemacht. 14Die Verwesung heis
ich meinen Vater / vnd die würme meine Mutter
vnd meine Schwester. 15Was sol ich harren? vnd
wer achtet mein hoffen? 16Hinunter in die Helle
wird es faren / vnd wird mit mir in dem staub
|| 280a ligen. ||

XVIII.

DA ANTWORTET BILDAD VON SUAH / VND BILDAD.
sprach / 2Wenn wolt jr der rede ein ende
machen? Mercket doch / darnach wöllen wir reden.
3Warumb werden wir geachtet wie Vieh / vnd sind
so vnrein fur ewren augen? 4Wiltu fur bosheit
bersten? Meinstu / das vmb deinen willen die
Erden verlassen werde / vnd der fels von seinem
ort versetzt werde? 5Auch wird das Liecht der
Gottlosen verlesschen / vnd der funcke seines
fewrs wird nicht leuchten. 6Das Liecht wird finster
werden in seiner Hütten / vnd seine Leuchte vber
jm verlesschen. 7Die zugenge seiner Habe werden
schmal werden / vnd sein Anschlag wird jn fellen.
8Denn er ist mit seinen füssen in strick bracht / vnd
wandelt im Netze. 9Der strick wird seine fersen
halten / vnd die Dürstigen werden jn erhasschen.
10Sein Strick ist gelegt in die erden / vnd seine
Falle auff seinem gang. 11Vmb vnd vmb wird jn

(Versetzt) Das ist / Gott wirds mit dir nicht anders machen denn mit allen andern / vnd seine weise nicht lassen vmb deinet willen.

schrecken plötzliche furcht / das er nicht weis / wo er hin aus sol.

12HVnger wird seine habe sein / vnd vnglück wird jm bereit sein vnd anhangen. 13Die sterck seiner haut wird verzehret werden / vnd seine stercke wird verzehren der fürst des Tods. 14Seine hoffnung wird aus seiner Hütten gerottet werden / vnd sie werden jn treiben zum Könige des schreckens. 15Jn seiner Hütten wird nichts bleiben / vber sein Hütten wird schwefel gestrewet werden. 16Von vnten werden verdorren seine [a]Wurtzel / vnd von oben abgeschnitten sein Erndte. 17Sein gedechtnis wird vergehen in dem Lande / Vnd wird keinen namen haben auff der gassen. 18Er wird vom liecht ins finsternis vertrieben werden / vnd vom Erdboden verstossen werden. 19Er wird keine Kinder haben vnd keine Neffen vnter seinem volck / Es wird jm keiner vberbleiben in seinen Gütern. 20Die nach jm komen / werden sich vber seinen tag entsetzen / Vnd die vor jm sind / wird eine furcht ankomen. 21Das ist die wonung des Vngerechten / vnd dis ist die stete des / der Gott nicht achtet.

(Fürst) Das ist / Die macht vnd gewalt des todtes. Also auch König des schreckens / ist die gewalt des schreckens / das er mus vnterligen vnd nicht entrinnen kan.

a (Wurtzel) Wurtzel heisst er alles was in der Erden gepflantzet ist. Erndten alles was oben aus wechst / es sey korn / öle / wein etc.

XIX.

Hiob.

HJob antwortet vnd sprach / 2Was plaget jr doch meine Seele / vnd peiniget mich mit worten? 3Jr habt mich nu zehen mal gehönet / vnd schemet euch nicht / das jr mich also vmbtreibet. 4Jrre ich / so jrre ich mir. 5Aber jr erhebet euch warlich wider mich / vnd schelt mich zu meiner schmach. 6Merckt doch einst / das mir Gott vnrecht thut / vnd hat mich mit seinem Jagestrick vmbgeben. 7Sihe / ob ich schon schrey vber freuel / so werde ich doch nicht erhöret / Jch ruffe / vnd ist kein recht da. 8Er hat meinen weg verzeunet / das ich nicht kan hinüber gehen / Vnd hat finsternis auff meinen steig gestellet. 9Er hat meine Ehre mir ausgezogen / vnd die Krone von meinem Heubt genomen. 10Er hat mich zubrochen vmb vnd vmb / vnd lesst mich gehen / Vnd hat ausgerissen meine Hoffnung wie einen Bawm.

(Ehre / Krone / Hoffnung) Jst alles geredt vom zeitlichen leben in guter ruge.

11SEin zorn ist vber mich ergrimmet / vnd er achtet mich fur seinen feind. 12Seine Kriegsleute sind mit einander komen / vnd haben jren weg vber mich gepflastert / vnd haben sich vmb meine Hütten her gelagert. 13Er hat meine Brüder ferne

von mir gethan / Vnd meine Verwandten sind mir
frembde worden. 14Meine Nehesten haben sich
entzogen / Vnd meine Freunde haben mein ver-
gessen. 15Meine Hausgenossen vnd meine Megde
achten mich fur frembde / Jch bin vnbekand wor-
den fur jren augen. 16Jch rieff meinem Knecht /
vnd er antwortet mir nicht / Jch muste jm flehen
mit eigenem munde. 17Mein Weib stellet sich
frembd wenn ich jr ruffe / Jch mus flehen den Kin-
dern meines Leibs. 18Auch die junge Kinder
|| 280b geben nichts auff mich / Wenn ich mich wider ||
sie setze / so geben sie mir böse wort. 19Alle meine
getrewen haben Grewel an mir / Vnd die ich lieb
hatte / haben sich wider mich gekeret.

20MEin gebein hanget an meiner haut vnd
fleisch / vnd kan meine zeene mit der haut nicht
bedecken. 21Erbarmet euch mein / erbarmet euch
mein / jr meine Freunde / Denn die hand Gottes
hat mich gerürt. 22Warumb verfolget jr mich /
gleich so wol als Gott / vnd künd meines fleisches
nicht sat werden? 23Ah das meine rede geschrieben
würden / Ah / das sie in ein Buch gestellet würden.
24Mit einem eisern Griffel auff bley / vnd zu ewigem
gedechtnis in einen Fels gehawen würden. 25Aber
ich weis das mein Erlöser lebet / vnd er wird
mich hernach aus der Erden auffwecken.
26Vnd werde darnach mit dieser meiner haut
vmbgeben werden / vnd werde in meinem
fleisch Gott sehen. 27Den selben werde ich
mir sehen / vnd meine augen werden jn
schawen / vnd kein frembder. Meine nieren
sind verzeret in meinem schos / 28denn jr sprecht /
Wie wöllen wir jn verfolgen / vnd eine sache zu
jm finden? 29Fürchtet euch fur dem schwert /
Denn das schwert ist der zorn vber die missethat /
Auff das jr wisset / das ein Gericht sey.

(Sat werden) Das ist / Künd nicht auffhören mich zu beissen vnd zu straffen.
(Erlöser) *Retter, uindex Quia Christus uindicat nos contra Homicidam nostrum Diabolum.*

XX.

Da antwortet Zophar von Naema / vnd
sprach / 2Darauff mus ich antworten / vnd
kan nicht harren. 3Vnd wil gern hören / wer mir
das sol straffen vnd taddeln / Denn der geist meins
verstands sol fur mich antworten. 4Weissestu
nicht / das allezeit so gegangen ist / sint das Men-
schen auff erden gewesen sind. 5Das der rhum der
Gottlosen stehet nicht lang / vnd die freude des
Heuchlers weret ein augenblick? 6Wenn gleich

Zophar.

seine höhe in den Himel reichet / vnd sein heubt
an die wolcken rüret / [7]So wird er doch zu letzt
vmbkomen wie ein dreck / Das die / fur denen er
ist angesehen / werden sagen / wo ist er? [8]Wie
ein trawm vergehet / so wird er auch nicht funden
werden / Vnd wie ein Gesicht in der nacht ver-
schwindet. [9]Welch auge jn gesehen hat wird jn
nicht mehr sehen / Vnd seine stete wird jn nicht
mehr schawen / [10]Seine Kinder werden betteln
gehen / Vnd seine hand wird jm mühe zu lohn
geben. [11]Seine Beine werden seine heimliche
sünde wol bezalen / vnd werden sich mit jm in die
erden legen.

[12]WEnn jm die Bosheit gleich in seinem munde
wol schmeckt / wird sie doch jm in seiner zungen
[a]feilen. [13]Sie wird auffgehalten / vnd jm nicht ge-
stattet / vnd wird jm geweret werden in seinem
halse. [14]Seine speise inwendig im Leibe wird sich
verwandeln in Ottergallen. [15]Die Güter / die er
verschlungen hat / mus er wider ausspeien / vnd
Gott wird sie aus seinem bauch stossen. [16]Er wird
der Ottern galle saugen. / Vnd die zunge der
Schlangen wird jn tödten. [17]Er wird nicht sehen
die Ströme noch die wasserbeche / die mit honig
vnd butter fliessen. [18]Er wird erbeiten / vnd des
nicht geniessen / Vnd seine Güter werden andern /
das er der nicht fro wird. [19]Denn er hat vnter-
drückt vnd verlassen den armen / Er hat Heuser
zu sich gerissen / die er nicht erbawet hat. [20]Denn
sein wanst kund nicht vol werden / vnd wird durch
sein köstlich Gut nicht entrinnen. [21]Es wird seiner
Speise nichts vberbleiben / Darumb wird sein gut
Leben keinen bestand haben. [22]Wenn er gleich
die fülle vnd genug hat / wird jm doch angst wer-
den / Aller hand mühe wird vber jn komen.

[23]ES wird jm der wanst ein mal vol werden /
Vnd er wird den grim seines Zorns vber jn senden /
Er wird vber jn regenen lassen seinen streit. [24]Er
wird fliehen fur dem eisern Harnisch / Vnd der
ehern Bogen wird jn veriagen. [25]Ein blos Schwert
wird durch jn ausgehen / vnd des schwerts blitzen /
der jm bitter sein wird / wird mit schrecken vber
jn faren / [26]Es ist kein finsternis da / die jn ver-
decken möchte. Es wird jn ein fewr verzeren das
nicht [b]auffgeblasen ist /|| Vnd wer vbrig ist in seiner || 281a
Hütten / dem wirds vbel gehen. [27]Der Himel wird
seine missethat eröffenen / Vnd die erde wird sich

a
Wenn er bosheit anfehet / hat er wollust vnd ruge. Aber es wird nicht weren / wird bald bitter schmecken.

(Saugen) Das ist / Er wird tödlich hertzenleid vnd jamer leiden / vnd alles guten beraubet werden.

b
(Auffgeblasen) Das ist / Ein fewr von Gott angezündet / nicht durch Menschen auffgeblasen.

wider jn setzen. 28Das getreide in seinem Hause
wird weggefüret werden / zustrewet am tage seins
zorns. 29Das ist der lohn eines gottlosen Men-
schen bey Gott / vnd das erbe seiner rede bey Gott.

XXI.

HJOB ANTWORTET / VND SPRACH / 2HÖRET DOCH Hiob.
zu meiner rede / vnd lasst euch raten / 3Ver-
tragt mich / das ich auch rede / vnd spottet darnach
mein. 4Handel ich denn mit einem Menschen /
das mein mut hierin nicht solt vnwillig sein? 5Ke-
ret euch her zu mir / jr werdet saur sehen / vnd die
hand auffs maul legen müssen. 6Wenn ich daran
gedenck / so erschrecke ich / vnd zittern kompt
Jere. 12. mein fleisch an. 7Warumb leben denn die Gott-
Abac. 1. losen / werden alt vnd nemen zu mit gütern? 8Jr
Same ist sicher vmb sie her / vnd jr Nachkömling
sind bey jnen. 9Jr Haus hat friede fur der furcht /
vnd Gottes ruten ist nicht vber jnen. 10Seine ochsen
lesst man zu / vnd misrett jm nicht / Seine kue
kalbet / vnd ist nicht vnfruchtbar. 11Jre jungen
Kinder gehen aus / wie eine herd / vnd jre Kinder
lecken. 12Sie jauchzen mit Paucken vnd Harffen /
vnd sind frölich mit Pfeiffen. 13Sie werden alt bey
guten tagen / vnd erschrecken kaum ein augen-
blick fur der Helle. 14Die doch sagen zu Gott /
Heb dich von vns / wir wöllen von deinen wegen
Mal. 3. nicht wissen. 15Wer ist der Allmechtige / das wir
jm dienen solten? oder was sind wirs gebessert /
so wir jn anruffen?

16ABer sihe / jr gut stehet nicht in jren henden /
Darumb sol der Gottlosen sinn ferne von mir sein.
17Wie wird die leuchte der Gottlosen verlesschen
vnd jr vnglück vber sie komen? Er wird hertzen-
leid austeilen in seinem zorn. 18Sie werden sein
wie stoppeln fur dem winde / vnd wie sprew die
der Sturmwind wegfüret. 19Gott behelt desselben
vnglück auff seine Kinder / Wenn ers jm vergelten
wird / so wird mans jnnen werden. 20Seine augen
werden sein verderben sehen / vnd vom grim des
Allmechtigen wird er trincken. 21Denn wer wird
gefallen haben an seinem Hause nach jm? vnd die
zal seiner monden wird kaum halb bleiben. 22Wer
wil Gott leren / der auch die Hohen richtet? 23Die-
ser stirbet frisch vnd gesund / in allem reichthum
vnd voller gnüg. 24Sein melckfas ist vol milch /
vnd seine gebeine werden gemest mit marck.

(Augenblick) Das ist / Sie leben bis an den tod wol vnd da ists vmb ein bösen augenblick mit jnen zu thun / so sind sie hindurch. Jch aber mus so lange zeit schrecken vnd vnglück leiden.

[25]Jener aber stirbet mit betrübter seelen / vnd hat
nie mit freuden gessen. [26]Vnd ligen gleich mit
einander in der erden / vnd Würme decken sie zu.
[27]SJhe / ich kenne ewer gedancken wol / vnd
ewer freuel furnemen wider mich. [28]Denn jr
sprecht / Wo ist das haus des Fürsten? vnd wo ist
die Hütten da die Gottlosen woneten? [29]Redet
jr doch dauon / wie der gemeine Pöbel / vnd
merckt nicht was jener wesen bedeutet. [30]Denn
der Böse wird behalten auff den tag des verder-
bens / vnd auff den tag des grimmens bleibt er.
[31]Wer wil sagen / was er verdienet / wenn mans
eusserlich ansihet? Wer wil jm vergelten was er
thut? [32]Aber er wird zum Grabe gerissen / vnd
mus bleiben bey den [a]hauffen. [33]Es gefiel jm wol
der schlam des Bachs / vnd alle Menschen werden
jm nach gezogen / vnd dere / die fur jm gewesen
sind / ist keine zal. [34]Wie tröstet jr mich so ver-
geblich? vnd ewer Antwort findet sich vnrecht.

(Vergelten) Das ist / Wer kans vrteilen was jm zu vergelten sey on Gott allein.

a (Hauffen) Das ist / Es ist jm auch ein Grab bereit / vnter andern Grebern.

XXII.

ELIPHAS.

DA ANTWORTET ELIPHAS VON THEMA / VND
sprach / [2]Was darff Gott eines starcken / Vnd
was nutzt jm ein Kluger? Meinstu das dem All-
mechtigen gefalle / das du dich so from machest?
Oder was hilffts jn / ob du deine wege gleich on
wandel achtest? ‖ [4]Meinstu er wird sich fur dir ‖ 281 b
fürchten dich zu straffen / vnd mit dir fur gericht
tretten? [5]Ja deine bosheit ist zu gros / vnd deiner
missethat ist kein ende. [6]Du hast etwa deinem
Bruder ein Pfand genomen on vrsach / Du hast
den Nacketen die kleider ausgezogen. [7]Du hast
die Müden nicht getrenckt mit wasser / vnd hast
dem Hungerigen dein brot versagt. [8]Du hast ge-
walt im Lande geübt / vnd prechtig drinnen ge-
sessen. [9]Die widwen hastu leer lassen gehen / vnd
die arm der Waisen zubrochen. [10]Darumb bistu
mit stricken vmbgeben / vnd furcht hat dich plötz-
lich erschreckt. [11]Soltestu denn nicht die finsternis
sehen / vnd die Wasserflut / dich nicht bedecken?
[12]SJhe / Gott ist hoch droben im Himel / vnd
sihet die Sternen droben in der höhe / [13]Vnd du
sprichst / was weis Gott? Solt er das im tunckel
ist richten können? [14]Die wolcken sind seine vor-
decke / vnd sihet nicht / vnd wandelt im vmbgang
des Himels. [15]Wiltu der welt laufft achten / darin-
nen die Vngerechten gegangen sind? [16]Die ver-

Finsternis heisst trübsal vnd vnglück. Widerumb Liecht / heisset glück vnd heil.

gangen sind ehe denn es zeit war / vnd das wasser
hat jren grund weg gewasschen. [17]Die zu Gott
sprachen / Heb dich von vns / was solt der All-
mechtige jnen thun können? [18]So er doch jr Haus
mit güter füllet / Aber der Gottlosen meinung sey
ferne von mir. [19]Die Gerechten werden sehen
vnd sich frewen / vnd der Vnschüldige wird jr
spotten. [20]Was gilts / jr wesen wird verschwinden /
vnd jr vbriges das fewr verzeren?

[21]SO vertrage dich nu mit jm vnd habe friede /
Daraus wird dir viel guts komen. [22]Höre das Ge-
setz von seinem munde / vnd fasse seine rede in
dein hertz. [23]Wirstu dich bekeren zu dem All-
mechtigen / so wirstu gebawet werden / vnd vn-
recht ferne von deiner Hütten thun. [24]So wirstu
fur erden gold geben / vnd fur die felsen güldene
beche. [25]Vnd der Allmechtige wird dein gold
sein / vnd silber wird dir zugeheufft werden.
[26]Denn wirstu deine lust haben an dem Allmechti-
gen / vnd dein andlitz zu Gott auffheben. [27]So
wirstu jn bitten / vnd er wird dich hören / vnd
wirst deine gelübde bezalen. [28]Was du wirst fur-
nemen wird er dir lassen gelingen / Vnd das liecht
wird auff deinem wege scheinen. [29]Denn die sich
demütigen / die erhöhet er / Vnd wer seine augen
niderschlegt / der wird genesen. [30]Vnd der vn-
schüldige wird errettet werden / Er wird aber er-
rettet vmb seiner hende reinigkeit willen.

XXIII.

HJOB ANTWORTET / VND SPRACH / [2]MEINE REDE Hiob.
bleibt noch betrübt / meine macht ist schwach
vber meinem seuffzen. [3]Ah das ich wüste / wie
ich jn finden / vnd zu seinem Stuel komen möcht.
[4]Vnd das recht fur jm solt furlegen / vnd den
mund vol straffe fassen. [5]Vnd erfaren die Rede
die er mir antworten / vnd vernemen / was er mir
sagen würde. [6]Wil er mit grosser macht mit mir
rechten? Er stelle sich nicht so gegen mir. [7]Son-
dern lege mirs gleich fur / so wil ich mein Recht
wol gewinnen. [8]Aber gehe ich nu stracks fur
mich / so ist er nicht da / Gehe ich zu rück / so
spür ich jn nicht. [9]Jst er zur lincken / so ergreiff
ich jn nicht / Verbirget er sich zur rechten / so sehe
ich jn nicht.

[10]ER aber kennet meinen weg wol / Er versuche
mich / so wil ich erfunden werden / wie das gold.

11Denn ich setze meinen fuss auff seiner ban / vnd
halte seinen weg vnd weiche nicht ab. 12Vnd
trette nicht von dem Gebot seiner Lippen / vnd
beware die rede seines mundes mehr denn ich
schüldig bin. 13Er ist einig / wer wil jm antwor-
ten? vnd er machts wie er wil. 14Vnd wenn er
mir gleich vergilt / was ich verdienet habe / so
ist sein noch mehr da hinden. 15Darumb erschreck
ich fur jm / vnd wenn ichs mercke / so fürcht ich
mich fur jm. 16Gott hat mein hertz blöde ge-
macht / vnd der Allmechtige hat mich erschreckt.
17Denn die finsternis machts kein ende mit mir /
vnd das tunckel wil fur mir nicht verdeckt wer-
den. ‖ ‖ 282a

(Einig) Also Gal. 3. Gott ist einig / Des einigen aber ist kein Mittler.

XXIIII.

WARUMB SOLTEN DIE ZEIT DEM ALLMECHTIGEN
nicht verborgen sein? Vnd die jn kennen /
sehen seine tage nicht. 2Sie treiben die grentzen
zu rück / sie rauben die herde vnd weiden sie. 3Sie
treiben der Waisen esel weg / vnd nemen der Wid-
wen ochsen zu pfande. 4Die armen müssen jnen
weichen / vnd die dürfftigen im Lande müssen
sich verkriechen. 5Sihe / [a]das wild in der wüsten
gehet er aus wie sie pflegen / früe zum raub / das
sie speise bereiten fur die Jungen. 6Sie erndten auff
dem acker / alles was er tregt / vnd lesen den wein-
berg / den sie mit vnrecht haben. 7Die nacketen
lassen sie liegen / vnd lassen jnen keine decke im
frost / den sie die Kleider genomen haben. 8Das
sie sich müssen zu den felsen halten / wenn ein
Platzregen von bergen auff sie geusst / weil sie
sonst keinen trost haben.

9SJe reissen das Kind von den brüsten / vnd
machens zum waisen / vnd machen die Leute arm
mit pfenden. 10Den Nacketen lassen sie on kleider
gehen / vnd den Hungerigen nemen sie die gar-
ben. 11Sie zwingen sie öle zu machen auff jrer
eigen mülen / vnd jre eigen kelter zutretten / Vnd
lassen sie doch durst leiden. 12Sie machen die
Leute in der stad süfftzend / vnd die Seele der er-
schlagenen schreiend / vnd Gott stürtzet sie nicht.
13Darumb sind sie abtrünnig worden vom liecht /
vnd kennen seinen weg nicht / vnd keren nicht
wider zu seiner strassen. 14Wenn der tag anbricht /
stehet auff der Mörder / vnd erwürget den armen
vnd dürfftigen / Vnd des nachts ist er wie ein Dieb.

(Die zeit) Weil Gott die Bösen so lesst machen wie sie wöllen / so scheinet es / als wisse er nichts drumb. Weil jr denn sagt / er straffe die Bösen vnd nicht die Fromen / So müsset jr zugeben / das ers nicht wisse / vnd die jn kennen / auch nicht wissen / zu welcher zeit er straffen werde / wie jr euch rhümet zu wissen.

a (Das wild) Die freien / frechen Leute vnd Tyrannen.

15 Das auge des Ehebrechers hat acht auff das
tunckel / vnd spricht / Mich sihet kein auge / vnd
meinet er sey verborgen. 16 Jm finstern bricht er
zun Heusern ein / Des tages verbergen sie sich
mit einander / vnd schewen das liecht. 17 Denn wo
jnen der morgen kompt / ists jnen wie ein finster-
nis / Denn er fület das schrecken der finsternis.
18 Er feret leichtfertig wie auff eim wasser da hin /
seine Habe wird geringe im Lande / vnd bawet
seinen Weinberg nicht. 19 Die Helle nimpt weg die
da sündigen / Wie die hitze vnd dürre das Schnee-
wasser verzeret.

(Bawet) Das ist / die der hurerey nachgehen / bringen jr Gut vmb vnd lassens vngebawet.

20 ES werden sein vergessen die barmhertzigen /
Seine lust wird wormicht werden / sein wird nicht
mehr gedacht / Er wird zubrochen werden wie ein
fauler Bawm. 21 Er hat beleidiget / die Einsame die
nicht gebirt / Vnd hat der Widwen kein guts ge-
than. 22 Vnd die Mechtigen vnter sich gezogen mit
seiner krafft / Wenn er stehet / wird er seines Lebens
nicht gewis sein. 23 Er macht jm wol selbs eine
sicherheit / Doch sehen seine augen auff jr thun.
24 Sie sind eine kleine zeit erhaben / vnd werden
zu nicht / vnd vnterdruckt / vnd gantz vnd gar aus-
getilget werden / Vnd wie die erste blüet an den
ehern / werden sie abgeschlagen werden. 25 Jsts
nicht also? wolan / wer wil mich lügen straffen /
vnd beweren / das meine Rede nichts sey?

(Auff jr thun) Das ist / das sie nicht ein Auffrhur wider jn machen / dempffet er sie jmerdar vnd mus also sicherheit mit list suchen / Aber es weret nicht.

XXV.

DA ANTWORTET BILDAD VON SUAH / VND
sprach / 2 Jst nicht die Herrschafft vnd furcht
bey jm / der den frieden macht vnter seinen Hö-
hesten? 3 Wer wil seine Kriegsleute zelen? vnd
vber welchen gehet nicht auff sein liecht? 4 Vnd
wie mag ein Mensch gerecht fur Gott sein? vnd
wie mag rein sein eins weibs kind? 5 Sihe / der
Mond scheinet noch nicht / vnd die Sterne sind
noch nicht rein fur seinen augen. 6 Wie viel weniger
ein Mensch / die made / vnd ein Menschen Kind /
der wurm.

BILDAD. Wer solt dir thun? Gott ist Allmechtig vnd kan wol steuren den Grossen / Wenn du nur from werest. Vnd du meinst / Er wisse es nicht / wie du jtzt newlich gesagt hast.

XXVI.

|| 282b HJOB ANTWORTET / VND SPRACH / 2 WEM STE-
hestu bey? Dem der keine krafft hat / Hilffstu
dem der keine stercke in armen hat? 3 wem gibstu
rat? Dem der keine weisheit hat? vnd zeigest einem
Mechtigen / wie ers ausfüren sol? 4 Fur wen re-

(Risen) Die grossen Walfisch / welche bedeuten die grossen Tyrannen auff Erden.

destu? vnd fur wen gehet der odem von dir? [5]Die
Risen engsten sich vnter den wassern / vnd die
bey jnen wonen. [6]Die Hell ist auffgedeckt fur jm /
vnd das verderben hat keine decke. [7]Er breitet
aus die Mitternacht nirgent an / vnd henget die
Erden an nichts. [8]Er fasset das Wasser zusamen
in seine wolcken / vnd die Wolcken zureissen
drunder nicht. [9]Er helt seinen Stuel / vnd breitet
seine wolcken dafur. [10]Er hat vmb das Wasser ein
ziel gesetzt / bis das liecht sampt dem finsternis
vergehe. [11]Die seulen des Himels / zittern / vnd
entsetzen sich fur seinem schelten. [12]Fur seiner
Krafft wird das Meer plötzlich vngestüm / vnd fur
seinem verstand erhebt sich die höhe des meers.
[13]Am Himel wirds schön durch seinen Wind / vnd
seine Hand bereitet die gerade Schlangen. [14]Sihe /
also gehet sein thun / Aber dauon haben wir ein
gering wörtlin vernomen / Wer wil aber den donner seiner macht verstehen?

XXVII.

VND HIOB FUR FORT VND HUB AN FEINE SPRÜCHE / vnd sprach / [2]So war Gott lebt / der mir
mein Recht nicht gehen lesst / vnd der Allmechtige / der mein Seel betrübt. [3]So lange mein odem
in mir ist / vnd das schnauben von Gott in meiner
nasen ist / [4]meine lippen sollen nichts vnrechts
reden / vnd mein zunge sol keinen betrug sagen.
[5]Das sey ferne von mir / das ich euch recht gebe /
Bis das mein ende kompt / wil ich nicht weichen
von meiner frömkeit. [6]Von meiner gerechtigkeit
die ich habe / wil ich nicht lassen / Mein gewissen
beisset mich nicht meines gantzen Lebens halben.
[7]Aber mein Feind wird erfunden werden ein Gottloser / vnd der sich wider mich aufflehnet / ein

Heuchler heisset in diesem Buch allenthalben / einen falschen Menschen / Wie sie alle sind fur Gott on glauben.

vnrechter. [8]Denn was ist die hoffnung des Heuchlers / das er so geitzig ist / vnd Gott doch seine
seele hin reisset? [9]Meinstu / das Gott sein schreien
hören wird / wenn die angst vber jn kompt? [10]Wie
kan er an dem Allmechtigen lust haben / vnd Gott
etwa anruffen?

[11]JCh wil euch leren von der hand Gottes / vnd
was bey dem Allmechtigen gilt / wil ich nicht verhelen. [12]Sihe jr haltet euch alle fur klug / Warumb
gebt jr denn solch vnnütze ding fur? [13]Das ist der
lohn eins gottlosen Menschen bey Gott / vnd das
erbe der Tyrannen / das sie von dem Allmechtigen

nemen werden. [14]Wird er viel Kinder haben / so
werden sie des Schwerts sein. Vnd seine Nach-
kömlinge werden des Brots nicht sat haben.
[15]Seine Vbrigen werden im Tod begraben werden /
Vnd seine Widwe werden nicht weinen. [16]Wenn
er geld zusamen bringet wie erden / vnd samlet
Kleider wie leimen. [17]So wird er es wol bereiten /
Aber der Gerecht wird es anziehen / vnd der Vn-
schüldige wird das geld austeilen. [18]Er bawet sein
Haus wie eine Spinne / vnd wie ein Hütter eine
Schawr macht.

(Weinen) Sie werden fro werden / das der tod ist.

[19]DEr Reiche wenn er sich legt / wird ers nicht
mit raffen / Er wird seine augen auff thun / vnd da
wird nichts sein. [20]Es wird jn schrecken vber-
fallen / wie Wasser / des nachts wird jn das vnge-
witter wegnemen. [21]Der Ostwind wird jn weg-
füren / das er da hin feret / Vnd vngestüm wird jn
von seinem ort treiben. [22]Er wird solchs vber jn
füren / vnd wird sein nicht schonen / Es wird jm
alles aus seinen henden entpfliehen. [23]Man wird
vber jn mit den henden klappen / vnd vber jn
zisschen da er gewesen ist.

XXVIII.

|| 283 a ES HAT DAS SILBER SEINE GENGE / VND DAS GOLD
seinen ort da mans schmeltzt. [2]Eisen bringet
man aus der erden / Vnd aus den steinen schmeltzt
man ertz. [3]Es wird je des finstern etwa ein ende /
vnd jemand findet ja zu letzt den Schifer tieff ver-
borgen. [4]Es bricht ein solcher Bach erfür / das
die drumb wonen / den weg daselbs verlieren /
Vnd fellt wider / vnd scheusst da hin von den Leu-
ten. [5]Man bringet auch fewr vnten aus der Erden /
da doch oben speise auffwechst. [6]Man findet Sa-
phir an etlichen örtern / vnd Erdenklösse da gold
ist. [7]Den steig kein Vogel erkand hat / vnd kein
Geiers auge gesehen. [8]Es haben die stoltzen Kin-
der nicht drauff getretten / vnd ist kein Lewe drauff
gegangen. [9]Auch legt man die hand an die fels /
vnd grebt die Berge vmb. [10]Man reisset Beche aus
den felsen / vnd alles was köstlich ist / sihet das
auge. [11]Man wehret dem Strome des wassers /
vnd bringet das verborgen drinnen ist / ans liecht.

(Finstern) Das ist / man grebet zu letzt so tieff / Das man findet das verborgen ligt im finsternis der erden.

(Stoltzen kinder) Das sind junge Lewen.

WO wil man aber Weisheit finden? Vnd wo ist
die stete des verstands? [13]Niemand weis wo
sie ligt / vnd wird nicht funden im Lande der leben-
digen. [14]Der abgrund spricht / Sie ist in mir nicht /

GOTTES weisheit.

vnd das Meer spricht / sie ist nicht bey mir. 15Man
kan nicht Gold vmb sie geben / noch Silber dar-
wegen / sie zu bezalen. 16Es gilt jr nicht gleich
Ophirisch gold / oder köstlicher Onich vnd Saphir.
17Gold vnd Demant mag jr nicht gleichen / noch
vmb sie gülden Kleinot wechseln. 18Ramoth vnd
Gabis acht man nicht / die Weisheit ist höher zu
wegen denn Berlen. 19Topasius aus Morenland
wird jr nicht gleich geschetzt / Vnd das reineste
Gold gild jr nicht gleich.

20WO her kompt denn die Weisheit? vnd wo ist
die stete des Verstands? 21Sie ist verholen fur den
augen aller Lebendigen / auch verborgen den vo-
geln vnter dem Himel. 22Das verdamnis vnd der
tod sprechen / Wir haben mit vnsern ohren jr ge-
rücht gehöret. 23Gott weis den weg dazu / vnd
kennet jre stete. 24Denn er sihet die ende der Er-
den / vnd schawet alles was vnter dem Himel ist.
25Da er dem Winde sein gewicht machete / vnd
setzete dem Wasser seine gewisse masse. 26Da er
dem Regen ein ziel machete / vnd dem Blitzen
vnd Donner den weg. 27Da sahe er sie / vnd erzelet
sie / bereitet sie vnd er fand sie. 28Vnd sprach zum
Menschen / Sihe / die furcht des HERRN / das ist
die Weisheit / vnd meiden das böse / das ist Ver-
stand.

XXIX.

VND HIOB HUB ABERMAL AN SEINE SPRÜCHE /
vnd sprach / 2O das ich were wie in den vori-
gen monden / in den tagen da mich Gott behütet.
3Da seine Leuchte vber meinem heubt schein / vnd
ich bey seinem Liecht im finsternis gieng. 4Wie
ich war zur zeit meiner Jugent / da Gottes ge-
heimnis vber meiner Hütten war. 5Da der All-
mechtige noch mit mir war / vnd meine Kinder
vmb mich her. 6Da ich meine trit wusch in butter /
vnd die fels mir ölebeche gossen. 7Da ich aus-
gieng zum thor in der Stad / vnd mir lies meinen
Stuel auff der gassen bereiten. 8Da mich die Jun-
gen sahen / vnd sich versteckten / Vnd die Alten
fur mir auffstunden. 9Da die Obersten auffhöreten
zu reden / vnd legeten jre hand auff jren mund.
10Da die stimme der Fürsten sich verkroch / vnd
jre zunge an jrem gumen klebte. 11Denn welchs
ohre mich hörete / der preiset mich selig / vnd
welchs auge mich sahe / der rhümet mich.

(Jn butter) Das ist / Da ich alles vbrig genug hatte / alles fett vnd vol auff.

12DEnn ich errettet den Armen der da schrey /
vnd den Waisen der keinen Helffer hatte. 13Der
segen des der verderben solte / kam vber mich /
Vnd ich erfrewet das hertz der Widwen. 14Ge-
rechtigkeit war mein Kleid / das ich anzog wie
einen rock / vnd mein Recht war mein fürstlicher
Hut. 15Jch war des Blinden auge / vnd des Lamen
|| 283b füsse. 16Jch war ein Vater der armen / vnd welche ||
sache ich nicht wuste / die erforschet ich. 17Jch
zubrach die backenzeen des Vngerechten / vnd
reis den Raub aus seinen zeenen. 18Jch gedacht /
Jch wil in meinem nest ersterben / vnd meiner
tage viel machen / wie sand. 19Meine Saat gieng
auff am wasser / vnd der taw bleib vber meiner
Erndte. 20Meine herrligkeit ernewete sich jmer
an mir / vnd mein Bogen besserte sich in meiner
hand.

(Bogen) Das ist / Meine macht nam jmer zu.

21MAN höret mir zu / vnd schwiegen vnd war-
teten auff meinen rat. 22Nach meinen worten redet
niemand mehr / vnd meine Rede trouff sie. 23Sie
warteten auff mich / wie auff den Regen / Vnd
sperreten jren mund auff / als nach dem Abend-
regen. 24Wenn ich mit jnen lachete / wurden sie
nicht zu küne darauff / vnd das liecht meins ange-
sichts machte mich nicht geringer. 25Wenn ich zu
jrem Geschefft wolt komen / so must ich oben an-
sitzen / Vnd wonet wie ein König vnter Kriegs-
knechten / da ich tröstet die leide trugen.

(Lachete) Freundlich / frölich mit jnen war / würden sie darumb nicht küne mich zu verachten *Id est, Familiaritas mea non peperit apud eo mei contemptum.*

XXX.

NV ABER LACHEN MEIN DIE JÜNGER SIND DENN
ich / welcher Veter ich verachtet hette zu stel-
len vnter meine Schafhunde. 2Welcher vermügen
ich fur nichts hielt / die nicht zum Alter komen
kundten. 3Die fur hunger vnd kumer einsam flo-
hen in die Einöde / newlich verdorben vnd elend
worden. 4Die da Nesseln ausraufften vmb die
püssch / vnd Wegholdern wurtzel war jre speise.
5Vnd wenn sie die er ausrissen / jauchzeten sie drü-
ber / wie ein Dieb. 6An den grawsamen Bechen
woneten sie / in den löchern der erden vnd stein-
ritzen. 7Zwisschen den Püsschen rieffen sie / vnd
vnter den Disteln samleten sie. 8Die Kinder loser
vnd verachter Leute / die die geringsten im Lande
waren. 9Nu bin ich jr Seitenspiel worden / vnd
mus jr Merlin sein. 10Sie haben einen Grewel an

mir / vnd machen sich ferne von mir / vnd schonen
nicht fur meinem angesicht zu speien.
11SJe haben meine Saelen ausgespannen / vnd
mich zu nicht gemacht / vnd das meine [a]abgezeumet.
12Zur rechten da ich grunet / haben sie sich wider
mich gesetzt / Vnd haben meinen fus ausgestossen /
vnd haben vber mich einen weg gemacht / mich zu
verderben. 13Sie haben meine steige zubrochen /
Es war jnen so leicht mich zubeschedigen / das sie
keiner hülffe dazu durfften. 14Sie sind komen wie
zur weiten Lücken er ein / vnd sind on ordnung
daher gefallen. 15Schrecken hat sich gegen mich
gekeret / Vnd hat verfolget wie der wind meine
herrligkeit / vnd wie ein lauffende wolcke meinen
glückseligen stand. 16Nu aber geusset sich aus
meine Seele vber mich / vnd mich hat ergrieffen die
elende zeit. 17Des nachts wird mein Gebein durch-
boret allenthalben / vnd die mich jagen / legen sich
nicht schlaffen. 18Durch die menge der krafft
werde ich anders vnd anders gekleidet / Vnd man
gürtet mich da mit / wie mit dem loch meines
Rocks. 19Man hat mich in Dreck getretten / vnd
gleich geacht dem staub vnd asschen.
20SChrey ich zu dir / so antwortestu mir nicht /
Trette ich erfur / so achtestu nicht auff mich. 21Du
bist mir verwandelt in einen Grawsamen / vnd zei-
gest deinen gram an mir mit der stercke deiner
Hand. 22Du hebest mich auff / vnd lessest mich
auff dem winde faren / vnd zurschmeltzest mich
krefftiglich. 23Denn ich weis du wirst mich dem
Tod vberantworten / da ist das bestimpte Haus
aller Lebendigen. 24Doch wird er nicht die Hand
ausstrecken ins Beinhaus / vnd werden nicht
schreien fur seinem verderben. 25Jch weinete ja in
der harten zeit / vnd meine Seele jamert der armen.
26Jch wartete des Guten / Vnd kompt das böse /
Jch hoffte auffs Liecht / vnd kompt finsternis.
27Mein eingeweide sieden / vnd hören nicht auff /
Mich hat vberfallen die elende zeit. 28Jch gehe
schwartz einher / vnd börnet mich doch keine
Sonne nicht / Jch stehe auff in der Gemeine vnd
schreie. 29Jch bin ein bruder der Schlangen / vnd
ein geselle der Straussen. || 30Meine haut vber mir || 284a
ist schwartz worden / vnd meine Gebeine sind ver-
dorret fur hitze. 31Meine Harffe ist eine klage wor-
den / vnd meine Pfeiffe ein weinen.

(Sie) Die Chaldeer.

a *Id est, Deposuerunt, priuarunt curru et aurigatu, id est, domino meo.*

(Gekleidet) Das ist / mancherley vnglück wird mir angethan gewaltiglich / das ich michs nicht erwehren kan / vnd gürtet mich / das ich nicht eraus komen kan / vnd mus es anhaben / wie einen rock am halse.

Das ist / im Beinhause werde ich je ruge haben.

XXXI.

JCH HABE EINEN BUND GEMACHT MIT MEINEN
augen / das ich nicht achtet auff eine Jungfraw.
2Was gibt mir aber Gott zu lohn von oben? vnd
was fur ein erbe der Allmechtig von der höhe?
3Solt nicht billicher der Vnrechte solch vnglück
haben? vnd ein Vbeltheter so verstossen werden?
4Sihet er nicht meine wege / vnd zelet alle meine
genge? 5Habe ich gewandelt in eitelkeit / Oder hat
mein fus geeilet zum betrug? 6So wege man mich
auff rechter wage / so wird Gott erfaren meine
frömkeit. 7Hat mein gang gewichen aus dem
wege / vnd mein hertz meinen augen nachgefolget /
vnd ist etwas in meinen henden beklebt. 8So müsse
ich seen / vnd ein ander fresse es / Vnd mein Ge-
schlecht müsse ausgewurtzelt werden.

9HAT sich mein hertz lassen reitzen zum Weibe /
vnd habe an meines Nehesten thür gelauret. 10So
müsse mein Weib von einem andern geschendet
werden / vnd andere müssen sie beschlaffen.
11Denn das ist ein laster / vnd eine missethat fur
die Richter. 12Denn das were ein fewr / das bis
ins verderben verzeret / vnd alle mein Einkomen
auswurtzelte. 13Hab ich verachtet das recht meines
Knechts oder meiner Magd / wenn sie eine Sache
wider mich hatten. 14Was wolt ich thun / wenn
Gott sich auffmacht? vnd was würde ich antwor-
ten / wenn er heimsucht? 15Hat jn nicht auch der
gemacht / der mich in Mutterleibe machte? vnd
hat jn im Leibe eben so wol bereit? 16Hab ich den
Dürfftigen jr begirde versaget / vnd die augen der
Widwen lassen verschmachten? 17Hab ich meinen
bissen allein gessen / vnd nicht der Waise auch
dauon gessen? 18Denn ich hab mich von Jugent
auff gehalten wie ein Vater / vnd von meiner Mut-
terleib an hab ich gerne getröst.

19HAB ich jemand sehen vmbkomen / das er
kein Kleid hatte / vnd den Armen on decke gehen
lassen? 20Haben mir nicht gesegenet seine seiten /
da er von den fellen meiner Lemmer erwermet
ward? 21Hab ich mit meiner hand vber den Waisen
gefaren / weil ich mich sahe im Thor macht zu
helffen haben? 22So falle meine schulder von der
achseln / vnd mein arm breche von der rören.
23Denn ich fürchte Gott wie ein vnfal vber mich /
vnd kündte seine Last nicht ertragen. 24Hab ich

(Gefaren) Hin vnd wider getrieben.

das Gold zu meiner zuuersicht gestellet / vnd zu
den Goldklumpen gesagt / mein trost? 25Hab ich
mich gefrewet / das ich gros Gut hatte / vnd meine
hand allerley erworben hatte? 26Hab ich das
[a]Liecht angesehen / wenn es helle leuchtet / vnd
den Mond / wenn er vol gieng? 27Hat sich mein
hertz heimlich bereden lassen / das meine [b]hand
meinen mund küsse? 28Welchs ist auch eine misse-
that fur die Richter / Denn da mit hette ich ver-
leugnet Gott von oben.

a Das ist / Wenn mirs glückselig gienge / habe ich nicht meine freude darinnen gehabt.

b Hand küssen / Heist seine eigen werck preisen / Welchs allein Gott zugehöret.

c Das ist / Mein gesinde muste auch nichts begeren an meine Feinde.

29HAB ich mich gefrewet / wenns meinem Feinde
vbel gieng / vnd habe mich erhaben / das jn vn-
glück betretten hatte? 30Denn ich lies meinen
mund nicht sündigen / das er wündschete einen
fluch seiner Seelen. 31Haben nicht die Menner [c]in
meiner Hütten müssen sagen? o wolt Gott / das
wir von seinem fleisch nicht gesettiget würden.
32Draussen muste der Gast nicht bleiben / sondern
meine thür thet ich dem Wanderer auff. 33Hab ich
meine schalckheit wie ein Mensch gedeckt / das
ich heimlich meine missethat verbörge? 34Hab ich
mir grawen lassen fur der grossen Menge / vnd
die verachtung der Freundschafften mich abge-
schreckt hat? Jch bleib stille / vnd gieng nicht zur
thür aus.

35WER gibt mir einen Verhörer / das meine
begirde der Allmechtige erhöre? das jemand ein
Buch schriebe von meiner sache. 36So wolt ichs
auff meine achseln nemen / vnd mir wie eine Kron
vmbbinden. 37Jch wolt die zal meiner genge an-
sagen / vnd wie ein Fürst wolt ich sie dar bringen.
38Wird mein Land wider mich schreien / vnd mit
einander seine fürche weinen. 39Hab ich seine ‖ ‖ 284b
früchte vnbezalet gessen / vnd das leben der Acker-
leuten sawr gemacht. 40So wachse mir disteln fur
weitzen / vnd dornen fur gersten. Die wort Hiob
haben ein ende.

(Fürst) Frey vnerschrocken.

XXXII.

DA HÖRETEN DIE DREY MENNER AUFF HIOB ZU
antworten / weil er sich fur gerecht hielt. 2Aber
Elihu der son Baracheel von Bus / des geschlechts
Ram / ward zornig vber Hiob / das er seine Seele
gerechter hielt denn Gott. 3Auch ward er zornig /
vber seine drey Freunde / das sie keine antwort
funden / vnd doch Hiob verdampten. 4Denn
Elihu hatte geharret / bis das sie mit Hiob geredt

ELIHU.

hatten / weil sie Elter waren denn er. [5]Darumb da
er sahe / das kein antwort war im munde der dreier
Menner / ward er zornig / [6]Vnd so antwortet
Elihu der son Baracheel von Bus / vnd sprach.
JCh bin jung / jr aber seid alt / Darumb hab ich
mich geschewet / vnd gefurcht meine Kunst an
euch zu beweisen. [7]Jch dacht / Las die jar reden /
vnd die menge des alters las weisheit beweisen.
[8]Aber der geist ist in Leuten / vnd der odem des
Allmechtigen macht sie verstendig. [9]Die Grossen
sind nicht die weisesten / vnd die Alten verstehen
nicht das Recht. [10]Darumb wil ich auch reden /
Höre mir zu / ich wil meine kunst auch sehen
lassen. [11]Sihe / ich habe geharret / das jr geredt
habt / Jch habe auffgemerckt auff ewren verstand /
bis jr treffet die rechte rede. [12]Vnd habe acht ge-
habt auff euch / Aber sihe / da ist keiner vnter
euch / der Hiob straffe oder seiner rede antworte.

[13]JR werdet vieleicht sagen / Wir haben die weis-
heit troffen / das Gott jn verstossen hat / vnd sonst
niemand. [14]Die rede thut mir nicht genug / Jch
wil jm nicht so nach ewr rede antworten. [15]Ah /
sie sind verzagt / können nicht mehr antworten /
Sie können nicht mehr reden. [16]Weil ich denn ge-
harret habe / vnd sie kundten nicht reden (Denn
sie stehen still / vnd antworten nicht mehr) [17]Wil
doch ich mein teil antworten / vnd wil meine kunst
beweisen. [18]Denn ich bin der Rede so vol / das
mich der odem in meinem Bauche engstet. [19]Sihe
mein bauch ist wie der Most der zugestopfft ist /
der die newen fasse zureisset. [20]Jch mus reden /
das ich [a]odem hole / Jch mus meine lippen auff-
thun vnd antworten. [21]Jch wil niemands Person
ansehen / vnd wil keinen Menschen rhümen.
[22]Denn ich weis nicht (wo ichs thet) ob mich mein
Schepffer vber ein kleins hin nemen würde.

a Jch ersticke sonst fur grosser weisheit.

XXXIII.

HORE DOCH HIOB MEINE REDE / VND MERCKE
auff alle meine wort. [2]Sihe / Jch thu meinen
mund auff / vnd meine zunge redet in meinem
munde. [3]Mein hertz sol recht reden / vnd meine
lippen sollen den reinen verstand sagen. [4]Der
geist Gottes hat mich gemacht / vnd der odem
des Allmechtigen hat mir das leben gegeben.
[5]Kanstu / so antworte mir / Schicke dich gegen
mich vnd stelle dich. [6]Sihe / ich bin Gottes eben

so wol / als du / Vnd aus Leimen bin ich auch ge-
macht. 7Doch / du darffest fur mir nicht er-
schrecken / vnd meine hand sol dir nicht zu schweer
sein.

DV hast geredt fur meinen ohren / die stimme
deiner rede must ich hören. 9Jch bin rein on
missethat / vnschuldig / vnd habe keine sünde.
10Sihe / Er hat eine sache wider mich funden /
darumb achtet er mich fur seinen feind. 11Er hat
meinen fus in stock gelegt / vnd hat alle meine
wege verwaret. 12Sihe / eben daraus schliesse ich
wider dich / das du nicht recht bist / Denn Gott ist
mehr weder ein Mensch. 13Warumb wiltu mit jm
zancken / das er dir nicht rechenschafft gibt alles
seines thuns? 14Denn wenn Gott ein mal etwas
beschleusset / So bbedenckt ers nicht erst hernach. || || 285 a

b (Bedenckt) *Sicut homo post factum consulit, poenitet et cogitat mutare. Triumphator in Jsrael, (inquit Samuel) non poenitet nec mutat.*

15JM trawm des gesichts in der nacht / wenn der
schlaff auff die Leute fellet / wenn sie schlaffen auff
dem bette. 16Da öffenet er das ohre der Leute /
vnd schreckt sie vnd züchtiget sie. 17Das er den
Menschen von seinem afürnemen wende / vnd be-
schirme jn fur hoffart. 18Vnd verschonet seiner
Seelen fur dem verderben / vnd seines Lebens /
das nicht ins schwert falle. 19Er strafft jn mit
schmertzen auff seinem Bette / vnd alle seine ge-
beine hefftig. 20Vnd richt jm sein Leben so zu /
das jm fur der Speise ekelt / vnd seine Seele / das
sie nicht lust zu essen hat. 21Sein fleisch verschwin-
det / das er nicht wol bsehen mag / vnd seine Beine
werden zuschlagen / das man sie nicht gern an-
sihet. 22Das seine seele nahet zum verderben / vnd
sein leben zu den Todten.

a Wie Abimelech / Gen. 20.

b Das jms gesicht vergehet / das er weder sihet noch höret.

23SO denn ein Engel / einer aus tausent / mit jm
redet / zu verkündigen dem Menschen wie er solle
recht thun. 24So wird er jm gnedig sein / vnd sa-
gen / Er sol erlöset werden / das er nicht hinunter
fare ins verderben / Denn ich habe eine versünung
funden. 25Sein fleisch grüne wider wie in der
Jugent / vnd las jn wider jung werden. 26Er wird
Gott bitten / der wird jm gnade erzeigen / vnd
wird sein Andlitz sehen lassen mit freuden / vnd
wird dem Menschen nach seiner gerechtigkeit ver-
gelten. 27Er wird fur den Leuten bekennen vnd
sagen / Jch wolt gesündiget vnd das Recht ver-
keret haben / Aber es hette mir nichts genützet.
28Er hat meine Seele erlöset / das sie nicht füre ins
verderben / sondern mein leben das liecht sehe.

29SJhe / das alles thut Gott zwey oder drey mal
mit einem jglichen. 30Das er seine Seele erumb
hole aus dem verderben / vnd erleucht jn mit dem
liecht der Lebendigen. 31Merck auff Hiob / vnd
höre mir zu / vnd schweige das ich rede. 32Hastu
aber was zu sagen / so antworte mir / Sage her /
Bistu recht / ich wils gerne hören. 33Hastu aber
nichts / so höre mir zu / vnd schweige / Jch wil
dich die weisheit leren.

(Zwey oder drey mal.) Das ist / offt mals.

XXXIIII.

VND ELIHU ANTWORTET / VND SPRACH / 2HÖRET
jr weisen meine rede / vnd jr verstendigen
merckt auff mich. 3Denn das ohre prüfet die rede /
vnd der mund schmeckt die speise. 4Lasst vns ein
Vrteil erwelen / das wir erkennen vnter vns / was
gut sey. 5Denn Hiob hat gesagt / Jch bin gerecht /
vnd Gott wegert mir mein Recht. 6Jch mus liegen /
ob ich wol recht habe / Vnd bin gequelet von mei-
nen pfeilen / ob ich wol nichts verschuldet habe.
7WEr ist ein solcher wie Hiob / der da spötterey
trinckt wie wasser? 8Vnd auff dem wege gehet
mit den Vbelthetern / vnd wandelt mit den gott-
losen Leuten? 9Denn er hat gesaget / Wenn jemand
schon from ist / so gilt er doch nichts bey Gott.

(Meinen pfeilen) Das sind Gottes pfeile / die in mir stecken.

10DArumb höret mir zu jr weisen Leute. Es sey
ferne / das Gott solt gottlos sein / vnd der All-
mechtige vngerecht. 11Sondern er vergilt dem
Menschen darnach er verdienet hat / vnd trifft
einen jglichen nach seinem thun. 12On zweiuel /
Gott verdampt niemand mit vnrecht / vnd der
Allmechtige beuget das Recht nicht. 13Wer hat
das auff Erden ist / verordenet? vnd wer hat den
gantzen Erdboden gesetzt? 14So er sichs würde
vnterwinden / so würde er aller geist vnd odem
zu sich samlen. 15Alles fleisch würde mit einander
vergehen / vnd der Mensch würde wider zu asschen
werden.

16HAstu nu verstand / so höre das / vnd merck
auff die stim meiner rede / 17Solt einer darumb das
Recht zwingen / das ers hasset? Vnd das du stoltz
bist / soltest drumb den Gerechten verdammen?
18Solt einer zum Könige sagen / Du loser Man /
vnd zum Fürsten / jr Gottlosen? 19Der doch nicht
ansihet die person der Fürsten / vnd kennet den
Herrlichen nicht mehr denn den Armen / Denn sie
sind alle seiner Hende werck. 20Plötzlich müssen

die Leute sterben / vnd zu mitternacht erschrecken
vnd vergehen / Die mechtigen werden krafftlos
weggeno||men. 21Denn seine Augen sehen auff || 285 b
eines jglichen wege / vnd er schawet alle jre genge.
22Es ist kein finsternis noch tunckel / das sich da
möchten verbergen die Vbeltheter. 23Denn es wird
niemand gestattet / das er mit Gott rechte.

24ER bringt der Stoltzen viel vmb / die nicht zu
zelen sind / vnd stellet andere an jre stat. 25Dar-
umb / das er kennet jre werck / vnd keret sie vmb
des nachts / das sie zuschlagen werden. 26Er wirfft
die Gottlosen vber einen hauffen / da mans gerne
sihet. 27Darumb / das sie von jm weg gewichen
sind / vnd verstunden seiner wege keinen. 28Das
das schreien der Armen muste fur jn komen / vnd
er das schreien des Elenden höret. 29Wenn er
friede gibt / wer wil verdamnen? vnd wenn er das
Andlitz verbirget / wer wil jn schawen / vnter den
Völckern vnd Leuten? 30Vnd lesst vber sie regirn
einen Heuchler / das Volck zu drengen.

(Zu drengen) Das ist / Er lesst einen Tyrannen regieren / der das Volck mit auffsetzen vnd schinden / fehet vnd quelet.

31JCh mus fur Gott reden / vnd kans nicht lassen.
32Hab ichs nicht troffen / so lere du michs besser /
Hab ich vnrecht gehandelt / ich wils nicht mehr
thun. 33Man wartet der Antwort von dir / Denn
du verwirffest alles / vnd du hasts angefangen / vnd
nicht ich / Weissestu nu was / so sage an. 34Weise
leute las ich mir sagen / vnd ein weiser Man ge-
horcht mir. 35Aber Hiob redet mit vnuerstand /
vnd seine wort sind nicht klug. 36Mein vater las
Hiob versucht werden bis ans ende / darumb / das
er sich zu vnrechten Leuten keret. 37Er hat vber
seine sünde dazu noch gelestert / Darumb las jn
zwisschen vns geschlagen werden / vnd darnach
viel wider Gott plaudern.

XXXV.

VND ELIHU ANTWORTET / VND SPRACH / 2Ach-
testu das fur recht / das du sprichst / Jch bin
gerechter denn Gott? 3Denn du sprichst / Wer gilt
bey dir etwas? Was hilffts / ob ich mich on sünde
mache? 4Jch wil dir antworten ein wort / vnd
deinen Freunden mit dir. 5Schaw gen Himel vnd
sihe / vnd schaw an die wolcken / das sie dir zu
hoch sind. 6Sündigestu / was kanstu mit jm
machen? vnd ob deiner missethat viel ist / was
kanstu jm thun? 7Vnd ob du gerecht seiest / was

kanstu jm geben? oder was wird er von deinen henden nemen?

8EJnem Menschen wie du bist / mag wol etwas thun deine bosheit / vnd einem Menschenkind deine gerechtigkeit. 9Die selbigen mügen schreien wenn jnen viel gewalt geschicht / vnd ruffen vber den arm der Grossen. 10Die nicht dar nach fragen / wo ist Gott mein Schepffer / der das gesenge macht in der nacht / 11Der vns gelerter macht / denn das vieh auff Erden / vnd weiser / denn die vogel vnter dem Himel. 12Aber sie werden da auch schreien vber den hohmut der Bösen / vnd er wird sie nicht erhören. 13Denn Gott wird das eitel nicht erhören / vnd der Allmechtige wird es nicht ansehen. 14Da zu sprichstu / du werdest jn nicht sehen / Aber es ist ein gericht fur jm / harre sein nur. 15Ob sein zorn so bald nicht heimsucht / vnd sich nicht annimpt / das so viel laster da sind. 16Darumb hat Hiob seinen mund vmb sonst auffgespert / vnd gibt stoltze teiding fur mit vnuerstand.

(Gesenge) Das ist / Der Vogel gesenge. Oder geistlich / das man jn lobt in leid vnd vnfal. Wie der Psalm auch saget *Et nocte canticum eius.*

XXXVI.

ELIHU REDET WEITER / VND SPRACH / 2HARRE mir noch ein wenig / ich wil dirs zeigen / Denn ich habe noch von Gottes wegen was zu sagen. 3Jch wil meinen verstand weit holen / vnd meinen Schepffer beweisen / das er recht sey. 4Meine rede sollen on zweiuel nicht falsch sein / mein verstand sol on wandel fur dir sein.

5SJhe / Gott verwirfft die mechtigen nicht / denn er ist auch mechtig von krafft des hertzens. 6Den Gottlosen erhelt er nicht / sondern hilfft dem Elenden zum rechten. 7Er wendet seine Augen nicht
‖ 286a von dem Gerechten / vnd die ‖ Könige lesst er sitzen auff dem Thron jmerdar / das sie hoch bleiben. 8Vnd wo Gefangene ligen in stöcken / vnd gebunden mit stricken elendiglich. 9So verkündigt er jnen / was sie gethan haben / vnd jre vntugent / das sie mit gewalt gefaren haben. 10Vnd öffenet jnen das ohr zur zucht / vnd sagt jnen / Das sie sich von dem vnrechten bekeren sollen. 11Gehorchen sie vnd dienen jm / so werden sie bey guten tagen alt werden / vnd mit lust leben. 12Gehorchen sie nicht / so werden sie ins Schwert fallen / vnd vergehen / ehe sie es gewar werden.

13DJe Heuchler wenn sie der zorn trifft / schreien
sie nicht / Wenn sie gefangen ligen / 14so wird jre
Seele mit qual sterben / vnd jr leben vnter den
Hurern. 15Aber den Elenden wird er aus seinem
elend erretten / vnd dem Armen das ohr öffenen
im trübsal. 16Er wird dich reissen aus dem weiten
rachen der angst / die keinen boden hat / Vnd dein
tisch wird ruge haben / vol alles guten. 17Du aber
machst die sache der Gottlosen gut / das jr sache
vnd recht erhalten wird. 18Sihe zu / das dich nicht
vieleicht Zorn bewegt habe jemand zuplagen /
Oder gros Geschencke dich nicht gebeuget habe.
19Meinstu das er deine gewalt achte / oder gold /
oder jrgend eine sterck oder vermügen? 20Du
darffest der nacht nicht begeren / die Leute an
jrem ort zu vberfallen. 21Hüte dich / vnd kere
dich nicht zum vnrecht / wie du denn fur elende
angefangen hast.

22SJhe / Gott ist zu hoch in seiner krafft / Wo ist
ein Lerer wie er ist? 23Wer wil vber jn heimsuchen
seinen weg? vnd wer wil zu jm sagen / Du thust
vnrecht? 24Gedenck / das du sein werck nicht
weisest / wie die Leute singen. 25Denn alle Men-
schen sehen das / die Leute schawens von ferne.
26Sihe / Gott ist gros vnd vnbekand / seine jar zal
kan niemand forschen. 27Er macht das wasser zu
kleinen tropffen / vnd treibet seine wolcken zu-
samen zum Regen. 28Das die wolcken fliessen /
vnd trieffen seer auff die Menschen. 29Wenn er
furnimpt die wolcken aus zu breiten / wie sein
hoch gezelt / 30Sihe / so breitet er aus seinen Blitz
vber die selbe / vnd bedeckt [a]alle ende des Meers.
31Denn da mit schrecket er die Leute / vnd gibt
doch speise die fülle. 32Er deckt den Blitz wic mit
henden / Vnd heissts doch wider komen. Dauon
zeuget sein Geselle / nemlich des Donners zorn in
wolcken.

Descriptio poetica tempestatis.

a *Id est, ab Occidente in Orientem.*

XXXVII.

DES ENTSETZT SICH MEIN HERTZ VND BEBET.
2Lieber höret doch / wie sein Donner zürnet /
Vnd was fur gesprech von seinem munde aus-
gehet. 3Er sihet vnter allen Himeln / vnd sein
Blitz scheinet auff die ende der Erden. 4Demnach
brüllet der Donner / vnd er donnert mit seinem
grossen schall / Vnd wenn sein donner gehört
wird / kan mans nicht auffhalten. 5Gott donnert

mit seinem donner grewlich / vnd thut grosse ding /
vnd wird doch nicht erkand. 6Er spricht zum
Schnee / so ist er bald auff Erden / vnd zum Platz-
regen / so ist der platzregen da mit macht. 7Alle
Menschen hat er in der Hand / als verschlossen /
das die Leute lernen / was er thun kan. 8Das wild
Thier gehet in die Hüle / vnd bleibt an seinem ort.
9Von mittag her kompt wetter / vnd von mitter-
nacht kelte. 10Vom odem Gottes kompt frost / vnd
grosse wasser / wenn er auffthawen lesst. 11Die
dicken wolcken scheiden sich / das helle werde /
vnd durch den nebel bricht sein liecht. 12Er keret
die wolcken wo er hin wil / das sie schaffen alles was
er jnen gebeut auff dem Erdboden. 13Es sey vber
ein Geschlecht / oder vber ein Land / so man jn
barmhertzig findet.

14DA mercke auff Hiob / stehe vnd vernim die
wunder Gottes. 15Weistu / wenn Gott solchs vber
sie bringt? vnd wenn er das liecht seiner wolcken
lesst erfur brechen? 16Weistu / wie sich die wol-
cken ausstrewen? welche Wunder die Volkomenen
wissen. 17Das deine kleider warm sind / wenn das
Land stille ist vom mittags wind? 18Ja du wirst
|| 286b mit jm die wolcken ausbreiten / die fest stehen / ||
wie ein gegossen Spiegel. 19Zeige vns / was wir
jm sagen sollen / Denn wir werden nicht da hin
reichen fur finsternis. 20Wer wird jm erzelen das
ich rede? so jemand redet / der wird verschlungen.
21Jtzt sihet man das Liecht nicht / das in den wol-
cken helle leucht / Wenn aber der wind webd / so
wirds klar. 22Von mitternacht kompt gold / zu (Gold)
lob fur dem schrecklichen Gott. 23Den Allmechti- Das ist / helle
gen aber mügen sie nicht begreiffen / der so gros wetter wie
ist von krafft / Denn er wird von seinem Recht vnd lauter gold.
guter sachen nicht rechenschafft geben. 24Darumb
müssen jn fürchten die Leute / vnd er fürcht sich
fur keinem / wie weise sie sind.

XXXVIII.

VND DER HERR ANTWORTET HIOB AUS EINEM GOTT.
wetter / vnd sprach / 2Wer ist der / der so feilet
in der weisheit / vnd redet so mit vnuerstand?
3Gürte deine lenden wie ein Man / Jch wil dich
fragen / Lere mich. 4Wo warestu / da ich die Erden
gründet? sage mirs / bistu so klug. 5Weissestu /
wer jr das mas gesetzt hat? oder wer vber sie ein
Richtschnur gezogen hat? 6Oder wor auff stehen

jre Füsse versencket? oder wer hat jr einen Eck-
stein gelegt? [7]Da mich die Morgensterne mit ein-
ander lobeten / vnd jauchzeten alle kinder Gottes.
[8]Wer hat das Meer mit seinen thüren verschlossen /
da es eraus brach wie aus mutterleibe. [9]Da ichs
mit Wolcken kleidet / vnd in tunckel einwickelt
wie in windeln. [10]Da ich jm den laufft brach mit
meinem Tham / vnd setzet jm riegel vnd thür /
[11]vnd sprach / Bis hie her soltu komen vnd nicht
weiter / Hie sollen sich legen deine stoltzen wellen.

[12]HAstu bey deiner zeit dem Morgen geboten /
vnd der Morgenröte jren ort gezeigt? [13]Das die
ecken der Erden gefasset / vnd die Gottlosen er aus-
geschüttelt würden. [14]Das siegel wird sich wan-
deln wie leimen / Vnd sie stehen wie ein Kleid.
[15]Vnd den Gottlosen wird jr liecht genomen wer-
den / vnd der arm der Hoffertigen wird zubrochen
werden. [16]Bistu in den grund des Meers komen /
vnd hast in den fusstapffen der Tieffen gewandelt?
[17]Haben sich dir des Todes thor je auffgethan?
oder hastu gesehen die thor der finsternis? [18]Hastu
vernomen wie breit die Erde sey? sage an / weistu
solchs alles? [19]Welchs ist der weg da das Liecht
wonet / vnd welchs sey der Finsternis stet? [20]Das
du mügest abnemen seine grentze / vnd mercken
den pfad zu seinem Hause? [21]Wustestu / das du
zu der zeit soltest geboren werden? vnd wie viel
deiner tage sein würden.

(Das siegel) Das ist / jr stand vnd wesen / des sie gewis sein wöllen als versiegelt.

[22]B Jstu gewesen da der Schnee her kompt? oder
hastu gesehen / wo der Hagel her kompt? [23]Die
ich habe verhalten bis auff die zeit der trübsal / vnd
auff den tag des streits vnd kriegs. [24]Durch wel-
chen weg teilet sich das Liecht? vnd aufferet der
Ostwind auff erden? [25]Wer hat dem Platzregen
seinen laufft ausgeteilet? vnd den weg dem Blitzen
vnd Donner. [26]Das es regent auffs Land da nie-
mand ist / in der wüsten da kein Mensch ist. [27]Das
er füllet die einöden vnd wildnis / vnd macht das
gras wechset. [28]Wer ist des Regens vater? wer hat
die tropffen des Tawes gezeuget? [29]Aus wes Leib
ist das Eys gegangen? vnd wer hat den Reiffen vnter
dem Himel gezeuget? [30]Das das Wasser verborgen
wird wie vnter steinen / Vnd die Tieffe oben ge-
stehet. [31]Kanstu die bande der sieben Sterne zu-
samen binden? oder das band des Orion aufflösen?
[32]Kanstu den Morgenstern erfur bringen zu seiner
zeit? oder den Wagen am himel vber seine Kinder

füren? [33]Weissestu wie der Himel zu regirn ist?
oder kanstu jn meistern auff Erden?
[34]KAnstu deinen Donner in der wolcken hoch
her füren / Oder wird dich die menge des Wassers
verdecken? [35]Kanstu die Blitzen auslassen / das sie
hin faren / vnd sprechen / Hie sind wir? [36]Wer gibt
die Weisheit ins verborgen? wer gibt verstendige (Verborgen)
gedancken? [37]Wer ist so weise / der die Wolcken Das ist / ins
erzelen könde? wer kan die Wasserschleuche am hertz.
Himel verstopffen? [38]Wenn der staub begossen
wird / das er zu hauff leufft / vnd die Klösse an
|| 287a einander kleben. ||

XXXIX.

KAnstu der Lewin jren raub zu jagen geben?
vnd die jungen Lewen settigen / [40]das sie sich
legen in jre stete / vnd rugen in der Höle da sie
Psal. 147. lauren? [41]Wer bereit dem Raben die speise / wenn
seine Jungen zu Gott ruffen / vnd fliegen jrre wenn
sie nicht zu essen haben? [1]Weissestu die zeit /
wenn die Gemsen auff den felsen geberen? Oder
hastu gemerckt / wenn die Hirsschen schwanger
gehen? [2]Hastu erzelet jre monden / wenn sie vol
werden / oder weissestu die zeit wenn sie geberen?
[3]Sie beugen sich wenn sie geberen / vnd reissen sich
vnd lassen aus jre Jungen. [4]Jre Jungen werden
feist vnd mehren sich im Getreide / vnd gehen aus /
vnd komen nicht wider zu jnen.
[5]WER hat das Wild so frey lassen gehen? wer hat
die bande des Wilds auffgelöset? [6]Dem ich das
feld zum Hause gegeben habe / vnd die wüste zur
Wonung. [7]Es verlacht das getümel der Stad / das
pochen des Treibers höret es nicht. [8]Es schawet
nach den Bergen da seine weide ist / vnd sucht wo
es grüne ist.
[9]MEinstu das Einhorn werde dir dienen / vnd
werde bleiben an deiner krippen? [10]Kanstu jm
dein joch anknüpffen die furchen zu machen / das
es hinder dir broche in gründen? [11]Magstu dich
auff es verlassen / das es so starck ist? vnd wirst es
dir lassen erbeiten? [12]Magstu jm trawen das es
deinen samen dir widerbringe / vnd in deine Scheu-
ne samle?
[13]DJe feddern des Pfawen sind schöner denn die
flügel vnd feddern des Storcks. [14]Der seine eyer
auff der Erden lesst / vnd lesst sie die heissen erden
ausbrüen. [15]Er vergisset / das sie möchten zutretten

werden / vnd ein wild Thier sie zubreche. [16]Er
wird so hart gegen seine Jungen / als weren sie
nicht sein / Achtets nicht / das er vmb sonst erbei-
tet. [17]Denn Gott hat jm die weisheit genomen / vnd
hat jm keinen verstand mitgeteilet. [18]Zur zeit
wenn er hoch feret / erhöhet er sich / vnd verlacht
beide Ross vnd Man.

[19]KAnstu dem Ross krefft geben / Oder seinen
hals zieren mit seinem geschrey? [20]Kanstu es
schrecken wie die Hewschrecken? Das ist preis
seiner nasen / was schrecklich ist. [21]Es strampffet
auff den boden / vnd ist freidig mit krafft / vnd
zeucht aus den Geharnischten entgegen. [22]Es
spottet der furcht vnd erschrickt nicht / vnd
fleucht fur dem schwert nicht. [23]Wenn gleich wider
es klingt der Köcher / vnd glentzet beide spies vnd
lantzen. [24]Es zittert vnd tobet vnd scharret in die
erde / vnd [a]achtet nicht der drometen halle. [25]Wenn
die dromete fast klingt / spricht es / Hui / vnd reucht
den Streit von ferne / das schreien der Fürsten vnd
jauchzen.

(Preis) Das ist / Es ist nur deste trötziger vnd mutiger / vnd schnaubet als rhümet sichs / wo schrecklich ding / als streit vnd krieg fur handen ist.

a (Achtet nicht) Das ist / Es thut als sey jm nichts drumb / das doch so schrecklich ist.

[26]Fleuget der Habicht durch deinen verstand /
vnd breitet seine flügel gegen mittag? [27]Fleuget
der Adeler aus deinem befelh so hoch / das er sein
nehst in der höhe macht? [28]Jn felsen wonet er /
vnd bleibt auff den kipffen an felsen vnd in festen
orten. [29]Von dannen schawet er nach der speise /
vnd seine augen sehen ferne. [30]Seine Jungen sauf-
fen blut / vnd wo ein As ist / da ist er.

Gott. VND der HERR antwortet Hiob / vnd sprach /
[32]Wer mit dem Allmechtigen haddern wil / sols
jm der nicht beybringen? Vnd wer Gott taddelt /
sol der nicht verantworten.

Hiob. HJob aber antwortet dem HERRN / vnd sprach /
[34]Sihe / Jch bin zu leichtfertig gewest / was sol
ich antworten? Jch wil meine hand auff meinen
mund legen. [35]Jch hab ein mal geredt / darumb
wil ich nicht mehr antworten / Hernach wil ichs
nicht mehr thun.

XL.

VND DER HERR ANTWORTET HIOB AUS EINEM ‖ 287b
wetter / vnd sprach / [2]Gürte wie ein Man deine
lenden / Jch wil dich fragen / Lere mich. [3]Soltestu
mein Vrteil zu nicht machen / vnd mich verdam-
nen / das du gerecht seiest? [4]Hastu einen arm wie
Gott / vnd kanst mit gleicher stimme donnern / als

er thut? [5]Schmück dich mit pracht / vnd erhebe
dich / zeuch dich löblich vnd herrlich an. [6]Strewe
aus den zorn deines grimmes / schaw an die Hoh-
mütigen wo sie sind / vnd demütige sie. [7]Ja schaw
die Hohmütigen / wo sie sind / vnd beuge sie / Vnd
mache die Gottlosen dünne wo sie sind. [8]Ver-
scharre sie mit einander in der erden / vnd versencke
jre pracht ins verborgen. [9]So wil ich dir auch be-
kennen / das dir deine rechte hand helffen kan.
SJhe / der Behemoth / den ich neben dir gemacht
habe / frisset hew wie ein ochse. [11]Sihe / seine
krafft ist in seinen Lenden / vnd sein vermügen in
dem nabel seines Bauchs. [12]Sein schwantz strecket
sich wie ein Cedern / die adern seiner Scham starren
wie ein ast. [13]Seine Knochen sind / wie fest ertz /
Seine Gebeine sind wie eiserne stebe. [14]Er ist der
anfang der wege Gottes / der jn gemacht hat / der
greifft jn an mit seinem schwert. [15]Die Berge tra-
gen jm kreuter / vnd alle wilde Thier spielen da-
selbs. [16]Er ligt gern im schatten / Jm rhor vnd im
schlam verborgen. [17]Das gepüsch bedeckt jn mit
seinem schatten / vnd die Bachweiden bedecken
jn. [18]Sihe / er schluckt in sich den Strom / vnd
achts nicht gros / lest sich düncken / er wölle den
Jordan mit seinem munde ausschepffen. [19]Noch
fehet man jn mit seinen eigen Augen / vnd durch
Fallstrick durchboret man jm seine nasen.

(BEHEMOTH) Heisst alle grosse vngehewre Thier. Wie Leuiathan alle grosse vngehewre Fische. Aber dar vnter beschreibet er die gewalt vnd macht des Teufels vnd seines Gesinds / des gottlosen Hauffens in der Welt.

XLI.

KAnstu den Leuiathan ziehen mit dem Ha-
men / vnd seine Zungen mit einem strick fassen?
[21]Kanstu jm einen Angel in die nasen legen / vnd
mit einer stachel jm die Backen durchboren?
[22]Meinstu / er werde dir viel flehens machen / oder
dir heuchlen? [23]Meinstu das er einen Bund mit dir
machen werde / das du jn jmer zum Knecht habest?
[24]Kanstu mit jm spielen wie mit einem Vogel? oder
in deinen Dirnen binden? [25]Meinstu / die Gesell-
schafften werden jn zuschneiten / das er vnter die
Kauffleute zuteilet wird? [26]Kanstu das netze fül-
len mit seiner Haut / vnd die fischreusen mit seinem
Kopff? [27]Wenn du deine hand an jn legest / so ge-
dencke / das ein streit sey / den du nicht ausfüren
wirst. [28]Sihe / seine hoffnung wird jm feilen / Vnd
wenn er sein ansichtig wird / schwinget er sich da-
hin. [1]Niemand ist so küne / der jn reitzen thar /
Wer ist denn der fur mir stehen könne? [2]Wer hat

LEUIATHAN nennet er die grossen Walfisch im meer / Doch darunter beschreibt er der welt Fürsten / den Teufel mit seinem Anhang.

mir was zuuor gethan / das ichs jm vergelte? Es ist
mein was vnter allen Himeln ist.

DA zu mus ich nu sagen / wie gros / wie mechtig
vnd wolgeschaffen er ist. 4Wer kan jm sein
Kleid auffdecken? vnd wer thar es wogen jm zwi-
sschen die Zeene zu greiffen? 5Wer kan die Kin-
backen seines andlitzes auffthun? schrecklich stehen
seine Zeene vmbher. 6Seine stoltze Schupen sind /
wie feste Schilde / fest vnd enge in einander. 7Eine
rüret an die ander / das nicht ein lüfftlin da zwi-
sschen gehet. 8Es henget eine an der andern / vnd
halten sich zusamen / das sie nicht von einander
trennen. 9Sein niesen glentzet wie ein Liecht /
seine augen sind wie die augenliede der Morgen-
röte. 10Aus seinem Munde faren fackeln / Vnd
fewrige funcken schiessen her aus. 11Aus seiner
Nasen gehet rauch / wie von heissen töpffen vnd
kesseln. 12Sein Odem ist wie liechte lohe / vnd aus
seinem Munde gehen flammen. 13Er hat einen
starcken hals / vnd ist seine lust / wo er etwas ver-
derbet. 14Die Gliedmas seines fleischs hangen an
einander / vnd halten hart an jm / das er nicht zer-
fallen kan. || || 288 a

(Starcken) Das ist / die grossen Fisch / fliehen fur jm. Also auch fur der Welt gewalt fliehen die Mechtigen.

15SEin Hertz ist so hart wie ein stein / vnd so fest
wie ein stück vom vntersten Mülstein. 16Wenn er
sich erhebt / so entsetzen sich die Starcken / vnd
wenn er da her bricht / so ist [a]kein gnade da.
17Wenn man zu jm wil mit dem schwert / so reget
er sich nicht / oder mit spies / geschos vnd pantzer.
18Er achtet Eisen wie stro vnd Ertz wie faul holtz.
19Kein Pfeil wird jn veriagen / die Schleudersteine
sind jm wie stoppeln. 20Den Hamer achtet er wie
stoppeln / Er spottet der bebenden Lantzen. 21Vn-
ter jm liegen scharpffe steine / vnd feret vber die
scharpffen felsen / wie vber kot. 22Er macht das
das tieffe Meer seudet wie ein töpffen / Vnd rürets
in einander wie man eine salbe menget. 23Nach jm
leuchtet der [b]weg / Er macht die tieffe gantz grawe.
24Auff erden ist jm niemand zu gleichen / Er ist ge-
macht on furcht zu sein. 25Er verachtet alles was
hohe ist / Er ist ein König vber alle Stoltzen.

a (Keine gnade) So haben sie gesündiget / das ist / Sie müssens gethan haben / vnd her halten / als arme Sünder.

b Das ist / er schwimmet vnd lebet im Meer wie er wil / das man seinen weg von ferne sihet.

XLII.

Hiob.

VND Hiob antwortet dem HERRN / vnd
sprach / 2Jch erkenne / das du alles vermagst /
vnd kein gedancken ist dir verborgen. 3Es ist ein
vnbesonnen Man / der seinen rat meinet zu ver-

bergen. Darumb bekenne ich / das ich hab vnweis-
lich geredt / das mir zu hoch ist vnd nicht verstehe.
[4]So erhöre nu / las mich reden / ich wil dich fragen /
lere mich. [5]Jch habe dich mit den ohren gehört /
vnd mein auge sihet dich auch nu. [6]Darumb
schüldige ich mich / vnd thu busse in staub vnd
asschen.

DA nu der HERR diese wort mit Hiob geredt Gott.
hatte / sprach er zu Eliphas von Theman / Mein
zorn ist ergrimmet / vber dich vnd vber deine
zween Freunde / Denn jr habt nicht recht von mir
geredt / wie mein knecht Hiob. [8]So nemet nu sie-
ben farren vnd sieben widder / vnd gehet hin zu
meinem knecht Hiob / vnd opffert Brandopffer fur
euch / vnd lasst meinen knecht Hiob fur euch bit-
ten. Denn jn wil ich ansehen / Das ich euch nicht
sehen lasse / wie jr torheit begangen habt / Denn jr
habt nicht recht von mir geredt / wie mein knecht
Hiob.

[9]DA giengen hin Eliphas von Thema / Bildad
von Suah / vnd Zophar von Naema / vnd theten
wie der HERR jnen gesagt hatte / vnd der HERR
sahe an Hiob. [10]Vnd der HERR wendet das ge-
fengnis Hiob / da er bat fur seine Freunde / Vnd der
HERR gab Hiob zwifeltig so viel als er gehabt
hatte.

VND es kamen zu jm alle seine Brüder vnd alle Hiob
seine Schwester / vnd alle die jn vorhin kandten / kriegt zwifeltig
vnd assen mit jm in seinem Hause / vnd kereten sich wider was er
zu jm vnd trösteten jn / vber allem vbel / das der vor verloren
HERR vber jn hatte komen lassen. Vnd ein jglicher hat.
gab jm einen schönen Grosschen / vnd ein gülden
Stirnband. [12]Vnd der HERR segenet hernach
Hiob mehr denn vorhin / das er kreig vierzehen
tausent Schaf / vnd sechs tausent Kamel / vnd tau-
sent joch Rinder / vnd tausent Esel. [13]Vnd kreig
sieben Söne vnd drey Töchter. [14]Vnd hies die
erste Jemima / die ander Kezia / vnd die dritte
Kerenhapuch. [15]Vnd worden nicht so schöne Wei-
ber funden in allen Landen / als die töchter Hiob /
Vnd jr Vater gab jnen erbteil vnter jren Brüdern.

[16]VND Hiob lebet nach diesem / hundert vnd
vierzig jar / das er sahe Kinder vnd kindeskinder /
bis in das vierde Gelied. [17]Vnd Hiob starb alt vnd
lebens sat.

Ende des Buchs Hiob.

Hiob zwifeltig [illegible] vor vorhin hat.

